»Nur durch Dich kann ich zu wirklich Großem kommen«, schrieb Wassily Kandinsky, noch auf der Suche nach einer eigenen künstlerischen Handschrift, im Oktober 1905 an Gabriele Münter. Die Begegnung der weltoffenen, jungen Malerin mit dem durch slawische Empfindungstiefe und östliche Religiosität belasteten Russen vollzog sich vor dem Hintergrund der Münchner Kunstszene um die Jahrhundertwende. Hier stieß Kandinsky im Verlauf seiner spannungsreichen »Gewissensehe« mit Münter zur gegenstandslosen Kunst vor, während seine eigenwillige Partnerin im Kreis des »Blauen Reiter« ihre Formensprache beibehielt.

Das Buch bezeugt die autobiographische Verankerung der Bilder und schlägt einen Bogen vom Jugendstil bis zur heutigen Hochschätzung der Klassischen Modeme.

»Eine faszinierende Kunst- und Liebesgeschichte ... ebenso erzählfreudig wie wissenschaftlich fundiert.« *Andreas Mäckler, ART*

»Gisela Kleine, eine ausgewiesene Biographin, nimmt eine fällige Blickverschiebung vor: Gezeigt wird der Einfluß Münters auf Kandinsky.« *Renate Schostack, Frankfurter Al/gemeine Zeitung*

»Dieses Buch ist mehr als die Geschichte eines Paares, wie es im Untertitel heißt. Es ist zugleich auch ein lebendiges Stück Kunstgeschichte von der Jahrhundertwende bis in die 60er Jahre, aufs sorgfältigste recherchiert und brillant geschrieben.« *Maria Klaner, Norddeutscher Rundfunk*

Gisela Kleine promovierte nach einem Studium der Germanistik, Philosophie, Kunstgeschichte und Publizistik an der Universität Münster. Ihre Erfahrung als Verantwortliche Redakteurin bildete die Grundlage für Publikationen in allen Medien. Im Verlauf ihrer vielseitigen publizistischen Tätigkeit erhielt Gisela Kleine für ihre Frauenforschung einen Kulturpreis der Stadt München.

Im Insel Verlag und im Suhrkamp Verlag liegen von ihr außerdem vor: *Gabriele Münter und die Kinderwelt* (it 1924); *Ninon und Hermann Hesse. Biographie eines Paares* (it 4498) und die Briefedition *»Lieber, lieber Vogel«. Ninon Hesses Briefe an Hermann Hesse* (st 3373).

insel taschenbuch 1611

Gisela Kleine

Gabriele Münter und Wassily Kandinsky

Gisela Kleine

Gabriele Münter und Wassily Kandinsky

Biographie eines Paares

Mit farbigen Abbildungen

Insel Verlag

Die Erstausgabe erschien 1990
im Insel Verlag Frankfurt am Main und Leipzig.
Diese Ausgabe folgt der überarbeiteten
Neuauflage 1994 (it 1611).

Erste Auflage 2020
insel taschenbuch 4866
Insel Verlag Berlin

Vertrieb durch den Suhrkamp Taschenbuch Verlag
Umschlagfoto: © bpk/Staatsbibliothek zu Berlin
Druck: CPI books GmbH, Ulm
Printed in Germany
ISBN 978-3-458-68166-3

Inhalt

Anhang

Gabriele Münter
und Wassily Kandinsky

Einleitung

Jeder Stoff entwickelt seine eigene Schwerkraft. Der Autor muß dem Sog des authentischen Materials nachgeben, muß Absicht und ersten Entwurf der Überzeugungskraft der Dokumente opfern. Das bedeutete im Hinblick auf die vorliegende Arbeit: anstelle einer geplanten Münter-Biographie entstand die Biographie eines Paares. Das Leben der Malerin Gabriele Münter (1877-1962) läßt sich nicht nachzeichnen, ohne ein Lebensbild Wassily Kandinskys (1866-1944) einzublenden, so wie für seine Lebens- und Werkgeschichte die Einbeziehung Gabriele Münters unerläßlich ist.

Erst im Gegenüber löst sich das Rätsel dieser schöpferisch entfesselnden Beziehung, erschließt sich beider Werk. Das belegt der umfangreiche Briefwechsel des Paares aus den Jahren 1902 bis 1917, für dessen schonungslose Aufrichtigkeit Kandinsky den Maßstab setzte, als er Münter am 17. Juni 1903 schrieb: »Du mußt mich kennenlernen. Vor dir will ich mich nicht mehr verstecken.« Ihre Begegnung ereignete sich zu einem Zeitpunkt, den Biographen gern »den rechten« nennen: Aus einem Lebenstief von innerer Einsamkeit und künstlerischer Ratlosigkeit steigerten sie sich wechselseitig zur Entfaltung einer malerischen Kraft, durch die sie wenige Jahre später im Münchner ›Blauen Reiter‹ die Kunstentwicklung des 20. Jahrhunderts bestimmten.

Ihre Korrespondenz, die aus rund 900 vielseitigen Schreiben besteht, wurde 1962 als Bestandteil von Münters Nachlaß in die von ihr verfügte Gabriele Münter- und Johannes Eichner-Stiftung, München, eingebracht. Auf Wunsch der Malerin blieben diese privaten Dokumente eine Zeitlang gesperrt. Nun aber bilden sie, zusammen mit anderen autobiographischen Belegen, die Grundlage dieses Buches.

Viele Jahrzehnte sind vergangen, seit das erste und bisher einzige Werk über Münter und den mit ihr in einer

›Gewissensehe‹ verbundenen Initiator der gegenstandslosen Malerei erschien: ›Wassily Kandinsky und Gabriele Münter – Von Ursprüngen moderner Kunst‹. Verfasser war der Kunsthistoriker und Publizist Johannes Eichner, Münters zweiter Lebensgefährte, der ihr dieses Buch 1957, zur Vollendung ihres 80. Lebensjahres, widmete. Schon der Titel verrät die Rangfolge und den Schwerpunkt der Betrachtung: Der Autor trug dem Bedürfnis der Nachkriegsgeneration Rechnung, etwas über die Entstehung der modernen Kunst zu erfahren, die während des ›Dritten Reiches‹ verfemt gewesen war. Für den persönlichen Bereich beherzigte er, der beim Erscheinen seines Werkes schon drei Jahrzehnte mit der Malerin zusammenlebte, das Gebot angemessener Zurückhaltung: »Dürfte man die Tatsachen tief genug ausschöpfen, so ergäbe sich ein ergreifender Roman.«

Viele Fragen blieben damals offen, die nun ihre Antwort finden: Was bewirkte die Leidenschaft eines alles oder nichts fordernden, verheirateten Mannes bei der aus bürgerlich geordnetem Elternhaus stammenden Kunststudentin Münter? Wie weit engte sie, die schon zwei Jahre die Vereinigten Staaten durchreist hatte, ihren großzügig bemessenen Lebenskreis für diesen Liebesbund ein? Was verursachte die malerische Entladung Kandinskys, die sich erst nach langem und von ihm selbst bezeugtem Stau während seiner emotionalen und künstlerischen Bindung an Münter ereignete? Wie veränderte sie sich im auszehrenden Sog seiner Persönlichkeit? Warum entwickelte sich seine Malerei mit einer Stoßkraft von unerhörter Brisanz, die jedoch in kurzer Zeit verpuffte? Gab er sich an Münters Seite bis ins letzte aus, so daß 1915 in Moskau, nach seiner kriegsbedingten Rückkehr, ein krasser Stilwechsel erfolgte? Weshalb war die Periode, die Will Grohmann in seiner 1958 erschienenen Kandinsky-Monographie die ›Geniezeit‹ nannte, mit dem Beginn des Ersten Weltkriegs so abrupt beendet? Beurteilte das Paar – einander stets in Einklang und Widerspruch, in Zugeständnis und Abwehr vorantreibend –

auch die Einflüsse aus der jeweiligen Umgebung unterschiedlich, etwa die französische Avantgarde unter Matisse, die Theosophie, die Lichtspiel- und Bühnenkunst oder den missionarischen Anspruch von Künstlergruppen, die Gesellschaft zu reformieren? Was veranlaßte 1917 den messerscharfen Schnitt, der die 15jährige ›Ehe‹ zertrennte, deren sakralen Ernst Kandinsky auch ohne Trauschein nie in Frage gestellt hatte? Wie veränderte sich das Werk beider Maler an der Seite ihrer neuen Partner?

»Ich war in vieler Augen doch nur eine unnötige Beigabe zu Kandinsky«, schrieb Münter im Oktober 1926 entmutigt in ihr Tagebuch. »Daß eine Frau ein ursprüngliches, echtes Talent haben – ein schöpferischer Mensch sein kann, das wird gern vergessen ... Andere, denen man glaubt, Autoritäten müssen für sie eintreten, ohne das wird sie nie gesehen.« Wann immer von Münter die Rede war, wurde Kandinskys Einfluß auf ihre Malerei hervorgehoben, während ihre Bedeutung für seine künstlerische Entwicklung unbeachtet blieb. Die neu erschlossenen Quellen verlangen nicht nur in dieser Hinsicht eine Blickverschiebung!

In Wahrheit hatte sich seit dem Beginn ihrer Freundschaft eine gegenseitige Förderung angebahnt. Kandinsky, der kurz nach seinem abgebrochenen Akademiestudium selbst noch eigene Ausdrucksformen suchte und sich vor allem mit der Zeichnung herumquälte, war entzückt von Münters sicherem Strich, von ihren im Handumdrehen hingeworfenen Umrißzeichnungen, bald aber auch von ihrem malerischen Ungestüm. Er hat ihre originelle und starke Begabung niemals in Frage gestellt. Unstreitig ist aber auch das Gewicht ihres Urteils für ihn. So schrieb er ihr am 30. Oktober 1905: »Es hängt sehr viel von dir ab. Du kannst nicht alles, aber nur durch dich kann ich zu wirklich Großem kommen.« Sie aber freute sich, wenn sie an seinen Arbeiten »wieder einen Fortschritt« bemerkte und – wie z.B. am 23. September 1905 – ihre Kritik mit anspornender Zustimmung verbinden konnte: »Sehr schön ist Deine Madonna, lieber Meister... Es scheint mir sehr fein komponiert... Nun, die Hauptsache wird ja wohl die Farbe sein, die mich vielleicht auch mit den unangenehmen Verzeichnungen aussöhnen würde.« Am 2. November 1905 hoffte sie, »Dich allmählich wirklich gut zu schätzen und zu verstehen in Deiner Arbeit«.

In den Abgrund eines vermeintlichen Liebesverrates gestürzt, erinnerte sie den einstigen Gefährten im Juni 1922 noch einmal an die gemeinsame Vergangenheit, in der sie ihm »künstlerische Anregungen, Impulse, Initiativen gegeben habe... Deine Entwicklung hast Du an meiner Seite durchgemacht, und die Höhe der Werke Deiner ›Unglücksjahre‹ 1909 bis 1914 erreichst Du nicht mehr.« Seine konstruktivistischen Bilder erschienen ihr undurchlässig für seelische Schwingungen. Er, der einst durch seine Malerei alle inneren Fesseln sprengen wollte und seine Gedanken und Gefühle in die Stimmungswerte flutender Farben transponierte, beschränkte sich nun auf die Härte und Präzision geometrischer Grundmodelle, als sei ein mühsam errungenes Gleichgewicht nur im Berechenbaren zu bewahren, in der schwebenden Mitte zwischen Aufschwung und Absturz. Erloschene Feuer? Erstickte Gefühle? Umweht von der Tragik des Erstarrens erschien ihr auch sein in den dreißiger Jahren entstandenes Alterswerk, eine zirkelhaft getüftelte Miniaturwelt von Amöben, Larven und Embryonen, dem Formenrepertoire der Natur entstammend und doch steril, blutlos, eindimensional und monadenhaft eingesargt, mit der unerfüllten Sehnsucht nach dem Funken der Urzeugung; ein Glasperlenspiel, das sich in der Kombination unerlöster Keimlinge erschöpfte und dem es versagt blieb, malerische Kraftfelder zu entzünden. Aus dieser Zeit überlieferte Hilla Rebay, die damalige Leiterin des Museums für Abstrakte Kunst in New York, eine Äußerung Kandinskys: Er habe ihr 1938, im Rückblick auf seine Lebensgemeinschaft mit Münter, erklärt, »daß die Jahre mit ihr seine allerbesten Jahre waren und er nie wieder so hat arbeiten können«.

Aber auch Münters Gemälde verloren nach der Trennung an Überzeugungskraft. Abgestumpft durch Selbstzweifel, verunsichert im Gefühl einer alles umgreifenden Enttäuschung, büßte sie die Erlebnis- und Verwandlungsfähigkeit ein, die ihre früheren Bilder ausgezeichnet hatte. Versuche, sich dem jeweils herrschenden Zeitstil anzupassen, mißlangen. Sie geriet durch eine unauffällige Malerei ins Abseits.

Das Ziel, die biographische Verankerung der Malerei nachzuweisen, unterscheidet diese Darstellung von Künstlermonographien, bei denen die Beschreibung von werk- und stilgeschichtlichen Abläufen im Vordergrund steht. Die Rückbindung der Werke an Lebensereignisse ist bei Münter und Kandinsky durch die Fülle der Selbstzeugnisse möglich.

Dieses Vorhaben mag angesichts der gegenstandslosen Bilder Kandinskys befremden. Doch auch frühere Autoren haben schon in dessen krassem Stimmungsgefälle, in seinem masochistischen Festhalten an Unglück und Schuld und der daraus erwachsenden Erlösungssehnsucht, die Antriebskraft für sein schwer abgerungenes malerisches Werk vermutet. So nannte Carl Einstein in seiner 1926 erschienenen Analyse ›Die Kunst des 20. Jahrhunderts‹ die Malerei des Russen »egozentrisch begrenzt« und »psychographisch getrieben«. Sie veranschauliche ein »kreisendes Selbstgespräch«, wurzele in einer zwanghaften, nur durch reale Erlebnisse zu erklärenden Wirklichkeitsscheu und erweise sich darum als selbstretttender »Stulp ins Ich«. Kandinskys Kunst entspringe »gefährlichem Überschwang und kaum erträglicher Gespanntheit, die um des Lebens willen geregelt werden müssen«.

Als »Reflex eines tragischen persönlichen Schicksals« faßte auch Arnold Gehlen Kandinskys Gemälde auf. In seinem 1960 erschienenen Essay ›Kandinsky und Mondrian‹ spricht er von einer zwanghaften »Erlebnisverarbeitung in Bildeinfällen«. Die abstrakten Bilder entstammten dem Bedürfnis des Künstlers, »sich selbst zum Thema aufzuwerfen ... Selbstdefinition, Selbstentlastung und Selbstprogrammierung ... anzusteuern«. Gehlen weist auf »eine in sehr hohem Grade autistische Komponente« solcher Kunstausübung hin; nur die Aufschlüsselung biographischer Daten vermöge diese »Selbstgespräche in einer Sondersprache verständlich zu machen«.

Kandinsky gab seine Werke nur ungern der öffentlichen Betrachtung preis. Da die Leinwand einen intimen Erlebnisgehalt zurückstrahlte, hätte er das Publikum am liebsten ausgesperrt. »Es scheint mir, man öffnet meine Seele, man kratzt und schabt sie und guckt unter die verhüllende Kruste«, gestand er Münter am 20. August 1911. Das Prinzip der inneren Notwendigkeit, das er als Unterscheidungsmerkmal zwischen ›echter Malerei‹ und Artefakt einführte, deutet auf den inneren Druck hin, unter dem seine Werke entstanden, begleitet von hochgradiger Erregung, nachfolgender Erschöpfung und der Angst, eines Tages als Maler leergebrannt zu sein. Im Wort ›Notwendigkeit‹ steckt das Eingeständnis der eigenen Not. Die Not-Wende durch die Kunst gelang Kandinsky an Münters Seite durch die allmähliche Abtragung der ihn bedrängenden, noch unerledigten Erfahrungsschichten. In der hermetischen Metaphorik seiner Bildsprache verraten private Einsprengsel die autobiographische Befrachtung, auch wenn es ihm gelang, alles, was aus persönlicher Betroffenheit stammte, weitgehend herauszufiltern, mit Theorie zu unterlegen und ins Allgemeinverbindliche zu transformieren, ja zu autoritativen Aussagen über die moderne Kunst zu steigern.

Bei Münter ist der emotionale Antrieb für die Bildgestaltung unmittelbarer zu erkennen. »Kein Erlebnis, also nicht malbar«, äußerte sie lapidar, wenn jemand ihr ein Motiv als bildwürdig empfahl, das sie nicht mit ihrer eigenen Vision verklammern konnte. »Alle meine Bilder stellen Momente meines Lebens dar«, versicherte sie Johannes Eichner. Sie artikulierte ihre Erkenntnisse und Empfindungen seit früher Kindheit in Zeichnungen: »Meine Sache ist das Sehen, das Malen und Zeichnen, nicht das Reden.« Wer etwas über sie erfahren wolle, möge nur ihre Bilder betrachten. Malen entsprang für sie dem Ausdrucksverlangen für innere Vorgänge, doch verschmähte sie dabei nie die abbildbare Welt. Sie brauchte den Gegenstand nicht zu zerbrechen, um ein ideales ›Dahinter‹ und ›Darüber-Hinaus‹ aufzuspüren oder spirituelle Botschaften zu übermitteln. Die Macht der Ideen entfaltete sich für sie innerhalb der raumzeitlichen Welt und konnte am konkreten Bildinhalt offenbar gemacht werden. Dingloses Erleben und Schauen lagen ihr fern. Das Gefühl bemächtigte sich der Außenwelt und verwandelte sie; dann strahlte sie von der Leinwand, durch großzügige Formgebung von allem Unwesentlichen befreit, in farbiger Leuchtkraft zurück.

Daß sie ihre Bilder als autobiographische Belege ansah, zeigt sich auch in ihrer Klage gegenüber Johannes Eichner, dem sie am 19. Oktober 1928 in einer Phase tiefer Mutlosigkeit schrieb: »Ich habe ... Erlebnisse gestaltet. Aber wozu das alles? Und soviel Mühe und Arbeit. Und da stehen diese ›Erlebnisse‹ im Keller ... und schimmeln.« Da ihre Kunst den Widerschein ihrer Weltbegegnung vermittelte, galt während der schmerzhaften Ablösung von Kandinsky für sie: »Wer aus dem Leben herausgeworfen ist, ist auch aus der künstlerischen Entwicklung herausgeworfen.«

Malen bedeutete für Münter stets Haltsuche gegen das Verworrene. Es bot Heilung für alle Risse und Brüche ihres Selbstgefühls, war ein Versuch, Entfremdungen aufzuheben. Ihre klarlinigen Bilder verraten, daß sie unter der Vielfalt der Erscheinungen litt und sich nach Orten der Ruhe sehnte, wo die Vergänglichkeit ende, der Zeitfluß zum Stillstand komme, das Zufällige und Willkürliche ausgeschaltet werde. Sie suchte in der Kunst die Eindeutigkeit, die ihr das Leben schuldig blieb. Die Geschlossenheit und Dichte ihrer Werke zwischen 1908 und 1920, der rhythmisch stimmige Linienverlauf, die ausgewogenen, oft raffiniert angelegten Farbakkorde entstammten Überlegung und ordnender Kraft und bedeuten in biographischer Sicht eine Umformung aller Irritationen, die sie durch Liebe und Verlust im Zusammenleben mit Kandinsky erfuhr.

1. Kapitel

Aufbruch

»Trossen los!« schallte es über Deck. Gepackt von einer Erregung, in der sich Abschiedsbangen und Abenteuerlust mischten, stand die einundzwanzigjährige Gabriele Münter neben ihrer Schwester Emmy an der Reling des Dampfers ›Statendam‹. Am späten Vormittag des 29. September 1898 begann die Überfahrt von Rotterdam nach New York.

Auf dem Landungssteg schoben sich die Schaulustigen, um das Auslaufen des ersten Zehntausend-Tonners der Holland-Amerika Lijn nicht zu verpassen, der gerade von seiner Jungfernfahrt zurückgekehrt war.[1] Den Schwestern winkte niemand, sie waren allein gekommen. Sie hatten die seit dem Tod der Mutter verwaiste Koblenzer Wohnung aufgelöst und fuhren nun lockender Ungewißheit entgegen. Von ihrem Bruder, Carl, hatten sie sich in Bonn am Zug verabschiedet und ihn darüber beruhigt, daß Gabriele nicht noch im letzten Moment das Fahrrad, ihren kostbarsten Besitz, mitgenommen hatte.[2] Ein Warnbrief der Verwandten aus Texas hatte ihren Plan vereitelt: »It is one thing, however, to go a-touring, another to go a-globetrotting! The places you may visit, are not within the compass of a day's journey. Nor can you flit from capital to capital as you can in Europe in a few hours by boat or by rail. Please think of the vastness of our country!«[3]

Noch ehe der bestaunte Schiffsriese an den niedrigen Segeln und Masten vorüberglitt, die ihn in respektvoller Entfernung umkreisten, zog Ella das stets griffbereite Skizzenbuch heraus und zeichnete in knappen Umrißlinien Szenen der Abfahrt. Erst als die Hafenkulisse zum schmalen Strich verflachte, machte sie sich an Emmys Seite mit dem Ozeandampfer vertraut; er bot sich für die Passagiere der ersten und zweiten Klasse als schwimmendes Luxushotel dar. Emmy, die immer und ganz selbstverständlich verwöhnt sein wollte, hatte für die zwölftägige Überfahrt ein Schiff nach dem neuesten technischen Stand gewählt.[4] Auch hatten die zur Zahlenmagie neigenden Schwestern darauf geachtet, daß die Nummern ihrer Kabinenplätze nicht Unglück verhießen: 152 und 154 erschienen ihnen unverdächtig. Im Schlepptau der acht Jahre älteren Schwester bewegte sich Gabriele – meist kurz Ella genannt – bald so zwanglos, als sei es der natürlichste Zustand der Welt, über der Tiefe eines Weltmeeres teppichbelegte Gänge entlangzuschlendern, auf elektrisch beleuchteten Stufen von einem Deck zum anderen zu flanieren, die plüschverbrämten Musik-, Rauch- oder Konversationssalons aufzusuchen oder sich im holzgetäfelten, kristallglitzernden Speisesaal von einer Schar zuvorkommender Stewards bedienen zu lassen.

Nach Ellas Ansicht war dies ein passender Rahmen für Emmy, die Glänzende, Anspruchsvolle, die nicht gern in den Schatten geriet. Sie hingegen fühlte sich durch den wohlabgestimmten Reisekomfort eher eingeschüchtert und blieb wie immer gern am Rande, um ihre Umgebung zu beobachten. Während Emmy Bekanntschaften schloß, griff sie zum Zeichenstift. Wenn sich ein Boot näherte, hielt sie seinen Umriß in schmissiger Linie fest. Als die ›Statendam‹ am nächsten Morgen den langen Mündungstrichter Southamptons durchfuhr, skizzierte sie die Küste und – angeregt durch die Konturen der Kreidehügel – die Insel Wight mit dem windzerfressenen Westkap.[5] Zeichnen hieß für sie: entdecken, hieß: ein Stück Welt und Wirklichkeit erobern.

Zwei alleinreisende junge Damen bedeuteten für die amerikanischen Reisegefährten keine Sensation, während sich Holländer, Engländer und Deutsche über einen solchen Wagemut ereiferten. Emmy genoß die Aufmerksamkeit der Herren bei Mühlespiel und Skat, bei Musik und Tanz und üppigen Tafelfreuden. Ella überließ sich dem sanften Wiege-

Rhythmus des Schiffes und beobachtete an Deck in der kühlen Herbstsonne das Linienspiel zwischen dahintreibenden Wolken und verfließenden Wellenbergen. Allmählich löste sich die Anspannung der Vorreisezeit.

Die Schwestern reisten auf den Spuren ihrer Eltern. Im Jahre 1845 hatte sich der Schreinermeister Johann Gottlieb Scheuber aus Siglingen an der Jagst – ihr Großvater mütterlicherseits – zur Auswanderung entschlossen, da die Familie nach der Geburt des vierten Kindes im heimatlichen Dorf nicht mehr satt geworden war.[6] So hatte er im 39. Lebensjahr mit Hilfe seiner Frau, der Christine Magdalene Meister, seine gesamte Werkstatt verpackt und die windgeschüttelte Überfahrt gewagt, ein unbekanntes Ziel vor Augen: New York. Seine Vorfahren, die schon im ältesten Kirchenbuch von Siglingen aus dem Jahre 1560 genannt wurden, waren bodenständige Bürger und Bauern gewesen, auch Heiligenpfleger, ein frommes Amt, das dem des späteren Küsters oder Pfarrgehilfen entsprach. Als Scheubers aus Not und Enge aufbrachen, war Wilhelmine, Ellas Mutter, neun Jahre alt.[7]

Die Familie war nicht lange an der Ostküste geblieben, denn Scheuber hatte schnell erkannt, daß es im Süden der Vereinigten Staaten die besten Chancen für Landnehmer und Handwerker gab. Er siedelte sich im Staate Tennessee an. Als er durch Rodung und Holzhandel wohlhabend geworden war, forderte er seine schwäbisch-württembergischen Verwandten auf, nachzukommen, um brachliegendes Neuland in Besitz zu nehmen. Auf diese Weise hatte sich die amerikanische Verwandtschaft der Scheubers weit verzweigt.[8] Von den acht Geschwistern ihrer Mutter würden Ella und Emmy auf ihrer ›Vetterles-Reise‹ zwischen St. Louis und der Texas-Prärie vier Schwestern und deren Nachkommen kennenlernen.

Für die Großeltern mußte der Wasserweg unabsehbar und von lähmender Eintönigkeit gewesen sein, nur unterbrochen durch Fürbitten und Choräle. »3000 Seemeilen lang geschaukelt in Gottes hohler Hand«, bemerkte Wilhelmine Münter häufig im Andenken an ihre erste Atlantiküberquerung.

Nicht anders mochte es Ellas Vater, Carl Friedrich Münter, zumute gewesen sein, dem die Neue Welt ebenfalls zur Zwangsheimat geworden war. Weil der 21jährige Student sich 1847 ›vorlaut‹ verhalten hatte, war er kurzerhand von seinen Eltern auf einen Bremer Frachtensegler gebracht und in den alles schluckenden Kontinent abgeschoben worden. »Mein Vater ... muß ein feuriger Jüngling voller Ideale gewesen sein, ein begeisterter Anhänger der liberalen Ideen ... Um den Skandal seiner Verhaftung und Einkerkerung zu verhüten, spedierte ihn mein Großvater nach Amerika. Er kam mit sehr wenig Geld dort an und machte einen Kramladen auf.«[9] So behielt ihn Gabriele Münter ein Leben lang vor Augen: als einen politischen Heißsporn, der sich im vormärzlichen Gären gegen die starren Ordnungsbewahrer aufgelehnt hatte. »Er sprang auf den Tisch und hielt Reden für die Freiheit.«[10]

Das in der Familie überlieferte Idealbild des Vaters setzte Maßstäbe für seine vier Kinder, besonders aber für Ella, die als Nachkömmling in dessen 52. Lebensjahr geboren worden war und ihn in Wirklichkeit nur als duldsamen alten Herrn kennengelernt hatte. Auf ihren Kindheitsbildern wirkt er mit seinem langen weißen Backenbart großväterlich.

Carl Friedrich Münter, dessen Geburt am 19. Dezember 1826 ins Register der Johannis-Pfarrkirche zu Herford eingetragen worden war, hatte als ›Kramladenbesitzer‹ in zehn Jahren ein so ansehnliches Vermögen erworben, daß er seinen Eltern in Herford ein stattliches Mietshaus und seinem jüngeren Bruder Gustav das Kapital für die Einrichtung einer Arztpraxis schenken konnte.

Voller Begeisterung für die Vorurteilslosigkeit der amerikanischen Pioniergeneration hatte er bei seinem ersten Heimatbesuch 1856 den Dr. med. Gustav Münter dazu verlockt, die drei Jahre lang erfolgreich betriebene Praxis im ostwestfälischen Lübbecke aufzugeben und ihm ins ›Land der unbe-

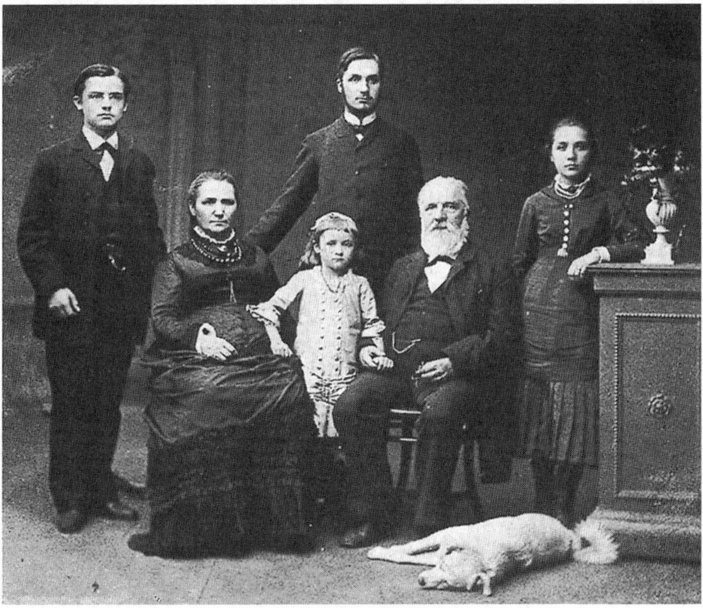

Gabriele Münter um 1882 zwischen ihren Eltern Carl Friedrich Münter, amerikanischer Zahnarzt, und Wilhelmine Münter geb. Scheuber. Dahinter ihre Geschwister Carl (links), August und Emmy.

grenzten Möglichkeiten‹ zu folgen. Sie wollten gemeinsam eine Apotheke betreiben. Gustav notierte am 5. November 1856: »Sein Wesen ist nicht beständig genug, um dieses Opfer, bloß dem Zwecke, Geld zu verdienen, zu bringen. ... Seine Freiheit ist ihm in weit größerem Maße Glück.«

Carl riet dem Bruder, »durch ruhiges Arbeiten einige tausend Taler zu verdienen, und dann vom geltenden Zinsfuß und sicherer Spekulation zu leben«. So ließ sich Gustav als Arzt in Manitowok am Michigansee nieder, und ihm, der bis zu seiner 1859 durch Enttäuschung und Heimweh ausgelösten Rückkehr ein datengetreues Tagebuch[11] geführt hatte, verdankte die Familie Nachrichten über Ellas Vater, der 1857 als Dentist in Jackson/Tennessee lebte und sich wegen seiner

Geschicklichkeit beim Zähnereißen und -reparieren großer Beliebtheit erfreute. Noch im gleichen Jahr hatte er Gustav mitgeteilt, daß er geheiratet habe, und zwar die am 26. September 1835 in Siglingen geborene Wilhelmine Scheuber, die als Tochter eines Schreinermeisters nach Amerika gekommen sei – eine äußerst tüchtige Person, die als älteste von nunmehr neun Kindern das Zupacken gelernt habe. Gustav hatte ihm auf diesen Brief, dem ein Foto ›Minnas‹ beilag, am 14. Juli 1857 geantwortet: »Deine Frau hat ein recht gesundes und frisches Aussehen und kann ich Deinen Geschmack in der Wahl nur loben.«

Ella Münter fühlte sich vom Pioniergeist ihrer schwäbischen Vorfahren Scheuber ebenso angezogen wie von der Heimattreue ihrer väterlichen Ahnen, den Münters aus Westfalen. Die Scheubers waren überzeugte Bürger der Vereinigten Staaten geworden. Der abgeschobene vormärzliche Rebell war 1864 nach Deutschland zurückgekehrt. Er hatte sich eine Zeitlang in Cincinnati, in Jackson, in Nashville und schließlich in Savannah/Tennessee aufgehalten, nachdem er am Dental-College von Cincinnati zum Dentisten ausgebildet worden war.[12] Die Absolventen erhielten nach bestandenem Examen den Titel eines Chirurgiae Dentium Doctor, in der Landessprache ›Doctor of Dental Surgery – D.D.S.‹, den Münter jedoch nie führte. Er hätte sich freilich auch ohne diese Abschlußprüfung überall in den USA niederlassen dürfen.

Kurz nach der Heirat der Eltern war der schon lange schwelende Streit zwischen den demokratischen, für alle Bürger ›life, liberty and pursuit of happiness‹ fordernden Nordstaaten und dem für seine Großplantagen auf unbezahlte Sklavenarbeit angewiesenen Süden entflammt. Neben dem gesinnungsmäßigen Bruch belastete auch ein krasses wirtschaftliches Gefälle die Einheit der Staaten. Im agrarischen Süden herrschte Mangel an allem, was durch industrielle Fertigung entstand, besonders an Eisenwaren wie Ackergeräten,

Nägeln, Hämmern, Scheren, Töpfen oder Gewehren. Am Schnittpunkt beider Gesellschaftssysteme – noch dazu in der Nähe des großen Verkehrs- und Handelsstromes Mississippi – konnte ein findiger Kaufmann im Süden große Gewinne erzielen, wenn er aus dem technisch und geldwirtschaftlich überlegenen Norden die begehrten Waren heranschaffte.

Das Schicksal der Eltern erschien Ella spannend wie ein Abenteuer-Roman. 75 Meilen von Memphis am Mississippi entfernt hatten sie einen jener Drugstores betrieben, in denen man von einem Pfund Zucker bis zur Handfeuerwaffe alles kaufen konnte. Neben dem Thekenraum mochte der Vater, wie es dort üblich war, einen Behandlungsstuhl aufgestellt haben. Wagnisfreudig und beweglich, wie er war, hatte er wohl auch Geld- und Handelsgeschäfte großen Stils abgewickelt. In ihrer freiheitlichen Gesinnung waren die Eltern dem Norden verbunden geblieben, ihr wirtschaftliches Auskommen aber gründete im Gedeihen des Südens.

Gabriele Münter umriß in der ihr eigenen knappen Art, was sich dramatisch angebahnt hatte, – der *Sezessionskrieg*: »Als Kaufleute waren die deutschen Einwanderer an die Bewirtschaftung der Pflanzungen nicht gebunden. Die meisten waren außerdem als politische Flüchtlinge, die an die Menschenrechte glaubten, in die Staaten gekommen. Sie erregten bei den Nachbarn den Argwohn, auf seiten der Gegner der Sklaverei, das heißt der Nordstaaten, zu stehen.«[13]

Als im Juli 1863 das gesamte Mississippi-Tal in der Hand der Unionstruppen war, hatte der Krieg Tennessee neben Virginia zum grausigsten Schlachtfeld gemacht. Carl Friedrich und Minna Münter warteten das Kriegsende nicht ab. Nachdem im November 1863 der wichtigste Eisenbahnknotenpunkt des Südens, Chattanooga, durch die Nordstaatler in der *Schlacht über den Wolken* am Lookout-Berg erkämpft worden war, erkannten sie die Hoffnungslosigkeit ihrer Lage. Um sie herum verbrannte Erde: Sollte ihr erstes Kind auf diesem verwüsteten Landstrich zur Welt kommen? Mitte Dezember 1864 verließen sie Tennessee. Minna Münter hielt die Erinnerung an die Kriegsschrecken durch ›folksongs‹ und ›old tales‹ aus den Südstaaten bei ihren Kindern wach und erzog sie zu überzeugten Kriegsgegnern.

Carl Friedrich Münter gründete kurz vor seinem vierzigsten Lebensjahr eine neue Existenz. Daß er ein beträchtliches Vermögen herüberretten konnte, bewies die Einrichtung von Zahnarztpraxis und Wohnung an Berlins Prachtstraße *Unter den Linden Nr. 58*. Das Privileg dieser zugkräftigen Adresse und der Titel *Amerikanischer Zahnarzt* verschafften ihm prominente Patienten[14], darunter auch Angehörige des preußischen Hofes. Im April 1865 wurde August, der erste Sohn, geboren, ihm folgten Carl Theodor – ›Charly‹ – im Oktober 1866, Emmy im Juni 1869 und mit einem Abstand von acht Jahren, am 19. Februar 1877, Gabriele, das liebevoll aufgenommene Nesthäkchen.

Ella verbrachte nur ihr erstes Lebensjahr in *Berlin*. Ihre Geschwister hingegen wurden nachhaltig vom quirligen Betrieb der aufstrebenden Großstadt erfaßt, die sich in jenen Jahren von einer preußischen Residenz zur Hauptstadt des Deutschen Reiches aufblähte. Die Euphorie der Gründerjahre gehörte zu ihren frühen Eindrücken: die Kraftentfaltung der Elektrizität, das Aus-dem-Boden-Stampfen von Bierpalästen, Massenrestaurants, Banken, Mietshäusern, mehrstöckigen Cafés und Nobel-Hotels. Carl Münter fühlte sich an den Pioniergeist der Neuen Welt erinnert. Seinem Charakter entsprach die Devise des ›toujours en vedette‹, die der Alte Fritz den Berlinern eingeschärft und die sich in ihrer Stadtgeschichte niedergeschlagen hatte.

Die Kindheitswege führten Emmy und die Brüder täglich durch Berlins ›Gute Stube‹; Neue Wache, Zeughaus, Opernhaus, Gendarmenmarkt und der nahegelegene Pariser Platz mit dem altehrwürdigen Palais Redern und dem Brandenburger Tor, das Schloß mit dem Schlüterschen Reiterdenkmal auf der Schloßbrücke bildeten ihre vertraute Umgebung. Vielleicht beruhte Emmys Neigung zum Großartigen und Eleganten auf diesen frühen Eindrücken, dachte Ella häufig, wenn sie ihren inneren Abstand zur Schwester bemerkte. Auch Charly bewies stets eine Vorliebe für festliche Kulissen. Bescheidung lag beiden nicht.

Münters verließen Berlin 1878, dem Jahr einer innenpolitischen Wende, der ›zweiten konservativen Reichsgründung‹. Bismarck setzte durch die Entfernung von zwei liberalen Ministern ein Zeichen und nahm nach einem Attentat auf Wilhelm I. das Ausnahmerecht zu Hilfe, um mißliebige Freiheitsbestrebungen auszuschalten. Die Kinder wußten den Vater auf seiten der Liberalen, die das Selbstbewußtsein der Bürger gegenüber dem Adel stärken wollten. Er schätzte die Romane Gustav Freytags[15], der dem Bürgertum die eigene Tüchtigkeit und politische Gestaltungskraft vor Augen führte. Er verehrte Victoria, die ihren Ehemann, den preußischen Kronprinzen Friedrich Wilhelm, beeinflußte, sich der liberalen Form des englischen konstitutionellen Königtums anzunähern, die Kunst zu fördern, die Frauenbildung zu verbessern, was sie zur Freude Minna Münters durch den Berliner Lette-Verein[16] zustande brachte.

Über die Gleichrangigkeit der Frau bestanden in der Familie Münter niemals Zweifel; die gemeinsame Aufbau- und Durchhaltekraft in den USA hatte dafür genügend Beweise geliefert.

Minna Münter hatte großen Einfluß auf ihren Mann. Von Natur einfach und großlinig, hätte sie lieber wie ihre Geschwister in der Weite und Vorurteilslosigkeit der Staaten gelebt. Sie beherrschte die deutsche Sprache nie fehlerlos und fühlte sich in Berlin wie eine Fremde, deren Fähigkeiten nicht gebraucht wurden. Wer als Kind im Planwagen durch den Mittleren Westen gerollt war, konnte dem gezähmten und auf Gefälligkeit dressierten Frauentyp eines den Adel imitierenden Großbürgertums nichts abgewinnen. Gabriele achtete die Mutter als eine wortkarge, herbe Frau, die ohne großen Gefühlsaufwand, ja mit einer oftmals befremdenden Gelassenheit durchs Leben ging. Im Pioniergeist erzogen, blieb sie unerschrocken in Gefahren und meisterte nicht nur, was an Forderungen auf sie zukam, sondern fügte sich auch schweigend ins Notwendige. Als junges Mädchen hatte sie einmal eine Klapperschlange erschlagen, die sich unter dem auf Pfosten gebauten Holzhaus ihrer Eltern eingenistet hatte und vor der die schwarze Dienerschaft angstvoll geflohen war.

In Wilhelmine Münter steckte das Zeug für eine vorbildliche Kolonistenfrau. In Berlin aber hing das Ansehen von der Zugehörigkeit zu gewissen Zirkeln, Vereinen oder Kreisen ab[17], von denen der Hofkreis der exklusivste und durch eine Art Numerus clausus von überschaubarer Mitgliedschaft war. Bei diesen ›Oberen Zehntausend‹ hatte die Frau als Zierde des Hauses Stellung und Rang des Ehemanns zu bezeugen; sie war sein kostbarster Besitz und zugleich sein Aushängeschild. Dazu eignete sich Minna Münter mit ihren ausgearbeiteten Händen und der massigen Figur gar nicht. Wo bei den Damen liebreizendes Auftreten, literarisches Geplauder, musische Darbietungen darauf abzielten, die wirtschaftlichen Erfolge des Ehemannes gesellschaftlich zu untermauern, fühlte sie sich überflüssig. Alles, was ihr an Schliff vermittelt worden war, entstammte *Godey's Ladybook*, zwei Bänden mit üppigen Ballroben und kargen Benimmregeln, 1861 in Jackson gedruckt. Kein Wunder, daß sie bei der Beobachtung des in allen Künsten schillernden Dilettantismus der ›besseren Gesellschaft‹ glaubte, es sei in der Alten Welt notwendig, den Töchtern ein schöngeistiges Flair zu vermitteln. Sie wenigstens sollten einmal die öde Zweckwelt ihres Mannes veredeln und ihm durch Klavierspiel, Gesang und ergötzliche Konversation die Sorgenfalten von der Stirn verscheuchen können. Sie selbst aber bewegte sich urwüchsig in den mit Nippes bestandenen Vertikos, Samtportieren und Palmkübeln vollgestopften Gründerzeit-Salons.

Carl Friedrich Münter hatte nach seiner Niederlassung in Berlin – 1864 – das Angebot des aufblühenden Aktienmarktes voll ausgeschöpft. Der im gleichen Jahr geführte preußische Krieg gegen Dänemark und ebenso der deutsche Krieg gegen Österreich von 1866 hatten die Bankgeschäfte in Berlin angekurbelt, weil alle Entschädigungsansprüche von dortigen Geldinstituten abgewickelt wurden. Wer rasch und mühelos zu Geld kommen wollte, drängte zum neuen Zentrum des Banken- und Börsenwesens[18], wo 1870 die erste reine Aktienbank – die Deutsche Bank – gegründet wurde. Auch die Kriegsanleihen vom Deutsch-Französischen Krieg 1870/71 hatten sich für die Geldgeber als ein vortreffliches und noch dazu schnell florierendes Geschäft erwiesen. Solche Beispiele einer wundersamen Geldvermehrung zeigten ihre Wirkung auf die moderate Spielernatur Carl Münters, der schon in den Staaten durch ›sichere Spekulation‹ das Geld für sich hatte arbeiten lassen. Das Berliner Börsenfieber[19] steigerte sich mit der rasanten technischen Entwicklung, bis es 1873 zum Gründerkrach kam, der die Spekulationswelle beendete und auch Münter verarmt zurückließ. Da war es gut, daß er in Herford noch ein Fachwerkhaus besaß, in dem sein Bruder Gustav inzwischen eine solide Arztpraxis betrieb, aus deren Erträgen er dem Aktiengeschädigten eine Kaufsumme von 15 000 Mark anbieten konnte. Damit gründete Carl Friedrich Münter 1878 zum dritten Mal eine Existenz, diesmal in seiner Vaterstadt Herford. Er mußte jedoch bald feststellen, daß der Prophet im eigenen Lande wenig galt.

Ausschlaggebend für den Wegzug aus Berlin war aber wohl der seit 1877 breit angelegte Kampf gegen die zahnärztliche Kurpfuscherei, der sich hauptsächlich gegen die amerikanischen Zahnärzte richtete[20], »von denen viele drei oder vier Monate früher noch Barbiere, Hausknechte oder Goldarbeiter gewesen sind.«[21] Man las in den Zeitungen von erschwindelten Graduierungen, entlarvten Scheininstituten, die auch in Deutschland[22] einen schwunghaften Handel mit

Diplomen getrieben hatten. Die Bevölkerung, durch den öffentlich geführten Streit mißtrauisch geworden, mied nun die amerikanischen Zahnärzte, deren Ausbildungsstand sie ein Jahrzehnt vorher so hoch eingeschätzt hatte.[23] Vermutlich wollte Münter solchen Verdächtigungen entgehen und zog sich von der Berliner Kampfbühne auf einen Zuschauerplatz in der Provinz zurück.[24] Welche Gründe ihn auch bewogen hatten – für die Familie bedeutete die Übersiedlung nach *Herford* den Abschied von der großstädtischen Freizügigkeit und die Einbindung in die westfälische Familientradition.

Die frühe Kindheit vermittelte Ella das Bild einer in sich ruhenden, gediegenen Welt. Sie wurde als ein empfängliches Kind geschildert, das mit großen Augen seine Umgebung wahrnahm und in sich verschloß. Im Kreise der älteren Geschwister wuchs sie wie ein Einzelkind auf. Man beschäftigte sich freundlich, aber beiläufig mit ihr. Sie mußte all ihren Mut zusammennehmen, um sich eine kleine Spielwelt und den großen Kreis der Verwandtschaft selbst zu erobern.

Die ostwestfälische Kleinstadt lag im Hügelland der Werre, zwischen dem Teutoburger Wald und dem Weser- und Wiehengebirge. Diese Landschaft bot sich nicht an. Auch bei gleißender Sonne strahlte sie eine gewisse Schwermut aus. Wenn der feuchte Westwind Wolken über die Norddeutsche Tiefebene trieb und sich am Randgebirge des Osning brach, konnte sie sich drohend verfinstern. Seit Tacitus' Zeiten galt der Teutoburgiensis saltus als Grenzscheide zum Unzugänglichen. Hier hatten sich Roms Truppen im Dickicht verfangen; über die Weser kamen sie nicht. Hier begann schon immer der Norden, auf den kein Abglanz mediterraner Fülle fiel. Hier lebte das alte Sachsenland fort, Widukinds Land, das sich bis ins achte Jahrhundert hinein dem christlichen Glauben widersetzt hatte und dessen heidnische Unterschicht nach der gewaltsamen fränkischen Missionierung nur allmählich übertüncht worden war. Von Thing- und Schädelstätten, Galgenbergen und Hexenmalen hörte die kleine Ella in Landschafts- und Straßennamen; das Odinsche Erbe wirkte vielfältig nach, auch wenn zur Umwidmung solcher unheimlichen Orte Klöster gegründet und Kruzifixe aufgestellt worden waren.

Aberglaube und Spökenkiekerei durchzogen Ellas frühe Kindheit. Sie wurde und blieb aufgeschlossen für das Geheimnisvolle, das Unnennbare, für alles, was nur ahnbar und nicht mit dem Verstand zu fassen war. Emmy hatte ihr zum elften Geburtstag ein magisches Rezept der Herforder Cousinen vermittelt, das sie streng befolgte: »Man gehe am Johannistag (dem 21. Juni) morgens zwischen 11 und 12 Uhr ins Freie, binde dort ein Kränzchen von sieben verschiedenen Kräutern oder Blumen und bringe diesen Kranz, *ohne ihn durch eine Türe zu tragen* und ohne zu sprechen oder zu lachen, in sein Schlafzimmer, lege ihn unter das Kopfkissen und träume etwas recht Schönes, dann geht es in Erfüllung. Aber merke Dir, nicht lachen und nicht sprechen, bis die heilige Handlung vorbei ist. Viel Glück!«[25]

Charly sah sich ein paar Jahre später veranlaßt, solch spiritistischem Treiben entgegenzutreten. Gedankenlese-Kunststücke und Kartenraten seien ja noch vertretbar, er warne die Schwester jedoch vor dem Tischrücken: »Entweder ernst bei der Sache oder mach lieber nicht mit; nimm mal an ... wenn wirklich die Seelen der Verstorbenen die Bewegungen des Tisches unter dem Einfluß mediumistischer Veranlagung eines Teilnehmers machten, so triebe man doch besser mit solchen Sachen keinen Scherz.«[26]

Ella hatte jedoch sehr früh erkannt, daß auch ihr über alles geliebter Vater Respekt vor den Pforten des Unbegreiflichen bezeugte, wenn er die Riten seiner Loge Quodlibet befolgte. Um seinen eigenen Weg zur Seligkeit auszumachen, hatte er viele theologische und philosophische Werke gelesen, bis er im Vollzug von Ordensregeln in dieser Bruderschaft den transzendentalen Verlockungen entging. Als Freimaurer hatte Carl Münter seine Neigung zum Mystischen, die in Westfalen verbreitete Schwarmgeisterei, mit der Zucht des Denkens einzugrenzen vermocht.

Der ›Amerikaner‹ war trotz seiner Weltläufigkeit einer jener typischen Westfalen geblieben, auf die Heinrich Heines Charakterisierung als »sentimentale Eichen« zutraf. Das äußerst verletzliche Gemüt mußte auch bei ihm in einer rauhen Schale Schutz finden. Seine Freundschaft war schwer zu erringen, und die Redewendung, daß man erst einen Scheffel Salz zusammen gegessen haben müsse, galt für ihn wie für alle Querschädel dieser Familie. Wem sie aber einmal Vertrauen geschenkt hatten, dem blieben sie unbeirrbar treu; bei Wortbruch oder Verrat schien ihnen die Weltordnung verletzt.

Zähes Beharren und ein Sinn für das Echte kennzeichnete die Menschen, unter denen Ella die frühe Kindheit verbrachte. Lag es an der protestantischen Hochschätzung des Wortes, das ja als Predigt stets den Mittelpunkt des Gottesdienstes bildete, daß man hier ein Versprechen so ernst nahm? Schon die kleine Ella lernte: Hinter jedem Wort steht eine Wahrheit. Darauf beruhte die Verläßlichkeit der Welt.

Münters wohnten im neueren Teil der Stadt, wo der Vater in der Bielefelder Straße ein stattliches Haus gebaut hatte.[27] Ella kroch gern durch den Zaun zum Nachbarn Rosenberg, der Steinmetz und Bildhauer war. Stundenlang mochte sie zuschauen, wie er das Wunder zustande brachte: Aus dem Steinblock schälte sich ein Bildnis. Wenn sie den Meister in seiner Werkstatt hantieren sah, dachte sie an das Wappen, das in der Platte eines kleinen goldenen Petschafts eingraviert war, mit dem die Mutter ihre Briefe siegelte. Manchmal durfte Ella das Bild in den Siegellack eindrücken, der heiß auf den Briefverschluß getropft war, und dann sah sie ganz deutlich einen Mann mit erhobenem Hammer. Der Vater erklärte ihr dazu, daß der Name Münter von ›Münzer‹ oder ›Münzner‹ oder im Niederdeutschen ›Minter‹ stamme, der Leiter einer Münzstätte gewesen sei, in der das Geld geprägt wurde.

Der Münzner habe mit Hammer und Stichel das Metall bearbeitet wie Rosenberg den Stein.

Bevor der Steinbildner zu Hammer und Meißel griff, zeichnete er den Aufriß. Die spitzen Graphitstifte erschienen Ella wie Zauberstäbe. Alles begann mit einem leeren Blatt Papier! Ella wünschte sich zu Weihnachten oder zum Geburtstag große weiße Bogen und Stifte. »Liebe Ella«, schrieb ihr Bruder Carl am 19. Februar 1883, »Du wirst nun heute sechs Jahre alt, also schon ein vernünftiges kleines Mädchen, welches Ostern in die Schule will. Darum habe ich Dir keine Puppe oder sonst Spielzeug gekauft, sondern ein Messer. Nicht, um Dich damit in die kleinen Fingerchen zu schneiden, sondern um Bleifedern damit anzuspitzen.« Die Zeichenstifte ersetzten Ella die Spielgefährten. Vielleicht zeichnete sie darum so gerne Köpfe, immer wieder Köpfe! Das erschien ihr wie etwas Verbotenes, wie eine heimliche, unerlaubte Annäherung. Darum verbarg sie in einer gewissen Scham die Blätter vor den Erwachsenen.

Manchmal tauchten in ihren Kinderzeichnungen auch spitzgiebelige Fachwerkhäuser auf, deren klare Gliederung sich tief in ihr Gedächtnis eingeprägt hatte. Die dunklen, senkrechten Zimmererbalken standen auf waagerechten Schwellen und wurden oben vom ›Rähm‹ eingebunden. Die in diesem hölzernen Rahmen scharf konturierten Flächen, gekälkt oder mit Ziegelmuster ausgemauert, malte Ella mit tonfarbigen Buntstiften ab. So wurde der Aufbau eines Hauses für sie durch ein festes, nachzuzeichnendes Gerüst anschaulich. Ihr Stift tastete der Wirklichkeit nach und machte sie begreiflich. Die Hausfassade, gesehen als ein Wandgefüge aus Kanthölzern, war nur ein Beispiel für ihre schon in der Kindheit charakteristische Art, den Dingen zeichnend auf den Grund zu kommen.

Noch etwas wurde von früh auf für sie wichtig: das Wasser. Das Rauschen der Herforder Kornmühle war im alten Münterschen Stammhaus wie ein beruhigender Unterton immer zu hören. Die Mutter mußte die kleine Ella im Sommer stets warnen, das Schwimmen, das sie ihr schon früh beigebracht hatte, nicht zu lange auszudehnen.[28] Stundenlang spielte Ella auch allein im Zaubergarten der Mutter, den das gemächliche Flüßchen Aa begrenzte. Da gab es »einen Hühnerhof, Erdbeerbeete, Spargel, Rhabarber, Mais und Tomaten (man kannte dieses Gemüse damals in Deutschland noch nicht, die Eltern hatten es in Amerika kennengelernt). Vor dem Hause hatte die Mutter Beete mit Zinnien und Fuchsien angelegt ... und um die Wiese blühten Narzissen, in denen man die Ostereier fand.«[29] In den Buchsbaum-Hecken nisteten Vögel, deren Namen der Vater kannte oder – während Ella ihm gespannt über die Schulter blickte – in *Brehms Tierleben* suchte. Diese Welt war geheimnisträchtig und doch in ihren verwinkelten Dörfern heimelig, überschaubar und geordnet.

Nur sechs Jahre ihrer Kindheit verbrachte Gabriele Münter in Westfalen, und doch blieb ihr lebenslang das Gefühl, hier verwurzelt zu sein.[30] So seltsam es schien, auch die schattige Familiengruft auf dem evangelischen Friedhof in Herford trug dazu bei. Oft hatte sie sich die Inschriften des marmornen Grabobelisken vorlesen lassen, hinter denen sich spannende Geschichten verbargen, etwa wie ihre mal- und musikbegabte Großmutter, Juliane Margarete Ehrlich, durch Liebeslist der strengen Fuchtel des Bruders entronnen war. Dieser anekdotenumrankte Justizrat hatte im konservativen Geist der Familie alles gehaßt, was das Gleichmaß des Altgewohnten störte, und darum später auch seinen Neffen, den ordnungswidrigen Hitzkopf Carl Friedrich, gründlich verurteilt.[31] Die heitere und sangesfrohe Juliane aber hatte, der Bevormundung müde, das Herz des königlichen Steuereinnehmers Friedrich Heinrich Münter, Ellas Großvaters, im Sturm gewonnen und zu allem Eheglück auch noch ein reiches Erbe an Feldern, Wäldern und Mühlenbeständen in die Familie gebracht.

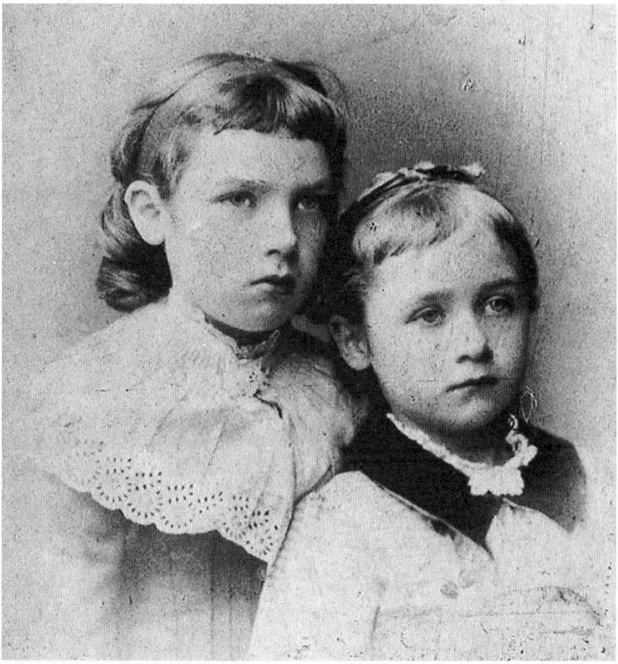

Gabriele Münter und ihre Cousine Julie Münter, Herford 1884.

Staunend hatte Ella auch erfahren, daß der Name Friedrich aus Respekt und Wertschätzung für den Alten Fritz in die Familie gelangt war. Weil Ellas Großvater am 17. August 1786, dem Todestag Friedrichs des Großen, geboren worden war, hatte der Pastor Carl Henrich Münter aus Stift Quernheim seinen Sohn nicht nur mit dem Namen des von ihm verehrten Königs ausgezeichnet, sondern sich fortan auch bemüht, ihn zum Vollblutpreußen zu erziehen.[32] Kein Wunder, daß auch der spätere königstreue Steuereinnehmer von den umstürzlerischen Reden seines Sohnes Carl Friedrich tief getroffen war und mit der Aussiedlung des jungen Revolutionärs kurzen Prozeß gemacht hatte. Dieser aber beantwortete bald darauf als Einwanderer in den USA die Frage: »Which of my parents do I copy after, mentally, the most?«, lakonisch mit: »Mother«.[33]

Ella fühlte sich fest in der Familientradition verankert, obwohl sie oft beiseite stand und unbeachtet blieb. »Ein feines Erleben meiner frühen Kindheit war Cousine Julie. Sie bemutterte mich lieb und gut, ich war zwar nur ein Jahr jünger, aber ich war doch doof und weltfremd. Julie nahm mich mit und paßte gut auf mich auf. Ich war ja einsam, während sie im Leben stand, drei kleine Brüder zu bemuttern hatte und eine resolute, kleine Person war, immer zuverlässig und gut. Ich habe ihr immer die Treue gehalten.«[34]

August, der zwölf Jahre ältere Bruder, studierte schon Medizin. Ella bewunderte ihn von weitem. Auch Emmy war ihr fern und fremd. Sie fürchtete ihren Spott und den erzieherisch überlegenen Ton. Charly stand ihr am nächsten, aber auch er kehrte stets das Gewährende eines großen Bruders heraus. Was bei ihr als Sanftmut und Fügsamkeit gelobt wurde, war eher die Scheu und Verschlossenheit eines Kindes, das Zänkereien möglichst auswich, weil es sich gegenüber den älteren Geschwistern nicht durchsetzen konnte. Dafür entwickelte sie einen beharrlichen Trotz.

Die Mutter nannte Ella *Peacemaker*. Das schien auf Friedfertigkeit und Sanftmut hinzuweisen.[35] Doch Minna Münter stammte aus dem amerikanischen Süden, und dort bezeichnete man im Volksmund mit *Peacemaker* einen unerbittlichen Friedensstifter: den sechsläufigen Trommelrevolver mit Kipplauf, den Samuel Colt[36] erfunden hatte und gegen dessen letztes Wort es keine Gegenwehr gab. Diese Bedeutung von Ellas Necknamen paßte besser zu den häufigen Warnungen der Mutter, sie möge doch nicht so dickköpfig, so direkt, so konzessionslos und abrupt sein. Sie versteife sich, schneide anderen das Wort ab und neige zu mürrischer Verweigerung. Das war ihre Waffe, um sich gegen die übermächtige Erwachsenenwelt zu wehren.

»Vor der Schulzeit dachte ich mir die Namen der Menschen als Farben, und ich erinnere mich, daß der Name meines Lieblings Julie für mich klang wie ein schönes Weinrot ... Die Farben der anderen Namen habe ich vergessen. Jedenfalls waren Julie und Charly meine Liebsten. Sie waren immer gut zu mir.«[37] Der Bilderreigen der frühen Kindheit erhielt den ersten Riß, als Ella sich 1884 von Julie trennen mußte und gleichzeitig ihre vertraute Umgebung verlor. Kurz nach ihrer Versetzung ins zweite Schuljahr zog die Familie ins nahegelegene Oeynhausen, das gerade mit seinem ›hylligen Born‹ vom einstigen Bauernbad Rehme zum preußischen Kurbad aufgestiegen war. Um den Ansprüchen der verwöhnten Gäste aus der Reichshauptstadt zu genügen, war ein stattliches Kurhaus gebaut worden. Hoffte Münter, daß hier seine Berliner Beziehungen wieder aufleben könnten? Die Gunst des Ortes war unübersehbar, und doch scheint sein Vorhaben glücklos verlaufen zu sein.[38] Münters wechselten den Wohnort im gleichen Jahr noch einmal: sie ließen sich in Koblenz nieder.

In der ›preußischen Residenz am Rhein‹ verbrachte Ella ihre Schulzeit; hier blieb sie bis 1898. Ihrem Vater aber waren nach der Übersiedlung nur noch zwei Lebensjahre vergönnt. Am 14. April 1886 meldete der Student Carl Theodor Münter der dortigen Behörde den Herztod des 59 Jahre alten ›Hofzahnarztes‹.[39]

Die neunjährige Ella erfuhr zum ersten Mal die Macht des Endgültigen: Versäumtes war nicht nachzuholen. Schuldig gebliebene Beweise von Liebe und Dankbarkeit waren nicht mehr zu erbringen. Da sie sich jedoch mit dem Vater im Einverständnis fühlte, ertrug sie den Abschied ohne Reue und mit der Tapferkeit der Jugend, die dem Sterben noch fernsteht. Als jedoch ein halbes Jahr später, im Januar 1887, ihr ältester Bruder August mit zweiundzwanzig Jahren den Tod fand, erfaßte sie jähes Entsetzen.[40] Er war der einzige gewesen, dem sie ihre sonst verborgen gehaltenen Skizzen gezeigt hatte; denn ihm gegenüber, der schon als promovierter Zahnarzt zum Begräbnis des Vaters aus den USA gekommen war, empfand sie den notwendigen Abstand, der solche Vertraulichkeit zuließ. Indem sie ihn in ihre Zeichenlust einweihte, überwand sie eine Scheu, als gestände sie ihm etwas Verbotenes: die heimliche Beobachtung und Besitznahme von Menschen ihrer Umgebung. Und gab sie nicht gleichzeitig viel mehr von sich preis – ihre Befangenheit bei tatsächlichen Begegnungen, ihre Hemmung vor Nähe, ihre Einsamkeit?

August, verwundert über die bisher von niemandem bemerkte Begabung, hatte sie ermutigt, fleißig weiterzuzeichnen. So verlor sie in ihm nicht nur einen Mitwisser, sondern auch ihren einzigen Verbündeten.

Im Schmerz dieses ersten, unwiderruflichen Abschieds entdeckte sie etwas Rettendes: das Bild. Es ermöglichte, alles, was man nicht vermissen wollte, festzuhalten. Es setzte eine Schranke vor das endgültige Vergessen. Zeichnen bedeutete für sie fortan: Behalten-Wollen. Es war Beschwörung und Bewahrung von Menschen und Erlebnissen.

Die frühe Berührung mit dem Tod hatte ihr Vertrauen in die Zuverlässigkeit der Welt erschüttert. Daß sie nicht in Verlustangst und Unsicherheit verstrickt blieb, verdankte sie der starken Natur ihrer Mutter. Dem Land, das Minna Münter geprägt hatte, fuhr sie nun entgegen.

2. Kapitel

Lebensschwung

Das Kindheitsland der Mutter kennenzulernen, wünschte sich Ella, seit sie sieben Jahre alt war. Damals hatte ihr die Mutter von einem Besuch in Tennessee einen Brief geschrieben und über das Leben der Großeltern Scheuber Aufregendes berichtet. Da war von unbekannten Früchten die Rede gewesen, von Ananas, Wasser- und Honigmelonen, von Blumen und Bäumen, deren Namen voller Geheimnisse steckten. »Das wäre so recht etwas für meine kleine Ella! Die Kinder in Coffelanding haben einen Waldvogel Thrush, der frei herum läuft und aus der hand frisst. 2 Hunde und eine menge Hühner, die sogar ihre Eier ins Haus legen wenn mann nicht sehr aufpasst und sie hinaustreibt hier werden sie nicht eingespert wie bei uns, sondern laufen frei herum, wie alles andere Vieh, wie Kühe Schweine und dergleichen. Es würde Dir alles wohl recht eigenthümlich vorkommen, es ist fast gar nichts wie bei uns, hier auf dem Lande, keine gepflasterten wege, kein Rasen über den Du nicht laufen darfst, und die Kinder gehen der Hitze wegen im Hause, meistens Barfuss.«[1] Wie verlockend hatte das alles geklungen! Es verhieß Abenteuer und Freiheit.

Die Mutter hatte den Kindern die Augen für die Anmut der kleinen Dinge geöffnet. Sie war von einer überzeugenden Diesseitigkeit. Sie konnte eine leckere Mahlzeit wahrhaft genießen oder sich über ein neues Kleid kindlich freuen. Einfach und praktisch, durch äußeren Schein nicht zu blenden, zupackend, wo es not tat, galt sie allerorts als eine patente Person. Sie behinderte ihre Kinder nicht, wenn sie ihren Neigungen folgten, aber sie förderte auch nicht deren Vorlieben und Talente. Bei ihr herrschte die Sorge um das leibliche Wohl der Familie vor. Auch ihre Briefe aus den Staaten bestanden aus nützlichen Hinweisen, etwa daß Ella vom Milchtrinken rote Backen bekomme oder Emmy in frischer Waldluft herumstreifen solle, das behebe die Bleichsucht.

Ella war nach dem Geschmack der Mutter zu sehr in sich gekehrt. Oft konnte man sie aus ihrer fast schwermütigen Versonnenheit nur mühsam herausreißen. Die heftigen Migräneanfälle, die nach ihrem zwölften Lebensjahr regelmäßig auftraten, verstärkten oft Unmut und Gereiztheit. Ihr aufblitzender Trotz war verbunden mit einer fanatischen Wahrheitsliebe, die geradezu an Selbstschädigung grenzte. »Ella lügt nicht«, sagte die Mutter, aber sie sah das Grundsätzliche und Kompromißlose bei ihrer Jüngsten nicht ohne Bedenken.

›Ellakind‹ liebte vor allem die Schulfächer, die ihr die Welt erschlossen: Biologie, Geographie, Geschichte waren so recht nach ihrem Geschmack, doch auch der Religionsunterricht gefiel ihr, soweit er sich nicht im Auswendiglernen von Bibelsprüchen und Psalmen erschöpfte. Sie freute sich an Heilsgeschichten und Legenden und sah alles bildhaft vor sich. Anschaulichkeit brauchte sie, der gebotene Lehrstoff mußte sich in Gestalten verdichten, damit er sie fesselte. »Ich weiß ja, wie gern du liest«, schrieb Bruder Charly[2] und schenkte ihr Mädchenbücher, die in krassem Gegensatz zu ihrem naturkundlichen Wissensdrang standen. Sie gewährten ihr den Rückzug in eine Gartenlauben-Welt, in der sie zum Zaungast wundersamen Glückes wurde. In W. Haimburgs ›Aus dem Leben meiner alten Freundin‹, das zur konventionellen Mädchenlektüre jener Jahre gehörte, stand die Widmung: »Kein Menschenherz geht schmerzlos durch dies Leben, doch einmal wohl hat's eine Blütezeit, an die es denkt in der Erinnerung Stunden, vergessend jedes gegenwärt'ge Leid.« Lesewütig vertiefte sie sich in eine ihr noch fremde Gefühlswelt, traurig und süß zugleich: ›Einsame Blumen‹, eine Erzählung für heranwachsende Mädchen, von Julie Werner; ›Verwaist‹ von Clementine Helm; ›Ein Veilchenkranz, erbaulich-lehrreich und unterhaltsam‹, ›Schule und Leben‹ von Adelheid Wilder-

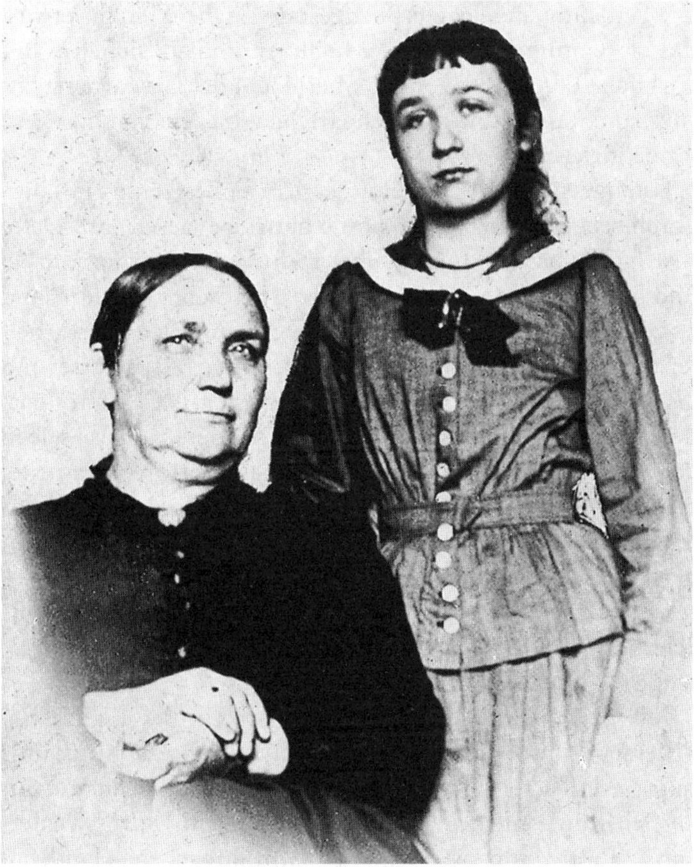

Gabriele Münter um 1890 mit ihrer Mutter in Koblenz.

muth, die Frauen als sanfte, alles verzeihende Dulderinnen beschrieb. Da war viel die Rede von Himmelsglocken und Bräuten, von Treue und Tränen und freudigen Opfern für den Geliebten. Ellas Bücherregal enthielt alle Romantitel der Marlitt, die das Aschenbrödel-Motiv variierte: ›Heideprinzeßchen‹, ›Reichsgräfin Gisela‹, ›Goldelse‹ oder ›Das Geheimnis der alten Mamsell‹.[3] In dieser schlichten Schwarz-Weiß-Malerei wurde die komplizierte Welt tröstlich vereinfacht.

Die eindeutig angelegten Buchgestalten schenkten ihr etwas, das sie empfinden konnte. Mit ihnen zog sie sich wie mit wirklichen Freunden vor der Übermacht der Geschwister zurück in ein umzäuntes Seelengärtchen, das einzig und allein ihr gehörte.

Solange sich der Zeichenunterricht des Lyzeums in kalligraphischen Übungen erschöpft hatte, bewiesen ihre Hefte sowohl Unlust als auch Mühe, recht ordentlich mit Zirkel und Bogen Kreise zu schlagen oder Ornamente aus der Hand zu zeichnen. Zwischen den vom Lehrer aufgegebenen Arbeiten aber tauchten plötzlich Köpfe auf, füllten Löschblätter und Heftränder. Schon als Kind hatte sie überall Gesichter entdeckt, in Falten und Mulden der Samtportieren ebenso wie in den Steinen, die sie aus den Bächen in Herford sammelte, oder in den glatten Kastanien, denen sie nach dem Ausschälen aus der dornigen Hülle gern Augen und Mund einzeichnete. Mädchenköpfe mit kunstvoll-modischen Lockenfrisuren, gebauschten Ärmeln und Rüschenkragen wachsen aus Schönschreibübungen; darunter befindet sich auch eine treffende Kopfskizze von Emmy.[4]

Ella zeichnete im Konzert, bei Tisch, in der Eisenbahn. »Meine frühe Neigung zum Zeichnen kam ganz aus mir selbst. Als ich 14 Jahre alt war, fiel die Treffsicherheit auf, mit der ich Köpfe meiner Umgebung in bloßem Umriß wiedergab.«[5] Einmal umzog sie mit dem Stift ihre eigene Hand, ein Spaß, und doch eine Erkenntnis: »Dies ist Ella ihre Pfote«, schrieb sie dazu und begriff, daß allein schon in der Flächenbegrenzung die Eigenart ihrer Hand zum Ausdruck kam. Ihr Blick verhakte sich nicht am Vielerlei der Einzelformen, sondern übte die Zusammenschau, zielte auf das Wesentliche, das die Umrißlinie ohne Flächenschattierung und Binnenzeichnung auszudrücken vermochte. Es war ein Geschenk ihres Sehens, aus der Vielfalt das Typische in der Kontur zu erfassen. »Der Anfang war talentvoll, und alles und immer muß ich gezeichnet haben ... Aber einen rechten Lehrer, der mich förderte, wie ich es gebraucht hätte, fand ich doch nie.«[6] Im Rückblick sagte Münter: »Was ich im Zeichnen vermochte, darauf bildete ich mir gar nichts ein, weil ich es mühelos tat.« Sie zeichnete »immer nur Gesichter. Andere Kinder malten Geschichten. Ich versuchte nicht, Ereignisse und Handlungen darzustellen. Als ich 14 Jahre alt war, zeichnete ich in der Sommerfrische die Köpfe der Kurgäste ab, und die Erwachsenen fanden diese Konterfeis so treffend, daß sie sie mir gern entführten.«[7]

Die zeichnerische Treffsicherheit, einen Charakter in wenigen Strichen einzufangen, beruhte auf ihrer überdurchschnittlichen Einfühlungsgabe in Menschen und war mit dem Mut verbunden, blitzschnell durch den Stift ein Gegenüber einzukreisen und – so durchschaut – aufs Papier zu bannen. Die Linie, mit der sie ein Gesicht erfaßte, war immer zugleich Angriff. Was als Spiel und absichtslose Fertigkeit wirkte, war auch vorgreifende Entwaffnung eines Gegenübers. Peacemaking mit dem Stift? Das schüchterne Kind gewann seine Überlegenheit gegenüber dem Gezeichneten. Er war durchschaut, das Urteil gefällt: Zeichnen war zugleich Sieg und Aneignung.

Seit 1883 führte Ella Portemonnaie-Kalender, briefmarkengroße Notizbücher, in die sie stichwortartig eintrug, was der Tag ihr bot. Mit diesen Alibibüchlein begann die lapidare Dokumentation ihres Alltags, die alles erfaßte, was sie ordnen und nicht dem Vergessen anheimgeben wollte. Die wertfreie, kommentarlose Aufzählung bloßer Fakten hatte nur für sie selbst Erinnerungswert. Ein Fremder konnte allenfalls an Reihenfolge und Wiederholungen erkennen, was für sie von besonderer Bedeutung war.

Wichtig war demnach der Bruder, Charly. Wenn Emmy mit der Mutter gegenüber »unserem Kind« ein Bündnis einging, so war Carl stillschweigend von Ellas Partei. Er besuchte die Hotelfachschule und entwickelte sich zum Feinschmecker und Weinkenner. »Carl kommt«, trug Ella in freudiger Erwartung in ihr Kalenderchen ein. »Carl in Koblenz«, »Carl nach Triberg«, »Carl da«, »Carl fort«, so zog sich die Spur ihrer Anhänglichkeit an Carl durch viele Jahre. Mit ihm tauschte sie Leseerfahrungen und Bücher aus. »Habe mir Arno Holz' ›Phantasus‹ gekauft . . . hatte Selbstanzeige in der ›Zukunft‹ gelesen«, schrieb Ella, oder sie bestellte bei ihm »›Schopenhauer‹ und ›Kaiser und Galilea‹, das wäre wohl genug für die nächste Woche«.[8]

Durch Carl lernte Ella Ibsens Theaterstücke kennen. Es erregte sie, daß dessen Frauengestalten ihr Schicksal nicht aus der Hand eines Mannes empfingen, es nicht ›erlitten‹, sondern – um Mündigkeit und Freiheit bemüht – das Gesetz des Handelns auf sich übertrugen. So etwas konnte sie mit Carl besprechen, der sich 1898 mit einer selbstbewußten Amerikanerin, der Sängerin Mary Quint, verheiratete. Als Vermögensverwalter der Schwestern sah er später die Möglichkeit, einen Regel und Anpassung verlangenden Broterwerb zu umgehen. In der Verwandtschaft hieß es spöttisch, er sei von Beruf »Zeitgenosse«. Klein von Wuchs, erwies er sich groß in seiner Genußfähigkeit. Man billigte ihm wegen seines schlagfertigen Witzes eine gewisse Neigung zu wirkungsbewußten Auftritten und der damit verbundenen Verschwendungssucht zu. Er frönte dem Glücksspiel und setzte hohe Beträge bei Pferderennen, brillierte zudem in allen Künsten, übte sich in Photo- und Drucktechniken, stellte Bildpostkarten als Curiosa her, war Eigentümer einer Kiesgrube, in der er gern herumstöberte, die aber wenig abwarf. Vielbelesen, hatte er stets verblüffende Zitate auf den Lippen und konnte sich in jeder Situation durch ein Bonmot retten. Was kennzeichnete ihn mehr als der Wunsch, daß auf seinem Grabstein der Spruch Horaz' eingemeißelt werden sollte: »Aequam memento rebus in arduis servare mentem«?[9]

Ella duldete es sogar, daß der ›kleine Mü‹ mit einer gewissen Würde die Vaterpflichten übernommen hatte. Er mahnte und belohnte »treues und rechtliches Verhalten« und schrieb der 19jährigen Ella, die in Herford den Haushalt erlernen sollte: »Ich meine, Du seist schon lange genug verwildert und kämst nun nach Hause, damit man Dich aufs neue zähme ... Du bist ja auch recht brav gewesen, laß Dir ein Zeugnis von Deinem Pensionsmonat ausstellen ... und von dem Professor der Malkiste.«[10] Carl war inzwischen zum Berater für ihre Zeichen- und Malstudien aufgerückt. Auch er war begabt, ein Gegenüber blitzartig zu erfassen. Seinem analytischen Sehen folgte jedoch kein zeichnerisches Echo, sondern der gesellige Kontakt. Für eine zielgerichtete Beschäftigung mit der Kunst fehlte ihm die Ausdauer. Um so beteiligter zeigte er sich an Ellas Fortschritten.

Koblenz bot der theaterbesessenen Schülerin in seinem prächtigen Barockbau ein breitgefächertes Opern- und Schauspielprogramm. Kammermusik-Abende gaben Impulse für ihre Klavierstunden. Sie übte täglich, studierte Partituren und komponierte kleine Lieder zu selbstverfaßten Texten.

Schlechtes Wetter bedeutete für die lufthungrige und sportbegeisterte Ella eine Art Gefangenschaft. Das winterliche Eislaufen war ihr ebenso lieb wie Schwimmen und Reiten im Sommer. Wind, Sonne, Temperatur bestimmten bei ihr, der Wetterfühligen, Verzagtheit und Elan. Sie verzeichnete im Kalender regelmäßig die Mondphasen und glaubte sich davon abhängig bei Schlafstörungen und quälendem Kopfweh, das sie oft zum Stilliegen in abgedunkelten Räumen zwang.

Ella stellte jedem Portemonnaie-Kalender ein Jahresmotto voran; 1895 riet sie sich, die zu vorschneller Selbstverteidigung und Wortabschneiden neigte, Bedachtsamkeit an: »Sage nicht, was du weißt, aber wisse immer, was du sagst (Claudius).« Auch andere Wahlsprüche zeugen von ihrer Neigung zu moralisierender Selbsterziehung; 1896 aber nannte sie recht unbeschwert »Das Jahr der Räder«. Seit sie an einem Velociped-Rennen teilgenommen hatte, wünschte sie sich voller Ungeduld ein eigenes Rad. Wie die Eintragungen verraten, erschien ihr das Datum dieses Wettkampfes, der 21. Juni 1896, ebenso wichtig wie der 15. Mai, an dem sie in Herford zwei Malstunden nehmen durfte. Doch beides fand wenig Zustimmung bei Mutter und Bruder, die ihr einmütig rieten, sich den Kauf einer ›Tretmaschine‹ aus dem Kopf zu schlagen und das Zeichnen oder Malen weiterhin als amüsante Handfertigkeit zu betreiben.

Emmy schien zufriedener, weniger kantig, wohl auch von trägerem Temperament. Zwischen ihren Verabredungen mit Verehrern, Schneiderin und Hutmacherin bemalte sie Porzellanteller mit Blumenranken oder stickte vorgezeichnete Deckchen, ›zum Zeitvertreib‹. Auch Musizieren und Lesen blieben für sie schöngeistige Beschäftigungen ›für den Hausgebrauch‹ und Voraussetzung für eine ›gute Partie‹, die sie möglichst spät eingehen wollte. Sie war eine auffallende Erscheinung, brünett, mit ebenmäßigen Zügen unter einer lokkigen Haarfülle. Die Mutter war stolz auf ihre schöne, stets umschwärmte Tochter. Ausritte, Radfahrten, Reunions, Jours, Ausflüge auf Rhein und Mosel, Tanzkränzchen und Garnisonbälle – Emmys Programm der Kurzweil war schon vor den bewundernden Augen der Schülerin Ella abgelaufen, die es immer und überall schwer haben würde, gegen die äußeren Vorzüge von »Mutters Ältester« anzukommen. Carl murrte, daß inzwischen beide Schwestern mit den Offizieren der Koblenzer Garnison ausritten oder Casinobälle besuchten, die ernsthaften Heiratskandidaten aber immer abgewiesen hatten. Ella foppte ihn daraufhin mit einem Scherzgedicht über ihr – von ihm mißbilligtes – Rauchen und seine Ungeduld, die Schwestern unter die Haube zu bringen: »Rauchend sitz ich hier schon lange, / und es wird mir angst und bange, / daß mit allen Raucherringen / es mir besser will gelingen, / als 'nen Ring, den Ring der Ehe / bald an meiner großen Zehe, / – wollte sagen: meinem Finger, / an dem vierten dieser Dinger, / endlich auch mal anzubringen ...« Die Vorwürfe des Bruders galten jedoch in erster Linie Emmy. Sie war nun 28 Jahre alt und nicht nur in seinen Augen ein ›spätes Mädchen‹. Minna

Münter aber hatte ihre Töchter darin bestärkt, daß »the pursuit of happiness« Leitgedanke auch des Frauenlebens sein müsse, eine Heirat aber unweigerlich die Übernahme lästiger Pflichten bedeute und zudem die Freiheit koste, die Voraussetzung allen Amüsierens sei.

Auch Ella hatte nicht die Absicht, aus dem Höhere-Tochter-Dasein auszubrechen. Doch allmählich wurde ihr die Koblenzer Geselligkeit schal; Pflichtlosigkeit machte sie unerfüllt, ziellos, mürrisch. Da die Familie nach dem Tod des Vaters wohlversorgt zurückgeblieben war, kam sie jedoch gar nicht auf den Gedanken, einen ›Broterwerb‹ anzustreben, und das allein hätte in den Augen der Mutter eine systematische Ausbildung gerechtfertigt. Für die Öffentlichkeit bedeutete die Erwerbstätigkeit einer unverheirateten Frau das Eingeständnis finanzieller Dürftigkeit. Eine Witwe, die auf sich hielt, mußte im Zeitalter der Mitgiftehe den Ruch fürchten, keine begüterten Töchter vergeben zu können. Obwohl Ellas Zeichnen aufgrund der familiären Bewertung etwas Beiläufiges behielt, entwickelte sie doch nach und nach Ehrgeiz und ernsthaftes Bemühen, während Emmy regellos und launisch ihre kunstgewerblichen Liebhabereien ausübte; Lernanstrengungen galten ihr als unkleidsam, ja als unweiblich. Da ihrer Meinung nach zuviel Denken häßlich mache und Lesen scharfe Züge hervorrufe, bevorzugte sie das Gefällige, das Pikante, das der zukünftige Gatte schätzen würde, auf den sie trotz all ihrer unkonventionellen Freiheiten fixiert blieb.

Nie wäre Ella auf den Gedanken gekommen, daß ihre Neigung, durch Skizzen wesentliche Eindrücke festzuhalten, etwas mit ›Kunst‹ zu tun habe. Ihre Beziehung zur bildenden Kunst war recht oberflächlich geblieben, und daran trug nicht nur die Familie Schuld. Koblenz, das sich zu einer bevorzugten Beamten- und Pensionärsresidenz entwickelt hatte, war eine musisch wenig anregende und von tragenden Kunstströmen fernab liegende Stadt[11], die – seit Drusus ›apud conflutenses‹ sein Kastell und der Deutsche Ritterorden am

Zusammenfluß von Rhein und Mosel ein wehrhaftes Komtureigebäude errichtet hatten – stets mehr vom Militärwesen als durch die schönen Künste geprägt worden war. Hier hatte man die Reichsgründung von 1871 ehern und triumphal inszeniert. Hier demonstrierte das kaiserliche Preußen seine junge Größe. An öffentlichen Gebäuden errichtete Skulpturen und kolossale Wandgemälde verwiesen auf Hohenzollern-Ruhm und -Sendung.

Wer wie Ella hier aufwuchs, war von politischer Gebrauchskunst umgeben, und sie übertönte lautstark andere Traditionen der Stromstadt, die etwa mit den Namen der Sophie Laroche, Goethes und Wielands oder der Brentanos verbunden waren. In heroischer Attitüde verschmolzen vor Ellas Augen Rheinromantik und Festungsruhm, am deutlichsten wohl am Niederwald-Denkmal, dem beliebten Ausflugsziel der Familie; ein Jahr vor ihrer Übersiedlung war das Siegesmonument fertiggestellt worden, auf dessen wuchtigem Sandsteinsockel eine ungeschlachte Germania die Kaiserkrone triumphierend in den Himmel reckte, die andere Hand aufs Schwert gestützt, üppig, gepanzert, mit wallenden Lokken.

Wie hätte Ella ihre kleinen Zeichnungen, die aus persönlichem Erleben stammten, mit solch marktschreierischer ›Kunst‹ in Beziehung setzen sollen? Das aufgesetzt Heldische an Statuen und Gebäuden schreckte sie ab. Da waren ihr die Spaziergänge zum Schloß Stolzenfels an der Lahnmündung lieber, wo ihr anheimelnd und märchennah ein Nachklang stolzen Rittertums entgegenwehte. Hier hörte sie von Karl Friedrich Schinkel, der die altertümelnden Neigungen seines Königs aufgegriffen und die mittelalterliche Burgruine wieder aufgebaut hatte. Seit Friedrich Wilhelm IV. mit einem Fackelzug und ›Gefolgsmannen‹ in altdeutscher Tracht in die Burg eingezogen war, galt sie als das historisch zuverlässige Idealbild eines Königsschlosses und war – was für Ella wichtig wurde – ausgemalt von einem Düsseldorfer Künstler. Dieses Zeugnis romantischer Sehnsucht, die dennoch auf Originaltreue der Kostümdetails nicht verzichtete, verband Ella fortan mit dem Begriff *Düsseldorfer Malerei*. Was lag näher, als in diese nächsterreichbare Kunststadt zu streben? Da ihr Drängen nicht nachließ, erreichte sie im Frühjahr 1897 die Zustimmung der Mutter.

Aus der Akademiestadt Düsseldorf war längst eine Malerstadt geworden, dazu hatte die freie Künstlervereinigung *Der Malkasten*[12] entscheidend beigetragen, die auch außerhalb der Akademie Wege für Lernwillige gebahnt hatte, auf die vor allem Frauen angewiesen waren. Bestrebungen, Damen an den Akademien zuzulassen, wurden aus Gründen der ›Sittlichkeit‹ heftig bekämpft. *Die Kunst für Alle* bemerkte 1898 unter den Personal- und Ateliernachrichten aus Düsseldorf: »Ein im Stadtverordnetenkollegium eingebrachter Antrag auf Bewilligung eines Zuschusses zu einer bei der hiesigen Kunstakademie einzurichtenden Malschule für Damen wurde einer Kommission zur näheren Prüfung überwiesen, womit dem Antrag ein anständiges Begräbnis bereitet sein dürfte.«[13] Man spürte die Genugtuung des Berichterstatters.

Gabriele Münter wurde von dem Porträt- und Genremaler Ernst Bosch[14] als Privatschülerin angenommen. Am 15. Mai 1897 fuhr sie in Begleitung ihrer Schwester nach Düsseldorf, wo sie bei dem norwegischen Maler Morten Müller[15] Unterbringung und Pensionstisch fand. Nachdem Emmy die Zwanzigjährige dort abgeliefert hatte, berichtete sie: »Ja Muttchen, es hat's ganz prachtvoll getroffen ... Vielleicht besuchen wir uns' Kind denn mal hier, daß du's auch kennenlernst.« Auch Ella beruhigte die skeptische Mutter: »Übrigens ist Bosch sehr bekannt, schlag mal den Scherer oder sonst was auf, dann wirst du schon Aschenbrödel oder Rotkäppchen oder sonst was Reizendes von ihm finden.«[16]

Ernst Bosch, der auch als Illustrator, Radierer und Lithograph verschiedene Techniken vermitteln konnte, stand in der Tradition der Düsseldorfer Malerakademie, wo er zur

Jahrhundertmitte Schüler von Theodor Hildebrandt[17] gewesen war. Sein Werk vereinigte den Realismus der Darstellung mit einer romantisierend-idealistischen Thematik, die in der von Wilhelm von Schadow begründeten nazarenisch-gefühlsemphatischen Überlieferung wurzelte. Während sich die Düsseldorfer Historien- und Landschaftsmaler nach und nach ins Deklamatorische gesteigert hatten, bevorzugte Bosch mit nicht minderem Pathos das Idyllisch-Niedliche: *Fern der Heimat* – drei Bauernkinder betrachten einen an der Mauer schlafenden Savoyardenknaben; *Das Dorfgenie*; *Alter Schäfer und Enkelin*; *Concurrenz* – ein Kärrner und eine Eisenbahn; *Ritt durchs Wasser* – ein Hund mit einem kleinen Kind. Das Gemüts- und Seelenleben wollte er auch durch wundersame *Märchenbilder* ansprechen; er illustrierte Legenden und malte *Genoveva* mit Sohn Schmerzensreich und sanften Waldtieren. Im Zentrum seiner Bilder stand eine sentimentale Figur, die mit ihrer Ergriffenheit den Betrachter gleichsam infizieren sollte. Ella stellte sehr schnell fest: Boschs Thema war nicht das Geschehen, sondern die Verzükkung. Doch Rührseligkeit lag ihr fern.

Es fiel ihr auch schwer, die technischen Forderungen des Lehrers zu erfüllen, in kleinstrichliger Manier Schattenflächen wiederzugeben, – zu ›schummern‹. Ihre spezielle Begabung, mit wenigen typisierenden Umrißlinien das Wesentliche zu erfassen, wurde von ihm weder verstanden noch akzeptiert. Gerade in Düsseldorf, wo die Monumentalmalerei eine nachwirkende Tradition hatte und man auf Bildern breites Erzählen pflegte, konnte man für eine solche Reduktion kein Verständnis aufbringen. Die genüßliche Ausbreitung allen Beiwerks auf Boschs Bildern war nicht mit dem Wegfall von Details, der Verknappung auf den Kern des Wahrgenommenen, vereinbar, was jedoch für Ellas angeborene Sehweise zwingend war. So vermerkte sie unglücklich: »Jetzt ist die Arbeit noch recht wenig anregend, es regt allenfalls an, daß wir in Gesellschaft sind.«[18]

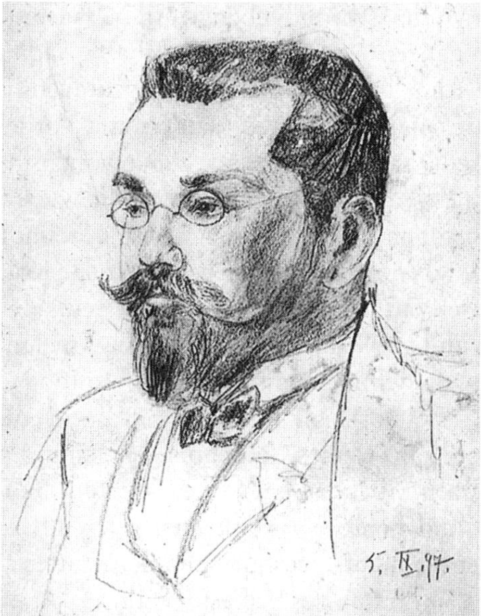

Eine Schülerarbeit Gabriele Münters: ihr Bruder Carl, 1897, Bleistiftzeichnung im Skizzenbuch.

Begeistert berichtete Ella ihrer Mutter von einer Kollegin, die – »bezaubernd, liebenswürdig, ein merkwürdiger Mensch« – ebenfalls zahlender Gast bei Morten Müller war, Margarete Susman.[19] ›Susala‹ bezeugte später den nachhaltigen Einfluß, den diese nordisch geprägte Umgebung auf sie beide ausgeübt hatte: »Ich wohnte damals im Hause eines norwegischen Malers, den ich nie vergessen habe, weil ich in ihm eine mir neue, die skandinavische Menschenart kennen und lieben lernte, und aus seinen Gemälden die Fjorde seiner Heimat, nach denen mir immer eine Sehnsucht geblieben ist.«[20] Ella empfand es als wohltuend, daß dieser Maler sich – im Gegensatz zu Bosch – der Preisgabe eigener Empfindsamkeit enthielt; er überlagerte die Dinge nicht geschmäcklerisch mit Stimmungswerten. Durch ihn wurde ihr eine herbe Landschaft erschlossen, die ihr im Innersten entsprach.

Morten-Müllers waren liebenswürdige Gastgeber, die oft mit ihrer ganzen Pensionsgemeinschaft Radausflüge an Rhein und Ruhr unternahmen. An Regentagen luden sie zu Gesellschaftsspielen ein; dabei wurden mit Vorliebe lebende Bilder gestellt oder verhaltenstypische Vergleiche gezogen, wobei Susala bemerkte, Ella erscheine ihr wie ein *Murmeltier*. Einfühlsam hatte sie die Neigung der Freundin erkannt, sich hin und wieder zurückzuziehen, um neue Kräfte zu sammeln und sich dafür eine Zeitlang selbst genug zu sein.

Ella bewunderte Susman um des Vorzugs willen, im Privatatelier des Akademieprofessors Arthur Kampf unterrichtet zu werden.[21] Bei Bosch ging es nicht so strebensernst zu. »Das Atelier ist ein ganz fideles Gefängnis – wir singen und pfeifen und schwatzen fast in einem fort ... Gestern habe ich einen Kinderfuß und heute ein Händchen gemacht. Kunstwerke sind das gerade nicht«, gestand Ella der Mutter am 21. Mai 1897. Aber zum Ende des Semesters, am 12. August, konnte sie ihr stolz mitteilen: »Gestern hatte ich zum ersten Mal ein bezahltes, lebendes Modell, eine alte Frau ... Ich fange nun bei Herrn Bosch an zu modellieren.« Die Antwortbriefe der Mutter waren Tagesprotokolle, in denen neben Klagen über die »leidige Dienstmädchenplage« vor allem die Freude an gutem Essen zum Ausdruck kam: »Mir geht es gut. Zu Mittag gab es gestern Kalbsfricassee mit Champignons und Zwibelgeschmack. Heute Fillet, gespickt mit Pilzsoße, hat sehr gut geschmeckt. Als Dessert hat Charly einen Saueren Kirschkuchen mit Schlagsahne gestiftet. Prachtvoll ...« Oder: »Heute hab ich 3/4 Tag den Tapezirer im Haus gehabt ... ist etwas genialer so. Nachmittags schwelgten wir in Kastaniencrem-Torte. Nach dem Abendessen haben Carl und Emmy Karten gespielt und sich gut dabei amüsiert ...« »Montag auf der Mostsuche nach Lahnstein ... Heute Mittag Paprikaschnitzel, Kartoffelbrei und Preiselbeeren ...« Ellas tägliche Brieffolge bewies, wie anlehnungsbedürftig sie noch als Zwanzigjährige war. Brav ging sie auf den engen

Themenkreis der Mutter ein. »Muß gerade zur Abfütterung runter – Mahlzeit. – Da bin ich wieder. Willst du wissen, *was* geschmeckt hat? Erst: Suppe mit Spargel (sehr gut), dann Filet.« Die Beschreibung wurde genüßlich aufs Dessert und alle Zwischenmahlzeiten ausgedehnt. Sie berichtete aber auch über Kleider, Hüte und eine »jeckische Frisur, neu, malerisch und unordentlich«. Die raumgreifende Mama aber setzte der mühsam flügge gewordenen Tochter immer wieder warnend Grenzen.

Heimweh kam auf: »Hier ist es schön, natürlich nicht wie bei Münters in Coblenz.« Auf Emmys ironische Frage vom 11. Juni: »Was strebst Du denn jetzt ... du altes Malhuhn, ekliges?«, schickte Ella ein Photo ihres gipsernen Schülerwerkes, worauf die »treue Mama« feststellte: »Den Kopf von dem Scheusal Cromwell find ich schandbar häßlich. Dein Lehrer verlangt wohl solche von Dir, sonst würdest Du niedlichere machen. Na schadet nichts, es übt eben und gehört dazu.«[22]

Mit Charly wollte Ella gern einmal ein »vernünftiges Wort über das Studium sprechen. Zu einem ernsten Kunststudium gehören nämlich mindestens vier bis fünf Jahre und mehr, die Herren brauchen sieben Jahre auf der Akademie, aber so was soll und will ich ja auch wohl nicht.«[23] So quälend, mühsam und langwierig hatte sie sich den Anfang nicht vorgestellt. Das meiste sei ihr »mit Erfolg vorbeigelungen«. Das galt vor allem für die Arbeiten in Wischkreide, bei denen sie auf akademische Weise Flächen mit wechselnden Tonwerten schattieren mußte. Hatte Durchhalten Sinn? Im Juli verlieh ihr die Gestaltung antiker Masken in Ton neuen Mut. Das Herausbilden plastischer Konturen gelang ihr besser als die tonigverschleifenden Kreidezeichnungen. Als sie einmal ihren Pensionsvater Morten Müller skizzierte, verfiel sie ganz von selbst wieder in ihren gewohnten Umrißstil.[24]

In Ellas übervollem Miniaturkalender wurde am 14. Juni 1897 nur *eine* Eintragung vorgenommen und dick unterstri-

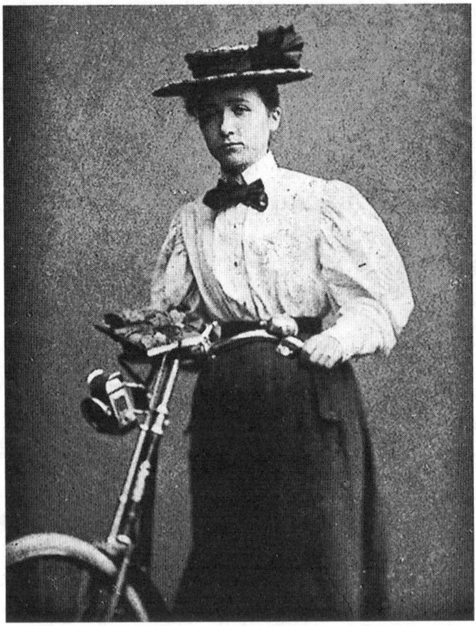

Das neue Fahrrad. Gabriele Münter in Düsseldorf, Juli 1897.

chen: *Mein Rad*. Per Bahn war es ihr von Koblenz geschickt worden. Aber was war diesem Kauf an brieflichen Bitten und Erwägungen vorausgegangen! Emmy, eine geübte Tourenfahrerin, empfahl Stabilität, die bei Rädern mit Trapezrahmen am größten sei. Viele Radgestelle seien bei der Stoßwirkung auf unbefestigten Straßen zerborsten und hätten gefährliche Kopfstürze verursacht. Ella aber beharrte auf Eleganz und Leichtigkeit: »Sirius wiegt nur 28 Pfund … Ich lege Gewicht auf zwei gebogene Verbindungsstangen.« Aber sie achtete nicht nur auf die ästhetische Wirkung, auch der Preis schien ihr beim gewissenhaften Vergleich aller erreichbaren in- und ausländischen Modelle wichtig. Rund 300 Mark kostete solch ein Rad. Wenn sie bedachte, daß im gleichen Jahr die Bauarbeiter streikten, um einen Stundenlohn von 36 Pfennigen – im Gegenwert zu einem Kilogramm

Brot – zu erhalten, oder ein Jungarzt in seiner Anfangsstellung 80 Mark, ein Gymnasial-Assessor 130 Mark monatlich verdiente, wurde ihr bewußt, wie kostbar ein Rad war! Die Mutter warnte: »Laß Dein mit Recht so beliebtes Dösen!« und riet ihr, »die Pneumatik tüchtig aufzublasen ... Man muß den fout bequem under die Pedale kriegen können, wenn sie nach unden stehn, also achte darauf!«

Das Rad veränderte Ellas Leben von Grund auf.[25] Sie stimmte Charly zu, der die schnelle und eigenmächtige Fortbewegung euphorisch mit dem uralten Menschheitstraum vom Fliegen verglich. »Das Märchen, das uns Flügel verleiht, es ward zur glücklichen Wirklichkeit! Daß eigene Kraft, nicht Zauberei, das Rad bewegt, ist das Schönste dabei«, verkündete er seiner Schwester auf einer selbstgezeichneten Bildpostkarte. Ella durchstreifte in bisher nie ›er-fahrener‹ Freizügigkeit die Umgebung und geriet dabei in einen Rausch von Wagemut, Abenteuerdrang und erprobter Selbständigkeit. *Räder des Glücks*; zu Recht lautete so der Titel des Romans, den H. G. Wells 1896 über die befreiende Wirkung des Rades verfaßt hatte, die besonders den Frauen zugute kam. Die Sittenrichter aber schürten Abscheu und Entsetzen. Wie sollte sich solches Herumschweifen mit dem bisherigen Erziehungsideal von mädchenhafter Scheu und fraulich-würdiger Zurückhaltung vereinbaren lassen? Hier Beharrung und Abschirmung, dort Dynamik und Ferndrang. Öffentliche Tadel zielten auf die Verruchten, die sich aus der häuslichen Gebundenheit lösten, indem sie das Stahlroß bestiegen. Ella versicherte der Mutter angesichts der vielbescholtenen ›kilometerfressenden Maschine‹, die ihr ungeahnten Lebensschwung verlieh: »Ich liebe solche Abwechslung. Am liebsten wäre ich immer auf Reisen.«

Beim Radeln erwies sich das Schnürkorsett, das den Busen hob und den Hüftschwung unter der Taille betonte, als hinderlich, und darum befaßte sich Ella von nun an mit der Reform der weiblichen Kleidermode. Wie viele sportliche

Frauen entledigte sie sich der bewegungshemmenden Panzerung. Da die Stofffülle der Damenkleidung – oft achtmal so schwer wie ein Herrenanzug – schon bei leichtem Seitenwind das Lenken erschwerte und die Pedale sich in den fußlangen Röcken verfingen, kaufte sie sich kurz entschlossen eine ›Radbux‹, die als höchst unschicklich galt und als das ›Palladium der Rennladies‹ verhöhnt wurde.[26] Emmy aber jubelte, sie sehe nun »von hinten am Rad wie ein Handwerksbursch aus«.

Aber neben der Geringschätzung konventioneller Hindernisse bedurfte es auch eines vollen Maßes an Unerschrockenheit, um sich im Hochgefühl unbehinderter Geschwindigkeit die neue Weite zu erobern: Kopfsteinpflaster und Straßenschotter machten das Spurhalten schwierig und das Lenken zum Kraftakt. Jede Bergabfahrt artete zur Waghalsigkeit aus, weil diesen Niederrädern noch die Freilaufnabe fehlte. Ella lernte, bei Straßengefälle die Füße weit abzuspreizen, derweil die Tretkurbeln wild um sich rasten, oder die Füße auf zwei Eisenstifte – Fußruhen – zu setzen, die an der Vordergabel angebracht waren. Solch halsbrecherisches Tempo zu drosseln oder gar anzuhalten war bei den schwachen Vorderradbremsen fast unmöglich. So wurde jeder Hügel zur Mutprobe. In Ellas Briefen ist von der Wucht solcher Schußfahrten die Rede, vom unfreiwilligen Bachbad, von Stürzen und aufgeschreckten Hunden, drohenden Bauern und gefährdetem Federvieh. Im gleichen Atemzug beruhigte sie die Mutter: »Doch mein Rädchen geht famos!«

Während der Sommerferien zweifelte sie, ob es Sinn habe, die Ausbildung fortzusetzen. Sie entschloß sich dennoch zu einem zweiten Anlauf: Diesmal sollte der Porträt- und Historienmaler Willy Spatz ihr Lehrer sein.[27] Da er im gleichen Jahr an die Düsseldorfer Akademie berufen und mit dem Unterricht der Elementarklassen betraut worden war, würde er vielleicht auch ihr in seinem Privatatelier die Anfangsgründe des Malens vermitteln können. Spatz, 1861 geboren, gehörte im Vergleich zu Bosch der nächsten Künstlergeneration an; doch auch er vertrat als Schüler des für seine monumentale Geschichtsmalerei berühmten Peter Janssen die dortige Akademietradition, einen pathetischen Realismus. Er versuchte, seinen Schülern die eigene Vorliebe für erzählende Gemälde zu vermitteln, und besonders für stimmungshaltige Andachtsbilder wie *Die Wirkung von Christi Wort auf die Menschen*, *Ich bin bei Euch alle Tage* oder *Der Engelskuß*, auf dem ein im Sarg liegendes Kind von einem Engel auf die Stirn geküßt wird.

Ella blieb diese Auffassung vom Bild als einer rhetorischen Geste fremd. Immer wieder berichtete sie unlustig und »allein für Mama« (das bedeutete: nicht für Emmy, vor der sie ihre Mißerfolge verbarg) von ihren Zweifeln. »Jetzt habe ich den Kopf zum fünften und letzten Mal angefangen, hoffe, daß es jetzt weitergeht. ... Bekamen eine Compositionsaufgabe, eigenes Monogramm mit Verzierungen, ich weiß noch nicht, ob ich's mache (und kann) und wie dann?« Es wurde, wie oft, ein zwölfseitiger Bericht, mutlos in Fortsetzungen geschrieben. »Jetzt fängt auch das Aktzeichnen an, aber ich werde wohl nicht mittun ... Jetzt will ich versuchen, meine Composition auszuführen – aber es wird doch nix – das weiß ich schon ...!« Sie fürchtete jede Korrektur: »Die anderen haben sehr hübsche Sachen, ich bin aber zu dumm für sowas!«[28]

Die Mutter antwortete in der üblichen Weise: Sie wiederholte ihren Speiseplan. »Also bis Sonntag Mittag hatte ich berichted. Zur Grünkern Suppe und Hasenbraten gab es Rosenkohl, Kastanien und Appelcompot, als desert Sahnen Baisers. Nachmittag, hat ich Apptit auf Most, also Dampften wir nach Horchheim, musten aber mit schlechtem Kaffe und Federweisem fürlieb nehmen ... Das Du aber gleich den Muth sinken läßt, weil die Damen im Atelier mehr können wie Du ist doch Unvernünftig. Die werden auch wahrscheinlich schon länger dabei sein. Du wirst schon noch was lernen, wen Du fleisig bist ... Deine treue Mama.«

Ella zweifelte an ihrem Talent, hatte Heimweh und sorgte sich um die Gesundheit der Mutter, die an Bluthochdruck und Arteriosklerose litt, ihr aber unwirsch am 3. November 1897 schrieb: »Ich koche nach wie vor. Wie sich hier überhaupt nichts geändert hat und es daher von Dir einigermaßen anmaßend ist, immer auf Brief von mir zu warten, ehe Du schreibst. Du kennst doch die Redensart: Wenn einer eine Reise tut – also merk' Dir das.« Eine Woche später wurde Ella wegen einer Erkrankung der Mutter nach Koblenz gerufen. Am 15. November 1897 starb Minna Münter, vermutlich am Schlagfluß.

Das Unabänderliche hatte durchschlagende Gewalt. Die Schwestern ergriff Angst, nicht vor realen Dingen, gegen die sie sich ja wehren könnten; es war vielmehr der Schrecken, hinter der äußeren Munterkeit des bisherigen Lebens nichts zu finden als die große Leere. Der Tod der Mutter hatte ein letztes Warnsignal gesetzt. Das Motto, das Ella dem Jahr 1898 auf der ersten Seite ihres Portemonnaie-Kalenders voranstellte, zeugte von dieser Einsicht: »Pikanterie – der Fäulnis erster Grad!«

Obwohl sie das Nachzeichnen von Gipsköpfen und Ornamenten wenig reizte, bewarb sie sich im Frühjahr 1898 noch einmal bei Spatz um einen Atelierplatz. Er antwortete ihr sofort: »Erwidernd Ihre werte Zuschrift vom 17. dieses Monats, teile ich Ihnen hierdurch mit, daß Sie Anfang Juli im Damenatelier arbeiten können. Gespannt auf Ihre Fortschritte, Ihr Willy Spatz.«[29]

Doch wieder bereiteten ihr die romantisierenden Bildvorlagen ebensolches Unbehagen wie der starre Gesichtsausdruck der Berufsmodelle, die tagelang in derselben Stellung ermatteten. Ihr war, als habe sie Masken vor sich, die den Schwung einer lebensbezeugenden Linie nicht zuließen. Was sie zum Zeichnen reizte, war ja gerade das Spontane, das Kopfstenogramm, das die Augenblicksstimmung, die flüchtige seelische Regung festhielt. Sie brauchte die bewegte Körpersprache, um zu einem Bild zu gelangen. Diese Modelle aber blieben stumm in Haltung und Gebärde, sie schienen ihr wie sterile Hüllen, über die es nichts mit dem Stift zu sagen gab. Da das Zeichnen seit ihrer Kindheit ihre Art der Kommunikation mit Menschen bedeutete, konnte sich ihre Darstellungsfreude nicht entzünden. »Allzu fleißig bin ich bei der Arbeit auch nicht, das liegt mir nun mal nicht im Charakter, und wenn's richtig zuginge, müßte ich nach meiner heutigen Arbeit wieder einen zehnfachen Malkater haben«, gestand sie Carl. »Aber ich bin jetzt bei der Resignation angelangt und sage mir, daß ich in 1 1/2 Monaten nicht viel erreichen kann, Düsseldorf also wieder verlassen werde, darum könnte auch größter Fleiß nichts helfen.«[30]

In dieser Lage überraschte sie Aunt Carolines Einladung nach Arkansas. Mutlosigkeit verwandelte sich in Überschwang. Am 15. September 1898 wurden die Koblenzer Möbel in einem Speditionslager untergestellt. Am 29. September schifften sich die Schwestern auf der ›Statendam‹ ein. Am 9. Oktober erreichten sie New York. Das Abenteuer Amerika konnte beginnen.

3. Kapitel

The American Strain

Gabriele Münter stand mit ihrem Skizzenbuch an Deck, um den ersten Blick auf die Neue Welt nicht zu verpassen. Sie zeichnete den dünnen grauen Strich, der am Horizont aufstieg, die Rauchwolken des Pilotschiffs, den Lotsen, der über eine Strickleiter an Bord kletterte. Fern im Dunst, gipfelreich, Manhattan! Die Hafeneinfahrt – ein schmaler, signalgespickter Spalt zwischen New Jersey und Long Island. Links am Schiffsweg das ›Gigantic National Memorial‹, Bartholdis Riesenstatue, die Frankreich den USA vor zwölf Jahren, zum hundertsten Jahrestag der Unabhängigkeit, geschenkt hatte; die »151 feet in height, 225 tons weight and one million dollar total cost« ließ auch Ellas Baedeker[1] nicht unerwähnt. Ihr aber imponierte am meisten die technische Attraktion: »At night, the torch held in the uplifted hand of the figure is lit by electricity.« Gleich neben diesem ›Eighth Wonder of the World‹ Ellis Island, halb Hospital, halb Gefängnis; wie scheu mochte selbst der vorlaute Rebell Carl Münter vom windgebeutelten Segelschiff aus auf das damalige Einwanderungsdepot ›Castle Garden‹ geblickt haben, das wie eine Festung der Südspitze Manhattans vorgelagert war. Ella konnte auch das Schaudern der Großeltern Scheuber nachempfinden, denen sich das ersehnte Land der Freiheit so abweisend und unbestechlich dargeboten hatte: Zäune aus Stacheldraht und Wachtürme umgaben den Schreckensort, an dem sie auf Herz und Nieren geprüft worden waren, ehe man sie ins ›Gelobte Land‹ ließ. Dann wuchs die Riesenstadt in Ellas Blick, dreißig Stockwerk hohe Gebäude türmten sich auf, erweckten Bewunderung und Bangen. Hoboken mit seinen vielen Piers lag unten wie ein gewaltiger Tausendfüßler. Die ›Statendam‹

legte knarrend an. Die Schwestern drängten hinaus, übers Fallreep, – nach Amerika!

Nachdem sie sich in Hobokens Hotel Naegeli für zehn Tage eingerichtet hatten, meldeten sie sich bei einem Freund ihres Vaters, C.F. Liebetreu, Redakteur des *Herold* und Bibliothekar des Deutschen Presseclubs am City Hall Place. Er wußte, wovon er sprach, wenn er sie vor ihren Streifzügen beriet: *New York*, das war die Nagelprobe. Wer hier verzagte, sollte besser umkehren. Hier hörte man nur auf Superlative. Hier mußte man der absoluten Steigerung gewachsen sein. Hier war der Prüfstand für amerikanische Maßstäbe. Hier blieb alles der eigenen Initiative überlassen. Hier klagten die einen, im Asphaltdschungel zu ersticken, die anderen aber jubelten euphorisch, an einem Großversuch der Zivilisation teilzunehmen. Ella wurde vorgewarnt, zeigte sich aber eher neugierig.

»Zu jener Zeit pflegten Männer und Frauen gebildeter Kreise auf Reisen ein Tagebuch zu führen oder Zeichnungen zu machen ... Meine amerikanischen Skizzen waren private Notizen von allen möglichen Dingen, die ich gesehen hatte und als persönliche Erinnerungen auf dem Papier festhalten wollte«[2], erklärte Gabriele Münter aus der Rückschau. Daneben hielten ihre Portemonnaie-Kalender ebenso wie viele Ansichtskarten, die sie zu einem Album zusammenstellte, den Verlauf ihrer Reise fest.[3] Das Panorama der East River Bridge kaufte sie gleich mehrmals. Es war für sie – wie für jeden Besucher aus Europa – unerläßlich, einmal zu Fuß über die erste an Stahlseilen gespannte Hängebrücke zu gehen, die Manhattan seit fünfzehn Jahren mit Brooklyn verband und deren tragende Pfeiler 84 m hoch ragten.[4] Hier erkannte sie zum ersten Mal die raumgestaltende Macht der Technik. Über den gußeisernen Brückensteg mit seinem Stahlgitterwerk führten fünf Straßen, zwei für die Schienen der Eisenbahn, die durch ein Drahtseil von einer feststehenden Dampfmaschine hinüber- und herübergezogen wurde. Wer schaudernd in die saugende Tiefe blickte, sah 40 m unter sich einen Meeresarm, auf dem Schiffe geschäftig Menschen und Waren hin- und hertransportierten. Das war ein Auftakt für den Gigantismus dieses Kontinents!

Natürlich kaufte Ella für ihre Kartensammlung auch Ansichten vom Broadway. Aber nicht die geräumigen Trottoirs im Baumschatten fesselten sie, nicht die riesigen Warenballen, die bis auf die 25 m breite Straße hinausrückten und dem Geschiebe der Fußgänger kaum Platz ließen, nicht die Backsteinhäuser mit den Feuerleitern oder die Wolkenkratzer, die hin und wieder eine Baulücke füllten, sondern die Reklameschilder. Sie überzogen ganze Hauswände. Auf dem Dach eines Gebäudes ein turmähnlicher Hut: ein Hutmacher warb für seine Ware. Eine kolossale Goldfeder hing aus dem obersten Stock: eine Schreibwarenhandlung! Ob Omega-Uhren oder Wilson-Whisky: ein marktschreierisches Angebot. Die Zeichnungen waren einfach, die Farben auf unmittelbare Wirkung berechnet. Die Ausdruckskraft, die in dieser Gebrauchsgraphik steckte, mußte Ella in ihrer Neigung zur schnellen Umrißzeichnung bestärken. Je weniger Details, desto gezielter, desto eindeutiger die Aussage! Durch Anlocken der Käufer bewies diese Einsparung ihren Sinn: die Darstellung ließ ablenkende, das Angebot verwässernde Details kurzerhand beiseite. Gerade das Kürzelhafte der Werbung sorgte für Eindringlichkeit. Das karikative Element, das oft als Blickfang in diesen Plakaten steckte, entsprach Ellas eigener Neigung zur Übertreibung von Gestik und Gestalt, die ihr bei der Charakterisierung von Personen zugute kam.

Durch die täglich abgeschickten Postkarten sollte Charly alles miterleben, und so erfuhr er denn, New York bedeute für Ella die höchstmögliche Steigerung alles zu Hause Erfahrenen und ... Erdenkbaren! Daß jedoch vieles bigger and better erscheine, liege wohl weniger an der Imponiersucht der Ausgewanderten als an der Notwendigkeit, solch ein großräumiges Land zu beherrschen. Schon würden die von ihr bewunderten ›Trollys‹ – in der Stadt Edisons ohne elektrische

Drähte und Leitstangen, dafür mit einer Unterleitung zwischen den Schienen – des Verkehrs nicht mehr Herr. Man würde ihn unter die Erde verlegen. Die Großbaustellen für das New Yorker Subway-Netz waren schon eingerichtet; die erste Strecke sollte in fünf Jahren eingeweiht werden.

Vor allem wollte Ella dem Bruder verdeutlichen, daß hier das Quantitative als Maßstab für Qualität galt. ›It is‹ war gleichbedeutend mit ›es kostet‹. ›Costs‹ waren überall vermerkt: »The total cost of St. Patrick's Cathedral is said to have exceeded two million Dollars.« So informierte die Ansichtskarte Charly auch darüber, daß dieses Gotteshaus 3000 Sitzplätze, zwei Türme von 332 Fuß Höhe und 70 Fenster habe, 330 Fuß lang und 132 Fuß breit sei. ›The largest in the world‹ war denn auch eine geläufige Empfehlung, sei es ›the world's biggest Shoe-Shop‹ oder das Restaurant ›with the purest water of the world‹. Den Hang, alles Dagewesene an Großartigkeit zu übertreffen, veranschaulichte für Ella besonders das Metropolitan Museum of Art, in dessen Eingangshalle neben den Modellen von Parthenon, Pantheon und Notre-Dame der Hinweis angebracht war, daß es die größten seien, die man je angefertigt habe. Überall die Anbindung an Europa; man verpflanzte, verglich und übertraf!

Ließen sich noch Spuren aus der Zeit der Großeltern finden? Wo der Broadway die Nordspitze Manhattans erreichte, waren vielleicht noch einige Straßenzüge so bewahrt, wie die Scheubers und der Vater sie einst vorgefunden hatten. Die Schwestern besichtigten Bowling Green, die Keimzelle, wo einst die kleine Siedlung New Amsterdam an den nördlichen Stadtwall gegrenzt hatte, im Namen ›Wall Street‹ noch gegenwärtig. An dieser Stelle hatte der amerikanische Traum von der technischen Machbarkeit und Unbegrenztheit begonnen, jene weltverändernde Überzeugung, daß man durch Einfallsreichtum und Willenskraft stets über das Erreichte hinauswachsen konnte. Darin wurzelte die nicht endende

Aufbruchsstimmung, von der auch Ella im Verlauf dieser Reise erfaßt wurde: the american strain.

In New York radelten junge Mädchen in Hosen, ohne Aufsehen zu erregen. Sie lenkten mit der gleichen Selbstverständlichkeit Kutschen, ja sogar Automobile. Der Central Park bot in seiner künstlich geschaffenen Ursprünglichkeit aber nicht nur Raum für die Verwirklichung der amerikanischen Parole: ›Life with the bike‹, sondern für alle Vergnügungen des Großstädters, für Kahnfahren, Promenieren, Musikhören. Dabei umringten Eiswasser- und Eiscremeverkäufer die schwätzenden Gruppen. Speiseeis, auch dies ein unbekannter Genuß für die Schwestern! Sie sahen die ersten ›Moving stairs‹, die ›Paternoster‹ in Hochhäusern, die Riesengeschäfte mit Tausenden von Angestellten wie Blomingdale, Singer und Cooper, Wannemaker, wo man vom weißen Kakadu bis zum seidengepolsterten Sarg alles kaufen konnte. Im Hotel wurden Zimmer und Flure durch Wasser- oder Dampfrohre von einer Wärmequelle her ›zentral beheizt‹ – kein Haus neuerer Bauart war ohne Bad, warmes und kaltes Wasser floß aus den Hähnen. Ella schätzte sehr schnell die Annehmlichkeiten der modernen Technik.

Für deutsche Verhältnisse waren die Schwestern verwöhnt und anspruchsvoll. New York aber erschien ihnen luxuswütig. Sie beobachteten jenen kolonialen Zug des Sich-bedienen-Lassens, den sie schon an ihrer Mutter wahrgenommen hatten. Nicht nur das gesellschaftliche Ansehen hing davon ab, daß man gewisse niedere Arbeiten nicht selbst verrichtete; die Beachtung dieser Arbeitsteilung ließ auch dem Ungelernten eine Chance in der mobilen und durchlässigen Gesellschaft. Jeder ein Einzelkämpfer, absprungbereit! *Keep Moving* als Daseinsform, – das galt auch für den Beruf!

Das dynamische Element beeindruckte Ella, die ja aus einer ständisch gebundenen Umgebung kam. Daraus entwickelte sich eine Meinungsverschiedenheit zwischen ihr und Redakteur Liebetreu: »Geehrtes Fräulein, wenn Sie meinen: man

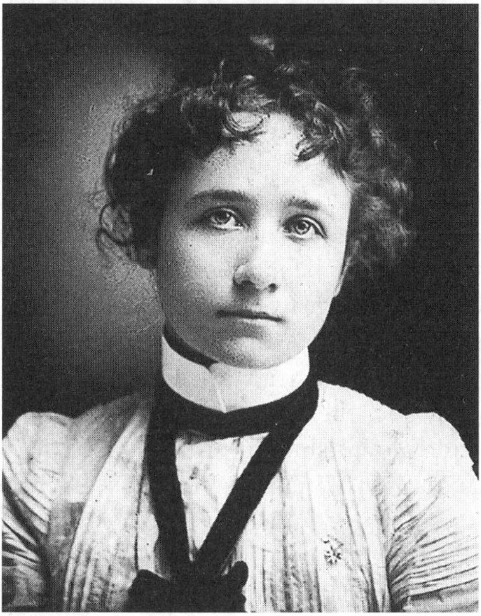

Gabriele Münter 1900 in St. Louis, Atelier Hennon & Dodson.

muß sich in die Situation des Landes fügen – gut! Wenn ich meine: gerade die Deutschen sind berufen, den Amerikanern zuvörderst Sitten beizubringen, denn von Sitte und Sitten kann hier noch keine Rede sein im Lande der Bestechung, der Heuchelei und Spitzbüberei ..., so steht Ansicht gegen Ansicht.« Liebetreu warnte vor einer ausschließlich leistungsorientierten Gesellschaft. Er schilderte die Trost- und Schutzlosigkeit derer, die – alt, schwach oder krank – im Kampf rauher businessmen auf der Strecke blieben.[5] Hatte Onkel Gustav Münter aus Herford[6] nicht auch vor dieser Härte und Unerbittlichkeit kapituliert? War nicht auch er vor dem skrupellosen Erfolgstyp zurückgeschreckt, der achtlos über den, der es nicht schaffte, hinwegging? Hatten sich hier nur die Rauhen und Zähen durchgesetzt? Die Schwestern waren gespannt auf ihre Verwandten!

Am 20. Oktober verließen sie New York. Ihr nächstes Ziel

war *St. Louis am Mississippi.* Sie durchfuhren einen Tag und eine Nacht lang die weiträumigen Landschaften von Pennsylvania, Ohio, Indiana und Illinois. Schienenstränge hielten diesen Kontinent zusammen! Die Express-Züge mit ihren wohnzimmerähnlichen Parlour-cars und den großen Aussichtsfenstern machten das Reisen zum Vergnügen. Weißgekleidete Neger reichten Erfrischungen. Der Empire State Express hatte im Vorjahr bekanntgegeben, daß nun 64 Meilen pro Stunde zurückgelegt werden könnten.

Gelbstichig und träge floß ›the lordy stream‹ dahin. Ella kannte ihn durch die Bücher Mark Twains, »the great Mississippi, the majestic, the magnificent Mississippi, rolling its mile-wide tide along, shining in the sun«. Die Tante hatte geschrieben, daß im Vorjahr ein Tornado die Stromstadt St. Louis heimgesucht und im Umkreis vom 25 Quadratkilometern Holz- und Ziegelhäuser wie Spielzeug zerknickt hatte.[7] Minna Münter hatte bei aufkeimender Furcht ihre Töchter stets in kühlem Gleichmut gewarnt: »Ein erschrockener Mann ist auch im Himmel verloren. Das gilt auch für Frauen, merkt Euch das!«

Endlich überquerte der Zug den ›Vater der Ströme‹ und erreichte die auf dem Westufer gelegene Stadt. »Edds Bridge across the Mississippi«, schrieb Ella unter ein Photo der zweistöckigen, von vier schweren Pfeilern getragenen Washington-Brücke, wohlinformiert über deren Erbauer und die epochale Bedeutung dieses neun Jahre vor der Brooklyn-Brücke eingeweihten Wunderwerks moderner Ingenieurkunst, das nicht nur den Stahlbau eingeleitet hatte, sondern für die Siedlungsgeschichte folgenreich wurde: Es verband das Westufer des Flusses mit den Schienensträngen, die zum Atlantik führten.

Albertine Happel, eine jüngere Schwester Minna Münters, war mit einem Bankier verheiratet und hatte mit ihrer Familie schon in St. Louis gelebt, als es noch eine ›Mississippi-Stadt‹ war und vom Süden, vom Flußtal her besiedelt und geprägt wurde. Happels bewohnten ein stattliches Backsteinhaus im

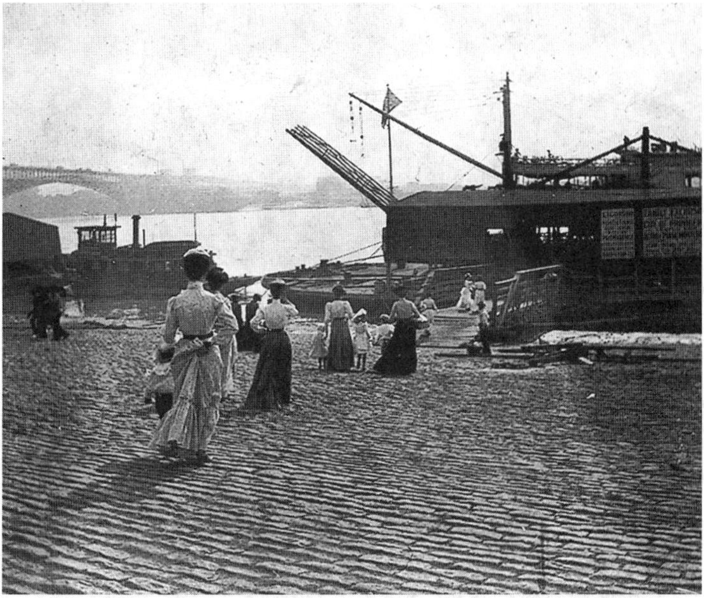

Ausflug auf dem Mississippi, Photo Gabriele Münters.

Gründerstil. Wenn Tante und Cousinen mit Ella unter den schattenspendenden Bäumen breit angelegter Alleen promenierten, trugen sie Garderoben von europäischer Eleganz, vorwiegend im Edwardian Look[8], vermittelt durch *Harpers Magazine.*[9]

Das Besuchsprogramm der Schwestern war auf städtische Vergnügungen ausgerichtet. Da gab es festliche Gesellschaften, Schlittschuhlaufen auf künstlicher Bahn und immer wieder Musical- und Operettenaufführungen. Ella verzeichnete u.a. in ihrem Alibibüchlein: ›Blue Jeans‹, ›The Kilt‹, ›Comtesse Gucki‹ und ›Robin Hood‹. Die Musik hatte Einflüsse aus dem Süden aufgenommen, und diese rhythmische Akzentuierung faszinierte Ella. Sie übte die synkopengetragenen Melodien auf Happels Pianoforte. Als sie weiterreiste, nahm sie einen Stapel selbstverfaßter Notenschriften mit.

Viele ihrer Skizzen stammen aus St. Louis. Sie zeichnete die

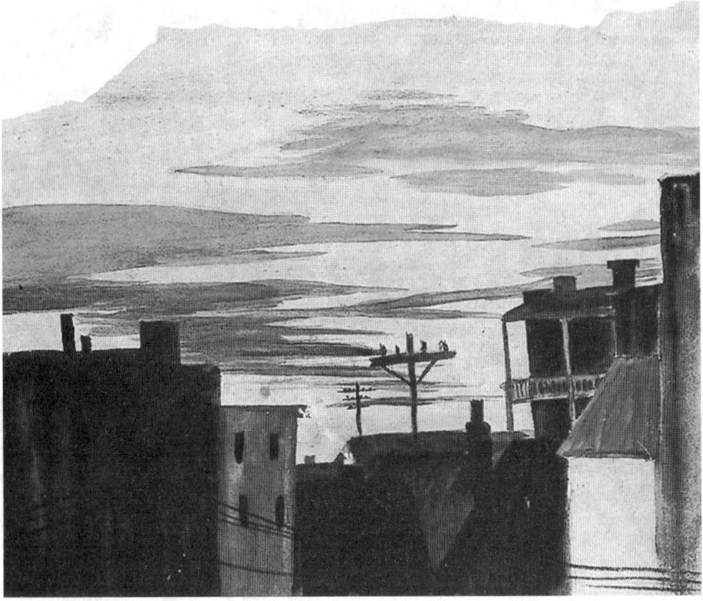

Gabriele Münter, Abendstimmung in St. Louis,
Farbstudie, Herbst 1898.

Frauen der drei Generationen und immer wieder häusliche Szenen. Die weite Flußlandschaft in ihrer wechselnden Beleuchtung hielt sie in Farbstudien fest. Hier begriff sie, die sich bisher stets als Zeichnerin gefühlt hatte, wohl zum ersten Male die Macht der Farbe als Ausdrucksträger.[10] Ein Fensterausblick zeigt das erregende, fast bedrohlich starke Abendlicht über der Stadt. Der rostrote bis lachsfarbene Himmel mit hartgrauen Wolkenstrichen lastet über der Silhouette einer schattendunklen Straße, der unter diesem machtvollen Farbenspiel des Himmels etwas Geducktes, Ausgeliefertes und zugleich Provisorisches anhaftet. Dicht aneinandergereihte Holzhäuser stoßen mit ihren Flachdächern kantig in den Himmel. Balkons sind von außen angefügt, das macht sie luftig und zugleich zerbrechlich. Telegraphenmaste greifen wie Arme in den Raum.

Ella sah – wie ihre Skizzen verraten – die Natur als unendliche Herausforderung; sie erfaßte das Vorläufige jeder Ansiedlung und die geballte Spannung, die jedem Aufbruch vorangeht. Und im Aufbruch schienen alle zu sein. Selbst die Seßhaften waren immer auf dem Sprung. Dieser ›Drive‹ lag in den Gesichtern und der Haltung der Menschen, die Ella zeichnete.

Am 17. Dezember fuhr sie mit Emmy noch einmal zurück nach Nordosten, nach Buffalo in den Staat New York, um die Niagara-Fälle in Eis und Schnee[11] zu sehen. Wieder das lange, wohlgeborgene Unterwegssein! Wieder das Zusammenprallen höchsten zivilisatorischen Komforts mit einer unbändig rauhen Natur! Aus den Plüschsesseln eines Pullman-Saloons[12] blickten sie auf das frostklirrende Land.

Weihnachten feierten die Schwestern bei Happels mit einem lichtergeschmückten Tannenbaum. Silvester sahen sich alle im ›Imperial‹ eine Bühnenfassung von ›Uncle Tom's Cabin‹ an. Der geschichtliche Gehalt des Stückes, durch den die Lehrerin Harriet Beecher-Stowe 1851 das Gewissen der weißen Siedler aufrütteln wollte, bildete den passenden Auftakt für die Weiterreise in die Südstaaten.

Am 6. Februar 1899 erreichten sie ihr nächstes Ziel: *Moorefield*[13]. Hier lebte Caroline Schreiber, von der die Schwestern die Einladung zur Vetterlesreise bekommen hatten. Einst war sie mit ihrem Mann ins Land des mittleren Südens gezogen, verlockt durch den Beinamen Arkansas', ›land of opportunity‹. Durch die überschwemmten Niederungen des westlichen Stromtals waren sie an den Rand des Ozark Plateau gelangt, hinter dem die großen Prärien begannen. Ihr Holzhaus stand auf einem bewaldeten Hügel neben einem hohen Mühlengebäude; ein Schild ›Schreiberhill‹ hing über der Eingangspforte. Die durch einen Fluß angetriebenen Rollermills – Walzmühlen – hatten der Familie zu beträchtlichem Vermögen verholfen, dennoch blieb der Lebensstil einfach und naturabhängig. Ella schrieb Carl am 25. Februar nach einem ›Rabbit-Hunting‹: »Wir sind eingefroren. Es ist die größte

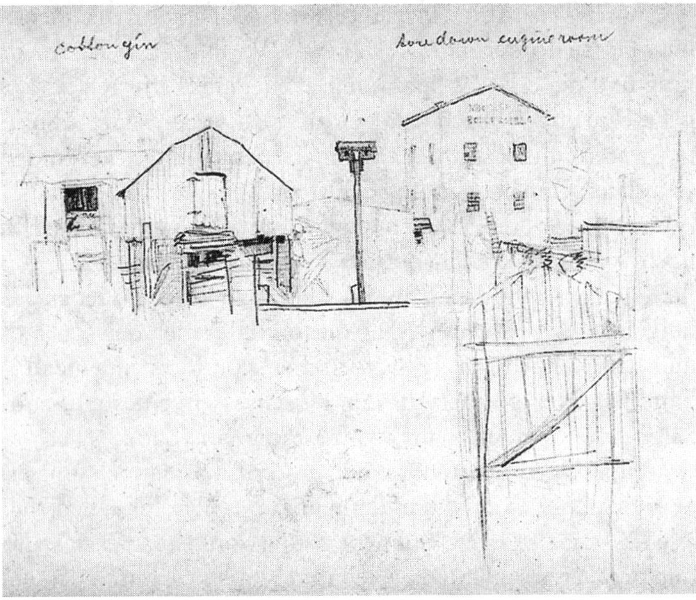

Gabriele Münter, Mühlengebäude ›Schreiberhill‹ in Moorefield/Arkansas, Bleistiftzeichnung, Frühjahr 1899.

und anhaltendste Kälte hier seit 10 Jahren ... Wasser, Milch, Pie, Eggs – alles gefriert hier, it's horrid. You'll pity us.«

Aber schon am 19. März meldete sie, daß man sich mit Hufeisenspiel, Steine-Flitschen und Bare-back-Reiterübungen vergnüge. Am 21. März wurde mit der Nachbarschaft der Frühlingsbeginn gefeiert, am 15. Mai ›mill running‹: die Walzen wurden in Bewegung gesetzt, das erste Korn gemahlen. Eine Kette von Festtagen gliederte das Siedlerleben und band es ein in den Rhythmus der Jahreszeiten.

Ella suchte mit dem Zeichenblock das Charakteristische; sie skizzierte ihre drei Cousinen beim Patchwork, entwarf selbst farbiges Quilt. Sie hielt Hausmusikszenen fest, ebenso Geschehnisse aus der Arbeitswelt, etwa den halsbrecherischen Kletterakt für die Reparatur eines Windrads an der Wasserbohrstelle. Sie zeichnete für Charly »Vorbereitungen zum Bauen im Walde. Steine ausgraben für Fundamente und Holzhauen fürs Dach – wir helfen!«[14]

Nach der Schneeschmelze hatte sich auf dem Highland Plateau ein reiches Farmland enthüllt, mit unübersehbaren Flächen für Getreide und Baumwolle. Ella griff wieder zu den Pastellstiften und schickte Carl eine selbstgezeichnete Postkarte: »Abendrot. Meine Lieblingszeit, durch den Wald zu reiten«. Sie erzählte nicht, sie zeichnete ihm die Ereignisse des Tages auf. »Fand eine Schildkröte. Soll ich sie lebendig oder tot mitbringen?« Drei Zeichnungen unter der Bemerkung: »Found 29. April 1899« beweisen die naturwissenschaftlich genaue Beobachtung, mit der sie das vorher nie gesehene Tier in Körperhaltung und Bewegungsablauf wiedergab. Überhaupt ging es ihr darum, alles möglichst wirklichkeitsgetreu festzuhalten. In den Staaten, erklärte sie später, »füllte ich meine Skizzenbücher immer noch als bescheidener Dilettant ohne künstlerische Absicht ... Ich wollte die Menschen nur erfassen, wie sie waren. Ein halbes Jahrhundert später sind die alten Skizzenblätter ausgegraben und dem Portraitierten oder den Kindern der inzwischen Verstorbenen als Dankesgabe für die nahrhaften Pakete in der Notzeit nach dem Kriege geschickt worden, und alle waren entzückt, wie echt das Leben im Bilde vor ihnen stand.«[15]

Zum 22. Geburtstag erhielt Ella als Geschenk der Verwandten eine Kodak-Rollfilmkamera.[16] Sie fanden dieses Verfahren, Erinnerungen festzuhalten, genauer und praktischer. Werbeslogan für *Eastman's Box*: »Man drücke den Knopf, wir besorgen das übrige.«[17] Ella bekam das Modell *Eastman Kodak No.* 2, das 1898 entwickelt worden war und unter dem Namen *Bull's Eye* populär wurde. Im Gegensatz zum ersten Modell konnte man den Film selbst einlegen und brauchte die Kamera nicht mehr mitsamt dem Film zum Entwickeln und Spulenwechsel einzuschicken. Die Handhabung des recht ungefügen Holzkastens setzte technisches Geschick voraus. Für das Einsetzen eines neuen Filmes mußte Ella das

Innenteil – ebenfalls aus Holz in der Dicke einer Zigarrenkiste – herausheben, um den Film über zwei Rollstege zu spannen. Auch die Haltung der Kamera bei einer Aufnahme verlangte von ihr Sorgfalt und Fingerspitzengefühl; denn das winzige Sucherbild war beim Herunterschauen weit vom Auge entfernt, so daß die Box leicht verkantet und der Horizont auf den Photos aus der Waagerechten verschoben wurde, die Dinge also schief wirkten. Ein Metallhebel auf der Oberseite öffnete den Verschluß, der für zwei Belichtungszeiten einstellbar war. Ein Knebel sorgte für den Transport des Filmes, der für jeweils 18 Aufnahmen im Format 8,5×8,5 cm ausreichte.

Von nun an bezeugen rund 400 Photos, wie Ella Münter Amerika sah, und was sie alles zu sehen bekam. Das winzige Kontrollbild gestattete kein Drauflosknipsen, so bereitete sie bedächtig jede Aufnahme vor und wählte Perspektiven, die der machtvollen Weite des Landes gerecht wurden.

Sie machte die Entsprechung von Menschen und Landschaft sichtbar, indem sie stets einen aussagekräftigen Hintergrund wählte: überbordende Erntewagen vor dem tiefen Horizont; ein nacktes Gelände, in dem nur Windräder aufragen; durch Regengüsse verschlammte Ebenen; Händler mit Pferdefuhrwerk auf scheinbar endlosen Wegen; Ziehbrunnen mit Viehherden; zwölfspännige Planwagen, Farmer und ›stores‹ in der atemberaubenden Ausdehnung der Prärie. Viele Aufnahmen beweisen ihren Sinn für das Komische einer Situation: Da reiten zwei Lausbuben auf einem störrischen Schwein, ein Mädchen hockt im Apfelbaum, zwei Frauen proben auf einer Laienbühne, ein dressierter Grizzlybär stolziert über die Straße, zwei Negerinnen, overdressed, machen einen Stadtbummel, Frauen beim Spinnen, eine behäbige Negermammy beim Buttern. Immer war sie dem Typischen auf der Spur, sah von kleinteiligem Beiwerk ab. Doch sie entdeckte auch das Detail, hob es aus der Summe der Eindrücke heraus und verlieh ihm den Rang des Außerordentlichen. Ein Wagenrad vor einer leeren Landschaft: On the road; in solchen Aufnahmen steigerte sie das Gesehene zum Sinnbild.

Durch das Photographieren lernte sie, in Ausschnitten zu sehen. Sie verwendete die Linien, die ein Blickfeld bot – sei es der tiefliegende Horizont oder eine Hecke am Wegrand –, zum Aufbau eines formalen Gerüstes. Sie strukturierte ebenso durch Schattenkanten. Mit einer gewissen Kühnheit grenzte sie von Anfang an hell belichtete Flächen von den dunklen ab. Selbst ihren eigenen Schatten, von später Sonne überlängt auf den Bürgersteig geworfen, setzte sie zum Bildaufbau ein. Oft skizzierte und photographierte sie dieselben Motive. Diese Methode, durch die sie auch zu kühnerem Blickwinkel beim Zeichnen gelangte, hat sie nie mehr aufgegeben. Menschen freilich ›eroberte‹ sie weiterhin am liebsten mit dem Stift.

Am 8. Juni 1899 hieß es: Start nach *Texas*. Wieder eine zweitägige Bahnfahrt. Wieder die gehobene, fast rauschhafte Stimmung des Unterwegsseins. Wieder Ellas Zugvogelglück: »Am liebsten wäre ich immer auf Reisen!« Das Ziel war unwichtig. Wesentlich war, sich weitertragen zu lassen, weiter in eine unbekannte Ferne, die einförmige Landschaft der Plains am Fenster vorbeifliegen zu sehen und zu wissen, daß etwas Neues, Unbekanntes auf sie wartete.

Die Fahrt ging in Richtung Südwesten. In entgegengesetzter Richtung lag Tennessee, das Ella seit den Schilderungen der Mutter wie ein exotisches Paradies vor Augen lag, geheimnisvoll und fruchtbar, mit Pfirsichen, Feigen und Kindern, die frei wie die Fohlen aufwuchsen. Sie würde dieses Land nicht kennenlernen; denn niemand von den Scheubers war dort geblieben, wo Johann Gottlieb, der Siglinger Schreinermeister, einst seinen Wohlstand gegründet hatte. Als Tennessee durch mehr als hundert Schlachten während des Bürgerkriegs verwüstet worden war, hatten seine Kinder dem Ruf in die lockende Weite des Westens nicht länger widerstanden. So war er im Alter allein zurückgeblieben. Einen Brief, den der Großvater am 6. Januar 1882 an »Herrn Münter, Frau und Kinder in Herford/Prussia/Europe via New York–Bremen or Hamburg« geschrieben hatte, um »Wünsche, Klök und Seegen« zu übermitteln, hat Gabriele Münter lebenslang aufbewahrt. »Seit einigen Tagen strebte ich in das 75. Jahr ... das Freuet mich allezeit, wen ich etwas gutes von euch Hörre.« Ein Mißjahr war das letzte, »das Geld ist ser rarr ... Häußliche und Garden Geschäfte alles bey mir selbst, und dennoch hate ich lezten Somer und jetzt noch ... vileicht den besten Garden in taun.« Auch er wäre gern weitergezogen, da Savannah, wo Ellas Eltern einst ihren Drugstore unterhalten hatten, wirtschaftlich nichts mehr hergab. »Hausbläze und Häußer sind sehr Wolfeil, und ich wirde meine Ferhältnieße ändern, wen ich verkaufen könte, den Ausrenten kan ich es nicht, den in ein oder zwey Jahren wirde es nichts mehr wehrt sein, und so bin ich hir ser gebunden.« Der Großvater hatte seinem Bericht später noch einen Satz angefügt: »Ich habe überichens genug gelebt.«

Auf dem Weg nach *Marshall* am Schienenstrang der Ohio-Linie konnte Ella den Ferndrang nachempfinden, den dieses offene Land bei den Einwanderern erzeugt hatte. Die Städte hatten sich wie Sprungbretter gefüllt und geleert. Bewegung als Lebensform! Das Leben ein anhaltendes ›Unterdessen‹!

Auch Ella gab sich dem mitreißenden Schwung dieses Landes hin, in dem alles nur Übergang schien. In dieser Weite mußte sich Rastlosigkeit ausbreiten, diese grenzensprengende Veränderungslust, in der Hoffnung und Eroberungsfreude sich zu dem verdichteten, was man den ›amerikanischen Traum‹ nannte. Genoß nicht auch sie die Illusion, diese Schienenstränge würden niemals enden?

Texas: schon das Wort beschwor bei Ella eine Vision von Freiheit, Weite und Wildnis.[18] Seit der romantische Rebell Karl Anton Postl 1823 aus einem Prager Kloster in die Neue

Welt geflohen war und dort unter dem Namen Charles Sealsfield eine Erzählung über Texas veröffentlicht hatte, lebte dieses Land in der Phantasie seiner Leser als ›a boundless sea of green‹. Natürlich kannte die lesebesessene Ella das texanische Fabelland auch aus dem ›Cabin book‹[19]. Mit Charly hatte sie viele Wildwest-Bücher ausgetauscht, Abenteuer- und Indianergeschichten nach dem Muster von Coopers ›Leather Stocking Tales‹[20]. In all diesen Werken wurde die Gestalt des kühnen Waldläufers in einer von der Zivilisation unversehrten Wildnis beschworen: »We hurried toward the sinking sun, the magic West beckoning.«

Aber nicht nur den Abenteurern und Entdeckern hatte der Ruf gegolten. Auch die politische Sehnsucht der ›Forty-Eighter‹ hatte in der Geschichtsferne und Unberührtheit des Landes ein Ziel gefunden: »Where the star in blue field prophecies a new world and makes every heart burn for right and freedom and for truth.«[21] Es war die geistige Welt des Vaters, der Hoffmann von Fallersleben in diesen Versen über die texanische Landschaft Ausdruck verliehen hatte. Der von der deutschen Obrigkeit hart bedrängte Dichter, der 1841 an Helgolands Küste seine patriotische Hoffnung im Deutschlandlied bezeugt hatte, stilisierte Texas zum Symbol der Erfüllung: »On to Texas, on to Texas / Golden star, you are the messenger / of our new, better lives: / Since what free hearts hope, / They never hope in vain. / Welcome to you, golden star!«[22] Texas, in mehr als einer Hinsicht zum Sinnbild der Freiheit geworden, war auch für Ella von mythischer Dimension.

In Texarkana erreichten die Schwestern die nord-südliche Reißbrettgrenze, die Arkansas und Louisiana von Texas trennt, das hier noch feucht, fruchtbar und waldreich an ihren Augen vorbeiglitt. Nach etwa hundert Meilen in südwestlicher Richtung erreichten sie Marshall, nahe der Caddo-Seenplatte, zwischen dem Red River und dem Sabine River. Ellas Onkel hatte ein schluchtenreiches Waldgebiet durch

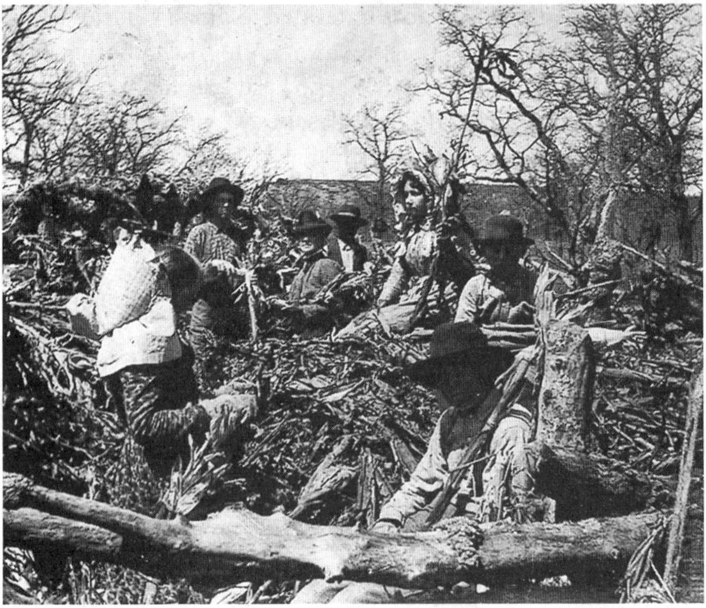

Beim Rindenschälen in Marshall/Texas, 1899.

Räderwerke trockengelegt und für den Anbau von Reis, Baumwolle und Zuckerrohr urbar gemacht. Diese Verwandten waren Pflanzer, von den texanischen Herdenbesitzern als ›eingezäunte Erdwühler‹ bespöttelt. Der Vetter, Willy Scheuber, gehörte zur dritten Siedlergeneration; hier wurde nur noch Englisch gesprochen.

Der Stolz auf die Gäste aus Deutschland war dennoch groß. ›Going visiting‹ nahm, laut Ellas Notizbuch, einen breiten Raum ein. Das Informelle hatte – wie überall in den Staaten – außerhalb der harten Arbeitswelt keinen Platz. Keine Gefahr ›to rurelize‹! Ellas Aufnahmen vermitteln den Versuch, den gesellschaftlichen Glanz der europäischen Gründersalons auf das oft so karge Pionierdasein aufzupfropfen. Sie photographierte neben den rohen Reizen des Landes das Drängen nach kultureller Entfaltung: das Derbe und Kolossale neben dem kopierten Modeschliff, das zupackende Self-

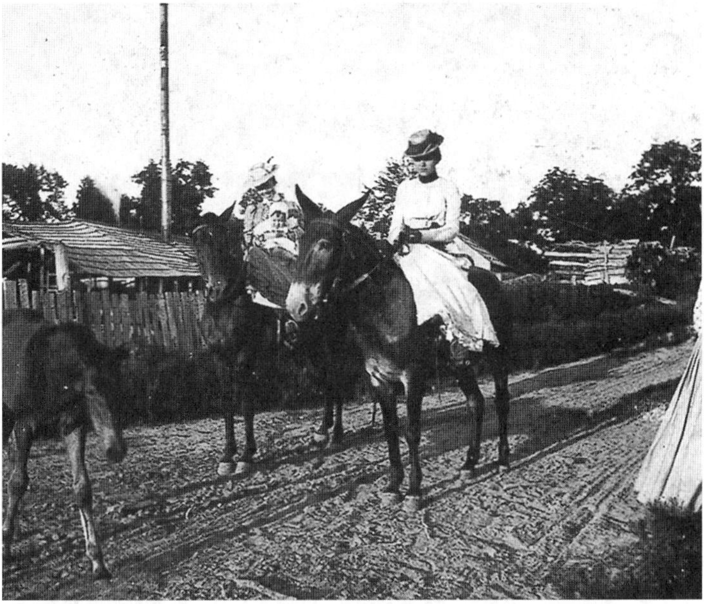

Gabriele Münter, Maultier-Ritt in Marshall.

madetum neben streng beachteter Ritterlichkeit, das Anspruchslos-Zweckmäßige neben höchstem Komfort, den Ziehbrunnen neben dem Bechsteinflügel. Sie schulte ihren Blick für den Zusammenklang von Gegensätzen. Als begeisterte Reiterin veranschaulicht sie die Ära des Pferdes, ehe sie vom Zeitalter des Autos abgelöst wurde: Da ist der bewunderte Mann, the dandy with a sporty rig, der mit einem Paar kraftvoll feuriger Rosse aufkreuzt, oder die junge Frau, die selbst beim Besteigen des Pferdes ladylike wirken möchte. Gespanne von zehn und mehr Pferden ziehen riesige Erntemaschinen durch unüberschaubare Kornfelder; Pferde bringen die schwere Ladung der Feldfrüchte zum Elevator am nächsten Bahnhof; Pferde ziehen aneinandergebundene Planwagen mit Waren an abgelegene Orte; das Pferd des Handelsmannes trottet mit dem Karren die unbefestigten Wege entlang. 1899 gab es nur wenige hundert Meilen von ›hard packed

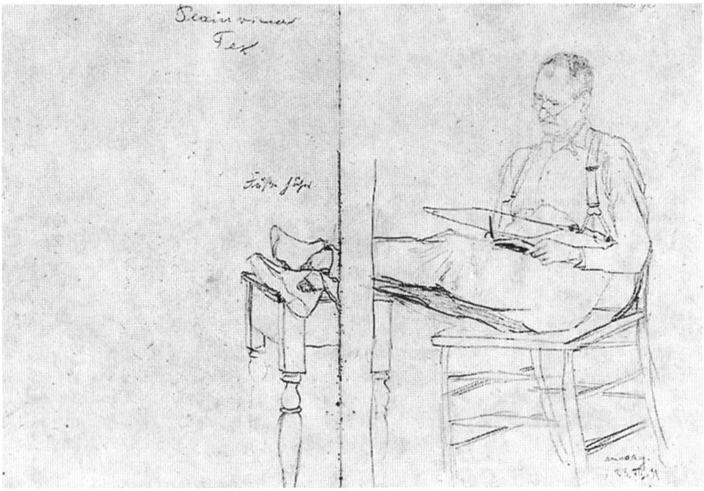

Gabriele Münter, J. N. Donohoo, Plainview/Texas, Bleistiftzeichnung, 23. Juli 1899.

roads‹ außerhalb der Städte, und die ersten Automobile – 8000 waren in den Staaten registriert – blieben oft im Morast stecken oder lagen mit Reifenpannen am Wegrand, bis sie durch Pferdekraft abgeschleppt wurden. Die ungepflasterten Pfade umgingen kurvig die Bodenwellen, waren schlammig oder staubig, unbeleuchtet und voller Schlaglöcher oder harscher Wagenspuren. Die unerschrockene Ella bekam das zu spüren, als sie mit einem Buggy – einem leicht und hoch gebauten, zweirädrigen Pferdewagen – umkippte und das auseinandergebrochene Gefährt samt ihrem Retter auf einem Photo festhielt.

Ende Juli kam überraschend eine Einladung zur Hochzeit von Vetter Donohoo in Plainview.[23] Die Reise ins nordwestliche Texas würde drei Tage dauern! Die letzte Strecke müßten sie im Pferdewagen zurücklegen, in die Panhandle-Prärie führte noch kein Gleis. Hinter *Dallas*, einer kleinen Ansammlung von Häusern, nur noch verdorrtes Präriegras in hitzeflimmernder Luft, verlassene Ortschaften, moderne Hausruinen;

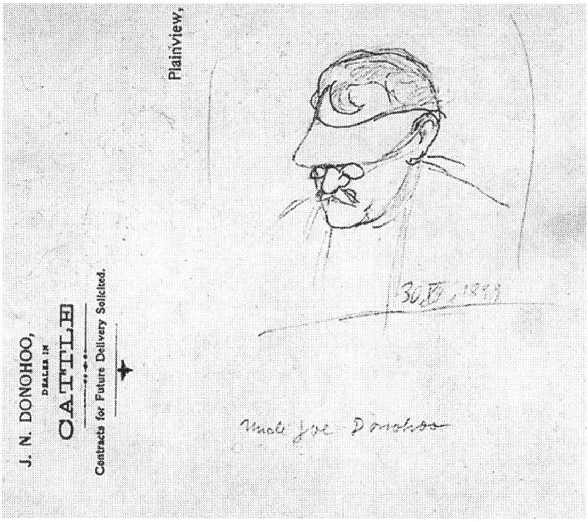

Gabriele Münter, Uncle Joe Donohoo, Bleistiftzeichnung, 30. Dezember 1899.

die Bewohner waren wohl in der Hoffnung auf bessere Bedingungen weitergezogen. Für Ella spiegelte sich auch in der Ausbreitung der Scheuber-Familie die Winning-the-West-Bewegung[24] und damit die Siedlungsgeschichte dreier Generationen.[25]

Plainview, erst zwölf Jahre vor der Ankunft der Schwestern gegründet, lag wie eine aus dem Boden gestampfte Oase am Nordrand des wüstenartigen Hochplateaus des Llano Estacado.[26] Wie Ellas Photos zeigen, bestand die Ansiedlung nur aus einer einzigen Straße, die mit roh gezimmerten Warenlagern gesäumt war, in denen sich die weit verstreut wohnenden Viehzüchter mit allem Notwendigen versorgten. Joe N. Donohoo hatte, auf sein Glück vertrauend, eines Tages im verbrannten Flachland am Salt Fork River eine rohe Bretterbude zusammengehämmert und durch ein riesiges Reklameschild als Store oder Post-Office ausgegeben. So war inmitten der baumlosen Prärie ein Handelszentrum gewachsen, in dem der Onkel als ›Dealer in cattle‹ erfolgreich war. Auf sei-

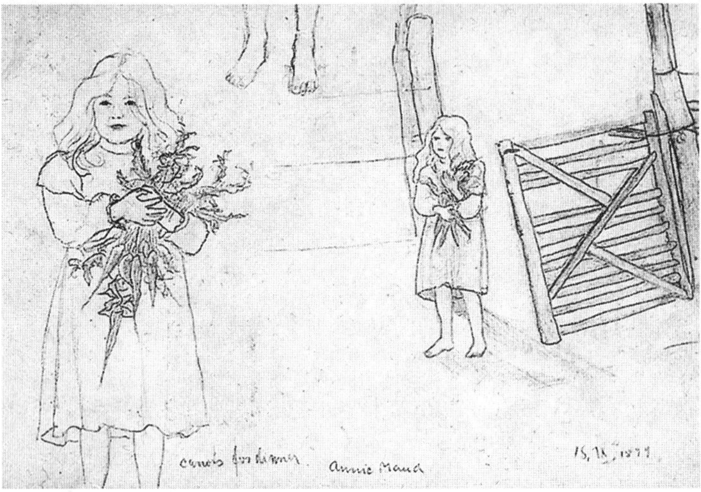

Gabriele Münter, Carrots for dinner, Bleistiftzeichnung, Plainview/Texas, 18. September 1899.

nen Geschäftsbogen warb er für ›Contracts for Future Delivery Solicited‹.[27]

Ella zeichnete den energischen Mann am 30. Dezember 1899, es war ihre letzte Zeichnung im ausgehenden Jahrhundert. Ein großer Mützenschild verdeckt seine Stirn, er trägt eine Brille. Doch trotz des halb verborgenen Gesichtes wird sein Charakter deutlich: Wer so dasitzt, liest nicht zur Muße, sondern prüft seinen Auftragsblock. Ella kennzeichnete den Onkel als »open and unsophistical temperament«, ein Menschenschlag, den sie in den Staaten schätzenlernte: einfach, nüchtern, praktisch. Mr. Ware, the philosopher, machte die Ausnahme und wurde als Donohoos Schwiegersohn auf Ellas Zeichnung vom 7. Januar 1900 in seiner Außenseiterrolle charakterisiert.

In Plainview entstand eine der bekanntesten frühen Zeichnungen Gabriele Münters, *Carrots for dinner.*[28] Die barfüßige Annie Maud trägt einen Arm voll Möhren heran, eine zweite Zeichnung auf dem gleichen Blatt zeigt sie vor einem

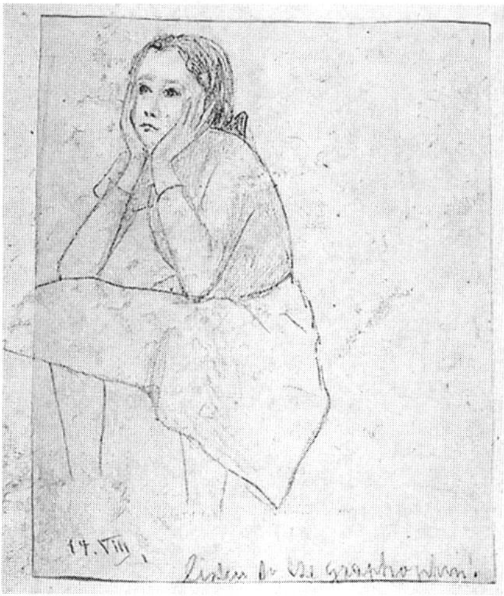

Gabriele Münter, Listen to the grammophone, Bleistiftzeichnung, Plainview/Texas, 14. Juli 1899.

Gartentor aus Holzlatten, das wacklig zwischen zwei Pfosten hängt. Ella war durch die Anmut eines Kindes in der rauhen Umwelt bezaubert.

Eine andere Zeichnung, *Listen to the grammophone*, zeigt ein junges Mädchen, das, den Kopf aufgestützt, die langen, mageren Beine in den Raum streckt und jede Grazie vermissen läßt, selbstvergessen und ›nur Ohr‹.[29]

Ein *Mädchen mit Puppe* zeichnete sie am 11. Januar 1900: Das Kind sieht skeptisch auf das Spielzeug. Es liegt etwas Unvertrautes in der Haltung zur leblosen Puppe, als sei das kleine Mädchen gewöhnt, in Gesellschaft der Buben mit anderen Dingen umzugehen.[30]

Die Gesichter der Erwachsenen wirken trotzig und hart, wohl auch vergröbert. Ella zeigt die Entbehrungen, die ihnen das Prärieklima abverlangte. Selbstbewußt blicken sie – jeder von ihnen ein Landsucher, Entdecker oder Eroberer! – in die Kamera der deutschen Nichte: Das bin ich! Das Jahresmotto, das Ella ihrem Portemonnaie-Kalender für 1900 – und damit

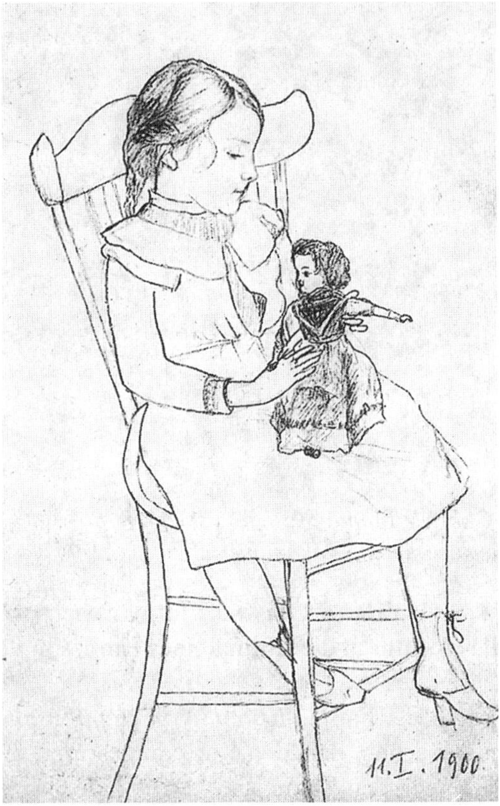

Gabriele Münter, Girl with a doll, Bleistiftzeichnung, Plainview/Texas, 11. Januar 1900.

einem neuen Jahrhundert – voranstellte, lautete: »Je härtrer Kampf, desto größrer Sieg.«

Trocken und topfeben, immer wieder vom Sog der Wirbelstürme leergefegt, mit jaulendem Wind, Temperaturstürzen, im Winter grausam kalt, im Sommer backofenheiß – so lernte Ella das Steppenland im inneren Texas kennen, in dem um die Jahrhundertwende noch die Wölfe und Schwarzbären hausten. Sie lenkte die vierrädrigen, hochgebauten Kastenwagen, über die eine am Wagenende festgezurrte Baumwoll-Plane auf Hickory-Bögen gespannt war, und dachte an die spannenden Erzählungen der Mutter über ihre Fahrten im Prärieschoner. Hier machte es sich bezahlt, daß sie vor ihrer Reise noch 25 Reitstunden genommen hatte, um sich im Hindernisspringen zu üben. Sie ritt auf einsamen Wegen, gab acht auf Schlangen und hörte die Präriehunde heulen. Dieses Land war noch so wild, daß es sprichwörtlich hieß: »Ich krieg ihn, und wenn ich ihn bis ins Panhandle verfolge.«

Auf Ellas Photos schimmert diese Zeit durch, in der die Pfannenstiel-Steppe noch ›no man's land‹ war, zaunlos, endlos. Donohoo mußte seine Viehherden durch bewaffnete Treiber gegen räuberische ›gunmen‹ verteidigen. Ellas Bilder zeigen Männer mit dem Zehn-Gallonen-Hut, Cowboy-Stiefeln, Lederüberwurf, langen Silbersporen und karierten Wollhemden mit dem Nackentaschentuch. Dazu kam, tief und griffbereit, der Patronengürtel mit dem ›peacemaker‹.

Als die Schwestern drei Tage lang an einer Cowboy-Reunion teilnehmen durften, sahen sie die harte Arbeit der berittenen Rinderhüter, der Kultfiguren dieses Landstrichs. ›To run a cattle‹ war jedoch weniger ein Kavaliersspport als harte Arbeit, bis das Brandeisen mit dem Herdenzeichen im Fell zischte. »The camara is an excellent historian«, hatte Tante Caroline Ella eingeschärft, und ihr gelangen wahrlich dokumentarische Aufnahmen. Beim ›Camping auf der Ranch‹ schluckte sie fünf Tage lang den Staub der ungezählten Herde, hockte an dem mit ›bull chips‹ – Kuhfladen – angeheizten Lagerfeuer und bewunderte die Wildheit und Kraft der Viehhüter, die stolz und freiheitlich auf dem Rükken ihrer Pferde dahinstoben, beschwert nur vom Gewicht des Lassos.

Ella photographierte einen Cowboy im Gegenlicht, hoch zu Roß steht er vor dem flachen Horizont. Dadurch erhöhte sie seine Silhouette zum Sinnbild des kühnen ›roaming‹, des ungebundenen Umherstreifens, dem keine Grenzsteine Einhalt gebieten. »Wenn Du Dich auf den Boden legst«, schrieb sie Charly, »kannst Du meilenweit sehen. Es gibt zwar nichts zu sehen, aber wenn es etwas gäbe, so könntest Du es sehen!«[31] Der mit seinem Pferd verwachsene Reiter wird zur Metapher der Freiheit, der endlosen Bewegung in einer herausfordernden Weite.

Über sechs Monate lebten die Schwestern an der Grenze zwischen ›wilderness‹ und ›stockraisers' and ranchmen's paradise‹. Auch als sie Plainview im Planwagen verlassen hatten, blieben sie noch in Texas, in Guion[32], wo eine Cousine, eine junge Witwe mit sechs Kindern, ihre Farm allein bewirtschaftete. Sie wollten das nahegelegene Abilane kennenlernen, die geschichtsträchtige cow-town, in der nach dem Sezessionskrieg ein Boom wie in einer Goldgräberstadt geherrscht hatte. Hier endete damals das letzte Bahngleis, von hier aus mußten sich die Rinder fünf Monate lang auf eigenen Hufen in die Schlachthöfe Chicagos weitertransportieren. Hier wurde der Viehtrieb den Cowboys anvertraut, hierher ritten die erfolgreichen zurück, um ihren Lohn nachträglich ausbezahlt zu bekommen, und hier war er ihnen durch das Vergnügungsangebot der Saloons gleich wieder abgejagt worden. Ella konnte am 15. Mai 1900 nur noch wenige Requisiten vom Heldenepos der rauchenden Colts photographieren: Laderampen, zerfallene Viehgehege, ein paar Bretterwände der Saloons und die alten Tränken.

Zwei Tage später traten die Schwestern die Rückreise an. Die Missouri-Pacific-Linie führte durch weite Landstriche, die keine Grenzmarken trugen. Einen Sommer und einen Winter lang hatte ihnen die gleichförmige Landschaft der Plains eine hautnahe Berührung mit den Elementen, mit Sonne, Wind, Staub und sternenhellen Nächten vermittelt. Auch die Stille gehörte zu diesen Urgewalten. Deutschland lag fern, irgendwo in einer Nische. Es würde ihnen eng erscheinen. Alt und abgestanden komme ihr nun vieles dort vor, hatte Ella den Bruder schon wissen lassen. Hier in den

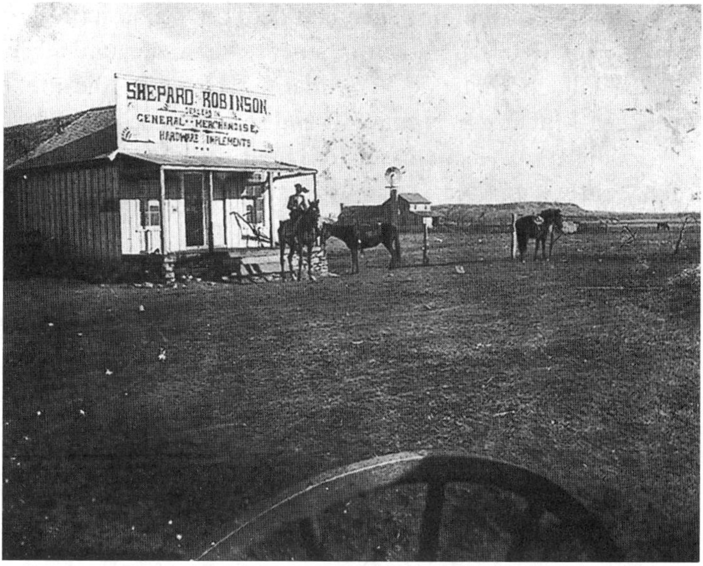

Die Texas-Prärie, Photo Gabriele Münters.

Staaten pulsiere das Leben mächtig, und jeder glaube fest an seinen Erfolg. Der Optimismus der Verwandten habe recht ansteckend gewirkt: Sie zeigten sich so veränderungswillig, als gebe es kein Haus für immer, keinen Ort, der für ein ganzes Leben ausreiche. Sie vertrauten auf ihre Durchsetzungskraft und würden sich jederzeit aus etwas Unzulänglichem lösen: »Everything would take root and grow bigger and better than before!« Hier herrschte noch die Einfachheit, die erfinderisch machte. Hier war man von einer Leere umgeben, die der Phantasie Spielraum ließ. Zu Hause wartete das Althergebrachte, dort war alles vorempfunden, vorgedacht, vorgeformt und so museal vollgestopft wie Koblenz mit Denkmälern oder die Bilder der Düsseldorfer Historienmaler mit den Kostümen der Vergangenheit. Ella Münter hatte in den Staaten zu einem freizügigen Umgang mit der Tradition gefunden. Sie entwickelte eine Abwehr gegen alles Regelhafte und ein Verlangen nach Aufbruch, Frische, Neubeginn.

Auch ihre Einstellung gegenüber der Landschaft hatte sich verändert. Das Brachland aufgegebener Plantagen und die jeden Verfall überholende Verwilderung bewiesen die ungebrochene Macht der Natur. Zu Hause strebten die Städter, der Zivilisation überdrüssig und voll romantischer Sehnsucht, zurück zur Natur; sie wollten an deren Wachstumskräften teilhaben, ja, sich geradezu wieder in ein kosmisches Allgefühl einbetten. In den Staaten hingegen wurde eine gewisse Gegnerschaft nie aufgehoben. Die Siedler sahen in der Natur ihren durch harte Arbeit und technische Hilfsmittel unterworfenen Kampfgenossen, der sich jedoch einem dauerhaften Bündnis entzog. Mensch und Natur – das erkannte Ella hier – waren zwei einander zugeordnete und respektgebietende Partner.

Etwas von diesem Gegenüber ging in ihre Bilder ein; schon die Photos aus den Staaten bezeugen es. Gegenüber ihren früheren Skizzen wirken sie – ebenso wie ihre Reisezeichnungen – herb und unromantisch. Da gibt es kein seelenwärmendes Ineinanderfließen: Die Konturen der Außenwelt setzen gleichzeitig die Grenzen der Vereinnahmung. Münter beläßt einer Landschaft ihren Eigenwert, mehr – ihre Unzugänglichkeit. Nie malte sie Bilder zum Hineinträumen. Nie verniedlichte sie die Natur zur Idylle. Nie verharmloste sie, was ihr groß und ernst erschien.

Am 18. Mai trafen die Schwestern wieder in *Marshall* ein, am 12. Juli in *Moorefield*, am 29. Juli in *St. Louis*. Überall breites Erzählen, denn die Verwandten der dritten und vierten Generation hatten sich nach und nach aus den Augen verloren. Ellas und Emmys Besuch erinnerte sie wieder an den gemeinsamen Ursprung.

Am 2. Oktober erreichten die Schwestern *New York*. So fern von Panhandle wie eine Weltumdrehung und doch: wie viele Ähnlichkeiten! Es war Nachklang und Bestätigung ihrer Raumerfahrung zwischen der Ostküste und Texas: die hochgetürmten Bauten, die ins Unendliche strebenden Bahnlinien, die Warenmengen und die Rund-um-die-Uhr-Rührigkeit, in der im Rausch der noch jungen Elektrifizierung die Nacht zum hell flammenden Tag verwandelt wurde. Auch hier ungezügeltes Expandieren, Tatkraft, Optimismus und Unerschrockenheit.

Ella staunte über das Ausmaß, in dem sich die Mädchen von der männlichen Autorität emanzipiert hatten. Die bevorzugte Stellung der amerikanischen Frauen war ihr schon durch die Mutter und durch die zeitgenössische Literatur bekannt geworden, die – wie Paul Bourget 1896 unter dem Titel *Jenseits des Ozeans*[33] – als originellsten Zug der amerikanischen Gesellschaft die ›Apotheose des Weibes‹ hervorhob. Die Landnehmer und Eroberer, deren sprichwörtliche Kühnheit und Rücksichtslosigkeit alles beugte, duldeten neben sich eine gleichberechtigte und willensstarke Frau.

Schon die jungen Mädchen entwickelten eine Initiative, die nur einem unbekümmerten Selbstbewußtsein entstammen konnte. Sie waren sportlich, gingen festen Schritts und sahen dem Begegnenden erhobenen Hauptes und frei ins Auge. Nachdem sie den Beweis erbracht hatten, für nahezu alle Berufe und Leistungen geeignet zu sein, genossen sie gesellschaftliche Achtung und Rücksichtnahme; das machte ihr Auftreten so stolz und kühn, so schwungvoll: »I am a free born american citizen and I will go where I please.«

Mit dem Heiraten eilte es der Amerikanerin nicht; sie hatte keine Angst, eine ›alte Jungfer‹ zu werden, da man unverheirateten Frauen – meist im Beruf erfolgreich – keinen Spott entgegenbrachte. Das damals entstandene Lied: »Es gibt kein schöneres Leben / als ein Lady-Leben / in Amerika« erwies seine volle Berechtigung. Schon Minna Münter hatte ihren Töchtern dieses ›birthright to happiness‹, den natürlichen Anspruch der Frau auf Glück, eingeschärft: »Amüsiert Euch, habt's nicht eilig mit der Ehe! Sie ist nicht Antritt einer höheren Würde, sie ist Abdankung.« Die Tür zur Unabhängigkeit blieb für die amerikanische Frau immer einen Spalt offen. Die

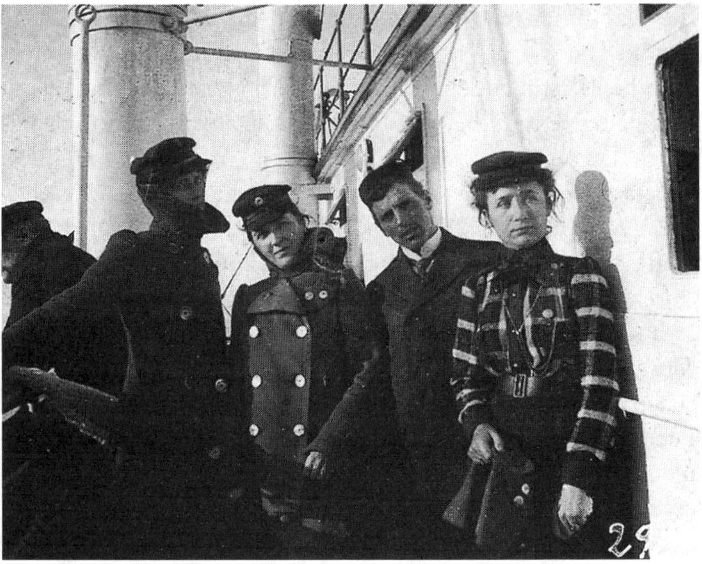

Gabriele Münter (rechts) und Emmy Münter auf der Rückreise aus den USA, Dampfer ›Pennsylvania‹, Oktober 1900.

Scheidung wurde ihr leicht gemacht, die Ehe war eine ›association‹.

Als Ella die Koffer zur Heimfahrt packte, war sie entschlossen, die begonnene Zeichenausbildung fortzusetzen. Emmy, nun 31 Jahre alt, würde mit dem gleichaltrigen Bonner Privatdozenten der Chemie, Dr. Georg Schroeter, den sie als toleranten Freund schätzte, eine Ehe eingehen.

Am 6. Oktober 1900 verließen die Schwestern New York. Der HAPAG-Dampfer ›Pennsylvania‹[34] glitt in der Dämmerung aus dem Hudson, vorbei an den lichtdurchsiebten Fassaden der Downtown. Noch einmal wurde das Blickfeld für die Großlinigkeit dieses Kontinents aufgerissen. Amerika war und blieb für Gabriele Münter das Land der sky-line, ob in Texas oder in Manhattan. Zwei Jahre war sie in der Neuen Welt: Alle Perspektiven hatten sich verschoben.

4. Kapitel

Weißblaue Freiheit

Ende März *1901* erhielt Gabriele Münter einen Brief von Margarete Susman, die Düsseldorf mit München vertauscht hatte. »Wenn Sie Kopfzeichnen wollen, würde ich Ihnen raten, doch in den hiesigen Künstlerinnen-Verein einzutreten, dort hat man viele Vergünstigungen, die in Privatateliers wegfallen.«[1]

Der Vorschlag beendete die Planlosigkeit, die Ella seit ihrer Rückkehr aus Amerika bedrückte. Zwar hatte sie sich am 12. November, Rat und Unterricht suchend, an den Bonner Bildhauer Hermann Küppers[2] gewandt, doch schon am 15. Januar *1901* in ihrem Kalender vermerkt: »Küppers Schluß«. Es bedurfte des Anstoßes von außen, um ihr Leben in eine neue Bahn zu lenken. Als ›Susala‹ ihr am 5. April mitteilte, daß sie bei Maximilian Dasio[3], Lehrer an der Damen-Akademie für Kopf- und Aktzeichnen, bereits angemeldet sei, notierte sie am gleichen Tag in ihr Merkbüchlein: »Ab nach München!«

Am liebsten hätte sie an einer staatlichen Akademie ein methodisch aufgebautes Studium absolviert. Obwohl die bayerische Hauptstadt als eine der frauenfreundlichsten Städte Deutschlands galt, bestand jedoch vorerst keine Aussicht, daß die Königlich-Bayerische Kunstakademie für weibliche Studierende geöffnet würde.[4] Für Frauen bedurfte es zäher Willenskraft und hartnäckiger Umwege, um die Leistungen zu erbringen, die männliche Studenten durch schulmäßig vorgespurte Bahnen müheloser erreichten.

Ella hatte inzwischen die Nachteile des Unterrichts in einem Privatatelier erkannt: das beschränkte Fächerangebot, die Einseitigkeit des Unterrichts je nach der Fähigkeit oder

Vorliebe des Lehrers und die durch sein materielles Interesse recht willkürliche Auswahl der Schüler.[5] Für männliche Absolventen war eine solche Atelierzeit allenfalls eine Vorbereitungs- oder Durchgangsstufe, um die Voraussetzungen für die Aufnahmeprüfung in einer Akademie zu schaffen. Daß Frauen vom akademischen Förderungsprogramm ausgeschlossen waren, wirkte sich nicht nur während des Studiums aus, wo die jährlichen Ausbildungskosten auf das Fünffache des Aufwandes eines Akademieschülers geschätzt wurden. Auch nach erfolgreicher Ausbildung hatten sie keine Hilfestellung zu erwarten, während ein begabter Student nach Abschluß des Curriculums in den Meisterklassen Atelier und Modell kostenlos gestellt bekam, Vorteile, die ihm den Übergang zur Selbständigkeit erleichterten.[6]

Der Unterricht an der Ella von Susman empfohlenen Damen-Akademie wurde nach dem Muster der *Königlich-Bayerischen Akademie der Bildenden Künste* durchgeführt: Die Schülerinnen arbeiteten in Ateliers oder in freier Landschaft unter wöchentlich mehrmaliger Korrektur. Sie durften den Lehrer wählen. Als Ella am 1. Mai *1901* unter der Nummer 221[7] ins Mitgliederverzeichnis eingetragen wurde, hatte die Damen-Akademie schon einen gefestigten, über München hinausreichenden Ruf. Sie gehörte mit der Zeichen- und Malschule des *Vereins der Künstlerinnen und Kunstfreundinnen in Berlin* (1897) und der *Malerinnenschule in Karlsruhe* (1885) zu den drei ersten auf Privatinitiative von Frauen gegründeten Lehranstalten. Durch diese Selbsthilfe-Organisationen sollten die Hindernisse vermindert werden, die sich dem Frauenstudium entgegenstellten.[8]

Daß trotz der Anpassung an den Unterrichtsaufbau der nahegelegenen Kunstakademie die Geringschätzung des Frauenstudiums nicht auszumerzen war, zeigte sich in der Ablehnung, ihr die Damen-Akademie anzugliedern. »Vor 100 Jahren mußten die jungen Fräuleins Nähen und Stricken lernen; jetzt tun das die Maschinen; aber die Damen waren damals beschäftigt. Selbstverständlich wollen sie auch jetzt eine Tätigkeit haben und werfen sich deshalb sehr häufig auf die Kunst. Wenn auch vielleicht zehn Prozent von ihnen ein wirklich ernstes Streben haben, 90 Prozent ist es doch nur darum zu tun, die Zeit herum zu bringen, bis ein glücklicher Gatte kommt, der sie von der Kunst wegholt. Das ist zwar sehr schön, und ich wünsche der Damenakademie alles Gute ... Eine Vergrößerung derselben würde ich aber nicht wünschen, da dadurch nur eine Masse unglücklicher Geschöpfe herangezogen würde.«[9] Schulversuche mit Studentinnen wurden mit Kopfschütteln quittiert; Lovis Corinth hatte es *1901* beim Anmieten von Ateliers erfahren: »Als ich ... meinen Freunden diesen Plan entwickelte, eine Malschule für Weiber in Berlin zu errichten, erntete ich allgemeines Hohngelächter.«[10] Dieser Abwertung eines echten Engagements bei Frauen stand stets der männliche Spott über die »hirnlose Emsigkeit« der Kunststudentinnen gegenüber. Gönnerhaft bemerkte ein Autor in *Die Kunst für Alle*: »Glühender Eifer und ein verzehrender Ehrgeiz, der weit über das hinausgeht, was unter der männlichen studierenden Jugend an idealem Zündstoff angehäuft zu sein pflegt, hält das Völkchen der malenden Fräuleins und Frauen den Männern gegenüber zusammen ... Eifer und Eifersucht sind nahe Verwandte.«[11] Man war bei Frauen stets geneigt, ein Übermaß zu beanstanden, das ihnen aufgezwungen wurde; denn ohne diese Energie konnten sie sich gegenüber dem niederzwingenden Druck ihrer Umwelt als ›Malweiber‹ nicht behaupten.

Hätte Ella sich für die ›weibliche Variante‹ der Kunstausbildung entschieden, wäre alles einfacher gewesen; die staatlichen Kunstgewerbeschulen nahmen – wenn auch unter Vorbehalten – Frauen auf. Auch Margarete Susman hatte sich in die angewandte Kunst abdrängen lassen. Nein, Ella ließ sich nicht auf diese halbe Lösung ein! Das hätte sie schließlich schon in Düsseldorf haben können, wo in den Aufnahmebedingungen für bestimmte Kurse, die 15jährige

Volksschüler belegen konnten, zu lesen war: »Auch hervorragend begabte Damen werden als Schülerinnen zugelassen.«[12] Man duldete inzwischen Handarbeits- und Zeichenlehrerinnen, Photographinnen, Buchbinderinnen oder Stickerinnen; die ›freie Künstlerin‹ blieb jedoch suspekt. Das Fach Handarbeit aber hatte Ella schon in der Schule nicht gemocht – diese kleinliche Stichelei dauerte ihr, die den flotten Zeichenstrich liebte, viel zu lange. Ihr fehlte die Geduld fürs Detail.

So war sie nun bis ins Vorzimmer der freien Kunst gelangt, in den Strahlungsbereich einer staatlichen Akademie, die mit ihrem allein nach ästhetischen und darstellungstechnischen Gesichtspunkten aufgebauten Lehrplan und ohne deklarierte Berufsziele das Beispiel für die Damen-Kurse bot.

Als Schülerin der *Damen-Akademie* war Ella gleichzeitig Mitglied des *Künstlerinnen-Vereins*[13], der mit Stolz darauf hinwies, daß er seit seiner Gründung im Jahre 1882 Verkäufe vermittle und durch Unterstützungs-, Kranken- oder Vorschußkassen in Not geratenen Mitgliedern helfe. Vor allem aber bot er eine Anlaufstelle für Mädchen, die von fern her angereist kamen: »So ist denn München heute die Stadt, in der gleich Paris das meiste für das Studium der Frau auf künstlerischem Gebiet möglich ist.«[14]

In den neun Ateliers des Künstlerinnen-Hauses arbeiteten 300 Schülerinnen, Hospitantinnen eingeschlossen, und das bedeutete zu Ellas Ausbildungszeit stets ein unliebsames Staffelei-Gedränge.

Zunächst entschied sie sich für einen ›Kostümkurs‹, den Fritz Hegenbart[15] abhielt. Ihr Hauptinteresse richtete sich jedoch auf das Lehrangebot Maximilian Dasios: Kopf nach lebendem Modell. Obwohl er im Unterricht antikisierende Renaissance-Motive bevorzugte, erkannte Ella: Dasio war ein Meister im Erfassen der Linie. Er hatte die Gabe, das Typische im Umriß zu charakterisieren. Bei seinen Federzeichnungen ließ er nur die Kontur wirken und belebte die Fläche kaum mit Schraffur oder Binnenzeichnung. In der sicheren Art, dem Umriß alle Ausdruckskraft zu verleihen, fand Ella zum ersten Mal ihre eigene Begabung bestätigt. Um so enttäuschter war sie, als Dasio noch im gleichen Jahr seine Tätigkeit an der Künstlerinnen-Akademie beendete, um eine Professur für Ornamentzeichnen an der Königlichen Kunstgewerbeschule in München anzunehmen. Damit stand er in einer Reihe von erfolgreichen Lehrern, die von der Damen-Akademie wegengagiert wurden oder diese Schule als Sprungbrett für eine staatliche Akademie-Laufbahn benutzten.[16] Und doch war auch bei ihm eines ihrer zeichnerischen Grundbedürfnisse unerfüllt geblieben: Stets sprach die bewegte Szene sie an, das Anekdotische, bei Dasio aber war alles geronnen, kühl wie Kristall, klassisch gebändigt. Ihre spontanen Skizzen waren Antworten. Dasios statische Auffassung bot ihr kaum Ansatzpunkte für die Imagination, die sie für einen ›Treffer‹ brauchte.

In ihren Briefen nannte sie Dasio einen »Michael Kramer«. Die literarische Gestalt dieses Malers und Akademieprofessors, dem es nicht an Begabung, wohl aber an eigener Handschrift fehlte, hatte Gerhart Hauptmann[17] dessen genialem, jedoch außerhalb aller sozialen Rücksichtnahme schaffendem Sohn gegenübergestellt. Ella hätte lieber diesen Arnold, den schöpferischen Außenseiter, zum Lehrer gehabt! Sie vertraute es Georg Schroeter, dem Bonner Chemiker und Privatdozenten, an, der an ihrer Übersiedlung nach München regen Anteil nahm. Denn trotz aller Verschiedenheit der Schwestern gab es eine fatale Übereinstimmung: Sie hatten bei der Auswahl ihrer Freunde einen ähnlichen Geschmack.

»Obgleich Sie uns hier sehr fehlen«, stellte Schroeter in seinem Brief vom 17. Mai *1901* an Ella fest, »glaube ich doch, daß es für Sie das beste war, aus dieser etwas zu schlaffen Lebensweise heraus in eine zielbewußtere Thätigkeit hineinzugehen. Sie werden mehr Freude am Leben und mehr Selbstvertrauen gewinnen.... Ich mache hie und da den schüchternen Versuch, Ihre Schwester Emmy für irgendwelche Studien zu begeistern. ... Augenblicklich hat sie sich ja etwas aufs Französische geworfen.« In Schroeters Brief schwingt eine über Freundschaft hinausgehende Sympathie. Er leide seit Ellas Fortgang an einer »nervösen Magen-Affektion. Ihre Schwester hat infolgedessen den Leuten die Meinung beigebracht, ich wäre am Abschieben. Das ist aber wieder nicht richtig, ich möchte Sie doch noch vorher in diesem Herbst in München besuchen, um mit Ihnen eine Radeltour ins bayrische Gebirge zu machen, nachher kann kommen, wie der liebe Gottchen will.« Am letzten Tag des Jahres 1901 heiratete er Emmy. Seine Freundschaft zu Ella bildete einen wichtigen Bestandteil dieser Ehe, deren Schwierigkeiten er voraussah: Emmy hatte einen Glücksanspruch, der in Enttäuschung einmünden mußte. Schroeter schätzte Ellas Wirklichkeitssinn, der mit Beherztheit gepaart war.

Ella hatte sich in München schnell eingewöhnt. Wie viele Migräne-Typen war sie klimaabhängig. Wenn sich die atlantischen Wolkenzüge am Teutoburger Wald stauten und oft tagelang bleiern und unerlöst über der Westfälischen Bucht lasteten, neigte sie zu schwermütiger Unentschlossenheit. In Koblenz hatten die drückende Sommerschwüle des Rheintales und dessen mildfeuchte, unausgeprägte Winter eine lustlose Schlaffheit bei ihr ausgelöst. Hier aber stand sie beschwingt auf der Isarbrücke in der trockenen, glasklaren Luft des Föhns, der den Blick auf die 100 Kilometer entfernten Alpen freigab. Sie liebte die kräftigen Regengüsse ebenso wie die weißen Wolkenzüge, die im seidigen Blau des Münchner Himmels prächtiger vorübersegelten als anderswo. Immer hatte das Wetter etwas Entschiedenes, war voller Dynamik und nie von ermüdender Halbheit. Das Licht schuf klare Begrenzungen. Das Südländische war immer gegenwärtig, nicht nur in der blendenden Helle und den tiefblau leuchtenden Schlagschatten, sondern auch in der genußbetonten Hinwendung zur Umwelt.

Ella, zu vorsichtiger Zurückhaltung neigend, fand sich in einer fröhlichen, blühenden Welt, einer »leichtgemuten«, wie Thomas Mann in seiner *1901* verfaßten Erzählung *Gladius Dei* feststellte, in einer Stadt der »heiteren Selbstfeier«. Mit ihren 500 000 Einwohnern machte sie nicht den Eindruck einer lärmigen Großstadt, dazu fehlte ihr die industrielle und kommerzielle Hast. Man pflegte die alpenländisch-rustikalen Züge und durchsetzte sie mit einer Eleganz, die den Anschluß an die weite Welt suchte; sinnenfroh und recht diesseitig war man damit beschäftigt, das Leben mit Annehmlichkeit und Schönheit auszustatten. Die Liebe zur Kunst bedeutete hier, seit der erste Wittelsbacher Ludwig um 1830 eine musische Idealstadt, ein Isar-Athen entworfen hatte, auch immer Bereitschaft zu Andacht und innerem Erleben. Der anmutige Friedensengel auf dem östlichen Isarufer sah *1901* bereits den ersten Automobilen nach, ohne daß sich die Wendung der Münchner ins Kunstreligiöse vermindert hätte. Perspektiven-Ebenmaß der Straßen und Plätze, musealer Philhellenismus an der Glyptothek, den Propyläen, an der klassizistischen Ludwigstraße, die an einer florentinischen Loggia ihren Ausgang nahm! Ella, kaum der amerikanischen Zweck- und Erfolgswelt entwöhnt, hatte nun diesen steingewordenen Feierklang vor Augen, der jedoch vom leichtlebigen Schwabinger Kunstgeklingel durchmischt wurde. Ein Schauplatz von unglaublicher Vielfalt! Darum gehörte auch sie zu jenem Drittel der zugereisten Maler und Literaten, denen die Atmosphäre der bayerischen Hauptstadt so zusagte, daß sie für immer in München oder in nahegelegenen Orten des Voralpenlandes blieben.[18]

Etwas von der Aufbruchsstimmung, die Ella in den Staaten so beeindruckt hatte, fand sie in der bayrischen Hauptstadt wieder: Das alte, verbrauchte Jahrhundert war hier nicht in Resignation und Überdruß ausgeklungen, sondern in einem euphorischen Preislied der Frische und des blühenden Beginns. München war in dieser transitorischen Zeit die *Stadt der Jugend* geworden. Max Halbes[19] Erfolgsstück *Jugend*, Frank Wedekinds *Frühlings Erwachen*, Zeitschriftentitel wie *Jugend*, *Frühling*, *März* zeugten vom Schäumen und Gären. München hatte zwischen 1895 und 1905 seine kunstgeschichtlich große Stunde: Es gewann den Ruf einer avantgardistischen Kunststadt, die aus der musealen Bewahrung herausgetreten war und in ein gesellschaftsreformatorisches Kunstprogramm vorstieß. »Es war eine große Zeit der künstlerischen Erneuerung, als ich 1901 nach München zum Studium kam«, schrieb Gabriele Münter im Rückblick. »Der Jugendstil begann, in seiner Art den alten Naturalismus zu stürzen und die reine Linie zu pflegen. Doch unmittelbar konnte meine schon mitgebrachte Neigung, die Wirklichkeit mit sparsamem Abriß, im Umriß der Dinge zu fassen, noch nicht viel Bestätigung und Anregung empfangen.«[20]

Das Umfeld war ihr förderlich, weniger der Unterricht. Der Jugendstil mit seinen sensitiv schwingenden Linien hatte von neuen Formen an kunstgewerblichen Gegenständen seinen Ausgang genommen, als junge Künstler, August Endell, Hermann Obrist, Richard Riemerschmid und Otto Pankok, Unbefangenheit gegen Bildungssinn, empfindungsgetragene Ornamentik gegen historisierende Zitate stellten. Auf der *7. Internationalen Kunstausstellung im Glaspalast 1897* hatte man ihnen zwei ›Kleinkunst‹-Kabinette zugestanden, die inzwischen als die *Kinderstube der modernen dekorativen Kunst* gefeiert wurden. Aus dem Kreis der Neuerer waren im folgenden Jahr die *Vereinigten Werkstätten für Kunst im Handwerk* entstanden[21], doch die revolutionäre Formensprache der angewandten hatte noch nicht auf den Lehrplan der freien Künste abgefärbt. Ella, stets weltoffen bis zur Neugier, nahm jedoch auf ihren Münchner Streifzügen ein Kaleidoskop von Anregungen in sich auf.

Es war ein Stellvertreter, der dieser Epoche ihren Namen gab. Des ›Königreich Bayerns Verweser‹, Prinzregent Luitpold[22], wurde *1901* achtzig Jahre alt. Er sah in der Kunstliebe seines Vaters, Ludwig I., eine Verpflichtung; er legte eine eigene Sammlung an, überwachte die Staatseinkäufe und achtete bei Beförderungen darauf, ob ein angehender Hofrat schon etwas für die Kunst getan hatte. Regelmäßig machte er Atelierbesuche, auch bei unbekannten Künstlern. Er hatte verfügt, daß in jedem vierten Haus in Schwabing ein Dachatelier gebaut werden müsse. So steigerte er das gedeihliche Klima für kreative Geister, denen man keine Regelhaftigkeit abverlangen konnte. Ella empfand dieses augenzwinkernde Gelten- und Gewährenlassen als wohltuend, denn sie konnte es mit den knalligen Bühnenauftritten der Wilhelminischen Hohenzollern vergleichen. Es war die Atmosphäre kultureller Toleranz und Freizügigkeit, die München inzwischen zum geistigen Gegenpol Berlins gemacht hatte. Wenn Charly das ›bierselige München‹ verspottete, so rühmte Ella die Ungezwungenheit und Lässigkeit, in der hier jeder nach seinem Gusto leben konnte[23], diese herrliche weißblaue Freiheit.

Ella genoß es auch, in der Hochburg des Radsports zu sein.[24] An radfahrende Damen hatten sich die Münchner in weltstädtischem Gleichmut gewöhnt, seit eine frauenrechtliche Riege an sonnigen Wochenenden mit Knabenfrisuren und weißen Radfahrhosen – einige mit Bowler und Schlips – im Englischen Garten ihre Bahn zog, eine Kavalkade selbstbewußter Frauen, denen es zu verdanken war, daß München an der Spitze der weiblichen Emanzipation stand. Oft versuchte Ella in unstillbarem Bewegungsdrang beim Radeln die Mißliebigkeiten auszugleichen, die sie im Zeichenunterricht gekränkt hatten.

Sie wohnte in *Schwabing*. Wo die architektonisch durchformte, baumlose Ludwigstraße in eine freibebaute, begrünte Landstraße überging, war ein ›Gegenmünchen‹ entstanden, und seine Einbürgerung – 1890 – hatte an diesem Status nichts verändert. Das Künstlerviertel zwischen dem Siegestor und dem Feilitzschplatz im Norden, zwischen dem Englischen Garten im Osten und der Schleißheimer Straße im Westen blieb ein Experimentierfeld für einen ins Leben übertragenen Jugendstil, wozu auch die Erprobung einer neuen Geschlechterrolle gehörte, die auf eine Ablösung der ›Vaterschaftsfamilie‹ hinsteuerte.[25] ›Schwabing‹ hieß das Losungswort für geistige und wirtschaftliche Bohème, für das fruchtbare Chaos, aus dem mit der Schwungkraft der Jugend der Auftakt fürs 20. Jahrhundert gestaltet werden sollte. Man fühlte sich der Bodenständigkeit der bäuerlichen Bevölkerung in Münchens Norden verbunden, hier sei der Genius loci erhalten geblieben: das keltische Erbe von Freiheitsdrang und Schönheitssinn.[26]

Ella beobachtete die quirlige Szene. Die Eingliederung fiel ihr schwer, da mochte ihre westfälische Schwerblütigkeit hinderlich sein. Zudem schien ihr, die vor dem weiten Erfahrungshorizont Amerika die provinzielle Enge längst abgestreift hatte, vieles, was hier als Wagnis der Freigeisterei und emanzipatorische Errungenschaft ausgegeben wurde, gar nicht so sensationell. Wie immer setzte sie den Schnellentflammten, den Verkündern und Propheten der festlichen Rauschdoktrin, abwägende Beharrung gegenüber. Sie war bedächtig im Verwerfen, zurückhaltend gegenüber denen, die das Bewährte im ersten Ansturm zerknicken wollten. Bei all den Zirkeln und Feuerbünden war sie weniger an den Ideen als an den Menschen interessiert.

Margarete Susman wohnte wie Ella in der Pension Bellevue, Theresienstraße 30, und da sie schon länger als ein Jahr ins Schwabinger Beziehungsnetz eingebunden war, führte sie Ella vielerorts ein. Sie saßen gern im *Café Stephanie*, spöttisch der ›Reichstag von Schwabing‹ genannt, wo in dichtem Zigarettenrauch die Dominosteine und Billardkugeln klickten und kleine Marmortische im Wiener Stil hinter der gläsernen, vom schweren Vorhang verdeckten Eingangstür zu abend- wie nachtfüllenden Disputen einluden. Sie besuchten das *Café Luitpold*, als ›ästhetischer Vatikan‹ stets im Gespräch, betrachteten die Wortführer und wurden schnell einbezogen. Photos bezeugen Ellas Anwesenheit bei bacchantischen Atelier- und Kostümfesten, wo es im Aufstand gegen die muffige Spießermoral immer hoch herging!

Margarete Susman verkehrte im Hause Wolfskehl[27], der Bühne für Schwabinger Gesellschaftsreformer. Dort sprach man nächtelang über Dichtung, Mythen, Geschichte, hier wurden Lesungen veranstaltet, dramatische Gedichte und Schattenspiele aufgeführt. Wolfskehl, der ›Zeus von Schwabing‹, gab sich aus im gesprochenen Wort. Er inspirierte, weckte schlummernde Gestaltungskräfte, ermutigte zum Werk. Schon zu Lebzeiten wurde er zur Legende, sein Salon galt als Ideenbörse der bildenden Künstler.

Im Wolfskehl-Kreis war Margarete Susman mit den Forderungen der Symbolisten nach der inneren Bedeutung eines Kunstwerkes und nach einer ›geistigen Kunst‹ vertraut geworden: »Ich erlebte dann sehr bald auch jenen Höhepunkt, den der Besuch und die Vorlesung der Gedichte von Stefan George bedeutete.« Fortan habe sie sich – fasziniert durch seinen Kultgesang – in eigenen Gedichten um die Formenstrenge solcher Verse bemüht. »Als Hauptinhalt meines Lebens quoll hinter allem, was ich tat, immer der schier unerschöpfliche Quell der Dichtung, Dichtung, wie ich sie damals verstand: Ergießung von letzten Empfindungen und Gedanken in wohlklingenden Reimen, ... sie strömte einfach aus mir hervor und entfernte mich von der gelebten Wirklichkeit.«[28] Solches Ausufern innerer Bewegtheit mußte der nüchternen Ella fremd sein. Überschwang vermied sie, und das entfernte sie von Margarete Susman, die sich sogar durch die Vorlesungen Theodor Lipps'[29] so ergriffen fühlte, daß sie in Tränen ausbrach. Auf diese Weise hörte wohl auch Ella von dessen *Einfühlungstheorie*, der sie dann in Vorträgen des Künstlerinnen-Vereins wiederbegegnete, beriefen sich doch die Künstler des Jugendstils auf Lipps' Wahrnehmungspsychologie, wenn sie die Wirkung ihrer vom Gegenständlichen abgelösten – und darum vom ›Verstehen‹ unabhängigen – Ornamentik erklärten.

Münters Bekanntschaft mit dem Ehepaar Wolfskehl, Ludwig Derleth und seiner Schwester Anna Maria[30] stammt wohl aus dieser Zeit, in der sie mit Margarete Susman auch auf die »fragwürdigen Gestalten Klages und Schuler«[31] stieß. Diese *1901* noch um Wolfskehl gescharten ›Kosmiker‹ priesen den *Eros cosmogonius* als Waffe gegen den Rationalismus der Zeit. Damit befanden sie sich im Einklang mit vielen Zeitgenossen, die sich gegen die Verwissenschaftlichung aller Lebensgebiete auflehnten und sich auf andere Erkenntnisquellen besannen: Intuition, Gefühl, mystische Versenkung. Die wahre Erkenntnis, so lehrten die *Kosmiker*, werde nicht durch den Verstand vermittelt, sondern durch die ›Goldfeuchte der Scholle‹ und das ›aufsteigende Blut‹. Indem Alfred Schuler[32] die Blut- und Bodenkulte aufleben ließ und Ludwig Klages[33] den Geist als Widersacher der Seele schmähte, prangerten sie die Vernunft als lebenshemmende Macht an. Um dem fruchtbar-anarchischen Chaos, den triebseligen Urbedürfnissen wieder zum Recht zu verhelfen, müsse die Gynäkokratie wiederhergestellt werden. Die mutterrechtliche Weisheit der Pythien, Sibyllen und Walküren könne wieder Zugang zum All-Geraune, zu verstandesmäßig nicht faßbaren Wahrheiten stiften. Die ›Eingeweihten‹ standen als ›Enorme‹ den ›Belanglosen‹ in seherischem Anspruch gegenüber. Sie kündigten das matriarchalische Lebensfest an, spielten dessen orphische Daseinsfülle gegen dürre patriarchalische Tugendhaftigkeit aus und erhoben die Promiskuität zur geläufigen Tagesforderung. Wenn der Jugend-Verleger Georg Hirth den Jugendstil weniger als Kunststil denn als Prinzip der Freiheit auffaßte, so bezog sich das auch auf die erotische Bewegung Schwabings. Franziska Gräfin zu Reventlow[34] galt als deren Fleisch und Blut gewordene Doktrin. Um sie herum wollten die Kosmiker ihre erotomanische Kolonie aufbauen[35], in der sie – besinnungsraubend – durch uralte Kulte zu neuen religiösen Schauern vorstoßen würden. Die ›tolle Gräfin‹ wurde mit ihrem unehelichen Söhnchen zur heidnischen Madonna mit dem Kind stilisiert, zur Symbolfigur der lebens- und liebesbesessenen, nur sich selbst gehörenden, siegreichen Frau. Im Jahre 1901 schrieb sie den autobiographischen Roman der vom bürgerlich-christlichen Moralkodex befreiten *Ellen Olestjerne*, in dem sie die erzieherischen Verbrechen an einem Mädchen brandmarkt, das sich nach und nach als reduzierte Persönlichkeit begreift. Ein Exemplar der ersten Auflage des Buches befand sich im Nachlaß Ella Münters.

Was ging angesichts dieses Treibens in ihr vor, die in festen Moralbegriffen erzogen worden war und bürgerliche Sittengesetze bisher nie in Frage gestellt hatte? Durch die matriarchalische Revolution und die Verehrung der Magna mater oder Hetäre wurde das Solide und Überschaubare des Frauenlebens relativiert. Anderes schien möglich. Freie Liebe war das Zauberwort. In einer neuen Gesellschaft sollte sie Keuschheit und Treue ersetzen. Applaudierte nicht Schwabing all denen, die im Leben – wie Wedekinds *Lulu* auf der Bühne – die sexuelle Freiheit als höchste Trophäe der Emanzipation priesen? Während die Vertreterinnen der Frauenbewegung um die Zulassung zu allen Bildungswegen und Berufen kämpften, predigte die Reventlow den Mythos eines privaten Sich-Auslebens; sie verfocht das utopische Ziel, Frauen sollten als Gegenkraft zur männlichen Berufswelt von allen Sachzwängen verschont bleiben. Ihre Attacke gegen die ›Emanzen‹ war in der von Oskar Panizza herausgegebenen Zeitschrift *Zürcher Diskußionen* unter dem Titel *Viragines oder Hetären* erschienen: »An den Viragines unserer Tage mit Herrenwesten und Lodenröken irgend ein ästetisches Wolgefallen zu finden, das ist zuviel verlangt.« Ihnen fehle »der gesund-erotische Geist des neuen Heidentums«.[36]

Die Münchner Frauenrechtlerinnen machten geltend, daß die erotische Freiheit den Frauen stets als ein Regulativ gegenüber weitergehenden Reformbestrebungen zugestanden worden war.[37] Zwischen den extremen Positionen einer nur sexuelle Tabus sprengenden Emanzipation und der feministischen Forderung auf Zugang zu Studium und Beruf lag ein weiter Spielraum für weibliche Befreiungswünsche. Niemand, der zum Jahrhundertbeginn in Schwabing wohnte, konnte sich einer Stellungnahme entziehen.

Bei Veranstaltungen im Künstlerinnen-Haus traf Ella die Frauen, deren Freiheitswille sich nicht in Rebellentrotz gegen erotische Schranken erschöpfte. Kurz nach ihrer Ankunft sah sie in einer Ausstellung ehemaliger Schülerinnen zum ersten Mal Originalarbeiten von Käthe Kollwitz.[38] In der gleichen Werkschau wurden Stickereien der Margarethe von Brauchitsch[39] gezeigt. Sie hatte als eine der ersten Textil-Designer die Nähmaschine zum Sticken eingesetzt, um in Konkurrenz zu industriellen Billigprodukten die Vervielfältigung künstlerischer Entwürfe zu ermöglichen. Aber nicht nur durch ihre Kurbelstickereien, die auf der Weltausstellung 1898 in Paris Aufsehen erregt hatten, brachte sie frischen Wind in die Damen-Akademie, sie überzeugte auch durch kämpferische Vorschläge, den Kleider- und Wohnstil zu reformieren. Ella mochte ihr, die ganz in der Nähe der Pension ›Bellevue‹, in der Theresienstraße 75, wohnte und ebenfalls eine begeisterte Radlerin war, manch weiterführende Anregung verdanken.[40]

Ella, die regelmäßig die Clubabende in der Damen-Akademie besuchte, lernte durch Hermann Obrist[41] die deklamatorischen Ziele der Münchner Avantgarde kennen. Dieser Wortführer des Jugendstils mutete sich viel zu: Er wollte von Schwabing aus den Zeitgeschmack und dadurch die Gesellschaft reformieren. Seine Vorträge enthielten Zündstoff, Ella ließ sie sich selten entgehen. Unverhüllt äußerte er seinen Überdruß an der offiziellen Salonkunst, die altmeisterliche Porträts und Landschaften imitierte, an Schulen und Dogmen und dem ganzen Stildickicht der Prinzregentenzeit. Er schärfte den Blick seiner jungen Zuhörerinnen gegenüber dem herrschenden Atelierstil, der in der malerischen Anhäufung von Überbleibseln aller Zeiten und Völker etwas von künstlerisch-genialem Arrangement vortäuschte und eine museale Stimmung aufkommen ließ, die dem verstaubten Samtjacken-Stil der Lenbach-Ära entsprach. Ella fühlte sich zum ersten Mal in der bisher nur instinktiven Ablehnung der Düsseldorfer Historienmalerei bestätigt.

Obrist strebte im Sinne des Jugendstils das Gesamtkunstwerk an. Als Töpfer, Bildhauer und Graphiker entwickelte er im Zusammenspiel mit Raumausstattung und Architektur ein Flächendekor, das aus einem kalligraphischen Lineament bestand und ein Gegengewicht zum herrschenden Naturalismus bilden sollte.[42] Seine Seidenstickereien wirkten in der Münchner Kunstszene innovativ; sie stellten nichts Wirkliches dar, sondern entsprangen inneren Visionen. Ursprünglich einmal wahrgenommene Einzelmotive wie mikroskopische Formstrukturen von Pflanzen und Tieren, die ihm durch sein früheres naturwissenschaftliches Studium vertraut waren, wurden in flächenüberspannende Muster verwandelt, die kein Wiedererkennen, sondern nur die seelische Einstimmung des Betrachters bezweckten. Ella wurde zum ersten Mal mit bewußter zeichnerischer Abstraktion konfrontiert, z.B. wenn Obrist das Kräftespiel hinter den Erscheinungen darstellen wollte, etwa in der Spirale, die er – beobachtet an keimenden und wachsenden Pflanzen – als Grundbewegung allen Lebens ornamental veranschaulichte: »Alles spiralt, radialt, wirbelt, strahlt aus, dreht sich, kreiselt.« Ein Brunnen beruhte für ihn auf den Grundelementen Wasser und Felsen; unverziert durch Menschen- oder Tierplastiken, entstand er allein aus der Vision des Tröpfelns, Gurgelns, Rauschens und des Anbrandens von Wasser an felsiges Gestein. Der intuitive Nachvollzug natürlicher Kräfte bildete das Grundelement seiner Kunst. Dabei bot er dem Auge die schwingende Linie an; es sollte sich an ihr entlangtasten und die Phantasie freisetzen.

Bei seinen Vorträgen über die gegenstandslose Raffinesse der dekorativen Kunst revidierte Ella ihre Abneigung gegenüber dem ›Kunstgewerbe‹. Hier wurde nicht mehr brave handwerkliche Fertigkeit geübt, hier vollzog sich im ›Angewandten‹ eine atemberaubende Erneuerung der Kunst, indem der Jugendstilkünstler vom Abbild wegstrebte und als einzigen Zweck seiner auf zeichnerischen Formenreichtum angelegten Kunst die ästhetische Wirkung anstrebte. Es ging nicht um die mehr oder weniger freie Wiedergabe von Dingen, Pflanzen oder Tieren, es ging um Formen, die nichts darstellten und durch die Art ihrer Krümmungen, ihres Verlaufs, der Stärke und Schwäche ihrer Schwellungen und Windungen direkt das Gefühl ansprachen. Ella, zur Linienkunst begabt, erkannte, daß dieser Jugendstilornamentik jede Raumperspektive abging. Auch ihren aus Konturen bestehenden Zeichnungen fehlte ja die Tiefenillusion. So lag es nahe, daß sie dem Unterricht in Obrists 1901 gegründeten *Lehr- und Versuchsateliers für angewandte und freie Kunst*[43] in der Schwabinger Hohenzollernstraße 7a Aufmerksamkeit widmete. Wuchs hier ihr Zweifel an dem recht traditionellen Unterricht der Damen-Ateliers? »Jede Akademie, die steht, ist wert, daß sie zugrunde geht. Wie die Götter im ›Rheingold‹, so welken die Professoren, und im Dunkeln tappen die Schüler dahin«, spottete Obrist.[44] Doch Gabriele Münter behielt auch ihm gegenüber kritischen Abstand, wenn sie seine Gedanken »entschieden intelligent, aber zu kunterbunt und wirr« fand. »Zwei Stunden lang! Obrists Art zu sprechen ist merkwürdig sympathisch und einleuchtend in der Betonung. Ein tüchtiger Komödiant und geistreicher Mensch!«[45]

An Obrists Vorträge schlossen sich stets hitzige Diskussionen an; man sprach über die neuen Freiheiten, über Liebe, Ehe, Sport und eine natürliche, nicht bewegungshemmende Mode. Er wetterte gegen den konventionellen Wohnstil, gegen die Türmchen- und Erkerwut, gegen neubarocke Butzenscheiben und bescheinigte München ein architektonisches

Dauerkostümfest. Sein Kampf gegen die ›Hausgreuel‹ der Gebrauchsgegenstände begeisterte die Jugend, die mit ihm bereit war, historische Stile über Bord zu werfen. Er fand in dem Maler Wilhelm von Debschitz einen Verbündeten, der mit ihm frische Luft in die Samtportieren der Bürger blasen wollte.[46] Beweglich, strahlend, feurig und dröhnend erteilte dieser Kraftmensch den ›Kunstnonnen‹ – Schülerinnen aus ganz Deutschland – einen Unterricht, der mit Reformplänen durchsetzt war. Er führte sie im Geiste des *1901* gegründeten *Wandervogels* mit seiner Sing-, Lagerfeuer- und Freundschaftsromantik in die Berge oder zum Skilaufen.[47] Dabei belauschten sie das Formenspiel der Natur. Blütenknospen wurden zu Formgerüsten abstrahiert; sich entfaltende Schößlinge zur Linie reduziert. Viele Schüleraufgaben bestanden darin, das Wehen, Streben, Spannen zeichnerisch einzufangen. Gefäßformen, an den Drehscheiben der Schule geschaffen, wurden nach Käfern, Flügeln, Schnäbeln getrieben. Dabei stand das dynamische Element, das Einschwingen in Lebendiges, im Mittelpunkt der Abstraktion.

Viele Impulse, die von Debschitz' Unterricht und Obrists Vorträgen in der Damen-Akademie ausgingen, wirkten nachhaltig auf Gabriele Münter. Sie nahm Blumen und Zweige als Ausdrucksträger wahr und stellte bis ins hohe Alter das Keimen, Emporstreben, das Sich-Verhalten zu Licht und Dämmerung dar. Sie malte die ›Traurigen Abschiedsblumen‹, aber auch das siegreiche Klettern, Durchbrechen, Angreifen von Schlingpflanzen und das Sterben und Abknicken, die gequälten Torsionen verwelkender Blüten.

Im Gegensatz zur Atelierausbildung in Düsseldorf lernte Ella in München einen neuen Maßstab für Kunst kennen: »Es gibt keinen größeren Irrtum, als daß die Nachahmung der Natur Kunst sei.« Sie befreundete sich mit abbildfreier Darstellung, »die der Menschen Seele aufwühlt allein durch Formen, die nichts Bekanntem gleichen, die nichts darstellen und nichts symbolisieren, die durch frei gefundene Formen wirkt, wie die Musik durch freie Töne«.[48] Es war ein Schüler Theodor Lipps', August Endell[49], der diese Charakterisierung der neuen Kunst schon 1896 unter dem Titel *Um die Schönheit* veröffentlicht hatte. In der einzigartigen Fassade des Münchner Photoateliers Elvira war diesem Außenseiter der Sprung aus dem kleinformatigen Kunsthandwerk des Jugendstils in die große Dimension gelungen: Er hatte zwischen die klassizistischen Bürgerhäuser der Von-der-Tann-Straße eine giftgrüne Kiste mit einem lila Riesenornament und ein paar Schlupflöchern als Eingänge und Fenster geklemmt. Das Relief wirkte wie ein schaumwirbelndes, wildgezacktes Ungeheuer, selbstherrlich aufgetrieben; es beschäftigte die Phantasie, weil es in seiner Bedeutung nicht festzulegen war. Alles schien in den Sog der Linie zu geraten, die nichts bedeuten und dennoch alles aussagen sollte.

Ella, die so gern Reportagen und Gesichter zeichnete, war in eine Umgebung geraten, in der die reine Linie gepflegt wurde, die Linie, die für sich selbst stand, für sich allein Schönheit und Geltung erlangen sollte, die aus ihrer dienenden Funktion als Gegenstandsumriß entlassen worden war.[50]

Im Lesesaal des *Künstlerinnen-Vereins* waren die wichtigsten Zeitschriften ausgelegt. Die *Dekorative Kunst*, die der Münchner Bruckmann-Verlag seit Oktober 1897 herausgab, sollte neben der seit 1886 im gleichen Hause erscheinenden Zeitschrift *Die Kunst für Alle* im Sinne der Neuerer stilbildend wirken. »Wohin treiben wir?« hatte Samuel Bing, Gründer des Pariser Ladens *L'Art Nouveau* in der Rue de Provence Nr. 22, der dem Stil den internationalen Namen gegeben hatte, unter einer Wandfries-Abbildung von Endell im ersten Leitartikel gefragt. Auch Georg Hirths im Januar 1896 gegründete *Jugend* signalisierte den Aufbruch: »Es ist eine Lust zu leben.« Diese ›Münchner illustrierte Wochenschrift für Kunst und Leben‹ entwarf im Protest gegen kleinbürgerliche Enge und Heuchelei einen neuen Lebens- und Liebesfrühling. Der aufrührerische Zeitgeist wurde geschmackssicher verpackt: Der eben entdeckte Farbendruck ermöglichte die ›Jugenddrucke‹, ganzseitige farbige Reproduktionen; für die Schülerinnen der Damen-Akademie hochbegehrte Vermittler des neuen Stils.

Doch anregender als das literarische, schöngeistig ausgerichtete Blatt wurde für Ella der satirisch-politische *Simplicissimus.* Er war konzessionsloser, aggressiver und vermittelte weniger Zielbilder als Gesellschaftskritik; er war weniger aufbauend und beschwingend, als daß er Salz in die Wunden streute. Den *Jugend*-Mustern der Schlingpflanzen, Lianen, den ›Seelennudeln‹ in edler Blässe und Künstlichkeit setzte die Zeitschrift mit dem Markenzeichen einer zähnefletschenden Bulldogge den scharfen Biß gegenüber. Das Zehnpfennig-Blatt, von Albert Langen[51] seit 1886 in München nach dem Muster des Pariser *Gil Blas illustré* gestaltet, beeinflußte Ella durch Text, Illustration und Reklame: »Hier sah ich gelegentlich Zeichnungen von Gulbransson und Thomas Theodor Heine, deren Strich nach meinem Geschmack war. In den Kunstschulen aber herrschte noch viel alte Gewohnheit. Wenn ich schlichten Umriß gemacht hatte, hieß es, nun gehöre auch noch Schatten hinein, und wenn ich dem nachgab, gefiel mir meine Zeichnung nicht mehr.«[52] In den von Langens Zeichnern schnoddrig hingefetzten Zerrbildern fand Ella die Bestätigung ihres eigenen Stils. Hier war die äußerste Sparsamkeit der zeichnerischen Mittel erreicht: beherzte, nicht kleinlich gesetzte Konturen. Überdies wurden die Naturformen gesteigert zugunsten einer stärkeren Ausdruckskraft.

Aber so sehr sie den *Simplicissimus* schätzte, in einem Punkt war sie tief von ihm enttäuscht: In bitterbösen Karikaturen richtete er sich gegen studierende oder berufstätige Frauen. Daß gerade der gegen Bürgermuff und Rückständigkeit gerichtete *Simpl* so emanzipationsfeindlich war! Er verteidigte das traditionelle Abhängigkeitsverhältnis zwischen den Geschlechtern in angreiferischer Häme durch Wort und

Bild. So hieß es: »Sehen Sie Fräulein, es gibt zwei Arten von Malerinnen: die einen möchten heiraten, und die anderen haben auch kein Talent« (Bruno Paul). Oder: »Ich finde es ganz recht, daß die Berliner Polizei uns das Studium männlicher Akte verboten hat. Man soll der Liebe ihren mystischen Reiz nicht rauben« (Ernst Stern). Ein andermal: »Als ich endlich soviel gelernt hatte, um ein holländisches Bild täuschend imitieren zu können, da kam die Freilichtmalerei auf. Ich sattelte sogleich um und lernte Kohlfelder in der Mittagssonne malen. Da kam die Mode des Symbolismus zu uns. Ich schloß mich in mein Atelier ein und malte verhungerte Engel. Dann wurden im letzten Frühjahr die Alten Meister wieder modern. Da ist mir die Geschichte zu dumm geworden: Ich habe mein Talent entdeckt und mir einen Mann gesucht« (Eduard Thöny).[53] Aber ebenso heftig ereiferten sich die *Simplicissimus*-Graphiker gegen das Universitätsstudium der Frauen, und ganz besonders gegen das Studium der Medizin, das die Scham verletze.[54]

Da für die Gegner des Frauenstudiums das Sexuelle Dreh- und Angelpunkt war, richtete sich die Karikaturen-Schelte des *Simplicissimus* auch gegen Juristinnen. Bei Sexualdelikten seien sie eh befangen und außerdem durch Galanterie bestechlich. Die echte Manneswürde, auf die selbst ein Bescholtener noch Anspruch habe, sei mit Füßen getreten, wenn Frauen als Richterinnen Freiheits- oder gar Todesstrafen über Männer verhängen könnten.[55]

Die verletzende Kritik an den ›Malweibern‹ mündete stets in die Feststellung, widernatürlich und deshalb völlig unberechtigt kreativ sein zu wollen, also Begierden wie ein Mann zu entwickeln. Wenn man aber Frauen schon als Malerinnen gelten ließ, so riet man ihnen, sich mit dem geruhsamen Stilleben zu begnügen, das damit als zweitklassig – als schöngeistig-dekorativ – eingestuft wurde, während Porträt und Akt Aggressivität verlangten: den gestaltgebenden Zugriff eines Mannes auf die zu erfassende Persönlichkeit.

Den Kern aller Malerinnen-Schelte bildete das Aktstudium. Bei ihm gehe die keusche Zurückhaltung gegenüber der im männlichen Körper greifbaren Virilität verloren.[56] Statt der gewohnten Unterordnung nun unweiblicher Bemächtigungsdrang, ja – wie beim Medizinstudium der Frauen – gar geschlechtsschänderische Entartung![57] Da war von hysterischer Verkehrung die Rede, von unsittlichem, wollüstigem Fleiß. Alle Argumente der Wortführer zielten unter den Rock.

Männer als Akt-Modelle für Frauen zu engagieren, rührte an Tabus.[58] Selbst männliche Modelle mit Schwimmhosen behielten etwas Anrüchiges; sogar in der Damen-Akademie wurde der Aktunterricht für weibliche Mitglieder laut Lehrplan in »schonenden Formen« durchgeführt. Überall das Geraune um Schicklichkeit! Man hatte nichts gegen die Krankenschwester einzuwenden, aber alles gegen die Ärztin; nichts gegen das weibliche Modell, aber alles gegen die Künstlerin. Es ging um die Rangfolge!

Als Abweichlerinnen vom Normalen wurden studierende Frauen häufig mit männlichen Attributen wie Bierseideln, Zigarren, Kneifern und Krawatten oder in lesbischer Umarmung abgebildet; sie zeigten Bartwuchs, widernatürliche Formen und eine unkleidsame Garderobe. Das erschien Ella nicht nur kränkend, sondern vor dem Hintergrund ihrer amerikanischen Erfahrungen geradezu absurd. Der Kunsthistoriker Karl Scheffler bezichtigte z.B. Kunststudentinnen der »Verkümmerung oder Krankhaftigkeit des Geschlechtsgefühls«; sie müßten ihren Ehrgeiz mit »Perversion oder Impotenz bezahlen«. Künstlerisches Talent sei nur durch die Verkümmerung der Gebärorgane zu erkaufen; so gelte es, sich zu entscheiden, Künstlerin oder Frau zu sein.[59]

An diesen zeitgenössischen Auswüchsen sind die Widerstände zu messen, denen sich Ella als ›Malweib‹ ausgesetzt sah. Sie kennzeichnen auch ihren Grad von Unbeirrbarkeit und ihr Glück, kurz darauf einen gegenüber dem Frauenstudium unvoreingenommenen Lehrer zu finden. Vorerst aber veranlaßte sie der entwürdigende Spott, der den ›Malweibern‹ entgegenschlug, zum Besuch frauenrechtlicher Vorträge.

Die Lehrerinnen des *Künstlerinnen-Vereins* waren bestrebt, »auch der allgemeinen großen Frauensache ihren Teil an Mitarbeit zu leisten. Sie sind stolz darauf, daß ihr Verband einer der ersten Frauenvereine Deutschlands war.«[60] Das bewies schon die Bibliothek, die neben dem kunstwissenschaftlichen Schrifttum eine Abteilung für Frauenliteratur enthielt, in der außer den *Mitteilungen der Frauenbewegung* alle Frauenzeitschriften und zeitkritischen Publikationen von Hedwig Dohms *Der Frauen Natur und Recht* über das *Tagebuch der russischen Malerin Marie Bashkirtseff* bis zu Morgensterns *Frauenarbeit in Deutschland* oder Webers *Ärztinnen* greifbar waren. Da lag das *Zentralblatt des Bundes Deutscher Frauenvereine* ebenso aus wie Helene Langes *Die Frau*, Minna Cauers Werk *Die Frau im 19. Jahrhundert* und ihre Zeitschrift *Frauenbewegung*. An jedem Freitag vermerkte Ella in ihrem Notizkalender »Frauenverein«.

Zwischen den fortschrittlichen Künstlerkreisen und der tonangebenden Frauenorganisation, dem *Verein für Fraueninteressen*, bestanden Querverbindungen. In München war »die moderne Literatur- und Kunstströmung so eng verknüpft mit der Frauenbewegung, daß die der ›Moderne‹ mit jener der ›Frau‹ als eines Wesens angesehen und verwechselt wurden«[61], erklärte Georg Jacob Wolf zur Frontbildung der Avantgarde. Hermann Obrist, August Endell und Margarethe von Brauchitsch waren schon vor der Jahrhundertwende Mitglieder, ebenso der Erfolgsautor des Romans *Das Dritte Geschlecht*, Ernst von Wolzogen. Das Buch, *1901* in einer Jubiläumsausgabe von 100000 Exemplaren verkauft, spiegelt die Münchner Szene in ihrer Verflechtung von künstlerischen und frauenrechtlichen Bestrebungen.[62] Eine seiner Modell-Frauen, Sophia Goudstikker, Mitinhaberin des Photoateliers Elvira, erklärte: »Es muß als ein besonderes Charakteristikum der Münchner Frauenbewegung hervorgehoben werden, daß es ihr gelungen ist, die Anteilnahme von Männern, Gelehrten, Künstlern und Industriellen für ihre Arbeit zu gewinnen.«[63]

Über den *Künstlerinnen-Verein* kam Ella Münter mit den Kämpferinnen der Frauenbewegung in Berührung. Schon kurz nach ihrer Ankunft hatte sie einen Vortrag Ika Freudenbergs gehört, der Vorsitzenden des *Vereins für Fraueninteressen*[64], der laut Wolzogen ein Sammelbecken für »unruhiges Gären und heftiges Überschäumen in der Münchner Frauenwelt war, auch der seriösen«. Wissenschaftler, Künstler und Literaten seien »in den Strudel gerissen, sie besuchten die Frauenversammlungen, in denen Ika Freudenberg und Anita Augspurg flammende Reden gegen die Rechtlosigkeit und stumpfsinnige Unterwürfigkeit der Weiber hielten«.[65] Vorwiegend kamen im *Künstlerinnen-Verein* die Vertreterinnen der gemäßigten bürgerlichen Frauenbewegung zu Wort, die sich für leistungsgerechte Bildungswege und außerhäusliche Erwerbsarbeit einsetzten und dabei annahmen, daß sich die zivilrechtliche Stellung der Frau nach der Erreichung dieser Ziele von selbst verbessern würde. Wer jedoch für die politischen Rechte der Frauen kämpfte, scharte sich um Anita Augspurg[66], die als erste Deutsche – noch vor Gertrud Bäumer und Rosa Luxemburg – 1893 in Zürich zum Dr. jur. promoviert und durch ihre sensationelle Auftragserteilung für das seinerzeit von ihr mitbetriebene Hofatelier Elvira an August Endell in München eine stadtbekannte Erscheinung war. Im Jahre *1901* warb sie, die den Verein *Frauenbildung – Frauenstudium* gegründet und inzwischen zum Erfolg geführt hatte, unerschrocken für den *Deutschen Verein für Frauenstimmrecht*. »Es ist in Deutschland Sitte geworden, das Vorgehen der freien, selbständigen Frauen mit dem Wort ›Amerikanismus‹ abzutun«, hatte Minna Cauer[67] angesichts der Anfeindungen und Polizeistrafen bei frauenrechtlichen

Demonstrationen festgestellt. War es nicht gerade diese abwertende Haltung gegenüber dem freizügigen Frauentyp der Staaten, die Ella dazu bewog, sich durch Mitgliedschaft und regelmäßige Anwesenheit beim *Frauenverein* zu den Zielen dieser weiblichen Avantgarde zu bekennen?

Der *Künstlerinnen-Verein* warb für sich und damit auch für die Frauenfrage auf die in München erfolgreichste Weise: eine für das Auge anspruchsvolle Geselligkeit. Ein begehrter Treffpunkt für alle, die in München Rang und Namen hatten, waren die stets ausverkauften Kostümfeste und Karnevalsbälle. Zu einem ›Fest auf dem untierreichen Meeresgrund‹ oder ›Semiramis Einladung in ihre hängenden Gärten‹ wurden wochenlang Ausstattung und Maskierung entworfen. Die Ruinen Pompejis, die Tulpengärten Hollands oder das bizarre Treiben des Blocksbergs wurden zeitaufwendig in Szene gesetzt. Die Damen-Akademie arrangierte mit Rücksicht auf den Genius loci gern einmal Kunst als Dekoration.

Was Ella am sonst so fortschrittlichen Verein störte, war der königlich-bayrische Ton, der hin und wieder in altertümlicher Ehrerbietung aufklang. »S.K. Hoheit der Prinzregent sowie die Prinzessinnen des königlichen Hauses beehrten unsere Weihnachtsausstellung und machten namhafte Einkäufe von Kunstwerken wie von Gegenständen des Kunstgewerbes«, frohlockte dann der Jahresbericht. Auch war ihr ein gewisser Überschwang zuwider, mit dem angehenden Künstlerinnen – sei es bei Maientanz oder Adventsfeiern – eine Feiertagsexistenz bescheinigt wurde. Ihr war der nüchtern-sachliche Ton der Rednerinnen an den Freitagabenden lieber.

Aber auch außerhalb der Damen-Akademie und des Frauenvereins bot München ihr Anregungen in Hülle und Fülle; sie berichtete darüber regelmäßig den Geschwistern. Am 9. Juni 1901 schrieb sie: »Komme eben aus der ›Götterdämmerung‹ ... Ist das ein großes Ding! Mittwoch singt Riza Eibenschütz aus Leipzig im ›Fliegenden Holländer‹, werde wohl keinen Platz bekommen, möchte aber unbedingt!«[68] Ella, die sich kaum eine Opern- oder Theaterinszenierung entgehen ließ, sah in dem am 19. April *1901* eröffneten *Schauspielhaus* an der Maximilianstraße zum ersten Mal eine bis ins kleinste Detail ausgeführte Raumschöpfung im Jugendstil; Richard Riemerschmid[69] hatte den Innenraum als Gesamtkunstwerk konzipiert. Der Zuschauerraum, im weichen Linienschwung einer gemuldeten Raumschale, zeigte – bis zu den Türbeschlägen und dem fließenden Geländer der Balkonbrüstung – eine in flaches Dekor übertragene raffinierte Kalligraphie. Unverblendete Glühbirnen in floral ausgestalteten Lampen warfen darauf verzitterte Lichtkringel.

Als am 20. August *1901* das *Prinzregententheater* eröffnet wurde, berichtete Ella den Geschwistern über die dafür inszenierte Aufführung der ›Meistersinger von Nürnberg‹. Welch quellende Fülle blattvergoldeter Putten und Girlanden in diesem Wagner-Festspielhaus gegenüber dem schlichten Linienfluß der ›Jungen Angewandten‹ im Schauspielhaus! Der Jugendstil, der sich in München im Gegensatz zu Darmstadt oder Wien nicht durchsetzen konnte, verflüchtigte sich hier schon in Einsprengseln, Applikationen und Fensterformen; eine speziell münchnerische Anpassung des flächigen Dekors an die Versatzstücke historischer Stile. Das galt auch für das *1901* eröffnete *Müllersche Volksbad*[70], von dem Ella begeistert mitteilte: »Schwimmen gewesen, nicht natürlich!« Sie hatte dieses Jugendstil-Juwel auf einem ihrer ersten Streifzüge mit dem Rad am Isar-Ufer der Gasteig-Gärten entdeckt. Der Name erweckte bei ihr die Vorstellung von Mietbadewannen und samstäglicher Reinigungskur. Dann staunte sie über ›Europas schönste Bade-Oper‹, das erste heizbare Hallenbad des Kontinents mit Kuppel und reich verziertem Wasserturm in der goldschimmernden Brillanz einer antiken Thermenanlage. Die Schmuckfreude schickte ihre Ausläufer bis in die profansten Winkel: Selbst die vielgeliebten Münchner ›Zamperl‹ erhielten in diesem schwelgerischen Schwimmpalast zu

Ellas Entzücken einen Baderaum mit Schmuckbecken und Boxen zum Trocknen. In München liebte man das Reiche, Glänzende, Vollmundige!

Drei volle Tage verbrachte Ella im August *1901* in der seit Mai vielbeachteten Ausstellung der *Darmstädter Mathildenhöhe*, wo eine avantgardistische Künstlerkolonie – vom fortschrittlichen Großherzog von Hessen zusammengerufen – den Jugendstil in Architektur und Gebrauchsgegenständen veranschaulichte, indem sie ihre Ateliers und durchstilisierten Wohnhäuser für Besucher zugänglich machte.[71] Peter Behrens, Mitbegründer der *Münchner Vereinigten Werkstätten für Kunst im Handwerk*, war seit 1899 federführend und hatte die Verfechter der ›Angewandten‹ zum Gesamtkunstwerk stimuliert, unter ihnen auch Hans Christiansen, dessen Glasfenster und Tapisserien (auf Postkarten reproduziert) Ella schon 1898 in Düsseldorf entzückt hatten: »Lecker, lekker! Wer das könnte! Aber wo lernt man so etwas?«[72] Jedenfalls nicht in der Damen-Akademie! So fortschrittlich sich der Verein als Begegnungsstätte gab, so retardierend war der Unterricht, es mochte an der Erwartung der Schülerinnen mit meist konservativer Geschmacksrichtung liegen oder an der Schwierigkeit, vorwärtsdrängende Künstler als Lehrkräfte fest an ein in der Öffentlichkeit als zweitrangig eingestuftes Damen-Institut zu binden. Ella würde sich bald wieder nach einem neuen Lehrer umsehen müssen!

Vorerst aber nahm sie vom 25. Juli bis 12. August *1901* an einem Kursus Dasios für Landschaftszeichnen in Fürstenfeldbruck teil. Zum ersten Mal rückte sie mit Rucksack, Feldstuhl und einem Feldschirm aus: »Was ich im Zeichnen vermochte, darauf bildete ich mir gar nichts ein, weil ich es mühelos tat. Einmal aber stieß mich ein Vergleich darauf. Ich ging ... in meinem ersten Studienjahr, mit einer Kollegin aus der Schule des Münchner Künstlerinnenvereins auf Motivsuche hinaus, und wir sahen am Nymphenburger Kanal unten am Wasser eine Frau knien und Wäsche spülen. Das mußte

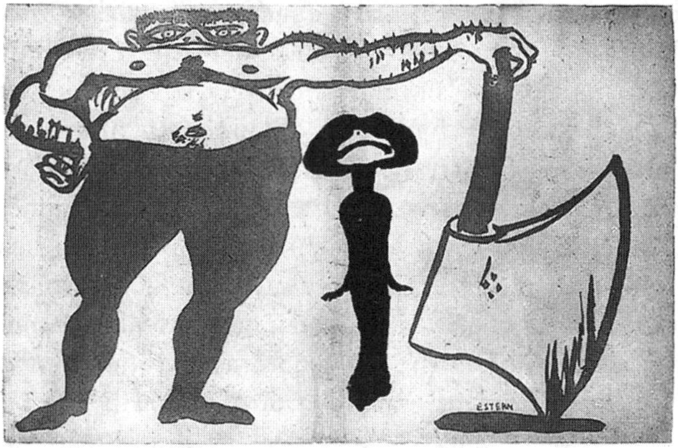

Scharfrichter-Karikatur von Ernst Stern, 1902, 31,5 × 50 cm.

natürlich gezeichnet werden. Die andere tastete mit dem Stift vorsichtig auf dem Blatt herum, versuchte den Umriß mit vielen kleinen Strichen, radierte das meiste wieder aus, und das Resultat war flau und ungefähr. Das verfolgte ich mit Verwunderung. Dann zog ich auf meinem Blatt ein paar Striche, und die Sache saß und war fertig.«[73] Wann würde sie endlich einen Lehrer finden, der dies gelten ließ?

Doch da ergab sich plötzlich eine neue Fährte! Am 20. Juni hatte sie zum ersten Male die kleine Bühne eines ehemaligen Studenten-Fechtbodens in der Türkenstraße besucht, wo im April *1901* der Elferrat des Faschings an die Öffentlichkeit getreten war, um ein zeitkritisches Kabarett zu präsentieren. Es hatte sich schnell zum Kristallisationspunkt aller literarischen und graphischen Tendenzen des Jugendstils entwikkelt.[74] Der Zeichner Ernst Stern[75] hatte als Gründungsziel festgelegt, daß »der Richtspruch scharf und die Hinrichtung im Kampf gegen die Reaktion grundsätzlich und unerbittlich« sein müßten. Die *Elf Scharfrichter* erschienen als Exekutoren, die in feuerrotem Kapuzenornat mit herabgelassenem Visier vor jeder ›Hinrichtung‹ den Henkersblock im ›Scharfrichter-Marsch‹ umtanzten. Ella versäumte keine Programmnummer. Durch ihre Freundschaft mit dem Juristen Richard Kothe, dem zur Laute singenden Scharfrichter ›Frigidius Strang‹, wurde sie mit dem engeren Kreis der Kabarettisten bekannt. Scharfrichter ›Hannes Ruch‹ spielte mit rotbebänderter Gitarre synkopische Weisen, die Ella an den Sound von New Orleans erinnerten, wo Richard Weinhöppel tatsächlich einige Jahre verbracht hatte. So sehr sie sich für Satire, Parodie und Witz in Wort und Gesang begeisterte, für sie war die optische Stilisierung der Scharfrichter-Bühne das Anregendste. Am besten gefiel ihr Sterns rhythmisches Zeichnen. Im Takt intonierte er mit dem Stift, in freiem Linienspiel, was die Musik – Walzer, Marsch, Polka – ihm eingab, einmal hüpfend, einmal schleppend. Die Scharfrichter ›Starr‹, ›Still‹, ›Beil‹, ›Knacks‹, ›Grab‹ und ›Rost‹ waren expressive Gestalten, die sich auf einer raffiniert beleuchteten Bühne scherenschnittartig abhoben. Oft trug Waldemar Hecker[76], ein Marionettenkünstler, der auch Skulptur-Unterricht gab, zum Programm bei. Als ›Peter Luft‹ lieferte Otto Falckenberg ständig neue Sketchs; Marc Henry war der erfahrene Organisator, Conférencier und Chansonnier.[77] Marya Delvard behauptete sich in dieser Männerriege als einziger weiblicher Star mit suggestiver Eindringlichkeit. Theodor Heine zeigte sie auf einem der gerade entdeckten Künstlerplakate »schlank und schwarz auf blauem Grund, im langen engen Kleid mit Halskragen und dicken Haarwülsten, der Mund ein schwarzer Strich, die Nasenlöcher zwei schwarze Punkte, die Augen riesige schwarze Höhlen; dahinter auftauchend aus einem Meer von Rot, die Teufelsmasken der Elf, zottig und gehörnt, mit roten Nüstern, blaugeschlitzten oder rundglotzigen Augen«.[78] Der Graphiker Ernst Neumann entwarf unter dem Namen ›Kaspar Beil‹ ähnlich ausdrucksstarke Titelbilder, so daß Ella, davon begeistert, einen Holzschnittkurs bei ihm belegte. Die weitgehende Personengleichheit der *Elf Scharfrichter* mit dem Mitarbeiterstab des *Simplicissimus* schuf eine Stilgleichheit beider Institutionen, die für

Ella den eigentlichen Anschauungsunterricht dieses Jahres bot.

Hier erfuhr sie auch, daß sich einige Maler und Bildhauer Ende Mai 1901 zur Künstlervereinigung *Phalanx* zusammengeschlossen hatten, die in erster Linie das in München geübte Jury-Verfahren für Ausstellungen durchbrechen sollte. Die etablierten Künstler, die ihre Werke seit 1869 alljährlich im Glaspalast präsentierten, wurden durch die *Münchner Künstlergenossenschaft* unter ihrem Präsidenten Franz von Lenbach[79] gefördert. Die *Münchner Secession*[80], die sich im April 1892 aus Protest gegen Akademismus und Stagnation abgespalten hatte, ließ zwar dessen Thron wanken, war jedoch inzwischen auch erstarrt. Es gab für Neulinge kaum Einbruchstellen in den verfestigten Kunstbetrieb. Daß die Gründer der *Phalanx* zum Teil aus dem Kreis der *Elf Scharfrichter* stammten, hatte einen zusätzlichen Werbeeffekt. Darüber hinaus bewies die Verflechtung beider Künstlergruppen, daß die Avantgarde verschiedener Kunstgattungen sich durch die Identität ihrer Angriffsziele formierte.

Die ersten Vereinsmitglieder waren die Bildhauer Waldemar Hecker und Wilhelm Hüsgen[81], Hermann Obrist, der gerade seine Lehrwerkstätte gegründet hatte, der Illustrator Ernst Stern und der Maler Wassily Kandinsky, nach einer Erinnerung des ebenfalls beteiligten Gustav Freytag »das zielbewußteste Mitglied in der ganzen Schar ... Rund 10 Jahre älter als ich, wirkte er sogleich als gefestigte und zuverlässige Persönlichkeit.«[82] Von ihm stammte das Plakat zur ersten, am 15. August 1901 eröffneten Ausstellung, das den angreiferischen Charakter der *Phalanx* herausstellte: Von rechts nach links – also gegen einen durch den Bewegungsfluß unserer Schrift empfundenen Widerstand ankämpfend – rücken hinter einer klassizistischen Säulenarchitektur zwei mit Speer, Schild und Helm bewaffnete Gestalten gegen eine Bergfestung vor; sie deuten an, daß eine Kerntruppe aufbricht, die ihr Ziel, einen burgbewehrten Berggipfel, nicht aus

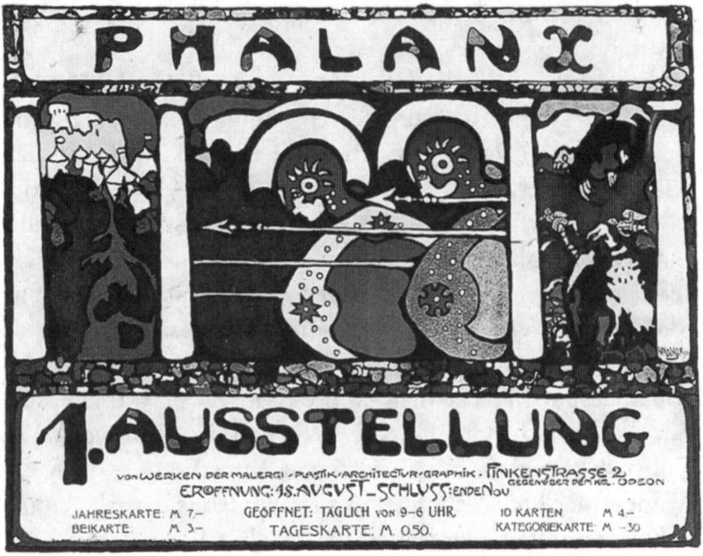

Plakat der ersten Ausstellung der Künstlervereinigung Phalanx, München 1901, Farblithographie von Wassily Kandinsky, 47,3 × 60,3 cm.

den Augen läßt.[83] Das gesellschaftskritische Moment war so stark, daß ein Rezensent der *Kunst für Alle* bemängelte, die ausgestellten Werke der Gruppe, deren Name zwar von kräftigem Selbstbewußtsein zeuge, ständen doch noch allzu sehr unter dem Zeichen der Karikatur und des Hypermodernen.[84] Um gegenüber den wohletablierten Künstlervereinigungen nicht als schäbig abzufallen, hatten die Veranstalter ein geräumiges Ausstellungslokal mit bester Adresse gemietet; es befand sich in der Nähe des Königlichen Odeons, im Hause der anspruchsvollen Zeitschrift *Der Kunstwart*, nahe dem Wittelsbacher Platz. Obwohl ein weithin sichtbares Plakat den Weg wies und ein auffälliger Türhüter, ein Neger in Livree, die Besucher anlocken sollte, blieb deren Zahl gering. Es ist nicht nachweisbar, ob Gabriele Münter in dieser oder der folgenden, der zweiten *Phalanx*-Ausstellung von Januar bis

März 1902 angesichts der von Hüsgen modellierten Scharfrichter-Masken feststellte: »Es zuckte mir in den Fingern, bildhauern wollte ich.«[85]

Im Oktober *1901* belegte sie einen Kursus ›Kopfzeichnen‹ bei Angelo Jank[86], der zu den Mitarbeitern der *Jugend* gehörte und auch in einigen Nummern des *Simplicissimus* vertreten war. Jank erteilte jedoch einen temperamentlosen Unterricht. Er spürte ihre Ungeduld und ließ sie – eine Auszeichnung – noch während des Wintersemesters in die von ihm geleitete Aktklasse der Damen-Akademie aufrücken. Aber auch dort vermißte Ella das Zügige. Ganze Wochen wurden an lebensgroßen Zeichnungen verbracht, wie sie meinte: verschwendet. Sie vermißte den Elan, der für sie im gleichzeitigen Erfassen und Ausführen lag. Eine Zeichnung dauerte bei ihr nicht länger als eine photographische Aufnahme. Sie bot das Stenogramm eines Menschen, besser: sein Psychogramm. Bei Jank aber wurde langsam buchstabiert. Dieses mühsame Sich-Hineinquälen in die Kleinteiligkeit einer in allen zeichnerischen Verästelungen überwachten Ausführung machte sie mißmutig. Sie klagte Charly, Fleißarbeiten lägen ihr nun einmal nicht, denen fehle der Schwung, die Frische und die fesselnde Daseinsnähe, die sie bei den Karikaturen des *Simplicissimus* oder der *Scharfrichter* so überzeugten. So arbeitete sie zweigleisig, einmal mühelos und unverkrampft, wenn sie aus Lust und eigenem Antrieb zum Stift griff, einmal schulmäßig.

Ihre Enttäuschung vom Lehrbetrieb deckte sich mit dem Unmut über die nachsichtige Milde, mit der man allgemein die Ergebnisse der Damenklassen bewertete. Es störte sie die ›weibliche Thematik‹ der Aufgaben und der erwartete gewisse ›damenhafte Zug‹ in der Gestaltung, der oft in empfindungsselige Süße einmündete.

In der zweiten *Phalanx*-Ausstellung sah sie 131, meist kunsthandwerkliche Arbeiten des Jugendstils; die Tapisserien, Keramikvasen, Steinzeugprodukte und Stoffe stammten von Mitgliedern der *Darmstädter Künstlerkolonie* und

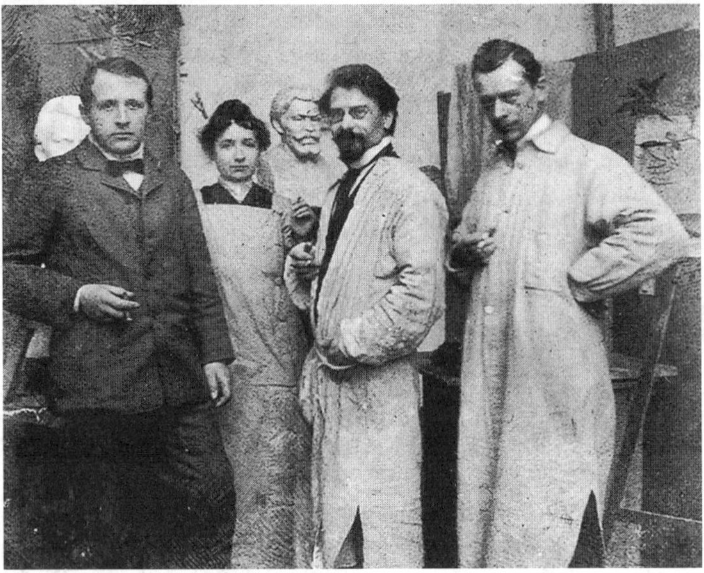

Gabriele Münter in der Bildhauerklasse von Wilhelm Hüsgen (links), Phalanx-Schule, München, Mai 1902.

von Münchner Mitgliedern der *Vereinigten Werkstätten für Kunst im Handwerk*. Kandinsky hatte inzwischen, wie in den Personalnachrichten der *Kunst für Alle* am 15. November 1901 zu lesen war, den Vorsitz dieser Künstlervereinigung übernommen. Eine von ihm geleitete Malklasse war der von Hecker und Hüsgen betriebenen Bildhauerschule angegliedert worden, die dadurch zur *Phalanx-Schule* erweitert und recht wagemutig in einem gemieteten dreistöckigen Gebäude in Schwabings Hohenzollernstraße 6a untergebracht wurde. »So bestand denn unser Atelierhaus aus sechs großen und hellen Ateliers ... Es fehlte nicht nur an Schülern, sondern mehr noch an pädagogischem Ernst auf Seiten der Atelierinhaber, so daß sich die wenigen Kunstjünger verliefen und die Räume meist leerstanden. Eine löbliche Ausnahme bildete die Malklasse Kandinskys. Der große künstlerische Ernst, das pädagogische Geschick und die menschliche Reife dieses

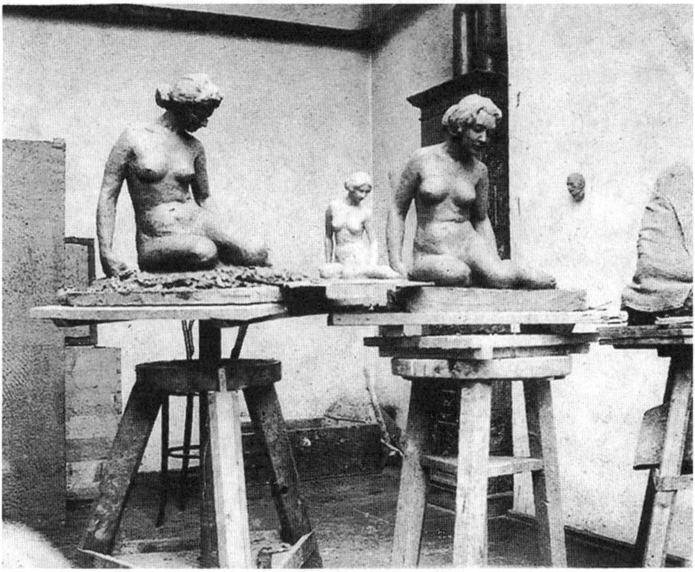

Von Gabriele Münter beschriftete Photographie:
»Meine Arbeit«.

Mannes zogen immer mehr Kunstbeflissene an, so daß bei ihm immer reges Leben herrschte.«[87] Kandinsky förderte auch lernwillige Studentinnen, denn er »mißbilligte die deutsche Gepflogenheit, Frauen weder in Kunstakademien noch in die meisten Kunstvereine aufzunehmen«.[88]

Gabriele Münter meldete sich zu Hüsgens Modellierkurs an, der durch den ›Abendakt‹ bei Kandinsky ergänzt wurde. »Das war dann ein neues künstlerisches Erlebnis, wie Kandinsky ganz anders als die anderen Lehrer eingehend, gründlich erklärte und mich ansah wie einen bewußt strebenden Menschen, der sich Aufgaben und Ziele stellen kann. Das war mir neu und machte Eindruck.«[89]

Kandinsky, selbst noch auf der Suche nach einer für ihn gültigen künstlerischen Ausdrucksform, war in der Beeinflussung seiner Schüler äußerst behutsam. Als erster erkannte er Münters kreatives Sehen, gepaart mit einer unverbildeten

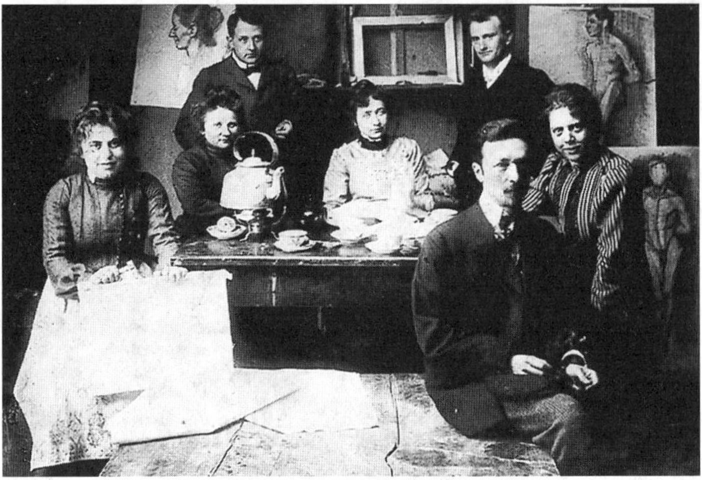

Kandinskys Klasse »Abendakt«, von links: Meerson, Dresler, Hüsgen, Münter, Kothe, Kandinsky, Giesler. Phalanx-Schule, München, Frühjahr 1902.

zeichnerischen Begabung: Es filterte die störende Vielfalt eines Eindrucks weg und ermöglichte ihr, in rigoroser Vereinfachung dessen Konzentrat wiederzugeben. Sie wurde – nach ihren eigenen Worten – durch ihn ermutigt, die Zeichnung aufzufassen als eine »Verwandlung der Wirklichkeit. Sie hebt das Wesentliche freier aus der Masse der Eindrücke ab und stellt es schärfer hin, kurz, sie ist abstrakter in der Aussage.«[90]

Gabriele Münter war am Ziel. Befreit teilte sie den Geschwistern im Frühjahr 1902 mit, daß sie nun endlich den richtigen Lehrer gefunden habe. Er sei zudem ein außergewöhnlicher Mensch, der das Wort ›Kunst‹ nur im Zusammenhang mit Gewissen, Ehrfurcht oder innerem Auftrag, kurz: mit dem Hang zum Höheren ausspreche. Kandinsky aber versicherte ihr: »Du bist hoffnungslos als Schüler – man kann dir nichts beibringen. Du kannst nur machen, was in dir gewachsen ist. Du hast alles von Natur. Was ich für dich tun kann, ist, dein Talent zu hüten und zu pflegen, daß nichts Falsches dazukommt.«[91]

5. Kapitel

Der lernende Lehrer

Wassily Kandinsky wurde am 5. Dezember 1866 in Moskau geboren[1] und blieb das einzige Kind aus der Ehe seines Vaters, des Ritters Vasilij Sil'vestrovič Kandinskij, mit Lidija Ivanovna Ticheeva, einer Moskowitin. Als Direktor einer Teehandelsgesellschaft konnte der Vater seiner Familie einen großbürgerlichen Lebenszuschnitt gestatten. Die Angaben über seinen ostsibirischen Geburtsort weichen voneinander ab[2]; bisher herrschte jedoch Übereinstimmung darüber, daß er aus dem Gebiet östlich des Baikalsees stamme. Im Widerspruch dazu bezeugt ein jetzt aufgefundener, am 23. November 1898 in München angelegter Besucher-Legitimationsbogen, daß der Ritter von Kandinsky am 8. Juli 1840 in *Moskau* geboren wurde. Als Beruf wird nicht etwa Kaufmann, sondern *Maler* angegeben. Ausgefertigt wurde dieser Meldebogen nach einem in Moskau ausgestellten Paß[3], was eine beliebige Angabe von Geburtsort und Beruf unwahrscheinlich macht. Aufgrund der biographischen Angaben seines Sohnes Vasilij Vasiljevič Kandinskij (Wassily Kandinsky) sollen die ursprünglich in Westsibirien ansässigen Vorfahren aus unbekannten politischen Gründen für Jahrzehnte nach Ostsibirien verbannt worden seien. »Mit Stolz erwähnte er [Kandinsky] des öfteren eine seiner Urgroßmütter, die eine mongolische Prinzessin gewesen war.«[4]

›Wasja‹ wuchs in einer innenpolitisch liberalen Strömung auf. Die Bauernbefreiung durch Alexander II. im Jahre 1861 hatte Reformen eingeleitet, die zunächst das nach deutschem Muster umgestaltete Unterrichtswesen betrafen, dann aber auf die Gerichts-, Provinz- und Stadtverwaltungen sowie auf Presse und Heer ausgedehnt worden waren. Die Familie

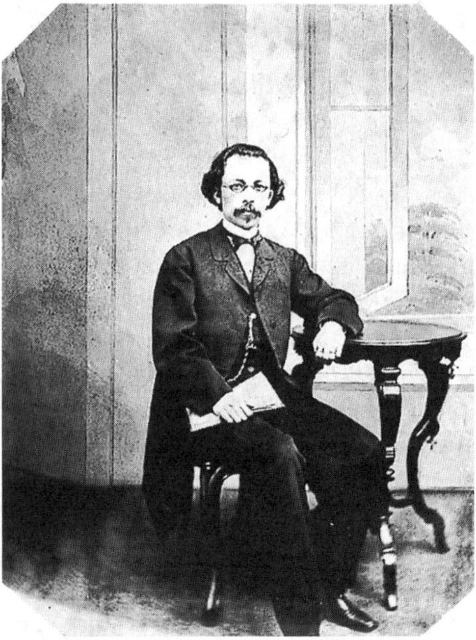

Die Eltern Wassily Kandinskys: Vasilij Sil'vestrovič Kandinskij.

Kandinsky gehörte zur liberal-fortschrittlichen Oberschicht Moskaus, die auf eine Angleichung an freiheitlichere europäische Verhältnisse drängte. Die Hoffnung dieser ›Westler‹ auf eine Ausweitung der persönlichen Rechte erzeugte eine Welle geistiger Erneuerung und ein Aufblühen von Kunst und Wissenschaft. In diesen Kreisen las man Puschkins Lyrik, Lermontows psychologisch ausgefeilte und Gogols diagnostisch-symbolistische Prosa. Die Werke der 60er Jahre gehörten zur Pflichtlektüre, Tolstois *Krieg und Frieden*, Dostojewskys *Schuld und Sühne*, Gontscharows *Schlucht*; Turgenjew, Ostrowsky, Leskow erweckten durch die Analyse von Rückständigkeit und Mißwirtschaft die Verpflichtung, an der Umgestaltung der gesellschaftlichen Zustände mitzuwirken. Mussorgsky, der durch *Boris Godunow* zum dramatischen Erneuerer national-russischer Musik geworden war, und

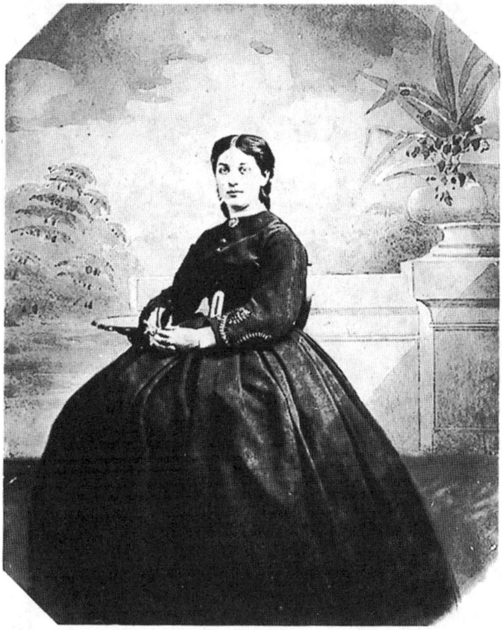

Lidija Ivanovna Ticheeva.

Rimsky-Korsakow, dessen *Erste Russische Symphonie* die Wegzeichen für eine mit Volksliedgut durchsetzte östliche Musikalität gesetzt hatte, verstärkten die bildungsbürgerliche Hochstimmung, die mit einer Steigerung des russischen Selbstwertgefühls verbunden war.

In diesem Klima nationaler Erweckung wuchs Wassily Kandinsky auf, freizügig und reich an Anregungen. Durch die gemeinsamen politischen Hoffnungen wurde ein generationsgebundener Vater-Sohn-Konflikt vermieden; lebenslang herrschten zwischen beiden Vertrauen, Freundschaft und eine überdurchschnittliche Anhänglichkeit.

Die Ehe der Eltern zerbrach 1871, kurz nach der Übersiedlung der Familie nach Odessa. Die Scheidung soll nach Darstellung Kandinskys nicht aus einer feindseligen Haltung heraus, sondern aufgrund der unvereinbaren Temperamente

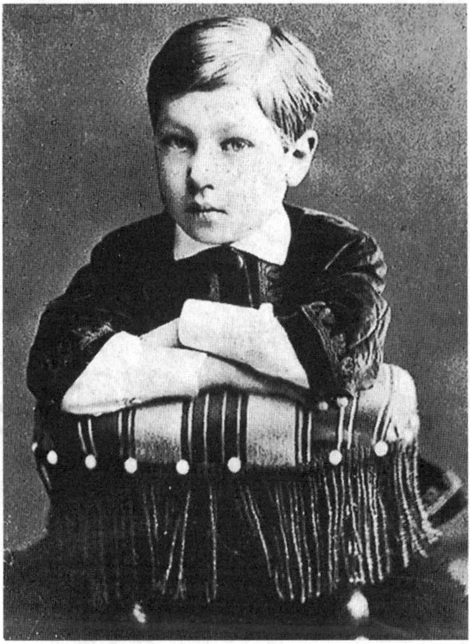

Wassily Kandinsky in Odessa, sechs Jahre alt.

beider Elternteile und in Freundschaft erfolgt sein. Wassily blieb beim Vater, in der Obhut der ältesten Schwester seiner Mutter, Elisabeth Ticheeva, auf die er – nach eigener Darstellung – die Liebe zur Mutter bruchlos übertragen habe. Kandinsky war 47 Jahre alt, als er dies 1913 in den *Rückblicken*[5] niederschrieb, und aus der Distanz dieser Zusammenschau mag vieles geglättet erscheinen, was einst von ihm durchlitten wurde.

Die Tante hatte schon immer bei der Familie gelebt, nun übernahm sie die weitere Erziehung des Jungen. Sie war nach Angaben Kandinskys Baltin, in der modifizierten russischen Ausgabe der *Rückblicke* nennt er sie eine Deutsche.[6] Sie beglückte ihn durch ihr Spieltalent, das kleine Dinge auf zauberische Weise in gewichtige Wesen verwandeln konnte; so reichte die Strahlkraft eines von ihr gemalten ockergelben

Spielzeug-Schimmels hinein in seine künstlerische Erlebniswelt. Er liebte von früh an Reiterspiele und träumte davon, mit einem russischen Dreigespann, der Troika, dahinzujagen. Er setzte seiner Tante in seinen Schriften ein liebevolles Denkmal und rühmte dabei ihre farbige Erzählweise, durch die sie ihn in deutscher Sprache mit den Märchen ihrer Herkunft vertraut gemacht habe.[7]

Während der Schulzeit erhielt Wassily Klavier- und Violoncello-Unterricht. Da er sich für die bildende Kunst aufgeschlossen zeigte, riet ihm der Vater, freiwillig Zeichenkurse zu belegen. »Ich war damals ein kleiner Gymnasiast im blauen Rock mit Silberknöpfen, schwerem Tornister und großem Zeichenbrett ... Der Lehrer pflegte zu sagen: ›Jungens, das Zeichnen ist eine schwere Sache. Es ist kein Latein und kein Griechisch – hier muß gedacht werden.‹«[8]

Manchmal verbrachten Vater und Sohn die Ferien in den rauschenden Wäldern des Kaukasus oder auf der sonnenmilden Krim. Bei einer Bootsfahrt in Kasan, dem tatarisch geprägten Gouvernement am großen Wolga-Knie, wo sich 700 Jahre lang vor der Mongolenherrschaft das mächtige Bulgarenreich ausgedehnt hatte, staunten sie über den farbigen Reiz der Trachten, des Brauchtums und der geschmückten Häuser. In diesem mongolisch-türkisch-finnischen Mischvolk verbanden sich Natur und Kunst zu einem bunten Daseinsfest. Für Wasja verkörperte sich in der Vielfalt gegensätzlicher Landschaften und Volksstämme die große Einheit: Rußland.

Den Höhepunkt eines jeden Jahres bildete für Vater und Sohn die Moskaureise, dann wanderten sie unermüdlich durch die Stadt und konnten sich nicht satt sehen an der Pracht der Kathedralen, der Paläste und des Kreml. Der Vater machte sich eine Freude daraus, dem bildsamen Wasja Mosaiken, Ikonen und alle erreichbaren Kunstschätze zu zeigen; der aber atmete das sakrale Aroma tief ein und genoß das Gefühl, endlich wieder in seiner ›Heimat‹ zu sein.

In *Odessa* hatte Wassily nie Wurzeln geschlagen: »Ich verbitte mir ... entschieden, mich Sohn Odessas zu nennen!!! ... Pfui Teufel: Sohn Odessas! Nein, das bin ich nicht. Gott sei Dank! In Moskau, Klarer-Teich-Straße bin ich geboren!« Odessa, die Stadt, in der sich die Mutter von der Familie gelöst hatte, war und blieb ihm »zuwider ... Wie ich diese Stadt hasse. Sie ist auch gar nicht lebensfähig und entwickelt sich gar nicht. Anders die alte-junge, das ewige Herz Rußlands, Mütterchen Moskau.«[9] Immer sehnte er sich in die Stadt seiner frühen Kindheit zurück, immer lockte ihn Moskau als Stadt seiner Mutter, immer bedeutete Moskau Ausgangspunkt und Ziel.

Mit 19 Jahren durfte er endlich dorthin zurück. Er begann an der Moskauer Universität das Studium der Nationalökonomie und der Jurisprudenz. Gleich zu Beginn – im Jahre 1886 – erkannte er zum ersten Male die Ohnmacht des einzelnen gegenüber dem Einfluß von Gruppen. Er unterstützte die Organisation der studentischen Reformisten gegen das reaktionäre Universitätsgesetz von 1885, das er als einen autokratischen Übergriff und Willkürakt verurteilte. Doch bald setzte er in zweckrationaler Einschätzung seine Kräfte, die er nicht in aufrührerischen Aktionen zersplittern wollte, wieder auf das eigene Examen an.

Im Jahre 1889 sandte ihn die Kaiserliche Gesellschaft für Freunde der Naturwissenschaft, Anthropologie und Ethnographie mit einem Forschungsauftrag in das weite, östlich bis an den Ural heranreichende Gouvernement Volodga. Hier lebten Restgruppen der Syrjänen, eines russifizierten finnischen Volksstammes von Fischern und Viehzüchtern, dessen griechisch-orthodoxe Religion mit heidnischer Überlieferung durchmischt war. Der junge Forscher sollte die archaischen Rechts- und Kultformen aufspüren. Er war vom unvermischten Brauchtum, das sich auch in der farbenprächtigen Gestaltung von Häusern, Kleidung und Gebrauchsgegenständen erhalten hatte, so tief beeindruckt, daß er nicht nur vieles zur eigenen Anregung skizzierte, sondern fortan davon überzeugt war, daß Kunst und Etnographie verwandte, ja nicht voneinander abtrennbare Gebiete seien und alle Bildkraft im Volkstum ruhe.[10]

Noch vor seinem Ersten Staatsexamen, das er im November 1893 an der Moskauer Universität ablegte, heiratete er seine am 3. Februar 1860 geborene Cousine Anna Šemjakin, bei deren Mutter er während seines Studiums gewohnt hatte. Sanft und nachgiebig, war sie zur Anpassung an seine Interessen und Bedürfnisse bereit. Nachdem er im Fachbereich Ökonomie und Statistik eine – bisher nicht aufgefundene – Dissertation über die Gesetzmäßigkeit von Arbeitslöhnen angefertigt hatte[11], erhielt er 1896 das Angebot für eine Dozentur in Dorpat, der alten estnischen Hansestadt, Mittelpunkt des baltischen Deutschtums. Hier gab es eine traditionsreiche, schon 1632 von Gustav Adolf gegründete und zeitweise durch bedeutende Lehrer geprägte Universität, die jedoch seit ihrer Russifizierung 1889 an Ruf und Einfluß verloren hatte und für einen Moskowiter ein wenig attraktives Abseits bedeuten mußte. Kandinsky lehnte den Ruf ab.

Er war dreißig Jahre alt, als er sich für einen Berufswechsel entschied, er wollte Maler werden. Ob dieser Wunsch durch eine kurze Tätigkeit 1895 als künstlerischer Leiter einer Moskauer Druckerei bestärkt wurde, blieb ungeklärt; sicherlich aber hat er schon vor diesem Entschluß nicht nur gelegentlich gezeichnet oder aquarelliert, sondern sich auch in der Ölmalerei geübt.[12] Er selbst behauptete, daß ein Zusammenbruch seines Weltbildes die Lebenswende verursacht habe: Becquerels Entdeckung der Radioaktivität.[13] Die Erkenntnis, daß chemische Elemente Energie in Form von Strahlung aussenden, sei Anlaß zum Zusammensturz all seiner wissenschaftlichen Pläne geworden; dabei setzte er diese zunächst noch unerforschte Strahlung, die am Uran zufällig nachgewiesen und erst 1899 identifiziert wurde, in seinen 1913 verfaßten *Rückblicken* mit der Erkenntnis des Atomzerfalls gleich. Wenn die

Elemente, aus denen sich die Welt aufbaute – so stellte er seine 1896 erfolgte berufsverändernde Schlußfolgerung nachträglich dar –, physikalisch instabil seien, dann beruhten alle positiven Wissenschaften auf einem Wahn, denn sie setzten den festen Bestand einer raum-zeitlichen Wirklichkeit voraus. Die Dingwelt war Trugbild, Chimäre, Sinnestäuschung! Er beschrieb wiederholt, wie folgenschwer sein Vertrauen in die Zuverlässigkeit der gegenständlichen Welt und der auf sie bezogenen Lehrfächer zerstört worden sei. »Das Zerfallen des Atoms war in meiner Seele dem Zerfall der ganzen Welt gleich. Plötzlich fielen die dicksten Mauern. Alles wurde unsicher, wackelig und weich. Ich hätte mich nicht gewundert, wenn ein Stein vor mir in der Luft geschmolzen und unsichtbar geworden wäre.«[14] Die Frage: »Was ist wirklich, was ist wahr?« muß ihn damals nachhaltig beschäftigt haben. Hinter der greifbaren, fühlbaren und sichtbaren Wirklichkeit verbarg sich eine ›wirklichere Wirklichkeit‹, deren immaterielle Substanz nun als Strahlungsenergie nachweisbar geworden war. Kandinsky wertete dies nicht als naturwissenschaftlichen, sondern als metaphysischen Tatbestand. Er reagierte darauf, indem er sich der Malerei verschrieb, die ihm im religiösen Gewand der Ikonen – den offenbarten Abbildern gottnaher Gestalten und Wirkkräfte – seit seiner Kindheit als eine geistige Gegenwelt zur sogenannten Wirklichkeit erschienen war.

Bis zu diesem Zeitpunkt hatte er sich gescheut, »das unbegrenzt glückliche Leben eines Künstlers zu führen«. Seine Malerei vermochte ihn seit je wohltuend aus Zeit und Raum zu entrücken: »Ich fand aber meine Kräfte zu schwach, um mich berechtigt zu fühlen, auf die anderen Pflichten zu verzichten.«[15] Nun aber, da der Boden unter den Füßen brüchig geworden schien, ging er das Wagnis ein, aus der bisherigen Liebhaberei einen Beruf zu machen, für den er sich auf eine solide, handwerkliche Art schulen lassen wollte. Hinzu kam die Aussicht auf ein Erbe, das seinen Lebensunterhalt sichern würde: die Mieteinnahmen aus einem bebauten Grundstück in Moskau. Ende 1896 übersiedelte er mit seiner Frau nach München.[16] Mochte Paris das Zentrum der künstlerischen Entwicklung sein, München genoß den Ruf der Ausbildungsvielfalt. »Dort unten wußte man zu malen«, erinnerte sich Léonid Pasternak aus eigener Erfahrung als Schüler und Lehrer der Münchner Kunstakademie[17] und begründete damit die Vorliebe vieler seiner malenden Landsleute für die bayrische Hauptstadt. Lovis Corinth zog die Summe: »In München gab es nicht nur die meisten Maler, sondern auch die besten. Die Akademie war nächst Paris die berühmteste der ganzen Welt.«[18]

Anna Kandinsky verließ Moskau nur widerstrebend. Sie hatte einen Wissenschaftler geheiratet und eine überschaubare Zukunft erwartet. Nun zog sie ins Ungewisse, in ein Land, dessen Sprache sie nicht kannte und zu dem sie keine Beziehung hatte, – und das an der Seite eines Mannes, der einem Traum nachhing: voller Enthusiasmus für die Malerei, aber bisher ohne eine Bestätigung seiner Begabung.[19]

In den *Rückblicken* von 1913, lange Zeit die Hauptquelle seiner Biographen, versuchte Kandinsky die Folgerichtigkeit seiner künstlerischen Entwicklung zu veranschaulichen. Sie bieten jedoch keine Dokumentation, sondern eine mit legendären Zügen angereicherte ›Seelenbiographie‹. Szenen, locker in den zielsicher angeordneten Text hineingestreut, bleiben unabhängig vom chronologischen Ablauf.[20] Selbstdarstellung wird mit Selbstdeutung verwoben. Durchgängige Erzählstränge sind nicht auszumachen, und dennoch tauchen sie unvermutet und in raffinierter Staffelung wieder an die Oberfläche, scheinen greifbar zu werden und entziehen sich. Die Erzählung springt durch Zeiten und Räume, verknotet Fernliegendes mit Gegenwärtigem, Zukünftiges mit Vergangenem; sie entbehrt darum die Konturenschärfe von Memoiren. Kandinsky, dessen künstlerischer Werdegang im Mittelpunkt steht, bleibt dennoch als Person verborgen.

Liest man aber, was er da harmonisierend und sinnstiftend vor dem Leser ausbreitet, gegen den Strich, dann wird das Ausgesparte zum verräterischen Zeugnis von Glücksferne und kompensatorischen Zwängen, von seelischen Verletzungen und kreativem Selbstheilungsprozeß.

Dann schält sich das Bild eines rundum behüteten Einzelkindes heraus, das sich in jeder Lebensregung von den Erwachsenen beaufsichtigt fühlte. Dadurch wurde die Hypertrophie des Ich ebenso früh ausgebildet wie die Freude an allem, was nur ihm gehörte – am Geheimen. Wie viele Kinder, die allein aufwachsen, neigte auch Wasja früh zu einer grüblerischen Erforschung seiner Empfindungen. Seine analytische Begabung hat hier wohl ihre Wurzel.

Niemals ist bei diesem Wieder-Holen der Kindheit von einem Freund die Rede, nie von Spiel- oder Schulgefährten. Weil er in einem konzentrisch auf ihn zugeordneten Kreis von verfügbaren Bediensteten oder Verwandten aufwuchs, genoß Wasja früh die Bedeutung seiner kleinen Person, die so reichlich Beachtung und Schonung erfuhr. Sobald er allein war, führte er innere Dialoge. Stimme und Gegenstimme erstanden in ihm selbst, Traum und Wirklichkeit durchdrangen sich. Er gewöhnte sich daran, in Stimmung und Verstimmung um das eigene Wesen zu kreisen. Des Widerspruchs ungewohnt, erwartete er von seiner Umgebung nur ein Echo. Er brauchte Menschen, die wie leere Projektionsflächen seine Einfälle reflektierten. Daß auch dies auf die Dauer sein Mißfallen erzeugte, war eines der vielen Zeichen innerer Zerrissenheit.

Durch die Neigung, die eigene Gemütstiefe auszuloten, hatte er früh eine Selbstbesessenheit erreicht, aus der die Ich-Auflösung im kleinen Tod der Ekstase eine ersehnte Entspannung bedeutete. Dieses Glück der Hingabe war von früh auf verbunden mit der Kunst, die – nach seinen Worten – allein die Macht hatte, ihn »außer Zeit und Raum zu versetzen«. Sie schenkte ihm »Stunden des inneren Bebens, der unklaren

Sehnsucht, die etwas Unverständliches von einem verlangt«.[21] Er lernte bald, das Glück solcher Entrückung selbst zu erzeugen: der Überschwang, das Außer-sich-Sein war durch Spiele mit Farbtuben und Pinsel erreichbar.

Für Kandinsky hatten Farben magische Kraft. Sie erwiesen sich als die einzige wirksame Waffe gegen das *Schwarz*, das ihn seit früher Kindheit wie eine Höllenqual überfallen und seine Stimmung verdüstern konnte. Während einer Italienreise mit Eltern und Kinderfrau im Jahre 1869 war für den Dreijährigen die bis dahin unversehrte Einheit zwischen Ich und Welt zum ersten Mal in lichtlosem Schreck auseinandergebrochen.[22] Diese erste bewußte Ich-Erfahrung in hilfloser Angst war jedoch nicht nur mit dem Verlust der sichtbaren, farbenklingenden Welt verbunden gewesen, sondern auch mit dem drohenden Abschied von der Mutter. Zweimal hatte sich solch schwarzes Nichts ereignet, als er mit der Mutter in einem nachtdunklen Gefährt durch die Finsternis glitt, das erste Mal, als er mittels einer schwarzen Kutsche in einem Kinderhort abgeliefert werden sollte, das zweite Mal während einer nächtlichen Bootsfahrt. Stufen führten ins schwarze Wasser, dann fühlte er sich in dem unheimlichen, engen Kastenaufbau der wackligen, langen schwarzen Gondel preisgegeben! Als er, vor Grauen schreiend, über dem düsteren, unsicheren Wasser dahinglitt, mochte ebenfalls eine Trennung im Gespräch gewesen sein; die Scheidung der Eltern war abzusehen. Jedenfalls tröstete ihn die Gegenwart der Mutter in seiner Verstörung nicht. Beide Male, als sich schwankend ein schwarzer Abgrund öffnete, saß er an ihrer Seite.

»Unausgesprochenes Mysterium. Nicht bewußt gewordenes Mysterium. Mysterium, das große, süße Mysterium der Barke, der schwarzen Barke, der Barke auf dem Wasser, der schwarzen Barke«[23], die nicht fest verankert, sondern nur durch »ein armseliges Fädchen« vertaut ist, dieses Bild enthielt für ihn lebenslang das Rätsel vom Scheitern oder Gelingen der menschlichen Lebensfahrt. Wasser signalisierte für ihn fortan Gefahr und wurde zum Gleichnis für den Verlust alles Festen, Berechenbaren und Zuverlässigen. Was aus eigener Erfahrung Barke und Ruderboot zum Sinnbild für die Ungeborgenheit des einzelnen werden ließ, transponierte er angesichts der gefährdeten zeitgenössischen Gesellschaft in das Bild »eines großen, festen überseeischen Dampfers, wenn auf der hohen See bei in Nebeln verschwundenem festen Land sich schwarze Wolken sammeln und der düstere Wind das Wasser zu schwarzen Bergen auftürmt«.[24]

Schwarz blieb für Kandinsky der Ausdruck des vernichtenden Prinzips: Verblendung der Menschen. »Eine schwarze Hand legt sich auf ihre Augen. Die schwarze Hand gehört dem Hassenden ... Das ist das Negative, das Zerstörende. Das ist das Böse. *Die schwarze, todbringende Hand.*«[25] Noch in seiner 1912 publizierten Bekenntnis- und Programmschrift *Über das Geistige in der Kunst* erscheint ihm Schwarz wie ein »Nichts ohne Möglichkeit, wie ein totes Nichts nach dem Erlöschen der Sonne, wie ein ewiges Schweigen ohne Zukunft und Hoffnung ... Das Schwarz ist etwas Erloschenes, wie ein ausgebrannter Scheiterhaufen, etwas Unbewegliches, wie eine Leiche ... Es ist wie das Schweigen des Körpers nach dem Tode.«[26] Farben aber konnten das Schwarz entmachten! Farben erschlossen schon dem kleinen Wasja Freiheitsräume, Farben retteten ihn vor schwarzen Angstvisionen, Farben gewährten ihm Entgrenzungszustände, in denen er sich, wie benommen vor Glück, frei und schwerelos fühlte.

Schon als Schüler kaufte er sich Ölfarben. Sie ersetzten ihm die Spielgefährten, sprachen zu ihm, forderten Antworten. Neben dem gräßlichen Symbolwert des Schwarz erschien ihm Gelb verläßlich, warm und beruhigend. Grün verhieß Dauer, Rot wohliges Versprechen. Er beobachtete ihren ›Lebenslauf‹ von der Geburt, dem Austritt aus der Tube, bis zu ihrem Tod, dem Trocken- und Brüchig-Werden. Er war Herrscher in diesem Reich und beschrieb vielmals seine aggressive Verfügung: Wie er mit dem machtvollen Pinsel unbeugsam Stück um Stück von diesen lebendigen Wesen riß, wie sie seinem Wink gehorchten. Ein Druck mit dem Finger, und schon rückten aus der Tube zischend neue Kräfte nach, »wie im Kampf, wie in der Schlacht«.[27] Farben behielten für ihn zeitlebens anthropomorphe Brisanz. Wie andere Kinder über ein Heer von Bleisoldaten geboten, so formierte Wasja diese eigensinnigen Geschöpfe zur Streitmacht, die er einsetzte, um sich im Gegenentwurf zur Wirklichkeit eine eigene Welt zu zaubern oder um die Schwärze tödlichen Schweigens zu besiegen.

Als Kandinsky die Mutter durch die Scheidung hergeben mußte, hob der Farbenrausch zeitweilig seine Einsamkeit auf. Es gelang ihm später mit Bedacht, sich durch das Einschwingen in eine farbengetragene Gefühlswelt von der Verlassenheit zu befreien.

»Als ich sehr jung war, war ich oft traurig. Ich suchte, es fehlte mir etwas, ich wollte es unbedingt haben. Und es schien mir, daß es unmöglich ist, das Fehlende jemals zu finden. Das ›Gefühl des verlorenen Paradieses‹ nannte ich damals diesen Seelenzustand«, schrieb er am 11. Oktober 1903 an Münter. Er hat stets den Eindruck erweckt, daß die Harmonie seiner Kindheit durch die Scheidung seiner Eltern nicht gestört worden sei. Aber für welchen vierjährigen Knaben hätte der Fortgang der Mutter nicht das Grundmuster aller seelischen Verlassenheit bedeutet? Sie hatte dem kleinen Sohn nicht nur ›die Treue gebrochen‹, sie hatte ihm – und dem Vater – darüber hinaus einen fremden Mann vorgezogen, indem sie eine neue Ehe einging. Der tief eingefressene Zweifel, nicht liebenswert – nicht ihrer Liebe wert gewesen – zu sein, zeigte sich in seiner Unersättlichkeit, später immer wieder hören zu wollen, daß er tatsächlich geliebt werde. Die Schmach, für den ersten Nebenbuhler seines Lebens beiseite geschoben worden zu sein, hielt Wasja tief in sich verschlossen[28]. Der zweite Ehemann der Mutter wird in Kandinskys Briefen kaum erwähnt. Ihr Bild aber zeichnete er so schattenlos, daß die Überhöhung unübersehbar ist und die Frage nach der Person von Fleisch und Blut auftauchen muß, die sich hinter solch einer Idealgestalt verbirgt.[29]

Der Junge hatte die Qual des Abschieds in sich erstickt, weil Schuldzuweisung und Haß auf die Mutter unerträgliche Gewissensnot bei ihm ausgelöst hätten, so daß er die ›Schuld‹ lieber bei sich selbst – in eigenen Mängeln – suchte. Der Argwohn gegenüber Lieben und Geliebtwerden löste später immer wieder krankhafte Eifersucht bei ihm aus und erzeugte zwanghafte Wiederholungen von Versagung, Zweifeln an der eigenen Liebesfähigkeit und eine Vorwurfshaltung gegenüber seinen Partnerinnen. Ein tiefes Mißtrauen gegen die Zuverlässigkeit der Gefühle baute Hemmschwellen, durch die er – um Enttäuschungen vorzubeugen – innerlich Abstand wahrte. Trennungsängste überschatteten die Bindungen, die er dennoch einging. Er war und blieb unfähig, sich maßvoll daraus zu lösen. Sein Ruf nach ungespaltener Einheit, nach einer alle Brüche übergreifenden Harmonie, stand auch am Beginn seines Kunststudiums.

Es war, als habe er die Augen vor dem wirklichen Geschehen seiner Kindheit verschlossen, doch bei verdeckten Lidern siegte wieder das Schwarz, die Farbe des Weltverlustes, der Angstleere.[30] In dieser Tatsachenblindheit aber gelang es ihm, das Bild der Mutter nicht nur unbeschädigt zu bewahren, sondern ihre Gestalt ins Spirituelle umzuwerten: Sie wurde für ihn die Verkörperung der »weißsteinigen, goldhäuptigen Mutter Moskau«[31], ja zum Mysterium des russischen Wesens schlechthin.

Schon bei seinen ersten Münchner Malversuchen umriß er als höchstes künstlerisches Ziel ein Bild ihrer Stadt. Sein Blick blieb auf Moskau gerichtet und damit rückwärtsgewandt in die ersten Lebensjahre, in denen er einen nie mehr erreichbaren, aber stets ersehnten Einklang im Zusammensein mit der geliebten Mutter durchfühlt hatte: den paradiesischen Zustand gegenseitiger Erfülltheit.[32]

In der Erinnerung an dieses umgreifende Gefühl der frühen Kindheit löste sich die Gestalt der Mutter für ihn auf zu einer alles durchdringenden Kraft, die sich einer irdischen Verkörperung entzog. Sie blieb das Unerreichbare, Transzendente, das für ihn als Maler hinter allem Lebendigen wirkte. In seinem nie gestillten Heimweh nach Moskau wurde die wechselseitige Zuordnung von Mutter und Sohn festgeschrieben. »Dieses gesamte äußere und innere Moskau halte ich für den Ursprung meiner künstlerischen Bestrebungen. Es ist meine malerische Stimmgabel.«[33] Immer habe er »dieses einzige Modell« vor Augen. »Ich habe das Gefühl, daß ich nie etwas anderes gemalt habe als Moskau.«[34] Wenn er die kuppelgekrönte Stadt abbildete, war die Mutter anwesend. Beim Malen tauchte er ein in das Geheimnis mütterlicher Herkunft. Wenn er russische Motive gestaltete, östliche Farbenpracht beschwor, umfing sie ihn schützend, besänftigend, war allgegenwärtig wie die Atemluft. Durch das Malen konnte er sich des Machtbereichs der Mutter als der ersten Geliebten seines Lebens immer wieder vergewissern. Wenn sie jedoch leibhaftig anwesend war, zerbrach diese seelische Verankerung, und er stürzte, wie seine Briefe zeigen, in Schwermut oder gar familiären Streit, deren Ursprung er nie durchschaute. Fern war er der Mutter wieder nah; dann baute er ihre geistige Gestalt wieder auf. Ihr allein blieb er treu.

Als Kandinsky seine Cousine Anna Šemjakin heiratete, mag er in ihrer Kopfform und Profillinie, im Haaransatz und der weichen Wangenpartie an seine Mutter erinnert worden sein. Durch Anna hatte er einen Zustand mühsam ausbalancierter Harmonie erreicht. Indem sie mit ihm nach München zog, erwies sie sich als opferbereite Gefährtin, die jene Spannungen ausglich, die im Alleinsein für ihn nicht aufhebbar waren. Sie stand im Bannkreis des Mütterlichen und war darum für ihn unersetzbar.

Der Dank an seine Ersatzmutter, die Tante Elisabeth Ticheeva, war wohl deswegen so innig, weil sie ihn nie verlas-

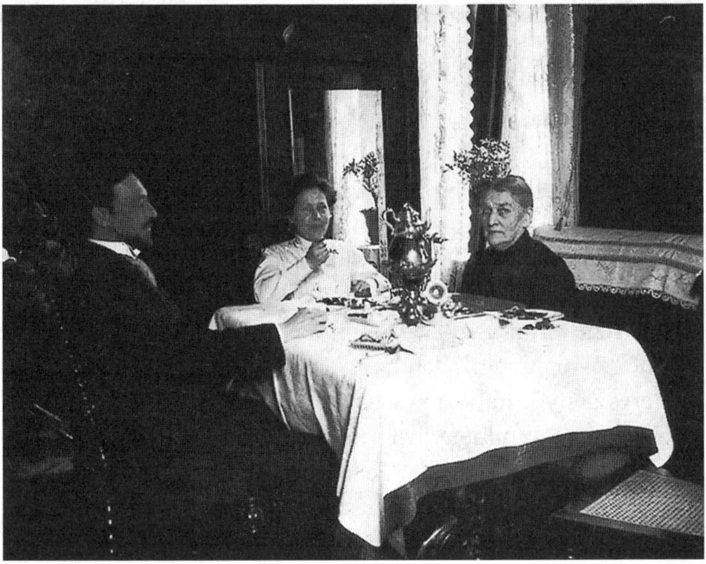

Kandinsky mit seiner Frau Anna geb. Šemjakina und seiner Mutter Lidija Kojevnikow, 1913 von Gabriele Münter photographiert.

sen und somit Zuverlässigkeit in sein Leben gebracht hatte. Zu Beginn seiner Münchner Zeit waren *Abschied und Trennung* bevorzugte Bildthemen. Er malte Aufbruchszenen von Rittern und Kriegern, bei denen freilich der Mann sich mit entschlossener Miene losreißt, während die Frau wehmütig zurückbleibt. Verlustangst wurde ins Bildgeschehen transponiert und wie vieles, was im Leben unerledigt geblieben war, im Scheinbereich der Kunst überwunden.

Im Kraftrausch seiner malerischen Befreiung erwies sich die Leinwand als »ein widerspenstiges Wesen«; sie zu bezwingen, hatte für ihn erotischen Reiz. »Erst steht sie da wie eine reine, keusche Jungfrau ... und dann kommt der wünschende Pinsel, der sie ... mit der ganzen, ihm eigenen Energie erobert.«[35] Die weiße, unberührte Fläche mußte gewaltsam genommen werden, »wie ein europäischer Kolonist, der in die wilde Jungfer Natur, die noch keiner berührte, mit Axt, Spaten, Hammer und Säge eindringt, um sie seinem Wunsch entsprechend zu biegen«.[36] Die Leinwand seinem »Wunsch zu beugen« war für Kandinsky ein Akt phallischer Aggression. Er verglich den erobernden Zugriff mit dem Zerreißen eines Brautschleiers. Er sprach von »innerem Druck« und der »Genugtuung des Sieges«. Seine Wortwahl verriet physische Heftigkeit: Er habe das Motiv »gewaltig in den Vordergrund gezogen und da festgenagelt, das andere mit einem kräftigen Hieb nach hinten geschmissen. Es war wirklich ein Kampf, und jede Bewegung, die ich machte, war zielbewußt und sicher.«[37]

Malen als Gewaltakt! Farben als Kampftruppen, mit denen er das metaphysisch intonierte Bild des kuppelgekrönten Moskau erstreiten wollte. Einige Kunstwerke wirkten auf ihn wie vorweggenommene Teillösungen, etwa Wagners *Lohengrin*. Die zeitliche Klangfolge dieser Musik, die bei ihm synästhetische Visionen erzeugte, schien ihm auf ein Gemälde übertragbar, seit er einmal in der Petersburger Eremitage über Rembrandts Hell-Dunkel-Effekte nachgedacht hatte; dessen Bilder »dauerten lange«, weil das Auge dem Licht-Gegensatz über die Fläche hinweg nachtastete und hintereinander sowohl die polare Spannung als auch deren Auflösung im Doppelklang einer kompositorischen Einheit genießen konnte. Auch ein Gemälde Monets[38], *Der Heuhaufen*, hatte ihm auf einer Ausstellung französischer Impressionisten in Moskau 1896 bewiesen, wie man die Kraft und Pracht der Palette steigern könnte, und das um so mehr, wenn das Dargestellte auf den ersten Blick gar nicht erkennbar würde und allein die Farbe triumphierte.[39]

Wegweiser schienen ihm auch die ›Wunderhäuser‹ zu sein, die er während seines Forschungsauftrags in Vologda bestaunt hatte: Sie waren ebenso wie Möbel und Geschirr ornamental bemalt, und ihre Bewohner bewegten sich in bunten Trachten durch diese flächendeckende Bilderwelt. So entstand der Eindruck, sich in einem Gemälde zu bewegen, das jedoch nichts ›erzählte‹. Kandinsky wurde durch solche Beobachtungen davon überzeugt, daß es durch eine noch unentdeckte Malmethode erreichbar sein müsse, dem Betrachter solche ›Auflösung‹ im Bild zu ermöglichen, einen Zustand, der dem Fieberwahn vergleichbar sei. »Einmal sah ich im Typhusfieber in großer Deutlichkeit ein ganzes Bild, das jedoch in mir auseinanderfiel, sobald ich gesund wurde.«[40] Wie aber ließ sich eine solche totale Rezeption auf rationalem Wege, d.h. durch planvollen Einsatz der Farben erzeugen?

»Die kräftige, farbensatte, in den Schatten tief donnernde Skala der Münchner Lichtatmosphäre«[41] inspirierte ihn. Er bestätigte oft, daß seine »Beziehungen zu Deutschland keine zufälligen und oberflächlichen« seien. »Da meine Großmutter mütterlicherseits eine Deutsche war, sprach ich schon als kleiner Junge deutsch.«[42] Vieles an diesem Land war für ihn mit dem Zauberlicht der Phantasie übergossen »und knüpfte München an meine Kinderjahre«, etwa wenn ein gelbscheckiger Schimmel an heißen Sommertagen den Sprengwagen durch die Schwabinger Straßen zog oder die knallgelben Briefkästen an allen Ecken »ihr kanarienvogellautes Lied« sangen. »Das alte Schwabing und ganz besonders die Au ... verwandelten diese Märchen in Wirklichkeit ... Ich fühlte mich in einer Kunststadt, was für mich dasselbe war wie Märchenstadt.«[43]

Kandinskys Deutschlandbild entstammte der Erzählwelt Elisabeth Ticheevas und war traulich versponnen. »Ich verliebte mich in die deutsche Ritterromantik und machte eine Anzahl Bilder aus dem deutschen Mittelalter.«[44] Es war eine Welt von wohltuender Eindeutigkeit: Gut war gut und Böse blieb böse, moralische Übereinkunft behielt ihre Geltung. Der Besuch süddeutscher Städte erschien ihm als Fahrt in hermetische Geschichtsferne, »als ob eine Zauberkraft mich allen Naturgesetzen zuwider von Jahrhundert zu Jahrhundert immer tiefer in die Vergangenheit versetzt hätte«.[45]

Deutschland – gesehen als Idylle; sie entbehrte jenes reichen Spannungsfeldes zwischen den Extremen, das ihn in Moskau betäubte. Als er nach einer »unwirklichen Reise« 1902 Rothenburg nostalgisch im Abendfrieden malte, hatte er in Wahrheit den Sonnenuntergang der mütterlichen Stadt im Herzen: »Die Sonne schmilzt ganz Moskau zu einem Flecken zusammen, der wie eine tolle Tuba ... die ganze Seele in Vibration versetzt.« Es war der »Schlußakkord einer Symphonie«, ein »Triumphgeschrei wie ein sich vergessendes Halleluja«[46], wenn die goldenen und sternbesäten blauen Kuppeln des Kreml sich vor der Glut der versinkenden Sonne zu Sinnbildern des Überirdischen steigerten.

Wie anders als die friedliche Abendstille Rothenburgs müßte er solch ein Bild intonieren! Wie ein Abbild des Universums selbst stellte er es sich vor, in dem es kein Entweder/Oder, sondern nur ein Sowohl/Als auch gab. Es sollte – wie das Weltenauge Gottes – die doppelpolige Fülle allen Daseins erfassen, die sich für ihn im Klang der Worte Moskau und Rußland verdichtete. Es müßte These und Antithese umschließen, das Leben selbst in seiner Vieldeutigkeit. Das Gute und das Böse, das Schöne und das Häßliche, das Laute und das Stille – alles, alles müßte in seinem Widerspruch erhalten und doch in ein übergreifendes Kraftfeld eingebettet werden, in eine alle Gegensätze auflösende Farben-Komposition.

So hatte Kandinsky sich schon zu Beginn seiner Ausbildung ein spirituelles Ziel gesetzt. Der ernüchternde Münchner Schulbetrieb aber dämpfte sein emphatisches Kunstwollen. Die Schüler hatten sich geduldig in handwerklicher Fertigkeit zu üben und »durch Überschneidungen der Linien den Zusammenhang der Muskeln zu markieren, durch eine besondere Flächen- oder Strichbehandlung die Modellierung eines Nasenflügels, der Lippe zu zeigen ... und dachten, wie es mir schien, keinen Augenblick an die Kunst«.[47] Die Arbeit mit Modellen empfand er nach dem ersten Überschwang seiner »Befreiung zu Kunst« als sklavisch. Viele Jahre fühlte er sich

»wie ein Affe im Netz«, gefesselt durch die »organischen Gesetze der Konstruktion«, und litt an seiner »Verwicklung in Finsternis«, an der »Hand ..., die sich auf meine Augen legte, so daß ich mich in finsterer Nacht befand, während die Sonne schien«.[48]

Gleich nach seiner Ankunft, Ende Mai 1897, in München war er ins Privat-Atelier von Anton Ažbè[49] eingetreten, der als genialer Anreger galt und nach der Königlichen Akademie die größte Schülerzahl – darunter viele Russen – aufweisen konnte. »Ich habe mich schließlich auch in dieser Umgebung isoliert, fremd gefühlt.« Verflogen schien der Traum von Farbensymphonien und schnell erreichbarem Künstlerglück: »Ich hatte schon einen Vollbart und viele meiner Kollegen waren unter zwanzig.«[50] Die Szene war skurril: Der aus Laibach stammende Slowene unterrichtete in einem hölzernen Gartenhäuschen Schwabings, »unten war das Atelier, aus dem eine steile hühnerleiterartige Treppe emporführte zu einer Holzgalerie, dem Zugang zu einer winzigen Kammer, die der Inhaber der Schule bewohnte«. Wenn in die Abendstille hinein ein Knarren ertönte, erschien Ažbè »oben auf der Holzgalerie, in einem pelzgefütterten schwarzen Mantel mit Pelzkragen, die schwarze, viertelmeterhohe Pelzmütze tief in der Stirn. Er hielt den Mantel, der bis zu den Knöcheln reichte, vorne hoch, stieg Stufe für Stufe herunter, sehr langsam, die Hand am Holzgeländer und ging langsam auf einen Schüler zu, x-beinig und schleifend wie ein Kind, das Rollschuh laufen lernt.« Klein, spitzbärtig, durch den dicken Pelz so breit wie hoch, schlurfte er durch den Raum und begann die Korrigierstunde »damit, daß er den Schlitten der Staffelei vierzig Zentimeter herunter ließ zu seiner Blickhöhe. Seine Korrekturen hatten ihn berühmt gemacht, er beendete sie stets mit dem Satz: ›So nämlich‹. Manchmal brachte er mit seiner erloschenen Zigarre durch großzügig modellierende Bogen Form in eine mißlungene Aktstudie: ›Keine Knochen, keine Muskeln, keine Anatomie nämlich‹.«[51] Im Winter beheizte ein glühender Kohleofen den Raum, in dem die Staffeleien dichtgedrängt standen. Oft floh Kandinsky aus der stikkigen Luft zum Landschaftsmalen in den Englischen Garten.

Obwohl ihm die aufdringliche Körperlichkeit von Modell und zusammengepferchter Schülerschar widerwärtig war, hielt er zwei Jahre durch. Er lernte von Ažbè, der nach seinen Worten »äußerlich ... sehr klein, innerlich sehr groß – begabt, klug, streng und über alle Grenzen gütig«[52] war, eine kalligraphische Pinselführung, die den Farbauftrag zur Eigenwirkung steigerte und den Gegenstandsumriß zerfranste. Durch unterschiedlichen Spachtel- oder Pinselauftrag verselbständigte sich die Farbe und wurde auf der Leinwand als plastische Textur sichtbar. »Schmieren's nur fest«, ermutigte Ažbè seine Schüler, die kühne und langausgezogene Pinselbahnen und -schleifen mit kurzen haken- oder flockenförmigen Farbsprühern vermischen sollten. Kandinsky befolgte Ažbès Anweisung zum beherzten Umgang mit den Malmitteln, zur artistischen Pinselschrift, die sich souverän vom Gesehenen löste und ein farbiges Strukturgewebe schuf. Ebenso muß ihn die Dynamik des Mediums Farbe beeindruckt haben, das bei diesem Lehrer Formen schaffte oder sprengte.

Ažbè war berühmt wegen seiner fast mythischen Trunksucht. Viele hielten sein bescheidenes Werk für das Merkmal eines engagierten Lehrers, der seine Kräfte im pädagogischen Elan verbrauche und sozusagen durch fremde Hände male. Er »fragte nicht, ob ein Schüler bezahlen konnte, und wußte auch nie, wer Schulgeld bezahlt hatte und wer nicht. Solange Geld für die Modelle und für Kognak in seiner Nachttischlade lag, war die Buchführung in Ordnung.«[53]

Daß Kandinsky sich gleich zu Beginn seiner Münchner Zeit durch dieses bohèmehafte Ambiente irritiert fühlte, geht aus den Erinnerungen seines damaligen Mitstudenten Igor Grabar hervor: Er sei ein Außenseiter – auch unter seinen Landsleuten – geblieben, wenig gesprächig und introvertiert, aber auch »kein brillantes Talent«. Grabar nannte ihn ehrgeizig und schilderte seinen ersten Auftritt am 26. Februar 1897 in der Malschule: »Da kommt so ein Herr mit seinem Farbkasten, nimmt Platz und beginnt zu arbeiten. Seine Erscheinung ist typisch russisch, mit einem Anflug des Moskauer Universitätsmilieus und einem Hauch von Magistertum ... Das also war Kandinsky.«[54]

Der ›Neue‹ muß den mißtrauischen Abstand gespürt haben, denn er genoß es, fern vom Schulbetrieb Ölstudien mit dem Spachtel anzufertigen; sie erschienen Grabar »ungefällig und ausgeklügelt. Kandinskys Mißgeschick lag darin begründet, daß all seine Erfindungen aus dem Gehirn stammten und nicht aus dem Gefühl.«[55]

Die Mitschüler witzelten über seine Übungen in reiner Farbe, manche nannten ihn spöttisch einen ›Koloristen‹, andere nicht weniger boshaft ›den Landschaftsmaler‹. Beides kränkte ihn, obwohl er eine gewisse Berechtigung für solche Spitznamen anerkannte: »Ich fühlte tatsächlich, daß ich im Reich der Farben mich viel heimischer fühlte, als in dem der Zeichnung. Und ich wußte nicht, wie ich mir diesem drohenden Übel gegenüber helfen sollte.«[56] Er bewarb sich bei Franz Stuck[57], den er für den besten Zeichner Deutschlands hielt, wurde jedoch abgewiesen, da die vorgelegten Arbeiten allzu verzeichnet schienen. Der um die Jahrhundertwende meistgefeierte Maler Münchens riet ihm, zunächst einmal ein Jahr in der Zeichenklasse der Akademie zu arbeiten. Nachdem Kandinsky die dortige Aufnahmeprüfung nicht bestanden hatte, übte er ein Jahr lang allein zu Hause, wo er »hilflos mit der Zeichnungsfrage herumstrampelte«[58], und ging dann ein zweites Mal zu Stuck, der ihn nun in seine Malklasse aufnahm. Stuck achtete bei seinen Prüfungen vor allem auf den Bildaufbau und legte Wert auf die kompositorische Begabung. Hans Purrmann[59], der ebenfalls im Jahrgang 1900/1901 Stuck-Schüler war, beobachtete den Einzelgänger Kandinsky innerhalb der international zusammengewürfelten Gruppe[60]: Er »warnte mich vor zu vielem Schulstudium, hielt

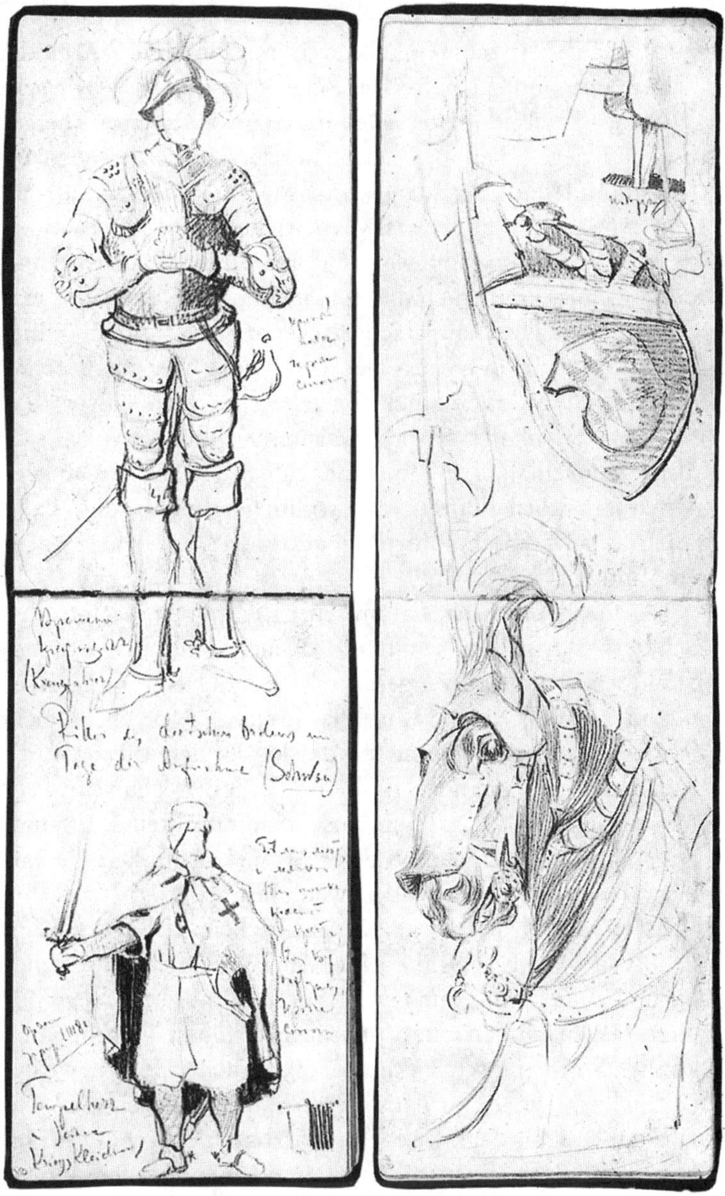

Studien Kandinskys von Ritterrüstungen und Zaumzeug, Skizzenbücher 1900-1903.

mir aufsässige Reden, die ich nicht verstand und die mich auch nicht überzeugten, als er mir seine freien Arbeiten zeigte, überbunt gemalte russische Volksszenen. Aber sein Wissen, seine Bildung fesselten mich; er war allem Althergebrachten gegenüber ablehnend, und der Kampf zwischen Talent und Intellekt, der sich in ihm abspielte, war erschütternd und großartig.«[61] Kandinsky, vorwiegend dem Symbolwert der Farben auf der Spur, lernte durch Stucks dramatisierenden Jugendstil nun auch die Aussagekraft von Linie und Fläche kennen. Überhaupt schätzte er dessen rationales Element: Das Improvisatorische, der direkte Weg ins zentrale Bildmotiv, wurde von Stuck abgelehnt, der ihn auch vor »Extravaganzen in der Farbe« warnte. Kandinsky fügte sich Stucks Ratschlägen und übte die realistische Wiedergabe des Organisch-Körperhaften: »Ich wollte bei ihm nur die Zeichnung lernen, da ich sofort bemerkte, daß er wenig farbenempfindlich ist.«[62]

Das Gebot strenger anatomischer Richtigkeit machte allen Schülern schwer zu schaffen: »Wehe, wenn der Fuß des Standbeines nicht kerzengerade unter der Halsgrube gezeichnet oder gemalt war.«[63] Paul Klee, im Jahre 1900 ebenfalls in Stucks Klasse, beobachtete Kandinsky, der sich offensichtlich fremd und unverstanden fühlte und schon wegen seines Alters auffiel: Er »war still und mischte mit größtem Fleiß und, wie mir damals schien, mit einer Art Gelehrsamkeit die Farben auf seiner Palette, wobei er nah hinsah«.[64]

Er erwähnte die starke Kurzsichtigkeit, unter der Kandinsky litt; der Fernpunkt seiner Augen lag nicht im Unendlichen, sondern in geringem Körperabstand, so daß er nur nahe Gegenstände ohne optische Hilfsmittel wahrnehmen konnte. Solche Einschränkung der natürlichen Sehschärfe beeinträchtigt die Raum- und Bewegungssicherheit und bewirkt angesichts der schwer einschätzbaren Umgebung schon in frühen Jahren einen Rückzug in die zuverlässigere Innen- und Lesewelt. Wie weit das auf Kandinsky zutraf, läßt sich nur aus seiner Bemerkung ahnen, ohne seinen Zwicker stehe er »unbewaffneten Auges« der Welt gegenüber. Je weiter der Blick ohne Brille schweifte, desto mehr lösten sich die körperlichen Formen auf, verschwammen die Dinge zu Farbflecken, wurde Entfernung unbestimmt, herrschte das ihn stimulierende »Irgendwo ... weder nahe noch weit«, das er später in seinen Notizen zur *Komposition VI* beschrieben hat.[65] In Stucks Schulatelier allerdings mußte er das Nahe fixieren, Kontur, Fläche und eine Palette, die sich der am Modell beobachteten Körperform unterordnete.

Kandinsky erkannte an beiden Lehrern das Spannungsfeld künstlerischen Selbstverständnisses in München, das vom bohèmehaften Einzelgängertum bis zur großbürgerlichen Repräsentanz eines ›Malerfürsten‹ reichte und in dem er sich seinen Platz erobern wollte.

Ažbè, der Außenseiter, seiner östlichen Heimat entwurzelt, nachlässig, zerfließend, schlaff, dem Rausch ergeben, schien nur noch im Unterricht einen letzten Halt für Pflicht und Regelmäßigkeit zu finden. Kandinsky äußerte sich am 8. April 1904 zum abschreckenden Bild dieser Selbstzerstörung: »Wie er ausschaut! Die Nase bläulich rot angeschwollen, mit gelben Pickeln; unter den Augen hängen dunkelblaue Säcke, und die schläfrigen Augen schauen noch trauriger als früher. Die Gerüchte um den Niedergang seiner Schule nehmen zu ... Wie schade um ihn.«[66] Die Großherzigkeit, in der dieser Genialische, jeder buchhalterischen Genauigkeit abhold, die säumigen Zahler lediglich ermahnte: »Nur recht fleißig arbeiten«, rührte Kandinsky. Doch Stucks kühle Straffheit imponierte ihm. Dieser Lehrer hielt auf Präzision in allen Dingen, blieb unbeeindruckt von Persönlichem und bewegte sich respektheischend in einem ästhetischen Machtbereich. Er war von federnder Eleganz und trug auch bei der Arbeit in seinem Prachtatelier einen Gehrock von bester Schneiderarbeit. Seinem Nimbus als ›Enkel der Antike‹ entsprechend, schritt er ernst und achtunggebietend einher. Sein Leben vollzog sich im Glanz gesellschaftlicher Paraden.[67] Er verkörperte in elegantem Herrentum das Schönheits- und Glücksbedürfnis seiner Epoche, die in ihm die Wiedergeburt der Renaissance feierte. In seiner 1898 fertiggestellten Residenz kehrte er sich vom zu vulgären studentischen Schwabing ab und schuf sich im städtebaulichen Neuland Bogenhausen seine Lebensbühne. Die Schüler bewunderten die *Stuck-Villa* an der Prinzregentenstraße als Prototyp des Gesamtkunstwerkes im Sinne des Jugendstils, bei dem vom Grundriß bis zum Tafelsilber alles die künstlerische Handschrift des Hausherrn trug.[68]

Kandinsky schätzte Stucks wortkarge Distanz und den feierlichen Ernst, den er als Lehrer vor der Kunst bezeugte. Auch daß Stuck *Bildgedanken* treffen und einen geistigen Gehalt übermitteln wollte, beeindruckte ihn. Stuck bewies eine symbolstiftende Begabung, wenn er einem Modell Attribute in die Hand gab und es zeitaufwendig in Stellung brachte. Den Schülern gegenüber zeigte er sich gleichgültig – oder war das Freizügigkeit? Es kümmerte ihn nicht, wenn jemand wochenlang fernblieb. »Stuck erkannte die Persönlichkeit und er half dieser, sich selbst zu erkennen«, er korrigierte einfühlsam, sachlich und ernst, »niemals berührte er einen Pinsel, nie malte er in eine Schülerarbeit hinein«.[69]

Nicht nur die spätere Lehrmethode Kandinskys kann als Summe seiner Erfahrungen bei Stuck gelten. Dessen Abstand gebietendes Verhalten, die beherrschte Eleganz und Gepflegtheit entsprachen dem Geschmack Kandinskys, über den immer wieder mitgeteilt wurde, er habe das »souveräne Auftreten eines Grandseigneurs« und gleiche in seiner Vornehmheit mehr einem Staatsmann als einem Künstler.[70] Perfekt befolge auch er den »Ritus des Anziehens ... Bis in seine Handbewegungen hinein war er eigenartig gemessen. Er besaß das Gehabe eines Fürsten, und kaum hätte man in ihm einen Maler vermutet, eher einen großen Diplomaten, der sich ungemein liebenswürdig zu geben weiß.«[71]

Kandinsky war 35 Jahre alt, als er – nach nur einem Jahr – die Ausbildung bei Stuck beendete. Schon vorher hatte er die Gründung einer Künstlervereinigung geplant. Als er 1901 mit der *Phalanx* programmatisch in die Münchner Öffentlichkeit trat, ging es ihm um den Zugang zur Kunstszene. Als Einzelkämpfer hätte er sich bei Galerien oder Interessenverbänden mühsam hochdienen müssen, was angesichts der großen Zahl konkurrierender junger Talente ein langwieriges, wenn nicht gar erfolgloses Bemühen gewesen wäre.[72] Wie schwierig die Integration in die alteingesessenen Künstlergruppen oder die hochbegabte Jugendstil-Avantgarde mit seinem schmalen Werk und ohne bisherige Verkaufserfolge gewesen wäre, war Kandinsky wohl bewußt, und darum wagte er den Einstieg in die etablierte Kunstszene gleichsam von ›oben‹ her, als Galerie- und Ausstellungsleiter, der dazu noch Inhaber einer Malschule war.[73]

In seinem pädagogischen Engagement lag viel Freude am Umgang mit jungen Menschen, hatte er doch seit der Kindheit offenbar unter dem Mangel an Spielgefährten und Freunden gelitten. Die Unterweisung seiner Schüler förderte zudem auch ihn, weil er dabei das eigene Wissen systematisierte und sein Ausdrucksvermögen steigerte. Wer gern lehrt, lernt auch gern![74] Außerdem konnte er den gelegentlichen Begegnungen mit Künstlern nun eine kontinuierliche Arbeitsgemeinschaft entgegensetzen und sein während der Ausbildungszeit quälend empfundenes Außenseitertum abmildern.

Obwohl er mit großer Zähigkeit die Durststrecke seiner Ausbildung zurückgelegt hatte, fühlte er sich zeitweise noch so hilflos wie ein »Käfer, den man am Rücken hält«. 1901 klagte er, »Rastlosigkeit und Unruhe und der Wunsch, nur ›vorläufig‹ zu arbeiten, hindern mich daran, etwas gründlich anzugehen ... so gern ich Studien male, kommen zu meinem Bedauern zu Hause nur irgendwelche Fetzen zustande. ... Bedenkt man aber, daß man von niemandem ein einziges frisches Wort hört, wird einem das Herz schwer ... Wäre ich doch erst 20 Jahre alt. Aber dauernd scheint mir, daß es für alles zu spät sei, und mir wird ganz fiebrig.«[75] Er werde von einsamen Zweifeln geschüttelt. »Es war niemand da, der mir über diese Gefühle, über die Verwicklung in dieser Finsternis hinweghelfen konnte.«[76]

Da erschien Ella Münter in seiner Malklasse. Sie war im Gebrauch von Pinsel und Palette unerfahren. So betrachtete sie zögernd das kräftige Farbenspiel eines Stillebens, das Kandinsky angeordnet hatte. Dann aber ging sie ohne Umschweife ans Werk. Sie handhabte das ihr fremde Material mit Entschiedenheit. Die zupackende Malweise entsprach der umweglosen Art ihres Zeichenstils: auch hier die unbefangene Vereinfachung, das Abrißhafte, die alles kleinliche Beiwerk ausschaltende Konzentration auf das Wesentliche.

Kandinsky war durch Münters kühne Formulierung in dem ihr unbekannten Medium verblüfft. Alles an ihr erschien ihm wie eine Bestätigung seines eigenen Protestes gegen akademische Zwänge; denn das hatten sie gemeinsam: den erfolglosen Gang durch das Dickicht schulmäßiger Gepflogenheiten, die Verweigerung gegenüber traditionellen Seh- und Gestaltungsnormen. Ein unverfälschtes Talent! Diese ›Schülerin‹ beherrschte eine karge, ausdrucksteigernde Liniensprache, die sie auf eine undoktrinäre Farbgebung übertragen konnte. In ihrer zarten Gestalt steckte Kraft; mit auffallend schmalen Händen vermochte sie harte Pinselhiebe auf die Leinwand zu setzen. Das machte Kandinsky neugierig, sie näher kennenzulernen.

»Es ist eigentlich die Sicherheit des Schlafwandlers, mit der ich früher meine Bilder malte«, erinnerte sich Gabriele Münter.[77] Das instinktiv Ausgewogene ihrer Werke, das Kandinsky immer wieder verdutzte, stammte aus innerer Ruhe: »Das Aushalten von Spannung und Entspannung. Das Wartenkönnen auf den Augenblick, in dem etwas Gültiges gesagt werden kann, gelassen, mit ruhiger Zuversicht. Dazu gehört auch das Nicht-so-wichtig-Nehmen der eigenen Leistung, weil das Bewußtsein besteht, daß sie den Menschen nicht ausmacht.«[78]

Kandinsky hingegen arbeitete mit Hochspannung: »Wenn ich mich selbst charakterisieren wollte, hätte ich gesagt: immer, fortwährend ... unruhig ... kein Moment Ruhe. Bin immer aufgeregt, mein Herz fühlt immer Verschiedenes zu gleicher Zeit.«[79] Oft schien ihn das Angestaute zu zersprengen, dann malte er mit Herzklopfen und gepreßter Brust. Während Münter die Wiedergabe eines Eindrucks mühelos in die Hand floß, suchte er die Balance zwischen visionärem Elan und nüchterner Arbeitsmethode. Malen als »Gefecht« und Malen als »Geschenk«![80]

Der willensbetonten Heftigkeit, mit der Kandinsky gegen den »widerspenstigen weißen Ton der Leinwand« anging, standen von nun an Münters unbekümmerte Pinselspiele gegenüber, seinen »Glattheiten und Roheiten in der Behandlung der Leinwand« ihre mühelos hingeworfenen Bilder, »technisch ›mit dem linken Hinterfuß‹ oder ›à la: diable m'emporte‹ gemalt«, wie sie es ironisch ausdrückte.[81] Kandinsky war durch die Geradheit ihrer Worte gefesselt, durch ihr verständnisbereites Zuhören, durch ihren Arbeitsernst, der unvermutet in schalkhaften Mutwillen umschlagen konnte. Sie war uneitel und verläßlich, dazu begabt mit einem unverfälschten Sinn für Komik. Um ihre mädchenhafte Erscheinung schwebte ein Hauch von Freiheit. Sie wirkte elegant und großzügig. Ihre Meinungen spiegelten die Weite ihrer Reiseerfahrungen in der Neuen Welt. Sie war selbstsicher, aufmerksam und wißbegierig. Inmitten vieler sich stilisierender Halb-Talente und Möchtegern-Originale Schwabings bestach sie durch die Anmut des Korrekten. Sie strahlte Frische und eine gewisse Bürgerlichkeit aus, die Kandinsky als höchst angenehm schätzte. Innerhalb eines großen Bekanntenkreises war sie wohlgelitten und wußte über die Kunstszene vortrefflich Bescheid. Kandinsky konnte sich verstanden fühlen. Das Zwiegespräch begann.

6. Kapitel

Schwimmfüchslein

»Es ist eigentlich schlimm, wenn man Kandinsky als Lehrer gehabt hat, ist man mit keinem anderen zufrieden«, erklärte Emmy Dresler[1], mit Münter Schülerin der *Phalanx*-Malklasse, und zog den Vergleich zu den in München als fortschrittlich gerühmten *Lehr- und Versuchsateliers* Hermann Obrists: »Die reinste Kadettenanstalt! Debschitz will alle nach seinem Stiefel zurechtschneiden. Wenn man bei den Korrekturen 50 Arbeiten sieht, weiß man nicht, wer sie gemacht hat. Im Grunde hat sie nur einer gemacht: der Herr Lehrer.« Kandinsky hingegen beobachtete die Schüler mit Zurückhaltung und enthielt sich stilistischer Eingriffe.

Maria Giesler, ebenfalls Malkollegin Ella Münters, lobte die »ordnende Kraft«, die von Kandinskys Unterweisung ausging.[2] Er versuchte, das Spontane einer künstlerischen Äußerung rational zu durchleuchten: »Der Künstler muß seine Begabung durch und durch kennen und wie ein kluger Geschäftsmann kein Teilchen ungebraucht und vergessen liegenlassen, ausbilden muß er jedes Teilchen, bis zur letzten Möglichkeit, die es für ihn gibt.« Das angeborene Talent bedürfe, um wirksam zu werden, der Zügelung durch den wertenden und richtungweisenden Verstand. »Das ist das Element des ›Bewußten‹, des ›Rechnens‹ in der Arbeit.«[3]

Ella Münter empfand Kandinskys Toleranz, durch die ihr Selbstvertrauen gestärkt wurde, als unbekannte Wohltat, hatten doch bisher alle Dozenten den Maßstab ihres eigenen Stilwollens an die Schülerarbeiten gelegt und waren mit Korrekturstrichen hineingefahren, die den behutsamen Aufbau eines eigenen Konzeptes zerknickten. Außerdem ließ er ihre Art, aus dem Umriß heraus zu arbeiten, gelten. »Neu und von

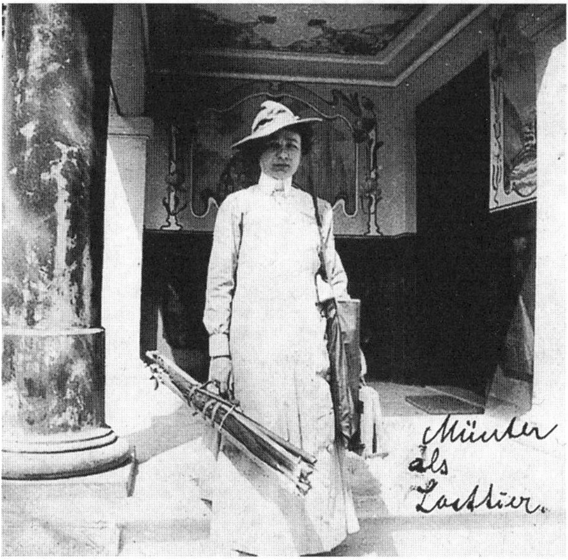

Gabriele Münter in Kochel, Juli 1902.

der Akademie und den übrigen freien Schulen abweichend war, daß wir manchmal die nachmittägliche Aktmalerei gegen Modellieren austauschten. Kandinsky fand, das sei eine gute Disziplin, um vom Umriß weg und aus ihm heraus zu arbeiten«[4], so beschrieb der schwedische Maler Carl Palme aus der Erinnerung die Arbeitsweise der *Phalanx*-Schule zur Förderung der plastischen Kontur.

Die Bemühung um das zeichnerische Gerüst – Voraussetzung für die Eroberung der Fläche – spiegelte Kandinskys eigenen Wunsch, sein »zeichnerisches Defizit« zu überwinden. »Die Zeichnung war für mich eine ganz besonders schwierige Frage in der Kunst – ich habe an ihr jahrelang verzweifelt, wenn auch langsam gearbeitet«, erklärte er im Rückblick auf diese Zeit. Gerade darum habe er für die zeichnerische Treffsicherheit ein scharfes Auge entwickelt: »Ich weiß tatsächlich, was eine Linie ist und wann sie durch kalte und heiße Hand gezogen wurde. Es ist wahr, daß eine gute Zeichnung

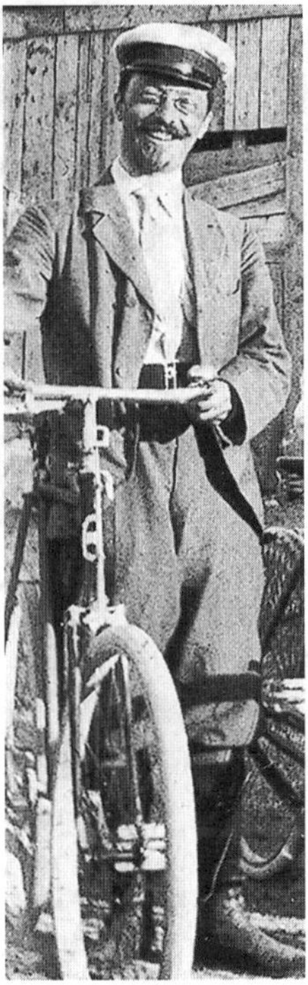

Wassily Kandinsky in Kochel, Juli 1902.

(speziell Linie) sehr selten ist. Wenn man aber keine richtige Gabe (Zauberhand) besitzt und sich außerdem so gar keine Mühe gibt, so entsteht unvermeidlich eine tote Zeichnung.«[5] In ihrer mühelosen Sicherheit bewies Ella diese ›Zauberhand‹ und erschien ihm darum von Anfang an wie ein Gegenpol zu seiner auf farbliche Wirkung angelegten Begabung.

Im Sommer 1902 verbrachte Kandinsky mit seinen Schülern einige Wochen zum Landschaftsmalen in Kochel am See. Für Münter[6] war es die erste Übung in Pleinair-Malerei, die als ein gesteigerter Naturalismus verstanden wurde, denn sie versuchte, die Licht- und Luftatmosphäre einzufangen, die Vibration sommerlicher Wärme, das Zitternd-Bewegte der Vegetation. Die Schülerinnen übten eine sensitive Farbzerle-

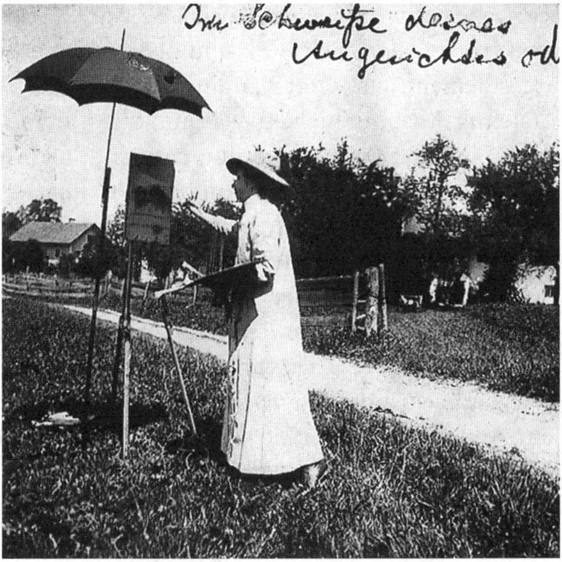

Gabriele Münter beim Malen in Kochel, Juli 1902.

gung. Die Beschränkung auf die Wiedergabe von Netzhautreflexen nahm den einzelnen Gegenständen die bildwirksame Bedeutung. Ein farbiger Gesamtschleier überzog die Leinwand und löste die Konturen auf, – nicht aber bei Ella Münter! In ihr blieb stets die Zeichnerin am Werk. Sie versuchte jedoch, wie der Lehrer es gebot, die Farben zu optischem Reiz aufflammen zu lassen, so sehr es der Bildinhalt gestattete.

Kandinsky ermutigte seine Schüler, die Farbe breit und flächig mit dem Spachtel aufzutragen. Er empfahl ihnen auch, kleine Malkartons zu benutzen, für die man keine Staffelei mitzunehmen brauche; auch er bevorzugte dieses handliche Format. Er suchte die im hügeligen Voralpenland verstreuten Gruppen mit dem Fahrrad zur Korrektur auf; durch eine Trillerpfeife kündigte er sein Kommen an, damit sie ihm ihren Standort zurufen konnten. Da Ella als einzige Kursteilnehmerin ebenfalls radelte, kam es zu gemeinsamen Malausflügen.

Das tägliche Schwimmen im Kochelsee war Ellas Hauptvergnügen. Sie bewegte sich flink und übermütig in dem ihr vertrauten Element, während Kandinsky dem Wasser gegenüber vorsichtig Abstand hielt, es war und blieb ihm unheimlich. Wenn Ella weit vom Ufer auftauchte und ihr brünettes Haar in der Sonne rötlich aufschimmerte, nannte er sie in zärtlicher Bewunderung ein *Schwimmfüchslein*.

Ellas Portemonnaie-Kalender vermerkt unter dem 29. Juni einen Ausflug zum Walchensee[7], dann aber blieben alle Julitage ohne Eintragung, wie immer, wenn ihr das Erleben keine Zeit zum Registrieren ließ. Es war inzwischen zum ersten verhaltenen Gefühlsaustausch zwischen Kandinsky und ihr gekommen. Am 2. Juli erhielt sie von einem Kunststudenten, E. Strauß, einen Brief aus Schwabing. Trotz seines Telegrammes sei sie der vertrauten Clique ferngeblieben: »Kothe hatte sich sogar vom Überbrettl losgemacht ... So schade, daß Du nicht dabei warst ... Jetzt habe ich ordentlich Sehnsucht nach Dir – ich komme nach Kochel ... Also, mein Liebes, auf Wiedersehn.« Am 3. August klang es resignierter: »Liebe Münter, alter Freund ... Es freut mich, daß es Dir in Kochel gefällt und Du auch mit Deinem Lehrer zufrieden bist.« Gegen den ›Kater‹ – und es kann im Textzusammenhang nur ein ›moralischer Kater‹ gemeint sein – empfahl ihr der Freund: »Nur immer wieder arbeiten, arbeiten, das hilft über alles hinweg!«[8]

Die Schwierigkeit ihrer Lage wurde deutlich, als Kandinskys Frau nach Kochel kam. Er fürchtete, der sensiblen Anna seine Neigung ungewollt zu verraten und sie dadurch zu verletzen. So bat er Ella, vorzeitig nach München zurückzukehren. Sie fügte sich seinem Wunsch. Am schmerzlichsten berührte sie bei ihrer Abreise am 22. August, daß dadurch ihre Ausbildung unterbrochen wurde.

Während des Kocheler Aufenthaltes hatte Kandinsky das erste Ölbild von ihr gemalt, technisch ungelenk und mit einem unübersehbaren Mangel an Körpergefühl. Aufgerichtet

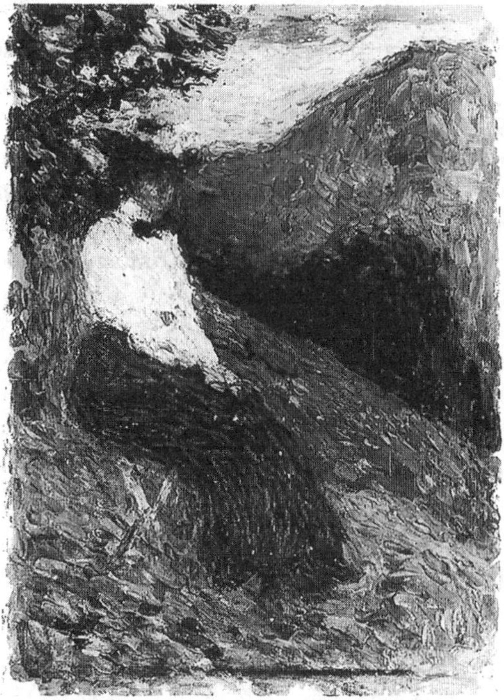

Wassily Kandinsky, Gabriele Münter in Kochel, 1902,
Öl auf Leinwandkarton, 32,7 × 23,9 cm.

auf einem jener von Malern häufig benutzten Klapphocker, sitzt sie am Abhang eines Hügels. Ein breitrandiger, blumengeschmückter Hut verleiht ihr einen Hauch von damenhafter Eleganz. Ihre Gestalt wirkt blockhaft, fast steif. Die Hände ruhen im Schoß, das Gesicht, in seinen Einzelzügen nicht erfaßt, ist dem Beschauer zugewandt; dennoch bleibt der Eindruck von Starre, Schwere und einer fast trotzigen Unzugänglichkeit. Er wird nur durch eine weiße Bluse abgemildert, das einzig lichte, streng vertikale Bildelement, das sich mit dem Weiß des Himmels verbindet. War es Ungeschick bei figuralen Darstellungen, oder hatte Kandinsky die Andeutung individueller Züge nicht bezweckt, vielmehr harmonisches Eingebundensein veranschaulichen wollen? Durch seine flackrigen Spachtelstriche entsteht ein flirrender Effekt; die Gestalt wird übergangslos in die Naturkulisse gepreßt.[9]

Kandinskys Methode, die Farbe mit Spachtelhieben aufzutragen, entsprach Ellas energischer Akzentuierung beim Zeichnen. »Daß Sie soviel Erfolg und Freude mit dem Spachtel haben, ist mir sehr und nochmals sehr angenehm. Ich habe ja immer gemeint, daß die faule Münter mal was Gutes macht. Sie muß nur so a bisl Geduld haben«, schrieb der Lehrer an die vorzeitig heimgeschickte Schülerin. »Meine Frau läßt Sie freundlich grüßen, Ihr Kamerad Kandinsky.«[10] Neben diesem offiziellen Brief aber schickte er ihr am gleichen Tage einen geheimen Kartengruß aus Kochel, eine farbenprächtige Ansicht von Moskau. Diese Doppelgleisigkeit der Korrespondenz – harmlose, von jedermann lesbare Mitteilungen neben gleichzeitig abgesandten, fast geheimbündlerischen Botschaften – nimmt hier ihren Ausgang und bestimmt den weiteren Briefverkehr.

Ella, die am 25. August 1902 bei ihren Geschwistern in Bonn eingetroffen war, dankte dem »lieben Herrn Doktor« erst am 22. September für Karten und Brief und berichtete ihm vom Besuch einer Düsseldorfer Kunstausstellung, für die sie nachgerade einen guten Führer abgeben würde. »Sind denn Ihre Reisepläne unrettbar in den Kochelsee gefallen?« Aber neben der ironischen Reminiszenz an vielleicht für immer Versunkenes beschwor sie noch einmal das gemeinsame Landschaftserlebnis: »Sind die Äpfel dort schon dick und rot? Und haben die Bäume schon ihr buntes Kleid?«[11] Kochel – dieses Wort blieb weiterhin ein Synonym für das erste wechselseitige Sich-Aufschließen, blieb der Ausgangspunkt für Anziehung, Bedenken und notwendige Trennung.

Als Ella am 7. Oktober zum Wintersemester in München eintraf, nahm Kandinsky sofort Kontakt zu ihr auf. »Wenn du nicht da bist, so spreche ich mit dir in Gedanken, erzähle dir Verschiedenes.«[12] Am 10. Oktober beteuerte er ihr: »Ich vertiefe mich gleich in die Anatomie«, und er versicherte ihr vier Tage später: »Diese Tage habe ich fleißig gearbeitet, mit Ausnahme von heute, wo wir mit meiner Frau spazierengegangen sind.« Das ›Wir‹ schloß den Hund Daisy[13] ein, geliebtes Bindeglied zwischen dem kinderlosen Ehepaar.

»Es tut mir so leid, daß dir meine Arbeiten nicht gefallen«, bedauerte er am 1. November 1902. »Kann freilich nichts helfen, aber schade ist es, sehr schade!« Immer, wenn er ihr eine neue Arbeit ankündigte, fügte er hinzu: »Es interessiert mich, was du dazu sagst.« Unterschwellig durchzog all seine Briefe die Klage: »Du weißt ja nicht, wie einsam ich bin. Sei's zu Haus, im Atelier vor angefangenen Sachen und ohne Mut, die Palette in die Hand zu nehmen. Sei's hier überall ... unter Menschen, die mir fremd sind.«[14] Er schrieb ihr täglich, oft mehrmals am Tag, – sorglose Äußerungen seiner augenblicklichen Stimmungen und Einfälle. Manchmal notierte er etwas für sie im Café, auf dem Postamt, im Wartesaal der Eisenbahn, während des Essens, darum blieb der Gedankenablauf manchmal sprunghaft, die Satzfolge verwirrt, die Wortwahl mißlich. Diese kaum lesbaren Wegwerfzettel beruhigten ihn, bewiesen sie doch, daß sein inneres Zwiegespräch mit ihr nicht mehr abriß.

Er war seit der Kindheit gewohnt, seelische Regungen zu verbergen. Selbstbeherrschung war ihm zur zweiten Natur geworden. Doch während der Münchner Ausbildungszeit hatten sich so viele Ängste und Zweifel in ihm angestaut, daß nun ein Druckpunkt erreicht war, der eine Entladung erzwang. Münter, eindeutig und verständnisvoll, erzeugte in ihm Vertrauen und mußte bald vor dem Sturzbach seiner Bekenntnisse erschrecken. »Vor dir will ich mich nicht mehr verstecken«, beteuerte er ihr. »Und wenn du einmal weit von mir bist und fremd zu mir bist, so mußt du das alles vergessen.«[15]

Die gewaltige Entbürdung von allem, was er bisher mit sich allein ausgetragen hatte, setzte nun auch den Prozeß seiner

Malerei in Gang. Was trotz seines ›Willens zur Kunst‹ bisher nur zu ›Fetzen‹ geführt hatte, wurde bei der ungestümen Entriegelung seines Innern in einen Strom hineingerissen, der die künstlerische Dürre beendete. Das Glück der Befreiung von allem ›Heimlichen‹ und die gleichzeitige Qual, auch das nur unfreiwillig Wiederentdeckte zu verarbeiten, lösten in der Gemeinschaft mit Ella Münter eine künstlerische Stoßkraft aus, für deren Brisanz es ihm zunächst noch an technischem Können mangelte.

Schon in ihren ersten Briefen redete Ella ihn als ihr »armes, nervöses, unpraktisches Kaninchen« an, was sicherlich mehr als ein Scherz zur Alliteration war. Indem sie ihn mit dem schreckhaften, weichen und anschmiegsamen Tier verglich, das angstgelähmt vor der Schlange (oder deren großem Bruder Lindwurm – ein bleibendes Motiv seiner Bilder!) bebt, schaute sie durch die Maske ihres scheinbar so überlegenen und unverletzbaren Lehrers hindurch und entdeckte in ihm einen innerlich vibrierenden, erlösungsbedürftigen Mann.

Doch gerade das machte sie bedenklich. Er erwartete zuviel von ihr: das gleiche Vertrauen, die gleiche Ausschließlichkeit. Erwartete volle Entsprechung und damit die Auflösung der Grenzen zwischen Ich und Du: jeder müsse die Gedanken und Gefühle des anderen allezeit kennen. Dabei ging es ihm um wortloses Einverständnis. Er versuchte ihr durch seine unablässige Selbstschilderung Zugang zu seiner reichen Empfindungsskala zu verschaffen, damit sie alle Regungen mit ihm teile. In sanften und in schrillen Tönen forderte er von ihr schrankenlose Ehrlichkeit und errichtete, um sie einzig auf sich auszurichten, Mauern der Eifersucht.

Im Sturm ihrer Gefühle belegte Ella im Dezember 1902 einen Kursus bei Angelo Jank. »Als ich mich heute endgültig wieder für drei Monate eingeschrieben hatte, tat es mir plötzlich leid ... Ich scheine da gar nicht vorwärts zu kommen.«[16] Eines war sicher: sie wollte auf den Lehrer Kandinsky nicht verzichten. Sie fürchtete jedoch die Bindung an einen mehr als zehn Jahre älteren, verheirateten Mann, zudem einen jener 2000 Schwabinger Russen, die von den Münchnern in spöttischem Wohlwollen für slawische Mentalität ›Schlawiner‹ genannt wurden. Auch mag eine aus weiblicher Solidarität gewachsene Rücksicht auf Kandinskys Frau Anna, die sie flüchtig kannte, ihren Abstand vergrößert haben. Am 12. Oktober 1902 hatte sie ihm schon einen Brief geschrieben, für den sie all ihren Mut zusammennehmen mußte: »Lieber K.! So unterschreibst Du nämlich, und wie soll ich Dich schließlich anders nennen ... Ich scheine, und hoffentlich irre ich mich darin nicht, nachgerade mein altes, vergnügtes Gleichgewicht wieder zu erlangen. Der sentimentale Kram, mit dem ich letzthin doch einigermaßen zu tun hatte, taugt doch nicht und paßt und liegt mir auch gar nicht ... Ich glaube, es steht so mit mir, wie ich Dir schon in Kochel und Seeshaupt sagte – nämlich daß ich – herrjeh, daß ich so was so schwer sagen kann! – seit ich Dich als Lehrer kannte, Dich immer famoser und verehrungswürdiger fand. Du interessiertest mich dann auch persönlicher und ich liebte Dich so – und tue das noch und werde es immer tun –, wie Dich sicher die meisten Menschen lieben, die Dich so kennen lernen, wie ich es tat, – und dann liegt das, was dann noch kam, an Dir und meinem etwas schwächlichen Charakter und vielleicht auch an dem für mich Überraschenden und Unvorhergesehenen, ich wußte mir nicht zu helfen und weiß es auch jetzt noch nicht recht.« Diesem Stakkato der herausgestoßenen Argumente, die ihre Zuneigung verhüllen oder als »sentimentalen Kram« abtun sollen, folgt nun die Beschreibung ihres Lebensplans, der eine Bindung an ihn ausschließt: »Meine Idee von Glück ist eine Häuslichkeit, so gemütlich und harmonisch, wie ich sie eben bereiten könnte, und ein Mensch, der ganz und immer mir gehört, aber – das muß absolut nicht sein – wenn ich den Passenden nicht finde, bin ich auch so sehr zufrieden und glücklich, und ich denke, jetzt auch wieder Freude an der Arbeit zu finden, – und wenn Du mir dabei weiterhelfen willst, würde ich mich sehr freuen. Wir nehmen dann das hübsche Lehrer-Freundschaft-Kameradschaftsverhältnis wieder auf und lesen's zwischen den Zeilen, daß wir uns gernhaben und behalten … Jedenfalls ist mir von jeher jedes Lügen und Heimlichtun so zuwider und verhaßt gewesen, daß ich mich um nichts dazu verstehen könnte. Wenn wir nicht vor aller Welt Freunde sein können, muß ich ganz darauf verzichten, ich will nicht mehr, als ich eingestehen kann, und ich will verantworten können, was ich tue, sonst bin ich unglücklich.« Das alles klang weniger nach Abwehr als nach einem Ruf, der um tragbare Bedingungen fleht. Sie spürte es, entschloß sich, den Brief nicht abzusenden, sondern als Tagebuch weiterzuführen, »um mir zu helfen. Adieu mein K.« Am nächsten Tag ergänzte sie den Text. Die Anrede entfällt; er wird zum Selbstgespräch: »Ich fühle mich ja manchmal sehr einsam, weil ich so gar keinen Menschen habe, dem ich etwas bin und an dem ich eigentlich hänge … Also, auch wenn ich mich manchmal einsam fühle und ein bißchen sentimental bin und außerdem der Kandinsky ein schauderhaft lieber, netter Kerl ist, ich bin doch hoffentlich nicht so verrückt, mir einzubilden, daß das Liebe ist? … dann würde es doch nicht mehr so viel Vernunft geben – oder bin ich vielleicht nicht fähig, überhaupt zu lieben? … Zu dem, was er will, gehört eine Größere, Stärkere, … Nicht genug Charakter da bei mir und schon zu sehr verwöhnt: entweder alles oder nichts – nichts ist weit, weit besser als etwas Halbes, – das kann ich nicht! Kandinsky laß mir meine Ruh.« Nach einer Stunde, in neuem Zwiespalt, das Eingeständnis: »Ich bin doch ein Kamel – wie ich hungrig bin auf einen Brief von ihm – verflucht.« Bedurfte es nicht nur eines winzigen Anstoßes, damit sie ihr Herz über die Schranken warf?

Am 18. Oktober 1902 war es soweit. Kandinsky gestand ihr, dem »guten, lieben Freund«, daß er sie nicht aus seinen Gedanken verbannen könne und seine Liebe zu ihr wachse und wachse. Wozu Bedenken? »Die Zeit … zeigt uns, wo wir recht gehabt haben und wo wir uns geirrt haben. Nur mehr

Vertrauen zu mir haben! Nicht gleich schon fragen: Ist das Liebe? Wozu sollte ich da lügen? Ich habe ja auch meine Ruhe verloren und mein Gleichgewicht.« Er bat sie um ein heimliches Zusammentreffen. Sie kam. Bald sprach er sie in seinen Briefen als »meine Vielgeliebte« an. Der Versuch, ihre Gefühle in Freundschaft einzubinden, war gescheitert.

Auch für Kandinsky war dieses Einander-Gewogensein alles andere als unbeschwert. »Des Schweigens Stille«, die Wohltat »undeutlicher Halbdunkelheit« hätten ihn umfangen, bis sie inneren Aufruhr in sein Leben getragen habe, bekannte er Ella am 27. Oktober 1902. Von nun an schilderte er ihr, wie seine »Gedanken schwarz werden, und wie ich leiden muß. Es scheint mir, daß du mich viel, viel zu wenig und vielleicht gar nicht liebst.«[17] Gleichzeitig aber warnte er sie vor sich: »Ich träume so schrecklich und schreie jede Nacht wie ein toller Kerl. Und einsam fühle ich mich im Leben. Es scheint mir, ich muß fort, weit von den Menschen. Glück kann ich doch keinem Menschen auf Erden geben. Nur Leiden bringe ich dem mit, den ich liebe.«[18]

Bald störte Ella der Argwohn, mit dem er alles beobachtete, was sie von ihm wegziehen könnte. Wie in jedem Jahr wollte sie am *Scharfrichter-Ball* teilnehmen, der die Faschingssaison eröffnete. Sie forderte Kandinsky auf, beim Mummenschanz unter dem Galgen der *Pullacher Elendskirchweih* mitzumachen, und erzählte ihm, wie übermütig sie im Vorjahr mit dem Schwabinger Freundeskreis im Schlitten dorthin gefahren sei. Sie bat ihn vergebens, sie zu Künstlerfesten zu begleiten, die über das ganze Jahr hin einfallsreich und bacchantisch improvisiert wurden, es waren Feiern der Jugend, der überschäumenden Daseinsfreude, des Tanzrausches, und sie tanzte für ihr Leben gern! Kandinsky zog eine Grenze, die ihre Entscheidung für ihn oder für die heitere Seite des Lebens vorwegnahm: »Du hast mir damals erzählt, daß es so lustig und fidel in Pullach war, daß du dich so gut amüsiert hast. Es hat mir sehr wehgetan, weil ich weiß, daß so etwas dir wirklich Freude machen kann, was auch recht ist. Und da stehe ich machtlos und schwach vor dieser Freude, die mich kalt läßt. Was hast du dann von mir?«[19] Als die *Phalanx*-Schule einen gemeinsamen Ausflug zur *Nachkirchweih* plante, bemerkte er dazu, in einem offiziellen Brief wieder per ›Sie‹: »Jetzt springen und hüpfen Sie wieder und treiben Unsinn. Vielleicht beneide ich Sie, vielleicht.«[20]

Sein Stimmungsgefälle, das sich wellenartig bis zu einem entgrenzenden Weltallfest steigerte und dann wieder zu schwermütiger Abkehr verebbte, erschreckte Ella und trieb sie zu ratlosen Beschwichtigungen. Oft teilte er ihr – schon kurz nachdem er über Untätigkeit, Abgeschlagenheit und künstlerische Lähmung geklagt hatte – mit, daß er sich wieder vom Schwarzsehen ablenken und ins Malen habe retten können und nun mit Schwung und Lust arbeite. Um seine oft unerträglichen inneren Spannungen auszugleichen, habe er ja auch auf die wissenschaftliche Laufbahn zugunsten der Malerei verzichtet, denn sie allein könne seine seelischen Erregungen dämpfen.

Wenn Ella in die Pension ›Bellevue‹ zurückkehrte, lagen dort schon seine Botschaften, manchmal abgerissene Notizzettel, manchmal offizielle Schreiben, kalligraphisch gestochen und mit Tinte geschrieben, wie am 18. November: »An Hochwohlgeboren Fräulein Gabriele Münter, Kunstmalerin, Hier. – Sehr geehrtes gnädiges Fräulein! Ich beeile mich gehorsamst, Sie im voraus für Ihre freundliche Besorgung der Karten für den Duncan-Abend höflichst zu bedanken und zugleich Ihnen mitzuteilen, daß meine Frau und ich sehr gern die berühmte Tänzerin sehen werden.« Er hole die Karten um sechs Uhr ab, »bestens dankend, hochachtungsvollst – Ihr ergebenster Kandinsky«. Ein Telegramm überholte den Brief: »Komme wahrscheinlich um vier statt um sechs.« Der gemeinsame Besuch des Tanzabends der Isadora Duncan[21] fand nicht statt.

Am 22. November bekam Ella wieder eine förmliche Einladung, diesmal zu einer Wanderung ins Isartal, die sie in den Freundeskreis des Ehepaars Kandinsky einbeziehen sollte; auch ihr legte er insgeheim einen Zettel bei: »Nach diesem offiziellen Brief habe ich großes Verlangen bekommen, nochmal unoffiziell zu sagen, wie ich mich freue, daß wir uns morgen sehen.« Ella blieb fern. Im Februar 1903 erhielt sie gar eine Nachricht in der Handschrift seiner Frau Anna, der Kandinsky, grippekrank, einen Brief an die ›Schülerin‹ diktiert hatte, dessen Hintersinn nur die Empfängerin verstehen konnte; unter dem Text sein Namenszug. Für Ella, die Unbescheidene, die das Halbe verschmähen wollte, war dies alles nur schwer erträglich. Auch erwies sich sehr bald als Illusion, daß sie ihr altes Gleichgewicht wiedergefunden und sich nun in einer arglosen Lehrer-Schüler-Freundschaft eingerichtet habe. Wäre diese gradlinige Vertrautheit wieder herstellbar, so hätte sie sich ohne Bedenken in Kandinskys privaten Freundeskreis gemischt! So aber vermied sie, geplagt durch ein empfindliches Gewissen, den Bannkreis seiner Ehe. Es verbitterte sie, mit welch scheinbarer Leichtigkeit Kandinsky solche Doppeldeutigkeit handhabte. Sie fühlte sich nicht wendig genug für »Lug und Trug« und verübelte ihm, daß er diese Geheimnistuerei offenbar auch noch als Reiz genoß: postlagernde Briefe unter erfundenen Namen, vermummende Kleidung, geheime Treffpunkte für ganz harmlose Zusammenkünfte. Sie täuschten zufällige Begegnungen auf Bürgersteigen vielbegangener Straßen vor: »Komm bitte heute gegen sechs Uhr auf die Maximilianstraße, Seite des Hoftheaters! Ich habe diese Rendez-vous auch nicht sehr gern. Sich zu verstecken, verschweigen etc. freut mich auch wenig. Aber – was macht man?«

Stelldichein hieß der Titel eines Bildes von 1902, zu dem ihn wohl solche Verabredungen inspiriert hatten: Eine mumienhaft verhüllte Frau trifft in schützender Dunkelheit einen Mann vor der Stadtmauer, deren Tor durch ein drachenähnliches Ungeheuer belagert wird.[22] Ella fragte ihn, den sie den Glatten und Undurchschaubaren nannte, ob seine Lust an Maske und Versteckspiel sich nicht eines Tages auch gegen sie richten könne. Er versicherte ihr: »Glaube mir nur, Geliebte, dir gegenüber bleibe ich immer offen in Reden und Tun.«[23] Er versuchte, sie von seiner Aufrichtigkeit zu überzeugen, erzählte, wie er nachts herumstreife, um das Licht in ihrem Zimmer brennen zu sehen, klagte über den unablässigen Sog zu ihr hin, den er mit Willen und Vernunft nicht zügeln könne. Dennoch ging er – Mitte Februar 1903 – noch einmal auf ihre Bitte um eine weitere Bedenkzeit ein: »Wir bleiben eine Zeitlang gute Freunde und treiben nichts Geheimes. Kein Wort mehr von Liebe! Und dann zeigt uns beiden die Zeit, wie es um uns steht. Das tue ich aber nur aus Liebe zu dir, das mußt du wissen!«[24]

So hofften sie denn beide auf den Richtspruch der alles relativierenden Zeit, hofften auf Steigerung oder Erlöschen der gegenseitigen Neigung. Am 1. Juli 1903 wußte Kandinsky: »So eine Liebe ist eine große Macht und gewinnt mir sicher meine Ella. Du liebes, allerliebstes einziges Füchschen.«

Die Anrede in seinen Briefen verrät etwas von ihrer Wirkung auf ihn: »Mein zarter Freund«, »Du, meine Zarte, Kleine«, »Du, meine kleine Goldene«, »Mein gutes, goldenes Herzchen«, »Mein Ella-Kind«, »Mein Müchen«, »Mein Püppchen«. Sie leuchtete als »goldener Fixstern« in seiner Lebensnacht. Sie wurde ihm zur »Lichtbotin« und glänzte für ihn als »helles Sternchen« über dem Schmutz der Welt. Sie war sein »helles Glück«.

Er zeigte sich ebenso hingerissen vom Kindhaft-Leichten ihrer Erscheinung. »Wie du so niedlich und klein und lieb in deinem blauen Pelz aussiehst, du mein gutes Kindchen!« Das Zierlich-Anmutige, das er an ihr wahrnahm, drängte ihn in die Rolle des Beschützers, und dies in einer Zeit, in der höfische Szenen mit Rittern und ihren grazilen Damen zum bevorzugten Sujet seiner Malerei gehörten. Er wollte sie so behüten, daß ihr »Fuß nicht an ein Steinchen anstößt«. Zu wissen, daß sie an ihn denke, ließ in ihm »eine zarte Musik erklingen, so eine zarte, wie du's bist ... das war es, was mich noch stärker an dich fesselte. Ich höre deine zarte Stimme und das nette ›r‹ von dir so gerne.« Das Leise und Unaufdringliche betörte ihn, der hochgradig geräuschempfindlich war und physische Pein bei allem Lautstarken, Aufgeblähten und Massiven empfand. Wie gräßlich ihm dröhnende Körperlichkeit zusetzte, bezeichnet eine spätere Briefstelle: »Jetzt weiß ich auch, daß das Wort ›Weib‹ doch manchmal unvermeidlich ist. Da sitzt eines! Es redet so laut, so aufdringlich, so unendlich, daß mir alles im Kopf umgeht.«[25] Gegenüber solch vollmundigem Weibtum wurde sein »Libuschkin« und »Wundermädchen« von einer Aura des Elfischen umspielt. Er erlebte eine Verzauberung, die ihn wehrlos an sein »Gold-Ellchen« auslieferte. Er fieberte nachgerade, an ihrer Frische und Helle teilzuhaben.

Sinnbild ihrer kühlen Ruhe und Makellosigkeit wurden ihm ihre »schmalen, zärtlichen Hände«. Der Handkuß wurde zelebriert und blieb eine feierliche Intimität. Aus der Kindheit war Kandinsky das Ritual des ehrerbietigen Handkusses geläufig; so erinnerte er sich anläßlich des Todes seiner gütigen Tante Elisabeth Ticheeva am 15. Oktober 1903: »Ich liebte so sehr, ihre alten Hände zu küssen, die Hände, die so unendlich viel für mich seit meiner Kindheit getan haben, die mich so zärtlich streichelten und niemals Ruhe und Muße kannten.« In den Händen ehrte er, was sie vollbrachten. Münters mädchenhafte »Malpatscherl«, diese »Zauberhände«, die so talentvoll die Linie beherrschten[26], wurden für ihn zum Inbegriff ihrer Natur. Auch ihre »laaaannngen Finnnnger«, oft in die liebkosenden Grußformeln seiner Briefe eingeschlossen, zeugten für ihn – ebenso wie die schmalen Handgelenke – von Alltagsferne, Zerbrechlichkeit und Feinsinn.

Ihr Mund freilich konnte Kälte und Mißmut zeigen, und er fürchtete »die spröden trotzigen Lippen«. Wenn sie unwillig wurde und das Fordernde herauskehrte, schmeichelte er ihr: »Böses, faules, launisches, norddeutsches Köpfchen«, und er versicherte: »Wie du mich dressiert hast, launische Ella, ist fabelhaft.« Er beachtete ihre Wünsche und Verbote aufs genaueste. »Bin jetzt wirklich so ein braver Kerl.«[27]

Die Unsicherheit, in die Ella durch seine Leidenschaft gestürzt wurde, glich sie oft mit mutwilliger Zänkerei oder mit dem Entzug ihrer Gegenwart aus, und gerade dadurch verstrickte sie Kandinsky immer tiefer in seine Qual, die er schließlich liebte, weil sie von ihr kam.

Sie waren durch eine wechselseitige Verlustangst aneinandergekettet. »Beiseite gestoßen gewesen bin ich eigentlich immer«, gestand Ella ihm. »Daß ich in Kochel gesagt habe, ... Du hättest nur mit mir gespielt, ... liegt an meinem Charakter: Ich glaube nicht so leicht, daß sich jemand wirklich etwas aus mir macht.«[28] Es reizte sie, immer neue Liebes- und Ergebenheitsbeweise zu provozieren. Kandinsky entsprach willig all diesen Herausforderungen bis zu einer einzigen Grenze, die er unerbittlich respektiert wissen wollte: Sie schützte das zwölfjährige Zusammenleben mit seiner Frau. Anna mußte geschont werden, sie durfte von der neuentflammten Leidenschaft nichts erfahren. Sie war ein Teil seiner eigenen Vergangenheit, die er nicht abstreifen wollte. Sie war eine Moskowitin, mit ihr sprach er russisch.

Ella verschanzte sich manchmal vor seiner unberechenbaren Heftigkeit. Dann bat er demütig um Langmut, da er es selbst so schwer mit sich habe: »Ich verstehe ja gut, warum du manchmal so böse zu mir bist. Unglücklich mache ich dich, sagst du in deinem Brief. Ja, Ellchen, habe ich dir denn nicht schon in K. gesagt, daß ich jeden, der zu mir näher steht, unglücklich mache? Das ist mein Schicksal. Daran leide ich selbst ... Ich will nicht einsam in der Welt bleiben und dürfte wirklich mich keinem Menschen der Welt nähern, weil ich ihm *nur* Unglück bringen kann ... Siehst du – nichts habe ich übertrieben.«[29]

Ella brauchte ein Gegengewicht. Im Kreise gleichaltriger Freunde stürzte sie sich 1903 in den Faschingstrubel. Ein Ball des *Künstlerinnen-Vereins* im *Café Luitpold* setzte dem Festreigen mit dem Aschermittwoch kein Ende. Da wurde im Anklang an die kritische Veröffentlichung von Hans Rosenhagen[30] *Münchens Untergang als Kunststadt* mitsamt einer *Niedergangsnachfeier* inszeniert; und wie im Vorjahr nahm Ella mit der alten Clique an Wagenfahrten und Atelierfesten teil. Taumel und Tanzwut gegen die ansteigende Lebenstrauer neben Kandinsky! »Warum ist man blind wie eine neugeborene Katze?«[31] fragte er. »Das Leben hat seine schwere Pfote auf meine Schulter gelegt und drückt mich zuweilen zu Boden.«[32]

Frisch und arbeitsfroh teilte er Ella jedoch Mitte April nach einem Besuch der *Wiener Secession* mit, eine richtige Stadt sei dieses Wien! »Mehr Bewegung, Eleganz, energisches Leben! ... Viel mehr Parade als in unserem Bier-München!« Obwohl er das Ausgestellte minderwertig, oberflächlich und unselbständig nannte, gefiel ihm die fruchtbare Unruhe der Wiener Künstler, »mehr Suchen, weniger Selbstzufriedenheit ... Ein Kunstnest ist unser München!«[33] Aber im Wiener Lebensschwung gewann er nicht nur Abstand zur kulturellen Windstille Münchens, sondern auch zu Ella: »Ich habe mir oft gesagt: lauf doch vom guten Herzchen weg, bringst ihm nur Unzufriedenheit, nimmst ihm nur die Ruhe weg. *Dem* Herzchen kannst du doch nichts geben. Ja, und ich wollte auch dieser gescheiten inneren Stimme folgen. Ich wollte es wirklich. War aber wie immer zu schwach, zu egoistisch. Als Kind pflegte ich zu sagen: ich will es haben, und es muß so sein. Statt mich so ganz ordentlich zu steuern, hat man mir nichts abgesagt. Dann wurde ich verwöhnt und ungeduldig und egoistisch. Darum haben ja die Leute viel mehr Schmerzen wie Freude an mir gehabt.«[34]

Ella, das »gute Herzchen«, hörte bei dieser Anrede weniger die Zärtlichkeits- als die abstandsgebietende Verkleinerungsform heraus. Sie war durch solche Untertöne leicht verletzbar. War dies eine neue Spielart seiner Werbung? Im Eingeständnis, ›schwach‹ zu sein, lag die Drohung seiner Stärke; denn diese Schwäche bestand in einem hochgezüchteten Egoismus. Würde er in der Anspruchshaltung eines verwöhnten Einzelkindes weiterhin Dinge und Menschen in Besitz nehmen? Durch die rückwärtsgewandte Schuldzuweisung an die allzu milden Hüter seiner Kindheit enthob er, der immerhin 36jährige, sich aller Folgen für das eigene Tun. Auch die Gewissenslast für ihre Beziehung lud er auf Ella ab, da er sie ständig vor sich warnte. Sie könne ihm ja entfliehen! Doch als sie Mitte April 1903 die Brücken zu ihm abbrechen wollte, schüchterte er sie ein: »Wo du auch hingehst, ich werde dich finden!«

Am 13. Mai erhielt Ella in Herford, wo sie Julies Hochzeit mitfeierte, die Einladung Kandinskys, mit seiner Malklasse zum Sommerkursus nach Kallmünz ins Naabtal zu fahren, denn »so was Feines, Vielseitiges, Sympathisches findet man nicht leicht wieder«. Er lockte am 1. Juni noch einmal: »Ich nehme großen Rahmen mit ... hoffe sehr, daß mir jemand Modell steht, der eine rosa Bluse besitzt.« So hatte er sie im Vorjahr am Kocheler Hang gemalt[35]; die Anspielung verfehlte darum ihre Wirkung nicht. Ella sagte zu. Mehr noch, um Kandinsky, der sie mit Ungeduld erwartete, eine Freude zu machen, schlug sie ihm ein Treffen auf ihrer Rückfahrt von Herford nach München vor, wenn er als Quartiermacher für seine Gruppe nach Kallmünz vorausreise. Treuchtlingen scheine ihr ein guter Kreuzpunkt für beide Wegstrecken zu sein. »Die Idee ist famos«, antwortete Kandinsky postwendend und träumte vom romantischen »Wiedersehn in einer kleinen, fremden, ganz fremden Stadt«.

Dann wurde der dichte Briefwechsel löchrig. Der Termin des Treffens schien ins Unbestimmte verschoben. Ella war gekränkt: »Eine Verabredung muß ordentlich getroffen werden!« Am nächsten Tag, dem 4. Juni, setzte sie diesem Protest noch einen wütenden Brief nach: »Zum Donnerwetter, ist denn gar kein Verlaß auf Dich? ... Du weißt ja, es ist mir ziemlich gleichgültig, ob wir uns treffen, oder nicht ... Nehme an, daß Du meinen Brief nicht zur rechten Zeit bekommen hast, sonst gäbe es keine Entschuldigung.« Sie fragte anzüglich, unter welch falschem Namen er denn in Treuchtlingen auftauchen und telegraphisch erreichbar sein werde.

»Ich tue das nur, weil ich ein ›gutes Herzchen‹ bin (auf deutsch: ein charakterloses Individuum), nicht weil ich's will. Und ich bin mir klar, daß ich mich dadurch denen gegenüber, die es erfahren, vielleicht in ein falsches (oder doch das richtige?) Licht stelle.« Als auch am nächsten Tag keine Nachricht eintraf, fragte sie erbost: »Ich verliere wirklich bald die Lust an einem solchen Verkehr ... Ich denke daran, der Sache einfach ein Ende zu machen und nicht nach Kallmünz zu gehen und an Treuchtlingen auf jeden Fall vorbeizufahren – das paßt mir nicht mehr.« Sie möchte »ein Ende machen, ein für allemal, jetzt ist die beste Gelegenheit, – ich will das loswerden, ich habe gar nichts davon als Ärger und Unangenehmes. Übrigens würde ich aus dem Rendezvous kein Geheimnis machen.« Sie wußte, wie ihm ihre Derbheit zusetzte und solch ›kalte Briefe‹ ihn bis ins Mark trafen: »Ein Wort der Entschuldigung, daß Du die Änderung Deines Reisetages nicht angezeigt hast und ich so lange auf Nachricht warte, kann ich in Deinem Schreiben vom 4. Juni nicht entdecken. Vielleicht findest Du mich kleinlich, daß ich Dir Deine Formlosigkeit übelnehme, aber dann richte Dich doch nach mir, wenn Du etwas von mir willst ... Wenn Du das Rendezvous und weitere Freundschaft mit mir noch wünschst, so mache ich zur Bedingung, daß Du mir das Versprechen gibst, mich mit der Rücksicht zu behandeln, die ich verlange ... Wenn Du das nicht willst und ausdrücklich und ernstlich versprichst, bin ich jetzt fertig mit Dir, das heißt also: ändere Dich!« In anhaltender Ungewißheit über seine Reisepläne, schrieb sie ihm –

immer noch in Herford – am 8. Juni: »Du verdienst totgeschlagen zu werden ... Warum nur räche ich mich nicht an Dir?«

Ein mißglücktes Treffen – nur eine Episode? Sie wurde für beide so wichtig, weil sie Trennungsängste aufbrechen ließ, denen sie beide ausgeliefert waren. Während Ella in Herford haderte, wartete Kandinsky schon in Treuchtlingen auf sie und durchlebte Grauenhaftes: die Annahme, sie verloren zu haben. Sein Brief, von dort ebenfalls am 8. Juni abgeschickt, spiegelt nackte Verzweiflung: »Jetzt sind es schon 27 Stunden, daß ich in diesem toten Nest sitze ... Seit vorgestern 2 Uhr mittags erwarte ich dich fieberhaft. Du kamst nicht.« Er bangte bei jedem einlaufenden Zug. »Endlich 6.20 h. Du kommst nicht, du bist einfach nicht da. Vor lauter Müdigkeit, Aufregung und Verzweiflung wußte ich nicht, was ich anfangen soll. ... Jetzt bleiben noch sechs Stunden, dachte ich mir, weil ich wirklich nicht zweifelte, daß du 12.14 h kommst. Diese Zeit im Walde rumgelaufen, mit müden Nerven, zitternden Knien. Dann konnte ich es nicht mehr aushalten und war um 11 Uhr wieder am Bahnhof ... Denk dir, der Zug um 12.14 h hat sich um 4 Minuten verspätet. Eine Minute war ich ganz sicher, daß er entgleist ist, daß du tot bist. Da kommt er. Mein Herz schlägt so, daß es rot vor den Augen wird. Ella, Ella, was habe ich erlebt, als ich dich im Zug nicht gefunden habe!« Zum dritten Mal habe er dem erstaunten Schaffner seine Perronkarte zurückgegeben und sei fühllos und ohne einen klaren Gedanken in die Stadt zurückgewankt, habe auf der Post nach einer Nachricht gefragt.

Dann plagten ihn »verrückte Gedanken: daß du krank bist, daß du mich nicht mehr willst, daß du dich verlobt hast. Oh Gott, es ist nicht zum lachen. Wenn 3/4 sechs Uhr kein Brief da ist und du kommst auch um 6.20 h nicht, fahre ich fort. Ich kann nicht mehr in diesem totschweigenden Nest bleiben. Wohin gehe ich? Was mache ich? Wann erfahre ich etwas von dir? Bekommst du diesen Brief? Wirst du ihn lesen?

Nein, ich wünsche dir nicht, das zu erleben, was ich gefühlt habe und jetzt fühle.« Wie gelähmt saß er auf dem Bahnsteig, die Züge lärmten an ihm vorbei, und er grübelte, ob es noch einen Ausweg gäbe, der ihm Ella zurückbrächte. Die Machtlosigkeit höhlte sein Denken und Fühlen aus. »Noch vier Stunden warten. Warten, noch immer warten. Du kommst aber nicht. Diesmal bin ich so sicher. Warum? Was ist vorgekommen? ... Ich habe mir wieder deine Photographie angeschaut – so fremd ist mir dein Gesicht vorgekommen. Ist denn alles aus?«

Am gleichen Tag noch fand diese Frage am Treuchtlinger Postschalter ihre Antwort. Mit zitternden Händen und schwindlig vor Glück hielt Kandinsky ein Telegramm in Händen: Ella hatte seinen Brief mit der endgültigen Angabe von Zeit und Ort ihres Wiedersehens zu spät erhalten. »Treffe Sie morgen 11 Uhr in Ansbach«, telegraphierte er nach Herford und floh vom Ort dieser gräßlichen Bestürzung.[36] Doch der Schreck saß zu tief; die geplante romantische Reise verkehrte sich in ein spannungsgeladenes Zusammensein, dessen Echo ihm Ella am 13. Juni, nach München zurückgekehrt, unverblümt mitteilte: sie habe gar keine Lust mehr, ihm zu schreiben.

Kandinsky, durch das eigene Versäumnis geschlagen, nannte einen Brief vom 18. Juni seinen »Verteidiger«: Er müsse ihr beweisen, daß »unter dem Glatten ein heißes Herz steckte. Ein Herz, das innen brannte und brannte und nie aus der Einsamkeit herauskonnte.« Gerade das sei ja der Grund, warum er sich nicht von ihr lösen könne. »Es tauchen noch dazu die alten Gespenster auf. Ich kann dir nicht sagen, wie ich leide. Ich muß mich aber fassen. Dumm, dumm, kindisch, sinnlos. Und wenn ich noch denke, daß du mich so wenig liebst. Es ist aber besser. Liebe mich nicht mehr wie jetzt. Es ist besser. Für dich besser ... Ich bin ja einsam und muß einsam bleiben. Das ist meine Rolle im Leben. Einsame Freuden, einsame Trauer, einsame tiefe, unerwartete Gefühle, volles verstecktes Leben, feierliche und unendlich trübe Gedanken, die in mir entstehen und verlöschen, ohne jemandem mitgeteilt zu werden. Und das muß so bleiben. So muß ich bleiben bis zum Tod.«

Einsamkeit: Wunsch oder Verhängnis? Wie ein Leitmotiv durchzieht diese Frage seine Briefe; er verfluchte und verteidigte sie: »Die Seele muß verschlossen sein, kein fremdes Auge gehört herein. Trauern, sich freuen, lieben, hassen, vor Glück innerlich zittern – und es nicht merken lassen!«[37]

Am 19. Juli traf Ella mit Koffer und Malgepäck in Kallmünz ein. Kandinsky erwartete sie wohlgelaunt an der Anlegestelle des Regensburger Dampfers. Sie war erleichtert, hatte sie doch gefürchtet, ihn in jener niedergeschlagenen Stimmung vorzufinden, in der er ihr drei Tage vorher brieflich geklagt hatte: »Du sagtest ja auch schon mal: ›Immer Trauer‹. Ja, was kann ich dafür? Gott weiß warum (ich weiß es auch nicht), erhebt sich plötzlich in mir eine tiefe Trauer und füllt mein ganzes Wesen. Du irrst aber doch: in dem Moment sehe ich gar nicht alles traurig, absolut nicht! Nein, das Große und Feierliche bleibt unverändert vor mir stehen ... Ich möchte sagen: ich freue mich traurig. Ja, ja, das ist das Wort.« Sie war bereit gewesen, sich in seine schwermütige Stimmung einzufühlen, aber so war's ihr lieber! Erwartungsvoll überquerten sie die alte Naabbrücke, die von einem Nepomukstandbild geschmückt war und den äußeren Markt vom inneren trennte, der sich hufeisenförmig um den massigen Kalksteinklotz des Schloßbergs zog. Seine Felswände ragten steil und schroff hinter der einzigen Häuserzeile hoch, die sich wie schutzsuchend an ihn schmiegte und in deren sanft gebogenem Verlauf das Wirtshaus *Rote Amsel* – das Quartier der sechsköpfigen *Phalanx*-Gruppe – einen behäbigen Mittelpunkt bildete.[38] Mit dem Skizzenbuch durchstreifte Ella am nächsten Morgen die verwinkelten Gäßchen, deren spitzgieblige, eng aneinandergedrückte Häuser sich samt ihren Treppchen, Terrassen und Blumenkübeln im Mühlenwehr

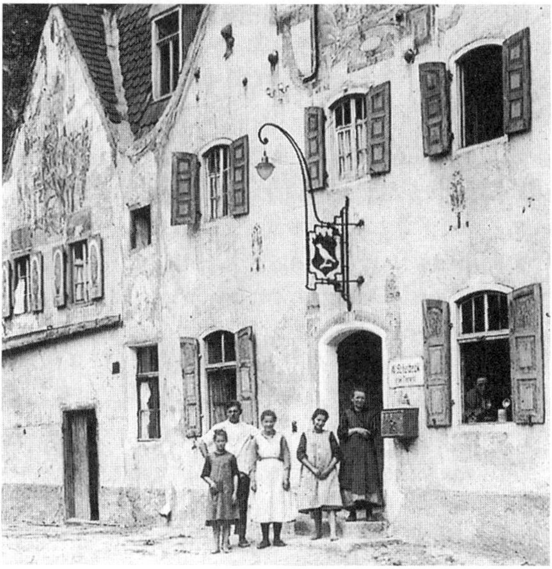

Das Wirtshaus zur Roten Amsel, der Ort der »Kallmünzer Verlobung«, Juli 1903.

der gestauten Naab spiegelten. Gegenüber der *Roten Amsel* lag ein frisch angepflanzter Biergarten unmittelbar am Ufer der zuströmenden Vils, und wer da seine Maß trank, hatte schnell erfaßt, warum man den verträumten Ort die Perle des Naabtals[39] nannte.

In diesem oberpfälzischen Marktflecken, der von der turmbewehrten Burgruine überragt wurde, schien das Mittelalter wieder lebendig geworden zu sein. Kandinsky hatte hier die romantische Kulisse gefunden, die für ihn typisch deutsch war und die ihm, dem immer Angespannten, die Illusion von Stille und innerem Frieden vermittelte. Ella genoß weniger die idyllische Szenerie als die weitlinige Perspektive, die sich vom Strobelberg aus bot, einer südlich gelegenen Anhöhe am Rande des Jura, von der aus sie die Täler von Naab und Vils tief eingeschnitten unter sich liegen sah; dazwischen eingebettet den Ort und fern im Osten die sanften Kammlinien des

Bayerischen Waldes. Vor diesem Panorama malte Kandinsky Ella als Braut in mittelalterlicher Tracht; auf seiner Ölstudie *Spaziergang*, die voller Nostalgie und geheimer Botschaft steckt, trägt ihr eine Brautjungfer den langen weißen Schleier nach, der vom ›Hennin‹, einer kegelförmigen Haube, herabfällt. Ella fertigte dagegen auf dem Strobelberg eine realistische Studie an: *Kandinsky beim Landschaftsmalen*. Sie benutzten auf ihren Wanderungen kleinformatige Malpappen (25×17 cm), die sie leicht mitnehmen und ohne langes Vor- oder Nacharbeiten mit einem Wurf füllen konnten. Da sie sich gegenseitig malten, sind die Unterschiede in Sichtweise, Bildauffassung und Technik recht aufschlußreich.

Die ›Schülerin‹ setzte die Person in den Mittelpunkt des Bildes. Man mag die Plazierung als spannungslos ansehen – als Ungeschick einer frühen Arbeit. Diese Zentrierung des Bildes kann jedoch auch als eine Betonung der Person gedeutet werden, gegenüber der das Gewicht der Umgebung abgeschwächt wird. Kandinsky sitzt senkrecht aufgerichtet vor der breitgespannten Hügellandschaft mit einer weiten Himmelszone, seine etwas starre Kopfhaltung, der leicht vorgebeugte Rücken, der spitz gewinkelte Ellenbogen und die leichte Körperspannung, die bis in die deutlich markierten Fußspitzen reicht, beweisen das – teilweise durch die Farbgestaltung unterstrichene, immer aber hindurchscheinende – zeichnerisch straffe Gerüst, das dieser Studie zugrunde liegt.

Kandinsky malte Ella im Biergarten der *Roten Amsel*, mit dem Rücken zur Vils; einmal auf einem jener kleinen Leinwandkartons, einmal auf einem fast 60×60 cm großen Ölbild (Farbtafel I). Sie steht im langen Malerkittel vor der Staffelei. Er rückte ihre Gestalt beide Male aus der Mitte des Bildfeldes. Ihm ging es nicht um einen figuralen Schwerpunkt, sondern um die farbige Komposition. Auf beiden Bildern wendet Ella dem Betrachter den Rücken zu, vertieft in das vor ihr liegende dörfliche Hausgedränge. Beim großen

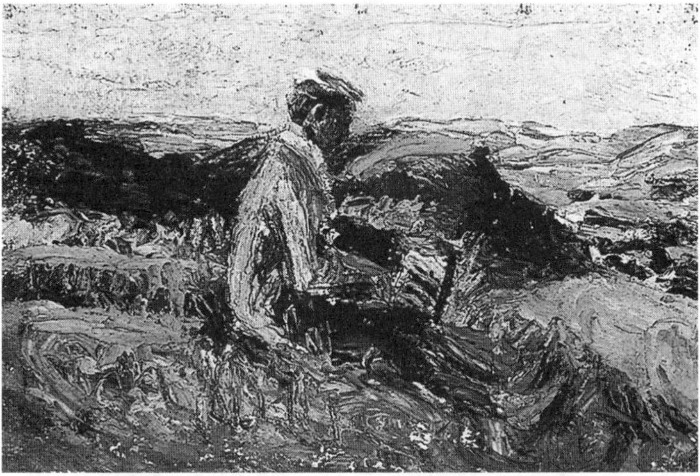

Gabriele Münter, Kandinsky beim Landschaftsmalen, 1903 (Kallmünz), Öl auf Leinwandkarton, 16,9 × 25 cm.

Bild ist ihre Gestalt an den vorderen Bildrand gerückt und lenkt die Aufmerksamkeit auf die Dorfszene, der sie sich zuwendet; unwillkürlich gleitet der Blick über sie hinweg auf den durch Weg und Treppe angedeuteten Tiefenraum. Auf dem kleinen Bild ist die Unterordnung der Person noch vollständiger, da sie weiter vom Bildrand entfernt ist und, ins Schauen auf eine Wassermühle vertieft, keine Beziehung zum Betrachter gewinnt. Sie hebt sich auch durch die schwache Körperkontur kaum von der starkfarbigen Umgebung ab. Während Ella die Gestalt Kandinskys durch das auf seinen Rücken fallende Sonnenlicht aufhellte, schob Kandinsky sie in den Schatten und richtete den Blick des Betrachters auf die besonnten Gegenstände: Gartenzaun, Mauerpfeiler und Häuser. Auf seiner Studie steht sie ebenfalls im Halbschatten, und zwar unter einem stark aufleuchtenden Sonnenschirm, der dadurch weit stärker akzentuiert wird als ihre Gestalt.

Aufschlußreich ist aber auch, Ellas Studie vom am Berghang sitzenden Kandinsky mit der Studie des Vorjahres zu

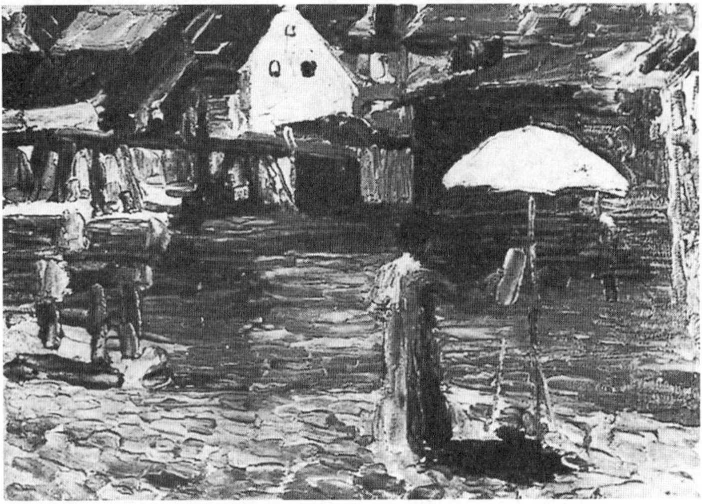

Wassily Kandinsky, Gabriele Münter beim Malen in Kallmünz, Studie 1903, Öl auf Leinwandkarton, 23,7 × 32,7 cm.

vergleichen, die er von ihr – ebenfalls an einem Abhang – in Kochel angefertigt hatte. Sie erscheint darauf als ein Teil der sommerlichen Szenerie, förmlich hineingezwängt in die farbige Dichte der Hügel. Wie ungezwungen und luftig sitzt Kandinsky dagegen auf der Kallmünzer Bergkuppe! Ellas Bild vermittelt den Eindruck von Weite und Ungebundenheit, während Kandinskys Kocheler Bild durch den hochgeschobenen Horizont Beengung erzeugt: Es fehlt die Himmelsweite, der freie Blick.[40]

Es bereitete Münter zunächst noch Mühe, mit der Freiluftmalerei zurechtzukommen: »Im Anfang machte mir der Pinselstrich große Schwierigkeiten, das nämlich, was die Franzosen ›la touche de pinceau‹ nennen. Kandinsky lehrte mich die Handhabung des Spachtels, um Effekte zu erzielen … Am schwersten fiel es mir, schnell genug zu malen. Alle meine Bilder stellen Momente meines Lebens dar, flüchtige, visuelle Augenblicke, meist rasch und spontan hingeworfen. Aber

Malen ist wie plötzlich in tiefes Wasser springen, und ich weiß vorher nie, ob ich werde schwimmen können. Was Kandinsky mich lehrte, war eben die Technik des Schwimmens, das heißt, er lehrte mich, schnell genug und mit genügend Selbstvertrauen zu malen, um solche Augenblicke des Lebens rasch und ungezwungen festzuhalten.«[41]

Trotz der Anlehnung an Kandinskys koloristische und kompositorische Ziele behielt Münter eine zweite Spur ureigener künstlerischer Formulierung bei: Ihre Kallmünzer Notizbücher zeigen Bleistiftskizzen, die ihre vereinfachende Wahrnehmung auch für den Bereich der Farbe beweisen. Sie notierte wie einst bei der Atlantik-Überfahrt Farbflächen in Umrißlinien und setzte Ziffern hinein, die jeweils eine Farbe bedeuteten. Diese Farbfeld-Skizzen beweisen eine frühe Abkehr von der impressionistischen Farbzerstäubung, von der unendlichen Vielfalt von Zwischentönen, die den Sinneseindruck wiedergeben sollten. Während Kandinsky sich noch der raffinierten Farbaufsplitterung hingab, distanzierte sich Ella in diesen ›Gedächtnis-Skizzen‹ schon vom Reichtum der in unwiederholbaren Tönen prangenden Landschaft und schuf aus willkürlich begrenzter Farbenskala ein Flächengefüge: Abstraktion als Gestaltungsprozeß!

Diese Skizzen sind wahrscheinlich im Hinblick auf farbige Holzschnitte entstanden, die ein solches zusammenfassendes Sehen voraussetzen. So laufen schon in Kallmünz zwei gegensätzliche Sicht- und Stilweisen nebeneinander her: Münter malte, indem sie in Anpassung an Kandinsky die Vielfalt der Natureindrücke in reich gefächerter Farbzerlegung (impressionistisch) auf die Leinwand übertrug. In den bezifferten Plänen ihres Notizbuches aber überwand sie bereits diesen Naturalismus und nahm den Nachimpressionismus vorweg, indem sie eine Landschaft zum einfachen Nebeneinander von Farbfeldern reduzierte. Doch vorläufig gelang ihr nur *zeichnerisch* die Verwandlung der Welt in ein von innerer Anschauung geprägtes Bild.

Kallmünz in seiner Alltagsenthobenheit brachte die Entscheidung: Gabriele Münter wurde Kandinskys Geliebte. Lange hatte sie ihren Empfindungen mißtraut und auch der Vernunft, die ihr von diesem Schritt abgeraten hatte. Es war ihr dabei nie um ein Für oder Wider gegenüber der in Schwabing als Menschheitsbeglückung bejubelten ›freien Liebe‹ gegangen; denn Kandinsky war nicht ›frei‹. Sie war vielmehr in einer Wunschliebe befangen gewesen, die gerade in ihrer Unerreichbarkeit so beglückend auf sie gewirkt hatte. »Ich habe Dich immer als ein Wunder – als etwas Verrücktes angesehen und geliebt, ohne zu denken, daß Du mir einmal so nahe stehen könntest – das war, als Du anfingst, Dich mir zu zeigen wie Du bist, in Kochel.«[42] Die Materialisierung einer Phantasie erhält jedoch die Schwerkraft des Irdischen. Schon am nächsten Morgen[43] zeigte sich, daß die erfüllte Sehnsucht von anderer Art war als das luftige Traumgespinst.

Als Kandinsky am 21. Juli für einige Tage nach München fuhr, um die nächste *Phalanx*-Ausstellung vorzubereiten, bedrängten ihn auf der eineinhalbstündigen Radfahrt von Kallmünz zum Regensburger Bahnhof widersprüchliche Gedanken, die er sofort im Abteil des Schnellzugs für Ella zu Papier brachte: »Auf dem Weg sah heute alles anders aus: die Farben waren unglaublich ernst, tief, alles tiefe Töne, Cellotöne. Ich fuhr gegen den Wind und dachte und dachte, an dich, an mein Herz, an die vergangenen Zeiten, an die Gefühle, die ich am Wege verloren habe.« Dann aber glaubte er fest und freudig, »daß du es bist, die mir ewig gefallen wird und immer mich an sich binden wird«.

Ella wußte, wie stark Kandinsky durch Schuldgefühle gegenüber seiner Frau geplagt wurde. Ein Glück, das auf dem Opfer eines anderen Menschen aufgebaut wurde, konnte nach ihrer Meinung keinen Bestand haben. Kandinsky versicherte ihr jedoch über seine Ehe: »Wir ... sind zu verschiedene Naturen – sollten schon längst scheiden«; im übrigen bestätige ihm seine Frau, daß nicht er allein die Schuld an

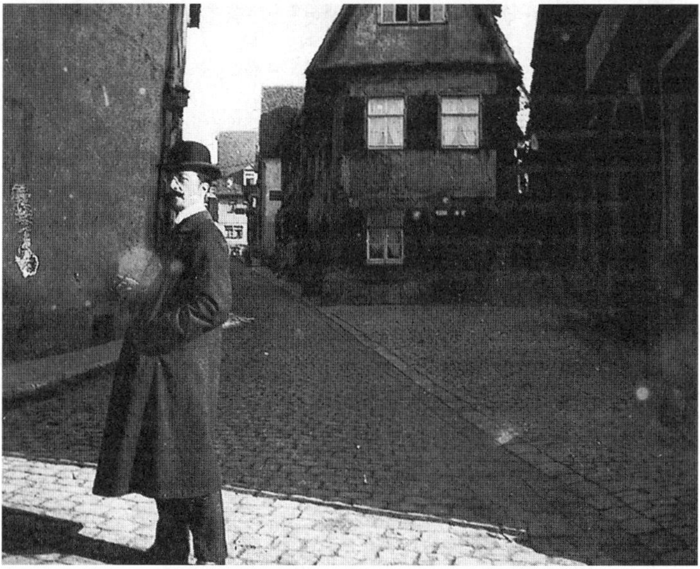

Kandinsky in Kallmünz, Sommer 1903, Photo von Gabriele Münter.

ihrer Entfremdung trage, sie seien zumindest beide an ihrem »verfehlten Leben« schuld.

Versuchte die einfühlsame Anna ihn von einer Verantwortung zu entlasten, die allein zu tragen ihm unerträglich wäre? Auch auf Ella lud er einen Teil seines Schulddrucks ab, wenn er ihrer beider Verhalten gegenüber seiner Frau wiederholt als »Verbrechen« beklagte; betonte er doch gleichzeitig, daß nur sie es war, die ihn endgültig von Anna fortgezogen hatte, was er keiner seiner bisherigen Geliebten zur Last legen konnte: »Wie du weißt, habe ich andere ›Lieben‹ nach der Ehe gehabt, aber niemals konnte ich mich entschließen, das alte Leben aufzugeben. Und dieses Mal, nach den vielen alten Geschichten, nach den vielen Quälereien ... und trotz des Mitleids, welches ich mit meiner Frau habe und welches wirklich eine Folter für mich ist, und trotzdem ich immer dachte, du liebst mich nicht richtig, und trotz vieler anderer

Sachen, die mir peinlich sind, habe ich Mut, Willen und Energie, das alte Leben aufzugeben.«[44]

Zunächst verheimlichte er Anna seine ›Gewissensbindung‹ an Ella, die durch Verlobungsringe besiegelt wurde, mit denen er sie noch in Kallmünz überraschte. Sie wurden gleich wieder in die Schatulle gelegt und sollten nur an fernen Orten getragen werden. Ohne Anna etwas von seinen Trennungsabsichten mitzuteilen, wollte er zunächst weiter mit ihr in der gemeinsamen Schwabinger Wohnung, Friedrichstraße 1, leben. »Wie noch viel schöner und feiner wäre es, wenn dieses Heimlichtun nicht wäre«, schrieb Ella ihm von Kallmünz. Sie ärgerte sich, wenn sie den Kollegen in der *Roten Amsel* etwas vortäuschen, ihre Handschrift verstellen oder postlagernde Briefe an einen Herrn Willy Osthoff, Postamt 6 in München, abschicken sollte. Nur um Anna zu schonen, war sie für eine absehbare Zeit bereit, Versteckspiel und Maske zu akzeptieren.

»Wenn Du es willst, mußt Du mich ganz gewinnen, ich komme doch nicht mehr von Dir los« – mit diesem in sich widerspruchsvollen Satz legte sie die Gestaltung ihres weiteren Schicksals in seine Hände.[45] Erst später erkannte sie, daß damit eine Entwicklung eingeleitet war, die an ihrem eigenen Ich vorbeiführte. Schuld daran war nicht etwa eine ins Private hinein fortgesetzte Lehrer-Schüler-Beziehung; schuld daran war einzig und allein der Glaube an den Mann, in dem sie erzogen worden war. Um seinen Erwartungen zu entsprechen, drosselte sie ihre eigenen Impulse; ihr Notizbuch beweist ihren Rückzug aus dem Schwabinger Kreis, ihren Verzicht auf frühere Freundschaften. Um eine ›liebenswerte Frau‹ zu sein, wurde ihre großzügig angelegte Natur eingeengt auf seine Bedürfnisse.

Aber auch für ihn veränderte sich ihr Bild. Fern wollte er sie, aber nun war sie nah. Stolz wollte er sie, aber nun war sie fügsam geworden. Er hatte die Unzugängliche geliebt, nun war sie anschmiegsam geworden. Indem sie ihn erhört hatte, war sie verwandelt, also nicht mehr die, die er vorher gemeint hatte. Nach und nach bemerkte er, daß die Liebe, wenn sie zum Zuge kommt, ihren Gegenstand beschädigt, vielleicht sogar vernichtet. Hat der Werbende sein Ziel erreicht, so schwindet vieles von dem Zauber, um dessentwillen er es begehrt hat.

Da half nur eines: die Ferne wiederherzustellen! Dazu dienten auch seine Verse, »woraus vielleicht ein kleines Gedicht zu machen wäre oder eine Zeichnung auf schwarzer Pappe:

> Die weiße Wolke, der schwarze Wald!
> Ich wart' auf dich. O komm doch bald.
> So weit ich sehe, so weit nach vorn,
> Das glänzend gold'ne, reife Korn.
>
> Du kommst ja nicht. O welcher Schmerz!
> Es zittert und blutet mein armes Herz.
> Ich wart' auf dich. O komm doch bald.
> Ich bin allein im schwarzen Wald.

Beim Zeichnen habe ich es heute gesungen, so eintönig und traurig, daß ich selbst zum Schluß fluchte.«[46]

Wieder geht es um das Thema Verlassenheit und banges Rufen, um den schwarzen Schrecken der Kindheit! Wieder stehen Farben für krassen Stimmungswechsel. Zwischen dem schwerelosen Weiß und dem niederziehenden Schwarz glänzt reifes Sommergold: der Sprechende erwartet die Geliebte. Er blickt nach vorn, die Zukunft erscheint ihm als Glücksversprechen, das einem fruchtschweren Kornfeld gleicht. Mit dem Bewußtsein, daß seine Erwartung vergeblich sein könnte, bricht die Verletzung auf. Eine einzige Zeile des Gedichts erhielt eine emphatische Doppelung und verrät damit dessen Kern: »Ich wart' auf dich.« Bleibt die Bitte unerfüllt, wird die Sehnsucht gerettet, doch das Ausgesetztsein erfährt keine Milderung. Einsamkeit – Fluch oder Auszeichnung?

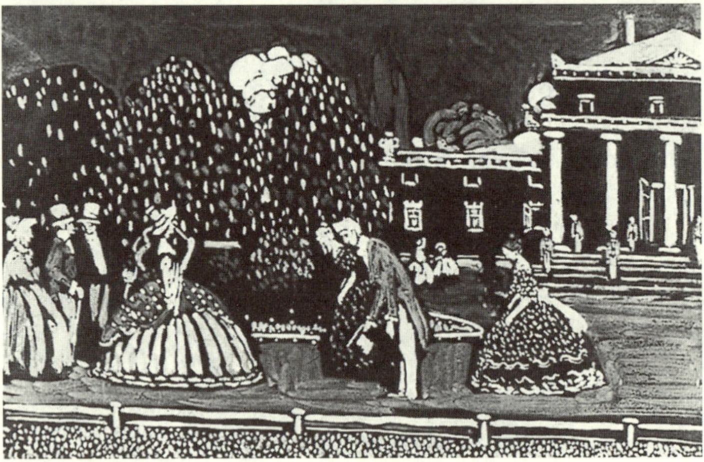

Wassily Kandinsky, Hoher Besuch, 1904, Tempera auf schwarzem Tonpapier, 21 × 32 cm.

Zeichnerisch und graphisch arbeitete Kandinsky zu jener Zeit an historischen Szenen, in denen eine erotisch gefärbte Nostalgie zum Ausdruck kam. Im engen Themenkreis seiner *dekorativen Zeichnungen*, bei denen Temperafarben in vielförmigen Punkten, Flocken oder Streifen auf dunkles Tonpapier gebracht wurden[47], bevorzugte er mittelalterliche Brautzüge, Ritter in Rüstungen, zu Fuß und auf mit Schabracken geschmückten Pferden, schildbewehrte Knappen und deren zarte Gebieterinnen, die mit Spitzhauben voll wehender Schleier auf blumenbesäten Wiesen träumen. Aber er befaßte sich auch mit der Courtoisie der höfischen Welt, wo Kavaliere, von livrierten Dienern eskortiert, in Bücklingen verharren oder vor Schloßfassaden den mit Reifröcken, Schoßhündchen, Fächern und Beuteltäschchen ausgestatteten Damen zierliche Rokoko-Bouquets überreichen. Diese ›Tupfenbilder‹ bezeugen ebenso wie die Skizzenbücher dieser Zeit Kandinskys Geschmack an der Galanterie. Er illustrierte in kleinteiliger Ausführlichkeit chevalereske Fabeln von Werbung und Minne, Huld und Hoheit, Abschied und Wiederkehr. Zu diesem Motivkreis gehört auch das erste Bild, das er Gabriele Münter schenkte: *Spazierende Dame*, »meine Liebe für dich darstellend«.[48] Auf bräunlich kaschierter Pappe zeigt die Tempera-Pinselzeichnung eine festlich gekleidete junge Frau vor einer entfernten, durch Wassergräben gesicherten Burg, auf die sich Reiter, fanfarenblasende Herolde, zubewegen. Die offenbar Jungverheiratete[49] wirkt durch die überlängte Gestalt sehnsuchtsvoll; sie hebt die rechte Hand bekennend an die Brust, während sie mit der linken den bodenlangen weißen Schleier einer festlichen burgundischen Hörnerhaube zusammenrafft. Ein verfremdetes Hochzeitsbild, das – im thematischen Anklang an das Kallmünzer Brautbild *Spaziergang* – die Botschaft seiner ›Gewissensehe‹ enthält![50]

Für seine historisierenden Bilder fertigte er Gewandstudien an, detailgetreue Zeichnungen von Bauern- und Bürgertrachten, von Helmen und Hauben, von Panzern und Zaumzeug, von Waffen und Landsknechtskostümen. Auf seiner Rückreise von Kallmünz nach München – Mitte August 1903 – suchte er mit Ella in fränkischen und niederbayrischen Städten Zeugnisse des Mittelalters. Anfang November setzten sie die Reise in die Vergangenheit fort; sie skizzierten enge Gäßchen, um die sich spitzwinklige Fachwerkhäuser duckten, aus deren Schornsteinen Herdrauch quoll[51], und kehrten in dämmrige Trinkstuben ein. Aber nicht nur das Trauliche verschlafener Kleinstädte regte Kandinsky an, er suchte auch den imperialen Glanz, etwa in Regensburg, der Stadt der Reichstage Barbarossas und Karls V., wo die Kaiserherberge ›Goldenes Kreuz‹ ebenso wie die turmbewehrten Patrizierburgen noch den Widerschein einstiger Macht ausstrahlten. Er skizzierte in Augsburg das Wertachbrucker Tor und die Satteldächer kleiner Behausungen, wie er sie in der Fuggerei finden konnte. Das von der burgherrlichen Trausnitz überragte Landshut mit seinen engbrüstigen Häuserzeilen am Isarufer gewährte ihm ebenso einen Abglanz verflossener Zeiten wie das burgenbewehrte Würzburg.

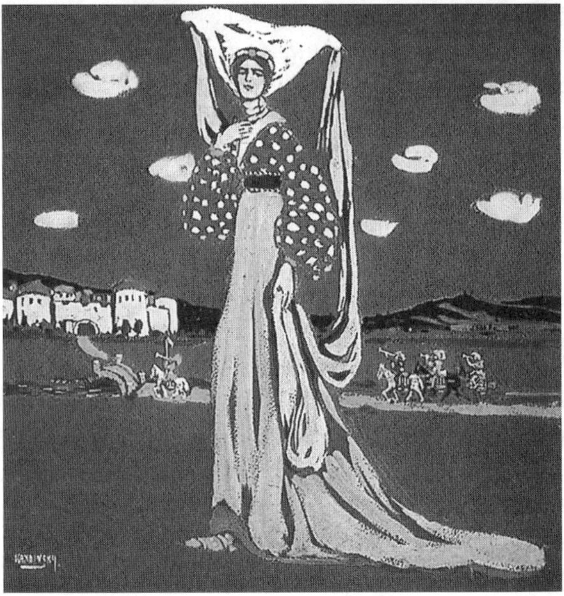

Wassily Kandinsky, Spazierende Dame, um 1903, Tempera auf Pappe, 33,8 × 33,7 cm. Kandinskys erstes Geschenk an Gabriele Münter, »meine Liebe für dich darstellend«.

Die reinste Verkörperung des Mittelalters aber war und blieb für ihn Rothenburg mit seinen Wehrgängen, Türmen und Toren, das er Ella nun bei seinem zweiten Besuch zeigen wollte. Sie aber teilte seine Vorliebe für das historische Stilkostüm nicht, hatte sie doch schon der deutschtümelnden Neuromantik der *Düsseldorfer* keinen Reiz abgewinnen können. Dennoch wußte sie, daß sie für ihn, der sie oft zärtlich sein »deutsches Ellchen« nannte, zu diesem Bild deutscher Vergangenheit gehörte, das er durch eine am Jugendstil geschulte Formensprache aktualisieren und zu suggestiver Wirkung steigern wollte.

Da auf den getupften Temperabildern der dunkle Grund durchschimmert und netzartig – wie der Haftgrund von Mosaiken – die Bildebene überspannt, flammen die Farben um so stärker auf. Es scheint, als habe Kandinsky der Welt einen schwarzen Spiegel vorgehalten, um sich ihrer farbigen Reflexe noch gewisser zu werden. Vielleicht besiegte er im Malgrund die eigene wellenweise aufsteigende Schwermut – diese ›schwarze todbringende Hand‹ – und setzte ihr das ekstatische Trotzdem seiner Farbexplosionen entgegen.

In seinem ambivalenten Verhältnis zu Schwarz liegt wohl der tiefste Zugang zu seiner Persönlichkeit. Er fürchtete die Rabenschwärze der Nacht wie einst als Kind den ›schwarzen Mann‹ oder den schwarzen Höllenhund, der auf den Darstellungen des Jüngsten Gerichts in den Kreml-Kirchen niemals fehlte. Ihn schauderte vor der schwarzen Barke und ebenso vor der schwarzen Kutsche. Und doch fragte er in seinen Briefen an Ella hoffnungsvoll: »Kommst du wieder im schwarzen Kleid?« Schwarz blieb ihm zeitlebens die magische Farbe schlechthin. Für den Maler, den Gestalter eines farbigen Kosmos, hatte Schwarz den Symbolwert, der sich aus der Schöpfungsgeschichte herleitete: es bedingte Farben und Formen.

All dies schwang mit, wenn er Ella versicherte: »Ich sehe dich so gern in Schwarz.« Sie besaß die Strahlkraft der Jugend, um die Angstfarbe zu besiegen. Ihr Leuchten war von apotropäischer Macht. Je näher das Schwarz ihrer Haut rückte, desto mehr wirkte es wie ein schweigsamer Rahmen zum blühenden Porträt. Es kontrastierte erregend zum rötlichen Schimmer ihres Haares. Das Schwarz verhüllte ihre Konturen, es entkörperlichte und weckte – seidig und durchsichtig – dennoch Ahnungen. Es machte sie für fremde Blicke unauffällig, ließ jedoch der Phantasie des Liebenden breiten Spielraum. Kandinsky war sich der erotisierenden Wirkung von Schwarz wohl bewußt.[52] Es umspielte die Geliebte mit einer irritierenden Mischung aus Eleganz und Gefahr.

Kandinsky wünschte Ella wie ein verehrungswürdiges Bild in edler Umrahmung zu sehen; darum suchte er für sie Kleider und Hüte aus. »Du nimmst so lieb Anteil an meinen Tuilettenfragen«, neckte Ella, indem sie seinen Akzent nachahmte, richtete sich aber stets nach seinem Rat: nichts Lautes, ein müdes Grün oder »staubig-grün«, allenfalls écru (gelblichgrau). Er durchstreifte allein die Geschäfte, um etwas Geeignetes für sie zu finden. Leinen und Seide mochte er gern – »aber bitte ohne Paspoll!« – und dazu große, phantasievolle Kopfbedeckungen. Einer seiner Kleiderentwürfe blieb erhalten[53], ein Schleppkleid mit hochgezogener Taille in Grüntönen, raffiniert geschnitten, mit Blattmustern appliziert und bestickt. Am meisten Wert legte Kandinsky auf den Ärmel, damit eine spitz zulaufende Manschette die schlanke Hand betone.

Ende August 1903 reiste Ella Münter nach Bonn, um die Ferien bei ihrer Schwester zu verbringen. Sie eröffnete ihren Verwandten, wie es um sie und Kandinsky stand. Georg Schroeter, als Chemiker und Institutsleiter notorisch korrekt, konnte kein Verständnis für einen verheirateten Mann aufbringen, der eine Verlobung einging. Es gab Mißstimmungen. Kandinsky sagte auf ihre Bitte hin zu, sich ihren Geschwistern schicklich vorzustellen, doch dann reiste er am 1. September ohne einen Besuch in Bonn nach Rußland. Von dort beklagte er sich darüber, wie frostig es ihm aus ihren Briefen entgegenwehe, und dies gerade jetzt, wo eine vierteljährige Trennung vor ihnen läge.

Emmy ließ sich nur allzu gerne vom Ungestüm dieses romantischen Gefühls überzeugen. Trotz ihres heimlichen Hangs zum Wagnis, zum ›Unsoliden‹, gab sie jedoch zu bedenken, ob diesem ›Verführer‹ wohl zu trauen sei, zumal auch Schroeter die Schwägerin bedauerte, die an der Seite eines moralisch schwer einschätzbaren Mannes einer ungewissen Zukunft entgegensehe. Emmy hingegen stellte mit milder Schadenfreude fest, daß nicht nur das eintönige Leben der sittsam-gebundenen Ehefrauen die Vernichtung aller Mädchenträume bedeute; auch der Weg einer Künstlerin, der ihr den Ruch von Freiheit und Unabhängigkeit zugeweht hatte, verlaufe am Ende glücklos: das sei eben Frauenschicksal!

Sie staunte über Kandinskys Anhänglichkeit, die sich täglich in vier- bis achtseitigen Briefen niederschlug. Das entsprang jedoch nicht nur seinem Bedürfnis, enge Verbindung mit seiner ›Schwimmfüchsin‹ zu halten, sondern auch dem Drang, die Ereignisse des Tages während der Niederschrift zu ordnen. Er war kein Tagebuchschreiber, der alle Spannungen mit sich selbst austrug. Er benötigte, um den Gedankenfluß strömen zu lassen, ein mit seinen Empfindungen vertrautes Gegenüber, und oft legte er beim Schreiben Ellas Photo vor sich auf den Tisch.

Beide waren sie unermüdliche Briefschreiber, aber sie konnten nicht korrespondieren! Ella beschwerte sich, weil Kandinsky nie ihre Fragen beantwortete. Er hingegen nannte ihre Antworten unzärtlich, ja fischblütig. Dennoch lauerte er allmorgendlich auf den Briefträger und beklagte sich wortreich, wenn sie einmal versäumt hatte, den ihr auferlegten Tagesbrief abzuschicken. Der Postweg in Ablauf und Verzögerung, die Kontrolle der Absende- und Ankunftsdaten, Vereinbarungen über die Numerierung der Bogen füllen ganze Seiten. Für Ellas Schreibstil gilt ihr Satz: »Da hab ich gleich loserzählt.« Sprunghaft und assoziativ anreihend, waren ihre Briefe weniger Übermittlung von Neuigkeiten als Beweise innerer Nähe. Sie berichtete übergangslos über Zahnschmerzen und Konzertbesuche, über Strümpfestopfen oder die Herstellung von Kirschkompott. Um brav ihre Bogen zu füllen, machte sie die Ereignislosigkeit zum Thema.

»Ich genieße deine Briefe langsam, wie kluge Kinder Leckereien essen«, versicherte Kandinsky.[54] Auch das Kleinste und Dümmste von ihr zu hören langweile ihn nicht. Ihre Briefe stifteten die Fern-Nähe, die er brauchte, um sie gebunden zu wissen und dennoch frei zu sein.

Er hatte die Fähigkeit, sein Leben zu segmentieren: Hier war die Ehefrau, dort die Geliebte, hier das Deutsche, dort das Russische, hier die Malerei, dort der Profanraum. Doch dieses Kästchendenken setzte voraus, daß die Teilbereiche

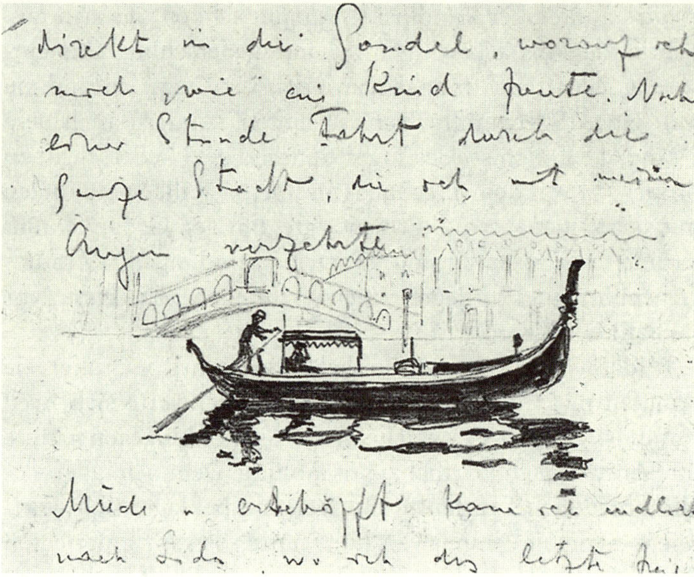
direkt in die Gondel, worauf ich mich wie ein Kind freute. Nach einer Stunde Fahrt durch die ganze Stadt, die ich mit meinen Augen verzehrte

Müde u. erschöpft kam ich endlich nach Lido, wo ich das letzte ...

Faksimile aus einem Brief Kandinskys an Münter vom 9. September 1903 (Venedig).

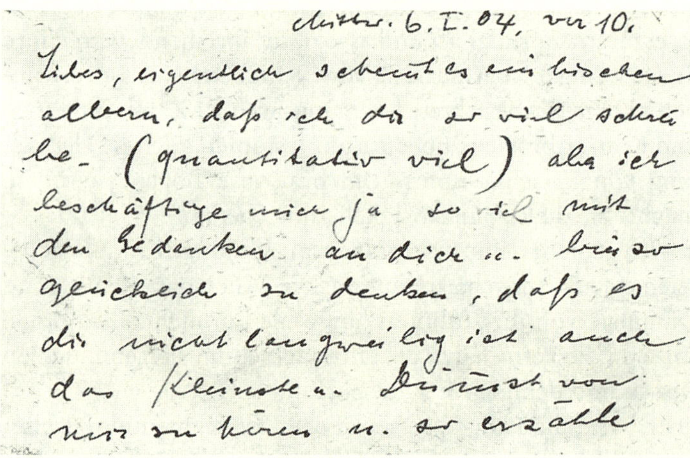
Mittw. 6. I. 04, vor 10.

Liebes, eigentlich scheint es ein bischen albern, daß ich dir so viel schreibe – (quantitativ viel) aber ich beschäftige mich ja so viel mit den Gedanken an dich u. bin so gleichgültig zu denken, daß es dir nicht langweilig ist auch das Kleinste u. Du hast von mir zu hören u. so erzähle

Faksimile aus einem Brief Münters an Kandinsky vom 6. Januar 1904 (München).

seines Lebens sich nie überschnitten, sondern säuberlich voneinander getrennt blieben, nur dann konnte er problemlos vom einen zum anderen überwechseln. Ella hingegen verlangte nach einem ganzheitlich geordneten Leben; statt der Aneinanderreihung separierter Erlebniszonen suchte sie deren Durchmischung. In diesem Bedürfnis nach stimmiger Verwobenheit ordnete sie um Kandinsky als dem Mittelpunkt ihres Lebens alles andere konzentrisch an. Während er durch ihr Zusammensein expandierte, verdichtete sich ihr Leben, aber gleichzeitig reduzierte es sich – und das besonders während seiner Reisen – auf eine passive Teilnahme an seinen Erfahrungen.

Aus Venedig, wo er auf dem Weg nach Rußland Station machte, erfuhr sie von dem Feierklang, der ihn in San Marco erschüttert hatte, »wo die Heiligen auf mich aus allen Ecken schauten«. Er schilderte ihr auch das abendliche Treiben auf dem Markusplatz, »elegante Damen (lauter Fächer und viel Schmuck) und Herren ... saßen an kleinen Marmortischchen und tranken farbige Sachen«. Serenadenklänge, Papierlaternen auf geschmückten Barken, ein einziges Lichterfest, sogar »der Mond legte seinen zitternden, quecksilbernen Weg durch den ganzen Kanal«. Welche Hybris, als Maler die Schönheiten der Welt nachgestalten zu wollen: »Ich traue mich nicht, meinen Malkasten zu öffnen.«[55] Aus Wien empfing Ella ein Echo seiner Begeisterung über die Meister der italienischen Renaissance im Kunsthistorischen Museum[56], und aus Odessa hörte sie Familiäres: »Menge Kinder waren da, was mir immer Freude macht ... und mein Leben stellte sich mir vor. Dumm, dumm! ... Ich wollte wieder meine alten bekannten Sterne sehen. Es war Schwarz am Himmel.«[57] Von Moskau aus ließ er sie an der »Trauer um das verlorene Paradies« teilhaben, die mit dieser Stadt verbunden und ihm seit der Kindheit vertraut war. Erst viel später habe er »Augen bekommen, die manchmal durch das Schlüsselloch in der Pforte des Paradieses neinkucken können. Ich bin zu schlecht und schwach und kann diese Augen nicht immer offen halten. Ich suche noch zu viel auf der Erde. Und wer da unten was sucht, sieht oben freilich gar nichts.«[58]

Schreibend übertrug er das Gefühl eines unbestimmbaren Mangels auf sein »einsames Füchschen«, das sich seinerseits entschloß, ihm das vor einem Jahr begonnene tagebuchartige Schreiben zu schicken, Grundtenor: »Kandinsky, laß mir meine Ruh!« Hin- und hergerissen zwischen der Skepsis ihrer Familie und seinen Heiratsbeteuerungen, hatte dieser Brief seine Aktualität noch nicht eingebüßt. Kandinsky, der ihn auf der Rückreise nach Deutschland in seinem Berliner Hotel vorfand, verdrängte die Einsicht, daß ihr Zwiespalt durch ihn selbst verursacht worden war, und befand: »Du Kleine, Liebe, du hast ja die ganz typische Neurasthenie! Morgens müde, schläfrig, mutlos, nachdenklich, pessimistisch, gegen abend munter, lustig, hoffnungsvoll, von Zeit zu Zeit schlechte Laune den ganzen Tag, energielose Angst, das alles kenne ich ja so gut: war ja selbst in alten Zeiten genau so. Und bis jetzt fühle ich noch so manche Überreste in mir. Diese verfluchte schwarze Morgenbrille!«[59] Es klang, als nehme er mit Genugtuung verwandte Wesenszüge an ihr wahr, die ihr das Einschwingen in seine oft jähen Verschattungen ermöglichten.

Ein Wiedersehen im nebeltrüben Würzburg verlief am 2. November 1903 enttäuschend. Zuviel Trennendes hatte sich angesammelt, zu hoch waren die gegenseitigen Erwartungen. Die ferne Geliebte, von zärtlicher Phantasie umspielt, hatte in ihm die Gewißheit innerer Nähe erzeugt, nun aber schrieb er ihr selbstanklägerisch: »Unglück bringe ich dir oder nehme dir das Glück weg, was dich vielleicht erwartet. Ein Unkraut bin ich, das am Wege wächst und jeden stört und kratzt und keinem Freude macht. Einsam muß ich bleiben und weit von den Menschen. Die sich mir nähern, laufen. Oh, ich bin schon egoistisch genug, um in mir selbst und mit mir allein Lebenssinn zu finden.«[60]

Sollte Ella die weißen Fahnen hissen? »Willst Du mich denn auch unglücklich machen, Du Ritter Blaubart?« fragte sie ironisch in ihrem Brief zur Jahreswende.

Sie hatte die Festtage zum ersten Mal in einer eigenen Behausung verbracht. Anfang November[61] war sie aus der Pension ›Bellevue‹ in eine Schwabinger Atelierwohnung nahe dem Siegestor gezogen. Da sie nicht mehr in einem Schulatelier arbeitete, brauchte sie ein eigenes Studio, auf das sie – mit nunmehr 26 Jahren zum ersten Mal ihr eigener Herr! – mächtig stolz war. Endlich konnte sie auch ihrem streng geheimgehaltenen Bund mit Kandinsky ein Zuhause verschaffen. »Meinem Gefühl nach bist du schon meine Frau«, hatte Kandinsky ihr am 15. November dorthin geschrieben und sprach von nun an häufig von ihrer ›Gewissensehe‹.[62] »Immer wieder Zweifel«, gestand sie ihm. »Du bist doch so verschieden von mir. Ich verstehe Dich wohl mit dem Verstand, aber es fehlt die Liebe zum Verstehen und Dulden. Du weißt ja, wie ich bin, – nie zufrieden mit Dir. Oder liegt es vielleicht so, daß auch Du etwas mehr versuchen könntest, auf mich einzugehen? Mich zu verstehen und mir zu gefallen?«[63]

Weihnachten 1903 sah sie allein in die brennenden Kerzen. Die Dämmerstunde war ihr die liebste des ganzen Tages. Ausklang, Besinnung, Gemütlichkeit, – vielleicht war darum ›Dämmerungsblau‹ ihre Lieblingsfarbe. Sie griff zum Block, zeichnete dann aber doch nicht, sondern schrieb Kandinsky; es wurde ein Stilleben in Worten: Das Atelier liegt im Dunkeln, nur der Tisch, der immer unaufgeräumte, ist von der Stehlampe beleuchtet; dort stehen die farbigen Liköre, die er immer so gern trinkt. Die Gehänge am Bäumchen flimmern, – sanfte, sternenhafte Lichttupfen! Sie wartet auf ihn.

Doch er kam nicht. Er hatte ihr und sich für München eine »Entwöhnungskur« verordnet. Viel schlimmer aber war für sie die Aussicht, daß sie München in Kürze verlassen sollte, denn es war ihm unerträglich, sie und Anna in derselben Stadt zu wissen. Sie aber fühlte sich rundum wohl in ihrer neuen

Umgebung. Im engen Beieinander von Wohngerät und Staffelei griff sie viel häufiger als bisher zu Stift und Pinsel. Sie hatte auch schon die dritte Platte mit einem Kallmünzer Motiv in Holz geschnitten und gedruckt.[64] Die Arbeit ging ihr flott von der Hand, und jeder Griff saß!

Kandinsky aber bestand darauf, daß sie das neubezogene Atelier zum nächstmöglichen Termin kündige und bei ihrem Bruder in Bonn auf ihn warte, bis sie gemeinsam verreisen könnten, »nach Westen, zu den leichtsinnigen Franzosen«, wo sie ungestört miteinander leben könnten. »Ich habe ja in München so gern gelebt, daß ich mir nicht vorstellen konnte, mal wegzugehen ... Paris lockt mich, weil ich da mit dir sein werde ... Viel Freude wartet dort auf uns«, hatte er ihr am Heiligen Abend geschrieben. Scheidung und Heirat würden hinausgeschoben, bis die »Prüfung Paris« über das weitere Zusammenleben entschieden habe.

Die für München verfügte ›Abgewöhnung‹ hielt Ella für unsinnig. Vergeblich hing sie immer wieder den Farbenlappen heraus, der ihm schon von der Trambahn der Nebenstraße aus anzeigte, daß sie zu Hause war. »Ich wollte, Du kämst heute – möchte Dich sehen – komm doch – ich sehe den *Regensburger Weg* von Dir an, wie gut, daß ich etwas von Deiner Hand habe, aber die Sehnsucht bleibt doch. Ich möchte die Hand selbst fassen. Ich habe mich umgeschaut, überall bist Du, überm Sofa Deine Photographie, ein Schulbild und Deine Holzschnitte und unser Wandbehang, gegenüber ... drei Blumen und die Bäumchen und die Tonvase, links meine Ölskizze von Dir und hier Dein Brief, den ich noch nicht weglegen möchte.«[65] Blieb die tägliche Post aus, wurde sie derb: »Na! Wie oft ich heute ›Schweinerei‹ gesagt habe, wenn ich den Kasten untersuchte! Was ist das für 'ne Manier? Wenn man nicht schreiben will, verspricht man's nicht, und wenn man's verspricht, dann tut man's.«[66]

Sie brauchte hin und wieder Austausch und Gespräch. »Vielleicht war meine böse Laune überhaupt nur Sehnsucht nach Dir?« Manchmal helfe ihr ein Stadtbummel oder ein Sprung ins Café Stephanie. »Ich glaube, der Mordskater kommt vom Alleinarbeiten, es wird mir fad auf die Dauer.«[67]

In einer Art Selbstbestrafung durchlitt Kandinsky den Verzicht, sie zu besuchen. »Manche Minuten ist mein Wunsch, dich zu sehen, zum Heulen stark. Ich kämpfe aber tapfer mit mir.« Während er ihr schrieb, bezwang er sich, den Blick auf die Uhr gerichtet: »Jetzt ist es einhalb elf, und die Gefahr, daß ich besiegt werde, ist vorbei.« Die Zukunft ängstigte ihn, »bester Beweis, daß meine Nerven in größter Unordnung sind. Schreckliche, undeutliche, neblige Gestalten stehen da um mich, und der Kreis, den sie machen, wird immer kleiner und enger.« Er fühlte sich ihr ausgeliefert: »So eine Angst habe ich vor dir, und es müßte ja eigentlich umgekehrt sein.« Doch irgendwann werde die Qual ein Ende finden: »Wir leben zusammen wie *ein* Wesen ... Eine große Macht hat uns vereinigt, und ich bin dieser Macht, mag sie heißen, wie sie wolle, von ganzem Herzen dankbar dafür. Es kommt die goldene Zeit, wo wir Hand in Hand durch's Leben gehen. Es kommt, Ella, es kommt.«[68]

Sie aber hielt gar nichts vom Verschieben auf später, vom Tür-offen-Halten und Sich-nicht-Festlegen. Seiner Utopie des Glücks setzte sie in ihren Briefen die Vorstellung eines geglückten Zusammenlebens gegenüber, dessen Steuerung man nun beherzt in die Hand nehmen solle. Sie redeten stets aneinander vorbei, wenn sie vom Glück sprachen, und vom Glück handelte fast jeder seiner Briefe. Ella antwortete darauf mit einer gewissen Reizbarkeit. Kandinsky wollte für ihr endgültiges Beisammensein den Zustand ungefährdeter Harmonie abwarten und Trennendes für alle Zeiten ausgeschaltet wissen. Sie aber glaubte an Entwicklung und immerwährendes Bemühen, nicht an den Dauerzustand garantierten Glücks. Zudem schien ihr das Leben, seit sie in den Staaten gewesen war, keine Angelegenheit für Glückssucher zu sein, sondern Wagnis, Entscheidung und Konsequenz. Wo er ›Glück‹ sagte, setzte sie ›Treue‹ – Treue auch zu sich selbst: »Etwas vertraue ich doch auch meinem Charakter und glaube auch, daß ich treu bin, und darum muß ich doch glauben, daß es gut wird. Ich kann es mir wenigstens nicht mehr anders denken und kann mir mein Leben auch nicht mehr vorstellen ohne Dich!«[69]

Kandinsky war sich der Gefahr, fluchtbereit alles hinauszuschieben, wohl bewußt. »Man eilt, erledigt tausend Sachen, eilt weiter und weiter und denkt sich: Später mache ich die Hauptsache.« Immer heiße es leichthin: »›ja, mit der Zeit! Alles mit der Zeit!‹ Man macht alles provisorisch, und plötzlich geht die Sonne unter, und wenn sie dann wieder aufgeht, ist man ... ein Stück Schmutz«. Doch er brauchte die Erwartungsspannung. »Vielleicht sind diese Stunden der Unruhe, der Begeisterung, wo das Herz sich hebt und klopft, Stunden des Vorgefühls, der Ahnung viel, viel schöner als die Minute, wo man von seinen Träumen anderen Menschen etwas preisgibt. Vielleicht ist es doch viel, viel besser, das letzte, heiligste Wort niemals zu sagen. ... Jedenfalls ist es besser, als lange, lange einen Flakon Parfum aufzubewahren, dann aufzumachen und zu bemerken, daß der Geruch schon lange verflogen ist und darin nur Wasser geblieben ist. Besser denkt man sich doch, es wäre noch immer Parfum drin.«[70] Ella, seinem »Moschuschen«, galt am Heiligen Abend 1903 sein prophetisches Wort: »Meine Braut aber bist und bleibst du!«

7. Kapitel

Unterwegs

»Wenn Du mich schon aus München verbannen willst, so könnte ich ja im März aufs Land gehen. Wenn ich doch wenigstens noch recht etwas lernte, ehe ich fortmuß! ... Ob es wohl immer so sein wird, daß Du mich nirgends so lange bleiben läßt, wie ich möchte? Von Kochel und Kallmünz mußte ich gerade etwas zu früh weg ... Ob es immer wieder so ist?«[1]

Viel lieber als in Bonn wäre Ella in einem oberbayrischen Dorf untergetaucht, um wenigstens hin und wieder im alten Münchner Kreis Anregungen zum Zeichnen und Malen zu finden. Aber dann wäre sie erreichbar gewesen, und das war es ja gerade, was Kandinsky störte. Auf sein vertröstendes Später hatte sie ihm, vor dem die Vision des Alters oft angsterregend aufstieg, bitter erwidert: »Aber *meine* Zeit ist ja nicht wichtig!« Er teilte diese Ansicht; sie sei ja noch so jung!

»Am 31. März 1904 zog ich in ein von meinem Wassily gemietetes Zimmerchen im Münchner ›Kaiserhof‹ und fuhr am nächsten Abend nach Bonn ... Daß ich bei meiner Ankunft Anfang April gleich ganz frech von ›meinem Mann‹ sprach, und Charly, der gute kleine Mü, sich so darüber erschreckte, war sehr rücksichtslos von mir.« Mit diesen Sätzen beginnt ein Tagebuch, in dem Gabriele Münter den äußeren Ablauf ihres Reiselebens mit Kandinsky festhielt.[2]

Sie hatte die sechswöchige Wartefrist bis zu einer verabredeten Hollandreise lustlos verbracht, während er geschäftig durch München geeilt war, um eine für Mai 1904 angekündigte *Phalanx*-Ausstellung moderner Graphik vorzubereiten. Es würde die letzte unter seiner Leitung sein, und darüber war er voller zwiespältiger Gefühle. Er wußte, wie wichtig die Galeristen-Tätigkeit für das Bekanntwerden seines eigenen Werkes war, aber sie erwies sich als zeit- und kräfteraubend und zog ihn von seiner Malerei ab. Schon am 3. September 1902 hatte er Ella geklagt: »Hetze und Sorge! Und Lauferei! Und keine Freude!«, und am 4. November: »Ich habe keine Ruhe mehr vom Leben, das zu mir eindringt und mich zum Kaufmann anstatt zum Künstler macht.« Bei der Planung einer sechsten *Phalanx*-Ausstellung am 4. Februar 1903 hatte er sich den Kopf zerbrochen, um Geld für die Saalmiete zu beschaffen: »Die ganze Welt muß meine Energie bewundern! Jawohl!« Am 7. Mai hatte er beschlossen: »Ich will mich wieder mal in mich selbst vertiefen. Durch das offene Leben und die öffentliche Tätigkeit bin ich kleinlich und eitel geworden. Weg damit!«, und am 24. Juli 1903 hatte er festgestellt: »Ich fühle, daß mein Interesse für den Verein immer kleiner wird und ich immer weniger Lust habe, für die Sache allein zu sorgen.«

Zudem war die Wirkung der *Phalanx*-Ausstellungen geringer, als er erwartet hatte, auch im Hinblick auf seine eigene Malerei. In der zweiten Ausstellung, die im Januar 1902 vorwiegend der angewandten Kunst gewidmet war, hatte die Kritik ihn als einen »originellen russischen Koloristen« eingestuft, der »um der Farbe, und nur um der Farbe willen malt, er brennt allerlei koloristisches Feuerwerk los und wendet die verschiedenen Techniken an, Oel, Tempera und Lackfarben, welche letztere leider so stark glänzen, daß man die Bilder kaum sieht«.[3] Um den Kontakt zur *Berliner Sezession* zu fördern[4], war die dritte *Phalanx*-Ausstellung im Mai 1902 deren Vorstandsmitglied Lovis Corinth nebst seinem Mentor aus der Münchner Zeit, Wilhelm Trübner, gewidmet und brachte einen Achtungserfolg, während die vierte Ausstellung im Sommer 1902 *Die Kunst für Alle*[5] zu der Bemerkung veranlaßte, daß sich darüber »nicht viel Gutes und nicht viel Böses sagen läßt, sondern nur, daß sie belanglos ist«. Die fünfte und sechste Ausstellung[6] hatten keine Erwähnung in Kunstzeitschriften gefunden, sie sollten die Münchner mit Ignacio Zuloaga und Jan Toorop[7] bekanntmachen und waren darum für die künstlerischen Ziele Kandinskys aufschlußreich: Der Spanier malte Tanz-, Bühnen- und Stierkampfszenen in sprühend unkonventioneller Kolorierung, volksnah und dennoch von höfischer Eleganz, während der aus Java stammende Niederländer eine auf Verrätselung und Sinnbild ausgerichtete lineare Stilisierung pflegte. Kandinsky hatte versucht, in jeder *Phalanx*-Ausstellung Wegmarken für die moderne Kunst zu setzen und gleichzeitig mit schon bekannten Künstlern in internationalen Kontakt zu kommen; offensichtlich aber war die Besucherzahl so gering geblieben, daß die Zeitschrift *Kunst und Künstler* in ihrer Dezember-Ausgabe 1902 die (Falsch?-)Meldung eingestreut hatte, die *Phalanx* sei »nach kurzem Bestehen eingegangen; sie konnte es nicht zu Erfolg bringen, obwohl die Ausstellungen dieser Künstler-Vereinigung nicht des Interesses entbehrten«.

Im Mai 1903 hatte Kandinsky einen neuen Akzent gesetzt, indem er gut beleuchtete Räume in Münchens exklusiver Theatiner-Straße mietete, um sechzehn Gemälde Monets auszustellen, der damit nach der Ausstellung seiner Gemälde *Heuschober* und *Die Maas* in der *Münchner Secession 1900* dem Publikum näher bekanntgemacht werden sollte. Die Kritik verhielt sich zurückhaltend. Solche schwachen Arbeiten seien nicht nur deshalb hochzuschätzen, weil sie eine berühmte Signatur trügen![8] Kandinsky mag die einstige Faszination durch Monets Ölgemälde *Heuhaufen in der Sonne bei Giverny* (1891) im Sinn gehabt haben, als er nun sechs seiner eigenen Bilder neben die seines großen Inspirators[9] hängen konnte. Daß er jedoch während dieser siebenten *Phalanx*-Ausstellung eine öffentliche Ehrung erfuhr, galt ihm nicht als Maler, sondern als Vorsitzendem einer Künstlergemeinschaft, die dadurch in der etablierten Münchner Kunstlandschaft einen Platz erhielt. Gustav Freytag schilderte, wie er und Kandinsky »im schwarzen Bratenrock an der Tür der Ausstellung standen und erwartungsvoll dem angekündigten

Besuch des Prinzregenten Luitpold entgegensahen und wie wir dann den hohen Herrn, der ganz allein vorfuhr, hineingeleiteten und vor die Bilder führten, die er in der gewohnten Weise musterte«.[10]

Daß auch dieser neue Vorstoß glücklos verlaufen war, bezeugte der ebenfalls an dieser Ausstellung beteiligte Maler Hermann Schlittgen, der – Jahrgang 1859 und im Ausstellungswesen erfahren – Mitglied der *Phalanx* geworden war. Er fand das Anmieten der großen Räume in Münchens teuerstem Viertel »sehr kühn, denn uns fehlten die Mittel. Die Ausstellung wurde wenig beachtet. Kandinsky ... hatte einen Neger, der sonst Modell stand, in eine Livree gesteckt. Abends kam dieser immer und berichtete; er wurde immer trauriger ... Er fühlte sich so geehrt auf seinem Posten, und nun litt er mit uns. Eines Abends kam Kandinsky zu mir und sagte: ›Der Mohr ist krank geworden. Es geht zu Ende. Heute waren es drei Besucher. Wir müssen schließen.‹ So wurde die Ausstellung ein vollständiger Mißerfolg.«[11]

In der achten *Phalanx*-Ausstellung hatte Kandinsky 31 Werke von Carl Strathmann[12] präsentiert, auf dessen Einfallsreichtum und ornamentale Begabung schon August Endell in seinem Traktat *Über die Schönheit* hingewiesen hatte[13] und der als Karikaturist ebenso treffsicher war wie im Grenzgebiet zwischen angewandter Kunst und Malerei. Durch genauso viele Werke war der durch seine *Scharfrichter*-Plakate berühmte Heinrich Wolff vertreten, dessen Graphik-Kurs Gabriele Münter besucht hatte.[14] Kandinsky, seit dem Kallmünzer Sommerkurs bemüht, im Holzschnitt[15] ein aussagekräftiges Medium zu finden, hatte außerdem die von dem Kunsthistoriker Julius Meier-Graefe herausgegebene Mappe *Germinal*[16] ausgelegt, Lithographien und Holzschnitte deutscher und französischer Impressionisten und Jugendstil-Künstler.

In der neunten *Phalanx*-Ausstellung Januar/Februar 1904 konnte er dann drei eigene Holzschnitte neben zehn seiner farbigen Zeichnungen zeigen und bekam zum ersten Male uneingeschränktes Lob vom Kritiker der *Kunst für Alle*[17], als der Abbruch seiner Münchner Aktivitäten zwischen ihm und Ella schon beschlossene Sache war. So sehr sich beide Werkgruppen in Stil und Technik unterschieden, hieß es in dieser Würdigung, so fruchtbar würde deren gegenseitige Durchdringung in der Zukunft sein. In den *Holzschnitten* hatte die *Linie* den Vorrang, sie band große Licht- und Schattenflächen zusammen und wurde durch farbigen Druck als das eigentliche Gestaltungselement herausgestellt, während die *farbigen Zeichnungen* keine durchgehenden Linien enthielten: In ihnen wurde der Umriß durch Farbtupfen oder -strähnen in wohlkalkuliertem Gefunkel zersetzt.

Zweifellos bedeutete diese öffentliche Anerkennung für Kandinsky eine langentbehrte Ermutigung, in der Verbindung beider Techniken weiter zu experimentieren. Auch daß er in dieser *Phalanx*-Schau das Werk des 26jährigen Alfred Kubin[18] gezeigt hatte, wurde lobend erwähnt und somit sein innovatives Galerie-Programm herausgestellt. Ellas wiederholtem Drängen, der ›Entwöhnungskur‹ und dem Bonner Wartestand ein schnelleres Ende zu bereiten, begegnete er mit dem Einwand: »Mir ist es sicher schlimmer als dir, weil ich mitten in den Ruinen meines früheren Lebens sitze.« Gefangen im eigenen Gefühl, klagte er ihr: »Einen Knoten hat mein Leben gemacht, wieder einen Knoten, der nicht loszubinden ist.«[19] Ellas Vorschlag, er möge Verein und Schule, wie Schlittgen und Obrist ihm geraten hätten, sanft entschlafen lassen, wehrte er ab: »Zwei Jahre habe ich an der Sache gearbeitet, und sie gerade jetzt im Stich lassen? Das meinst du doch auch nicht!«[20] Er bereitete die zehnte und elfte *Phalanx*-Ausstellung für Mai 1904 als Doppelveranstaltung vor. Erst nach deren Eröffnung würde er mit Ella nach Holland reisen. Bis dahin mußte auch die Übergabe des *Phalanx*-Vorsitzes geregelt sein. Am 4. April konnte Kandinsky die von Ella geforderte Vollzugsmeldung schicken: »Gestern den ganzen

Abend Phalanx-Papiere geordnet, um morgen dem Treumann[21] übergeben zu können. ... Sonst sorge ich mich noch immer wie vorher und kümmere mich um die Sache.« Trotz Ellas Einspruch wolle er noch eine Zeitlang prüfen, ob sein Nachfolger wirklich ein »treuer Mann« sei; denn die *Phalanx* sollte weiterbestehen.

Tag und Nacht durchpulste ihn ein betäubender Schaffensdrang, der von kunsttheoretischen Überlegungen begleitet war, so daß er in seinen Briefen an Ella über Schlaflosigkeit und Kopfschwindel klagte. »Ich sehe auch, daß ich technisch wirklich viel kann.« Er sei »von einem dekorativen Gedanken wie besessen«. Zu den Sachen, die fertig in ihm lägen, müsse er noch die passende Form finden, das eben wühle ihn so auf. Eine *Sonnenfarbenkomposition* gefalle ihm, sei aber zu früh getrocknet, die Tempera-Technik sei eben doch nur begrenzt anwendbar. Er beschrieb Ella, wie stark die abendliche Farbenglut ihn überfallen habe, als er mit dem Rad zur Schwabinger Post unterwegs gewesen sei, den Blick nach Westen gerichtet. Diesen Münchner Lichtansturm würde er jedoch in ein altrussisches Motiv einbinden, das in seiner Erinnerung eine solche Leuchtkraft vertrage. Malen bedeutete für ihn: Gestaltfindung für ein Farbenerlebnis. »Oft beherrschte mich ein klingender, duftig blauer Fleck so stark, daß ich eine ganze Landschaft malte, nur um diesen Fleck zu fixieren.«[22]

Solch szenische Inkorporation für Farberfahrungen nannte er auch »Einkleidung« oder »Zurichtung eines Gewandes«. Dabei entdeckte er, »daß vergangene Zeiten, als etwas real nicht mehr Existierendes, mir freiere Hand verleihen könnten zur Anwendung der Farben, die ich in mir fühlte«.[23] Zu einem konzipierten Bild *Kampf in Rot und Grün* schrieb er Ella: »Es muß ernst, kräftig und feierlich werden. Ein Ritter (grün) stürzt sich mit der ganzen Wucht auf den anderen (rot), der aber ruhig bleibt und selbstbewußt. Hintergrund: alte weiße, reiche russische Stadt, Gewitterhimmel, vorne braun-grauer Weg und grüner Rasen mit zahlreichen Blumen und Blümchen, recht ausgeführt ... Es ist vielleicht zu klar erzählende Farbensprache.«[24] Waffengespickte Zweikämpfe von Rittern bildeten für ihn einen Vorwand, um den Zusammenprall von Farben zu veranschaulichen.

Ella schien, als wolle er ganze Farbregimenter ins Feld führen, die sich erst befehdeten und dann versöhnten. Schriftlich beriet er mit ihr, wie er seine inneren Erlebnisse materialisieren könne. Sie vermißte in seinen auf Farbenwirkung und Farbensymbolik ausgerichteten *Erzählbildern* das stabile zeichnerische Gerüst. Ihn hingegen schmerzte, daß viele Betrachter in seinen Bildern nur das Dekorative sähen und nichts vom dahinterliegenden seelischen Gehalt spürten. Ein fein empfindender Betrachter müsse doch den inneren Klang eines Bildes wahrnehmen und durch die dekorative Verschalung zum Gefühl des Künstlers vorstoßen. Ein direkt geäußerter, ein aufdringlicher Inhalt erscheine ihm unfein. Die Farbenpracht eines Bildes müsse den Betrachter anziehen, gleichzeitig aber über sich hinausweisen und die darunterliegende Botschaft des Künstlers in der gewählten Verschlüsselung ahnbar machen.[25] »Da hast du meine Kunstphilosophie, über die ich gewöhnlich ungern rede. Ich will aber, daß du es weißt, du mein Kleines, Liebes.«[26]

Ella lag solch eine verrätselnde Malweise nicht. Sie mußte auch erst einmal die rechte Sicherheit im Umgang mit der Farbe gewinnen. Auf Kandinskys Rat, ohne Vorzeichnung in die Farbe zu gehen, antwortete sie in böser Laune aus Bonn, daß sie so im Abseits überhaupt keine Lust zum Malen habe, »und daß ich malen wollte ohne Zeichnung, das geht nicht«. Sie war gekränkt, daß er nie Zeit fand, sich mit ihren Malproblemen zu beschäftigen.

Inzwischen hatte Kandinsky den Münchner *Künstlerinnen-Verein*, die *Vereinigung graphischer Künstler* und die *Schule für zeichnende Künste* zur Teilnahme an der elften *Phalanx*-Veranstaltung eingeladen, um einen Querschnitt durch den Leistungsstand der Münchner Graphiker-Gruppen zu bieten. Gleichzeitig stellte er dem konservativen Münchner Publikum in der zehnten *Phalanx*-Schau eine Kollektion belgischer und französischer Neo-Impressionisten vor.[27] Obwohl die Ausstellungen in voneinander entfernt liegenden Lokalen stattfanden[28], verwiesen sie aufeinander: Ausklang und eklektische Erstarrung im Lager der Impressionisten, fruchtbare Neuansätze bei den Graphikern. Ein Kritiker der *Kunst für Alle* hatte schon angesichts einer impressionistischen deutschen Nachhut bei der neunten *Phalanx* im Januar 1904 mißbilligend festgestellt, auch eine Malmaschine könne mit derselben Präzision farbige Eindrücke vermitteln. Virtuose Technik sei noch nicht Kunst.[29] Hinsichtlich der nun ausgestellten Neo-Impressionisten und namentlich der pointillistischen Arbeiten fiel sein Urteil ähnlich aus. Kandinsky hatte an der Seite der innovativen Graphiker ausgestellt: sieben Holzschnitte, darunter *Die Nacht* – nach der Münter gewidmeten dekorativen Zeichnung *Spazierende Dame* hergestellt[30] –, sie wurden wegen ihrer ungewöhnlichen Farbigkeit und sanften Tonabstufung erfolgversprechend genannt.

Die Parallelität der Ausstellungen entstammte seiner eigenen künstlerischen Fragestellung, ob es zwischen diesen beiden zeitgenössischen Kunstrichtungen vielleicht noch eine unentdeckte Brücke gebe. Könne die Linien- und Flächenkunst, die auf den Spuren der japanischen Holzschnitte zu immer kühnerer Raumbehandlung vorstieß, nicht die Erkenntnisse der Neo-Impressionisten nutzen, die in ihrer Farbgestaltung die sinnesphysiologische Wirkung beim Betrachter einbezogen und damit ein rezeptives Problem angingen? Der Rezipient war für Kandinsky immer aller Beachtung wert!

Daß die *Phalanx* im Münchner Kunstleben eine Randerscheinung blieb, bewies das mangelnde Echo auch dieser Ausstellung. Merkwürdig, wie wenig sich Ella dafür interessierte! Sie frohlockte nur über eines: endlich, endlich ging ihre

Bonner Gastrolle zu Ende. »Am 11. Mai kam mein Liebes hier durch, Charly begleitete mich zum Bahnhof und lernte ihn kennen«, heißt es kommentarlos im Reisetagebuch. Als sie zusammen im Zug saßen, waren sie weder entspannt noch glücklich. Es war Kandinsky offensichtlich schwergefallen, sich von seinen Mitstreitern bei der *Phalanx*[31] zu verabschieden, zumal er bezweifelte, daß sie die von ihm eingeleiteten Wanderausstellungen[32] zustande brächten. Er schien noch bedrückt, als sie von Bonn nach Krefeld fuhren, um dort die vielgerühmte Ausstellung *Linie und Form*[33] zu besuchen. Angesichts des vergleichenden Überblicks über die – wie es im erläuternden Katalog heißt – »formenschönen Erzeugnisse der Natur, Kunst und Technik« aber verwandelte sich die Beklemmung in Begeisterung; die Eintragung eines Begriffsschemas in Ellas Notizbuch beweist die Durchschlagskraft dieser Präsentation, in der technische Zeichnungen von Schiffsbrücken- oder Gebäudeformen nicht nur dem organischen Linienfluß der Tier- und Pflanzenformen gegenübergestellt wurden, sondern auch den Zeichnungen alter und neuer Meister. Ob Pflanzenkeimling, Entenschnabel oder Schiffsbug – wo die Form aus der Funktion entwickelt wurde und somit höchste Zweckmäßigkeit erlangt hatte, gewann sie auch ›Schönheit‹.

Die Frage nach der *Form in der Kunst*, nach ihrem zweckgebundenen Linienfluß beantwortete sich daraus folgerichtig: Wie die Natur keine Beliebigkeit zuließ und ihre Form nach *Notwendigkeit* ausprägte, so mußte auch die Kunst ihre Form zu ihrem Zweck schaffen. In der Natur hatten entwicklungsgeschichtliche, in der Technik strömungsdynamische – also äußere – Erfordernisse formprägend gewirkt; in der Kunst müßten geistig-seelische Bedingungen – die Innerlichkeit des Künstlers – die für den jeweiligen Bildinhalt gemäße Ausdrucksform erzeugen. Kandinskys Gedanken über die *Formfrage in der Kunst* und sein zentrales Anliegen, eine aus *innerer Notwendigkeit* zu gestaltende Form[34], scheinen in dieser Ausstellung, die den Jugendstil nachklingen ließ und den Funktionalismus mit seiner ›schönen‹ Zweckform begünstigte, ihren Ursprung oder zumindest ihre Dringlichkeit erhalten und zu gemeinsamen Notizen in Ellas Taschenbuch geführt zu haben.

In Düsseldorf blieben sie vier Tage, und Ella vermerkte am 13. Mai, gleich unter ihren kunsttheoretischen Erwägungen: »Breitenbacher Hof, fünf Mark ohne Frühstück«, wahrlich eine unübliche Verschwendung! Sie erhielt von Charly ihr Reisegeld zugeteilt und sparte, denn sie mußte bei jeweils zu begründendem Bedarf neues von ihm anfordern. Zweck dieses teuren Aufenthaltes war ein Treffen mit Peter Behrens, der als Direktor der *Düsseldorfer Kunstgewerbeschule* Kandinsky Ende August 1903 die Leitung der Klasse für dekorative Malerei angeboten hatte. »Freie Zeit nur August und September, zu Weihnachten nur acht Tage«, hatte er Ella damals in der Furcht vor der zeitlichen Gebundenheit durch ein Lehramt mitgeteilt[35] und die Stellung, die er knapp sechs Wochen später antreten sollte, abgelehnt, obwohl diese erste Anerkennung seiner Lehrbefähigung und künstlerischen Qualifikation im Bereich der angewandten Kunst durch einen schon berühmten Vertreter dieses Fachs für ihn ehrend war. Inzwischen hatte er sich nach vielen kunstgewerblichen Ansätzen[36] für die freien Künste entschieden.

In der *Internationalen Kunst- und Großen Gartenbau-Ausstellung in Düsseldorf* beeindruckte Ella am stärksten die Plastik, besonders wenn sie empfindungsgetragen war wie das Werk Bartholomés: Der Jurist und Maler war nach dem Tode seiner Frau Bildhauer geworden, um ihr ein Grabmal zu stiften, auf dem er sich zum Zeichen seiner Treue neben ihr abgebildet hatte.[37] Die Vorliebe für Statuen trug Ella vor den Gemälden, unter denen sich auch einige des von Kandinsky geschätzten Zuloaga befanden, einen Rüffel ein, den sie in ihrem Notizbuch festhielt: »Das dumme Mü bewunderte am meisten die Plastik ... während ihr die Bilder nicht tiefer ge-

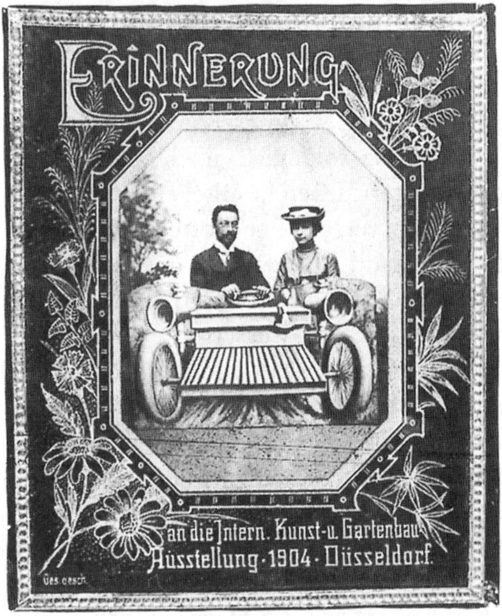

Kandinsky und Münter beim Aufbruch zum Reiseleben, 15. Mai 1904 in Düsseldorf.

hen als in die Augen, – schlimm, schlimm!« Doch sie betonte eigens: »Wir vertrugen uns diese Zeit gut und hatten viel Freude an der Ausstellung.« Sie ließen sich in der Attrappe eines Cabriolets ablichten, so entstand das erste der wenigen Photos, auf denen sie zusammen zu sehen sind.

»In Bonn lernte mein Liebes meine Leute kennen, Charly mag er am liebsten, natürlich.« Nach gemeinsamen Radtouren und rheinischer Geselligkeit fuhr Ella am Pfingstmontag, dem 23. Mai, mit ihrem »Mann« und »abgewinkt von Schroeters« auf einem Rheindampfer nach Holland, wo sie in Rotterdam »verstimmt« ankamen. Es sollte eine kunstgeschichtliche Bildungsreise werden, doch Kandinsky, durch die Lichtverhältnisse angeregt, fertigte Studien von Strand und Hafen an. Ella photographierte viel. Sie sammelte Motive, die sie später verarbeiten wollte. Sie lebten äußerst sparsam, bereiteten Tee im Hotelzimmer, aßen dazu »Selbstgekauftes«. Als einzigen Luxus erhielt Kandinsky eine neue Pfeife. Daß Ella eine neue graue Taille zum Reformkleid trug, erschien ihr trotz der weitmaschigen Tagebuchführung erwähnenswert: »War, solange es noch hell war und ich mich in den Schaufenstern sehen konnte, eitel wie ein Pfau.«

Die Dunkelheit verzauberte Rotterdam. »Schöne Mondnacht. Märchenstadt. Müde Beine. Er erzählt von Peter dem Großen und Katharina von Rußland, und der Mond und die Laternen spiegeln sich im Wasser.«

Dauerregen im Haag! »Mit der Elektrischen nach Scheveningen und dort bei vollem Mond spaziert und gestritten.« Kandinsky war von einer ostasiatischen Ausstellung begeistert, besonders von Holzschnitten in raffinierten Blautönen und einem »gestickten Tiger auf Schwarz mit Mond«. Ella gefiel der dortige Menschenschlag als »sympathisch, intelligent und charaktervoll«.

Am 4. Juni kamen sie nach Haarlem, von dort ging es per Rad nach Zandvoort. Das Landschaftserlebnis überwog jetzt die Neugier auf Museen oder Galerien. Eine Woche später waren sie in Amsterdam. Die Eintragungen wurden spärlicher. Die letzten Eindrücke der Reise stammten aus Edam, Volendam, Marken, Brock, Hoorn und Arnheim. In Ellas Handschrift heißt es: »Hier stinkt's überall – wie überhaupt in Holland – nach Kautabak und Spucke.«

Sie fuhren am 23. Juni getrennt zurück. Kandinsky wollte noch in Antwerpen seinen Stiefbruder treffen. Drei Tage später, auf dem Weg nach München, schrieb er Ella: »Fahre an Bonn vorbei. Zug geht immer schneller. Mein Herz klopft wie wahnsinnig. Sehen, sehen möchte ich dich, Geliebte! Wenn ich denke, wie grob ich zu dir war, möchte ich heulen ... ich will, ich will wieder mit dir sein ... sei böse zu mir, schimpfe, sei aber mit mir.«[38] Auch Ellas Briefecho ließ die Schwierigkeiten im gegenseitigen Umgang nachklingen: »Wenn Du Deine dummen Nerven nur in Ordnung bekämst!«[39]

Die gereizte Stimmung während der Reise muß Kandinsky nachhaltig beschäftigt haben. Noch zwei Monate später bemerkte er dazu: »Ich habe diese Tage bei Tolstoi gelesen, wie sich ein frischgebackenes Ehepaar, das sich sehr liebte, wegen Unsinn, Kleinigkeiten und manchmal auch ganz ohne irgendeinen Grund zu haben, oft zankte und stritt. Und da habe ich plötzlich verstanden, wie es mit uns in Amsterdam war. Riesig tiefer Kerl, der T. Und das beruhigte mich.«[40]

Ella blieb fast ein halbes Jahr in Bonn, während Kandinsky in München lebte. Zweimal trafen sie sich kurz, einmal in Frankfurt, wenige Tage, nachdem er die drei Jahre mit Anna gemeinsam bewohnte Münchner Etage aufgelöst hatte, ein andres Mal in Bad Kreuznach; beide Zusammenkünfte verliefen in gedrückter Stimmung. In Frankfurt war Kandinsky unpäßlich, in Kreuznach hatte Ella wieder einmal Zahnweh.[41]

Er hatte sie nicht im unklaren darüber gelassen, daß er ihr mit der Aufgabe seiner bisherigen Existenz ein großes Opfer bringe. Die letzten Monate seiner *Phalanx*-Tätigkeit hätten ihm bewiesen, wie fest er in München stecke. Seine Frau leide entsetzlich, er bringe es noch nicht fertig, mit ihr über die endgültige Scheidung zu sprechen, »es scheint mir oft, daß sie keine Kraft mehr zu einem neuen Leben hat«. Auch der zukünftige Verbleib der treuen Haushälterin Fanny mache ihm Sorgen. »Manchmal haben wir alle das Gefühl, als ob jemand im Haus gestorben wäre, und richtig, es ist das Leben gestorben, das wir alle hatten«, berichtete er Ella am 18. Juli 1904 über die gedrückte Stimmung vor der Trennung. »Ich springe wie in kaltes Wasser. Ich versuche nicht zu denken, wie ich frieren werde«, bekannte er am 25. September. »Das neblige Wetter paßt gut zu meiner Laune«, stellte er fest, als er die kleine Gemeinschaft am 30. September zersprengt hatte. Bald würde er Ella klagen, daß er sich »unbehaust fühle wie der ewige Jude! Der heim- und bodenlose Wanderer«.[42] Doch: »Dieser vorlegitime Zustand läßt sich auf Reisen am wenigsten spüren ... Nicht zusammenleben, solange ich nicht frei bin? Warum? Wozu? Wofür? Für die ›Welt‹? Erst werden wir ja, solange wir nicht vom Staat anerkannte Ehegatten sind, außer der Welt leben.«[43]

Außerhalb der Welt fühlte sie sich jetzt schon. Von Juli bis Dezember 1904 wechselten sie täglich Briefe, in denen sie die Illusion der Nähe erzeugten, ohne die Spannung realer Gegenwart ertragen zu müssen. Vieles wirkt wie das Geraune eines Selbstgespräches, ungeordnet und assoziativ bei Ella, reflektierend und ich-bezogen bei Kandinsky. Das Malen wurde nur beiläufig erwähnt. Hin und wieder beantwortete er ihr Fragen, die Farbmischungen betrafen, und auch das nur nach mehrfacher Mahnung. Er fühlte sich für ihr Fortkommen nicht mehr verantwortlich.

Ohne Staffelei konnte Ella in Bonn wenig anfangen, manchmal malte sie behelfsmäßig auf einer eigens dazu umgemodelten Stuhllehne. Sie hatte ihre ganze Atelier-Einrichtung in München auf Lager gestellt, weil sie hoffte, irgendwann einmal wieder aus ihrer ›Verbannung‹ auftauchen zu können. Wenn sie über ihren anhaltenden ›Malkater‹ klagte, riet Kandinsky ihr, Stoffe zu drapieren und sich am Faltenwurf zu schulen, »Übung macht wirklich Meister (ich würde sagen: Übung und Frechheit)«. Er versuchte, sie aus ihrer Lethargie zu reißen: »Kunst ist Kampf und Sieg und Freude!« Er mahnte: »Stürmisch arbeiten zerstreut trübe Gedanken.« Malen brachte ihn in Stimmung. Ella aber brauchte Stimmung, um zu malen.

Sie teilte Kandinsky beschwichtigend mit, daß sie sich ihm zuliebe mit dem Holzschnitt beschäftige, sie drucke sogar schon aus freier Hand. Bisher hatte sie sich immer gegen diese mittelbare und sorgsam zu planende Technik gewandt, auch, weil sie zum Schneiden des Stockes zu wenig Geduld aufbrachte. Sie mokierte sich über das im Zeitalter der Lithographie und Photographie altertümliche Verfahren, das Kandinsky veredeln wollte, indem er als Druckunterlage aufwendiges Material – Japanbütten oder Seidenpapier – wählte, nachdem er schon raffinierte farbliche Zwischentöne erreicht hatte. Er druckte mit mehreren Platten, wenigstens aber mit einer schwarzen Grundform und darüber mit einer Farbplatte, die aquarellzart präpariert war. Er experimentierte und schuf eine große Anzahl von Probedrucken, die Farbvariationen aufwiesen, limitierte dann die endgültige Fassung, die dadurch den Wert eines Originals erhielt, daß er sie handschriftlich signierte. Er riet Ella, durch die Holzschnitt-Technik von der Raumillusion ihrer impressionistischen Bilder weg- und zur Flächenwirkung hinzukommen und aus dem perspektivisch gestaffelten Hintereinander des die Natur imitierenden Bildaufbaus ein frei gestaltetes Nebeneinander zu schaffen.

Während sie in Bonn am Gelingen aller künstlerischen Bemühungen zweifelte, berichtete Kandinsky von einer ungeheuren Arbeitslust, die ihn schlagartig überfallen habe. »Bilder, dekorative Malereien, Stickereien, ganze Zimmer habe ich plötzlich wieder im Kopf und denke wieder farbig«, schrieb er ihr am 13. Juli 1904. Solch innere Gesichte waren nicht vom Willen steuerbar, was vielleicht mit seinem ›Augengedächtnis‹ zusammenhing. Seine Erinnerung an Gesehenes war so stark, als ob sie realen Wahrnehmungscharakter hätte. Bei Prüfungen war ihm diese Anlage höchst angenehm gewesen, er hatte ganze Buchseiten vor Augen gehabt. Doch oft war diese ›innere Schau‹ von solch quälender Intensität, daß er sich ihrer im Malen entledigen wollte. Die Farbenwucht auf der Netzhaut und das eidetische Vermögen wurden dadurch allmählich abgemildert.

Er fertigte während des Sommers zahlreiche Holzschnitte an. »Es ist keine Spielerei, ich lerne viel an den Sachen und komme vorwärts ... Probiere aber nicht, mich von der Sache abzuhalten. In dieser Hinsicht bin ich unverbesserlich, eigensinnig und bis zum kleinsten auch eigenartig. Es ist ganz unmöglich, hier irgend einen Einfluß auf mich auszuüben.« Seit

Kallmünz müsse sie doch wissen, wie er arbeite: Es sei wie ein Zwang, wenn etwas in ihm fertig liege, müsse es auch Ausdruck finden, und dabei »zittert in mir jeder Nerv, im ganzen Körper klingt Musik und Gott ist in meinem Herzen«. Es sei sinnlos, nach Verwendung oder Zweck seiner Arbeiten zu fragen. »Sie haben alle nur einen Zweck – ich muß sie machen, weil ich auf andere Weise mich vom Gedanken (oder Traum) nicht freimachen kann. ... Du sagst ›Spielerei‹! Jawohl! Alles was der Künstler macht, ist Spielerei. Er quält sich, sucht seinen Gefühlen und Gedanken einen Ausdruck zu finden, er spricht mit Farbe, Form, Zeichnung, Klang, Wort etc. Wozu? Große Frage! ... Für ihn hat die Frage ›wozu‹ wenig Sinn. Er weiß nur ein ›warum‹. So entstehen Kunstwerke, so entstehen auch Sachen, die noch keine Kunstwerke sind, sondern nur Stationen, Wege zu denselben, aber schon auch ein Lichtchen, einen Klang in sich haben.« Der Brief wirkt wie eine Rechtfertigung gegenüber ihrer Kritik an den Ergebnissen seiner Kunst. Darum betonte er: »Hier und da finde ich auch Leute, die mir für meine Sachen dankbar sind, die was davon haben. So war gestern ein russischer bekannter Maler bei mir, der zu mir sagte, daß er dank meiner langen Dame mit Kind (was ich dir geschickt habe, und er bei Littauer gesehen) einen ganzen Tag guter Laune war, immer das Ding vor Augen hatte, schließlich nochmal zu Littauer ging und es kaufte, ›um immer Freude daran zu haben‹. Und sowas macht auch mir Freude ... Daß du von mir besonders viel verlangst, freut mich ja sehr, wirklich sehr. Verlange aber nicht alles in *jeder* Arbeit.«[44]

Aus Odessa, wo er sich seit dem 22. Oktober aufhielt, konnte er ihr ebenfalls von künstlerischen Erfolgen berichten, und tatsächlich bildete ja seine Ausstellungsbeteiligung bei der dortigen *Vereinigung südrussischer Künstler* und der *Neuen Künstlervereinigung in Petersburg* den Beginn einer regen internationalen Ausstellungstätigkeit. Trotz ihres Schimpfens über seine Holzschnitte – »dieses Kokettieren mit paar Farben« –, trotz ihrer Abwertung seiner Tempera-Tupfenbilder – »schrecklich verzeichnet, alles manieriert« – sei er sicher, auf dem rechten Weg zu sein.

Dennoch verdunkelte sich seine Stimmung: »Mutter kann ich ohne Schmerzen nicht sehen.« Sie sei im Kummer um den zum Kriegsdienst einberufenen Sohn aus ihrer zweiten Ehe, Alexander Kojevnikow, zum Schatten ihrer selbst geworden, »sie, die immer alles hatte, was sie wollte und die man ›überglücklich‹ nannte«.[45] Ihr zuliebe möge Ella doch ihre Schrift auf den Briefumschlägen jeweils anders verstellen. Ihre Antwort: »Das meinst Du doch nicht im Ernst?«

Angesichts der Familie entfaltete das Durchspielen seiner inneren Einsamkeit wieder einen depressiven Reiz. »Seit gestern bin ich in einer ganz schlimmen Laune ... Manchmal möchte ich ganz allein in der Welt sein, zu der ganzen Welt fremd stehen, vielleicht feindlich und keinen Menschen haben, der was Gutes für mich tat ... Tausend quälende Gedanken ... Böse Bilder vor den Augen. Schmutz und Tränen. Und eigene Schuld vor vielen Menschen ... Es versteht mich kein Mensch. Meine Frau sagte mir nach 20 Jahren, die wir so nahe, wie ich nur kann, zueinander standen: ich verstehe dich schließlich doch nicht ... Hier von meinen Verwandten versteht mich auch kein Mensch. Ich fühle, denke, träume, will immer anders als die andern. Ich will diese Sprache reden und kann nicht.« Wie immer war das Gefühl mangelnder Zugehörigkeit mit Selbstverdammung durchsetzt. »Ich möchte anders leben. Nicht mit einem Magenkatarrh und plombierten Zähnen. Ich, der sich vom Rauchen nicht abhalten kann. Der einsam sein *will* und ein Don Juan *ist*. Der am Glauben an Gott hängt und den Krieg zweckmäßig findet. Der ans Schöne glaubt und das Häßliche unvermeidbar findet. Eiter und Schönheit. Weltmelodie und Durchfall. Alles so kleinlich, so arm ... Soll ich dir diesen Brief schicken? Soll ich verschweigen? Der Schmerz reißt mein Herz, mein Inneres, mein Hirn. Zum Heulen, Ella.«[46]

Ella beantwortete diesen Ansturm qualseliger Gefühle mit den friedlichen Schilderungen ihres Alltags, dessen Kreis eng gezogen war. Sie beruhigte ihn am besten, wenn sie seinen Klagen über die Schuldhaftigkeit menschlicher Existenz ihr Vertrauen in den zuverlässigen Gang der Welt entgegenstellte.

Außerdem hatte ihr Kandinsky häufig zu verstehen gegeben, daß er die weiten Pendelausschläge auf seiner Empfindungsskala als Auszeichnung genoß: »Große Katastrophen verursachen auch große Schmerzen. Und gut, daß es so ist: sonst wäre ich ja ein Stein.«[47] Jede Emotion, und sei sie noch so martervoll, war besser als die Schwärze abgestorbener Gefühle, die er Ella als Seelentaubheit beschrieben hatte, als Grabesstille des Herzens.

Eine Reise ins Morgenland könnte exotische Farben, Gerüche und Geräusche in die Sinne schütten! Noch verfangen in sein Stimmungstief, schlug er Gabriele Münter am 12. November 1904 vor, unverzüglich aufzubrechen: »Algère, Tunis, Tangère, Egypten ... Afrika. Winter dort und Frühling Spanien und Frankreich. Sommer ev. Schweden«. Ella, erstaunt über die weiträumige Planung, bevorzugte Ägypten. Dort könne sie sich englisch verständigen. Die arabische Wüste kennenzulernen, reize sie, ebenso das Nil-Delta. Doch Kandinsky zog Algerien vor, wo die nordafrikanische Lichtwirkung ihre Verwandlungskraft bei Malern schon oft bewiesen hatte, seit Eugène Fromentin durch seine 1857 erschienene Schilderung *Un été dans le Sahara* diese neue Quelle von Leidenschaft und künstlerischer Inspiration erschlossen hatte.

Das Berberland, nicht mehr das klassische Rom, sei eine Bildungsreise wert, hatte auch Delacroix[48] behauptet. Ihm war dort nicht nur die poetische Szene zum Augenfest geworden, sondern er hatte in der blendenden Sonne die Farbe als Licht und die Schatten als farbige Reflexe begriffen. Monet und Renoir waren seinem Rat gefolgt – zum großen Gewinn für die Ausdruckskraft ihrer Farben, und auch Kandinsky, dem die Schrift *D'Eugène Delacroix au néo-impressionisme*[49] von Paul Signac wegweisend erschien, mag seinen Reiseplan als Hommage für Delacroix aufgefaßt haben. Auf dessen Bildern herrschte die Farbe, sie bestimmte die Dynamik der Formen, so daß alles Gegenständliche, das szenische Geschehen, von der Farbenfülle förmlich verschlungen wurde. War die Raserei im *Tod des Sardanapal*, den Kandinsky im Louvre lange betrachtet hatte, nicht ein Furioso in Rot- und Purpurtönen? Zeigten die *Frauen im Harem* nicht jene Farbenüppigkeit, über die sich die Stimmung des Malers auf den Betrachter übertrug, was Kandinsky als das erstrebenswerteste Ziel seiner Malerei ansah? Auch er wollte die Feuerfarben nomadischer Stämme einfangen und neue Spielarten farblicher Ausdrucksfähigkeit erproben.

Doch dann ging die Reise nicht nach Algerien, sondern nach Tunis. Vielleicht lag es an der Anregung des russischen Kollegen Wladimir von Bechtejeff[50], der 1904 von Schwabing aus eine Malreise nach Sizilien und Tunis angetreten hatte. In Kandinskys Bibliothek befand sich ein Werbeprospekt, der vom *Comitée d'Hivernage de Tunis et de la Tunésie* kostenlos verteilt worden war.[51] Seit das Protektorat Frankreichs über Tunesien 1882 in eine Annexion umgewandelt worden war, überwinterte man dort gern: In dieser zivilisatorischen Randzone konnte man mit einem gewissen Hotelkomfort und einem Verkehrsnetz rechnen, das Ausflüge ins Land erleichterte. So hielten denn auch am vorbestellten Hotel ›St. George‹ laut Prospekt »elektrische Straßenbahnen nach allen Richtungen«.

Am 6. Dezember 1904 brachen Münter und Kandinsky mit Malgerät von Bonn nach Tunis auf. Schon der Fahrtbeginn stand unter einem schlechten Vorzeichen: Bei St. Goar waren die Bahngleise durch einen Erdrutsch verschüttet worden. Sie mußten aussteigen, die Stelle mit ihrem Gepäck zu Fuß umgehen und mit einem überfüllten Bummelzug weiterfahren. Übernachtung in Straßburg, Museumsbesuch. Weiterfahrt nach Basel, Museumsbesuch. Weiterfahrt nach Genf, Museumsbesuch. »Meine Stimmung war keine gute – der schlechte Reiseanfang, eine schlechte Orakelprobe aus dem Zarathustra (aus Langeweile auf der endlosen Fahrt), Halsschmerzen und der Durchzug im schlechten Coupé, – dann der Antritt der großen Reise – alles war mir auf die Nerven gefallen. Es war nicht lustig«, notierte Ella. Weiterfahrt nach Lyon. Dort kaufte sie Perlen zum Sticken, um kunstgewerbliche Entwürfe Kandinskys auszuführen. Weiterfahrt nach Marseille. »Wir vertrugen uns stellenweise sehr schlecht. K. war auch in keiner guten Verfassung, und so habe ich mal nachts einen Sarg gesehen mit dem Gefühl, daß es mein Sarg sei, und nun bildete ich mir ein, daß ich in Afrika sterbe.« Die böse Ahnung wurde noch bekräftigt, als Kandinsky einen Hinweis von seiner Halbschwester erhielt, er selbst käme heil nach Hause, während Ella bei der Zukunftsbefragung von schwarzen Karten umgeben gewesen sei. »Ich bin ängstlicher, nervöser, älter als früher«, vertraute Ella ihrem Tagebuch an.

Sie waren schon 17 Tage unterwegs, als sie in Marseille den Dampfer ›Ville de Tunis‹ bestiegen. Daß sie am Weihnachtstag den fremden Erdteil betraten und statt des Tannenbaums Palmen sahen, beeindruckte Ella wenig, sie war verkrampft und kaum für äußere Eindrücke zugänglich. Sturm und Regengüsse peitschten um das Hotel ›St. George‹, das sich als ungeeignet erwies.[52] Sie wechselten über ins einfachere ›Hotel de Suisse‹, wo sie in der Dépendance zwei getrennte Zimmer mieteten. »Wir haben mit keinem Menschen Konnex gemacht, – er will das nun mal nicht.«

So beugte sie sich über ihre Handarbeit, vernähte Perlen und Seidenstoffe zu Bildszenen, mit denen Handtäschchen, Geldbörsen, Bucheinbände und Wandbehänge verziert wurden. Diese Perlstickerei, eine alte byzantinische Schmuckform für die Flächenfüllung sakraler oder imperialer Gewänder, war über das kirchliche Brauchtum in die russische Volkskunst eingedrungen, aus der es Kandinsky mit seiner

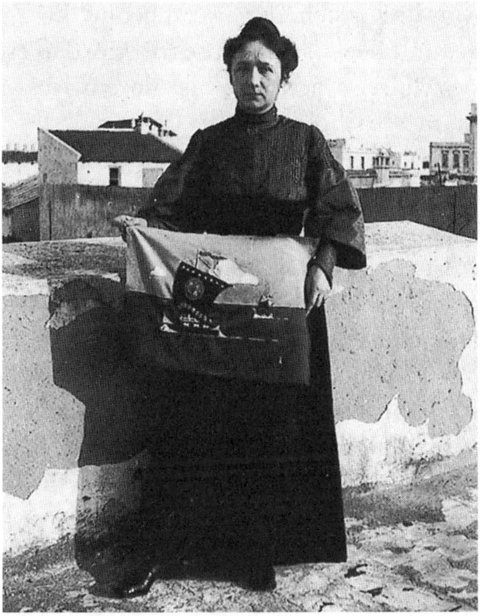

Gabriele Münter, Perlstickerei und Applikation nach Entwurf von Kandinsky: Wolgaschiffe, Tunis 1905.

Vorliebe für alte Techniken übernommen hatte. Schon in München hatte er eine Stickerin beschäftigt, bei Ella aber konnte er nun alle Arbeitsphasen selbst überwachen; so entstanden nach seinen Angaben wieder Reifrockdamen mit Pompadours und Hündchen, Häschen und Schneemännlein und anderes Gefällige. Ein Wandbehang, den Ella mit Perlenbordüren benähte, mit Seidenfäden bestickte und mit raffinierter Stoffapplikation versah, zeigt ein Wolgaschiff mit geblähtem Segel, auf dem ein Sonnenschild prangt, es fährt mit weißperliger, hochschäumender Bugwelle einem zweiten davon; Sommerwolken aus weißer Seide schweben darüber wie Sinnbilder glückhaft-kraftvoller Lebensfahrt.[53]

Die anstrengende Handarbeit spiegelte sich auf Münters Gesicht, als Kandinsky sie mit dem fertigen Werk photographierte. Eine Unmutsfalte verdüstert die Augenpartie. Die

Jahreszeit war unwirtlich, der Sturm heulte. Ihr Zimmer war feucht und kalt. Hier spätestens begriff sie, daß es sich weniger um eine Malreise handelte als um ein Ausweichen vor Konvention und Nachrede.

Die tunesische Weite mag Ella an die großlinigen Perspektiven der Neuen Welt erinnert haben. In der *Landschaft mit blauem Berg*[54] trifft sie die schwingende Stille von hohem Himmel, Wüste und Meeresbucht; an einer kleinen Moschee, vor der sich die Gläubigen in Gewändern blaß-müder Färbung versammeln, wird diese Stimmung szenisch verdichtet und durch die Wiederholung der wenigen Wüstenfarben Beige, Gelb und Himmelsblau zu einem Bild des Gleichmaßes und der fatalistischen Gelassenheit gesteigert. Münter zeigte die einfühlsame Handhabung malerischer Ausdrucksmittel in der Anpassung an das jeweilige Thema.

Kandinskys Bilder hingegen lassen dieses sensible Einschwingen in die Ruhe dieser weithin noch unberührten Landschaft vermissen. Seine Pinselhiebe geben stets der eigenen Erregung Ausdruck. Im Gegensatz zu seinen das Nebel- und Wasser-Element durch Blautöne einbeziehenden Holland-Bildern führte er in Tunis ein rot-orangenes Feuer- und Sonnenelement ein, das in seiner Phantasie den spezifischen Charakter dieser Umgebung ausmachte. »Große Begeisterung meines lieben Buben«, vermerkte Ella anläßlich einer ›Fantasia‹, eines nordafrikanischen Reiterspiels. Hier war er dem bunten Kindheitstraum von asiatischen Reitervölkern nahe. Für solche Motive bewies die Tempera-Malweise auf dunklem Grund ihre volle Berechtigung: Die Farbstriche, unterschiedlich in Lage, Form und Dichte, sprenkeln und perlen über die schwarze Fläche wie leuchtende Tropfen und lösen begrenzende Linien an Menschen und Dingen auf. Die Farbenkomposition war wichtiger als die dargestellte Szene: Sie gab in den Bildern *Arabische Reiterei* (Farbtafel II) oder *Arbeitende Neger* die Stimmung wieder, die beim Klang solch phantasiebeflügelnder Worte aufstieg.[55]

Mit diesem Zweig seines Werkes stand Kandinsky in der Tradition der russischen Volkskunst, genauer: der Ikonen-Malerei. Die Andachtsbilder der Orthodoxen Kirche wurden seit alters her in Temperafarben gemalt.[56] Kandinsky muß die *Lackmalerei von Palekh*, einer kleinen Ansiedlung bei Iwanowo in Zentralrußland, gekannt haben, wo in Anlehnung an eine berühmte Ikonen-Malschule auch eine Temperamalerei mit bunten Märchenbildern auf dunklem Grund entwickelt worden war. Nach und nach verwandte er auch das ikonographische Muster dieser auf schwarzer Pappmaché aufleuchtenden Darstellungen: den Kreml einer russischen Stadt, ummauert, jenseits eines Flusses, davor stets Reiter und Schiffe. In der arbeitsteiligen Manufaktur *Palekhs* wurden diese Motive in flimmrigem, farbenprächtigem Kontrast mit Haarpinseln aufgetragen, durch Goldlichter überhöht und durch eine Lackschicht geschützt. An Thema und Ausführung der dekorativen Zeichnungen auf schwarzer Pappe wurde sichtbar, wie stark Kandinsky sich in traditioneller Bildsprache äußerte. Während Münchner Freunde von seiner »schwarzen Periode« sprachen, nannte er die Entstehungszeit der Tempera-Tupfenbilder seine »russische Periode«[57] und hielt sie in Verbindung mit den Holzschnitten für eine wichtige Entwicklungsstufe seiner Malerei. Seine tunesischen Ölgemälde hingegen blieben in ihrer neo-impressionistischen Farbigkeit für ihn selbst unbefriedigende Versuche, die er später aus seinem Werkkatalog ausschloß. Das Fremdländische wurde darin nicht zum Ereignis, sondern in seine bisherige Sichtweise und Farbensprache transponiert.[58]

Lange genug ›außerhalb der Welt‹, drängte Ella, die antiken Stätten von Karthago und Bardo kennenzulernen, die alte Winterresidenz der Beys mit ihren goldfunkelnden Sälen und dem fein ziselierten Mauerwerk. Sie besichtigten im dort untergebrachten Museum Alaoui die nordafrikanischen Mosaiken, »sehr flüchtig, so daß wir nichts davon hatten«, notierte Ella. »Sonst waren wir immer in unserem kalten zugigen, feuchten Nordzimmer ... Ich hatte diese Zeit immer Zahnweh und konnte den Wind gar nicht vertragen.«

Die baldige Heimreise schon vor Augen, unternahmen sie noch schnell einen Ausflug nach Sousse am blauen Golf von Hammamet, der diese Farbe allerdings vermissen ließ. Nach einer für Ella »ganz entsetzlichen Eisenbahnfahrt« durchstreiften sie mit einem von Kandinsky angeheuerten Führer das quirlige Araberviertel, besichtigten die Moschee und erstiegen den Ribat, eine mohammedanische Glaubensfestung. Zwei Tage später fuhren sie weiter nach Kairouan, eine der vier heiligen Städte des Islam und reich ausgestattete Residenz der Aghlabiden.[59] Sie betraten scheu in der ummauerten Medina die Große Moschee, und auf Ellas Bitte hin gestattete man ihnen, im Säulenwald einer 17schiffigen Bethalle an einem Gottesdienst von morgenländischem Gepränge teilzunehmen, einen mit Bagdad-Majolika verkleideten Mihrab vor Augen.

In Tunis entstanden Münters Entwurf und Vorzeichnung für einen erst 1907 hergestellten Farblinolschnitt, *Marabout*[60] (Farbtafel II). Die Themenwahl enthielt angesichts ihres Orakelschrecks und der unklaren Todesahnungen einen düsteren Aspekt. Über dem moslemischen Grabmonument lasten Schwüle und Stille. Um die Abgeschiedenheit noch wirkungsvoller herauszustellen, vermied sie im Bild alles ablenkende Beiwerk. Im Brennpunkt steht die verschlossene Grabtür, umlagert von kauernden Gestalten. Sie harren vor einer Mauer aus, welche die Lebenden von den Toten trennt, – hinter ihr ahnt man die Kühle der Schatten. Während in der Gruppe der Hockenden alles Leben geronnen scheint, schreitet eine verschleierte Gestalt vorüber, als vermöchte sie durch den starr nach vorn gerichteten, vom Totenreich abgewandten Blick und durch den festgezogenen Umhang das Geisterreich abzuwehren.

Es belastete in Tunis das gegenseitige Verhältnis, daß Ella Kandinskys Leiden um Rußland nicht teilte. Schon in seinen

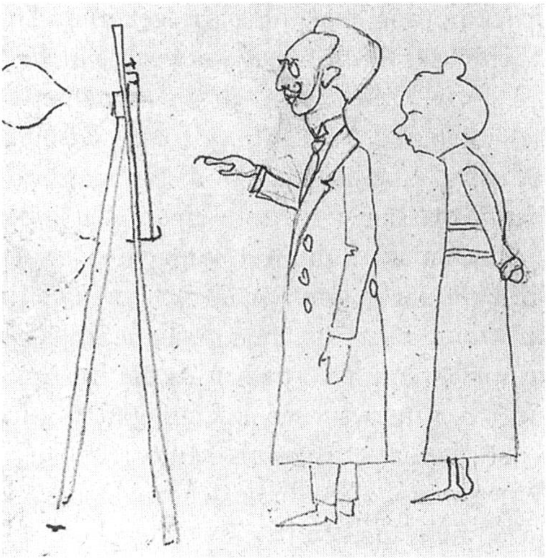

Karikatur: Münter und Kandinsky vor der Staffelei, Tunis, 7. März 1905, Bleistift, 8,7 × 8,6 cm. An der alleinigen Urheberschaft Kandinskys bei dieser Ironisierung des Lehrer-Schüler-Verhältnisses bestehen Zweifel.

Briefen aus Odessa hatte er im Herbst 1904 seinen Haß gegen England geäußert, das im russisch-japanischen Krieg Partei ergriffen hatte.[61] Er verteidigte den Anspruch Rußlands gegenüber dem japanischen Großmachtstreben in Ostasien und beobachtete jeden Übergriff auf die Mandschurei und Korea mit innerer Beteiligung. »Es quält mich, daß ich nicht hingehen kann. Ich gehöre zu den wenigen Russen, die überzeugt sind, daß der Krieg zweckmäßig ist.« Müßte, fragte er, wenn schon ihr Kopf kühl bliebe, nicht ihr Herz mitfühlen, wenn er, ein Russe, darin den richtigen Platz einnähme? Das Trennende gewann in dem Grade Oberhand, in dem sein Patriotismus wuchs. »Es langweilt dich, du meine Deutsche, ... es ist aber jetzt mein Leben. Es war auch für mich selbst eine Überraschung, daß ich Rußland, trotz vieler Sachen, die ich hasse, so liebe. Das mußt du schon mit in Kauf nehmen.«[62]

Ihre Zurückhaltung gegenüber Kriegen aller Art – belehrt durch das Schicksal ihrer Eltern – erweckte mehr als einmal Kandinskys Zorn: »Mußt dich wirklich schämen ... Du bist ja auch noch klein und deutsch ... Großes, rätselhaftes russisches Volk, ich glaube an dich. Und staunen wird die Welt, wenn du ein Wort sagst. Du schweigst, Riese, desto lauter wird deine Stimme durch die Welt klingen.« Der deutsch-russische Zwiespalt war in ihm aufgebrochen. »Die Russen halten mich für fremd und brauchen mich nicht. Die Deutschen sind gut zu mir (wenigstens besser als die Russen). Ein halb deutsch bin ich aufgewachsen, meine erste Sprache, meine ersten Bücher waren deutsch, als Motor fühle ich Deutschland ... Ein gutes Gefühl habe ich zu Deutschland. Und schließlich ... mein Ellchen ist eine Deutsche.«[63]

Gespannt kaufte Kandinsky allmorgendlich in Tunis Zeitungen, um über den Verlauf der Fronten Neues zu erfahren. Da sein Halbbruder Alexander Kojevnikow vermißt wurde[64], »kam eine traurige und stille Zeit für uns, und am 5. April fuhren wir ab nach Palermo«, erinnerte sich Ella in ihrer Reiseniederschrift. Darin erwähnt sie nichts vom Goldglanz der Mosaiken in Palästen und Kirchen, in denen die sizilianischen Normannen das byzantinische Gottkönigtum auf sich übertragen wollten, nichts von den Perlen-Stickereien der Sarazenen auf den Krönungsgewändern, die sie so gern sehen wollte. Es liegt etwas bleiern Lustloses über ihren stichwortartigen Eintragungen. Zum Schluß der Reise noch ein memento mori: In den Gräberstollen der ›Catacombe dei Cappuccini‹ schritten sie an tausend mumifizierten, ja bis zum Skelett verdorrten spanischen Noblen vorbei; in ausgebleichten Gewändern hingen sie an den Wänden oder lagen auf ihrem letzten Ruhebett, Frauen, Kinder, Greise, formiert zu einem Totenreigen, angesichts dessen sich jedes ›Später‹ als Illusion entlarvte.

In gedrückter Stimmung schifften sie sich auf der ›Umberto‹ nach Neapel ein. Der Scirocco peitschte die Wellen hoch; erst Seekrankheit, dann Hitze und Staub in Neapel:

»Ich war elend und sehr verstimmt, – er war grob für meinen leidenden Zustand.« Sie stiegen ohne Aufenthalt in den Zug nach Rom, und da Kandinsky fürchtete, dort Bekannte zu treffen, ging die Fahrt sofort weiter über Florenz und Bologna nach Verona, wo sie sich am 14. April 1905 trennten.

Kandinsky, der keine Wohnung mehr in München hatte und sich immer noch nicht mit seiner Frau und Ella in derselben Stadt aufhalten mochte, fuhr nach Innsbruck. Ella hatte ihm abgetrotzt, daß sie einen Monat in München bleiben[65] und ihre Zahnneuralgie behandeln lassen konnte. Außerdem wünschte sie, endlich wieder in einem Atelier mit Korrektur zu arbeiten, am liebsten bei Alexej Jawlensky[66], der mit Marianne von Werefkin in der Giselastraße Schwabings eine Wohnung teilte, die sich zu einem Künstlertreffpunkt entwikkelt hatte. Jawlensky, der seit 1903 regelmäßig mit seiner ›Mäzenin‹ Werefkin nach Paris reiste, mit modernen Techniken vertraut war und mit seiner vom Neo-Impressionismus abgeleiteten Malweise große Erfolge hatte, erschien ihr freundschaftlich und fachlich versiert; beides brauchte sie. Kandinsky war gegen ihren Plan: als Schulprinzip sei diese Tupfenmalerei nicht zu empfehlen; aber sie könne ja diese Manier später wieder aufgeben! Vor allem aber möge sie seiner Frau zuliebe geheimhalten, daß sie zusammen verreist gewesen seien. Ella verzichtete auf den Unterricht.

Künstlerisch hatte ihr die Tunisreise nichts gebracht. Es lag etwas Behelfsmäßiges und Unproduktives in dem allzu langen Hotelaufenthalt und den beengenden Zimmern. Allein geblieben, weitete sich plötzlich wieder ihr Blick, und sie schrieb ins Tagebuch wie nach einem tiefen Einatmen: »Ich fuhr über den Brenner. Eine eigentümliche, merkwürdige Nachtfahrt mit hellem Mondschein auf dem Gebirge, das ich zum ersten Male sah. Ich schlief nicht viel, die Lokomotive machte unheimlich auf die Naturschönheit aufmerksam, so saß ich lange Zeit im Bett, hatte den Vorhang hoch und schaute zum Fenster hinaus.« In München meldete ihr ein

Brief Kandinskys, daß er »verrückt, zerquält« durch die Stadt laufe und »die wertvolle Zeit totschlug«. Als am Ostermorgen die Innsbrucker Bürger »so philistrisch, artig und feierlich mit großen Toiletten und Zylinderhüten daherspazierten«, erfaßte ihn Panik: »Wenn ich doch auch ein wirkliches Zuhause haben könnte.« Bis sie wieder aus München verschwinde, werde er, um dem Wartezustand ein Ende zu bereiten, ein Atelier in Starnberg mieten. Innerlich hin- und hergerissen, schrieb er ihr: »Ich denke: Ich heirate dich, damit wir einander gehören, aber leben werden wir nicht zusammen. Ich finde, daß dies das Richtigste wäre. Aber dich weit von mir zu wissen, ist mir so schwer und peinlich, daß ich keinen Mut in mir finde, so zu handeln, wie ich für richtig halte ... Ich drehe mich schon lange in diesem Kreis. Ich finde keinen Ausgang. Ich will dich nur durchaus zu meiner Frau machen. Und wenn ich denke, daß du einen andern liebgewinnst!« Er wollte allein bleiben und konnte doch die Leere nicht ertragen, die sich beim Fortgang eines Menschen neben ihm ausbreitete. »Meine Ella, mein Freund, rate mir, was ich machen soll. Ich hoffe nur, daß bis zu unserer Hochzeit ich irgendwie den richtigen Weg finde.«[67]

Die Sommermonate des Jahres 1905 wollten sie gemeinsam in Dresden verbringen. Als Ella am 24. Mai im sächsischen Reichenbach eintraf, hatte Kandinsky schon ein Quartier für sie gefunden. Bis es frei würde, wollten sie eine Woche mit dem Rad unterwegs sein; sie besuchten Lichtenstein, Zwickau, Chemnitz, Freiberg und Meißen. Ella schätzte das kleine Behagen, Gemütlichkeit beim Tee, eine erquickende Ruhepause, ein gutes Essen, sei's auch nur »Pellkartoffeln mit Hering. Ich habe gefuttert und geschlemmt, und er hat's mir wieder nicht gegönnt, das Ekel!« Das Burschikose, zu dem auch ihr urgesunder Appetit gehörte, mißfiel Kandinsky, er wünschte sie zart. Dann ging's »incognito per Bahn nach Dresden ... und ich wartete auf der Straße von weitem, daß ich nicht gesehen werde.«[68]

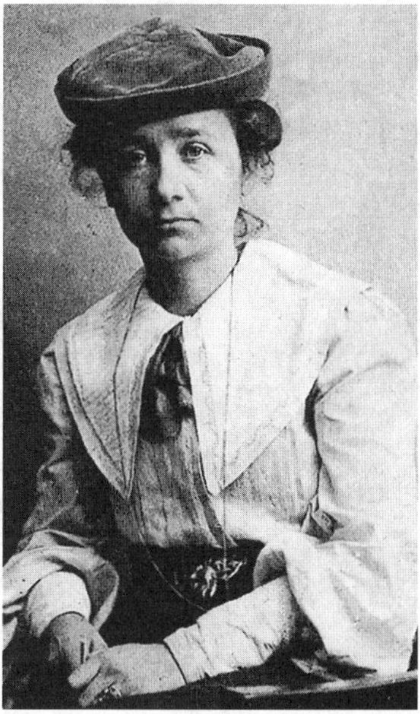

Gabriele Münter unterwegs. Dresden, Sommer 1905.

Am 1. Juli bezog sie »als Einzelmieterin ein nettes Zimmer, das zum Schlafen genügte«. Kandinsky bewohnte ein Stockwerk höher eine Dreizimmerwohnung[69], die sie selten verließen. »Einmal fuhren wir mit dem Schiff nach Pillnitz, ein anderes Mal radelten wir nach Blasewitz.« Aus dem geplanten Tennis-Training wurde nichts, weil sie nur in der Dämmerung ausgingen. Kandinsky war zeitweise krank und pflegebedürftig.[70] Ella sehnte sich nach dem heiteren Münchner Lebensklima. Einmal saß Kandinsky vor einer halben Maß Münchner Dunkelbiers und sagte versonnen: »Es gibt doch nichts Besseres als Münchner Bier.« Ella fragte erstaunt, ob ihm das Pilsner nicht schmecke. »Pilsner ist Burne Jones, und das hier ist Böcklin!«[71]

Ella besorgte sich Modelle, darunter ihre Zimmerwirtin, und von ihr erhielt sie ihr allererstes Honorar, eine Kleiderbürste. Die Frau hatte einen Bürstenladen! Kandinsky malte

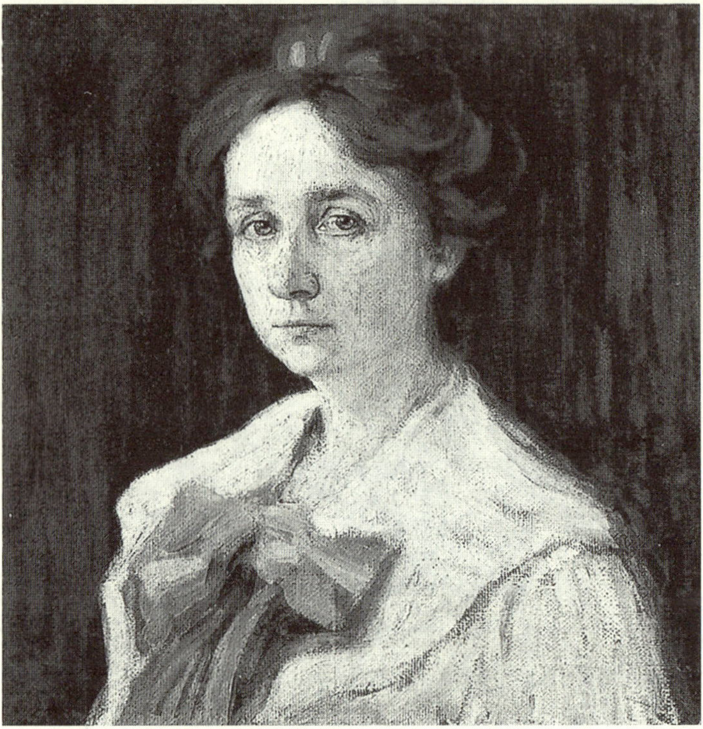

Wassily Kandinsky, Gabriele Münter, 1905, Öl auf Leinwand, 45 × 45 cm.

ein Porträt von Ella. Wie sah er sie? Das war nicht das Bild einer Geliebten, dazu fehlte ihm jede erotische Ausstrahlung. Der Blick ist von durchdringender Klarheit, forschend, distanziert. Der Mund ist herb geschlossen, das Kinn wirkt kurz und energielos. Eine grobe Nase beherrscht das Gesicht. Die breit gezogenen Brauen verleihen ihm etwas Drückendes, Verschnupftes – auch im übertragenen Sinne. Die hausbackene Hochsteck-Frisur überragt wie eine verrutschte Haarkappe die rechte Gesichtshälfte. Der Oberkörper wirkt klobig und unbeholfen, eine plumpe Schleife verdeckt jede Andeutung weiblicher Rundungen. Ein morbides Grün-Grau unterstreicht Dumpfheit und Glücksferne. Es liegt eine so tiefe Traurigkeit über dem Bild des ›strahlenden Sternchens‹, des ›goldenen Füchsleins‹, als wolle Kandinsky den Beweis dafür antreten, daß er alle Menschen seiner Umgebung unglücklich mache. Noch im gleichen Jahr bezeichnete er dieses Bild selbst als eine »Saumalerei«.[72]

Eine Fußtour durch die Sächsische Schweiz beendete den Dresden-Aufenthalt. Bis zu acht Stunden wanderten sie täglich. Ella wankte vor Erschöpfung, als sie durch die Teufelsschluchten stiegen, um in Schandau das Schiff nach Dresden zu erreichen. »Leider wurde dieser Schluß von Sandloch an durch eine böse Laune von ihm getrübt, so daß es um die ganze Tour wirklich schade ist.« Kandinsky fuhr am 17. August allein zurück nach München, wo er sich in einer Schwabinger Pension unbehaust und mißgelaunt fühlte.[73] Ella richtete sich auf einen dreimonatigen Aufenthalt bei ihrem Bruder ein. Im Briefwechsel zwischen München und Bonn schwingt zunächst ein Unterton von Gereiztheit. Nur in einem waren sie sich einig: Die Zeit der Streitigkeiten müsse nun zu Ende sein. Ella brachte ihren Stoßseufzer in Bonn zu Papier: »Hoffentlich machen wir es in Paris nicht wieder so wie in Dresden!«[74]

Aber schon lag neuer Konfliktstoff in der Luft, dem Kandinsky unter dem Stichwort »Auswanderung nach Plittersdorf« einen komischen Anstrich geben wollte. Ella fand ihre Abhängigkeit bei den Geschwistern unerträglich, zumal Kandinskys Scheidung nicht in Sicht war. Bei einem Ausflug ins nahegelegene Plittersdorf entdeckte sie für sich eine passende Wohnung. Doch gegen solche Verselbständigung sträubte sich Kandinsky. Sie müsse in der Obhut ihres Bruders bleiben, da er sonst in München keine innere Ruhe zur Arbeit fände. Darum dürfe sie auch auf keinen Fall zu Schroeters ziehen. Da käme es anläßlich Emmys störender Einmischungen bei Tisch manchmal zur »Fußkoketterie« mit dem Schwager, ein harmloser Spaß zwar, aber »für mich ist

Schroeter doch ein fremder Mann ... das ist vielleicht eine dumme asiatische Eifersucht, und ich bin ja auch etwas asiatisch. Wäre dir so etwas ganz gleich? Du Europäerin du?«[75]

Wenn nicht Plittersdorf, dann vielleicht München? Ella wagte es zart anzudeuten. Seinem Aufschrei: »Laß mir meine Zeit in München«, fügte er abmildernd hinzu: »Was deinen Plan Ende September nach München zu kommen, anlangt, so bin ich nicht dafür ... Ich denke da an Anna, das in erster Linie. Und außerdem sind noch verschiedene Gründe, die dagegen sprechen. Wenn du durchaus nach M. willst, mach es dann lieber, wenn ich schon fort bin.«

Gleichzeitig schlug er ihr den Wunsch ab, sein Atelier zu übernehmen, wenn er Anfang Oktober nach Odessa reise: »Es ist sehr traurig, daß ich dir nicht helfen kann, dich hier einzurichten. Aber andrerseits ist mir etwas unangenehm, dich hier allein im Atelier zu denken, wenn ich so weit von dir bin.«[76] Sie möge doch nach Dresden kommen, wo er seine Ausstellung in Kürze eröffnen werde. »Keine Energie zum Reisen, – bin auch die ewige Packerei so satt«, vertraute Ella ihrem Tagebuch an und hoffte: »Noch ein provisorisches Jahr, dann kommen wir aus den Koffern!«[77]

Kandinsky war indessen wohlumsorgt. Gleich am Tage nach seiner Rückkehr von Dresden hatte er seine Frau besucht, mit der er regelmäßig Briefe tauschte. »Gestern von drei bis zehn Uhr bei Anna gewesen, gehe gleich wieder hin«, teilte er Ella am 17. August mit. »Ungezwungen weiter mit ihr über Rußland gesprochen, über die gemeinsamen Freunde und die Vergangenheit«, hieß es am nächsten Tag. Von nun an nahm er täglich die Mahlzeiten bei seiner Frau ein, während die »Geliebte, Einzige, Ferne« seufzte: »Das Nichtstun und Warten ist so fad.«

Sie vertraute ihm, wenn er sich auch nach und nach zwischen ihr und Anna so einrichtete, daß alle seine Bedürfnisse befriedigt wurden. Den Traum, mit ihr den ungetrübten Seeleneinklang zu finden, hegte er wie eh und je, und sein

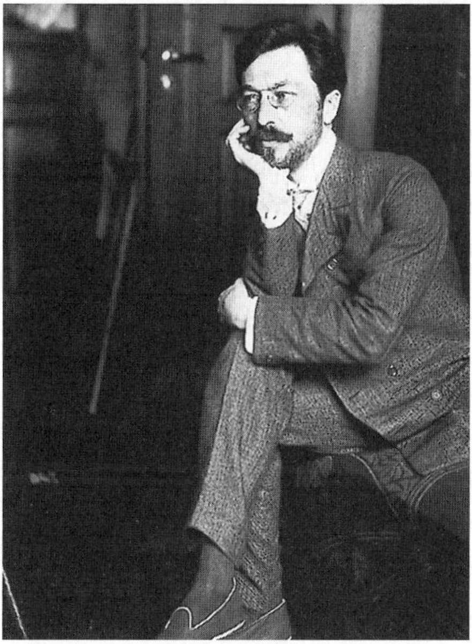

Wassily Kandinsky, photographiert von Gabriele Münter in Dresden, 1905.

Wunsch hatte für sie etwas Zwingendes. So ruppig sie sich auch in seiner Gegenwart wehrte, – wenn er aus der Ferne nach ihr rief, empfand sie eine Verantwortung, der sie sich nicht entzog. Und rief er nicht ständig, weil er auf das Einverständnis mit ihr, der Partnerin seines inneren Dialoges, nicht verzichten konnte?

»Lieber Freund, geliebte Braut, mach keine Sachen, die mir wehtun können«, hatte er sie seit Beginn ihrer ›Ehe‹ gebeten (2. 4. 1904). Er bestürmte sie: »Sei doch nicht so fremd ... dann wird's so kalt und leer im Herzen, so schrecklich das Leben, daß ich laut heulen möchte. Ich muß ja ohnehin in ständigem Kampf mit mir sein. Woher soll ich denn die Kräfte dazu nehmen, wenn du, die letzte Stütze, die ich habe, wegreißt?« (23. 6. 1904). Er leide unsäglich unter ihrem groben Ton, »tu's mir nicht mehr an, ich bitte dich ... so zerschmettert fühle ich mich ... ich möchte doch meine ganze Seele dir zu Füßen legen« (23. 4. 1904). Er kämpfte um das scheinbar Versagte mit verzweifelter Kraft: »Meine Energie, die ich in die Sache stecke, wundert mich selber manchmal. Es ist ja das erste Mal im Leben, daß ich mehr gebe als ich zurückbekomme, und trotzdem? Ich dachte schon auch, daß dies vielleicht gerade der Grund ist, warum ich so trotzköpfig dieses Mal bin« (10. 4. 1904). Immer wies er auf das Außerordentliche ihrer Begegnung hin: »Es scheint mir, daß ich mein ganzes Leben auf dich gewartet habe, dich gesucht, mich nach dir gesehnt« (4. 4. 1904).

In diesem Jahr – 1905 – hatte seine Leidenschaft einen quälenden Höhepunkt erreicht; obwohl das Zusammenleben in Dresden so spannungsreich verlaufen war, steigerte sie sich bis zu sakralen Aspekten. Er rief Ella als »seine Göttin« an, nannte sie seinen »Lebensquell«, seinen »himmlischen Boten«, seinen rettenden »Engel« und »göttlichen Reichtum«. »Du bist mein Trost und mein Licht, mein Götze« (18. 10. 1905). Zum Götzendienst gehören Formeln und Riten; sie reichten von Zeichen demütiger Hingabe bis zu gebetsähnlichen Anrufen: »Sei mit mir.« Er unterwerfe sich willig seinem »Licht«, seinem »Idol«: »Ich bete dich an ... knie vor dir und küsse deine Schuhe ... mein Stern, mein Schatz, mein Leben« (25. 10. 1905). Idol-Verehrung fordert Unterwerfung heraus: »Ich knie vor dir und küsse deine Händchen.« Er sandte »feierliche Grüße an mein Müchen, an mein Sternchen, an das Beste, was ich habe – dein Anbeter und Mann.« Fern von ihr wurde sein Hingabeverlangen zum Martyrium: »Ich möchte mit dir sein ... Warum besiegt meine Liebe zu dir alles, auch das Schrecklichste?« (23. 10. 1905). Seine Sehnsucht verlieh ihm neue Spannkraft: »Du kannst mir helfen, meine alten Kräfte zurückzugewinnen. Willst du? Oh ja, du musst es wollen, da ich sonst verkomme« (20. 9. 1905). Götter antworten nicht, sie setzen Zeichen: »Wenn ich aus deinen Briefen den Beweis ziehen kann, daß du wirklich mit mir bist, ... so steigern meine Kräfte sich, da ich dich an meiner Seite fühle und nicht so ganz allein dastehe« (22. 9. 1905). Sich von ihr geliebt zu fühlen, bedeutete ihm Rückhalt: »Ich brauche so sehr deine Stütze. Und stützen kannst du mich« (21. 9. 1905). Darum forderte er sie immer wieder zu seiner »Rettung« an: »Und ich flehe dich an, hilf mir, hilf mir um Gottes willen, mich selbst wiederzufinden. Du kannst viel, du kannst alles, Geliebte« (20. 9. 1905).

Jedes unfreundliche Wort von ihr wirke wie ein »Todesstoß«, ein »Schlag auf den Kopf«, jede Lieblosigkeit »wie ein Messerstich, und lange blutet dann das Herz« (20. 9. 1905). Wenn sie fern von ihm weilte, wurden ihm Zerwürfnisse unerträglich (wenn sie bei ihm war, löste er sie durch übertriebene Erwartungen selbst aus): »Wir müssen und wollen und werden fest zusammenhalten ... Keine spöttischen Bemerkungen! Spott ist das Schlimmste, was sein kann. Und nicht drohen ›mag nicht mehr schreiben‹. Wie soll ich denn ohne deine Briefe leben?« (21. 9. 1905).

Opfer bedingen ein Anrecht auf Zuwendung: »Ich habe deinen Besitz mit meiner Seele bezahlt, vielleicht teilweise mit meinem Leben. Und du gehörst mir« (28. 8. 1905). Nie werde er sie freigeben, »da ich alles für dich aufgegeben habe und wegen dir (wenn auch ohne deine Schuld) so lange und so viel und so stark gelitten habe und noch leide« (20. 9. 1905). Der Gefühlssturm – ob Lust oder Qual – erzeugte in ihm ein schöpferisches Energiefeld: »Es hängt sehr viel von dir ab. Du allein kannst nicht alles, aber nur durch dich kann ich zu wirklich Großem kommen« (30. 10. 1905). Doch zwischen all den Liebesbeteuerungen, die er ihr während seiner Rußlandreise vom 29. September bis zum 10. November 1905 zukommen ließ, fuhr er sie unversehens in einem neu aufgeflammten Patriotismus scharf an, weil er bei ihr mangelndes Verständnis für die russischen Sozialrevolutionäre vermutete und die deutsche Berichterstattung – namentlich die ablehnende Haltung des von ihr gelesenen *Simplicissimus* – ihn erboste: »Ich wollte es dir immer nicht sagen, jetzt aber habe ich die Geduld verloren. Nicht das ist ungebildet, daß du verschiedene historische Ereignisse nicht kennst (zum Teufel damit, wann und wo etwas war!), aber das, daß dir das Große von den Geschichtchen entgehen muß. Du mußt immer in allen Fällen deinen Kopf und dein Herz zu Rate ziehen.« Er setzte auf die Liberalen, von denen er Gesetzesreformen erwartete. »1000 mal Prost Rußland, das immer auf das Römische Recht und das Formelle darin spuckte«, frohlockte er. »Und 1000 mal Prost mein Ellchen, mein deutsches Ellchen, das mitspucken kann.«[78] Als Zar und Regierung, durch blutige Aufstände gezwungen, die bürgerlichen Grundrechte und eine parlamentarische Verfassung gewährten, versuchte er, sie mit seinem Jubel anzustecken: »Ella, Ella, gratuliere mir! Es ist geschehen, endlich, endlich. Wir haben eine richtige Verfassung und sind keine Untertanen mehr, sondern Bürger, richtige Bürger mit allen wichtigen Rechten. Nach 25 Jahren der Erwartung erlebe ich jetzt diesen Tag!« Angesichts der Umzüge mit roten Fahnen und donnernden Hurra-Rufen seien ihm die Tränen in die Augen gestiegen: »Endlich, endlich die Freiheit ... Glück, Ella, Glück! Geliebte Teure, du wirst dich mit mir freuen!«[79] Doch das Echo seines Überschwangs genügte ihm nicht; und diesmal wurde ihm die Schranke zwischen ihr und sich besonders schmerzlich bewußt, wollte er doch in allem, was ihn so nachhaltig berührte[80], eines Sinnes und eines Herzens mit ihr sein.

Am 6. November schrieb Kandinsky Ella zwei Briefe aus Odessa, einen am Vormittag, in dem er seine eilige Abreise nach Moskau ankündigte, »um sofort die Scheidung anzufangen, solange auf diesem Gebiet noch die alten Gesetze gültig sind. Änderung ist immer Verzögerung! Und mein heißester Wunsch ist schon jetzt, mit dir ganz für alle Zeiten zu sein ... mein hohes Glück, ich sehne mich nach dir.« Am Nachmittag teilte er ihr jedoch mit, er gebe dem verrückten Wunsch nach, ohne diesen Umweg zu ihr zu eilen. »Vater hat nur Angst, daß du mich mißverstehen kannst und meinst, daß ich mich zur Scheidung nicht entschließen kann. Da habe ich aber seine Zweifel leicht zerstreut!«

Im Ritter von Kandinsky hatte Ella einen warmherzigen Anwalt für ihre Verbindung mit ›Wasja‹ gewonnen, der erst jetzt den Mut gefunden hatte, dem Vater seine Trennung von Anna einzugestehen. Der Mutter verheimlichte er sie weiterhin. Der alte Herr, der die eigene Scheidung nie ganz verwunden hatte, war bestürzt, als er jedoch erfuhr, daß sein Sohn wieder heiraten wollte, brach eine tief verborgene Hoffnung auf: Würde sich die Linie, in der sein Sohn der letzte war, vielleicht doch noch fortsetzen? Er bat um Ellas Photographie, sah sie lange an und sagte dann: »Es ist ein gutes Gesicht, sie gefällt mir ... große Stirn ... und gute Augen«, jedesmal Schweigen und vertiefte Betrachtung. »Ist sie denn gut? Hat sie ein gutes Herz?« Wieder Schweigen. »Viele sagen ja, schmale Lippen bedeuten keinen guten Charakter. Ich kenne aber selbst Leute, die unendlich gut sind und doch schmale Lippen haben.« Kandinskys Antwort: »Pfeffer hat sie schon, aber das macht nichts, da sie im Grund sehr sehr gut ist und ein wirklich nobler und edler und ehrlicher Charakter.« Der Vater versprach, bald in den Westen zu kommen, um die neue Schwiegertochter kennenzulernen.[81]

Kandinsky nannte als Hauptursache seiner Scheidungsscheu die Aussicht, Anna bei Gericht Auge in Auge gegenüberzustehen. Nun erfuhr er zu seiner Erleichterung, er könne sich durch einen Anwalt vertreten lassen, der vielleicht schon in zwei Monaten die Scheidung erreichen werde. »Dann bist du schon im Winter meine allerlegitimste Frau, und unsere Ehe wird von einem Beamten anerkannt und hoffentlich auch von den Menschen, die die äußere Form über alles schätzen.« Münter, in ihrer Bonner Bleibe den Zweifeln ihrer Gastgeber ausgesetzt, antwortete kurz und bündig: »Freut mich, daß die Scheidung leichter geht. Hoffentlich hast Du schon angefangen.«[82]

Weil er diese Erwartung nicht erfüllen konnte, vermied er den Weg über Bonn. Sie würden sich in Köln treffen. Er lobte Ella, daß sie sich in den Argwohn der »Bonner Herren« nicht hineinziehen lasse, den er zur Zeit nicht zerstreuen könne.

Ella packte die Koffer: das fade Warten hatte ein Ende! Sie dachte jedoch bei der Novembertrübe nicht gerade entzückt an den nächsten Hotelaufenthalt in einer fremden Stadt. Damit nicht schon beim ersten Wiedersehen ein Mißklang aufkomme, überlegte sie lange, welches Kleid sie wohl tragen solle. Die Bluse, die er für sie entworfen hatte, in einem müden Grün? Nur nicht den violetten Hut, den konnte er nicht ausstehen. Die Furcht, ihn sofort zu einer verletzenden Äußerung hinzureißen, machte sie in der Wahl unsicher. Und das bezog sich nicht allein auf die Garderobe! Alles wurde schwierig, verursachte Kopfzerbrechen, nahm ihr die Unbeschwertheit.

Daß sie in Köln gleich zur Galerie Eduard Schulte gingen, wo Kandinsky – wie schon im Juni 1904 – eine Separat-Ausstellung hatte, machte die Hängung zum Mittelpunkt ihres ersten Gespräches und fügte sich zu einem harmlosen Auftakt. Bald jedoch kam alles zum Ausbruch, was sich in den Monaten der Trennung angestaut hatte. Ella fuhr unverzüglich nach Bonn zurück.

Am Vormittag des 17. November 1905 fiel der Schnee in dicken Flocken. Kandinsky saß in trostloser Stimmung am Tisch seines Hotelzimmers im Kölner ›Großen Kurfürst‹ und versuchte, Ella zu schreiben. Im Nebenzimmer spielte jemand Wagnersche Musik, was ihn noch mehr verstörte. »Warum habe ich dich fortgehen lassen? Alle schwarzen Gedanken, die fest schliefen, solange ich dich an meiner Seite hatte, sind erwacht und schütteln und foltern meine Seele.« Nun müsse er ihr auch noch gestehen, daß er den Kallmünzer Verlobungsring verloren habe. Kalter Schweiß sei ihm nachts auf die Stirn getreten, als er im Dunklen plötzlich gefühlt habe, daß der Ring von seiner Hand verschwunden war. Er habe alles durchsucht, die Koffer, das ganze Zimmer, habe immer wieder die Handschuhe ausgeschüttelt – nichts!

Schlaflosigkeit! Die Domuhr habe ihn alle Stunden durch ihren drohenden und dumpfen Schlag geängstigt. Verlassenheit! Endlich sei ihm ein erlösender Gedanke gekommen: »Soll denn das alles nicht einfach heißen, daß unser früheres gemeinsames Leben bis zu diesen letzten Tagen jetzt vorbei ist, daß eine neue, schöne, glückliche Periode unseres Lebens beginnt? Niemals bis jetzt fühlte ich so stark, daß wir eine Seele, ein Körper sind. Niemals bis jetzt habe ich dich so nahe zu mir gefühlt. Und niemals betete ich dich so an wie jetzt, wo mir dein kleines Herzchen unendlich lieb und heilig erscheint. Ella, Ella, ich möchte jetzt vor dir knien und deine Füße küssen ... Gleich kaufe ich die Ringe und gehe dann in den Dom, um da Ruhe zu suchen und bei dem unbekannten Gott für uns beide zu beten. Komm doch morgen, komm, Geliebte, Einzige, Angebetete.«

Sie kam, setzte sich zu ihm in den Zug und ließ sich einen neuen Trauring auf den Finger stecken. Fragte: »Fängt es bei uns immer mit bösem Omen an?«, und fuhr mit ihm nach Lüttich und Brüssel. Sehr bald aber sehnte sich Kandinsky nach südlichem Klima, und so reisten sie nicht wie vorgesehen nach Paris, sondern nach Mailand.[83] Dann deponierten sie ihr Gepäck in Genua und fuhren die Riviera entlang, um ein Winterquartier auszumachen. »Prost Neujahr wohnungsuchender Weise«, schrieb Ella aus Sta. Margherita an Charly; am 10. Januar aber konnte sie ihm erleichtert aus Rapallo mitteilen: »Heute mein Atelier eingerichtet, morgen fängt die Arbeit an.« Sie hatten ein geräumiges Haus mit dem klangvollen Namen ›Casa Valle Bella‹ gemietet.[84] Es lag an der nicht weniger wohllautenden ›Via Montebello‹, jedoch befand sich die Nummer 24 unmittelbar gegenüber einem mit Läutewerk versehenen Bahnübergang. Der Haushalt war wohlversorgt durch eine Italienerin. Die lang erwartete ›Malzeit‹, das wintermilde Klima und die mediterrane Formenklarheit lösten die Erstarrung, in der Ella die letzten Bonner Wochen verbracht hatte, und führten zu einem neuen Einverständnis mit Kandinsky; es war wohl die ungetrübteste Zeit, die sie miteinander verbrachten. Ella hatte ihr Rad nach Genua schicken lassen, »weil man ohne Rad doch nur ein halber Mensch ist«.[85] Sorglos durchstreifte sie die Gegend; die Vielzahl und Intensität südlicher Eindrücke belegt das Skizzenbuch. An kühlen Tagen verbreitete ein eisernes Öfchen Gemütlichkeit. Ella genoß vier Monate lang das Gefühl, von dem gehobenen Nomadenleben der letzten Jahre erlöst zu sein: »Es war ein schöner Winter«, erinnerte sie sich, als sie 1911 für Tagebucheintragungen Rückschau hielt. Kandinskys Vater kam, um sie kennenzulernen, und blieb, ihr freundschaftlich zugetan, eine Zeitlang zu Besuch; auch Carl Palme und Emmy Dresler waren gerngesehene Gäste.

Die Dämmerstunde, die ihr die liebste des ganzen Tages war, lag schon in einem vielfach gebrochenen blauen Licht tagsüber wie ein mildes Versprechen über den winterklaren Bergkuppen und dem Dunstschleier des Meeres. So, wie Kandinsky seine Sonnenphantasie auf die Leinwand bannen wollte, so suchte Ella nach der gültigen Aussage für den sanft entgleitenden Tag.

Eine solche Blaue Stunde versuchte sie unter dem Titel *Landschaft bei Rapallo*[86] einzufangen. Auf einer Felszunge wird ein fahler, gelbgrauer Palazzo vom türkisfarbenen Meer umspült. In der diesigen Ferne treffen Land und Himmel im Zwielicht blauer Farbabschattungen zusammen – eine Welt des Gleichmaßes, der altersmüden Mauern, in deren verblichenen Pastelltönen sich die Feuchte des Meeres niedergeschlagen hat.[87] Wieder bewies Ella ihr Gefühl für das Typische und Unverwechselbare ihrer jeweiligen Umgebung. Da ihr der kraftvolle Spachtelauftrag, den sie von Kandinsky zeitweise übernahm, für diese lautlose Weite nicht gemäß schien, beschränkte sie ihre Palette und erzeugte durch eine behutsamere Strichführung eine Stimmung, die sie der Landschaft abgelauscht hatte.

Auch Kandinsky malte die *Bucht von Rapallo*.[88] In furiosen Spachtelhieben zog er den Horizont bis an den oberen Bildrand, um die Illusion der Raumtiefe zu umgehen. Es ist eine fast zugestellte, sich andrängende Welt, deren Dichte durch eine massig aufliegende Farbtextur noch gesteigert wird. Ob in Kallmünz, Tunis oder Rapallo: Kandinsky malte die Natur in dem gleichen gewaltsam wirkenden, pastosen Farbauftrag.

Als Vorwand und Mittel für seine lautstarken Farbvisionen verfremdete er, was winterstill und in südlicher Formenklarheit vor seinen Augen lag. Er drückte jeder Landschaft den Stempel eigener Bildvorstellung auf, so daß sie das Aroma des Einmaligen, Charakteristischen verlor, dafür aber im Farbenchor seines Temperamentes aufglühte.

Sie waren beide so gern in Rapallo, daß Kandinsky seiner ›Schwimmfüchsin‹ vorschlug, dort ein Haus am Meer zu kaufen. »Aber als er im Frühjahr bemerkte, daß Schlangen aus ihren Verstecken hervorkamen, strebte er eilig fort, ließ die Rivieraschönheit im Stich und fuhr mit Gabriele Münter nach Paris.«[89]

8. Kapitel

Später und Irgendwo

22. Mai 1906: Paris. Endlich erreichten sie den Ort, den Kandinsky schon drei Jahre früher für ihr Zusammenleben bestimmt hatte.[1] »Provisorisch haben wir im Quartier Latin nette Zimmer gefunden ... von wo aus wir ein Atelier suchen wollen. Es regnet viel ... so kann ich mich noch nicht sehr begeistern – besonders imponiert mir wenig die Comfortlosigkeit und Teuerheit in allem. Ich bin aber sehr zufrieden hier und will weiter nicht schimpfen«, berichtete Ella Münter ihren Geschwistern.

Das 1902 gebaute Appartementhaus in der Rue des Ursulines 12 war zweckmäßig, aber unpersönlich, die Räume lagen an langen Fluren wie in einem Hospital, und nur wenige von ihnen hatten Atelierfenster. 200 Meter von der unscheinbaren Straße entfernt aber lag das Studio von Alexis Mérodack-Jeaneau[2], der 1904 die *Groupe d'Art des Tendances Nouvelles* gegründet hatte, zu deren 55 Mitgliedern Kandinsky gehörte. Der erste persönliche Kontakt war Ende November 1904 – unmittelbar vor der Tunisreise – durch Kandinskys Besuch hergestellt und danach durch seine Mitarbeit an der seit Mai 1904 erscheinenden Kunstzeitschrift *Les Tendances Nouvelles* gefestigt worden[3]; sie vertrat einen an der Literatur orientierten Symbolismus, in den sich seine illustrativen Holzschnitte stimmig einfügten. »Mein Stolz hatte sehr viel Erfolg in Paris«, hatte Ella damals ihrem Tagebuch anvertraut und glücklich den mit Brillanten gefaßten Smaragdring angelegt, den Kandinsky ihr in der Freude über seine erste, Dauer versprechende Beziehung zur Pariser Kunstszene mitgebracht hatte. An diesen Erfolg wollte er nun anknüpfen.

Er hoffte auch auf wachsende Beachtung durch den renommierten *Salon d'Automne*. Seit 1904, dem zweiten Jahr seines Bestehens, hatte er dort ausgestellt, war im November des gleichen Jahres zu dessen ›Sociétaire‹ avanciert und im September 1905 sogar in die Jury berufen worden, »freilich mußte ich absagen«. In der diesjährigen Ausstellung würde er 21 Werke zeigen; Gemälde, Holzschnitte und Tempera-Zeichnungen, dazu die Perlstickereien, die Münter in Tunis nach seinen Entwürfen angefertigt hatte.

Da sie erst nach der Schließung der großen Frühjahrsausstellung des *Salon des Indépendants* eingetroffen waren, konnten sie die aktuellen Kunstrichtungen nur in Pariser Galerien kennenlernen. Es gab nicht viele, die den neuesten Zeitstil vertraten, und sie lagen dicht beieinander zwischen Pigalle und Madeleine. Bei Berthe Weill hingen immer einige Werke von Matisse, dessen Anfang 1906 entstandenes Gemälde *Le Bonheur de Vivre* als Nummer 2289 des diesjährigen Frühjahrssalons die Pariser in Aufruhr versetzt hatte und der als Anführer der *Fauves*[4] viel von sich reden machte. Madame Weill stand in dem Ruf, Talentaufspürerin zu sein, seit sie Picasso und Maillol[5] vor deren Durchbruch ausgestellt hatte; nun zeigte sie russische Künstler und Georges Rouault.[6] Die Nabis[7] und Neo-Impressionisten waren bei Bernheim zu sehen. Der Galerist Ambroise Vollard, der im Frühjahr 1905 Picasso ›entdeckt‹ hatte, zeigte seine Schätze erst nach mißtrauischer Prüfung seiner Kunden und setzte Kennerschaft voraus; im Nebenraum hingen stets einige Bilder von Cézanne, van Gogh, Gauguin, Munch, Rousseau. Bernheim Jeune zeigte gerade in einer Separatschau (Mai/Juni) Edouard Vuillard. Clovis Sagot, dessen Name Kandinsky in seinem Skizzenbuch vermerkt hatte, zeigte in der Rue Lafitte eine breite Auswahl der Fauves. Gabriele Münter notierte in ihrem Notizbuch: »Gauguin, van Gogh, Monticelli, Redon, Bonnard, Cézanne, Matisse, Marinot, Denis, Signac und Renoir.« Sie hielt die Galeriebesuche zur Einschätzung des eigenen Standorts für ebenso wichtig wie für ihrer beider Ausstellungs- und Verkaufschancen.[8] Doch die Vielfalt des etablierten Kunstfeldes muß sie gleich zu Beginn ihres Aufenthaltes deprimiert haben: sich hier einzugliedern, würde langwierig und schwierig sein!

Münter machte sich ausgiebig mit den Gemälden der *Fauves* bekannt, die im *Salon d'Automne* 1905 zum ersten Mal hervorgetreten waren. Man hatte damals die Werke von Matisse, Derain, Manguin, Marquet, Puy, Vlaminck, Friesz und Rouault in einem Raum ausgestellt, der bald darauf den Spottnamen ›Käfig der wilden Tiere‹ erhielt. Überfallartig waren die Betrachter mit einer Malerei konfrontiert worden, bei der die Farbe mit der ihr innewohnenden Sprengkraft das Licht abfeuerte, ohne daß eine Beleuchtungsquelle für das Farbgeschehen im Bilde auszumachen war. Das ›Clairobscur‹, jener stimmungshafte Gesamtton eines Tafelbildes, der 400 Jahre lang die Malerei beherrscht hatte, war einer Farbenanarchie gewichen, die Matisse, den ›Häuptling der Wilden‹, zu einem Programmbild inspiriert hatte: *Frau mit Hut*, ein Brustbild seiner Frau, die sich dem Betrachter zuwendet und einen gewaltigen, mit bunten Kunstblumen überreich dekorierten Hut auf dem Kopf balanciert.

Gabriele Münter, die sich auf ihren impressionistischen Gemälden immer noch bemühte, einen Natureindruck wiederzugeben, erkannte, daß diese ›Wilden‹ auf beschreibendes Kolorit verzichteten. So verloren die Farben ihre Abhängigkeit von den Gegenständen, denen sie in der Natur anhafteten, und der Maler konnte frei über sein Medium verfügen. Er führte gleichzeitig aus der Plastizität eines Naturraumes – einer von der Skulptur abgeleiteten Malerei – heraus, indem er auf linearperspektivisch dargestellte Raumtiefe verzichtete und dafür Farbzonen übereinanderstaffelte. Den Grundsatz aller Verfechter einer von der Linie beherrschten Malerei, formuliert vom an der Antike geschulten Altmeister Ingres[9]: »Zeichnen ist die Redlichkeit der Kunst«, schienen diese ›Invertébrés‹ (Rückgratlosen) nur hinsichtlich arabesker Wirkungen zu beachten und sich dann in eine farbexzessive Malerei zu stürzen. Dabei verwendeten sie reine Farben[10] und zerlegten sie, um ihre Beziehungen untereinander zu verdeutlichen, mittels des durchscheinenden Malgrundes; denn diese revolutionierende Malerei führte ihre Mittel in bewußter Beschränkung auf die Grundelemente zurück.

Vieles mochte Kandinsky an seine eigene Intention erinnern. Auch er hielt sich ja bei der Farbgebung seiner Tupfenbilder und Holzschnitte nicht an die Naturtöne, sondern unterstellte Menschen und Gegenstände dem Primat des farbig-kompositorischen ›Gesamtklanges‹ seiner Bilder. Während Matisse jedoch die Farben unabhängig von jeder spekulativen Thematik anwandte, die abgebildeten Gegenstände beliebig mit ihnen einfärbte und sie kompositionell nach optischen Effekten anordnete, war Kandinsky im Dekorativen, bei stimmungserzeugenden Szenen, stehengeblieben.

Kandinsky zeigte Matisse gegenüber denn auch gewisse Vorbehalte, seine Bilder hätten etwas Flach-Urbanes. Durch das Vordergründige raffinierter Farbgebung und eine unbestreitbare Brillanz der Form gelange der Betrachter zwar zu einer gewissen Augenfreude, seine Seele bleibe jedoch kühl und leer. Der revolutionäre Vorstoß der *Fauves* in malerisches Neuland werde mit einem fatalen Mangel an Innerlichkeit bezahlt.

Während Ella sich für die zeichnerischen und farblichen Exaltationen der *Fauves* aufgeschlossen zeigte, bedauerte Kandinsky deren Verzicht auf jede kunstreligiöse Gestimmtheit. Einig waren sie sich jedoch in ihrer Vorliebe für Henri Rousseau.[11] Wie der ›Douanier‹ seine Visionen von einer fiebrig wuchernden Natur in naiver, detailgenauer Dingwiedergabe auf die Leinwand übertrug, beeindruckte sie nachhaltig, und darin befanden sie sich in Übereinstimmung mit dem Pariser Publikum, das sich so vor seinen Bildern gedrängt hatte, daß für die hinten Stehenden Trittleitern herangeschafft wurden, die nach wenigen Stunden zerbrochen dalagen. Ob sie einen Besuch bei Rousseau machten oder ob die

Bekanntschaft erst durch eine Ausstellung in Angers im Mai 1907 zustande kam, auf der Kandinsky und der ›Zöllner‹ gleichzeitig vertreten waren, ist ungewiß.

Kandinsky bewunderte, daß dieser Maler, ohne sich um gängige Aussageweisen zu kümmern, seine eigene Sprache erfunden hatte und dabei zu einer Kongruenz von Inhalt und Form gelangt war, die auch er einmal zu erreichen hoffte – wenn auch sein Weg weit entfernt von der magischen Präzision dieser Traumgesichte verlaufen würde.

Ella Münter war von Georges Rouaults eigenwilliger, an bleiverglaste Fenster erinnernder Manier beeindruckt, leuchtende Farbflächen in schwarze Konturen einzufassen. Sie lernte ihn beim Besuch des früheren Studios von Gustave Moreau[12] kennen, der gefordert hatte, daß die Phantasie sich der Farbe bemächtige. Rouault, wie Matisse und Marquet ein Schüler dieses großen Anregers der modernen Malerei, leitete die 1903 eingerichtete Gedenkstätte und lud die Besucher nach einem Rundgang in sein eigenes Atelier ein.[13]

Zunächst war Ella jedoch mit der Suche nach einer geeigneten Unterkunft beschäftigt. Sie mietete auf Wunsch ihres stadtmüden Gefährten die Bel étage eines Landhauses in Sèvres, und das gleich für ein ganzes Jahr. Am Tage vor dem Einzug, dem 27. Juni 1906, schrieb sie an ihren Bruder: »32 Grad Hitze und ich habe keine Zeit, müde zu sein. Habe schon gepackt ... Schicke mir bitte 400 Francs, wenn ich mehr gut habe, soviel wie da ist ... Es wäre doch Zeit, daß ich einmal Bescheid lernte über meine Geldangelegenheiten und mich auch darum bekümmerte und nicht immer zu fragen brauchte, wieviel ich darf.« Sie hatte alle Geldreserven verbraucht, da die teilmöblierte Wohnung im voraus zu bezahlen war und zudem noch Anschaffungen erforderte. Das hochgelegene Haus gewährte einen weiten Blick, an klaren Tagen bis nach Paris. Die berühmte Porzellanmanufaktur war nahe und ebenso die Bahnstation des Vorortzugs. Auf der Rückseite des Hauses stieg das Gelände an zum Park von

St. Cloud, dessen Reiz Edvard Munch 1889 so bezaubert hatte, daß er sich hier niederließ; *Nacht in St. Cloud* und *Chez le marchand du vin* stammen aus dieser Zeit. Auch Henri Rousseau malte die weichlinigen *Hügel von Sèvres* und die *Ufer der Oise*. Gabriele Münter ließ Carl wissen, auch sie würden hier viel malen, allerdings bedaure sie, fern von einem Schulatelier zu sein.

Äußerlich schien alles glatt und geordnet. Dennoch machte sich die janusköpfige Natur Kandinskys gerade zu dieser Zeit wieder bemerkbar. Wie immer erschien er äußerlich ruhig und gefaßt. Doch Ella wußte, wie mächtig unter dieser Glätte der Stau seiner heimlichen Verzweiflung anwachsen konnte.

Bis zur Eröffnung des *Salon d'Automne* hielt sich seine Verstimmung in Grenzen. Er zog es jedoch von Anfang an vor, allein zu bleiben. Hin und wieder besuchte ihn aus Paris die Malerin Elisabeth Epstein[14], die in München im Salon der Marianne von Werefkin verkehrt hatte und als geistreiche Gesprächspartnerin *Tonio Krögers* unter dem Namen Lisaweta Ivanowna in die 1901/02 von Thomas Mann verfaßte Erzählung eingegangen war. Kandinsky verdankte der in Polen gebürtigen, mit russischer Staatsbürgerschaft übersiedelten Jüdin die Verbindung zu den *Tendances Nouvelles* und den ersten Hinweis auf den 1903 eingerichteten Herbstsalon.[15] Manchmal kam auch Olga Meerson[16], die – in Moskau gebürtig und seit 1899 in München – ebenfalls zum Kreis der ›Giselisten‹ gehörte und nun in Paris lebte. Mit beiden Malerinnen sprach Kandinsky russisch. Beide waren inzwischen stark theosophisch engagiert, und so ist zu vermuten, daß seine im Notizbuch dieser Zeit[17] erkennbare Beschäftigung mit Farbtheorien unter spirituellen Gesichtspunkten auf Gesprächen mit diesen Besucherinnen beruhte.

Nichts deutet hingegen auf Kontakte mit früheren Kollegen hin, von denen sich einige inzwischen in Paris einen Namen gemacht hatten; auf Albert Weisgerber zum Beispiel, einst Mitstudent der Stuckklasse, den Kandinsky in der 4. *Phalanx*-Schau herausgestellt hatte und der nun zur Pariser Gruppe des *Café du Dôme* gehörte. Nichts auf Igor Grabar, den Ažbè-Mitschüler, nichts auf den in Paris weilenden Finnen Axel Gallén, auch *Phalanx*-Aussteller. Nichts auf den Kollegen der Stuck-Zeit, Hans Purrmann, der seit 1905 in Paris lebte[18] und als Organisator von Matisse' Malschule in den Salon der Geschwister Stein[19], der Sammler moderner Kunst, eingeführt worden war. Kandinsky schien auch darauf verzichten zu wollen, mit der französischen Avantgarde ins Gespräch zu kommen.

Dazu hätte ihm seine recht ansehnliche Beteiligung am *Salon d'Automne* gute Gelegenheit geboten. Die Ausstellung zeigte nicht nur, was auf der Höhe der Zeit war, sie führte auch die Künstler verschiedener Bereiche und Länder durch begleitende Vorträge zusammen. Außerdem veranstaltete der Salon zum ersten Mal eine Sonderschau russischer Kunst, für die lebhaftes Interesse bestand und deren Räume Léon Bakst[20] ausgestattet hatte. Die Pariser *Union des Artistes Russes* hatte ihr Stammquartier am Boulevard de Montparnasse eingerichtet, und Jawlensky, Gontscharowa, Larionow[21] gingen dort ebenso aus und ein wie die mit Kandinsky befreundeten Maler der *Mir Iskusstva*. Seit der Zar die Stadt besucht hatte – woran die Pont Alexandre III. für alle Zeit erinnern sollte –, gab es zahlreiche Publikationen für die russische freie und angewandte Kunst, und auch im *Musée des Arts Décoratifs* wurden russische Werke ausgestellt. Doch Kandinsky suchte keinen Kontakt mit seinen Landsleuten, obwohl er die Sonderschau mit Ella und seinen russischen Verwandten, den Abrikosows, mehrmals ansah. Er selbst, der seine Kunst als Ergebnis internationaler Einflüsse verstand, wollte sich wohl nicht in eine Sonderecke abdrängen lassen und stellte seine westeuropäische Identität zu dieser Zeit nicht in Frage.

Ella Münter war häufig im Salon. Sie lernte durch Anschauung. Matisse' *Liseuse* war ausgestellt, auch einige seiner Stilleben, in denen der Bruch mit den seit der Renaissance eingeübten Sehgewohnheiten noch krasser wirkte und wo hinter dem flächigen Bildgeschehen ein greller ›Farbraum‹ hochgetürmt wurde. In einer Gauguin[22]-Retrospektive des Salons mit über 200 seiner Werke begegnete sie einer Malerei, die große Farbflächen in klar gezeichneten Umrissen zusammenstellte. Diese naiv-flächigen, archaisierenden Darstellungen schienen inneren Traumgesichten zu entstammen, die im Betrachter nachklingen sollten. Das erinnerte an Kandinskys Auffassung über die Vertauschung von realen und irrealen Sinneseindrücken beim Malen: »Zehn Blicke auf die Leinwand, einer auf die Palette, ein halber auf die Natur«[23], an seinen Wunsch, gegenüber dem Natureindruck stets die innere Vision zu bewahren.

Das würde nie *ihr* Weg sein. Wo er verlaufen möge, erhoffte sie, wenn sie Werken von Cézanne begegnete; er tastete die Wirklichkeit auf ihre Bildwürdigkeit hin ab und ließ sie gelten. Dabei war für ihn nichts des bloßen ›Abmalens‹ wert; erst so verwendet, daß es dem Gesetz eines Bildes entsprach, wurde es zu benutzbarem künstlerischen Material. Er setzte klare Farbtöne durch klare Linienführung voneinander ab. Wie er die Formverknappung – die Münter ja schon in Umrißzeichnungen, Holzschnitten und den Farbfeld-Skizzen ihrer Zeichenhefte durchführte – in der Malerei angewandt und mit welcher Kühnheit er für die farbige Gestaltung stereometrische Grundformen verwendet hatte, beeindruckte sie stark, wenn sie auch selbst erst zwei Jahre später zur Farben- und Formenklarheit in der Ölmalerei vorstieß.

Das matte Echo auf seine im *Salon d'Automne* ausgestellten Werke mußte Kandinsky enttäuschen. Zwar brachten die *Tendances Nouvelles* einen anerkennenden Bericht[24], doch er selbst wurde unschwer gewahr, daß in der von den *Fauves* beherrschten Kunstszene Arbeiten im Geiste eines symbolisierenden Jugendstils nur noch Randbedeutung hatten. An die farbliche Raffinesse und den Entdeckerruhm der

Matisse, Marquet, van Dongen und Derain konnte er nicht heranreichen. Seine dekorativen Temperabilder, dieses Märchen-Geraune in Farbtönen, seine lyrischen Holzschnitte, die stimmungshafte Momente evozieren sollten, standen der Augenlust der französischen Kritiker gegenüber, die kühne Farbexperimente gewohnt waren. Aber nicht nur die Technik, auch seine romantisierenden Sujets waren ihnen uninteressant. Darüber hinaus vermißten sie bei seinen Exponaten die durchgängige Handschrift. Er schien für die Franzosen in seiner Tempera-Tupfentechnik erst jetzt die Quellen der fauvistischen Lichtmalerei zu entdecken und sich die divisionistischen Erfahrungen zu einem Zeitpunkt zu eigen zu machen, der hier nur als ein Hinterherhinken aufgefaßt werden konnte.

So wurde Paris für Kandinsky zum Wendepunkt: Er sah ein, daß er seine Integrationsmöglichkeit falsch eingeschätzt hatte. Dabei war die Übersiedlung, für unbestimmte Zeit geplant, immer wieder herausgeschoben worden, weil er in seiner Maltechnik und seiner Farbentheorie möglichst weit vorangekommen sein wollte, ehe er sich hier der internationalen Konkurrenz stellte. Nun erkannte er verschreckt, daß er sich mit seinem dreispurigen Werk (das Angewandte – die ausgestellte Perlstickerei – kam noch als ein vierter Zweig hinzu) in einer Sackgasse befand. Dennoch ahnte er, daß er aus der Bündelung seiner Tempera-, Öl- und Holzschnitt-Technik zu einem Ergebnis vorstoßen würde, das schon fertig in ihm lag, das er aber noch nicht verwirklichen oder in Worten ausdrücken konnte.

Zur künstlerischen Resignation kam die Trauer um den gefallenen Halbbruder Alexander Kojevnikow, durch dessen Tod seine Mutter in eine tiefe Depression gefallen war. Sein Nationalgefühl erlitt zur gleichen Zeit schmerzliche Einbußen, da sich der russische Parlamentarismus mehr und mehr als brüchig erwies. Schuldgefühle gegenüber der in München vereinsamten Anna plagten ihn. Auch Ella gegenüber bezeugte er eine an Selbstverdammung grenzende Reue: »Ich habe dir doch einen der besten Träume gestohlen ... Schrecklich, schrecklich sind trostlose Tränen.«[25] Die begehrte ›Symbiose‹ mit ihr – »eingeschlossen in einer Haut mit dir, ein Denken nur, ein Fühlen« – war nicht zu verwirklichen; Ella blieb, bei aller Nachgiebigkeit, eine klar konturierte Persönlichkeit mit eigenem Urteil, eigenen Strebungen. Es gab für seinen seelischen Kräfteverfall mehrere Ursachen: »Ich sah mit einem Male alles um mich herum zusammenbrechen.«[26]

Kandinsky verübelte Ella, daß sie so hartnäckig darauf bestand, sich in Paris weiterzubilden. Sie aber wollte sich nicht noch einmal – wie in Dresden – freiwillig in einen Käfig zurückziehen, nur auf ihn und seine verdüsterte Stimmung bezogen. Wenn sie sich seiner Leidenssphäre entzog, verminderte sie außerdem die zerstörerischen Kräfte, die im Zusammensein auf ihre gegenseitige Beziehung einwirkten.

Am 15. November 1906 bezog sie in Paris ein Zimmer, Rue Madame 58^{III}, Hinterhaus, bei einer Familie Vernot. Durch diese Übersiedlung wurde es ihr möglich, Unterricht in der *Académie Grande Chaumière* zu nehmen. Sie wählte einen Kursus für Pinselzeichnungen und entdeckte bald ihre Vorliebe für diesen ästhetischen Zwitter, der – halb Malerei, halb Graphik – nicht nur durch die Betonung des Umrisses, sondern auch durch die beherrschende Anwesenheit des weißen Papiergrundes das ihr geläufige Element der Abstraktion verstärkte.

Neben ihren unverkennbaren Fortschritten genoß sie die Stadt beim nachmittäglichen Galeriebummel. Bernheim Jeune zeigte in der zweiten Novemberwoche Blumen und Stilleben von Cézanne, Matisse, Gauguin. Im gleichen Monat konnte sie bei Berthe Weill noch einmal Matisse' Werke gründlich betrachten, im Dezember die Rouaults. Beim Galeristen Eugène Druet fand im Januar eine Sonderschau Marquets mit 39 seiner besten Werke statt, die trotz ihrer Leuchtkraft eines festen Gefüges nicht entbehrten, auf das Münter in ihrer vor-

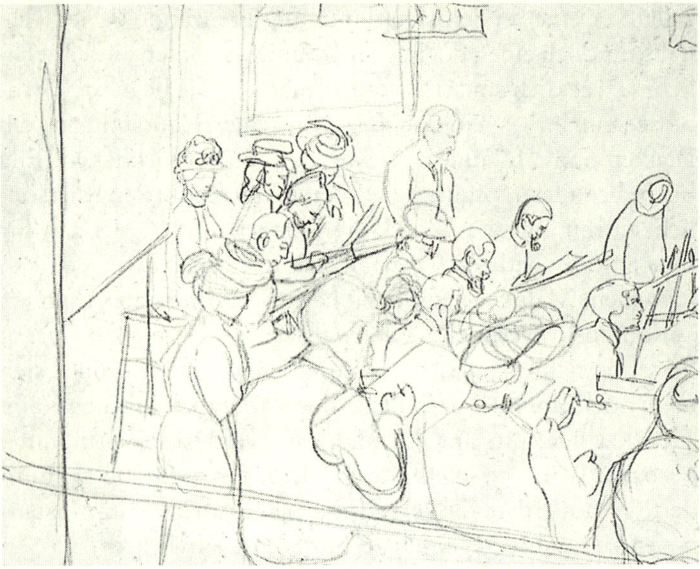

Gabriele Münter, Atelier Grande Chaumière,
Paris 1906/07, Bleistiftskizze.

wiegend zeichnerischen Begabung ungern verzichtete. Die Anregungen schlugen sich erst später in ihrem Stil nieder, dazu bedurfte es einer anderen Technik als ihrer Spachtelmalerei. Doch sie näherte sich dem ihr Gemäßen, indem sie vorerst nur gründlich hinschaute.

Es ist viel über eine Bekanntschaft Kandinskys und Münters mit den Geschwistern Stein gerätselt worden[27], die sich eine einzigartige Sammlung moderner Kunst zugelegt und als erste die Bilder von Matisse gekauft hatten. Der Salon der amerikanischen Schriftstellerin Gertrude Stein[28] in der Rue de Fleurus 27 war Treffpunkt all derer, die Innovationen in Literatur und bildender Kunst anstrebten. Picasso, Matisse, Braque und Gris waren wie viele andere schon auf der Vorstufe des Ruhms[29] mit ihr und ihrem Bruder Leo, einem Kunstwissenschaftler, befreundet. Die Verbindung Münters zum Kreis der Gertrude Stein mag durch ganz einfache Weise zustande gekommen sein: deren zweiter Bruder, Michael, und seine Frau Sarah, die sich im Schulatelier Matisse' zur Malerin ausbilden ließ, wohnten wie Münter in der Rue Madame 58.[30] »Auch dieser Bruder machte seine Sammlungen an Samstagabenden allgemein zugänglich ... Die scharfsinnige und intellektuelle Frau Michael Steins gewann bald geistigen Einfluß auf Matisse, der sich fast täglich in ihrem Hause einfand. Vorübergehend verfiel er sogar religiösen Anwandlungen, da Frau Stein die Lehre der Christian Science verbreitete und äußerst bibelfest war«[31], berichtete Hans Purrmann. Münter schenkte seit ihrem Amerika-Aufenthalt der Christlichen Wissenschaft gewisse Aufmerksamkeit und zeigte sich bis weit in die zwanziger Jahre hinein von Mary Baker-Eddys 1866 in Boston begründeter Lehre des mentalen Heilens angezogen. Das Grundstück Rue Madame 58 war Eigentum der *Société libre de l'église évangélique*[32]; möglich, daß Münter die Unterkunft durch Gemeindemitglieder vermittelt wurde. Bei ihrer Kontaktfreude und Neugier auf Menschen ist die Bekanntschaft mit Gertrude Stein und die Einbeziehung in deren gastliches Haus in der Rue de Fleurus – vermittelt durch Sarah – eigentlich selbstverständlich; dafür spricht auch ihre spätere Vertrautheit mit Juan Gris[33] in Schweden (1916) und Hans Purrmann in Sanary (1930). Doch sollte man diese Begegnung nicht überbewerten; moderne Kunst war in Paris überall zu sehen, und mit den Steins hätte Münter wohl nur allein Umgang gepflegt, denn Kandinsky war menschenscheu bis zum Verkriechen.

Wann immer er später die Unvereinbarkeit ihrer beider Charaktere zur Sprache brachte, zog er den Paris-Aufenthalt heran: »Alle Leute, die mich wirklich gern haben, zeigen mir stets soviel Liebe, Aufmerksamkeit, Zärtlichkeit und verwöhnen mich so unendlich (und verwöhnten mich mein ganzes Leben), daß deine Art besonders die erste Zeit für mich sehr schwer zu vertragen war und wie Hiebe und Schläge auf mich wirkten. Ich habe schlechten Charakter überhaupt. Da solltest du verstehen, *wie* solche Empfindungen auf mich wirken konnten und können. Vergiß nicht die Jahre, wo die ganze Welt, Leben, Natur, Weltall für mich wie bodenlose Schwärze waren, mir wie schwarze Mauern vorkamen, die mich lebendig begraben haben, wo ich keine Angst vor dem Tode hatte, sondern vor dem möglichen nochmaligen Leben. Damals hatte ich an dir keine Stütze ... Es war in Sèvres, und da bat ich dich, nach Paris zu gehen, um mich nicht fortwährend beherrschen zu müssen. Den Abend, als ich dich zur Bahn gebracht hatte und heimkam, verlor ich die Macht über mich, fiel auf den Boden, riß mir die Haare und weinte so verrückt, daß ich Angst bekam, die Pelerts kommen.«[34]

Ella wich allen Unstimmigkeiten aus, weil sie wußte, daß Kandinsky wieder einmal in einen Abgrund gestürzt war, in dem er allein bleiben mußte. Sie hatte inzwischen auch die dunklen Seiten seines Wesens einzuschätzen gelernt und vermochte die Zone der Einsamkeit zu respektieren, in der er sich selbst wiederfinden wollte. Solche Phasen durchlebte er wie eine Buße für Unnennbares, das ihn zu Boden drückte. Während seiner Verdüsterungen fürchtete er auch die geringsten Erwartungen der Umwelt, die ihn belasteten, weil er ihnen nicht entsprechen konnte. Solange er in der schwarzen Randzone der Wirklichkeit lebte, waren seine Empfindungen nur malerisch zu artikulieren.

In Zeiten wie in Sèvres konnte er Ellas Präsenz, ihren aufblitzenden Witz, ihr schnelles Zupacken, ihr »Leuchten« nicht ertragen. Dann suchte er das Verhangene. Dann störte ihn ihr unbefangener Zugriff, ihr weltgeöffneter Blick, ihr unbekümmerter Appetit, ihre Unternehmungslust. Dann wurde auch seine innere Zerrissenheit deutlich, immer das Gegensätzliche gleichzeitig zu wollen: Er schickte sie zürnend von sich und forderte sie dennoch an. Indem er seinen Tagesablauf in Sèvres minutiös niederschrieb, wollte er sie wie sein Doppel-Ich an jeder Kleinigkeit beteiligen. Von ihr wahrgenommen zu werden, bedeutete ihm eine Spiegelung, in der er sich selbst wahrnahm. »Um zwölf Uhr déjeuniert, etwas nachher gelesen, Plakat-Leinwand ausgepackt (was auch dauerte) und etwas drauf gezeichnet. Jetzt mache ich kleine Pause. Dann gehe ich aus für Einkäufe und trinke um drei Uhr Tee«, schrieb er ihr, unmittelbar nachdem sie in die Rue Madame gezogen war, als beruhige er sich selbst darüber, daß das Leben auch ohne sie seinen gewohnten Gang behielt. Der geordnete Tagesablauf wurde zum Geländer, bis sie ihn an den Wochenenden besuchte. Oft drängte er, daß sie bis Montag bleibe, lockte mit interessanten Kinematographen, verschwieg ihr jedoch nicht seine »Hintergedanken. Es ist mir nämlich nachts zu unheimlich. Bin sehr müde, habe aber auch jetzt Angst vor dem Bett.«[35] Wenn aber einmal ihre Absage-Depesche eintraf, weil sie etwas anderes vorhatte, verlangte er ärgerlich, daß sie ihn dann in der Woche betreue, denn »ich will nicht nach Paris ... Sehr Interessantes kriegst du nicht zu sehen, aber ein Schimpfcadeauchen bekommst du schon ... Vielleicht hole ich mir heute eine Influenza, dann kommst du ja sicher.«[36]

Nach einer längeren Weihnachtspause in Sèvres, in die am 4. und 5. Januar 1907 ein gemeinsamer Ausflug nach Chartres eingeblendet wurde, wiederholte Ella den Pariser Studienaufenthalt.[37] Wieder wirkten Kandinskys Briefe wie Hilferufe: »Als ... ich allein heimging, wurde mir noch viel schlimmer zumute und eine tiefe Trauer erfüllte mein Herz.« Der Kater Waske sei ihm entgegengekommen, habe geschnurrt und sich an sein Bein geschmiegt. »Plötzlich wurde mein Herz so voll, daß ich in unerwartete Tränen ausbrach ... Mein ganzes Leben ging vor meinen Augen vorüber. Die unglücklichen Gesichter, die ich geschaffen habe, standen vor mir. Und auch dein liebes Gesicht, deine lieben Augen voll Tränen sah ich zum Täuschen klar. Alles, womit ich auch dich gekränkt habe, alles Lieblose, was ich dir angetan habe, erwachte in meinem Gedächtnis. Ich sage ohne zu übertreiben, daß ich am liebsten in dem Augenblick sterben möchte.

Ich ging ins Eßzimmer, trank Cognac und rauchte, aber die Beruhigung kam nicht. Waske ging immer nach mir, ich konnte ihm aber das Essen nicht geben.« Auch er selbst sei schließlich, als der Weinkrampf nachließ, mit leerem Magen, aber mit einer tüchtigen Portion Baldrian versehen, zu Bett gegangen. Fazit: »Du fehlst mir.« Doch: »Du warst weg!« Kandinsky hat sich nie von seiner Angst weggeschwindelt, aber er hat auch nie deren Wurzeln gesucht. Er ließ verdeckt, was ihn quälte. Zeitlebens aber wollte er vermeiden, jemandem einen Trennungsschmerz zu bereiten, den er auch 1903 in Treuchtlingen wieder durchstanden hatte und den er nun hier in Sèvres noch einmal in aller Bitterkeit durchlitt.

Am nächsten Tag fügte er seinem achtseitigen Brief[38] als Postskriptum noch einen verschleierten Ruf an: »Morgens weckte mich fortwährend Waske, welcher, wie Emilie meinte, nach dir suchte.«

Wieder eilte Ella herbei. Er drohte, klagte, überhäufte sie mit Zärtlichkeiten und mit Vorwürfen und entschuldigte sich nach ihrer Abreise von Sèvres für seine Grobheit: »Ich war ein Scheusal, daß ich mich nicht beherrschen konnte und dir deinen Tag verdarb. Und du warst gar nicht eklig.«[39] Er spürte, daß innere Zwänge stärker waren als guter Wille; denn sein Leidensdruck wurde durch die liebevolle Zuwendung eines Menschen noch verstärkt: Alles Böse werde ihm stets mit dem Allerbesten bezahlt![40] Dadurch steigere sich seine ›Schuld‹ ins Unermeßliche. »Das Beste ist, nicht auf die Welt zu kommen.«[41]

In Ellas Tagebuchnotizen sind diese Ereignisse ausgespart. »Als ich ein paar Wochen in der *Grande Chaumière* arbeitete, sah Théophile Steinlen[42], der vielgenannte Graphiker und Meister, mein Skizzenbuch aufmerksam durch und sagte dann: ›Avec ce dessin vous pouvez arriver à des choses très élevées.‹«[43] Er leitete die Zeichenklasse der Pariser Akademie und gehörte zu der Gruppe von Künstlern, die Ende des vorigen Jahrhunderts einen neuen Illustrationsstil schufen, der die Plakatkunst Europas und der USA bestimmte. Ella kannte Steinlen vermutlich schon durch seine Mitarbeit am *Simplicissimus*. Nun verschaffte er ihr die Ermutigung, die sie gerade jetzt so dringend brauchte. Zum Jahresende konnte sie den Geschwistern mitteilen: »Im Frühjahr debütiere ich bei den ›Indépendants‹ ... Atelierarbeit in Paris hat mir riesig gut getan!« Sie zeichnete mit breiten Pinselstrichen Aktstudien, fast lebensgroß und – verglichen mit ihren bisherigen Formaten – ungewöhnlich; die rosige Körperfarbe vor dem grell türkisfarbenen Hintergrund deutet auf ihre Versuche mit Komplementärfarben hin, und ganz sicher hat Marquets *Nue dans l'atelier*[44] dazu die fauvistische Anregung geboten. Ein *Selbstporträt*[45] beweist ebenso wie ihr Ölbild *Promenade an der Seine* (Farbtafel IV), wie sehr sie durch die dortigen Farbexplosionen ermutigt worden ist. Am deutlichsten aber dokumentieren zehn Skizzenbücher mit über 450 Seiten, daß sie in Paris eine eigene künstlerische Handschrift entwickelte.

Auch hinsichtlich der Druckgraphik erwies sich der Paris-Aufenthalt als äußerst fruchtbar; hier entstanden 25 Linol- und Holzschnitte, ein Viertel ihres gesamten graphischen Werkes.[46] Von den acht Porträts, die sie in Linol – einem ihr zugänglicheren Material – schnitt, wurden fünf noch im gleichen Jahr im *Salon d'Automne* ausgestellt, darunter auch das *Porträt Kandinskys*.[47] Großzügig silhouettiert erscheint sein Kopf vor einem flächig gemusterten Hintergrund; durch diesen Kontrast erhält dieses einzige ›reine‹ Porträt, das sie von ihm herstellte[48], eine besondere Eindringlichkeit. Er wirkt vital und zugleich sensibel, seine Haltung strahlt Würde, Ernst und Willenskraft aus, von den damaligen Ängsten und Verdüsterungen ist nichts zu spüren. Oder doch? Eine fast gefährliche Ruhe liegt über seinem Gesicht, das nichts preiszugeben scheint; man mag es distanziert und gütig nennen, es spiegelt auch die Disziplin vieldeutigen Verbergens. Ein forschender und zugleich abweisender Blick wird über den Schatten der Brille aus dunklen Augen sichtbar, er entläßt den

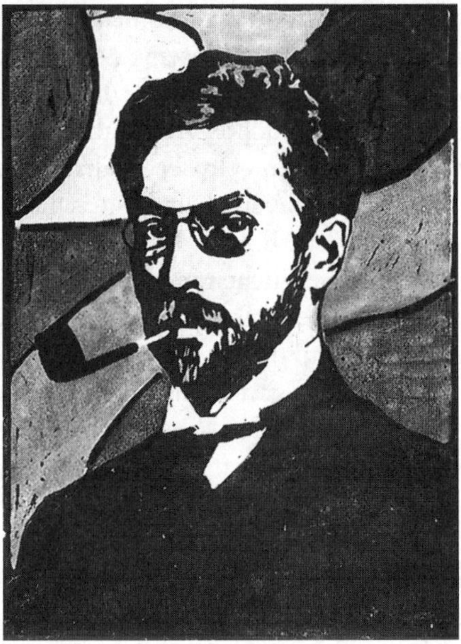

Gabriele Münter, Kandinsky, 1906, Farblinolschnitt, 24,4 × 17,7 cm.

Betrachter nicht und erhält dadurch etwas Magisch-Zwingendes. Ella hat die gegensätzlichen Strömungen seines Gemüts unter der konventionellen Glätte des Gesichtes ahnbar gemacht.

Sie schnitt auch die *Porträts des Ehepaars Vernot* und deren *Bonne Aurélie*, ebenso die der Hauswirte aus Sèvres, und dabei brachte sie das Charakteristische der einzelnen Personen durch knappste Formensprache zum Ausdruck. *Waske*, der seinem Herrn namensverwandte Kater, wurde von Ella ebenfalls in Holz- und Linolschnitten festgehalten, behaglich eingerollt oder aufhorchend.[49] *Landschaftsgraphik* verriet ihre neue kompositorische Sicherheit. Sie erfaßte sofort die konstitutiven Gegensätze eines Geländes, eine scharfkantige Balustrade neben krausem Blättergewirr, eine ungegliederte Mauer neben einem brüchigen Lattenzaun, Astgesplitter neben einer kompakten Menschengestalt. Da sie in Paris ihren Sinn für den Ausdruckswert der Farben geschult hatte, konnte sie nun den *Park von Saint Cloud* in raffinierter Wasserspiegelung wiedergeben (der stille Teich inspirierte sie auch zu zwei Ölstudien). Sie verarbeitete auch Skizzen von früheren Reisen – bei Aussparung gezeichneter Details – zu Schnitten, so *Marabout*, das Kuppelgrab aus Tunis, oder *Wäsche am Strand*, einen Eindruck aus Rapallo. *Höfchen in Chartres* und *Brücke in Chartres* zeigen ein kubisches Hausgedränge, durch den gestreckten Brückenverlauf in ein Spannungsfeld gebracht.[50] Die klare Lesbarkeit der Formen wurde durch Farbvariationen beim Druck stimmungsgebend ergänzt. So stellte Münter mit dem Druckstock für das *Parkhäuschen in St. Cloud* durch farbliche Veränderung Morgen, Mittag und Abend dar. Solche Farbenspiele beim Drucken machten ihr ebensoviel Spaß wie die Anerkennung Kandinskys, der ihr zum Farblinolschnitt *Rosengärtchen*[51] schrieb: »Beide Bäumchen gefallen mir sehr gut ... sind originell, sehr geschmackvoll, ornamental und haben einen feinen Hauch und caché. Gratuliere! Alles ist sicher und kräftig in der Zeichnung und dabei elegant, zart und direkt duftend. Ich fühle darin deine hübschen Hände und möchte sie küssen. Die Mme. Roberts sind auch sehr gut (alle drei), wieder mit persönlichem Beigeschmack und anziehend. Und tutti i Alini sind nicht schlecht, manche direkt gut und ausstellungsfähig.«[52] In ihren graphischen Arbeiten setzte sich Ella deutlich von Kandinsky ab; während sie in kontrapunktisch angeordneten Hell-Dunkel-Zonen eine klare Lesart bezweckte, wollte er durch poetisch-symbolistische Raffinesse auf das Geheimnis hindeuten, das hinter allem Sichtbaren wirkt. Sie wollte Erkanntes darstellen, er wollte Unwägbares andeuten; sie wollte entdecken, er wollte verhüllen; sie zielte auf Eindeutigkeit, er auf die schwebende Atmosphäre des Irrealen; sie wollte ordnend enträtseln, er hingegen Stimmungen szenisch verschlüsseln.

Diese Gegensätzlichkeit wird auch an den Ölstudien sichtbar, die sie beide in Sèvres malten. Auf Münters Bildern vom *Park St. Cloud*[53] breitet sich ein Schleier von Blatt- und Lichtflecken aus, ein luftiges Gespinst (Farbtafel III). Die Raumbehandlung ist konventionell, der Blick wird an Wegen und Gehölz entlang in die Tiefe geleitet.

Kandinsky hingegen rhythmisierte den Raum, wenn er in seinem Ölbild *Im Park von St. Cloud*[54] die dreidimensionale Natur in die zweidimensionale Bildform zwang. Er bildete nicht nach, sondern er ordnete an. Auch beim Landschaftsmalen ging es ihm nicht um das ›Vorbild‹, sondern um die Macht und Kraft der Palette. Er strich lange pink-, lila-, rot- bis gelb- und orangefarbige Streifen auf die Leinwand, ohne sich um die realen Lichtverhältnisse zu kümmern. Ähnlich wie auf seinen früheren Landschaftsbildern überlagert sich der gespachtelte Farbauftrag beim zähen Herausschälen der beabsichtigten Wirkung, und die materielle Schwere der Farbschicht vermittelt den Eindruck von Befrachtung und Beengung.

Ella Münter reagierte in ihrer Freiluftmalerei auf Wetter, Beleuchtung und atmosphärische Stimmung. Wie eine zufällige Aussicht sie zu einem Bild inspirierte, beweist ihr Ölbild *Blick aus dem Fenster in Sèvres*[55], wo ein Hinterhof mit Gärtchen, Schuppen und Zäunen durch Licht- und Farbwerte einen Stimmungsreiz erhält, der ihn aus der Alltäglichkeit heraushebt. Ein kahler Baum steht vor der pudrig beschneiten Landschaft. Die Luft scheint feucht-frostig, pastellfarbig hebt sich der lichte und kühle Vordergrund vom braunen Herbstlaub ab, über das der Blick auf das Seine-Tal gelenkt wird, hinter dem Paris im Dunst der Ferne zu ahnen ist.

Sechs kleinformatige Ölstudien stellte Ella Münter in der *Exposition du Salon des Artistes Indépendants*, Frühjahr 1907, aus; zeitlebens verwahrte sie die Quittung vom 7. März über zehn Francs für das Ausstellungsrecht, durch das ihre

Bilder unjuriert unter 5400 anderen eingereiht wurden. Doch zum ersten Mal fühlte sie sich als professionelle Malerin, zum ersten Mal hatte sie Gelegenheit, ihre Werke öffentlich zu zeigen. Die einzige Kritik war niederschmetternd: »Viel Mut und wenig Können zeigt Gabriele Münter in ihren Studien aus der Pariser Umgebung, sie malte Sèvres, Saint Cloud, Bellevue ohne einen Hauch individueller Wiedergabe.«[56] Ihre Bemühung, sich dem konventionellen Impressionismus anzupassen, hatte manchem Bild etwas Formal-Beflissenes verliehen und damit einen Mangel an jener Urwüchsigkeit, die dem Betrachter ihrer Skizzenbücher geradezu entgegenspringt. Den locker hingeworfenen Zeichnungen hatte sie jeweils die Lichter ihres Humors aufgesetzt, hatte inoffiziell mehr subjektive Ausdruckskraft gewagt, war karikativer, spritziger.

Nachdem ihr durch die *Pariser Zeitung* die originelle Handschrift abgesprochen worden war, freute sie sich um so mehr, daß der Kritiker der Zeitschrift *La Plume Indépendante* ihr mitteilte, daß er sie in der April-Nummer unter den bemerkenswerten Künstlern des Jahres vorgestellt habe. Eilends kaufte sie ein Exemplar und las: »Les célébrités feminines qui suivent meritent d'avoir leurs noms gravés en caractère ineffaçable sur le granit de l'immortalité artistique sont:« und dann folgte eine schier unübersehbare Aufzählung von Malerinnen, in der auch ihr Name auftauchte. Ihr enttäuschter Brief an die *Plume* wurde durch den Chefredakteur, Felix Jouanneau, beantwortet: Da die Zeitschrift die besten Künstler anzukündigen habe, könne sie sich nicht über einzelne zu sehr verbreiten. »En effet, je suis disposé a insérer votre biographie et portrait. Les conditions:« Sie müsse die Klischees liefern und sich verpflichten, 70 Exemplare dieser Ausgabe zu kaufen. Natürlich verzichtete sie auf diese teure Eigenwerbung! Auch am Bankett der *Société des Artistes Indépendants* am 30. April 1907 nahm sie nicht teil. Scheute sie mit Rücksicht auf Kandinsky die Geselligkeit oder – bei ihrer damals angespannten Finanzlage – die Kosten von 5,50 Francs fürs

Festmenü? Die Einladung aber hat sie mit anderen Dokumenten ihres malerischen Werdeganges sorgfältig aufgehoben.

Kandinsky hatte sich zum ersten Mal am juryfreien Frühjahrssalon der *Indépendants* beteiligt; er zeigte dekorative Zeichnungen in Tempera-Tupfenmanier. Da sie beide in ihrer Ölmalerei nicht auf der Höhe des Zeitgeschmacks waren, entschloß sich Ella, für den *Salon d'Automne* 1907 nur Holz- und Linolschnitte einzusenden, die tatsächlich dessen strenge Jury passierten und ihr freundliche Erwähnungen einbrachten.

Inzwischen wurde auf Veranlassung der *Tendances Nouvelles* eine Sonderschau mit 109 Werken Kandinskys vorbereitet. Sie sollte am 11. Mai 1907 in Angers[57] im Rahmen der Ausstellung *Le musée du peuple* eröffnet werden, für die man über 1200 Werke, darunter auch einige von Cézanne und Henri Rousseau, erwartete. Kandinsky, der zunächst wenig Neigung zu Vorbereitung und Reise gezeigt hatte, wurde als »prodigieux graveur russe« angekündigt, der den Lesern der *Tendances Nouvelles* als Mitarbeiter[58] wohlbekannt sei. Seinen Werken entströme kabbalistische Weisheit, – ein Hellseher sei ihr Schöpfer, ein Magier der Farben, der unverkennbar spirituelle Ziele verfolge.[59]

Die Herausgeber der *Tendances Nouvelles* unter dem aus Angers stammenden Alexis Mérodack-Jeaneau empfanden Kandinsky als Geistesverwandten[60], sonst hätten sie ihm nicht anläßlich dieser Vernissage eine Stellung als Lehrer an ihrer Kunstschule angeboten.[61] Zu ihrem geistigen Konzept gehörte nicht nur die Idee, die in Regeln erstarrte Gesellschaft durch die Kunst zu beleben, sie strebten auch das Gesamtkunstwerk an, das von einem unteilbaren kreativen Quellgrund her erstellt und die verschiedenen Kunstgattungen zu seiner Totalwirkung zusammenschmelzen sollte. Sie betonten, daß der Mensch auf Ganzheit hin angelegt sei; ein künstlerisches Erlebnis müsse sich darum auf breiter Sinnenbasis vollziehen und eine Synthese aller Wahrnehmungen anstreben. Darum boten sie in ihrer Zeitschrift auf ihren jährlichen Kongressen eine Durchmischung von Wissenschaft, Technik, Kunst und Mystik, die einer erlösungsbedürftigen Menschheit zur allseitigen Entfaltung naturgegebener Anlagen verhelfen sollte; dabei wurde die messianische Rolle des Künstlers hervorgehoben. Auch bei dem diesjährigen Treffen sollten Beweise für das Übersinnliche erbracht werden. Wie *Le Journal de Maine et Loire* am 5. Juni 1907 ankündigte, würde »Commandant Darget, ein wahrer Sachkenner des Spiritismus, über ›Lebensstrahlung‹ sprechen und Photographien von Gedanken, Gefühlen, Zorn, Krankheit, Tier- und Pflanzenströmen zeigen (80 Vorführungen)«. Die Experimente Dargets müssen Kandinsky nachhaltig beeindruckt haben, denn noch am 25. Februar 1913 erkundigte er sich brieflich nach dessen »5000 Photographies fluides magnetiques« und wünschte und erhielt für eigene Versuche ein »Exposé des différents méthodes«.[62] Der *Congrès de l'Union* versuchte, auf verschiedenen Wegen geheime Wahrheiten ans Licht zu heben, und dazu erschienen seinen Veranstaltern auch die visionären Holzschnitte Kandinskys geeignet: Er spreche wie ein Eingeweihter (initié), der die wirklichere Wirklichkeit (le moi supérieur des êtres) aufschlüssele und wie ein Apostel des Übersinnlichen den Pfad zur inneren Welt bahne.[63]

In Kandinskys Briefen aus Sèvres finden sich die ersten Erwägungen über theosophisches Gedankengut. Er notierte auch einen am 13. Mai 1907 in der *Chronique des Arts et de la Curiosité* erschienenen Hinweis auf Edouard Schurés Buch *Les grands Initiés*[64] in sein damaliges Skizzenbuch. Auch bat er Ella in einem Brief nach Paris um ihre Meinung zur Frage der Wiedergeburt. »Die spiritistische Bewegung ist doch ziemlich stark auch in unseren Tagen, und viele wollen wissenschaftlich die Sache behandeln. Gehört aber eine andere Wissenschaft dazu«, schrieb er ihr am 21. Februar 1907. Die Geheimwissenschaft beschäftigte ihn, und theosophie-

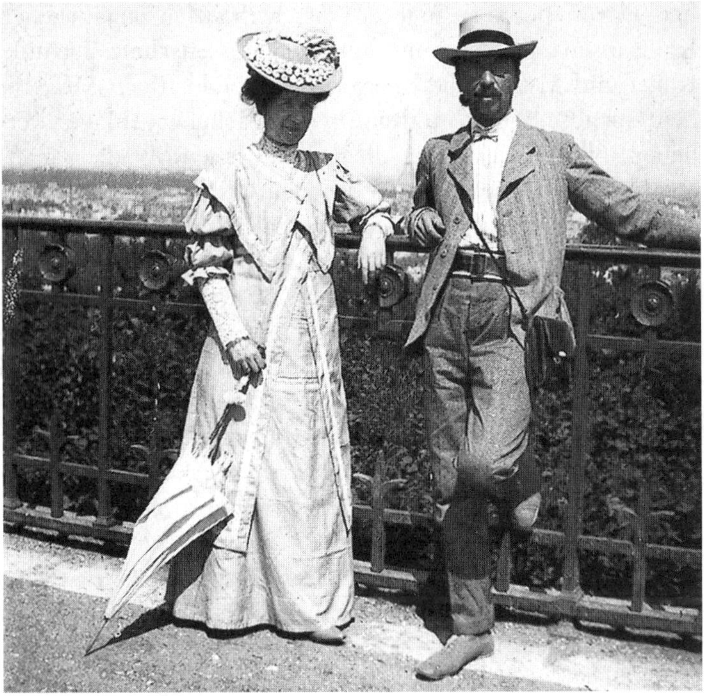

Kandinsky mit einer Besucherin in Sèvres, im Hintergrund Paris. Photo von Gabriele Münter.

gefärbte Gespräche mit seinen russischen Besucherinnen Epstein und Meerson mochten ihn darin bestärken.

Sein seelisches Befinden machte ihn empfänglich für eine Erlösungslehre, die Steigerung oder Vollendung in anderen Räumen verhieß. Das Unerledigte verfolgte ihn. Eine Weiterentwicklung seiner bisherigen Darstellungsweisen in Öl, Tempera und Holz erschien ihm fragwürdig, die künstlerische Stagnation, ein formelhaftes Beibehalten des Erreichten, unerträglich. Beim Einschlafen peinigten ihn düstere Bilder mit ›Reifrockdamen‹. Dieses Kleidungsstück, das seine schöne und modebewußte Mama auf den Photos seiner ersten Lebensjahre trägt, hatte ihn immer wieder inspiriert.

Nun wurde es zum Alptraum. Er schilderte Ella in seinen Briefen, wie er seinen eigenen Tod vorausträume und dabei seltsame Frauen als Todesbotinnen sehe.

Er hielt die Verbindung mit den *Tendances Nouvelles* bis 1909 aufrecht, obwohl er wußte, daß trotz ihres redaktionellen Stützpunktes in Paris die Auflage klein, die Verbreitung regional beschränkt und die Thematik esoterisch war. Ella, die noch nie Holzschnitte oder Reproduktionen ihrer Gemälde veröffentlicht hatte, konnte hier ebenfalls publizieren und erhielt freundliche Kritiken, auch zu ihren Einsendungen zum *Salon d'Automne* 1908: »Es ist erstaunlich, wie schnell Mlle. Münter sich einen wahrhaft beneidenswerten Platz erobert hat. Sie entfaltet in ihren Schnitten – unverwechselbar in ihrer Art, die Dinge zu sehen – eine weibliche Sensibilität, vermischt mit einer eigenwilligen Herbheit.«[65] Doch trotz dieses Lobes wußte sie, daß diese Zeitschrift in dem Augenblick, in dem sie Maurice Marinots[66] eckige Zeichnung und sein Spiel mit farbigen Kuben als zukunftweisend empfand, nur den Nachhall eines literarischen Symbolismus bot und darum für die eigene malerische Entwicklung von peripherer Bedeutung war.

Kandinsky hatte mehrfach versucht, Ella vom Wert einer »späten Kristallisation« zu überzeugen: Je länger ein Künstler auf den Durchbruch beim Publikum warten müsse, desto ungestörter und mächtiger entwickele sich die Kraft, die in ihm stecke. Sie hatte sich von dem hiesigen Aufenthalt viel für ihn versprochen. »Hoffe in Paris noch viel von Dir zu sehen und Dich allmählich wirklich gut zu schätzen und zu verstehen in Deiner Arbeit.«[67] Er war stets mit charismatischer Gewißheit davon überzeugt gewesen, daß ihm etwas Unerhörtes gelingen werde, eine malerische Formulierung, die nicht der Vergangenheit entliehen, sondern revolutionär sein würde. »In der Sache bin ich ziemlich weit gekommen, und der Weg liegt ziemlich klar vor mir«, hatte er ihr schon am 25. April 1904 hoffnungsvoll versichert. »Ohne zu übertreiben kann ich behaupten, daß ich, falls ich die Aufgabe löse, einen neuen, schönen, zur unendlichen Entwicklung geeigneten Weg der Malerei zeige. Ich habe eine neue Bahn, die manche Meister nur hier und da ahnten, und die früher oder später anerkannt wird.« In München hatte er sich kurz vor einer Lösung gewähnt und Ella am 30. Oktober 1905 ermahnt, nur fest an ihn zu glauben, das verleihe ihm Kraft zum Gelingen: »Noch paar Jahre, und ich werde siegen.« Dann aber hatte das rastlose Reisen die Ansätze unterbrochen. »Ich muß mich aufmerksam in mich selbst vertiefen, um die Farbenwirkung auf meine Seele beurteilen zu können.«[68] Er war dem Empfindungswert der einzelnen Farben auf der Spur, die mit dem Aussagewillen des Malers in Übereinstimmung zu bringen waren. Wie weit konnte er die in ihrer psychologischen Wirkung so eigenmächtigen Farben als Darstellungsmittel in seinen Dienst zwingen? Noch immer fehlte ihm das verbindende Glied in seiner *Farbentheorie*, das dem sperrigen Material die Symbolkraft belassen und es dennoch für den Maler frei verfügbar machen konnte. An seinem 40. Geburtstag teilte er Ella aus Sèvres mit: »Auch in der Theorie habe ich manches weiter verstanden«, fragte jedoch bedrückt: »Reicht mir aber das Leben und die Kräfte, um diese Theorie zur Praxis zu machen?« Der Anbruch seines fünften Lebensjahrzehnts erinnere ihn an die zweite Warnung, die der russische Zensor den Zeitschriften erteile; die erste habe er an seinem 30. Geburtstag gespürt, statt einer dritten aber heiße es: Schluß für alle Zeiten.

Paris bedeutete die Realitätsprüfung, und sie verlief entmutigend. Die Avantgarde aller Richtungen hatte erkannt, daß nach dem Impressionismus die Naturdarstellung nicht weiterzutreiben war, und darum versucht, die Perspektive auf die Objekte zu verändern oder ihnen durch das Primat der Farbe neue Aspekte abzugewinnen. Auch Kandinsky hatte sich stets gefragt, wie weit er vom Gegenstand abrücken könne, »einige ärgerten sich, daß ich mich so weit von der

Natur stelle«, hatte er Ella schon im Herbst 1904 über eine Ausstellung in Odessa mitgeteilt[69]; die damalige Kritik hatte dem Themenkreis und der Technik seiner Tempera-Tupfenbilder gegolten. Im Hinblick auf seine weiteren künstlerischen Ziele hatte er stets die *Neo-Impressionisten* beobachtet, die ihm als Wegbereiter für einen schöpferischen Umbruch in der Malerei erschienen waren. Auf ihren Farberkenntnissen hatten auch die *Fauves* um Matisse aufgebaut, denen nun mit der Entdeckung autonomer Malgesetze, dem Ersatz des Naturraumes durch einen poetisch zu definierenden Farbraum und der radikalen Gleichsetzung von Licht und Farbe ein solch gewaltiger Sieg über die Tradition gelungen war, daß ihnen so leicht keine farbentheoretische Innovation entgegengesetzt werden konnte. Kandinsky hatte die Impulse der *Neo-Impressionisten* weitervermittelt, indem er ihre Werke bei der *Phalanx* ausstellte, darunter auch einige von Maurice Denis, van Rysselberghe und Paul Signac, der ihn schon durch seine 1898 in der Zeitschrift *Pan* vorgetragenen Thesen zu eigenen Farbexperimenten angeregt hatte.[70] Doch während die *Fauves* diese erfolgversprechende Fährte in Konsequenz und Kühnheit aufgegriffen und vorwärtsgetrieben hatten, war er – noch unentschieden – an der gleichen Wegkreuzung stehengeblieben, um eine ihm gemäße Spur zu entdecken.

In Sèvres wurde der Überdruß am Kunstbetrieb zum Thema seiner Briefe an Ella Münter in Paris. Die Illusion einer zeitenthobenen Einsiedelei hatte zwar nie ihren Reiz für ihn verfehlt; hier aber erschien ihr sein Rückzug als ein fast schamhaftes Ausweichen. Nach eigenen Worten wollte er am liebsten träumen, Feinem nachfühlen, sich in sich selbst vertiefen. Nach innen horchend, ließ seine Spannung gegenüber der Außenwelt nach. Sèvres brachte ein Durchhängen, ein Nachlassen seiner produktiven Kraft und seines kunstpolitischen Interesses, das in Ellas Augen gefährliche Formen annahm.

Auch sie zog in Paris Bilanz. Wenn sie auf das halbe Jahrzehnt ihres Zusammenlebens mit Kandinsky zurückblickte, so sah sie kaum eine Entwicklung. Ihre malerische Ziel- und Mutlosigkeit hatte sich gesteigert, seit sie München 1904 ihm zuliebe verlassen mußte. Er hatte ihr das künstlerische Selbstbewußtsein nicht vermittelt, das Théophile Steinlen mit einem einzigen Satz in ihr geweckt und das sich in der *Grande Chaumière* entfaltet hatte. Ihre Entfremdung von den Geschwistern wuchs, sie mißtrauten Kandinsky. Was er hingegen von ihr an Glück und Heil erhoffte, konnte sie ihm nicht geben. Nie war es zu der ungetrübten Harmonie gekommen, die er ersehnte, zum ›Gleichklang der Seelen‹. Immer wieder brach er in der ihm eigenen Dynamik in ihren Erlebniskreis ein, wollte alles, alles wissen, forderte rückhaltloses Bekenntnis und war dann bei jedem Gedanken, der sich nicht mit seiner Auffassung deckte, so tief gekränkt, daß er an ihrer Liebe zweifelte. Im Grunde wollte er keinen Dialog führen, sondern einen zweistimmigen Monolog.

Unmerklich war sie für ihn zu einem Teil seiner selbst geworden, war einverleibt wie ein zweites Ich, mit dem er jederzeit sprechen konnte. Seit 1902 durchzogen die immer gleichen Beteuerungen über ihre unlösbare Verflechtung seine Briefe. Wie »von einer Haut umschlossen« nähme er auch in der Ferne alles Schöne mit ihr wahr: »Fühle auch du mit mir zusammen.« Oft klang es – wie im Brief vom 29. September 1905 – nach einer inneren Fesselung: »Wir sind in einem Ring gegossen, fest miteinander.« So fühlte er sich nie mehr allein. Wenn sie ihm persönlich gegenübertrat, zerbrach die in der Phantasie vollzogene Symbiose. »Sei vorerst in Gedanken bei mir!« bat er; denn der Ort des gemeinsamen Glücks war noch nicht auszumachen. Nicht das »Carpe diem« mache glücklich, sondern das zukünftige Heil: »Wenn ich an unser Leben denke, so in zwei bis drei Jahren, wo wir uns verstehen und alles zusammen fühlen, so schöpfe ich aus diesem Gedanken Kräfte für diese schreckliche Zeit«, hatte er ihr am 3. September 1904 bekannt, und ein Jahr später, am 20. September 1905, hatte er ihr versichert, daß er sich auf die Zeit freue, »wenn du immer ordentlich und brav tust, *was ich will*, ohne Ermahnung, das wird eine feine Zeit«. Indem er ihr Zusammenleben in eine unbestimmte Zukunft vertagte, schaffte er sich eine Perspektive, die ihn über das mit vielen Schwierigkeiten belastete Heute hinaushob. Das ferne Glück bedeutete eine Erweiterung seines Raum- und Zeitgefühls ins Unbegrenzte.

Die Euphorie, mit der er das *Später* ausschmückte, galt auch der gemeinsamen künstlerischen Arbeit. Ellas Ungeduld, etwas über Farben, Malweise oder Firnis zu erfahren, hatte er in Briefen häufig sein »später mündlich« entgegengesetzt und ihre Zweifel, ob ihm ihre Malerei überhaupt ein Anliegen sei, mit dem Hinweis beschwichtigt, daß sie ja noch ein Leben lang zusammen schaffen und einander fördern könnten. Er empfahl ihr unterdessen Geduld. Sie resignierte. Immer hieß es: unterdessen, einstweilen, inzwischen, vorläufig. Zudem hatte sich der Amoklauf seiner Gefühle von Jahr zu Jahr gesteigert, fordernd und abweisend rief er gleichzeitig: Komm! und: Bleib fern! Das russische Sprichwort »Das Glück ist am glänzendsten, bevor man es in Händen hält« hatte Kandinsky auf seine Bedürfnisse hin abgeändert: »Manches ist nur in der Zukunft gut, manches in Unmöglichkeit schön.«[71]

Paris sollte den Beginn des gemeinsamen Lebens bringen; bis 1907 war der Aufenthalt hinausgeschoben worden, und nun sprachen sie schon wieder von getrennter Heimfahrt mit dem nebelfernen Ziel eines ›Einst‹ und ›Irgendwo‹.[72]

Damit das glückverheißende ›Später‹ für Kandinsky erhalten blieb, bedurfte es auch einer irdischen Schranke. Sie bot sich in seiner Ehe mit Anna. Seitenlang hatte er Ella in seinen Briefen begründet, warum ihm die Scheidung von Anna kurzfristig nicht möglich sei. »Sie sagte, daß ich ihr alles genommen habe und deswegen kein Recht auf Glück habe. Du kannst dir gar nicht denken, wie schwer es mir zu Mute ist. Ich fühle mich wie in einem Gefängnis« (3.9.1904). Er hatte sie angefleht, ihm in dieser »wirklich schrecklichen Lage« beizustehen, Verständnis zu beweisen und nicht auf seine Scheidung zu drängen. Dennoch blieben all seine Zukunftsversprechen Heiratsbeteuerungen. Daß sie bei den Geschwistern von ihrem ›Mann‹ gesprochen hatte, fand seine Zustimmung: »Ja, das ist der richtige Ausdruck, das ist so sicher in der Zukunft, als ob es schon jetzt so wäre. Ich habe mit dem Wort nie gespielt ... Sei ruhig und sicher, liebste Frau« (14. 4. 1904). Doch die emotionale Bindung an zwei Frauen rieb ihn auf. Als Anna aufbegehrte, sein Bild zerschlug, verzweifelt weinte, schrieb er Ella erschrocken: »Sie liebt mich noch stark und viel.« Während er geglaubt habe, seine Ehe sei wie »eine Leiche, die jemand künstlich in Bewegung setzt« (6. 4. 1904), festige sich nach und nach bei ihm der Gedanke: »Ich kann jetzt noch weniger mit der Scheidung eilen. Wenn du alles von mir hörst, bist du derselben Meinung« (1. 4. 1904).

Getreu seiner Forderung: »Wir müssen immer wissen, was jeder von uns denkt und fühlt«, berichtete er Ella in Rede und Gegenrede über alle Einzelheiten seiner Gespräche mit Anna. »Bis dahin wußten wir eigentlich nicht, wie tragisch unsere Geschichte war. Wir haben ineinander dasselbe gesucht und nicht gefunden, nicht darum, weil wir es nicht hatten, sondern – wie ich mich ausdrückte – weil wir immer einen verschiedenen Takt hielten« (16. 4. 1904).

Um Ellas Mitgefühl für Anna zu wecken, zitierte er deren Klagen: »›Wenn du mich brauchst, nimmst du mich, wenn nicht, schmeißt du mich raus, widersprich nicht. So war es immer und so ist es auch jetzt.‹ Stell dir das alles, was sie sagt, zusammen, und da siehst du, wie sie mich noch liebt. Und deswegen kann ich auch nicht verlangen, daß sie ihre Erlaubnis gibt zum Anfang der Scheidung ... Wir müssen ihr Zeit geben, daß sie sich ein wenig von mir abgewöhnt« (21. 7.

1904). Darum begleitete er Anna nach Rußland und versicherte Ella: »*Wir* haben noch viel vor uns. Wir (freilich eigentlich ich) nehmen ihr alles weg« (1. 7. 1904). Statt ihm beizustehen, drohe Ella manchmal, daß ihr die Geduld ausgehen könne; das kränke ihn: »Verstehst du denn nicht, was es heißt, wenn ich sage: es bleibt ihr nichts mehr im Leben, sie hat mir alles abgegeben und ist selbst mit nichts geblieben?« (27. 8. 1904). Im Oktober 1904 wollte er von Odessa »für zwei Tage nach München fahren. Ich wollte meine Frau wiedersehen, weil ihr blasses, krankes Gesicht mir keine Ruhe läßt ... Ich freue mich, daß ich dir dies alles sagen darf, daß du mich verstehen wirst, du meine edle, gute Natur.« Freilich, sie habe ja die ganze Zukunft für sich! Anna dagegen »hat nichts mehr, weder jetzt noch später. Schrecklich, schrecklich, nicht Ella?« (21. 8. 1904). Zu ihr von Scheidung zu sprechen, sei darum eine seelische Grausamkeit, zu der er sich nicht fähig fühle. Am 6. September 1904 hatte er seinem Brief ein prophetisches Wort angefügt: »Stell dir nur vor, du wärst an ihrer Stelle, aber nicht so, wie du jetzt bist, frisch und kräftig, sondern zerschlagen, ohne Kräfte, halb krank körperlich und ganz krank seelisch, und du wüßtest nicht, was und wie du anfangen wolltest, wie du noch leben kannst.«

Im August 1905, nach der freudlosen Dresden-Reise, war bei Kandinsky der Wunsch aufgetaucht, die beiden Frauen müßten einander kennenlernen. Er versicherte Ella, sie habe Anna schon bei gelegentlichem Zusammentreffen in der *Phalanx*-Schule gut gefallen. »Jedenfalls sagt sie, du bist die einzige von meinen Lieben, die, scheint es ihr, meiner wert ist.« Anna wehre sich jedoch dagegen, daß sie beide ohne Trauschein zusammenzögen, »ihre Gründe sind wichtig«. Anna behielt weiterhin Entscheidungsmacht, sie verwarf und genehmigte, denn »Ellchen, ich finde, erstens hat sie recht, und zweitens sollten wir nichts machen, was ihr unangenehm sein könnte« (11. 9. 1905).

Ella mußte zur geplanten Heirat eine neue Einstellung finden, hing doch Kandinsky mit zähen Wurzeln an seiner Ehe mit Anna. Sie durchschaute bald, daß nicht Anna ihn zurückrief, sondern daß er die Begegnungen mit seiner Frau brauchte. Sie wußte auch, daß nicht nur Pflichtgefühl und Rücksichtnahme ihn dorthin trieben, sondern auch eine achtungsvolle Freundschaft und die gemeinsame Moskauer Vergangenheit.

Die Scheidung der nach orthodoxem Ritus geschlossenen Ehe Kandinskys erwies sich obendrein als zeitraubend; erschwerend kam hinzu, daß bei der Trauung ein ehehindernder Grund verschwiegen worden war: Es handelte sich um eine Ehe unter Blutsverwandten. Die falsche Zeugenschaft müßte nachträglich aufgedeckt werden und konnte alle Beteiligten durch eine Meineidklage gefährden.

Kandinsky, durch ein empfindliches Gewissen belastet, wollte seine Versprechungen gegenüber beiden Frauen einlösen. Dennoch war es ihm dank seines schöpferischen Egoismus gelungen, sich in einem Dreiecksverhältnis einzurichten, das ihm gewährte, was er für ›Jetzt‹ und ›Später‹ brauchte: die reale Nähe einer fürsorglichen und in seiner russischen Herkunft verankerten Ehefrau und die Idealgestalt einer fernen Geliebten, die ihm zukünftiges Glück verhieß.

Seine Zuneigung zu Ella aber war und blieb eine Distanz-Liebe. Sehnsucht und Einbildungskraft ließen sie aufblühen. Während er sich bei Anna behaglich fühlte, bedeutete jedes Zusammensein mit Ella einen Prozeß der Demontage seiner Wunschgefährtin. Was die Ferne erweckt hatte, hob die Nähe wieder auf, der Zauber verflüchtigte sich, das Gefühl verkam unter den Kleinigkeiten nicht erbrachter Liebesbeweise. Ununterbrochene Nähe führte zur Empfindungslosigkeit; das hatte auch für die Ehe mit Anna gegolten. Das Abwesende ist die Quelle jeder Inspiration.

Briefe waren das angemessene Zeichen ihrer Bindung. Das Briefkasten-Ritual zeugte von der Angst, sie könne sich lösen.

Fand Kandinsky ihn leer, »stockt der Atem, gerinnt das Blut«. Der Brief als Amulett, nicht als Mitteilung! Wenn das Papier am Körper knisterte, war die Verlassenheit gebannt: »Ich fühle mich viel ruhiger, wenn ich deinen Brief in der Tasche habe« (4. 4. 1904). Als er drei Tage ohne Post blieb, fühlte er sich »schrecklich einsam ... Das Herz tut mir weh.« Dann kam Nachricht: »Ist das eine Freude ... ich möchte vor Freude weinen, da meine Nerven so angespannt waren ... Es ist wieder klar um mich. Und auch die Sonne freut sich, zerreißt die Wolken und schüttet Licht, Wärme auf die Erde und mir ins Herz« (17. 10. 1905). Um nicht auf das Sicherheit spendende Liebespfand zu verzichten, antwortete er »mit kaufmännischer Pünktlichkeit« und hatte im Oktober 1905 sogar eine Rechnung aufgestellt, derzufolge sie ihm noch weit mehr schreiben müsse: »Deine Seite hat 23 Zeilen à 30 Buchstaben, also 690 Buchstaben auf der Seite. Meine: 16 Zeilen à 28 Buchstaben, also 448 Buchstaben. Also kaum 2 Seiten gehen auf deine eine, und das sogar nicht! Nein 1 1/2. Und du sagst 10!«

Dann war der selbstanklägerische Brief aus Odessa eingetroffen, in dem er über die Unvereinbarkeit von Wünschen und Vollbringen geklagt und sich als Don Juan beschuldigt hatte. Ella verabscheute eifersüchtiges Nachspüren, als sie ihn jedoch nach dreimonatiger Abwesenheit in Köln erwartet hatte, mag sein Geständniszwang zum jähen Bruch und zu ihrer fluchtartigen Rückreise nach Bonn geführt haben. Beeindruckt durch seine Zerknirschung, hatte sie sich jedoch am 18. November 1905 auf der Fahrt nach Lüttich einen neuen Trauring zu neuem Anfang aufstecken lassen. Aber war nicht alles wieder beim alten geblieben?

Erst Paris brachte die Wende. Ella, fünf Jahre lang Püppchen, Braut, Schutzmantelmadonna und Zukunftsversprechen, hatte sich auf die Gegenwart besonnen, war von Sèvres nach Paris gezogen und hatte die Gelegenheit für ihre Ausbildung genutzt.

Sie hoffte, daß Kandinsky sich durch seine Arbeit aus dem Tief befreien werde, in das er so unvermittelt gestürzt war und das ihn zum Rückzug nach Sèvres bewogen hatte. Seit früher Jugend bewundert und verwöhnt, konnte er trotz seines zeitweiligen Hangs zur Isolation nicht auf die ›Parade‹, auf den prickelnden Außenreiz verzichten. Gemäß seiner janusköpfigen Natur würde sein Leben ein Hin- und Herwechseln zwischen zwei Polen bleiben: der Öffentlichkeit, in der er sich weltgewandt und als geschickter Initiator, Publizist und Geschäftsmann bewegte, und der Bilderwelt der Seele. Innen ohne Außen, das hätte das doppelpolige Kraftfeld seines Lebens zerstört.

»Ich arbeite an dem Entwurf für das stille Paar auf dem Roß und habe Freude an der Sache«[73], schrieb Kandinsky am 4. Dezember nach Paris und fügte hinzu: »Das erweckt wieder Mut in mir zu andern Sachen.« Nach einer dekorativen Zeichnung – einer Tupfenstudie in Tempera – begann er mit der Umsetzung dieser Technik in Öl (Farbtafel V). Es war ein Neubeginn, der Versuch, die Tempera-Manier in seine – meist kleinformatige – Ölmalerei zu integrieren und auf die Wiedergabe einer russischen Landschaft auszudehnen. Dennoch beherrscht das Geschehen im Vordergrund das Bild: Mann und Frau, einander zugewandt und eng aneinandergeschmiegt, reiten wie *ein* Wesen auf einem graziös ausschreitenden, bunt aufgezäumten Pferd. Ein goldblättriger Baum beugt sich abschirmend über das weltenthobene Paar. Das Verlangen nach Einverständnis und Geborgenheit in farbiger Notenschrift, aufblühend auf schwarzem Grund! »Ventile der Sehnsucht« hatte Kandinsky einmal solche Bilder seiner ›russischen Periode‹[74] genannt. Im *Reitenden Paar* gelang ihm die Darstellung der Liebe in archetypischer Eindeutigkeit. »Vieles von meinen Träumen habe ich da verkörpert: es ist wirklich einer Orgel ähnlich, Musik steckt drin ... und schon zweimal habe ich das eigentümliche Herzdrücken gehabt was ich so oft früher hatte, als ich viel mehr Maler-Dichter war.«[75] Die seelische Zugkraft, mit der dieses Bild aufgeladen ist, wird nur durch die heftig ausgreifende Bewegung des Pferdes vermittelt. Diese Dynamik verbindet sich geheimnisträchtig zum Doppelklang mit der Stille, die von dem ineinander versunkenen Paar ausgeht.

Aus dem Gefühl der Verlassenheit gestaltete Kandinsky ein Kontrastbild ungestörter Zweisamkeit. Er vermochte das Abwesende in künstlerischer Gestalt wieder herbeizurufen. Gerade dieses Bild bezeugte den kompensatorischen Charakter seiner Malerei: Sie war Leidverarbeitung. War Wunscherfüllung. War Gewährung des im Leben Versagten. Verletzung, Verlust und Glücksferne machten ihn schöpferisch. Würde die Kunst Kandinsky nicht die Möglichkeit bieten, angesichts einer unzulänglichen Wirklichkeit den Gegenentwurf strömender Fülle zu liefern, d.h. eine komplementäre Welt aufzubauen, hätte sein Werk für ihn keine heilende Kraft entfaltet.

Und das hat es! Nachdem »der Zug davonlief«, wie Kandinsky in feiner Übertragung nach Ellas Abreise bemerkte, bat er sie am 22. Februar 1907, aus Paris Leinen oder Halbleinwand für zwei Rahmen zu besorgen, 85×100 cm und 130×165 cm. Sie wunderte sich: Das Format übertraf all seine bisherigen Bildgrößen. Bald berichtete er ihr vom energischen Schwärzen der Leinwand und von gelungenen Vorzeichnungen für *Das bunte Leben.*[76] »Bekomme wieder Hoffnung, daß ich noch nicht ganz verstummt bin ... vom Todtenstillplatz habe ich mich doch losgerissen.«[77] Er tauchte wieder ein in die Bilderflut seiner russischen Kindheit. *Das bunte Leben* war nicht nur in seinen Motiven, sondern in umgreifendem Sinne östlich. Kandinsky entfernte sich damit auch weit von Ella, von ihrer Eindeutigkeit und raschen Entschiedenheit zum Entweder-Oder. Im Widerspruch zum ›tertium non datur‹ der abendländischen Logik versuchte er in diesem Bild, die Einheit der Gegensätze darzustellen. Stimme und Gegenstimme sollten erklingen und zum vollen Daseinschor vereint werden, wenn er Szenen aus dem russischen Volksleben zu einem nur langsam zu enträtselnden Bilderbogen aneinanderreihte. Er wandte die Vogelperspektive an[78], um wie mit einigendem Götterblick die Vielzahl der Menschentypen zu erfassen, die er gestaffelt auf der Bildfläche erscheinen ließ: heimkehrende Kaufleute und Bauern in Pluderhosen, Bettler und Reiche, Wanderprediger und Bösewichter, Krüppel und Prächtige, Mönche und Krieger, zarte Mädchen und welke Greise, Kinderspiel und Leichenzug. Wie die östlichen Dichter und Denker gegenüber der westlichen Rationalität das Doppelgesichtige alles Irdischen betonten, so wollte Kandinsky alle scheinbar inkommensurablen Eigenschaften im Bilde zusammenfassen und anstelle der quälenden Vereinzelung die Ganzheit beschwören. Aus ihm sprach wieder der »Leinwand-Poet«, der eine von innerem Erleben gesteuerte, erzählende Aussageweise anstrebte und durch die Magie seiner Bildsprache über die Polaritäten des Lebens hinausgelangen möchte in eine ungespaltene Welt.

Auch in den Farben ließ er Kontraste aufflammen, um sie dann in kompositorischer Harmonie aufzuheben. In einer Mischtechnik, bei der die Temperafarben seiner ›russischen Periode‹ überwogen, entstand eine Legendenwelt in orientalischer Buntheit, weit entfernt von jeder Naturähnlichkeit. Er schuf ein wimmelndes Durcheinander, das von der Heiligenschar aus Moskauer Kirchen bis zum Straßengetümmel des Völkerkessels Odessa reichte – Eindrücke von überquellender Pracht. *Das bunte Leben* bietet einen Extrakt aus allen früheren Temperabildern mit russischer Thematik, die er seiner »fabel-haften Malerei« zurechnete: *Wolgalied*, *Sturmglocke*, *Ankunft der Kaufleute*, *Begräbnis*, *Panik*, *Frühe Stunde*. Er setzte für diese Reihe einen deutlichen Schlußpunkt, denn sie ließ hinsichtlich Thema und Technik keine Steigerung mehr zu. Ein Kreml krönt das Bildgeschehen: Unzugänglich, über einem dunklen Wald, verschanzt hinter ab-

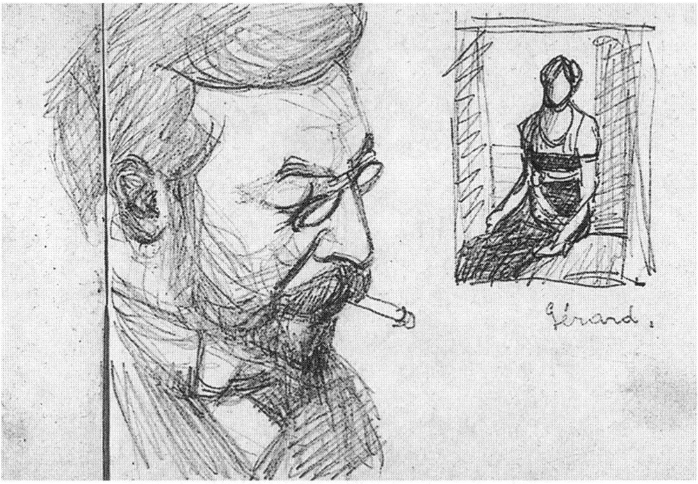

Gabriele Münter, Porträtskizze Kandinsky, Skizzenbuch, Paris 1906/07.

wehrenden Mauern und vom quirligen Volksleben durch einen brückenlosen Strom abgetrennt, liegt die hochgebaute Stadt. In dem sakral bekränzten Berggipfel setzte Kandinsky eine Chiffre, die in die meisten seiner Gemälde einging: ein bildgewordener Erlösungsglaube.

Kurz bevor Ella ihr Studium an der *Grande Chaumière* beendete, schilderte ihr Kandinsky noch einmal den Gemütszustand, in dem sie ihn in Sèvres antreffen würde: Er litt zeitweise an einer Angst, die im Wechselspiel zwischen Leib und Seele nicht beherrschbar war. Sie kam aus dunklem, aufgewühltem Grund: »Du hast doch nicht recht, wenn du mich beschuldigst, indem ich keine Anstrengung zeige, um mich zu überwinden ... Aber ich kann es nicht, Ellchen. Ich sage dir, früher ging es ... Jetzt aber lenke ich nicht mehr mein Leben. Eine Kraft außer mir hat die Zügel aus meiner Hand gerissen und ich muß ... mitfahren.« Oft umnebele ihn Fühllosigkeit, trenne ihn Apathie wie eine undurchsichtige Wand von allem ab. Dann »hat der Körper zu viel Angst, daß es ihm ganz

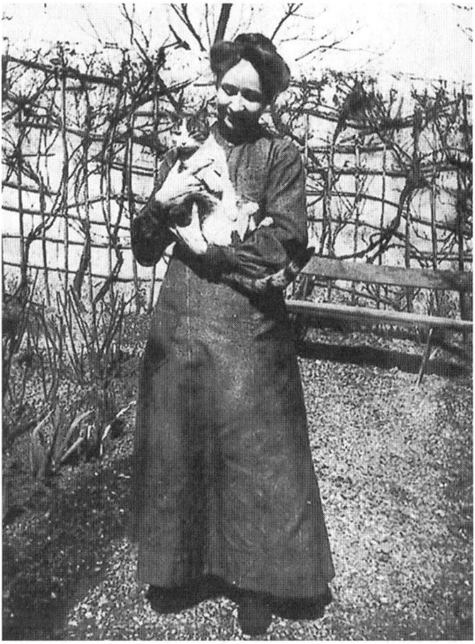

Gabriele Münter mit Kater Waske in Sèvres, 1906/07.

schlimm gehen kann, und dann will er sich retten und verstumpft geschickt die Seele so, daß sie nichts mehr fühlt«.[79]

Doch der Heilungsprozeß war eingeleitet. Aus dem Sog irrationaler Kräfte hatte er sich in die Malerei gerettet. Aus der emotionalen Leere entwarf er die Fülle, aus der Stumpfheit den Glanz. Aus dem Dunkel der Fühllosigkeit wurde Farbenglut geboren, aus der Schwärze ungelebter Tage *Das bunte Leben.*

»Bist du traurig, daß du den Bahnhof verlassen mußt?« fragte Kandinsky Ella kurz vor ihrer Rückkehr.[80] »Ich vergleiche nämlich Paris mit einem Riesenbahnhof, wo alles eilt und nur daran denkt, sich nicht zu verspäten und den schönsten Platz zu kriegen. Da arbeiten die Ellenbogen!« Und er mokierte sich über die »Bahnhofssprache der Franzosen«, in der ›arrivé‹ nicht nur ›angekommen‹, sondern auch ›gemacht‹

bedeute, ›stationaire‹ nicht nur ›Bahnhofsbeamter‹, sondern auch ›ständig‹, und ›manqué‹ nicht nur ›(den Zug) verpaßt‹, sondern auch – als Adverb – ›beinah‹. Die Wortbeispiele sind aufschlußreich: beinah – gemacht – verpaßter Zug auf einer allzu großen Durchgangsstation ...

Da er Bahnhöfe hasse, werde er Ella am 17. März trotz ihres schweren Malgepäcks nicht vom Vorortzug in Sèvres abholen. Er fühle sich müde und schlapp. Ella kehrte in eine mißlaunige Umgebung zurück, was sie in ihrem neu gewonnenen Selbstvertrauen jedoch nicht sonderlich verdroß.

Was Kandinsky in seinem depressiven Rückzug als ihre Abtrünnigkeit durchlitten hatte, bedeutete für sie Verselbständigung. Die »vielverstehende, empfindliche Ella« wehrte sich, für ihn länger die Tabula rasa zu sein, auf der er sich zur Selbstwahrnehmung und Selbstentlastung artikulieren konnte. Sie würde ihn auch nicht mehr wie eine mondhafte Gefährtin von ferne umkreisen, sondern war sich der eigenen Schwerkraft bewußt geworden. Sie hatte das ›Später‹ in ein ›Jetzt‹ umgemünzt.

So bewahrheitete sich doch noch die Vorhersage, daß Paris für ihr Zusammenleben neue Akzente setzen würde, – wenn auch ganz anders als erwartet. Aus dem ›herzigen kleinen Ellchen‹ war die Malerin Gabriele Münter geworden.

9. Kapitel

Heilswege

»Ich will nicht mehr zu Besuch sein«, erklärte Ella Münter, die am 9. Juni 1907 von Paris nach Bonn zurückgekehrt war. »Ich fühle, daß ich hier fremd bin und nicht herpasse. Ich bin nervös und irritiert und traurig und etwas zu empfindlich für das, was unter der Oberfläche liegt.«[1] Wieder das wortlose Mitleid der Schwägerin, die Anzüglichkeit des Bruders, daß es ihr wohl nie gelinge, die ›wilde Ehe‹ zu legalisieren. Dies alles mußte bald ein Ende finden, darum horchte sie besorgt auf jeden Unterton in Kandinskys Briefen: Wie weit hatte er den »Todtenstillplatz« hinter sich gelassen und neuen Lebensschwung gewonnen?

Die erste Nachricht hatte er schon vom Perron des Gare du Nord geschickt, als ihr Zug an ihm vorüberrollte: »Ich hatte schon Lust auf dem Bahnhof etwas zu heulen.« Den nächsten Gruß schrieb er auf einer Bank des Münchner Promenadenplatzes: »Ich freue mich sehr, in Deutschland zu sein. Alles gefällt mir gut.« Auch in den nächsten Tagen wirkte er befreit: »Es geht mir besser als in Paris: Münchner Luft!« Vieles sei zwar auch hier verändert, ja beinahe großartig geworden: das unaufhörliche Brummen der Trams, die Anzahl der Kinos, die zehn neuen Autodroschken am Residenzplatz, und dazu Motor-Omnibusse! In der Kunst aber sei alles beim alten geblieben, auch in der *Sezession*, wohin er mit Herzklopfen gegangen sei, »alles auf den gleichen Plätzen. Nur unterschreibt jetzt Stuck: Franz von.« Im Schaufenster des Galeristen Heinemann entsetzte ihn ein *Brüllender Hirsch im blauen Gebirge*! »Ecco. Das ist also der Ersatz der seligen *Phalanx*.«[2] Eine müde Kunstlandschaft, die zu beackern sich lohnte! Er aber wollte erst einmal Kopfschmerz, Schwindel, Schlaflosigkeit und Herzflattern an den Solequellen Bad Reichenhalls bekämpfen. Alles gefiel ihm dort: die »kallmünzartigen Möbel« eines zum Gästehaus umgebauten Bauernhofes, die blühenden Gärten, die schmucken Wiesenwege, Bach, Kurgarten und Salinen, das deftige Essen und das gute Bier. Die Deutschen seien doch ein nettes Volk, versicherte er Ella; anders als seine Landsleute wirkten sie nicht so leicht auf ihn wie Kwas, dieses an sich gute russische Getränk, das jedoch – im Übermaß genossen – den Mund verklebe und den Bauch wie eine Trommel anschwellen lasse. Nein – der Umgang mit den Deutschen habe für ihn etwas höchst Bekömmliches![3]

Bald schon fühlte er sich »unvergleichlich wohler als in Paris« und »auch im Herzen weit besser, als es in Frankreich war«.[4] Um seinem ungeklärten Verhältnis zu den Franzosen auf die Spur zu kommen, beschaffte er sich französische Literatur. »Der schreckliche Mirabeau mit Tod und Liebe, mit Qualen und sexueller Aufregung« lasse ihn jedoch ungewöhnlich kalt. »Echt französische Standpunkte und Zustände. Nein, die Franzosen sind doch wirklich von leichtem Gewicht, alles furchtbar oberflächlich und selbstverliebt. Wenn man zum Beispiel den Mirabeau mit Dostojewski vergleicht: da ist richtige Qual und entblößtes Herz. Nicht weniger ärgert mich die französische Philosophie über die Frau.«[5] Anatole France sei nichts anderes als ein moderierter Tolstoi. »Ich sage dir«, versicherte er Ella, »ich bin glücklich, daß ich diese egal-brüderlich-liberalen Menschen nicht mehr vor mir habe, sondern die kohlenschwarzen, freundlich-lustigen Bayern.«[6]

Er litt noch immer an dem Gefühl, in der Luft zu hängen, aber keine Flügel zu haben. Zum medizinisch diagnostizierten Kopfschwindel trat der geistig-seelische Schwebezustand: Er hatte den Boden unter den Füßen verloren.

Ellas Briefe waren für ihn Quellen der Lebendigkeit. Da gab es keine Lauheit, da war nichts schal! Strahlend stand ihre Gestalt vor seinem Auge, von federnder Energie und zugleich von abgrenzender Entschiedenheit, zu der er sich verhalten mußte.

Sein Erlebnisdrang wurde wieder einmal durch die Fernliebe angereizt. Eintracht und schöpferischen Elan, aber auch Zorn und Eifersucht wollte er noch einmal mit ihr durchfreuen und durchleiden, – nur nicht wieder in die Hölle dumpfer Apathie zurücksinken! Der physische Tod erschien ihm wie eine Lappalie gegenüber dem schon erlittenen seelischen: »Diesen Tod will ich nicht ... Ich möchte wieder fühlen, wieder wie früher vor der Natur weinen können und knien und danken ... Alles das muß unbedingt zurückkommen ... Ich kann nimmer blind und taub leben, nachdem ich Augen und Ohren hatte ... Jedenfalls will ich keine Leiche bleiben ... Und ich will noch malen und Wichtiges machen ... Ich bin stumpfsinnig geworden. Und nur noch die Musik kann mich retten.«[7] Noch ein Impuls also, der aufhellte, der den ersehnten Aufruhr der Gefühle schenkte: die Musik! War's auch nur ein flau und flach gespielter Mozart der Reichenhaller Kurkapelle, eine schluchzende Geige oder Salon-Musik zum Träumen, Kandinsky fühlte sich erquickt. Bei der dritten Symphonie von Beethoven aber blühte er auf: »Gute Musik muß ich haben, sie regt mich so an. Nun ja, vielleicht in Berlin, das jetzt als allererste Musikstadt zu gelten scheint.«[8]

Münter war nun dreißig Jahre alt und verbarg Kandinsky nicht ihre Traurigkeit darüber, daß sie keine »richtige Familie« gründen könnten. Im wachsenden Entzücken über Friedel und Mückchen, die beiden Nichten, wurde ihr die eigene Kinderlosigkeit schmerzhaft bewußt. Aber gab es für sie überhaupt noch Wahl oder Rückzug?

Wie ein Fingerzeig wirkte die Entscheidung des Kölner Kunstsalons Lenoble, eine *Gabriele Münter-Sonderschau* zu veranstalten. Ihre erste eigene Ausstellung! In der freudigen Erregung bewährten sich die psychologischen Finessen Kandinskys, der ihr riet, nicht zuviel Ausstellungsgier zu zeigen, sich selbstbewußt zurückzuhalten und nicht auf Termin und Bilderzahl zu bestehen. Sie möge stets betonen, daß es ihr mehr ums Lernen als ums Verkaufen gehe, da auch das Ausstellen eine Kunst sei: das Einordnen in die Umgebung und die Berücksichtigung der Nachbarbilder. So übte sie, was Kandinsky als Galeristen-Strategie und Kunsthandelsdiplomatie bis zur Perfektion entwickelt hatte. Er empfahl ihr, den Kunsthändler, der für sie, den Neuling, eintrete, als Idealisten zu betrachten, lag sein Verdienst doch mehr im Ruhm eines Entdeckers oder Talentförderers als im finanziellen Gewinn.

Während Münter ihre Separatausstellung vorbereitete, die 80 Gemälde, darunter Landschaftsstudien aus der Rapallo- und Paris-Zeit, enthalten sollte, änderte sich plötzlich der Ton in Kandinskys Briefen: er war der Ruhe überdrüssig. Alles, was ihn anfangs gefreut hatte, bereitete ihm nun Unbehagen: »Mein Gemüt ist viel besser.« Er wollte sofort aufbrechen. Zwar klagte er darüber, daß er von seiner einstigen Körperkraft allenfalls ein Drittel übrigbehalten habe, aber das reichte immerhin zu einer ersten Radtour mit russischen Freunden zum Kochelsee und von dort über Starnberg und Rosenheim zurück nach Reichenhall, – eine stattliche Strecke, die er in drei Tagen bewältigte.

Es war eine Fahrt mit theosophischen Einblendungen. Der mitradelnde Scheumann erzählte von einem Freund, früher Friedensrichter in Moskau und nun Wahlmünchner, der – wie Kandinsky Münter achtungsvoll mitteilte – »sehr gebildet und ein großer Spiritualist« sei. Was sie eigentlich vom Weiterleben nach dem Tode, vom Jenseits denke? Unbedingt wolle er ihre Meinung dazu wissen! Ihn fasziniere die Vorstellung von einer Unsterblichkeit, die ein Sich-Fortentwickeln verspreche. Scheumann, Annas Schwager, könne ihm die Bekanntschaft mit einer russischen Theosophin vermitteln, einer Expertin! Madame Unkowsky, die in Kaluga, vier Stunden südwestlich von Moskau, lebte, sich aber zeitweise in München aufhielt, lud Kandinsky denn auch ein, »ernste und schwierige Fragen mit ihr zu besprechen«, ein Anerbieten, dem er folgen würde[9], entnahm er doch ihrem ersten Brief schon »vieles, was Verstand gibt in dem Gebiet, wo es so leicht ist, irre zu gehen«.[10]

Trotz aller Skepsis, sich auf Spekulationen über das Transzendente einzulassen, begrüßte Münter jede Zukunftsperspektive. Kandinskys Stimmungsumschwung war unverkennbar. »Und diese Besserung verdanke ich dir und Anna, von der ich gestern einen sehr guten Brief bekommen habe.« Sie wehre sich nicht mehr dagegen, daß er in München seßhaft werde. »Sie findet weiter sehr richtig, daß du auch mit in die Schweiz gehst, um meine Mutter und Schwester kennenzulernen.«[11]

Diese Schweizreise! Wie wenig verlockend erschien sie Münter von Anfang an. Als Kandinsky ihr versicherte, er werde auch allein mit dem Fahrrad losfahren, um in Bex, südlich vom Genfer See, seine Mutter zu treffen, wurde sie besorgt. Zwischen Firnissen und Rahmenzimmern gab sie zu bedenken, daß ihre Ausstellung bei Lenoble dann wohl platzen würde. Kandinsky beruhigte sie: Was bedeutete schon das Verschieben für ein halbes Jahr? Von nun an füllten Reisepläne seine Briefe, Abänderungen überschlugen sich; Radwege, nach der Profilkarte des Touring-Clubs ermittelt, wurden gewählt und verworfen, neue Routen überdacht, Kilometer-Strecken ausgerechnet. Nur »Nachthemd und Zahnbürste im Rucksack«, würde man das Gepäck per Bahn von Ort zu Ort schicken, mit dem Zug Steigungen bewältigen und mit dem Schiff die Seen überkreuzen. In jedem Brief schlug Kandinsky einen neuen Treffpunkt für den Start vor, einmal Stuttgart (»gut, diese Stadt zusammen anzusehen für evt. späteres Leben«), einmal Karlsruhe, einmal Zürich, einmal den Bodensee. Dorthin würde er ihr von München entgegenradeln und bis Lindau oder Konstanz vier bis fünf Tage brauchen. Sie staunte! Überschätzte er seine Kräfte nicht? Er beruhigte sie: von Konstanz bis Bex würden sie ja nur eine Woche brauchen. Sein Arzt habe die Reise gestattet, denn sein Herz sei organisch gesund.

Ein paar Tage vor der Abreise erhielt sie die gewohnten Direktiven für ihre Kleidung: »Bitte, bring dein Samtjackerl nicht mit! ... Ich würde schon für das blaue Kleid sein, mag es aber nicht! ... Bitte radle aber nicht mit dem häßlichen Hut! Er ist gut für den Garten und auf dem Lande, aber nicht für die Schweiz. Komme mit dem Panama auf dem Kopf, und für's Rad finden wir schon zusammen was.«[12] Ihre Malsachen müsse sie zu Hause lassen. Er werde auch nicht malen. Es eile mit der Abreise! Anfang September müßten sie in Berlin eintreffen.

Da er es nicht länger in der ihm widerwärtigen Umgebung von Kranken aushielt, verließ er Reichenhall fluchtartig und zog ins Münchner ›Hotel d'Europe‹. »Gestern trieb ich mich so rum und guckte mir München an. Und oft sagte ich zu mir: das ist doch die erste und beste Stadt in der Welt. Viel Großstädtisches und dabei sehr ruhig, freundlich, naiv und schön. Und immer was Neues findet man hier, ich habe mir auch einen Zwicker für vier Mark gekauft (ganz neue Façon), für welche ich auch zehn geben würde. Und wirklich viel schöne Sachen und gute Gebäude und geschmackvolle Ladeneinrichtungen. Und die vornehme Isar mit ihren Farben! Und die gesprächigen, freundlichen Menschen!«[13] Er traf sich mehrmals mit Anna: »Ich fühle mich immer so oberflächlich ihr gegenüber.« Die immer Gütige überlege, »was sie mir von ihrem jetzigen Leben geben kann und ob das, was sie kann, mir genügen würde ... Sie schreibt auch, daß es ihr sehr, sehr schwer fällt, mir zu sagen, daß von ihrem früheren exklusiven Gefühl zu mir keine Spur geblieben ist (wie sie denkt) ...« Im übrigen wünsche sie die Scheidung als Voraussetzung für spätere Freundschaft, auf die er nicht verzichten wolle.

Als Münter am 30. Juli 1907 auf dem Stuttgarter Bahnhof eintraf, war Kandinsky blendender Laune. Er sprühte vor Unternehmungsgeist, als sie am 2. August mit verladenen Rädern nach Singen fuhren und von dort aus bis zum ersten Tagesziel radelten: Neuhausen. »Rheinfall über Erwarten großartig«, heißt es im sporadisch geführten Tagebuch Münters. Um fünf Uhr früh brachen sie am nächsten Tag in Richtung Zürich auf, wo sie abends eintrafen. Aber wie so oft beim Zusammensein mit Kandinsky setzte bei Gabriele Münter heftiges Zahnweh ein, und das erforderte den ersten unfreiwilligen Aufenthalt: »Nervtöten und Plombieren, 30 Franken«, notierte sie die erste Reiseausgabe. Trotz elenden Befindens beteiligte sie sich – dem ungeduldigen Gefährten zuliebe – zwischen drei Behandlungen an einem Schiffsausflug nach Rapperswil. Die Zugluft verschlimmerte den Schmerz. Am 9. August bewältigten sie dennoch die Strecke bis Zug mit dem Rad, wo sie bei Einbruch der Nacht ankamen. Nach Immensee ging's per Schiff, dann mit eigener Kraft bis zum Vierwaldstätter See. Eine Erholungspause bedeutete die Dampferfahrt von Luzern bis Alpnach, dort hieß es wieder Aufsitzen. Radfahren, schieben, bergauf, bergab. »Eine herkulische Leistung!« stöhnte Münter in Brienz, wo sie am 13. August ankamen. Hier endlich wollte sie übers Wochenende ausruhen, doch die Muße wurde nicht bewilligt. Von Interlaken aus kämpften sie sich mit ihren Rädern zwischen Wagen- und Menschenmengen durch zum Thuner See, wo Münter – »eine verdiente Belohnung!« – den ersten Schneeberg sichtete: die Jungfrau. Nach hastigem Kartenstudium ging's am nächsten Morgen per Schiff nach Spiez. Von dort wanderten sie eilends das Simmenthal hinauf. Die Oberlandbahn brachte sie bis Montreux. Nach zeitlich gedrängtem Besuch bei Kandinskys Mutter, die inzwischen von Bex aus weitergereist war und der sie mehrere Stunden bis Marlin nachfahren mußten, verfrachteten sie Räder und Gepäck in Brig/Rhône und traten eine Fußwanderung im Jungfrau-Gebiet an. Da der Aufstieg von Naters zur Riederalp sich bei belastender August-Hitze über vier Stunden hinzog, freute Münter sich auf die komfortable Übernachtung im Jungfrau-

Hotel, aber sie blieben, knapp bei Kasse, im 45 Minuten Fußmarsch davon entfernten, bescheidenen Gasthaus ›Bettmerhorn‹, wo laut Rechnung ein Zweibettzimmer drei Franken kostete. Anderntags wanderten sie im Frühnebel zum Märjelen-See am großen Aletsch-Gletscher, den Münter gegen den achtunggebietenden ›Mönch‹ photographierte. In ihren Reisenotizen bescheinigte sie sich den Übermut, der so oft Kandinskys Kopfschütteln hervorrief: »Auf Gletscher gegangen, Chocolade gegessen und Cognac getrunken, Eis aus dem See geschleckt, durch Felsgeröll gekraxelt, Plötzen geschmissen!« Nach den Strapazen dieser Tour leisteten sie sich wenigstens ein Abendessen im Jungfrau-Hotel, wie Münter hinzufügte, »rustikal«: Beafsteaks pommes, ein Omelette confiture und ein Glas Rotwein vermerkt ihre Quittung. Fiesch, ihr nächstes Ziel, lag winzig und verträumt – und wie sie meinte, leider noch recht weit – unter ihnen. Im Dörfchen Niederwald notierte sie: »Morgen erst zu Fuß weiter, er liebt ja die fremdenvollen Höhenhotels nicht. Hier aber ist es ganz weltfern.« Mit dieser Eintragung endet ihr Fahrtbericht, nicht aber das rastlose Abenteuer; Ansichtskarten und Photos hielten dessen weiteren Verlauf fest. Am Bahnhof Oberwald nahmen sie ihr Gepäck wieder in Empfang, fuhren über den Grimselpaß, am Rhônegletscher vorbei und die Furkastraße hinunter. Von Realp aus rollten sie eilig – stets den Berlin-Termin vor Augen – über Andermatt nach Flüelen, die Axenstraße entlang nach Brunnen, weiter nach Zürich und der deutschen Grenze zu – eine wahrhaft imposante Leistung für einen Rekonvaleszenten, der noch einen Monat zuvor um das ihm verbliebene restliche Drittel seiner Körperkraft gebangt hatte. Münter mißfiel das atemlose Durcheilen der Landschaften, die zum geruhsamen Verweilen lockten; das einzelne, das reizvoll Unscheinbare, blieb bei der Hast flüchtigen Überblicks verborgen. Dennoch verkannte sie nicht den Heilungswert der seelischen Dynamik, die Kandinskys überstürzter Reise für ein flüchtiges Wiedersehen mit seiner Mutter zugrunde lag.

Am 8. September trafen sie in Berlin ein, gerade rechtzeitig, um Kandinskys Beteiligung an der *14. Ausstellung der Berliner Sezession – Zeichnende Künste* sicherzustellen, bei der u. a. auch Matisse, Munch und van Gogh vertreten waren.[14] Schon im Vorjahr, von Paris aus, hatte er diese graphische Ausstellung beschickt, während er der Gemäldeschau der *Berliner Sezession* im Frühjahr 1907 ferngeblieben war und auch an ihrer nächsten – der für März 1908 geplanten 15. Veranstaltung – nicht teilnehmen würde. Denn was dort am Kurfürstendamm 208 an Malerei gezeigt worden war, hatte wie ein Abgesang gewirkt und bei Organisatoren und Besuchern eine gewisse Ratlosigkeit erzeugt, die auch im Text des Katalogs zum Ausdruck gekommen war: »Tatsächlich gelten die großen Meister des Impressionismus, für deren Vorführung wir einst als vaterlandslose Gesellen gescholten wurden, bereits als Klassiker.« Neben den Pleinair-Rückblenden des gerade sechzig Jahre alt gewordenen Max Liebermann[15] hatten auch die mythologischen Neckereien des *Paris-Urteils* Corinths oder die *Amazonenschlacht* Trübners thematisch ebenso verstaubt angemutet wie die formalen Ausklänge des Jugendstils, etwa Klingers *Sirenen*, Orliks *Freundinnen* oder Minnes *Auferstehungsplastik*. Wieder einmal erwies sich, daß vorpreschende Randgruppen ihre Daseinsberechtigung verloren, sobald sie ihre Ziele durchgesetzt hatten.

Jeder Etablierung folgte ein müder Kunstbetrieb! Mit wieviel Elan hatten die Anführer der Sezession einst protestiert, als der 1892 vom *Verein Berliner Künstler* eingeladene Edvard Munch seine Ausstellung auf Druck der Obrigkeit vorzeitig schließen mußte! Damals war die Abspaltung spruchreif geworden. Seit Max Liebermann im Jahre 1898 den Vorsitz übernommen und mit seinen Gesinnungsfreunden den Impressionismus populär gemacht hatte, wurden die ›Abtrünnigen‹ von Wilhelm II. mit Unbehagen beargwöhnt; beteiligten sie sich doch nicht mehr an der *Großen Berliner* im Ausstellungspalast am Lehrter Bahnhof, die unter seiner

Schirmherrschaft etwa 3000 Kunstwerke jährlich in 60 Sälen bei flotter Musik der Militärkapellen zeigte, mit bunten Fahnen und Biertheken im benachbarten Park als Volksfest aufgezogen. Durch die Sezession hatte diese offizielle Kunstschau einen Riß bekommen, den der Kaiser 1901 in seiner berühmt gewordenen Rede zur Einweihung der Siegesallee getadelt hatte: Nicht das Hehre sei es, was diese künstlerische Opposition zum Motiv wähle, nicht das über den Gipfeln Thronende, sondern viel Kleines und Gemeines; die Kunst aber müsse sich erheben und dürfe nicht in den Rinnstein niedersteigen. Die Berliner aber fanden sensationell und pikant, was diese »Rinnsteinkunst« ihnen bot, und der Hinweis »Offiziere erscheinen in Zivil« hatte sie nur noch neugieriger gemacht. Und heute? Der vor fünfzehn Jahren angefeindete Munch, an dessen Werk sich die Geister geschieden hatten, arbeitete in Berlin an einem ehrenvollen Auftrag: er gestaltete das Foyer der von Max Reinhardt[16] geleiteten Kammerspiele. »Die Revolutionäre von damals sind die Klassiker von heute«, stellte der Katalog vom Frühjahr 1907 resignativ fest. »Die Aufgabe der Sezessionen ist, für die künftigen Klassiker zu kämpfen.« Nach ihnen auszuspähen, erschien jedoch in Berlin ebenso vergeblich wie in München.

Die *Große Berliner* 1907 mit ihrer warenhausmäßigen Anhäufung von 2222 Exponaten für den konservativen Geschmack lohnte nicht einmal den Rundgang. Paul Cassirer[17], der seit seiner großen Monet-Schau 1903 die Impressionisten gefördert und damit die Sezessionisten unterstützt hatte, würde im kommenden Winter eine Delacroix-Schau veranstalten und im Frühjahr 1908 Gruppenvernissagen mit Beckmann, Nolde, Munch, Cézanne und Matisse (dessen Werke trotz der Versicherung der Sezession, kommender Kunst den Weg zu ebnen, wegen des Protestes ihres Vorsitzenden abgehängt werden würden!). Der einst so innovative Saal französischer Impressionisten in der Berliner Nationalgalerie verdeutlichte schon einen historischen Abstand. Doch Kandinsky wollte ja in Berlin vor allem Konzerte hören. Er hatte seit seiner Rückkehr aus Paris noch nicht wieder gemalt und hoffte, die Musik würde ihm neue Impulse vermitteln.

Münter genoß die großstädtische Umgebung. Oft stand sie still im quirligen Treiben des Kurfürstendamms, horchte auf das Brausen des Verkehrs, skizzierte Straßen- oder Parkszenen und tauchte wieder ein in das Geschiebe derer, die schauten, wählten, kauften und verwarfen und im Warenangebot die Opulenz des Nicht-Notwendigen auskosteten. Am reizvollsten war für sie die phantasievolle Werbung für Überflüssiges. Es gab weit über 100 Tageszeitungen mit Morgen- und Abendausgaben, dazu ein Vielfaches an Zeitschriften und Gazetten. Sechzig Theater boten dem Publikum ein reiches Repertoire, außerdem war die Zeit des ›Kintopps‹ angebrochen. Die Rohrpost machte innerstädtische Verbindungen in kürzester Zeit möglich. Diese Tempo-Tempo-Betriebsamkeit erinnerte Münter an New York. Sie schätzte an den Berlinern einen ausgeprägten Wirklichkeitssinn, die Nüchternheit, das Vorschnell-Witzige und oft Kaltschnäuzige im knappen, aber herzlichen Umgangston. So gewann sie im 31. Lebensjahr ein vertrautes Verhältnis zu ihrem Geburtsort, den sie bisher nur aus den Berichten ihrer Familie kannte.

Sie war durch die begeisterten Schilderungen Emmys auf Berlin eingestimmt worden, die selbst auf einen Umzug von Bonn in die Reichshauptstadt wartete. Georg Schroeter hatte sich nämlich erfolgreich um einen Lehr- und Forschungsauftrag an der tierärztlichen Hochschule beworben und würde mit seiner Familie in einer Dienstwohnung auf dem Wilmersdorfer Institutsgelände wohnen. Durch dieses Beieinander von privatem und dienstlichem Bereich wurde er noch stärker als bisher auf seine wissenschaftliche Arbeit ausgerichtet, die sich in vielen Patentbriefen niederschlug und schließlich in der Erfindung eines Ersatzstoffes für Benzin, des Tetralins[18], gipfelte. Seine finanzielle Situation war somit glänzend. Er gewährte auch Gabriele Münter jedwede Unterstützung, und das erwies sich recht bald als notwendig. Schon im Oktober 1906 hatte er ihr einen Alarmbrief nach Sèvres geschickt, der erhebliche Vermögensverluste in der geschwisterlichen Erbengemeinschaft durch die allzu großzügige Verwaltung Bruder Charlys meldete: Er war hoch verschuldet, konnte die Zinsen für die Belastung nicht mehr aufbringen, und so hatte er kurzerhand den ungeteilten Grundbesitz der Geschwister – als deren Erbenverwalter – für sich beliehen. Er blieb seiner Wett- und Spielleidenschaft verfallen, und so wurde der ernste, verantwortungsbewußte Schroeter ganz selbstverständlich zur Anlaufstelle für alle Verwandten, die in Geldnot gerieten. Auch Münter bat ihn nie vergeblich oder etwa nach peinlicher Befragung um Anleihen, die sie dann in ein ›Schuldenbüchlein‹ mit genauer Datumsangabe eintrug, deren Rückzahlung jedoch nie angemahnt wurde. In vielen Zeichnungen und Ölgemälden hat Münter das Abgeklärte, Asketische, ja Edle seiner Gesinnung und eine innere Einsamkeit zum Ausdruck gebracht (Farbtafel VI). Dabei überrascht seine physiognomische Ähnlichkeit mit Kandinsky.

Schroeters Ehe galt als glücklich. Münter bemerkte jedoch sehr schnell, daß jeder der Beteiligten auf seine Weise unglücklich war. Wenn sie sah, wie Emmys Tage im Leeren versickerten, wurde sie sich des schöpferischen Glücks bewußt, an Kandinskys Seite auf eine Geborgenheit zu verzichten, die für sie gleichzeitig Enge bedeutet hätte.

Emmy schwankte in ihrem Verhältnis zur ›kleinen Schwester‹ seit je zwischen Bewunderung und Neid. Als zum Jahreswechsel 1907/08 lobende Kritiken über die erste – bei der Kölner Galerie Lenoble mit halbjähriger Verzögerung veranstaltete – *Gabriele Münter-Sonderschau* eintrafen, staunte sie: Die *Rheinische Zeitung* bescheinigte der jungen Malerin »elegante Farbenfreude, leicht hingeworfen und nirgends Übermalung oder nachträgliche Korrektur erfordernd«, und das *Kölnische Tageblatt* bemerkte zu diesen »leuchtenden Eindrucksskizzen, auf Pariser Art gepatzt«: »Es liegt eine besondere Kühnheit und ein ungewöhnlicher Strebensernst in diesen ohne jede Rücksicht auf die Durchschnittsanschauung geschaffenen Bildern.«[19]

Allen gemeinsam war die Liebe zur Musik. Emmy war eine begabte Pianistin. Ella hatte Klavier- und Gesangsstunden genommen und kleine Musikstücke komponiert. Kandinsky hatte schon als Schüler auf dem Violoncello musiziert und später das Klavier- und Harmoniumspiel erlernt. Er war vertraut mit der Harmonielehre und kannte die Klangfarben von Blas-, Saiten- und Schlaginstrumenten. Hausmusikabende, Gespräche über Melodik und der Besuch von Opern und Konzerten entzündeten bei ihm den erhofften Funken, der in die Zukunft übersprang und seine kreativen Kräfte neu entfachte.

Dem Ehrgeiz der Reichshauptstadt entsprechend, wurde ein unvergleichliches Programm geboten.[20] Das Gastspiel Enrico Carusos im Königlichen Opernhaus im *Rigoletto*, in *Aida*, dirigiert von Leo Blech, bildete eine Glanzleistung der Saison, ebenso Puccinis *Madame Butterfly* und – ein Jahr nach der Dresdner Uraufführung – Richard Strauss' *Salome*. Neben den berühmten Philharmonie-Konzerten unter dem Dirigenten Arthur Nikisch gab es zahlreiche Sonderveranstaltungen, in denen der Anteil von russischer Musik und osteuropäischen Künstlern auffallend groß war.[21]

Die Musikgeschichte hatte Kandinsky immer interessiert, ebenso die Möglichkeit, durch Tonfolgen Gefühle zu äußern oder zu erzeugen. Früh hatte er von *Klängen* in seinen Bildern gesprochen. Darum hatte er wohl auch für seine Holzschnitte, die er als lyrik- und musiknahe Gestaltungen ausweisen wollte, die antiquierte Bezeichnung *Xylographien* gewählt; im Anklang an die griechische Bezeichnung für ›Holz‹ wurde eine assoziative Verbindung zur Holzharmonika, dem Xylophon, dem ›klingenden Holz‹, geschaffen. Auch die farbigen Streifen und Flecken auf seiner Leinwand sollten so stark ›singen‹ wie nur möglich. Er charakterisierte Farben mit musikalischen Begriffen wie Ton, Fuge, Fortissimo, Composition und Symphonie.

Im Berliner Konzertwinter wurde ihm die Parallelität von Farben und Klängen erneut zum Anlaß kunsttheoretischer Überlegungen: Wie die musikalischen Töne einen transzendentalen Gehalt übermittelten, so müßten auch die farbigen Töne ohne den Umweg über die Abbildkunst eine geistige Kommunikation ermöglichen. Störend erwies sich dabei das statische Element der Malerei. Sie konnte sich nicht in zeitlicher Abfolge entfalten. Ihr Farbenspiel glich einem angeschlagenen Akkord, nicht einer weiterfließenden Melodie. Musik hingegen ›dauerte‹.[22] Sie war nicht an die Zweidimensionalität der Fläche gebunden. Könnte die Malerei in eine musikalische Phase eintreten, bei der die Rhythmik, die Wiederholung von Farbenklängen und metrische Farbabläufe zu einem integralen Element würden? Dazu müßte sie *ihren Rahmen sprengen*, müßte als farbiges Geschehen in die dritte Dimension ausgreifen, müßte *den Raum erobern*.

Die *Ausweitung* der bisher auf die Malerei konzentrierten schöpferischen Impulse Kandinskys *auf eine Raum- oder Bühnenkunst* begann im Winter 1907/08 in Berlin. Dazu mag ihm auch der Aufführungsstil Max Reinhardts im Deutschen Theater entscheidende Anregungen vermittelt haben. Die aufsehenerregenden Inszenierungen von *Was Ihr wollt*, *Prinz Friedrich von Homburg*, *Die Räuber* waren von Ernst Stern ausgestattet, 1901/02 Mitbegründer des *Scharfrichter-Kabaretts* und der *Phalanx;* Kandinsky war mit ihm seit der gemeinsamen Ausbildung bei Stuck befreundet. Mit Stern an seiner Seite machte Reinhardt die Berliner Bühne zu einem Ort der Reform, der vom naturalistischen Schauplatz mit seiner Gegenständlichkeit zugunsten einer magischen Raumillusion ebenso wegführte wie von einer allein der Literatur verpflichteten Dramaturgie. Hier erlebten Münter und Kandinsky, wie sich die Bühne zu einem intuitiv zu erfassenden Bedeutungsraum steigern ließ. Farbensymbolik unterstrich das Handlungsgeschehen. »Das Mimische bedarf, um sich auszuleben, des durch Form, Licht und vor allem durch Farbe modellierten Raumes«, behauptete Reinhardt, und er berücksichtigte die psychologischen Effekte der Farben, wenn er etwa das Schwarz eines Lehnstuhles und die kränklich-fahle Fleischfarbe einer Tapete so wirkungsmächtig einsetzte, daß sie die Stimmung eines Dramas – es handelte sich um Ibsens *Gespenster* – wiedergaben.[23] Er erreichte darüber hinaus gemeinsam mit Stern eine Virtuosität in der Anwendung moderner Theatertechnik; die elektrischen Errungenschaften und die maschinelle Vervollkommnung der Bühneneinrichtung wurden sinnstiftend eingesetzt, das statische Rampenlicht der alten Guckkastenbühne zugunsten einer von allen Seiten suggestiv verwendbaren farbigen Scheinwerferbeleuchtung abgeschafft. Reinhardt fühlte sich weniger dem dichterischen Wort als dem gesamten Spieleindruck verpflichtet. Durch ihn wurde der Regisseur zum ersten Mal in der Theatergeschichte zum Star der Aufführung.

Reinhardt bezog sich bei seinem Bühnen-Konzept weitgehend auf den englischen Theater-Reformer Edward Gordon Craig, dessen 1905 erschienene Schrift *Die Kunst des Theaters* auch Kandinsky besaß.[24] Der Übersetzer, Maurice Magnus[25], hatte das Exemplar Emmy Schroeter mit einer persönlichen Widmung am 28. Juni 1905 geschenkt, und sie überließ es wohl im gemeinsamen Theaterwinter Kandinsky.[26] Der 1907/08 ebenfalls in Berlin-Wilmersdorf ansässige und zeitweise als Craigs Sekretär tätige Magnus gehörte zu Schroeters Bekanntenkreis. Als ein in den USA geborener, illegaler Enkel eines deutschen Kaisers trat er mit – auch von Craig bezeugter – Überredungskunst allerorts als Vermittler von Ideen und Kontakten auf.[27] Craig bot diesem geschmeidigen Abenteurer sogar einmal an, Herausgeber seiner Zeitschrift *The Mask* zu werden, die ab März 1908 erschien und gleich mit ihrer ersten Nummer durch den Aufsatz *The Artists of the Theatre of the Future* bezweckte, die

Einengung der Bühnenkunst auf das Sprechtheater rückgängig zu machen und Malerei, Musik und Tanz einzubeziehen. Möglich, daß Münter und Kandinsky Craigs Bühnenentwürfe bereits kannten; sie waren im Mai 1905 in Dresden beim Galeristen Ernst Arnold ausgestellt, also zu einem Zeitpunkt, an dem das Paar sich dort aufhielt, und dazu noch bei dem Kunsthändler, der auch Kandinsky vertrat. Möglich auch, daß sie den Theaterreformer über Magnus in Berlin kennenlernten.

Craig rief nach dem schöpferischen Genius des Regisseurs.[28] Der Geist eines Stückes müsse in Tönen, Beleuchtung und Choreographie eingefangen werden, vorwiegend Maler, Musiker, Ballettmeister hätten darum die erforderliche Eignung zur Regie: »Die Kunst des Theaters ... besteht aus der Bewegung, die der Geist der Schauspielkunst ist ... Der Dramatiker schuf sein erstes Werk aus Bewegung, Wort, Linie, Farbe und Rhythmus, indem er sich in geschickter Verwendung dieser fünf Faktoren an die Augen und Ohren der Zuschauer wandte.« Vor allem aber müsse sich der Regisseur davor hüten, »die Natur zu reproduzieren, er soll einige ihrer schönsten und lebendigsten Erscheinungen zeichenhaft andeuten. ... Niemand kann die Natur einfangen, und niemandem wird sie erlauben, sie mit Erfolg zu kopieren.«[29]

Diese Abkehr vom Augenschein entsprach der Auffassung Kandinskys, der angesichts der Vollkommenheit der Natur stets geklagt hatte, als Maler ohnmächtig zu sein. Die Theaterreformer trafen zudem mit ihrem Ruf nach der Einheit der Künste sein innerstes Verlangen: das Ur-Ei der Poesie, das Tanz, Musik, Farbe und dramatisches Geschehen ungetrennt in sich barg, wiederzufinden. Für solche gattungsübergreifenden Schau-Spiele fehlten freilich noch geeignete Regiebücher. Sie müßten unter weitgehendem Verzicht auf logische Handlungsabläufe als bewegliche Farbform, lautmalerisch oder mit Musik unterlegt und rhythmisch akzentuiert, in Raumkunst umgesetzt werden.

Kandinsky griff die Anregung kurz nach seiner Rückkehr nach München – am 8. Juni 1908 – auf. Es mag dort auch zu einer persönlichen Begegnung mit Craig gekommen sein, der die bayrische Hauptstadt besuchte, um sich das zur 750-Jahr-Feier im Bavariahain eröffnete *Künstlertheater*[30] anzusehen und darüber in seiner Zeitschrift *The Mask*, Oktober-Ausgabe 1908, zu berichten. Georg Fuchs, Redakteur von Kunstzeitschriften und wie Kandinsky Mitglied der *Münchner Vereinigung für angewandte Kunst*, war Initiator dieses symbolistischen Theaters, das in Europa über die modernste technische Bühneneinrichtung verfügte und mit farbigen Scheinwerfern, beweglichen Böden und Seitenwänden ausgestattet war. Der Verzicht auf Raumtiefe sollte jede naturalistische Perspektive ausschließen und im Sinne des malerischen Flächenbezugs ein fast silhouettenhaftes Agieren ermöglichen.[31] München besaß damit drei avantgardistische Modelltheater, die während der Ausstellung *München 1908* einem internationalen Publikum vorgeführt wurden: die *Schwabinger Schattenspiele* des Alexander von Bernus[32], für die sich Karl Wolfskehl durch selbstverfaßte Stücke einsetzte, das *Marionettentheater*, für das Waldemar Hecker und Lotte Pritzel Menschentypen in Puppen karikierten, und das *Münchner Künstlertheater*, für das moderne Graphiker und Maler Bühnenbilder entwarfen und Schauspiele kreierten, die auf Licht- und Bewegungseffekten aufgebaut waren.

Bühnenthemen waren somit in München an der Tagesordnung, und die theaterbesessene Gabriele Münter war mit Feuereifer dabei: Im Tagebuch-Rückblick vom Mai 1911 berichtet sie unter den für sie wichtigen Ereignissen, daß Kandinsky im Herbst 1908 eine Bühnenkomposition *Daphnis* – einschließlich des Prologs – beendet habe. Der russische Komponist Thomas von Hartmann sollte die Musik liefern, der pantomimisch begabte Maler-Kollege Alexander Sacharow die Hauptrolle tanzen.[33] »Aus dieser Arbeit wurde dann nichts – obgleich sich K. sehr damit beschäftigte und für Proben eine kleine Bühne (ca. 60 cm) machen ließ und alle Dekorationen (ebenso auch zu einem Märchen) entworfen hatte.«

Daß es sich beim ersten Inszenierungsplan um die optische und musikalische Ausschmückung eines Märchens von Andersen handelte, für dessen Schauplatz Kandinsky schon eine mittelalterliche Stadt skizziert hatte, berichtete Thomas von Hartmann. Die Umsetzung der einzelnen Szenen in ein noch konventionelles Ballett sei jedoch nicht nach ihren Vorstellungen ausgefallen: »Wir wollten etwas ganz anderes.« Der Hinweis in einem Manuskript Kandinskys mit dem Titel *Paradiesgarten* läßt erkennen, was ihnen vorschwebte: ein sinnbildhaftes Farben- und Formenspiel. »Araber mit Schlange – gerade Linie mit gewundener«, heißt es etwa. »Einen Stock für ein Pferd ansehen«, das bedeutete für Kandinsky nach eigenen Worten, die Phantasie anzuregen und vom Materiellen zum Geistigen eines Theaters vorzustoßen.[34] Obwohl Sacharows Gebärdentanz eine größere Annäherung an solch abstrahierendes Bühnengeschehen versprach, sollte auch das Tanzspiel *Daphnis und Chloe* noch den Handlungssträngen des Mythos folgen. Die Szenerie allein durch Kolorit und Bewegung herzustellen und das gesprochene Wort durch tänzerische Dramatik zu entmachten, war dabei offensichtlich noch nicht gelungen. Thomas von Hartmann erklärte zu Kandinskys Neuansätzen: »Diese Periode wurde durch ein ständig wachsendes Interesse zur Musik ... und durch die ständige Unzufriedenheit mit dem heutigen Theater ... gekennzeichnet.«[35]

Erst im Regiebuch für *Schwarz-Weiß-Bunt*, das Münter im Winter 1908/09 niederschrieb, gelang der Schritt von märchen- und mythennachbildenden Szenenentwürfen zu einem von reiner Klang- und Farblicht-Dramaturgie getragenen Bühnengeschehen. »Im Februar fuhren wir zu Hartmanns nach Kochel ... Hartmann entwarf (sehr interessant – sehr talentvoll) mit K. zusammen die Musik zu den *Riesen*.«[36] Angesichts des Gesamtkonzepts und der Titeländerung für das

Bühnenspiel kann die Wirkung der Craigschen Kunsttheorie auf Kandinsky gar nicht überschätzt werden, hatte der Theaterreformer doch gefordert, der Schauspieler müsse das Theater räumen, seinen Platz solle eine Kunstfigur einnehmen; er bezeichnete sie als *Übermarionette.*[37] Kandinsky nannte seine Spielfigur den *Riesen*, sie sollte inmitten anderer bedeutungsträchtiger Gestalten symbolische Bewegungen ausführen und – um alle Naturnachahmung von der Bühne zu verbannen – an Stelle literarischer Deklamation durch Pantomime und Ur-Laute stimmungsvolle Schauer erzeugen. Im Einklang mit Craig sah Kandinsky den Künstler in seiner spirituellen Hellhörigkeit als Seismographen für das Übersinnliche: »Denn das heißt Künstler: der mehr wahrnimmt als andere Menschen und mehr darstellt, als er wahrgenommen hat. Und einer, nicht der geringste unter den Künstlern, war der Schöpfer der Zeremonien, der Schöpfer der Visionen, dessen Aufgabe es war, den höchsten Geist zu feiern – den Geist der Bewegung.«[38]

Kandinskys *Bühnenkomposition* bezweckte die irrationale Wirkung eines alle Sinne ansprechenden *Gesamtkunstwerkes*. Er wollte die Seele der Zuschauer ohne den Umweg über den Intellekt erreichen; darum durfte ein Klang nicht illustrativ sein (opernhaft Naturlaute imitieren), das Wort nicht konkret (wie im Schauspiel), und die Farben sollten ihrem Empfindungswert gemäß eingesetzt werden. »Ich strebe danach, die Schönheiten einer imaginären Welt zu beschwören«, erklärte Craig[39], und diese Intention entsprach dem Kunstziel Kandinskys. In seiner Malerei hatte er die »vom Geist aus der Vorratskammer der Materie herausgerissenen Verkörperungsformen«[40] noch nicht aufgegeben. In seinen Bühnenplänen vollzog er den Schritt zur abstrakten Kunst.

Daß Münter ihn bei den Entwürfen für ein Tanz-Klang-Farben-Spiel begeistert unterstützte, ja beriet, ist unstreitig. Wenn es um Tanz ging, war sie in ihrem Element. Nach eigenen Aussagen fiel es ihr schwer, bei Musik stillzusitzen. Im

Tanz gab sie sich aus. Seit sie am 19. Januar 1904 in München miterlebt hatte, wie Isadora Duncan den *Flutenden Tanz* kreierte, der in nichts mehr an den ›Wadentriller‹ des klassischen Balletts erinnerte, versäumte sie keine Darbietung modernen Ausdruckstanzes mehr. Die Körpersprache der Duncan – dieses Schlüsselerlebnis wirkte nach, bis Münter im Jahre 1926, entzückt von der expressiven Grazie Joséphine Bakers[41], das *Mädchen mit dem Bananengürtel* skizzierte.

Kandinsky, der weder gern noch gut tanzte und Münters Tanzlust als »albernes Herumgehüpfe und -gespringe« mißbilligt hatte, wurde durch den Ausdruckstanz des seit 1904 zum Werefkin-Kreis gehörenden Alexander Sacharow davon überzeugt, daß der Körper – tänzerisch gelöst – zum Instrument der Seele werden konnte. Wenn Sacharow im griechischen Chiton, die muskulösen Arme und Beine weiß gepudert, oder in der Kutte eines Mönches, die Hände betend um einen Lilienstrauß gefaltet, feierlich schreitend oder wirbelnd verschiedene Epochen heraufbeschwor – wobei die von ihm selbst hergestellten Kostüme und Masken Bestandteil des Bewegungsstroms wurden –, vergeistigte er den Tanz zur Pinselschrift der Bühne. An der Gestalt dieses ›Maler-Tänzers‹ entzündeten sich Kandinskys Ideen für die ersten Regiebücher.

Münter zeigte ein untrügliches Gefühl für Konkordanz von Klängen und rhythmische Akzentuierung. Bis ins hohe Alter beteiligte sie sich an Gruppentänzen und schätzte die Eurythmie zur Auflösung seelischer Spannungen.[42] Aufgrund ihrer Theaterleidenschaft, durch die sie mit dem Repertoire deutscher Bühnen vertraut war und viele Vergleichsmöglichkeiten für Inszenierungen hatte, wurden die Neuansätze Kandinskys von ihr mitgetragen. An ihrer Seite entdeckte er in Berlin die Bühne als Staffelei-Ersatz. Vermochte das Theater durch solch bewegtes Raum-Spiel die spirituelle Botschaft nicht besser zu übermitteln als das starre Leinwandbild? Seine Regieanweisungen setzten diese Möglichkeit voraus; sie waren als szenisches Farblichtgeschehen mit Musik gekoppelt und für ein mit beweglichen Requisiten ausgestattetes, elektrifiziertes und durch Scheinwerfer mit farbigen Vorsatzfiltern ausleuchtbares Theater hin konzipiert, vermutlich für Fuchs' *Münchner Künstlertheater*.

Kandinsky prüfte, was man empfand, wenn eine graue, kauernde Gestalt durch farbiges Licht belebt wurde, sich in tänzerischer Grazie aufrichtete und bei verdämmerndem Licht wieder in sich versank. Was, wenn ein farbiger Scheinwerfer-Punkt – Sinnbild des Ur-Impulses – sich zur Linie dehnte, in Schwellung und Schwingung die in ihm geballte Energie verströmte und dabei einem Bedeutungswandel unterlag. Kandinsky hatte beklagt, daß er die Farbe an der Leinwand festnageln müsse. Nun gestatteten die bühnentechnischen Errungenschaften, daß er die Farbe beweglich machen, den Flecken zu Umriß und Linie verfließen lassen, durch Farblicht-Dramaturgie Geschehen darstellen konnte.

Münter war wegen ihrer vorrangig zeichnerischen Begabung vom Spiel bewegter Linien schon gefesselt worden, als Ernst Stern 1902 auf der *Scharfrichter*-Bühne im Takte der Musik karikiert hatte. Sie unterschied sich von Kandinsky nicht nur durch ihre Einstellung zum Tanz, sondern zur Bewegung überhaupt. Ungestört, zeigte sie traumwandlerische Sicherheit. Ihr Gang verriet Musikalität, ihre Körpersprache die Grazie des Unbemühten. Sie bewegte sich in Haltung und Gebärden sensitiv auf Menschen zu und erreichte einen ans Mediale grenzenden Zusammenklang. Gerade dieses Einschwingen machte sie ja zur idealen Porträtistin.

In ihrer Malerei aber wollte sie den Augenblick aus dem Zeitfluß herausgreifen und fixieren, während Kandinsky über die Kunst in Geschehen, in ein überindividuelles Kräftespiel eintauchen wollte. Für Münter bedeutete Zeichnen und Malen ein Festhalten des Erlebten im Weggleiten der Zeit. Im Leben ließ sie sich mitreißen, am liebsten im Rhythmus der Musik. Ihre Kunst aber war dem Bewegungsstrom gegenüber antizyklisch, war eine Waffe gegen die Vergänglichkeit.

Auch für Kandinsky waren Kunst und Leben in dieser Beziehung Gegenklänge: Er wollte in malerische Wirbel hineingerissen werden und wirkte – wie Augenzeugen bestätigten – im persönlichen Umgang steif, fast verkrampft. Seine Körpersprache – der stets leicht zurückgebeugte Oberkörper, die Nähe verhindernde Kopfneigung – bewies, daß er ein Hineingleiten in das ihn umgebende Geschehen vermeiden wollte. Er bat Münter, ihn vor andrängenden Menschen abzuschirmen und sich bei Tisch zwischen ihn und fremde Personen zu setzen. Das Individualporträt reizte ihn nicht, es hätte Anpassung an die Körper- und Seelenbewegung eines anderen vorausgesetzt. Menschen hatten in seiner Kunst allenfalls die Bedeutung von Figurinen, wobei die stilisierte Haltung von Kopf, Armen und Händen ähnlich symbolische Bedeutung gewann, wie er es seit der Kindheit von russischen Ikonen kannte. Trotz seiner auf Abstand drängenden, oft unnachgiebig und angespannt wirkenden Haltung sehnte er sich nach Einbeziehung in Kraftstrom und Bewegung.[43] Wagen und Schiff, sinnbefrachtet als dahinstürmende Troika oder als schwarze Kutsche, als windschlüpfiges Segelboot oder wogengeschüttelter Ruderkahn blieben, bis zu formelhaften Zeichen der Dynamik reduziert, zeitlebens Versatzstücke seiner Bilder. Voranstürmende Reiter sind ein zum Bild verdichteter Bewegungswunsch, der erstarrte Formen – analog psychisch quälenden Schranken – sprengen sollte. Fließen und Fluten, dargestellt an Flußläufen oder auf- und absteigenden Meereswellen, fehlen selten auf seinen Gemälden. Die Beschreibung von Wolkenzügen, denen er sehnsüchtig mit den Augen folgte, findet sich in vielen Schriften und entspricht der Bewölkungsmetaphorik seiner Werke. Da es ihm an Körpergefühl mangelte, wurde das Balance-Problem zum Inhalt seiner Bilder. Durch die Kunst wollte er die individuelle Einkerkerung durchstoßen. Es waren Glücksmomente für ihn, wenn er sich – ähnlich wie in den bunten Bauernstuben Vologdas – »manchmal in der Farbe wie aufgelöst schwimmend«[44] vorkam. In der Gegensätzlichkeit ihres Kunstzieles – des Festhaltens bei Münter, des Lösens bei Kandinsky, der Gestaltverdichtung bei ihr, des Gestaltwandels bei ihm – liegt die in ihrer Biographie verankerte Ursache dafür, daß sie sich in der künstlerischen Entwicklung voneinander entfernten.

Beweglichkeit aber hieß das Zauberwort der Zeit. Sie veränderte alle Kunstformen und würde dabei auch die Malerei nicht auslassen.[45] Sie machte die Verwandtschaft der neuen Bühnenentwürfe mit der Filmregie unübersehbar. Die kinematographische Kunst setzte zur visionären Überhöhung technische Apparaturen ein, sie verwandelte Künstler aller Sparten in Beleuchtungstechniker und Ingenieure, in Wissenschaftler und Illusionisten. Der Stummfilm bot das angestrebte ungesprochene ›Drama‹, er vermochte das Phantastische und Sinnbildhafte ohne die leibliche Gegenwart eines Schauspielers ins bewegte Bild zu setzen. Im Drehbuch entfiel der Wortdialog zugunsten optischer Regieanweisungen. Kandinskys Faszination durch die laufenden Bilder kommt in seinen Briefen an Münter – ihrerseits eine eifrige Kinogängerin – mehrfach zum Ausdruck. Der in den Bühnenspielen entworfene malerische Formenfluß durch farbige Scheinwerfer muß in Verbindung mit der aufblühenden Filmkunst gewertet werden, die zwar nur schwarz-weiße Abfolgen brachte, aber dazu anregte, auch die Farbe nicht mehr »festzunageln«.

Die in Berlin eingeleitete Beschäftigung Münters und Kandinskys mit Theaterfragen überkreuzte sich mit einem zweiten wegweisenden Ereignis. Maria Strakosch-Giesler, die ehemalige *Phalanx*-Schülerin, umreißt es in ihren Erinnerungen: »Gemeinsam besuchten wir Vorträge Rudolf Steiners, ... und saßen hinterher noch lange in angeregten Gesprächen zusammen. Bei diesen Gelegenheiten erwies sich Kandinsky als ein Geistsucher, der auch in den modernen geistigen Strömungen gut Bescheid wußte.«[46] Rudolf Steiner, der Leiter der deutschen Sektion der *Theosophischen Gesellschaft*[47], hatte am 10. Oktober 1907 im *Berliner Architektenhaus* eine öffentliche Vortragsreihe begonnen, deren einzelne Themen ineinandergriffen und die dadurch den Charakter einer methodischen Einführung in die *Geheimwissenschaft* erhielt.[48] Alexander Strakosch[49] schilderte den charismatischen Sog, der von Steiner ausging: »Mit gespanntester Aufmerksamkeit hatten wir zugehört ... Unser Grundgefühl war: ... hier spricht eine Geisteskraft, der man vertrauen darf. Als er geendet hatte, blickten wir uns gegenseitig an und sagten: ›Das ist er.‹ Wir nahmen uns bei der Hand und gingen zum Rednerpult hin, neben dem Rudolf Steiner mit einigen Menschen sprach.«[50] Sie hätten sich damals alle in einer Krise befunden, und besonders Kandinsky habe – wie Strakosch feststellte – an einer labilen Verfassung gelitten. Sie besorgten sich das 1904 erschienene Buch Steiners, *Theosophie*, und alle Hefte der von ihm herausgegebenen Zeitschrift *Lucifer-Gnosis*. Meditationsanleitungen und ein Exemplar *Wahrheit und Wissenschaft*, ausgefertigt in Maschinenschrift, wurden ihnen zusätzlich, mit der Bitte um gründliches Studium, als Geschenk überreicht.

Steiners Ansicht, daß der Mensch sich seiner unsterblichen Wesenskräfte gemeinhin erst nach dem Tode bewußt werde, daß Sterben somit eine Aufwärtsentwicklung auf eine höhere Wahrnehmungsebene bedeute, war verbunden mit der Überzeugung von kommender Wiedergeburt. Wer jedoch gewisse übersinnliche Fähigkeiten entwickele, könne diesen göttlichen Wesensanteil schon im Erdenleben vernehmen. Es gehe also darum, spirituelle Erkenntniskräfte auszubilden, gleichsam eine Ausweitung der rezeptorischen Fähigkeiten zu erreichen, um dieser unsichtbaren geistigen Welt schon hier und jetzt teilhaftig zu werden. Das ›Ich‹ des Menschen sei unsterblich, das Leben eine Folge von Re-Inkarnationen, bei denen sich das Göttliche immer stärker entfalten könne. Das Endziel aller irdischen Lebensläufe sei die Wiedervereinigung der geläuterten Seele mit Gott.

Der zwölfte dieser Berliner *Architektenhaus-Vorträge*, bei dem Münter und Kandinsky anwesend waren, fand am 26. März 1908 statt und stellte den Bezug zwischen Gestirnen und Menschen als geist-seelischen Kraftstrom dar. Steiner ging von der mythologischen Deutung aus, daß die Gestirne Götter seien; auf solchen Nachklang uralter Weisheit sähen die heutigen Naturwissenschaftler nur mit Achselzucken herab. Er zitierte Schiller: »Schwatzet mir nicht so viel von Nebelflecken und Sonnen! / Ist die Natur nur groß, weil sie zu zählen euch gibt?«, und erweckte die Ahnung »von dem, was in dem nicht materialistischen, sondern geistigen Erfahren der Welt lebt«.

In der Überzeugung, daß ein solches Zeitalter des Geistigen wieder anbrechen werde, erklärte Steiner seinen Zuhörern im Anklang an Goethes Farbenlehre, »daß das Licht nicht nur aus sieben Grundfarben, aus materiellen Schwingungen besteht, sondern daß hinter dem, was unser irdisches Licht ist, das von der Sonne herunterströmende Leben liegt«. Diese geistigen Lebenswellen zu vermitteln sei Aufgabe des Künstlers. Er müsse den Menschen helfen, Wahrnehmungsorgane für das Spirituelle zu entwickeln.

Zum Abschluß seines Vortrags zitierte Steiner aus Goethes *Faust* den Prolog des zweiten Teils, der die Zerstäubung des Sonnenlichtes in die Regenbogenfarben eines Wasserfalls als Gleichnis für die begrenzte menschliche Aufnahmefähigkeit heranzieht: »Am farbigen Abglanz haben wir das Leben.«

Die Beschwörung dieses ›Sinnenschleiers‹, der sich für den Menschen vor die unmittelbare Erkenntnis des Geistes schiebt, inspirierte Kandinsky, die *Ariel-Szene*[51] aus *Faust II* in einem Ölbild darzustellen. War er durch Steiner wieder auf die ihm vertraute Farbenlehre Goethes[52] hingelenkt worden, in der ja das Licht nicht nur als physikalisches oder physiologisches, sondern auch als transzendentales Phänomen gewertet und in die Auffassung von der Natur als einer Materie-Geist-Einheit eingebettet wurde? Kandinsky stellte Faust im

Magiermantel mit sieben Knöpfen, zum Betrachter gewendet, vor die aufsteigende Sonne. Neben ihm neigt sich der Luftgeist *Ariel* – weiß gewandet – einem der sylphischen Wesen zu, die Faust in seinem Heilschlaf umgeben haben. Dem Wasserfall im Hintergrund entsteigt – bunt sprühend – der Regenbogen. Als Abglanz der Sonne wird er zum Sinnbild: Das ungebrochene weiße Licht, vergleichbar dem göttlichen Wahrheitsstrahl, ist nur mittelbar, als farbiger Reflex, für den Menschen faßbar.

Zur Erinnerung an den gemeinsamen Besuch der Steiner-Vorträge schenkte Kandinsky Maria Strakosch dieses Bild, dazu noch die Darstellung eines Gewitters, von dem Rudolf Steiner erklärt hatte, daß es die geistigen Kräfte einen Moment lang offenbare.[53] Als treffendste Veranschaulichung theosophischen Gedankengutes aber bezeichnete die Steiner-Adeptin Kandinskys Bild *Der Zeiger*, an dem die Wesensglieder des Menschen ablesbar seien, die Steiner im *Architektenhausvortrag* erläutert habe: Über dem physischen, dem ätherischen und dem astralischen Leib – dargestellt in drei beziehungsreich einander zugeordneten Figuren – schwebe das ›Ich‹ wie eine Glocke. Am deutlichsten erscheint dieses Motiv, das auch in Vorzeichnungen und Holzschnitten überliefert wurde, in einer aquarellierten Zeichnung Kandinskys: *Der Zeiger* steht auf einem Pfad, gekleidet in ein langes Gewand mit sieben Knöpfen. Er weist bannend, in Frontalstellung zum Betrachter, mit dem ausgestreckten linken Arm nach oben. Mit ihm zur Doppelfigur verbunden, steht rechts eine maskenhaft-unwirkliche Gestalt in gesprenkeltem Gewand; durch eine Brücke zwischen beiden Körpern könnte ein Substanzaustausch angedeutet sein. Dem Haupt des *Zeigers* entwächst ein seltsames Gebilde an röhrenförmigem Stiel. Da es einem Baum mit Früchten ähnelt, erhielt der Holzschnitt später den mißdeutenden Titel *Apfelbaum*.[54] Solch runde, Einschlüsse wie Blüten oder Früchte enthaltende ›Luftballons‹ wurden jedoch von theosophisch geschulten In-

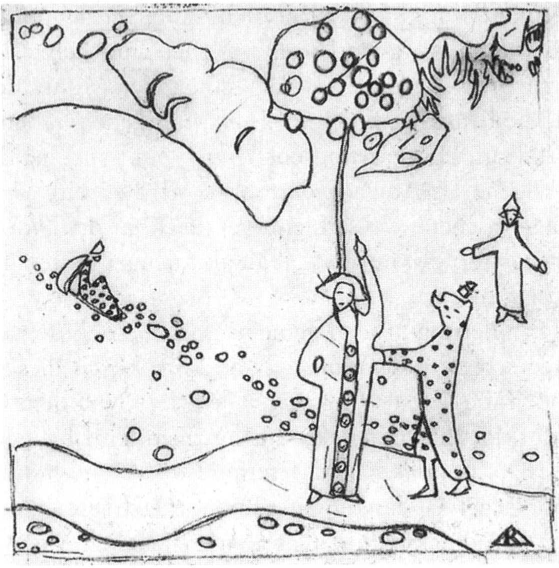

Kandinsky, Übertragungspause für den Holzschnitt ›Zeiger‹ in »Klänge« (1913).

terpreten[55] als Formgebilde geist-seelischer Entsprechung zur Körperwelt gedeutet. Zu der schlauchartigen Verbindung zwischen Mensch und wolkenartigem Phänomen erklärte Steiner: »Der Stamm aber, der nach der einen Seite wurzelt, nach der anderen blüht, das ist die Seele selbst.«[56]

Gestalten, von denen ballonartige Emanationen ausgehen oder die von vegetabilen Gebilden umgeben sind, finden sich häufig in Kandinskys Skizzen und Aquarellen dieser Zeit. Doch er ›verfremdete‹ diese Auren auch ins Figürliche, in Baum, Hügel oder Wolken, die über den Personen aufsteigen. Manchmal scheinen losgelöste Farbblasen Dinge und Menschen zu umfließen oder gar zu bedrohen.[57] Steiner hatte auf die mögliche Einschwärzung solcher Aurenphänomene bei Krankheit und Gefahr hingewiesen, ebenso auf Einschlüsse, in denen sich Gedanken und Gefühle niederschlügen.

Solche Vorstellungen waren für Kandinsky zweifellos von

bildnerisch-poetischem Reiz, – doch offensichtlich nicht nur das! Eine roh hingeworfene Ölskizze auf Leinwand vom stattlichen Format 67×100 cm, *Reiter* (1909) betitelt[58], macht dies deutlich; aus der Schulter der linken Figur wächst an einer durchsichtig-labilen Röhre ein buntfarbiges Gebilde hoch, das als geistige Gegenform zur körperhaften Erscheinung gedeutet werden kann. Dieser farblose ›Seelenschlauch‹ ist nicht etwa zu verwechseln mit einem Baumstamm, wie er – zum Kontrast – dunkelfarbig auf der rechten Seite des Bildes hinter dem Reiter fest in der Erde verwurzelt ist. Hinter dieser Darstellung verbirgt sich Doppelsinn: Ein realistischer Maler oder ein Künstler des Jugendstils würde die Erfahrung geheimnisvoller Kräfte in das Bild eines Baumes umsetzen, wer aber ›Geistesohren‹ entwickelt hat, vermag Visionäres oder ›höhere Leiber‹ direkt und ohne Dingformen in sinnspendenden Farben und Formen wiederzugeben.

Solch parallele Darstellungen desselben Bildinhalts wirken wie die Einübung eines neuen Formenvokabulars. Doch auch in Farben versuchte Kandinsky die Korrespondenz der physischen Natur des Menschen mit seiner geistigen Gestalt auszudrücken, indem er sich auf zwei symbolträchtige Töne beschränkt: Grün und Violett oder Rot und Violett verleihen den – oft als Entwürfe für Farbholzschnitte angefertigten – Aquarellen dieser Zeit die komplementären Werte von Natur/Leben und Geist/Seele, von Diesseits und Jenseits.[59]

Maria Strakosch-Giesler erinnerte sich, daß Rudolf Steiner beim Anblick von Kandinskys Holzschnitt *Der Zeiger* ausgerufen habe: »Der kann was, der weiß was, ist er hellsehend?« Im Rahmen seiner Berliner *Architektenhausvorträge* hatte er am 10. April 1908 unter dem Titel *Erdenanfang und Erdenende* und am 16. April unter dem der *Hölle* die geheimnisvolle Vielgestaltigkeit des Menschen zum Thema gemacht und dabei erklärt, Hellsichtige vermöchten die Ätherleiber des Seelen- und Geistlandes schon auf Erden zu erkennen; bei ihnen seien die Wahrnehmungsorgane für das Übersinnliche schon geschärft: »Wer selbst eintreten kann in diese Welten, die wir die unsichtbaren nennen, der ist ein Hellseher.«[60] Kandinsky wurde somit aus theosophischer Sicht die Aufgabe eines Zeigers, eines Wegweisers zur geistigen Weltdeutung zuerkannt, und Maria Strakosch berichtete denn auch, daß er der einzige gewesen sei, für den Rudolf Steiner sich damals wirklich interessiert habe.

Münter hatte Kandinskys Begegnung mit Steiner geteilt, sie teilte auch seinen theosophischen Lesestoff mit ihm, dabei bevorzugte sie jedoch praktische Anweisungen zur Atemtechnik, zur Ernährung und zum gesunden Schlaf, zur Homöopathie, Chromotherapie und zur Meditation. In der gemeinsamen Bibliothek befand sich neben Steiners Schriften auch die Glaubensfibel für die Sichtbarkeit übersinnlicher Phänomene: *Gedankenformen* von Besant/Leadbeater.[61] Anhand von Abbildungen wird darin erläutert, auf welche Weise sich Gedanken ›verfestigen‹ können und, durch die pulsierenden Seelenkräfte abgestoßen, als selbständige Astralwesen im Raume schweben und fördernd oder schädigend wirken. Münter verschloß sich dem ästhetischen Effekt solcher Annahme nicht, da frei ausschwärmende Gedanken für einen Maler in farbigen Wolken oder phantasievollen Farbgestalten höchst reizvoll darzustellen waren. Sie lehnte jedoch eine engere Beziehung zur *Theosophischen Gesellschaft* ab, so daß Maria Strakosch-Giesler bemerkte: »Für die Anthroposophie war sie nicht zu haben. Im Gegenteil, sie hat Kandinsky immer davon abgehalten, sich näher mit der Anthroposophie zu beschäftigen.«[62]

Trotzdem erkannte Münter, daß vieles an Steiners Weltsicht für Kandinsky zündend war. Zunächst einmal bestärkte sie ihn in seiner Abneigung gegen den Positivismus. Steiners Bestreben, eine allgemeine Wende zur Vergeistigung einzuleiten, traf sich mit Kandinskys Geringschätzung einer Gesellschaft, die infolge der Industrialisierung und des dadurch geförderten spezialisierten Sachverstandes hauptsächlich auf

Technik und Kalkül setzte. Daß die Zeit für eine geistige Besinnung reif war, hielt Kandinsky allein schon durch die – auch statistisch meßbare – Durchschlagskraft der *Theosophischen Gesellschaft* für bewiesen. Er zollte Helene Blavatsky Bewunderung, daß sie diese Kontinente umspannende geistige Bewegung gegen den Materialismus geschaffen und sogar in einer aktionsfähigen Körperschaft zusammengeschweißt hatte. Von seiner Mitgliedschaft war jedoch nie die Rede, er wertete die einflußreiche Organisation wohl mehr als ein Zeitzeichen, das er – gleichgestimmt – begrüßte. Er nannte die theosophische Lehre »eine Hand, die zeigt und Hilfe bietet«, ein »starkes Agens«, einen »Erlösungsklang«, der »zu manchem verzweifelten in Finsternis und Nacht gehüllten Herzen gelangen wird«.[63]

Die Theosophie befriedigte zudem ein Urbedürfnis Kandinskys: Sie konstituierte Einheit. Indem sie alle Erscheinungen auf ein Prinzip – den alles durchwaltenden Geist – zurückführte, gab sie eine monistische Schöpfungserklärung. Sie setzte die Identität von Stoff und Geist, von Gott und Welt voraus, die Kandinsky in der Frage postulierte: »Können die Unterschiede, die wir zwischen Materie und Geist legen, nicht nur Abstufungen nur der Materie sein oder nur des Geistes?«[64]

Auch der Gedanke der Evolution kam Kandinskys dynamischem Weltgefühl entgegen. Die menschliche Aufwärtsentwicklung, esoterischer Kern aller großen Religionen, wurde von der Theosophie vorausgesetzt. Sie handelte vom Sich-Vollenden, vom Fortschreiten zu höherer Wesensform. Ein solches teleologisches Weltbild entsprach Kandinskys Bedürfnis. Die Aussicht auf Re-Inkarnation faszinierte ihn. Er lebte in der Unrast des Vorwärtsdrängens, das keine Zufriedenheit mit dem Erreichten zuließ. Steiners auf eine zukünftige Reifung und Vollendung hin gerichtetes Zeitgefühl mußte für ihn tröstlich sein. Denn nicht nur die Menschheit hatte in theosophischer Sicht Katastrophen und Irrungen zu durchstehen, die nicht Absturz, sondern Durchgangsstadien zu höheren Welten bedeuteten, auch das Einzelleben wurde diesem eschatologischen Weltbild untergeordnet und hatte in dunklen Phasen der geistigen Höherentwicklung entgegenzureifen.

Kandinsky litt seit seiner Kindheit unter unabweisbaren Schuldgefühlen. Zu solcher nicht abstreifbaren, schwarzen Gemütsverfassung hatte Steiner in der von Kandinsky mit Marginalien versehenen *Lucifer-Gnosis* erklärt:[65] »Dich traf bisher mancher schwere Schicksalsschlag, du wußtest nicht warum, es war die Folge einer schändlichen Tat in einer deiner vorhergegangenen Lebensläufe.« Durch Konzentrationsübungen, denen sich Kandinsky für die »zeitweise Zurückziehung der Seele von ihrer Verbindung mit den Sinnesorganen« unterzog[66], könne der Mensch eine höhere Entwicklungsstufe erreichen und die ›Verdunkelungen‹ auflösen.

Faszinierend mußte für Kandinsky auch der Rang sein, den die Theosophen der Kunst innerhalb der Geheimwissenschaft einräumten. So umstritten es blieb, wie weit sich Kandinsky mit deren Gedankengut identifizierte, so unstreitig ist seine Affinität zu ihrer Licht- und Farbenlehre.[67] Jeder Fremdbestimmung oder Uniformierung abgeneigt, nahm er wohl nur selektiv auf, was ihn in seiner eigenen Farbentheorie weiterbrachte: die Auffassung vom dramatischen Eigenwert, von der Offenbarungs- und Bedeutungskraft der Farben.

Daß der Geist, zu verschiedenen Formgraden verfestigt, als Farbe sichtbar werde, veranschaulichte Steiner an einem Beispiel: »Farbe verhält sich zum Geist wie Eis zu Wasser. Ton verhält sich zum Geist wie Eis zu Wasser ... Lassen Sie mich ein Wort aussprechen, das jeder Naturforscher als Tollheit ansehen wird: Wenn der Geist nach außen geht, dann erscheint er als Farbe, als Ton. Nichts anderes ist Farbe und Ton als lauter Geist, ganz dasselbe, was wir in uns selber finden, wenn wir uns richtig verstehen.«[68] Maler und Musiker, die sich in Farben und Tönen artikulierten, seien »Zeiger«,

Weggeleiter in die imaginative Welt.[69] Die Kunst müsse »wieder Anschluß suchen an die hinter den Erscheinungen liegenden Vorgänge des Lebens«, hatte Steiner schon 1907, bei der Vorbereitung des *Theosophischen Kongresses,* gefordert. Der Künstler aber müsse die spirituelle Kraft gewinnen, in einer Farbensprache, die sich von der Abbildkunst entferne, »die Lebensvorgänge selber im Bild und in der plastischen Form zu deuten«.[70] Strakosch berichtete denn auch von dort ausgestellten Bildhauerarbeiten, die »jeder natürlichen Organizität entbehrten«, man sehe »die einfachen geometrischen Formen des gleichsam kristallisierten Ätherleibs«. Aber auch hellseherische Erlebnisse seien in Farbengewoge wiedergegeben, unter Verzicht auf die gegenständliche Welt.[71]

Die Theosophie lieferte im Gegensatz zu anderen Religionen oder Weltanschauungen eine Beschreibung davon, wie das Spirituelle sichtbar werde: bildlich, aber nicht abbildlich.[72] Sie nahm damit für den zwischen Rußland und Deutschland hin- und hergerissenen Kandinsky eine reizvolle Mittelstellung gegenüber abendländischer und östlicher Bildauffassung ein. Der Westen veranschaulichte religiöse Themen in Legenden, darum wurden Heilsbotschaft und Heilsgeschehen – von den antiken Göttern bis zu den christlichen Heiligen – in Abbilder inkorporiert. Die Theosophie entschied sich nicht für die Bildlosigkeit der altorientalischen Religionen, sondern für eine Farb- und Form-Darstellung, die aber nicht an irdische Gestalten gebunden war.

Kandinsky berichtete von mystischen Farberlebnissen seit seiner Kindheit. Farben waren ihm stets wie ein Tor zur Transzendenz erschienen. Die Theosophie erklärte sie zum ›Jenseitslicht‹. Vom ›hellhörigen‹ Künstler zu Kraftfeldern angeordnet, vermöchten sie den Kosmos geistig wirkender Wesen widerzuspiegeln. Kandinsky notierte sich in sein Merkbüchlein zum »Hören im geistigen Sinne«, durch das der Maler das Imaginative unmittelbar erfahre: »Das Schweben der Farben etc. ›ohne Grund u. Boden‹ (= ohne phys. Gegenstand) ist die

Offenbarung der Wesenheiten, die den Menschen stets umgeben. Beim Aufsteigen in die höheren (ds imag.) Welten nimmt der Mensch auch die Wesen wahr, welche Farben, Töne etc. ausströmen. Der Weg dazu ist Inspiration – Intuition.« Er erwähnt auch die Notwendigkeit, durch einen Guru in diese Bezirke eingeführt zu werden. »Man muß üben: solche aufregende Vorstellungen ruhig anschauen und sich der Aufregung enthalten. Solche Übungen führen zur Inspiration, welche nicht ›vom Himmel fällt‹, sondern durch Erziehung zu erreichen ist (auch in früheren Erdenleben).«[73] Zweifellos faszinierte ihn der Gedanke, daß sich in der gegenständlichen Welt die Farben mit den Dingen verbanden und ihnen fest anzuhaften schienen, während sie sich in der imaginativen Welt von ihnen lösten und frei schwebend wirksam wurden.

Loslösen, Verfließen, Bewegen – Umschreibungen für die Befreiung der Farben von irdischer Gebundenheit und körperhafter Starre – ja materieller Einkerkerung! Doch was nach theosophischer Vorstellung als lösende Kraft hinter den freien Farbgebilden wirkt, erreicht den Menschen über *alle* Sinne. Darum erzeuge die intelligible Welt neben visuellen Eindrücken auch die von Tönen, von Hitze und Kälte, von Geschmack und Geruch[74], hingen doch alle Sinneswahrnehmungen als Auswirkung eines geistigen Zentrums zusammen, so als ob *ein* Sender den Kosmos in Schwingungen versetze.

So wurden auch Synästhesien, die Kandinsky oft in quälender Intensität wahrgenommen hatte, auf einen okkulten Ursprung zurückgeführt. Fortan beschäftigte ihn nicht nur die Koinzidenz von optischen und akustischen Reizen – das beweisen seine Randnotizen in der Monatsschrift für okkultistische Forschung, *Die übersinnliche Welt*, in der ein Arzt über die geschmacks- und geruchserzeugende Wirkung von Farben berichtet hatte[75] – er erkundigte sich auch nach den Methoden des in München gegründeten Sanatoriums für Farbentherapie.[76] In einer Broschüre über *Die Kräfte der Farben* strich er folgende Passage an: »Krankheit ist ein Mangel an Harmonie im Organismus oder in anderen Worten einer bestimmten Farbe, die zu liefern der Zweck der Chromotherapie ist.« Grün galt demnach als Anregungsmittel für das Gehirn, Blau beruhigte, während Hitze mit Rot gepaart war. Die Heilwirkung wurde nicht nur durch entsprechend gefärbtes Fensterglas oder den Aufenthalt in farbigem Licht erzeugt, sondern auch durch farbenbestrahlte Nahrungsmittel, »da niemand, *Sensitive ausgenommen* [von Kandinsky unterstrichen], etwas davon im Geschmack wahrnehme«.[77] Kandinsky bat Maria Strakosch-Giesler, ihm einen Vortrag mit dem Titel *La méthode des sens colorés et des nombres* zu besorgen[78], sie hingegen, die sein brennendes Interesse an Fragen der Synästhesien kannte, berichtete ihm von Madame Unkowsky, die mit Unterstützung der Farben den Kindern im Musikunterricht die richtigen Töne beibrachte.[79]

In Münters Bibliothek befand sich eine Ausgabe von Steiners *Theosophie*, in der folgende Passagen unterstrichen waren: »Man hat sich nur vorzustellen, daß alles, was als ›Bild‹, als ein ›Leuchtendes‹ beschrieben wird, zugleich ein Klingendes ist. Jeder Farbe, jeder Lichtwahrnehmung entspricht ein geistiger Ton, und jedem Zusammenwirken von Farben entspricht eine Harmonie, eine Melodie.«[80] Diesen inneren Klang der Dinge wahrzunehmen und im eigenen Werk fortschwingen zu lassen, nannte Kandinsky die Voraussetzung seiner Kunst. »Die Welt klingt. Sie ist ein Kosmos der geistig wirkenden Wesen. – So ist die tote Materie lebender Geist.«[81]

Von nun an steht in seiner – auf eigener seelischer Erfahrung begründeten – Ontologie der Begriff der *kosmischen Vibration* an zentraler Stelle. In diesem alles durchströmenden Beben lag für ihn die Wirkung seiner Malerei beschlossen. Nach eigenen Worten wurde seine Seele zu gewissen Zeiten »ununterbrochen im Vibrieren gehalten«.[82] In der Gleichsetzung von seelischer Erregung und ›Vibration‹ stellte er fest: »Das vom Künstler richtig gefundene Mittel ist eine mate-

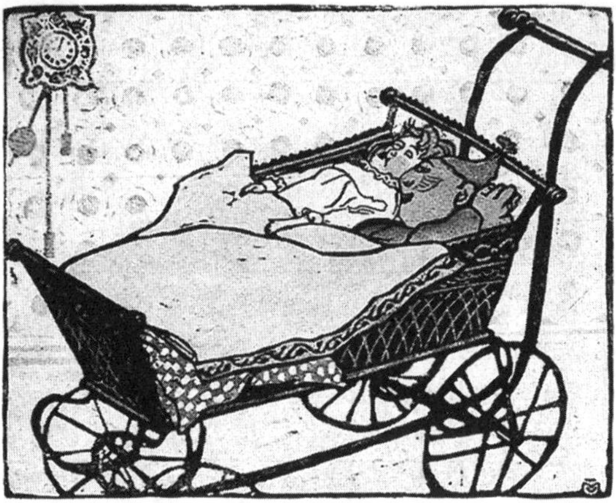

Gabriele Münter, Gute Nacht, Farblinolschnitt aus der Spielzeugserie, Berlin 1908, 15,7 × 19,8 cm.

rielle Form seiner Seelenvibration ... Wenn dieses Mittel richtig ist, so verursacht es eine beinahe identische Vibration in der Seele des Empfängers ... Es gibt also keinen Menschen, welcher die Kunst nicht empfängt.«[83]

Während die Anregungen in Berlin Kandinsky aus der künstlerischen Stagnation der Paris-Zeit herausführten und sich in Plänen für zukünftige Projekte niederschlugen, übte Gabriele Münter in einem Berliner Schulatelier Pinselzeichnungen nach Kopf- und Aktmodellen und fertigte farbige Linolschnitte an. Entzückt von der unverfälschten Ausdruckskraft und Grazie kindlicher Bewegungen, zeichnete und druckte sie in verschiedenen Farbstellungen *Schlafendes Kind*, *Kind mit Flasche*, *Kind mit Puppe*, ergänzt durch eine Serie farbiger Linolschnitte von Spielzeug: *Auguste ist krank*, eine steif im Bett liegende Puppe, neben der die Medizinflasche mit Glas und Löffel auf dem Nachtschränkchen steht, *Tünnes und Gesellschaft*, *Im Gespräch* und *Gute Nacht*, jeweils einander zugeordnete Puppen mit allerlei Spielgerät. Im Farblinolschnitt *Onkel Sam und Gesellschaft* stellte sie einem strammstehenden preußischen Wachsoldaten mit Pik-

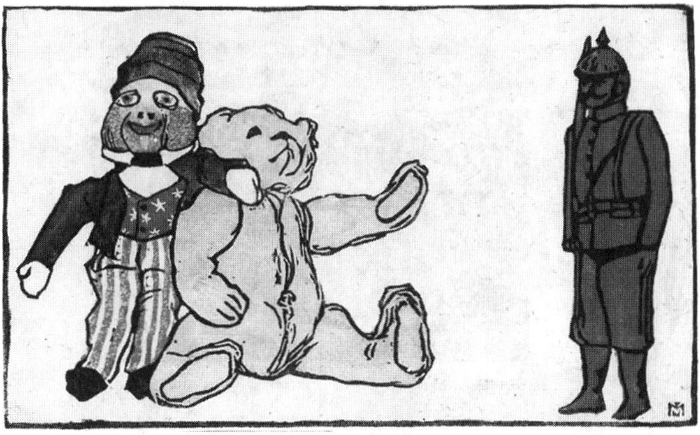

Gabriele Münter, Onkel Sam und Gesellschaft, Farblinolschnitt aus der Spielzeugserie, Berlin 1908, 13,2 × 21,8 cm.

kelhaube, aufgepflanztem Bajonett und hochgezwirbeltem Bart die joviale Haltung eines Amerikaners gegenüber, der, lässig auf einen dicken Teddybär gelehnt, den von ihr erlebten Gegensatz der Alten und der Neuen Welt für das naive Verständnis ihres »Patchens Friedel« veranschaulichte.[84] Sie sah die Spielsachen mit den Augen eines Kindes, das die Dinge im Umgang beseelt, und zeigte sie voll versteckten Lebens, das nur der wahrnimmt, der noch in die kindliche Phantasiewelt einzutauchen vermag.

Nach dem Parisaufenthalt hatte Kandinsky ihr sein Malzeug überlassen: »Malkasten gebe ich Dir gern ... ich male nicht.« In Berlin forderte er ihn zurück. Die dort entstandenen acht Gemälde[85] beweisen durch ihre Titel, welche Gegenkräfte er angesichts der schwarzen Fühllosigkeit vergangener Monate mobilisierte: *Mit gelber Wolke*, *Mit roten Wolken*, *Mit grünen Frauen*, *Mit dem roten Reiter*, *Weißer Klang*. Was in Berlin nach dem 26. März 1908 im Umkreis des ›Ariel‹-Erlebnisses entstand, deutet auf die Thematik der Licht- und Wachstumskräfte und zeigt in der Raumbehandlung eine Annäherung an Bühnenentwürfe. In Skizzen wie

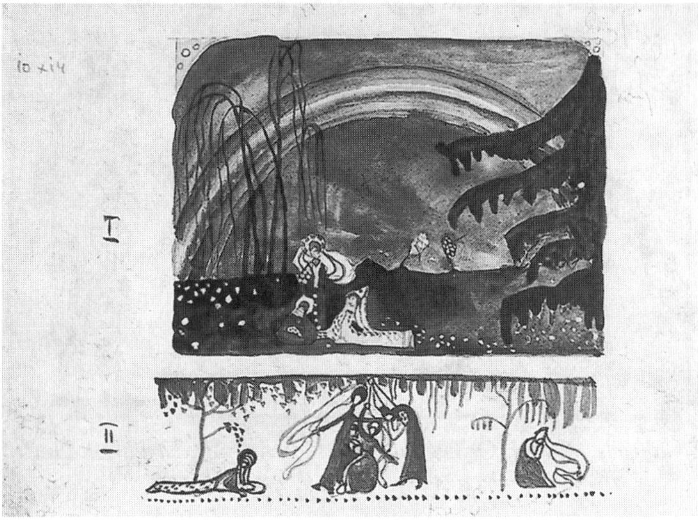

Wassily Kandinsky, Die Schleier, 1907/08, Aquarell über Bleistift, 17,6 × 22,5 cm.

Landschaft mit Regenbogen und Figuren und *Die Schleier*[86] geht es um die Lichtbrechung, die prismatisch-farbige Verschleierung der einen großen Lichtquelle – des ›weißen Klanges‹. Was immer Kandinsky in dem fast siebenmonatigen Berlin-Aufenthalt inspirierte und zwischen Musik, Craig-Reinhardtscher Bühnenästhetik und seiner durch die Theosophie bestärkten Auffassung von der Symbolkraft und geistigen Wertigkeit der Farben angesiedelt war – es führte ihn zu Licht-, Klang-, Farb- und Rhythmik-Kompositionen.

Der Gegensatz zwischen grell-weißem und farbigem Licht blieb ein zentrales Thema, vom Bühnenspiel *Riesen* (*Gelber Klang*), das im Untertitel *Farbenpracht* heißen sollte, über *Grüner Klang*, *Schwarz und Weiß* und *Schwarze Figur* bis zum Licht-Ton-Spiel *Der violette Vorhang*.[87] Bei der Wirkungsbeschreibung dieser Farbe traf er sich mit Rudolf Steiner, der sagte, sie sei spirituell und habe Jenseitsglanz.[88] Kandinsky nannte sie »wenig stabil«, sie erzeuge im Zuschauer

»das Gefühl eines Seiltänzers, welcher aufpassen und nach beiden Seiten fortwährend balancieren muß«.[89] Er siedelte sie als eine transitorische Farbe auf der Grenzscheide zwischen Erde und Himmel an, der Herkunft nach eine Mischung aus Rot, das für ihn je nach Abstufung von sieghafter Lebenskraft, zielbewußtem Ungestüm, von Brausen und Glühen zeugte, und Blau, in dem er einen Ruf nach Unendlichkeit vernahm, eine Sehnsucht nach Reinheit mit dem Beiklang von menschlicher Trauer, die sich angesichts des Übersinnlichen einstelle. Violett bietet *ein* Beispiel für Kandinskys dramaturgische Definition der Farben, von denen jede für ihn mit unverwechselbaren Eigenschaften und Ausdruckswerten begabt und darum nicht beliebig anwendbar war (hier lag sein Haupteinwand gegen die farbliche Willkür und kompositorische Verfügungsgewalt der *Fauves*). Er sah den Maler sozusagen im Dienst, wenn er die Farben – wie ein Dirigent die zu einer speziellen Klangwirkung vorbestimmten Instrumente – mit Rücksicht auf die ihnen anhaftenden Eigenwerte einsetzte und jede einzelne im »Farbenchorus« zum ihr gemäßen Klingen brachte.

Wegen der Symbolkraft der Farben und ihres transzendentalen Bezugs steigerte sich für ihn ein Farblicht-Drama zum Erleuchtungsdrama.[90] »Das kosmische Element fehlt vollkommen«, lautet der Kernsatz seiner Kritik am Drama des 19. Jahrhunderts.[91] Er wollte es durch Lichtgeschehen einbringen. In seinen ab Herbst 1908 entstehenden Bühnenspielen ging es ihm stets um die belebende Wirkung farbiger Lichter; sie waren die eigentlichen Handlungsträger, von deren Kräftespiel die Menschen abhängig blieben. Die Farben aber bezogen ihre Macht aus dem Quellstrahl rein-weißen Lichts, der im irdischen Bereich nur in prismatischer Brechung sichtbar wurde. Auch in *Lautgedichten* wie *Blick und Blitz* oder *Sehen* umkreiste Kandinsky thematisch den Lichteinbruch als Geistes-Gegenwart.[92] Vielleicht wurzelte dieser Erlösungsglaube in der hierarchisch, nach Erleuchtungsstufen aufgebauten orthodoxen Heilslehre. Sie hatte seine Kindheit geprägt und in ihm die Sehnsucht nach der Vereinigung mit Gott, dem höchsten und reinsten Licht aller Lichter, geweckt. In unausgesprochener Übereinstimmung mit dem gnostischen Lichtglauben, der auch das byzantinische Christentum unterschwellig durchzog, zeigte Kandinsky in seinen Bühnenstücken Weltrettung durch das himmlische Lichtgeschenk, – den Lichtausguß als geistige Offenbarung.

Kandinsky gewann in den Berliner Monaten Perspektiven, die ihm nicht nur neue Impulse für seine Malerei vermittelten, sondern auch eine kunstreligiöse Mission. Es stellte sich bald heraus, daß Gabriele Münter in ihrer Begeisterung für die Bühne weniger das weltanschaulich befrachtete ›Licht-Spiel‹ schätzte als die theatralische Fabel, mit der sie sich identifizieren konnte. Psychologisch eingefädelte Handlung wollte sie sehen, schauspielerisch spannend aufbereitet. Ebensowenig verstand sie die Sucht, schon im Diesseits das Jenseits zu erreichen, ätherische Gegenbilder des Irdischen zu entwerfen oder malend hinter die Erscheinungen zu gelangen. Sie liebte die farbige Haut der Dinge! Fremd war ihr auch der emphatische Kunstbegriff. Der Gefährte driftete ihr davon in den »Luftkreis des Geisterlandes« – eine von ihm in Steiners *Theosophie* unterstrichene Formulierung. Er übte sich darin, ›mentale Porträts‹ mit geschärften Sinnen wahrzunehmen. Wenn ihm für das, was er aussagen wollte, nicht mehr genügte, ein Maler zu sein, wenn er zum Gestalter eines kosmisch verankerten Bühnengeschehens werden wollte, – sie jedenfalls blieb bei ihrem Metier!

Außenstehende empfanden Münter als Halt und Widerstand gegenüber Kandinskys Esoterik. Michael Ernest Sadler berichtete, daß dieser (»wenn auch nicht allzu aufdringlich«) zu mystischen Traktaten und parapsychologischen Übungen neigte. Münter hingegen erschien ihm einfach, klug, preußisch. »K. has the gentle, rather dreamy russian way – she was more critical and more widely read.«[93] Münter war mißtrauisch gegenüber allen inszenierten Kosmogonien. Die klaren Konturen ihrer Zeichnungen setzten Schranken gegen das Nebulose. Wenn Kandinsky Verschleierung wünschte, ein ›Sprechen vom Geheimen durch Geheimes‹, so wollte sie durch Malen Klarheit gewinnen. Es bedeutete für sie keinen Entgrenzungs-, sondern einen Verdichtungsvorgang. Bedeutete: Konzentration, Erkenntnis, Achtung vor der Würde des Konkreten.

Die Macht der Ideen entfaltete sich für Münter in der raum-zeitlichen Welt, und sie konnten durch den Künstler *an den Dingen* offenbar gemacht werden. Für sie war das Allgemeine nur im Besonderen faßbar. Daß Schönheit sich im schönen Gegenstand schenke und geistige Werte nicht abgelöst von der Objektwelt erfahrbar seien, war ihre tiefe Überzeugung. Darum wollte sie das Hier und Heute nicht überspringen zugunsten einer kontemplativ erfahrbaren Einheit. Schon damals verfestigte sich in ihr die Überzeugung, die sie später in die Worte kleidete: »Für dies Unsichtbare, worauf es ankommt, ist das sichtbar Körperliche das natürliche Symbol.«[94]

Ende April 1908 brach sie mit Kandinsky auf in den Frühling; in Südtirol wollten sie ihm entgegenwandern. Die Wahl des Reisezieles war wohl durch Strakoschs beeinflußt worden, die hier eine Zeitlang gelebt und sogar geplant hatten, am Fuße des Mendelpasses eine Künstlerkolonie zu gründen: »Die Erde trug überreiche Früchte, Grund und Boden waren billig, halbverfallene Schlösser konnte man für wenige Gulden kaufen.«[95] Ella suchte nach einem Ort, an dem sie mit Kandinsky seßhaft werden könnte, und die Schilderungen der Freunde klangen verlockend. Sie wanderten weite Strekken, von St. Vigil ins Gader- und Campilltal, von Klausen nach Bozen, wobei sie jeweils Abstecher in die Dolomiten machten, zur Seiser Alm, zum Sella-Joch und nach St. Cyprian am Rosengarten. Nachdem sie sich im Passeier Tal gründlich umgesehen hatten, entschlossen sie sich, eine Zeitlang im alten Kloster- und Malerort Lana zu bleiben. Wie einst entstanden kleine Spachtelstudien vor der Natur. In *Baumblüte in Lana*[96] siegte bei Münter noch einmal die impressionistische Farbenzerlegung. Das Blütenweiß mit dem sanften Rosaton der Apfelknospen prangt vor der Bläue der Schneeberge, die sich von türkisgrünen Gletschertönen bis zum zartesten Violett in der Himmelshöhe vermischen. Beim gleichen Motiv wirken Kandinskys Spachtelhiebe gewalttätiger, gestaltauflösend. Weiß lodert auf, die Farbe des ungebrochenen Lichtes, und wird in alle Spektralfarben zerlegt. Seine Blütenbäume wurzeln im Grün des Erdreichs und flackern wie eine weiß züngelnde Glut einer imaginären Welt entgegen.

Als sie am 10. Juni 1908 nach München zurückkamen, mietete sich Münter nur für wenige Tage ein Pensionszimmer, denn sie war fest entschlossen, die Reise fortzusetzen, bis sie einen geeigneten Aufenthaltsort für sich und Kandinsky gefunden hätte. Einig waren sie sich darüber, daß dieser Ort im Voralpengebiet liegen müsse, möglichst an einem See, dazu an einer Bahnlinie, damit München leicht erreichbar bliebe.

Sie setzten ihre Suche am 17. Juni am Würmsee fort, dessen Uferorte – an der Spitze Starnberg – ihnen schon von Radtouren her vertraut waren. Danach entdeckten sie den waldumsäumten Staffelsee. Ella war sofort eingenommen vom intimen Reiz des sanftgeschwungenen, schilfigen Seeufers.

Murnau, der alte Rott- und Umschlagplatz an der Handelsstraße zwischen Italien und dem Norden, lag wie auf einem Naturaltar hingebreitet im ›Moos‹, einer weiträumigen Moorfläche. Die Schwermut dieser riedbestandenen Ebene wurde gemildert durch den lebhaften Wolkenzug am südländisch blauen Himmel oder durch den Föhn, der die Landschaft in strahlende Helligkeit tauchte. Münter verglich den Murnauer Moränenhügel mit einer gottgeschaffenen Aussichtsterrasse. Hier verstellten die Alpen nicht in steinerner

Schroffheit den Blick, sondern umkränzten von fern eine Landschaft, die herb und mild zugleich war, anmutig und erhaben, idyllisch und doch großartig. Eine weiße Kirche mit Zwiebelkuppel überragte das Dorf mit den zweieinhalbtausend Seelen; und ein Schloß mit gotischem Stufengiebel reckte sich über bäuerliche Ansiedlungen. Frauen in Trachten, Männer mit Gamsbart-Hüten und Rucksäcken brachten auf den ungepflasterten Wegen ihre Waren zum Markt. Schon als Kandinsky den Ort zum ersten Mal auf einer verregneten Radtour im August 1904 kennengelernt hatte, konnten Schlamm und Nässe seine Begeisterung nicht trüben. »Sehr, sehr schön ist es ... Diese ganz tiefliegenden und sich langsam bewegenden Wolken, der düstere, dunkelviolette Wald, die blendend-weißen Gebäude, sammettiefe Dächer der Kirchen, dieses sattgrüne Laub – habe ich noch immer vor Augen, habe sogar von den Sachen geträumt.«[97] Die Häuser hatten flache Giebel, die über kunstvoll gezimmerte Holzbalkons herausragten und die Lüftlmalerei der Fassaden vor Sonne und Wind schützten. In Farben und Mustern lebte die Volkskunst fort, und in den Herrgottswinkeln der Gasthöfe und an den Stubenwänden hing vieles, was die Bevölkerung in schlichter Frömmigkeit in der Kirche verehrte und was ihr aus der Heiligen Schrift vertraut war. Münter erzählte den Münchner Malerkollegen aus der Giselastraße sofort nach ihrer Rückkehr begeistert von der Entdeckung dieses Marktfleckens. Ihre Schilderung muß so überzeugend gewesen sein, daß Marianne von Werefkin und Alexej Jawlensky nach Murnau aufbrachen, um die Gegend zu erkunden. Überrascht von deren malerischem Reiz, mieteten sie sich für die Sommermonate im ›Griesbräu‹ ein.

Indessen fuhr Münter mit Kandinsky am 24. Juli nach Stock am Westufer des Chiemsees. Sie sahen die geduckte Zwiebelhaube von Frauenwörth über der glitzernden Wasserfläche und setzten zu der geschichtsträchtigen Klosterinsel über. Die Farbenbrechung schien unermeßlich reich, und nicht zufällig waren hier seit der Zeit des ersten Wittelsbacher Ludwig die Staffeleien aufgestellt worden. Das ›Bayerische Meer‹ war inzwischen mit der Malerkolonie der *Pleinairisten* ebenso verbunden wie Dachau, Kronberg, Worpswede oder Darmstadt mit ihren jeweiligen Künstlergruppen.[98] Hier würde man sich wohl im Zitat einer traditionellen licht- und luftatmosphärischen Malerei verfangen. Sie fuhren weiter zu den Seen des Salzkammergutes, wo die Spuren noch nicht ausgetreten waren, prüften Seewalchen und Kammer am Attersee, Scharfling am Mondsee und St. Gilgen am Wolfgangsee. Nach einwöchiger Rundreise fanden sie am 8. August in München die Aufforderung der Werefkin vor, nach Murnau zu kommen, was Münter nach aller Herumfahrerei nur zu gerne befolgte. »Es war eine schöne, interessante, freudige Arbeitszeit mit viel Gesprächen über Kunst mit den begeisterten ›Giselisten‹. Ich zeigte Jawlensky besonders gern meine Arbeiten – einerseits lobte er gern ... viel ... andererseits erklärte er mir auch manches – gab mir von seinem Erlebten und Erworbenen und sprach von ›Synthès‹. Er ist ein netter College. Wir alle vier strebten sehr und jeder einzelne entwickelte sich. Es gab Tage, wo ich fünf Studien malte (die Pappen 33×41) ... und wenige, wo ich gar nicht malte. Wir waren alle fleißig.«[99]

Kandinsky unterbrach den Aufenthalt für einige Tage, um eine Wohnung in Schwabings Ainmillerstraße 36/II – Gartenhaus – zu beziehen. Am 4. September 1908 berichtete er nach Murnau: »Liebes Ellkachen, ich sitze in m. Wohnung, schreibe auf d. Fensterbrett, erwarte vergebens die Möbeln. Ist noch gut, dass Behringer Sofa und Seßel geschickt hat: habe ich wenigstens eine untere Stütze.« Höchst zufrieden mit der Anordnung der Räume, beschrieb er seine vier Zimmer nebst Küche, Bad und zwei Kammern, für die er den stattlichen Mietpreis von 1400 Mark pro Jahr entrichten mußte. Unter der gleichen Anschrift war erstaunlicherweise ab 28. September 1908 auch seine Frau Anna behördlich gemeldet.[100] Sein Zusammenleben mit Münter wurde noch einmal ins »Später«

vertagt. Sie mietete sich nach ihrer Rückkehr von Murnau ein Zimmer in der Schwabinger Pension »Stella« und blieb den Winter über in Kandinskys Nähe, in der Ainmillerstraße 48/I. Außerdem richtete sie sich ein Atelier in der gleichen Straße – Hausnummer 19/IV – ein; denn sie wollte nicht mehr nach Bonn zurückkehren. Sie rügte an ihrem Bruder am 30. August 1908 in schärfster Form »Mangel an Artigkeit gegenüber Kandinsky ... Ob legitimiert oder nicht, Kandinsky ist der mir am nächsten stehende Mensch, und darum tut es mir leid, ihn gerade von Dir geschnitten zu sehen. Er ist mir gewiß so viel oder mehr als mancher Mann seiner Frau.«

Carl antwortete am 12. November: »Sein Versprechen uns gegenüber, das K. vor mehr als vier Jahren gab, hat er noch nicht gehalten ... Wir bedauern eben den nach unserer Ansicht recht ungünstigen Einfluß des Herrn K. auf Dich in moralischer Beziehung, trotzdem wir nicht verkennen wollen, daß sein Einfluß in künstlerischer Beziehung ein vorteilhafter ist.«

Dieser Tadel, aus dem Münter die Familienmeinung heraushörte, verletzte sie tief. Carl warf ihr vor, daß es Augenwischerei bedeute, wenn sie sich ›Frau Kandinsky‹ nenne. Die Mißstimmung wuchs, als Emmy sich mit dem Hinweis einmischte, was Kandinsky der Schwester seit Jahren biete, könne diese »nicht weiter so einstecken«. Deren Verteidigung: »Genügt es nicht, wenn *ich* ihm vertraue und zufrieden bin«, überzeugte die Geschwister nicht, auch wenn sie in einem eingeschriebenen Brief übermittelt wurde, um dadurch dokumentarisches Gewicht zu erhalten.

Georg Schroeter beendete den unergiebigen Streit: »Sehr erfreulicher- und dankenswerterweise hältst Du uns im Großen und Ganzen über Dich und Deine Umgebung auf dem laufenden ... Auch Kandinsky ist uns kein Fremder mehr, und sicherlich ist alles, was Du uns berichtest, geeignet, unsere Meinung über K. auf eine sehr hohe Stufe zu bringen ...

Wenn wir trotzdem nicht ganz darüber hinwegkommen können, daß Dein Verhältnis zu ihm *äußerlich* ein nicht genügend geklärtes ist, so mußt Du uns darum nicht für engherzig halten. Wir sind eben der Ansicht, daß Staat und Familie Einrichtungen sind, deren ... die Menschen, selbst wenn sie geistig hochstehend sind, nicht wohl entraten können ... Äußere Hinderungsgründe kann es für einen energisch Wollenden nicht geben, wenigstens nicht solche, die sich nicht innerhalb von vier und mehr Jahren überwinden ließen. Folglich ist ein energischer Wille nicht vorhanden. Das ist der Vorwurf, den wir Kandinsky machen.«[101]

Münter spürte, daß aus Schroeters Brief Besorgnis sprach: »Deine Jahre gehen dahin.« Sie möge sich vor der Mißachtung bindender Versprechen hüten, die vor der Welt abgegeben werden sollten, um nicht der Willkür und Wandlung des einzelnen zu unterliegen. Sie erkannte die unter allen Warnungen verborgene Sympathie des Schwagers, und ihm versuchte sie postwendend ihre Lage verständlich zu machen: »K. ist ... nervös und körperlich recht herunter ... er sagt, jetzt fängt er allmählich an, hie und da für Momente so zu sehen und zu fühlen, wie er früher ständig lebte.«

Sie selbst habe die Koffer noch nicht ausgepackt und auch wenig arbeiten können, und »dabei habe ich so schrecklich viel vor«. Könnten die Geschwister sich vorstellen, daß es ihr einziger Wunsch gewesen sei, Kandinsky möge sich aus seiner Energie- und Kraftlosigkeit erholen? Da ständen für sie Scheidung und Ehe an Bedeutung weit zurück! »Kandinsky ist ein Russe, und ein sehr merkwürdiger dazu.« Werefkin habe ihr das Wort eines berühmten Diagnostikers übermittelt: »Die Deutschen können einen gesunden Russen nicht verstehen, viel weniger einen kranken.« Doch wenn ihr auch vieles an ihm fremd geblieben sei und immer fremd bleiben werde, sie gehöre zu ihm und werde mit ihm gemeinsam den rechten Heilsweg finden: »Es war ihm und auch mir viel, viel schwerer, als ihr denken mögt.«

10. Kapitel

Weltkind und Prophet

»1908 fand ich hier am Staffelsee in kurzer Spätsommerzeit bei höchstem Arbeitsschwung zu der mir gemäßen Weise von Malerei«[1], erinnerte sich Gabriele Münter. Innerhalb von vierzehn Tagen war sie »vom Naturabmalen – mehr oder weniger impressionistisch – zum Fühlen eines Inhalts – zum Abstrahieren – zum Geben eines Extraktes«[2] gelangt.

Der radikale Stilwechsel erfolgte im Rückgriff auf ihre eigentliche Begabung, alle Ausdruckskraft in die Linie zu legen. Zur Erinnerung an bildwürdige Situationen hatte sie zwar schon immer Skizzen in Form von Liniengerüsten und Farbfeldern notiert, in die sie Buchstaben für Farben und Ziffern für deren Intensität eintrug. Solche eilig hingeworfene Zeichnungen, die alles Störende und Ablenkende eines Natureindrucks zugunsten durchgehender Konturen und klarer Farbformen ausließen, waren von ihr bisher jedoch nicht in entsprechende Gemälde umgesetzt worden. In ihnen hatte sie – trotz der abstrahierenden Vorlagen – die impressionistische ›Verdampfung‹ aller Umrißlinien und die Zerstäubung aller Farben in feinste, der Natur abgeschaute Nuancen beibehalten. Nur in ihren Holzschnitten hatte sie schon immer – dem skizzierten Konzept gemäß – die natürlichen Formen und Farben den konstruktiven Zwecken untergeordnet.

Voraussetzung des abrupt veränderten Malstils war die technische Umstellung von der pastosen, flotten Spachtelmalerei zum dünnen, mühsamen Farbauftrag mit trockenem Pinsel. Während für Kandinsky, Werefkin und Jawlensky dieser ›Murnauer Gruppenstil‹ nur eine Durchgangsstufe blieb, behielt Gabriele Münter ihn bei, denn er bestätigte ihre angeborene Sicherheit für lineare Proportionen und eindeutige Farbentscheidungen: »Wer aufmerksam meine Gemälde betrachtet, findet in ihnen den Zeichner. Trotz aller Farbigkeit ist ein festes zeichnerisches Gerüst da. Meist zeichne ich meine Bilder mit schwarzem Pinsel auf die Pappe oder Leinwand, ehe ich an die Farbe gehe. Zugrunde liegt in der Regel eine kleine Bleistiftskizze, die ich unter dem Eindruck des Motivs gemacht habe.«[3]

Die farbige Klarheit der großflächigen Vorgebirgslandschaft mag den vier Münchnern zu einer neuen Bildauffassung verholfen haben: Ähnlich hatte einst die tonig verschwebende Atmosphäre des Dachauer Mooses auf die Scholle-Maler oder das Teufelsmoor bei Bremen auf die Worpsweder Künstlergruppe als ein ihrem Stilwollen entsprechendes Erscheinungsbild der Natur gewirkt. Wer vom Murnauer Hügel auf das breit hingelagerte Moos schaut, steht vor einer Landschaft ohne tiefenperspektivische Fluchtpunkte; hintereinander gestaffelte Wiesen und Hügelketten erzeugen vielmehr eine horizontale Gliederung. Darüber versperrt der Querriegel des Wettersteinkammes den Fernblick. Trockene Fallwinde vertreiben jede dunstige Zwischentönung und lassen weiträumige Farbflächen unabgestuft zusammenstoßen. Dieses großlinige Panorama fordert eine von Einzeldingen abgelöste Zusammenschau geradezu heraus.

Auch die Farben gewinnen in föhnharter Helle ihre besondere Qualität; sie scheinen aus sich heraus zu glühen, die Lichtquelle wird nebensächlich. Hintergrund und Vordergrund zeigen dieselbe Farbintensität, es gibt keine verschwimmende Ferne. Da die Farben alle gleich nahe erscheinen, erleichtern sie dem Maler, sein Gemälde den bildgerechten Gesetzen der Leinwand zu unterstellen und den farbigen Eindruck in die Fläche zu spannen. Was Gabriele Münter bei den *Fauves* gesehen hatte, bestätigte sich an den Farb- und Formqualitäten der Murnauer Landschaft.

»Ich malte zusammen mit Jawlensky, der aus Frankreich nach-impressionistische Anregungen zu unmittelbarer Farbenwirkung und mächtig zusammengefaßter Gegenstandsgestaltung mitgebracht hatte, und mit Kandinsky, der sich langsam und folgerichtig ... auf sein Ideal des reinen, von Naturnachahmung nicht gehemmten Ausdrucks hin entwikkelte.«[4] Jawlensky war am weitesten fortgeschritten. Er setzte nicht nur Spannungslinien in ein Bild, die in der Natur gar nicht sichtbar waren, sondern er nahm auch hinsichtlich seiner Palette eine eigenmächtige ›Entwirklichung‹ vor: er ließ Primärfarben aufeinanderprallen. Münter folgte ihm in dieser unrealistischen Begrenzung der Palette, die den Farben ungewohnte Ausdruckswerte verlieh und sie aus dem Dienst einer getreuen Naturwiedergabe befreite. So brachte sie z.B. zwei reine Rottöne nebeneinander oder ließ Ultramarin und Preußischblau zusammenstoßen, dabei setzte sie auch Schwarz und Weiß als Farben ein. Sie behauptete später, sich an van Gogh geschult zu haben, dessen Theorien ihr durch Jawlensky und sein Streben nach Synthese vermittelt worden seien. Von 1904-1908 zeigten die Bilder des Russen tatsächlich den züngelnden Pinselstrich seiner großen Leitfigur, dessen Gemälde *La Maison du Père Pilon* in seiner Wohnung hing und wie ein Andachtsbild verehrt wurde. Inzwischen aber hatte Jawlensky auch in Matisse' Atelier gearbeitet und dessen Technik kennengelernt, große Farbflächen mit einfachen Konturen zu umspannen. Er ermutigte Gabriele Münter, die einzelnen Farbzonen durch schwarze Umrißlinien voneinander zu trennen[5], dadurch willkürliche Raumbezüge herzustellen und zugleich ein zeichnerisches Skelett für den Bildaufbau zu schaffen. So gestaltete sie eine Landschaft aus starkfarbigen Schichten und Bögen und benutzte wie er ungrundierte Strohpappe als Malgrund, deren Ockerton durchschien und das Bild zusammenband, was die Flächenwirkung noch erhöhte.

»Von nun an bemühte ich mich nicht mehr um nachrechenbare, ›richtige‹ Form der Dinge, und doch habe ich nie die Natur überwunden, zerschlagen oder gar verhöhnen wollen. Ich stellte die Welt dar, wie sie mir wesentlich schien, wie sie mich packte.«[6] Bei aller Formläuterung, in der sich Gabriele Münter Jawlensky annäherte[7], blieben ihre Bilder doch lebendiger, weicher, einfühlsamer. Auch gegenüber Kandinsky betonte sie ihre Eigenart[8]: »Bei mir ist es viel oder fast immer ein Mitgehen der Linien – Parallele – Harmonie –, bei Dir das Gegenteil, die Linien hauen und schneiden sich.« Bei Jawlensky sei alles »immer derber – gröber, und nackter in Farbe und Form (und vielleicht überhaupt stärker)«.[9]

In Murnau kamen die vier Freunde mit der Volkskunst in Berührung, vor allem mit der einst um den Staffelsee blühenden bäuerlichen Glasmalerei. Auf der Suche nach neuen Ausdrucksmöglichkeiten stellten sie erstaunt fest: Bei diesen Andachtsbildern deckte sich die moderne mit der althergebrachten Auffassung von der expressiven Wirkkraft klarer Formen und leuchtender Farben.[10] Im Verzicht auf Beiläufiges wurde die Botschaft in naiven, christlichen Formeln und Symbolen übermittelt, unbekümmert einfach und darum unmißverständlich. Das erschien ihnen aufschlußreich für die Überzeugungskraft ihrer eigenen Malerei.[11] Sie befreundeten sich mit dem Braumeister der Prantl-Brauerei, Johann Krötz[12], der ihnen durch seine Sammlung von über 1000 Glasbildern, geordnet nach Alter und Landschaften, ein breites Anschauungsfeld bot. Von nun an sammelten sie selbst ›Dultschätze‹, Glasbilder und Votivtafeln. Der 37jährige Murnauer Glasmaler Heinrich Rambold, einer der letzten Meister seines Fachs, bot ihnen seine Bilder für 50 Pfennig an. Von ihm lernte Münter, wie man Glas bemalte: Wenn sie den Umriß der Zeichnungen auf die Rückseite der Glasplatte gepaust hatte, mußte sie – umgekehrt wie beim Tafelbild – die Teile der Darstellung zuerst auftragen, die den Vordergrund ausmachten, danach wurde ein Hintergrund angeschoben, damit beim Umwenden der Glasscheibe eine bildgerechte Wirkung entstand. Münter hielt sich streng an die Volkstradition in Glasgröße, Motiven, Farben. *St. Florian* von 1909 gilt als ihr erstes kopiertes Glasbild; 1910 aber vermischte sie schon alte religiöse Motive mit privaten Botschaften, auch humorvollen Mitteilungen an Kandinsky. »Ich war in Murnau – soviel ich weiß – die erste, die Glasscheiben nahm und auch etwas machte ... Ich war entzückt von der Technik und wie schön das ging und erzählte K. immer davon, um ihn auch dazu anzuregen – bis er auch anfing und dann viele Glasbilder machte.«[13] Bald konnte sie eine Glasscheibe *Das gelbe Pferd* auf der Rückseite beschriften: »Kandinskys erstes Glasbild«. Später hat auch er, von den ›bayerischen Ikonen‹ entzückt[14], die Staffelsee-Volkskunst thematisch ausgeweitet (Farbtafel XIII) und von 1909 bis 1914 über dreißig Glasbilder geschaffen.[15]

Da sich die Murnauer Zusammenarbeit im Herbst 1908 als förderlich erwiesen hatte, wurde sie im nächsten Frühjahr fortgesetzt. Während die vermögende Werefkin mit ihrem Schützling im ›Griesbräu‹ wohnte, nächtigten Münter und Kandinsky im Knechtezimmer des Schreinermeisters Echter in der Pfarrgasse. Noch fußten sie alle auf Jawlenskys technischen Erfahrungen. Kandinsky fand in der spannungsgeladenen Vierergemeinschaft, was er brauchte: die Verbindung von Malen und Argumentieren. Manche seiner Bilder zeigen die verspäteten Einflüsse der Fauves[16], andere erinnern an die jugendstilhaft verflackernde Temperamanier.[17] Von Jawlenskys Synthese-Streben, von härterer Form war zunächst nichts bei ihm zu spüren. Im Februar 1909 malten Münter und er das gleiche Motiv: den Kocheler Friedhof mit seinen schmiedeeisernen Grabkreuzen. Münter zeigte in der zufälligen Anordnung das Intime, die kurzlebigen Schatten, die schief aufgehängten Kränze mit den verwitterten Schleifen, die Stimmung der Hinfälligkeit. Während sie sich gefühlsbezogen auf die Dinge einließ, benutzte Kandinsky Friedhof und Kreuze als optischen Anreiz für die ornamentale Farbverteilung auf einem beliebigen Landschaftsbild. Stilistisch erschien er noch unentschieden. Er fühlte sich matt, mit schwerem Kopf und schrieb Münter noch am 5. April 1909: »Ich möchte etwas, aber was? Ich habe Sehnsucht, aber wonach? Ich fühle mich so wie die Gestalten auf meinen Bildern.«

Hingabe, verbunden mit Eigensinn, machte Gabriele Münter gerade in dieser Zeit für Kandinsky unentbehrlich. Sein Holzschnitt *Zwei Reiter vor Rot* (Farbtafel XIV) thematisiert zwei Erlebniszonen und zugleich den Lebensritt zu zweit. Den ersten Reiter umgibt eine weiße Aura, er wirkt mit gesenktem Haupt beladen und ausgeliefert. Er wird von einem abgestorbenen Gehölz fast erdrückt. Den zweiten Reiter umgibt ein rotes Farbfeld. Unter seiner gelösten Gestik bäumt sich das Pferd kraftvoll auf, über ihm prangt eine voll grünende Baumkrone. Dort der verzehrende Drang eines gralsuchenden Ritters, hier das Blühen als Zeichen der Daseinslust im Vertrauen auf die sinngetragene Ordnung dieser Welt.[18]

Münter vermochte stets Gegenkräfte zu mobilisieren. Kandinskys Erschöpfung begegnete sie mit Spannkraft, seiner Mutlosigkeit mit Zuversicht, seiner Realitätsscheu mit Weltoffenheit. Ihre Stärke und Verläßlichkeit spiegeln sich im Wandel seines Frauenbildes. Den Reifrockdamen aus dem mütterlichen Bannkreis und den traumseligen Gespielinnen auf Blumenwiesen folgten nun die Gefährtinnen, die Mitkämpferinnen: Amazonenbilder wurden gerade zu dieser Zeit Ausdruck seiner partnerschaftlichen Erfahrung mit Münter.

Er war mit ihr zwei Wochen in Kochel geblieben, um dort mit Thomas von Hartmann die Bühnenkomposition fertigzustellen. Nach offenbar unbefriedigenden Ergebnissen wandte er sich danach in Murnau wieder der Malerei zu und näherte sich nun Jawlenskys schroffer Verfremdungstechnik. Später bedankte er sich mehrfach für alles, was er damals von ihm gelernt habe, »den organischen Zusammenhang, die Einheitlichkeit der Form, die nur im Summarischen existiert«.[19] Bald aber rückte er von solch synthetischer Bildverfestigung ab, die Konturen lösten sich wieder auf. In den Bildern des Sommers 1909 beginnen die Farben, die Gegenstände zu überschwemmen.[20] Es wird von nun an immer schwieriger, die hinter ihnen verborgene Dingwirklichkeit auszumachen.

Das Auseinandertreten von zeichnerischer und malerischer Form faszinierte Kandinsky. Wenn die Farbe schon Empfindungswerte erzeugte, ehe das Bildthema überhaupt erkennbar war, so ergab sich für ihn die Frage, wie weit sich der Gegenstand zu einem Zeichen verflüchtigen ließ, oder ob er angesichts der wirkungsmächtigen Farbe gar völlig überflüssig werden könne. »Die Linie dient dem Fleck, indem sie ihn abgrenzt. Und bis zum Herzklopfen wirkte auf mich der Fall, in welchem der selbständige Fleck über die ihn abgrenzende Linie hinaussprang. Das war es, was mir eine starke innere Emotion verursachte, das innere ›ah‹.«[21]

Kandinsky empfand, daß die Ungenauigkeit der Zeichnung die malerische Komposition intensiviere. Im Sinne des Symbolismus erschien ihm die konkrete Zeichnung, die technische Präzision einer Gegenstandskontur seit je unwichtig, weil Botschaft, subjektive Interpretation, nicht aber die dokumentarische Wiedergabe der Umwelt das künstlerische Ziel für ihn waren. Undeutlichkeit wurde ihm zum ästhetischen Wert; die Gegenstände hatten sich als Stimmungsfaktoren innerhalb des wohlberechneten Kontexts der Farben einzugliedern. Er begann jedoch erst allmählich mit der Chiffrierung gegenständlicher Formen. Ihm schien, als hätten die Umrisse nicht die Kraft, die elementare Wucht der Farben zurückzuhalten. Es war der Sieg der Farbe über die Zeichnung! Am besten läßt sich an den Murnauer Landschaftsbildern verfolgen, wie die Farbe die Dingkonturen mehr und mehr überbordet. Zunächst entstand der verblüffende Eindruck, als ob ein Kurzsichtiger seine Umgebung ›unbewaffneten Auges‹ sehe, in unscharf umrissenen Farbflecken ohne Tiefenblick – nicht nah, nicht fern –, ein durch die verfremdete Optik entstandenes Realitätskonstrukt, ein ›Irgendwo‹. Auch wenn Kandinsky die realen Elemente einer Gebirgslandschaft zunächst noch bewahrte, so wurde ihm doch ihre Erkennbarkeit für seine malerische Artikulierung immer unwichtiger. Mit der *Kirche in Murnau* (1910) schloß er eine Reihe von Gemälden ab, in denen er mit Farb- und Formstrukturen experimentiert hatte (Farbtafel VII). Die Gegenstände, zunächst verschoben, dann in Farbwolken eingebettet, lösten sich schließlich auf oder tauchten fragmentarisch wie optische Erinnerungsfetzen in freien Farbformen unter.

Im Rückblick ließ sich unschwer erkennen: dies alles war lange in ihm vorgebildet. Schon in seinen Tempera-Tupfenbildern hatten die Farbsprenkel alle Grenzlinien aufgelöst und Figuren und Umraum verschmolzen. Auch in den Holzschnitten sollten die Farben die dargestellten Gegenstände überfluten. Szenische Darstellungen – von den frühen Ritterkämpfen bis zu den in Berlin gemalten ›Grünen Frauen‹ – waren ihm ein Vorwand gewesen, um Farben aufeinanderprallen zu lassen und ihren Eigenwert zu entfalten. Nun verzichtete er weitgehend auf die »aus der Vorratskammer der Materie herausgerissenen Verkörperungsformen«.[22] In der chronologischen Abfolge von Bilderreihen gleichen Themas läßt sich die wachsende Entmaterialisierung verfolgen, oft übernahm am Schluß solcher Reihe die Farbe den Platz, den vorher ein Gegenstandskürzel eingenommen hatte. Die bleibenden Versatzstücke eines eng begrenzten archetypisch anmutenden Repertoires entstammten dem Themenkreis seiner Kindheit, da gab es immer wieder den *Reiter*: schematisiert, der gekrümmte Rücken ein Halbkreis, die zügelhaltenden Hände ein Bogen; die *Troika*: drei gebogene Linien; *Ruderer* im Boot: Balkenstriche. Ein *autistisch bedingter Themenkreis* wurde durch die *äußerste Reduktion auf sinnbildhafte Zeichen* zum bleibenden Bestand seiner Bilder. Sie bieten nur noch assoziative Verständnishilfe im Zusammenhang der entfesselten Farben.

Kandinsky benannte seine Gemälde von nun an eigenwillig: *Impressionen* waren für ihn Werke, denen gegenständliche Motive zugrunde lagen. *Improvisationen* entstanden aus inneren Erlebnissen. *Kompositionen* waren mit Plan und Vernunft durchstrukturierte Improvisationen; nur zehn seiner Werke maß er diesen Rang bei, sieben davon entstanden bis 1914 in München. Als entscheidend für die Benennung erweist sich der Abstand, den ein Gemälde vom Erlebnis oder vom auslösenden ideellen Impuls gewonnen hatte; es ging ihm um Rücknahme des Subjektiven und Steigerung der malerischen Planung. Je mehr sich der konkrete Inhalt verflüchtigt, die Emotion ›geläutert‹ hatte bzw. durch rationale Gestaltung ›verschleiert‹ worden war, desto stärker konnte seiner Ansicht nach die kompositionelle Verdichtung zutage treten.

Für seinen Entwicklungssprung spielte die vierte des Murnauer Kreises, die Malerin Marianne Werefkin, eine entscheidende Rolle. Ihre bis dahin unerfüllte Hoffnung auf ein kongeniales Du hatte sie in *Briefen an einen Unbekannten* verströmt, einem Tagebuch, das sie zwischen 1901 und 1905 als Zeugnis ihrer menschlichen Einsamkeit und künstlerischen Resignation niedergeschrieben hatte. Mit geradezu religiöser Inbrunst verstand sie sich als Trägerin einer revolutionären Kunst-Idee, deren Verwirklichung sie ihr Leben weihen wollte. »Das wahre große Kunstwerk, der erste Stern einer neuen Renaissance, ist noch nicht geschaffen. Ich bleibe auf meinem Posten«, hatte sie gelobt.[23] Sie werde nicht müde, das Licht zu halten, bis ein ihr noch Unbekannter mit der gleichen Sehnsucht nach einer spirituellen Kunst das Werk der Zeitenwende hervorbringe.

Die von ihrer Umgebung kurz ›Baronin‹ genannte Werefkin hatte 1891 als ›Kunstgeschöpf‹ – als ausführendes Organ für ihre Mission – den begabten Maler und Leutnant Jawlensky gewählt, den sie in der Petersburger Kunstakademie durch ihren Lehrer Ilja Repin[24] kennengelernt hatte. Obwohl sie aufgrund ihrer Begabung als ›russischer Rembrandt‹ gerühmt worden war, glaubte sie, daß Jawlenskys Talent dem ihren überlegen sei. Unbefriedigt von der erlernten realistischen Darstellungsweise, hatte sie auf das Malen verzichtet, um sich ganz seiner Ausbildung zu widmen, wobei sie ihm ab 1896 in München den Besuch von Ažbès Schulatelier ermöglichte. Bald witterte sie jedoch einen Mangel an metaphysischer Begabung und eine gewisse Theoriemüdigkeit bei ihrem Schützling, der kein fügsames Geschöpf war und auch menschlich eigene Wege ging, er hatte seit 1902 einen kleinen Sohn mit Helene, ihrem Hausmädchen. Sie hielt jedoch an ihrer mystischen Vermählung fest, durch die sie ihn zu einer neuen, einer ›Gefühlskunst‹ leiten wollte. Im Laufe der Jahre befielen sie Zweifel: Würde Jawlensky, ein Augen- und Genußmensch von phlegmatischem Temperament, je eine Kunst wagen, die ins Transzendente hinausgriff und die Welt des Augenscheins hinter sich ließ?

Die Baronin wirkte als geistige Antriebskraft in ihrem Salon, den sie in der Schwabinger Giselastraße 23 seit ihrer Ankunft in München – 1896 – zum Treffpunkt eines internationalen Kreises von Künstlern gemacht hatte.[25] »Ich wollte ihnen neue Horizonte geben, neue Götter, einen neuen ... Glauben, die Schöpferkraft. Aber sie verstanden mich nicht.«[26] Kandinsky, der seit seiner Ausbildung bei Ažbè mit den ›Giselisten‹ in Verbindung stand, blieb von Werefkins »immer jungen Energie« und »wunderbaren Kraft« lebenslang beeindruckt.[27]

Zwei Jahre vor dem Murnauer Aufenthalt hatte die Werefkin, inzwischen 45 Jahre alt, nach zehnjähriger Pause wieder zu malen begonnen. Dadurch schien sie nicht mehr alle Hoffnung auf Jawlensky zu setzen, sondern selbst zu versuchen, Lehrstücke für eine Kunst des Gefühls zu liefern. »Meine Schwäche ist es, immer noch zu glauben, einen Gefährten für die Reise in das Land der Chimären zu finden«, hatte sie ihrem Tagebuch anvertraut.[28] Nach allem vergeblichen Warten auf einen Berufenen, der – ihr ebenbürtig – zu einer spirituellen Kunst vorstoßen wollte, muß sie das Wesensverwandte in Kandinskys Zielen sofort gewittert haben. Wie sie wurzelte er in der russischen Gefühlsästhetik[29], wie sie wurde er durch die theosophische Farbensymbolik angezogen. Wie sie suchte er eine Farbendramaturgie, die aus der eigenen Innerlichkeit aufsteigen und dennoch Jenseitslicht aufglänzen lassen sollte. Wie sie sah er das Malen als Kundgabe der Seele: »Das Herz handelt durch das Bild.«[30] Wie sie zeigte er missionarische Leidenschaft, äußerte er prophetische Hoffnung nach einer gesellschaftsverändernden ›geistigen Kunst‹. Ihr charismatischer Druck, ihr befeuernder Trotz gegen die Epoche des Positivismus und ihre auf eine allgemeine Vergeistigung gerichtete Erlösungssehnsucht beflügelten Kandinsky. Sein Durchbruch zur gegenstandslosen Kunst erfolgte nach der anhaltenden Lethargie der letzten Jahre in solchem Ungestüm, daß die Murnauer Gemeinschaft auslösend gewirkt haben muß.

War die Werefkin die erste, die das Stichwort ›abstrait‹ in die Münchner Künstlerrunde geworfen hatte? Viele ihrer Freunde und Interpreten behaupteten es. Schon in den *Lettres à un inconnu* hatte sie dem »Schock der materiellen Welt« den Reichtum der Einbildungskraft gegenübergestellt: »Je suis insatiable de la vie abstraite«, hatte sie 1902 vermerkt, »j'aime les choses, qui ne sont pas.«[31] Im Medium der Kunst wollte sie die irdischen Grenzen sprengen, »kommen doch alle unsere Leiden von dem falschen Begriff der Zeit und des Raums ... Die Tätigkeit des menschlichen Gehirns, sich an die Stelle der Realität der Dinge zu setzen ... ist das wahre Prinzip der Kunst.«[32]

Auch in ihren Murnauer Bildern vergegenwärtigte sie Bedrängnis und Enge der Realität, zeigt sie beladene Menschen[33], mehr Typen als Individuen. Im Prinzip der Reihung deutet sie die Dämonie irdischer Ausweglosigkeit an und reißt den Betrachter in den unendlichen Reigen monotoner Abläufe. Ihre Landschaften wirken lastend und doch traumbefangen, von Lichtwirbeln in van Goghs verflackerndem Pinselstrich überhöht. In glanzlosen Temperafarben läßt sie die Dinge hart aufeinanderstoßen. Lang ausgezogene Straßenfluchten münden im Nichts. Sie setzte stabile Formen und zielte auf irreale Gehalte. Obwohl sie in ihren Bildern nicht die gegenständliche Welt verließ – und dabei Elemente des Surrealismus vorwegnahm –, hat sie »das Tor zur abstrakten Kunst aufgestoßen, ohne selbst hindurchzuschreiten, ... sie hat den Weg dafür freigemacht«.[34]

Marianne Werefkin muß Kandinskys Schritt von der gegenständlichen Kunst zur Darstellung der durch Farbe und Form vermittelbaren inneren Botschaften wie einen Akt eigener Befreiung mitgetragen haben. Schon 1905 hatte sie behauptet: »Wer einen sichtbaren Eindruck in einen Gesang von Farben verwandeln kann, ist Meister der Vision. Wer einen sichtbaren Eindruck mit dem einfachen Mittel des Farbengesanges zu Realisation seiner Gedanken machen kann, ist Meister seiner selbst. Das ist es, wonach man den Künstler beurteilen muß.«[35] Münter bezeugte die Gespräche über solche Gestaltungsfragen: »Wir kamen des Abends öfters zu den beiden, wo Kandinsky aus seinen *Aphorismen* vom *›Geistigen in der Kunst‹* vorzulesen pflegte.«[36] Gedankensplitter also waren es noch! Doch Kandinsky, der seit 1904 über seine vergeblichen Bemühungen um eine Farbentheorie geklagt hatte, konnte nach dem Murnauer Sommer an den Verleger Georg Müller ein fertiges Manuskript schicken, dessen Druck allerdings am 15. Oktober 1909 mit der Bemerkung abgelehnt wurde, der Stil sei allzu sehr mit undeutlichen Wendungen durchsetzt und in der vorliegenden Form nicht publikumswirksam. Dennoch: gedanklich lag der Text seines malerischen Bekenntnisbuches *Über das Geistige in der Kunst* fertig vor und wurde denn auch von Reinhard Piper am 20. Juli 1910 freundlicher beurteilt, wobei ebenfalls eine stilistische Überarbeitung Vorbedingung war, ehe es im Dezember 1911 (datiert 1912) in Buchform erscheinen konnte.[37]

Unschwer wird an dieser Programmschrift im Vergleich mit den Tagebüchern der Werefkin sichtbar, wie stark die Übereinstimmung der beiden Autoren war. Die Baronin nannte das Malen die »Geheimschrift der Seele« oder »die Entäußerung einer lodernden Malerseele«. Kandinsky formulierte es so: »Alle Mittel sind heilig, wenn sie innerlich-notwendig sind. Alle Mittel sind sündhaft, wenn sie nicht aus der Quelle der inneren Notwendigkeit stammen.«[38]

Sein Kapitel über die *Formen- und Farbensprache*, das kunsttheoretische Hauptstück des Buches, befaßt sich mit dem Material des Malers. Der Forderung nach gefühlsbetonter Verwendung der Farben folgt die Analyse des den Farben anhaftenden, psychologisch deutbaren Eigenwertes. In den Farben manifestierten sich Kräfte. Abstrakte Farbformen konnten diesen übersinnlichen Gehalt vermitteln.

Kein Zweifel, daß die symbolpsychologischen Studien der Werefkin sich nicht nur an Kandinskys Malerei bestätigten, sondern auch in seinem theoretischen Konzept eine – systematisierte – Entsprechung fanden.[39] Über das Verhältnis von Farbe und Form hatte sie schon vor Jahren in ihrem Tagebuch vermerkt: »Je starkfarbiger ein Eindruck ist, desto weniger ist reale Form möglich. Die Farbe löst die Form auf ... Man muß ihr eine eigene Form finden, die außerhalb der Logik liegt ... Die Farbe entscheidet über die Form.«[40]

Im großen Arbeitsschwung des Murnauer Sommers überkreuzten sich die Einflüsse. Kandinsky und Werefkin diskutierten vor dem gleichen Erlebnishorizont und in der für Russen eigentümlichen Mischung von Intellekt und Seele, von religiösem Elan und instrumentalem Denken. Sie verloren trotz experimenteller Auslotung der Malmittel nie das Messianische aus dem Blick. Sie setzten dabei – im Gegensatz zum abendländischen Denken – Geist und Seele gleich.

Münter und Jawlensky bestärkten sich gegenseitig in der Suche nach der großen Form[41] (Farbtafel IX und X). Seine von Münter bezeugte »verständnisvolle Begeisterung« für

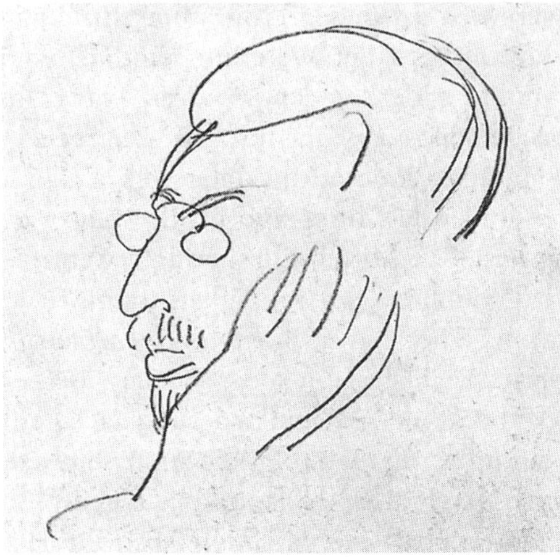

Alexej Jawlensky, Porträtskizze Kandinsky, Bleistift, um 1911.

ihre Studien[42] zeigt, daß Jawlensky ihre Fähigkeit schätzte, das Bildgeschehen einer tragenden Stimmung unterzuordnen und die Vielfalt des Störenden und Ablenkenden schon im zeichnerischen Entwurf wegzulassen.

Gabriele Münter scheute den beherrschenden Sog der Werefkin, die nie in den Hintergrund geraten wolle. Sie bedauerte in ihrem Tagebuch von 1911, daß die Verwirklichung der Bühnenkomposition an deren »Eifersucht« gescheitert sei: »Das Zusammensein und die Freundschaft der drei – Sacharow, Hartmann, Kandinsky – hat wohl der Baronin nicht gepaßt, Sacharow kühlte ab gegen die Arbeit ... Hartmann hatte immer eher andere Sachen vor. Leider.« Aber war wirklich die Mittelpunktssucht der Werefkin die Ursache für ihre ablehnende Haltung zu allen Bühnenplänen? Wollte sie nicht eher Kandinsky zur Malerei zurückführen, da er ihr berufen schien, die Schwelle zur Abstraktion zu überschreiten, hinter der jeder sichtbare Eindruck von Visionen überdeckt und in einem Chor von Farben untergehen würde?

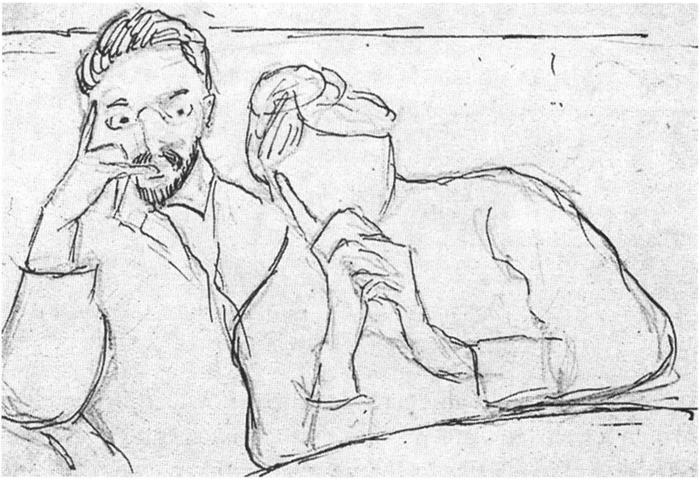

Marianne von Werefkin, Kandinsky und Münter, Bleistiftskizze, 1909.

Kandinsky hat Münter 1910 im Gespräch mit der 17 Jahre älteren Werefkin gemalt.[43] Er stellte sie unscheinbar dar, in eine Sofaecke gekauert, mit runden Formen und dunklen Grün- und Rottönen, während Werefkin in beherrschender Haltung wie eine Königin hinter dem Tisch thront, mit bizarrem Kopfputz und exzentrischer Gestik.

Jawlensky fertigte eine Porträtskizze von Kandinsky an. In schwungvoller Linie charakterisierte er dessen abwehrende Kopfhaltung, den ›Brillenblick‹, hinter dem die Augen verborgen blieben, die vollen Lippen. Ein Gesicht von durchgeistigter Sinnlichkeit!

Auf einer Zeichnung der Werefkin[44] erscheint Gabriele Münter massig und plump, mit matronenhaft aufgestecktem Haar und klobigen Händen, in die sie den Kopf mit unausgearbeiteten Gesichtszügen stützt. Sie lehnt sich schwer an Kandinsky, verdeckt ihn halb, scheint ihn zu belasten. Auch er stützt den Kopf in die Hand, jedoch eher anmutig, mit zierlich abgespreizten Fingern. Seine Züge sind scharf herausgearbei-

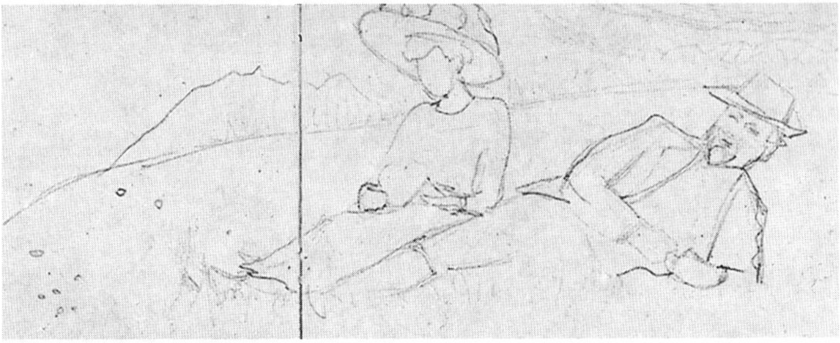

Gabriele Münter, Marianne von Werefkin und Alexej Jawlensky, Skizze zu einem Ölgemälde, 1909.

tet; Werefkin sieht ihn nachdenklich, mit fast stechenden, brillenbewehrten Augen und dennoch nach innen gerichtetem Blick. Ein gepflegter Intellektueller neben einer gesichtslosen weiblichen Gestalt von dumpfer Schwerfälligkeit, eine Eigenschaft, die Werefkin allerdings den Deutschen schlechthin zusprach.

Dennoch verband die beiden Malerinnen eine von gegenseitiger Achtung und Vertrauen getragene Solidarität. Münter verteidigte stets die Kunst der Werefkin, die sich in ihren »großartigen Werken« selbst ausdrücke.[45] Da sie Werefkins Kleidung von aufreizendem Zuschnitt und grellem Farbaufputz oft als peinlich empfand, schwieg sie taktvoll, als diese feststellte: »Es muß doch wohl an einer anderen russischen Gangart liegen, daß mich die Menschen so anschauen.« Sie bedauerte jedoch, daß Kandinsky gegen die »Geschmacklosigkeiten« der Baronin so voreingenommen sei, gab aber zu, es sei dieser wohl zu raten, aber »nicht dauernd zu helfen«.[46] Sie porträtierte Werefkin 1909, pyramidal aufgerichtet, raumfüllend, ohne Beiwerk (Farbtafel VIII). Ihr Kopf ist dem Betrachter zugewandt, ihre Haltung majestätisch-bannend. Ein bis über die Schultern ragender Hut, mit orangefarbenen, blauen und grünen Blumen drapiert, umrahmt den Kopf. Das Kleid in weißlichem Türkis wird von einem pinkfarbenen Schal eingefaßt. Dieses flammende Rot wiederholt sich in den

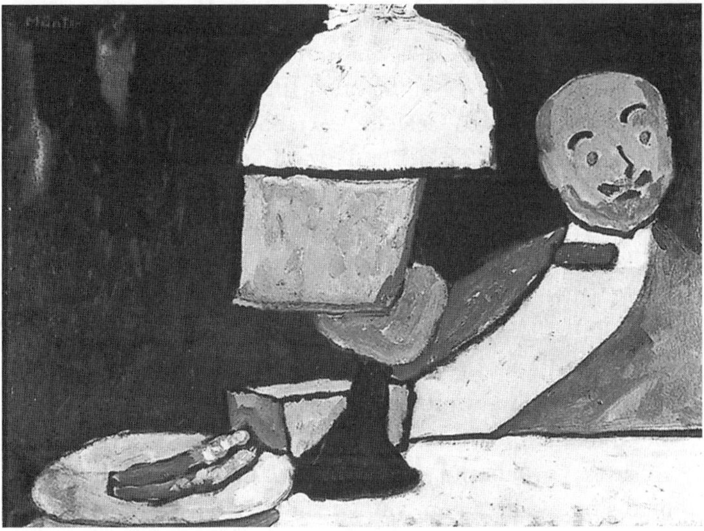

Gabriele Münter, Zuhören – Bildnis Jawlenskys, 1909, Öl auf Pappe, 49,7 × 66,2 cm.

pinkfarbenen Schatten des grünlichen Gesichtes, in dem weitaufgerissene, schwarze Pupillen aus blauen Augäpfeln leuchten. Münter bringt das Exzentrische ins Bild, die hypnotische Macht der Russin. Welche Bündelung von Sensibilität, Glut und Willenskraft![47]

Münter malte auch das Paar Werefkin-Jawlensky: Der Maler liegt jovial hingelagert auf einer Wiese, mit aufgestütztem Arm, der Gefährtin lässig den Rücken zuwendend. Werefkin sitzt hingegen auch bei dieser Wiesenrast straff aufgerichtet da, einen riesigen Hut auf dem Kopf, die Handtasche fest an sich gepreßt, und zeigt keine Spur von nachgiebiger Entspannung.[48]

In einem Porträt Jawlenskys, das Münter *Zuhören* nannte, wollte sie nach eigenen Worten darstellen, wie Jawlensky verdutzt und befremdet den Kunstdiskussionen folgte. Durch Übertreibung steigerte sie den pausbäckigen Ausdruck: Alles ist vor hinhorchendem Staunen gebogen, der Körper ebenso wie die Zigarren auf dem Teller. Die Rundungen wiederholen sich, der Kugelkopf, die Staunäuglein, der Halbkreis der Brauen, der kleine verschlossene Mund, der grüne Bogen des Bärtchens im rosigen Gesicht. Gleichzeitig charakterisiert sie die zutrauliche Art, in der er ganz andächtig werden konnte, wenn ihm eines ihrer Bilder gefiel und er übermütig in die Hände klatschte und wie ein bietender Kunsthändler »tausend Mark« rief.

Den Aufbruch ins gemeinsame Vergnügen zeigen Münters Ölgemälde *Kahnpartie* und *Kandinsky beim Kahnfahren*[49] (Farbtafel XI): senkrecht stößt der Kahn in den See, so fühlt sich der Betrachter einbezogen, als säße er hinter den ausladenden Damenhüten mit im Boot.

In ihrer Vorliebe für das Figurative und das Porträt unterschied sich Münter von den Murnauer Freunden; es war ihr ureigenes, von niemandem beeinflußtes Gebiet. Zwar malte auch Jawlensky Köpfe und Halbfiguren, er zwang das Individuelle jedoch in eine stereotype Urform zurück, während Münter das Einmalige und Lebendige suchte: »Jawlensky meinte, ein Porträt brauche nicht ähnlich zu sein. In hundert Jahren wisse ja doch keiner mehr, wie der Porträtierte ausgesehen hat, und dann sei das Bild ähnlich. Damit verzichtet man aber von vornherein auf Porträt, auf Aussage über Wirklichkeit und malt ein Figurenbild, frei wie es einem künstlerisch paßt.«[50] Wie sie am flüchtigen Erscheinungsbild einen Charakter verdeutlichen konnte, zeigt ihr Gemälde von *Fräulein Mathilde*, der Aufwartefrau in ihrer Pension, die, eine Hand an der Klinke, das Ohr gespitzt, vor ihrer Zimmertür steht, so wie sie sich häufig von ihr behorcht oder belauert fühlte.[51]

Im *Selbstporträt vor der Staffelei* (1908/09), umrahmt von Leinwand und Pinseln, scheint sie angesichts ihres Spiegelbildes zu fragen: »Bin ich Malerin?« Ungeschönt zeigt sie Befangenheit und Selbstzweifel. Unter dem gewaltigen Hut, der trotz Bändern und Blumen wie der Zwang zeitgenössi-

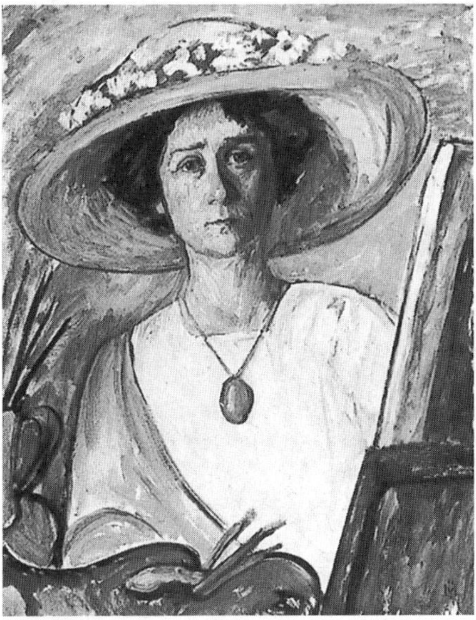

Gabriele Münter, Selbstporträt vor der Staffelei, 1908/09, Öl auf Leinwand, 75 × 57,5 cm.

scher Mode auf ihr lastet, vermutet der Betrachter eine durchsetzungsfähige, um Ehrlichkeit bemühte Frau. »Ich habe an vielen Selbstbildnissen zur Genüge erfahren, daß ich ein scheußliches Modell bin«, schrieb sie später einmal an eine Freundin, um alle Maler zu entschuldigen, die sie nicht ›getroffen‹ hätten. »Porträt ist immer ein Mysterium!«[52] Im *Selbstporträt mit Hut* von 1909 geht es der 32jährigen hingegen nicht mehr um Status und Rolle einer Malerin. Vor einem licht-rosa Hintergrund wirkt das modische Zubehör – das Ungetüm eines verrutschten Hutes, ein hochgeschlossener Stehkragen – geradezu beengend. Die Augenbrauen sind erschrocken hochgezogen, die zu nah beieinanderstehenden Augen aufgerissen, sie enthüllen katzenartige Pupillenschlitze. Die kreuzweise verschränkten Hände deuten eine Geste der Befreiung an, als ob sie einen Wulst, der mehr

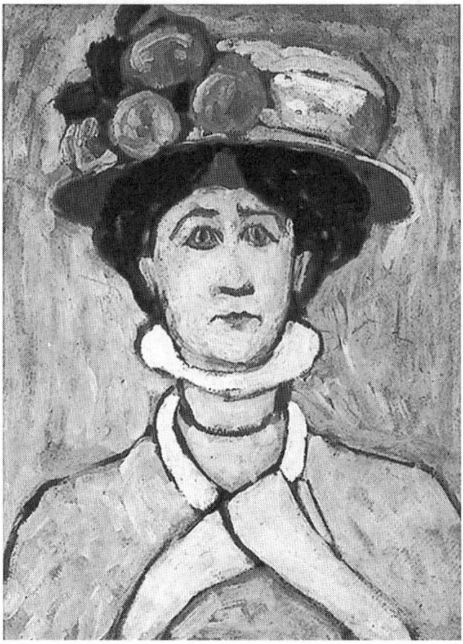

Gabriele Münter, Selbstporträt mit Hut, 1909,
Öl auf Karton, 47 × 34 cm.

beschwerend als schmückend um ihren Hals liegt, aufreißen möchten.

Das Selbstbild *An der Staffelei* (1910/11) könnte auch ›Eine Malerin‹ überschrieben sein. Die Gesichtszüge stehen nicht mehr im Brennpunkt des Interesses, sie werden nur großzügig angedeutet. Die Zwiesprache mit dem Spiegelbild – stets Identitätssuche – ist der Hingabe an den Beruf gewichen, der inzwischen Erfolge gebracht hat: Beteiligungen an Ausstellungen im In- und Ausland, Sonderausstellungen der Gemälde in Köln, Krefeld, Breslau. *An der Staffelei* ist darum weniger ein Selbstporträt als die Darstellung einer alltäglichen Situation. Ohne die Konfrontation mit dem Betrachter zu suchen, ist der Blick der Malerin nachdrücklich auf das Werk gerichtet.[53]

Wie sollte die reiche malerische Produktion der Murnauer Vier ihren Weg in die Öffentlichkeit finden? Die *Münchner*

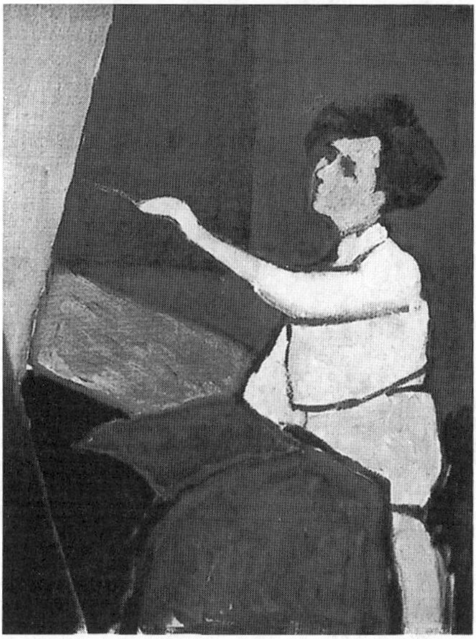

Gabriele Münter, An der Staffelei, Selbstbildnis, um 1910, Öl auf Pappe, 40 × 31 cm.

Secession erwies sich als zu erstarrt und abgeschottet, um über sie das Publikum erreichen zu können. So reifte im Salon der Werefkin der Plan, eine eigene Künstler-Vereinigung ins Leben zu rufen. Der Entwurf einer Gründungsurkunde wurde am 22. Januar 1909 von Gabriele Münter handschriftlich ausgefertigt: »Die Unterzeichneten haben heute in München einen Verein unter dem Namen .... mit dem Sitz in München gegründet. Das Ziel dieses Vereines ist, Kunstausstellungen in Deutschland wie im Ausland zu veranstalten.« Es folgten die üblichen Regularien. Offensichtlich hatte man sich noch nicht auf den Namen des Vereines geeinigt. Das Schriftstück wurde rechts von Münter, links von Kandinsky unterzeichnet. Bis zur Eintragung ins Vereinsregister am 22. März 1909 wurde die Satzung noch juristisch ausgefeilt. Am folgenreichsten erwies sich dabei die von Kandinsky eingebrachte Bestimmung, daß jedes ordentliche Mitglied

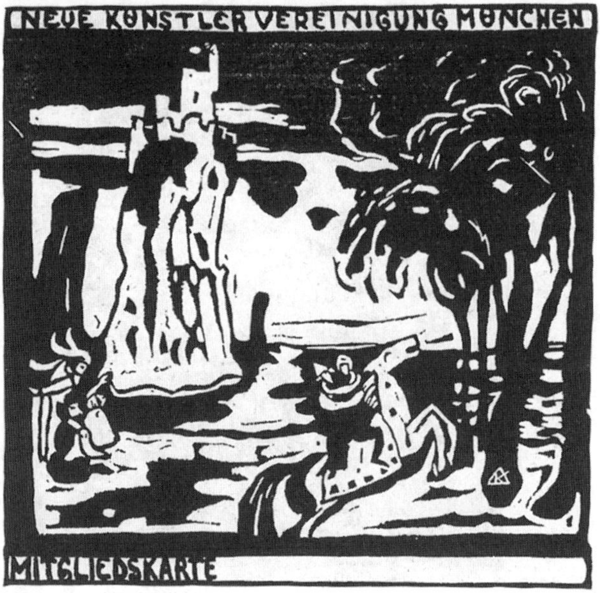

Wassily Kandinsky, Mitgliedskarte der Neuen Künstlervereinigung München, 1909, Holzschnitt auf Karton, 16 × 16,6 cm.

das Recht habe, zwei juryfreie Werke auszustellen, die zusammen eine Fläche von vier Quadratmetern nicht übersteigen dürften. Trotz der unübersehbaren Zweckbestimmung des Vereines verschaffte Kandinsky ihm für das Gründungszirkular noch eine ideelle Fundierung.[54]

Zwei 1906 ins Lehratelier Jawlenskys eingetretene Maler, Adolf Erbslöh[55] und Alexander Kanoldt[56], wurden als weitere Gründungsmitglieder gewonnen, außerdem Alfred Kubin und Oskar Wittenstein[57], ein Barmer Geschäftsmann, dessen Flugleidenschaft jedoch bald die Kunstbegeisterung überstieg. »Kandinsky entschloß sich, den Vorsitz anzunehmen, da es sonst niemand konnte«, vermerkte Gabriele Münter rückblickend in ihrem Tagebuch. Eine von ihm entworfene Mitgliedskarte zeigt ein eng umschlungenes Reiterpaar vor einer Felsenburg; außerdem schuf er ein Vereinszeichen, dem er organisatorische Repräsentanz beimaß. Er wies eindringlich darauf hin, daß solch publizistische Werbeeffekte ebenso wichtig seien wie die Ausstellung der Werke selbst. Darum schlug er schon in den ersten Monaten des Bestehens der *Neuen Künstlervereinigung München* (NKVM) die Herausgabe einer kunsttheoretischen Schrift vor, fand jedoch bei den übrigen Mitgliedern kein Gehör.

Gabriele Münter stellte erleichtert fest, daß sein Stimmungsgefälle sich nach und nach verflachte. Er fühlte sich in Murnau von Anfang an wohl, denn hier umwehte ihn Heimatduft: *Der heilige Georg*, dem diese Gegend geweiht war und der in dem altehrwürdigen, noch auf Bonifatius' Gründung zurückweisenden Ramsachkirchlein verehrt wurde, war auch der Schutzpatron des Großfürstentums Moskau und ihm seit der Kindheit vertraut, glänzte doch dessen überlebensgroßes Bild in mattem Gold an der Ikonostase der Maria-Himmelfahrtskirche des Kreml, dem Krönungsort der Zaren. Auf dieser Ikone, einem der kostbarsten Schätze altrussischer Malerei des 12. Jahrhunderts, war der Großmärtyrer der Ostkirche in sanftem Ernst, unberitten und mit gesenktem Schwert und Speer, in einem goldenen Schuppenpanzer dargestellt. Der grüne Lindwurm im Murnauer Stadtwappen verband ihn hingegen mit dem Ritter-Heiligen der Kreuzzüge; und in diesem Gestaltwandel zum abendländischen Kämpfer und Drachentöter zeigten ihn auch am Rande des sumpfigen Mooses das Ramsacher Altarbild und der Brunnen des Murnauer Marktes: St. Georg auf dem Pferd als Bezwinger des Untiers, des Sinnbilds alles Bösen. Aber nicht nur dieser Schutzheilige, dem die Bauern Pferde, Werkzeug, Schützen und Schmiede anempfahlen, machte Kandinsky schnell heimisch, auch der Zwiebelturm der Murnauer Pfarrkirche auf dem Stadthügel erinnerte ihn an die russischen Turmhauben und löste auf seinen Bildern zeitweise das kremlartige Kuppel-Ensemble ab.

Im Frühsommer 1909 entdeckten Münter und Kandinsky außerhalb des Dorfes ein Haus, das unbewohnt mitten auf einer blumenreichen Wiese im Schatten zweier großer alter Eichen stand. Im Juni zogen sie »in die neugebaute Villa, in die sich Kandinsky auf den ersten Blick verliebt hatte. Dieser Liebe ist er treu geblieben«, schrieb Gabriele Münter 1911 in ihr Tagebuch. »Es gab Hin- und Herüberlegen, – er bearbeitete mich etwas – im Spätsommer war die Villa gekauft von Fräulein Gabriele Münter.« Nicht ohne daß Georg Schroeter im Sommerurlaub das Haus begutachtet und die finanziellen Transaktionen mit Rat und Tat überwacht hätte, ehe es ihr am 21. August 1909 überschrieben wurde![58] »›Hier gefällt es mir, hier will ich meinen Lebensabend verbringen‹, rief Kandinsky aus ... Er arbeitete im Garten und lief barfuß. Er lebte wie ein Naturapostel.«[59] Das allerdings verlangten die Umstände! Es gab kein elektrisches Licht, man mußte Kerzen und Petroleumlampen benutzen. Für die Küche, wo die einzige Zapfstelle war, mußte das Wasser aus einem Brunnen per Hand hochgepumpt werden. Als Wärmequelle für alle Räume diente ein Küchenherd, durch den gleichzeitig ein Kachelofen im Wohnzimmer mit Holz und Torf beheizt wurde. Das Haus war von einem vorausdenkenden Maurerpolier für Feriengäste gebaut worden, Münter wollte es als Sommerstudio benutzen. München war in einer Stunde Bahnfahrt zu erreichen. Angesichts seines lauten vis-à-vis in der Ainmillerstraße pries Kandinsky das Glück, einen solchen Schlupfwinkel zu besitzen. Er bemalte das Treppengeländer mit einer Schablone zu einem Fries aus voranstürmenden Reitern, über die sich Sonnen, Tupfen und Blüten rankten. Die roh gezimmerten Möbel und bunten Vorhänge wurden von einheimischen Handwerkern hergestellt.

Für Gabriele Münter war der Mangel an zeitgenössischem Wohnkomfort durch die einmalig schöne Lage ausgeglichen. Dieses einzige Haus auf dem dorfab gelegenen Hügel jenseits der Bahnschienen hatte noch keinen ausgebauten Zugang,

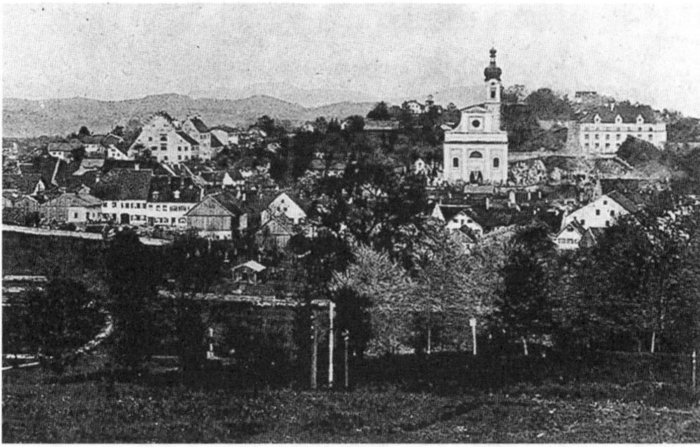

Murnau, 1910. Blick von Münters Haus auf den Kirchenhügel, vorn die Eisenbahn München-Garmisch.

auch der Gleisübergang war noch nicht fertiggestellt. Sie fühlten sich allein auf der Welt, wenn die Murnauer Buben nicht gerade auf die Bäume kletterten, um die exotischen Gäste aus der Stadt im *Russenhaus* heimlich zu beobachten. Zweimal täglich zog die schnaufende Dampflokomotive den Zug zwischen Garmisch und München am Gartenzaun vorbei. Im Westen lockte – über einen sanften Hügelpaß bergabwärts zu erreichen – der stille Staffelsee. Nach Süden schweifte der Blick frei übers Moos und das Loisachtal bis zum Herzogstand, über dem die Sonne aufging. Im oberen Stockwerk, das den Blick entlang der Alpenkette bis zum westlichen Punkt des Sonnenuntergangs freigab, lagen ineinander übergehend Schlafzimmer und Atelier. Gabriele Münter hat diesen privaten Bereich in einem Gemälde festgehalten: Kandinsky liegt lesend zu Bett, Rucksack und Sandalen deuten Wanderfreude an; Kommoden und Toilettenschränkchen sind von Kandinsky bemalt, Wasserkrüge, braun gebeizte Holzdielen und der grüne Anstrich der Wände entsprechen der Schlichtheit des Landhauses. Ein Fleckerl-Teppich

Gabriele Münter, Murnau, Haus 33 a, im Volksmund »Russenvilla« genannt, Eigentum Münters ab 21. August 1909. Tuschzeichnung aus dem Jahr 1931, 14,9 × 21,0 cm.

leitet den Blick des Betrachters auf einen Spiegel zu, in dem Münters Nachttischlampe sichtbar wird; so bezeugt sie mutwillig und doch diskret auch ihre Anwesenheit.

Nun endlich wurde das Getrenntleben auch in München aufgegeben: Am 1. Oktober 1909 bezogen sie gemeinsam im Gartenhaus der Ainmillerstraße 36 das Erdgeschoß unter Kandinskys bisheriger Wohnung. Gleichzeitig wurde als Haushälterin Fanny Dengler eingestellt – »Kandinskys alter Wunsch« –, dem Münter laut Tagebuch nur widerstrebend nachgab. Von Anfang an spürte sie die Weigerung des Mädchens, ihren Anweisungen nachzukommen. Die junge, fesche Person hatte schon in Rußland und während Kandinskys Ehe für ihn gesorgt, sie fühlte sich zu Recht stets durch ihren Herrn geschützt und entwickelte nach und nach einen schädigenden Einfluß.[60]

Zur ersten Ausstellung der *Neuen Künstlervereinigung München* vom 1. bis 15. Dezember 1909 steuerte Münter, die

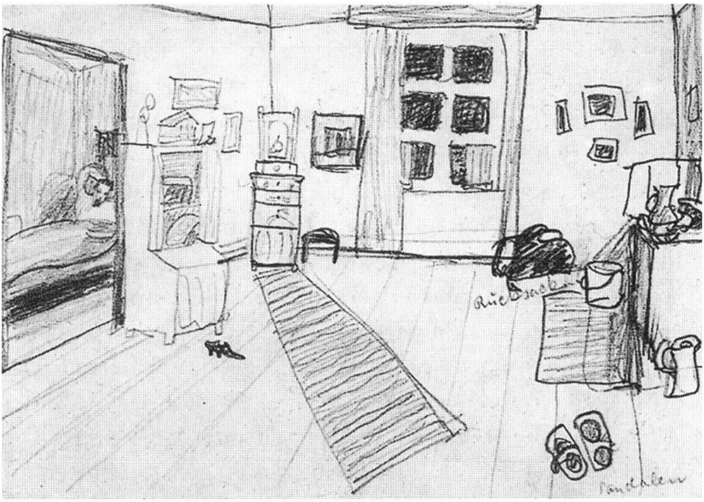

Gabriele Münter, Interieur des Murnauer Hauses, Bleistiftskizze, 1910.

anerkannt Fleißigste der Murnauer Vier, die größte Werkgruppe bei, insgesamt 21 von 128 Werken. Die *Moderne Galerie Thannhauser*[61] in Münchens feiner Theatinerstraße hatte sich erst nach Zureden des Generaldirektors der Staatlichen Gemäldesammlungen, Hugo von Tschudi, bereit gefunden, ihre Ausstellungsräume zur Verfügung zu stellen. Kandinsky erklärte dem Galeristen das künstlerische Ziel der Mitglieder: Sie seien bestrebt, »die *innere* Natur, d.h. *Seelenerlebnisse* in *künstlerische Form* zu fassen; so wäre es irrtümlich, unsere Arbeiten mit dem Maßstab der *äußeren* Schönheit zu messen ... Manche stellen sich direkt vor die Natur und ändern sie, dem seelischen Bedürfnis folgend (Jawlensky, Münter, Kanoldt, Erbslöh). Andere behandeln die Natur ebenso, haben sie aber gar nicht vor den Augen im Moment der Arbeit (Werefkin, Bossi). Wieder andere machen Sachen, die sie größtenteils in realer Form nie gesehen haben (Kubin, Dresler, Kandinsky).« Stichwortartig charakterisierte er die Werke der Ausstellenden und bemerkte zu Werefkin: »Welt der greifbaren Gefühle, die die Menschheit bewegen wie geheime Federn die Theaterpuppen.« Zu sich selbst: »Leben des Entkörperten«, und zu Münter: »Eine Welt düsterer Einfachheit, die ins Unbestimmte schaut, oder plötzlich einen lustvollen Beiklang im Leben der *toten* Sachen offenbart«.[62] Der achtseitige Katalog mit 14 Bildtafeln kostete fünf Pfennig und enthielt ein Preisverzeichnis, in dem der höchste Kaufpreis mit 3000 Mark angesetzt worden war, wogegen die Summe für ein Münter-Ölgemälde zwischen 200 und 500 Mark recht bescheiden wirkte.

Die an klassische Wohlgestalt und geschmäcklerisch Dekoratives gewöhnten Münchner Bürger empfanden die Bilder als frechen Angriff gegen die herrschende Auffassung. Die Verunklärung oder gar Entfernung des Gegenständlichen erzeugte Empörung und Gelächter. Der Brief eines Besuchers an Kandinsky spricht aus, was die meisten dachten: »Die Beziehung zur Objektwelt ist das Bindeglied zwischen dem Künstler und dem Auge des Dritten ... Wenn Sie riesengroße Tränentropfen auf die Leinwand gemalt haben, dürfen Sie dann sagen, Sie hätten das Begräbnis Ihres Vaters gemalt?«[63]

Opfer von Snobismus und Phrase nannte der Kritiker der *Münchner Neuesten Nachrichten* vom 9. Dezember 1909, Fritz von Ostini, die Maler in der *Modernen Galerie*, »bei deren Betreten auch der schaudernd zurückprallt, der einiges zu ertragen gewohnt ist. Wie eine wilde Parodie, wie ein grotesker Karnevalsscherz mutet das Ganze an und die Ähnlichkeit mit den im Galopp heruntergemalten Farbenwitzen der lustigen Oktoberfestausstellungen ist nicht gering ... Für die, die nichts können, aber etwas vorstellen wollen, gibt's hier wundervolle Rezepte.« Doch zwischen all dieser »Billigkeit«, dem »wüsten Sichgehenlassen«, dem »Originellsein um jeden Preis«, all dieser »Loslösung von der Natur, der Wahrhaftigkeit und allem soliden Können« fand von Ostini auch »Arbeiten von Qualität«: Münters Farbengravüren. Auch sein Kollege H. Eßwein, der in der *Münchner Post* vom 10. Dezember hoffte, daß es sich im Thannhauserschen Kunstsalon um »ein verfrühtes Faschingsvergnügen, einen Künstlerulk« handele, zollte Münter geteiltes Lob: »Es ist einfach nicht zu fassen, wie jemand, dem solche Kabinettstückchen gelingen, dann wieder ... mit närrischen Farben und wüsten Linien auf der Leinwand herumzufuhrwerken vermag!«

Der erste Vorstoß in ein solch konservatives Kunstfeld konnte nicht erfolgreich sein. Kandinsky klagte in Kunstbriefen für die russische Zeitschrift *Apollon*[64] über die mangelnde Aufgeschlossenheit des Münchner Publikums für die moderne französische Kunst und den Mangel an erstklassiger Malerei in Deutschland. Er erwähnte dabei die Reaktionen des Publikums bei der Ausstellung des ›Vereins‹, das sich lachend, schmähend oder sogar drohend entfernt habe.

Doch es sollte noch schlimmer kommen! Die zweite Ausstellung der *Neuen Künstlervereinigung München* vom 1.-14. September 1910 sollte die europäische Verzweigung der modernen Kunst beweisen. Schon das störte die Münchner Kritik: von 31 Ausstellern waren nur elf aus München, und von ihnen gehörten sechs zur russischen Gruppe. Alfred Kubin aus Wernstein am Inn und Adolf Nieder aus Bochum ergänzten als ›Auswärtige‹ die ›deutschen Münchner‹ Münter, Bossi, Erbslöh, Kanoldt, Scharff. Kandinsky beschwor im Einleitungstext durch ein Stakkato hervorgestoßener Begriffe Verständnis für den »zwingenden Schaffensdrang« der modernen Künstler: »Leidende, suchende, gequälte Seelen mit tiefem Riß, durch Zusammenstoß des Geistigen mit dem Materiellen verursacht. Das Gefundene. Das Leben der lebenden und der ›toten‹ Natur. Der Trost in den Erscheinungen der Welt – äußerer, innerer. Ahnende Freude. Das Rufen. Das Sprechen vom Geheimen durch Geheimes.« Der Text hatte etwas vom Raunen eines Sehers. Von demagogischem Elan seines Verfassers aber zeugte der Schlußsatz: »Mensch spricht zum Menschen vom Übermenschlichen – die *Sprache* der Kunst.«

Gegen eine russisch-französische ›Umklammerung‹, die Ausstellungsbesucher auch aus den Wortbeiträgen des Katalogs herauszulesen glaubten, erhob sich ein Sturm der Entrüstung. »Der Galeriebesitzer beklagte sich, daß er nach jeder täglichen Schließung die Bilder abtrocknen müßte, weil das Publikum sie angespuckt hätte«, erinnerte sich Kandinsky.[65] Diese »Münchner Vereinigung östlicher Europäer«, stellte M. K. Rohe in den *Münchner Neuesten Nachrichten* am 10. September 1910 fest, werde ihrem Schlagwort-Ruf nach Synthese voll gerecht: »Einmal ist ihre Ausstellung, als Ganzes genommen, konzentrierter Unsinn, dann aber findet man außerdem noch eine Synthese aus sämtlichen Unzulänglichkeiten und nichts weniger als entwicklungsfähige Manierismen der Kunst aller Völker und Zonen vor, von den kannibalischsten Naturvölkern bis herauf zu den Neupariser Décadents.« Er frage sich, ob man es mit schamlosen Bluffern oder unheilbar Irrsinnigen zu tun habe, die solchen gemalten Stuß verbreiteten, jedenfalls aber mit einer Horde von Stümpern und einem Opportunismus übelster Sorte. Gegen die »west-östlichen Apostel einer neuen Kunst« – »zugereiste Unruhestifter« – wandte sich auch *Die Kunst für Alle* in ihrer Ausgabe vom 13. Oktober 1910: »Der schöne und in Kunstdingen so voll klingende Name München muß einer aus romanischen und slawischen Elementen gemischten Künstlergesellschaft, die obendrein der Münchner Kunsttradition fremd und feindlich gegenübersteht, als Aushängeschild dienen ... Es ist kein einziger Münchner unter ihnen, keiner, der münchnerisch schafft und münchnerisch empfindet.«

Das aber änderte sich nun. Der 1880 in München geborene Maler Franz Marc[66] sah die Ausstellung und fand, atemlos vor Spannung, Antworten auf Fragen, die er sich lange gestellt hatte. Spontan verfaßte er eine Verteidigungsschrift, ohne auch nur eines der Mitglieder der *Neuen Künstlervereinigung München* zu kennen. Er rügte das Publikum, das Staffeleikunst suche und nicht »dieses kühne Unterfangen«

begreife, »die Materie, an der sich der Impressionismus festgebissen hat, zu vergeistigen ... Die Art, wie das Münchner Publikum die Ausstellung abtut, hat fast etwas Erheiterndes.« Der ›Verein‹ stellte Marcs Zuschrift der Kritik Rohes gegenüber und verbreitete beides in einem Sonderdruck.[67]

Kandinsky fühlte sich verstanden. Er konnte die Bekanntschaft mit dem 30jährigen ›Tiermaler‹ zunächst nicht vertiefen, da er am 9. Oktober 1910 nach Moskau reiste. Seine Korrespondenz mit Münter während dieser zweieinhalb Monate dauernden Abwesenheit zeigt unterschwellig Verstimmung und Zweifel, deren Ursache eine *Selbstcharakteristik* andeutet, die Kandinsky später für eine geplante russische Enzyklopädie verfaßt hatte: »Die Jahre 1908 bis 1911 steht er beinah ganz einsam und wird von Spott und Haß umgeben. Die Kollegen, die Presse und das Publikum stempeln ihn zum Pfuscher, Betrüger und Wahnsinnigen. Manche wollen ihn einsperren, damit seine Vernichtungskraft keinen weiteren Schaden verbreiten kann. Der erste, der ihm die Hand reicht, ist Franz Marc.«[68]

Aus den Briefen dieser Zeit spricht seine Verbitterung gegenüber München. Er litt an dieser Stadt: dort liebte man ihn nicht. Dort behandelte man ihn schlecht. München, südlich strahlend, begnadet durch die Natur, war zu satt, zu glatt, zu harmoniesüchtig und zu bewahrend, um experimentelle Sprünge ins Metaphysische zu begrüßen. Hier wünschte man keine aufreizenden Fanfarenstöße, sondern verbannte die weckenden Propheten lieber in die Wüste! Fatal nur, daß München und ›Deutsch-Ellchen‹ aus der Ferne zu *einem* Gefühlskomplex verschmolzen! Verletzt betonte er in Briefen an sie, wie mild und heilend die Freundschaft auf ihn wirke, die er »unverdient, so unendlich unverdient« in Rußland empfange und die jene Kränkungen abmildere, die ihm in den vergangenen Monaten in Deutschland zugefügt worden seien. »Und was mich unaufhörlich streichelt, ist die allgemeine Freundlichkeit.« Dagegen habe für ihn, den zeitlebens

Verwöhnten, die bayerische Hauptstadt eine erzieherische Wirkung. »Da ist mir München doch riesig nützlich, wo die Menschen mich so wenig mögen«, schrieb er Münter am 3. November 1910, und sie bestätigte ihm: »Dort hast Du ein besseres Feld, das dachte ich mir, als ich Dir auf all den Ärger hier vorschlug, nach Rußland zu gehen. Dabei bleibe ich auch – bin bereit, nächsten Winter mit Dir nach Moskau zu gehen, freue mich sogar darauf.«[69]

Sie zählte die Wochen bis zu seiner Rückkehr: »Ohne Dich bin ich viel weniger, Du gehörst zu mir und machst mich reich und ohne Dich ist es hier leer.«[70] Sie litt unter seiner Kühle, in der er ihr zu entgleiten schien. Ihre Ängste verdichteten sich im Traum: »Erst rudern wir vergnügt in einem reichen Kahn; dann plötzlich selbst im Wasser, schwamm ich zum nahen Ufer, aber das Wasser zog mich rückwärts ... Ich schwamm aus allen Kräften und das Wasser zog mich den anderen Weg.« Da sie beim Malen von ihrer jeweiligen Stimmung abhängig war, brachte sie nichts zustande, war »ohne Feuer und Funken« und fügte als Bekenntnis ihrer inneren Unsicherheit an: »Weißt Du, wenn Du nicht schon ziemlich das ganze Jahr kalt und oft unnett gegen mich gewesen wärst, so hätte mir das alles auch sicher viel weniger anhaben können, aber so schien es schließlich, daß Du Dich verändert hast.« Auf seinen Wunsch, sie möge sich zerstreuen, antwortete sie: »Vergnügen brauche ich nicht sehr, hab' ja auch nie viel gehabt – mit recht guter Behandlung wär' ich schon zufrieden.«[71] Sie fürchtete seine Vorwürfe, unterlief sie, bezichtigte sich, ein Mensch mit »wenig Selbstvertrauen und Geistesgegenwart« zu sein, der zudem »immer Antipathie erwecke«. Von einem Besucher erklärte sie: »Ich bin ihm so unsympathisch, wie fast allen Leuten. Einfachheit wird schwer vertragen«, und sie beschuldigte sich: »Nie hab' ich zur rechten Zeit das rechte Wort, nie meine Gedanken beieinander, bin *nie* Herr der Situation. Schon schlimm!« Wollte er ihr Mut machen, so wehrte sie ab: »Was meinen inneren Gehalt betrifft, so habe

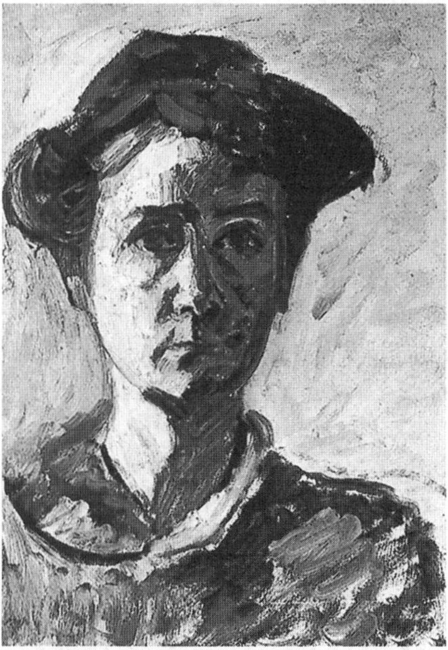

Gabriele Münter, Selbstbildnis, um 1911, Öl auf Karton, 49,5 × 33,5 cm.

ich ja schon gesagt, daß Du mich überschätzt.« Der Kleinheitswahn wurde überdeutlich, wenn sie seine Tadel beschwichtigte: »Du Armes ... mußt nicht empfindlich sein. Du weißt ja, daß ich den Fehler habe, mich oft so auszudrücken, daß es unliebenswürdig aussieht, und es ist doch gar nicht so gemeint. Es fehlt mir eben entschieden an Form. Ziemlich in jeder Beziehung.«[72] Angst und Lethargie wechselten mit fiebriger Unrast ab und führten zu einer Selbstrücknahme, die sich auch in ihrer äußeren Erscheinung abzeichnete und ihren Gesten etwas Zaghaftes, Abgebrochenes, Mutloses verlieh.

Ein Selbstbildnis von 1911 zeigt Münter ernst, desillusioniert und müde. Hier fehlt der behütende Kopfputz, die bieder wirkende Hochsteckfrisur kippt nach rechts. Der Kragen fällt nach links. Die Kleiderfarben sind düster, nur flüchtig angedeutet. Die rechte Gesichtshälfte liegt im Schatten. Der Kopf ist aus der Mittelachse gerückt. Alles scheint aus dem Gleichgewicht geraten zu sein.

Ihre einst unbekümmert-jugendliche Ausstrahlung ging verloren, man sieht es auch auf den Photos dieser Jahre. Ihr Argwohn wuchs selbstquälerisch. Vergeblich beteuerte Kandinsky: »Du weißt doch, wie ich an dir hänge, dich aufrichtig und gut und doch richtig liebe (›doch‹, das heißt trotz meinem schlechten Charakter) und du solltest mir mehr trauen.«[73] Sie aber ließ durchblicken, daß ihre Unausgeglichenheit aus dem gegenseitigen Verhältnis aufstieg: »Das ganze Leben und vielleicht gerade auch die Hauptsache ist nicht so, wie es sein sollte ... Wenn ich allein bin, wirkt das Trübe viel nachhaltiger.« Im Jahr 1911 wurde der Verzicht auf viele Hoffnungen zum Bild: *Kleines Grab*. Es thematisiert einen Abschied, der weit über dieses blumengeschmückte Fleckchen Erde hinausweist. Das Kreuz spricht nicht wie die schmiedeeisernen Grabkreuze des Kocheler Kirchhofs vom versöhnlichen Abfinden mit der Vergänglichkeit, es ragt vielmehr wie ein Sinnbild fortwirkender Unheilsdrohung über der düsteren Szene, die wohl der damaligen Grundstimmung der Malerin entsprach.[74]

Ein Auftrieb, den Münter an ihm nicht mehr gewohnt war, beflügelte indessen Kandinskys Moskauer Unternehmungen: »Ich fiebere direkt. Moskau ist – Peitsche. Moskau ist – Balsam. Du mußt das nächste Mal mit!« Wie würde »dieser überirdische Ort« auf sie wirken, die Moskwa, »die ernsten Kirchenmalereien, die Kuppeln und der Blick auf Moskau-›Bogenhausen‹«, die Anhöhe jenseits des Flusses, wo er sich (eine Reminiszenz an die Stuck-Villa jenseits der Isar?) ansiedeln möchte. »Wie russisch und doch unrussisch ich mich fühle! Wie manches mich beinahe zum Weinen stimmt und manches mein Herz stärker zu pochen zwingt! Wie anders ist dieses Volk! Warum ist hier das Leben intensiver und packender? ... Ich atme Moskau tief ein ... Jede Stadt hat ein Gesicht, Moskau zehn.«[75] Es belustigte ihn, daß der russische

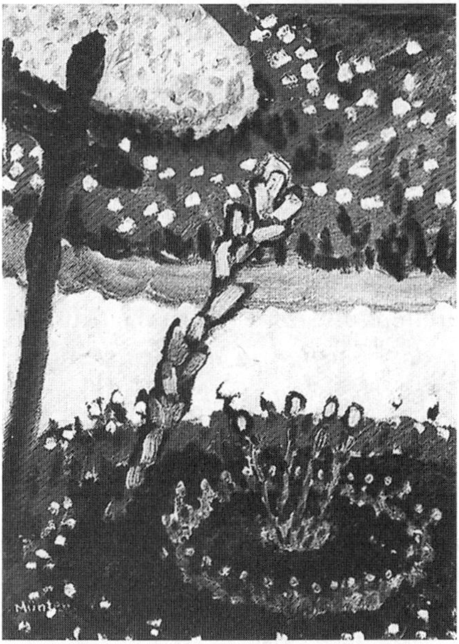

Gabriele Münter, Kleines Grab, 1911, Öl auf Karton, 42,4 × 31 cm.

Komponist Skrjabin[76] Münter inzwischen russischen Sprachunterricht erteilte, um dabei gleichzeitig Deutsch zu lernen: »Dös' möcht ich hörn!« Dann aber bemerkte er: »Was russische Stunden anlangt, so möchte ich eigentlich, daß du meine Muttersprache bei mir lernst!« Er werde sie energisch mit Sprachübungen plagen: »Gel? Denk' nur, wie wir dann schön zusammen in Rußland reisen werden!«[77]

Er suchte die Verbindung mit Malern, Galeristen und Musikern: »Jeden Tag will ich einen absolvieren.« War es ein Streitgespräch mit Larionow[78] über das *Farbenklavier* von Skrjabin (»für mich zu schön«) – er argumentierte famos (»wir haben ihn schließlich untergekriegt«). Das »Déjeunieren bei Gontscharowa« bewies ihm ebenso sein Ansehen wie seine Beliebtheit; man bat ihn nach förderlichen Streitgesprächen, unbedingt gleich dazubleiben (seine Frau, Gabriele Münter, möge nachkommen), tauschte schließlich Geschenke und Abschiedsküsse. Seine unermüdliche Kontaktpflege zeigte prompt Erfolg: Seine Bilder wurden in die von der russischen Avantgarde im Dezember 1910 eröffnete Kunstschau der Vereinigung *Karo Bube* aufgenommen. Nikolai Kulbin[79], als Arzt den physiologischen Seelenkörnchen für die Wahrnehmung malerischer und musikalischer Töne und als Theosoph der Kunst als transzendentalem Medium auf der Spur, wollte von Petersburg aus Kandinskys Kunsttheorie verbreiten und eine russische Kurzfassung seiner Schrift *Über das Geistige in der Kunst* auf dem dortigen *Zweiten Allrussischen Künstlerkongreß* 1911 vorlesen. David und Wladimir Burljuk[80], die *Wilden Rußlands*, die Kandinsky schon in der zweiten Ausstellung der *Neuen Künstlervereinigung München* durch Text und Bild bekannt gemacht hatte, bedrängten ihn, unverzüglich nach Rußland zu übersiedeln: »Wir brauchen Sie dringend.« Beim *Zweiten Internationalen Salon Izdebsky* in Odessa war Kandinsky mit 52 unter 440 Werken vertreten, nachdem die Wanderausstellung des Ersten Salons vom Dezember 1909 bis Juli 1910 ihn in Kiew, Petersburg und Riga bekannt gemacht hatte. Sein Aufsatz *Inhalt und Form* würde als Hauptbeitrag des Katalogs die aussichtsreich angelegten Kanäle zur russischen Kunstwelt ausweiten.[81]

Kandinskys Briefe an Münter spiegelten eine einzige Erfolgsserie! Am beglückendsten erschien ihm das Einverständnis mit »dem besten Tanejew-Schüler, revolutionär in der Komposition«, Boleslav Jaworsky[82], da »dessen musikalische Theorie direkt Schwester meiner malerischen: direktes Bauen auf Gefühl und der physisch-psychologischen Wirkung«. Auf einem von diesem Musik- und Bühnenanalytiker arrangierten Vortrag vor »erlesenem Publikum, hauptsächlich Musiker, Maler, Philosophen« imponierte er. Vor »riesig aufmerksamem Auditorium« hatte er zwei volle Stunden gelesen und anschließend »Kritik geschickt zurückgewiesen«.

Solche Bestätigung tat ihm wohl. Thomas von Hartmann, der sich ebenfalls in Moskau aufhielt, »spielte die *Riesen* und Jaworsky lobte sehr: unbedingt sofort machen«. Was in München fragwürdig erschien, war hier hochwillkommen. »H. mit Ballett fertig und will unbedingt sofort Bühnenkomposition besprechen ... Was mich anlangt, so sind diese Sachen in München veraltet.«[83] Er könne jedoch die etwas antiquierten Gedichte für das *Moskauer Künstlertheater* auffrischen. Angesichts einer dortigen Aufführung von Maeterlincks[84] *Blauem Vogel*, die ihn als »Märchengeschichte mit Feen etc. und philosophisch-okkulte Flickschusterei« enttäuschte, stieg das Konzept einer eigenen Licht-Klang-Farb- und Rhythmik-Komposition wieder in ihm auf, dieses synästhetischen Totalereignisses. Die berühmte Musikpädagogin Unkowsky »möchte *gerade mir* etwas zeigen ... Meine Holzschnitte wären für sie die reinste malerische Musik.« Da er Münter von der fesselnden Lektüre des Buches *Die nach Gott suchen* berichtete, besuchte sie in München eine Lesung *Von einem anderen Planeten*, ihm zuliebe, wie sie versicherte, um vielleicht auch einmal etwas Aufregendes mitteilen zu können. Doch in Moskau gab es daran keinen Mangel: Wo immer er erschien, ernte er Beifall. So habe er auch durch sachverständige Argumente die Bedenken des berühmten Sammlers moderner Kunst, Sergej Schtschukin[85], zerstreut, eines der letzten Werke Picassos zu kaufen. »Von Matisse ... sprach ich auch gut und endete mit den Worten: Also eigentlich ist Matisse schon passé! Das machte Eindruck!«[86]

Trotzdem gab es Stimmungseinbrüche, vor allem, wenn er an die Weiterreise von Moskau nach Petersburg dachte, wo er die Scheidung einleiten wollte. »Ich weiß nicht, woher meine Laune stammt ... Nervenspiel, Notwendigkeit, Ratschluß zu fassen, ob ich nach P. fahren soll. Mangel an Zeit, Wunsch und Notwendigkeit ... Meine Seele kann nie lange im Gleichgewicht bleiben, und nicht nur große Gewichte, sondern kleinste Grammteilchen ziehen die Waage mal gehörig runter, so daß dadurch die andere Schale zum Himmel fliegt. – Du hast recht, meine Ella, ich bin unzurechnungsfähig und so oft gemein, scharf, hart und abwesend. Ich sehne mich ja selbst nach Gleichgewicht, nach ruhig verlaufendem Leben mit dir mit einem ständigen inneren Akkord unserer Seelen, unserer Körper. Aber da kommt immer ›was‹ oder ›wer‹ und legt leise den Finger, die Spitze des Fingers auf die Schale, und fort ist der Gleichgewichtsklang.«[87]

Kurz vor der Heimreise verlor er das innere Gleichmaß gründlich. Münter hatte beiläufig die fürs Deutsche unrichtige Aussprache seines ›L‹ erwähnt. Er antwortete am 8. Dezember 1910 tief verletzt, ja erbost. Vielleicht hatte sie damit seinen empfindlichsten Nerv getroffen: die Frage seiner Zugehörigkeit. Hatte nicht Gustav Meyrink[88] am 10. Februar 1910 bei der redaktionellen Überprüfung der Programmschrift *Über das Geistige in der Kunst* bemängelt, sie mache den Eindruck, daß der Autor gewohnt sei, in einer fremden Sprache zu denken? Selbst der befreundete Kubin hatte die sprachliche Form als unzulänglich bezeichnet und eine Bearbeitung in gutem Deutsch empfohlen. Der Verlag Reinhard Piper hatte das Manuskript wegen der ungewandten Sprache eines Ausländers nur zögerlich entgegengenommen.

Kandinsky empfand Münters Hinweis als unerträgliche Lieblosigkeit. »Heute, gegen Abend bin ich schlechter Laune geworden – ... Nun, jetzt kriegst du deinen Teil ...«, begann er aggressiv, um nach siebenseitiger Beschwerde über ihren Mangel an Aufmerksamkeit und Zärtlichkeit unvermittelt festzustellen: »Meine schlechte Laune kam heute, da ich sah, wie meine Mutter leidet ... Wir sprachen zum Nachmittagstee von Alex' Kindheit.« Ob dabei auch seine eigene – durch die Scheidung der Eltern – betroffene Kindheit zur Sprache kam? Der Schmerz der Mutter um den Verlust dieses Sohnes, seines Halbbruders Kojevnikow, war auch durch seine so seltene Gegenwart nicht abzumildern. »Und sie war noch viel mehr verwöhnt als ich. Das muß bezahlt werden. Mit Zinsen und ohne Erbarmung.«

Dieses Vergeltungsdenken bezog er auch auf sich, »von der Kindheit an von allen verwöhnt und vergöttert (das Wort darf ich hier brauchen). Diese Zeit hier in Moskau hat mich wieder in die alte Atmosphäre gebracht. Jetzt bin ich aber soweit, daß ich mich schäme, diese unverdiente Liebe (dies Wort darf ich auch gebrauchen) zu sehen, die eine Ungerechtigkeit ist, die mir wehtut. Soweit bin ich. Vielleicht und hoffentlich werde ich noch viel weiter kommen. Und das ist vielleicht deine Mission.«

Der gerechte Ausgleich Gottes – wurde er ihm durch Ella Münter zuteil? Vielleicht sei es nötig, daß sie ihm das Heim, das Leben verbittere! Vielleicht sei es ihre Bestimmung, ihn Bescheidenheit zu lehren! Strafe und Buße für ungerechtfertigte Ansprüche und Bevorzugungen zu verhängen! In seinem Schuld- und Sühnedenken stellte er Münter an die Seite derer, die ihn schlecht behandelten. Was Rußland ihm an unverdienter Liebe gewährte, mußte in München durch Leiden wettgemacht werden. Während des Schreibens steigerte er sich in die Vorstellung, auch ihr liebloses Verhalten bedeute für ihn wohl eine Prüfung Gottes, um die Waagschale des Erzengels beim Endgericht zu seinen Gunsten ins Gleichgewicht zu heben.[89] Er war sich der Schonungslosigkeit dieses Briefes bewußt: »Eben dachte ich, ich zerreiße lieber diesen Brief, da er dir wehtun wird und doch nichts helfen kann. Ich wäre aber unaufrichtig dir gegenüber, und der Brief soll geschickt werden.« Sie sollte wissen, warum er die Mißliebigkeiten in München ertragen mußte. Quis ut deus!

Hatte er nicht schon das Glanzlose ihrer ›Ehe‹ angedeutet, als er seine Gefährtin gegenüber dem Galeristen Thannhauser mit einer »Welt düsterer Einfachheit« in Verbindung brachte? Vom ›strahlenden Stern‹, von der ›Lichtgestalt in seiner Schwermutsnacht‹, vom ›flinken goldenen Füchslein‹ des Jahres 1902 führte der Weg zum Gemälde *Dame* von

1910.[90] Blockhaft füllt Münter den unteren rechten Bildteil, dem Kandinsky stets die raumpsychologische Bedeutung von Schwere und dumpf-irdischer Dichte beimaß. Vergrämt wirkt das teigige Gesicht, es zeigt tief eingekerbte Linien neben einem verkniffenen Mund. Wie ein klotziger Widerstand versperrt ihre Gestalt den Blick ins Freie. Spitznäsig, mit fliehender Stirn und gefährlich blitzendem Auge scheint sich Angestautes zu entladen – kein Zweifel, Kandinsky fürchtete Münters Zorn, der sich jedoch in trotzigem Aufschäumen erschöpfte und seine Machtlosigkeit lange bewiesen hatte.

Münter beantwortete Kandinskys Schuld- und Bußverlangen mit den friedlichen Schilderungen ihres Alltags. Außerdem berichtete sie ihm regelmäßig von neuen »Querelen im Verein«. Er bemerkte zustimmend: »Wirklich ist es überall besser als in unserem Münchner Kreis«, und er versicherte ihr am nächsten Tag: »Ich kann mir kaum vorstellen, daß heute in acht Tagen fühle ich mich wieder als ein alter Münchner.«[91] Er war entsetzt, daß der hochverschuldete ›Verein‹ eine Verlosung von 100 Bildern einleiten wollte[92], denn er hielt ein solches Geschäftsgebaren für trödlerisch, schändlich und künstlerisch disqualifizierend. Ein Teil der Mitglieder hingegen war davon überzeugt, daß seine ungegenständlichen Gemälde auch ihren Erfolg erschwerten; denn ihnen ging es weniger um neue künstlerische Formulierungen als um die Verkäuflichkeit ihrer Bilder. Immer wieder erörterten sie, ob ein Werk durch die vollständige Entdinglichung nicht seine Aussagekraft verliere. Kubin, der – wie er betonte – ein dankbarer Genießer dieser neuen Kunstmöglichkeit war, hatte Kandinsky schon am 18. Dezember 1909 auf die Hauptgefahr der gegenstandslosen Kunst hingewiesen, die Erstarrung in stilisierten Farb-Formen. Am 5. Mai 1910 war er beruhigt: »Ihr Weg ist verrückt und wollüstig und verführerisch: Sie umgehen die Klippe des Ornaments.« Er selbst suche noch. »Redon, Munch, Ensor, ich – wir sind alle noch zu sehr befangen, vom Stofflichen teilweise abhängig«, und er fügte in einem Postskriptum hinzu: »Vielleicht wird man in Ihnen später den Beginn einer neuen Kunstepoche sehen.«

Kandinsky verteidigte die Konsequenz, in der er die Autonomie der malerischen Mittel suchte. »Einige Sachen Picassos sind wie geistige Abspiegelungen des Zerfalls: das ist die Folge der unvollkommenen Befreiung vom Naturalismus.« Er aber strebe nicht Zersetzung, sondern Entmaterialisierung zum freien Kräftespiel an. »Es war mir stets unangenehm, oft widerwärtig, die Figur im Reiche ihrer physiologischen Gesetze zu lassen und an ihr gleichzeitig kompositorische Verrenkungen anzuwenden.« Er habe sich gescheut, die organischen Formen zu entstellen oder gar zu zerstückeln: »Ich sah nicht gern dem Körperbau widersprechende Verlängerungen oder anatomische Verzeichnungen auf fremden Bildern und wußte genau, daß dies nicht für mich die Lösung der gegenständlichen Frage sein darf und wird. So löste sich von selbst allmählich immer mehr der Gegenstand in meinen Bildern auf. Dies ist auf beinah allen Bildern von 1910 zu sehen.«[93]

Die Vereinsmitglieder baten ihn, für einen Turnus die *Composition II* zurückzuziehen. Münter aber beschwor ihn, auf dem Ausstellen dieser für ihn bisher wichtigsten Arbeit zu bestehen: »Ich sehe wirklich ungern, daß man Dich unterschätzt und so gar nicht zu verstehen *versucht* ... Na ja, Dich schätzen sie wenig und mich gar nicht ... Ob wir dabeibleiben – kommt Zeit, kommt Rat!«[94]

Kandinsky beharrte ihr gegenüber jedoch auf der Ansicht, ein Verein sei eine nützliche Sache, ja eine geistige Kraft. »Auch haben wir die interessantesten deutschen Maler. Was tut man, wenn es keine besseren gibt?« Auch er »denke ohne Wonne an unsere Vereinsleute und würde am liebsten austreten. Ich weiß aber nicht, ob es mir von meinem Gewissen erlaubt wird. Vielleicht mache ich Krakeel ... Ich will vorläufig uns beide nicht gegen die Leute hetzen.«[95] Münter aber hatte ihrem *Vereinsmärchen*, dessen Hauptfigur der *Riese*

Waske neben seinem Freund Lulu – Jawlensky – war, am 5. Juli 1910 niedergeschrieben und nichts mehr hinzuzufügen. »Es war einmal ein großer guter Riese, der hieß ›dummer Waske‹, weil die Menschen meinten, wer so gut ist, kann doch nicht gescheit sein. Der wollte vom hohen Berg den Wunderschatz herunterholen, um die Menschheit reich zu machen. Als er am Fuße des Berges angekommen war, traf er ein Häuflein Leute mit seinem alten Gespielen Lulu. Der rief den dummen Waske von weitem und sagte: ›Nimm uns mit auf deinem großen Wagen, wir wollen spazieren fahren‹ –, da sagte der Riese, ›steigt nur alle ein, ich nehme euch mit auf den hohen Berg, und da könnt ihr gleich vom Wunderschatz etwas abbekommen, und da helft ihr mir, um den Schatz den Menschen hinunterzubringen, auf daß sie reicher und glücklicher werden.‹ Die Buben stiegen ein, und der Riese zog. Da war aber einer, der fing gleich an im Vorbeifahren die Büsche festzuhalten, und der Riese sagte: ›Laß das, du machst es mir zu schwer‹, da streckte der ihm die Zunge raus, und sein Kamerad dachte, was nimmt sich denn der dumme Waske heraus, uns Vorschriften zu machen, und nahm Steine auf und schmiß ihn immer damit. Da blieb Waske stehen, drehte sich um und sagte: ›Wenn ihr nicht artig seid, schütt' ich euch alle aus‹ – da verwiesen die anderen den zwei ihre Unart. Es ging wieder vorwärts. Als sie die erste Anhöhe erreicht hatten, freuten sie sich alle an der schönen Aussicht, und Lulu pflückte sich einen schönen Strauß Gebirgsblumen. Alle schmückten sich und waren zufrieden. Dann sagte der Riese, ›wir müssen vorwärts kommen, der Gipfel ist noch weit‹ und die Buben stiegen wieder ein. Der Riese mußte sich seinen Weg selber bahnen, und es ging manchmal schon etwas steil. Da bekamen die Kleinen im Wagen Angst und erregten sich und wollten ihm sagen, wohin er den Fuß setzen müsse und wie er fahren müsse, um nicht umzukippen. Da er aber den Weg selbst gut übersah, so konnte er nicht tun, wie seine Insassen wollten, und da sie einen flachen breiten Weg sahen, der geradeaus ging, wollten sie nicht mehr weiter in die schwindelnde Höhe und stiegen aus und ließen ihn allein weitergehen, nach oben. Er ging rüstig und ungehemmt seinen Weg zur Höhe.«

»Fortsetzung vorbehalten«, schrieb Münter unter den Text vom einsamen Riesen.[96] Das Schicksal des »armen, treuen Lulu« aber entwarf sie so: »Er blieb am Scheideweg stehen und weinte, weil er nicht wußte, soll er nach oben oder zu Tal. Der eine Weg war ihm zu flach, und den steilen konnte er nicht gehen, weil er zu dick war.«

Am 10. Januar 1911 legte Kandinsky sein Amt als Vorsitzender der *Neuen Künstlervereinigung München* nieder. Die prinzipielle Verschiedenheit der Grundansichten gegenüber der Mehrzahl der Mitglieder habe ihn zu diesem Schritt bewogen, schrieb er an Jawlensky, den zweiten Vorsitzenden.

Vor diesem Hintergrund konnte Münter ermessen, was die Freundschaft mit Franz Marc für Kandinsky bedeutete, die sich im neuen Jahr rasch entwickelte. Jawlensky hatte den Verteidiger der zweiten Ausstellung des ›Vereins‹ zu Silvester in dessen Mitgliederkreis eingeladen, und Marc hatte seiner Gefährtin Maria Franck[97] am Neujahrstag 1911 seine Eindrücke geschildert: »Fabelhafte Menschen. Kandinsky übertrifft alle, auch Jawlensky an persönlichem Reiz; ich war völlig gefangen von diesem feinen innerlich vornehmen Menschen, und äußerlich patent bis in die Fingerspitzen. Daß *den* die kleine Münter, die mir *sehr* gefiel, ›glühend‹ liebt, das kann ich ganz begreifen ... Du wirst Dich sofort wohlfühlen, auch mit Münter, glaube ich.«[98] Münter nannte Marc in ihren Tagebuchblättern von 1911 denn auch »unseren neuen feinen Freund«. Sie wunderte sich, daß in dem großen, breitschultrigen Mann mit dem kühnen Gesichtsschnitt und der selbstbewußten Haltung soviel Sensibilität steckte. Auf der Versteigerung des ›Vereins‹ am 15. März 1911 erwarb er ihr Gemälde *Dorfstraße im Schnee*: »Ich habe es gleich heraußen aufgehängt und freue mich nun mit meinem Freunde Macke stündlich daran!«[99] Kandinskys Forderung nach einer geistigen Kunst entsprach dem Kunstwollen des 1899 immatrikulierten Theologiestudenten, der sich erst nach seinem Militärjahr zur Malerei entschlossen hatte: »Obwohl ich nämlich mein Leben lang immer schon Künstler war, bin ich doch auch infolge Erziehung und Umgebung und eigener Veranlagung halbwegs Geistlicher und halbwegs Philologe gewesen. Ich hätte wohl als Künstler nie die rechte Ruhe und Sicherheit, wäre ich nicht jenen beiden Idealen zu ihrer Zeit nachgegangen.«[100] Seine calvinistische Mutter hatte vor ihrer Ehe als Erzieherin in Petersburg gelebt; aus ihren Erzählungen kannte er die russische Welt in verführerischer Buntheit und mystischem Legenden-Dunkel. Sein Vater war nach einem abgeschlossenen Jurastudium Maler geworden, und so fand er in der Person Kandinskys gewisse biographische Züge seiner Eltern wieder.

Doch darüber hinaus gab es manch andere Übereinstimmung. In Marc und Kandinsky steckte das gleiche kunstreligiöse Pathos. Beide versuchten die Isolierung des Individuums durch die Kunst aufzuheben und hinter die Dinge, ins ›Innere der Schöpfung‹, vorzustoßen. Kandinsky, der sich stets nach einer alle Gegensatzpole umfassenden Ganzheit sehnte, bemerkte rückblickend über seinen Einklang mit Marc: »Am Anfang seiner Entwicklung lebte in ihm die für ihn selbst noch unbewußte Verbindungsidee, der noch unbewußte Drang zur Einheit. In dieser Beziehung allein war er ein tatsächlich ›neuer Mensch‹. Das war die Basis, auf der wir uns fanden.«[101]

Noch ehe Marc mit Kandinskys Kunstzielen vertraut wurde, hatte er in seiner Malerei dem organischen Rhythmus aller Dinge nachgespürt und sich in das »Zittern und Rinnen des Blutes in der Natur, in den Bäumen, in den Tieren, in der Luft« einzufühlen versucht, wie er Reinhard Piper anläßlich dessen Verlagswerks *Das Tier in der Kunst* erklärt hatte.[102]

Durch eine solche ›Animalisierung‹ des Bildinhalts wollte er die kreatürliche Einbettung der Lebewesen in den Kosmos darstellen: Rehe und Pferde galten ihm als Sinnbilder reinen Daseins, die Gutes im Menschen erklingen ließen. Indem er das schuldlose Tier dem unfrommen Menschen gegenüberstellte, versuchte er, Urbilder des unverdorbenen Lebens zu schaffen, Andachtsbilder, die auf die »mystisch-innerliche Konstruktion« der Welt hinwiesen und einer kommenden geistigen Religion den Weg bahnen sollten. Kandinsky charakterisierte Marcs pantheistisches Sehnen einmal spaßhaft: »Der noch verhältnismäßig junge Künstler betrachtet das Tier im allgemeinen nicht als solches, sondern rührt die Kuh in die Landschaft hinein und schmeltzt Rehe mit dem Wald zu einer neu von ihm eroberten Weltanschauung, welche ... (Fortsetzung folgt).«[103]

Schon am 5. Februar 1911 konnte Marc seinem Bonner Maler-Freund August Macke[104] erfreut mitteilen, daß man ihn nicht nur in die *Neue Münchner Künstlervereinigung* aufgenommen, sondern sogar zu deren drittem Vorsitzenden gewählt habe. So sehr er begrüßte, dadurch von seinem Dasein als Einzelkämpfer im Dach-Atelier seines Sindelsdorfer Holzhauses erlöst worden zu sein – vor allem zog's ihn ins acht Kilometer Luftlinie entfernte Murnau, wo er Kandinsky durch Begeisterung und Tatkraft für sich gewann: »Und da kam Franz Marc aus Sindelsdorf. Eine Unterredung genügte: wir verstanden uns vollkommen.«[105]

So geriet neben Münter noch ein zweiter unmittelbar in den charismatischen Sog Kandinskys. Der Maler Richard Seewald[106] berichtete darüber als Augenzeuge: »Ich habe ihn oft gesehen, auch in seiner Wohnung im äußersten Schwabing, die er mit der hochbegabten Gabriele Münter teilte. ... Er liebte es, Proselyten zu machen ... Bekehrte er nicht den Zügel-Schüler Franz Marc sozusagen von einem Tag auf den anderen? ... Dabei war er keine imponierende Erscheinung, und niemand würde ihn wohl für einen Maler gehalten haben, eher für einen Lehrer. Seine Augen hinter dem Kneifer waren von einer durchdringenden und wachsamen Intelligenz ...«

Seewalds Vermutung: »Es ging von Kandinsky augenscheinlich eine faszinierende Wirkung aus«, bewahrheitete sich an dem vierzehn Jahre jüngeren Franz Marc. Im Nachlaß Gabriele Münters fand sich die Abschrift eines Briefes von Marc an Jawlensky, der unmittelbar nach dem ersten Besuch in Murnau geschrieben worden war: »Meine Gedanken kreisen ohne Unterlaß um das unheimliche Problem, dem Kandinsky sein Leben geweiht hat; ... über was für unheimliche Kräfte verfügt dieser Maler, der mit den reinen Mitteln der Malerei, mit Farben, Linien und Flecken, Dinge auszudrükken vermag, an denen die Malerei bisher stets Schiffbruch erlitten hat ... Wer will ihm verbieten, Gebiete zu streifen, die vielleicht nicht mehr ausschließlich der Malerei gehören, solange er so künstlerisch bleibt?«[107]

Besonders das Gemälde *Moskau* hatte bei Marc einen »tiefen und schaurigen Eindruck« hinterlassen: »Man sieht formal so gut wie nichts; aber man fühlt sofort das Schreckliche der Millionenstadt; man glaubt, die Wägen über die Brücken fahren zu sehen, das Dröhnen der Eisenbahnen, Feuersbrünste, Luxus und Not; alles dies fühlt man; man zittert förmlich und sieht alles visionär wie Dostojewsky, dessen Geist ihm zweifellos am nächsten verwandt ist.«[108] Marc bewies ein Gespür für Kandinskys malerische Absicht, auszudrücken, was man beim Klang eines Wortes empfand. Er hatte durch Kandinsky Neues über die seelische Ausdruckskraft der Farben erfahren und schrieb seinem Freund Macke am 14. Februar 1911, daß er sie nun bildgerecht verteile, sie zum Werkzeug künstlerischer Wirkung mache, ohne Rücksicht auf die Wahrscheinlichkeit ihres Vorkommens in der Natur. Doch den Schritt zur gegenstandslosen Malerei vollzog er nicht mit, denn er glaubte, sich unmittelbarer Aussagekraft zu berauben, wenn er auf die Symbolkraft der Tierkörper verzichte.

So verband sich bei ihm gegenüber Kandinsky Gleichklang mit Eigenwillen.

Es erschien Münter wie ein Wink des Schicksals, daß sich zur selben Zeit noch ein weiterer Gesinnungsfreund einfand. Nach der gemeinsamen Silvesterfeier hatten die Vereinskollegen am 1. Januar 1911 zusammen ein Schönberg-Konzert[109] besucht und waren dort mit einer Musik konfrontiert worden, die auf die Einhaltung einer Tonart verzichtete, eine dissoziative Klangsprache einführte und diese Atonalität von Satz zu Satz steigerte. »Das Publikum benahm sich wie Schulbuben, ein steter, feiger und ungezogener Protest durch Unruhe, Kichern und Scharren *während*! des Spielens ... Man schämt sich als Münchner«, schrieb Marc am 4. Januar an Maria Franck.[110] Nach dem Konzert waren Münter, Kandinsky, Werefkin, Jawlensky und Marc im Münchner Ratskeller zusammengeblieben und hatten erregt über die Auflösung der konventionellen Harmoniebegriffe diskutiert. Diese Musik war zum Bruch mit gängiger Schönfarbigkeit und Gefälligkeit angetreten. Glich das Zerschlagen einer verfestigten Klangordnung, durch das Schönberg neue Empfindungen hervorrufen wollte, nicht dem Bruch mit eingeübten Sehgewohnheiten, den sie durch ihre Malerei bezweckten?

Kandinsky setzte diese Geistesverwandtschaft stillschweigend voraus, als er am 18. Januar 1911 an den ihm unbekannten Komponisten schrieb.[111] Er fügte seinem Brief, der diese Analogien hervorhob, eine Mappe mit Holzschnitten bei und stellte dem »geehrten Herrn Professor« Fragen, die den Briefwechsel ankurbeln sollten. In einem zweiten Brief vom 26. Januar bot er Schönberg schon ein Zusammengehen in Kunstfragen an, bat um Photos von dessen Gemälden, erklärte sich bereit, ihn in Rußland zu propagieren und einem russischen Wandersalon seine Bilder und Schriften zu empfehlen. In seinem dritten Brief vom 6. Februar beeilte er sich mitzuteilen, daß er trotz seines Zeitmangels und im Vorgriff auf Schönbergs Genehmigung schon ein Kapitel aus dessen

Harmonielehre ins Russische übersetzt habe, da er sich »ordentlich in sie hineinleben wollte«. Kein Zweifel, er warb um den Vielbeschäftigten. »Ich bin direkt begeistert für Ihre Bilder: eine natürliche Notwendigkeit und ein feines Gefühl sind ihre Quelle.« In ihnen spüre er eine Realistik, die ebenfalls zum Ziel einer geistigen Kunst führe. »Ebenso hat große Freude an Ihren Bildern und Briefen meine Frau, Gabriele Münter ... Da ist auch etwas von der gesunden Realistik, wenn auch sehr anders, wie bei Ihnen.«[112] Geschickt in der Berechnung psychologischer Wirkungen, wußte Kandinsky auch hier den rechten Ton anzuschlagen, um einen weiteren Kampfgenossen zu gewinnen. So begann ein Briefwechsel über Malerei, Musik und vor allem über die multiästhetische Wirkung von Bühnenkunstwerken, in denen beide die Synthese aller Künste erreichen wollten.[113] Münter freute sich über das Einvernehmen mit Schönberg, der auch ihre Gemälde schätzte: »Fräulein Münters ... Bilder sind wirklich höchst eigenartig und von wohltuender Schlichtheit. Absolute Natürlichkeit. Ein herber Unterton, der sicher ein Wesenszug ist, hinter dem Güte und Liebe steckt. Ich hatte viel Freude daran.«[114] Kandinsky und Schönberg beschlossen, fortan gemeinsam den Ballast einer verkrusteten Tradition abzuwerfen.

Auch Marc hatte es im Januar 1911 beim Besuch des Museums für Völkerkunde in Berlin als selbstverständlich empfunden, »daß wir in diesem kalten Frührot künstlerischer Intelligenz die Wiedergeburt unseres Kunstfühlens suchen und nicht in Kulturen, die schon eine tausendjährige Bahn durchlaufen haben, wie die Japaner oder die italienische Renaissance.«[115] Es galt, die verschütteten Quellen des Schöpferischen aufzugraben, Primitives und Archaisches zum Vorbild zu nehmen, das in Europa allenfalls noch in den Museen als Kunst der Afrikaner und Asiaten zu finden war.[116] Münter hielt sich derweil an die Schätze, die als Volkskunst auf der Dult angeboten wurden; auch in Kinderzeichnungen fand sie

– ebenso wie in Reklameschildern – die rücksichtslose Prägnanz, in der ein Inhalt übermittelt wurde.

Als Kandinskys Bekenntnisschrift *Über das Geistige in der Kunst* noch in der Schublade lag und keinen Verleger fand, reifte sein Wunsch, »ein Buch (eine Art Almanach) zusammenzustellen, an dem sich ausschließlich Künstler als Autoren beteiligen sollten. Ich träumte von Malern und Musikern in erster Linie. Die verderbliche Absonderung der einen Kunst von der anderen, weiter der ›Kunst‹ von der Volks-, Kinderkunst, von der ›Ethnographie‹, die festgebauten Mauern zwischen den in meinen Augen so verwandten, öfters identischen Erscheinungen, mit einem Wort die synthetischen Beziehungen ließen mir keine Ruhe.«[117]

Franz Marc erfuhr am 19. Juni 1911 zum ersten Mal von diesem »neuen Plan. Piper muß Verlag besorgen und wir beide ... die Redakteure sein.« Ein Postskriptum warnte: »Sprechen Sie nicht darüber.«[118] Das klang verschwörerisch und trennte Marc durch geheimbündlerisches Vertrauen von den übrigen Vereinsmitgliedern ab. Das Buch sollte wie eine Chronik das Kunst-Jahr spiegeln, »eine Kette zur Vergangenheit und ein Strahl in die Zukunft müssen diesem Spiegel das volle Leben geben«. *Kette* und *Strahl*, diese Titelvorschläge bezeugten Kandinskys Ziel, bei einer vergleichenden Zusammenstellung von Werken aller Kunstgebiete und -epochen die Avantgarde und damit auch seine eigene – die abendländische Bildkonvention sprengende – Malerei in die Tradition einzubinden. Das editorische Vorhaben blieb zunächst noch unbenannt, erst am 18. September 1911 tauchten die Initialen des späteren Namens, *Der Blaue Reiter*, in einem Brief Kandinskys an Marc auf.

Obwohl sich die Querelen innerhalb des ›Vereins‹ steigerten, wurde noch einmal eine gewisse Einmütigkeit der Mitglieder unter Beweis gestellt, als in den *Münchner Neuesten Nachrichten* vom 11. April 1911 eine Broschüre des Worpsweder Malers Carl Vinnen mit der Überschrift *Ein Protest deutscher Künstler* durch Auszüge angekündigt worden war, der sich gegen den Vorrang französischer Kunst in Deutschland und die Ankaufspolitik der Museen richtete.[119] Marc, ausdrucksstark und voller Aktivität, war auch diesmal sofort zur Abfassung eines Widerspruchs namens des ›Vereins‹ bereit, der mit anderen Stellungnahmen in der Juni-Ausgabe 1911 der *Süddeutschen Monatshefte* abgedruckt wurde. Außerdem wurde man sich darüber einig, daß angesehene Autoren eine Gegenschrift verfassen müßten, von deren Wert und Notwendigkeit Marc den Verleger Reinhard Piper überzeugte: *Im Kampf um die Kunst* erschien 1911 in dessen Münchner Verlag und machte ihn damit zum Vermittler avantgardistischer Impulse.[120] Der lose Kontakt, den Marc durch die Veröffentlichung von Holzschnitten seit zwei Jahren zu Piper hatte, wurde dadurch weiter ausgebaut, und so kam es im September 1911 durch seine Fürsprache zur Drucklegung von Kandinskys Programmschrift *Über das Geistige in der Kunst.* »Nach zwei Jahren! Diese ganze Glückseligkeit verdanke ich dem feinen Franz Marc«, freute sich Kandinsky. »Der ist der reinste Zauberkünstler und dazu ein wirklicher Freund.«[121]

Im Frühsommer 1911 schrieb Münter in ihr Tagebuch: »Unser Leben ist sehr bewegt, sehr beschäftigt. Zu vielem, was wir möchten, kommen wir nicht. Ein paar Tage Alleinsein hilft Zeit sparen.« Oft fuhr sie kurzerhand in ihr Murnauer Refugium, um unerreichbar zu sein. Sie trat trotz aller Vorbehalte nicht aus dem ›Verein‹ aus, fühlte sich jedoch ständig durch die gegen Kandinsky eingestellte »Kammer der Reichsräte« verstimmt und ebenso durch den spießigen Zustand der Vereinsräume in der Franz-Joseph-Straße, wo weiße »heulende Zettel« mit Namen und Titeln der Bilder sie ebenso störten wie ein wohnzimmerhaftes Tischtuch oder die im Sitzungszimmer an die Wand gehefteten Anweisungen für die Putzfrau über Schmutzwäsche. Am heftigsten aber kritisierte sie, daß die Wände mit viel zu vielen Bildern bepflastert waren. Als dann noch Anfang Juli beim Spediteur eine *Composition* Kandinskys wiedergefunden wurde, die somit nicht – wie verabredet – mit anderem Ausstellungsgut verschickt worden war, argwöhnte sie: Absicht? Zufall?

Dennoch übernahm sie Werbeaufträge für den ›Verein‹, als sie am 27. Juni nach Berlin und ins Rheinland fuhr. Kaum saß sie im Abteil, begann sie schon, für »den Unentzifferbaren, meinen Lieben«, ihren Reisebericht. Auch Kandinsky hatte gleich nach der Trennung am Münchner Bahnhof zu Feder und Papier gegriffen: »Ich wünsche von ganzem Herzen ..., daß du dich von mir erholst und gute, lustige, freie Laune hast und genießt. Es schmerzt mir das Herz (wenn ich auch manchmal es unterdrücken kann), daß ich dir das Leben so unschön mache. Was hilft es, wenn ich dir und mir selbst sage: ich kann nicht anders! Ich habe vor Jahren ernst daran gedacht, nach Sibirien zu gehen und die Menschen, die ich liebe von mir zu befreien ... ich wäre allein und unschädlich. Warum soll ich das Opfermesser sein? Es ist schwer, diese Bestimmung zu ertragen.«[122]

Sein »liebes, armes Ellchen« antwortete umgehend: »Wie kannst Du denken, mich von Dir befreien zu wollen – Du weißt doch, daß mein Leben ohne Dich leer wäre. Natürlich wäre es mir lieber und angenehmer, wenn Du alles etwas einfacher nehmen könntest.« Aus seiner Selbstverdammung hörte sie stets den Wunsch nach noch mehr Zuwendung: »Mein Leben ist doch nicht unschön! Dein Dich Abschließen und Deine Trauer zu sehen, ist mir nur schwer. Trauern kann auch nichts helfen – aber es verdirbt so vieles, was sonst gut wäre, und das ist, was ich nicht verstehe – wogegen ich mich sträube. Wenn Dich alle die, die Du hast, jetzt verließen, so wären bald andere an ihrer Stelle. Du kannst doch nicht anders als Herzen fangen – das weißt Du auch. Die Klugen und die Naiven gehören Dir, nur die Dummen und Verdorbenen können Dich nicht erkennen. Also sei zufrieden, das Böse, das ich von Dir habe, ist gar nichts, Du wiegst es tausendfach durch Gutes auf.«[123]

Das Zusammenleben von zwei eigenwilligen Persönlichkeiten erwies sich wieder einmal am leichtesten in der Entfernung. Da steigerte sich das Gefühl, aufeinander verwiesen zu sein, ja, auch im wechselseitigen Widerstand zusammenzugehören.

»Tätig bist du aber, alle Achtung!« – dieser bewundernde Ausruf Kandinskys könnte als Motto über Münters ganzer Reise stehen. Im täglichen Erfahrungsaustausch berichtete sie ihm von langem Verweilen in der *Berliner Sezession* – »Du weißt ja, wie gründlich ich sein kann und langsam« –, vom Besuch bei Bernhard Koehler, einem angeheirateten Onkel August Mackes, der die Gewinne aus seiner Stempel- und Schilderfabrik in einer Kunstsammlung angelegt hatte und zukünftig auch den ›Verein‹ berücksichtigen wollte, und vom »Familien-Klüngel« beim königlich-preußischen Professor Schroeter. Wie stets verließ sich Kandinsky auf ihr Urteil. Oft bestätigte er ihren Eindruck: Slevogt packe die Sache wirklich mit unsichrer Hand.. Was sie an den *Barmherzigen Samaritern im Grunewald* von Liebermann auszusetzen habe, sei ebenso richtig wie ihre Abwehr gegenüber Corinths *Nana*: »Fies-Fleisch«, Hodlers *Heilige Stunde*: »Ich mag's nicht!« oder Trübners *Andromeda*: »Was man Dreckskitsch nennt«.[124] Daß sie in Berlin ihr Äußeres modisch verändert habe und statt der Hochsteck-Frisur locker herabfallendes Haar trage, freute ihn ebenso wie ihr Kleiderkauf im Kaufhaus des Westens: »Sehr fein, daß du endlich etwas Anständigeres besitzen wirst. Wir sind beide schon etwas über Grenzen zerlumpt geworden.«[125]

Nach drei verregneten Jahren versäumte sie nun den ersten sonnenreichen Sommer in Murnau; dabei hatte sie sich so auf das gemeinsame Jäten und Mähen gefreut! Kandinsky aber wuchs das Gras viel zu schnell. In seinen ›Gartenbriefen‹ klagte er, die Wege seien voll von grünem Flaum und die Kartoffeln hätten einen zu laubreichen Stand. Mehrere Stunden hatte er die Goldlack-Pflänzchen pikiert und Draht an die

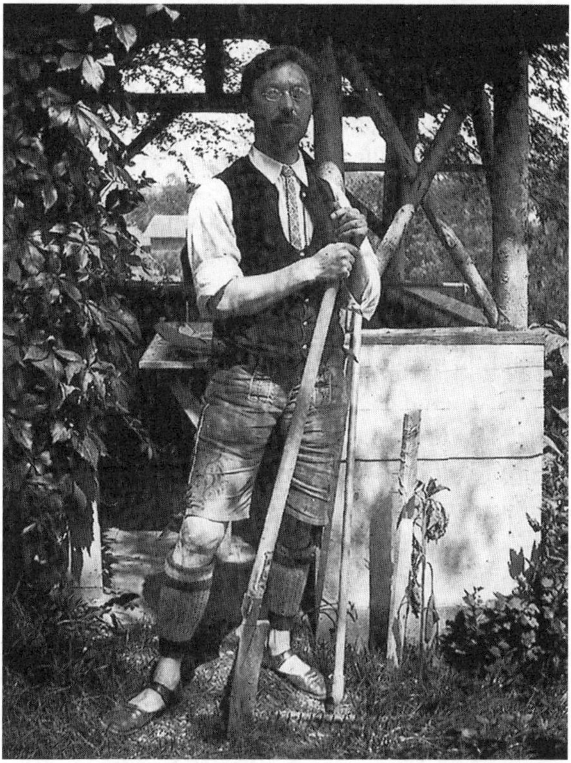

Kandinsky im Murnauer Garten, um 1910.

Erbsen getan. 400 Gramm Johannisbeeren habe er schon geerntet, Himbeeren und Radieschen seien über Nacht aufgegangen, »und morgen erwarte ich den neuen Schnittsalat«. Er freute sich, daß die Schnecken in diesem Jahr gar nicht schlimm seien, »selten findet man eine in den Erdbeeren«. Er spritze ›russisch‹ im Haus, in dem deshalb wenig Schnaken seien. »Kaktus wächst langweilig ... Löwenzahn und wie sie alle heißen« seien prächtig, und die Spiräen loderten wie weiße Flammen. Die Rose sei vom Flieder erdrosselt, dafür seien die Saubohnen vollkommen läusefrei. 20 kleine Samtnelken (à 1 Pfennig) habe er neu gepflanzt, dazu vier Begonien. Spinat und neue Radieschen seien eingesät und von den Vergißmeinnicht die Raupen abgesammelt. Kandinsky hatte mit der bäuerlich-bayrischen Tracht von Lederhose, Kniestutzen und Haferlschuhen auch sein Herz für die Landbestellung entdeckt. Seine Mühe trug ihm Lohn ein: »Heute soupiere ich einen unserer (Deiner) Rettiche ... Erbsen essen wir fortwährend.« ›Wir‹, darin war Fanny eingeschlossen, die ihn verwöhne, sich an der Gartenpflege beteilige und sogar in der Glasmalerei erfolgreich sei. Münter wußte von Fannys Parteilichkeit und von ihrer ehrgeizigen Liebe zu Kandinsky. Ein bißchen zu viel stand von dieser willfährigen Bedienerin zwischen den Zeilen seiner Briefe.

Inzwischen war Münter in Herford eingetroffen. Sie fühlte sich rundum wohl bei den westfälischen Verwandten, Menschen, die geruhsam den eigenen Gedankenkreis ausmaßen und nicht schnell mitflogen mit fremden Ideen. Ihr wurde bewußt, daß hier, wo die herben Eichenwälder dufteten, ihre Wurzeln lagen. In westfälischem Platt schrieb sie Kandinsky: »Mich chefällt es hier chanz chut und die Leute ßind ßehr nüdlich.« Sie backe ›Pickert‹ und ›westfälischen Pumpernikkel‹ und wolle ihm recht bald das Land ihrer Herkunft zeigen: »Drei Monate setzen wir uns hier irgendwo in eine schöne, billige, leere Waldsommerfrische (so eine Art Försterhaus) und malen und schnüffeln Waldesduft ... Die Umgebung hat viele Motive für mich.«[126]

Ihr nächstes Ziel war Bonn; dort sollte sie Charly antreiben, die Bilder des Münchner Kreises eifriger bekanntzumachen. Seit November 1910 waren nach einem von Kandinsky erstellten Hängeplan 31 Bilder in seiner Wohnung, Schloßstraße 26, zu besichtigen. Sie hatte Charly die Präsentation der Bilder als eine Art Wiedergutmachung auferlegt, denn er verbrauchte ihr und Emmys Vermögen mit einer Unschuld, als wäre es sein eigenes.

»Abends kam Macke«, berichtete Gabriele Münter am 3. August Kandinsky, »ein großer, hübscher, junger Mensch, sehr sympathisch. Blieb bis zwölf Uhr ... Heute war ich bei Mackes von sechs bis zehn Uhr. Frau Macke ist reizend, interessant. Im Benehmen einfach, gar nicht süß.« Die Sympathie war gegenseitig, Macke schrieb an seinen Freund Marc: »Fräulein Münter ist ganz hervorragend. Ich bin direkt verliebt in sie ... Sie ist überhaupt köstlich. Ich möchte mich immer mit ihr unterhalten, aber ... aber – ich trau mich nicht. Der reizende Bruder ist immer mit der Gießkanne in ihrer Nähe.«[127]

Münter, die Macke für den ›Verein‹ gewinnen sollte, war von Marc als »ebenso klug wie bescheiden«[128] bei ihm angekündigt worden. Würde sie seine Abwehr durchbrechen? »Es schüttelt mich nicht«, hatte er angesichts der zweiten Ausstellung des ›Vereins‹ festgestellt, die er sich zweimal – in München und Hagen – gründlich angesehen hatte: »Die Ausdrucksmittel sind zu groß für das, was sie sagen wollen ... frühe Sachen von Kandinsky ... sind mir ein wenig leer ... Es fehlt mir zur Größe das Selbstverständliche.«[129] Kandinsky kannte diese Bewertung und gab Münter in seinen Briefen Fingerzeige für ihr taktisches Vorgehen: Macke scheine ja ganz begabt und eine anständige Natur zu sein, aber in jugendlicher Unbekümmertheit noch recht äußerlich, und

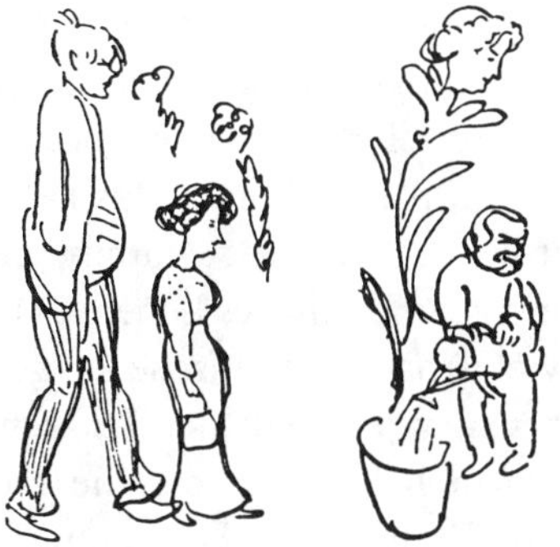

Karikatur August Mackes vom Besuch Münters in Bonn, August 1911, rechts Carl Münter.

vieles bleibe »kalt und charakterlos«. Er habe ihm darum Innerlichkeit, Persönlichkeit und ein Abrücken vom Modernen gepredigt.

Aber spürte Münter in ihrer Einfühlungsgabe nicht sofort, daß die gegenseitigen Vorbehalte auf der grundverschiedenen Auffassung von Malerei beruhten? Macke liebte den Duft des Augenblicks, das Nahe und Alltägliche in seinem flüchtigen Reiz. Für ihn waren alle Dinge prall mit Wirklichkeit gefüllt, darum mußte er Kandinskys und Marcs Anspruch, der Welt durch ihre Gemälde eine geistige Botschaft zukommen zu lassen, als eine Entwertung – ja Ausdünnung – der sichtbaren Welt zum bloßen Zeichen ablehnen.

Was Münter auch immer zur Vermittlung unternahm: sie traf den richtigen Ton. Elisabeth Macke erinnerte sich an »Fräulein Münter, eine kleine, schmächtige, äußerlich unscheinbare Person, die sehr temperamentvoll und begeistert von der Vereinigung, vor allem von Kandinsky erzählte und ihn August nahebrachte, ehe er ihn persönlich kennengelernt hatte. Sie war des öfteren bei uns, und August war sehr angetan, ja begeistert von ihr; sie nicht minder von ihm.«[130] Münter bewirkte ein – wenn auch nur kurzfristiges – Umdenken bei dem in alle Erscheinungsformen des Lebens verliebten Macke. Am 1. September 1911 schrieb er über eine dekorative Zeichnung Kandinskys, eine nach Münters Besuch in seinem Atelier aufgehängte Rokokoszene auf schwarzem Grund, einen begeisterten Brief nach Sindelsdorf und schloß: »Was ich in all dem fühle, ist Leben, das Leben Kandinskys, das er mir zuruft mit (na es klingt dumm) mit Bildern. Das Mysteriöse bei ihm ist unendliches Leben, es ist viel Fröhlichkeit in ihm und viel Ernst. Ich wünsche jetzt oft, ich hätte ein schönes Bild aus seiner Jetztzeit hier. Ich genieße so viel an dem einen. Mir tun auch die Leute leid, die ihn nicht genießen können.«[131] Münter hatte seine Anbindung an den ihn umwerbenden Münchner Kreis erreicht. Er wollte sie sogar auf ihrer weiteren Städtereise begleiten. Daß sie unvermittelt allein abfuhr, schien Macke zu kränken, Kandinsky zu erstaunen.

Er hatte jedoch weiterhin Anlaß, sie wegen ihrer »energischen, mutigen Reise« zu loben. Durch ihr unbefangenes Auftreten bahnte sie die Bekanntschaft mit Walter Cohen vom *Rheinischen Provinzialmuseum* in Bonn an, einem Vorkämpfer des rheinischen Expressionismus, ebenso mit Emmy Worringer, in deren Kölner Mal- und Zeichenschule der einflußreiche *Gereonsclub* tagte und Ausstellungen veranstaltete. Im Hagener *Folkwang-Museum* besuchte sie den Stellvertreter des abwesenden Karl Ernst Osthaus, Fritz Meier, danach Richard Reiche, den Konservator des Barmer Kunstvereins, der sich als geschäftsführender Vorsitzender des *Sonderbundes westdeutscher Kunstfreunde und Künstler zu Cöln* für die neue Kunst einsetzte und noch im gleichen Jahr ein Bild von Marc kaufte. In Elberfeld schuf sie den Kontakt zum Museum, in Essen gelang es ihr, Ernst Gosebruch, den Leiter des dortigen Städtischen Museums, mit den Zielen des ›Vereins‹ bekanntzumachen, und in Düsseldorf erregte sie beim Kunsthändler Alfred Flechtheim, Schatzmeister beim *Sonderbund*, Interesse für die Münchner Gruppe. Alfred Hagelstange, Direktor des Kölner *Wallraf-Richartz-Museums*, war gerade in München und auch beim ›Verein‹. In Frankfurt würde sie noch Georg Swarzenski treffen, den Direktor des *Städelschen Kunstinstitutes*, und beim Kunsthändler Ludwig Schames vorsprechen. Zunächst aber fuhr sie noch einmal nach Bonn, um bei Mackes von den Ergebnissen ihrer dreitägigen diplomatischen Mission zu berichten. »Wir unterhalten uns immer sehr gut. Sie ist zu nett. Was sie so von ihrer Reise erzählte, war großartig«, schrieb Macke an seinen Freund Marc auf einer Postkarte vom 11. August und zog am 1. September die Summe: »Die Münter hat mir sehr gut getan.«

Der Sommer 1911 war ungewöhnlich heiß. Kandinsky arbeitete an Skizzen zum *Jüngsten Gericht*, die, wie er Münter mitteilte, noch nicht dem Prinzip der inneren Notwendigkeit gerecht würden. Er warnte sie in seinen Briefen: »Hüte dich vor Hitze ... Viele Leute sterben in München am Hitzschlag – Salzhungertod.« Er lebe »ganz in Gedanken an den Jüngsten Tag ... Soll ich etwas Wissenschaft (meine) zu Hilfe ziehen? Soll ich nur auf ›Einfall‹ warten?«[132] Unaufhörlich sinne er darüber nach, welche Formen die tosenden Farben aushalten könnten, die sich vor seinen Augen zusammenballten, wirbelten, in ekstatischem Treiben miteinander kämpften und dann wieder versöhnten.

Die Hitze dauerte an. Ein erlösender Regen blieb aus. »Es schien schließlich, daß die Sonne auch bei Nacht nicht vom Himmel rückte«, schrieb Kandinsky am 13. August an Alfred Kubin. »Da überkamen mich ein paar Mal Augenblicke der Angst. Der blaue Himmel erschien mir plötzlich weiß.« Sein Körper fieberte, die Haut riß, der Atem stockte, und der überanstrengte Körper gab keinen Schweißtropfen mehr her. Da geschah etwas Seltsames: Vor seinen Augen erstand die Vision einer entfärbten Welt.[133] In diesem durch die hitzeschwelende Luft erzeugten körperlichen Ausnahmezustand spürte er Blitz, Blendung und Erleuchtung: Er fand das letzte, noch fehlende Glied seiner bis 1904 zurückreichenden Farbentheorie in dem Augenblick, als vor seinen Augen ein furchterzeugendes *Weiß* überall hervorkroch und sich wie ein großes Schweigen über die Dinge legte. Erstarrung! Solche Not einer Welt ohne Farbenklänge hatte bisher nur das Schwarz für ihn erzeugt, die Farbe des Erloschenen, Ausgebrannten, des Nichts. Nun aber erkannte er, wie sehr er die »Urfarbe Weiß« wegen ihres Leichtgewichtes bisher unterschätzt hatte. Sie erschien ihm während des Schwächeanfalls »wie das Symbol einer Welt, wo alle Farben, als materielle Eigenschaften und Substanzen, verschwunden sind«. Wie eine »ins Unendliche gehende kalte Mauer« stand dieses Weiß vor ihm, als Ausdruck der Beziehungslosigkeit, als ein »Nichtklang«, den Pausen in der Musik vergleichbar, und so trug es doch Zukunft in sich, war »ein Nichts, welches vor dem Anfang, vor der Geburt ist. So klang vielleicht die Erde zu den weißen Zeiten der Eisperiode.«[134]

Als Kandinsky das Weiß, das er bisher als flatterhaft und gefügig geringgeschätzt hatte, in der Wucht kosmischen Ausmaßes erlebte, begriff er schlagartig, daß der innere Charakter einer Farbe sich durch verschiedene Erscheinungsformen verändern ließ. Welche neuen Möglichkeiten ergaben sich für seine Malerei aus der Erkenntnis, daß *jede* Farbe – wie das Weiß – *eine unbeschränkte Wertskala* in sich trug! Bestand doch das Dilemma seiner *Farbentheorie* bisher in dem Widerspruch, daß er einerseits jeder Farbe eine nahezu anthropomorphe Eigendynamik, einen unbeeinflußbaren Sinndruck zuerkannte, andererseits aber frei über sie verfügen wollte, sei es zu bildgerechter Komposition oder zur Entladung nach ›innerer Notwendigkeit‹. Immer hatte er gefürchtet, es könne von der farbenklingenden Leinwand etwas ganz anderes zurückschallen, als er mit der Verteilung nach optischer Wertigkeit oder mit den Botschaften seines Innern beabsichtigt hatte.

Der Bedeutungswandel des Weiß vom Leichtfertig-Sorglosen zum Katastrophalen provozierte bei ihm die Einsicht in die *Souveränität des Künstlers und die Manipulierbarkeit der Farben*: Jede von ihnen erwies sich trotz des ihr innewohnenden Erregungswertes als endlos variabel, wenn er sie mit abschwächenden oder verstärkenden Form- und Farbwerten umgab. Anders ausgedrückt: Er konnte die Wirkung aller Einzelfarben im Farbgefüge verändern und überspielen. Der Horror vacui eines heißen Augusttages verwandelte sich für ihn in einen seligen Schrecken, in dem er zu neuen Freiheiten vorstieß: »Der innere, tausendfache, unbeschränkte Wert einer und derselben Qualität, die Möglichkeit, unendliche Reihen nur in Kombinierungen mit einer einzigen Qualität herauszuholen und anzuwenden, rissen vor mir die Tore des Reiches der absoluten Kunst auf.«[135]

Während er die Erfahrung des ›Weißen Schweigens‹ in seiner Farbentheorie verarbeitete, eilte Gabriele Münter frohgestimmt, durch »Connexion-Machen« für die Münchner Gruppe das Mögliche erreicht zu haben, in die Gartenstille Murnaus zurück. Was sie jedoch angesichts des ›Vereins‹ über schöpferischen Impuls und Nachahmung dachte, ließ sie in einen Spott- und Warnvers für Kandinsky einfließen[136]: »Zu erfinden, zu beschließen, / bleibe Künstler, oft allein. / Deines Wirkens zu genießen, / eile freudig zum Verein! / Dort im andern schau, erfahre / deinen eigenen Lebenslauf, / und die Taten mancher Jahre / geh'n dir in den Nachbarn auf.«

11. Kapitel

Ritt ins Blaue

»Ich stelle Ihnen hiermit drei frische und sich sehr frisch fühlende Nicht-Mitglieder der *Neuen Künstlervereinigung München* vor: Kandinsky, Marc und Münter. Wir sind ausgetreten nach fruchtlosen Auseinandersetzungen«, teilte Gabriele Münter am 2. Dezember 1911 Alfred Kubin mit. »Möglich, daß wir sehr bald unsere eigene, internationale Ausstellung (bei Thannhauser) arrangieren werden – im Laufe des Winters ganz bestimmt.«

In einem Brief Franz Marcs vom 3. Dezember 1911 an seinen Bruder klang es jedoch anders: »Kandinsky und ich sind nach wirklich schauderhaften und aufregenden Scenen aus dem Verein ausgetreten ... Nun heißt's zu zweit weiterkämpfen!«[1] Auch seine an Kandinsky gerichtete Mitteilung schloß Münter aus: »Bei Thannhauser einen Saal für Dezember 2. Hälfte, neben der Vereinigung bekommen, in dem wir zwei ausstellen dürfen, was wir wollen.«[2] Kandinsky sprach 1935 in einem Gedenkartikel für Marc ebenfalls nur noch von sich und ihm: »Da wir beide den ›Krach‹ schon früher witterten, hatten wir eine andere Ausstellung vorbereitet.«[3] Weist dagegen sein Gemälde aus dieser streitbaren Zeit, *Romantische Landschaft,* nicht auf den Dreierbund beim Ritt ins Blaue? Zwei geduckt vorstürmenden Reitern auf blauen Pferden folgt eine dritte Gestalt, die sich durch eine gemäßigtere Haltung und durch das sonnige Gelb ihres Pferdes abhebt, eine Farbe, die nach Kandinskys Auffassung Münters Natur entsprach.[4]

Eine Notiz im Tagebuch der Maria Marc bezog Münter im Sinne dieses biographisch deutbaren Bildes beim *Blauen Reiter* ein: »Kandinsky und Franz mit Münter auf die Ausstellung vorbereitet und wollten den Plan nicht fallen lassen.«[5] Was sich als radikalere Fortsetzung der *Neuen Künstlervereinigung München* ankündigte, wurde durch Münters Elan und Beharrlichkeit mitgetragen.

»Jawlensky und Werefkin brachten es nicht übers Herz, mit auszutreten, obgleich sie prinzipiell ganz auf unserer Seite waren«, versicherte Münter Alfred Kubin in ihrem Lagebericht vom 2. Dezember.[6] Noch am gleichen Abend waren die beiden in die Ainmillerstraße gekommen, um ihre Sympathie zu bekunden. Die Baronin hoffte immer noch, die Zerstrittenen wieder zusammenzuführen und den durch ihre Initiative gegründeten ›Verein‹ zu retten. Aber ließ sich dieser Bruch kitten? Kandinsky hatte seine *Composition 5, Das Jüngste Gericht*[7] (Farbtafel XIII) mit ihrer Zustimmung juryfrei in die dritte Ausstellung des ›Vereins‹ einbringen wollen. Da das Gemälde jedoch die dafür vorgeschriebene Größe von vier Quadratmetern um einige Zentimeter überschritt, war es an dem von Kandinsky selbst eingesetzten Paragraphen über eine Formatbegrenzung unjurierter Einlieferungen gescheitert; es unterlag der Abstimmung und war mit vier gegen fünf Stimmen durchgefallen. Ein Teil der Anwesenden hatte in lang angestautem Unmut durch dieses Votum Kandinskys gegenstandslose Kunst abwehren wollen.

In dem am 17. November 1911 fertiggestellten Gemälde legt sich das von ihm in neuer Qualität entdeckte Weiß wie in Milchglasscheiben von verschiedener Dicke vor die Farbendramatik des Endgerichts. Über den vom unteren Bildrand aufsteigenden und sich nach oben verdichtenden weißen Nebel schießt Schwarz wie ein Peitschenhieb hinweg, – ein Fanfarenklang aus der Posaune des Endzeitengels. Das Bild wird zum Bewegungserlebnis durch seine spannungsgeladenen, dynamischen Farbformen. Noch lesbare Einsprengsel zeugen von eschatologischer Thematik: ein mit sintflutartigen Wogen kämpfendes Ruderboot, eine zerfallende Stadt auf dem Berg, entkörperte Figuren, die Himmelfahrt des Elias und vorn, schemenhaft, ein himmelweisender ›Zeiger‹. Kandinskys Widersacher hielten das Bild für unverständlich, es sei allenfalls Kunstgewerbe. Die Werefkin aber hatte ihm vor der ganzen Versammlung zu seinem ›wundervollen Werk‹ gratuliert und sich für dessen Annahme eingesetzt, als ginge es um Sein oder Nichtsein der Kunst. Gleichzeitig hatte sie die Gegner der Abstraktion davor gewarnt, die »würdigsten Mitglieder« zu verlieren und sich selbst die Schlafmützen über den Kopf zu ziehen.[8]

Münter fiel die Aufgabe zu, noch am Abend des Vereinsaustrittes die Nachricht weit zu streuen; die Antwortbriefe reichen vom beschwichtigenden Hinweis Bernhard Koehlers an das »liebe Fräulein«, auch Berlin habe seine Revolution, da Pechstein, Müller, Kirchner aus der *Neuen Sezession* ausgetreten seien, bis zur sarkastischen Bemerkung Schroeters: »Freue mich Deiner dauernden Einmütigkeit mit Deinem Herrn und Meister.«[9]

Bei Le Fauconnier und Thomas von Hartmann erreichte sie eine Solidaritätserklärung. Kubins Skepsis, auch jeden Nachfolgebund erwarte »Krach, Versanden, Kompromiß und Erstarrung«, bereitete ihr und Kandinsky eine schlaflose Nacht. Marcs Erwartung: »Es muß was Feines werden«, versetzte sie mit einem Seitenblick auf die Vorbereitungen des ›Vereins‹ für seine dritte Ausstellung in ebensolche Angst. Nur keinen qualitativen Abstieg! In der Eile mußten sie auf die schnell erreichbaren Freunde zurückgreifen, auf die Sindelsdorfer Nachbarn Marcs, Heinrich Campendonk und Jean Bloé Niestlé, auf die Schwabinger Russen, die Gebrüder Burljuk. Den überraschten Albert Bloch gewannen sie durch einen Abendbesuch.[10] Schönberg würde mitmachen, und August Macke wollte drei Bilder schicken. Wo aber blieb der internationale Aspekt? Im September 1910 waren zur zweiten Ausstellung des ›Vereins‹ die Franzosen von Braque über Picasso bis zu Rouault eingeladen worden; sie abzuwerben blieb zu wenig Zeit, außerdem konnte man neue Intentionen schlecht

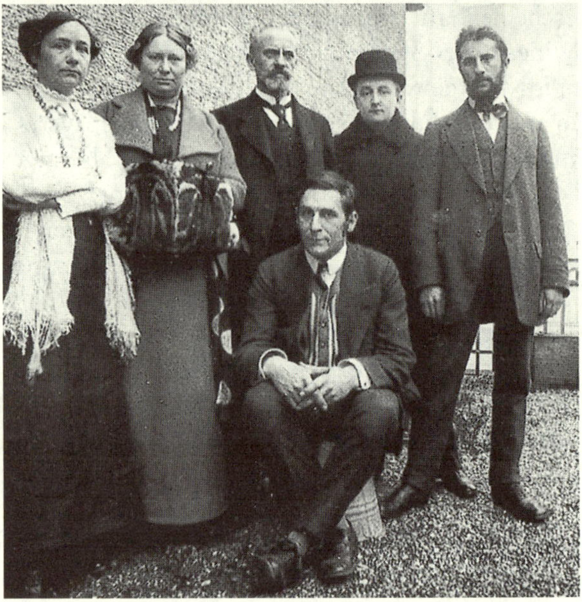

Der Freundeskreis 1910/11 auf dem Balkon der Ainmillerstraße 36, von links: Gabriele Münter, Maria Marc, Bernhard Koehler sen., Thomas von Hartmann, Heinrich Campendonk, vorn Franz Marc.

mit den Künstlern veranschaulichen, die im Vorjahr bei der *Neuen Künstlervereinigung München* ausgestellt hatten.

Die Geschwindigkeit, mit der Kandinsky, Münter und Marc die Konkurrenz-Ausstellung zustande brachten, hat immer wieder den Verdacht aufkommen lassen, der Bruch im ›Verein‹ sei geplant, vielleicht sogar provoziert gewesen, wobei die Eingeweihten schon in den Startlöchern gewartet hätten.[11] Wie auch immer – Kandinsky operierte wie ein strategisch erfahrener Advocatus artium. In Franz Marc hatte er einen unermüdlichen Mitkämpfer, Münter führte die Korrespondenz; eine dringliche Einladung an den in Deutschland noch unbekannten Pariser Maler Robert Delaunay[12] erweist sich durch die präzise Wortwahl und den knappen Satzbau als von ihr abgefaßt. Die drei Veranstalter wußten, daß eine Kollektion ohne die Franzosen nur ein unvollständiges Bild der Avantgarde geben könnte. »Delaunay tut mit«, teilte Kandinsky am 8. Dezember Franz Marc aufatmend mit.

Die *Erste Ausstellung der Redaktion ›Der Blaue Reiter‹* konnte bei ihrer Eröffnung am 18. Dezember 1911 vier Delaunay-Gemälde zeigen; sie waren in letzter Minute, noch während der Hängung, eingetroffen und hatten in der Eile einfache Holzrahmen erhalten, »genialisch«, wie Ella Münter am nächsten Tag in einem Erfolgsbericht für Bruder Charly feststellte, »als ob einer im Schlafrock in Gesellschaft ginge«. Das tat jedoch der Wirkung dieser Bilder keinen Abbruch, die den farbenfeindlichen, erdig-dunklen Früh-Kubismus überwanden und aus dessen verschachtelter Enge herausführten ins Großlinige eines prismatisch aufleuchtenden Farbengeflechtes. Delaunay wurde in seiner Heimat als Schöpfer einer neuen Bildpoesie gefeiert, für die der Schriftsteller Guillaume Apollinaire im Anklang an den thrakischen Sänger und Urpoeten das Schlagwort *Orphismus* prägte.[13] Die drei Münchner Veranstalter ehrten Delaunay in seiner Starrolle, indem sie ihm von der Eröffnungsfeier im Münchner Hotel ›Schottenhamel‹ einen Gruß sandten: »Wir sind sehr froh, ihre *schönen* Werke zu haben. Herzliche Grüße und Jubel, Kandinsky, Münter, Köhler, Maria und Franz Marc, Thomas d'Hartmann und Albert Bloch.«

Die erste *Blaue Reiter*-Ausstellung in der Galerie Thannhauser erhielt schon durch ihre Hängung eine verblüffende Zugkraft: die Gemälde glühten dem Betrachter von schwarz bespannten Wänden entgegen. Ihre drei Räume mit 43 Exponaten von 14 Künstlern schlossen sich unmittelbar an die der *Neuen Künstlervereinigung* an, die 58 Bilder von nur acht Künstlern zeigte.[14] Bei beiden Gruppen waren je zwei Frauen vertreten, Erma Bossi und Marianne Werefkin beim ›Verein‹, Gabriele Münter und Elisabeth Epstein bei den Abspaltern. Münter behauptete mit sechs Bildern den größtmöglichen

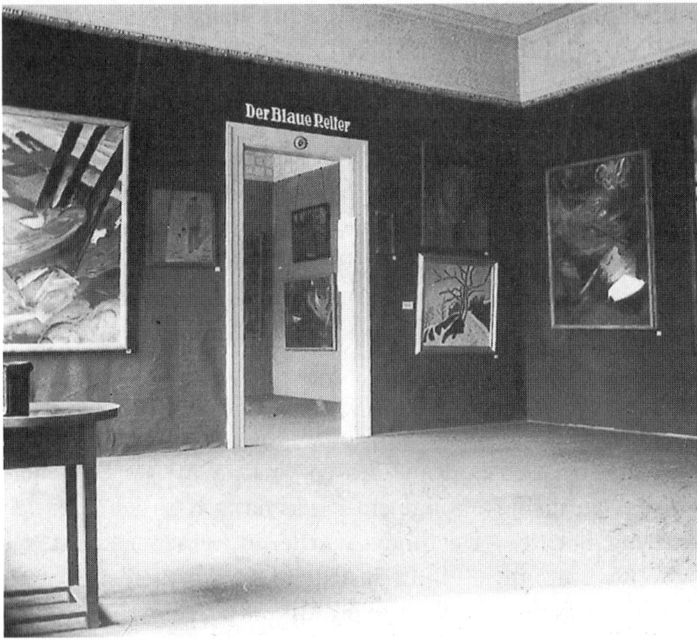

Die erste Blaue-Reiter-Ausstellung in der Modernen Galerie Heinrich Thannhauser, Dezember 1911, photographiert von Gabriele Münter.

Anteil, wohl als Anerkennung für ihren Einsatz bei dem unter Zeitdruck und Erfolgszwang zustande gekommenen Unternehmen. Zwei ihrer kleinformatigen Landschaften hingen gleich im Eingangsraum rechts neben Delaunays zentral dargebotener *Stadt* und korrespondierten so mit einem links davon plazierten Rousseau; Kandinsky wollte den im Vorjahr verstorbenen Künstler besonders ehren. Den zweiten und größten Raum beherrschte seine eigene *Composition 5* – Stein des Anstoßes beim ›Verein‹ und nun Anlaß und Hauptstück dieser Ausstellung; Delaunays *Saint Severin Nr. 1* mußte ihm in nächster Nachbarschaft standhalten. Sein *Eiffelturm* – flankiert von Gemälden Marcs und Campendonks – nahm im dritten und letzten Raum die Mitte der Abschlußwand ein, auf die sich jeder Eintretende zubewegte. Die Werke des französischen Gastes waren neben denen Kandinskys am eindrucksvollsten plaziert, sie dominierten im ersten und letzten Raum und wirkten – wie erhofft – als Attraktion. Schon kurz nach der Eröffnung waren drei von ihnen verkauft, zwei sogar an Mitglieder des ›Vereins‹, Jawlensky und Erbslöh, eines an den Berliner Sammler Bernhard Koehler.

Die wenigen Besucher der *Modernen Galerie Thannhauser* äußerten sich unmißverständlich durch Ausrufe wie »Plunder«, »Schwindel«, »Ausdruck des Wahnsinns«. Tageszeitungen sahen keinen Anlaß zu Rezensionen. Nur Gabriele Münter hörte hin und wieder Lob. »Es ist erstaunlich, wie Deine Sachen einfach und natürlich wirken in all dem wilden Überschwang«, schrieb auch Carl Münter am 27. Januar 1912 an seine Schwester, als die Ausstellung im Januar 1912 in den Kölner *Gereons-Club* gewandert war. »Wie Du Dich so selbständig hältst, wo man bei all den andern sieht, daß sie mehr oder weniger den K. abschreiben!«

In einem Begleitwort zur Ausstellung hatte die *Redaktion Der Blaue Reiter* betont, daß sie »nicht *eine* präzise und bestimmte Form propagieren«, keinen ›-ismus‹ vertreten, sondern gerade das stilistisch Uneinheitliche unter dem übergeordneten Gesichtspunkt innerer Wahrhaftigkeit vorweisen wolle. Empfindung stand gegen artifizielles Experiment! Das würde auch der Leitgedanke des während des Sommers 1911 geplanten *Almanachs Der Blaue Reiter* sein, der die Gleichberechtigung aller künstlerischen Ausdrucksformen unter Beweis stellen sollte. Wenn etwas *echt* – und das hieß für die Redakteure *durchfühlt* – war und eine gemäße Entäußerung gefunden hatte, wenn also ein Werk *innerer Notwendigkeit* entsprang, konnte es künstlerischen Rang beanspruchen. Um das zu veranschaulichen, wollten sie ein russisches Volksblatt neben einen Picasso, Hinterglasbilder aus der Krötz-Sammlung und Votivtafeln aus der Murnauer Kirche, die nie zuvor in der Kunstgeschichte Beachtung gefunden hatten, neben afrikanische Skulpturen und Südsee-Schnitzereien, ein etruskisches Bronzerelief neben die von Münter gesammelten Kinderzeichnungen stellen. Weg von jeder Stildiktatur! Alle formalen Zwänge und Begrenzungen sollten zugunsten eines reichen, ungehemmt ins Werk strömenden Gefühls wegfallen. Der Almanach – eine Programmschrift der künstlerischen Freiheit! Ein Aufruf zum Ritt ins Blaue, an dem sich die Sehnsucht nach Himmelsferne entzündete und der doch tief in die eigene Seele hineinführte.

Münter schätzte den grüblerischen und zuverlässigen Marc als Mitkämpfer am ehrgeizigen Projekt Kandinskys, auch wenn er nach ihrem Geschmack manchmal allzu weihevoll und geschwollen daherkam und ihr gegenüber oft recht gnädig tat. Sie übertrug ihm gern einen Teil der Verantwortung, die ihr in den vergangenen Jahren als der einzigen Vertrauten Kandinskys bei all dessen künstlerischen und menschlichen Krisen auferlegt worden war. Doch Marc bot ihm auf andere Weise Beistand. Die »vielverstehende Ella« hatte Kandinsky von einem großen Gefühlsstau befreit, was der emotionalen Aufladung seiner Malerei zugute gekommen war. Marc hingegen verschaffte ihm die Anbindung an die künstlerischen und wissenschaftlichen Vertreter der Moderne. Zunächst hatte er sich energisch für die Aufnahme eines Kandinsky-Artikels in die Streitschrift gegen Vinnen eingesetzt, den Reinhard Piper als zu allgemein gehalten zurückgewiesen hatte. »Kandinsky ist der Mittelpunkt der ganzen Bewegung«, hatte Marc dem Verleger versichert. »Wie kann man seine Stimme nicht hören wollen?«[15] Marc bahnte Kandinskys Weg in die Öffentlichkeit und verhalf ihm dadurch aus seiner Verbitterung gegen München zu einem neuen, auch hier verankerten künstlerischen Selbstbewußtsein.

Der ungeheure Stimmungsaufschwung Kandinskys war in seinem Brief vom 22. September 1911 an Alfred Kubin deutlich geworden, als nach dem – ebenfalls durch Marcs Verbindung zu Piper ermöglichten – Druck seiner Programmschrift

Über das Geistige in der Kunst nun auch noch sein *Almanach*-Plan verwirklicht werden konnte: »Sie sehen mich am Tore der Glückseligkeit. Einen Menschen haben Sie vor sich, ... welcher nicht wach werden wollte, weil er an die Wirklichkeit seiner Träume glaubte. Und die Träume waren dünn, mager an Fleisch und blutleer ... Es ist fest gegründet worden ... Eine wirklich freie, cliquenlose, internationale (ho-ho!) Zeitschrift, die ebenso unregelmäßig erscheinen soll, wie unregelmäßig das wirklich Gute entsteht ... Rira bien, qui rira le dernier!«

Wieder war es Marc gewesen, der dem Projekt zum Siege verholfen hatte. Durch die von ihm herausgeforderte Fürsprache des Generaldirektors der Bayrischen Staatsgemäldesammlungen, Hugo von Tschudi, hatte er zunächst das publizistische Verlagsrisiko ausgeräumt und danach das finanzielle: Der Berliner Mäzen Bernhard Koehler, den Marc am 5. Januar 1912 in Berlin aufsuchte, erklärte sich bereit, die Kosten zu übernehmen. Piper war erst entschlossen, durch Herstellung und Vertrieb des *Almanach* weiterhin Verfechter des mit der Anti-Vinnenschrift begonnenen Kunststreites zu bleiben, nachdem Marc ihm bewiesen hatte, daß seriöse Parteigänger – Museumsdirektoren, Kritiker, Sammler und Künstler – den Plan befürworteten. Der Verleger bewahrte Kandinsky gegenüber immer eine gewisse Zurückhaltung.

Bei der Gestaltung des *Almanach* erwies sich Marc wieder als sprachmächtig und organisationsbegabt, er hatte außerdem ein untrügliches Gespür für publizistische Wirkung. Obwohl Münter später im Impressum des Buches nicht mitgenannt wurde, hatte sie an Kandinskys Seite in einer dreivierteljährigen Vorbereitungszeit den engsten Anteil an seinem Zustandekommen. Zu dritt gewannen sie die Autoren verschiedener Kunstgattungen, zu dritt stellten sie das Bildmaterial aller Epochen und Kontinente zusammen, zu dritt umrissen sie die universale Tendenz, durch das sie den kulturellen Horizont ausweiten und das Kunstverständnis der Öffentlichkeit verändern wollten. Münter, allem lauten Reklamemachen und Gruppengehechel höchst abgeneigt, übernahm Kandinsky zuliebe den Hauptteil der Korrespondenz und der redaktionellen Betreuung.

Nach und nach verwandelte sich ihre ›Ehe‹ in eine erfolgsbezogene Arbeitsgemeinschaft. Ella wurde zum ›Freund‹ und ›Kameraden‹. Die Zweisamkeit wurde löchrig; um Hast, Müdigkeit und kunstpolitischen Erörterungen zu entgehen, wurde ihr das Alleinsein zur Wohltat. Im Wortgemenge der publizistischen Arbeiten versickerte ihr kreativer Elan. Um Abstand vom alltäglichen Arbeitspensum zu finden, wurde auch der Abstand zum Partner notwendig. »K. ist gestern für ein paar Tage zur Erholung verreist – er hat es recht nötig, das waren tolle Monate! Herausgeber, Redakteur, Artikelschreiber, mehrfacher Ausstellungsarrangeur, Bücherverkaufsvermittlungsbüro, da kommt der Maler und Mensch nicht mehr zur Geltung«, klagte sie am 18. Januar 1912 im Brief an Arnold Schönberg. »Die Blaue Reiterei stürmt voran ... Ein Haufen Arbeiten! Es soll mit dem Druck angefangen werden, helfen Sie! Stürmen Sie mit, damit das Ziel erreicht wird!«

Sie trieb an, mahnte Säumige, forderte Manuskripte ein. Wie unverblümt sie dabei ihre Meinung äußerte, beweist ein Brief, in dem sie Schönberg den Erhalt seines Beitrags *Das Verhältnis zum Text* für den *Almanach* bestätigte, gleichzeitig aber die darin vertretene Auffassung über das Porträt zurückwies. Schönberg hatte behauptet, daß »die Genauigkeit der Wiedergabe der Vorgänge für den Kunstwert ebenso irrelevant ist wie für das Porträt die Ähnlichkeit mit dem Vorbild, wo doch nach hundert Jahren keiner diese Ähnlichkeit mehr kontrollieren kann, während noch immer die Kunstwirkung bestehen bleibt«.[16] Münter erklärte dazu: »Ich bin eben *nicht* einverstanden, daß ein Porträt nicht ähnlich sein soll. Da das Innere durch das Äußere ausgedrückt wird und der innere Mensch durch den äußeren, so sollte ein Bild, das man Porträt nennt, auch ähnlich sein dem Porträtierten. Der

Künstler kann *sich* durch unendlich vieles subjektiv ausdrükken – er kann und wird den Stempel seiner Persönlichkeit allem aufdrücken, auch dem Porträt.« Nach der Melodie »Eine Kanone ist's, wenn's knallt« sei für sie ein Porträt nur das, was den Porträtierten ausdrücke, d.h. ihm ähnlich sei. »Ich meine, sobald Wiedergabe der Natur keine Kunst mehr ist, ist das Porträtieren keine Kunst mehr ... Mir sind Menschen schrecklich interessant – mit ihren Physiognomien – und auf die Physiognomie sollte man verzichten?«[17]

Sie setzte auch Korrekturen durch. War es Schönbergs Flüchtigkeit oder Absicht, wenn er den Namen Kokoschkas vor den Kandinskys setzte, als er die Vertreter einer gegenstandsfernen Kunst aufzählte? »Wenn Sie es wünschen und gleich antworten, kann es eventuell noch richtiggestellt werden ... Sie wissen wohl, daß die Reihenfolge Bedeutung hat!«[18]

Durch jede Kränkung, die Kandinsky erfuhr, fühlte sie sich mit getroffen. Das brachte ihr schließlich den Ruf ein, durch seltsame Überempfindlichkeit die Freundschaften im Umkreis des *Blauen Reiters* getrübt, ja sogar zerstört zu haben.

August Macke hatte durch seinen Freund Marc Anfang September vom Plan für den *Almanach* erfahren, seine Mitarbeit zugesagt und seinen Besuch zu einer gemeinsamen Redaktionssitzung angekündigt. Er witzelte gern und geriet dabei im Übermut an eine Grenze, bei der für Münter der Spaß aufhörte und die Verletzung anfing. »Sie schreiben immer am Schluß so ein bißchen eklig«, stellte er am 25. September 1911 fest. »Ist das eine Strafe für meine ›Ekligkeit‹, dann will ich es nicht wieder tun.«[19] Dennoch setzte er seine Sticheleien fort, die zunächst gar nicht einmal ihr galten, sondern der Skepsis eines Vollblutmalers gegen den hohen Ton weltanschaulicher Kunstprogramme entsprangen. Münter fühlte sich nicht nur durch Mackes Persiflage eines Kandinsky-Textes verletzt, sie konnte auch die von ihm vorgeschlagenen *Almanach*-Themen nur als Ulk verbuchen, etwa »Temperament in Töpferornamenten«, »Das Künstlerische bei den afrikanischen Geheimbündlern« oder »Die nackte Tatsache der Kunst«.[20] Der völlig unfeierliche, 24jährige Rheinländer rebellierte auch während der Redaktionssitzungen Anfang Oktober in Murnau gegen die respektheischende Überlegenheit Kandinskys, dem er hier zum ersten Male persönlich begegnete. Er sei »ein merkwürdig fremder Typ, ungemein anregend für alle Künstler, die in seinen Bann gerieten, er hatte etwas Mystisches, Phantastisches an sich, gepaart mit seltsamem Pathos und einem Hang zu Dogmatik«[21], empfand auch Elisabeth Macke, die ihrem Mann nachgereist war.

August Macke hatte nämlich durch Witzeleien beanstandet, »daß Marc und Kandinsky jeder mit seiner Amazone auf dem Plan erschien«. Seine Genugtuung, daß sich wenigstens Maria Marc nach seinen bissigen Bemerkungen über die Murnauer Redaktionsdamen taktvoll zurückgezogen habe, läßt auf Münters Widerstand schließen. Daß Marc sie als Mitstreiterin übersah und Macke ihre Beteiligung als anmaßend empfand, lag an der Rolle ihrer eigenen Ehefrauen: Sie waren keine Malerinnen, sondern als Künstlergefährtinnen allenfalls Echo und Sprachrohr ihrer Ehemänner, Elisabeth Macke mit Charme und Bescheidenheit, Maria Marc mit dem volltönenden Anspruch eines ihren Mann einbeziehenden ›Wir‹. Elisabeth Macke schilderte die Hilfsarbeit der Frauen, die sich im Abschreiben der Manuskripte erschöpfte. An den Gesprächen waren sie nicht beteiligt, »weil sie meistens auf Spaziergängen geführt wurden, bei denen die Männer miteinander vorangingen und wir Frauen folgten«.[22]

Da hatte die Vierergemeinschaft mit Jawlensky und Werefkin in Murnau 1908 andere Züge getragen! Vielleicht wirkte Münter darum auf ihre Gäste so bedrückt und unnachgiebig. Doch meist lenkte sie nach unmutigem Vorpreschen um der gemeinsamen Aufgabe willen schnell wieder ein und entzog sich der spannungsgeladenen Atmosphäre, Migräne oder Müdigkeit vorschützend.[23]

Das Beziehungsgeflecht zwischen den drei beteiligten Paaren erwies sich schon im Herbst 1911 als dünn gesponnen und wenig belastbar. Kandinsky stand in kühler Unangreifbarkeit fern von den Jungen, die trotz heimlichen Murrens seine achtunggebietende Haltung respektierten. Der ihm loyal zugeneigte Marc geriet nach und nach zwischen zwei Lager. Daß Maria seit längerem versuchte, ihn aus der Faszination durch Kandinsky zu lösen – aus dem »Bann«, den Elisabeth Macke ihm zuschrieb –, war unverkennbar. Dabei konnte sie sich mit Macke verbünden, der sich durch den Anspruch »der Münchner« gestört fühlte, »die künftigen Gesetze unserer großen Epoche zu entschleiern« und sich an der Spitze einer Bewegung zu sehen, die »das Zersetzen des seelenlos-materiellen Lebens des 19. Jahrhunderts« und das »Aufbauen des seelisch-geistigen Lebens des 20. Jahrhunderts« bezweckte, wie Kandinsky es in seinem *Almanach*-Beitrag *Über die Formfrage* ausdrückte. Marc aber fühlte sich mit ihm »durchzittert vom Sturmwind der neuen Ideen«.[24]

Nachdem Macke die *Blaue-Reiter-Ausstellung* im *Kölner Gereonsclub* gesehen hatte, warnte er Marc am 22. Januar 1912, enttäuscht von der Kluft zwischen Programm und Einlösung: »Die großen Worte vom Beginn des großen Geistigen klingen mir wieder in den Ohren ... Mir ist das besonders nach dieser Ausstellung unsympathisch. Ich rate Dir nur, arbeite, ohne an den *Blauen Reiter* und an blaue Pferde zuviel zu denken.« Wo solche Abwehr jedoch schon länger provoziert wurde, zeigt Marcs Erwiderung: Maria »lacht sich heimlich ins Fäustchen, daß Du heute von ›unsympathisch‹, von ›Blindheit‹ und ›Pantoffelheldentum‹ redest, während wir ihr im Herbst dieselben Worte vom Munde weggeschossen haben«.[25]

Münter und Kandinsky blieben die Vorbehalte Mackes nicht verborgen, der in ungetrübtem Realitätssinn den Anspruch der Münchner auf die Einzigartigkeit ihres weltverbessernden Programms relativierte: Der *Blaue Reiter* sei

»nicht die Welt«, auch andere Gruppen redeten »kolossale Töne«. Macke, wie Marc rückblickend feststellte, »keine ausgreifende, immer fragende, unerlöste Natur wie ich«, warnte: »Ihr mutet Euch zuviel zu«, und machte keinen Hehl daraus, daß er einige von Marcs unter Kandinskys Einfluß entstandenen Gemälden für »ungelungene Experimente« hielt, aus denen der Freund hoffentlich bald herausfinde.[26] Mystifikation schade den Bildern, trübe die Augenfreude, durch die sich dem Maler nicht nur die Welt, sondern zugleich der in ihr waltende Geist offenbare.

Münter hatte sich schon während der Text-Redaktion in Murnau durch manche Anspielung ihrer Gäste gekränkt gefühlt. Sie bildete ein Ersatzziel. Wortpfeile, die Kandinsky treffen sollten, prallten an seiner unbeirrbaren Glätte ab und wurden auf sie umgelenkt. Unmut gegenüber ihrer mürrischen Verweigerung durchzogen denn auch in der Folgezeit die Briefe Maria Marcs an die Bonner Freunde und leitete das erwünschte Echo ein. Schon in ihrem äußeren Erscheinungsbild bot die breithüftige und vollbusige Maria den Gegentyp zu Münter, der Leichten und Schnellfüßigen. Wie Kandinsky einst von dem leisen und stets fluchtbereiten ›Schwimmfüchslein‹ bezaubert worden war, so hatte Marc nach dem üppigen, erdenschweren ›Weib‹ verlangt, in ihm die ungebrochene Naturkraft gewittert; 1907 hatte er – wie er Maria schrieb – im Frauenakt versucht, »die Gattung ›Mensch‹, das Tier ›Mensch‹ darzustellen; das animalische, mächtige, das Blut, die Rasse, ... die Menschen mit ihrem rinnenden Blut, ihrem schwermütigen Blut, die sich als ›Frucht der Erde‹ fühlen, die will ich darstellen, – so will ich Dich darstellen.«[27] Inzwischen schien er für das Vergeistigte und Entmaterialisierte empfänglich geworden zu sein, denn seine Frau klagte: »Der Franz macht mich noch schwach mit seinem Gemäkel wegen meiner Dickheit.«[28] Doch ihr Auftreten blieb wuchtig, ihr Briefstil aufgebläht, ihr Anspruch absorbierend, ihre aufs Zwischenmenschliche gerichteten Affekte aufwendig. Mün-

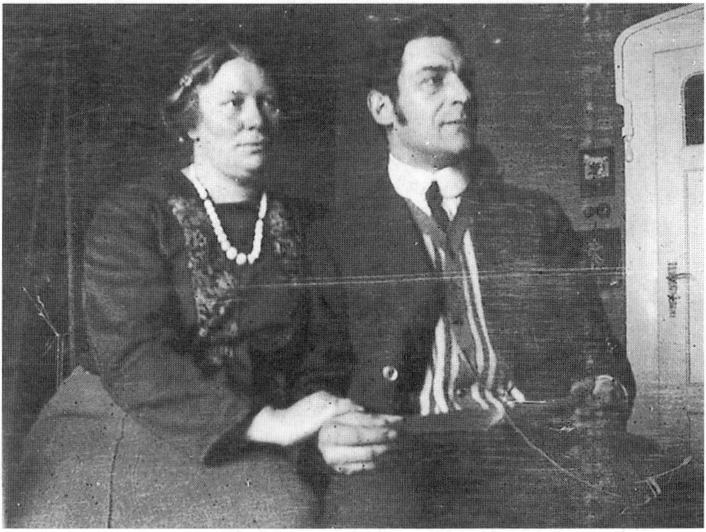

Maria und Franz Marc, 1911.

ters kühle Knappheit, ja Kargheit des Umgangs, ihre herbe, unverschnörkelte Aufrichtigkeit mußten der matronenhaften, zu pathetischer Rede neigenden Marc-Gattin zuwider sein. Während Münters Malerei sich zum Erfolg entwickelte, hatte sich das Talent der einstigen Zeichenlehrerin erschöpft[29], was sie durch eine gesteigerte Identifikation mit Marcs Werk und durch volltönende Mitsprache bei allen künstlerischen Fragen auszugleichen versuchte.[30]

Doppelspiel, Ressentiment, Nachtragen von Unwägbarem führten zur Lockerung der Freundschaftsbande. Marcs spontane Sympathie für Münter, die ihm – wie er Maria am Neujahrstag 1911 mitgeteilt hatte – »sehr gefiel«, deckte sich mit Mackes Urteil während ihres Bonn-Besuches: »Sie ist zu nett!«, so daß Kandinsky ihr am 10. August 1911 dorthin berichten konnte, der junge Macke sei nach Ansicht Marcs »ganz entzückt und direkt verliebt« in sie, nicht ohne hinzuzufügen: »Wie hat er *dir* gefallen?« Der gönnerhaften Frage Marias an Macke: »Wie geht es der kleinen Münter?«, der

Marc am 8. September noch – der Zustimmung des Freundes gewiß – hinzufügte: »Sie ist so niedlich hier, wenn sie bayrisch geht«, folgten schon einen Monat später Spottverse über die »Motte« und Schmähungen als »bissiges Luder«. Doch wer sie kränkte, erfuhr auch Kandinskys Zurückweisung. Wie sie in ihm, so war auch er in ihr verwundbar.

Das zeigte sich unmißverständlich, als Münter keine Aufforderung erhielt, sich an der *Internationalen Kunstausstellung des Sonderbundes Westdeutscher Kunstfreunde und Künstler zu Cöln* zu beteiligen, die von Mai bis September 1912 einen Überblick über die jüngste Bewegung in der Malerei vermitteln sollte. Es war ärgerlich, bei diesem ersten großen Durchbruch des Expressionismus mit mehr als 600 Exponaten nicht vertreten zu sein. Macke, der im Arbeitsausschuß des *Sonderbundes* mitwirkte, erkundigte sich schadenfroh bei Marc: »Flattert Münter?« Kandinsky zeigte sich betroffen: »Mich machen solche Stumpfsinnigkeiten wirklich böse und traurig. Böse, da die Männer sich erlauben, Frauen so blöd zu behandeln.« Er versachlichte den Fall: »Ist es vielleicht dem französisch-jargonisierenden deutschen Herzen zu ›unfein‹, gerade den deutschen Klang zu hören?« Doch wieder einmal hatte sich der schwelende Mißmut an Münter entzündet. Marc ereiferte sich gegen das »Dumme und Ekelhafte« des Verdachtes, Kandinsky stelle nun auch nicht beim *Sonderbund* aus, weil man seine »Gattin« nicht aufgefordert habe. Er sinne über Mittel, ihn und »Fräulein Münter« von diesem Odium zu befreien. Die apostrophierte Bezeichnung ›Gattin‹ in Verbindung mit der bei Münter verpönten Anrede ›Fräulein‹ konnte sie nur als Ironie verbuchen. Kandinsky aber antwortete kühl; seinetwegen könnten ihn die Leute ruhig für einen Trübner ansehen, der in der *Berliner Sezession* gesagt habe, »wenn meine Frau nicht genommen wird, ziehe ich meine sämtlichen Bilder zurück«. Sein Hinweis auf solch solidarisches Verhalten bewies: da war kein Keil zu treiben. So wurde einmal mehr zwischen Sindelsdorf und Bonn bespöttelt, daß Kandinsky sich als »Pantoffelheld« hinter Münter verstecke.[31]

Die Freundschaft zwischen Kandinsky und Marc hatte mit der Endredaktion des *Almanach* ihren Kulminationspunkt erreicht, ohne daß Münter Ursache der allmählich einsetzenden, gegenseitigen Entfernung gewesen wäre. Einen Mißklang hatte es schon zur Jahreswende 1911/12 gegeben, als Marc in Berlin die Künstler der Dresdner *Brücke* kennengelernt und hochgestimmt an Kandinsky geschrieben hatte, daß er bei ihnen ein »Riesenmaterial« für die 2. *Blaue Reiter-Ausstellung* sammle, die von Februar bis April 1912 in der Münchner Kunsthandlung Goltz stattfinden und sich auf Zeichnungen und Druckgraphik beschränken sollte. Kandinsky dämpfte Marcs Begeisterung: Er ziehe die Künstler vor, die wie die Münchner mit Ehrfurcht und Bedacht und ohne die Peitschenhiebe des Wetteifers arbeiteten. Er schätze die großstädtischen Produkte einer Kunst gering, die auf fremden Stufen aufbaue und – ohne tiefere geistige Problematik – knallige Effekte nicht scheue und alles indiskret herausschreie. Die Statistik sei nicht zu umgehen; »von 24 Photos sind 9 + 1/2 Akte mit oder ohne Schamhaare, 5 Badende und 2 Zirkusbilder«. Marc ersetzte Kandinskys Befund »Warenhaus-Charakter« durch »quellenden Reichtum« und gab in seiner Erwiderung, angereizt durch die begeisterte Maria, seiner Freude Ausdruck, »wirklichen Künstlern die Hand zu drücken, und das in Berlin!« In auslaufender Jüngerschaft stellte er fest: »Über die Berliner werden wir uns, wie es scheint, nicht bald einigen.«[32]

Franz Marc, der Kandinsky nie den Dank für die entscheidenden malerischen Impulse schuldig blieb, war von nun an auch für andere Einflüsse empfänglich. Im September 1912 wurden ihm in Paris *Delaunays Fensterbilder* mit ihrer gegenstandslosen kritallinen Farbbrechung zum Ereignis, im Oktober war er in Köln von den *Futuristen* mit der Simultan-Darstellung von Bewegungsabläufen »rückhaltlos begeistert;

hoffentlich werden Sie nicht gleich böse«, beschwichtigte er den abgeneigten Kandinsky[33], der scharfe Kritik an der technischen Eile und leichtfertigen Zeichnung der *Futuristen* äußerte. So wenig das Zeichnen bei seiner vorwiegend malerischen Gesinnung seine Stärke war, so sehr blieb sie für ihn eine Art Prüfstein, den er bei der Beurteilung von Gemälden immer wieder anlegte. Marc aber schrieb im Oktober-Heft 1912 des *Sturm*: »Carrà, Boccioni und Severini werden ein Markstein in der Geschichte der modernen Malerei sein. Wir werden Italien noch um seine Söhne beneiden und ihre Werke in unseren Galerien aufhängen.« Kandinsky hingegen unterdrückte nur mühsam »den Wunsch, gegen solch schädliche Elemente in der Gegenwartskunst loszugehen«.[34] Durch die abweichende Bewertung zeitgenössischer Künstlergruppen war ein Spalt aufgebrochen, der schließlich zu Marcs Beteuerung gegenüber Macke führte: »Für einseitige Verehrungen und Isolierungen habe ich gar keinen Sinn – heute jedenfalls viel weniger als früher.«[35]

Münter erklärte im Rückblick zu dieser anwachsenden Entfremdung: »Marc stellte Behauptungen auf, deutlich, um von Kandinsky die Entgegnung zu hören – K. reagierte nicht. Er war auch da oft verkrampft und ungut ... zumal er, wo er hätte sprechen müssen, sich reservierte, seelischen Kontakt und Verstehen geradezu vermied ... Offene gute Freundschaft, ein wirkliches Zusammengehen und -leben gab es bei ihm nicht.«[36]

Schon bei der äußeren Gestaltung des *Almanach* hatte sich ein Widerspruch entzündet, bei dem es um mehr ging als um den Einband: es ging um die Urheberschaft. Die launige Bemerkung aus der Rückschau des 64jährigen Kandinsky, der Name *Der Blaue Reiter* entstamme der Sindelsdorfer *Gartenlaube*, wo Maria Marc stets einen guten Kaffee serviert habe[37], zeigt seine ironische Distanz gegenüber der einstigen Emphase, die er an anderer Stelle als »heroischen Frühling« apostrophierte.[38] Münter hatte solche Verharmlosung seit je ausgeschlossen: Der Titel sei keineswegs das beiläufige Ergebnis einer Kaffeerunde, sondern habe vor jeder Debatte bereits für Kandinsky festgestanden. *Blau* galt ihm im Sinne der Romantik als Symbolfarbe für eine ins Unendliche gerichtete Sehnsucht. Seit er 1904 das *Bild eines Reiters mit blauem Mantel und blauem Barett* gemalt hatte, der über die herbstlichen Felder dahinjagte, waren Reiterdarstellungen die bildliche Artikulierung seiner selbst. »Wenn er seinem Sammelband den Namen *Der Blaue Reiter* gab, so war es nichts anderes, als wenn er darauf geschrieben hätte: ›Ich‹.«[39]

Dem entsprach Kandinskys Wunsch, dem *Almanach* auch selbst ein »Prachtgewand« zu geben, zumal er »als Embryo lange Jahre in mir saß, und gewissermaßen unter Leiden geschah die Entbindung, so daß ich unbedingt innerlich besonders den ersten Band als eine Frucht meines geistigen Leibes empfinde. Nun kleiden die Eltern ihre Kinder auch gerne selbst an, was man ihnen nicht verübeln kann.«[40] Der Verleger hätte lieber eine Zeichnung Marcs auf dem Umschlag gesehen: die in den zeitgenössischen Kunstdisput eingreifende Schrift dürfte nicht »unter der Flagge eines Vexierbildes« segeln, die ihren Weg behindere. Überhaupt dominierte Kandinsky zum Leidwesen Pipers. Marc aber setzte sich bei dem Verleger in uneingeschränkter Loyalität gegenüber Kandinsky für dessen Umschlagentwurf ein. Kandinsky gestand Marc denn auch in seinem Brief vom 20. März 1912 den Titel einer »approbierten Hebamme« zu.[41] Dann aber entfernte er das »Schloß von den Lippen«, stellte einen gegenseitigen Vertrauensschwund zur Diskussion und gestand »unmaskiert« und ohne die bisher gehegte Scheu, den Freund zu verletzen, sein Mißfallen an dessen Umschlagentwürfen für den *Almanach*. Ein mit Kandinskys Initialen versehener Farbholzschnitt des *Heiligen Georg* bildete schließlich die Druckvorlage; der berittene Schutzpatron des Großfürstentums Moskau war *seine* Identifikationsfigur. Drei große Ölbilder, mehrere Aquarelle und Hinterglasbilder und einen Holz-

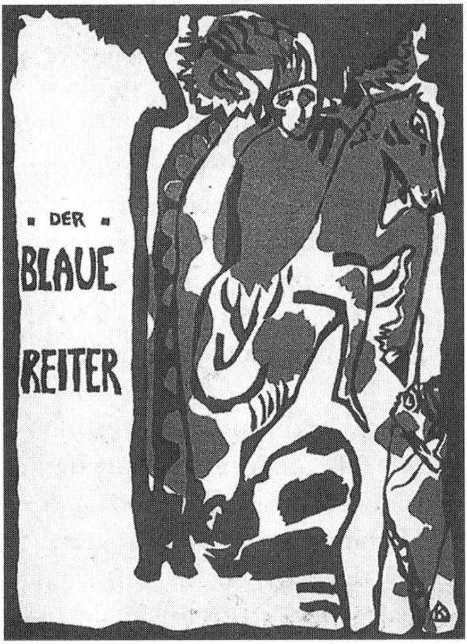

Kandinskys endgültiger Umschlagentwurf für den Almanach ›Der Blaue Reiter‹, 1911, Tuschpinsel und Aquarell, 27,9 × 21,9 cm.

schnitt hatte er allein 1911 dieser religiös zu deutenden Reitergestalt gewidmet. Die gefesselte Prinzessin *Cleodolinde* – vom Drachen bedroht – verkörperte auf dem Umschlag das Reine, Gute und Schöne, das es zu befreien galt. *Georg* als Titelgestalt des *Almanach* wurde mit Helm, jedoch ohne Lanze in den Kampf geschickt; Kandinsky verfolgte sein Ziel, die kunstreligiöse Neugeburt der Menschheit, mit geistigen Waffen.[42]

Einmal im Zug, wollte Kandinsky reinen Tisch machen. »Um ganz klar zu sein«, schrieb er Marc nach seiner Kritik an dessen Entwürfen, »muß ich noch hinzufügen, daß ich die letzte Zeit etwas irritiert war ... Ihr Ton änderte sich aber immer mehr und mehr ... Sie wurden kalt ... Ganz besonders merkwürdig verhielten Sie sich auch zu Ella. Das hat natürlich auch mitgesprochen. Kurz und gut: Wir sind in eine Sackgasse gegenseitigen Unverständnisses geraten.«[43] Angesichts all dieser Unwägbarkeiten raube ihm der Gedanke an einen zweiten *Almanach* den Schlaf.

Marc beantwortete diesen Brief, dem Maria »puren Verfolgungswahn« anlastete, postwendend. Er bestritt eine veränderte Einstellung: »Sie scheinen gereizt und sehen Mäuse«, bestätigte aber manche Verschiedenheit ihrer Auffassungen, z. B. in der Bewertung der *Brücke* oder Arnold Schönbergs als Maler, »dasselbe gilt von Fräulein Münters gegenwärtigen Arbeiten ... Ich ... habe meine ganz persönlichen Malerbedenken über manche ihrer Mittel.« Er verlagerte seine Vorbehalte auf den künstlerischen Sektor, zeigte hingegen Verständnis für ihr zeitweiliges privates Abblocken, »um sich nicht selbst zu verlieren«, nannte es eine »Tugend der Selbstbewahrung«, die bei ihr jedoch schroffer als üblich zutage trete.[44] Die Grenzpfähle waren neu gesteckt. Zusammenarbeit und gegenseitige Toleranz schienen nicht gefährdet.

Gabriele Münter wollte das Einvernehmen fördern und meldete sich zu Wort. Doch was sie erklären wollte, geriet ihr zur hilflosen Verteidigung. »Daß in Ihrem Kreis meine Person und mein Benehmen kritisiert wurden, mußte ich wohl fühlen.« Trotz übelwollender Abkehr von ihr wende sie sich an Marc: »Sie wissen wohl, daß Ihr Überzeugungsmut und Ihre große Geradheit immer wieder meine freudige Anerkennung und vollste Sympathie erweckt.« Sie rechtfertigte ihre Verstimmung während der Murnauer Redaktionsarbeit: »Ich bin zu sehr Mensch, um Rücksichts- und unverdiente Respektlosigkeit mit Höflichkeiten zu beantworten. ... Wollen Sie es mir wirklich verdenken, wenn ich meine Verstimmung nicht ganz verbergen konnte (Murnau), so ich sah, daß bei freundlichen Gesichtern man mir etwas verbirgt, was mich betrifft – anders über mich spricht. Wollen Sie mich wirklich darum zum Hypochonder oder launischen Kränkling stempeln, weil meine ganze Natur nach Offenheit und Klarheit verlangt und unter jedem Hinterhältigen leidet?« Sie kenne ihr hin und wieder »verhapertes« Benehmen wohl, ihre »Barockheiten«, aber »das Wesentliche sind eben doch nicht die Formfehler – sondern das Motiv, die Absicht, der Sinn. Und darum bin ich schuldlos.«[45]

Marc verkannte die Tiefe der Kränkung ebenso wie Münters versöhnliche Absicht. Indem er den Brief Maria überließ, die ihn unverzüglich an Mackes weiterreichte, wurde Münter nochmals dem schadenfrohen Gelächter preisgegeben. »Habt Ihr Worte für diesen Münter-Quatsch? Der arme Kandinsky! Aber so etwas Dummes ist mir im Leben noch nicht vorgekommen; ... Ich weiß gar nicht, wie sich ein Verkehr noch aufrecht erhalten läßt – wär nicht die Blaue-Reiter-Sache, dann hätten wir gleich Schluß gemacht«, kommentierte Maria Marc aufgeplustert.[46] Sie bemäkelte, »neugierig, was da noch rauskommt«, Münters Verhalten als »derartig gemein«, daß »auch der Franz nicht mehr lange blau reiten wird, da es sich für ihn viel weniger um den Blauen Reiter als vielmehr um den persönlichen Verkehr mit Kandinsky gehandelt hat, der ihn so freute«. Marcs bestätigendes Echo lautete: »Jedenfalls hat dieses Frauenziefer auf meine Freude am Blauen Reiter bös gespuckt!« Mackes Hohn über »das Luder« vermischte sich mit Marcs Bezichtigung als »dumme ungebildete Gans« und »typische alte Jungfer schlimmster und dümmster Sorte«. Kandinsky bestätige auch noch als »Pantoffelheld die ›Berechtigung‹ ihrer Vorwürfe«. Er, Marc, bleibe zwar ohne viel Lust bei der *Blauen Reiter*-Sache, würde jedoch lieber mit Macke, Heckel und Campendonk Ausstellungen arrangieren. »Ich könnte dieses Frauenzimmer direkt kaputtschlagen.«[47] Auch Macke hatte die unterschwellig geschürten Animositäten bereits am 21. März 1912 mit dem künstlerischen Anliegen verquickt: Sein »Fahr wohl, blauer Reiter!, es kam eine Motte dazwischen!« ging wie die Äußerungen der beiden Marcs als Belastung Münters in die Geschichte des *Blauen Reiter* ein. Die Gescholtene aber fragte verwundert, ob Marc und Macke »dies, eine Angelegenheit verschiedener Lebensauffassungen, mit dem Blauen Reiter vermischen wollten? Er ist doch eine Sache Ihrer künstlerischen Überzeugung?«[48]

Als Kandinsky sich am 10. Juli 1912 einer Leistenbruch- und Krampfader-Operation unterziehen mußte, ersetzte Marc in der nun mit Münter weitergeführten Korrespondenz die Anrede »liebes Fräulein Münter« bald wieder durch »liebe Freundin«. Wie stark jedoch die Gereiztheit weiterschwelte, wurde zum Jahresbeginn 1913 offenbar, als Maria Marc die nervlich höchst belastete Else Lasker-Schüler[49] zum Besuch nach Murnau mitbrachte und diese sich ebenso gegen Kandinskys Malerei wie gegen den Anblick der frommen Hinterglasbilder sträubte. Einen »Professor« nannte sie ihn, und man verharrte gegenseitig in kühl ablehnender Fremdheit. Drei Tage später, in einer Ausstellung Franz Marcs bei Thannhauser, schleuderte Lasker-Schüler ohne erkennbaren Anlaß Münter Aufgestautes entgegen: »Ich bin Künstlerin durch und durch ... ich bin ganz stark, ein ganz starker Mensch, und lasse mir das nicht bieten von solch einer Null!«[50] Maria Marc, die sich im Einverständnis mit den Bonner Freunden wußte, bedauerte, daß diese den ›Jux‹ verpaßt hätten: »Der August hat etwas versäumt, ich hätte ihm wirklich gegönnt, dabei zu sein.« Sie schilderte ihm den Vorfall genüßlich ausgeschmückt. Lasker-Schüler ertaste die Wahrheit über einen Menschen somnambul: »Münters Seele lag vom ersten Moment an offen vor ihr.« Beifallheischend forderte sie den »lieben August« auf: »Nun lach Dich ›kapot‹. Das war doch wirklich eine schöne Geschichte, die ich Euch da erzählt habe.«

In ihrem Brief an Kandinsky klang es dann ganz anders: »Heute habe ich mich auch über die tragische Szene etwas beruhigt ... es ist uns schmerzlich, daß Münter die Betroffene war.« Diese Doppelzüngigkeit[51] zwischen vorgetäuschtem Bedauern und Schadengelächter konnte der empfindlichen Münter nicht verborgen bleiben. Doch weder sie noch Kandinsky nahmen den Vorfall ernst. Bei einer Versteigerung gestifteter Bilder, die am 17. Februar 1913 zugunsten der verarmten Lasker-Schüler im *Neuen Kunstsalon Max Dietzels* am Schwabinger Bach veranstaltet wurde, kauften sie ein Aquarell von Richard Seewald. Maria Marc bemerkte denn auch in einem Brief an das Ehepaar Macke: »Über das Gefühl der innerlichen Verschiedenheit kommt keiner von uns hinaus, aber gesellschaftlich haben wir alle eine Form gefunden, miteinander nett und angenehm zu verkehren.«[52]

War das Jahr 1910 für Kandinsky ein Jahr der Entmutigung, 1911 das neuer Ansätze gewesen, so entwickelte sich 1912 zu dem des Gelingens, des breiten künstlerischen Durchbruchs. Die *Blaue Reiter*-Ausstellung wanderte im März mit variiertem Bestand vom Kölner *Gereonsclub* nach Berlin, wo sie zusammen mit Werken von Franz Flaum und Oskar Kokoschka in der neu eröffneten *Sturm-Galerie* Herwarth Waldens[53] gezeigt wurde. Anschließend war sie in Bremen (Vereinigte Werkstätten), Hagen (Folkwang-Museum) und Frankfurt (Salon Goldschmidt) zu sehen. Kandinskys Programmschrift *Über das Geistige in der Kunst* trug als Jahreszahl des Erscheinens 1912, die zweite Auflage wurde bereits im April ausgeliefert und die dritte war für den Herbst des gleichen Jahres absehbar. Verhandlungen mit Piper über die Publikation seiner *Klänge* – 38 Prosagedichte mit 55 Holzschnitten – verliefen vielversprechend. In der April-Nummer der Zeitschrift *Sturm* wurde das Kapitel über *Formen- und Farbensprache* abgedruckt; gleichzeitig sicherte eine Vereinbarung die Veröffentlichung von Auszügen in der Juli-Nummer der New Yorker Publikation *Camera work*.

Vom 12. Februar bis 18. März 1912 fand die zweite Ausstellung der Redaktion *Der Blaue Reiter, Schwarz-Weiß* mit 315 Werken auf Papier beim Münchner Buchhändler Hans Goltz in der Brienner Straße statt. Sie zeigte durch die Beteiligung der Künstlergemeinschaft *Brücke*, französischer, über die Pariser Galerie Kahnweiler[54] vermittelter Künstler, und des *Schweizer Modernen Bundes* den angestrebten internationalen Charakter. Zur Teilnahme der Eidgenossen vertraute Kandinsky Marc am 6. Januar 1912 an: »Das war so eine unangenehme Lücke. Fühlen Sie, wie tatsächlich alle Nationen zueinander mystisch gestoßen werden?« Rußland war durch Volksblätter des 19. Jahrhunderts vertreten. Kandinskys Traum vom einigenden Band der Kunst schien der Verwirklichung um einen Schritt nähergekommen.

Das Vorwort des 16seitigen Katalogs befaßte sich mit der Formfrage und erinnerte an Erkenntnisse, die Münter 1904 bei der Krefelder Ausstellung *Linie und Form* über den Vergleich von Kunst-, Natur- und technisch zweckmäßigen Formen in ihrem Notizbuch festgehalten hatte. Im gleichen Sinne stellte nun das Vorwort zur *Schwarz-Weiß-Ausstellung* der Notwendigkeit einer Naturform (Beispiel: Elefantenrüssel und Ameisengebiß) die aus *innerer Notwendigkeit* geschaffene Kunstform gegenüber. »Man soll sich nicht über den Elefantenrüssel ärgern, und ebenso soll man sich nicht über eine Form ärgern, die der Künstler braucht.« Die Kritik aber ärgerte sich.

»Heute haben wir die Ausstellung zwei des Blauen Reiters abgenommen ... Der Besuch in diesen drei Wochen bei Goltz, vormals Putze, Buch- und Kunsthandlung, war für Münchner Verhältnisse äußerst lebhaft«, berichtete Münter am 19. März Arnold Schönberg. Während der Ausstellung hätten Vorträge Verständnis für die moderne Kunst vermitteln sollen, »bei der nachfolgenden Diskussion wurde Kandinsky ›Lausbub‹ und ›Flegel‹ geschimpft«. Bei dem Vortrag des Kunsthistorikers Franz Stadler[55] sei es hingegen »sehr distingué zugegangen, er war von lauter hohen und recht hohen Herrschaften besucht«. Im übrigen sei man glücklich, Goltz gefunden zu haben, er »ist sehr ordentlich, sympathisch, tüchtig, gescheit, es ist angenehm, mit ihm zu arbeiten. Wenn er mehr Geld hätte, – der könnte wohl was Bedeutendes als Geschäftsmann fertigbringen.« Gabriele Münter steckte im

Vertrauen auf diese Tüchtigkeit 5000 Mark in die Buchhandlung, um für den Münchner Freundeskreis eine ständige Geschäftsverbindung zu schaffen. Hans Goltz' Briefkopf enthielt fortan den Hinweis: »Neue Kunst, Odeonsplatz 1, Vertretung in Deutschland für ›Der Blaue Reiter‹, Kandinsky, Emil Zoir und Egon Schiele«, was neue Differenzen mit dem Ehepaar Marc hervorrief, das nach anfänglicher Zustimmung zu der von Münter eingeleiteten Verkaufsförderung kurz darauf kein gutes Haar mehr an diesem »Kaufladen mit dem ideenlosen Durcheinander« ließ und sie aufforderte, ihr Darlehen schleunigst zu kündigen, zumal Goltz Kandinskys Bilder als Blei am Bein eines Galeristen schelte. Kandinsky aber ermahnte Münter zu wohlwollender Geduld gegenüber dem Kunsthändler, dessen Mut er achte und der wohl auch mit seiner Bemerkung recht habe. »Vergiß nicht, daß doch Marcs hetzen!« Er selbst blieb kaltblütig: »Das Leben siebt die Freunde aus!«[56]

Mit Paul Klee, der in der zweiten *Ausstellung der Redaktion des Blauen Reiter* durch siebzehn Zeichnungen vertreten war, hatten sich Münter und Kandinsky erst im Spätherbst 1911 angefreundet, obwohl sie in benachbarten Häusern wohnten, Klee mit seiner Frau Lily und Söhnchen Felix in der Ainmillerstraße 32, Kandinsky und Münter in Nummer 36. »Gestern durch Moillet den Klee kennengelernt. Da sitzt schon was in der Seele«[57], vermutete Kandinsky am 9. Oktober gegenüber Marc. »Dieser Kandinsky, den Luli zwar Schlabinsky nennt ... ist wer und hat einen ausnehmend schönen und klaren Kopf«, bemerkte Klee in seinem Tagebuch. »Er gefällt uns beiden«, versicherte Kandinsky Marc noch einmal am 14. Januar 1912. »Gescheut ist er, ernst und einfach.«[58] Münter schätzte vor allem, daß Klee Zuwendung mit Distanz vereinte und Klatsch und Tratsch ebenso von sich wies wie Eifersüchteleien oder gar Erfolgsneid. Vor einem ihrer Kinderbildnisse blieb er einmal versonnen stehen: das sei wie Munch in seiner besten Zeit.[59] Ein anderes Mal betrach-

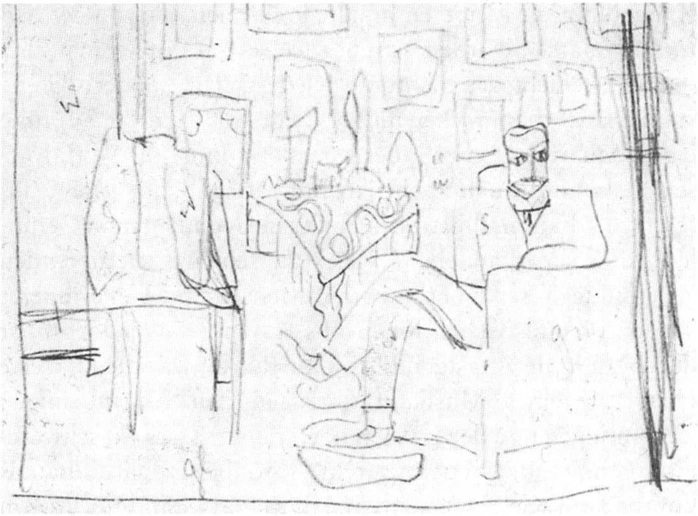

Gabriele Münter, Skizze zu »Mann im Sessel« (Paul Klee), 1913, Bleistift, 10,5 × 15,5 cm.

tete er eine ihrer Porträtstudien und bemerkte schlicht, so etwas könne er nicht. Einmal skizzierte sie ihn schnell und unauffällig, als er im großen ›Nachdenksessel‹ ihres Ateliers saß. Ein Kontrast reizte sie: Seine weiße Hose, als Vorbote des nahen Sommers freudig begrüßt, leuchtete recht irdisch vor dem geheimnisvollen Dunkel der mit religiösen Hinterglasbildern geschmückten Zimmerwand.[60] Sie traf die respektheischende Distanz und ernste Ruhe des Besuchers, der oft nur kam, schaute und still dasaß. »Er war nicht sehr mitteilsam. Deshalb malte ich ihn ganz zusammengekauert und so angespannt, als hielte er eine innere Sprungfeder zurück. Für mich war es eher das Bild des Schweigens als ein Porträt von Klee.«[61]

Münter war von der Erfindungsgabe Klees entzückt, nicht zuletzt, weil darin ein in der Wirklichkeit wurzelnder Humor zum Ausdruck kam. Er bezweckte keine Gestaltauflösung wie Kandinsky, im Gegenteil: Seine Impulse zielten auf Gestaltgebung, sie kleideten Inhalte in Formen, die von der Natur ausgelassen worden waren. Klee vertrat die Ansicht, daß die Kunst nicht das Sichtbare wiedergeben, sondern Ungestaltetes sichtbar machen müsse.[62] Für ihn war die Schöpfung ein andauernder Prozeß; der Künstler konnte ihr Werk fortsetzen, konnte hinabtauchen in ihr Kräftefeld, um neue Realitäten zu schaffen, Illustrationen des in Gedanken und Gefühlen bereits Vorhandenen. Vieles an seinen skelettierenden Zeichnungen, seinen Formeln für Mensch und Tier erinnerte an den phantastischen Realismus Kubins. Was jedoch über dessen dumpfe Angstgebilde hinausführte, war die taktfeste Heiterkeit einer Musikalität, die in den fliegenbeinigen Zeichnungen und den pulsierenden Linien Klees ein schwereloses Echo fand. Mit der Anarchie Schönbergscher Atonalität konnte Paul Klee nichts anfangen, Mozart stand für ihn am Ausklang einer reichen abendländischen Tradition, und darin stimmte er mit Münter ebenso überein wie mit ihrer Vorliebe für Bachsche Fugen.

Als Mitte Mai 1912 der Almanach *Der Blaue Reiter*, zehn Monate nach seiner Planung, ausgedruckt vor Münter lag, fühlte sie sich von einem langwährenden Druck befreit. Die Bearbeitung der 141 Reproduktionen, acht Initialen und Vignetten und drei Musikbeilagen, Artikelbeschaffung, Versand und Korrekturlesen hatten sie oft ungeduldig und reizbar gemacht. Von ihrem Einsatz war nirgends die Rede: »Daß ich mitbestimmend war, hat wohl niemand gefunden ... außer Kandinsky. Alle sahen doch in mir die malende Dame vom Dutzend.«[63]

Marcs Offerte, geistige Güter zu verschenken, eröffnete den Band. Seine folgenden Beiträge über *Die Wilden Deutschlands* und *Zwei Bilder* – es handelte sich um eine Illustration zu Grimms Märchen von 1832 und um Kandinskys Ölgemälde *Lyrisches* von 1911 – bezeugten wieder einmal die suggestive Kraft seiner Worte: »Geist bricht Burgen«; »die Waffen der Wilden sind ihre neuen Gedanken, sie töten besser als Stahl«; »in geistigen Dingen siegt nie die Zahl, sondern die Stärke der Ideen«. Er sprach von der »Feuerprobe der Werke an der Wende zweier Epochen« und sah sich ratlos vor der »Herkulesarbeit«, freie Bahn für das Neue zu schaffen. Marcs acht Druckseiten standen dann aber 32 von Kandinsky gegenüber. Die Hälfte des Gesamttextes stammte von ihm, schon äußerlich war es *sein* Werk.

Die thematische Steigerung innerhalb des *Almanach* war wohlberechnet. Er begann mit den drei Beiträgen Marcs über das Verhältnis von Künstler und Gesellschaft und schloß mit drei Beiträgen Kandinskys zum ästhetischen Themenkreis: Nach seinen Artikeln über die Formfrage und über die alle künstlerischen Begrenzungen und Stilschranken sprengende Bühnenkomposition folgte der Abdruck seines Text- und Regiebuchs *Der gelbe Klang*. Es wirkt wie ein Schlußakkord, eine Krönung des Buches, auf die alle Beiträge hinleiten: das von Untergang und Auferstehung kündende Gesamtkunstwerk.

Zog man die Summe aus den Text- und Wortbeiträgen des *Almanach*, so ergab sich

als sein Anliegen: Abkehr vom artistischen Programm, von stilistischen Gruppierungen, hin zur freiheitlichen künstlerischen Ausdrucksform, sei es in Realistik oder Abstraktion;

als Bekenntnis: Ohne Empfindung gibt es nur eine leere Kunst. Nur die Entäußerung des Gefühls aus ›innerer Notwendigkeit‹ schafft das Echte;

als Ziel: Die Zertrümmerung des Alten ist die Voraussetzung zur Erneuerung, das gilt für die Anarchie in der Musik und die Zerschlagung alter Formen in der Malerei;

als Methode: Der Vergleich von Werken aus unterschiedlichen Zeiten und Räumen beweist deren innere Verwandtschaft auch bei formaler Unvergleichbarkeit;

als Botschaft: Echtes bleibt neben Echtem gültig; nichts, was dem Erlebnis entstammt, also durchfühlt ist, braucht den Vergleich mit ›großer Kunst‹ zu scheuen.

Münters Gemälde *Mann am Tisch*, das Kandinsky bei Anna am Kaffeetisch zeigt, war von ihm an bevorzugter Stelle – innerhalb seines Bühnenartikels und gegenüber einer Zeichnung von Klee – abgebildet worden.[64] Zu ihrem *Stillleben mit Heiligem Georg*[65] hatte er einen Begleittext verfaßt, der jedoch eher wie eine Verteidigung gegen Vorbehalte klang, die auch Marc mehrfach geltend gemacht hatte: Er empfinde Münters Bilder oft als unfertig, weil sie in den einzelnen Teilen ungleich stark abstrahiert seien. Durch eine solch willkürliche Reduktion von Körperlichkeit und Raumtiefe gehe deren Stileinheit verloren; »manches ist ... modellirt, manches unmotivirt flach, manches voll tiefer Stimmung, manches zu naturalistisch«, kurz – er vermisse »ein sieghaftes Überwinden des Stofflichen«.[66] Marcs Einwand galt auch für Münters im *Almanach* reproduziertes Stilleben, dessen Hintergrund aus einem Glasbild des berittenen *Georg* bestand; ohne Rahmen strahlt es geheimnisvoll aus blauer Unschärfe, während die volkstümlichen Statuetten des Vordergrundes in realistischer Prägnanz herausgearbeitet waren. Kandinsky rechtfertigte dieses visionäre Aufleuchten in abbildhafter Umgebung: »Das Stilleben von Münter zeigt, daß die ungleiche, ungleichgradige Übersetzung der Gegenstände auf einem und demselben Bild nicht nur unschädlich ist, sondern in richtiger Anwendung einen starken, komplizierten inneren Klang erzielt.«[67] Dieser Standpunkt beschwichtigte Münter in ihren eigenen Skrupeln: »Meine Arbeiten erscheinen mir oft zu verschieden, und dann meine ich auch wieder, daß es doch eine Persönlichkeit ist, die das Verschiedene macht.«[68] Lag es vielleicht daran, daß sie sich allzusehr vom Motiv ergreifen und leiten ließ? Manches war reich und raffiniert angelegt, anderes hingepatzt, mit unsicheren Pinselansätzen. Kandinsky hatte stets bewundert, daß sie in kreativer Regellosigkeit ein jeweils passendes Formgewand für einen empfundenen Inhalt wählte. Gerade das entsprach ja seiner Kunsttheorie: »Die Form ist viel, aber nur als Mittel, und so

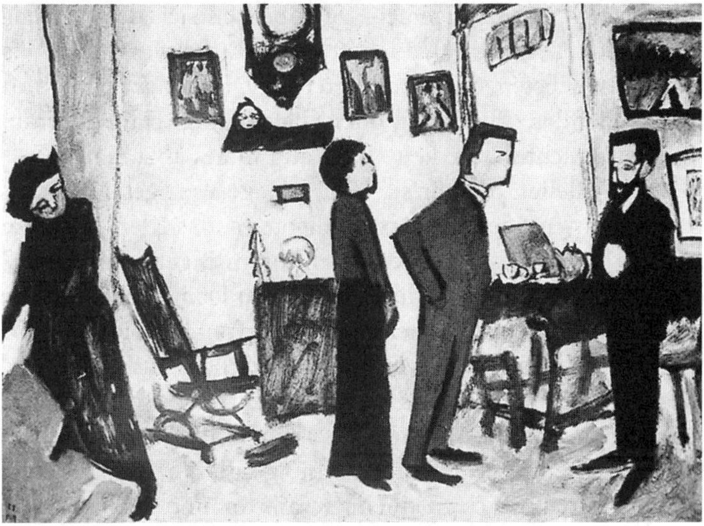

Gabriele Münter, Kandinsky im Gespräch mit Marianne von Werefkin, Alexej Jawlensky und Erma Bossi, 1912, Öl auf Malpappe, 20,5 × 26,8 cm.

ist sie zur selben Zeit nichts. Die Form kann tadellos, brillant sein und doch genau einen halben Pfennig wert, da sie leer ist. Also lebe die Form und nieder mit der Form. Du persönlich brauchst nicht bange zu sein: Du *mußt* etwas sagen, weil es Dir gegeben ist. Lege nur Dein Ohr an Dein Herz und horche!«[69] Entsprach ihre Art, con fuoco zu malen, nicht seiner Zurückweisung jeglichen Formenzwangs, die er im *Almanach* für eine vom Gefühl getragene Malerei gefordert hatte?

Den Einstieg für ein Bild bot für Münter das, was ihr ganz plötzlich ›ins Auge sprang‹. Wenn sie eine Lampe malte, so zeigte sie, was diese Lichtquelle für sie bedeutete. Dazu gehörte der Raum, der wie wartend im Dunkeln lag, der labile oder vertrauenswürdige Lampenfuß, die mutmachende Helligkeit des Schirms.

»Heute hab' ich mir zwei Stilleben erlaubt, oder: sie haben mich gezwungen«, teilte sie einmal Arnold Schönberg mit[70], und das galt ganz allgemein: Sie überließ sich der Führung durch den Gegenstand, auch in einem Zufallsensemble – da sogar am liebsten, dann entfalteten die Dinge ihre Spannkraft untereinander, Absetzung oder Gleichklang. Darum arrangierte sie nicht, baute kein ›Bild‹ auf, um es abzumalen.

Das Stilleben bot für sie kein geringerwertiges Motiv als Landschaften oder Porträts. Sie liebte es, das Kleine groß zu sehen. Da gibt es Früchte, die in ihrem Eigenleben an Cézannes Gemälde erinnern, Figurinen im Dämmerlicht, einen gedeckten Tisch voll heimlicher Vorfreude, Blumen, die schlaglichtartig ihre kurze Pracht zwischen Aufblühen und Welken entfalten. »Ist es nicht dumm, daß ich immer nur Stimmungen male?« schrieb sie 1911 in ihr Tagebuch. Und doch umgreift eine solche Stimmung alle Einzelheiten eines Bildes, vereinigt sich zu einem Gesamtton und überträgt sich mit suggestiver Kraft auf den Betrachter.

Beim Porträtieren gab sie psychologische Deutungen, darin lag – namentlich bei Frauenbildern – viel von ihren eigenen Hoffnungen und Enttäuschungen. Auch Kandinsky malte sie gern szenisch eingebunden; seit 1903 hatte sie ihn nicht wieder als Maler dargestellt, sondern das Charakteristische im persönlichen Umgang hervorgehoben: seinen Hang zum Dozieren, die Anspannung und Überzeugungskraft im Gespräch. Situationen verwandelten sich – durchfühlt – in malerische Eingebungen.

So mag der Anlaß für ihr Gemälde *Kandinsky am Teetisch* im parallelen Linienspiel des vogelähnlichen Wärmehalters mit seinem Dreiviertelprofil gelegen haben. Das im *Almanach* veröffentlichte Bild *Mann am Tisch* strahlt Entspannung und das Behagen an einer Häuslichkeit aus. Eine *Kahnpartie* verrät ihre Freude am gemeinsamen Ausflug. Sie zeigt Kandinsky privat, oft geradezu idyllisch eingebunden, im Bett des Murnauer *Interieurs* oder in seiner Anpassung an das oberbayrische Landleben in Lederhose, Sandalen und Wadlstutzen auf der Eckbank der holzgetäfelten Nische im Mur-

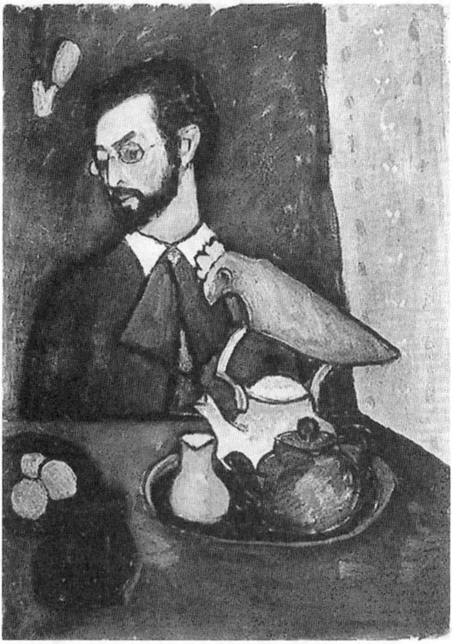

Gabriele Münter, Kandinsky am Teetisch, 1910/11,
Öl auf Malpappe, 70 × 48,5 cm.

nauer Wohnzimmer.[71] Dorfstraßen im Winter, Wiesen in Sommerhitze, Scheunen, Murnauer Häuser, Schneeberge oder die Kirche hinter Sonnenblumen, Spreufuhren oder ein gelbes Haus, Gartencafé oder Straßenbahn in München, alles zeigt ihre subjektive Deutung, dazu eine kühne Kontur, die verflatternde Eindrücke energisch einbindet. Die Qualität eines Bildes hing ab von ihrer momentanen Erlebnisfähigkeit. *Landstraße im Winter* (1911) ist wohl eines ihrer stärksten Bilder (Farbtafel XII), während spätere Gemälde diese großzügige Liniensprache vermissen lassen[72], es war wie eine Erschöpfung des malerischen Elans durch die Gebundenheit an Arbeiten für Kandinsky.

Er hingegen, der stets um einen rational gesteuerten Ausdruck eines gefühlten Inhalts kämpfte, bewunderte das Mühelose ihrer formalen Eigenständigkeit. Der Verdacht, das intellektuelle Element seiner Bilder beeinträchtige deren Empfindungswert, veranlaßte ihn zu nebengeordneten Kommentaren, die durch Hinweise auf das ›Vorgefühlte‹ den Eindruck des Planvollen und Wohlberechneten verwischen sollten. Münter hingegen weigerte sich stets, ihre Gemälde zu erklären: Das Bild sei der Kommentar ihres Lebens, dort stehe alles, was sie zu sagen habe.

Sie blieb mißtrauisch gegen Lob und unterschätzte lange den Wert ihrer Bilder: Als sie Karl Wolfskehl das von ihm bewunderte *Stilleben mit dem Hl. Georg* übergab, damit er es eine Zeitlang in seiner Wohnung aufhängen konnte, erklärte sie: »Sie wissen doch, daß es keinen Markt- oder Geldwert hat, und ich bin wirklich vollkommen befriedigt und entschädigt, wenn Sie beide es gern mögen. Also, die Frage ist erledigt, gelt?«[73]

Dämpfend auf ihre Selbsteinschätzung mag auch die oft bissige Pressekritik gewirkt haben. So waren ihre im November 1911 mit dem Turnus der *Neuen Künstlervereinigung München* in der *Berliner Sezession* gezeigten Werke von der *Deutschen Tageszeitung* als »rohe, vorschnell vom Zweig genommene Früchte« abgetan worden, während der *Vorwärts* bemerkt hatte: »Gabriele Münter malt mit leidlichem Geschmack kleine Unbedeutsamkeiten.« Der *Berliner Börsen-Courier* hatte »Kandinskys monumentale Inhaltslosigkeiten, Marcs buttrige Helligkeit und Münters ostasiatisches Spielzeug« keiner ernsthaften Beachtung für würdig gefunden.[74]

Einen Schub nach vorn verschaffte Herwarth Walden den Münchnern durch seine Berliner *Sturm-Galerie*. Als geschickter Organisator mit einer Witterung für innovative Kunst und Zeitgeschmack hob er sie aus ihrer Randexistenz in der bayerischen Hauptstadt auf eine internationale Ebene. Walden förderte jedoch keine Gruppen, sondern machte die einzelnen Maler unter seinem eigenen Firmenzeichen als *Sturm-Künstler* bekannt. Im Juni 1912 waren Münter,

Kandinsky, Marc, Bloch, Jawlensky und Werefkin an der 4. *Sturm-Ausstellung* beteiligt; dabei wurden die Bilder gezeigt, die der *Sonderbund Westdeutscher Künstler* zurückgewiesen hatte, und als solche deklariert, – eine Genugtuung gegenüber den rheinischen Verweigerern! Unter dem Dach des *Sturm* stellten die Baronin und Jawlensky zum ersten Mal seit der Spaltung des ›Vereins‹ wieder mit den Murnauer Freunden zusammen aus. Im Oktober 1912 würde Kandinsky auf der 7. *Ausstellung des Sturm* eine Separatschau erhalten, im Januar 1913, der 11. *Sturm-Schau*, würde Münter ihr Werk vorstellen. Im Grunde waren alle froh über die Entlastung, die ihnen durch die quirlige Geschäftigkeit Waldens zuteil wurde.

Das Jahr 1912 hatte neben dem künstlerischen Durchbruch auch Verfinsterungen, durchkreuzte Zuordnungen gebracht. Trotz der weiterhin dichten Brieffolge blieb die innere Entfernung zwischen den *Almanach*-Redakteuren unübersehbar. Seit Marc seinem Bonner Freund am 25. November 1911 eine aufgeklebte Zeitungsnotiz über ein auf der Münchner Erdbebenstation registriertes heftiges Beben »anscheinend asiatischen Ursprungs« zugeschickt und dies scherzhaft als Aufbruch des *Blauen Reiter* gedeutet hatte, war das russisch-orientalische Element in Kandinskys Wesen und Werk in ihrer Korrespondenz mehrmals zur Sprache gekommen, bei Macke typisierend, bei Marc mit einer kosmopolitisch gefärbten Ironie gegenüber den Vorbehalten des Freundes, der eine ihm fremde Erlebnisweise instinktiv ablehnte. »Kandinsky steht allein (als Asiate) und aufgrund seiner Entwicklung«, hatte Macke am 23. Januar 1912 in einem Brief nach Sindelsdorf gewarnt, und am 5. Februar 1912 noch einmal bekräftigt: »Er ist Asiate, der unanständige, sehr interessante, anderen Leuten aber gänzlich schleierhafte Bilder malt.«[75] Ihn störte nicht nur der humorlose Ernst, mit dem Kandinsky unfehlbar wie ein Papst auftrete, er wehrte sich auch gegen die Gestaltauflösung der Dinge in farbige Strudel, die er ein Jahr später im Vergleich mit Delaunays konstruktiv-rhythmisierten Farbformen als »unendlich komplizierte, aber absolut seichte Farbflecken-Composition« abwertete.[76] Mit hintergründigem Spott quittierte er die begriffsfüllige Diktion Kandinskys: »Ihr letzter Brief war, wie wenn im Kölner Dom die Kaiserglocken läuten, lang und atemberaubend«, und stellte zu dessen Bekenntnisschrift *Über das Geistige in der Kunst* fest, er habe sie einem Dr. Ing., Spezialist für Schwingungen in Deutschland, empfohlen, der daraus Anregungen für die mögliche Mitarbeit am *Blauen Reiter* beziehe: »Er prophezeite über die Mechanik gallertartiger Körper allerhand.« Macke hielt in Kandinskys abstrakten Farb- und Formgebilden auch Ausschau nach Vexierbildern: »Auf dem Jüngsten Gericht mit dem Nebel Gottes wendet sich ja auch unten rechts Fräulein Münter aus dem Rahmen.«[77] Er witterte verdrängte phallische Phantasien[78] und stellte respektlos fest, die Japaner hätten solche erotischen Inhalte anmutiger durch Blumengemälde vermittelt. »Manchmal denke ich an Beardsley, wenn ich Ihre Türme auf Bildern sehe. Türme, Blumen, oder ...? Es ist ein ungeheures Leben.«[79]

Mackes *Persiflagen* gipfelten in einem Aquarell, mit dem er 1913 ein abstraktes Bild Kandinskys imitierte, wobei er Linienführung und Farbwerte verblüffend getreu traf (Abb. S. 416). Die Karikatur zeigt Marc in Livree auf dem Kutschbock einer Kalesche, auf deren Rücksitz Kandinsky mit Glorienschein und einem Buch in der Hand neben Münter Platz genommen hat und die vorn und hinten von einer Doppelfigur Waldens eskortiert wird. Macke steht klein und bescheiden im Liniengewoge des Randes und schaut dem davoneilenden Wagen nach.[80] Auf einer Skizze des Vorjahres fehlen Münter und Walden noch; sie verdeutlichte Mackes selbstironischen Protest, von den Münchnern in den Dienst genommen worden zu sein: Der *Blaue Reiter* Kandinsky läßt sich fahren, Marc als Bediensteter kutschiert mit wild geschwungener Peitschenschnur den Galawagen mit der Aufschrift *Sturm*,

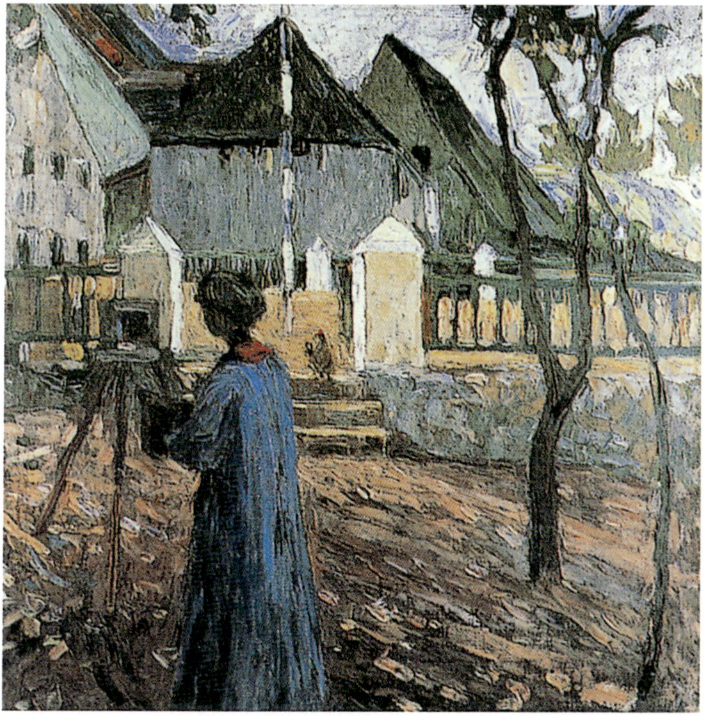

Kandinsky, Gabriele Münter beim Malen in Kallmünz, 1903.

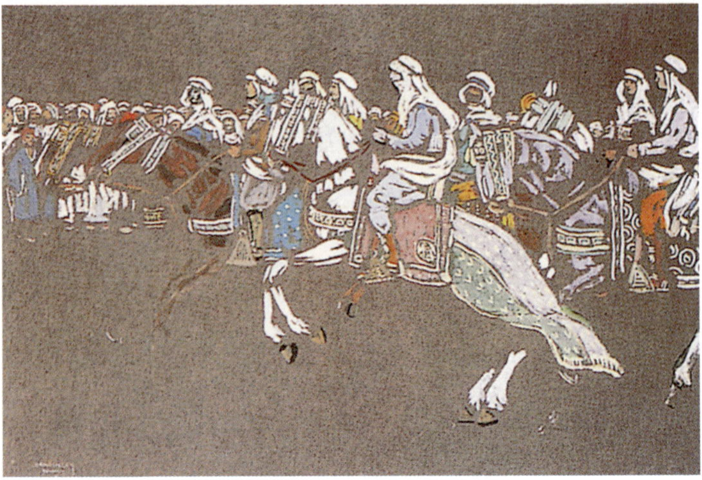

Kandinsky, Arabische Reiterei, 1905.

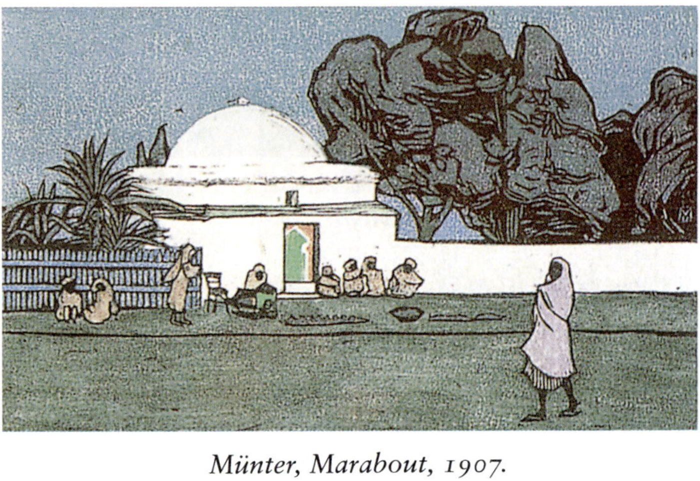

Münter, Marabout, 1907.

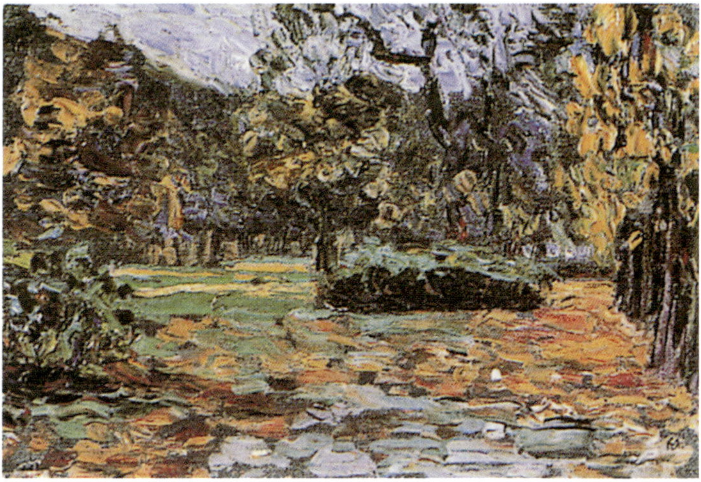

Münter, Park St. Cloud, 1906.

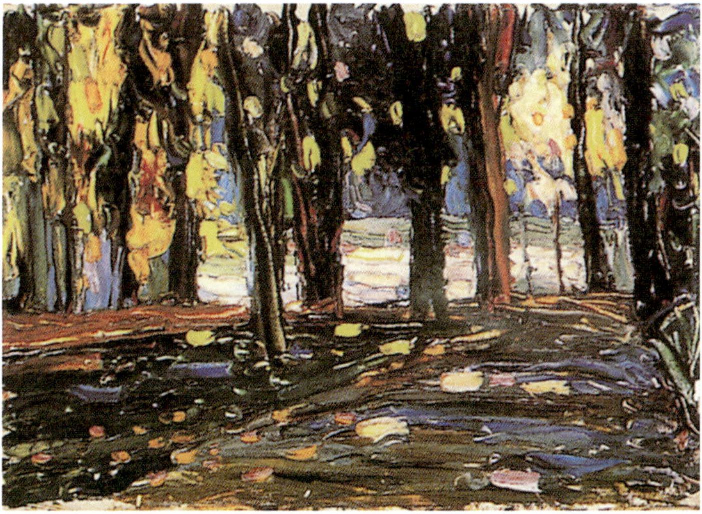

Kandinsky, Im Park von St. Cloud, 1906.

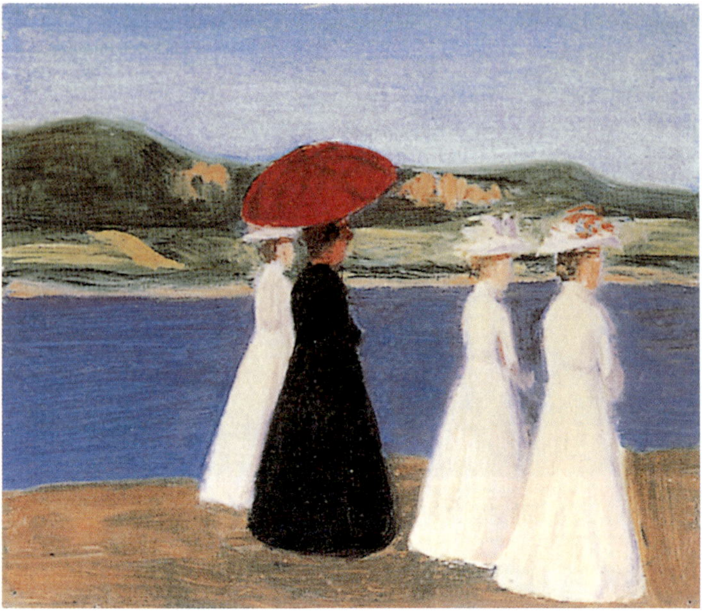

Münter, Promenade an der Seine, 1906.

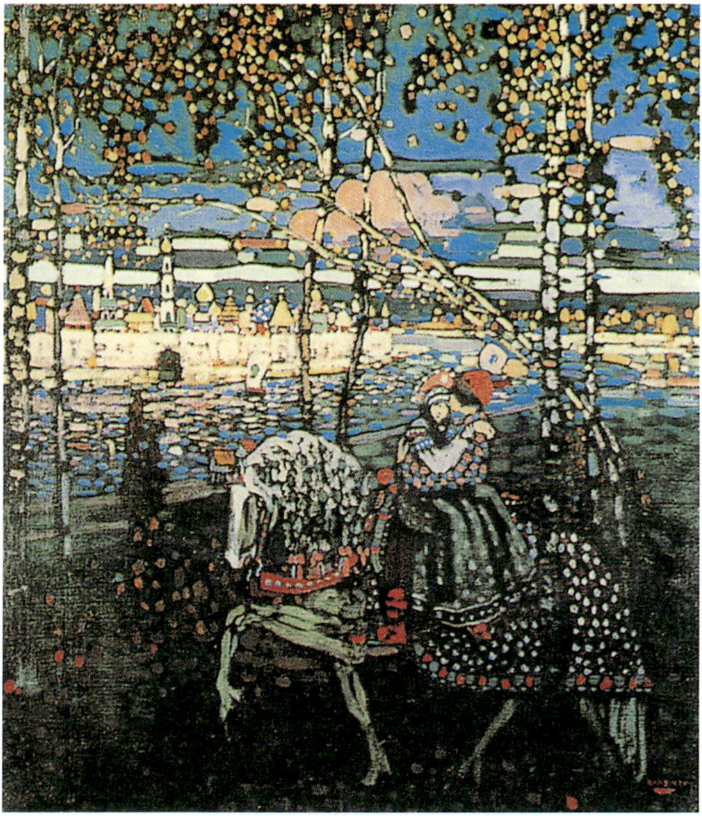

Kandinsky, Reitendes Paar, 1907.

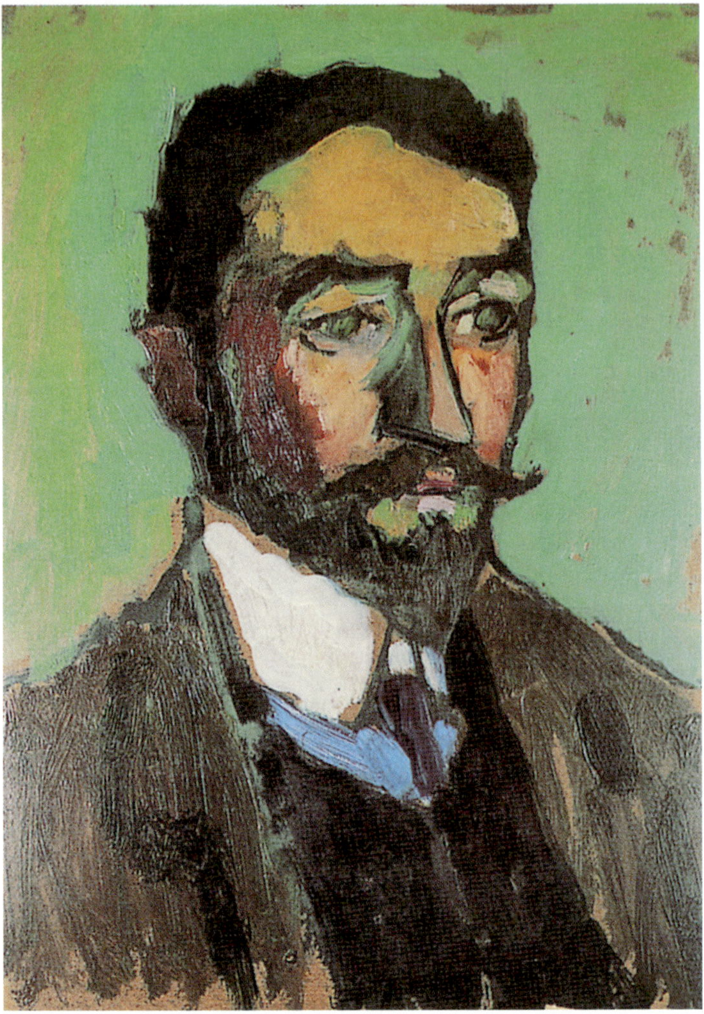

Münter, Porträt Georg Schroeter, 1909.

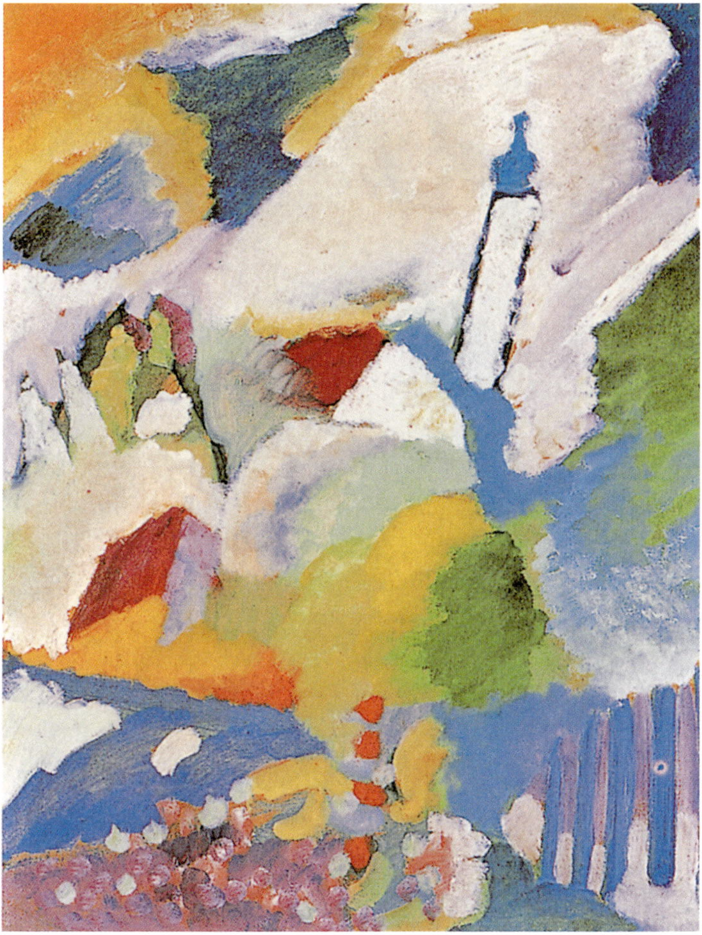

Kandinsky, Kirche in Murnau, 1910.

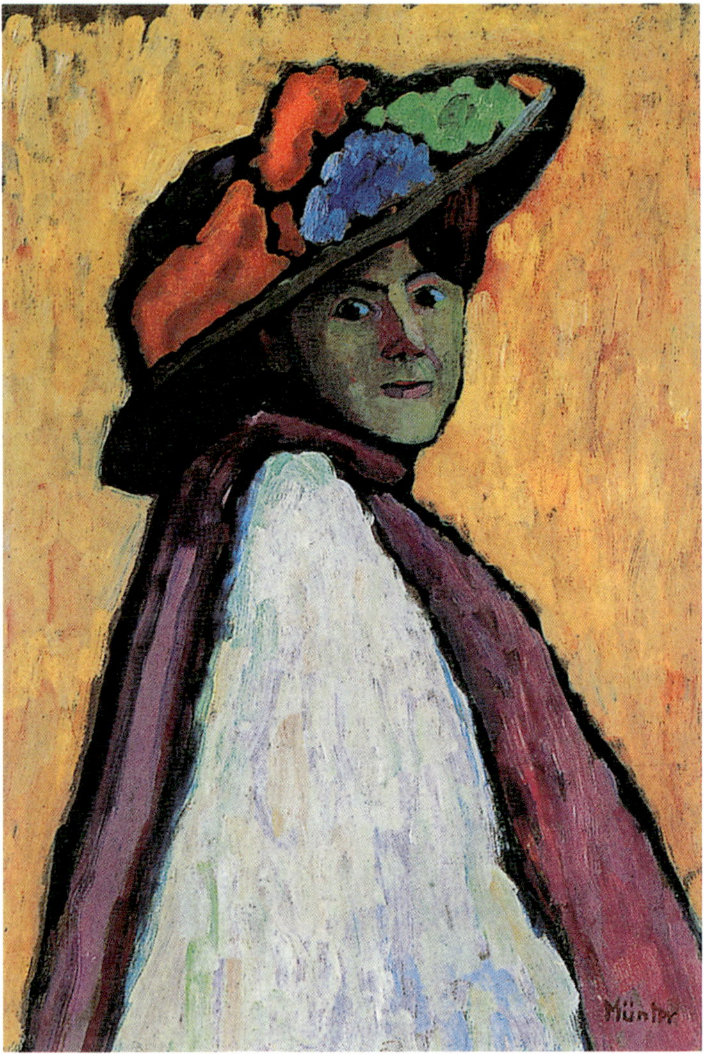

Münter, Bildnis Marianne von Werefkin, 1909.

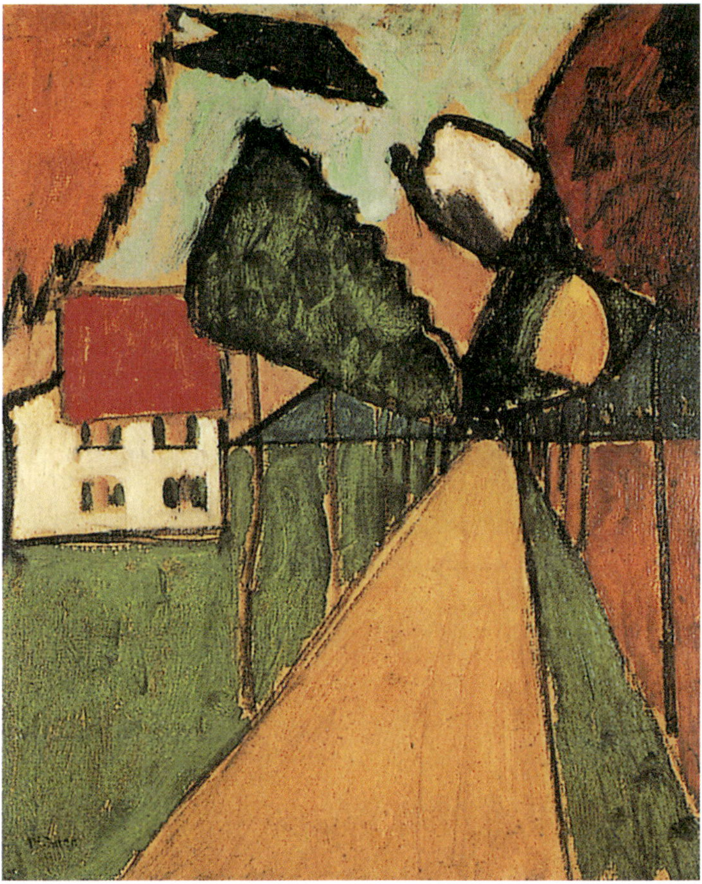

Münter, Gerade Straße, 1910.

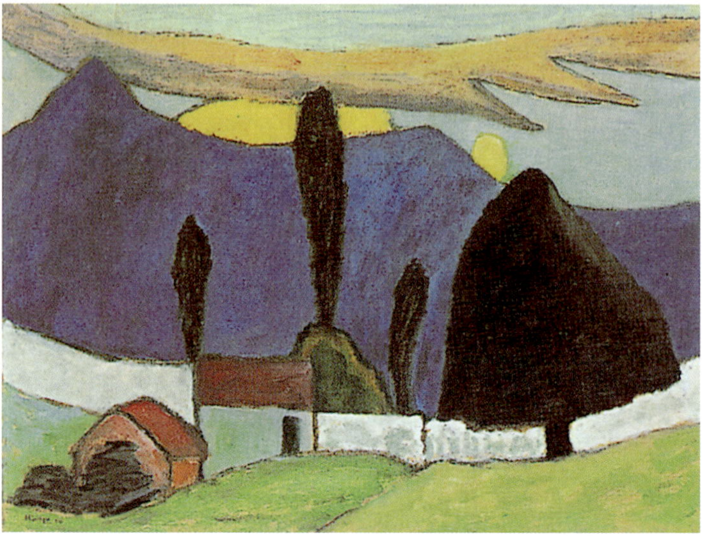

Münter, Landschaft mit weißer Mauer, 1910.

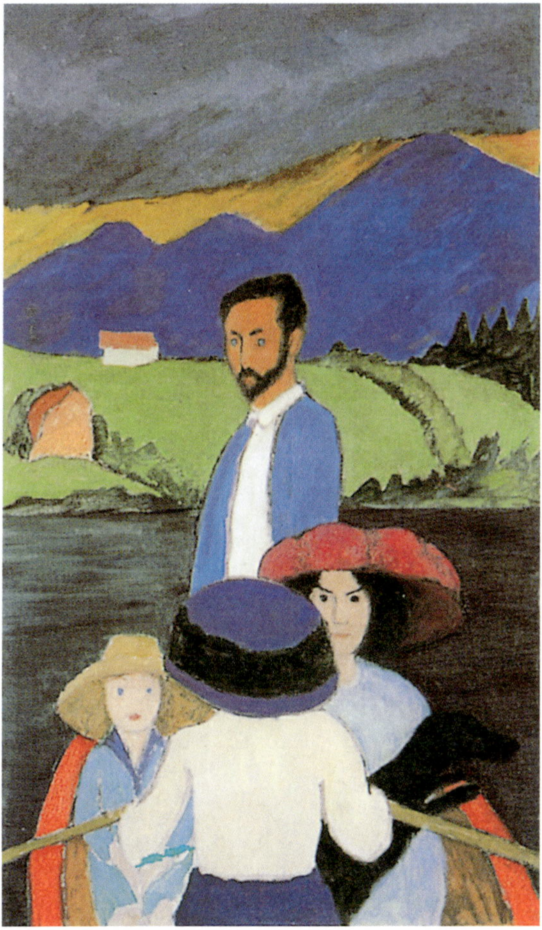

Münter, Kahnfahrt, 1910.

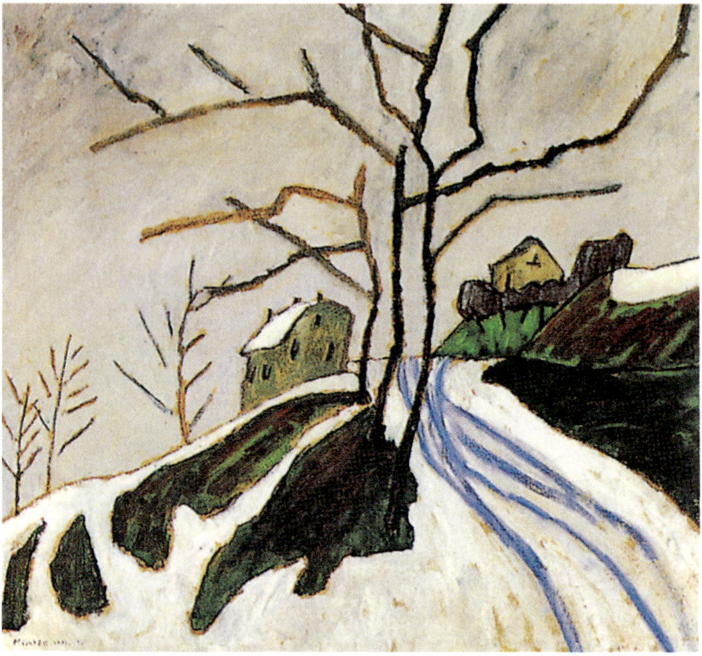

Münter, Landstraße im Winter, 1911.

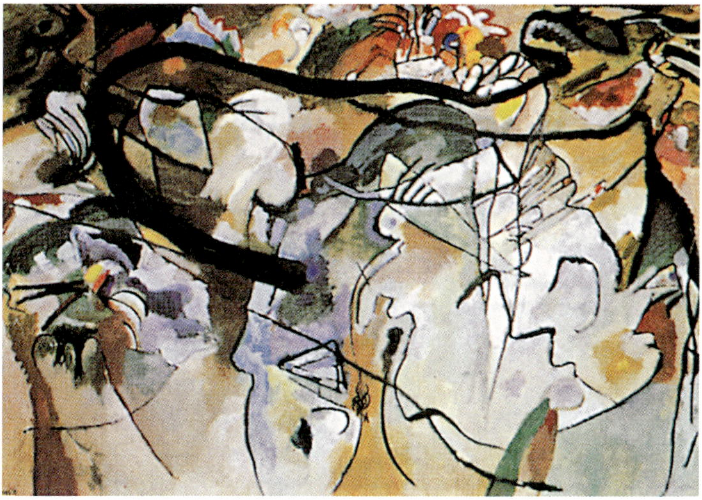

Kandinsky, Composition 5, 1911.

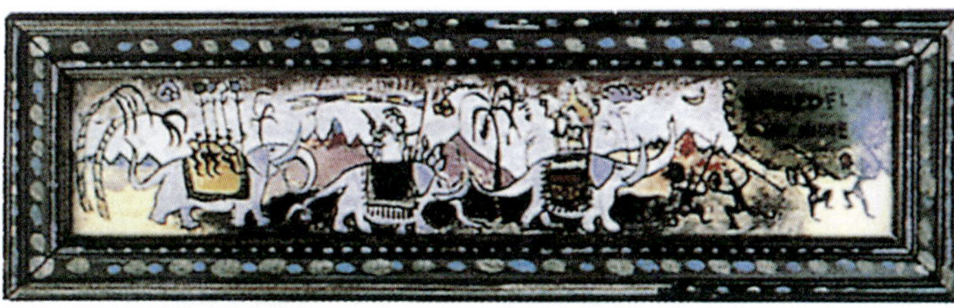

Geschenk Kandinskys an Elfriede Schroeter,
Friedel in Indien, Hinterglasbild, 1911.

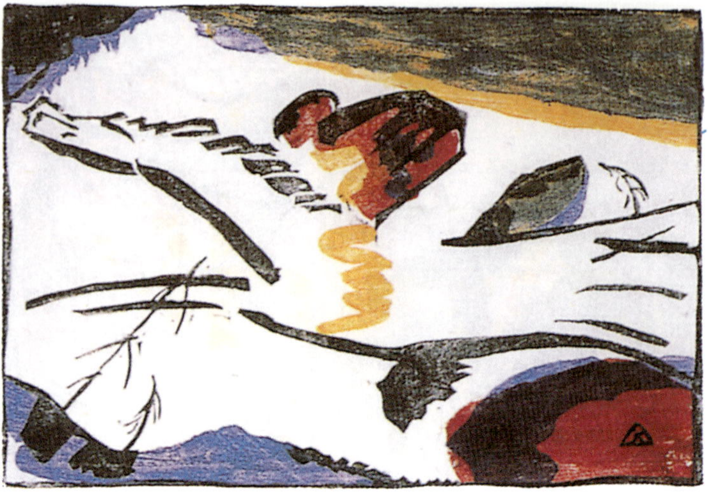

Kandinsky, Lyrisches, 1911.

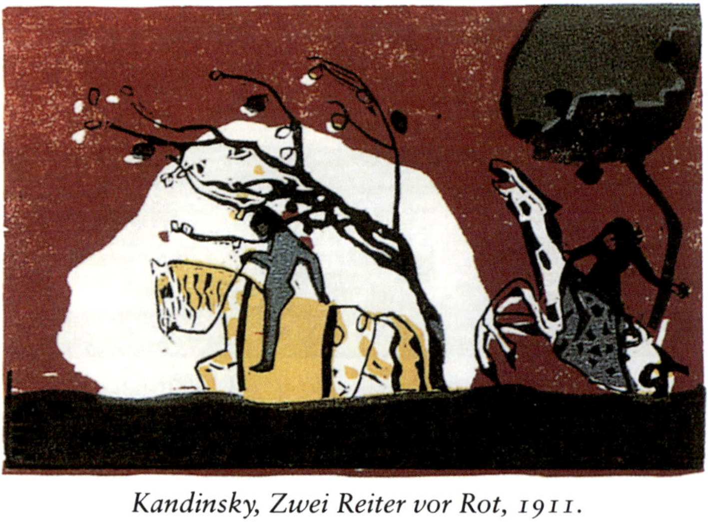

Kandinsky, Zwei Reiter vor Rot, 1911.

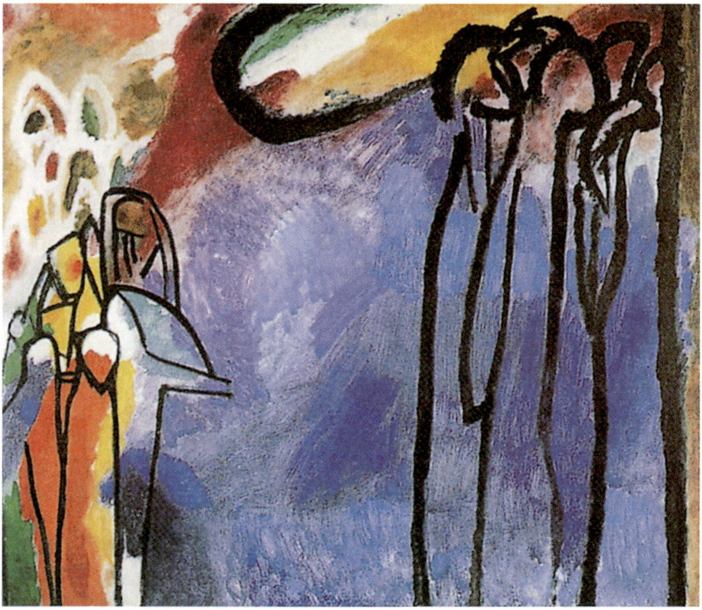

Kandinsky, Improvisation 19, 1911.

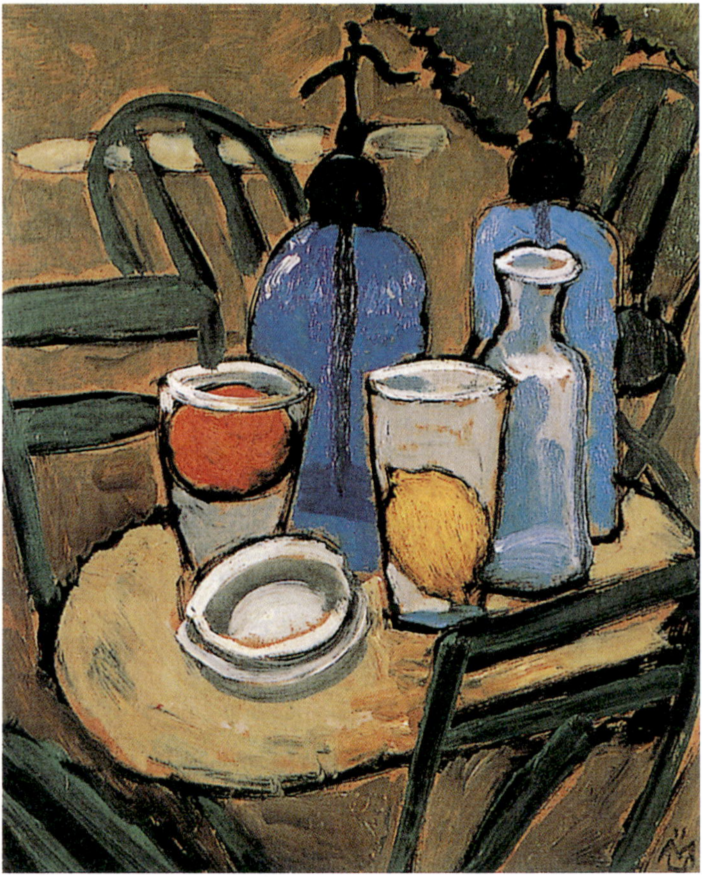

Münter, Tisch im Gartencafé, 1930.

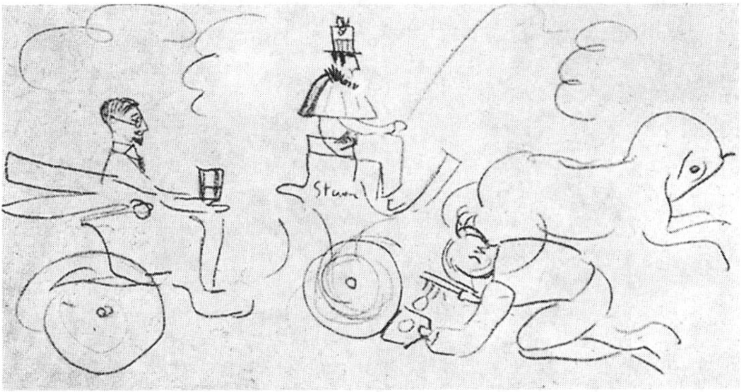

August Macke, »Sturm«, 1912.

Macke aber kniet eilfertig mit einem Kehrblech am Weg, um aufzuheben, was für ihn abfällt: die Roßäpfel.

Derartige Spötteleien kränkten Münter und bildeten einen Stachel für Marc.[81] So gegnerisch sich Münter gegenüber Macke verhielt, eines verband sie: In ihren Gemälden waren sie beide um variable Ausdrucksformen der Dingwelt bemüht; beide wehrten sie sich dagegen, das Sinnlich-Faßbare zum bloßen Zeichen auszudünnen. Beide glaubten sie an die vorkünstlerische Offenbarung des Geistigen: »Schon im Spiel der Kinder, im Hut der Kokotte, in der Freude über einen sonnigen Tag materialisieren sich leise unsichtbare Ideen«, hatte Macke im *Almanach* erklärt und den Künstler aufgefordert, *innerhalb von Raum und Zeit* spirituelle Botschaften aufzugreifen; denn »die Sinne sind uns die Brücke vom Unfaßbaren zum Faßbaren«.[82] Das war auch Münters Überzeugung. Macke warnte Marc vor einer allzu symbollastigen Malerei[83], wollte ihn aus der »asiatischen« Einflußsphäre herauslocken und empfahl ihm Wilhelm Worringers Buch *Abstraktion und Einfühlung*.[84] Diese Lektüre mag im Frühjahr 1912 ihrer aller Einsicht in die gegensätzlichen Motive und Ausdrucksformen beim östlichen und abendländischen Kunstwollen beschleunigt haben.

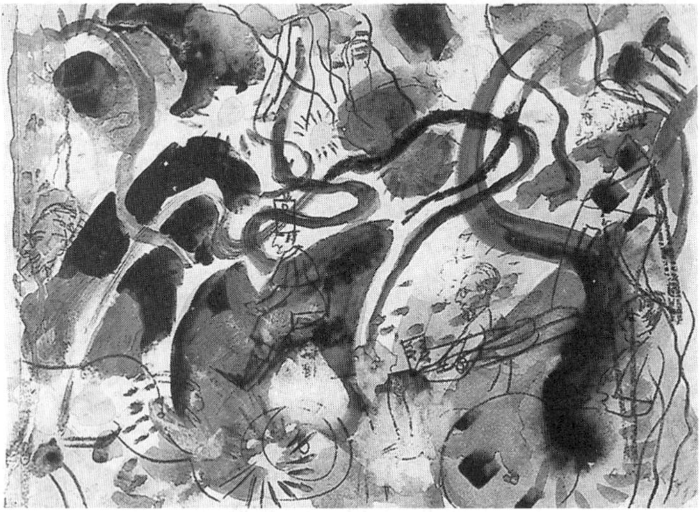

August Macke, Persiflage auf den Blauen Reiter, 1913, Aquarell, 24,6 × 34,5 cm.

Für Worringer war »der Abstraktionsdrang die Folge einer großen inneren Beunruhigung des Menschen durch die Erscheinungen der Außenwelt«.[85] Da die Kunst im Ursprung apotropäisch – also Angstbannung und Beschwörung – gewesen sei, gelte immer noch: Wo die Wirklichkeitsscheu am größten sei, erfasse die Menschen ein gesteigertes Verlangen, Ordnung in die Willkür der Erscheinungen zu bringen, von der Vielfalt abzusehen und zu abstrahieren, um sich dadurch aus den Verwirrungen einer unübersichtlichen und bedrohlichen Realität in eine geistige Überlegenheit zu retten. Kein Wunder also, daß die Kunst der Naturvölker und die mancher orientalischer Kulturvölker diese abstrakte Tendenz zeige, die ihnen die einzige Ausruhmöglichkeit innerhalb der Verworrenheit und Unklarheit der Welt biete. Gerade der *Asiate* suche die Erlösung von der Qual des Relativen.

Eine die Natur nachbildende Kunst setze hingegen *Einfühlungsdrang* voraus und bedinge ein Vertrauensverhältnis zwischen dem Menschen und seiner Außenwelt. So habe die klassische Kunst des Abendlandes nur durch eine Seelenverfassung des Gleichgewichts zwischen Ich und Welt entstehen können. »Bei dem Orientalen ist die Tiefe des Weltgefühls, der Instinkt für die aller intellektuellen Beherrschung spottende Unergründlichkeit des Seins größer und das menschliche Selbstbewußtsein entsprechend kleiner. Die Grundnote seines Wesens ist demzufolge ein Erlösungsbedürfnis. Das führt ihn in religiöser Beziehung zu einer trübgefärbten, von einem dualistischen Prinzip beherrschten Transzendenzreligion, in künstlerischer Beziehung zu einem ganz auf das Abstrakte gerichteten Kunstwollen.«[86]

Diese Polarisierung Worringers hatte das Spannungsfeld verdeutlicht, in dem sich die *Blaue Reiter*-Gruppe künstlerisch artikulierte. Kandinsky, der stets unter dem Diktat von Raum und Zeit gelitten hatte, versuchte seinen Drang nach Entgrenzung in die Kunst zu transponieren. »Warum fließt das Leben überall herein wie Schmutz in den zerrissenen Schuh?« hatte er Münter schon am 17. Februar 1904 geklagt und – wie am 28. September 1905 – immer wieder betont: »Nein Ella, das Leben ist gar nicht schön und glücklich ist der, welcher an einem Werk arbeiten kann, was ihn dem Leben entreißt und über das Leben stellt.« Ein Werk mußte für ihn überzeitliche Wahrheit spiegeln, es durfte nicht das »Musterpröbchen für eine bestimmte Epoche« abgeben. Als Marc geneigt war, mit zeitgenössischen Aussageformen zu experimentieren, protestierte Kandinsky gegen das Vorläufige und Beliebige aller Kunstgefechte, die den Eindruck erweckten, daß »die heutigen Bilder keinen vollen Wert haben können und daß ihr Schicksal ist, später mit Etiquetten versehen das XX. Jahrhundert zu charakterisieren – und ziemlich bloß das!«[87]

Während Münter, Macke und Marc sich zur Orts- und Zeitgebundenheit ihrer Werke bekannten, hatten ästhetische Fragen für Kandinsky metaphysischen Rang: Aus *innerer*

Notwendigkeit wurde die einzig gültige Form geboren. Für ihn war die Kunst kein Spielfeld wechselnder Ideen und Ausdrucksmöglichkeiten, sondern eine existentielle Herausforderung, durch die der Künstler die Welt überwinden und sich ins Transzendente hinüberwerfen konnte. Er verachtete jedes kunstgeschichtliche Konzept, das die Malerei als Versuchsfeld für Stilfragen auswies, und hob auf absolute Phänomene ab. Auch im *Almanach* hatte er ja die Vergänglichkeit *echter* – und das hieß für ihn gefühlsbetonter – Kunst geleugnet und Maßstäbe gesucht, die es erlaubten, weit voneinander getrennte Epochen ineinander zu spiegeln. Vor allem aber bemühte er sich, die psychischen Triebkräfte ebenso wie die zufälligen Anlässe seiner Malerei auszuschalten und in tagesferner, wohlabgestimmter *Komposition* jede historische Einkleidung abzustreifen.

Marc respektierte Kandinskys Anspruch auf die geschichtsenthobene Geltung seines Werkes. Er löste die schwierige Aufgabe, es in einem Essay zu würdigen, indem er jede formalästhetische Kritik als unzuständig abwies: Die Flugkraft eines Vogels lasse sich nicht mit dem Zollstock messen. Er sehe diese Bilder »ganz abseits der Straße in die blaue Himmelswand getaucht«. Sternengleich seien sie, dem irdischen Werden und Vergehen enthoben.[88]

Lyrisches, Ölgemälde und Farbholzschnitt Kandinskys aus dem Jahr 1911[89], mutet an wie sein in Pinselschrift hingeworfenes Psychogramm (Farbtafel XIV). Von rechts nach links, also gegen den Widerstand unserer durch den Schriftfluß geprägten Bewegungsrichtung, stürmt ein weißes Pferd durch weißen Raum, mit seinem Reiter zu zentaurhafter Einheit verschmolzen. Weiß ist für Kandinsky die Farbe des Anbeginns, das bis auf seinen Umriß entkörperte weiße Pferd ein Zeichen geistigen Aufbruchs. Die Lichtbrechung in irdischbelebte Buntheit reicht nicht hinein in dieses schwebende weiße Niemandsland des Absoluten; hier blühen nicht die *Kleinen Freuden*; der *Garten der Liebe* liegt fern.[90] Der dämonische Ritt führt durch kahles Gehölz, und hinter dem Gerippe erstorbener Bäume dehnt sich kühler Weltenraum. Ohne Zügel, ohne Gerte, ohne lenkenden Zugriff duckt sich der Geistesreiter hinter die wehende Mähne und wird in dieser Anverwandlung an die ungezähmte Sprungkraft des Phantompferdes selbst zu einer Hieroglyphe der Dynamik.

Was war Ende des Jahres 1912 aus der kühnen Seelenreise ins Unendliche geworden? Der *Blaue Reiter* mußte gegen einen Kunstbetrieb von irdischer Widerstandskraft antraben. »Unbestraft darf man sich Menschen nicht nähern«, diese Lebensphilosophie sei ihm aus vielen Enttäuschungen erwachsen, schrieb Kandinsky an Franz Marc.[91] Nie würde er sich auf seinem Ritt ins blaue Niemandsland des Geistes auf Dauer binden lassen. Daß dies auch für die bürgerliche Ehe galt, ahnte Münter. Doch sie schob den Gedanken an eine Trennung von ihm, der seit dem 17. Oktober 1911 von Anna geschieden war, weit von sich: »Ich zweifelte nicht an ihm und seinen Worten, aber er gab mir ungefragt immer wieder die Versicherung, er würde es nie auf sein Gewissen nehmen können, mich allein zu lassen. Unser Zusammenleben war noch ganz in der Entwicklung ... doch er muß damals schon an sich gezweifelt und gekämpft haben. Doch anstatt sich und mir Klarheit und Wahrheit zu geben, versprach und versicherte er immer mehr!«[92]

Kandinsky bedauerte zum Jahresende 1912 gegenüber Münter, vom einsamen Turm herabgestiegen zu sein[93]; es erschien ihm wie ein Verlust des Geheimen, des ungestörten Selbstgespräches beim Malen. »Die Beziehungen mit Menschen sind eine schwere, oft eklige Last. Viel Mut muß man haben, um nicht wieder auf den Turm zu flüchten.«

12. Kapitel

Schwarze Flecken

Wieder einmal hatte Kandinsky die Reise nach Rußland allein angetreten. Er fühlte sich welt- und menschenmüde, als er von seiner Separatschau beim *Sturm* am 6. Oktober 1912 von Berlin nach Moskau weiterfuhr. Diese erste große Retrospektive mit 73 seiner Werke aus den Jahren 1902 bis 1912 sollte noch in sechs weiteren deutschen Städten gezeigt werden. Im hektischen Kunstbetrieb Waldens hatte er jedoch begriffen, daß dieses emsige Spürtalent als Galerist persönlichen Ruhm suchte. Es war auf die Dauer nicht möglich, daß der *Blaue Reiter* sich seiner Werbekraft bediente, ohne den Preis eigener Autonomie zu zahlen.

»Moskau, das ist meine Hoffnungsstadt«[1], hatte Kandinsky Walden anvertraut. Hier würde er wieder in den frühen Bilderstrom der Seele eintauchen. Hier floß im kanonischen Darstellungsprogramm der orthodoxen Kirche die Quelle seiner Ikonographie. Hier fand er im zeitenthobenen Goldglanz byzantinischer Frömmigkeit die Helden und Heiligen seiner Kindheit wieder, Propheten und Seraphime, himmelweisende und posaunenblasende Engel, und über den Ausgangspforten der Kirchen warnend das Endgericht mit dem Höllensturz der Verdammten und dem Aufstieg der Seligen ins Paradies.

Immer deutlicher wurde ihm bewußt, daß er zum russischen Volk gehörte, das in seiner Überlebensstärke dazu neigte, die Macht der Seele im Leiden auszumessen. Hier lagen die Wurzeln seiner Kraft.[2] Bei seinen volkskundlichen Forschungen in Vologda hatte er entdeckt, »daß der Unterschied zwischen der ›offiziellen‹ Kunst und der ›ethnographischen‹ Kunst keine Berechtigung hatte«[3] und daß die innere

Triebkraft wichtiger für die Wirkung und für die glaubhafte Gebärde eines Werkes war als dessen formal-ästhetische Einkleidung. Hochmütig für sein Volk schien er Münter zu sein; denn er sah im Russen den ›All-Menschen‹, der die Widersprüche Europas in sich vereinen und zum Ausgleich bringen könne. Doch um sich als Russe zu fühlen, mußte er in Deutschland sein, um sich als Westler zu fühlen, fuhr er nach Moskau. Er verstand sich als Grenzgänger, als Vermittler: es sei seine Aufgabe, bei den Russen Freiheit zu säen und das Band zwischen ihnen und Deutschland zu festigen. Dabei fechte er die führende Macht der Franzosen an, und dieser Gedanke finde in Moskau volle Sympathie. Wieder überall Erfolge, wieder allerorts die Bitte, dazubleiben! »Es gibt hier z.B. keinen eigenen Theoretiker, besonders für die neue Kunst, und ich würde als eine Kanone gegen den Petersburger Benois[4] aufgestellt«, versicherte er Münter. Sein Vortrag vor der dortigen Kunst- und Theater-Gesellschaft über *Das Kriterium zur Beurteilung eines Bildes* sei stürmisch gefeiert worden, darum müsse er nun für eine Petersburger Veröffentlichung den *Almanach*-Beitrag *Über die Formfrage* übersetzen und außerdem ein Manifest für die Künstlervereinigung *Karo Bube*[5] schreiben, das dort im Februar ohne seine Anwesenheit verlesen werde. Lediglich mit Schtschukin bleibe es bei einem »platonischen Verkehr«; nur ein Erfolg in Paris könne den Sammler zum Kauf eines Kandinsky-Bildes bewegen.[6]

Die Briefe aus Moskau erzählten Münter aber auch von der Opulenz gepflegten »Déjeunierens« und von abendfüllenden Tafelfreuden. Die Melancholie schien gebändigt.[7] Münter litt unter dem unpersönlichen Ton seiner Berichte, der dem stummen Beieinander der letzten Zeit entsprach. »Bitte laß doch deine Zweifel ruhen, daß ich ein Tisch bin oder dich für einen Stuhl halte. Wenn ich weniger von mir erzähle und nur das Geschäftliche würdige, so will ich nur, daß du mein äußeres Leben kennst. Das innere bleibt unverändert«[8], beruhigte

Kandinsky sie. »Liebschaften habe ich nicht gehabt. Ich bin nur manchmal sehr traurig, und zerstreut bin ich auch – fieshaft!«[9] Sein Plan, in Moskau ein Haus zu bauen, nahm feste Gestalt an. Er fand »eine Gegend mit Zukunft, leider habe ich keine direkten Erben, die diese Zukunft ausnützen könnten«.[10] Die Rückkehr verzögerte sich. Der Teil seines Lebens, an dem sie keinen Anteil hatte, wuchs.

Während Kandinskys Abwesenheit hielt sie seine Abmachungen für Ausstellungen ein, versandte Bilder und überarbeitete seine Schriften getreu seinem Wunsch: »Das Undeutsche kannst Du dann artig korrigieren.« Obwohl ihre Separatausstellung beim *Sturm* näherrückte, kam sie nicht dazu, ihre Holzschnitte fertigzustellen, auch rührte sie wochenlang keinen Pinsel an. Allenfalls hielt sie im Skizzenbuch etwas fest, – »für später«.

Nicht zufällig benutzte Kandinsky vampirische Metaphern, sprach vom »Aufsaugen der Kraft«, wollte »das Blut abgeben«. Auch er selbst fühlte sich oft als Opfer eines solchen Entzugs: Wie die Spinne die Fliege aussauge, so sauge ihn gewöhnlich Moskau aus. Sprachbilder vom ›Einverleiben‹ durchzogen seine Briefe. Auch Münter fühlte sich ›verzehrt‹. Ein schöpferischer Mensch ›erschöpfte‹ seine Umgebung. »Du willst ganz in Dir und für Dich leben und denkst nicht daran, was ich brauche«, bedauerte Münter, der es oft so vorkam, als hätte sein gestaltauflösender Blick auch sie zum Schemen reduziert. »Vergißt Du mich so fern auch ... ebenso, wie wenn Du nah bist?«

Sie bat ihn: »Wenn Du doch versuchen wolltest, mit dem Leben – dem Augenblick Dich besser zu stellen! Und auch wieder zu mir zu sein wie früher.«[11] Kandinsky aber glaubte, ihr etwas Schmeichelhaftes mitzuteilen, als er sie nach dem Betrachten ihres ihm nach Odessa gesandten Porträtphotos »einfach und nett« nannte. Hieß das für ihn nicht zugleich: schlicht, anspruchslos und – im Gegensatz zum reich schillernden russischen Wesen – einfältig, zuverlässig und berechenbar, eben: *deutsch*? War sie, einst von ihm begehrt als strahlender Stern und unheilabwehrende Geliebte, an seiner Seite so glanzlos geworden, so stumpf, so verunsichert und blutleer, daß vielleicht auch die Sindelsdorfer das mottenhaft Verflatternde zu Recht an ihr schelten konnten?

Kandinskys Bilder enthalten das Biographische in schwer deutbarer Verrätselung. Sehnsucht und Not, Liebe und Haß, Heilssuche und Bedrohung fanden in Farben und Formen Ausdruck. 1912 dominierte mehr und mehr das Schwarz.

Ein Holzschnitt *Schwarzer Fleck* zeigt ein Liebespaar in einer Aureole, auf das sich ein riesiger schwarzer Fleck zubewegt. Das Bild wurde später als Ölgemälde ausgeführt, das zentral einen großen schwarzen Fleck enthält, der sich auszubreiten scheint; dabei sind Troika und Ruderboot – Sinnbilder der Lebensfahrt – und zwei Paare in unmittelbarer Nähe bedroht.[12] Deutet dieses Schwarz die Gefährdung eines jeden Liebesbundes an? Das Thema des bedrohten Paradieses, das stets auch das Thema bedrohter Liebe ist, findet in dieser Zeit häufig Eingang in Kandinskys Bilder. Im Aquarell *Paradies*[13] werden Adam und Eva, in flüchtigem Umriß gezeichnet und durch den Apfel in Evas Hand charakterisiert, von zwei schwarzen Flecken eingekreist. Im Aquarell *Liebesgarten*[14] lagern drei Paare um eine zentrale Sonne auf lebenssatter gelb-grün-roter Fläche, sie scheinen durch Wall und Zaun vor eindringenden Unruhefeldern abgesichert zu sein. Doch im Paradies selbst steckt das Böse! Das Paar rechts vorn – und das bedeutet raumsymbolisch für Kandinsky erdhaft, schwer, erlösungsbedürftig – wird von einem schwarzen Fleck fast erdrückt; darüber ringelt sich die Schlange in roter Aura. Ein Hund lauert, Sinnbild für teuflische Begierde und Höllengeifer.

Teufel in hündischer Gestalt kannte Kandinsky seit seiner Kindheit aus dem Bildprogramm der Kreml-Kirchen. Deutlich wird diese Zuweisung, die Kandinsky im Sinne der *Johannis-Offenbarung* 22,15 für seine Malerei übernimmt,

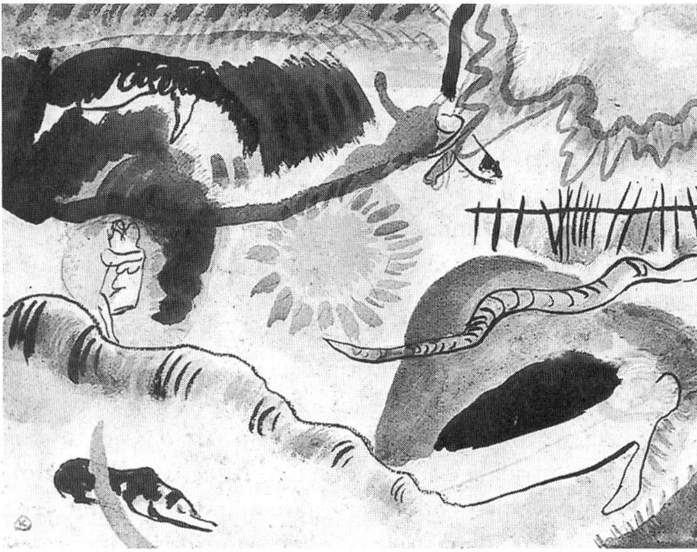

Wassily Kandinsky, Liebesgarten, 1911/12,
Aquarell, 24,8 × 31,6 cm.

auch in der Gegenüberstellung von *Höllenhund und Paradiesvogel* (1912), wo ein schwarzer Hund mit Raffelgebiß und Krallenpfoten dem lichten Himmelsvogel im Kampfe weicht; der Igel, seit der christlichen Symbolsprache des Physiologos[15] Teufelszeichen für Zorn, Geiz und Freßlust, verstärkt das tellurische Dunkel, aus dem ein aufsteigender Schmetterling den Blick zur Sonne leitet. Gerade die Einfügung des Igels in den höllischen Bereich beweist, wie vertraut Kandinsky mit den *Bestiarien* war, die Naturbeschreibungen von Tieren, Pflanzen, Steinen an Bibelstellen anknüpften und in deren Sinn auslegten: seine Symbolsprache beruht weitgehend auf diesen Wertungen. Satanisch erschien der Hund schon in seiner 1910 entstandenen *Improvisation 11, Mit Hund*, wo er sich als das unreine, verachtete – weil leichenfressende – Tier der Bibel neben einer ins Bild ragenden Kanone die Flanken leckt. *Impression VI, Sonntag* (1911) zeigt ihn dem pastoralen Geschehen entsprechend gebändigt, veredelt, weißfarbig und so der Frömmigkeit der Kirchgänger zugeordnet; doch scheint er in seiner Aufgabe als Wächter der Unterweltspforte von ihnen weg, in einen Abgrund zu streben.[16]

Improvisation 25, auch *Garten der Liebe* betitelt, zeigt in der rechten Erlebniszone zwei Paare in paradiesischer Umgebung, in der linken ein Ruderboot, das, zwischen Felsen eingeklemmt, kentert.[17] Kandinsky artikuliert Bedrohung häufig durch Wasser und andrängendes Wellengewoge. Viele seiner Gemälde zeigen seit 1911 die Aufteilung in eine sonnenbestrahlte Zone des Friedens und eine der Gefahr, über der nun der eintrübende schwarze Fleck lastet.

Manches in dieser Zeit wirkt wie ein Rückgriff auf die Farb-Auren, die sich nach dem Berlin-Aufenthalt in den Jahren 1908 und 1909 auf seinen Bildern ausbreiteten. Auf einer aquarellierten Bleistiftskizze des Jahres 1908 findet sich schon ein schwarzer Fleck in gleicher Prägnanz, er bewegt sich auf einen Leuchtturm zu, der im hohen Wellengang gefährdet ist.[18] Auch daß Kandinsky sich jetzt noch einmal nach den Fortschritten von Dargets Gedanken- und Gefühlsphotographie erkundigt[19], weist auf seine erneute Beschäftigung mit der optischen Repräsentanz spiritueller Inhalte hin.

Im Herbst 1912 entstand das *Bild mit dem schwarzen Bogen*: Am Kraftpunkt abgeknickt, bohrt sich Schwarz, begleitet von dunklen Strichhieben, in spitzer Aggressivität in den Raum und zertrennt den dramatischen Kampf zwischen Rot, Blau und Violett, – beherrschend, bedrohend, vernichtend.[20]

Weniger verschleiert scheint das inhaltliche Geheimnis in einem Bild zu sein, dem Kandinsky den Titel *Moskowitin*[21] gab. Es hebt sich von der verschlüsselten Ikonographie seiner damals entstandenen Werke durch eine fast naive Gestaltung ab. Diese Darstellung, die in unmittelbarem zeitlichen Zusammenhang mit dem *Schwarzen Fleck* steht, muß ihn sehr beschäftigt haben, denn er führte sie als Aquarell und als Hin-

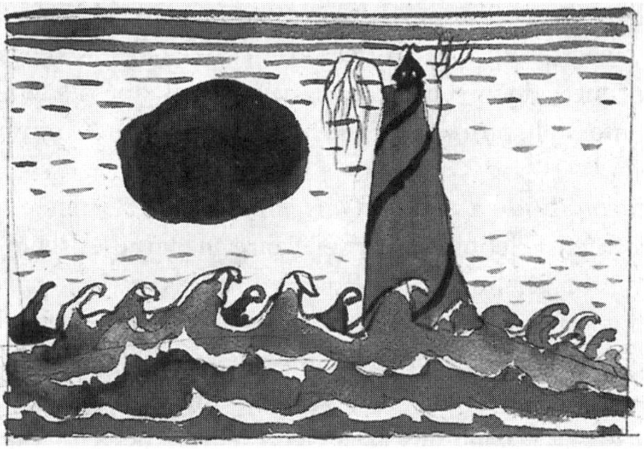

Wassily Kandinsky, Leuchtturm, 1908/09, Bleistift, lila-rot aquarelliert (Titel nicht von Kandinsky), 9,0 × 13,5 cm.

terglasbild (seitenverkehrt) aus und übertrug sie auch noch in ein großformatiges Ölbild. Am 2. November 1912 schickte er Gabriele Münter eine Ansichtskarte mit der Moskauer Straße *Okhotny riad*, »die Straße meiner Dame in Moskau«. Eine solche exakte Lokalisierung macht die Spiegelung eines Erlebnisses wahrscheinlich. Die rechts und links bebaute und von Kandinsky in naiver Manier wiedergegebene Straße mündet an Kremlmauern vor einem goldenen Kuppelensemble unter roter und gelber Sonne. Im Hintergrund ein Kran zur Entladung von Schiffen. Eine junge Frau im Vordergrund schaut den Betrachter an, mit der linken Hand streckt sie ihm eine rote Rose entgegen, mit der rechten umfaßt sie einen kleinen Hund. Diese realistische Darstellung wird überhöht durch eine rätselhafte Farbendramatik; eine mandorlagleiche, zartgraue Aura legt sich schützend um die Moskauerin, ein rosa Farbgebilde steht ihr zur Seite, und ein großer schwarzer Fleck schiebt sich vor die Sonne.

Das Geschehen spielt sich auf zwei Ebenen ab, der körperhaften und der von – symbolisch geladenen – Farbformen, die innerhalb eines solchen, mit naiver Sachtreue gemalten

Bildes auffälliger als in einer gegenstandslosen Darstellung wirken. Sie sind der realistischen Szene wie ›wirkliche‹ – und das heißt für Kandinsky stets ›wirkende‹ – Kräfte eingefügt. Die Sonne über der Stadt wird sich verfinstern, dann regiert *Schwarz*. Das Rot, das für Leben, Wärme, Gefühl und Schönheit steht, wird im Kräftespiel der Farbgegensätze durch Haß, Krankheit und Vernichtung bedroht. Gerade weil dieses Bild doppelschichtig ist, bietet es eine Brücke zum Verständnis für Darstellungen mit farbigen Ballungen ohne figurative Einschlüsse.[22]

Ein zweites Bild, *Kuh in Moskau*[23], als Hinterglasbild und als Aquarell ausgeführt, gehört zum gleichen Themenkreis. Es zeigt einen Moskauer Platz, an dem ein großes blaues Gebäude von tempelähnlicher Architektur (Puschkin-Museum?) steht, in dessen Giebelfront ein mythologisches Wesen abgebildet ist (Engel mit Posaune?) und über dem Farbflammen zum glutroten Himmel züngeln. Moskau bei Sonnenuntergang? Links vorne steht eine lachsrote, brüllende Kuh in einer sattgelben Farbblase[24], rechts von ihr ein bärtiger Mann im weißen Kittel, umgeben von einer bläulichen Aura, sein Messer (oder Skalpell) ist auf das offene Maul der Kuh gerichtet, in der linken Hand trägt er ein Dokument. Lebenswärme, Blühen und Gesundheit sprechen aus dem mächtigen Tierleib, der jedoch durch die chirurgische Klinge bedroht wird. Ein biographischer Bezug ist zu vermuten; Kandinsky mußte sich am 10. Juli 1912 einer Bruch-Operation unterziehen. Zur Deutung des Bildinhalts kann aber auch sein Entwurf für das dritte Szenenbild der Bühnenkomposition *Violett* beitragen. Dort steht eine zinnoberrote Kuh mit bläulich geschwollenem Euter, gestrecktem Hals und offenem Maul – also muhend – in einer grünen Landschaft und ist, von gelbem Sonnenlicht umflossen, ein Urbild von nährender Kraft und Gesundheit.[25] In *Klänge* beschreibt Kandinsky unter dem Titel *Abenteuer*[26] eine rote Kuh mit einem sehr dicken Bauch am Fuße eines Glockenturms, dessen Uhr

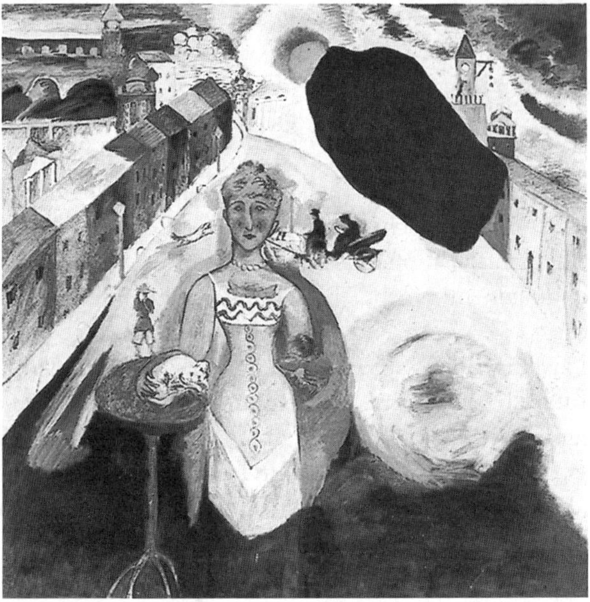

Wassily Kandinsky, Dame in Moskau, 1912,
Öl auf Leinwand, 108,8 × 108,8 cm.

verstummt sei; sie stehe unbeweglich und kaue schläfrig, nur beim Zeigerstand jeder Viertelstunde brülle sie: »Ei sei doch nicht so bange!« Ihr Gemuhe aus vegetativem Dämmerzustand bildet einen Gegensatz zu dem an Vergänglichkeit mahnenden, und darum angsterzeugenden Glockenschlag. Kühe in Kandinskys Werken erweisen sich als Sinnbilder praller Diesseitigkeit.

Um Lebensfülle und das zerstörerische Prinzip – »die schwarze todbringende Hand« – geht es auch bei der *Dame in Moskau.* Sie wird von einer zartrosa Farbwolke mit karmesinrotem Kern umgeben, das bedeutet nach Kandinskys Farbensymbolik den »Gewinn an reinem Körperlichem, klingt wie jugendliche, reine Freude, wie eine frische, junge, ganz reine Mädchengestalt«.[27] Rot war für ihn von zielgerichteter Wucht, zeigt Brausen und Glühen, in seiner »Abkühlung«

zum Rosa jedoch Frische, Zärtlichkeit und erneuernde Kraft. Gefühl spricht auch aus der werbenden Haltung der Moskauerin, aus der angebotenen Blume der Liebe, aus der zutraulichen Umklammerung des Hündchens. Rot ist ihr Kleid, von fast fiebriger Intensität. Ihr rötliches Haar erinnert an Kandinskys Vorliebe für ›Füchslein‹. Unverkennbar ist eine Verkrustung der Farben auf den Wangen der Moskauerin, sie deutet vielleicht auf die Übermalung von Tränen hin. Schlank, zerbrechlich, ausgeliefert steht sie da. Ein orientalisch gekleideter Mann winkt ihr von ferne zu. Die biographische Verankerung ist auch angesichts der figurativen Attribute nicht zu verkennen: Eine schwarze Kutsche, Symbol der Trennungsängste Kandinskys seit der Kindheit, überquert mit zwei schwarzen Insassen die Straße. Ein angreiferischer Hund, für Kandinsky stets beladen mit dem Ruch der Hölle, umspringt sie. Kein Zweifel, der *schwarze Fleck*, der sich vor die Sonne schiebt, findet seine Entsprechung im Szenenbild der Straße, das auf den Kampf zwischen dunklen und hellen Mächten verweist.

Nach Kandinskys Auffassung mußte in jedem Werk ein leerer Platz bleiben.[28] Es war das Schlupfloch für die Phantasie, zugleich eine Verrätselung des Bildinhalts, durch die ein Künstler sich der lebensgeschichtlichen Deutung entziehen konnte. Vielleicht aber bietet ein Brief der Moskowitin Bjena Bogajéwska aus dem Winter 1912 an Kandinsky eine Entschlüsselung des Bildgeschehens. Mit Stolz und Würde teilte sie ihm mit, daß sie ein Kind erwarte und daß ihr Mann, mit dem sie bisher in kinderloser Ehe gelebt habe, es wie sein eigenes akzeptieren wolle. Sie bat Kandinsky, er möge es als Pate über der Taufe halten, damit ihr langjähriger Freundschaftsbund noch gefestigt werde und in alle Zukunft hinein dauere. In einem späteren undatierten, inhaltlich jedoch ins Frühjahr 1914 einzuordnenden Brief berichtet Bogajéwskaja, nach Ansicht ihres Mannes sehe die kleine Tochter, Xenia genannt, Kandinsky »nach Photo ähnlich«.[29]

Verunsicherung durchzog Münters Briefe, als Kandinsky neun Monate nach seiner letzten Reise, am 5. Juli 1913, wieder nach Moskau fuhr. »Ich bin traurig, daß Du nie das Bedürfnis hast, mich an Deinen Erlebnissen dort teilnehmen zu lassen durch ausführliche Nachrichten. Es ist kein gutes Zeichen«, schrieb sie ihm am 23. August 1913 und fügte zwei Tage später hinzu: »Mir wird wieder gegenwärtig, wie Du die letzten Jahre immer gegen mich warst – unaufmerksam, lieblos und ungerecht ... Ich will nicht daran denken.«

Als Herwarth Walden nach dem Vorbild des Pariser *Salon d'Automne* in Berlin den *Ersten Deutschen Herbstsalon* vom 20. September bis 1. Dezember 1913 veranstaltete, war Münter mit sechs Bildern beteiligt: *Dekoratives Stilleben* (Katalognummer 297), *Schwarze Maske mit Rosa* (298), *Welke Blumen* (299), *Stilleben mit weißen Tieren* (300), *Mann im Sessel* (301), *Stilleben mit weißer Schale* (302). Die Münchner wurden auf verschiedene Räume verteilt; die Hängekommission bestand aus Walden, Marc und Macke. Kandinsky kam, um einige Einsendungen zu prüfen, vor der Eröffnung, nahm aber nicht daran teil. Er litt unter der Einordnung seiner sieben Bilder und – bei 366 Exponaten von 90 Künstlern – auch unter der Nachbarschaft manches Beliebigen. Münter hingegen fühlte sich auf dem Scheitelpunkt ihres künstlerischen Weges.

Sie hatte inzwischen beachtliche Ausstellungserfolge aufzuweisen. Nach ihrer ersten Separatschau in der *Sturm-Galerie*, Januar 1913, hatten bis zum *Herbstsalon* durch Waldens Initiative Einzelausstellungen in Frankfurt, Dresden, Stuttgart und Kopenhagen stattgefunden. Außerdem war sie seit der zweiten, der Graphik-Ausstellung des *Blauen Reiter* im Frühjahr 1912 an mindestens einem Dutzend Gruppenausstellungen zwischen Hamburg, Zürich und Budapest beteiligt gewesen. Die größte Freude aber hatte ihr die Einzelausstellung von 67 Werken in München bereitet, die im April 1913 zur Eröffnung neuer Räume des anspruchsvollen, erst im Oktober 1912 gegründeten *Neuen Kunstsalons von Max Dietzel* an der Prannerstraße[30] stattgefunden hatte. Ein von Kandinsky verfaßter Katalogtext sollte den Besucher stimulieren: Er fühle sich, gleich beim Eintritt, »von einer Frauenseele umweht. Es ist besonders angenehm zu bemerken, daß es unmöglich ist, den Ursprung gerade dieses Gefühls zu erklären. Gabriele Münter malt keine ›weiblichen‹ Motive, sie arbeitet nicht mit weiblichem Material und erlaubt sich keine weibliche Koketterie. Hier ist weder Schwärmerei, noch angenehme äußere Eleganz, oder eine anziehende Schwäche zu bemerken. Aber andererseits auch keine männliche Allüren, d.h. keine ›kräftige Pinselführung‹, keine ›stark hingeworfenen‹ Farbenhaufen.« Ihren Bildern fehle »jede Spur von weiblicher oder männlicher Koketterie der ›Mache‹«. Kandinsky, der jede Beschränkung weiblicher Ausbildungs- oder Ausstellungsmöglichkeiten ablehnte, setzte in diesem Einführungstext männliche und weibliche Begabung typisierend voneinander ab und charakterisierte die Gefährtin: »Die urwüchsige, innerliche, sagen wir gleich echt deutsche Begabung von Gabriele Münter ... ist von vornherein und ausschließlich als eine rein weibliche zu bezeichnen.« Der Text[31] blieb 1913 unveröffentlicht.

Anläßlich des *Herbstsalons* wurde Münter von der Presse der »übertriebene Radikalismus des ewig Weiblichen« angelastet.[32] Der Kritiker Paul Westheim wertete die Münchner Gruppe in diesem »Panoptikumspektakel« insgesamt ab: »Statt des Stuck-Rezeptes gibt es jetzt ein bißchen Kandinsky, ein bißchen Picasso, oder was sonst gerade im Café Stephanie im Kurs ist ... Es gibt für Leute, die ohne etwas zu können, es über den Plakatmaler hinausbringen möchten, nichts Bequemeres als derlei Tricks.« Er sprach von einem »Sturm der Mittelmäßigkeiten«, der jede »auf Ulk dressierte Gruppe« wichtig nehme. »Es sind harmlose Narren, Attraktionen dritten Grades ... simpelste Kitschmalerei mit einem angeklebten Sensationsbedürfnis.«[33] Die Presse ging insgesamt ungnädig mit den »schriftenden Kunstknaben« um. Den bissigen Grundtenor traf das *Neue Tageblatt Stuttgart*: »Herr des Himmels! Du hast an Deinem Achten Schöpfungstag die Mosquitos, Schnaken und Erdflöhe erschaffen! Hättest Du uns die Kunstknaben nicht ersparen können?«[34]

Solche Schelte ließ die Aussteller kühl. Sie waren Stärkeres gewöhnt. Kandinsky hatte unverhüllte Beschimpfungen erfahren, als seine Berliner Separatausstellung in Hamburg angekommen war. Der Kritiker des *Hamburger Fremdenblatts* hatte sich am 15. Februar 1913 gerühmt, ihn »rasch und ohne Aufregung zu erledigen«. Er nannte ihn einen »unglückseligen Monomanen von überlebensgroßer Arroganz«, zeigte dann »Bedauern mit der irren, also unverantwortlichen Malerseele«, da das »greuliche Farbengesudel und Liniengestammel, der Farben- und Formenwahnsinn einer Pseudokunst« darauf angelegt seien, bei einem bestimmten Ismus zu landen, »dem Idiotismus«. Daß Herwarth Walden unverzüglich einen Protest führender deutscher und ausländischer Kunstkenner mit der Überschrift *Für Kandinsky* im Märzheft des *Sturm* 1913 veröffentlicht hatte, vergaß ihm der Gescholtene nie; auch als Münter ihm später zweifelhafte Abrechnungen Waldens nachwies, gedachte er in Dankbarkeit dieser entschlossenen Verteidigung.

Diesmal konterte Walden durch ein *Lexikon der deutschen Kunstkritik*. »Nicht das Publikum ist die Masse. Die Kunstkritiker sind es. Arm an Phantasie, reich an Schimpfwörtern«, unter diesem Hinweis stellte er die jüngsten Schmähungen in einer Liste zusammen, die er als Flugblatt verteilte. Es enthielt gleichzeitig die höchst wirkungsvolle Aufforderung, sich diesen spektakulären *Herbstsalon* des *Sturm* in der Potsdamerstraße 75 auf keinen Fall entgehen zu lassen: »Anödung des Publikums – Verhöhnung des Philisters – Nichtskönner – Anmassliche Theoretiker – Neuigkeitsjäger – Bunthäutige Tölpel – Neger im Frack – Hottentotten im Oberhemd – Horde farbebespritzender Brüllaffen – Tollwütige Pinseleien – Kaffeehausliteratur – Farbenkrämpfe – Ideenkopfstände – Griffelversuche des kleinen Fritzchens – Kirmesschützenscheiben – Krankhafte Erscheinung – Scheusslicher und lächerlicher Klumpen – Scharen von anspruchsvollen Toren – Fatzkereien – Dick aufgetragene Flecken schlechter Farbe – Malbotokuden – Hexensabbath – Aesthetische Gigerl – Gellende Clownsprünge – Grössendünkel – Negerhäuptling in Zylinder – Säugling im Frack – Neueste Kunsterkrankung – Prass von Talentlosigkeit – Bastardtalente.« In dieser Tonart ging es weiter; der findige Walden aber bezog aus solchem Verriß das höchst begehrte Werbematerial.[35]

Kandinsky äußerte einen bitteren Nachgeschmack. Er gestand Münter »in Zweifel und Schmerz«, kunstpolitisch sei dies vielleicht alles von Nutzen, ihm aber wäre weniger Donner und mehr innere Empfindung lieber. Es ging Walden um die Sensation, um den Schock durch das Moderne *aller* Richtungen. Auch seine Barrikadenkämpfe waren geschickt in Szene gesetzt. Kandinskys Brief an den Chicagoer Anwalt und Kunstsammler Arthur Jérome Eddy[36], zur Zeit des *Herbstsalons* abgefaßt, ist wohl ein Niederschlag seiner Abwehr gegen Waldens entseeltes Managertum und manches hochgejubelte artifizielle Blendwerk: »Das rein Formelle ist für mich in meinem Urteil gegenüber anderen Künstlern sehr wenig wichtig, andererseits verlange ich streng vom Künstler, daß er den heiligen Funken in sich trägt.« Kandinsky, den bei vielen Malern – z.B. auch den Futuristen – die »fabelhafte Geschicklichkeit« störte, zitierte Böcklins Feststellung: »Auch mein Pudel könnte zeichnen lernen.« Nicht die anatomische Zeichnung, sondern das Innerliche in persönlich gefärbter Form mache ein Kunstwerk aus. »Wenn ich Sammler wäre, würde ich nur solche kaufen, wenn sie auch verschiedene Schwächen in der Form haben ... Die andere Schwäche dagegen (die der Seele, des Inhalts der Kunst) wird nie mit der Zeit abnehmen ... Die Vereinigung der beiden Stärken (der des Inhalts und der der Form) ist eine *große* Seltenheit.« Hier verwies er auf Münter: »Sie werden mir glauben, daß ich sie nicht darum nenne, weil sie meine Frau ist. Sie hat von der Natur eine eigene, feine Brille bekommen, durch die sie die Welt selten stark national sieht. Es wurde ihr auch eine Hand gegeben, die diesen Blick in Form gießen kann.«

Zum 5. Dezember 1913 trafen als Geburtstagsgeschenk die ersten Exemplare eines *Kandinsky-Albums* ein, das Herwarth Walden im *Sturm*-Verlag herausgegeben und selbst redaktionell gestaltet hatte. Es enthielt ein Preisgedicht des niederländischen Dichters Albert Verwey[37] auf Kandinsky und seine Werke, Reproduktionen nach Gemälden mit einigen Kommentaren und die von Kandinsky verfaßten *Rückblicke*. In eigenwilliger, von äußerer Chronologie unabhängiger Erzählweise hatte er darin die Geschehnisse seines Lebens zu einer inneren Biographie verwoben, die folgerichtig zur Entwicklung seiner abstrakten Malerei hinleitete. Dazu hatte er seine Geschichte mit den Spuren wundersamer Fügung ausgestattet[38] und ihr damit den Anhauch einer Hagiographie verliehen.

Während er im Sommer 1913 bei der Abfassung dieser sinnstiftenden Schrift das von ihm so oft beschriebene Gipfelglück einer Zusammenschau genossen hatte, durchlebte Münter das unfruchtbarste Jahr für ihre Malerei; sie beschränkte sich weitgehend auf Mithilfe und Sekretärinnen-Arbeit. Auf 64 Einzelblättern hatte sie Kandinskys Text satzreif gemacht.[39] »Jede freie Minute versuche ich, an Deinem Manuskript zu schreiben«, hatte sie ihm am 23. August 1913 mitgeteilt. »Ob ich es verantworten kann, es in dieser Form in den Druck zu geben, muß ich erst entscheiden, nachdem ich es noch einmal gründlich vorgenommen habe.« Sie glättete nicht nur sprachliche Unebenheiten, sondern verlieh dem Text auch größere Anschaulichkeit. Während sie seinen Gedankengängen Wort für Wort folgte, war sie ihm wieder nahe wie einst. Im Leben aber schien er ihr nun zu entgleiten. Er verwandelte sich mehr und mehr in einen religiösen Erwekker. Während die unheilverkündenden schwarzen Flecken auf seinen Bildern erschienen, entwarf er den Gegenpol aller Bedrohung: das Heil einer Endzeit, das für ihn nur durch den Sieg des Geistes über die Welt (sprich Materie) erreicht werden konnte.

Hinter seiner chiliastischen Sendungsgewißheit stand die Trinitätslehre, die der geschichtstheologischen Prophezeiung des Joachim von Fiore[40] entsprach, daß nach den zwei Zeitaltern des Vaters und des Sohnes das dritte, das Zeitalter des Heiligen Geistes, anbrechen und ein tausendjähriges Reich des Friedens bescheren würde. Diese Epoche des Spiritualismus hatte nach Kandinskys Ansicht nun begonnen, die Menschheit sei durch die Schrecken des Materialismus dafür reif geworden. Der visionäre Elan seiner Bilder sollte dazu beitragen, sie über die Schwelle eingefahrener Denkgewohnheiten zu führen. Christus habe nämlich die Zehn Gebote nur einpolig ausgelegt und in der Trennung von Gut und Böse die große Einheitsschau zurückgestellt; es gelte nun, die Koinzidenz aller Gegensätze begreiflich zu machen. »Das Weitere könnt ihr heute nicht fassen«, habe der Gottessohn erklärt. Er aber behaupte: »An der Schwelle dieses ›Weiteren‹ stehen wir heute. Was unser größtes Glück ist ... Es ist zum Verrücktwerden und zum Hosianna-Singen.« Seine Kunst vermöge die Menschen aus der Einseitigkeit ihres Blickfeldes herauszuführen, Mehrdeutigkeit darzustellen und die Entwicklung einzuleiten, »daß alles vielseitig, *compliziert* erscheint ... So ist ja auch die Geschichte der Musik: einstimmig, Melodie usw. usw.«[41] Er wolle die Umwertung der Werte beschleunigen. Seine Forderung nach dem inneren Gehalt der Kunst – er habe es zu seiner großen Überraschung festgestellt! – entwachse dem gleichen Boden, auf dem auch Christus den Maßstab seiner moralischen Qualifikation errichtet habe. »Ich bemerkte, daß diese Kunstanschauung christlich ist und daß sie zu derselben Zeit die nötigen Elemente zum Empfang der ›dritten Offenbarung‹, der Offenbarung des Geistes, in sich birgt.«[42]

So war Kandinsky gewiß, in seiner Kunst ein Mittel zu besitzen, das den Menschen Einsicht in den Plan der Schöpfung schenken könne. Das setze nach seiner Ansicht jedoch die Ausweitung ihrer an Raum und Zeit orientierten Erkenntniskräfte voraus. Dafür biete die gegenstandslose Malerei eine Art Einübung. In der Betrachtung wirklichkeitsferner Konfigurationen könnten sie den Käfig menschlicher Wahrnehmungsweisen schon zeitweilig verlassen.

Kandinsky fühlte sich berufen, der Menschheit auf dem Weg zur geistigen Erfassung der Welt weiterzuhelfen, hatte er doch die Entwicklung seiner Malerei als fortschreitende Befreiung vom Stofflichen begriffen. »Das ›Bild‹ als Malerei auf einer Fläche zu behalten ... das Annageln ... an eine reale Fläche der Leinwand, wodurch die Malerei einen neuen, durchaus materiellen Beiklang gewann«, hatte ihn eingeengt. Darum hatte er die Bühne als Bildträger gewählt, wo er in einem entmaterialisierten Farben-Lichtspiel auch das raumzeitliche Element einbeziehen konnte. Zum Leinwandbild war er erst zurückgekehrt, nachdem er – in Übereinstimmung mit der Werefkin – erkannt hatte, daß es »Mittel gibt, die materielle Fläche zu behalten, eine ideelle Fläche zu bilden ... und sie als dreidimensionalen Raum auszunützen«. Er hatte erprobt, wie weit ein Maler »das Bild zu einem in der Luft schwebenden Wesen machen kann, was der malerischen Ausdehnung des Raumes gleichbedeutend ist«.[43] Seine Gemälde zeigten denn auch lichtdurchlässige Farbformen in Tiefenstaffelungen und farbige Linien, die wie Leuchtspuren in nicht mehr auslotbare Entfernungen führten. Nun aber ging es ihm um die Gewinnung einer weiteren Dimension: der geistig-religiösen.

Dieser Gedanke war nicht neu. Apollinaire[44] hatte ihn in die Kunstdiskussion eingeführt: Da die drei Dimensionen der euklidischen Geometrie für die Wissenschaft nicht mehr verbindlich seien, müsse auch ein Maler, der seine Bilder als Wegweisung ins Reich des Geistes verstehe, die *vierte Dimension* evozieren.

Auf Gemälden, die eine ›Dritte Offenbarung‹ einleiten sollten, gab es für Kandinsky keine feste Grundfläche mehr, kein Schwerezentrum, sondern nur noch Spannungsfelder, fern von irdischer Gravitation. Er malte farblich ausgewogene Beziehungssysteme statt eines bestimmbaren Mittelpunktes. Der Betrachter gerät in einen Rausch von Strömung und Gegenströmung, dabei begegnet er gegenständlichen Fragmenten in verschiedenen Graden der Auflösung. Die Bildrezeption erzeugt einen Schwebezustand im scheinbar unbegrenzten Raum. Für diese Ich-einschmelzende Thematik seiner Bilder bezog sich Kandinsky ausdrücklich auf den Titel der mystischen Schrift Mechthilds von Magdeburg: Er male, auch wenn er keine vorgegebenen biblischen Themen behandele, das »Licht vom Lichte, das fließende Licht der Gottheit, den Heiligen Geist«.[45] In einer raffinierten Überblendung fluten Farben und Formen wie eine Unio-mystica-Vision ineinander. Er wollte das Universum als einen Energietanz zeigen, in dem sich Kräfte auf verschiedenen Schwingungsstufen zu festen Körpern kristallisieren oder Körper sich entformen. Sie alle waren für ihn in hierarchischem Auf- und Abstieg eingebundener Geist.

Gleichzeitig sprach Kandinsky von »kosmischer Tragik«. Der Mensch erlitt den Verlust der Mitte. Hineingerissen in die sphärischen Strudel, wurde er zu einer Stimme unter vielen. Aber schenkte ihm dieser kleine Ich-Tod im Kräftespiel des Weltendampfes nicht Trost in seiner Vereinzelung, und glich diese Entrückung nicht einem Wiedereintauchen in die ozeanische Fülle, die ihn in früher Kindheit umfangen hatte?

Münter erschien die Ausweitung der Malerei auf kosmische Perspektiven allzu hypothetisch. Auch Franz Stadler, mit dem sie derartige Fragen am liebsten besprach, lehnte ein solches Kunstziel als zu unbescheiden ab. Die große Einheitsschau schien ihr allenfalls auf dem Weg nach innen erreichbar, in einer von den einzelnen Erscheinungen wegführenden, durch Versenkung erzeugbaren Gestimmtheit. Kandinsky hingegen vertraute dem Weg über das Auge; seine Malerei solle den Zündstoff liefern, um die bisherigen Wahrnehmungsgrenzen zu sprengen. Irgendwann freilich werde ein Maler sein inneres Erleben ohne Pinsel und Farbe, nur kraft seines Geistes, darstellen können, wobei »auch eine Entwicklung des Beschauers in dieser Richtung unbedingt notwendig ist... In dieser Atmosphäre wird sich viel, viel später die *reine Kunst* bilden, die uns in den von uns heute weggleitenden Träumen mit einer unbeschreiblichen Anziehungskraft vorschwebt.«[46]

Zu dieser Zeit durchziehen wieder verstärkt Todesgedanken seine Briefe an Münter. Diesem Aspekt der Hinfälligkeit entsprechen seine verwehten Gestalten im *Irgendwo* kosmischer Wirbel. Durchsichtig, ausgehöhlt bieten sie Sinnbilder der menschlichen Existenz im vernichtenden Sog des Überirdischen, dem Kandinsky zwei Hoffnungen entgegensetzte: das willige Einbetten in den Kreislauf des Werdens und Vergehens und den individuelle Seligkeit versprechenden, christlichen Auferstehungsglauben. Beiden Erlösungswegen hat er in diesen Jahren der ›schwarzen Flecken‹ Ausdruck verliehen.

Münter erkannte den religiösen Ernst Kandinskys. Wie viele, denen die Selbsterlösung gelungen schien, wollte auch er zum Erlöser anderer werden. Darauf verwies schon die Entwicklung der Titelentwürfe zum *Almanach*: Aus dem gipfelstürmenden Reiter, der – wie Bellerophon auf Pegasos – mit triumphal geschwenktem Schleier aus Himmelsbläue seinem ganz persönlichen Befreiungsdrang nachgibt, wurde schließlich der *Heilige Georg*, der als Drachentöter und Fesselsprenger dem Allgemeinwohl dient. Während die gegenstandslosen Gemälde Kandinskys Selbstbefreiung[47], die erlösende Symbiose mit dem kosmischen Kräftewirbel, bekunden, können die figurativen Bilder – von *Allerheiligen* (1911) bis

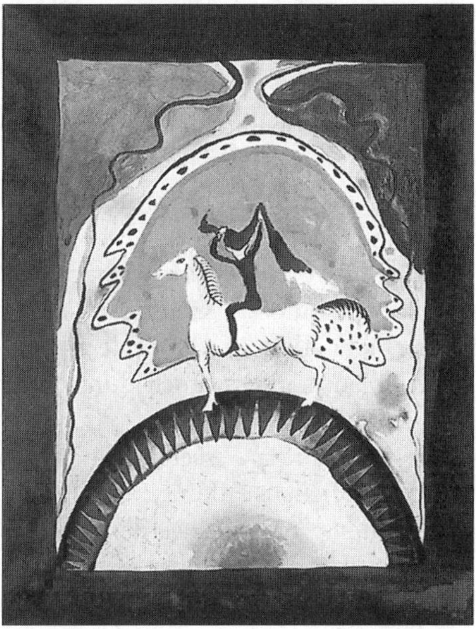

Früher Entwurf für den Umschlag des Almanachs ›Der Blaue Reiter‹, 1911, Aquarell über Bleistift, 27,5 × 21,8 cm.

zum *Apokalyptischen Reiter* (1914) – als gemeinverständliche Wegweisung für andere Beladene aufgefaßt werden.[48] Was jedoch an zersprengendem Ich-Gefühl in seine gegenstandslose Kunst einströmte, wäre im Abbild nicht unterzubringen gewesen. Dies ohne psychoanalytische Vorkenntnisse zu begreifen, war das Verdienst Münters. Ihre Einfühlung bedeutete Beistand. Sie wußte: Was viele Kritiker in seinen *Kompositionen* und *Improvisationen* für ein zufälliges Formenspiel von Farbwolken und Liniengespinsten hielten, beruhte auf langen Überlegungen, die zur Auflösung von realen Erlebnissen führten. Zu sparsamen Zitaten verdichtet und bildnerisch komponiert, brachten sie das zum Ausdruck, was er seelisch verarbeiten mußte. Intuition und Berechnung dienten stets der eigenen Entfesselung.

Obwohl es ihm stets um die emotionale Durchlässigkeit seiner Bilder, um deren seelische Ausstrahlung ging, war er doch davon überzeugt, daß an der Grenze äußerster Rationalisierung auch das Irrationale einer künstlerischen Aussage faßbar werde. Erst die Interpretation machte ein Werk zum Ereignis! Sie hob es ins Allgemeine, deckte seine metaphysische Qualität auf, indem sie die zeitgeschichtliche Einkleidung abstreifte und von der psychischen Triebkraft des Künstlers ablenkte. So unterlag Kandinsky immer wieder der Versuchung, sich nicht allein auf die ›Seelenvibration‹ des Betrachters zu verlassen, sondern auch durch Worte auf den Bildinhalt hinzuleiten.

Die Apokalypse, in der die Fesselung Satans und ein Messiasreich des ewigen Friedens auf Erden sowie die erste Auferstehung der Gerechten prophezeit werden, gehörte zu den bevorzugten Themen, denen Kandinsky sich im messianischen Anspruch seiner Malerei zuwandte.[49] Rudolf Steiner hatte schon den Blick auf die Apokalypse als das wichtigste Buch der Bibel gerichtet, auf den großen Untergang, nach dem erst Neues keimen konnte. Dabei hatte er Moskau als ›drittem Rom‹ einen besonderen Auftrag zugesprochen. Moskau – Glaubenshort seit Byzanz' Untergang! »Hoffnungsstadt« aller universalen Geister, die im Gefolge Wladimir Solowjews die überlieferte Frömmigkeit des Ostens mit westlichem Rationalismus zur Synthese vereinigen und die Gesellschaft vom Geistigen her reformieren wollten.[50] Moskau als Keimgrund für die alle Gegensätze – und damit auch alle Religionen – einschmelzende *Große Einheit*!

Wie aber verhielt sich solch religiöser Totalitätsanspruch zum besonderen, zum christlichen Heilsweg? Das beschäftigte Münter nachhaltig, zumal ihr Freund Stadler alle Konfessionen als bald zu überwindende ›Zwischenstufen‹ ablehnte. »Er will zu hoch hinaus«, vermutete sie gegenüber Kandinsky. Der Mensch bedürfe der kleinen »Schritte auf dem Weg zum letzten Eins. Bist Du einverstanden?« Er antwortete ihr umgehend: In seinen Bildern habe er immer unbewußt – »ich verstehe es gerade jetzt, in diesem Augenblick« – die doppelte Bewegung, vom Vielen zum Einen und umgekehrt, eingefangen. »Alle Offenbarungen sind gleich Strahlen, die schließlich doch nur eine ›Sonne‹ – gleich Wahrheit – bilden müssen.«[51] Die christliche Offenbarung bedeutete *einen* Heilsweg unter vielen, doch dieser Weg war ihm seit der Kindheit geläufig, und so benutzte er für seine religiösen Lesebilder den ihm bekannten Motivschatz der Ostkirche, den er souverän kombinierte.

Münter, angezogen durch das an Glasbildern ablesbare, recht diesseitige Verhältnis des Bayern zu seiner Religion, stellte in ihren Bildlegenden Kandinskys Endzeitvisionen das Irdisch-Vertraute gegenüber. Ihr *Heiliger Georg im Kampf mit dem siebenköpfigen Drachen*[52] scheint einem Märchen entstiegen. Sie übertrug eine Schwarzweißvorlage, eine im *Almanach* abgebildete russische Holzplastik, in ein Ölgemälde, das vor Buntheit und Kampfeslust sprüht. Ihr *Georg* in der Kraftentfaltung eines schwertschwingenden, schlangenköpfenden Haudegens rückt weit ab von der mahnenden Jenseitsweisung, die Kandinskys religiöse Bilder auszeichnet.

Wenn Münter biblisches Geschehen ins Bild brachte, so wählte sie die historisch gewachsene Form alter Votivbilder, während Kandinsky eine mehr oder weniger entkörperte Zeichenschrift benutzte, in der die Sonne für Gott steht, der oft auf seinen Bildern erscheinende Regenbogen als Zeichen des Bundes zwischen Gott und den Menschen nach der Sintflut oder als Lichtschein um Gottes Thron. Die *Apokalyptischen Reiter* drohen, während die Engel als Seelengeleiter zu den einzelnen Erleuchtungsstufen weisen; sie sind Boten und Vermittler und erscheinen mit klangausströmenden Posaunen, deren Ton als Farbspur von schwingendem Bewegungsduktus die Szenen des Endgerichts durchzieht.

Auf einem Hinterglasbild Kandinskys braust Gabriel, der

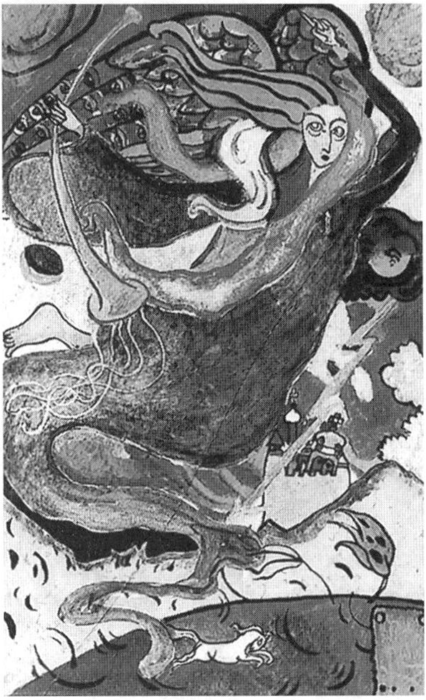

Wassily Kandinsky, Der heilige Gabriel, Hinterglasbild von 1911, 40 × 25,3 cm.

Engel der Verkündigung, wie ein Sturmwind heran, das große Auge im zarten Oval des Gesichtes ernst auf den Betrachter gerichtet. Die Flügel sind mit Augen übersät. Die linke Hand zeigt himmelwärts, während die rechte schon die Tuba für die Endzeit rüstet, unten rennt ein weißes Pferd ohne Reiter. Münter schrieb auf die Rückseite des Hinterglasbildes »Heilige Gabriele«, als wollte sie humorvoll andeuten, daß sie ebenso vieläugig über Kandinsky wache.[53]

Auch er selbst gliederte sich in den Reigen der Heiligen und Propheten ein. Im Hinterglasbild *Heiliger Vladimir* glaubt man in dem zum Himmel gerichteten Profil des bärtigen Heiligen die Züge Kandinskys zu erkennen.[54] Vladimir konvertierte 988 und führte das russische Volk zum Christentum. Nach seiner Bekehrung nahm er den Namen Wassily an: ein

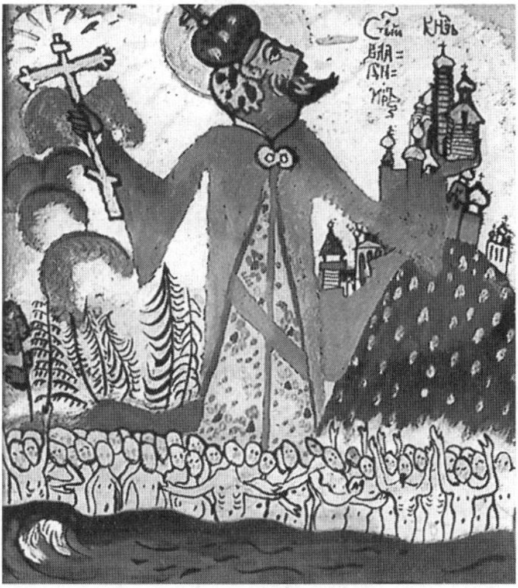

Wassily Kandinsky, Heiliger Vladimir, Hinterglasbild von 1911, 29 × 25,6 cm.

Anreiz zur identifizierenden Darstellung inmitten einer Schar von bekehrten Täuflingen.

Das gleiche dramatische Geschehen steckt auch in seinen abstrakten Bildern. In der *Improvisation 19*[55] hat er das ›Stirb und Werde‹ als Lichtgeschehen ins Bild gebracht (Farbtafel XV). Mit planetarischer Wucht fährt ein schwarz umgrenzter Meteor als außerirdischer Sendbote ins Geschehen. Sein weißer Kern zeugt vom geistigen Urbeginn des Lichts, das sich im Aufprall auf den irdischen Bereich in Farben zerspalten wird, die schon in ihm angelegt sind. Es wirkt wie der Einbruch des Lebensfunkens in den kreisenden, blau-kalten Sog des leeren Weltenraums; das Blau scheint von immaterieller Qualität, ein Blau der himmlischen Gefilde, schweigend, geschichtsfern. Rot ergießt sich in den Weltenraum als Farbe des pulsierenden Wachstums, der Wärme alles Lebendigen. Drei Gestaltengruppen, wohl die Dreiheit der Lebensalter andeutend, gleiten schwerelos durch das kosmische Geschehen. Links oben, weiß konturiert, warten in einem braun getönten Feld lichte

Wesen, Keimlinge in der Farbe des Anbeginns. Durch die Begegnung mit der Farbe belebt, zieht ein Menschenstrom im linken Vordergrund des Bildes vorüber, gelb, grün, diesseitig. Aber es gibt kein Verweilen, eine wegweisende Gestalt hebt den Arm und führt den Blick nach rechts, zur dritten Gruppe, überlängte Gestalten, die sich dem rechten Bildrand zubewegen, als sollten sie gleich im Bodenlosen verwehen. Doch ehe sie – Schemen, Abgelebte – aus dem sichtbaren Kreislauf ausscheiden, bleiben die Häupter auf ihren entmaterialisierten Leibern noch vom roten Licht umfangen. Lebendigen Geistes entweichen sie ins Schweigen, das jenseits einer schwarzen Linie angedeutet ist, hinter der wieder das Braun auf Erde und kreatürliche Gebundenheit hindeutet, auf das Ungestaltete, das dennoch durch den Einfall eines lichten Blautons trostbringend durchgeistigt erscheint. Der himmlische Lichtausguß durchdringt die Finsternis ohne Unterlaß und löst als bleibendes Geschehen die Schöpfung aus. So wird der Meteor immer wieder geist- und lebenzündend niederfahren.

Kandinsky malte stets die Koinzidenz von Untergang und Auferstehung. Das zeigt sich schon in bestimmten Formen: Sind es gebleichte Knochen oder frische Keimlinge, die sich emporheben? Sind es fallende Türme, sterbend, geknickt, oder richten sie sich zu neuer Macht auf? Das Nachempfinden der Urzeugung, bei der die freie Energie sich zur Gestalt verdichtete, wurde ihm zur bildfähigen Utopie. Die Kunst allein machte die göttliche Lust des ersten Schöpfungstages nacherlebbar: »Werkschöpfung ist Weltschöpfung.«[56]

Münter bat Kandinsky oft, sich doch mit der vorgefundenen Welt besserzustellen. Im gleichen Sinne hat Max Picard, der Physiognom und christliche Kulturkritiker, einmal beklagt, daß Kandinsky mit der Darstellung des Jüngsten Gerichts Weltverneinung und -untergang legitimiere. »Ich kann wohl begreifen, daß man die zerstörte Welt malt, das Atomisierte malt. Aber es muß dann eine Trauer über der Zerstörung im Bild sein. Bei dieser Malerei ist aber so etwas wie

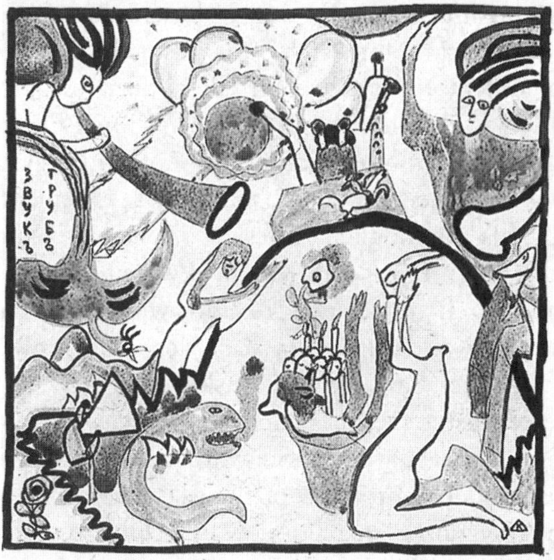

Wassily Kandinsky, Klang der Posaunen (Große Auferstehung), 1911, Tuschpinsel über Bleistift, aquarelliert, 21,7 × 21,8 cm.

Triumph und keine Trauer.« Ein sich selbst bewahrender Herr im Stehkragen, ein Grandseigneur in Haltung und Gebaren, inszeniere, innerlich unberührt, das Drama von der Vernichtung der Welt.[57]

Hinter der Beschwörung des Weltuntergangs stand jedoch Kandinskys Auffassung: Ehe nicht das Äußerste erreicht ist, kehrt sich nichts ins Gegenteil. Nur auf einer freigewordenen Stelle kann Neues wachsen. Im *Almanach* hatte er erklärt: »Zersetzung und Aufbau sind zwei Vorgänge der heutigen Bewegung«, und zur *Composition VI*, deren Ausgangspunkt das Glasbild *Die Sintflut* war, erklärte er: »Ein großer, objektiv wirkender Untergang ist ebenso ein vollständig und im Klang abgetrennt lebendes Loblied, wie ein Hymnus der neuen Entstehung, die dem Untergang folgt.«[58]

Münter machte Arnold Schönberg am 20. August 1912 auf ein bereits 1910 erschienenes Buch aufmerksam, das unter dem Titel *Die Siderische Geburt* die Elemente von Kandinskys Kompositionen II, IV und V beschreibe. »Ich pflüge mich nur langsam hindurch, aber es geht mir wie eine schwere goldene Kette Glied für Glied, Satz für Satz, durch die Hände.« Während Franz Marc das visionär in sich selbst kreisende Werk – von seinem Berliner Autor Erich Gutkind[59] (Pseudonym Volker) an den *Blauen Reiter* geschickt[60] – als monströs, als »unmöglich zu lesen ... wie eine Wucherung immer desselben Pilzes« an Kandinsky weiterleitete, beweisen Randnotizen von Münters Hand, wie gründlich sie die »seraphische Wanderung vom Tode der Welt, hin zu neuen Räumen« gelesen hat. Was Kandinsky in Farben und Formen artikulierte, leistete Volker in apodiktischer Wortwahl und in normativen Satzgebärden: »So ward nie eine frohere Botschaft verkündet, denn wir künden das Ende aller Endlichkeit und den Anbeginn grenzenloser Wanderung in selige Weiten ... Uns kann kein Weltbild mehr genügen, sondern einzig das Weltende.« Der Untergang wird von Volker als »ein überseligt berauschtes Sich-Ausgießen« in den Sternenraum gefeiert, als Aufhebung der Individualität in höchster Euphorie. Wie Kandinskys, so schloß auch Volkers Botschaft von der »wonnig befreiend auflösenden Vernichtung« das »neue, grenzenlose Keimen« ein. Die Auflösung des Körpers als des »Grabes der Kräfte« wird zum »seligen Schwinge-Schwang«. Der Kosmos, klingend und pulsierend, wird zu einem einzigen göttlichen Wirbel, der den Menschen erfaßt, zur »siderischen Geburt, sternenhaft über alle Sterne«.

Kandinsky zeigte sich tief beeindruckt von der »tosenden Lust einer seraphischen Seele«. Auch Volker stehe, ihm geistig verwandt, an der Schwelle zur ›Dritten Offenbarung‹. Kandinsky – oder Münter – kreuzte den Satz an: »Anstelle der individualistischen Renaissance-Grundlage: ›Ich denke, also bin ich‹, werden wir zum: Ich gotte, also bin ich, als Ausgang gelangen, denn das ›Ich denke‹ ist noch weltlich, doch das ›Ich gotte‹ greift über Ding und Ich und ist trunken vor Unendlichkeit.«[61]

Bei einem Besuch des Ehepaares Gutkind in Murnau am 10. Oktober 1913 wurde man sich schnell darüber einig, daß gegenüber der verflachten und in sich zerstrittenen theosophischen Bewegung ein neuer elitärer Bund zu stiften sei, eine *Gründung für freie Menschen*.[62] Am 5. Juli 1914 konnte Gutkind aus Berlin den mystischen Vollzug melden: Während einer Abendgesellschaft hätten sich die Gäste in seinem Garten im Blitz einer Erleuchtung gegenseitig durchschaut, seien in »siderisches Schwingen« geraten und nun einig zu »Ritterschaft und Mysterienkult«. Zu den Gründungsmitgliedern gehörten Frederik van Eeden, Mitautor der *Siderischen Geburt*, Walther Rathenau, Martin Buber, Theodor Däubler, Gustav Landauer, Henri Borrel, Florenz Christian Rang und der schwedische Seelenarzt Dr. Poul Bjerre, der durch großzügige finanzielle Hilfe zum Gelingen des gralshütenden Dienstes beitragen wolle. Die Mitgliedschaft schließe das Gelöbnis völliger Diskretion ein, denn schließlich wolle man »zusammen Metaphysik treiben und letzte Dinge tun«. Beim ersten Zusammentreffen Mitte September 1914 in Forte dei Marmi müßten Münter und Kandinsky zum Aufnahmeritus persönlich anwesend sein. Schon fünf Tage später konnte Gutkind für Kandinskys Anmeldung danken, beflügelt, daß nun der »homo metaphysicus« geboren werde, »der aufs Ganze geht«.[63]

Es mag Franz Marc eigentümlich berührt haben, daß Kandinsky im gleichen Brief vom 10. März 1914, in dem er sich von einem zweiten *Blauen Reiter*-Band zurückzog, begeistert von einer publizistischen Neugründung berichtete, den *Jahrbüchern für alle geistigen Gebiete*, vollständiger Titel: *Das arische Europa. Internationales Jahrbuch für Kulturphilosophie und Kulturpolitik*.[64] Es sollte von der *Bewegung zur Menschheit der Vollkultur durch ein Gesamteuropa* herausgegeben werden. Kandinsky bekannte sich zur Suche nach Synthesen, die den ganzen Erdball umspannten und »die Auferstehung des verlorenen Paradieses« zum Ziel hätten. Er wollte Marc in die Erlösungseuphorik dieser internationalen Vernetzung einbeziehen.

Marc war enttäuscht. Die Idee der Jahrbücher erschien ihm zu unklar, »zunächst habe ich ein Gefühl dagegen«. Der zweite *Blaue Reiter*-Band, der eine Synthese von Wissenschaft und Kunst anstreben sollte, war – mitten in der Vorbereitung – im Juni 1913 von Kandinsky zurückgestellt worden. Dann war der Plan aufgetaucht, Marc und er könnten abwechselnd einen Folgeband betreuen. Marc, ungeduldig, wieder als Maler-Autor tätig zu werden, hatte das Vorwort im Februar 1914 fertiggestellt, als Kandinsky sich auch von diesem Vorschlag wieder zurückzog. Da war es schon einfacher gewesen, sich im Juni 1913 auf die Herausgabe einer bebilderten Bibel unter dem Signum des *Blauen Reiter* zu einigen; Kandinsky würde die Apokalypse übernehmen, Marc die Genesis. Kubin, Klee, Kokoschka und Heckel sollten mitmachen – Münter war nicht beteiligt und, wie die Korrespondenz vermuten läßt, wohl gar nicht gefragt worden.[65] Den bisher verkauften 1200 Exemplaren des *Almanach* ließen dessen Redakteure im März 1914 keinen zweiten Band, sondern eine zweite Auflage folgen, die sie mit getrennten und jeweils mit eigenen Initialen gezeichneten Vorworten einleiteten.[66] Von Marcs kraftvollem »Trotzdem« setzte sich Kandinsky durch eine resignative Haltung ab. Das Hauptziel sei unerreicht geblieben. Die »donnernden Merkmale einer großen Zeit« seien überhört worden. Für das »Hören und Sehen« sei die Menschheit wohl noch nicht reif. Bekannte er sich damit zur Vergeblichkeit seiner malerischen Botschaften? Zur Überschätzung der Kunst als bewußtseinsverändernder Macht? Glaubte er von nun an, den messianischen Druck wirksamer durch andere Kanäle weiterschleusen zu können? Seine wachsende Anteilnahme an weltanschaulichen Gruppierungen läßt diesen Schluß zu.

Kandinsky und die Neue Kunst oder die Erstürmung des Morgen hieß der Titel eines Vortrags, den der aus der Herzegowina stammende Dimitrij Mitrinovič[67] am 27. Februar 1914 im Deutschen Museum zu München halten sollte. Angeblich war der cand. phil., der zur fanatischen Gruppe der *Jungen Bosnier* mit ihrer national-mystischen Ideologie gehörte, in Deutschland, um in Tübingen zu promovieren. »Wie ein Blitz auf den Kern« ziele dieser Kulturphilosoph, rühmte Kandinsky seinen jungen Bewunderer, der ihn zur Kultfigur erhoben hatte, und warb um Zuhörer. »Mitrinovič wird ein so gewaltiges Bild hinmalen, wie man es nicht oft erleben kann.«[68] Richard Seewald, ein Augenzeuge der Veranstaltung, gewann einen unheimlichen Eindruck von der hagiographischen Szenerie[69], in deren Mittelpunkt Kandinskys bildgewordenes *Stirb und Werde* als Vorstufe für einen weltumspannenden Universalismus stand.

Gabriele Münter sträubte sich gegen den utopischen Überschwang des Serben, nicht aber gegen völkerverbindende Konzepte. Sie wollte sich jedoch nur an fest umrissenen Projekten beteiligen, etwa an der von Franz Stadler vorbereiteten *Internationalen Kulturzentralisationsbestrebung*[70] oder an der Gründung einer multikulturellen *Zukunftsstadt*, die Hendrik Christian Andersen 1913 als geistigen Weltmittelpunkt entworfen hatte.[71] Sie warnte Kandinsky davor, die politischen Phantasiegebilde Mitrinovič' finanziell zu fördern – vergeblich.

Von der Kunst war in den *Grundzügen unserer Ideen für Gesellschaft und Politik*, die Mitrinovič am 25. Juni 1914 an Kandinsky schickte, nicht mehr die Rede. In einem zwölfseitigen Schreiben bat der junge Serbe hingegen, die von ihm ausgearbeiteten Umwälzungspläne an politisch engagierte Personen weiterzuleiten. Kandinsky kam seinem Drängen nach, vermittelte ihm ein Treffen mit Gutkind und anderen Mitgliedern des nun *Blutbund* genannten *Vollkultur*-Kreises und verschickte Empfehlungs- und Werbebriefe.[72] Mitrinovič schlug ihm, »dem hauptsächlichsten Gedankenträger«, weitere Förderer der *Allarischen Bewegung für die erste Voll-*

menschheit vor, die »genötigt werden können, in die Ereignisse tatsächlich einzugreifen, etwa durch einen politischen Akt«.[73]

Er selbst wollte als ›Zukunftssucher‹ den Philosophen Fritz Mauthner gewinnen, ferner den Initiator einer soziologischen Stildeutung, Wilhelm Hausenstein, den österreichischen Pazifisten und Träger des Friedensnobelpreises von 1911, Alfred H. Fried, den Züricher Herausgeber der Zeitschrift *Der Sozialdemokrat*, Eduard Bernstein, der ihm Verbindungen zu dem führenden Marxisten und Herausgeber der sozialistischen Revue *Die neue Zeit*, Karl Kautsky, schaffen sollte, und Dr. Otto Braun, den führenden sozialdemokratischen Publizisten. Er bedauerte, daß er »vielleicht noch ein halbes Jahr immerzu nebelhaft schreiben und sprechen müsse«, und drängte Kandinsky, mit ihm zu gemeinsamer Aktion nach Moskau zu reisen; »von Rußland könnte ich zu Shaw und H. G. Wells und dann nach Paris ... einiges mit Franzosen und Spaniern machen ... In London und Paris möchte ich über die Bewegung Vorträge halten ... Drei abendliche Kurse darüber in Petersburg und Moskau ... in einem Theater oder öffentlichen Platz ... Mereschkowskij schreiben ... Gutkind in Rußland und so auch in Berlin ... dann könnten wir mit gewissem Werk ins Slawentum und nach Amerika gehen ...« Irrlichterei? Wirrköpfiger Wahn? Kandinsky schien arglos, Münter irritiert. Am 19. Juli 1914 schrieb Mitrinovič seinem »verehrten Herrn Kandinsky«, er möge bitte gütigst das Geld für Reise und Propaganda schicken. Er werde mit Hilfe Gustav Landauers sozialistische und anarchistische Kreise aufspüren und auch zu dem bedeutenden Vertreter des internationalen Kommunismus, Pjotr Kropotkin, kommen. Wieder eine Anhäufung von großspurigen Projekten und prominenten Namen: Eucken, Lilienthal, Oppenheimer, Unfried, Papini, Chamberlain und Mereschkowsky, der schon »lange und mit wahrem Resultat unsere internationale Kulturpolitik« betreibe. Mit entfesselten Schriftzügen endet der in seiner Diktion zwingende Brief: »Ich umarme und küsse Sie tausend Mal. Bitte einen guten Gruß an Frau Münter ausrichten!«

Der Ausbruch des Ersten Weltkriegs setzte allen Plänen ein Ende. Die vielbeschworene Zeitenwende schien eingeleitet. Gutkind feierte den Kriegsanfang als »das Heroisch-Starke, das alles erneuert und die unerträgliche Schwüle fortfegt«.[74] Franz Marc, sofort zur Infanterie eingezogen, sah im Krieg zunächst »den heilsamen, wenn auch grausamen Durchgang zu unseren Zielen; er wird die Menschen nicht zurückwerfen, sondern Europa reinigen, ›bereit‹ machen«.[75] Seine Briefe aus dem Feld bewiesen jedoch sehr bald, daß sich diese Hoffnung in tiefes Grauen über das Leid verwandelte, das der Krieg über die Menschen brachte. Kandinsky fühlte sich »wie aus dem Traum gerissen«, hoffte aber, beim Friedensschluß ereigne sich »eine große Entfesselung der inneren Kräfte, die auch für Verbrüderung sorgen werden. Also auch große Entfaltung der Kunst, die jetzt in verborgenen Ecken stehen muß.«[76] Der Schöpfer von Endzeitparabeln, durchdrungen von der Euphorie eines ästhetisch inszenierten Untergangs, brandmarkte nun den Krieg als reale Zerstörungsform: »Ich dachte, daß für den Bau der Zukunft der Platz auf andere Art gesäubert wird. Der Preis dieser Art Säuberung ist entsetzlich.«[77] Hatte er den *Blauen Reiter* seines *Almanach* nicht ohne Lanze in den Kampf geschickt, damit er durch geistige Waffen die Drachenbrut vernichte und das Gebundene löse?

Gabriele Münter haßte den Krieg, der Trennungen und das Sterben junger Menschen verlangte[78] und alles frei Gewachsene in die nationale Beschränkung zurückwies. Als Kandinsky wie viele andere ausländische Staatsbürger Deutschland verlassen mußte, begleitete sie ihn in die Schweiz. Ihr Münchner Hauswirt hatte ihnen seine leere Villa in Mariahalde bei Goldach zur Verfügung gestellt und sie am 3. August 1914 – von Lindau über den Bodensee und Rorschach – selbst dorthin gebracht. Mitgekommen waren Anna und

Fanny, außerdem drei russische Verwandte. Zunächst schrieb Kandinsky im idyllischen Gartenhäuschen des parkumkränzten Herrensitzes an seiner Maltheorie, die erst 1926, dem Jahr seines 60. Geburtstags, unter dem Titel *Punkt und Linie zu Fläche* veröffentlicht wurde. Nach zweimonatigem Exil erfaßte ihn eine innere Unrast. Der Krieg schien nicht, wie allgemein erwartet, in einem Vierteljahr beendet zu sein. Am 13. November fuhr er mit Münter nach Zürich, um seine Heimreise einzuleiten. Am 25. November verabschiedete er sich dort von ihr. Er bat sie, die gemeinsame Wohnung in München aufzulösen, und fuhr nach Rußland zurück.

13. Kapitel

Entzweiung

»Räumen Räumen Packen Packen – Ende der Woche kommen die Möbel zum Spediteur und ich fahre zuerst nach Berlin. Dann voraussichtlich Stockholm – oder zuerst Kopenhagen, wenn ich Zeit habe bis Kandinsky kommt«, schrieb Gabriele Münter am 23. Mai 1915 an Maria Marc. Denn daß er sie im neutralen Ausland treffen und bei ihr bleiben würde, daran bestand für sie kein Zweifel; hatte er doch die Verbindung mit ihr seit seinem Aufbruch von Zürich am 25. November 1914 nicht einen Tag abreißen lassen. »Drei Stunden vor Brindisi« hatte er ihr mitgeteilt, daß die Weiterreise in Luxuskabinen des Dampfers ›Milano‹ durch Billetts gesichert sei, die er für sich und seine zwei Begleiter erkrankten Passagieren abgekauft habe. Vom 2. Dezember stammte die Nachricht: »Eben in Piräus eingetroffen«, vom 3. Dezember eine andere aus Thessaloniki: »Mach dir keine Sorgen.« Beruhigende Depeschen hatten seinen Weg nachgezeichnet: »Voyageons très bien«. Aus Bukarest hieß es am 10. Dezember: »Nur noch zwei Tage bis Odessa«, und von dort am 13. Dezember: »Bien arrivés. Übermorgen geht's nach Moskau, dein Kandinsky.«

Aber es war nicht nur bei diesen knappen Lebenszeichen geblieben! Wo immer ein kurzer Aufenthalt Gelegenheit dazu bot, hatte Kandinsky ihr in langen Briefen die Unbill der Reise geschildert, von seiner Seekrankheit bis zu Minenexplosionen, von Brückensprengungen und Gleisunterbrechungen bis zum Kampf in Wechselstuben und bei Paßkontrollen, von der Not an Wasser- und Eßvorräten bis zum zehnfachen Umsteigen mit Gepäcksuche und nächtlicher Donauüberquerung.

Außerdem aber hatte er ihr, die bereit gewesen war, mit ihm nach Rußland zu gehen, die kaleidoskopische Buntheit der östlichen Städte beschrieben, Sofia mit seinem orientalischen Gedränge, Bukarest – le petit Paris – mit den belebten Prachtstraßen, umrahmt von dunklen Gassen mit armseligen Fuhrwerken und zerlumpten Gestalten. Alles, alles hatte er ihr so bildhaft verdeutlicht, als liefere er ihr eine Vorschau auf etwas Verlockendes, das er ihr demnächst zeigen werde.

Wer solche Teilhabe wünscht, ist innerlich noch nicht entfernt. Münter kannte die dunkle Unterströmung seines Wesens, das jäh aufbrechende Einsamkeitsbedürfnis. Jeder Absage an ein gemeinsames Leben war stets der Ruf gefolgt, ihn aus seinem Alleinsein zu erlösen. Er brauchte die werkfördernde Isolation, aber er fürchtete sie auch. Quälte ihn gleich nach der Ankunft in Rußland nicht der Argwohn, ein spitzes, weißes Schweigen komme von ihr auf ihn zu? »Wo bist du jetzt? Und wie fühlst du dich? Ich küsse deine Hände und bitte dich, gesund, munter und fleißig zu sein, liebe Ella. Dein Kandinsky.«[1]

Hatte er nicht am Weihnachtstag wehmütig der gemeinsamen Festtage gedacht? Daß sie einsam sei, schmerze ihn. »Die letzte Zeit habe ich neue graue Haare bekommen, und tatsächlich war nicht die Reise daran schuld. Das Gewissen drückt mich.«[2] Er versprach, alle sechs bis acht Tage von sich zu berichten und alle zwei bis drei Wochen ein Telegramm zu schicken, damit sie stets »frische Nachricht« von ihm habe. Lebte er nicht in Gedanken an sie noch immer in der westlichen Zeitrechnung? »Heute ist Neujahr, und du bist irgendwo ganz allein.«

Am 16. Januar 1915 betrat Münter zum ersten Mal nach vierteljähriger Abwesenheit die Wohnung in der Ainmillerstraße. Mit Wehmut betrachtete sie all die kleinen Gegenstände, die sie beide zusammengetragen hatten und die sie nun einsargen sollte. Um der Abbruchstimmung wenigstens zeitweise zu entfliehen, machte sie, rastlos getrieben, Besuche bei Klees, Campendonks, Blochs, Marcs, Stadlers. Keine innere Leere ohne das Blendwerk der äußeren Geschäftigkeit! Vom Besuch des Bürgerbräukellers bis zur Hohen Messe in Andechs, von einem Sanitätshunde-Vortrag bis zur Matthäus-Passion, vom »Kintopp« bis zur Besichtigung eines U-Bootes im Deutschen Museum, vom Biergartentreffen bis zum Opernfestival trug sie alle Fluchtwege aus der nun leergeräumten Wohnung in ihr kleines Notizbuch ein.

Während dieser Zeit hatte sie regelmäßig Briefe von Kandinsky erhalten, die ihr durch einen Vermittler in der Schweiz zugesandt wurden und oft länger als drei Wochen unterwegs waren. Sie enthielten viel Belangloses, wo er ›déjeuniert‹, wie oft er Tee getrunken und was er diniert hatte, welche Besuche er bei Verwandten und Bekannten machen müsse. Aber hinter diesen vordergründigen, oft seitenlangen Berichten spürte Münter seine schwelende Unruhe, wenn er drei Themenkreise berührte: die Malerei, die Sorge um Anna und deren Rückkehr nach Moskau und das von ihnen für Juli verabredete Zusammentreffen in Stockholm.

Schon in einem seiner ersten Briefe hatte er ihr versichert, daß die gemeinsame Arbeit ihm fehle. Beim Besuch einer Moskauer Kunstausstellung hatte ihn plötzlich ein kalter Schrecken erfaßt: Wieviel gemalt wurde! Wie unnötig! Das Schicksal all dieser Bilder? Ein trostloses Herumhängen in Wohnstuben, bis sie nach ein oder zwei Generationen auf dem Speicher landeten, dunkel und löchrig! Wie bleibend erschien ihm dagegen ihre Malerei: »Gottes Funke steckt in dir, was so unendlich selten zu finden ist ... Deine wiegende Linie und der Farbensinn!« Er beklagte, daß sie nicht energischer arbeite[3] und wünschte ihr zum 38. Geburtstag »felsenfeste Gesundheit und blitzstarke Kraft in der Kunst«. Ihr Vorwurf, sie durch seine Abreise in ihrer kreativen Kraft gebrochen zu haben, quäle ihn.

Doch auch er selbst war antriebslos. Die anhaltende Malpause hatte mehrere Ursachen. Zuerst fehlte ihm ein Atelier.

Als er sein Moskauer Haus in Besitz nehmen wollte, waren alle 24 Wohnungen – einschließlich der für ihn im obersten Stockwerk vorgesehenen Zimmerflucht mit Atelierräumen – schon vermietet. So sah er das großbürgerliche Eckhaus mit den mehr als zwanzig Fenster breiten Etagen, dem repräsentativen Giebelportal im Rustika-Sockel, der weißen Marmorstuckfassade und der eigens für ihn auf den sechsten Stock aufgesetzten Sternwarte vorerst nur stolz von außen an.[4] Er mußte sich mit einer Übergangswohnung begnügen, die aber, gemessen an den Murnauer und Münchner Zuständen, geradezu komfortabel war, »mit einer kleinen Gasküche, einem Badezimmer, mit Telephon, elektrischem Licht und Heißwasser«. Hier könne er sich jedoch nur kleinere Arbeiten vornehmen.

Viel schlimmer aber war eine künstlerische Unentschlossenheit, die ihn wie eine Lähmung überfallen hatte. Er plante ein großes gegenständliches Gemälde für das Landgut seines Schwagers Abrikosow; doch damit anzufangen, gelang ihm nicht. »Ich empfinde das alles so sehr als Ballast. Wer soll's erben?«[5]

Nichts stand in seinen Briefen von den befreundeten Petersburger und Moskauer Künstlergruppen, die ihn noch vor zwei Jahren so gern nach Rußland holen wollten. Die Verbindungen schienen gelöst, – die jungen Künstler standen an der Front gegen das Land, in dem er – der Grenzgänger – trotz ihrer damaligen Aufforderung geblieben war. Im Moskau von 1915 behandelte man ihn offensichtlich als Außenseiter.

Seine Verantwortung für Anna ließ ihm keine Ruhe. Er wollte sie zu sich nach Moskau holen und drängte Münter, einen Reiseweg auszuarbeiten. Ungeduld durchzieht seine Briefe: »Daß aber Anna noch immer nicht kommt! Es wird wieder gut gereist.« Am 19. Februar 1915 erhielt Münter, die Annas Ausreise bewerkstelligt hatte, deren Nachricht aus Stockholm: Von hier aus weiterzukommen sei keine Schwierigkeit, nur eine kleine Strecke von drei Kilometern müsse man mit dem Schlitten von der schwedischen bis zur russischen Grenzkontrolle zurücklegen. Am 1. März 1915 telegraphierte Kandinsky an Münter: »Anna arrivée.« Das 1911 geschiedene Ehepaar war nun wieder in Moskau vereint, während sein Rückzug von ihr etwas Endgültiges gewann.

Ihrem Drängen, sich so schnell wie möglich im neutralen Ausland zu treffen, begegnete Kandinsky mit Einwendungen; zuerst führte er den quälenden Geldmangel an, der ihn sogar daran hindere, sich Ölfarben, Pinsel und Leinwand zu kaufen. Er habe die Reisesumme nicht zur Verfügung. Sein Haus verursache große Ausgaben, Zinsbeträge würden fällig. Zudem bestehe die Gefahr, daß er nicht mehr in sein Heimatland zurückkehren dürfe. Und schließlich mache ein Gedächtnisausfall seiner Mutter seine Anwesenheit zu Hause unumgänglich. Er bat Münter telegraphisch, in Deutschland zu bleiben. Sie hätten ja nun einen Briefvermittler in Stockholm, die Post erreiche ihn dadurch schneller; von München bis Stockholm brauche sie nur drei Tage, von Stockholm nach Moskau fünf Tage.[6] Man sei also einander näher gerückt; das mache die Reise weniger dringlich.

»Jetzt lebe ich drei Monate allein und sehe, daß diese Form für mich die richtige ist. Du fehlst mir oft. Oft möchte ich mit dir ausgehen, reden, eine Spazierfahrt machen usw. Dazu gesellt sich die Trauer und Angst um dich ... Klarheit herrscht aber in mir noch nicht«, schrieb Kandinsky am 2. März 1915 an Gabriele Münter in einem seiner biographisch aufschlußreichsten Briefe. Klarheit zu haben, was sein persönliches Leben betreffe, sei überhaupt nicht seine Sache: »Hier bin ich zu impulsiv, zu zerfahren und vielleicht zu launisch. Nur in der Kunst weiß ich wirklich, ausschließlich und unanfechtbar, was ich will ... In der Kunst bin ich unfehlbar wie der Papst und despotisch wie ein Monarch. Im Leben bin ich wie ein flauer Fluß, der nach nirgends stark fließt, weil er zur selben Zeit in alle Richtungen fließen möchte.« Diese mangelnde Eindeutigkeit dem Leben gegenüber zwinge ihn, allein zu bleiben. Nur eines sei ihm immer klar: niemand solle seinetwegen leiden; aber gerade weil er es allen recht machen möchte, geschehe allen Unrecht. »Ich beneide manchmal schrecklich die Menschen, die zusammen ausgehen, zusammen heimfahren, zusammen die Nacht verbringen und mit dem Gefühl, mit dem Wissen erwachen: ›er ist hier, sie ist hier.‹ Ich weiß, daß dieser Neid unfruchtbar ist, weil mich dieses Leben nur flüchtig beglücken kann. Sofort sehne ich mich nach Freiheit, Einsamkeit, Einsamkeit vor allem. Es kommt vielleicht daher, weil mein Ideal der Liebe größer ist als die Fähigkeit, es zu verkörpern. ... Die Liebe (in meinem Ideal) muß grenzenlos und in jeder Weise fruchtbar sein.« Eine solche Liebe habe er bisher nur der Kunst gegenüber empfunden, und diese unbedingte Liebe habe auch sie, die Gefährtin so vieler Jahre, nie zu ihm gehabt. Und darum habe sie ihn nie wirklich geliebt. Ohne diese grenzenlose Liebe aber sei das Zusammenleben ein Kompromiß mit einem Beigeschmack der Lüge, also der Sünde.

Auf jeder Reise hatte Moskau die Leitbilder seiner Jugend wieder in ihm aufleuchten lassen. Auch diesmal, schrieb er Münter, sei die Wirkung der Stadt so groß auf ihn, daß er sein Alter vergesse und der Durst nach Vollkommenheit wie einst in ihm brenne. »Vor drei bis vier Tagen habe ich von der Burg den Sonnenuntergang gesehen, den ich in meinem ›Rückblick‹ beschrieben habe und bin bis jetzt ganz erschüttert ... Das Leben hier pulsiert in jeder Beziehung sehr stark. Daß ich es hier einsaugen kann und meine Kunstseele damit füttern kann, verdanke ich dir sehr, das weißt du.«[7] Und doch sei er sich gerade in Moskau, wo ihn »eine alte Welle wieder mit verzweifelter Kraft zum Unerreichbaren« hebe, verstärkt der Unvollkommenheit ihrer gegenseitigen Empfindungen bewußt geworden.

Die in ihrer Wortwahl behutsamen Briefe Kandinskys enthielten eine Absage an ihren Lebensbund, darüber hinaus aber auch eine Absage an jedwede Liebe in irdischer Gestalt, der die Vollkommenheit ungeteilter Harmonie versagt bleiben mußte. Vielleicht, gestand Kandinsky, werde er zeitlebens hinter der wahren Liebe herlaufen, für die er einen Maßstab in sich spüre, dessen Ursprung ihm verborgen sei. »Vielleicht habe ich einmal richtig geliebt und ›sie‹ in diesem Leben nicht mehr gefunden.« Er könne sich nicht bescheiden: »Liebe muß grenzenlos sein«, frei von Dissonanz und Mißverstehen, ein allumfassendes Einverständnis, eine gegenseitige Erfüllung.

Tief verunsichert, besorgte sich Münter die Romane Dostojewskys, um die russische Mentalität zu ergründen. Sie erkannte an Titelgestalten wie *Raskolnikow*, dem *Idioten* oder den *Karamasows*, daß die russische Seele den Abgrund zwischen Ideal und Wirklichkeit durchmißt, um dabei in Schuld und Reue die eigene Tiefe auszukosten.

»Wenn ich an dich denke«, schrieb ihr Kandinsky, »so schmerzt das Herz manchmal zum Zerspringen und ich möchte dir mein Blut abgeben. Du mußt nie vergessen und ständig fühlen, daß ich, der dein Leben verdorben hat, wirklich bereit bin, dir das Blut abzugeben. Das sind keine übertriebenen und keine kleinen Worte, du liebe, liebe, gute, herzige Ella ... Ich möchte manchmal vor Kleinmut und Angst ins Wasser springen.« Als Nachtrag fügte er hinzu: »Wenn ich allein bin, arbeite ich, aber manchmal marschiere ich im Zimmer herum und das Herz schmerzt wie ein kranker Zahn. Manchmal möchte ich mich auf die Hinterpfoten setzen und heulen wie der Hund zum Mond heult.«[8]

In vielen Briefen des Jahres 1915 redeten sie aneinander vorbei. Münter, gewöhnt an ein spannungsgeladenes Warten auf ›Später‹, hofft weiterhin auf die Erfüllung seiner Versprechungen. Am 3. Juni 1915 fuhr sie zu Schroeters nach Berlin. Am 11. Juni schrieb ihr Kandinsky dorthin noch einmal, daß es ihm unmöglich sei, wie vorgesehen, im Juli zu verreisen. Die Ereignisse seien nicht danach. Er werde ihr alle acht bis zehn Tage eine Nachricht schicken. Wichtig sei doch nur, daß jeder über das Wohlergehen des anderen Bescheid wisse. Sie möge ihm auch nicht zu oft schreiben!

Trotz seiner wiederholten Warnungen, jeder möge doch in solchen Zeiten in seinem Lande bleiben, fuhr Münter am 3. Juli 1915 von Berlin nach Kopenhagen, wo sie 1913 durch eine *Sturm*-Ausstellung im *Københavns Kunstsalon i Bredgade* einen gewissen Bekanntheitsgrad erlangt hatte, an den sie nun anknüpfen wollte.[9] Das Kopenhagener *Dagbladet* hatte die damalige Ausstellung, in der 30 Gemälde von ihr gezeigt worden waren, zwar ein ›Rätselkabinett‹ genannt, und Herwarth Walden hatte seinen Begleitvortrag nicht halten können, weil das Publikum ausgeblieben war; dennoch hatte die Kritik ihre Bilder als koloristisch stark und wirkungsvoll herausgestellt.[10] Darauf konnte sie sich nun bei Kopenhagener Galeristen berufen.

Zwei Wochen später reiste sie weiter nach Stockholm. Sie meldete sich am 18. Juli 1915 bei Kandinsky mit einem telegraphischen »Salut« aus der Pension einer Frau Louise Palm, Stureplan 2.[11]

Sie war bester Stimmung. Motive sprangen sie an. Sie fühlte sich bezaubert von der einzigartigen Lage der Stadt, die sich an der zerklüfteten Küste zwischen dem waldumkränzten Binnensee Mälaren und der Ostsee über Felseninseln ausbreitete. Die offenen Wasserflächen, die weiten Buchten und die engen, laubbeschatteten Kanäle entsprachen ihrem Bedürfnis nach Freiraum und Frische, nach ausgedehnter Horizontlinie. Es machte ihr Spaß, durch die Schären zu kreuzen und an grünen Inseln, windzerfetzten Kiefern, alten Festungen, eleganten Sommerresidenzen und verschwiegenen Buchten mit dem Skizzenbuch vorbeizugleiten. Die Herbe des Nordens verband sich mit dem anheimelnden Charme der ›Gamla Stan‹, in der sich das mittelalterliche Stadtbild erhalten hatte.

Gleich nach ihrer Ankunft machte sie sich bei *Gummesons Konsthandel*[12] als *Sturm*-Künstlerin bekannt und verabredete eine Ausstellung. Wohlgelaunt besichtigte sie danach Skeppsholmen mit seinen Museen, Skansen mit Djurgården, durchstreifte die Stadsholmen, die Altstadtinsel mit der *Storkyrkan*, um die farbenprächtige und kühn aufragende Holzplastik *St. Georg mit dem Drachen* kennenzulernen, die 1490 von einem Lübecker Bildhauer in expressiver Wucht geschaffen worden war: ein *Blauer Reiter*, der sie mit tiefer Wehmut erfüllte! Zur Ablenkung durchstöberte sie die Antiquitätenläden der Gåsgränd nach Volkskunst, entdeckte das Künstlerviertel mit seinen engen Treppengäßchen. Oft horchte sie auf das Rauschen der ›Slussen‹, wo sich die salzigen Fluten der Ostsee mit dem süßen Wasser des Mälarsees mischten; die *Schleuse* war eines der ersten Stockholmer Motive, die sie malte. In der Vorfreude, Kandinsky dies alles bald zeigen zu können, fuhr sie zum Schloß Ulriksdal, nach Drottningholm mit seinem berühmten China-Pavillon, nach Gripsholm, der düsteren Renaissance-Feste des Reichsgründers Wasa auf einer Insel des Mälarsees, wo sie sich die Porträtsammlung – 2000 physiognomische Zeugnisse seit Lavaters Zeiten[13] – mehrere Tage lang anschaute. Unlesbar dicht sind die Eintragungen ihres Kalenders über Ausflüge und Besichtigungen, deren Nachhall in Fotoalben, Postkartensammlungen und Skizzenbüchern zu finden ist. Im Rückblick schrieb sie an die schwedische Malerin Lilly Rydström-Wickelberg[14]: »Ich war erstaunt und begeistert darüber, daß ich hier im hohen Norden, von dem ich nur sehr geringe Kenntnisse hatte, eine so wunderbar gelegene und schöne Stadt fand. Hier fühlte ich mich sofort freundschaftlich und wohlwollend empfangen. Fernab vom Kriegsgeschehen hatte ich eine intensive Arbeitszeit, gefördert durch das feine Verständnis, das mir von den schwedischen Kunstkennern entgegengebracht wurde ... Es war eine interessante Zeit, die ich in Stockholm erlebte.«[15]

Ihre Stimmung verfinsterte sich schlagartig, als Kandinsky seinen Besuch mehrfach hinausschob, »en souhaitant de la santé, de l'équilibre d'âme et de bonne humeur«.[16] Erschrokken über das Ungestüm ihrer Empörung, die sich in ihren Briefen bis zu persönlichen Schmähungen steigerte, gestand er ihr zu, daß sie im Recht sei. »Du sagst, daß ich Dich quäle. Ich weiß das wohl.« Aber auch sie quäle ihn, indem sie nicht beachte, was er ihr seit langem erkläre. Die einzige Art zu leben und zu arbeiten sei für ihn der Rückzug in die Einsamkeit, nicht nur vor ihr, sondern vor jedermann. »Ich werde kommen, Dich zu sehen, ich wünsche es mir sehr, aber ich kann nicht mit Dir leben wie einst – wie Du sehr genau weißt, wenn Du es auch nicht begreifen willst.« Nichts spräche jedoch dagegen, daß sie sich gegenseitig in jedem Jahr für ein paar Monate besuchten. »Ich habe Dich nur darum getäuscht, weil ich mich über mich selbst getäuscht habe.«[17] An dieser Stelle seines Briefes schrieb sie an den Rand: »Du hast Dich gedreht, Du weißt wohl, was Du 1903 versprochen hast. Es gehört sich, daß man die Konsequenzen seiner Handlungen trägt.«

In diesem und allen folgenden Briefen betonte Kandinsky, Bindung und Trennung und alles, was sie ihm nun als »crime et caprice« anlaste, beruhe nicht auf seinem Mutwillen. »Du sagst, daß Du nicht leben und nicht sterben kannst. Genau das fühle ich alle Zeit. Weder leben noch sterben.« Er bat sie, Mitleid mit ihm zu haben. »Je suis justement ce temps dans une position morale très très pénible.« In einem Postskriptum fügte er hinzu: »Denk nicht, daß ich dies alles mit einem kalten Herzen geschrieben habe. Es ist mir sehr, sehr schmerzlich, Dir weh zu tun, und ich möchte Dich ruhig und glücklich wissen.«[18]

Der zermürbende Briefwechsel, wegen der Zensurbehörde ausschließlich in französischer Sprache geführt, schleppte sich dahin. Kandinsky versicherte ihr: »Je ne peux bien écrire, parce que mes mains ont pris l'habitude de trembler.« Vorerst verschob er seinen Besuch bis Mitte September 1915. Er werde sie in ihrer »pénible et affreuse situation« nicht im Stich lassen. Er wünschte ihr »le tranquilité de l'âme«, bat »ne m'écris pas trop souvent!«, und kündigte ihr – »en souhaitant de la santé« – seine dreiwöchige Erholungsreise auf die Krim an. Wegen ihres »marode humeur« sei er dauernd niedergeschlagen. »Notre question« – damit war die von ihr verlangte Trauung gemeint – sei momentan nicht zu lösen. Sobald er jedoch von der Krim zurück sei, werde er in Moskau einen Paß besorgen und sich um die Heiratspapiere bemühen. Danach erhielt sie Ansichtskarten aus seinem Urlaubsort, hörte, daß er schwimme, ein Schiff gemietet habe und braun wie ein Araber sei.

Der September-Termin verstrich, ohne daß er die Reise nach Stockholm antrat. Er führte dafür wieder mehrere Gründe an.[19] Als der zwischen Rechtfertigung und Beschwichtigung verlaufende Briefwechsel in eine Sackgasse geriet, ergriff Anna das Wort und bat Münter, vermutlich angeregt durch Kandinskys Gewissensnot, um Verständnis. Er sei fest entschlossen, das Weihnachtsfest 1915 bei ihr in Stockholm zu verbringen. Ihm fehle tatsächlich auch das Geld zur Reise, die anderen Gründe möge er ihr selbst auseinandersetzen. »Ich wünsche Ihnen von ganzem Herzen, daß Sie den Zustand der Unsicherheit und der Qual, in dem Sie seit langem leben, endlich überwinden, um eine neue Existenz zu gründen, ... eine Existenz ohne betrügerische Illusionen, unabhängig, dankbar für die neuen Möglichkeiten, freier und glücklicher.«[20] Auf diesen Brief antwortete Münter: »Sie nennen trügerisch und Illusion, was ganz einfach nur mein Recht ist, die Konsequenz aus unserem ganzen Leben. Die Unabhängigkeit und die Freiheit, die Sie mir wünschen, sind lange vorbei, und es ist mir nicht möglich, sie wiederherzustellen. Unser Leben war eben nicht auf Freiheit und Unabhängigkeit gegründet ... Ich werde das Unrecht nicht dulden, und ich will nicht für das verdammt sein, was nicht mein Fehler war. Und ich dulde auch nicht, daß jemand, der mir alles schuldet, mein ganzes Leben, über mich urteilt wie irgendein Unbekannter, fremd und kalt. Ich wünsche, daß er mich versteht und daß er mich achtet. Dieses ganze Jahr war sein Benehmen unglaublich; mich sogar lange ohne Nachricht zu lassen ... ist unredlich, es ist mörderisch. Nein, es sind keine Illusionen, die mich so leiden lassen.«[21]

Sie kleidete ihre Ängste in Vorwürfe und Drohungen. Sie berief sich fortan auf den juristischen Tatbestand, ein Eheversprechen müsse eingelöst werden. Es klang, als wolle sie eine Schuld eintreiben, wenn sie von nun an unerbittlich die zugesicherte Heirat forderte und nicht beachtete, daß dieser äußerliche Rechtsakt nicht mehr ersetzen konnte, was innerlich bei ihm zerbrochen schien. Sie verlangte die Ehe jedoch *zunächst* nicht zur konventionellen Rechtfertigung ihres Zusammenlebens, vielmehr erschien sie ihr wie eine Metapher für unverbrüchliche Verbundenheit. Kandinsky schob die widersprüchlichsten Hinderungsgründe vor, um ihre Lossprechung zu erzwingen.

Ihr *späteres* Drängen auf den nur noch formalen Akt der Trauung ist vielfach – und nicht nur von Kandinsky – mißverstanden worden. Trotz allen Geredes um die Schwabinger Libertinage hatte es immer noch als skandalös gegolten, mit einem verheirateten Mann in aller Öffentlichkeit eine Liebesbeziehung zu unterhalten. Nicht zufällig hatten die Einwohner von Murnau ihren gemeinsamen Landsitz auch das »Hurenhaus« genannt. Dieses illegale Zusammenleben konnte seine Rechtfertigung nur durch die spätere Heirat finden, selbst wenn die Scheidung unmittelbar darauf folgen würde. Daß sie auf der Einhaltung seines Eheversprechens so nachhaltig bestand, betraf ihre innere und ihre äußere Ehre.

Heimweh kam auf. »Oft denke ich an Sie alle«, gestand sie in einem Brief an Maria Marc am 16. November 1915: »Wollen Sie mir nicht einmal ein bißchen bayerische Luft schicken?« Eine Marc-Ausstellung bei Gummeson[22] hatte sie wehmütig gestimmt. »Ob ich von Ihnen und Klees bald und ausführliches zu hören bekomme? Von Dr. Stadler möchte ich so gern wissen! ... Und der kleine Dietzel? Und sein trauernder Laden? und seine kleine Frau? ... Wie geht es Wolfs-

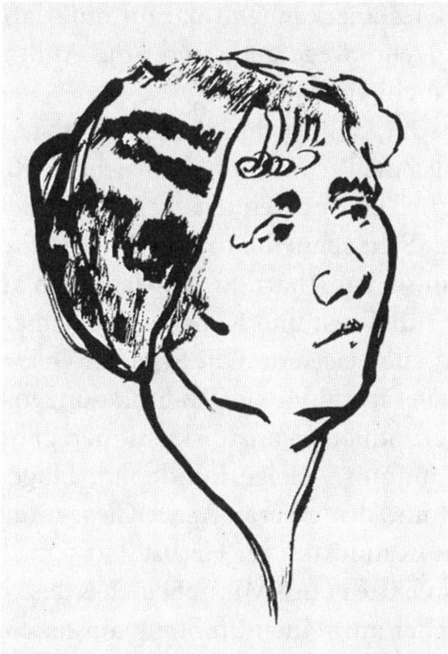

Gabriele Münter, Thyra, 1917, Pinselzeichnung mit schwarzer Tusche, 27,8 × 21,1 cm.

kehls? Ist Bloch noch dort? Wie geht's Kubin?« Sie lerne Gitarrenspielen, denn »Musik vertreibt die Einsamkeit«. Sie hatte sich das Instrument von einer jungen Schwedin, Thyra Wallin, geliehen, die ihr als eine der ersten in der Fremde Modell saß. Thyra wirkt auf Porträtskizzen und Pinselzeichnungen[23] so, wie sie sich für Münter in dieser Zeit bewährte, gutmütig, zuverlässig und lebensstark.

Wie immer, wenn Münter auf sich selbst gestellt war, entwickelte sie ein hohes Maß an Eigeninitiative. Es war ihr in wenigen Wochen gelungen, für Ende September 1915 eine Ausstellung bei Gummeson zu arrangieren, die sie sich mit Lilly Rydström teilte. Der als streng gefürchtete Kritiker von *Svenska Dagbladet*, August Brunius, nannte Münter »eine starke moderne Künstlerin ... Chaotisch im Arrangement, aber malerisch von Saft und Kraft, was man sofort erkennt«.

Aftonbladet wies anerkennend darauf hin, daß die Ehefrau Kandinskys eigene Wege gehe und »die Anbindung an die Wirklichkeit nicht versäume«.[24]

Lilly Rydström kennzeichnete die damalige Stockholmer Kunstszene als eine Periode des Umbruchs. Gabriele Münter habe in dieser »Zeit des Keimens« eine wichtige Vermittlerrolle gespielt. »Sehr schnell hatte sie die gesamte Avantgarde der Jungen um sich geschart. Sie bewies einen ausgesprochenen Spürsinn für Kunst und Künstler. Sie bemerkte auch die Unbeachteten, die Leisen und die Scheuen. In ihrer Wohnung am Stureplan veranstaltete sie Tee-Einladungen, bei denen es ruhige, aber gründliche Kunstdiskussionen gab. Dort führte sie Hilding Linnquist, Helge Lundholm, Hugo Scholander, John Jon-And und dessen Frau Agnes Cleve und mich zusammen.«[25] Wäre Kandinsky im Herbst 1915 nach Stockholm gekommen, so hätte er um Münter einen Kreis von Künstlern vorgefunden, der auf seinen Empfang ausgerichtet war.[26]

Oskar Helge Lundholm, der Theoretiker der Runde[27], wurde durch Münter dazu angeregt, sich mit Kandinskys Weg zur Abstraktion zu befassen. Er veröffentlichte im Maiheft 1917 der Zeitschrift *Flamman* eine kunstpsychologisch ausgerichtete Analyse von Kandinskys *Composition 6*. Was Lundholm im Grenzgebiet von Perzeptionstheorie, Psychoanalyse und Ästhetik an Fragen aufwarf, versuchten die anderen dieser Runde in ihre Malpraxis umzusetzen. Sie waren um 1890 geboren, und so lag eine Generationsspanne zwischen ihnen und Münter, die sich jedoch gern mit jungen Menschen umgab und immer etwas von einer Studentin behielt, lernbegierig und experimentierfreudig. Sie galt in Stockholm sehr bald als Vertreterin der Kunstziele des *Blauen Reiter*, der in Skandinavien durch die provokativen Ausstellungen des *Sturm* in Kopenhagen im Mai 1913, in Göteborg im Juni 1914 und durch die *Baltische Ausstellung in Malmö* von Mai bis Oktober 1914[28] weithin bekanntgeworden war.

Münter fühlte sich in ihrer Malerei verstanden und anerkannt. Immer brauchte sie Gespräch und Widerhall, um mit Schwung weiterzuarbeiten. Kurz nach ihrer Ankunft lernte sie den arrivierten Maler Isaac Grünewald kennen.[29] Der ehemalige Matisse-Schüler gehörte zu einer Gruppe von radikalen Neuerern, die dem Expressionismus in Schweden zum Durchbruch verholfen hatte[30], und war im April 1915 – zusammen mit seiner Lebensgefährtin Sigrid Hjertén, Einar Jolin und Gösta Adrian-Nilsson – durch eine Berliner *Sturm*-Ausstellung in Deutschland vorgestellt worden. Er erkannte sofort die Bedeutung Münters für die deutsch-schwedische Kunstverbindung. So war sie häufig zu Gast bei musikalischen Abendveranstaltungen, für die seine großzügig ausgestattete Atelierwohnung einen festlichen Rahmen bot. Sie malte das Ehepaar Grünewald beim Musizieren und porträtierte deren kleinen Sohn Ivan.[31]

Carl Palme, einst Kollege in der *Phalanx*-Schule, war freudig überrascht, als er anläßlich seiner Ausstellung bei Gummeson im Oktober 1915 Münter unverhofft wiedersah, von der er seit seinem Besuch in Rapallo 1906 nichts mehr gehört hatte. Er staunte über die Selbstverständlichkeit, mit der Münter in den Kreis der schwedischen Avantgarde integriert war – Grünewald habe sie förmlich beschlagnahmt.[32] Die Verbindung zu ihrem *Sturm*-Kollegen Gösta Adrian-Nilsson war durch einen Brief Waldens vom 8. Februar 1916 gefördert worden, und den Psychiater Poul Bjerre[33], einen einflußreichen Freund Gutkinds, hatte sie laut Notizbuch-Vermerk bereits am 22. August 1915 getroffen und danach auf seinem Landsitz besucht. Beide waren bildende Künstler und Autoren, die durch sie auf Kandinskys Besuch vorbereitet waren.

Der vielseitig begabte Bjerre, Mitbegründer von Gutkinds *Blutbund*, gehörte der *Internationalen Friedensliga* an und erforschte wie der Verfasser der *Siderischen Geburt* parapsychologische Erscheinungen. Als Seelenarzt wollte er den Ursprung des Schöpferischen aufdecken. *Der geniale Wahnsinn* war der Titel seiner 1903 veröffentlichten Untersuchung, in der er am Beispiel Nietzsches seine Ansicht erläuterte, daß Krankheit und Mangel befreiend auf die kreativen Impulse wirkten, da sie die Umweltbeziehungen lockerten, oft sogar ganz auflösten und dadurch im Werk eine Entäußerung erzwangen. Er schuf als Bildhauer psychologisch ausgefeilte ›Charakterporträts‹, aber auch *Ideenskulpturen* wie *Seelenbecher*, *Freundschaft* oder *Ewiges Kreisen*. Das Hauptgewicht seiner Theaterstücke legte er auf die Themen ›Weltfrieden‹ und ›Tod und Auferstehung‹, und dabei versuchte er das Leben im Rhythmus von Re-Inkarnationen darzustellen. Bjerre zeigte sofort große Neigung, Kandinsky persönlich kennenzulernen und ihm danach einen Essay zu widmen.

Münter war auf Verkäufe angewiesen, um in Schweden leben zu können. Die Voraussetzungen waren denkbar schlecht. Stockholm war durch den Kriegsausbruch zum internationalen Treffpunkt auf neutralem Boden und somit zum attraktiven Kunstmarkt für alle Länder des Kontinents geworden. Darum hatte auch Herwarth Walden, in allen Galerie- und Sammlerfragen beraten von seiner schwedischen Frau Nell[34], auf diesen Umschlagplatz gedrängt. Doch allzubald folgten die Franzosen.[35] Das Überangebot an Kunst hatte sogar zur Hilfsaktion für notleidende schwedische Künstler geführt: Man veranstaltete eine staatlich kontrollierte Lotterie, um von dem Erlös Kunsteinkäufe zu tätigen. Ein *Frühjahrssalon 1915* hatte gezeigt, wie stark die Preise durch die ausländische Konkurrenz gedrückt wurden. Dabei entzündeten sich die Auseinandersetzungen in Stockholmer Publikationen meist am Futurismus, der seit der Kopenhagener Ausstellung Waldens 1912 – er zeigte damals die Italiener Boccioni, Carrà, Russolo und Severini – vielfach mit der festländischen Moderne gleichgesetzt wurde. Arturo Ciacelli, Futurist und neu in Stockholm etablierter Kunsthändler[36], verstärkte durch seine *Nya Konstgalleriet* die einseitige Repräsentanz.

Münters Bilder schlugen eine Bresche für eine andere Richtung europäischer Kunst. Schon die ersten Kritiken im Oktober 1915 setzten sie gegen den Futurismus als einen Gegenpol ab, und das wurde wichtig für ihren Erfolg. Im Unterschied zur rhythmisierten, Blickverschiebungen andeutenden, futuristischen Auflösung der Zeichnung lag ihren Bildern ein festes lineares Gerüst zugrunde. So wurde sie als Vertreterin der deutschen nachimpressionistischen, konstruktiven Richtung begrüßt, deren Bildkomposition auf farblich klaren Verspannungen beruhte. Für den Kritiker Gregor Paulsson bedeutete der Futurismus die letzte Phase des Impressionismus, der dem flüchtigen Augenblick nachjagte, während Münters Bilder auf das Bleibende und Gültige zielten. Auch die *Farben* hatten bei ihr Anspruch auf Dauer, denn sie trugen ihr Licht in sich und unterlagen keiner wechselnden Beleuchtung. Die Schatten waren vom pflaumig blauen Schnee aufgesogen, das erzeugte den Eindruck des Unveränderlichen; der Winterdunst hatte sich in einer grau-blauen Wasserfläche verfestigt. Durch Münters Bilder, die anstelle der futuristischen Bewegungsillusion tiefe Ruhe veranschaulichten, wurden die jungen schwedischen Maler mit Ausdrucksmitteln vertraut, die von ihrer gängigen Auffassung über die neue Kunst in Europa wegführten.

War es Lockung, List oder Hilfsbereitschaft, Kandinsky aus seiner finanziellen Klemme zu helfen, als Münter im Einverständnis mit Herwarth Walden für ihn eine Verkaufsausstellung bei Gummeson verabredete? Sie sollte am 1. Februar 1916 eröffnet und publizistisch gut vorbereitet werden.

Kandinsky traf am 23. Dezember 1915 in Stockholm ein.[37] Er brachte keine neuen Bilder mit, denn er hatte im Jahre 1915 keine Ölgemälde ausgeführt. Dank Münters und Waldens Initiative umfaßte die Schau dennoch 19 Gemälde, von denen sich ein Teil im neutralen Ausland befand und nun greifbar war. Entgegen seiner Ansicht, daß ihn zum Malen allein die intensiven Eindrücke Moskaus inspirieren

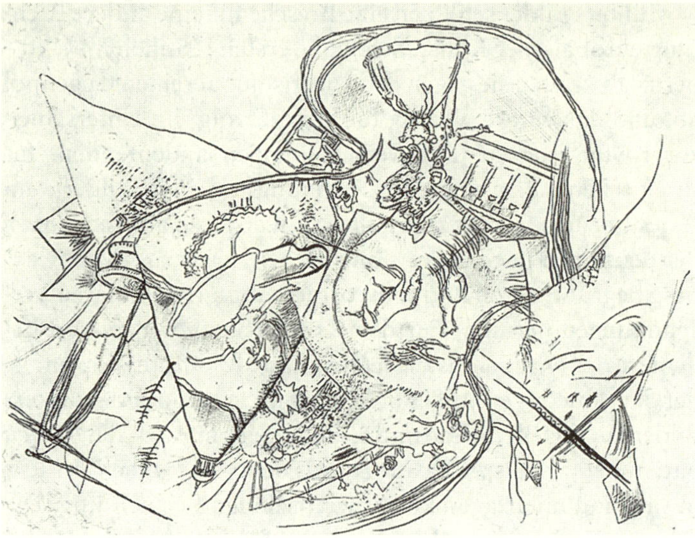

Wassily Kandinsky, Landschaftliche Szenerie, Stockholm 1916, Tuschfeder über Bleistift, 24,9 × 32,4 cm.

könnten, griff er bei Münter, die sich in ihrem möblierten Zimmer eine Atelierecke eingerichtet hatte, sofort zu Pinsel und Palette.[38] Das einzige erhaltene Gemälde dieser gemeinsamen Stockholmer Wochen ist das *Bild auf hellem Grund*, in dem er die in den letzten Münchner Jahren geübte abstrakte Formensprache und Farbenskala wieder verwendete.[39] Der namengebende, zartgetönte, graue Rand umfängt die innere Komposition und hat etwas Entlastendes. Im oberen Bildteil suggerieren die leuchtenden Farben einen Aufwärtsschwung im Quellen, Schwellen und vegetativen Emporstreben und verleihen diesem Stockholmer Werk den Ausdruck einer positiven Lebensstimmung. An der Seite Münters überwand er die künstlerische Lähmung der Moskauer Monate.

Die meisten seiner in Stockholm entstandenen Tuschfederzeichnungen und Radierungen wirken wie mehr oder weniger verfremdete Selbstzitate. Griff Kandinsky, der ja Bilder verkaufen wollte, auf bewährte Bildmuster zurück, um die

Erwartungen des Publikums zu erfüllen? Oder zog er – desillusioniert – die Summe aus seiner malerischen Vergangenheit? Neben abstrakten Formelementen, erstaunlich jähen phallischen Strukturen, stehen die üblichen Realitätsreste. Biedermeierszenen erinnern in ihrer sarkastischen Verzerrung an die früheste Münchner Zeit; da gibt es wieder die Galanterie der Herren mit Zylinder, der Damen mit Krinolinen und Kapotthütchen, Lorgnon, Wespentaillen und Schleifchenzier; eine aus den Fugen geratene livrierte Staffage, der sich Reiter vor Berggipfeln, eine lanzenbewehrte Phalanx oder gar Elias im Feuerwagen wie Kampfsignale in eine zerstörte Idylle einpassen. Der Stilwechsel ist jedoch nicht zu übersehen. Die durchgehenden Umrißlinien und die kleinteilig verspielte Ausführung erinnern – nach seinen eigenen Worten in einem Brief an Münter vom 3./16. November 1915 – an die Ziselierarbeit eines Goldschmieds. Er kolorierte solch minutiöse Zeichnungen mit Aquarellfarben. Eine ähnlich pedantische Kleinarbeit zeigen seine Tuschfederzeichnungen und seine Druckgraphik. Auf Vorschlag Münters nannte er diese stilistisch uneinheitlichen, meist satirischen Arrangements, in denen er sich über die Bildmuster seiner Vergangenheit lustig zu machen schien, *Bagatellen*.

Ein für diesen inneren Abstand aufschlußreiches Ölgemälde ist Kandinskys *Heiliger Georg IV*. Das nicht genau datierbare Bild fordert eine biographische Deutung geradezu heraus: Georg, mit Schild und Lanze auf einem Schimmel, trabt einer von ihm abgewandten, still in sich versunkenen Frau davon. Sein Kopf mit Federbusch und Helm ähnelt unübersehbar seinem ›Vorgänger‹ auf dem *Almanach*-Umschlag. Umhüllt von einer grauen, leicht eingeschwärzten Farbaura, beherrscht er die Bildmitte, die Frau ist an den rechten Rand gerückt. Sie trägt eine Haube mit bodenlangem Schleier, wirkt darum wie eine wartende (oder verlassene) Braut. Über ihr schwebt an einem langen, gebogenen Stiel ein

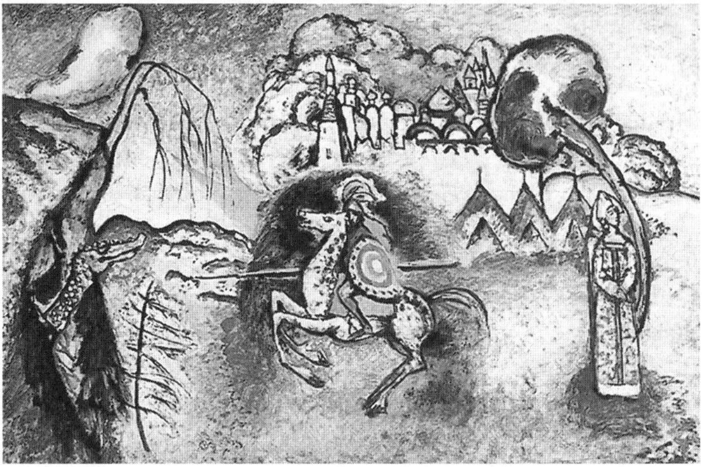

Wassily Kandinsky, Heiliger Georg IV, 1917?,
Öl auf Karton, 64,4 × 91 cm.

wolkenartiges Farbgebilde mit dunklen Eintrübungen. Mann und Frau kehren sich gegenseitig den Rücken zu. Vergleicht man das Motiv – Aufbruch des Reiters und Abwendung voneinander – unter lebensgeschichtlichem Aspekt mit früheren Abschiedsszenen (1903) oder gar mit dem *Reitenden Paar* (1907), das, einander zugewandt und eng umarmt, wie *ein* Wesen durch die farbenfunkelnde Traumwelt reitet, so wird die Fremdheit, die sich hier zwischen zwei Menschen ausbreitet, überdeutlich. Gleichzeitig irritiert die Kühle bei der Behandlung eines Themas, dem früher geistige Leidenschaft und künstlerische Brisanz gegolten haben.

Der Drache dieses Bildes, getüpfelt, stupsnasig mit roten Nüstern, lugt aus einer Erdhöhle, er wirkt weniger gefährlich als hämisch und scheint in einer gewissen Komik Kinderbüchern zu entstammen. Da findet wohl kein Kampf mehr statt! Im Hintergrund vermutet man Nomadenzelte (oder sind es Heuhocken?), darüber erhebt sich über weißen Mauern der Kreml unter blutrotem Dunst. Das Bild wirkt wie eine Parodie auf den Reiterheiligen der Murnauer Zeit.[40]

Eine ähnliche Resignation gegenüber dem Vergangenen scheint auch das Beisammensein des Paares in Stockholm überschattet zu haben. Photos bezeugen eine innere Zurückhaltung. Kandinsky wirkt darauf frostig, ohne verbindliche Geste gegenüber Münter, die an seiner Seite einen fast trotzigen Ernst zeigt. Abschiedstrauer? Es stand inzwischen fest, daß Kandinsky nur kurz in Schweden bleiben würde. Einige Feste mögen für die zeitweilige Aufhellung ihrer Stimmung gesorgt haben, dazu gehörte auch ein Empfang beim Bruder des schwedischen Königs, dem Malerprinzen Eugen, in seinem Schloß *Waldemarsudde.*[41] Da standen sie noch einmal zusammen an einem der schönsten Flecken der schwedischen Hauptstadt; vom Terrassengarten, der sich zum Wasser hin sanft abstufte, überblickten sie einen schmalen Meeresarm, auf dem die vorübergleitenden Schiffe Fernweh und die Erinnerung an eines der wichtigsten Motive von Kandinskys Münchner Bildern weckten. Münter, die rückblickend aus ihrer Enttäuschung über sein Verhalten in Stockholm keinen Hehl machte, erinnerte sich noch im hohen Alter an die gelöste Atmosphäre dieses Tages.

Sie hatte vorgearbeitet, damit das Interesse an seinem Besuch sich in der Presse niederschlug. So vermerkte *Svenska Dagbladet* erstaunt, es sei ein korrekt gekleideter mittelalter Herr vom Typ eines Weltmannes eingetroffen, weshalb man über die Diskrepanz zwischen seinem gepflegten Auftreten und seiner formauflösenden Malerei staunen werde. »Da kam kein Barbar, kein Chaot, kein Naturgenie, sondern eine hochkultivierte Persönlichkeit mit reichem Wissen und Erfahrung.« Kandinsky imponierte in dem schon vorher geschaffenen Rahmen durch Selbstsicherheit und konnte – worauf er Wert legte – seine Kunst selbst interpretieren. Während eines Interviews mit *Dagens Nyheter* zeigte er recht überlegen sein Verständnis für die Gegner der abstrakten Kunst. »Er wirkte siegesgewiß wie einer, der weiß, was er tut, wenn andere es auch nicht begreifen können.«[42] Zweifellos

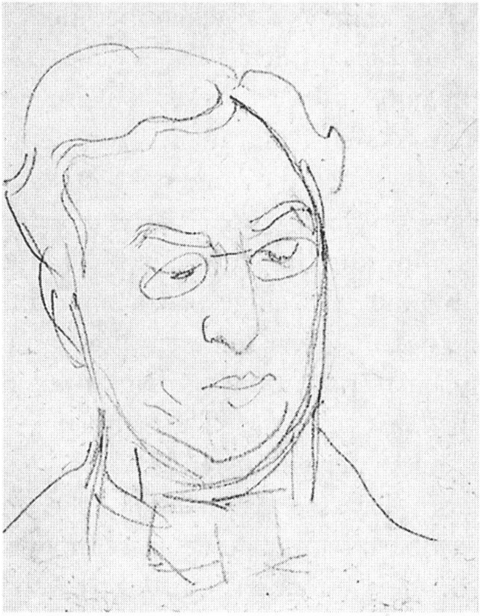

Gabriele Münter, Kandinsky, Bleistiftskizze, 1916, Skizzenbuch Stockholm.

bedeutete die Ausstellung bei Gummeson ein Ereignis, das weit über Stockholm hinaus Wirkung zeigte, doch schlug zunächst das Sensationelle von Besuch und Persönlichkeit Kandinskys höhere Wellen als seine Malerei.

Poul Bjerre, der im Gegensatz zu Freud Verfechter einer ›Psychosynthese‹ war und zur Bewährung dieser selbstentwikkelten Methode gern facettenreiche Charaktere ausforschte, versuchte denn auch gleich, die psychologischen Wurzeln freizulegen, die Kandinsky zur gegenstandslosen Kunst getrieben hatten. Seine Befragungen blieben jedoch ohne Ergebnis. Zu Bjerres Verwunderung antwortete Kandinsky, daß er sich dieser seelischen Ursache nie bewußt geworden sei. Bjerre, der sich einen solchen Mangel an Selbsterforschung bei einem intellektuellen, reflektierenden Personentypus nicht vorstellen konnte, lud am 12. Februar Kritiker, Schriftsteller und Kunsthistoriker zu einem Diskussionsabend unter dem Thema *Die Kunst Kandinskys* auf seinen Landsitz Vastarvi[43] ein, aber auch diese Veranstaltung brachte keinen Aufschluß über den biographischen Hintergrund der abstrakten Malerei. Kandinsky verhielt sich äußerst reserviert. Das Interesse an seiner Person, einmal geweckt, ging ihm nun zu weit. Bjerre stellte fest, daß Kandinskys theoretische Schriften als Versuche nachträglicher Rationalisierung anzusehen seien, seine Bilder jedoch als spontane Entäußerungen eines unerforschten Seelengrundes gelten müßten. Sie hätten kompensatorischen Charakter oder seien gar eine subtile Form der Selbsttherapie. Jedenfalls fühlte sich der Seelenarzt Bjerre von der schwer durchschaubaren Persönlichkeit Kandinskys angezogen, der seinerseits bemüht war, den allzu großen Eifer des Psychiaters abzuwehren.[44]

Gabriele Münter war es gewohnt, daß Kandinsky seine Bilder unter den widersprüchlichsten Aspekten interpretieren ließ. Sie mußte ihn jedoch abschirmen, sobald man sich mit seiner Person beschäftigte. Gerade in Schweden neigte man zum Psychologisieren. Wie Bjerre, der versuchte, die geheimsten Seelenwinkel Kandinskys auszuleuchten, so forschte auch Gösta Adrian-Nilsson[45] dem Prinzip der ›inneren Notwendigkeit‹ nach, deren Ergebnis die »ausdrucksvollen Organismen seien, die zwischen den Bilderkanten schlingerten, krochen, aufstiegen, als wollten sie sich im Schwerelosen verflüchtigen«. Helge Lundholm[46] ging den subtilen seelischen Verästelungen und möglichen Verdrängungen nach, um das emotionale Echo beim Rezipienten zu analysieren. Der Kritiker Gregor Paulsson[47] erklärte Kandinsky, »kunstsozial gesehen«, zu einem »Fall« und erläuterte in *Modern Konst* vom 2. Februar 1916 die daraus erwachsenen, unwiederholbaren malerischen Ergebnisse.

Kandinsky scheute das Zerfasern seiner persönlichen Veranlagung und seines Privatlebens. Er hatte in den *Rückblikken* die Kulisse seines Lebens aufgebaut, darüber hinaus wollte er nichts preisgeben. Die Tonlage der schwedischen Kritiken und Vorträge klopften den hermetisch versperrten

Zugang zu den biographischen Innenräumen ab. Die Kühle und Fremdheit, die von ihm auf dem bekanntesten Stockholmer Photo an der Seite von Münter ausstrahlt, schuf wohl auch eine Distanz gegenüber allzu großem publizistischen Wissensdrang und psychologiedurchtränkter Neugier.

Als Münter am 19. Februar 39 Jahre alt wurde, schenkte Kandinsky ihr die aquarellierte Zeichnung seines Geburtstagsstraußes, der unverwelkbar fortbestehen sollte.[48] Er erfüllte ihren Wunsch, in Stockholm zu bleiben, bis ihre Separatausstellung, die als 38. *Sturm*-Veranstaltung vom 1. bis 14. März bei Gummeson stattfinden würde, vorüber wäre. Mit 28 Ölbildern und kleineren Arbeiten, von denen ein großer Teil in Schweden entstanden war, forderte nun Münter nach Kandinskys publizistischem Wirbel das Echo der Presse heraus, dessen Grundton freundlich war. Gregor Paulsson vermerkte »Ruhe nach dem Sturm«; Münter sei zwar eine radikale Malerin, aber ihr Temperament dränge sich nicht auf. »Sie ist Preußin, und als solche kann sie dazu beitragen, ein anderes Bild von dem preußischen Charakter zu geben als die Karikatur, mit der man in unserem Lande im allgemeinen zu jonglieren pflegt.« Er finde bei ihr etwas von dem klassischen Element der preußischen Kultur, »etwas Stolz-Zartes, einen hellen, festen Dur-Klang, der sogar der Wehmut Haltung gibt«. Er zog in *Stockholms Dagblad* den Bogen zu einer gleichzeitig stattfindenden futuristischen Vernissage, »um zwischen Gut und Böse in den Kunstbewegungen der letzten Zeit zu scheiden – zwischen der auf Überzeugung gegründeten Form und dem Vergnügen an manierierter Pose«.[49] Auch der gestrenge August Brunius verglich in *Svenska Dagbladet* die in Ciacellis *Nya Konstgalleriet* gezeigten Werke mit denen Münters. Jene seien zwar unterhaltend anzuschauen, aber künstlerisch »leichtes Gut«. Gabriele Münter biete hingegen moderne Kunst von ganz anderem Gewicht. »Da ist ein selbständiger Künstler mit einem außerordentlich saftigen Malertemperament, geschlossen in der Form, voll von eigentümlicher Stimmung – etwas verwandt mit Munch und Arosenius. Kurz gesagt: Hier ist etwas so Ungewöhnliches wie eine Persönlichkeit kennenzulernen.«[50] Auch *Dagens Nyheter* erwähnte die Ausstellung, wobei der Kritiker Karl Asplund betonte, daß Münter primitive Farbwirkungen mit bewährten malerischen Formen verbinde, »ein kluges Wagnis einer ernsthaft suchenden Künstlerin«.[51]

Münter hatte einen Höhepunkt in ihrer künstlerischen Entwicklung erreicht. Auch aus Berlin kam günstige Nachricht; ihre Separatausstellung im Oktober 1915 als 35. Veranstaltung des *Sturm* in dessen eigenen Berliner Räumen war bei Publikum und Presse günstig aufgenommen worden. Sie erhielt daraufhin ein Angebot, einen Meisterkursus an der Kunstschule des *Sturm* zu leiten, die am 1. September 1916 eröffnet werden sollte; Campendonk und Kokoschka hätten dem Lehrauftrag bereits zugestimmt. Kandinsky riet ihr dringend, nach Berlin zurückzukehren. Von einem weiteren gemeinsamen Aufenthalt in Schweden war keine Rede mehr. Münter zog aus der Stockholmer Bilderpräsentation die Summe: »Sein Presseerfolg war sehr groß – für und wider! – auch etwas pekuniär, was sehr nötig war. Mein Presseerfolg war verhältnismäßig ebenso – ohne Wider, ohne Pekuniäres!«[52]

Im Zusammenhang mit ihrer Ausstellung hatte Gummeson einen Aufsatz Kandinskys herausgegeben, *Om Konstnären*, Über den Künstler.[53] Thema des broschierten Textes, der 21 kleinformatige Seiten umfaßte, war die Typologie des schöpferischen Künstlers, den Kandinsky von dem bloß virtuosen Künstler abgrenzte. Der *originale Künstler*, der – nach seinen Worten – mit einem eigenen Seelentraum auf die Welt komme, bringe einseitig, hartnäckig, unbeeinflußbar seine innere Welt durch eigene künstlerische Mittel zum Ausdruck. Der *virtuose Künstler* glänze, er zeige sich vielseitig begabt, sei für alle Einflüsse empfänglich und könne mit äußerster

Geschicklichkeit viele, oftmals sich widersprechende Stilrichtungen entwickeln. Seine nur formale Begabung profitiere von äußeren Anregungen. Sein Werk sei von verwässerter Liebenswürdigkeit, in der er das echt Durchfühlte der schöpferischen Künstler formal aufgreife und popularisiere. Durch die ›Virtuosen‹ würden die Kunststile verbreitet, die eine Epoche spiegelten; dennoch böten sie nur Repliken des Originalen. Der Künstler-Schöpfer hingegen lasse sich nicht von Tagesmoden mitreißen und werde darum vom Publikum oft mißverstanden, unterschätzt und im Anfang übersehen. Ihm sei später Ruhm gewiß. Wie ein Traumwandler behalte er unbeirrt den persönlichen Ausdruck bei. In dieser Übereinstimmung von Form und Inhalt zeige sich die *innere Notwendigkeit.*

Daß Münter für Kandinsky das Beispiel einer schöpferischen originalen Künstlerbegabung bot, war durch Anlaß und Widmung dieser Schrift nicht zu bezweifeln. Dennoch wurden die folgenden, namentlich auf sie bezogenen Stellen vor dem Druck gestrichen:

»Zu diesen seltenen Künstlern ist im heutigen Deutschland Gabriele Münter zu zählen. Sie hat folgende Eigenschaften: 1. Eine präzise, diskrete, zarte und doch ausgeprägte Zeichnung, die aus den Elementen der Schalkhaftigkeit, Melancholie und Träumerei besteht – echt deutsche Eigenschaften ... wie man sie bei alten deutschen Meistern sieht, und die man in der deutschen Volksmusik und Volksdichtung hört. 2. Eine einfache, aus einigen ohne Ausnahme ernsten Farben bestehende eigene Harmonie, die durch ihre tiefen Töne mit der Zeichnung einen ruhigen Akkord bildet. Solche Farbenharmonie sieht man in den alten deutschen Glasmalereien, Hinterglasmalereien und bei primitiven deutschen Meistern, wie z.B. bei dem ›Meister des Marienlebens‹.

Sie ist mit ihrem künstlerischen Verfahren original und an die ruhende ... unmittelbare, man möchte sagen unschuldige Welt- und Naturauffassung gebunden. Die Starken haben keine Angst vor Fremdem. Gabriele Münter machte ihre Ohren weit auf, und mit echter künstlerischer Liebe hörte sie nicht nur die französische Sprache, sondern jede beliebige aus jeder Zeit und jedem Land. Und sie ist trotzdem ... sie selbst geblieben, und ihre Bilder blieben unverkennbar ... Eine solche Begabung geht im Fremden nicht auf, sondern knetet mit fremdem Ton eigene Figuren.«[54]

Es ist viel darüber gerätselt worden, warum dieser Text aus der Endfassung herausgelassen wurde. Neben der Meinung, Kandinsky habe sich nachträglich von Gabriele Münter distanzieren wollen, steht die Auffassung, die Widmung sei sein »Abschiedslied, ein letztes Winken eines Entschwindenden«.[55]

Daß Kandinsky das Mühelose ihrer mit ›Zauberhand‹ und innerer Unbeirrbarkeit geschaffenen Bilder weiterhin hochschätzte, beweist seine Antwort aus Moskau vom 26. Mai/8. Juni 1916 auf ihr Eingeständnis, daß sie Sigrid Hjertén um ihre »wohlgestalteten Werke« beneide. Er versicherte ihr: »Bei Madame Grünewald ist alles gut, sehr gut, aber trotzdem nur Schule ... Deine Bilder sind ernster, tiefer, bleibender; es ist mehr Individualität darin, ein ganz besonderer Ton, un son à toi, das macht sie unsterblich.« Warum also sollte er einen Monat früher den Absatz über Münter entfernt haben? Es entsprach außerdem nicht seiner Art, auf anschauliche Beispiele für seine Thesen zu verzichten.

Aber ließ er überhaupt selbst diese Passage aus dem Manuskript streichen? Vielleicht wollte Gummeson unter dem Signum seiner Galerie eine über diesen Anlaß hinausgreifende Abhandlung herausgeben, die den Gegensatz des Echten zum geschickt Anempfundenen, des innerlich reichen Quellens zum rational gesteuerten Formalismus grundsätzlich darstellte.

Ist nicht am ehesten denkbar, daß Münter selbst den Wegfall dieser Textstelle gewünscht hat, die ihre Malerei innerhalb des internationalen Kunstmarktes von Stockholm auf das typisch Deutsche einschränkte? Kandinsky hatte den Text immerhin schon 1913 für eine Vernissage im Münchner *Kunstsalon Dietzel* geschrieben, wo er dann nicht verwendet worden war. Wahrscheinlich erschien er Münter veraltet und für Stockholm ungeeignet.

Sie war sich ihres neuen Tons bewußt. Zur naturfernen Beschränkung ihrer Palette auf wenige Farben war nun noch eine rigide verkürzte Linie getreten, die jegliche Rundungen aussparte. Die Formen wurden eckig und kantig, das Gehabe der Dargestellten sperrig. Indem Münter Gestalten und Dinge auf diese Weise stereometrisch vergröberte, betonte sie deren Widerstand gegeneinander. Durch die harte Kontur wurde Vereinzelung und schwierige Einpassung in die Umgebung angedeutet. Anläßlich einer *Sturm*-Schau im Dezember 1917 in Berlin mit Werken von ihr, Paul Klee und Gösta Adrian-Nilsson schrieb sie Walden tadelnd, er habe eine Ausstellung »aus altem Material« gemacht. Wenn sie nicht mit neuen Bildern vorgestellt werde, verzichte sie in Zukunft – trotz der erfreulichen Kritiken[56] – ganz aufs Ausstellen. Er möge dies tunlichst beachten, da sie »zum alten Sturm-Stamm gehöre«.[57] Sie sah sich nicht mehr als das deutschtümelnde Ellchen – sondern als eine international anerkannte Künstlerin.

Als Kandinsky Stockholm am 16. März 1916 verließ, wurde ihr der Abschied durch sein Versprechen erleichtert, im Spätherbst wiederzukommen; bis dahin habe er auch die Heiratspapiere beschafft. Er beteuerte ihr, keine neue Verbindung einzugehen, und telegraphierte am 18. März von der Heimreise aus Petrograd: »Denke viel an Dich. Es ist sehr leer ohne Dich! Schreib mir bald, und gut!« Zehn Tage nach seiner Abreise versicherte er ihr: »Ich sehe Dich noch immer am Bahnhof, wie ich Dich allmählich aus den Augen verlor mit Deinem weißen Hut. Meine liebe Ella, vergiß nie, daß Du für mich immer der allerbeste Freund sein wirst und daß ich sehr unglücklich darüber bin, nicht alles tun zu können, was Du möchtest.« Eine Woche später bat er: »Denk nicht schlecht von mir. Ich denke an Dich mit viel Gefühl und wünsche, daß Du arbeitest, daß Du glücklich bist, stark in Deiner Arbeit und stark in Deinem Leben. Ich küsse Dir die Hände hundert Mal mit einem sehr tiefen Gefühl. Dein K.«[58]

Allmählich aber klangen seine Briefe kühler und fremder. Er fühlte sich gestört durch die Trostlosigkeit, mit der sie ihn anforderte. »Une petite façon de vivre«, wünschte er ihr. Er brauche ihre Briefe, aber er fürchte sie. »Je ne peux pas t'exprimer, comme tu me tourmentes.« Jeder müsse sein Leid tragen, doch »il y a manière et manière«. Seine Schwägerin zum Beispiel habe sich auf Wunsch seines scheidungswilligen Bruders sofort zurückgezogen und ihm die volle Freiheit geschenkt. Sie habe erklärt: lieber sterben, als etwas mit Gewalt fordern. »Eine wahre Moskowitin!«[59] Münter muß das Kränkende und zugleich Unpassende des Vergleichs empfunden haben: Ihr Stolz war von anderer Art als der jener verheirateten Moskauerin; er bestand in dem Verlangen, nach 15 Jahren nicht wie eine verlassene Maitresse beiseite geschoben zu werden. Sie verbiß sich in den Gedanken, daß die Zeit kein Versprechen löse, daß zwar Gedanken und Gefühle sich wandelten, ein Wort aber seine Geltung behalte.

Doch allmählich spürte sie, daß ihre Spannkraft nachließ, ihr Lebensmut aussetzte. Das ›Vorläufig‹, das ihrem Dasein etwas Offenes und Unstetes verliehen hatte, durfte nicht länger währen. All ihre Erwartungen auf *Später und Irgendwo* mußten endlich erfüllt werden. Das forderten ihre gnadenlosen Briefe, ihre schrillen Verlassenheitsklagen. In der Verzweiflung, preisgegeben zu sein, flammten Groll und Rachsucht blitzartig auf. Kandinsky wollte sie beschwichtigen, wenn er in alter Selbstverständlichkeit Grüße von Vater und Mutter ausrichtete, seine Malversuche beschrieb oder Geld- und Haushaltssorgen vor ihr ausbreitete. »Au revoir«, rief er ihr in allen Briefen zu. Jedes Jahr würde er sie einmal besuchen! Und die Zeit dazwischen? Freilich, für einige Naturen sei das Allerschlimmste die Einsamkeit. Er gehöre nicht dazu.

Manche seiner Briefe zeugen von einem »großen Gefühl der Dankbarkeit«. Obwohl sie in den entscheidenden Dingen grundverschieden seien, gebe es Schwerwiegendes, das sie für immer verbinde. »Oft hast Du geglaubt, es wäre Dein Körper. Aber nein, nein! Es war vielmehr eine geistige Bindung (liaison spirituelle). Möglich, daß es die Kunst war! Ich liebte von Anfang an Dein Talent, und ich werde es immer lieben, und vielleicht bin ich bis *jetzt* der einzige, der seinen Rang begreift.« Er schloß auch diesen Brief mit einem »au revoir« und wünschte: »Sois bonne, forte, géniale«.[60]

Hin und wieder spiegelten seine Briefe einen tiefen Lebensüberdruß. Er komme malerisch nicht wieder in Schwung. Er bereichere seine Palette und orientiere sich an der Natur, doch innerlich beschäftige ihn ständig das noch nicht verwirklichte Werk: Moskau vor dem Sonnenuntergang. Es solle eine farbige Hymne an die Lebensfreude werden und verlange viele Vorstudien. Doch seinen Skizzen fehle das dramatische Element. Kurz: er sei unbefriedigt von den Ergebnissen.

Außerdem bedrücke ihn seine finanzielle Lage. Trotz aller Verschuldung wehre er sich, sein Mietshaus zu verkaufen, da sein alter Wunsch, darin ein Atelier mit Blick auf den Kreml zu beziehen, nun endlich erfüllt worden sei.

Münter wiederholte in unendlicher Folge ihre Auffassung von Treue und Verrat. Ihre Versuche, ihn von seiner Ehrenpflicht zu überzeugen, beantwortete er schließlich mit dem Aufschrei: »Quäle mich nicht ohne Unterlaß damit ... Das Herz zerreißt mir, wenn ich diese Fragen in jedem Brief lese, und Du stößt mich in tiefste Verzweiflung.« Er bestreite ja nicht, ihr Heim, Familie, Glück und vieles mehr versprochen zu haben. Das aber sei kein Kleid oder ein Auto – also Dinge, die man versprechen, kaufen und verschenken könne. Krank, geradezu krank sei er von ihrer Starrheit: »Das Herz schlägt wild, das Blut steigt mir zu Kopf, die Hand zittert, Du machst mich ja so unglücklich und krank.«[61] Seit seiner Abreise von Stockholm am 16. März 1916 hatte sie ihm bis Mitte Juli in 37 Briefen ihre Not geklagt, die Zahl seiner ausweichenden Antwortbriefe war nicht geringer.

Dabei blieb ihm die geschäftliche Verbindung mit ihr unentbehrlich, denn sie regelte seine Bildverkäufe in Schweden und beim *Sturm*. Sie versuchte sogar, die 20% des Erlöses, die Gummeson beanspruchte, für ihn herunterzuhandeln, und ebenso protestierte sie gegen die 15%ige Provision Waldens. Sie bemühte sich, in Kopenhagen, Helsingfors und Christiania Verkaufsausstellungen für ihn zu arrangieren, denn er beschrieb ihr oft seine peinliche Lage: Er brauche dringend etwas zum Anziehen, das Alte sei abgetragen, das Neue zu teuer, »ça me fait de la peine«.

Auch sie selbst hatte Geldsorgen. Eine Anzeige sollte Abhilfe schaffen: »Deutsche Künstlerin sucht Pension auf dem Lande gegen Unterricht.« Da sich niemand meldete und Kandinsky den für Juli 1916 zugesagten zweiten Besuch auf den Spätherbst verschob, plante sie eine Reise. Er stimmte sichtlich erleichtert zu und wünschte ihr »Zerstreuung, Erfrischung und Seelenruhe«. Sie durchquerte Lappland, blieb eine Zeit am Rombaksfjord zwischen Narvik und Svolvaer, reiste per Schiff weiter nach Oslo. Während der Reise erhielt sie zu ihrem Erstaunen von dem völlig mittellosen Kandinsky Grüße vom Schwarzen Meer. »Braungebrannt und gut erholt« begleitete er ihre Fahrt mit ermutigenden Ratschlägen.

Um nach ihrer Rückkehr der Ungeduld des Wartens und den teilnahmsvollen Fragen der Freunde in Stockholm zu entgehen, folgte sie einer Einladung auf das Gut Arnäsholm bei Göteborg, das Dr. Carl Sundbeck[62], einem knorrigen ›Gammalsvenskar‹, gehörte; unter diesem Pseudonym eines ›Altschweden‹ hatte er 1915 ein Buch veröffentlicht und darin Schwedens außenpolitische Anbindung an Deutschland gefordert. Der Landwirt und Schriftsteller war ein Querkopf von grüblerisch-philosophischem Tiefgang, liebte die Natur, die Kunst und vor allem die Musik. Münter muß ein wenig an die Gestalt ihres Vaters erinnert worden sein. Sundbeck hatte vor einem Jahr seine Frau durch den Tod verloren und hegte Sympathie für seinen deutschen Gast, der jedoch ganz auf die Erwartung Kandinskys ausgerichtet blieb. Am 3. August 1916 widmete Sundbeck der Malerin zum Abschied eines seiner Bücher »mit Erinnerung an Mozarts Sonaten«.

Mitte September 1916 erhielt Münter ein Telegramm von Kandinsky: »Départ après cinq. Saluts.« Ein Brief entschlüsselte zwei Wochen später die rätselhafte Nachricht, der sie nur seine Weigerung entnommen hatte, zum vereinbarten Oktobertermin zu kommen. »Du verstehst«, schrieb er, »warum gerade nach dem 5. Dezember, – das ist mein Geburtstag, und ich werde 50 Jahre alt. Himmel, welch ein Alter! Und noch ist mein Leben nicht geordnet und wird es wohl nie sein. Es gibt also, wie Du siehst, eine Ähnlichkeit zwischen uns beiden.« Allerdings, fügte er hinzu, zögen sie beide daraus verschiedene Folgerungen. Sie könne nach Hause fahren, wolle es aber nicht. Darum sei sie unbehaust. Er hingegen sei daheim, solle aber sein Haus verlassen und sei dann auch unbehaust. Wenn er nicht ein so großes und gutes Gefühl für sie hegte, würde er um keinen Preis der Welt Moskau in diesem Winter verlassen. Im Frühling 1917 hingegen würde er gern nach Schweden kommen, um den ganzen Sommer mit ihr zu reisen und Studien nach der Natur zu malen.[63]

Münter antwortete mit einem Brief, dessen Entwurf erhalten blieb, am 11. November: »Je cherche et pense toujours pour sortir de cet état« – dem Zustand, allein und vergessen zu sein –; »nachdem ich im Frühjahr noch einmal Dein Ehrenwort erhalten hatte, spätestens im Oktober zu kommen, war ich eigentlich sicher, nicht noch einmal von Dir getäuscht zu werden.« Doch nun resignierte sie: »Wenn Du keine Lust zu kommen hast, so verlange ich es nicht. Ich hätte wieder nichts davon. Aber Du sollst mir helfen und Du könntest

Dich wenigstens dafür einsetzen, daß ich aus dieser Einsamkeit herauskomme, die mir unerträglich ist.« Das Echo ihrer *Oktober-Ausstellung in Stocksund*[64] sei ohne seine Anwesenheit weit geringer ausgefallen als das ihrer März-Ausstellung in Stockholm; viele der gemeinsamen Freunde – auch Grünewalds und Bjerres – hätten sich nicht blicken lassen.

Wie leicht es ihm über die Lippen komme, daß er seinen Geburtstag, den sie doch seit 1902 immer zusammen gefeiert hätten, nicht bei ihr verlebe! »Doch es ist nicht nötig, daß Du kommst, wenn Du nicht die innere Notwendigkeit verspürst. Es ist sogar besser, Du kommst nicht, wenn Deine Gefühle sich nicht seit dem letzten Treffen gewandelt haben oder wenn Dir nichts an meinem Leben gelegen ist. Hast Du die Schecks bekommen?«

Von nun an schwang in Kandinskys Briefen ein neuer Ton. Sein Unrechtsbewußtsein wurde abgelöst durch die entschiedene Zurückweisung, von ihr länger in die Pflicht genommen zu werden. »Du übst Zwang aus, indem Du mein Schuldgefühl benutzt, das Du mir gleichzeitig absprichst.« Er staune, daß sie – unverständig – immer dasselbe fordere. »Ich finde, daß ich das Recht habe ... Dir zu sagen: ich kann reisen oder nicht, es ist meine Sache, ob ich im Frühjahr komme.« Nur weil er sie bedaure, könne er sich nicht zu solch eindeutiger Härte entschließen. Auch Anna – »Du weißt sehr wohl, daß sie das personifizierte Gewissen ist« – finde es sehr unvernünftig von ihr, ihn zwingen zu wollen, jetzt außer Landes zu gehen. »Ich aber meine, daß Du für den Winter zu Deiner Schwester fahren solltest (genau das ist auch Annas Ansicht), um mich dann im Frühjahr in Stockholm oder Nordschweden zu einer gemeinsamen Reise zu treffen.«

Im übrigen werde ihm wahrscheinlich nach dem 50. Geburtstag keine Bewegungsfreiheit bleiben. »Es ist möglich, daß ich hier Verpflichtungen eingehe, hier, in Moskau. Auf alle Fälle werden sie nichts Unangenehmes für mich bringen.« Postskriptum: »Ich habe Dir mit diesem Brief weh ge-

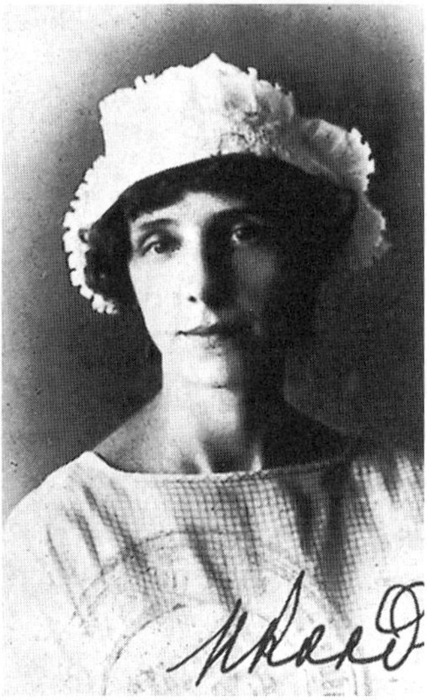

Paßfoto von Nina Kandinsky (1921).

tan. Verzeih mir. Es tut mir auch weh, Dir weh tun zu müssen.«[65]

In ihrer Autobiographie erwähnt Nina Kandinsky, daß die erste persönliche Begegnung mit ihrem späteren Mann im September 1916 stattgefunden habe und sie beide nach einem Museumsbesuch »glücklich und verliebt durch das abendliche Moskau bummelten ... Kandinsky, der ja viel älter war als ich, wirkte seelisch jung, begeisterungsfähig«.[66] Dieser seelische Auftrieb sprach nun auch aus seinen Briefen an Münter und stammte aus dem neu aufgebrochenen Lebensdrang, den ihm seine Bekanntschaft mit der jungen Russin vermittelte. Auf der einen Seite harte Schmähungen, drängende Vorwürfe und das für ihn unerfüllbare Verlangen nach charakterlicher Konsequenz, auf der anderen Seite mädchenhaft verschwärmte Zuneigung, Bewunderung, ja Huldigung.

Kandinskys Briefe wurden kürzer. Er schrieb im Abstand von vier Wochen, nach vereinbartem Zeitplan, nicht aus Bedürfnis. Münter spürte seine Absetzbewegung und wurde stiller. Nach dem Empfang ihrer 46 drängenden Briefe seit seiner Abreise von Stockholm bestätigte er ihr am 1. November (nach russischem Kalender am 19. Oktober) 1916 erstaunt den Erhalt eines Schecks, dem nichts Schriftliches mehr beigelegen habe. Ihr Verstummen irritierte ihn. »Le temps est très compliqué«, dieser Stoßseufzer bezog sich wohl nicht nur auf seine Geldsorgen! Allerdings: Keine Kopeke besitze er; die Zinsen für sein Haus fräßen alle Erlöse, er werde es doch noch – hoch verschuldet – verkaufen müssen. Trotz dieses Drucks sei er in einen Schaffensrausch geraten, der ihn seinem Moskau-Bild näher brächte. »Peu à peu il se développe dans ma phantasie«, hatte er Münter schon im Spätsommer angekündigt[67], nachdem er vorwiegend Fensterblicke aus seinem Atelier gemalt hatte, die den Kreml unter einer Wolke – der Emanation seiner einstigen theosophisch gefärbten Bilder gleich – zeigten.[68] Nun aber löse sich die Erstarrung: »Mein Kopf ist voller Ideen aufgrund der Farben, die man momentan hier sieht; die Sonne zu Beginn des Winters ist ein einziges Wunder.« Sein auf Dezember verschobener Besuchstermin rückte näher.

Da erhielt Münter die Nachricht, er müsse Moskau für einen Sanitätsdienst verlassen. Diese Verpflichtung sei unumgänglich. Einerseits sei er ganz froh darüber, denn es bereite ihm Gewissensbisse, daß er sich bisher am Dienst fürs Vaterland noch nicht beteiligt habe, andrerseits sei er unglücklich, gerade jetzt, im neuen Arbeitsschwung, seine Palette im Stich lassen zu müssen. Trotz der schrecklichen Zeiten »fühle ich plötzlich, daß sich mein alter Traum der Verwirklichung nähert ... ein großes Bild zu malen, dessen Sinn die Freude sein soll, die Glückseligkeit über Leben und Universum. Mit einem Male fühle ich Harmonien von Farben und Formen, die aus dieser Welt der Freude stammen.«

Noch einmal führte er zu seiner moralischen Entlastung Anna an, die »kleine Frau mit dem großen Herzen«, die immer edel gedacht und gehandelt habe. »Sie fragt immer, was

Du schreibst, und ich erzähle es ihr. Aber Du sollst wissen, daß sie eine Reise ins Ausland ganz falsch findet und erstaunt ist, daß Du sie von mir forderst.«[69] Münter antwortete ihm am 2. Dezember mit schonungslosem Sarkasmus. »Es ist zu rührend, daß es Dir weh tut, mir weh zu tun. Das sind wohlfeile Worte. Du bist davon befreit (avec plaisir), mir zu schreiben, ich will nicht mehr an Dich denken. Vergiß nicht, Anna von *allen* Deinen Versprechungen und Parolen zu erzählen! Wie liebenswürdig, mir brieflich solches Gift zu schicken!« Wohl in der Erinnerung an seine frühere Eifersucht berichtete sie über eine gerade beginnende Liaison mit einem jungen Schweden. Es klingt unglaubwürdig und hilflos, bleibt eine unwirksame Herausforderung. Dann schloß sie: »Du weißt, daß ich keine ›Besuche‹ wünsche und kein Mitleid und keine Almosen – ich warte nur auf mein Recht.«

Ungerührt von ihrer Verbitterung, berichtete Kandinsky ihr Mitte Dezember, daß er in tiefster Zurückgezogenheit arbeite. Er bereite sich immer noch auf sein wichtiges Bild vor.[70] Ende Januar ließ er sie wissen: »Je ne suis pas encore en service«, was sich wohl auf seinen Sanitätsdienst bezog. »Je veux un peu profiter de ma liberté et faire un petit voyage à la Finlande.«[71] Die Freiheit, die er für eine Finnlandreise nutzen wollte, führte ihn, wie Nina Kandinsky in ihren Memoiren verriet, im Februar 1917 auf ihrer beider Hochzeitsreise.[72]

Am 12. Juni 1917 teilte Kandinsky Münter auf einer Postkarte mit, daß er hauptsächlich auf Glas und Aquarell arbeite, in der Art der Stockholmer *Bagatellen*. Er hoffe immer noch, daß er einmal zu großen Ölgemälden zurückfinde. Bisher aber fehlten ihm dazu die Kräfte. »Ich küsse Deine Hände, Dein Kandinsky.«

Nichts deutete im Text dieser Karte darauf hin, daß Kandinsky bereits länger als ein Vierteljahr mit Nikolaevna Andreevskaja verheiratet war, die in ihrer Biographie von einer »schnellen, glücklichen Entscheidung« sprach.[73] Münter erfuhr auch nie, daß Kandinsky schon im September des

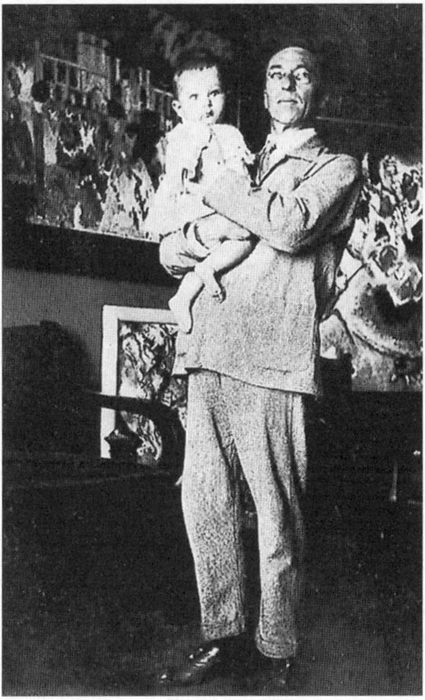

Kandinsky mit seinem Sohn Vsevolod, Moskau 1918.

gleichen Jahres Vater wurde, warum er also seinen oft geäußerten Vorsatz, allein zu leben, durchbrechen mußte. Sie vermutete hinter seinem Schweigen eine Krankheit oder persönliches Unheil. Niemand im Westen wußte von der Existenz Vsevolods, dessen Geburt und Tod auch Nina Kandinsky in ihrer Biographie verschwieg. Sein Kosename Lodya wurde im Todesjahr 1920 auf einem Grabstein innerhalb der Familiengruft Andreewsky eingemeißelt, der bis heute erhalten blieb.[74]

Münters Hoffnung, daß Kandinsky wiederkommen würde, schwächte sich im Jahre 1917 mehr und mehr ab. Um ihrem fahlen Tagesablauf einige Lichter aufzusetzen, suchte sie Geselligkeit. In ihrem Notizkalender drängen sich die Daten äußerer Betriebsamkeit. Sie suchte Kontakte, um durch

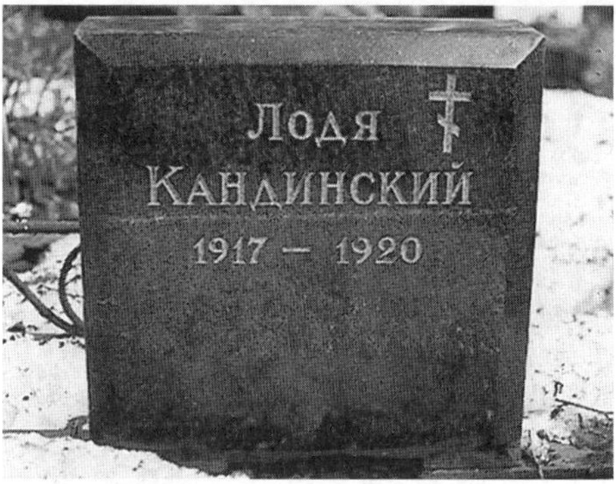

Grabstein von Vsevolod, photographiert von K.-H. Kleine, Moskau 1988.

Porträts ihren Lebensunterhalt zu verdienen. Durch ihre Beteiligung an Osloer, Stockholmer und Berliner Ausstellungen steigerte auch das Jahr 1917 ihren künstlerischen Erfolg[75], während es privat in die Depression mündete.

Im Sommer floh sie in die Einsamkeit der Halbinsel Kullen, wo zwischen Mölle und Arildsläge Landschaftsbilder in Öl entstanden. Sie war entschlossen, Schweden zu verlassen, besuchte vorher noch einmal Lilly Rydström und malte bei ihr wieder auf Glas. Wurde sie durch die bäuerliche Umgebung dazu angeregt? Wollte sie die Erinnerung an Murnau zurückrufen? Oder rechnete sie ganz einfach mit der besseren Verkäuflichkeit der kleinen, intimen Bilder? Gerade diese schlichten, auf einen Extrakt reduzierten Darstellungen vermitteln am deutlichsten ihre damalige Stimmung.

Auf dem Hinterglasbild *Landleute* steht ein Paar in der weiten Landschaft: Es ist eine Abschiedsszene. Mann und Frau halten sich bei den Händen, sie sind in der Körperhaltung zueinander geneigt, ganz in sich versunken. Es scheint, als steigere sich die Umgebung zur Bildbühne für dieses Geschehen; in der Haltung von Hund und Pferd wird die Richtung angedeutet, in der sich der blaugekleidete, auf einem Erntewagen sitzende Mann und die rotgekleidete Frau mit ihrer Reisetasche im nächsten Augenblick voneinander wegbewegen werden.[76]

Von biographischem Gehalt zeugt auch das Glasbild der *Zirkusreiterin*, die allein ihre Kunst vorführt, weiß gekleidet auf einem weißen Pferd, gesenkten Blicks, allein auf sich gestellt. Eine Menge von Gesichtern, die nur aus Augen bestehen und in der Anonymität eines Zirkusrundes gefährlich wirken, steigern die Einsamkeit.[77]

Die *Straße in Vaxholm* bietet die spannungsgeladene Bühne für ein Paar. Ein Mann, lebhaft vorgebeugt, ruft einer Frau durch heftige Gesten aus der Entfernung etwas zu, der weite Abstand eines Platzes trennt sie; die seltsam wackligen, wurzellosen Bäume scheinen sich wie eine Schranke zwischen ihnen aufzubauen. Münters Lebensstimmung zeigt sich in der splitterigen Linie – eine zerbrechliche Kulisse vor der Verdüsterung durch eine schwarze Wolke.[78]

Das Bild *Dampfer vor Fabrik* zeigt ebenfalls diese brüchige, verzitterte Kontur und unterstreicht das Zerbrechliche ihres Weltbezugs. Ungeduldig quillt dunkler Dampf aus den Rohren des Schiffes, mahnt zu Abschied und Aufbruch. Ein fahlgelber Himmel liegt bedrückend über dem bleiernen Wasser.[79]

In diesen Themenkreis gehört *Im Salon*, auf dem drei Personen beziehungslos um einen Tisch sitzen, ohne Blickkontakt, ohne Gesten, ergeben in eine Stille, die durch die leuchtenden Farben ihrer Umgebung noch lähmender wirkt. Winzige Details verraten die Gemütsverfassung der Malerin. Die ihres sicheren Standes beraubte Vase, das Instabile der Möbel und die Mattigkeit nebeneinander aufgereihter Blumen unterstreichen das weltentrückte Warten der Personen.[80]

Aus den 60er Jahren heißt die Kostümstudie einer Dame, die im weitgeschnittenen Reiseumhang, einen Hut auf dem Schoß, wartend dasitzt. Die lebhaften Farben der Umgebung, des blauen, bühnenhaft gerafften Vorhangs und des

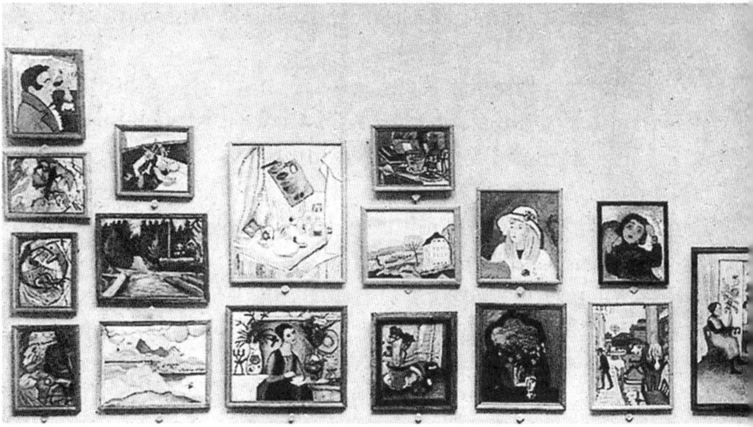

roten Mantels stehen in auffälligem Kontrast zur Blässe des Frauengesichts und dem fragend-ängstlichen Blick, der sich frontal auf den Betrachter richtet, als suche er wie in einem Spiegel nach dem Sinn dieses Aufbruchs. Hat Gabriele Münter sich mit diesem Bild, in dem sie im Porträt der Mutter Carl Sundbecks die vorhergehende, gebundenere, aber auch beschütztere Frauengeneration beschwor, besonders stark identifiziert? Jedenfalls schrieb sie auf den Deckkarton »Unverkäuflich 1917« und signierte ihn mit dem Doppelnamen ›Münter-Kandinsky‹, den sie, soweit feststellbar, hier zum erstenmal benutzte.[81]

War es Wehmut oder wollte sie die innere Verbindung mit Kandinsky noch einmal festigen, als sie in Stockholm drei Ausschnitte aus seinem Aquarell *Bootsmann* kopierte? Strich für Strich konnte sie in den starkfarbigen Szenen seine russisch geprägte Formensprache nachempfinden. Da bewegt sich eine biedermeierliche Schöne mit einem grazilen Schirmchen auf den Bug eines Wolgaschiffes zu, auf dem ein bärtiger, russisch gekleideter Alter mit dem Ruder in der Hand abfahrbereit wartet. Beziehungslos hängt ein Vogelkäfig mit seinem flatternden Gefangenen ins Bild. Schäumende Meereswogen, kuppelgekrönte Bergspitzen, wankende Felsen,

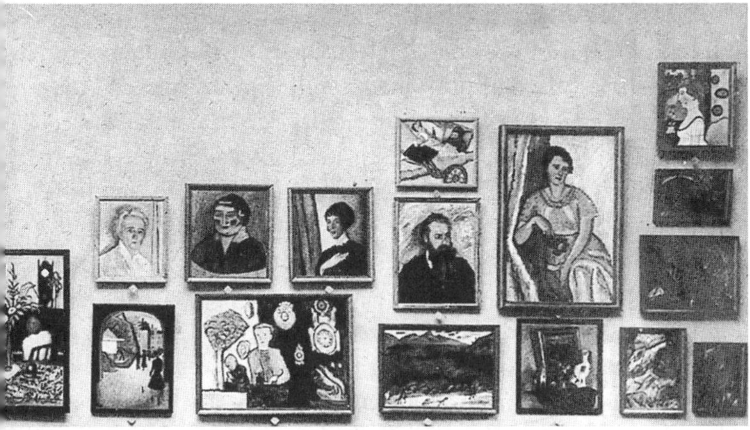

Gabriele-Münter-Ausstellung in Liljevalchs Konsthall, Stockholm, Januar-Februar 1917.

Hund und Paradiesvogel, all jene von Kandinsky immer wieder benutzten Versatzstücke wurden von ihr getreulich reproduziert. Es fehlt der für sie so typische, rhythmisierende Leerraum zwischen den einzelnen Motiven. Vielleicht handelte es sich bei diesen grellbunten Kopien um Auftragsarbeiten für Carl Gummeson, der die *Bagatellen* gut verkauft hatte. Münter signierte ihre Kopien ›Münter nach Kandinsky‹.[82]

Auch das Ölgemälde *Sommerabend in Stockholm* ist ein autobiographisches Zeugnis, es entstand nach Kandinskys Rückreise. Durch die Abtrennung einer dunklen Bildhälfte wirkt es gedämpft. Eine Dame steht allein im düsteren Torweg, vor sich die Helle einer belebten Straße, auf der ein Paar Arm in Arm spazierengeht. Mit einem zierlichen Hund an der Leine wirkt sie wie eine stumme Zuschauerin am Leben der anderen, von denen sie sinnbildhaft durch das Bogenportal abgetrennt ist.[83]

Beziehungslosigkeit, Warten, Stille sind zum Thema in dem Ölgemälde *Musik* geworden[84], das in der Melancholie seiner Stimmungslage dem Hinterglasbild *Im Salon* eng verwandt ist. Das Bild ist in zwei Hälften aufgeteilt; die rechte, in der ein Geiger und eine Klavierspielerin zusammen musizieren, wirkt übervoll. Blumen, bei Münter immer Ausdrucksträger, überwuchern mit quellenden blauen und weißen Blüten diese ganze Szene. In der linken Bildhälfte sitzt eine einsame Zuhörerin, neben sich eine hochaufgeschossene, kränkliche Blüte, die in einem auffälligen Gegensatz zum üppigen Strauß der rechten Bildhälfte steht. Es gibt keinen Fensterausblick, der Weltbetrieb ist ausgeschaltet. Die Klavierspielerin und die Zuhörerin haben das gleiche rotbraune Haar, als handle es sich um dieselbe Person in zwei verschiedenen Lebensabschnitten. Auf dem Tisch liegen ein (Tage-?)Buch, eine durch ihre Farbe betonte rote Uhr und die Photographie eines Paares, eine gerahmte Erinnerung; dies alles deutet auf die Anwesenheit des Verlorenen. Das senkrecht hängende Pendel der Wanduhr und der unklare Zeigerstand der kleineren Tischuhr verdeutlichen die Zeitstockung, die Windstille des Lebens, in die Münter geraten war. Auch die Musik hat ihre verbindende Kraft verloren. Das Musizieren war auf ein bloßes Anhören vermindert worden. Teilnahmslose Anwesenheit zeigt sich in den verschränkten Armen, sie geben der Figur etwas Abgekapseltes, als wage sie keinen Zugriff mehr auf Welt und Menschen.

Münters Verzagtheit und Mutlosigkeit werden auch in ihrem Gemälde *Krank*[84] von 1917 bildhaft greifbar. Eine brünette Frau liegt zu Bett, ihre eigentümlich überlängten Arme verleihen ihr etwas Zerbrechliches. Sie lauscht mit aufgestütztem Kopf, niedergeschlagenen Augen und ganz in sich gekehrt auf den Text eines Briefes, den ihr eine Begleiterin vorliest.

In der damaligen Verluststimmung scheint Münter, obwohl ihr Modelle fehlten, das Selbstporträt vermieden zu haben. Auf Skizzen der Stockholmer Zeit sieht sie sich wenig anziehend, mit Augenschatten und Falten und einem bitter verkniffenen Mund, nackter, zu breiter Stirn, plumper Nase,

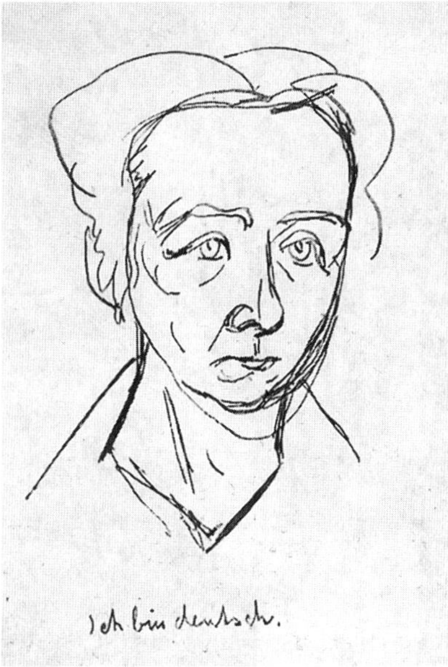

Gabriele Münter, Ich bin deutsch, 1917, Tuschfederskizze.

energielos wirkendem, fliehendem Kinn und herabgezogenen Mundwinkeln. Verunsichert und wenig liebenswert wirkt auch ein Spiegelblick; er zeigt sie mit einem drapierten Handtuch, das wie eine Nonnenhaube wirkt: Entsagung? Die sarkastische Zeichnung mag mit Hintersinn auf jene burgundische Hörnerhaube verweisen, die eine hochzeitlich gekleidete *Spazierende Dame* auf dem ersten Bild trug, das Kandinsky Münter 1903 mit heimlicher Botschaft geschenkt hatte: »Meine Liebe für dich darstellend«. Welches Zerrbild und welche Verbitterung auch auf ihrer Selbstporträt-Skizze *Ich bin deutsch*!

Ausdruck enttäuschter Hoffnungen ist auch die Radierung *Mutter und Sohn*, deren Skizzen während Münters Aufenthalt beim Künstler-Ehepaar Wissler in Mariafred entstanden waren. »Ringsum blühte es. Frau Wissler erzählte, sie war über 40 Jahre alt, als sie den Jungen bekam. Sie meinte,

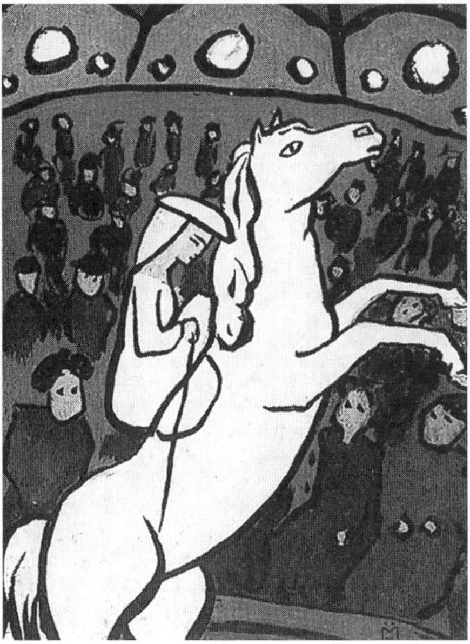

Gabriele Münter, Zirkusreiterin, 1917, Hinterglasbild, 18 × 13 cm.

ich hätte doch auch noch Zeit dazu, und meine Gefühle –! Die Jugend vertan, das Leben verpaßt – oder kommt es noch?«[86]

Münter las in Frauengesichtern, sie fragte, wie die weibliche Existenz, auf sich selbst gestellt und ohne Partnerbezug, gewagt werden könne, sei es bei einer Mutter, die auf einer Schiffsüberfahrt ihr Kind an sich preßt, oder bei *Damen im Café*[87], die sie nicht nur in nutzloser Geschwätzigkeit darstellt, sondern auch mit markanten Gesichtszügen ausstattet. Frauen stehen im Brennpunkt der Bilder dieser Jahre.

Umweglos artikulierte sie auch in ihren *Stilleben* die seelische Bedrängnis. Im *Stilleben mit blauem Heft* stellte sie symbolträchtige Gegenstände nebeneinander, einen Blumentopf, eine zur Größe dieses Topfes unverhältnismäßig kleine, verkümmerte Pflanze, einen Streichholzständer, abreißfertig über dem Aschenbecher, und ein blaues Heft, ein Tagebuch vermutlich, in das sie, die starke Raucherin, ihre Eintragungen machte, um im nicht endenden Selbstgespräch den Lebensfaden von einst weiterzuspinnen. Die Gegenstände wirken trostlos wie eine abgestellte Hinterlassenschaft.[88]

Von einer ähnlich gepreßten Stimmung in nutzlos verwarteter Zeit zeugt die aquarellierte Tuschzeichnung *Stilleben mit Uhr*, auf der eine üppig wuchernde, blütenreiche Pflanze wie ein Finger auf ein seltsam deformiertes Behältnis weist, offensichtlich ein Abfallsack, in dem obenauf ein weißes Blatt mit der Aufschrift ›No 12‹ liegt. Im Vordergrund die titelgebende Herrentaschenuhr (Kandinsky hatte sie in seinem Münchner Banksafe zurückgelassen) und eine Spielkarte – die Herz-Acht – neben einem verkorkten Tintenfaß und einem mörserähnlichen Gefäß, in dem ein zugeschraubter Füllfederhalter steht.[89]

Die Uhr ist auch in der Kaltnadelradierung *Beim Uhrmacher*, nach einem Gemälde von 1916 entstanden, das tragende Motiv. Hier wird die biographische Aussage unübersehbar: Eine Frau sitzt hinter einem Tisch, schreibt sie? Steht vor ihr ein Tintenglas? Jedenfalls ist sie von Wand- und Taschenuhren umgeben. Rechts im Hintergrund arbeitet ein Uhrmacher: Gibt es noch etwas an der zerbrochenen Uhr – dem zerbrochenen Lebenstakt – zu reparieren? Links im Hintergrund galoppieren zwei Pferde reiterlos davon.[90]

Es erschien Münter sinnlos, noch länger in Stockholm zu bleiben, als nach der Oktoberrevolution alle Verbindungswege nach Rußland abgeschnitten waren. In dieser Abbruchstimmung riet Nell Walden ihrem »liebsten Ella-Kind: Es wäre am klügsten, Du kämest nach Berlin; Du kannst es hier weit geselliger haben, unser Kreis ist sehr nett, und ich führe Dich da gern ein. Nein, sich in München oder Murnau einzugraben, das ist keine gute Idee: Du mußt in Berlin bleiben.«[91] Münter aber entschied sich für Kopenhagen.

Über das Ende ihres Stockholmer Aufenthaltes schrieb sie

im Rückblick an Poul Bjerre: »Wenn ich es jetzt recht bedenke, so ist es doch ein großer Fehler von mir gewesen, daß ich in der letzten Zeit meines Aufenthaltes in Schweden die Fühlung mit Ihnen verlor und so still fortzog ... Vielleicht wären Ihre Menschenkenntnis und Ihr Tiefblick am ehesten im Stande gewesen, die Verwicklungen unseres Lebens zu durchschauen und klärend zu wirken. So war der Riß für mich sehr schwer ... und nicht verständlich.«[92]

Ihre seelische Verfassung bei der Ankunft in Dänemark[93] schilderte sie Arnold Schönberg: »Da man trotz manchen netten Menschen und einigen guten Freunden in Schweden nicht warm werden kann, kam ich im November 1917 nach Kopenhagen. Bin ziemlich allein auch hier, und habe die erste Zeit zu nichts Kraft gehabt, nun aber gehe ich stark mit dem Gedanken um, hier eine ganz große Ausstellung zu machen – das ist anregend.« Schönbergs Frage nach Kandinsky beantwortete sie ausweichend: »Ich weiß, daß er sehr traurig ist ... Ich erwarte gerade Antwort auf einen Brief, den ich durch den dänischen Kurier schickte.«[94]

Noch vor Weihnachten 1917 hatte Münter eine amtliche Suchmeldung über den Verbleib vermißter Personen auf den Weg nach Moskau geschickt. Sie mußte bis zum 7. September 1918 warten, ehe ihr dieses Dokument mit der eigenhändigen Unterschrift des Gesuchten postalisch wieder zugestellt wurde. Kandinsky hatte am 11. Juni 1918 darauf bestätigt, daß er noch lebe. Ihre weiteren Versuche, ihn zu erreichen oder etwas über seine Lebensbedingungen zu erfahren, blieben ohne Echo. Sie sorgte indessen für seine Bilder und bemühte sich vergeblich, ihm Geldsendungen aus Verkäufen zukommen zu lassen.

Für die zweite Märzhälfte 1918 wurde ihr im Kopenhagener Künstlerhaus der Raum für eine freie Verkaufsausstellung zur Verfügung gestellt. Wie immer, wenn sie auf sich selbst gestellt war, handelte sie umsichtig und zielstrebig. Sie überprüfte mit Strenge ihre von Walden nur unwillig heraus-

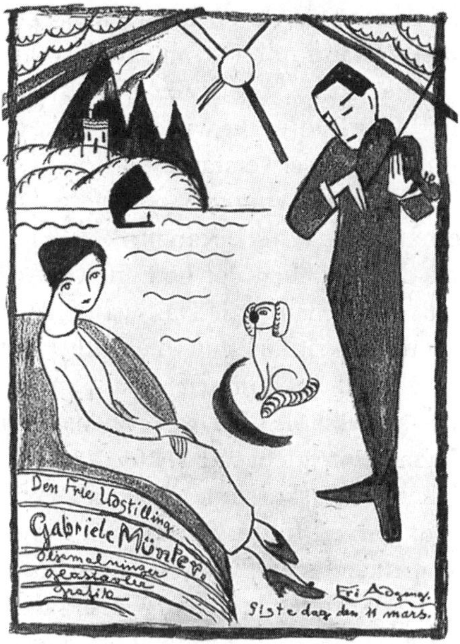

Gabriele Münter, Plakat für ihre Ausstellung in Kopenhagen 1918, Farblithographie, 87 × 62 cm.

gegebenen Bilder, reklamierte Transportfehler und Beschädigungen, verhandelte mit dem Zoll und erwies bis zum Hängen der 100 Ölgemälde, 20 Hinterglasbilder, Radierungen und Holzschnitte ihr unvermindertes Organisationsgeschick. Das Plakat *Den Frie Udstilling* zeigt Anklänge an das Gemälde *Musik*, nur steht der Geiger vorn frei im Raum, seine schwarze Gestalt erinnert unwillkürlich an ein altes ikonographisches Muster: der Fiedler als Tod. Der Hintergrund bewahrt die Fülle der Vergangenheit, durch einen Strom abgeschnitten; auf ihm schwimmt ein Wolgaschiff, wie es auf Kandinskys Temperagemälden und dem von Münter in Tunis 1905 gestickten Wandbehang vorkommt. Ein stupsnasiger Hund mit Hängeohren – eine Majolikafigur aus der Murnauer Sammlung – sitzt auf einem inselhaften Fleck und scheint im Strom davonzutreiben. Statt des von Kandinsky benutzten Leitmotivs der kuppelgekrönten Bergspitze steht hier im Vorgebirgsland unter strahlender Sonne ein kleines Haus, dessen rauchender Schornstein beweist, daß in ihm Leben herrscht.[95] Das Bild wirkt wie ein Ruf an Kandinsky, er hätte die Zitate unschwer verstanden.

Die Ausstellung geriet zum großen Erfolg. Die Zeitschrift *Klingen* übernahm den Artikel Kandinskys über den ›originalen‹ Künstler, der anläßlich der Gummeson-Ausstellung im Februar 1916 erschienen war. Das war für die dänischen Kunstkenner und -kritiker eine beachtliche Einführung! Durch Verkäufe und Bekanntheitsgrad ermutigt, plante sie eine ›Moderne Malerskole‹. Für 30 Kronen monatlich bot sie Mal- und Zeichenunterricht mit Stadt-, Land- und Seemotiven an, begleitet von Diskussionen über moderne Natur- und Kunstauffassungen. Sie fühlte sich wohl in Kopenhagen, dieser lebensbejahenden Stadt, die festländischer wirkte – gemessen an der zerklüfteten Fels- und Wasserlage Stockholms. Vieles erinnerte sie hier an die behäbig im flachen Land ausgebreiteten norddeutschen Hansestädte und hatte für sie ein bißchen westfälischen Heimatduft. Sie war inzwischen zu einer routinierten Porträtmalerin geworden; laut Annoncen übernahm sie Aufträge für 200 Kronen bei zwei bis vier Sitzungen.

In den Sommermonaten 1918 verlegte sie ihre Maltätigkeit nach Saunte, einem kleinen Ferienort in Nordseeland. Die Verbindung von Einöde und Idylle entsprach ihrem Fluchtbedürfnis. Als sie sich im Dezember 1918 neben Chagall, Gleize, Jawlensky, Kandinsky, Klee, Leger, Picasso und Marc an der Kopenhagener *Sturm*-Gesamtschau in der Vesterbrogade beteiligte, wurden auch fünf ihrer in Skandinavien entstandenen Bilder ausgestellt. Es zeigte sich jedoch, daß die »Entarteten«-Schelte anläßlich Waldens Futuristen-Schau von 1912 bei seinem ersten Auftritt nach Kriegsende – national gefärbt – forttönte: »Das Ganze ist kurz und gut der ausgeprägte und ungeheuerliche Ausdruck für den Kern im deutschen Wesen, für Geschmacklosigkeit – in keinem anderen Volk möglich, ein Schwindel mit ideellen Werten.«[96]

Diese Abwertung der ganzen Gruppe schien für Münters Aussichten in Kopenhagen nicht gerade ermutigend. Dennoch war sie die einzige, die am Rande immer noch bescheidenes Lob erntete. Es zielte auf die Leuchtkraft ihrer Farben, und darin besonders der Blautöne. Schon bei ihrer allerersten Ausstellung in Stockholm hatte Gregor Paulsson darauf aufmerksam gemacht: »Der Klang, den Frau Münter am liebsten anwendet, ist blau. Auf der Palette ist das Blau eine der reichsten Farben und die meist mißbrauchte. Sie kann einen Farbenakkord roh handgreiflich, klebrig sinnlich machen. Aber sie kann einen Akkord auch klassisch machen wie keine andere Farbe. In G. Münters Gemälden geschieht das letztere.«[97] Auch noch im Abschiedsjahr, bei der *Herbstausstellung Kopenhagener Künstler 1919*, versöhnte das Blau den scharfzüngigen Kritiker: »Ja, ein gutes Bild, ein kleines Bild ist da, ›Narviker Hafenhäuschen‹ mit seiner kompositorisch gelungenen Tintenbläue«[98], und *Berlingske Tidendes Kronik* erklärte, daß Gabriele Münter mit ihrem Gemälde *Mann im Sessel* für eine Sensation gesorgt habe.[99]

Oft hatte sie versucht, kleinere Werke in Buch- oder Papierläden abzusetzen. Unter dem Titel *Eine Glasmalerin* veranstaltete sie 1918 in Pilos Bokhandel eine vorweihnachtliche Verkaufsausstellung. Sie war auf die Erlöse angewiesen.

Am 16. Dezember 1918 bat sie Walden, keine Kandinsky-Werke mehr zu veräußern, »da es ihm augenblicklich nicht zugute kommen kann«, und sie warnte ihn, der im *Sturm* alle Bilder Kandinskys als verkäuflich angeboten hatte: »Seine Bilder sind *sein* Vermögen und dürfen nicht billig weggegeben werden.« In einem Postskriptum bat sie, für Kandinsky eingehendes Geld nach Dänemark zu schicken, wo sie es auf einer Bank für ihn deponiere. Walden widersprach: Das Geld für Bildverkäufe werde in Berlin bleiben. Am 10. Januar 1919 weigerte er sich, weiterhin mit ihr zu verhandeln, es sei denn, sie liefere ihm einen schriftlichen Nachweis ihrer Berechtigung, für Kandinsky zu sprechen. Er sei nämlich »im Besitz direkter Anordnungen«.

Kandinsky korrespondierte also mit Walden und ließ sie ohne Nachricht? Münter konnte es nicht fassen. Sie hatte sein anhaltendes Schweigen als Folge einer Katastrophe angesehen, die sich im Zusammenhang mit dem russischen Bürgerkrieg ereignet hatte. Sie wußte von den alten Freunden, daß er sich bisher bei niemandem gemeldet hatte. Und sie, die den theosophischen Neigungen Kandinskys einst so skeptisch gegenübergestanden hatte, war versucht gewesen, spirituelle Wege auszukundschaften, um mit ihm in Verbindung zu treten. Sie hatte Gutkind zu Rate gezogen, der stets mit der Untersuchung raum- und zeitübergreifender Phänomene beschäftigt war. »Da haben Sie sich nun zum guten Steiner geflüchtet, zu diesem gefährlichen Cagliostro und Zusammenmantscher von 500 Metaphysiken und Religionen«, hatte er mißbilligend geantwortet und ihr empfohlen, die *Upanishaden* in Deussens Ausgabe zu lesen, um echter Magie zu begegnen.[100] Sie hatte sich östlicher Weisheit zugewandt, die Lehren des Mazdazan geprüft, ›Spiritistenmöden‹ besucht, um vielleicht auf okkultem Wege mit Kandinsky in Kontakt zu kommen. Nun hörte sie auf sehr irdische Weise von ihm!

Aber so ganz traute sie Walden nicht. Sie antwortete ihm Ende Januar 1919 kühl: »Ich lasse mich jedenfalls in meinen Bemühungen, Kandinsky zu helfen, nicht stören. Wie seine besagte Weisung gemeint ist und was dahinter steckt, wird sich wohl hoffentlich bald aufklären.«

Im Sommer 1919 inserierte sie in *Dagens Nyheter* und *Svenska Dagbladet*: »Min nya målereskola är på Bornholm, Hotel Salene pr Gudhjem. Fru G. Münter-Kandinsky.«[101] Sie liebte diesen Ort, der seinen Namen ›Heim der Götter‹ zu Recht trug und in dem Kakteen und Feigen über ausgewaschenen roten Granitklippen wuchsen, ein Hauch des Südens im rauhen Meer des Nordens. Und doch schwebt eine Wehmut über ihren Bildern, sei es der Fensterblick auf eine stille Landschaft mit einer einsamen Gestalt, seien es die Ruinen von *Hammershus* mit abgelegtem Malzeug oder die Kerzen der *Kastanien*, die aufflammen und ohne menschliches Echo bleiben. Abwesenheit, sie bildet den Grundton dieser Bilder, in denen das Szenisch-Lebendige verdorrt war. Das am 5. August 1919 gemalte *Strandbild Bornholm* zeigt Gruppen, die im Meere baden, sich sonnen oder träge im Sand liegen. Doch eine Person, rechts im Vordergrund, bleibt nur Zuschauerin dieses quirligen Badelebens, sie sitzt aufrecht unter einem Schirm, suchenden Blicks, ins Weite horchend, die Arme in wartender Haltung aufgestützt.[102]

Viele dieser Landschaftsbilder waren unter den 111 Gemälden, die sie in der *Maleriudstilling Gabriele Münter-Kandinsky* in *Københavns Ny Kunstsal* im Oktober 1919 zeigte.[103] Die Kopenhagener Zeitung *Politiken* schrieb am Tag nach der vielbeachteten Eröffnung: »Der Eindruck, den man in der Ausstellung in der Vester Voldgade empfängt, ist der eines Künstlers, dem die Farbe alles gilt. Es strahlt von den Wänden, oder richtiger: es glüht still und stark. Frau Münters Farbe ist nie laut, wird nie aufdringlich, sie bleibt vielmehr von einem sicheren und kultivierten malerischen Sinn beherrscht ... Wie ein fremder Vogel ist Gabriele Münters Kunst bei uns, ein exotischer Gast in unserer nordischen Stadt.«[104]

Am 28. Februar 1920 fuhr Gabriele Münter zurück nach Deutschland. Wie immer hatte sie am Jahresende in ihrem winzigen Portemonnaiekalender die Summe gezogen: »Det var en gång«, »Es war einmal«.

14. Kapitel

Ausweglose Gebundenheit

»Nach genauer Überlegung habe ich mich entschlossen, Ihnen die Briefe Kandinskys nicht zu zeigen. Ich wäre zwar dadurch in der Lage, gewisse Gerüchte zu beseitigen, ziehe sie aber einer Indiskretion vor.« Mit diesen Worten schlug Herwarth Walden am 4. Mai 1920 die Bitte Gabriele Münters ab, ihr etwas über die Lebensumstände Kandinskys in Moskau mitzuteilen.

Sofort nach ihrer Rückkehr von Kopenhagen hatte sie die Verbindung mit den ehemals gemeinsamen Freunden aufgenommen, doch niemand hatte von Kandinsky ein Lebenszeichen erhalten. Gerüchten zufolge sollte er nach dem Sieg der Bolschewiken, der das Ende der – von ihm zunächst favorisierten – Regierung Kerensky gebracht hatte, ein hohes Amt im Kommissariat für Volksaufklärung übernommen und bei der kulturellen Aufbauarbeit des kommunistischen Staates eine wichtige Rolle gespielt haben. Über sein persönliches Ergehen war nichts durchgesickert. Nur Herwarth Walden schien mehr zu wissen.

Im Spätsommer 1920 wurde Münter von dem ihr unbekannten Hauptmann Ludwig Baehr[1] um Auskunft über Verkäufe und Erlöse von Kandinskys Bildern gebeten. Er sei von ihm in Moskau beauftragt worden, bei Walden Preiserhöhungen durchzusetzen und angesammelte Beträge nach Rußland zu überweisen. Walden behaupte jedoch, Kandinsky besitze das Verfügungsrecht über seine Bilder nicht mehr; er sei totgesagt.[2]

Lasse Kandinsky auch ihr eine Botschaft übermitteln? »Über Sie, gnädige Frau, hat Kandinsky niemals mit mir gesprochen.«[3] Nur zufällig habe er beim *Sturm* von ihrer Mittlerrolle beim Verkauf der 1914 zurückgelassenen Bilder gehört und bitte sie nun, für einen in Aussicht genommenen Gerichtsprozeß gegen Walden die notwendigen Unterlagen zur Verfügung zu stellen.[4]

Münter hakte nach. Auf welche Todeserklärung berief sich Walden? Baehr wußte es. Im Herbst 1918 habe Kandinsky an den *Sturm* geschrieben: »Ich will tot sein für Deutschland und für Gabriele Münter.«[5]

Obwohl Baehr nachdrücklich erklärte, sein Kontakt mit Kandinsky beschränke sich ausschließlich auf dessen Bildverkäufe, beschrieb Münter ihm ihre ehegleiche Zusammengehörigkeit, ihr Warten, ihre vergebliche Hoffnung auf seine Rückkehr, ihr Leiden an der Einsamkeit. Baehr zeigte sich betroffen und hilfsbereit. Um die Jahresmitte 1921 teilte er ihr mit, daß es ihm gelingen werde, Kandinsky nach Deutschland zu holen. Der russische Botschafter in Berlin habe bereits sein Einverständnis erklärt und in Moskau vorgeschlagen, die Ausreise zur Berufung in ein deutsches Lehramt unverzüglich zu gestatten. Die amtliche Stelle, die Kandinsky anfordere, habe dies mit Absprachen anderer Art gekoppelt.[6]

Nachdem Münter mit der Rückkehr Kandinskys rechnen konnte, fragte sie Baehr unverblümt nach dessen Moskauer Familienverhältnissen: »Einige munkeln, er lebe mit seiner Kusine Anna Filipowna zusammen und habe mit ihr ein Kind. Andere, er wäre wieder zu seiner ersten Frau zurückgekehrt, und ich achtete ihn dafür.«[7]

Baehr gab nur widerstrebend Auskunft: »Kandinsky gilt als verheiratet, führte mich bei seiner Frau ein. Sie ist Russin und offenbar aus bester Familie. Ein Sohn der beiden war damals eineinhalb Jahre alt. Kandinsky lebte mit Frau und Kind und Wärterin anscheinend zurückgezogen und in bescheidener Vornehmheit, übrigens in ständiger Furcht und Sorge um Brot und Sicherheit, trotz seiner Anstellung als Kunstbeamter.« Es frage sich jedoch, ob Kandinsky trotz der

Aushandlung gegenseitiger Gefälligkeiten mit seiner Familie aus der Sowjetunion ausreisen dürfe. Allein zu kommen habe er abgelehnt.[8]

Am 13. Juli 1921 erfuhr Gabriele Münter, daß Kandinsky als ›Begleitkommissar‹ für eine Ausstellung Moskauer Künstler in Berlin vorgesehen sei. Er komme nur mit seiner Frau; der kleine Sohn sei schon vor einem Jahr gestorben. »Daß er mit einem Kind kein Glück haben kann, ist selbstverständlich«, erklärte Münter ungerührt. Baehr machte sie darauf aufmerksam, daß ein tiefenttäuschter und entkräfteter Mann zurückkomme, dem sie Schonung angedeihen lassen möge. »Ihr Schicksal ist ernst. Ich wünsche Ihnen aber ein Freiwerden von Ihren Anklagen. Die Natur gab uns allen alle Möglichkeiten. Einen Kandinsky, der nur groß und edel sein kann, dürften Sie weder für möglich noch für menschlich halten.« Münter, die auf Baehrs »unparteiische Vermittlung« vertraut hatte, wurde argwöhnisch, als dieser den »ganz natürlichen Standpunkt des Mannes« vertrat: »Kandinsky hat sich an Ihnen ernüchtert nach starkem Rausch. Das tun wir Männer alle, und wehe, wenn die Frau sich so ernst nimmt, daß sie des Staates entbehren zu können meint, wo sich's um Bindungen handelt. Die staatliche Ehe ist der Frau wegen da ... Sie leiden ja unnötig, gnädige Frau. Versuchen Sie doch über Treueschwüre und Sexualitätsvergehen zu lachen. Trauer wegen vergangener Liebe, ja. Aber Anklagen?«[9] Münters Skepsis gegenüber diesem Unterhändler wuchs, als er sie warnte: »Sie sind krank, gnädige Frau, alles erscheint Ihnen riesengroß, die Vergangenheit, Kandinskys Untreue, Ihre Vereinsamung. Groß aber ist nur Ihr Irrtum. ... Seien Sie doch zu stolz, mehr als ein Achselzucken aufzubringen ... Ein Frauenleben ist immer im Nachteil, denn seine Passivität ist nicht zu verleugnen, und sie bedeutet Leiden.«[10]

Am Heiligen Abend 1921 traf Kandinsky mit seiner Frau Nina in Berlin ein. Jahre harter Entbehrungen lagen hinter ihnen. Das Warenangebot der weihnachtlich geschmückten

Geschäfte, der Überfluß von Licht und Wärme muß sie zunächst überwältigt haben. Im alten Freundeskreis kursierten bald Anekdoten über den abgerissenen Zustand, in dem sich Kandinsky mit seinem leichten Handgepäck nicht ins Berliner Hotel getraut habe. Ein Bekannter hatte ihn zunächst in ein Geschäft geführt, wo er sein zerschlissenes Schuhwerk austauschen konnte; doch da er mit den gestopften und während der langen Fahrt löchrig gewordenen Strümpfen keine Schuhe anprobieren mochte, verschaffte ein Verkäufer ihm erst vorzeigbare Socken.[11] Kandinsky schilderte Arnold Schönberg seinen damaligen Zustand: »So erschöpft und verbraucht kam ich an, daß ich einen ganzen Monat krank war --- nur liegen und dumme Bücher lesen konnte.«[12]

Da Kandinsky Begegnungen scheute, blühte der Klatsch. Was auf die einen wie eine wohlvorbereitete Flucht wirkte, sahen andere als befristeten Informationsbesuch, den er angesichts seiner administrativen und kunstpädagogischen Funktionen für den jungen Sowjetstaat durchzuführen hätte.[13] Diese Auffassung wurde später durch Nina Kandinsky bestätigt, die diese Deutschlandreise in ihrer Biographie mit einem Auftrag des sowjetischen Kulturministeriums begründete, in Berlin Nachrichten und Eindrücke zu sammeln und nach Moskau zu übermitteln. Es sei zwar keine geheime Mission im Solde der Sowjets gewesen, doch »wir waren uns bei der Abreise nicht sicher, ob wir Rußland für immer verlassen hatten. Im Gegenteil: wir glaubten beide, bald wieder in unsere Heimat zurückkehren zu können.«[14]

Schon länger hatte sich unter Kandinskys Freunden herumgesprochen, er sei seit dem *II. Komintern-Kongreß* im Juli 1920, auf dem die Aktivierung und weltweite Ausstrahlung der kommunistischen Propaganda zum Thema gemacht worden war, künstlerisch isoliert und werde in seiner Funktion nur noch widerwillig geduldet. Im März 1921 hatte Lenins Verkündung der Neuen Ökonomischen Politik zwar die bürgerkriegsähnlichen Zustände beendet, gleichzeitig aber die

Kunst unnachgiebig in den Dienst ideologischer Erziehung gestellt und ihren Werbewert betont. Die abstrakte Kunst, deren Hauptvertreter Wassily Kandinsky war, stand solch utilitaristischem Gedankengut fern; sie wurde darum bald verdächtigt, nicht nur überflüssig, sondern sogar volksschädlich zu sein. Anläßlich der russischen Ausgabe von Kandinskys *Rückblicke* 1918 hatte Nikolaj Punin bemerkt: »Ich protestiere auf das schärfste gegen Kandinskys Kunst ... all seine Gefühle, all seine Farben sind einsam, entwurzelt und erinnern an Mißbildungen. Nein, Nein! Nieder mit Kandinsky! Nieder mit ihm!« Der soziale Realismus hatte nach und nach die Rhetorik vom Rang einer staatlichen Plakatwerbung entwickelt. Die Verfechter dieser zweckbezogenen Kunst wandten sich wie Kandinskys einstiger Studienfreund aus der Ažbè-Schule, Dimitrij Kardowskij, gegen seine Moskauer Professur, »weil er als ungegenständlicher Künstler geradezu ein gefährlicher Mensch ist«.[15] Man kannte inzwischen auch im Westen die Äußerung Konstantin Umanskijs aus dem Jahre 1920: »Der ›Blaue Reiter‹, der von Osten kam und siegreich durch Europa zog, bleibt in Rußland bis heute fremd und allein.« El Lissitzkij hatte die Meinung der jungen russischen Avantgarde geäußert, wenn er als Anhänger eines produktionsbezogenen Konstruktivismus anläßlich der großen Moskauer Ausstellung im Jahre 1919 abschätzig von dem »zerfahrenen Kandinsky, diesem Rußland so fremden Menschen« sprach. »Wie etwas Vorsintflutliches steht er – ein Monstrum – in unseren Tagen der Organisierung, der Klarheit und Genauigkeit des Planes.«[16] War man erleichtert, ihn, den Weitbekannten und Vielverehrten, unauffällig entfernt zu wissen?

Die Nachricht von Kandinskys Rückkehr verbreitete sich trotz beabsichtigter Geheimhaltung überaus schnell. Jawlensky, der mit Münter im Briefwechsel stand, eilte schon im Januar 1922 von Wiesbaden[17] nach Berlin, um den Freund willkommen zu heißen und Nachrichten über Rußland zu erhalten. Paul Klee, der durch Münters Vermittlung über Baehr mit Kandinsky in Briefkontakt gekommen war[18], begrüßte den ehemaligen Nachbarn aus der Ainmillerstraße freudig; seit Januar 1921 wohnte er in Weimar und war Lehrer des *Staatlichen Bauhauses*, an das Walter Gropius[19] ihn im November 1920 berufen hatte. Ahnte er schon, daß er einen zukünftigen Kollegen willkommen hieß? Trat er als Vermittler, als Beschleuniger auf? Jedenfalls überbrachte Walter Gropius anläßlich eines Berlin-Besuches mit seiner Frau Alma im März 1922 Kandinsky die offizielle Berufung an diese ›Schule der Gestaltung‹. Im Juni begann schon seine Dozentur für ›Formenlehre‹, die als Theorie konstruktiver und gestaltpsychologischer Aspekte mit einer ›Werklehre‹ verbunden war und Atelier und Werkstatt wieder zu einer Produktionseinheit verschmelzen sollte. Ziel dieser Integration aller ›werkkünstlerischen Fächer‹ war der Bau, dem sich alle technischen und dekorativen Teilbereiche harmonisch einfügen sollten, – das ›Einheitskunstwerk‹, ein Gedanke, für den Kandinsky seit je aufgeschlossen war.

Ursache und Anlaß seiner Rückkunft blieben weiterhin im dunkeln.[20] Münter vermutete als Hauptursache die Sorge um den Verlust seiner Bilder. Um sie wiederzubekommen, mußte er nach Baehrs Worten persönlich anwesend sein und die beim Kriegsausbruch mit Walden mündlich getroffenen Vereinbarungen durch einen Eid vor einem Berliner Gericht bestätigen. Sie wartete im ›Russenhaus‹, daß Kandinsky sich bei ihr melde, denn wo sonst sollte er sie suchen? Sie war im Mai 1920 nach München zurückgekehrt, hatte aber erst Ende Juni den Mut gefunden, das Murnauer Haus wieder zu beziehen.[21] Baehr hatte ihr zugesichert: »Es ist selbstverständlich, daß Kandinsky, sobald er wiederhergestellt ist und freie Bahn sieht, sich persönlich Ihnen gegenüber ausspricht.«[22]

Inzwischen schwirrten die Gerüchte. Die Freunde wandten sich an sie, weil sie doch mehr wissen müsse. Die einen bemerkten anzüglich, daß Kandinsky es im bolschewistischen

Rußland doch nicht ausgehalten habe, sondern reumütig zur bürgerlichen Gesellschaft zurückgekehrt sei.[23] Die anderen bemängelten, daß er seine Kräfte überhaupt in den Dienst des bolschewistischen Aufbaus gestellt habe. Münter bewertete sein russisches Zwischenspiel hingegen als einen folgerichtigen Schritt zur Erfüllung aller Hoffnungen, die sich in den Vernichtungs- und Auferstehungsvisionen seiner ekstatischen Vorkriegsmalerei niedergeschlagen hatten. War nicht der Aufbruch zu neuen Ufern sein unerschöpfliches Bildthema gewesen? Und hatte er nicht – wie viele kunstreligiös eingestellte Intellektuelle der Vorkriegszeit[24] – gehofft, Rußland entpuppe sich nach dem Untergang des materialistischen Zeitalters als Stätte der geistig-sittlichen Erneuerung? War Moskau, mit dessen Kuppelgedränge er all seine Vorkriegsbilder symbolisch überhöht hatte, nicht für ihn der auserwählte Ort, an dem sich das ›Große Geistige‹ ereignen würde? Es entsprach seinem schöpferischen Elan, die Stunde Null der russischen Revolution als Auftrag und Geschenk anzusehen: Endlich könnte er seine Utopie, über die Kunst einen neuen Menschen, eine bessere Gesellschaft zu formen, der Verwirklichung näher bringen und sich aus apokalyptischem Schauder retten in kulturpolitische Aktivität. Münter verstand sehr wohl, warum Kandinsky den blauen Mantel des mystischen Reiters gewendet hatte zum Uniformrock eines verstandeskühlen Funktionärs.

»Ich lebte im Prophetenstand, jetzt bin ich Weltkind geworden«, hatte sie zum Jahresende 1917 ernüchtert in ihrem Notizbuch vermerkt. Mußte sich auch Kandinsky inzwischen den realen Zwängen beugen, indem er an den didaktisch-politischen Kunst-Richtlinien für eine proletarische Gesellschaft gescheitert war? Kam da ein Desillusionierter? Ein Gebrochener? Sie wartete gespannt.

Am 14. Januar 1922 erhielt sie von der Münchner Transportgesellschaft Gondrand eine Anfrage. Zwei fremde Herren seien dort gewesen, um aus dem von ihr gemieteten Bilderlager Gemälde abzuholen. Ob diese Dinge herausgegeben werden dürften? Ihre Antwort lautete: ›Nein‹.

Sie schrieb dem Unterhändler Baehr unverzüglich, Kandinsky möge seine »Hinterlassenschaft« selbst in Empfang nehmen.

Am 1. Februar verzeichnete sie in ihrem Kalender eine Unterredung mit dem Münchner Rechtsanwalt Dr. Julius Siegel, der sie von nun an in der Auseinandersetzung mit Kandinsky vertrat. Am gleichen Tag schrieb sie an Baehr, Kandinsky möge Vorschläge machen, wie er gedenke, sich »reinlich von ihr zu scheiden. Er wird wissen, daß unsere Gewissensehe, respektive unser Verlöbnis noch nicht gelöst ist, und daß er hierzu vor allem anderen die nötigen Schritte zu tun hat ... Ich erwarte meines Mannes Nachricht, wie er sich von mir zu scheiden gedenkt.«

Vom 1. bis zum 13. Februar enthalten die sonst so überfüllten Spalten ihres Taschenkalenders nur eine einzige Eintragung: »Krank«. Am 13. vormittags: »Aufgestanden. Für eine Viertelstunde Besorgungen gemacht«. Ein später abgefaßtes Tagebuch gibt über den seelischen Zusammenbruch dieser Tage Auskunft. Kandinsky hatte sich geweigert, sie zu treffen, ja überhaupt das Wort an sie zu richten! Schlimmer als die Häme mancher ›Freunde‹ war ihr diese Schmach. Sein Mangel an Vertrauen stellte für sie die eigentliche Verletzung dar, war eine Beschämung, die der Verachtung gleichkam. Über seine Heimkehr, seine Erlebnisse in Rußland, seine Ziele von ihm selbst unterrichtet zu werden, hätte Trost in ihrer Verlassenheit bedeutet. Hatte sie ihm nicht oft genug ihre Fähigkeit zu Verständnis und Anempfinden unter Beweis gestellt? Verdiente sie nicht nach 15 Jahren des Zusammenlebens eine offene Aussprache, durch die sie leichter zu einer maßvollen und stolzen Haltung gefunden hätte?

Münter kleidete ihren Schmerz in Verachtung und Zorn. Sie fühlte sich als Frau beraubt, verletzt, betrogen und gedemütigt. Ihr Haß gewann nach und nach selbstzerstörerische

Züge. Sie pflegte und nährte ihn und konnte sich später, als er ihr ganzes Wesen durchdrungen hatte, nicht mehr von ihm befreien. Vergeltungssucht verlieh ihr Kraft, hielt sie aufrecht, wenn sie in Apathie zu versinken drohte. Sie kämpfe um ihr Recht, nicht um ihren Vorteil, erklärte sie ihrem Anwalt. »Wenn Kandinsky die richtige Form gewählt hätte, als er nach Deutschland kam, so hätte ich ihm keinen Tag irgend etwas vorenthalten.«[25] Aber Kandinsky machte sie zur ›Unperson‹, ging über sie hinweg wie über ein Nichts. Diese Geringschätzung beschwor einen Rachefeldzug, für den sie sich in hämmernder Wiederholung seiner »Schuld« ständig neu wappnete.

Sie hatte den Verlust seiner Zuneigung als einen Existenzeinbruch durchlitten. Nun war die Wunde, die in fünfjähriger Trennung notdürftig verheilt war, durch seine ›Mißachtung‹ wieder aufgebrochen. In dumpfer Hoffnungslosigkeit verlor sie auch das Selbstvertrauen, das sie zum Gelingen ihrer Malerei brauchte. Im März 1922 schilderte Hugo Ball nach seinem Besuch in Murnau Hermann Hesse die Stimmung ihrer Vereinsamung: »Es war wie ein Sonntag auf einem Friedhof. Es schien mir so phantastisch, daß ich flüchtete.«[26]

Wahrscheinlich verzögerte sich die Herausgabe von Kandinskys Eigentum bis 1926 nur darum, weil er sich gescheut hatte, ihr Auge in Auge gegenüberzutreten: »Alles in mir wehrt sich gegen die gehässige Übergehung meiner Person und das gehässige Schweigen Kandinskys«, schrieb sie ihrem Anwalt am 22. April 1922. In einem Brief vom Juni 1922 bat sie Kandinsky: »Nun solltest Du doch eine passendere Form finden können als dieses dumme, größenwahnsinnige Sich-Verstecken.«

Wie wahr hatte Kandinsky ihr im März 1907 aus Sèvres geschrieben: »Ich mochte niemals leiden und kehrte dem Unangenehmen den Rücken zu ... Ich bemerke mit großer Freude, daß mein Ozean von Egoismus etwas kleiner wird. Aber freilich ist er noch so groß, daß nicht nur ich, sondern auch viele mit mir darin ertrinken können.« Daran erinnerte sie ihn nun und ebenso an seinen Ausspruch zur Scheidung seines Bruders: »Il y a manière et manière!«

Baehr hatte ihr noch am 14. Februar 1922 versichert, daß Kandinsky sein Verhalten für zweckmäßig halte, einem »Ausgleich ihrer enttäuschten Hoffnungen jedoch Berechtigung zuerkenne«. Sie möge konkrete Forderungen stellen, doch juristisch gesehen schulde er ihr wenig. Münter empörte sich: »Jetzt scheint ihm das Gesetz zu passen, früher hat er es so tief verachtet, da er eine höhere Moral kannte.«[27] Warnungen ihres Anwalts vor ihrem ungezähmten Vergeltungsdrang schnitt sie kurzweg ab.

Baehr versuchte, sie zu begütigen: »Kandinskys Verfehlung entstand erst unter dem Druck von Schicksalen, die Sie gar nicht ahnen.« Er habe sein Versprechen, zu ihr zurückzukehren, als unerfüllbar aufgeben müssen. Er habe in Moskau sein Vermögen verloren und als Gewerkschaftsbeamter nur kärglich leben können. »Auf diese Weise sinkt seine Schuld doch wahrlich derart zusammen, daß Sie nicht mehr das Recht haben, ihn zu beschimpfen. Dies ist nicht seine, sondern meine Kritik«, bekräftigte Ludwig Baehr.[28]

Auf einem beigefügten Zettel bat Kandinsky um die Herausgabe von Werkzeug für Holzschnitt und Radierung, Paletten für Öl und Tempera. Er wünschte unbedingt sein altes Fahrrad zurückzubekommen, außerdem das Porträt seiner Mutter, zwei Bilder von Henri Rousseau, sechs chinesische Plastiken, Kleidung und Wäsche. Münter zeigte sich hart. Nichts werde sie ihm aushändigen, ehe er das von ihr entworfene Schuldbekenntnis abgelegt habe! Er müsse darin bestätigen, daß er Gabriele Münter, ein junges Mädchen, seit 1904 mit falschen Versprechungen an sich gefesselt habe, sie recht- und namenlos neben sich leben ließ und immer wieder versichert habe, sich seiner Verantwortung bewußt zu sein: »Ich gebe zu, daß ein Mann von Ehre seine Versprechen hält, ... Ich gebe zu, immer wieder erklärt zu haben, daß unsere Ehe, gerade weil sie nicht legal ist, absolut untrennbar ist. Diese Erklärung gab ich noch 1914 kurz vor meiner Abreise. In Stockholm 1916 habe ich vor meiner Abreise ungefragt beteuert, niemals eine andere Verbindung einzugehen. Ich habe die Legalisierung der Ehe seit der Verlobung angeboten und immer wieder versprochen.« Diese Selbstbezichtigung, die Münter Kandinsky zur Unterschrift zuschickte, enthielt neben vielen anderen Punkten das Eingeständnis: »Ich gebe zu, daß Charakter- und Meinungsdifferenzen, wie wir sie nicht nur in den letzten Jahren, sondern wie wir sie immer gehabt haben, kein Scheidungsgrund sind, und besonders nicht in einer unlösbaren Gewissensehe. ... Ich muß zugeben, daß ich Gabriele Münter um alles, was ein Mann einer Frau schuldig werden kann, betrogen habe. Dieses Schreiben gelesen, geprüft und für wahr befunden ...«

Ihre Unbeugsamkeit erschreckte selbst ihren Anwalt: »Entweder man verhandelt oder man streitet.« Dennoch schrieb er am gleichen Tag vermittelnd an Kandinsky: »Frau Münter ist von dem Gefühl erfüllt, daß ihr Leben zerrüttet ist ... Es handelt sich hier ... um moralische Ansprüche, die in einer Gewissensehe weit schwieriger als geschriebene Paragraphen sind.«[29] Wenn Münter jedoch wirtschaftlich faßbare Forderungen stellen sollte, herrschte Ratlosigkeit. Sie war zu betroffen, um nüchtern und geschäftlich zu reagieren, obwohl Kandinsky ihr eine Entschädigung versprochen hatte. Sie wollte nichts gewinnen, sie wollte Kandinsky in die Pflicht genommen sehen! Damit verstörte sie den eigenen Anwalt, er drohte mehrmals, die Vertretung niederzulegen. »Sie haben mir Ihren Standpunkt ja oft genug auseinandergesetzt; ich kann denselben psychologisch verstehen, aber praktisch kommt man mit dieser Methode nicht einen Schritt weiter. Wieder stehen wir auf einem toten Punkt.«[30] Eines Tages überraschte ihn Münter mit der Forderung, er möge für sie das Witwenrecht erstreiten, da Kandinsky ja für sie tot sein wolle. Sein 1914 abgefaßtes Testament, in dem er seiner ersten Frau, Anna, und ihr je die Hälfte seines Vermögens zuerkannt habe, liege noch in ihrem Tresor. »Diplomatie oder Stolz oder Scham gibt es nicht bei mir auf Kosten der Wahrheit … So mußte mir einer das Leben zerreißen, daß ich mir selbst dies antue und aus diesem Gedankenkreis nicht ohne Hilfe herauskomme … Wenn der Haß nur nicht so ohnmächtig wäre! Wie soll ich mir Genugtuung verschaffen? … Darum verlange ich, daß Kandinsky direkt mit mir verhandelt. Das muß sein!«[31]

Nach und nach verfing sie sich im selbstgeknoteten Netz ihres Gerechtigkeits- und Vergeltungswahnes. Argwöhnisch beobachtete sie die Anstrengungen Kandinskys, sich wieder in den deutschen Kunstbetrieb einzugliedern. Während sie an ihrer menschlichen und künstlerischen Entwurzelung litt, empfand sie seine Auftritte in überstürzt hintereinander folgenden Ausstellungen wie Paukenschläge. Schon im Frühsommer 1922 konnte er in der Berliner Galerie Goldschmidt-Wallerstein zum ersten Mal in Deutschland zwölf Bilder zeigen, die er in Rußland gemalt und aufgerollt mitgebracht hatte, dazu zwei in Berlin neu entstandene Gemälde. Man gab ihm gleichzeitig Gelegenheit, über seine neueren Forschungen zu sprechen, die er vier Jahre später in seinem Buch *Punkt und Linie zu Fläche*[32] zusammenfaßte. Die Kritik bescheinigte dem Zurückgekehrten intellektuelle Kälte, geometrisch verbrämte Erstarrung oder gar ein Abgleiten ins Dekorative. Wo ehemals das Donnern farbiger Rhythmen, das Zusammenballen und Lösen spiraliger Wirbel sich dem Einschluß in Dingbegrenzungen entzog, stand nun ein verstandesklares, vom Formenspiel beherrschtes Beziehungsgerüst. Es überwog die Auffassung, Kunst müsse mehr sein als ein rationales Konstrukt, als die Manifestation eines spielerisch-kühl Bildformeln erfindenden Subjektivisten.[33] Man bezichtigte Kandinsky eines solipsistischen Hochmuts, in welchem er auf die Kommunikation mit dem Betrachter verzichte, für ihn sei die Malerei ein Mittel geistiger Isolierung gegen die Welt.[34] Gabriele Münter aber verfolgte mit Groll, wie selbstbewußt Kandinsky auftrat und seine Kunst theoretisch untermauerte.

Im Mai 1922 ergab der Zufall, daß sie beide wieder unter einem Dach ausstellten. Die *Erste Internationale Kunstausstellung* nach dem Krieg vereinigte in *Düsseldorf* 900 Bilder in dem von Joseph Maria Olbrich[35] großräumig gestalteten Warenhaus Tietz. Die Kritiker bescheinigten der Münchner Gruppe, innerhalb derer Gabriele *Münter-Kandinsky* leuchtkräftige Landschaften und Stilleben zeigte, eine heitere Klassizität. Daß die Götter von gestern – die Kandinsky, Picasso, Chagall und auch Rousseau – nur noch die Götzen von heute seien, vermerkte die *Frankfurter Zeitung*[36], fügte aber hinzu, Kandinsky könne aufgrund seiner früheren Verdienste weiterhin Respekt erwarten, wenn auch die Verflachung der gegenstandslosen Kunst durch allzu viele Nachahmer inzwischen ernste Vorbehalte erzeuge. Dank dieser herkömmlichen Wertschätzung hatte man ihm gestattet, dem Katalog ein Vorwort voranzustellen; es war der erste Text, den er nach seiner Rückkehr veröffentlichte. Als Münter ihn las, schallte das Pathos aus früheren Jahren ungebrochen herüber. Wieder sprach Kandinsky von der großen Synthese: »Alle Wege, auf denen wir bis heute voneinander getrennt gingen, sind ein Weg geworden, auf dem wir vereinigt gehen ... Das Unvereinbare ist vereint ... So hat die Epoche des *Großen Geistigen* angefangen.«

Münter schäumte. Beschwor Kandinsky nicht wieder mit imperialer Geste die Einheit eines geistigen Reiches, in dem alle Gegensätze harmonisiert waren? Hatte er noch das Recht, hier als Verkünder künftigen Menschheitsglücks aufzutreten? Da sprach einer von Überbrückung und Versöhnung, der ein großer Zertrenner gewesen war. So anmaßend und dogmatisch fand sie seine Worte, daß sie eine ›Nachdichtung‹ verfaßte: »Wir stehen unter dem Zeichen bestialischer Rücksichtslosigkeit, wir – ›Menschen‹. Alles erzittert vor Betrug und Selbstbetrug. Alter Schwindel wird weggeworfen, neuer Schwindel wird angefangen. So ist man tot und macht als Leiche Ansprüche an das alte Leben, das weggeworfen ist. Das ist die Epoche des Poseurs der Heiligkeit. Die süße Bestie als Prophet.

Leben wird getötet. Schleier fallen, Glaube wird geschändet, Schwüre gebrochen, Treue gemeuchelmordet. Das Untrennbare wird getrennt. Zwei Wege führen zu zwei Höllen: Falschheit und Bosheit zur Würdelosigkeit, Unrecht und Lüge zum Größenwahn.«[37]

In ihrem bitterbösen Spott übersah Münter, daß sich Kandinskys Start in Deutschland wesentlich schwieriger gestaltete, als es nach außen hin erschien. Ein Teil seiner Anhänger und Förderer war gefallen, der alte Freundeskreis auseinandergesprengt. Die Erlöse für seine beim *Sturm* zurückgelassenen 150 Gemälde wurden durch die Inflation entwertet. Beim Vergleich mit Walden erhielt Kandinsky schließlich für 50 Bilder, die in dessen reiche Privatsammlung[38] eingegangen waren, 48000 Reichsmark.[39] Die Händler rückten von der abstrakten Kunst ab, der Markt war durch Plagiate übersättigt. Die Rückgabe des 1914 zurückgelassenen Eigentums an Möbeln, Kleidung und Gebrauchsgegenständen, die ihm eine Existenzgrundlage geboten hätten, verzögerte sich durch den Rechtsstreit mit Münter. Das Gehalt am *Bauhaus* war gering. Auslandsreisen von publizistischer Wirkung konnte er als ›Staatenloser‹ kaum unternehmen; denn da er von seinem auf drei Monate bemessenen Deutschland-Aufenthalt nicht zurückgekehrt war, wurde er in Rußland ausgebürgert; erst im März 1928 war er deutscher Staatsangehöriger. Zudem hatte er scharfe Angriffe aus ›völkischen Kreisen‹ der Weimarer Regierung abzuwehren, die ihn und seine Frau als Kommunisten und gefährliche Agitatoren bezeichneten und isolieren wollten. Er mußte also in die Öffentlichkeit drängen, um Anklang und Verkaufsmöglichkeiten zu finden.

Münter übersah auch, wie schnell Kandinsky seine Fehleinschätzung des deutschen Nachkriegspublikums revidierte und vom Standpunkt der priesterlichen Sendung des Künstlers ebenso abrückte wie von der Heilsbotschaft einer kunstreligiösen Synthese; beides vertrug sich nicht mit dem Lehrauftrag für das *Bauhaus*, das im Sinne des sozialistischen Gedankenguts der Weimarer Republik das Prinzip der Unterordnung der Künste unter die Bedürfnisse der Gesellschaft vertrat. Wußte Kandinsky, der immer die Wirkung auf seine Rezipienten im Auge hatte, daß er sich im Mai 1922 vor dem Düsseldorfer Nachkriegspublikum im Ton vergriffen hatte? Im Juli gestand er Arnold Schönberg: »Manches was damals ein kühner Traum war, ist jetzt Vergangenheit geworden. Wir haben Jahrhunderte erlebt.«[40] Wie die Rücknahme seines einstigen Anspruchs wirkte auch im Oktober 1922 seine Eröffnungsrede zur Ausstellung seiner Bilder bei Gummeson: die sechs Jahre, die seit seiner ersten Vernissage in Stockholm vergangen seien, erschienen ihm wie wenigstens sechzig. Von nun an verwies er immer wieder auf den Entwicklungssprung, auf Abstand und Bescheidung; er habe sich zunächst in Deutschland von neuen Eindrücken überschüttet gesehen. Während der sieben Jahre, die er in Rußland verbracht habe – vier davon völlig abgetrennt von der übrigen Welt –, habe er nicht geahnt, was hier im Westen vorgehe. »Ich kam mit weitaufgesperrtem Mund und schluckte, und schluckte, bis es mir ganz anders wurde.«[41] In einem späteren Brief gestand er, wie sehr ihn die neuen Erfahrungen überfordert hätten: »Es ist tatsächlich wie ein böser Traum – Sie wollen auf den abfahrenden Zug aufspringen, laufen mit höchster Anstrengung, aber die Beine kommen nicht so schnell mit.«[42]

Kein Zweifel, daß Münter zu dieser fremd gewordenen Vergangenheit gehörte. Sie aber glaubte nicht an Wandlung und Reifung, weil ihr eigenes Tun und Denken seit seinem Fortgang erstarrt war. Die angehaltenen Zeiger der Uhren auf ihren Gemälden waren Zeugen dieses Stillstands. Der Wartende entwickelt sich nicht, er blickt zurück.

Der Wiedergekehrte paßte ihr nicht ins Bild, sie aber wollte ihn hineinzwingen. Sie sah dabei nur die Fassade seines Lebens: Da machte er im September Ferien mit Feininger[43] in Timmendorf, arrangierte eine Separatausstellung bei Thannhauser in München; da trat er in der Herbst-Kunstschau der *Juryfreien im Berliner Glaspalast* mit riesigen, beim *Bauhaus* geschaffenen Wandbildern hervor, die seinen alten Traum, sich im Bilde zu bewegen, der Verwirklichung nahe brachten; da erregte er Aufsehen in der ersten großen *Russischen Kunstausstellung in der Galerie van Diemen* , die vom Russischen Kommissariat für Volksbildung und Kunst veranstaltet worden war, und dann kam sogar noch im gleichen Jahr die Mappe *Kleine Welten* mit je vier Lithographien, Holzschnitten und Radierungen, gedruckt im *Bauhaus*, beim Berliner Propyläen-Verlag heraus. Hastig, lautstark und protzig nannte Münter sein Auftreten im Jahre 1922. »So warst Du immer, ein brutaler Egoist, für den die ›Innere Notwendigkeit‹ eines anderen nicht existierte«, schrieb sie in ihr Tagebuch. »Welches Licht wirft dieses, Dein ganzes, zu einer Lüge gestempeltes Verhalten auf Deine Kunst?« Sie verweigerte sogar zunächst die Annahme von Bildern, die er ihr zur Entschädigung für das Durchlittene anbieten ließ, »denn wer weiß! Wenn ein Mensch sein ganzes Leben zu einer Lüge macht, vielleicht wird er auch als Künstler noch einmal entlarvt! Die abstrakte Kunst ist Utopie oder Lackelei!«[44]

Der Vorwurf seines ethischen Hochstaplertums durchzog alles, was sie an Klagen und Anklagen niederschrieb. Hatte er ihre Zweifel an seiner Aufrichtigkeit nicht immer wieder mit der Feststellung beschwichtigt, ein gebrochenes Versprechen könne man ihm nicht zur Last legen? »Alle Leute, die mich kennen, wissen auch, daß ich sie mit meinem Versprechenhalten direkt ärgern kann: ich bin gewöhnlich so lange wirklich unglücklich, bis ich das Versprochene erledigt habe.« Stets hatte er auch den integren Charakter als Voraussetzung echter Kunst gefordert; denn der innere Wert eines Künstlers entscheide über die Qualität seines Werkes. Er müsse »wissen, daß jede seiner Taten, Gefühle, Gedanken das feine unbetastbare, aber feste Material bilden, woraus seine Werke entstehen, und daß er deswegen im Leben nicht frei ist, sondern nur in der Kunst«. An anderer Stelle seiner Schrift *Über das Geistige in der Kunst* hatte Kandinsky seinem Glauben an die Gerechtigkeit Ausdruck verliehen: »Mit dem Maße, mit dem du mißt, wird auch dir gemessen werden.«[45] Er wollte ja auch stets seine eigenen Verfehlungen bis zur Selbstzerfleischung sühnen, womit er auch die Menschen seiner Umgebung gequält hatte.

Während Münter in Murnau lustlos und ohne Widerhall vor sich hinwerkelte, sah sie ihn im Geist inmitten eines geselligen und fördernden Arbeitskreises. »... das Milieu – die Atmosphäre – die Gedanken und das Streben dort – die Gemeinschaft – er lebt ... wohin mit mir?« Ja, sie mißgönnte ihm den kreativen *Bauhaus*-Rahmen! Hin und wieder blitzte in ihr die Erkenntnis auf: »Gerechtigkeitssinn und Neid sind Nachbarskinder.« Doch sie konnte sich nicht aus den Fesseln ihrer Rachegelüste lösen.[46]

»Es ist nötig, daß Du weißt, wie ich denke, und es ist verfehlt, durch fremde Vermittler zu verhandeln«, schrieb sie Kandinsky im Juni 1922. Sie wählte dazu einen vergilbten Briefumschlag des *Blauen Reiter* und strich den Aufdruck, als wolle sie das Vergangene entwerten, mit einem energischen Schriftzug durch. Es war viel Zwiespältiges in ihren Auslassungen, in denen sich Wunsch und Verwünschung durchmischten. Trotz aller »Empörung gegen den Seelenmord«, gegen »den gewaltsamen Eingriff seiner Raubtierkrallen« und »die brutale Willkür eines falschen Menschen« steckte in ihrer Rebellion noch die geheime Beschwörung vergangener Nähe. »Das, worauf mein Leben basierte, ist mir unter den Füßen weggezogen. Das, was mitten in der Entwicklung war, ist abgebrochen. Ich bin hilflos und haltlos – ohne Ruhe, ohne Frieden, ohne Platz im Leben und ohne Namen und ohne einen Menschen, der zu mir gehört ... Vielleicht weißt

Du es nicht, daß unser Verhältnis in meinem Gefühl nicht eigentlich wie Frau zu Mann, sondern mehr wie Kind zur Mutter war – aber eine Mutter, die dem Kind nicht hilft erwachsen zu werden, sondern es so behalten will, wie es ist – ein gläubiges, treues Kind. Wenn Dir dies klar wird, so wirst Du vielleicht besser verstehen, was ich erlebt habe und erlebe, und wie jeden Morgen mein Erwachen ist und wie meine Tage dahingehen.« Ein mehrfach wiederkehrender Traum hatte ihr die Vergangenheit gedeutet: »Es war ein Kind, noch nicht erwacht, das suchte seinen Weg. Da kam ein geschmeidiger, sanfter Panther daher und sagte: ›Komm mit mir, ich bin deine Mutter und will dich nach Hause bringen. Ganz sicher behüte ich dich, glaube mir!‹ Das Kind glaubte und folgte. Dann kamen sie ins Gedränge, und er sagte: ›Fürchte dich nicht, ich bin immer und stets bei dir. Glaube mir, glaube mir‹, und es glaubte. Da ließ er es allein – im Gedränge. Das Kind fürchtete sich sehr. Und es weinte sehr. Und es wußte den Weg nicht. Und es sagte immer: ›Ach, wenn doch einer käme und mich mitnähme.‹ Aber alle gingen vorbei und sahen es nicht!«[47]

In ihrer 40 Heftseiten langen Warn- und Bezichtigungsschrift vom Juni 1922 legte sie ihm ihre »Entwurzelung« zur Last. »Erinnere Dich daran, *wie* Du mich genommen hast, wie Du mich immer versichert hast Deiner Ehrlichkeit, Deiner Treue! ... Fremden Leuten hast Du mitgeteilt, Du seist seit fünf Jahren verheiratet. Ich aber sage Dir, gemessen an Deinen eigenen Worten: Du kannst nicht verheiratet sein.

Erinnere Dich daran, auf welches bessere, ›richtige‹ Leben in der Zukunft Du mich immer vertröstet hast ...

Die Art, wie Du jetzt wieder in Deutschland auftrittst, als wenn ich nicht wäre, als wenn Du mir nichts schuldetest! ... Aber ich sage zu meiner Verteidigung, wäre es anders gekommen, hätte ich's anders genommen ...

Du hast mich nie froh und glücklich gemacht – aber ich glaubte an Dich, und ich lebte mit Dir und verlangte nichts weiter für mich, da ich Dich hatte ... Du schriebst dem Anwalt von unglücklicher Ehe, Du habest sogar zeitweise nicht arbeiten können. Ich erinnere mich, daß Du immer unglücklich warst und mich unglücklich machtest, weil Du gegen Deine erste Frau schlecht gehandelt hattest ...

Ich glaube mich wohl zu erinnern, daß ich Dir manche künstlerische Anregungen, Impulse, Initiativen gegeben habe. Ich erinnere mich auch, daß Du von ewiger Dankbarkeit gesprochen hast. Deine Entwicklung hast Du an meiner Seite durchgemacht, und ich zweifle sehr, ob Du die Höhe der Werke der ›Unglücksjahre‹ von 1909 bis 1914 noch einmal erreichen kannst ...

Als ich jung war und leben wollte und mich der Gegenwart freuen, hast Du es mir nie erlaubt, Du trauertest, ich mußte Deine Lasten mit Dir tragen. Ich war wie ein aufgeschlagenes Buch in Deinen Händen ... Die Gegenwart verstrich ungelebt, und das Buch blieb leer!«

Mit schneidender Kälte lehnte sie Kandinskys Forderungen ab, ihm wenigstens die Dinge des täglichen Gebrauches auszuhändigen: »Wer ein neues Leben hat, mag sich neue Wäsche kaufen! ... Der Fahnenflüchtige, der Tote, hat jedes Recht an früherem Eigentum verloren ... Was ich dem Kandinsky mit dem neuen Leben und der neuen Frau gebe, das schenke ich ihm. Zu fordern hat er nichts.«

Der Schluß ihres Briefes macht ihre Unerbittlichkeit ein wenig verständlich. Sie schildert Kandinsky ihre Einsamkeit. In dem alles beherrschenden Wunsch, der Verlassenheit zu entgehen, habe sie mehrmals durch Zeitungsinserate einen Gefährten gesucht. Doch qualvoller als jede Isolierung sei es, »wenn die Kunst nach Brot geht, wenn man glaubt, sein Talent verloren zu haben und qualvoll und ohne Inspiration arbeitet. Malen ist nur möglich, wenn Freude und Mut dahinterstehen. Ich kann allenfalls pinseln, ohne Inspiration und ohne Glauben, und ich bin charakterlos genug, es immer wieder zu versuchen. Niemand braucht es, niemand freut es. Es ist so überflüssig wie ich selbst.«

Sie ahnte wohl, daß der Verlust ihrer Kreativität Kandinsky am stärksten belasten und in das Bewußtsein von Unrecht und Schuld stoßen würde. Werkgeschichte war für ihn Seelengeschichte! 1912 hatte er über das Absterben der Form als Folge des Absterbens der Seele – die den Inhalt eines Werkes ausmache – festgestellt: »In dem Augenblick, in welchem das innere Wachsen zum Stehen gebracht wird, entschlüpft dem Künstler auch die schon erreichte Form ... So verliert oft ein Künstler die Herrschaft über seine eigene Form, die matt, schwach, schlecht wird. Dadurch erklärt sich das Wunder, daß ein Künstler plötzlich z. B. nicht mehr zeichnen kann oder daß seine früher lebendige Farbe als lebloser bloßer Schein, als ein malerisches Aas auf der Leinwand liegt.«[48]

Klarsichtig umriß Münter die Krise, die sie nun durchstehen müsse wie einen Reifungsprozeß. »Ich gedenke eine psychoanalytische Behandlung durchzumachen, da es so nicht weitergehen kann. Aber ich hoffe, daß es befreiend wirken wird, wenn dieses Chaos endlich einmal gelöst ist.«

Kandinsky antwortete am 27. Juli 1922 in einem langen, persönlich gehaltenen Brief, der bewies, daß er ihrer Bitterkeit Berechtigung zuerkannte. Er warf ihr unter Verwendung des distanzierenden ›Sie‹ Einseitigkeit der Betrachtung vor und wiederholte, daß das gemeinsame Leben zur ständigen Qual für sie beide geworden sei. »Wir sind beide daran schuld, soweit der Mensch daran schuld ist, daß sein Charakter so und nicht anders ist ... Meine Schuld besteht darin, daß ich mein Versprechen, Sie standesamtlich zu heiraten, gebrochen habe ... Ich hatte immer gehofft, daß wir uns einmal in England treffen, um uns – wie verabredet – dort trauen und sofort scheiden zu lassen.« Sie vergäße, wie oft er ihr auseinandergesetzt habe, daß ein Zusammenleben nicht mehr möglich sei. »Weil ich – willkürlich oder unwillkürlich – mein Wort gebrochen habe, so ist meine aufrichtige Absicht, wenigstens Ihren Wünschen in materieller Hinsicht, soweit ich imstande bin, gerecht zu werden ... Vom Haß von meiner

Seite kann keine Rede sein. Sie haben viel Schweres in mein Leben gebracht, sind aber selbst unglücklich genug, als daß ich Ihnen gegenüber schlechte Gefühle hegen könnte. Ich wünschte, Sie haßten mich auch nicht.« Er wiederholte sein Angebot vom 18. Juni 1922, sie möge ein Drittel der Bilder des Münchner Lagers als Entschädigung und zum Start in ein neues, finanziell unbeschwertes Leben übernehmen. Nur einige Dinge von besonderem künstlerischen Wert wolle er sich vorbehalten. Die zermürbenden Verhandlungen zogen sich jedoch noch vier Jahre hin, bis Münter ihm 26 Kisten mit seinem persönlichen Eigentum schickte, darunter etwa ein Dutzend der für seine Entwicklung aufschlußreichen Gemälde wie *Mit dem schwarzen Bogen, Improvisation III* und *Impression V*.[49] Er räumte dafür »Frau Gabriele Münter-Kandinsky« am 2. April 1926 das »volle, bedingungslose Eigentumsrecht« an allen Arbeiten ein, die er bei ihr zurückgelassen hatte.

Während der langwierigen und kleinlichen Auseinandersetzungen blieb Münter gefangen im Gedankenkreis ihrer Verwundung. Sie ließ das Gefühl, als Frau beraubt und betrogen zu sein, nicht abflauen. In ihrer depressiven Haltlosigkeit traute sie sich keinen Neuanfang zu. Die Vergangenheit aber erschien ihr entwertet: nichts als unerfüllte Erwartung! Immer wieder schrieb sie Kandinsky Briefe, die sie nicht absandte. Der Ton schwankte zwischen Verdammung und Flehen. Hinter ihrer Härte verbarg sich ihr verzweifeltes Verlangen nach seinem Verständnis.

»Da friste ich nun seit Jahren mein einsames, freudloses Leben und hungre und durste ständig nach Liebe – nach einem Menschen, der ganz zu mir gehört ... Manchmal, nein oft habe ich in Gedanken, wie alt ich schon bin, und immer das Hungern!« schrieb sie in ihr Tagebuch *Beichte und Anklage*. »Aber ich allein bin doch nur etwas Halbes. Das macht, daß ich so verloren bin.« Jeder Tag begann mit dem Kampf um ein bißchen Energie, um überhaupt aufzustehen. Sie versank stundenlang in Grübelei. Jeder Entschluß, tätig zu werden, kostete sie große Anstrengung. Zur Hilfe schrieb sie sich abends ein Programm für den nächsten Tag auf, das sie, die Gewissenhafte, verpflichten sollte und dessen erledigte Punkte sie dann ausstrich. »Triste Gegenwart! Geschirr ungespült, kärgliches Essen, saure Milch und Brot am Abend, abgetragene Schuhe von 1917, die neue Absätze bekommen, alte Kleider, die geflickt wieder angezogen werden!« Ende 1923 herrschte Inflation, im November war eine Billion Papiermark auf den Wert einer Goldmark gesunken.

Hellhörig für die Untertöne der Natur, nahm sie nur die traurigen wahr. Oft erkannte sie blitzartig die selbstaufgerichteten Mauern: »Ohnmacht und Haß sind Zwillinge«, schrieb sie in ihr Tagebuch, und an anderer Stelle: »Man lernt schließlich seine Schmerzen und Leiden lieben, wenn sie uns mit dem innersten Erleben verknüpfen, und man lernt lebenslang an Irrtümern festhalten, aus Angst, auch diesen Zusammenhang, der uns ganz allein gehörte, den niemand ein Recht hat uns zu entreißen, zu verlieren.«[50]

Was hinderte sie, das Erlittene abzustreifen und aus dem Trümmerhaufen der Vergangenheit Bausteine für ein neues Leben zu suchen? »Ein Mensch, der keinen Boden unter den Füßen hat, wie soll er marschieren?« fragte sie in ihrem Tagebuch. Sie müßte erwachsen werden, eine aller Fremdbestimmung entwachsene Frau. Sie müßte das Für-sich-Sein üben! Sie müßte tapfer und einsam sein! Das einzige Mittel gegen die Verlassenheit wäre, sie anzunehmen. »Ich habe Fehler begangen gegen mich selbst und meine Natur ... weil ich den anderen und seine Wünsche höher stellte als mich selbst und meine inneren und äußeren Notwendigkeiten!« schrieb sie am 26. April 1925 in ihr Tagebuch. Zwischen Einsicht und Unvermögen mußte sie sich von mehr trennen als nur von der Person Kandinskys: von einem überkommenen Wertsystem, das die Frau in der Vormundschaft des Mannes jeder Rechtfertigung für ihr eigenes Schicksal enthoben hatte. Ihre ›Ehe‹ zerfiel in der Rückschau in Einzelszenen, die sich um Kandinsky gruppierten. Kontinuität hatte *er* geboten.

Zum Aufbruch aus einem nur erlittenen in ein selbstgestaltetes Leben wurde sie auf Schloß Elmau ermutigt; dort hatte Johannes Müller, ein mit seiner Amtskirche zerstrittener Theologe, in einem der Steinerschen Anthroposophie angenäherten Weltbild eine ›Begegnungsstätte suchender Menschen‹ eingerichtet.[51] Er verhalf Münter auf den Weg einer Selbsttherapie, die den ›Ich-Krampf‹ lösen und sie zum Einklang mit sich und der Welt zurückführen sollte. »Freut Euch, gebt Euch, traut Euch«, lautete der Zuspruch Müllers bei seiner seelenkundlichen Beratung, die er durch Atemtherapie, Ernährungsreform, Eurythmie und Gesprächsrunden unterstützte. Es war jedoch der *Tanz*, der die Elmau für Münter so anziehend machte; Menuett und Quadrille, zugleich formgebunden und gemeinschaftsbildend, bewirkten auch bei ihr ein befreites Körpergefühl mit nachfolgender seelischer Entspannung. Zwischen 1920 und 1924 war sie sechsmal auf dieser ›Insel gegen die Zeit‹ mit ihren esoterischen Bräuchen. Müller, zweimal mit Künstlerinnen verheiratet[52], hatte sich schon 1903 dem Thema ›Der Beruf und die Stellung der Frau‹ zugewandt und dabei die Meinung vertreten, daß Frauen, denen das Mutterglück vorbehalten bleibe, oftmals das Antlitz einer Märtyrerin oder einer Kranken trügen, »in gleicher Weise unseres Mitleids und lindernder Liebe wert«.[53] Die schicksalhafte Einbindung der Frau in den generativen Kreislauf befähige sie zu Dienst und Unterordnung, was bei Künstlerpaaren meist bewirke, daß die Frau ihr Talent in die Arbeit des Gefährten einfließen lasse. Vielleicht fühlte sich Münter in der schrittweisen Selbstrücknahme neben Kandinsky gerechtfertigt. Jedenfalls tat es ihr wohl, daß jemand auf die Beschädigung ihres Lebens einging.

Von nun an spiegelt ihr Tagebuch den Abschied vom Leitbild einer Erziehung, deren Opfer sie geworden und das für

Frauen ihrer Generation charakteristisch gewesen war. Trotz einer freiheitlichen Jugend, in der sie gleichberechtigt mit Brüdern und Freunden schwimmen, radfahren, tanzen und herumschweifen durfte, war das eingefahrene mann-weibliche Verhaltensmuster für sie verbindlich geblieben, bei dem in einer Partnerschaft dem Mann die Führungsrolle zukam. Darum hatte ja Minna Münter ihre Töchter so eindringlich davor gewarnt, früh zu heiraten und diese Freizügigkeit zu verlieren: Im Zeichen der patriarchalischen Ehe bedeutete ein Ringwechsel die Bestimmbarkeit der Frau durch den Mann. Münter rief sich denn auch die ›Verlobung‹ von Kallmünz immer wieder zornentbrannt vor Augen. Dadurch habe sie, bis dahin ein weltläufiges und selbstbewußtes Mädchen, einem Manne Macht über sich eingeräumt – eine Macht, die nach bürgerlicher Ansicht seine Verpflichtung zu Schutz und Sorge nach sich ziehen mußte. Wenn sie Kandinsky unentwegt der gewissenlosen Verführung und der Schuld an ihrem verdorbenen Leben bezichtigte, griff sie zurück auf einen ihr anerzogenen Wertmaßstab, der dem Mann die ganze Verantwortung zuwies, ihren Groll rechtfertigte und sie von eigenen Versäumnissen entlastete.

Doch ihre Aufzeichnungen reichen hinunter in eine tiefere Schicht der Verzweiflung, die sie vor sich selbst verdeckt lassen wollte: das Scheitern an ihrer eigenen Inkonsequenz. Einerseits hatte sie sich nicht mit der vorgeschriebenen Rolle der Frau begnügen wollen, hatte im Drang nach künstlerischer Entfaltung eine Ausbildung verlangt, die noch Vorrecht der Männer war, hatte als ›Malweib‹ in einer ›wilden Ehe‹ gelebt. Andererseits war sie innerlich nie frei genug gewesen, um sich als Außenseiterin zu akzeptieren. Erst 1926 verteidigte sie sich gegenüber ihrer Schwester, indem sie die Unvereinbarkeit von Künstlerschaft und regelhaftem Lebenszuschnitt andeutete: »Ich will mich meines Daseins nicht schämen, weil ich keinen Trauschein aufzuweisen habe, denn es sollte auch Dir bekannt sein, daß ich als

Künstler in Deutschland und im Ausland bekannt und anerkannt bin als eine von den ganz wenigen.«[54] Bis dahin aber, im Leidensdruck, glaubte sie für die Mißachtung der herrschenden Moralvorstellungen zu Recht bestraft worden zu sein.

Am schwersten aber wog für sie der Verlust des Ideals. »Ich sah in Kandinsky den reinsten, größten, gütigsten Menschen.« Sie hatte zu ihm aufgeblickt: »Ich gab mir keinen Wert neben ihm.«[55] Beim Aufräumen fiel ihr das Vereinsmärchen vom dummen karrenziehenden Waske[56] in die Hände: »Wie habe ich für ihn gearbeitet, gedacht, gelebt und ... ihn bewundert.« In einem Traum sah sie ihn nun »vom hohen ethischen Roß heruntergesunken, im Staube liegend, ein gestürzter Riese«. Sie aber stand »aufrecht, den Fuß auf seinem Kopf, er krümmt und windet sich als ekler Wurm«. Der *Blaue Reiter* im Gestaltwandel zum Lindwurm, sie selbst aber als Drachentöterin!

Wann, ja wann könnte sie ihn endlich begraben? Sie verfaßte seinen »Nekrolog«; er spiegelt den *Abschied vom Idol*, vom idealisierten Mann, einem väterlich schützenden Wegbereiter.

Immer häufiger suchte sie nun die Wurzel ihres Leidens in den frühen Jahren: »Immer war ich allein. Ich denke an die Kindheit, und daß ich nie einen erziehenden Freund zur Seite hatte. Die Mutter war so in sich verschlossen – bei aller Liebe – es fehlte der seelische Kontakt wie bei K., also bei beiden, die in meinen Träumen immer *eine* Person waren. Der große Einbruch des Verlierens, Angst, Sorge, kam im Traum immer wieder.«[57]

Während sie sich in ihrem Tagebuch *Beichte und Anklage* Rechenschaft ablegte, träumte sie häufig von Schlangen: »Etwa drei Schlangenpaare, wie Blindschleichen, aber kürzer und ganz schwarz. Da ich nicht wußte, ob sie gefährlich sind, mußte ich sie totschlagen. Alle verschwanden, nur die letzte erschlug ich mit dem Spazierstock zu einem breiten schwarzen Fleck.« Auch in diesem Traum blieben die Mutter und Kandinsky in Erinnerungsresten verflochten. Mit dem *schwarzen Fleck*, der auf seinen Bildern die Bedrohung ihres Bundes angekündigt hatte, verquickte der Traum das Bild der unerschrockenen Mutter, die als Kind in den Südstaaten zwei giftige Schlangen erschlagen und später als Witwe ihr Schicksal ebenso furchtlos allein bewältigt hatte. Viele solcher Träume, die Münter gewissenhaft aufzeichnete, führten zu einer Neubewertung der Vergangenheit. Kurz nach der Niederschrift dieses Schlangentraumes vermerkte sie: »Nach langer, langer Zeit, vielleicht Jahren, fiel mir ›Ben Bolt‹ wieder ein. Sang eine ganze Weile. Auch ›Kentucky home‹.« Es waren Lieder, die sie einst mit der Mutter gesungen hatte.

Im Juni 1925 versuchte sie, die ›Russenvilla‹ zu vermieten: »Hier kann ich nicht frei werden von der Reue und Qual des nie erfaßten, nie gelebten Lebens.« Doch es fand sich kein Mieter. Auch Verkaufsangebote zeigten keinen Erfolg. Sie räumte das Haus um, als könnte sie das Gewesene auf diese Art verdrängen. Am 3. Juli 1925 schien ein Bann gelöst: »Ja, ich, *ich* schlief die Nacht in der Ecke, wo der Boshafte immer lag, schlief gut bis Sonnenaufgang. Abends aber richtete ich den Spiegel aufs Kopfkissen und betrachtete mich. Ernst, herb, aber nicht jung. Als ich den Kopf zurücklegte, bekam ich den Eindruck, wie ich aussehen mag als Leiche. Ich glaube doch eigentlich, daß ich meistens schon tot bin.«

Am 28. Oktober 1925 floh sie nach Berlin. So dankbar sie war, bei Schroeters unterzuschlüpfen, so mutlos war sie, ohne Atelier wieder in Schwung zu kommen. Seit zehn Jahren hatte sie von der Hand in den Mund gelebt, die letzten Jahre war sie ausschließlich auf die vorgestreckten Geldsummen Schroeters angewiesen gewesen. Der Schwager, starr bei aller Güte, erinnerte sie schon durch wortlosen Vorbehalt an seine einstigen Warnungen, ohne Trauschein mit

Kandinsky zusammenzuleben. Doch in einer von ihr dankbar vermerkten »seelischen Keuschheit« blieb er ihr zugetan und dennoch fern. Emmy zeigte sich unter einer Oberfläche von Wunschlosigkeit und Wohlhabenheit so unduldsam wie eh und je.

Das Zusammenleben mit Schroeters wurde jedoch auch durch die hochgradige Empfindlichkeit Münters gestört. Sie floh vor jedem »Professorenfrauen-Kaffeeklatsch«, um nicht »unter den Tisch gestopft zu werden«. Emmy schäme sich ihrer, behauptete sie. Es kam zu einer brieflichen Auseinandersetzung zwischen den Schwestern.[58] »Das Unterschlüpfen ist doch nicht der ideale Zustand – wie gern hätte ich nur ein Zimmer, wo ich ganz frei bin und arbeiten kann und die Leute einladen, die ich sehen möchte«, gestand sie am Silvesterabend 1925.[59] Ein Jahr später, am 30. Dezember 1926, vertraute sie ihrem Tagebuch an: »Meine Gemütsverfassung wird schlimmer und schlimmer. Ich bin ... überall fremd und deplaciert ... nirgends gehöre ich hin.«

Anläßlich einer Abendgesellschaft traf sie einen Schüler des Weimarer *Bauhauses*, der Photographien von Meistern und Studenten herumreichte. Zum erstenmal sah sie ein Bild Nina Kandinskys, die als strahlender Mittelpunkt eines Kreises von jungen Männern abgelichtet war. Diese Frau erschien ihr ein bißchen zu glitzernd, ein bißchen zu kokett, ein bißchen zu banal, ein bißchen zu sehr ›Weibchen‹.[60] »Ich sah sein Foto lange an. Alt! Die Unterlippe böse eingekniffen. Hochmütige Kopfhaltung wie früher, dadurch die fliehende Stirn stark verkürzt. Ansicht en face. Sieht ebenso aus wie früher: unglücklich, unfroh, gequält, arrogant.« Während sie das Dokument seines gegenwärtigen Lebens prüfte, spürte sie ihren inneren Abstand. Wie befreiend! Um ordnendes Verständnis bemüht, notierte sie im Tagebuch: »K. verband sich mit 20 Jahren mit seiner Cousine, ein Mädchen von menschlicher Größe, stolz, sehr klug, sehr fein, tief, ernst, aber gänzlich selbstlos, eine Frau, die nur gibt, mit 35 Jahren band er sich an ein deutsches Mädchen, ein reiner Charakter, aber noch in den Kinderschuhen, ziemlich begabt, aber zu bescheiden, etwas dumm, kann sich nicht behaupten – versteht nicht festzuhalten,

mit 50 Jahren scheint er sich in erotische Krallen begeben zu haben, die festhalten und herunterziehen.

Die erste Frau war bewußt, die zweite war unbewußt, die dritte scheint raffiniert naiv zu sein.«[61]

Hin und wieder fand auch Münter einen Mann »erotisch anziehend! Aber von Erotik verstehe ich wohl zu wenig.« Neugierig las sie ›Casanova‹, doch nur heimlich, denn ihr Interesse für die »schmuddeligen Geschichten« fand sie blamabel. Nur für »ganz Erwachsene« sei dieser »unmoralische Schmöker ..., meine Gründlichkeit wird mich vielleicht veranlassen, auch den zweiten Band zu lesen.« Bei der Lektüre einer Paula Modersohn-Biographie wurde sie nachdenklich: »Wenn ich mich und mein Leben mit ihr vergleiche, so falle ich sehr herunter. Wieviel aber liegt an mir, wieviel an den äußeren Umständen und Gelegenheiten, an den Menschen meiner Umgebung?« Aber es dauerte noch zwei Jahre, bis sie befreit feststellte: »Wieviel Zeit habe ich mit unfruchtbarem Murren verbracht, das doch nicht mehr war als ein Eingeständnis der eigenen Unvollkommenheit.«[62]

Das großstädtische Leben wirkte entkrampfend. Es riß sie aus dem zwanghaften Repetieren des Erlittenen. »Die Mode jetzt ist hübsch. Nicht nur die schöne Nell sieht gut aus. Ich kaufte mir ein nettes, kleidsames grünes Hütchen. Farbe des Tricotkleides. Und weiße Schuhe – und seidene Strümpfe. Und kann nett aussehen. Das Haar trage ich im Pagenschnitt, gerade abgeschnitten bis unten an die Ohren. Zuerst ›Renaissanceengel‹ gebrannt, stand mir gut. Jetzt lasse ich es glatt, weich, lose fallen. Auch hübsch.

Früher meinte ich immer, ich wäre häßlicher als andere Leute, jetzt sehe ich, daß ich passabel bin. Die zarten Farben machen aber viel aus – Foto doch immer Vogelscheuche.

Möchte seit vielen Jahren einmal eine gute Fotografie von mir haben – und kann mich und den Geldbeutel, das leere Biest, nicht entschließen.«[63]

Ihre Taschenkalender spiegeln wieder hektische Betriebsamkeit. Der festgeschriebene Tagesablauf vermittelte ihr ein Geländer, durch das sie sich an der Oberfläche des Lebens festklammerte, um nicht in einer stets lauernden Depression zu versinken. Apathie wurde durch Pflichtgefühl, Mutlosigkeit durch Anstrengung, der Verlust des Lebens- und Arbeitsschwungs durch die Unrast der Kontaktsuche und des häufigen Ortswechsels überdeckt.

Die vielfach vertretene Ansicht, Münter hätte in den zwanziger Jahren nur gezeichnet, entspricht nicht den Tatsachen. Sie selbst hat zu diesem Eindruck beigetragen, wenn sie von einem für ihre Malerei wenig fruchtbaren Jahrzehnt sprach[64], was sich jedoch auf die Qualität, nicht auf die Anzahl ihrer damaligen Arbeiten bezog. Seit ihrer Rückkehr nach Murnau im Sommer 1920 war sie wieder mit Staffelei und Palette durchs Moos gewandert. »Es blüht schon, und es gibt schon Insekten, und ich fange an, den Rausch mit der Luft zu suchen.«[65] Sie hatte beobachtet, wie der Mond hinterm Herzogstand aufging und die scharfkantige Kontur der Felsen mit unheimlicher Helligkeit umgoß. »Jetzt hat der schrecklich weiße Mond sich von den Bergen gelöst. Hinter ihm ist ein waagerechter Wolkenvorhang. Er steht auf gestreiftem grau-grünem Hintergrund ... Es war schaurig zu sehen – diese große, furchtbar weiße Kugel, wie sie die großen Berge besiegt. Man müßte es malen.«[66] Die Natur hatte sich bei ihrer Motivsuche stets als das verläßlichste Gegenüber erwiesen.[67] Wie immer hatten auch Kinder ihre Mallust angeregt: »Nach dem Milchholen stand das Reserl da wie immer – aufgelöste, hängende dicke Haare (Struwwelpeter beinah) bis zur Schulter, das rosige Frätzchen in dem Haarwust, verblaßt rotes Kleidchen, verblaßt dunkelgrüne Schürze, klitzekleine dralle Füße und Hände. Ich sagte ihm, es solle stillstehen zum

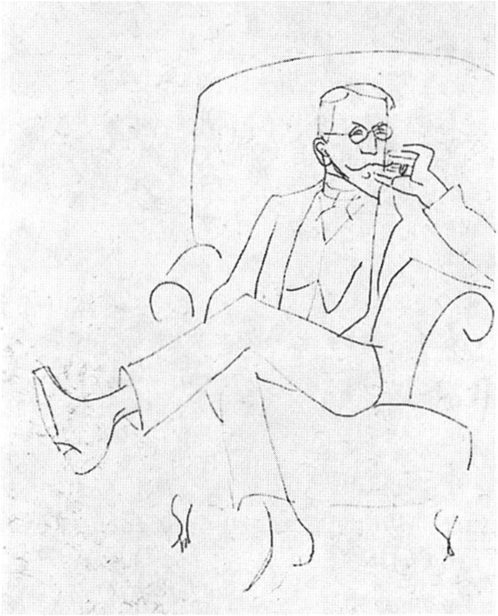

Gabriele Münter, Sitzender Mann mit Zigarre (Georg Schroeter), Bleistiftzeichnung, 29,8 × 22,5 cm.

Zeichnen, dann kriegt's morgen a Gutsl ... Seit den Bonbons grüßen mich jetzt alle Kinder ostentativ mit Namen ... oft stehe ich dabei und sehe mir an, wie sie mit Wonne im Regenwasser pantschen, wie's Reserl sich mit ihrer dicken Stulle auf den Misthaufen lehnt – die scheint gegen Flöhe und dergleichen immun zu sein! Und mich juckt's immer noch!« Nach dieser Zeichnung entstand später ein Gemälde, *Dorfkind*.[68]

Sie war zu Recht von den Ergebnissen ihrer einsamen Malanstrengungen enttäuscht. Darum hatte sie nach ihrer Ankunft in Berlin zunächst einmal »Unterricht in Bildhauerei genommen, da ein Neuanfang mir darin wohl möglicher ist als in der Malerei. Vielleicht ist es eine Kateridee, es fehlt mir ja überhaupt an Schwungkraft«, schrieb sie in ihrem Rückblick auf das Jahr 1925. Dem anthroposophischen Steinbildner Walter Besteher war es gelungen, sie zu ermutigen. »Seitdem arbeite ich.«

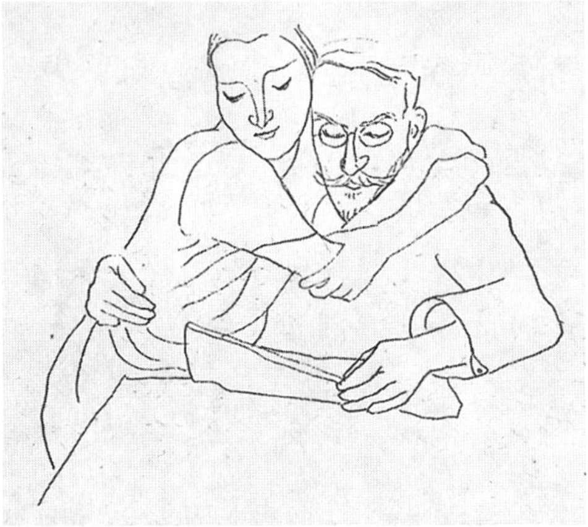

Gabriele Münter, Schroeter mit Tochter Friedel, Bleistiftzeichnung, 16 × 18 cm.

In der folgenden Zeit vervollständigte sie die Raffinesse ihrer zeichnerischen Kontur. Sie unterbrach Linien, ließ sie kühn ins Leere münden, gab Überschneidungen und bewußte Verzeichnungen, um sich in der Umrißbehandlung von den Realisten zu unterscheiden, etwa wenn sie ein in die Hand aufgestütztes Gesicht nur bis zu den Augenbrauen wiedergab und dadurch Versonnenheit ausdrückte, oder wenn sie beim vorlesenden Dichter nur Auge, Mund und Kinn über die Wangenkontur setzte und in der angedeuteten Handhaltung alles über ihn Sagbare vermittelte. Sie übertrug eine Zeichnung von Schroeter und Friedel in ein solches Stenogramm. In der Kunst des Weglassens hatte Münter in den 20er Jahren einen Höhepunkt ihres zeichnerischen Könnens erreicht.

Ganz anders stand es mit der Malerei. Sie war voll einbezogen in den schmerzhaften Ablösungsprozeß von Kandinsky. »Habe doch vor ein paar Tagen wieder ein Bild angefangen – ob es noch weitergeht? Es ist so schwer, sich aufzuraffen – ich weiß auch immer nicht was, wie – will ich – soll ich?«[69] Atelierbesuche bei befreundeten Malerinnen regten sie an; da waren Milly Steger, einst Schülerin Georg Kolbes, Rodins

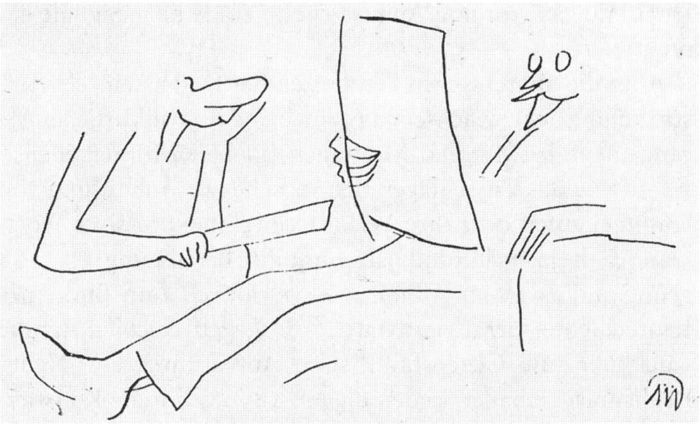

Gabriele Münter, Zwei Lesende,
Bleistiftzeichnung, 10 × 16 cm.

und Maillols, nun Leiterin einer Bildhauerklasse für den *Verein deutscher Künstlerinnen*; Elli Heimann, einst Corinth-Schülerin und nun erfolgreiche Porträtistin; Lulu Albert-Lasard, einst empfindsame Rilke-Freundin und nun eine Meisterin des Aquarells; Grete Csaki-Copony, autodidaktisches Vielfachtalent aus Siebenbürgen, übersprudelnd vor Einfällen und von kraftvoller Ausführung. Münter gelangen am ehesten Porträts, das war ihr ureigenes, aus der Zeichnung abgeleitetes Gebiet, bei dem es nie ein Widerspiel seitens Kandinskys gegeben hatte. Außerdem war ihr bei Frauendarstellungen die zum Gelingen eines Bildes notwendige Identifikation möglich. Über ein Bildnis vom Herbst 1926 schrieb sie: »Mir scheint, es ist innerlich, stark und persönlich. Es ist eine Synthese von mir und Fräulein Tutti.«

Sie bedauerte, den Anschluß an die Kunstentwicklung in Deutschland verloren zu haben. Als sie von Kopenhagen zurückgekommen war, hatten der *Dada-Vorfrühling* mit Max Ernst und Hans Arp[70] – eine April-Ausstellung im Kölner Brauhaus Winter – und die Berliner *Internationale Dada-Messe* mit Raoul Hausmann, Georg Grosz und Richard

Huelsenbeck[71] im Juni/August 1920 gerade neue Signale gesetzt.

Aber die anarchischen Tendenzen der Dadaisten, die Zerstückelung der gewachsenen Formen und ihr willkürliches Arrangement in Material-Montagen blieben Münter ebenso fremd wie das Zerschlagen der Sprache zur Anhäufung von Stammellauten oder ihre Verklitterung in expressiver Wortmalerei, die ja auch Kandinsky ohne ihre Beteiligung seit 1908 geübt und 1913 im Album *Klänge* optisch zum Bild eines Lautgedichtes arrangiert hatte.[72] Dagegen erschien ihr die Rückkehr zum Gegenstand, seine Aufwertung, ein ›Neuer Realismus‹ gemäßer, in den die um 1890 geborene Künstlergeneration ab 1922 hinüberglitt und der seinen Namen durch eine von Gustav Friedrich Hartlaub[73] im Sommer 1925 in der Städtischen Kunsthalle Mannheim organisierte Ausstellung erhielt: *Neue Sachlichkeit, deutsche Malerei seit dem Expressionismus*. Nach der Deformation der Außenwelt zugunsten einer gesteigerten Ausdruckskraft, nach der ekstatischen Erlebnis-Vermittlung des Künstlers, nach Abstraktion und weltzerstückelndem Dadaismus erschien Münter diese Ding-Entdeckung angesichts ihrer eigenen Begabung höchst erfreulich. Doch in ihrer Bemühung, sich anzupassen, erfuhr sie bald, daß diese auch *Magischer Realismus*[74] genannte Kunstrichtung alles andere als eine naive Zuwendung zum Gegenstand brachte, vielmehr ein höchst gebrochenes Verhältnis zur Wirklichkeit thematisierte. Hier wurden die Dinge im Bild zusammengebaut, als handele es sich um handgemalte Collagen. Durch die Kombination der mit photographischer Genauigkeit erfaßten Einzeldinge wurden hintergründige Bezüge offenbar: Diese *transzendentale Sachlichkeit* war eher der Vorstellungswelt eines Henri Rousseau angenähert, die Kandinsky als »Phantastik in der härtesten Materie« bezeichnet hatte.[75]

Münter hatte immer die Nüchternheit geschätzt, das Unpathetische, die Abwendung vom Visionären, von der Oh-

Mensch-Inbrunst des Expressionismus. Die im Sinne der *Neuen Sachlichkeit* überscharf dargestellte Wirklichkeit blieb ihr jedoch fremd und unheimlich. Sobald bei ihr ein darstellungswürdiges Motiv durchfühlt war, folgte die Bildgestaltung spontan der unmittelbaren Eingebung. Die führende Kunstrichtung der *Weimarer Republik* aber zielte auf eine intellektuell konstruierte Wirklichkeit, und sie erreichte dies in der verfremdenden Zusammenstellung von Gegenständen, die in ihrer Anordnung oder im Bezug auf die dargestellten Personen verblüfften. Das Porträt, geradezu ein Anliegen der Maler der *Neuen Sachlichkeit*, zeigte den Menschen als ›Zeitgenossen‹, rollengebunden in Kleidung und Status und meist eingepreßt in zivilisatorische Enge, vor Häusermeeren, Brücken, Schiffen oder einer von Stahl und Beton starrenden Industriewelt.

Diese großstädtische Komponente blieb Münter auch in Berlin fremd. Sie interessierte sich beim Porträtieren für die vom Innern her geformte, ja zeitentrückte Persönlichkeit, nicht aber für deren von Tag, Mode, Politik diktiertes Kostüm, für ihre gesellschaftliche Funktion. Sie zielte auf das Bleibende im Menschenantlitz, während die Künstler der *Neuen Sachlichkeit* Reporter des Zeitgeistes sein und die Konflikte, Hoffnungen und Enttäuschungen der jungen Republik an deren Bürgern aufdecken wollten. Die Entfremdung von der Natur, die Anpassungsbereitschaft an eine technisierte Gesellschaft, die Manipulierbarkeit zwischen politischen Mächten bildeten kein Thema für Münter. Auch die kühle Selbstenthaltung und Erlebnisferne dieser Gemälde schreckten sie ab. Der Künstler der *Neuen Sachlichkeit*, desillusioniert durch die Erfahrungen einer Kriegsgeneration, leistete sich keine Gefühlswerte, denn er wußte um die Verletzlichkeit dessen, der aus der beobachtenden Distanz heraustrat und sich engagierte. Münters Bildinhalte blieben weiterhin empfindungsgetragen und verleugneten niemals eine gewisse Identifikation.

Und doch geschah, wovor Kandinsky sie immer gewarnt hatte: die Übernahme einer äußeren Form, die Bemühung um ›Mode‹ oder ›Schule‹. Denn wenn ihr auch Themen und Aussageziel der *Neuen Sachlichkeit* fremd blieben, so bemühte sie sich doch, deren Technik zu erlernen, um die gläserne Schärfe der Konturen und das Klirrend-Zerbrechliche der Gegenstände herauszustellen. Dabei ging ihr die Geduld für das mikroskopisch registrierte Detail ebenso ab wie für das Lasurverfahren zu altmeisterlicher Glätte. Sie bemühte sich, Perspektiven aufzureißen, übte die Scharfeinstellung auf früher nie beachtete Einzelheiten, doch all dies erwies sich als mit ihrer auf farb- und formkompositorische Zusammenschau beruhenden Begabung als unvereinbar. Am 12. September 1926 verfluchte sie den »gewissenhaften, trockenen, kontrollierenden Intellekt, er läßt einen doch zu keiner freien, frohen Gestaltung kommen. An diese Landschaft gehe ich jetzt mit übersetzter Sachlichkeit. Alles da – aber vereinfacht. Ganz konkret – aber etwas abstrakt. Und es wird wieder anders ... gräßlich!« Die kleinteilige Sichtweise, in der ein Knopfloch ebenso ernst genommen wurde wie der Blick des Porträtierten, blieb ihr unannehmbar. Dennoch besorgte sie sich Kreideleinwand, um die aktuellen Ausdruckswerte zu erreichen. »Ich möchte wohl, aber bin ich denn ein alter Meister? Dürer schreibt von sechs Übermalungen ... Gern möchte ich genau zeichnen, untermalen, wieder malen! Ich gestehe, auch die Sonnenschatten (sie tragen Unruhe ins Bild!) habe ich mir wieder geschenkt, so eine Schlamperei!« Wenn ihr die Arbeit gar nicht von der Hand ging, griff sie wütend zum Spachtel.

»Das Tödliche für alle Kunst ist die Manier«, notierte sie selbstkritisch im Tagebuch. Doch weiterhin bemühte sie sich um steinerne Ruhe, fern jener magischen Farbenkraft, in der ihre früheren Bilder aufleuchteten, um den luftleeren Tiefenraum, um eine Welt ohne Intimität. Kühle und Beziehungslosigkeit sollten die Erlebniswerte ihrer einstigen Gemälde ersetzen. Dazu war ihre leuchtkräftige Palette denkbar ungeeignet.

»Ich muß Bericht erstatten«, schrieb sie in ihr Tagebuch, denn jemandem mußte sie ihren »Mangel an Technik« doch klagen, und auch, »daß ich gern zur Schule ginge, um diese Technik zu lernen, ich zeichne Hähne und Hühner, um die Farbabstufungen zu ergründen.«[76] Doch es war schwer, aus der 1908 in Murnau eingeübten Beschränkung auf ungemischte Farben wieder auszubrechen. Landschaftsstudien mißlangen ihr häufig und wurden wieder und wieder übermalt, während ihr ein Kinderbildnis als eine der ersten Arbeiten zur Zufriedenheit gelang: »Es war ein Kampf mit der Materie«, stellte sie am 19. September 1926 fest. »Was ich heute gemacht habe, ist wohl seit langem meine beste Arbeit – vielleicht bin ich doch noch lebendig, das freut mich. Die Anneliese hab ich gemalt ... Ein weißes und ein schwarzes Kätzchen kamen auch drauf.«

Während sie sich an den Zeitstil heranquälte, meldete sie sich am 5. November 1926 in der Malschule von Arthur Segal[77] an, der schon bei der *Phalanx* ausgestellt hatte und *Sturm*-Künstler war. Er gehörte 1910 zu den Begründern der Berliner *Neuen Sezession*, aus der er 1912 wieder ausgeschieden war, um gegen die Benachteiligung von Frauen bei Ausstellungen zu protestieren. Als kunstpolitisch aktives Mitglied der *Novembergruppe*, die 1918 im Geiste der Revolution gegründet worden war, machte er sein Atelier zum Mittelpunkt eines Diskussionskreises, in dem sich Münter wohl fühlte. Der Gewinn dieser Zeit lag für sie in Geselligkeit und künstlerischer Resonanz. Segal nannte zur Ermutigung vieles »schön«; er neigte zu Lob, um gute Laune zu verbreiten. Seine Kunstauffassung blieb ihr jedoch fremd; denn sie beruhte auf Schema und sozialer Botschaft. Er strebte zudem fort vom ein-szenigen Tafelbild zum kaleidoskopartigen Bilderbogen. In *Lichtraum-Gitterbildern* reihte er erzählende Szenen aneinander, die, optisch gleichwertig, sein politisches Streben nach Gleichheit und Brüderlichkeit versinnbildlichen sollten. So malte er auch in unterschiedslosen Feldern *Die Frau im Spiegel der Vergangenheit*, Szenen der Emanzipation von biblischer Zeit bis zur Gegenwart, oder Begebenheiten aus Familie und Arbeitswelt und stellte sie zu Bildtafeln zusammen, ähnlich wie sie einst die Moritatensänger zur Veranschaulichung ihres Liedinhalts benutzten. Doch Reihung und kompositorischer Aufbau eines Gemäldes schlossen einander aus. So mußte sich Münter wieder mit Stiltendenzen auseinandersetzen, die ihre eigenen Impulse nicht stärkten, sondern hemmten.

Segal bemühte sich vergeblich, Münter Zugang zur *Großen Berliner 1926* im Glaspalast am Lehrter Bahnhof zu verschaffen, wo sie wieder einmal gemeinsam mit Kandinsky unter einem Dach ausgestellt hätte. Allmählich erschreckte sie ihr Ausschluß von Vernissagen. Dabei hatte gleich nach ihrer Rückkehr von Kopenhagen alles so gut angefangen! Ihre erste Ausstellung in der Münchner Galerie Thannhauser im Dezember 1920 war nach Meinung der Kritiker gleich »eine Ausstellung von Rang« gewesen. Die *Münchner Zeitung* hatte die Zurückgekehrte freudig begrüßt: »Kandinsky, einer der Führer des radikalsten linken Flügels der modernen europäischen Malerei, hat seit Jahr und Tag München mit Moskau vertauscht und wirkt dort als Volkskommissär für Kunst. Aber seine Frau, Gabriele Münter-Kandinsky, lebt und schafft noch im Bereich westlicher Kultur.«[78] Wilhelm Hausenstein hatte in der *Frankfurter Zeitung* betont: »Der Eindruck einer wirklichen persönlichen Originalität festigt sich.« Münters Kunst sei »ohne Unwahrhaftigkeit, ohne Grimassen« und habe »viel Anstand«.[79] Die *Münchner Neuesten Nachrichten* hatten »die gläubige, instinktive Bildlichkeit« gelobt.[80] Der Kritiker der *Münchner Post* hatte erklärt: »Das Richtungshafte einer so lebendigen Künstlererscheinung ist recht nebensächlich ... Es muß phantasievollen und geschmackssicheren Menschen erlaubt sein, die Kunst ihrem spielenden und sprühenden Naturell dienstbar zu machen ... Daß Frau Kandinsky nicht mit dem bunten Luftballon ihres

Gatten in den Nebel der Abstraktion entschwebte, erhärtet sie erst recht als eine Persönlichkeit.«[81]

Im Februar 1921 hatte Münter noch einmal das Lob der Rezensenten[82] für eine Ausstellung im Frankfurter Kunstsalon Schames erhalten. Danach hatte sich das Blatt gewendet. »Mit meiner Kunst geht es mir als alleinstehender Frau auch dreckig – eigentlich geschätzt, verstanden wird mein Talent ebensowenig wie meine Person, und daß ich zu den Pionieren der neuen Kunst gehört habe, ist längst vergessen. Die mit und hinter mir standen, sind jetzt lauter Berühmtheiten, ich bin aus allem heraus – eine von tausend malenden Frauen, die nirgends dazugehört und nirgends zur Ausstellung kommt.«[83] Die *Neue Münchner Sezession*, in der sie im Vorjahr gut ausgestellt hatte, wollte 1922 nur eine unbedeutende Arbeit annehmen, die Münter protestierend zurückzog. Am 25. Juni 1922 war sie froh, daß der Buchhändler Wiegelmann in Murnau eine lokal begrenzte Ausstellung veranstaltete. Ein Aufenthalt bei ihrem Bruder in Bonn von Dezember 1924 bis Mai 1925 gestaltete sich zur Werbereise in eigener Sache, um eine Wanderausstellung einzuleiten oder wenigstens Beteiligungen an Gruppenausstellungen zu erreichen.[84]

Eine Schweizreise im Sommer 1927 diente dem gleichen Zweck. Bei Emmy Ball-Hennings in Agnuzzo ein trauriger Auftakt: Hugo Ball, den sie besuchen wollte, lag unheilbar krank im Zürcher Rot-Kreuz-Krankenhaus. Sie fuhr weiter zu Marianne von Werefkin, die trotz auswegloser Armut nichts von ihrer einstigen Souveränität eingebüßt hatte. Jawlensky hatte sie nach 27 Jahren verlassen und sich einer 25 Jahre jüngeren Malerin zugesellt, die sich der Pflege und Verbreitung seines Werkes widmete.[85] Doch im Gegensatz zu Münter war die Werefkin eingebunden; sie wurde in Ascona hoch geachtet und von den Einheimischen kurz die ›Baronessa‹ oder einfach ›la Nonna‹ genannt, worauf sie sehr stolz war. Da sie durch die Oktober-Revolution ihre zaristische Rente verloren hatte, bemalte sie Postkarten oder schrieb

Kurzgeschichten, um durch solche Gelegenheitsverdienste vor der größten Not geschützt zu sein. Hinsichtlich ihrer Gemälde machte sie keine Zugeständnisse: »Sie sind kein Wandschmuck, sie sind eine strenge Sprache, die das Gewissen weckt ... ich lebe Monate ohne einen Centime ... aber handeln mit Bildern werde ich nicht – auch wenn ich daran krepiere.«[86]

Münter suchte wie allerorts Porträt-Aufträge, und in Ascona gab es genug Träger berühmter Namen, die sie zu diesem Zweck im Notizbuch festhielt. Sie besuchte den Kunstsammler Eduard von der Heydt, der die Räume seines 1923 erbauten Luxushotels auf dem Monte Verità mit modernen Gemälden schmückte, der Picasso im Aufzug war in aller Munde. Sollte sie in diese Oase der Prominenten übersiedeln? Nach zwei Tessiner Monaten reiste sie ab: »Allein den Cliquen gegenüberzustehen, schmeckte mir nicht. Mit Rückhalt ist das ganz anders.«[87]

Ein bißchen Auftrieb hatte ihr die Nachricht verschafft, im *Museum von Brooklyn* neben Kandinsky, Baumeister, Marc, Schwitters und Campendonk in der *International Exhibition of Modern Art* im Winter 1926/1927 mit drei ihrer frühen Gemälde vertreten zu sein, und danach im New Yorker *Museum of Modern Art* und im *Philadelphia Museum*.

Eine Separat-Ausstellung von 56 Gemälden und 24 Zeichnungen durch die *Gesellschaft der Freunde junger Kunst* im Braunschweiger Schloß, Oktober 1926, hatte sie Kandinsky zu verdanken, der diesem Verein nahestand und ihr aus der künstlerischen Isolierung und finanziellen Enge heraushelfen wollte. In einer werkgeschichtlichen Betrachtung bezeichnete der Rezensent das Jahr 1915 als ihren künstlerischen Höhepunkt, auf dem sie sich wertbewußt zwei Jahre lang gehalten habe. Dann sei ein qualitativer Rückschritt offenkundig, indem sie zur Neuen Sachlichkeit tendiert habe. Wer darum 1924 gegen 1909 abwäge, könne feststellen, daß die späteren Gemälde von den *Düsseldorfern* der 70er und 80er Jahre ab-

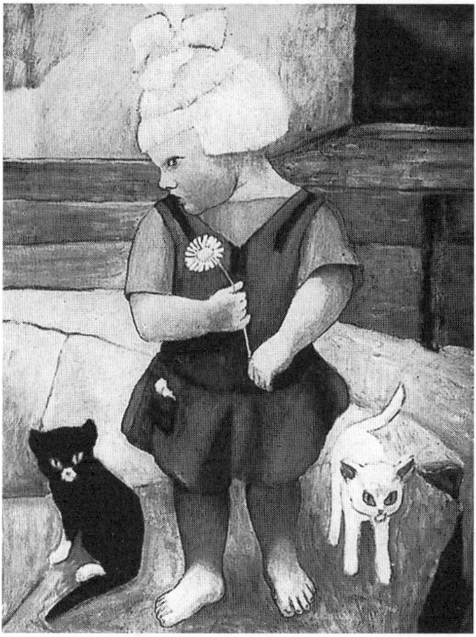

Gabriele Münter, Dorfkind, 1926, Öl auf Karton, 72 × 55 cm.

stammen und in jedem Museum, ohne aufzufallen, unter jenen hängen könnten.[88]

Im Juni 1927 konnte Gabriele Münter bei einer durch Johannes Hinrichsen im Berliner Künstlerhaus veranstalteten und von 40 Künstlerinnen beschickten Ausstellung *Die schaffende Frau in der Bildenden Kunst* fünf Bilder zeigen, darunter *Dorfkind* (1926)[89], ein zweifelhaftes Ergebnis ihrer Bemühungen, den Stil der *Neuen Sachlichkeit* zu treffen. Dennoch wurde ihre Malerei in *Frau und Gegenwart* als »Musterbeispiel für die umstrittene These von der künstlerischen Selbständigkeit der Frau« lobend besprochen. Die neu angebahnten Freundschaften mit Berliner Malerinnen ermöglichten es ihr, in der Herbst-Ausstellung 1927 des *Vereins der Künstlerinnen zu Berlin*[90] drei und in der *Großen Berliner Kunstausstellung* im Sommer 1928 im *Glaspalast*

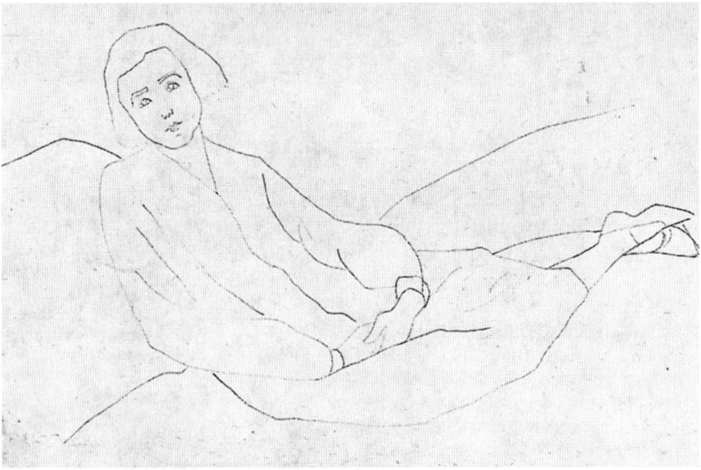

Gabriele Münter, Ruhende, Bleistiftzeichnung, 16,5 × 28 cm.

Moabit acht Gemälde zu zeigen, von denen ein sensibel gestaltetes Frauenbildnis in den nur wenige Abbildungen enthaltenden Katalog aufgenommen wurde.

Gemessen an ihren früheren Erfolgen war das herzlich wenig. Sie litt an ihrem unsteten Leben, dem die durchgängige Konzentration fehlte, am Herumziehen in Pensionszimmern, an der stilistischen Verunsicherung, am Ausbleiben der Bildverkäufe. »Endlose, freudlose, trostlose Leere ... Jetzt habe ich alles versucht mit meiner Collektion – hohnlächelnd überall abgewiesen«[91], dieser Satz ihres Tagebuchs blieb über Jahre gültig. Was Arthur Segal ihr zur Lage aller Künstler schrieb, bedeutete dabei keinen Trost: »Vor der leeren Krippe beißen sich die besten Pferde, und wir Künstler stehen alle vor leeren Krippen ... Nicht genug, daß wir mit den Menschen, die von Kunst wenig wissen wollen, schwer zu kämpfen haben, bekämpfen wir uns gegenseitig ... Aber bei den Männern werden die Frauen noch mehr in den Hintergrund gedrängt, weil sie eine zusätzliche Konkurrenz sind.«[92] Segal wünschte ihr, daß sie den Glauben an sich selbst wiederfinde.

Den aber hatte sie schon lange verloren, denn sie spürte »die Starrheit trotz koloristischer Eindringlichkeit«, wie die *Vossische Zeitung* es ausdrückte[93], jene eigentümliche Leere des Ausdrucks, die sich im *Dorfkind*, bei *Röschen* oder in Zeichnungen wie der *Ruhenden* ausbreitete.[94] »Bei mir ist es, als wenn Sand gestreut worden wäre – Asche –, und eine dicke Schicht auf meinem Leben und meinen Gefühlen läge und kein Blühen mehr aufkommen lasse ... Ohne Hilfe kann ich nicht diese schwere Schicht durchbrechen und blühen. Jemand muß kommen und aufkratzen und wegschaufeln, daß es wieder wachsen und leben kann.

Meine Malanstrengungen wollen neues Leben schaffen, wollen mich in ein neues Leben stellen, das ist ein qualvolles, schweres Beginnen – Schwergeburten, die tot zur Welt kommen ... Immer will ich's doch zwingen.«[95]

15. Kapitel

Der Freund

Wie ein vom Baum gewehtes Blatt sei ja auch er, bemerkte Gabriele Münter erstaunt, als sie den Dr. phil. Johannes Eichner auf einer Silvesterfeier 1927 kennenlernte. Doch das blieb nicht die einzige Entsprechung. »Ein Leben ohne Sonne, ohne Freude, im Schatten, im Dunklen, im Leeren! Ich wußte gleich, Deine Art, der Typ Deiner Erscheinung, das ist, was mir gemäß ist«, schrieb sie ihm am 24. April 1928 in einem Brief, den sie jedoch nicht absandte. In Wahrheit hat das vertrauliche ›Du‹ niemals die Fern-Nähe ihrer Gefährtenschaft durchbrochen.

Eichner war Einzelgänger, Beruf: Privatgelehrter. In einer selbstverfaßten Aphorismen-Sammlung[1] stellte er die These auf: »Nicht der Grad der Denkfähigkeit, der Wille zum Denken macht den Gelehrten!« Und den hatte er! Alle Vitalität schien zugunsten seiner intellektuellen Entfaltung gedrosselt. Er wirkte auf Münter korrekt und konventionell, manchmal etwas umständlich und gespreizt. Dabei verstand er, das Zierliche seiner Erscheinung zu stilisieren und in eine fast körperlose Leichtigkeit zu steigern. Er wirkte wie einer, der nicht zupacken und mitmischen wollte, sondern lieber beobachtend am Rande stand und dadurch seine Überlegenheit unter Beweis stellte. Damen gegenüber befleißigte er sich einer altmodischen Junggesellen-Galanterie. Es spricht für die intuitive Menschenerfassung Gabriele Münters, daß sie unter dieser schicklichen Ehrerbietung und einer fast pedantischen Artigkeit eine Verkrustung spürte, die seinen ursprünglichen Durst nach Einbezogensein und Leben verborgen hielt. Ihre Briefe zeigen, daß sie, die nach eigenen Worten immer ›grad doer‹[2] ging, die Werbende war. Schon ihr erster Brief vom 9. Januar

1928 drängte: »Sie wollten doch ohne Verzug bei mir anrufen, um einen Atelierbesuch zu verabreden ... Sie sehen, ich bin ungeduldig und gespitzt auf die Fortsetzung von Silvester.«

Münters Unmittelbarkeit muß den vorsichtigen Philologen zugleich angezogen und erschreckt haben. Gemäß seinem Grundsatz »Der erste Schritt bestimmt die weitere Gangart« war er ein stets taktierender Mann. In seinem Vokabular stand das Wort ›List‹ als eine Tugend, gleichbedeutend mit scharfsichtigem Vorbehalt. Er schien durch Mißtrauen gepanzert und allenfalls aufgrund eigener Neugier bereit, sein Visier ein wenig zu lüften. Erst als er Münters Zähigkeit spürte, seinen vor der Welt aufgerichteten Schutzwall zu durchbrechen, bequemte er sich am 3. April zu einer Antwort: »Liebe gnädige Frau, damit Sie nicht allein immer wieder Briefe schreiben, tunke ich die Feder ein.« Noch am 9. Juni 1928, nach vielen gemeinsam verbrachten Abenden, versuchte Münter vergeblich, ihm ein Freundschaftsgeständnis abzufordern: »Könnten wir uns miteinander befreunden? Sie weichen aus! Sie sagen: ›Aber das tun wir doch längst.‹« Sie versuchte, ihn aus der Reserve zu locken: »Ja haben wir denn nötig zu kokettieren? ... Ängstliche seelische Distanz paßt nicht zur Freundschaft.« Unter Stolz und Scheu witterte sie die Enttäuschungen eines Feinfühligen. Indem sie ihn in ihren Briefen *Liliput* nannte, deutete sie das Schutzbedürftige, Zarte und Leise seiner Erscheinung an. In Gesprächen hingegen staunte sie vor dem »Gießbach seiner Rede«. Er belehrte gern, und sie hörte willig zu. Manchmal freilich warnte sie ihn: »Wie immer ließen Sie mich nicht aussprechen. Ob Ihr lebhaftes Reden damit zusammenhängt, daß ich Ihnen fremd und noch verdächtig bin?«[3]

Eichners Lebensregel: »Man kompliziert und erschwert die menschlichen Beziehungen, wenn man einander zuviel kennt«[4], schien ihm durch Passagen in Hermann Hesses Erzählung *Klingsors letzter Sommer* bestätigt. In einer Besprechung zitierte er den Autor: »›Klingsor gewöhnte sich daran, dem Freund sein Herz zu zeigen und begriff zu spät, daß er ihn damit verliere ... Klingsor wurde einsam, denn er hatte seinen einzigen Freund verschreckt und belästigt, ihn verstimmt und abgekühlt, bloß aus dummer Schwäche und Bequemlichkeit, bloß aus dem kindlichen und unanständigen Bedürfnis, einem Freund gegenüber sich keine Mühe geben zu müssen, keine Geheimnisse vor ihm zu hüten, keine Haltung vor ihm zu bewahren.‹ Das sind bemerkenswerte lichtbringende Betrachtungen über menschliche Beziehungen.« Leider aber entspreche Hesse selbst dieser Einsicht nicht; Eichner lehnte ihn darum ab: »Mir persönlich ist diese kaum verhüllte Bekennerei etwas peinlich. Man wird immer an geistigen Exhibitionismus und psychopathische Kategorien erinnert.«[5]

Münter, die sich ihrer Not stets entäußern mußte, und sei es auf den stummen Seiten ihres Tagebuchs, bewunderte diesen so schmächtig wirkenden Mann in seiner Verschlossenheit, seiner Stärke im Alleinsein. »Sie sind gerade, – das ist es, was mir an Ihnen am liebsten ist. Sie vertragen und schätzen die Wahrheit in einem Maße, wie man's vielleicht selten findet.«[6] Er spürte ihre übertriebenen Erwartungen: »Verehrte große Herrin, Pädagogin, Meisterin, Sie sind der vervielfältigende Resonanzboden für den Spinett-Ton meiner Schwingungen.« Münters Anforderung reizte und schreckte ihn: »Wie klein ist mein Erlebnis gegenüber der Fülle der Gefühle, die Sie ihm aus eigenem unterlegen!«[7] Münter tadelte wiederholt seinen geistreichelnden Spott: »Masken vertrage ich nicht!« Um sein Mißtrauen zu zerstreuen, gab sie ihm Briefe und Tagebuchseiten aus der Zeit ihrer Trennung von Kandinsky. Betroffen antwortete er am 24. April 1928: »Ein ganzes Leben höchstens könnte hinreichen, zu verstehen, zu lösen, zu begütigen, zu fördern, zu erfüllen. Ich bin Ihr J. E.«

Wer war der Mann, dem Münter den freien Platz an ihrer Seite anbot? Von den biographischen Voraussetzungen her war eine solche Begegnung für den 1886 geborenen Eichner

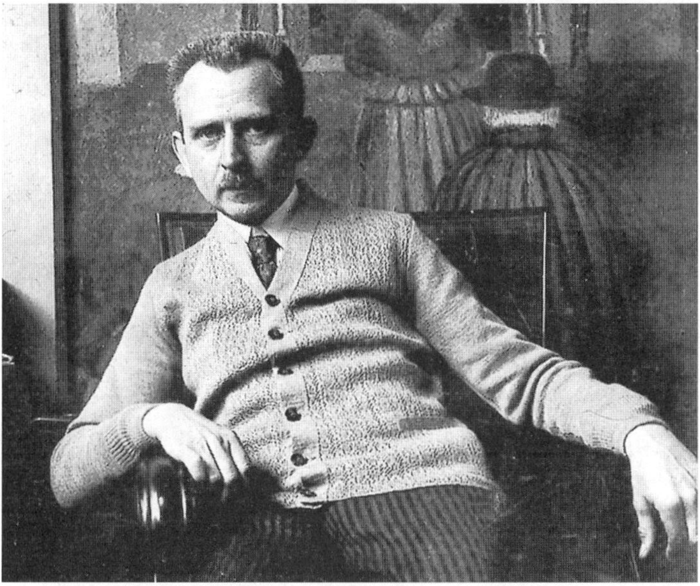

Dr. phil. Johannes Eichner, Photo von 1928.

wie zugeschnitten. Er kannte den Schmerz der Einsamkeit und war ein in skeptischer Verweigerung eingeigelter Idealist. Schon in empfindungsgetragenen Jugendgedichten hatte er seine Lebenstrauer geäußert: »Den Bergen will ich's sagen, / den trauten Wäldern klagen, / wie ich voll Leides bin. / Kein Mensch kann mich verstehen, / muß immer einsam gehen / verbergen meinen Sinn.«[8] Nur in der Natur fühlte er sich ungefährdet, im Stimmungseinklang geborgen. Gegenüber seiner Familie hatte er sich früh abgekapselt und seine Persönlichkeit im unendlichen Selbstgespräch aufgebaut. Tausende von Seiten umfaßt sein schriftlicher Nachlaß; darin steckt viel verheimlichtes Gefühl, das er nur im Schreiben furchtlos verströmen ließ. Hefte und Bleistifte ersetzten ihm Menschennähe. In seiner reich verästelten Phantasie bespiegelte und erledigte er die Ereignisse, bevor er sich der lebendigen Erfahrung anvertraute.

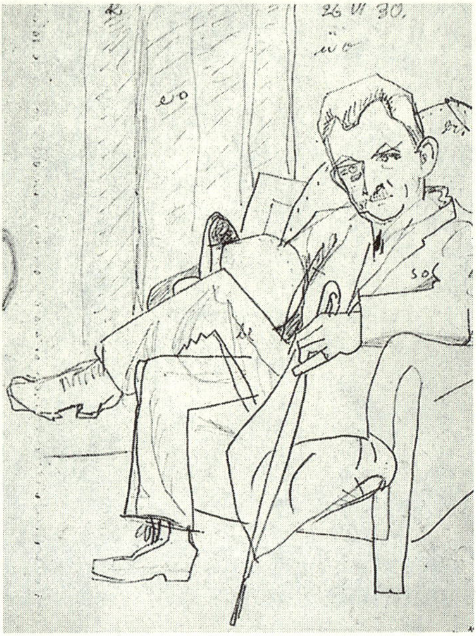

Gabriele Münter, Johannes Eichner, Bleistift, Skizzenbuch 1930.

Da die Wahl eines Forschungsobjektes unbewußt determiniert und somit biographisch verankert ist, war er in seiner Dissertation dem *Begriff der Erfahrung* in Kants Philosophie nachgegangen. Seit er auf dem Königlichen Wilhelms-Gymnasium in Berlin 1905 das Abitur bestanden hatte, baute er schon an einem hypertrophen Gedankengebäude, in dessen Mittelpunkt er selbst betrachtend und wertend stand. An den Universitäten von Marburg und Zürich hatte er Deutsche Philologie und Evangelische Theologie belegt und dann in Berlin bei Heinrich Wölfflin[9] das Schwergewicht seiner Studien auf die Kunstgeschichte verlagert. Dort wurde seine analytische Begabung in einem Grade gefördert, der seine zweifellos vorhandene bildprägende, künstlerische Gestaltungskraft drosselte. Schon früh fühlte Eichner sich durch das Fanggitter des Formalen eingeengt. Sein Zugriff auf Menschen und Dinge bestand in der begrifflichen Einordnung; was sich der Kategorisierung entzog, störte und verunsicherte sein Weltbild.

Ständiger Selbstreflexion ausgesetzt, sehnte er sich nach einer Freiheit des Gefühls, das er in der Kunst und in der Liebe verwirklicht sah. Er kannte seine Grenzen: »Die Zeiten sind schlecht, die Philosophie bringt kein Geld ein, seit langem suche ich nach einer schriftstellerischen Betätigung, die dem Leben näher liegt. So bin ich auf den Plan gekommen, etwas für Witzblätter zu schreiben. Meine Überlegungen bewegen sich in zwei Rubriken: a) Theorie des Witzes, b) Praxis des Witzes. Den Witz habe ich noch nicht gefunden. Ich erwäge erst einmal seine Form.« Als Münter ihn einmal um Rat anging, winkte er ab: »Ich selbst kann Ihnen nicht helfen, da ich zu betrachtlich, zergliedernd bin und keine überflüssige Kraft zum Ausströmen habe.«[10]

Unter Tausenden von unpublizierten Manuskriptseiten Eichners blieb seine ›Synopse von Leben und Arbeit 1905 bis 1909, mit Ergänzungen bis 1914‹ erhalten. In millimeterkleiner gotischer Schrift hatte er die Ereignisse von zehn Jugendjahren in ein Schema gepreßt, das in sechs sauber getrennte Senkrecht-Rubriken gegliedert war: Zeit, Ort, Menschen, Kunstbetätigung, Kunstwissenschaft und -theorie sowie Philosophie. Die Zeit-Koordinate verlief waagerecht. Auf diese Weise gestattete der ordnende Nachvollzug seiner Studienjahre eine wertfreie Aufreihung der Begebenheiten, wie er es wohl bei seinem Vater in den Soll- und Haben-Spalten der Geschäftsbücher abgeschaut hatte. Diese in buchhalterischer Klarheit erstellte Lebensbilanz zeigt den 1886 Geborenen weitgereist; da fehlte kein europäisches Land! Aber er hatte auch kreuz und quer auf Kunstpfaden Deutschland durchzogen oder war, mit Fontane in der Hand, durch die Mark Brandenburg gewandert. Er wollte seine Begriffsgerüste durch Anschauungen füllen, aber er geriet nach allen Besichtigungen gleich wieder ins Klassifizieren oder Subsumieren.

Die *Menschen-Rubrik* seiner Aufstellung besteht aus langen Namenlisten, Mädchennamen, flüchtig verschwärmten Annäherungen, sehnsuchtsgetragenen Begegnungen ohne Bestand. Die Überschrift *Ereignisse* verklammert das Doktor-Examen mit der Untauglichkeitsablehnung beim 3. Feldartillerie-Regiment in Brandenburg. Als *Kunstübung* vermerkt der junge Eichner Novellen, Tragödien, Romane. Neben Autobiographischem stehen epigonale Versuche, Stoffe von Hebbel, Wildenbruch, Rilke aufzugreifen. Eine Zeitlang wollte er Dichter werden, obwohl er – wie er im Tagebuch von 1914 feststellte – die Texte aus sich herauspressen mußte: »So ging es mir schon im Gymnasium mit Aufsätzen; die Lust, die Sache zu zwingen, brachte mir trotzdem manches ›Gut‹ ein, aber es war stets ein schwerer erarbeiteter Stil, aus Disposition und Überlegung heraus entwickelt.« Seine zahlreichen Theaterstücke, die nie die Bühne erreichten, waren gedanklich konstruiert; ihre Gestalten wirkten blutlos und erschöpften sich in der bilderkargen Sprache von Ideen-Dialogen.

Als Eichner im Januar 1909 sein Universitätsstudium beendete, hatte das Methodische längst die kreativen Quellen verschüttet. Er entschloß sich zur privaten Forschung über eine ›Theorie der Dichtkunst aufgrund der Unterscheidung von logischem und anschaulichem Sprachgebrauch, und über eine Methode, gegebene wissenschaftliche und dichterische Komplexe zu analysieren, um den Sprachgebrauch zu ermitteln‹. Er litt unter einer Überschätzung der Wissenschaft, wie sie nur im Gegensatz zu einer merkantil geprägten Umgebung entstehen konnte. Der Vater, einst mittellos von Schlesien nach Berlin gekommen, erwies sich als machtvolle Persönlichkeit und gelangte in den Gründerjahren zu millionenschwerem Reichtum. Er war für den sensiblen Sohn ein harter Widerpart. Nur das ganz andere konnte dem Zartgebauten Rettung bringen: die Ausweitung des Geistes gegen die materielle Potenz des väterlichen Bannkreises. Eichner hat die Beeinträchtigung durch die weltverachtende Askese seines Vaters ebenso zum Ausdruck gebracht wie die Bewunderung für dessen Unbeugsamkeit und Redlichkeit.[11] Die Frauen hingegen sah er auf der Seite des Lebens, sie durften sich in Freiheit ihren Gefühlen hingeben. Der junge Eichner schien dies vor sich und der väterlichen Wertwelt zu rechtfertigen, wenn er in sein Tagebuch schrieb: »Reizvolle Kleidung, welche die Puritaner schelten, ist ihre natürliche Emanation ... Frauen dürfen sich schmücken, damit die Geheimnisse ihres Fühlens ausstrahlen in bunten Lichtern.« All seine Aufzeichnungen offenbaren den ungestillten Hunger nach einer farbigen, klingenden Welt. Darum verehrte er aus der Ferne die Frauen, sie verhießen ihm Erlösung von der Trockenheit der väterlichen Geschäftsberichte, über denen er den Staub von Mühsal und Verzicht liegen sah. Aber, so vertraute er seinem Tagebuch an, auch die Dürre der Gelehrtenwelt, für die er sich entschieden habe, peinige ihn: »Frei zu sein, um aufsaugen zu können, mit lechzender Zunge, was die Welt bietet, das ist die Vorbedingung für das Genie.«

Münter erkannte, daß es Eichner versagt war, sich vorbehaltlos einem Erlebnis zu öffnen: Von früh an hatte er den Künstler beneidet, der sich »ausleben konnte auf einer höheren Stufe des Bewußtseins«. Ein Maler oder ein Dichter dürfe das Leben als Ausweitung seiner Existenz begreifen, jenseits aller Moralbegriffe, das Werk spreche ihn frei. Der Denker hingegen stelle sein Leben unter den Anspruch eines ethischen Gebots, das weitgehend Entsagung verlange. Die geistige Zucht, sich von Gefühlen, Gedanken und Trieben zurückzuhalten, die in seiner empfänglichen Seele geweckt wurden, verlangte darum von dem Privatgelehrten Eichner, »nicht mitzuwirbeln auf den Wegen der Welt«.

In seiner Ohnmacht gegenüber der starken Vaterfigur wurzelte wohl das Indirekte seines Wesens, das sich auch in seinem Schreibstil niederschlug. Er war immer auf der Hut, und so häufen sich Worte wie ›Auskundschaften‹, ›Lauschen‹,

›Herumstreichen‹, ›Umzingeln‹, ›Anspinnen‹, ›Einschleusen‹, ›Einnisten‹, ›Anschleichen‹. »Den Menschen darf man nicht anders begegnen wie den Hunden. Wer unsicher auftritt, den beißen sie«, lautete einer seiner Aphorismen, und unbewußt zog er bildhafte Vergleiche, wenn er im Hinblick auf Personen vom ›Wittern‹, ›Schnappen‹, ›Schnüffeln‹ sprach. Er versuchte, »ein Thema auszubeuten«. Methodisch kreiste er den Tatbestand ein, indem er negative Umschreibungen anhäufte; er paraphrasierte, was alles einer Sache *nicht* zukomme, ohne die Treffsicherheit einer zupackenden Formulierung zu wagen. Wenn er die geistige Trophäe einbrachte, glich er weniger einem Jäger als einem ausdauernden Fallensteller oder Netzespanner. Münter erkannte ihn als einen Späher nach günstigen Gelegenheiten, der sich nicht festlegte, und sie bemerkte ironisch: »Während ich in Antworten immer ausschweifend bin, sind Sie jedes Mal, wenn ich Sie noch so herzlich gefragt habe, abschweifend.«[12] Das Unmittelbare und Zielgerichtete ihres Wesens muß Eichner stark beeindruckt haben, zumal er ihm nicht entsprechen konnte. Doch dann wiederholte sich der Vorgang, den Münter 1902 bei dem in sich verschlossenen Kandinsky ausgelöst hatte: die seelische Entladung. Es gelang ihr durch Freimut und Geradheit, auch bei dem magisterhaft abweisenden und mißtrauischen Eichner die Sperre zu durchbrechen. Bald bewunderte er ihre Einfühlungsgabe, die mit entlarvendem Witz gepaart war, und ihr gestalthaftes Sehen, das die Gegensätze der Logik in einer ganzheitlichen Schau auflöste. Sein schubfachhaft angereihtes Vielwissen schloß solche Synthese aus. Er zeigte sich fasziniert von einer Malerei, die – wie er glaubte – unter Ausschaltung des Verstandes aus der Hand floß.

Schon in seinen privaten Studien über die Ästhetik hatte er dem Schöpferischen nahe bleiben wollen. Daß er dennoch die Gelehrtenlaufbahn anstrebte, hing mit seinem unabweisbaren Drang nach Seriosität zusammen. Der systematischen Erörterung des Begriffs der Kunst ging er in einer Besprechung von Wilhelm Schlegels *Vorlesungen über philosophische Kunstlehre* nach.[13] Angeregt durch Adolf von Hildebrands *Problem der Form in der bildenden Kunst*[14], baute er 1910 ein *Schema zu einer Philosophie der Kunst*: »Ich zwängte all meine Gedanken in ein Deduktionsschema.« Ordnung beruhigte. Der Zwang von Plan, System und Schablone erst recht: Über seinen Studienfreund, den Maler Hermann Konnerth[15], hatte er Konrad Fiedlers Kunstphilosophie kennengelernt.[16] Bei diesem Außenseiter fand Eichner alles, was er auf dem Weg *Vom Fühlen zum Sehen* – und das hieß übertragen auf seine Biographie: auf der Flucht vor unkontrollierter Sinnlichkeit – zur eigenen Bestätigung brauchte. Fiedler versuchte, das Geheimnis des Schöpferischen zu entschleiern, indem er das ›ästhetische Bewußtsein‹ als erkenntnistheoretischen Ordnungsfaktor inthronisierte, der es dem Menschen gestattete, »sich nicht nur durch den Begriff über das Sinnliche zu erheben, sondern auch dem Sinnlichen als solchem alles Zufällige, Beängstigende, Erdrückende zu nehmen«.[17] In Artikeln über die *Rationalität im Kunstgenuß* jagte Eichner fortan im Gefolge Fiedlers mit wissenschaftlicher Akribie auf der Fährte der Kreativität. Er beschloß, eine Biographie über Fiedler zu schreiben. Auch sie gehörte zu den abgebrochenen Arbeiten, für die er eine so gewaltige Stoffsammlung anlegte, daß sie sich später nicht in eine formgebundene Darstellung zwingen ließ.

Die *Gefühlsidee in der Kunst* war zwar endgültig begraben, wie aber stand es mit ihrer Überwindung im Leben? Wohin mit den Empfindungsströmen? Ehe er die kühle Art annahm und sich in Welt- und Liebesflucht gefiel, hatte der 18jährige seine Träume niedergeschrieben, die mit Schreckensbildern von Fleischwülsten, Felsengrüften und Erdspalten, von blutigem Verschlungenwerden in gähnenden Abgründen gefüllt waren und Vernichtungsängste zur Folge hatten. Noch im Jahre 1906 hatte er über den Zustand einer anhaltenden Depression geklagt, und fortan zeigte er sich als schüchterner und ferner Anbeter der Frauen, die für ihn Gefahr und Verlockung zugleich bedeuteten. Immer wieder äußerte er die Voyeur-Qual als Zuschauer fremder Lust: *Am Gitter stehen* lauten Titel und Refrain eines Gedichtes von 1914. Sehnsuchtsgetragene Verse zeugen von vergeblicher Werbung oder der Verzweiflung eines mutlosen Liebhabers, der – wie es heißt – »in bleichen Büchern seine Qual verbirgt«. Er klagte über die Not von Eifersucht und Isolation: »Aufschluchzend mich in tote Wörter wühle / Und nichts als meine Nichtigkeiten fühle.« Bald aber flüchtete er freiwillig, ja in betontem Hochmut ins blasse Reich der Buchstaben. Das Quälende seiner frühen Liebe war in Skepsis zerflossen. Er gehörte von nun an zu denen, die auf die Erfüllung verzichten, um die Enttäuschung zu vermeiden. Er blieb »hinter dem Gitter«, ja, mißtrauisch verflocht er es dichter und dichter.

Als er Gabriele Münter kennenlernte, hatte er die Not schon lange zur Tugend umgewertet und Einsam- und Unverstandensein zur Auszeichnung. In seinen Aphorismen *Ich und die Welt* köpfte er die Gefühle, begrub er die Sehnsucht: »Ansprüche sind Feinde des Glücks«, warnte er. Oder: »Das Gesetz ist gleich einem Geländer. Das ist nicht der Weg, der zum Himmel führt, aber es schützt vorm Herunterfallen.« Selbstbestätigend behauptete er: »Für die romantische Lebensauffassung besteht die Persönlichkeit in ihren Erlebnissen, für die klassische in ihren Leistungen.« Für seine Haltung gegenüber Münter galt: »Es gibt Zielmenschen und Situationsmenschen.« Im Bonmot wahrte er den ironischen Abstand und entschärfte die ›Gefahren‹ der Wirklichkeit. Er benutzte es wie einen Schutzschild, um sich gegen alle Verführungen zu verschanzen, und dazu gehörten auch die Einladungen dieser hartnäckigen Malerin!

Als Münter den »zurückhaltenden Philosophen« kennenlernte, war der Reichtum seiner Familie bereits verloren. Seine Verachtung eines Geldberufes war mit der Überschätzung einer Freiheit verbunden, die durch Vermögen erkauft werden konnte. Der Privatgelehrte, der nun als freier Mitarbeiter der *Deutschen Allgemeinen Zeitung*[18] dem Zeilenhonorar nachjagen mußte, erklärte Münter: »Geld ist das Mistbeet, aus dem Blüten und Früchte des Erlebens, der Bildung ... sich entwickeln ... Man schleppt am Bein die Kette des Denkens um Brotgewinn. Degradation! Die Edlen aus der großen Zeit des Griechenvolkes wendeten sich mit Verachtung von den Unfreien.«[19] In der »Lohnarbeit« eines Publizisten verfaßte er Beiträge über die »strukturgesetzliche Einordnung des Tonfilms, der noch ruhelos wie ein Gespenst durch das Netzwerk unserer Kulturbegriffe irrt«. Er selbst war von den laufenden und ab 1929 tönenden Bildern fasziniert: »Der Traum kann nicht hemmungsloser die Wünsche erfüllen als der Film.«[20] Das junge Medium gewährte ihm »jedwede Stillung des Hungers nach gefühlsmäßigem Erleben«.[21] Hier konnte auch der Wirklichkeitsscheue die Sensationen erleben, denen er sich im Leben nicht aussetzte. Kino, das hieß für ihn: Dabeisein ohne riskante Eigenbewegung. Der Film präsentierte die Wirklichkeit entschärft, vorsortiert, gefiltert. Hier wurde die Voyeur-Perspektive etabliert: »Wie von einer Tarnkappe geschützt, können wir hier an Personen herantreten, Getümmel durchdringen, selber vom Körper befreit.«[22]

Münter liebte ›Kintopp‹, seit sie mit Kandinsky die ersten laufenden Bilder gesehen hatte. Auch wenn sie Eichner zu seinen Rezensionen begleitete, lachte und bangte sie mit den Leinwandhelden und spottete, wenn er dabei »die Bewegung des Augenapparates« zur Ermittlung einer Film-Perzeptionstheorie oder die »Anziehungskraft der Traumfabriken auf die mittelständischen Klein-Unternehmer« analysierte. Denn trotz aller filmwissenschaftlichen Verbrämung schenkte ihm die *Film-Belletristik* etwas, wonach es ihn im Innersten verlangte: »Fühlung ohne Risiko«.

Er sprach nie von Gefühlen, sondern von – Abstand und Versachlichung andeutender – »Fühlung«, wie er überhaupt bei seiner Wortwahl Abstrakta bevorzugte. Der Abstand zur Realität war es ja auch, der ihn am Kino faszinierte: »Der in der Welt verflatternde Augenblick ist im verengten Sehfeld aufgespießt wie ein Schmetterling im Glaskasten.« Hier waren die Gefahren angenehm entschärft. Hier gab es Erlebnisse ohne Reue und ohne mühevolle Entscheidung in der verführerischen Vielfalt der Welt! »Der Film nimmt uns alle Sorgen ab, indem er den Schatz der erstrebten Ansichten aus der Verfilzung des realen Seins herausreißt und wohlgeordnet alle nacheinander auf dieselbe weiße Wand wirft.« Eichner feierte die Einübung passiver Sehgewohnheiten. »Für den Betrachter gibt es kein Suchen, keinen Kampf mit dem Ballast des Nichtssagenden, des Unklaren und des Vielzuvielen, kein Hetzen hinter flüchtigen Bewegungen, kein Laufen zwischen den verschiedenen Standpunkten ... keine Gefahr, in der unabsehbaren Weite und Verwicklung der Wirklichkeit das Beachtenswerte zu verpassen.«[23]

Doch auch eine pädagogische Nutzanwendung schien ihm gegenüber der zerstreuungsbedürftigen Masse geboten, und sei es nur, um Aufsteigern zur Geschmacksbildung zu verhelfen, etwa zu zeigen, »wie der brave junge Mann und das karrieremachende Mädel ... in die ersehnten Gefilde des evening-dress aufsteigen, den Kram ihrer Herkunft abtun können«.[24] Mit den Schlagzeilen: *Der Film als Kulturzerstäuber, Der Film als Versuchsfeld für Architektur, Die Filmrolle als Verbrecheralbum* oder *Lehrfilme ins Programm!* rief der an Kants Ethik geschulte Moralist Eichner zur »heimlichen Einschleusung volksbildender Bestrebungen« auf, was sich bei der inzwischen siebenstelligen Besucherzahl der 5000 ›Film-Paläste‹ in Deutschland lohnen würde.[25]

Gegenüber Münter blieb er stets auf der Hut und betonte die Würde eines Überlegenen, der sich nicht herausfordern läßt und weder Illusionen hegt noch emotionale Wagnisse eingeht. Münter nannte den neun Jahre Jüngeren nicht zufällig schon in ihren ersten Briefen *Opapa*. Sie neckte ihn wegen seines abgeklärten Gehabes und seines alles ›Liederliche‹ verachtenden Hochmuts. Zu den Unordentlichen und Leichtfertigen gehörten für ihn die Artisten aller Sparten: »Der Umgang mit Künstlern ist für Kunstschriftsteller gewöhnlich eine Gefahr. Denn da es den wenigsten vergönnt ist, die selten großen schöpferischen Persönlichkeiten zu Freunden zu haben, leben sie sich in den Kreisen der Mitläufer und Nachläufer, der Halbkünstler und Schaumschläger ein.«[26] Doch hinter jeder Abwehr versteckt sich heimliche Anziehung, versteckt sich zugleich Furcht vor Verführung. »Es gibt für mich keine größere Gefahr als die der Nähe von Müßigkeit, die mich in eigenem, genießerischem Schwelgen bestärkt«, gestand er Münter am 28. Oktober 1928.

Sie liebte an ihm das Erscheinungsbild eines unerfahrenen Jungen ebenso wie das eines umständlichen Opas, weil er – so oder so – einen unverbrauchten Charme entwickelte, der sich beim ›gestandenen Mannsbild‹ oder ›Lebemann‹ lange verflüchtigt hat. Gleichzeitig schätzte sie seine Witterung für das Vorteilhafte, seine Vorsorge auch in kleinen Dingen. Als sie am 4. August 1928 in Murnau angekommen war, um »Haus und Harmonium wieder in Besitz zu nehmen«, berichtete sie ihm von ihrer langen Fahrt auf einer Holzbank der dritten Klasse: »Dank dem besten aller kleinen Opas war es in der Mitte eines federnden Wagens.« Sie lud ihn wiederholt zu sich ein, aber er antwortete: »Ich danke für Ihr freundliches Gedenken zu Morgen und Abend, Vormittag und Nachmittag, bis in die Nacht. Sie lassen mich an allem so teilnehmen, daß ich eigentlich gar nicht dabeizusein brauche.«[27] Doch sie schickte nicht einmal alle Briefe ab; denn sie erschienen ihr – tagebuchartig ausgeweitet – zu persönlich gegenüber seiner von ihr oft bemängelten »Unpersönlichkeit«.

Sie begann, seinem Drängen nachgebend, den Speicher mit den Kandinsky-Erinnerungsstücken aufzuräumen. »Nachdem ich bisher wie eine Katze um den Koffer schlich und ihn dreimal geöffnet hatte und wieder schloß – diesmal nahm ich wirklich den großen Karton mit ›unseren Briefen‹ heraus und habe mich von drei bis jetzt – ein Uhr nachts – damit beschäftigt … Die Sachen sind ganz persönlich, nicht von weitertragender Bedeutung, und sie sollen vernichtet werden.«[28] Eichners Aufschrei gegen die Liquidationsstimmung, »verbrennen, verkloppen, verpovern«, beantwortete sie mit dem Hinweis, »Liebesbriefe eines Bundes, der in Lüge endete, eignen sich nie zur Veröffentlichung«. Auf Eichners energischen Einspruch hin beschriftete sie aber den Karton mit *Unsere Briefe 1902-1922* und bestimmte, daß er ihm ausgehändigt werde, falls sie nicht mehr selbst zum Sichten oder Vernichten komme.

Das Verbrennen der Kandinsky-Briefe wäre ein Akt der Befreiung gewesen. Eichners Ermahnungen, diese kunsthistorischen Dokumente unbedingt aufzubewahren, verhinderten diese ›Reinigung‹. Daß Münter daraufhin ihr Haus schrubbte, Gardinen abriß, Vergilbtes ausmerzte, war mehr ein Ersatz für die unterlassene seelische Entschlackung als eine erneute Besitzergreifung des Hauses: »Waschen ist für mich manchmal wie Bonbonessen – Liebhaberei, Leidenschaft, Laster.«[29]

In jedem Brief drängte Eichner, sie möge ihre unstreitig vorhandene Begabung nicht mißachten und mit unbeugsamem Willen die Malhemmung überwinden. Gleichzeitig warnte er sie vor der Zeichnung, die ihr zu leicht von der Hand gehe; sie sei keine ernste Kunst, sondern Verbrauchsgut, Spielerei, allenfalls Vorbereitung für »große Dinge«.

Er hatte in der *Großen Berliner Kunstausstellung* im Glaspalast Moabit 1928 neun ihrer früheren Gemälde gesehen und schrieb ihr am 28. Oktober 1928: »Mir scheint, daß Sie Ihre beträchtlichen Talente und Ihre echte Künstlernatur nur wegen einer vielleicht kleinen inneren Hemmung rosten lassen.« Die »Maschinerie« müsse den toten Punkt überwinden. Münter müsse »gereifte Sicherheit in der Erfüllung eines Berufes« suchen. »Sie werden kein Glück finden, wenn Sie diesen Beruf nicht mit ganzer Seele und aller Kraft in dauernder unbeirrbarer Tätigkeit erfüllen.« Schon im ersten Briefwechsel zwischen Murnau und Berlin schwang Eichner sich auf zu ihrer Gewissensinstanz. »Der Mörder des Erfolgs ist der Zweifel«, rief er ihr zu. Doch Münter fand seine Briefe wenig geeignet, ein entmutigtes Talent aufzurichten; denn das verlange Miterleben und Bestätigung. Er aber zeige allzu deutlich seine Verachtung gegenüber ihrer Brachheit und Passivität.[30] Eichner antwortete kühl, es sei ein wesentliches Merkmal des Künstlers, daß er sich selbst stimuliere. Ihr Motto müsse sein: »Hic Murnau, hic pinge!«

»Der Hauptfehler ist doch der«, klärte er sie auf, »daß Sie kein Mann sind; denn Sie brauchen eine Frau, die Ihnen den Kram der Wirtschaft abnimmt, für Sie in allem Äußeren sorgt, Sie mit etwas Wärme umgibt ... das kann Ihnen kein Mann leisten, auch wenn er sehr anpassungsfähig wäre. Männer sind nicht so genügsame Helfer wie es Künstlerfrauen oft und mit Virtuosität sind, sondern haben andere Arbeit und eigenen Ehrgeiz.«[31] Sie aber gestand ihrem »geschätzten Philosophen, dem lieben, intellektuellen kleinen Jungen und grantigem Hiob-Großpapa«, sie habe sich eben geirrt, wenn sie annahm, die Voralpenlandschaft könne ihr wieder zu jenem flächigen Malstil verhelfen, den sie hier einst mit Jawlensky und Kandinsky beherrscht habe: »Es ist sehr schön hier, sehr räumlich, unerhört räumlich, unerhört perlmutter-silberfarben, unerhört tonig, duftig, zart. Nix für mich zu malen! Wenn Figuren den Burggraben entlangkommen, so ist es wie ein Stereoskop – tief, tiefer, am tiefsten.«[32] Sie setze die Lesebrille beim Malen auf, denn »die scharfgesehenen Einzelheiten in der Ferne sind beim Malen peinlich«. Eichner gab brieflich Ratschläge: »Perspektivisches Motto frei nach Nietzsche: Die Welt ist tief, und tiefer, als die Mü gedacht. Warum soll man sie künstlich flach machen?« Und er forderte von Berlin aus: »Raffen Sie sich auf. Seien Sie ein Mann ... Bei Regenwetter muß zuerst das Selbstporträt geschaffen werden, dann einheimische Charakterköpfe, erdgebundene Gestalten oder Kinder unter dem Hausgetier ... Sie müssen doch die vielen Motive bearbeiten, die ich Ihnen auf die Seele gebunden habe: die volkstümlichen Gestalten, den Sepp mit dem Kind auf dem Schoß, die alte Ahne, halb Hexe, halb Sibylle, den Mann auf dem Acker.« Er empfahl ihr die Zeitschrift *Die Dame*, um sich am Publikumsgeschmack zu orientieren: »Eine venezianische Nacht in der Sommerfrische, ein perlmutterfarbener Abendsee, schwarze Boote mit zitternden schwarzen Schatten und dumpfglühenden Lampions, tief blutroten und nachtfarben blauen, im Hintergrund samtene Berge, im Vordergrund schwarze Menschensilhouetten, das ganze unbekümmert naiv erzählt in gekonnter Skizzierung«.[33] Zweifellos versuchte Eichner, seiner »verehrten gnädigen Frau« wieder zur »quellenden Produktion« zu verhelfen. Er ließ sich Skizzen für ihre geplanten Gemälde schicken, um schon im Entwurf die Gefahren entdecken und Abwegiges ausscheiden zu können: »Die Rücksichtslosigkeit der Zeichnung gegen die Anatomie ist dabei nicht immer in solchem Maße nötig; das Wesentliche läßt sich möglicherweise weniger eigenwillig ausdrücken«, mahnte er, forderte einen perspektivisch getreuen Größenmaßstab und verurteilte manche kompositorische Willkür, die nicht Aneignung der Wirklichkeit bedeute, welche der Betrachter unverzerrt wiederzufinden wünsche. Sie möge besser »darauf achten, daß man Figuren in die Landschaft setzen kann, Landleute bei der Arbeit, beim Nachhauseweg oder genießerische Spaziergänger in der Sommerfrische ... Fürs Publikum spielt solch Steigbügel des Gefühls eine große Rolle.«[34] Münter hörte zunächst auf seinen Rat: »Ich arbeite jetzt vor der Natur naturalistisch. Hoffentlich kommt es nicht zur Totalentgleisung«, schrieb sie ihm Ende August. Eichner zeigte sich jedoch von den Ergebnissen enttäuscht: »Auch bei bestgeglückter Ausführung nicht das Ideal, das uns vorschwebt!« Er wünsche alles weniger herb, idyllischer, dekorativer.

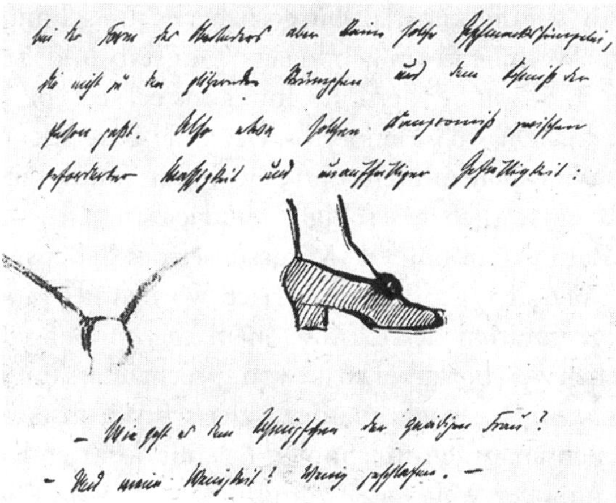

Johannes Eichner, Ausschnitt aus einem Brief an Gabriele Münter vom 29. September 1928.

Er vermisse die »warme Teilnahme, die innerlichste Einfühlung, die Vereintheit mit dem Objekt«. So sei die Staffage eines hilflosen Bäumchens vor der heroischen Alpenlandschaft völlig unpassend. Er bestimmte Münter, die Farben und die Füße der *Sinnenden* abzuändern, »die Absätze weniger modezierlich zu machen, sondern so monumental wie die ganze Gestalt«, und er zeichnete ihr einen solchen Schuh vor. Im übrigen fehle ihren Gemälden die »unauffällige Gefälligkeit«. Er riet ihr dringend davon ab, so weiterzumalen. Auch ihre Farben hätten eine falsche Tonart. Wenn sie verkaufen wolle, so müßten ihre Gemälde in Zukunft seiner »strengsten Durchleuchtung von Seiten des Kunstverstandes standhalten«.[35]

War es ein Wunder, daß Münter sich zutiefst verunsichert fühlte, zumal ihre Achtung vor dem ›Kunsthistoriker‹ groß war? Um ihm ihre malerische Vergangenheit verständlich zu machen, lieh sie ihm Kandinskys Schrift *Über das Geistige in der Kunst*, die er jedoch »unerheblich« fand. Sein eigenes Kunstideal erläuterte er – durch diese Lektüre angeregt – in einem Aufsatz über die Werke seines Freundes Hermann

Konnerth, der die Kunst als bürgerlichen Raumschmuck auffaßte.[36] »Wohnliche Umgebung ist Maßstab und Ergebnis der Arbeit. Schon bei der Entstehung ins echte Leben eingepflanzt, formen sich Konnerths Gemälde unter der Forderung von häuslichem Licht und gewohnter Wand, täglichem Umtrieb und festlicher Geselligkeit und lernen sich als Gestalter der Raumstimmung, als Mitgestalter des Lebens bewähren ... Unendlich gepflegt und weich, vornehmer Luxus des Auges ... inmitten des expressionistischen Tobens der unglücklichen Zeit bezaubernd ... von sprechender Ähnlichkeit ... in tiefstem Gegensatz zu umstürzlerischen Kunstströmungen ... nicht in losgelösten Subjektivismus ausartend, der die Anschauung der Welt vergewaltigt.«

Eichner erwartete von Münter einen Realismus, bei dem sich »nicht die Mittel vordrängen, sondern nur die dargestellte Welt sich einprägt. Das ist echte, urgesunde Kunst.« Nur wer wie Konnerth »mit herzhafter Daseinsbejahung und optimistischer Sinnenfreude auf der Erde steht, erfüllt durch seine Kunst den Wohnraum mit erfrischender Augenlust«.

Münter nahm an, daß Eichner es gut mit ihr meine, doch fragte sie sich, »ob diese kritische, verstandesmäßige, köpfliche Einstellung heilsam, fördernd, fruchtbar sei. Ist es nicht vielleicht ein Fehler, mich an anderen zu messen, an Konnerth, an Klassikern? Vergleiche können auch Gefahr bringen, sie führen mich auf Umwege.«[37] Eichner aber genoß die Vorstellung, daß sie beide in der Verbindung von Verstand und Gefühl ein gemeinsames Werk schaffen könnten: »Kopf küßte die Hand, / nun fand sie die Schlüssel, / dem innersten Quellen / Bahnen zu öffnen.«

Münter zeigte sich von Eichners Erwartungen verstört. Sie hatte Angst, ihn durch Enttäuschung zu verlieren. Sie fürchtete nicht zu Unrecht, daß der Grad seiner Zuwendung vom Stolz auf ihre künstlerische Leistung abhing. »Sie werden bald an mir verzweifeln, wenn es nun auch Essig ist mit den Juryfreien«, hatte sie ihm mit schlechtem Gewissen im Frühsommer 1928 in Berlin geschrieben, zudem noch eine Absage von Hirths *Jugend* für ein Damenporträt in Händen. Ständig verfolgte sie das Gefühl, sich für den mangelnden Durchbruch entschuldigen zu müssen, während er verbittert rügte, daß sie sich nicht nach seinen Malanweisungen richte.

»Vereint in Freundschaft fanden sich Schaffen und Rat«, schloß ein zweites Gedicht, das Eichner ihr im Juli 1928 geschickt hatte; es verdeutlicht ebenfalls den Rang, den er sich als künstlerischem Ratgeber beimaß. Er nahm einen immer energischeren Einfluß auf ihre Malerei, und sie hörte auf ihn, den respektheischenden Privatgelehrten. Während Kandinsky ihr angeborenes Talent geschützt und ihm nichts Fremdes aufgepfropft hatte, versuchte Eichner sie im Sinne seiner idealistischen Kunstauffassung zu beeinflussen, deren Vorbilder in der perspektivischen Kunst der Renaissance lagen. Zur Moderne hatte er ein negatives Verhältnis; von einer das Detail vernachlässigenden Synthese oder der Verzerrung zugunsten einer Ausdruckssteigerung hielt er gar nichts. Das antikische Ideal, die schöne Gestalt, das raumillusionistische Ambiente blieben für ihn zeitlebens verbindlich. Gleichzeitig aber forderte er vom Künstler, daß er auf den Verbraucher Rücksicht nehme, der ein Bild über seinem Vertiko wünsche und dessen Forderung nach einer abbildhaften Malerei berechtigt und darum zu erfüllen sei.

Münter versuchte, in einer Ausstellung der Buchhandlung Wiegelmann in Murnau im August 1928 einige Bilder zu verkaufen. Eichner fand dies in seinem Hang zum Großartigen ein bißchen verächtlich. Doch sie brauchte Geld! Die Schulden bei Schroeters wuchsen und wurden als Vorschüsse verbucht, die beim Verkauf eines gemeinsam ererbten Wilmersdorfer Grundstücks verrechnet werden sollten. So machte sie ihr Haus, das im strengen oberbayrischen Winter unbewohnbar war, für eine Frühjahrsvermietung zurecht, lieferte den Schlüssel beim Nachbarn ab und kehrte am 21. November 1928 nach Berlin zurück.

Als sie im Juni 1929 wieder nach Murnau kam, hatte sich immer noch kein Mieter gefunden. Sie rodete den verwilderten Garten und warb um Sommergäste: vergeblich. Diesmal aber kündigte Eichner seinen Besuch an: »Seit langem bitten und pressen Sie mich, daß ich zu Ihnen kommen soll ... Wenn Sie wünschen, werde ich Sie ganz in Frieden lassen und Sie weder mit einem Kusse – das ist natürlich bildlich gemeint – noch sonstwie aus Ihrem Dornröschenschlaf wecken.« Er kam mit frischbesohlten Bergstiefeln und festen Vorstellungen von einem oberbayrischen Urlaub: »Ich pflege zum zweiten Frühstück ein Ei zu essen und liebe Steinmetzbrot und Butter, die hoffentlich dort ebenso billig ist wie die Milch ... Beim Abholen ist die Hauptsache das Wägelchen und die Kathi, die es zieht.«[38] Kein Wunder, daß Münter diesen Feriengast aufgeregt erwartete, der ihr immer einhämmerte: »Seien Sie anspruchsvoll, beweisen Sie sich als kennerhaft, urteilsfähig und wählerisch!« Eichner schien jedoch von der Bergkulisse ebenso beeindruckt wie von dem von den Murnauern immer noch als *Russenhaus* bezeichneten Eigentum Münters; er versprach ihr, nun regelmäßig wiederzukommen. Doch scheint dieses erste Zusammenleben mit ihm, dem Schwierigen, nicht ganz reibungslos verlaufen zu sein. Am 11. November 1929 grüßte Eichner seine Gastgeberin von einer zehnwöchigen Reise durch Schwaben und Baden, die er ihrer »Einladung« verdanke und durch welche »die Gefahr eines katerigen Endes unseres langen Zusammenseins glücklich vermieden« worden sei.

Münter hatte inzwischen erkannt, daß ihre Malversuche erfolglos geblieben waren. Eichners Bemühung, ihr durch stilistische Anweisungen und selbstverfertigte Malbeispiele den Pinsel zu führen, hatte sie noch mehr verunsichert. So entschloß sie sich, ab Ende Oktober 1929 neue Anregungen in Paris zu holen – »einem Vorurteil zufolge«, argwöhnte Eichner. Sie aber erwartete Impulse von dem Ort, an dem sie sich 1906 vom ›kleinen Ellchen‹ zur selbständigen Malerin entwickelt hatte. Sie konnte sich nun den Luxus dieses Aufenthaltes gestatten, da sie vom Verkauf des Wilmersdorfer Grundstücks eine Vorauszahlung von 12.000 Mark erhalten hatte, eine für sie fast unvorstellbare Summe. Endlich könne sie »nobler leben«! Eichner war entsetzt: nichts habe ihr bisher gefehlt, alles übrige sei »Verplemperung«. Vom Kapital verzehre man nichts. »Falls Sie bis zum Jahresende tausend Mark für Ihr Leben verbrauchen und Ausgaben darüber hinaus vermeiden, werden Sie sich als gute Haushälterin einen Lobstrich verdienen.« Sie war froh, daß ihr die Verantwortung für diese Geldsumme abgenommen wurde, und fügte sich widerspruchslos den Anordnungen, mit denen er ihr Vermögen verwaltete.

Von Paris schickte sie ihm täglich seitenlange Schilderungen ihres Tagesablaufs. Er aber tadelte: »Sie wählten der Bohemiens wegen einen gräßlichen Stadtteil, wo kein soignierter Bürger wohnen möchte.« Sie möge in einen vornehmen Stadtteil[39] mit einer internationalen Pension überwechseln: »Ich habe bei meinem Pariser Aufenthalt die französische Sphäre auch geflohen.«[40] Am 1. Dezember 1929 konnte Münter pflichtschuldigst einen energischen Arbeitsanfang melden. »Ich funktioniere wie eine Maschine ... Ich bin froh, daß ich arbeitsbesessen bin.« Ende Dezember hatte sie schon 16 Bilder fertiggestellt: »Ich gehe wie eine Fabrik.« Am 22. Januar 1930 schrieb sie: »Nachts in der Metro eine Dame in Rot und Schwarz mit hellem Pelzkragen notiert, heute vormittag gemalt. Ganz einfach und stark. Das ist, was ich kann. Ob es genügt, weiß ich nicht. Aber für jetzt zeigt es mir einen Weg.« Der Besuch der großen Pariser Cézanne-Ausstellung am 8. Februar 1930 hatte Auswirkungen auf ihren Stil. »Ich sah beim Tischabräumen ganz plötzlich ein Stilleben, war ergriffen und malte«: ein rotes Salatbesteck in weißer Schale und eine Zitrone, mit harten Schlagschatten. »Ich zittere, daß es auf der Höhe bleibt!« Es gelang ihr wieder, Natur in Kunst zu übersetzen und, wie einst, im synthetischen Sehen das Beiläufige auszuschalten. »Orangen und ein grüner Apfel auf dem blauen Teller vor einer rosa Wand! Lauter so Hingehautes, was ja oft bei mir das beste ist.« Sie erkannte, daß es die störende Vielfalt, das Getüftelte war, »die bedachtsame Arbeit, die mich nicht zu den urwüchsigen Resultaten meiner früheren Gemälde kommen läßt« (Farbtafel XVI). Sie zeichnete die Hausdame der Pension in buntem Schal und malte danach das Bild in einer Viertelstunde – gelungen! »Banalität, ›saubere Arbeit‹ sind Gefahren für mich!«[41]

Sie fand viele Anregungen zu Porträts: »Teuflisch, eine kleine, sehr eitle Sängerin abzumalen, Weile Barkany, erscheint bei mir als ›Diva in Mantel‹ mit weißem Pelz auf Grau, Rosa, Silber, lila Plüschmantel, crèmefarbiger Pelz, dunkel zu untermalen, nicht zu naturalistisch.« Am nächsten Tag erkennt sie: »Dieses Bild ist nicht so herb wie ich es gerne habe ... Aber es hat Qualitäten. Das war ein Sprung ins Wasser und ich bin nicht ersoffen.«[42]

Münters Briefe aus Paris sind Zeugnisse ihrer wiedergewonnenen Sicherheit: »Ich bin so froh, daß ich arbeite und hier und da ein paar Leute getroffen habe, die finden, daß ich ein Kerl bin«, schrieb sie triumphierend an Eichner, der ihren Überschwang zu dämpfen versuchte. »Diktiert von Großvatersorge«, riet er ihr dringend, sich und die Bilder wirkungsvoll zu präsentieren. Dazu müsse sie ihrer Unmittelbarkeit Zügel anlegen. Soigniert solle sie in der großen Welt erscheinen. Er empfahl ihr die angemessene Haarfarbe und die »exquisite aparte elegante Pariser Robe«. 800 Franken für ein nach Stoff und Fasson erstrangiges Modellkleid sei billig – »(zwei Jahre lang zu benutzen gegen monatlich kaum mehr als 5 Mark Abzahlung, wenn man es einmal so rechnen will)«.[43]

Da er fürchtete, daß sie seinem Einfluß entgleite, wurden seine Briefe mahnend und belehrend. »Denken Sie daran, daß man ein Porträt nicht beim Kopf und der Ähnlichkeit, sondern bei der ganzen Bildfläche anfangen muß« (11. November 1929). »Lassen Sie nur recht sehr die ganze Bildfläche charaktervoll und einen Augenschmaus sein!« (30. November 1929). »Sah in Berlin das Porträt einer jungen Malerin, vom Gesicht sah man nicht viel, oder man beachtete es nicht, aber das Bild war frisch und erfreulich, eine schöne Dekoration« (30. November 1929). »Lernen Sie freies Umspringen mit dem Einzelkopf – das ist souveräne Kunst!« (3. Dezember 1929). »Gewinnen Sie die Freude am Schöngestalteten, ... Stilvollen! ... Das Ideal bleibt doch die Harmonie!« (12. Dezember 1929). »Die Bildfläche muß eine einheitliche dekorative Wirkung haben, die das künstlerische Gewicht ausmacht!« (13. Dezember 1929). »Wenn Sie Ihre Sachen und Gestalten überhaupt etwas beeinflussen können, wäre die Herausarbeitung des Architektonischen im Bildgefüge und in den Einzeldingen, die einfache, feste Plastik, gewiß eine gesunde Richtung« (10. Januar 1930). Er wünscht ihr »die Rückgewinnung von Bildhaftigkeit und neuer physisch-perspektivischer Form«. Er tadelte, daß »die übrigen neuesten Sachen in aufgelöstem Skizzismus oder ganz flächenhafter malerischer Wirkung verharren« (12. Januar 1930).

Im *Café du Dôme* traf Münter den Münchner Maler Wolfgang Schülein mit seiner Frau, Susanne Carvallo[44], »die in Berlin Porträts für 2000 Mark verkauft. So geschickt wenn Ihr Müchen wäre, da wäre der Opa stolz!« Nach zwölf Jahren sah sie Isaac Grünewald wieder, mit ihm eine Madame Fougita, die sie bei den Ausstellungen der Berliner Künstlerinnen kennengelernt hatte; Lazare Segal, der ihr von einer Ausstellung bei Karl Nierendorf in Berlin bekannt war, lud sie in seine elegante Atelierwohnung ein. Hans Arp, der in Paris Mitinhaber eines Kunstsalons geworden war, tauschte mit ihr Erinnerungen an die Ausstellungen des *Modernen Bundes* in Weggis aus. Häufig war sie mit der Münchner Freundin Konstanze Schwedeler verabredet oder begrüßte René Grossmann, der zu bestimmten Stunden im Café Coupole anzutreffen war. Der Kunsthistoriker Alexander Heilmeyer, Herausgeber der Monatsschrift *Die Plastik*, vermit-

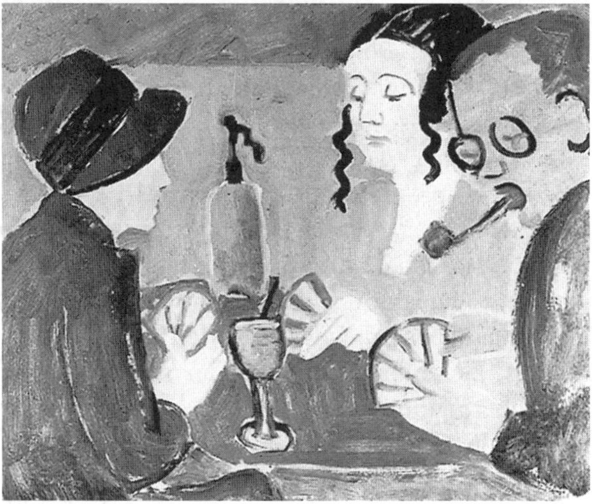

Gabriele Münter, Kartenspieler in Pariser Café, 1930, Öl auf Pappe, 38 × 45,7 cm.

telte ihr eine Ausstellungsmöglichkeit in einer Pariser Galerie; das Unternehmen scheiterte an Eichners Protest gegen die zu übernehmende Raummiete. Loulou Albert-Lazard, mit der Münter in Berlin ausgestellt hatte, fuhr sie im Luxus-Cabriolet durch Paris, besuchte mit ihr Modeateliers und eignete sich vorzüglich als Modell; leidend, elegant und schön saß sie im Bett, zur Seite eine Gedichtvorleserin; Münter war mit dem Porträt zufrieden: »Gut komponiert – zart, starkfarbig.«

Sie hatte das Gefühl, leistungsfähig und wohlgelitten zu sein. Stolz schickte sie eine Notiz der *Pariser Zeitung* an Eichner: »Frau Gabriele Münter-Kandinsky ist in Paris zu Studienzwecken eingetroffen.« Weile Barkany, prominente Konzertsängerin, lud zu einem Tee-Empfang ein: »En honneur de la célèbre artiste G. M.« Die Gästeliste war international. Von Gaston Selz, dem Direktor des Eiffelturms, bis zu Nadia Boulanger, einer jungen französischen Komponistin, waren Einflußreiche aller Sparten vertreten: »Plötzlich bin ich in der Pariser Gesellschaft!«[45]

Eichner schüttete Wogen kalten Wassers in die Begeisterung: Diese Publikation der deutschen Kolonie in Paris sei unerheblich, sie möge sich in die führenden französischen Blätter lancieren lassen! Er freue sich, daß sie in eine »soignierte Gesellschaft« geraten sei, deren Mitglieder der »großen Geschäftswelt« angehörten. Um da mithalten zu können, müsse sie sich einen repräsentablen Empfangsraum einrichten. »Mit solcher Zelebrität verbindet man den Gedanken der Arriviertheit, Salon und Wohnatelier verschaffen gleich ein anderes Relief.« Ein in anständigem Milieu geschaffenes Porträt könne den doppelten Preis bringen gegenüber einem im Pensionsschlafzimmer gemalten. Gepflegte Aufmachung und selbstsicheres Auftreten allein könnten einem Künstler das windige und unsolide Flair nehmen. Sie möge übrigens nur prominente Köpfe malen, Männer, die im öffentlichen Leben bekannt seien. »Es müssen überhaupt erst irgendwo Leute aufgestöbert werden, die Ihre Arbeiten kapitalistisch als einen bestimmten Geldwert gelten lassen!« schrieb er ihr am 6. Januar 1930. Er belohnte Münter für ihre regelmäßigen Berichte durch Ratschläge für die Große Welt. Ihm blieb nicht verborgen, wie frei und selbstsicher sie sich in Paris bewegte, darum zog er die Zügel stramm. Münter durchschaute seinen Argwohn, sprang aber nicht aus dem eingefahrenen Rollenspiel, in dem sie den Part des unvernünftigen, ratlosen – und nun auch noch unbotmäßigen – Kindes übernommen hatte. Sie neckte ihn liebevoll als »kleiner Opa, der an alles denkt«. Sie spielte Reue als »dummes schutzloses Müchen«, als »lieber Säugling«, als »armes hilfloses Kind«! Manch spöttische Sentenz zeugt von der Doppelbödigkeit ihrer Reaktionen. Mit Augenzwinkern reagierte sie auf sein »Gequengel«, mit Humor auf seine »Schulmeisterei«, mit Neckerei auf seine »unfehlbare Allwissenheit«. Wurde seine Kritik an ihrer unkonventionellen und darum zu wenig damenhaften Art kränkend, so antwortete sie ihm lakonisch: »Um das zu beurteilen, sind Sie zu weit weg.« Doch sie unterhöhlte nie seine kunstkritische Kompetenz, stellte seine finanztechnische Überlegenheit nie in Zweifel. Nur nicht wieder allein gelassen werden!

Im übrigen war es ihr höchst bequem, daß Eichner nach und nach alles Geschäftliche für sie erledigte. Dennoch könne er den Posten als ihr ›Sekretär‹ nicht behalten, spöttelte sie, wenn er sie nicht sofort mit einer Leselupe ausstatte; in einer Seite mit seiner millimeter-winzigen Schrift stecke der Inhalt von vier Briefen, um dreimal Porto zu sparen. Er hingegen genoß die nach Zinstabellen ausgeklügelte Verwaltung ihres Kapitals, – in der Wertschätzung des Geldes und in seiner puritanischen Sparsamkeit, die er auch ihr abverlangte, äußerte sich ein später Gehorsam gegenüber seinem finanzbegabten Vater. Die Summe all seiner Briefe, die bei Münter Mißtrauen in die Beutegier aller Menschen erzeugen sollten, zog er in dem Satz: »Es wäre jedenfalls ein Hohn, wenn Sie sich, während ich Ihnen helfen kann, von fremden Menschen in eine unklare und ungeschickte Situation schleifen lassen.«[46] Sein Autoritätswille stieg in dem Maße, in dem seine Eifersucht auf fremde Einflüsse wuchs. Münter aber sah darin vor allem Behütung und Sorge und weniger den Versuch einer Entmündigung.

Am 18. Juli 1929 hatte sie Eichner eine Generalvollmacht erteilt, damit er sie in allen Vermögensangelegenheiten rechtskräftig vertreten konnte. Georg Schroeter zeigte sich tief gekränkt über diesen Schritt seiner Schwägerin, die ihn damit als den Bevollmächtigten der Erben Münter ausgeschaltet hatte. Das in ungeteilter Erbengemeinschaft befindliche Wilmersdorfer Grundstück war durch ihn verkauft worden, jedoch nicht an die Stadt, die 326000 Reichsmark in überschaubaren Abständen zahlen wollte, sondern zu einem höheren Preis an eine Bauträgergesellschaft, deren Ratenzahlungen von Baubeginn und -ende abhängig waren – ein Restkaufgeld wurde als zweite Hypothek belassen. Eichner, entsetzt über die Verlustgefährdung in einer wirtschaftlich so unsicheren Zeit, beschuldigte den »finanzunkundigen Professor« hart, Münter in den Ruin zu treiben. Er machte sich anheischig, die verfahrene Lage vielleicht noch zu sanieren und notfalls durch eine Klage gegen Schroeter ihren Vermögensanteil zu retten.

Die Briefe, die von nun an zwischen Paris und Berlin hin und her gingen, handelten ausschließlich von der Lückenhaftigkeit und Gefährlichkeit des Schroeterschen Kaufvertrages und von dem phantastischen Vermögen, das Münter dadurch verlorengehen könne. Sie enthielten seitenlange Abhandlungen Eichners über Rechts- und Bankauskünfte, Spekulationen und Zinsfuß. Er warnte Münter dringend vor einer direkten Verbindung mit den Verwandten, »man kann Sie beschwatzen, einlullen, einschüchtern«, denn »auf Ihre Harmlosigkeit, Arglosigkeit und Treuherzigkeit spekuliert man«. Ein Anwalt solle sich »in dem familiären Morast herumschlagen und dem Schwager Daumenschrauben anlegen ... Verschwenden Sie an diese Herrschaften kein Wort des Herzens, sondern seien Sie froh, wenn Sie von ihnen loskommen.«[47] Eichner belächelte Münters Glauben an die Redlichkeit Schroeters: »Ich werde das endgültige Urteil über den ganzen Fall bilden.« Sie möge nun endlich das »ziellose Herumgeklöter« vermeiden. »Ich bedaure, daß Sie solche Verwandten haben, gehen Sie zu lichteren Menschen und Verhältnissen über.« Er oder diese Familie – das war sein unausgesprochenes Ultimatum. Wenn sie sich wieder »einfangen« lasse – bitte! »Ich streike dabei glatt.«[48]

Eichner, mit einer Witterung für alles Finanzielle, hatte die Pleite des Bauträgers und den Verlust der Restkaufsumme vorausgesagt und behielt damit recht. Münter war erschrokken, wie stark er sich in Wort und Schrift engagierte. Sie selbst erduldete den Verlust mit Gleichmut: über Geldsachen konnte sie sich niemals aufregen. Schwer trug sie hingegen am Zerwürfnis mit ihrer Familie; bis zum Tod der Schwester im Jahre 1946 blieb die Verbindung abgebrochen.

Der Verlust ihrer Verwandschaft schien ihr nach und nach aufgewogen durch den Gewinn eines Menschen, der allein auf sie ausgerichtet war. Die einfühlsame Porträtistin Münter stellte einmal in einer Tagebucheintragung fest[49], daß viele der von ihr Porträtierten ihre Bildnisse zum Glück nicht fertig gesehen hätten; es wäre ihnen sicher peinlich gewesen, so durchschaut worden zu sein. Wer sich solch seelische Aufschlüsselung zutraut, vermag wohl auch den Partner richtig einzuschätzen. Sie beobachtete Eichners Bemühung, jeden fremden Einfluß auszuschalten.

In einer überstarken Identifikation sprach er stets von »unserem Planen«, »unserem Vermögen«. Sie bewertete dies als die Kehrseite seines Verantwortungsgefühls für sie. Manchmal ärgerte es sie, daß er unter einer gewissen Glätte und Beflissenheit nichts von sich preisgab. Auch hinsichtlich seiner weiteren Berufsziele hielt er sich nach ihrer Meinung allzu bedeckt. Versäumte er durch sie seine journalistische Karriere? Er beruhigte sie darüber: »Ich denke ganz richtig an mich und die Bedingungen, unter denen ich leben und gedeihen kann ... Wenn Sie aufmerken, werden Sie allenthalben fühlen, daß ich mich nicht verleugne und vergesse. Lassen Sie mich sein, wie ich bin. Vielleicht kann ich Ihnen gerade so dienen.«[50]

Entgegen ihrer früheren vorschnellen und oft barschen Art entwickelte Münter ihm gegenüber die Fähigkeit, das ihr Unangemessene langmütig zu übersehen. In diesen beiden Jahren – 1929 und 1930 – bildete sich die Lebensform heraus, in der sie sich für mehr als drei Jahrzehnte mit Eichner zusammenfand. »Hoffe sehr, daß ich nicht mehr lange ohne Sekretär und Opa bin«, dieser Satz bildete die Basis einer Beziehung, in der die nun fast 53jährige Münter ihm Mitte Dezember 1929 von Paris aus anbot, eine gemeinsame Wohnung zu mieten: »Seien Sie klug, vernünftig und praktisch und arrangieren Sie uns gut. Wenn Sie lieber heiraten wollen, meinetwegen ... Ehe oder nicht ist Formfrage, die erörtert werden kann. Mir scheint, ich habe mich so lange allein durch die Welt gequält, daß es nicht mehr die Mühe lohnt.«[51]

Der spröde Gefährte schien ihr »made for me«. Seine emotionale Distanz war ihr gerade recht. Das bindungssüchtige Sehnen der 20er Jahre war bei ihr verflogen. Sie brauchte in der Beziehung zu Eichner keine gefühlsgetragenen Trennungsängste zu befürchten, konnte ihre innere Selbständigkeit bewahren und war doch nicht allein. Da sie während der Zeit ihrer tiefsten Vereinsamung eine lebensgefährliche Operation überstanden hatte, durch die sie sich als Frau entstellt fühlte, war es ihr gerade recht, daß Eichner nie die Schranken überschritt, die ihnen die damalige Zeit als nicht verheiratetem Paar setzte.[52] Sie nannten sich – auch vor der Welt – ›Ei‹ und ›Mü‹. Eichner bemerkte oft in seinen Briefen, daß er für »ein liebendes Frauenherz voller Träume vielleicht etwas enttäuschend« sei. Doch er erwartete auch von ihr »Distinktion« und ein unsinnliches Erscheinungsbild. Als er sich am 12. Dezember 1929 zu Weihnachten ihr Selbstporträt wünschte, legte er Wert auf Unnahbarkeit: »Die Lippen dürfen nicht getupfte Allerweltsware sein, wie sie vergnügte Tippdamen haben, sondern sollen versteckt sein wie Mona Lisas schmale Lippen und Ihre ... Also bitte nichts Banales!«

Im Januar 1930 fragte Münter den Berliner Gefährten, ob er Lust habe, sie in Paris zu besuchen. Auf diese Weise könne er sie aus den von ihm verachteten, »wenig bodenständigen und dafür genialisch lebenden Kreisen« retten! Hatte ihn nicht der schüchterne Pumpversuch einer ihrer Freundinnen in Harnisch gebracht und zu einem seitenlangen Entrüstungsschreiben veranlaßt? Wenn bei diesem leichtfertigen Volk ruchbar würde, daß sie 1200 Mark monatlicher Zinserträge habe und nicht zu knausern brauche! Ihm aber fehle für Paris die repräsentable Ausstattung. Die Zeiten für freie Mitarbeiter seien schlecht, namentlich die Feuilletonisten müßten den Aufträgen nachjagen. Er klappere oft vergeblich die

UFA-Ateliers in Neu-Babelsberg ab, um etwas über neue Produktionen herauszuspionieren. »Um in der Gesellschaft mitzumachen, brauchte ich einen Vormittagsanzug und einen Tee-Rock (Cut), und um eine Dame in großer Toilette in die Oper zu begleiten, ein evening dress. Diese Sphäre muß ich mir jetzt versagen.«[53] Dennoch löste er 14 Tage später seine Berliner Wohnung auf und rüstete sich für einen zweimonatigen Paris-Aufenthalt: »Ihren wiederholten freundlichen Bemerkungen entnehme ich, daß Sie meine an sich geringen Wünsche und Notwendigkeiten draußen finanzieren wollen, da sonst mein Kommen nicht möglich ist.« Aber: »Ich sollte vorher dringend mich etwas acquirieren.«[54] Münter erwiderte in überlegener Güte und Großzügigkeit: »Wir haben eine freundschaftliche Gemeinschaft, in der jeder das gibt, was er hat.«[55]

Die Anmeldung Eichners versetzte sie jedoch in beträchtliche Aufregung. »Mein Ei, der wie ein rohes Dito behandelt weden muß«, war anfällig gegen jede Störung und konnte Geräusche und Gerüche nicht ertragen. Er schickte eine Liste der Bedingungen, unter denen er »penibel mit angemessener Unterkunft« wohnen könne. Doch unter dem Aspekt seines Perfektionismus fand Münter alles unzureichend. Tatsächlich suchte Eichner selbst kurz nach seiner Ankunft am 2. Juli 1930 eine kleine Wohnung im Pariser Vorort Meudon/Seine et Oise, der ihm durch den letzten Wohnsitz Rodins, die *Villa des Brillants,* von einem früheren Aufenthalt her bekannt war. Durch den etwas eintönigen Lebenszuschnitt inmitten des bürgerlich geordneten 18000-Seelen-Ortes war Münter dem leichtfertigen Volk Montmartres zwar ferngerückt, ebenso aber auch den vielfältigen künstlerischen Anregungen. Dafür hatte sie ihren Kunsttheoretiker wieder zur Seite, der seine guten Absichten schon angekündigt hatte: »Ob ich Ihnen viel leisten kann im künstlerischen Weiterkommen und auf der Straße des Ruhmes, weiß ich noch nicht sicher. Aber ich will mich bemühen.«[56] Und das tat er denn auch! Wenn sie von der Terrasse des Mansart-Schlosses auf Paris blickte, schärfte er ihr ein, sie möge die Natur weniger ›übersetzen‹ als ›abbilden‹ und sich endlich mit dem perspektivischen Aufbau eines Bildes befreunden.

Am 2. September 1930 brach Gabriele Münter mit ihrem Begleiter zur Côte d'Azur auf. Dank des von ihm betreuten Kontos könne sie, wie er beruhigend bemerkte, »wenigstens mit gutem Gewissen im bisherigen Stil weiterleben und, wenn Ihnen das lieb ist, mich wieder einladen, Ihnen dabei Gesellschaft zu leisten, ohne daß ich mich genieren müßte«.[57] Über Annecy fuhren sie nach Chamonix, dann über Lyon nach Avignon, Marseille und Toulon. Um diesen in Leuchtkraft, Duft und Fruchtbarkeit prangenden Landstrich gründlich kennenzulernen, reisten sie in Etappen. Am besten gefiel es ihnen in Sanary, dem provençalischen St. Nazaire[58], das noch den Reiz eines Fischerdorfs mit einem einzigen, in einem alten Wachturm am Meer eingerichteten kleinen Hotel bewahrte, während sie aus dem benachbarten Bandol flohen, das sich schon in einen eleganten Badeort verwandelt hatte.[59] Münter, die eigentlich nur ausspannen wollte, fuhr, überwältigt durch die Farbenpracht des Midi, eiligst nach Toulon, um sich Malzeug zu kaufen. Seit ihrer Ankunft in Paris im Dezember 1929 hatte sie 85 Bilder gemalt; am 2. Oktober 1930 erreichte sie in Sanary mit *Trinkbude unter Palmen* die Nummer 100. Das mußte gefeiert werden! Mit von der Partie war Hans Purrmann, der sie mehrfach in sein Atelier einlud, um ihr – entflammt für diese farbensatte Landschaft – seine hier entstandenen Werke zu zeigen.

In einem wahren Malrausch erlebte sie nach, wie hier vor 25 Jahren die moderne Malerei geboren worden war, als die *Fauves* die Lichtqualität der Farben entdeckt und diese den Farben selbst innewohnende Leuchtkraft – unter Ausschluß anderer Lichtquellen – auf die Leinwand gebracht hatten. Auf dem Landgut Paul Signacs in St. Tropez hatten Matisse, Bonnard, Camoin, Marquet und Manguin 1904/05 mit diesem auf keine äußere Beleuchtungsquelle angewiesenen Farblicht experimentiert. Am gegenüberliegenden Ufer des Golfes von Lyon, in Collioure, war Matisse und Derain im folgenden Jahr die für den Expressionismus fundamentale Entdekkung gelungen, wie in der Farbe selbst die Umwelt ausgedrückt werden konnte – Hell/Dunkel, Klima, Jahreszeit. Angesichts dieser nah und fern in gleich starken Farben leuchtenden Landschaft fand Münter wie selbstverständlich zu der ihr eigenen Begabung zurück, wie einst in Murnau allein mit der Farbe in einer formenklaren, flächigen Malerei das Charakteristische der Umgebung auszusagen. Als die Berliner Galerie Wilschek am 15. November 1930 eine Ausstellung mit ihren aus dem Midi[60] mitgebrachten Bildern eröffnete, zeigte sich die Kritik begeistert.

Doch brach gerade an diesen Gemälden ein lange schwelender privater Konflikt aus. Er äußert sich in einem unscheinbaren Satz, den Gabriele Münter in Sanary in ihr Notizbuch gekritzelt hatte: »›Hütte unter Palmen‹ vernichtet, da durch Eis Kritik verstimmt.«

Es war Eichners unbestreitbares Verdienst, Münter immer wieder zum Malen angetrieben zu haben. Es stellte sich zu beider Nachteil heraus, daß ihr Malstil nicht seiner Bildauffassung entsprach. Er drängte sie in einen Realismus, der das Einverständnis zwischen Darstellung und Darzustellendem, zwischen Wirklichkeit und beobachtendem Maler stillschweigend voraussetzte. Damit lag er im Trend der Zeit, in der die ›Künstlersekten‹ – all jene mit den Malmitteln experimentierenden Stilgruppen – den unreflektiert ›Abmalenden‹ Platz gemacht hatten. Dieser Realismus, der sich im Übergang zu den 30er Jahren nicht nur in Deutschland entwikkelte, sprach das wirkliche Können nur den alten Meistern zu. Im Blick auf vormoderne Zeiten malte man wieder Bauernstuben mit Webstühlen, ländliche Idyllen, gefällig-nackte Frauenkörper, Familienszenen. Die Maler, die sich um möglichst naturgetreue Wiedergabe bemühten, waren in einer

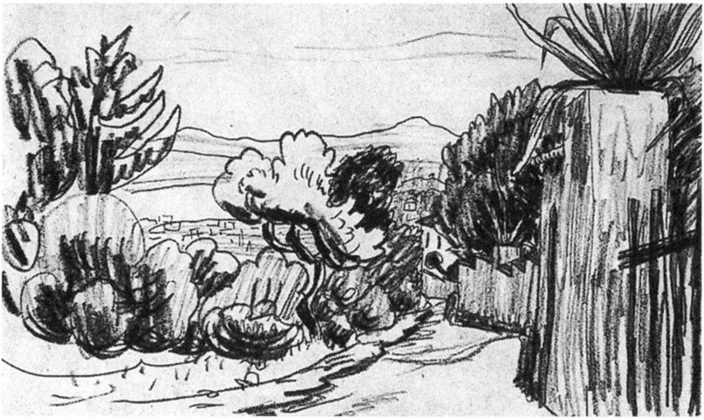

Gabriele Münter, Südliche Landschaft, Herbst 1930, Kreidezeichnung, 25,8 × 42,3 cm.

gewissen Harmlosigkeit ebensoweit von einer intellektuell geprägten Stilbildung entfernt wie von einer eigenen, unverwechselbaren Handschrift. Sie versuchten, sich Menschen und Dingen ohne kritischen Vorbehalt – ›offen‹ – zu nähern. Der Briefwechsel zwischen Münter und Eichner ist voll von seinen Überlegungen, wie sie solche Abbildungstreue erreichen könne, und von ihrer verzweifelten Verteidigung, daß sie derartige Gemälde im Stile des Traditionalismus nicht zustande bringe. In einem Punkt hatte Eichner als pragmatischer Ratgeber für das Zeitgemäße recht: Der Anspruch der Avantgarden hatte sich verbraucht. Ihm, dem Geisteswissenschaftler, war die Hybris jener Künstler seit je verdächtig, die sich zugemutet hatten, durch ihr Werk die Gesellschaft zu revolutionieren, die Wissenschaften zu entthronen, die Religion zu ersetzen. Dieses für ihn ›windige Volk‹ war in der Vergangenheit allzu unbescheiden aufgetreten, es hatte nicht nur die Welt mit ›Schönem Schein‹ ausstatten, sondern auch noch Priester, Denker und Gelehrter sein wollen. Eichner wünschte, die bildende Kunst würde zurückgedrängt in eine dienende Funktion, sei es im ›Angewandten‹ oder im dekorativen Raumschmuck für jedermann. Er belächelte ihren Anspruch auf gesellschaftlichen Vorrang, den explosiven Ehrgeiz aller Kunst-Propheten, und dazu rechnete er auch den *Blauen Reiter*. Er äußerte dies unmißverständlich während einer Ausstellung der *Berliner Sezession* im November 1929, die er der in Paris weilenden Münter als ereignislos beschrieb: »Man hat den Abstrakten ein Sälchen gegeben. Aber es ist kein Erfolg. Jawlensky variiert sein altes Gesichtsthema. Es soll auch Kandinsky dort hängen. Ich habe ihn aber übersehen, er sieht nicht anders aus als ein Nachahmer. Keine Zukunfts-, sondern eine überalterte Kunst! ... Und keine tiefsinnigen Worte über den koketten Infantilismus Klees!«[61]

Eichner begrüßte den Sieg des Objekts über die verfremdende Willkür des Künstlers. Auch Münter, seit Paris wieder schwungvoll im erlebnisgebundenen, sondierenden Sehen, müsse sich selbst zurücknehmen, farblich lautloser werden, müsse getreuer abmalen, was vor Augen liege und unbezweifelbar von jedermann wahrnehmbar sei. Welche Hybris eines Malers, auswählend zu entscheiden, was im Naturanblick ›wichtig‹ und was ›nebensächlich‹ sei! Er riet ihr, die Palette in dekorativem Reichtum aufblühen zu lassen, der Natur die zahllosen gestuften Zwischentöne abzulauschen. Auf sein Geheiß, *allen* Gegenständen ihr Recht zu lassen, erklärte sie ihm: »Der Gegenstand ist für Sie die Aufgabe ... Die Hauptaufgabe kann auch sein: Form, Komposition, Zeichnung, Farbe – die Klippe ist die Übereinstimmung aller Aufgaben mit dem Naturgegenstand. Da steht nun das angefangene Bergbild, ich weiß nicht weiter.«[62]

Mißmutig quittierte sie die Ermahnungen des »guten, quengeligen, trietzigen Opas ... Ja, wenn ich höre, daß ich Bilder malen *muß* – große, schöne, und daß ich das Rennen mitlaufen muß, Reklame machen, ausstellen, klappern, dann werde ich ganz welk.«[63] Sie war schon so verunsichert, daß ihr Malimpuls verging, ehe sie ein Gemälde anfing. »Meine besten Arbeiten sind die, die ich mache ›à la diable m'emporte‹, wie Kandinsky sagte. Wo Denken und Rücksichten einsetzen, wird es zahm und fad. ›Brav derf mer nit sei!‹ Ich habe, wie es scheint, eine gewisse Wut nötig ... Die seelische Verfassung, wenn mir etwas gelingt, mag ähnlich sein, wie die eines Indianerhäuptlings, wenn er einen wilden Büffel fängt. Es ist da ein verzweifeltes Gefühl von brutaler Rücksichtslosigkeit und Draufgängertum. Dann ist das sanfte Täubchen, das ich bin, vergessen. Solche Wütigkeit passiert oft bei der zweiten, dritten Arbeit, wenn ich schon recht unzufrieden bin.«[64]

Die Umdressur blieb ohne Erfolg. Sie konnte Eichner nicht begreiflich machen, daß sie nicht von der ›Schönheit‹ einer Landschaft, vom ansprechenden Postkartenblick, vom geschmackvollen Detail angeregt wurde, sondern von einem Motiv, das ihr eine lineare Konstruktion ermöglichte, das darum etwas Unfertiges hatte und erst in ihrer Bildgestaltung seine Vollendung erreichte. »Der frisch-frei-fröhliche Expressionismus, die Naivität und Urwüchsigkeit ernähren ihren Mann nicht mehr, und sie sind im Augenblick nichts wert ... Spontan möchte ich malen, wenn es mich packt, echte, gute, impulsive Bilder und mich um kein Urteil kümmern. Ob sie wirklich gut oder schlecht sind – egal, ich mach's halt und pfirti!« Eichners Vorschlag, aus der Phantasie zu malen, wenn die Natur in ihrer Vielfalt sie störe, setzte sie entgegen: »Auch die Natur ist solch ein Impuls. Ohne diese Impulse von außen verarme ich. In einer Gemeinschaft stehen, in einer Richtung mitgehen, das gibt es nicht für Robinson.«[65]

Verhängnisvoller als die Kritik an ihrer Malerei wurde Eichners abschätzige Bewertung ihrer *Umrißzeichnung*, die seit je ihr eigentlich künstlerisches Fundament bildete: »Der Kenner bemerkt gewisse Stellen der Glätte, sogar der unpersönlichen Ausdruckslosigkeit des Strichs.« Es fehle völlig das »Unbeholfene der ersten Eingebung, die Improvisation des freien Schaffens«. Was sie da »Zeichnung« nenne, sei doch nur das saubere Abkopieren ihrer Freihandskizzen, wirke

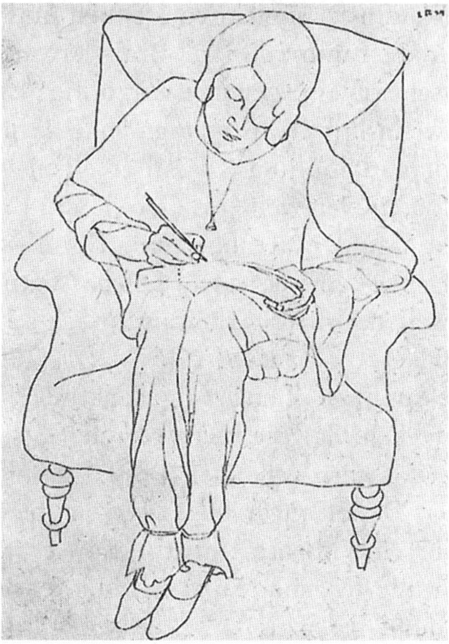

Gabriele Münter, Schreibende, 2. Dezember 1929, Bleistiftzeichnung, 31 × 21 cm.

darum zwar gekonnt, verdiene aber doch diesen Namen gar nicht. Ja, wenn sie Freihandzeichnungen machen könne – dann würde alles problematischer, dafür aber auch »natürlich unbeholfen«, echt und ohne die Glätte des Perfekten! Münter war fassungslos: »Ja denken Sie denn, meine Linienzeichnungen wären gepauste Reinschriften? Ich versichere Ihnen, daß es alles Originale ... sind. Direkte ›Abschriften der Natur‹ ... Komisch, denken Sie wirklich, meine guten und von Kennern so vielbeachteten Zeichnungen seien Kopien oder Durchklatsch?« In Paris, wo sie in der *Grande Chaumière* einen Kursus belegt und damit in der Erinnerung an 1906/07 einen Wiederholungserfolg verbucht hatte, seien diese Zeichnungen mit denen von Matisse, Picasso, Rodin und Schiele verglichen und épatant, meisterhaft sicher und persönlich genannt worden, kurzum von verblüffender Qualität. Das überzeugte Eichner gar nicht: »Sehr nett, wenn irgendwelche liebe Menschen oder auch ein unbekannter ehrlicher Maler sich für Ihre Zeichnungen erwärmen«, bemerkte er mürrisch. »Besser wäre es, Matisse sähe sie und sagte: ›Das ist Geist von meinem Geist, eine herrliche Parallele, eine Duplizität des geistigen Ereignisses!‹ Dann wären Sie gemacht! Dann würde auch ich mich daran zu orientieren suchen!«[66]

Durch Eichners Bemerkung verunsichert, fürchtete Münter, daß ihre klaren Umrißzeichnungen nicht als Originale gewertet würden, und zeichnete, um nicht so »ekelhaft geschickt« zu erscheinen, mit der linken Hand. Da ihr der splittrige Strich nicht lag, versuchte sie durch Überschneidungen, abgebrochene Linien und Auslassungen den Eindruck des unvollständigen ersten Entwurfes zu erzeugen. Im großen und ganzen aber hatte sie die Lust am Zeichnen verloren.

Am 1. April 1931 kehrte Münter, des Berliner Pensionslebens überdrüssig, in ihr Murnauer Haus zurück. Die Bilder häuften sich in Flur und Wohnraum. Um sich in München wieder in Erinnerung zu bringen, wollte sie in der *Großen Münchner Kunstausstellung* bei der *Neuen Sezession* ausstellen. Die Wahl bereitete ihr Kopfzerbrechen. »Sie schnacken wieder schrecklich viel klug und tun gerade das, was Sie ja nicht sollen: theoretisieren. Wichtig ist der Opa! Es kann einem bange werden!« spottete sie am 16. April 1932 in einem Brief nach Berlin. Der Kunsthistoriker Franz Roh, der gerade bei ihr zu Besuch war, um über die Murnauer Glasbildsammlung zu schreiben, half ihr bei der Entscheidung. In seiner Begleitung befand sich Kurt Schwitters[67], der ihr – »etwas spinnig«, wie sie meinte – den Rat gab, statt zu malen Flachs anzubauen, das würde sich in der kommenden Zeit besser bewähren. Sein Rat für die Bildauswahl sei jedoch wertvoll, erklärte sie Eichner beziehungsreich, denn aus ihm spreche eben nicht »der Kunsthistoriker« und »der Kenner«, sondern einer, der »selbst in diesen Dingen lebt und arbeitet, nicht genießend oder kritisch, sondern schöpferisch«.[68] Von den Bildern, die sie Anfang Mai 1932 einlieferte, wurde bei der Jurierung jedoch nur ein einziges genommen, *Tauwetter im Moos*. Es gab keine Täuschung darüber, daß Münter künstlerisch im Abseits stand.

Am 4. November 1932 teilte ihr Adolf Erbslöh, 1909 Gründungsmitglied und zeitweise Vorsitzender der *Neuen Künstlervereinigung München*, mit, daß der *Münchner Kunstverein* im Mai 1934 eine Jubiläumsausstellung des ehemaligen ›Vereins‹ veranstalten werde, bei der jedes frühere Mitglied zehn bis zwölf Gemälde einbringen könne. Gleichzeitig solle das graphische Werk der Beteiligten in einem gesonderten Schwabinger Ausstellungsraum präsentiert werden. Münter schickt eine freudige Zusage und erfuhr zu ihrem Erstaunen, daß Kandinsky nicht nur mitmache, sondern das Vorhaben sogar als ausgezeichnete Idee begrüßt habe. Doch dann kam Erbslöhs Absage: »Die große nationale Bewegung läßt eine internationale Kunstausstellung zur Zeit nicht angezeigt erscheinen. Die Museen, welche die in ihrem Besitz befindlichen Bilder unserer ehemaligen Mitglieder haben abhängen müssen, werden uns dieselben kaum zu einer Jubiläumsausstellung der *NKVM* zur Verfügung stellen.«[69] In Thüringen hatte Wilhelm Frick, als erster nationalsozialistischer Minister in einer bürgerlichen Regierung für Innenressort und Volksbildung zuständig, alle Lehrer der *Staatlichen Kunsthochschule in Weimar* entlassen, die noch den Stil des im Mai 1925 nach Dessau ausgewichenen *Bauhaus* vertraten. Sein ideologischer Berater und Schwiegersohn Paul Schultze-Naumburg, Architekt und Autor des 1928 erschienenen Leitfadens *Kunst und Rasse*[70], drohte, die »Verfallskunst« aus dem Weimarer Schloßmuseum zu entfernen, darunter Werke von Kandinsky, Klee, Kokoschka, Marc, Nolde, Feininger und Dix. Er würde damit Ernst machen. Als neuer Direktor der Weimarer Kunsthochschule hatte er schon im Oktober 1930 die Fresken Oskar Schlemmers[71] in deren Treppenaufgang als »wertlose Übungsarbeiten« übertünchen lassen. Die »Vergötzung jüdisch-bolschewistischer Machwerke« sollte beendet, die »Wiedergeburt einer nationalen Volkskultur« gefördert werden. Museumsleiter, mißliebig wegen ihrer Ankaufspolitik während der Weimarer Zeit, sollten kurzerhand vor die Tür gesetzt werden.

Hatte Münter – der jetzt erst der Tiefsinn der Bemerkung Schwitters' aufging – gehofft, die Wogen der zeitgenössischen Unruhe würden nicht in den Frieden Murnaus dringen, so irrte sie sich. Bereits am 1. Februar 1931 hatte eine Saalschlacht im Hotel Kirchmeir bewiesen, wie stark der Nationalsozialismus in der vorwiegend von Kleinbürgern bewohnten Marktgemeinde Fuß gefaßt hatte. Damals hatte die Sozialdemokratische Partei Deutschlands zu einer Volksversammlung aufgerufen, in der der Vizepräsident des Bayerischen Landtages, Erhard Auer, zum Thema *Demokratie oder Diktatur* sprechen sollte. Doch so weit war es erst gar nicht gekommen, schon vorher flogen die Biergläser, krachten die Stuhlbeine. Nach einer Zeugenaussage[72] hatte eine von außerhalb angereiste Truppe von SA-Männern die Schlägerei planmäßig vorbereitet. Das *Murnauer Tagblatt* hatte der Stimmung im 3000-Seelen-Ort Ausdruck gegeben: »Die Sympathie ist hier in Murnau unbedingt auf seiten der Nationalsozialisten.«[73] Diese Anhänglichkeit reichte bis ins Jahr 1923 zurück, als Adolf Hitler in den ersten Mai-Tagen eine immer wieder durch Beifall unterbrochene Rede in der überfüllten Murnauer Turnhalle gehalten hatte, die vom *Staffelseeboten* am 9. Mai 1923 begeistert kommentiert worden war: »Das Neue Deutschland wird geboren werden! Unter dem Zeichen ›Adolf Hitler‹ wird es geboren werden.« Die Marktgemeinde galt schon lange vor der Machtergreifung am 30. Januar 1933 im bayrischen Oberland als ›Nazi-Hochburg‹.[74] Das bewiesen vor allem die Reichstagswahlen, bei denen Murnau eine prozentual weitaus höhere Stimmenmehrheit für die NSDAP als das Reich oder Oberbayern zusammenbrachte.[75]

Anfang März 1932 fand Gabriele Münter am Türfenster drei Blätter mit Hitler-Parolen. Sie waren nachts angebracht worden. »Es kann einem übel werden«, schrieb sie in ihr Notizbuch. »Also morgen ist der große Zimt. Wenn es nur nicht, statt des Endes, der Anfang für Nazi-Tätigkeit wird.« Doch noch einmal konnte sie sich über ein Wahlergebnis freuen: In der Reichspräsidentenwahl[76] siegte Hindenburg über den ebenfalls kandidierenden Hitler im zweiten Wahlgang mit knapp über 50 % der Stimmen, Hitler erhielt 36,8 % – zwei Drittel der Wähler votierten also gegen ihn! Die Gefahr schien gebannt.

Gerade in diesen politisch aufrührerischen Zeiten fühlte sie sich durch Eichner geschützt. Manchmal verspottete sie seine Pingeligkeit. Sie war gegen langes Fackeln. Er erschien ihr zu mißtrauisch und zu umständlich. Er aber fürchtete nichts mehr als die wegwerfende Handbewegung, mit der sie seine oft langatmigen Erwägungen abschnitt. Dennoch richtete sie sich nach seinen pragmatischen Vorschlägen. Er war der Bremsklotz, wenn sie trotzig und unvorsichtig wurde. Er wirkte als Dämpfer bei ihren spontanen Entschlüssen.

Im stillen dankte sie ihrem Vertrauten, gegen dessen Skepsis und grimme Sachlichkeit sie oft im großen Schwung ihrer Ungeduld aufbrauste, und der dennoch pflichtgetreu weiterhin für Ordnung in Haus und Atelier sorgte. Da wurde kein Termin verpaßt, blieb keine Ausstellungschance unbeachtet! Letzten Endes war ihr sein autoritäres Mahnen und Drängen sogar recht bequem. Anerkennend teilte sie Eichner zu Weihnachten 1932 mit: »Etwas von meiner ›Harmlosigkeit‹ und ›Unberührtheit‹ haben Ihre Predigten mir ja genommen!«

Münter war und blieb eine unfügsame, eigensinnige Gefährtin, doch eine vom Partner unabhängige, ›weibliche‹ Initiative vermochte sie nicht zu entwickeln. Sie war nicht in der Lage, den Glauben an die Beschützerrolle des Mannes auf seinen nüchternen Grundgehalt zu prüfen, obwohl sie für Kandinsky die Lebensstarke und Beschützende gewesen war und auch gegenüber Eichner eine vitale und intuitive Überlegenheit bewies. Allein fühlte sie sich jedoch ungesichert, unversorgt, ja preisgegeben. Das ungeschriebene Gesetz von der Vorrangstellung des Mannes, das sie in ihrer Jugend verinnerlicht hatte, war eine Macht, die länger und tiefer wirkte als alle einzelnen männlichen Übergriffe und Ungerechtigkeiten, unter denen sie sich voller Empörung aufgebäumt hatte.

Sie rächte sich für vieles stellvertretend an ihrem zweiten Gefährten, was im Verhältnis zu Kandinsky unausgetragen geblieben war. Diese Aufarbeitung des Erlittenen verschaffte Eichner kein leichtes Los. Er übersah manche Schroffheit. Unstimmigkeiten pflegte er durch Schweigen zu erledigen. Im Ritus ihres getrennten Zusammenlebens respektierte Münter seine publizistischen Vorhaben und störte ihn nicht bei seinen weitverzweigten Studien. Während sie neben Kandinsky oft wie gepanzert erschienen war, vermochte sie nun vieles durch Humor auszugleichen; sie spottete liebevoll über Eichners Hypochondrie, nannte ihn scherzhaft einen »alten Miesmacher«, »Methusalem« und »Brummbär« und verstand es, ihren oft trübsinnigen »kleinen Goldei« aufzumuntern. Das Wichtigste war: Sie konnten über dasselbe lachen! Nie vergaß sie, daß er ihr wieder den Zugang zum Leben verschafft hatte.

Für beide galt: Respice finem! Wie ein erstes Zeichen dieser neugewonnenen Freiheit wirkt der Geburtstagsglückwunsch, den Gabriele Münter am 4. Dezember 1929 aus Paris an Kandinsky geschickt hatte. Der Umschlag trug keinen Absender. Er würde ihre Handschrift erkennen und im Nachklang der ehemaligen Verbundenheit wissen, daß die Wunden verheilten und sie nun an der Seite eines Freundes ohne Zorn und Trauer der gemeinsamen Jahre gedachte.

16. Kapitel

Abwehr und Anpassung

30. Januar 1933, vormittags. Gabriele Münter schrieb an Johannes Eichner einen ihrer täglichen ›Alibibriefe‹. Er überwinterte bei Verwandten in Berlin, um ihr das einzige beheizbare Zimmer im unteren Stockwerk der ›Russenvilla‹ zu überlassen. Die dünnen Wände des Obergeschosses, wo sie sich Schlafzimmer und Atelier eingerichtet hatte, ließen die Kälte ungehindert eindringen, und oft sank auch in Flur und Treppenhaus die Temperatur unter den Gefrierpunkt. Dann flüchtete sie an den großen grünen Kachelofen, steckte die Füße in die alten russischen Filzstiefel, nahm den Schreibblock auf die Knie und versicherte dem Gefährten, daß sie ihn, den »norddeutschen Leistungsmenschen«, in seiner quirligen und antreiberischen Art schrecklich vermisse: »Mein liiiiiebes Eichn, das Haus ist so still und leer ohne Sie!«

Am Abend verließ sie ihre frostklirrende Einsiedelei, um in der Murnauer Hauptstraße den Fackelzug der ›Hitlerischen‹ zu sehen. Sie fand ihn »nicht aufregend«. Vorerst war Adolf Hitler ja nur ein vom greisen Reichspräsidenten legal ernannter Kanzler mit einem Kabinett, das überwiegend aus konservativen Ministern bestand; nur drei ›richtige‹ Nationalsozialisten waren darunter. Er verdankte sein Amt nicht den Wählern, sondern der Berechnung seiner konservativen Partner, die sich seiner Popularität bedienen und ihn gleichzeitig einbinden wollten. Münter war eine gewissenhafte Zeitungsleserin. Sie verfolgte aufmerksam die Machteroberung Hitlers und erkannte entsetzt, daß er den ihn einschränkenden Rahmen Stück für Stück aufsprengte. So wurde bereits am 1. Februar der Reichstag aufgelöst, drei Tage später kam es zur ›Verordnung zum Schutz des deutschen Volkes‹, durch die ein Zeitungs- und Versammlungsverbot erlassen und schon auf den ›Verdacht staatsfeindlicher Umtriebe‹ Polizeihaft erfolgen konnte. Damit war der freie Wahlkampf andersgerichteter Parteien weitgehend ausgeschlossen. Am 10. Februar hörte Münter am Rundfunk Hitlers Rede zur Wahlkampferöffnung im Berliner Sportpalast, von Goebbels pathosgeladen eingeleitet und über alle Sender ausgestrahlt. »Welch ein gefährliches Instrument für die Massenpropaganda! ... War vor dem 30. Januar je das Radio politisch eingesetzt worden?« fragte Münter in ihrem Notizbuch und fügte hinzu: »Die armen bürgerlichen Parteien!«

Am nächsten Morgen las sie im *Murnauer Tagblatt*[1], daß es während der Rede des neuen Reichskanzlers im Hotel Post zu einem Zwischenfall gekommen sei. Der Schriftsteller Ödön von Horváth hatte die Kellnerin aufgefordert, das Radio abzustellen. Daraufhin mußte er durch den Kreisleiter der NSDAP vor der Volkswut geschützt und unter der Obhut zweier SA-Leute nach Hause gebracht werden. Horváth hatte Murnau inzwischen verlassen. Sein Anwalt bedauerte vor der Presse die Empfindlichkeit politischer Gruppen, die sich durch abweichende Meinungen zu Tätlichkeiten hinreißen ließen. Münter schrieb Eichner betroffen, auch sie werde sich nun einen Maulkorb anschaffen müssen. Wie gut, daß er auf sie aufpasse, er, der so leise auftrat und auch ihr immer Unauffälligkeit anriet!

Eichner war noch in Berlin, als am 27. Februar der Reichstag brannte und in der gleichen Nacht mit der Verhaftung der kommunistischen Funktionäre begonnen wurde. In einer ›Notverordnung des Reichspräsidenten zum Schutz von Volk und Staat‹ (Reichstagsbrandverordnung) wurden am nächsten Tag die Grundrechte ›wegen staatsgefährdender Gewaltakte‹ praktisch aufgehoben. Am 5. März erfolgten die Neuwahlen zum Reichstag. Zur ›Gleichschaltung‹ der noch nicht nationalsozialistisch geführten Landesregierungen wurden Reichskommissare in den einzelnen Ländern eingesetzt. Und dann der ›Tag von Potsdam‹! Das ehedem durch und durch bayrisch-nationale *Murnauer Tagblatt* jubelte über die Anbindung des nationalsozialistischen Staates an die preußische Tradition. Zwei Tage später, am 23. März, gestattete das ›Ermächtigungsgesetz‹ der Regierung, auch Verfassungsänderungen ohne den Reichstag zu erlassen. Hitler war am Ziel!

Eichner berichtete aus der Reichshauptstadt, was auch Münter in Murnau beobachten konnte: Neben dem Terror der Nationalsozialisten gab es eine patriotische Aufbruchsstimmung, die große Teile der Bevölkerung erfaßt hatte. Der Zweifel an der Lebensfähigkeit der Weimarer Republik war tief eingefressen; die kurze Dauer der Regierungen, der mangelnde Konsens der Parteien untereinander und nicht zuletzt die Zahl von 6 Millionen Arbeitslosen am Ende des Jahres 1932 hatten im Volk kein Vertrauen in die politische Wirksamkeit des parlamentarischen Regierungssystems wachsen lassen, das zudem von breiten Schichten nach der Revolution von 1918/19 nur halbherzig anerkannt worden war. Die Politik erschien auch Eichner zu ausweglosen Debatten, ja sinnlosem Gezänk sich gegenseitig diskriminierender Gruppen verkommen, was allenfalls der Selbstsucht und dem Ehrgeiz einzelner Parteigänger, nicht aber dem Staat und seinen Bürgern Nutzen brachte. So glaubten viele, die diesen Staat von Anfang an nicht mochten, der Verlust von Freiheitsrechten sei weniger folgenreich als ein weiterer Verzicht auf Ordnung und Sicherheit. Ob in Berlin oder in Murnau: Nicht nur die bürgerlich-konservativen Kreise folgten dem nationalen Ruf zur ›Volksgemeinschaft‹, auch im Lager der Arbeiter und der bäuerlichen Bevölkerung vermochte er ein Echo zu erzeugen. Ein neues Wir-Gefühl hatte vielerorts das Klassendenken der Weimarer Republik abgelöst und übte eine nicht zu übersehende Anziehungskraft aus.

Gabriele Münter fürchtete vor allem eine Verstärkung des Kunstkriegs, der schon lange in einer parteiideologischen Unterströmung vorbereitet war. Alfred Rosenberg[2], seit 1923 Hauptschriftleiter des *Völkischen Beobachters*[3], verbreitete eine im Sinne von Hitlers Partei- und Bekenntnisbuch *Mein Kampf* aus nationalen, völkischen und germanisch-mythischen Quellen zusammengebraute nationalsozialistische Kunsttheorie. *Ursachen des Zusammenbruchs* hatte Hitler das 10. Kapitel seiner Kampfschrift überschrieben; er wetterte darin gegen einen kulturellen »Niedergang, wie er sich in futuristischen und kubistischen Darstellungen seit 1900 zu zeigen begann«. Er verwies auf die »gesunde Zeit vor 60 Jahren« – die Kunst der Wilhelminischen Zeit: »Die Seuche konnte damals nicht auftauchen, weil weder die öffentliche Meinung dies geduldet, noch der Staat ruhig zugesehen hätte. Denn es ist Sache der Staatsleitung, zu verhindern, daß ein Volk dem geistigen Wahnsinn in die Arme getrieben wird.« Rosenberg war Organisator eines auf rassenideologischen Gesichtspunkten basierenden *Kampfbundes für deutsche Kultur*; 30000 Mitglieder saßen 1933 in den Startlöchern, um nach dem ›Tag der Machtergreifung‹ ihrer Vorstellung von Kunst zum Durchbruch zu verhelfen. Münter waren Artikel des *Völkischen Beobachters* zugespielt worden, der schon seit 1920 Angriffe gegen den *Simplicissimus*, den *Sturm*, den *Zwiebelfisch* veröffentlicht hatte. *Zehn Jahre Kunstpest in München – Eine kunstmedizinische Betrachtung*[4] hieß ein Schmähartikel von Ludowici, der 1923 die Runde machte. 1925 forderte der Redakteur Stolzing-Czerny eine ›völkische Zensur‹; alle Kunst-Ismen seien durch die Juden verursacht worden, die ihr Gastvolk schädigten, weil sie dessen ›völkische Werte‹ nicht weiterentwickeln, sondern nur analytisch zersetzen könnten. Paul Schultze-Naumburg forderte eine ›Kunst aus Blut und Boden‹.[5] Alles, was Münter vom erwünschten Sieg der Arier, von der ›Entjudung der Kunst‹, von der ›Ausmerzung rasseschädigender Einflüsse‹ las, erschien ihr angsterregend und wirklichkeitsfern zugleich. Welch eine Verengung! Das Menschliche reduzierte sich auf das Völkische, die Existenz auf Stammesbindung, die Kultur auf biologische Voraussetzungen. Das Häßliche als Erkenntnisfaktor oder als Ausdruck existentiellen Ungenügens war nicht zugelassen. Verbannt auch alle Werke, in denen Ergriffenheit und innere Bildkraft sich der Außenwelt bemächtigten! Nicht das Abgründige, Bedrohliche, Angsterzeugende durfte in der Wahl und Ausdrucksfähigkeit eines Objektes gezeigt werden, sondern eine an äußerer Wohlgestalt orientierte Harmonie.

Münter wußte, daß solche Themenvorgabe sich bei ihr als fruchtlos erweisen würde. »Etwas Unaussprechliches muß hinzukommen, das Erlebnis. Die Fragen der Malerei und Zeichnung sind da Nebensache, Selbstverständlichkeiten«, schrieb sie an Eichner[6], der von der Annahme ausging, daß ein versierter Maler, ein wirklicher Könner, die Pinseltechnik so beherrsche, daß er jedes Thema bewältige. Münter widersprach: Jedes Bild sei das Resultat einer persönlichen Begegnung. Da gäbe es keine Möglichkeit, sich opportunistischer oder gar verordneter Themen anzunehmen.

Aus Berlin waren inzwischen riesige Bilderkisten eingetroffen; sie enthielten ihre frühen Werke, eine Fracht von 944 Kilo, die Eichner aus Lagerräumen auf den Weg gebracht hatte. Beim Auspacken war sie betroffen: Wie frei und kühn hatte sie damals die Welt nach Maßgabe des eigenen Temperaments in Malerei umgesetzt! Unter alten Skizzen fand sie eine Ausgabe der Briefe Franz Marcs aus dem Feld.[7] Sie las sich fest. Für Marc war Kunst Offenbarung gewesen, Verkündung des Geistigen in der Erscheinung. Darum sprach er von »Weihe, Andacht und Dienst«. Er hatte den Umgang mit Farben und Formen ritualisiert, als könne er dadurch den göttlichen Funken im Menschen neu entfachen. Münter hörte lesend Marcs Stimme: »Das furchtbar Schwierige in unserer heutigen Aufgabe liegt darin, daß die gemeine Masse in der Goldgrube der Wissenschaft wühlt und daß man gegenüber dem heutigen Geisteswirrwarr der Millionenköpfe zunächst nur durch gänzliche Isolirung des eigenen Lebens und der eigenen Aufgabe *rein* bleiben oder sagen wir offen: wieder rein werden kann.«[8] Nur jenseits aller Dienstbarkeit war die Kunst autonom und frei, das war auch Münters Überzeugung. Sie stellte im Rückblick auf den Absolutheitsanspruch des *Blauen Reiter* wehmütig fest: »Die Zeiten haben sich geändert. Kann man noch einen Glauben haben an die Kunst und ihre Notwendigkeit?« Marcs Werke seien »stark und echt, und doch, was ist schließlich daraus geworden? Die gelbe, springende Kuh, der Turm der blauen Pferde, der Affenfries, der Eselfries, der Tiger, der weiße Stier. Wo ist Notwendigkeit – was überzeugt? ... Ich weiß nicht, auf welchem Weg Maria Marc dazu gekommen sein mag, zu sagen, es war gut so, denn wenn er zurückgekommen wäre, hätte er stark zurückgefunden ins Leben. Hatte auch sie gefühlt, daß alles der Relativierung durch die Zeit verfallen würde?«[9] Er selbst hatte ja die Gefahr der Profanierung gebrandmarkt, als er aus dem Feld vom wahren Charakter seiner Bilder und deren Vermarktung durch den *Sturm* schrieb: »Daß das einer der Brennpunkte unserer doch so aufrichtigen, wenn auch unerfahren und naiv gedachten geistigen Bewegung wurde, das der Niederschlag unserer Erneuerung! Nun, der Krieg ist einer Ernüchterung durch Walden's five-o-clock zuvorgekommen.«[10]

Es waren die Herren im Stehkragen gewesen, die Malerei als autonome geistige Kraft ausgewiesen hatten. Nun kamen die braun Uniformierten mit dem Sturmriemen unterm Kinn und wollten sie wieder in den Dienst zwingen. Die ästhetische Eigenständigkeit der Kunst hatte den *Blauen Reiter* zum waghalsigen Aufschwung ins Spirituelle beflügelt. Die ›Arbeiter der Stirn und der Faust‹ stießen sie zurück in parteipolitische Abhängigkeit und staatliche Dienstleistung.

In rüden Tönen mehrten sich die Ausfälle gegen die Vertreter der Moderne, gegen die ›Schmierereien‹ von Kokoschka oder das ›läppische Krickelkrackel‹ von Klee, gegen anklagende ›Untermenschen‹ der Kollwitz, Zille oder Barlach, gegen den ›ethischen Nihilismus‹ und das Unheldische von Dix, Hofer und Grosz. Zunächst hatte Münter solchen Anwürfen keine hohe Bedeutung beigemessen, denn sie waren ihr seit der Ausstellung der *Neuen Künstlervereinigung München* im Dezember 1909, den Ausstellungen des *Blauen Reiter* und des *Sturm* vertraut; die 1914 gegründete *Münchner Sezession* hatte sich noch im März 1915 gegen ähnliche Anfeindungen verteidigen müssen: »Man nennt uns entartet und irrsinnig, Jugendverderber und Unratsverbreiter ... kurz Verräter am deutschen Geist.«[11]

In Skandinavien war die Avantgarde der *Sturm*-Ausstellung im Juli 1912 durch den Arzt Salomonsen des *Dysmorphismus*[12] verdächtigt worden, eines Irreseins, das mit einer Erschöpfung des Zentralnervensystems einhergehe. Er bezog sich auf das Buch Max Nordaus, *Entartung*, das 1892 in Berlin erschienen war[13] und für die Kunst den Wahrheitsbegriff photographischer Genauigkeit eingeführt hatte: Die Vortragsweise der Impressionisten, Pointillisten, »Zitterer und Flimmerer und der brüllenden Koloristen, der Grau- und Fahlfärber« sei nur durch eine Störung des Nervenapparates und der Netzhaut zu erklären. Nicht nur diesen Gedanken hatte auch Adolf Hitler von Nordau aufgegriffen!

Doch gegen Beschimpfung, Hohn und Zweifel hatte man sich in einem pluralistischen System in freier Meinungsäußerung rechtfertigen können. Nun aber war die Ansicht der nationalsozialistischen Kulturfunktionäre zur Doktrin geworden.

Die Moderne, als geistige Volkskrankheit gescholten, wurde auf breiter Front verdammt, nachdem im März 1933 das *Reichsministerium für Volksaufklärung und Propaganda* gegründet worden war. Im Sommer wurde Alfred Rosenberg, Obmann des berüchtigten *Kampfbundes*, beauftragt, die Gleichschaltung der deutschen Künstler und Kunstvereine herbeizuführen. Im September des gleichen Jahres brachte

Goebbels die Künstlerschaft gesetzlich unter Kontrolle, indem er eine *Reichskulturkammer* gründete, die in sieben Fachbehörden unterteilt war. Schon 1935 konnte Münter dem *Murnauer Tagblatt* entnehmen, daß der für den Fachbereich ›Bildende Kunst‹ zuständige Münchner Architekt Eugen Hönig besonders tüchtig gewesen sei, er habe schon überall Ordnung geschaffen, so daß nun dieser Kunstzweig seine staatserhaltende Aufgabe erfüllen könne. Fortan mußte jeder ›Kunstschaffende‹ Mitglied der *Reichskulturkammer* sein, sonst wurde er weder bei Ausstellungen noch bei öffentlichen Ausschreibungen berücksichtigt. Wer jedoch zeige, daß er die »erforderliche Zuverlässigkeit und Eignung« nicht besitze, könne jederzeit wieder ausgeschlossen werden.

Münter erkannte, daß dies alles auf eine inhaltliche und formale Zensur hintrieb. Der Rückzug ins Private, die einzig angemessene Reaktion, war jedoch für sie unmöglich, da sie mit Eichner vom Erlös ihrer Bilder leben mußte; er konnte nur durch geringfügige Zinserträge aus ererbtem Kapital und durch eine kleine Rente, die sich aus seiner Tätigkeit im Kriegspresseamt von 1914-1918 herleitete, zum gemeinsamen Haushalt beitragen. Ihre Verkaufs- und Ausstellungsmöglichkeiten mußten also gesichert werden. So beantragte sie die Mitgliedschaft in der *Reichskammer der bildenden Künste* und bemühte sich, auch die Beiträge zu dieser Zwangsorganisation pünktlich zu zahlen, denn der Ausschluß wäre einem Berufsverbot gleichgekommen.

Mitte Mai 1933 reiste Münter in Eichners Begleitung nach Südtirol, den Schrecken der Berliner Bücherverbrennung noch in den Gliedern. Nach diesem neuesten, von den gleichgeschalteten Zeitungen lauthals begrüßten ›Signal im Kampf gegen den undeutschen Geist‹ sollte auch in der Literatur nur noch das ›Artgebundene‹ zugelassen werden. Die Kontrolle durch die *Reichsschrifttumskammer* schien ebenfalls lückenlos zu sein: 3000 Werke kamen auf den Index! Münter, die eigentlich nur noch einmal die Stätten ihrer Erinnerungen aufsuchen wollte, ehe eine befürchtete Devisensperre das Reisen ins Ausland unterbinden würde, überlegte sich nun, ob eine Übersiedlung ins deutschsprachige Ausland ratsam sei. Der Realist Eichner wehrte solche Pläne von Anfang an als undurchführbar ab. So kehrten sie im August nach einem verlängerten Aufenthalt am Garda- und Iseosee wieder nach Deutschland zurück, wo die Nationalsozialisten inzwischen mehr als zwanzig mißliebige Museumsdirektoren entlassen hatten, denen sie den Ankauf von moderner Kunst zur Last legten.[14] Viele von ihnen waren Münter persönlich bekannt. Bei der nun einsetzenden ›Säuberung‹ der Kunstakademien waren unter den ersten, die ihr Lehramt verloren, die einstigen Gefährten vom *Blauen Reiter*, Paul Klee und Heinrich Campendonk. Alle Maler aus dem Kreis des *Blauen Reiter* waren latent gefährdet, seit Bettina Feistel-Rohmeder, Geschäftsführendes Vorstandsmitglied der *Deutschen Kunstgesellschaft Dresden*, im Hausblatt dieses Kulturkampf-Bundes und in der weiträumig bis in alle Provinzblätter eingeschleusten *Deutschen Kunstkorrespondenz* durch Hetzparolen die benötigten Feindbilder aufgebaut hatte: ›bolschewistische Künstler‹, ›jüdische Kunsthändler‹ und ›zersetzende Kulturkritiker‹. Dabei bedachte sie den *Blauen Reiter* als ›Muster des Kulturverfalls‹ mit besonderer Häme. Da solche ›Unkunst‹ allenfalls den Nutzwert des Heizmaterials für öffentliche Gebäude hätte, müßte sie aus den Museen entfernt werden. Schon 1930 hatte sie gegen die Präsentation von Kandinsky-Gemälden in der *Deutschen Kunstausstellung München* protestiert:

»›Der blaue Reiter‹. Einst war er das Wahrzeichen jener Ultras, die sich 1912 um den Russen Kandinsky scharten, mit dem erhabenen Ziel, die Kunst in Deutschland zu allen Hunden zu hetzen. Dann geisterte er nur noch durch unsere Erinnerung, das Gespenst eines Verfalls zwar; aber der Führer der ›Bewegung‹ war inzwischen zu Amt und Geltung gekommen als Professor am Dessauer Bauhaus. Dem Münchner Kunstsommer 1930 war es vorbehalten, das Gespenst zum Leben zu erwecken ... Verlassen von aller Schönheit, behaftet mit einem Wasserkopf, in den Beinen aber zu kurz geraten, hetzt dieser ›Wiedergekehrte‹ (so nennt der Franzose ein Gespenst!) auf ungeschlachtem Rosse durch die Münchnerstadt und draußen durch Deutsches Land, damit wir innewürden, was jetzt die Glocke bei uns geschlagen hat. In der ›Deutschen‹ Kunstausstellung aber, wo z.B. für einen Deutschen Altmeister wie Ludwig Dill heuer kein Platz war, füllten sich weite Säle mit den Klecksereien notorisch Unbegabter. Ihre Namen seien verschwiegen! Mancher Besucher des Glaspalastes mag mit der Versuchung kämpfen, sein Eintrittsgeld zurückzuverlangen. Dennoch sei denjenigen, die da hungern nach Deutscher Kunst, geraten, sich auf die Suche zu machen und namentlich im linken Flügel des Glashauses jenen Meistern nachzuspüren, die annoch den Heilskelch Deutscher Kunstüberlieferung durch die verpestete Zeit tragen ... sie sind doch noch da, und sie werden uns helfen, daß eines Tages der Spuk des blauen Reiters in alle Winde verfliegt!«[15]

Münter erfuhr, daß Kandinsky plane, Deutschland zu verlassen. Das Staatliche Bauhaus in Dessau war aufgrund der Anfeindungen rechtsgerichteter Kreise schon Ende 1932 geschlossen worden. Sein damaliger Leiter, Mies van der Rohe, hatte danach versucht, es als unabhängiges Institut in Berlin weiterzuführen und seinen Bestand durch Lizenzverträge mit Industriefirmen zu sichern. Kandinsky, der seit Januar 1933 seine Lehrtätigkeit an dieser privaten Kunstschule weitergeführt hatte, wurde von der Nazi-Propaganda wegen kommunistischer Gesinnung angefeindet. Man munkelte, von seiner Entfernung sei in einem Schreiben der Geheimen Staatspolizei an die Schulleitung der Fortbestand des Privatinstituts abhängig gemacht worden. Bei der ständigen Beschimpfung des Bauhauses als ›Giftkern‹ und ›Keimzelle des Kulturbolschewismus‹ (Feistel-Rohmeder) im Weimarer Staat waren aber auch schon die Schüler ausgeblieben. Die Werkstatteinrichtungen, durch Leihverträge mit der Stadt Dessau zunächst gesichert und nach Berlin-Steglitz gebracht, waren zurückgefordert worden. Nachdem nun auch noch im Zuge des neuerlassenen Gesetzes zur Wiederherstellung des Berufsbeamtentums die Gehälter gestrichen wurden, kam es am 20. Juli 1933 zum einstimmigen Beschluß des Lehrerkollegiums, das privatisierte Bauhaus aufzulösen.[16] Kandinsky stand buchstäblich auf der Straße. Im Dezember 1933 übersiedelte er nach Neuilly-sur-Seine bei Paris.[17]

Am 15. Oktober 1933 kündigte Adolf Hitler bei der Grundsteinlegung für ein *Haus der deutschen Kunst* als einem Mittelpunkt ›arischer Kunst‹ an, daß ›München, die Hauptstadt der Bewegung‹ nun auch noch die ›Stadt der deutschen Kunst‹ werden solle. Seiner fatalen Liebe zu dieser Stadt hatte er ja schon im 4. Kapitel seines Buches *Mein Kampf* mit der Paraphrase eines Zitats des ersten Wittelsbacher Ludwig Ausdruck verliehen: »Man hat Deutschland nicht gesehen, wenn man München nicht kennt, nein, man kennt vor allem die deutsche Kunst nicht, wenn man München nicht sah.« Im Jahr 1912, dem Erfolgsjahr der Redakteure des *Blauen Reiter*, deren zweite Ausstellung *Schwarz-Weiß* von Februar bis April Aufsehen erregte, war Adolf Hitler nach München gekommen.

»Eine *deutsche* Stadt!« hatte er emphatisch in seinem Buch *Mein Kampf* geäußert, da er sich schon damals – ein von der Akademie zurückgewiesener Kunststudent – begeistert habe für »die wunderbare Vermählung von urwüchsiger Kraft und feiner künstlerischer Stimmung, diese einzige Linie vom Hofbräuhaus zum Odeon, Oktoberfest zur Pinakothek«. Er hatte der Münchner Bevölkerung versichert, daß er an ihrer Stadt hänge, »mehr als an irgendeinem Flecken der Erde auf dieser Welt«. Darum wolle er hier ein Ausstellungsgebäude, das den im Juni 1931 in Flammen untergegangenen *Glaspalast* ersetzen sollte, für die junge völkische Kunst schaffen, die

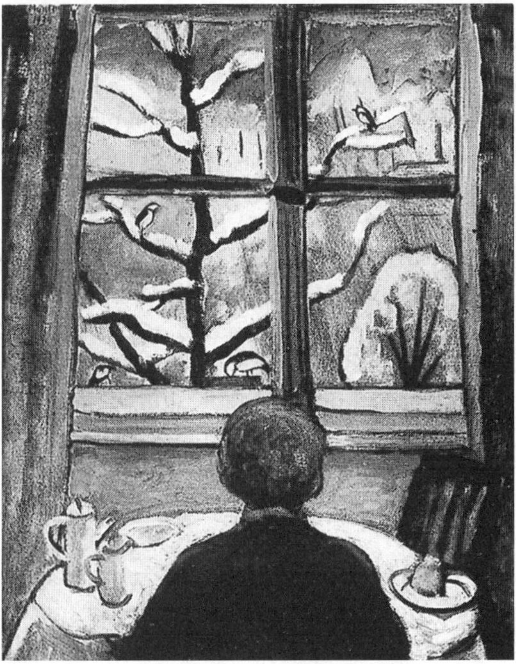

Gabriele Münter, Frühstück der Vögel, Öl auf Leinwand, 55 × 46 cm. Selbstbildnis 1934: Sie kehrt der Welt den Rücken.

Kunst der Neuen Zeit, die Kunst des Dritten, des Tausendjährigen Reiches.

Wie weit konnte Münter sich dem kunstpolitischen Programm entziehen, wie weit mußte sie sich thematisch und formal arrangieren? Sie war der Meinung: den Kopf einziehen, aber die Richtung halten! Eichner riet ihr in dem ihm eigenen Sicherheitsbedürfnis zu anpassender Unauffälligkeit. Das breite Publikum zeige sich höchst zufrieden mit einem Realismus, der an die altmeisterliche Malerei vor 1860 anschlösse. Was man einst goldgerahmt, im Salongeschmack, als ›Schmücke-Dein-Heim-Kunst‹ produziert habe, sei wieder gefragt. Das Malziel müsse wohl oder übel lauten: Naturtreue und Gemütswerte.

Münter fühlte sich in Murnau als Einzelkämpferin[18] auf verlorenem Posten. Doch München, im Bannstrahl der Hitlerschen Kunstmission, schien ihr auch kein begehrenswertes Pflaster zu sein. »Wo findet man jetzt ein angenehmes Klima, zusammen mit sonstiger Wunscherfüllung? Überall ist man heute abgesetzter Einsiedler.«[19]

Zudem bestand keineswegs Einmütigkeit darüber, wie diese neue Kunst denn beschaffen sein solle. So rief der in Berlin organisierte *Nationalsozialistische Studentenbund* zur Verteidigung des Expressionismus auf, der gegenüber Naturalismus und Klassizismus als eine dem deutschen Wesen gemäße und eigenschöpferische Kulturleistung anzusehen sei. Die Künstler der *Brücke* oder des *Blauen Reiter* seien ebenso wie etwa Barlach, Nolde oder Rohlfs die Entdecker einer volkstypischen Kunst, die sich romanischem Harmoniestreben und welscher Augenlust entgegenstelle. In der Tradition der Gotik machten sie den Primat des Ausdrucks gegenüber der Wohlgestalt geltend und seien mit dieser Innerlichkeit die wahren Verfechter des nordischen Geistes. Die *Deutsche Allgemeine Zeitung*, die Eichner auch in Murnau bezog, verbreitete diese Gedanken noch ungehindert am 12. Mai 1933, obwohl sie sich in offenem Widerstand gegen die konservativ-völkische Kulturpolitik Rosenbergs und Schultze-Naumburgs richteten. Sogar der Begriff der *inneren Notwendigkeit* des freien Schöpfertums wurde noch am 13. August 1933 in einer Rede des Hamburger Museumsdirektors Max Sauerlandt vor dem *Deutschen Museumsbund* als unverzichtbar herausgestellt. In seiner Absicht, den Nationalsozialismus mit einer unantastbar freien Kunst zu versöhnen, bezeichnete er den Expressionismus als »die erste Fanfare des steigenden Nationalismus in der jungen Kunst« und förderte Verständnis für solche »Beseelung«, durch die sich aus einer Masse erst ein Volk formiere.[20]

Es schien eine Zeitlang, als ob sich eine gewisse Koexistenz oder gar Versöhnung der Moderne mit der ›völkischen NS-

Kunst‹ anbahne. Münter las erleichtert im August-Heft 1933 der Zeitschrift *Kunst der Nation*: »Langsam läßt der Widerstand auf seiten der Feinde der modernen Kunst nach.«[21] Doch gleichzeitig veranstalteten die Nationalsozialisten Ausstellungen mißliebiger Kunstwerke. Sie hatten bisher weniger Beispiele für ihr Kunstideal geboten als eine negative Auslese geübt. In Karlsruhe ging es nicht um Vorbilder, sondern um die Brandmarkung des Bestehenden, als im April 1933 unter dem Titel *Regierungskunst von 1918-1933* vor allem die *Brücke*-Maler am Pranger standen. *Schreckenskammern der Kunst* wurden in Nürnberg und Dessau gezeigt. *Kunst im Dienste der Zersetzung* wurde Anfang April 1933 in Stuttgart zusammengestellt, kurz danach eine Sammlung *Kulturbolschewismus* in Mannheim. Die Dresdner Schau *Spiegelbilder des Zerfalls* vom September 1933, eine Wanderausstellung, erreichte erst im März 1936 München, wo Gabriele Münter sie im Weißen Saal der Polizeidirektion sah: Bilder der *Brücke*, von Dix und abstrakte Graphik. Dagegen, so hieß es in Begleittexten, werde die neue Kunst aus dem Boden gesunden Volkstums quellen und werde häßliche Gestalten – Produkte einer minderwertigen Rasse – ausschließen, ebenso die Darstellung jüdischer, sozialistischer und pazifistischer Themen und natürlich auch die Arbeiten von Juden, Ausländern und abstrakt arbeitenden Künstlern. Der Name Herwarth Walden war zum Reizwort geworden. In seiner Person kreuzten sich alle Vorbehalte, die man mit dem Schlagwort ›jüdischer Kulturbolschewismus‹ belegte.

Es war Eichner nach langer Bemühung gelungen, für Gabriele Münter eine Wanderausstellung zu verabreden: *50 Gemälde aus 25 Jahren – von 1908 bis 1933* – sollten vom Bremer Paula-Becker-Modersohn-Haus weitergehen nach Barmen, Bochum und danach in thüringische Städte. Wie würde die Kollektion der einstigen *Sturm*-Künstlerin aufgenommen werden? Wie gut war das Gedächtnis der Kritiker, die ja zum Teil auf die neue Linie eingeschwenkt waren? Schon seit 1931 hatte sich Eichner systematisch bemüht, die harmlose Thematik und Volksnähe von Münters Werken herauszustellen: »Sie folgte ihrem schlichten Wesen, verwandt jener Volkskunst, die unbeholfen erscheint und doch Wesentliches ausdrückt.«[22] Auch in *Westermanns Monatsheften*, August 1932, hatte Eichner in einem Artikel *Zur farbigen Reproduktion des Ölgemäldes ›Zinnien und Tigerlilien‹* das Bild einer Malerin entworfen, für deren künstlerische Entwicklung der biographische Hintergrund gar nichts bedeute: »Sie ist durch ihren Widerspruch zum Impressionismus zu dem geworden, was sie heute ist. Ihre ursprünglichen Anlagen, einfach, natürlich, deutsch, fern von jedem Raffinement, unterstützen sie darin.« Er betonte die Anregungen, die sie von der Volkskunst Oberbayerns empfangen habe, wo sie seit 1908 am Staffelsee ein Anwesen besitze. Doch nicht nur durch den Hinweis auf diese ›Bodenständigkeit‹ und das ›Liebenswert-Altmodische ihrer Malerei‹, auch durch seine Wortwahl »schlicht, echt, einfach, urdeutsch« versuchte Eichner Münters kulturpolitische Harmlosigkeit herauszustellen.

Die Wanderausstellung erzeugte ein Presse-Echo, das Eichner sorgfältig durch Waschzettel vorbereitet hatte. Kritiken wie die der *Münchner Zeitung* vom 4. Oktober 1932 mußten strengstens vermieden werden: »Für diese Malerin ist das Stoffliche nur Vorwand, das Motiv nur Träger des gestaltenden Problems. Sie gibt sich selbst.« Zum Glück und guten Auftakt des Turnus bescheinigte denn auch die *Bremer Nationalsozialistische Zeitung* der Malerin am 14. April 1933 die von der neuen Kunst verlangte Ich-Enthaltsamkeit und naturtreue Wiedergabe. »Man spürt förmlich die herrliche Bergesluft unter gleißendem Sonnenschein.« In der Kluft, die sich in der Bewertung der beiden Rezensenten auftut, wird der künstlerische Sprung offenbar, der Münter abverlangt wurde und den Eichner interpretierend vor- und nachbereitete.

Die *Bremer Nachrichten* hoben denn auch am 16. April die volksgebundene Art der Gemälde hervor, die *Wuppertaler*

Zeitung bedachte die Ausstellung in der Ruhmeshalle Barmen mit Lob, weil Münters Kunst »weniger durch kühle Überlegung als vielmehr durch gesunde Triebhaftigkeit blutgebundener Art geleitet wurde«. Diese Malerin habe »in einer Zeit zersprengter und zerfaserter Gefühlsartistik« den Mut bewiesen, eine Kunst zu schaffen für »unverbildete Menschen mit gesunden Sinnen ... bei paralleler Formgebung mit der Kunst des Volkes«. Auch der *Bochumer Anzeiger* lobte die Ausstellung: »Die gesunde und uns deutsche Menschen heute wieder besonders ansprechende Einfachheit ihrer volksmäßigen und landschaftlichen Motive« zeige, daß Münter »ohne Zugeständnisse an überholte Stilklischees ... dem etwas schweren Gefälle ihres westfälischen und schwäbischen Blutes« folge. Überall feierte man ihre »blutsgebundene und bodenständige Prägung«, nannte sie eine zeitgemäße Künstlerin, schlicht beseelt, fern von malerischen Verstandesexperimenten und in kerniger Echtheit dem deutschen Volkstum verpflichtet.[23] Selbst die nationalsozialistischem Gedankengut aufgeschlossene Zeitschrift *Die Kunst* aus dem Münchner Bruckmann-Verlag besprach die Ausstellung der »noch viel zu wenig bekannten, in oberbayerischer Gebirgseinsamkeit lebenden Gabriele Münter«. Verzeihend fügte der Rezensent hinzu: »Was einzeln dargeboten gelegentlich als problematisch auffallen könnte, wirkt in der Vielzahl des Gebotenen als Glied einer Kette.«[24]

Im Januar 1934 hatte die Ausstellung Jena erreicht. Auch hier rühmte der Kritiker der *Jenaischen Zeitung* die »Ferne alles Artifiziellen« und sah dunklen Farbfluten Inbrunst entströmen. Er zog dann – wohlwollend, aber verhängnisvoll – eine Verbindung zu Munch: »Viele wissen, daß in der Begegnung mit dem Norden das Schicksal sich auch der deutschen Kunst erfüllt, daß wir durch die ruhende und schöne äußere Form der romanischen Völker nicht die Unruhe nach des Wesens Kern, nicht die tiefere Verwurzelung im unsichtbaren Seinsgrund ersetzen können, nach der die Strömung des germanischen Blutes drängt.«[25] Es kam zu heftigen Anfeindungen. Die Nennung Munchs, der zwar ›nordisch‹, aber auch expressionistisch war, hatte schlafende Hunde geweckt. Bei ihm fand sich doch die verachtete Deformation als Ausdruck bitteren Ungenügens an der Welt, die ›Dekadenz‹ dämonengepeitschter Menschen. Eine Leserzuschrift der *Thüringischen Staatszeitung* vom 20. Januar 1934 äußerte Empörung über die Darbietung solch primitiver Kunst, die Hitler innerhalb der modernistischen Richtungen in seiner Nürnberger Reichsparteitagsrede von 1933 als art- und wesensfremd verurteilt habe. Das Für und Wider wirbelte so viel Staub auf, daß der Jenaer Kunstverein sich gezwungen sah, eine öffentliche Aussprache im Ausstellungslokal, dem Prinzessinnenschlößchen, zu veranstalten. Im dichtbesetzten Saal überwogen die Angreifer, die auch daran erinnerten, daß diese Künstlerin nicht nur zum Kreis des *Blauen Reiter* gehört habe, sondern an der Seite Wassily Kandinskys eine Vorkämpferin der Kunst gewesen sei, die man heute als entartet ablehne.

Das *Jenaer Volksblatt* zog am 23. Januar 1934 eine wortklauberisch geschickte Bilanz: »Wir können vielleicht den Führergedanken nicht ernst und tief genug fassen, denn es geht wirklich um ein langsames Hintasten zu Werten, die der Führer bereits erkannt, die er erkämpft und denen wir uns nähern in seiner Gefolgschaft ... Und vermag nicht jeder wahre Künstler Führer in geistige Bereiche zu sein?« Nach diesem für damalige Verhältnisse kühnen Schlußsatz wanderte die Ausstellung weiter ins Schloß Eisenach (1934) und ins Museum der Stadt Altenburg (Jahreswechsel 1934/35), wo Eichner die Eröffnungsrede hielt. Gabriele Münter schrieb ihm dazu: »Sie scheinen etwas hypochondrisch und pessimistisch, ... aber das ist ja bei Ihnen ein Dauerzustand.« Tatsächlich war Eichner anhaltend »nörgelig«. Sie wünschte ihrem Interpreten und Organisator »Gesundheit und feste Nerven, und daß Ihre Pläne die besten sind, und daß alles gut ausgeht, und daß Sie an Ihrem Müchen viel Freude und Erfolg haben, und daß Sie damit riesige Geschäfte machen, und daß Sie das große Los gewinnen! Amen.«[26] Eichner, der 37 Arbeiten auf drei Räume verteilt hatte, antwortete lakonisch: »Kunstbörse unlustig«.

Ihm schien viel damit gewonnen, daß bei der letzten Station der Wanderschau im Stuttgarter Kunsthaus Valentien der *Völkische Beobachter* feststellte, diese Künstlerin sei ihrer Zeit beispielhaft voraus: »Sie hat dem heutigen allgemeinen Verständnis und der Wertschätzung für die Volkskunst mit den Weg geöffnet.«[27] Nun endlich schien Münter ihm herausgelöst aus den gefährdenden Bezügen zu ihrer künstlerischen Vergangenheit. Dennoch riet er ihr weiterhin zu Tarnung und Vorsicht. Er erwartete »recht schönes Ausmalen großer Gruppen, damit es Note Eins dafür gibt«.

Münter fühlte sich von ihm betreut, auch wenn er fern war. Sie setzte unbedingtes Vertrauen in seine Zuverlässigkeit. Schlimm wäre es, in solcher Zeit allein zu sein! Manchmal freilich erschien er ihr allzu schwarzseherisch und furchtsam: »Wenn ich schon Ihre ›Mission‹ bin, dann können Sie sich auch frisch und mutig für mich einsetzen. Sie werden in Berlin viel Interessantes hören über die PGs und die Machtkämpfe. Besprechen Sie sich auch ganz einfach und sachlich mit ›Kunst der Nation‹ ... Offen und einfach, ohne Verschweigetaktik. Man schätzt sich selbst und die andern, und darum sagt man frei die Wahrheit.«[28] Sie bat ihn, die mutigen Artikel dieser Zeitschrift zu beachten, die noch in den letzten Nummern des Jahres 1934 den *Blauen Reiter* und Franz Marc erwähnt und sich unter ihrem Redakteur O. A. Schreiber der allgemeinen Hörigkeit entzogen hatte.[29] Es gelang Eichner tatsächlich, im Februarheft 1935 einen Artikel über Münter unterzubringen: »Sie brachte von Natur alles mit, um ganz von selbst einer neuen Zeit anzugehören, richtiger: eine neue Zeit mitzuschaffen«, stellte er darin fest. »Die sich überstürzenden ›Ismen‹, die Verwilderungen und Verkünstelungen im

Expressionismus und die Umkippung in gesuchte Sachlichkeit sind ohne Verführung an ihr vorübergegangen ... Der Beginn kraftvoller Volkserneuerung hat sie nicht erst ermahnt und zum Mittun bewogen ... Die Persönlichkeit, unberührt vom Fin-de-siècle und von allem nachfolgenden Niedergang, war gegeben.« Die Redaktion strich Eichners allzu absichtsvollen Schlußsatz: »Solche Kunst müßte volkstümlich sein. Sie wäre es, hätte das Volk nicht unter langer Verbildung sich selbst, nicht sein Bestes verloren! Je weiter sich nun echtes Empfinden wieder aufbaut, desto mehr wird es die Kunst Gabriele Münters ... lieben.« Münter, einst *Blaue Reiterin*, umdefiniert zur Vorreiterin einer nationalen Erhebung! Später warnte Eichner sie, seinen Artikel zur Empfehlung zu verwenden, er sei ihr abträglich »wegen der Gesellschaft«. Auf der Nebenseite, umbruchtechnisch verzahnt, hatte ein Artikel Max Beckmann[30] gegolten, dem 1933 in Frankfurt entlassenen Akademieprofessor.

Ein Vierteljahr später bescheinigte auch die *Weltkunst*[31], daß Gabriele Münter von allen ›Ismen‹ unbeschädigt geblieben sei. Darum biete sie in ihrer Kunst »ein Ausdrucksorgan für Lebensströme in Volk, Zeit und Ich« und noch viel Gutes und Zeitgemäßes mehr: »Süddeutsche, volkstümliche Schmuckfreudigkeit ... seelische Untergründe, nicht durchschaubare ... schicksalhafte Schwere ... triebhaft quellendes Gestaltschauen ... Reichtum und Einheit seelenhafter Lebensgründe« und so fort. Die Blut-und-Boden-Terminologie wogte und waberte um ihre Malerei.

Schlicht, herzlich, verstandesfern, so schien sie in Eichners Interpretationen hinter ihrem Werk zu stehen. Unbewußt benutze sie Pinsel und Palette, in schöpferischer Unschuld befrage sie nicht die eigenen Kunstmittel. So wurde ihr Bild festgeschrieben. Im Gegensatz zu dieser immer wieder gerühmten Kritikferne bezeugen ihre Briefe das Experimentieren mit Farben und Formen, die Abbrüche und Neuansätze beim Komponieren, das bewußte Erproben von Aspekten und

Ausdrucksformen. So gut Eichner es mit ihr meinte: Ohne den Druck einer zeitgefälligen Präsentation hätte die Kunst dieser Jahre ein anderes Gesicht.

Daß Münter sich seinem Erfolgs- und Stilzwang fügte, geschah nicht aus Mangel an innerer Sicherheit, sondern entsprach dem Bedeutungsgefälle ihres Lebens. Sie setzte Prioritäten, und dabei ordnete sie ihre Kunst dem Leben zu zweit unter, – zeitgeschichtlich nicht untypisch. Wie viele Frauen jener Generation neigte sie dazu, eher den Eigensinn zum – Isolation fordernden – Werk aufzugeben, als eine Einbuße an gelebter Gemeinschaft zu erleiden.

Zunächst beobachtete sie mit Skepsis Eichners Bemühung, ihre Malerei mit dem herrschenden Kunstgeschmack in Übereinstimmung zu bringen. Ihre gerade Natur ließ sich auch in dieser Zeit, die überall Duckmäuser züchtete, nicht opportunistisch verbiegen, Eichner schien ihr aus Überlebensgründen konzessionsbereit. Allmählich schätzte sie jedoch seine Nüchternheit und gab nach einiger Überlegung zu, daß es in ihrem Werk ja »seit je eine Linie sachlicherer, zeichnerischer Art« gebe, und diese »dürfte wohl auch die heutige Zeit annehmen, wobei die meisten nicht merken werden, daß die scheinbar harmlosen Arbeiten immer noch doppelbödig, interessant und viel schwieriger sind, als die Durchschnittsmalerei der Zeit, mit der sie einige äußere Ähnlichkeit aufweisen«.[32]

Obwohl sie diesen Zweig ihres Werkes ausbaute, mehrten sich gescheiterte Verkaufsbemühungen und vergebliche Porträtangebote. Bei einer Ausstellung des Salons Heinrich Kühl in Dresden wurde 1935 von sechs angebotenen Bildern nur ein einziges verkauft. Der Geldmangel war bedrückend, doch Zukunftsangst lag Münter fern. Eichner fand dieses Urvertrauen sträflich leichtsinnig. Die Gemälde stapelten sich in allen Räumen. Gewöhnlich malte Münter in einem Jahr an die 100 Bilder; 1935 waren es weit mehr, und 1936 würden es über 150 sein. »Im Arbeitszimmer hängen 17 Arbeiten.

Ölbilder, klein, groß, dazu einige alte Glasbilder. Die ganze innere Wand entlang und wo sonst Platz ist, stehen Gemälde, hinterm Sofa Mappen voller Blätter, hinter der Tür Leinwände, und überall noch Rahmen. Die Werkstatt eines fleißigen Werkers, aber Verstopfung, chronisch. Von jeher kein Absatz, das Haus füllt sich, nichts geht hinaus ... Ohne Ei ginge es nicht. Er hat Interesse, alles zu sehen und alle Arbeit mitzuerleben. Das übrige ist Schweigen.«[33]

Ende 1935 beauftragte Gabriele Münter ein Maklerbüro mit dem Verkauf ihres Murnauer Hauses. Sie wollte nach München übersiedeln, um aus der künstlerischen Isolierung zu flüchten. Außerdem erwies sich die Haus- und Gartenpflege als zu zeitraubend und schwierig. Welche ›Haustochter‹ wollte die Murnauer Abgeschiedenheit und dazu die Sparsamkeit der Haushaltsführung mit ertragen? Morgens gab's Melissentee aus dem Garten, manchmal auch Tee aus selbstgetrockneten Apfelschalen, die beim Einkochen nicht in den Abfall geworfen wurden. Da war kein Sparrezept in der Tageszeitung, das nicht ausprobiert wurde! Die Bauern im Ort belächelten, daß Eichner die Butter viertelpfundweise kaufte. Täglich wurde die ›Satte Dickmilch‹ aufgestellt, die – mit Zimt und Zucker gegessen – zum Nachtmahl reichen mußte! Obst war kostenlose Dreingabe, der Garten schenkte es – ebenso wie das Gemüse – bei guter Pflege, Düngung, Unkrautjäten und Gießen, dazu mußten bei Trockenheit 30 schwere Gießkannen vom Haus herangeschleppt werden. Nie wurde das Gebäck gekauft, hin und wieder ein fettarmer Bienenstich oder Stollen gebacken. Münter sammelte Beeren und Pilze im Wald, und bei festlichen Anlässen trank man den selbstgebrauten ›Aufgesetzten‹, den Eichner auch Gästen in winzigen Gläschen zierlich kredenzte. Das Gärtnern bedeutete nicht mehr wie zu Kandinskys Zeiten ein rustikales Vergnügen, sondern lieferte einen lebensnotwendigen Beitrag zum kargen Küchenzettel.

»Wir essen, so viel wir können, Weißkohl. Der von Schnekken angefressene wird geschnitten und gedörrt und für den Winter aufbewahrt. Stundenlang haben wir ihn kleingeschnitten, tagelang auf dem Herd getrocknet.«[34] Hin und wieder gab's – bei Besuch – Freibankfleisch für 90 Pfennig das Pfund. Als ein Arzt für eine Beratung vier Mark Honorar verlangte, fragte ihn Gabriele Münter entsetzt, ob sie nicht als Künstlerin Ermäßigung bekommen könne, da sie keiner Krankenkasse angehöre.

In dieser äußersten Sparsamkeit wurde ein Mantel gewendet, ein Paar schwarze Allzweckschuhe, »die wieder für 6 Jahre dienen werden wie die alten, zerrissenen« nach langer Bedenkzeit angeschafft. Oft warnte Eichner: »Von der Zweckmäßigkeit, jetzt, nach halb abgelaufenem Sommer noch ein Sommerkleid zu machen, bin ich wenig überzeugt ... Tragen Sie das Pariser Seidenkleid doch endlich weiter auf. Es ist Luxus, jetzt ein neues Kleid zu machen. Um den Luxus einzusparen, nehmen Sie wohl gar eine billige Schneiderin, damit die Planlosigkeit voll werde.«[35]

Verständlich, daß bei dieser notdürftigen Wirtschafterei auch das Malen den Aspekt möglichen Tauschhandels erhielt. Nur klappte es selten, daß ein Handwerker, ein Bauer oder Lebensmittelhändler gerade ein Bild für seine gute Stube brauchte: »Ich male das helle, beliebte Seemotiv, quasi Kunstgewerbe, das ist *das* Motiv, das ich hie und da in Nützliches umsetzen kann«, notierte Münter im Oktober 1934. Daß Murnau laut Poststempel inzwischen zum ›Alpenkurort‹ aufgestiegen war, erleichterte ihr die Vermietung an Sommergäste bei dem technischen Stand des ›Russenhauses‹ von 1909 auch nicht. Sie versuchte erfolglos, Entwürfe für Stoff- und Tapetenmuster anzubieten, bis ihr eine Elberfelder Firma klarmachte, daß dazu textilkundliche Vorkenntnisse notwendig seien. Größte Aufregungen bereitete ihr immer der Steuerbescheid. »Es ist mir unmöglich, irgendeine Zahlung zu leisten, und ich muß nochmals ergebenst bitten, die Frist zu verlängern, da ich erst ein Bild verkaufen muß. Mit deutschem Gruß«, schrieb sie – das von den Behörden erwartete ›Heil Hitler‹ umgehend – im September 1934 an das Steueramt in Weilheim.

Als ihr im Winter 1934/35 die Kosten für ein heizbares Pensionszimmer in München zu hoch erschienen, bezog sie bei der Kollegin Konstanze Schwedeler das Badezimmer. »Habe mich mit Malzeug und auch mit dem Musterkoffer geschleppt, ein Pack Pappen, Bestes und verkäufliches Gutes. Mal sehen, ob ich was anbringe«, schrieb sie zum Jahreswechsel an Johannes Eichner, der wieder in Berlin überwinterte. Als der Zustand für beide Malerinnen unhaltbar wurde, beruhigte sie Eichner: »Nun quengeln Sie aber nicht wegen der Preisfrage, ich mache es so billig, wie es geht«, und sie versprach, die Mitgäste einer Pension für Porträts zu gewinnen. Das mißlang, und sie verkaufte antiquarisch Bücher aus eigenem Bestand. »Bitte keine Geburtstagssüßigkeiten schicken, sondern Porto sparen!« bat sie Eichner am 11. Februar 1935. »Auch ich verquackle keinen Pfennig und kaufe kein Guts.« Sie habe nur einen Wunsch zum 58ten; er möge seiner Hypochondrie endlich einen Tritt geben: »Gemessen an anderen geht es uns doch wahrhaftig blendend!«

Enttäuscht erfuhr sie zum Jahresende 1935, daß ihre Bilder die Jury für die Ausstellung *50 Jahre Landschaftsmalerei und Bildnisplastik* in der Münchner Neuen Pinakothek nicht passiert hatten. Doch das blieb nicht der einzige Schrecken. Auf Anweisung des Gauleiters und bayrischen Staatsministers für Unterricht und Kultus, Adolf Wagner[36], mußten die Gemälde von Maria Caspar-Filser und Karl Meisenbach als ›entartet‹ entfernt werden.[37] Münter fand danach »die Pietät, mit der man handgroße ›Mayr-Graz‹ (aus Murnau) und allerhand so brave, größenwahnsinnige Miniaturbilder oder große Schinken der kunstlosen Zeit wandvoll gehängt hat, geradezu rührend«.[38] Sie fürchtete jedoch Wagners raumgreifende Auftritte und wußte, daß ihn als ›alten Kämpfer‹ eine gewisse Kumpanei mit Hitler verband. Da sich in seiner Person außerdem Parteimacht und Staatsgewalt kreuzten, fühlte er sich auf dem kulturellen Sektor als unumschränkter Herrscher, verfuhr mit polternder Willkür und war in seinen Reaktionen schwer berechenbar. Unter den modernen Münchner Künstlern hatte er zum erstenmal Schrecken verbreitet, als er in der Ausstellung *Berliner Kunst in München* im März 1935 vor der Eröffnung in der Neuen Pinakothek 26 Bilder abhängen ließ.[39] »Arme, arme Jugend!« schrieb Münter nach einer Dichterlesung an Eichner. »Ein junger Dichter las Langweiliges, Hans Maria Braun, seine Olympiabegrüßung wird in Berlin als Sprechchor aufgeführt. Herr Stolzing-Czerny vom *Völkischen Beobachter* las zwei Kapitel aus seinem flotten Roman ›Donauweibchen‹ – hochaktuell, spielt 1892 in Wien!!!!«[40] Sie stellte während ihres Münchner Aufenthalts fest, »daß alle ziemlich dasselbe denken. Man sucht und liest die ›Kultur‹-Nachrichten in der Zeitung und klappt sie wieder zu. Der ganze Unterschied liegt in der Lautstärke: der eine sagt's, der andere schweigt.«[41]

Eichner aber zeigte sich tief verbittert. Im Winter 1935/36 blieb er fünf Monate in Berlin. Er haderte mit Münter und kreidete ihr die Erfolglosigkeit als Mangel an Anpassungswillen an. Er bemühe sich, eigene berufliche Fäden wieder anzuknüpfen. Sein Entschluß, ihr als ›Vermögensverwalter‹ und malerischer Mentor zu dienen, sei unter anderen Voraussetzungen gefaßt worden! Das Zusammenleben könne ohne finanzielle Basis nicht weitergeführt werden. Ihr bliebe überhaupt nichts anderes übrig, als die harmlose und unauffällige Pinselei mitzumachen, die in den Ausstellungen der Zukunft als zeitgenössische Malerei gefragt sein würde. Der Briefwechsel spiegelt Eichners unnachgiebige Anweisungen und Münters zögerliche Weigerungen und Rechtfertigungsversuche. Daß sein Freund Konnerth mit Hitlerporträts Tausende verdiene, bestreite sie nicht, sie werde trotzdem keins versuchen! Dennoch malte sie auf Eichners Rat beim Bau der ›Olympiastraße‹ Arbeiter und Baumaschinen, um sich im

September 1936 an der Wanderausstellung *Die Straßen Adolf Hitlers in der Kunst*[42] zu beteiligen.

Betonmischer in Landschaft, ihre zwei kleinformatigen Bilder, wirkten wie die Darstellung von Kinderspielzeug (Katalog Nr. 302 und 303), nicht wie von modernem technischen Arbeitsgerät zum Autobahnbau. Strahlend blau stand ein Bagger zwischen sattbraunem Erdaushub, ein Farbenspaß würde es sein zwischen all der Kundgabe todernsten Aufbauwillens. Lange hatte Münter nach Eichners Vorschrift an diesen Bildern herumgetüftelt, korrigiert und wieder übermalt, ehe er sie als unbedenklich eingeliefert hatte. Sein Sarkasmus nahm ihren Briefen nichts von der gewohnten Herzlichkeit. Auch daß er ihr riet, sich durch eine Ausstellung in der Münchner Residenz *Das Pferd in der Kunst* zu zeitgemäßen Bildthemen anregen zu lassen oder die Volkskundeabteilung des Bayrischen Nationalmuseums nach Abmalbarem zu durchforsten, überhörte sie einfach. Doch sie bemühte sich, den Bestand zu verkaufen. Beim Münchner Kunsthändler Günther Franke, der seinen Modernen die Treue hielt, ließ sich kein Geschäft machen.[43] Sie suchte Rat bei der *Neuen Münchner Sezession*. Dort war man gedämpfter Stimmung; auch dieser Künstlerbund war durch die allgemeine ›Gleichschaltung‹ gefährdet.[44]

Es fiel Münter schwer, Eichners »Anleitung zum Kommerziell-Zweckdienlichen« zu entsprechen. »Ich strebe aber Parteiverbindungen und -protektion als zweischneidig wenig an«, betonte sie wiederholt zu ihrer Verteidigung.[45] Dann solle sie wenigstens endlich lernen, großzügig, entschieden und in damenhafter Eleganz aufzutreten, »als arrivierte Frau mit allerhand Ansprüchen. Lassen Sie sich nie in das Negative hineinsehen.« Doch solch ein Kulissenbau lag Münter nicht, die oftmals hungrig zu Bett ging und in München um die Zimmermiete bangte. Das vermeintliche Maß an Ungeschick, das er in seinen Briefen geißelte, mußte sie verletzen, doch sie antwortete dem Verbitterten gleichmütig und beharrlich taub, als

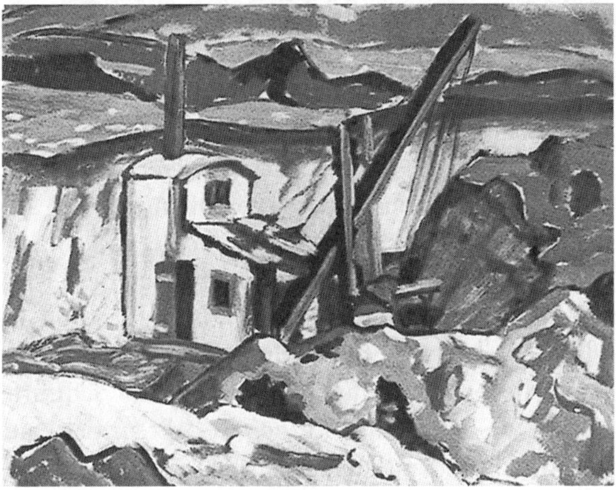

Gabriele Münter, Der blaue Bagger, eines von mehreren Straßenbaubildern für die Ausstellung »Die Straßen Adolf Hitlers in der Kunst«, Ölgemälde, 1936.

bewerte sie seine misanthropische Haltung als Antwort auf die zermürbende Umwelt, sozusagen als seine Krankheit an der Zeit. Sie zweifelte nie am Bestand ihrer Lebensgemeinschaft mit dem »quengeligen Freund«, auf den sie sich trotz aller Nörgelsucht unbegrenzt verlassen konnte. Und das war viel in dieser Zeit, das war alles!

Vielleicht war ihr Schweigen auch ein Zugeständnis an seine tief verankerte Daseinsangst, die ihn pessimistisch und mißtrauisch machte, so daß er schon einst das risikolose Erleben im Kino journalistisch gewürdigt hatte.

Angst breitete sich nun überall im Lande aus, kroch in die Köpfe und schuf Mitläufer des Regimes, eine große schweigende Mehrheit. »Wenn Sie zur *Gedok* gehen oder in öffentliche Veranstaltungen kommen, die nationalsozialistische Formen angenommen haben, so achten Sie nur *ernstlich* darauf, daß Sie hemmungslos und formell korrekt alles mitmachen, was dort üblich ist als Comment. Nicht zu spaßen! Sie sind beobachtet und werden gebucht ... Zeichnen Sie auch

Meister Hüsgen mit dem Hakenkreuz! ... Erzählen Sie nicht ohne Not und auch dann gleichgültig – uninteressiert, distanziert von ihren alten russischen Beziehungen. Sie sind ja lange gelöst! Sie stehen mit beiden Beinen auf sich selbst und in der Gegenwart! Das können Sie an schicklicher Stelle sogar mal aussprechen ... Betonen Sie dabei vor allem, daß Ihre Ausstellungen, in denen sogar frühe Werke von 1908 hingen, das meiste Verständnis bei nationalsozialistischen Blättern gefunden haben (Zeitungen bereithalten und hervorholen!!!) ... Immer klarmachen, was Ihnen günstig ist und daß Sie kritisch sein müssen gegen die Initiative der anderen ... Schnüffeln Sie doch herum, wo Sie einmal auf den Redakteur der Kunstbeilage der Münchner Neuesten Nachrichten stoßen können ... Der Artikel Ihres Dänen in den MNN ist trostlos ... Unbegabtes Skribententum. Ich schreie nach der Reichskulturkammer, daß sie einschreitet.«[46]

Im Laufe des Jahres 1936 entwickelten sich Eichners Briefe zu einer Aneinanderreihung von Imperativen, die nicht mehr durch ein »bitte« abgemildert wurden. »Lesen Sie meine Briefe gründlich. Zeigen Sie nichts von Ihren jüngsten Aquarellchen, die wir noch nicht besprochen und durchdacht haben ... Seien Sie wirklich einmal planvoll und nicht unwillkürlich ... Zeigen Sie sich gut eingeweiht über die heutige kunstpolitische Lage, ohne sich selber darüber auszulassen und Stellung zu nehmen ... Vermeiden Sie negative Urteile über die Zeit ... Wenn Besuch solche äußert, halten Sie dazu den Mund und stimmen Sie nicht bei. Lassen Sie den anderen Geständnisse machen! Schlimmstenfalls, wenn Gedankenstriche auf Ihre Gegenäußerung warten, sagen Sie generell ablehnend, daß solche kunstpolitischen Dinge Ihnen fern lägen ... Überall dabei sein, alle Gelegenheiten ausnutzen, aber nie das Programm aussprechen! ... Die Berechnung dabei, der Zweck ... bleibe immer unsichtbar ... Vorsicht!!! Vorsicht!!! ... Lernen Sie alle arrivierten Künstler Münchens kennen ... Sie waren beim Eucken-Bund? Fahren Sie so fort mit wertvollen

Köpfen! ... Holen Sie bei der neuen Beziehung ein Geschäft heraus!« Am 18. Januar 1936 umriß Eichner seine Aufsichtsfunktion unmißverständlich: »Gewöhnlich leiste *ich* die Siebung, die Kritik der Öffentlichkeit, da ich nicht nur meine eigene Meinung geltend mache, sondern auch bedenke, was die Leute sagen werden. Wenn Sie diese konzentrierte Öffentlichkeit meiner Meinung nicht bei der Hand haben, d.h. solange ich fern bin, seien Sie mit dem Vorzeigen der letzten Bilder nicht so eilig!«

Trotz seiner Regieanweisungen zum Opportunismus war Eichner in seinem Hang zum Elitären das laute Stiefeltreten formierter Massen höchst zuwider. Er ließ jedoch keinen Zweifel daran, daß Münter durch politische Fallstricke gefährdet sei, gerettet hingegen, wenn sie sich streng nach ihm, ihrem Beschützer, richte. »Keine Zeichnung – sagen Sie Bildnisstudie! – verschenken, sondern mit fachmännischer Mächtigkeit auftreten! Eine Porträtstudie 200. Früher das doppelte. Also geschenkt! ... Ansehen genießt man nur, wenn man Preise und Geschäfte macht. W. hat für 1000 Mark an das Propagandaministerium eine Öllandschaft verkauft und schimpft über den geringen Preis, das gibt ihm Relief! ... Knüpfen Sie Beziehungen zu der Familie Hanfstaengl an ... Ihren Brief an Fräulein Erna Hanfstaengl finde ich langweilig ... Besser so: ›Von Chicago bis Kiew hing ich unter den ersten der damals stürmischen nachimpressionistischen Bewegung ... Erfreulich, daß gerade die Presse der Partei, zuletzt der *Völkische Beobachter* in Stuttgart, das Verständnisvollste über mich gesagt hat, obwohl meine Kunst es den heutigen akademisch-biedermeierlichen Neigungen nicht leicht macht. Ich hörte, daß Sie selber starken Sinn (nicht Verhältnis! Anständige junge Damen haben kein Verhältnis!) für lebendige Kunst haben.‹«[47] Der scharfzüngigen Geißelung ihres ständigen Ungeschicks konnte Münter einen Lichtblick entgegensetzen: Erna Hanfstaengl, seit 1923 mit Hitler befreundet, nahm als Kunsthändlerin zwischen den Nationalsozialisten und den

Münchner Künstlern eine recht souveräne Vermittlerrolle ein. Sie versprach Münter, obwohl sie deren Vergangenheit als ›Blaue Reiterin‹ kannte, die an der Olympiastraße in Murnau entstandenen Baggerbilder dem Generalinspekteur des deutschen Straßenwesens, Fritz Todt, zu empfehlen, der den Bau der Reichsautobahnen leitete und Schirmherr der *Hitler-Straßen-Ausstellung* war. »Erna Hanfstaengl ist famos«, jubelte Münter.[48]

Der Erfolg blieb aus. Eichner quittierte die Hiobsbotschaften mit dem Hinweis, daß Münter sich getrost in Murnau einspinnen solle, »da Sie die Möglichkeiten einer Münchner Saison nicht genügend ausgebeutet haben ... Oh Mü! Sie sind nicht nur ein gutes Kind, sondern manchmal vom Teufel geritten ... Man kann Ihnen in keiner Weise helfen, wenn Sie sich das Leben immer wieder verkorksen. Ich bin deprimiert ... Geben Sie die Ambitionen auf und verkriechen Sie sich in ein Mauseloch.«[49]

Doch endlich konnte Münter ihm eine frohe Botschaft schicken: Der Vorsitzende des Münchner Kunstvereins, Hofrat Erwin Pixis, hatte ihr versprochen, sich für eine Ausstellung ihrer Gemälde zu verwenden. Freilich, habe er gemeint, für die Heutigen müsse es gepimpelt sein, richtige Taschen und Knöpfe wollten die sehen. Dennoch sei »Donnerwetter« sein erster und »Sacra die« sein letzter Bewunderungsfluch gewesen, als sie ihm ihre Sachen gezeigt habe.[50] Eichner goß Wasser in die Flammen ihrer Begeisterung: »Möge Ihre Arche, mit Bildern voll, auf dem Ararat landen!«

Münter, die in München aufgelebt war, entschloß sich im Januar 1936 zur endgültigen Übersiedlung. Gegen solche Veränderung stemmte sich Eichner, der im Frühjahr nach Murnau zurückkehren wollte. Die Zukunft mußte für ihn überschaubar bleiben. Darum neigte er zu starrem Festhalten des Erworbenen; das Bestehende, das Gewohnte, war risikofern. Diese Wahrung des materiellen und ideellen Besitzstandes ließ ihn nicht nur jede Rechnung auf Heller und Pfennig kontrollieren und Neuanschaffungen endlos diskutieren, sie machte ihn auch dogmatisch, konservativ und prinzipiell. Er fühlte sich durch Münters vorbehaltlose Offenheit, ihre spontanen Reaktionen auch in nicht durchschaubaren Situationen ständig gereizt und überfordert. Sie billigte ihm zu, daß in seinem Fehlerankreiden und Bevormunden etwas Irrationales und nicht mehr Lenkbares steckte. Der Verachtung streifende Ton seiner Briefe war die Kehrseite seines Gefühles für sie.

So duldete sie seine Kontrollsucht, die auf eine ihm unverzichtbare Ordnungsbewahrung zielte. Doch was er zwingen wollte, war ihm schon lange selbst zum Zwang geworden: Er konnte gar nicht mehr anders als Vorschriften ersinnen, ermahnen, belehren. Darum wirkte er auch auf Außenstehende regelhaft, was die mit Münter befreundete Malerin Grete Csaki-Copony bezeugte: »Ich hatte gar keinen Zugang zu ihm in seiner rechthaberischen Art und seiner ganzen belehrenden Trockenheit.«[51]

Eichner nörgelte, weil er selbst seinen Aggressionen noch Zwang antat und nie wie Münter auf den Tisch schlug. Herz- und Kreislaufstörungen, Kopfschmerzen und Schlaflosigkeit plagten ihn zu Zeiten, in denen er sich gegenüber der Umwelt feindlich verschloß.

Seine Menschen- und Schicksalsabwehr machte die ›Russenvilla‹ für ihn zum idealen Wohnsitz. Denn auch ein Wechsel nach München bedeutete ja Wagnis: der geruhsame Tagesablauf, der sich bei ihrem Zusammenleben herausgebildet hatte, würde durch Unvorhersehbares bedroht. Nur die Wiederholung war berechenbar! Eichner pries das Murnauer Haus als krisensicher, und das schien ihm in solchen Zeiten ausschlaggebend zu sein.

Münter ging dennoch auf Haus- und Wohnungssuche und schickte ihm von München täglich Angebote und Grundrißpläne nach Berlin. Nachdem sie 60 Objekte minutiös beschrieben und die Gegend vom Starnberger See bis nach Dachau durchkämmt hatte, bat sie ihn, selbst zu kommen,

»mies und grantig ... Sie meckern und drohen nur immer, alles passe Ihnen nicht und Sie hätten zu allem keine Lust. Wie soll man da weiterkommen?«[52] Er schickte die Angebote »im Ramsch zurück«.

In Frage kämen nur Häuser mit Ost-/Westseite ohne Werkstätten, ohne Läden. Ihn schaudere vor übervölkerten Kleine-Leute-Häusern. Er wünsche »ein ausgefallenes Haus mit 7 Zimmern für höchstens 20000 Mark ... Die Straße mit Beleuchtung und angesehene Nachbarschaft ... Kein unnobler gewerblicher Betrieb in der Nähe!« Mansardenhäuser seien mit Mißtrauen zu betrachten. Oberbayrische Häuser, deren Dach die Sonne wegnehme, seien konsequent abzulehnen. Häuser, deren Erdgeschoß so niedrig sei, daß man hineinsehen könne, gehörten von vornherein ausgeschaltet. Villen kämen nicht in Frage, »wir sind kleine Leute«. Sie möge ruhig »weiterschnüffeln«. Vororte seien unzweckmäßig, »70 Pfennig ein Stadtbesuch, das ist viel zu teuer ... Sie sitzen im Vorort gefangen ... Für zwei Personen ist solche Gondelei ganz ausgeschlossen ... Sie müssen wissen, daß wir in Murnau nur darum so gemütlich leben, weil's dort nichts zum Ausgeben gibt.« Er verspreche sich von einem Zusammenleben in München »wenig für uns beide, unsere Interessen gehen dort sehr auseinander«. Mürrisch gab er zu: »Ich lasse Sie eigentlich bloß herumirren, damit Sie sich ermüden und zu dem Ergebnis kommen ... daß es mit München für uns zum Ansiedeln nichts ist.«[53] Münter stellte sich taub. Die Krise spitzte sich zu.

Am 4. März 1936 erhielt Münter einen Brief von Eichner, der ihre Duldsamkeit beendete und eine Wende in ihrer Beziehung einleitete. »Wirklich lesen! Aufheben!« forderte er. Der Anlaß war geringfügig. »Ich kaue Ihnen alles vor, und Sie bekümmern sich in den entscheidenden Augenblicken wenig darum und wursteln Ihren eigenen Stil.« Mit der emphatischen Wiederholung »Was ist das für eine Konfusion?« beginnen nun alle Absätze seines Schreibens, in denen er ihre Malerei, ihren Umgang mit Menschen und ihren Eigensinn ad absurdum führen wollte: »Seit Jahren bemühe ich mich, Sie aufzuklären und Ihnen die richtige Einstellung zu geben. Vergeblich! Der Versuch, Ihnen eine gesellschaftliche Stellung zu ermöglichen, ist aussichtslos. In unberechenbarer, unzuverlässiger, verständnisloser Weise werden Sie immer wieder Ihr Leben verpfuschen ... Es liegt Ihrer Natur nicht, sich zusammenzunehmen und folgerichtig zu wirken. Ihr Münchner Versuch jetzt, sich dort eine Position zu gewinnen, ist darum Schaumschlägerei. Ich nehme daran nicht teil. Ich würde Ihnen gern helfen, ja viel für Sie opfern. Aber Sie sind ein hoffnungsloser Fall. Schade. An Ihnen verpfuscht man leicht ein Leben. Ich werde es nicht tun, weil ich klarsehe.«

Das ließ sich nicht mehr gutwillig überhören! Münter nahm am 8. März die Herausforderung an: »Was für ein Reservoir von Gift und Galle – von Mißtrauen und Pessimismus, von Knurren und Zähnefletschen und Miesmachen – ergoß sich da auf mich! Wie maßlos heftig und ungerecht sind alle die Verdächtigungen und Anschuldigungen. Von Ihren Ängsten und Verdachten kann ich Ihnen nicht abhelfen, denn Sie sind starrköpfig ... Wenn Sie sich zurückziehen wollen, so vertun Sie mir nicht die kostbare Zeit mit versteckten Drohungen ... Das Haus will ich jetzt verkaufen ... Wenn Sie in Berlin bleiben wollen, sagen Sie es klar, ich muß jetzt hier schon planen und beraten, wie ich mich weiter allein arrangiere. Ich knüpfe jetzt in München immer weiter alte und neue gute Beziehungen für die Zukunft an ... Ich versuche nicht, Sie umzustimmen. Sie müssen wissen, was Sie tun. Wenn Sie vergessen wollen, was Sie übernahmen, als Sie mich von meinen Verwandten abwendeten, so kann ich es nicht ändern.«

Eichner lenkte postwendend ein. Gefühl klang auf: »Könnte ich Sie einfach dem Schicksal überlassen, so gäbe es nicht die Schwierigkeiten, an denen ich seit Jahren kranke.« Er versprach, sie nicht im Stich zu lassen, »auch dann nicht, wenn ich nicht in ihrem sonstigen Leben aufgehe«. Er sei verdrossen, säße nun sechs Jahre ohne eigene Möbel im Provisorium. Er habe es unterlassen, sich selbst eine Existenz aufzubauen, »um bei Ihnen zu bleiben. Damit habe ich nicht den Erfolg, daß Sie sich glücklich fühlen. Ich selber bin ebensowenig befriedigt gewesen. Das kann nicht dauernd so weitergehen.« Am 17. März 1936 teilte er ihr mit: »So bin ich denn entschlossen, mich in Murnau, in Ihrem Haus einzunisten, doch nur nach gewissen baulichen Verbesserungen, die sofort in Angriff genommen werden müßten ... Für diesen Fall ist ... Ihre Anwesenheit bis Fertigstellung dort nicht möglich.« Münter blieb also den Sommer über in München. Am 5. Juni vertraute sie ihrem Tagebuch an: »Bedenklicher und trauriger Entschluß ... Murnau mit allen Mängeln und Umständen und Isoliertheit. Wenn ich prophezeien könnte, daß ruhige Zeiten kommen, würde ich doch Schwabing irgendwie zwingen wollen.« Sie ließ den Freund gewähren. Sie brauchte einen Helfer, er ein Zuhause.

Am 22. Juli 1936 ging das Haus Murnau Nr. 33a in das Eigentum Johannes Eichners über – als Ausgleich für die von ihm übernommenen Renovierungskosten.[54] Die ›Russenvilla‹, die Münter auf Wunsch Kandinskys im Sommer 1909 für ihren gemeinsamen Lebensabend gekauft hatte, gehörte ihr nicht mehr.

Als sie schließlich Mitte September 1936 nach Murnau zurückkehrte, war sie freudig überrascht, wie sehr das Haus gewonnen hatte. Der winterfest ausgebaute Oberstock enthielt Eichners Wohnung und glich schon nach Tagen der Höhle eines Sammlers und Horters. Er hatte seine Möbel aus Berlin kommen lassen. Auch ihr Atelier war im Obergeschoß geblieben, nun ganzjährig benutzbar, mit großen Aussichtsfenstern nach Süden. Im Erdgeschoß zog sich am gemeinsamen Wohnraum eine Südterrasse entlang, Küche und Bad waren technisch modernisiert, alles war beheizbar und bequem. Münter erkannte, daß Eichners Sicherungsbedürfnis endlich befriedigt war, was in einer solchen Zeit auch ihr zugute kam.

Inzwischen hatten die Parteifunktionäre die Endphase im Kampf gegen die moderne Kunst eingeleitet. Da die NS-Führung 1936 zur Olympiade in Berlin Gäste aus der ganzen Welt erwartet hatte und um Freundschaft und guten Ruf besorgt gewesen war, hatte sie auch in der Kunst noch eine gewisse Liberalität walten lassen. Am 16. August waren die Spiele zu Ende. Bereits am 18. August verkaufte der von den Nationalsozialisten eingesetzte Direktor des Folkwang-Museums in Essen, Klaus Graf von Baudissin, aus dessen Bestand Kandinskys 1912 entstandene *Improvisation 28*.[55] Das Bild stammte aus dem Besitz des Hagener Privatsammlers Karl Ernst Osthaus und war mit seiner ganzen Sammlung in das Essener Museum gekommen, die jedoch nach den Übernahmebedingungen von 1922 nicht veräußert oder geteilt werden durfte. Darüber aber setzte sich der SS-Führer forsch hinweg. Münter fand seine Begründung in einem ihr anonym zugeschickten Ausschnitt aus der *Essener Nationalzeitung*: Das Bild Kandinskys sei ein Dokument künstlerischen Irrwegs und Verfalls, es befinde sich darum schon seit längerer Zeit in ›Schutzhaft‹. Beseitigung und Schmähung bildeten den Auftakt zu einer neuen Verfemungswelle. Am letzten Oktobertag wurde die moderne Abteilung der Berliner Nationalgalerie im Kronprinzenpalais geschlossen. Die freie Kunstkritik wurde unterbunden, indem man sie durch ›Kunstberichte‹ ersetzte. Die Kunstwissenschaftler in Hitlers Gefolge richteten ihren Blick von nun an mit Vorliebe auf das deutsche Mittelalter oder suchten im germanischen Brauchtum Wertmaßstäbe, um ein beispielgebendes deutsches Selbsterlebnis zu beschwören. Die Kunstbetrachtung enthielt sich formal-ästhetischer Bewertungen und wurde mehr und mehr zur Normenkunde, die ›Idealtypen‹ herausstellte.

Im Januar 1937 packte Münter kurz entschlossen ihre Ölbilder *Jochberg* und *Kuhgespann in Murnau* in einen Koffer und bewarb sich bei der Kunstförderstelle der Regierung, die Gemälde für öffentliche Gebäude ankaufte. *Bauschmuck* hieß das Zauberwort, das Künstlern zu Arbeit und Brot verhelfen sollte, denn für Hitler war die Architektur die Königin der Künste, der sich Bildhauer und Maler als ›Zulieferer‹ unterzuordnen hatten. Damit die Umgebung des im Bau befindlichen *Haus der Deutschen Kunst* aufgewertet wurde, entstand an der Prinzregentenstraße ein Luftkreiskommando, das durch Fresken und Tafelbilder reich ausgestattet werden sollte. Obwohl Münter annahm, daß ihre beiden Bilder ›echt deutsch‹ wirkten, lehnte der zuständige Beamte Berg- und Kuhbild ab. Auch ihre waghalsige Bewerbung um Freskenaufträge wurde abschlägig beschieden. So freute sie sich denn, daß Herford, die Stadt ihrer Kindheit, zu ihrem 60. Geburtstag eine Ausstellung für Februar/März 1937 plante. Als Dank für diese Ehrung schenkte sie dem dortigen Museum später ein Ölgemälde *Zinnien mit Glücksschiffchen*, eine Erinnerung an den Kindheitsgarten und die Spiele am Flüßchen Aa.

Erwin Pixis hatte Wort gehalten. Münter bekam Gelegenheit, im Münchner Kunstverein vom 21. März bis zum 4. April 1937 eine Kollektion ihrer Gemälde auszustellen. Da es seit 1920 ihr erster Auftritt in München war, sollte alles gut vorbereitet werden. »Ei war viel beim Malen bei mir und tat mit und gab an, wie gewöhnlich ... Sollte Wolke ändern – ich seh's nicht ein ... Kind mit Puppe und Katze sei zu blond ... Wolke doch neu gemalt, weil Ei es wollte ... Er sucht aus, beurteilt, entwirft Einladungskarten und Pressetexte, streicht Rahmen und ist entsetzlich nervös«, schrieb Münter in ihr Tagebuch. Gleichzeitig mit ihr stellten der durch seine Porträt- und Sezessionsmalerei bekannte Paul Roloff und der vom Impressionismus geprägte und wegen seiner Münchner Stimmungsbilder geschätzte Reinhold Lichtenberger anläßlich der Vollendung des 60. Lebensjahres aus.[56] Münters Altersjubiläum wurde auf Eichners Wunsch »galant verschwiegen«. Die *Münchner Neuesten Nachrichten* erwähnten in ihrer Rezension Münters Zugehörigkeit zum *Blauen Reiter*.

Das Stichwort war gefallen. Vier Tage später zeigte sich das *Neue Münchner Tageblatt* »durch die abstrakte Sprache der Form« an den Expressionismus im Kreis des *Blauen Reiter* erinnert, und der *Völkische Beobachter* sah darin »eine farbig begabte Parallelkunst etwa zum Brücke-Kreis und ähnlichen Vorkriegs- und Nachkriegserscheinungen«.[57] Das Echo der Ausstellung blieb gering, die Besucherzahl klein.

Mitte März besuchte Henry Nannen, der für den Reichssender München *Kunstberichte des Monats* verfaßte, die Ausstellung und nannte die Präsentation von Münters Bildern einen großen Erfolg. Aus Freude über die Radio-Sendung lud die Malerin den Kunststudenten am 23. März zu einem gemeinsamen Mittagessen ein, woran sich Nannen deutlich erinnert: »Das Paar Gabriele Münter und Dr. Johannes Eichner hatte mit der Erscheinung von Künstlern eigentlich nicht viel zu tun. Sie eine kleine, vorsichtig auftretende, behutsame, fast ein wenig tantenhafte Dame mit ihrem runden Hut und ihrer leisen, fast etwas scheuen Art zu sprechen, er eher ein buchhalterischer, beamtenhafter Typ, an den ich mich im einzelnen nicht genau erinnere ... Daß sie die führende und entscheidende Kraft in diesem Paar war, scheint mir auch nach so langer Zeit sehr erinnerlich.«[58]

Am letzten Tag der Ausstellung, am 4. April 1937, stürmte Staatsminister Adolf Wagner in den Saal und verwahrte sich lauthals vor Münters Bildern dagegen, daß so etwas als *Münchner Kunst* gezeigt werde. Offensichtlich aufgestachelt durch den drei Tage vorher im *Völkischen Beobachter* erschienenen Vergleich mit dem *Brücke-Kreis*, wollte er in Anwesenheit Pixis' pflichtschuldigst ein Exempel statuieren. Münter entfernte sich schnell. Ein Augenzeuge berichtete ihr über den weiteren Verlauf: »Wagner hat, nachdem Sie weggegangen waren, noch längere Zeit laut geschimpft ... allmählich wurde er ruhiger. Als ich um ¾ 6 Uhr heimging, war er noch in der Ausstellung ... Nichts weiter von Belang mitzuteilen ... Auch ich kann mich des Eindrucks nicht erwehren, daß er vorbereitet und scharfgemacht worden war, da er beinah schon zwischen Tür und Angel zu schimpfen anfing.«[59]

Theaterdonner? Der Zwischenfall blieb folgenlos. »Hofrat Pixis sagte, Wagner habe sich zum Schluß entschuldigt wegen seiner Heftigkeit, er sei nun mal so«, schrieb Münter an die mit ihr befreundete Ärztin Flora Scherer. »Als ich die Begebenheit einem prominenten Parteimitglied erzählte, bekam ich zur Antwort: ›Der war mal wieder bes...‹ (allerdings kam er gerade von einem festlichen Diner), und doch ging die Schimpferei so schnell los, daß ich den Eindruck behalte, er war aufgehetzt von Wühlmäusen, denn zum Ansehen der Ausstellung hatte er noch gar keine Zeit gehabt. Wagner sagte später, er wolle keinen Skandal. Es solle nichts in die Zeitung kommen. ... Nun, ich schweige auch, wenn ich dagegen Geschrei machte, das hieße, gegen Windmühlen kämpfen. Darum soll die Sache still, diskret behandelt und möglichst nicht darüber gesprochen werden. In Stuttgart ist hoffentlich kein Wagner!«[60]

Ein kleines Nachspiel zur Ausstellung gab der *Völkische Beobachter* am 12. April zum besten: Adolf Wagner hatte je ein Bild der mit ihr präsentierten Maler, Roloff und Lichtenberger, gekauft. Münter blieb unerwähnt.

Ihre Kunstverein-Kollektion wurde geschlossen zur Galerie Fritz Valentien im Stuttgarter Königsbau geschickt, wo sie gemeinsam mit Werken von Schlemmer und Macke gezeigt werden sollte, eine von Eichner mit Skepsis beäugte »fatale Gesellschaft«. Als Münter eintraf, hingen in den für sie vorgesehenen Räumen noch abstrakte Bilder von Hölzel, Baumeister und Schlemmer, was den Mut des Galeristen oder ein freieres Kunstklima bezeugte. Als jegliches Presse-Echo zu ihren Bildern ausblieb, wurde sie selbst aktiv und besuchte die wichtigsten Redaktionen. Gleich der erste Kunstkritiker, Fritz Schneider, »ein fescher PG vom N.S.-Courier«, kannte sie noch von den *Sturm*-Ausstellungen und fragte, wie sie jemals in diese Gesellschaft habe geraten können. Er bedauerte, daß sie nun mit dem »hemmenden Schlemmer zusammen« präsentiert werde, und fragte argwöhnisch nach Kandinsky. Münter antwortete kühl, er sei kurze Zeit ihr Lehrer gewesen. Während die anderen Rezensenten »Bilder von starkem Gefühl, aus dem Erlebnis heraus geboren« rühmten[61], verwies der NS-Kritiker auf Münters Verbindung zu Marc und Macke. »Wir mißtrauen mit Recht einer Spielzeugwelt, die mit raffinierten Rezepten gemacht wird«, erklärte er, bemängelte aber ihre Gemälde nicht als »Werkstattspielerein« oder »verpöntes Farbexperiment«, sondern lobte an ihnen »Bewegtheit des Gefühls ohne künstlerische Hintergedanken«.

Münter blieb bis zum Ende ihrer Ausstellung in Stuttgart. Sie empfand diese Zeit wie ein beglückendes Einatmen unter Gleichgesinnten. Sie wurde vom ›alten Hölzel-Kreis‹[62] freundlich aufgenommen und als einstige Gefährtin Kandinskys viel befragt; da gab es lebhafte Diskussionsabende bei Max Ackermann, der seine abstrakten Kompositionen auf Farbwerten aufbaute. Teilnehmer waren häufig Lily Hildebrandt, die 1935 nicht in die Reichskammer der bildenden Künste aufgenommen worden war und nur privat arbeiten durfte, Hans Hildebrandt, der an der Technischen Hochschule Stuttgart das Lehramt für Kunst und angewandte Ästhetik innehatte, der gegenstandslos arbeitende Erich Schurr, Ida Kerkovius, die eine kurze Zeit gemeinsam mit Kandinsky Dozentin am Bauhaus gewesen war, und ›junge Bauhäusler‹, die in Stuttgart ihre Ausbildung fortsetzen wollten. Bei einem Atelierbesuch lernte Münter Anton Kolig, den Wiener Meister der Zeichnung, nun Professor an der Stuttgarter Akademie, kennen und freute sich, daß er ihre Skizzen »äußerst talentvoll« nannte. Willi Baumeister[63], als Gastgeber »sympathisch, dicklich, schwäbisch, stattlich«, zeigte ihr in seiner Parkvilla die »werkgeschichtliche Hängung« seiner Arbeiten, zu der sie gegenüber Eichner am 1. Juni 1937 bemerkte: »Es ist zu hoffen, daß er auf diesem Entwicklungsweg zu gegenständlichen, einfachen Dingen kommt. Dieses Abstrakte bleibt doch fragwürdig.« Nach 25 Jahren traf sie auch die seit der *Phalanx*-Zeit mit ihr befreundete Emmy Dresler wieder, die als überzeugte Anthroposophin mit dem ›Tausendjährigen Reich‹ ihre Schwierigkeiten hatte. Nach einem Besuch des Kunsthauses Schaller schrieb Münter: »Bin wieder begeistert von echter, großer Kunst. Schöne starke Sachen sind da von Maria Filser, Karl Caspar ... Zeichnungen und Radierungen, – eine Besessenheit im Rausch der Arbeit bei beiden.«[64] Es war die letzte Ausstellung des von den Nationalsozialisten angefeindeten Münchner Malerpaares.[65] Auch Grete Csaki-Copony, mit Münter seit der Berliner Zeit befreundet, stellte gerade in Stuttgart aus; Münter half ihr beim Hängen im Wilhelmspalais. »Großartige und starke Sachen hat die Siebenbürgerin«, versicherte Münter Eichner. Csaki erinnert sich an »die Ruhe und Herzlichkeit, die von Münter ausging. Sie war das Gegenteil von einem ehrgeizigen Malweib ... Übrigens kam meine Ausstellung nie zur Eröffnung. Als alles fertig gehängt war, erschienen fünf Herren, um alles zu übernehmen, aber einige Bilder sollte ich vorher entfernen. Das wollte ich aber nicht, und so wurde nichts aus der schönen Ausstellung. Ich hängte ab, sicher auch im Einverständnis mit G. M.«[66]

Münters Briefe an Eichner klangen beschwingt. Endlich wieder Anregungen! Endlich wieder Gleichgesinnte, mit denen sie sich offen verständigen konnte. Endlich wieder eine druck- und angstfreie Atmosphäre. Wie ihr solch ein Kreis in München abging! Getreulich bot sie Eichner Teilhabe: »Sie spotten ... ja diabolisch ... Aber wenn ich irgendetwas erlebe, ohne Sie teilnehmen zu lassen, so sind Sie es doch nicht zufrieden – und so muß ich wieder eine schöne Lesestunde oder Aquarellzeit opfern, und das nur, um Ihre (miesen) Meinungen zu hören!«[67] Kleinlaut teilte sie ihm jedoch bald darauf mit, daß die Valentien-Ausstellung keinen einzigen Verkauf erbracht hatte. Sie überließ dem Kunsthändler, der durch sie nur Kosten gehabt hatte, eine Ölstudie von Kandinsky und war hocherfreut, daß die von Eichner eilends geschickte, tadellos erhaltene »kleine Pappe soviel Geld einbringt: 2000 Mark!« Gemessen an dem monatlichen Zinsertrag von 100 Reichsmark, aus dem sie Malutensilien, Steuern, Garderobe und alle Anschaffungen bestreiten mußte, war das ein kleines Vermögen. Sie weigerte sich jedoch beharrlich, Valentien noch weitere Kandinsky-Bilder zu verkaufen, damit nichts von deren Verbleib bekannt würde.

Der Tatendrang des Gefährten wird im Reflex ihrer Briefe sichtbar. Anläßlich des Geburtstages von Adolf Hitler am 20. April 1937 wehrte sie ab: »Das mit dem Bild-Schenken ist eine Kateridee!«[68] Einen Monat später bemerkte sie zu Eichners Bildauswahl für die *Große deutsche Kunstausstellung* anläßlich der Eröffnung des *Hauses der Deutschen Kunst* in München, Juli 1937: »*Vereiste Straße* würde ich glatt riskieren, hat schon kunstfernen Menschen imponiert ... *Ich* hab auch Mut zum *Jochberg*. Das ist deutsch, deutsche Landschaft.« Tragbar erscheine ihr auch *Rindergespann bei Murnau*; er möge das Bild nicht »dauernd bemäkeln, das sind ganz richtige brave Kühe, die haben nun mal krumme Haxen«. Sie empfahl auch *Altmünchen*, *See am Ostertag*, *Zinnienbilder* oder *Grauer See*, »das ist keins von den Kunstvereins-Braven!«[69]

Auf Eichners Wunsch blieb Münter noch in Württemberg, um ländliche Eindrücke zu sammeln. In Siglingen, dem Ort der mütterlichen Herkunft, betrieb sie – vermutlich für den von der Reichskulturkammer geforderten Ariernachweis – Ahnenforschung. Eichner meinte, sie könne vielleicht sogar in einem billigen Gasthof oder einer Pfarrei ein Atelier aufschlagen. Münter aber zeigte gar keine Neigung, schwäbische Jungbäuerinnen zu malen. Auch das von ihm erwartete Arbeiterbild vom Salzbergwerk Bad Friedrichshall sei bei allem guten Willen nicht malbar. »Das stellen Sie sich schneller und leichter vor, als es ist. Zu Hause habe ich Platz, Zeit, Material, hier fehlt alles!« Sie reiste mit Bummelzügen nach Schwäbisch Hall, Ulm und Heilbronn, um ihre Stuttgarter Kollektion in Kunstvereinen anzubringen und in benachbarten Dörfern Modelle unter den ›Volksgenossen‹ zu finden, die, wie es im Nazi-Jargon hieß, in Fühlung mit dem heimatlichen Boden noch wahrhaft in Ordnung und vor der Vermischung des Blutes mit minderwertigen Rassen geschützt seien, wo gewachsene Tradition herrsche und der Segen wohltätiger Arbeit. Doch für die Darstellung solcher Urberufe spürte sie lähmende Unlust. Fast vier Monate war sie aushäusig, zog mit unbequemem Malgepäck von Ort zu Ort, lebte in billigen Gasthöfen ohne Bäder und WC, störte sich an Fliegen und Gerüchen und scheute sich, in fremde Bauernstuben einzudringen, um zu zeichnen oder zu malen. Sie notierte: »Motive kein Erlebnis, also verfehlt.«[70]

So saß sie denn am 19. Juli 1937 wieder auf der Terrasse des Murnauer Hauses und las Eichner aus der Zeitung Hitlers Eröffnungsrede im *Haus der Deutschen Kunst* vor, die sich gegen das »moderne Kunstschmierantentum« wandte: »Als vor vier Jahren die feierliche Grundsteinlegung dieses Baues stattfand, waren wir uns alle bewußt, daß nicht nur der Stein für ein neues Haus gesetzt, sondern der Grund gelegt werden mußte für eine neue und wahre deutsche Kunst. Es galt, eine Wende herbeizuführen in der Entwicklung des gesamten deutschen kulturellen Schaffens.« Mit 900 Bildern, ausgewählt aus 15000 Objekten ›deutschstämmiger‹ Künstler, hätten die Nationalsozialisten das ›Vollkommenste ihrer Kunst‹ in Szene gesetzt. Münters Gemälde waren zurückgewiesen worden.

Hitler kündigte die größte Auftragserteilung aller Zeiten an, doch habe der Künstler wiederzugeben, was in der Gemeinschaftsseele des Volkes empordränge: »Es ist nicht Aufgabe der Kunst, um des Unrats willen zu wühlen, den Menschen nur im Zustand der Verwesung zu malen, Kretins als Symbol der Mutterwerdung zu zeichnen und krumme Idioten als Repräsentanten männlicher Kraft hinzustellen.« Bei manchen der eingeschickten Bilder habe er beobachtet, daß es wirklich Maler gebe, »die grundsätzlich Wiesen blau, Himmel grün, Wolken schwefelgelb usw. empfinden, wie sie vielleicht sagen, erleben ... ich möchte im Namen des deutschen Volkes es nur verbieten, daß so bedauerliche Unglückliche die Ergebnisse ihrer Fehlbetrachtungen der Mitwelt ... als ›Kunst‹ vorsetzen wollen.« Münter war durch die altbekannten Schmähungen weniger erschrocken als über die offenen Drohungen: »Wir werden von jetzt ab einen unerbittlichen Säuberungskrieg führen gegen die letzten Elemente unserer Kulturzersetzung.«[71] Doch die Masse jubelte, und die *Münchner Neuesten Nachrichten* feierten den »Tag der deutschen Kunst«, mit dem die große Wende eingeleitet werden sollte – die Wende von der »Vergötzung jüdisch-bolschewistischer Machwerke zur Wiedergeburt der eigenwüchsigen Herrlichkeit nationaler Volkskultur«.

Auf den Photos der Presse sah Münter den straßenbreiten Festzug ›2000 Jahre deutscher Kultur‹, der sich durch die Innenstadt wälzte. Fast 3000 Menschen wirkten mit. Sie stellten Priester, Seherinnen oder Wikinger dar, die deutsche Geschichte wurde mit den Gestalten Karls des Großen und Heinrichs des Löwen beschworen, auf einer riesigen Weltenesche webten die Nornen. Über allem strahlte eine goldene, monumentale Hakenkreuz-Sonne, von den Rassepferden ›Frühwach‹ und ›Allgeschwind‹ gezogen. Abends gab es im Ausstellungspark ein Künstlerfest, bei dem beispielgebende Gemälde wie Rembrandts ›Nachtwache‹, Breughels ›Bauernhochzeit‹, Menzels ›Flötenkonzert in Sanssouci‹ und Defreggers ›Letztes Aufgebot‹, aber auch Böcklins ›Bacchanale‹ auf den erleuchteten Wiesen des Englischen Gartens als lebende Bilder dargestellt wurden. Angeregt durch die 400 Fackelträger, setzte die Münchner Bevölkerung laut Pressemeldungen drei Millionen Fensterkerzen in ihre Hausfassaden. Vier Jahre Zeit hatte Adolf Hitler 1933 verlangt, und er wollte nun durch gigantisches Schaugepränge – nicht nur in

München, sondern auch in vielen anderen deutschen Städten – beweisen, daß die ›Wiedergeburt deutscher Volkskultur‹ erfolgreich eingeleitet worden war.

Münter wußte: Das mit viel Pappmaché inszenierte Münchner Riesenspektakel bedeutete für die bildenden Künstler das Ende einer vergleichsweise noch liberalen Zeit. Hitler selbst hatte in einer letzten Auswahl für die *Große Deutsche Kunstausstellung* 25 Bilder verbannt, die Gerdy Troost, neben dem Bildhauer Joseph Thorak maßgebliches Mitglied der Jury, noch zugelassen hatte.[72]

Während dreitägige Festtagsfreude diese monströse Selbstdarstellung des ›Tausendjährigen Reiches‹ begleitete, war schon eine zweite Ausstellung vorbereitet: am 19. Juli wurde die Kunst der Moderne an den Pranger gestellt. Das wohlarrangierte Panoptikum *Entartete Kunst* sollte abschreckende Wirkung haben und wurde ebenfalls mit einer Schmäh- und Drohrede eingeleitet, die der Maler und jetzige Präsident der *Reichskammer der bildenden Künste*, Adolf Ziegler, hielt. Er war seit 1925 mit Hitler bekannt und hatte sein Amt seit Ende 1936 inne. Von dem am 30. Juni 1937 durch Hitler dazu ermächtigten Reichsminister Goebbels hatte er die Weisung erhalten, »die im deutschen Reichs-, Länder- und Kommunalbesitz befindlichen Werke der Verfallskunst seit 1910 auf dem Gebiet der Malerei und der Bildhauerei zum Zweck einer Ausstellung auszuwählen«. Er erklärte bei der Eröffnung: »In Durchführung meines Auftrags, alle Dokumente des Kunstniedergangs und der Kunstentartung zusammenzutragen, habe ich fast sämtliche deutsche Museen besucht ... Die hier gezeigten Produkte sind nur ein Teil der in den vorgenannten Anstalten noch vorhandenen. Es hätten Eisenbahnzüge nicht gereicht, um die deutschen Museen von diesem Schund auszuräumen. Das wird noch zu geschehen haben, und zwar in aller Kürze.« Im Hinblick auf den Ablauf der Frist, die Hitler sich zur großen ›Reinigung‹ ausbedungen hatte, drohte Ziegler: »Die Geduld ist nunmehr für all diejenigen zu Ende, die sich innerhalb der vier Jahre in die nationalsozialistische Aufbauarbeit nicht eingereiht haben.«

Münter fuhr nach München, um die »Ausgeburten des Wahnsinns, der Frechheit, des Nichtkönnertums und der Entartung« noch einmal zu sehen. Es würde wohl ein Abschied für immer von all denen sein, deren künstlerische Ziele sie einst mitgetragen hatte. Vorher aber besuchte sie den neuen ›Dom deutscher Kunst‹.

Mit sakralem Anspruch hatte Hitlers Leibarchitekt, Paul Ludwig Troost, die 150 Meter lange, tempelartige ›Kultstätte‹ in eklektischem Historismus am Südrand des Englischen Gartens errichtet. Münter betrat die in ganzer Breite aufsteigenden Stufen, ein ›Zeremonialweg‹, der den Besucher einschüchtern sollte. Herrschaftsarchitektur, gekrönt durch ein Motto Hitlers über der Eingangspforte: »Kunst ist eine zum Fanatismus verpflichtende Mission«! Der Porticus von 20 elf Meter hohen Säulen entsprach Hitlers Bewunderung für die griechische Kunst, die er als Gipfel arischen Schöpfertums ansah. Da fehlte nichts, was gut und teuer war: eine Schneeschmelzheizung zwischen dem doppelten Glasdach, eine Beleuchtungsanlage mit 18000 Tiefstrahlern hinter den Oberlicht-Glasdecken und eine automatische Luftkühlungs- und Befeuchtungsanlage.

Innen entsetzte Münter eine den ›arischen Menschen‹ und das Regime auf pathetische Weise idealisierende Malerei, trotzige Härte in Gesichtern, stahlblaue Augen, die in der Ferne Angriffsziele suchten, Fäuste, die sich um Flaggen ballten! Neben Porträts von Nazigrößen und Bildnissen von heroisch gemeinter Gestik – den reckenhaften Helden von Thorak und den muskelprotzenden Arbeitern der Stirn und der Faust von dem einstigen Rodin-Anhänger Arno Breker – erschien ihr vieles antiquiert und keinesfalls als Erfindung jener Jahre. Fast ein Drittel der Künstler, die nun im ›Haus der Deutschen Kunst‹ ausstellen durften, war schon früher in der von der *Münchner Künstlergenossenschaft* und dem *Verein bildender Künstler ›Sezession‹* organisierten *Großen Kunstausstellung* vertreten gewesen. Sie standen in der Nachfolge von Defregger, Leibl, Pettenkofen, Spitzweg und anderen Meistern des 19. Jahrhunderts. Der Blick der Aussteller war rückwärts gerichtet, in eine vorindustrielle Vergangenheit: Landschaften mit Viehweiden, der einfache Kätner, humpenschwingende Mönche, Idyllen mit Abendsonne, gefurchte Fischer- und Bauerngesichter, Brotsegen und Dorfstuben – Motive, die Eichner ihr wohlmeinend als Trittbrett zum Erfolg immer wieder vorgeschlagen hatte.

Hier wurde nicht mehr zwischen Wahrheit und Wirklichkeit unterschieden. Hier wurde die Beschränkung auf das Übliche zur Methode gemacht. Hier fehlten die Momente subjektiver Durchdringung und Erleuchtung. Hier wurde eine Bildwelt idealisiert, die jedermann aus seinem Alltag vertraut war und die ihm – im Wiedererkennen und in ihrer Erhöhung zum Bildnis – als Akteur Bedeutung verlieh und ihm darum schmeichelte. Hier wurden eingeübte Konventionen des Sehens und Erlebens festgeschrieben und das Hinlängliche mit falschem Pathos zelebriert. Adolf Zieglers Hauptwerk, *Die vier Elemente*, war Münter schon im April 1937 in einer Abbildung der *Berliner Illustrirten* begegnet, und sie hatte Eichner »das Wunder, das zeitgemäße, epochale deutsche Werk (zwei ausgezogene Mädchen) für die große Ausstellung in München und für die Weltausstellung Paris« beschrieben. »Es wird ein nazistisches Meisterwerk, eine Maid mit spitzem Himmelfahrtsnäschen und hohen kleinen spitzen Brüsten, die gleich unterm Hals sitzen, weil das ja schön ist«.[73] Nun also sah sie das Original des ›Reichs-Schamhaar-Meisters‹, so genannt wegen seiner peniblen, als Neoklassizismus gerühmten, photographiegetreuen Aktmalerei. Sie wußte: Hier wurde ihr Anpassung unmöglich, hier blieb ihr nur noch Abwehr oder Rückzug in die Stille privater Malfreuden.

Während die Musterschau im Haus der Deutschen Kunst durch großzügige Hängung den kultischen Anspruch unterstrich, war die Ausstellung *Entartete Kunst* in neun vollgestopfte Horror-Kabinette gegliedert. »Gequälte Leinwand – Seelische Verwesung – Krankhafte Phantasten – Geisteskranke Nichtskönner, von Judencliquen preisgekrönt, von Literaten gepriesen waren Produkte und Produzenten einer ›Kunst‹, für die staatliche und städtische Institute gewissenlos Millionenbeträge deutschen Volksvermögens verschleuderten, während deutsche Künstler zur gleichen Zeit verhungerten. Seht Euch das an! Urteilt selbst«, lockte ein Flugblatt. In dem alten Galerietrakt an den Hofgarten-Arkaden war der Eintritt frei. Ein ›Führer durch die Ausstellung‹, 30 Pfennig billig, brachte entstellende Schwarz-Weiß-Reproduktionen. 30000 Besucher hatten die *Münchner Neuesten Nachrichten* allein für den Tag nach der Eröffnung gemeldet.[74] Münter beobachtete ressentimentgeladene Lacher und solche, die aufgrund der Warnung »Für Jugendliche verboten!« Sensation und Unsittlichkeit witterten. Aber viele waren wie sie dort, um Abschied zu nehmen. Die engen Räume waren ständig überfüllt. Das alte Treppenhaus, das zum Obergeschoß führte, war verstopft. Manchmal mußte die Außentür vorübergehend abgesperrt werden. Dann bildete sich draußen eine Menschenschlange. Überall standen SA-Männer in Uniform und sorgten durch ihr »Weiter! Weiter!« dafür, daß das Publikum nirgends verweilen konnte.

Die Luft war stickig, die Enge beklemmend. Die Bilder hingen dicht aneinander, waren schlecht beleuchtet, dazwischen Graphiken, Mappenwerke und Vitrinen – ein planvoll inszeniertes Durcheinander –, dazu spukhaft-mißtönige Musik. Gabriele Münter verglich die Szene mit dem vergleichsweise harmlosen Dresdner ›Schreckenskabinett entarteter Kunst‹, das sie vor einem Jahr im ›Weißen Saal der Polizei‹ in der Münchner Ettstraße gesehen hatte, dort fehlten diskriminierende Bildtitel; Erna Hanfstaengl hatte sich damals dafür eingesetzt, daß sie, ebenso wie die einstigen Kaufpreise, weggelassen worden waren. Hier wurden sie zur Aufwiegelung der

Besucher auf roten Preiszetteln als verschleuderte Spargroschen des deutschen Volkes herausgeschrien.

Erst allmählich nahm Münter im qualvollen Gedränge und dem Chaos von Hetzparolen und Bildverschachtelungen einzelnes wahr. Herzklopfend stand sie vor den Bildern der einstigen Kollegen des *Sturm*, der *Brücke*, der *Neuen Künstlervereinigung München* und des *Blauen Reiter*. »So schauten kranke Geister die Natur«, »Freche Verhöhnung des Gotteslebens«, »Offenbarung der jüdischen Rassenseele«, »Verhöhnung der deutschen Frau, Ideal: Kretin und Hure«, »Deutsche Bauern, jiddisch gesehen«, »Solche Meister unterrichten bis heute die deutsche Jugend«, schmähten die Wandsprüche der Schauerkabinette. Der Haß traf alle: Expressionisten und Konstruktivisten, Surrealisten und Maler der *Neuen Sachlichkeit*.

In den zwei größten Räumen des Obergeschosses erschrak sie vor Kandinskys Werken. Unter dem Zitat aus Franz Pfemferts *Aktion* – »Wir tun so, als ob wir Maler, Dichter oder sonst was wären. Aber wir sind nur und nichts als Wollust frech«[75] – fand sie sein *Zweierlei Rot* von 1916, in der Berliner Nationalgalerie beschlagnahmt, neben Werken von Nolde, Campendonk, Klee. Unter dem Kommentar »Verrückt um jeden Preis, Kandinsky, vor 1933 Lehrer am kommunistischen Bauhaus in Dessau« sah sie konstruktivistische Werke aus den 20er Jahren, *Ruhe, Belastung, Abstieg,* deren rational-experimentelle Kühle ihrer Empfindungswelt fernlag. Da schien seine alte Dynamik erloschen oder austariert, in kristalline Schwebe gebändigt, ein Leergewicht, vom Hauch der Erstarrung umweht. Wie weit entfernt schien er ihr, wie fremd! Doch vor seiner *Improvisation 10* stürzte sie in die eigene Vergangenheit![76] Das Bild war 1910 entstanden, als die Farben sich nicht mehr auf die Dinge legten, sondern in sich selbst zu rotieren begannen. In jenem Schäumen und Gären war der Durchbruch zur absoluten Kunst erfolgt. An der Rückwand eines kleineren, des zweitletzten Saales der Raumflucht entdeckte sie Marcs *Turm der blauen Pferde*, in der Berliner Nationalgalerie abgehängt; vier weitere seiner Bilder[77] erinnerten sie an die spannungsgeladene Freundschaft vor einem Vierteljahrhundert. In den schmalen Räumen des Erdgeschosses fand sie Kandinskys Mappe *Kleine Welten*, zwölf Farbholzschnitte und Lithographien von 1922, drei Bilder von Jawlensky, einige von Klee, der insgesamt 17mal vertreten war. Münter verließ die Ausstellung mit einer Wehmut, in der die Kluft zwischen dem kreativen Elan des Einst und der Dürre des Jetzt aufgebrochen war.

Da in der Ausstellung *Entartete Kunst* nur Werke aus deutschem Museumsbesitz hingen, konnte Münter nicht vertreten sein. Daß man aber auch ihren Namen kaum noch mit dem Kreis der ›Entarteten‹ verband, verdankte sie Johannes Eichner, der ihre Distanzierung zur Vergangenheit des *Sturm* und des *Blauen Reiter* planvoll betrieben hatte. Hin und wieder klang jedoch in ihren Worten ein leises Bedauern an, daß sie offiziell nicht mehr zu den Bahnbrechern der Moderne gezählt wurde, sondern ihnen nun als Publikum gegenüberstand. Das bedeutete auf der einen Seite keine Verfolgung, kein Ausstellungsverbot. Auf der anderen Seite aber war sie durch ihre Anpassungsversuche an den zeitgenössischen Geschmack nicht mehr ausdrucksstark, nicht mehr bedeutungsvoll genug, um noch als Vertreterin der einstigen Avantgarde angesehen zu werden.

Münter wurde auch nicht in den Kampfschriften erwähnt, die, theoretisch flankierend, die nationalsozialistischen Maßnahmen gegen die Moderne begleiteten.[78] In Wolfgang Willrichs Musterbuch *Säuberung des Kunsttempels* fehlt ihr Name sogar in der Liste der *Sturm*-Künstler. Unter dem Titelbild seines eigenen Gemäldes *Hüterin der Art*, einer treuherzigen Blondine, seicht, glatt und pedantisch gepinselt, hatte der Verfasser im Inneren des Pamphlets Ausschnitte moderner Gemälde zu Schreckenstafeln montiert. Unter den vom ihm verunglimpften Malern waren Jawlensky, Kandinsky, Klee,

Kokoschka, Kubin, Munch, Nolde, Pechstein, Picasso, Purrmann, Rohlfs, Schlemmer und als einzige Frau Paula Modersohn-Becker. Münter verdankte ihre Weglassung ausgerechnet Herwarth Walden! Der *Sturm*-Eigner hatte 1923 in einer Werbeschrift *Einblick in die Kunst* eine Aufstellung der von ihm vertretenen Künstler veröffentlicht und Münters Namen gestrichen, weil sie ihm einen Rechtsstreit wegen noch nachzuweisender Verkaufserlöse angedroht hatte. Willrich aber hatte seinen ›Säuberungsmaßnahmen‹ die Mitarbeiter-Kartei der von 1911 bis 1933 erschienenen Zeitschrift *Die Aktion* und Waldens Verzeichnis vom *Sturm*-Kreis zugrunde gelegt.

Den Wert ihrer Unauffälligkeit für die Rettung von Kandinskys Bildern erkannte Münter, als am 31. Mai 1938 das *Gesetz über die Einziehung von Erzeugnissen entarteter Kunst* verabschiedet wurde. Mochten 60 seiner Werke in öffentlichen Sammlungen beschlagnahmt, devisenbringend verkauft oder in alle Winde verstreut worden sein[79], sie konnte das bei ihr bewahrte Frühwerk hinüberretten in eine Zeit, in der es einmal wieder ans Licht gebracht und weiterwirken könnte. Doch als die Bilderstürmer ankündigten, die Werke der ›Verfallskunst‹ würden nun auch in Privatsammlungen aufgespürt und ›legalisiert enteignet‹, verstaute sie mit Eichner Kandinskys Gemälde in einem trockenen, schwer zugänglichen Kellerraum, dessen Eingangstür durch Regale verborgen blieb. Niemand wußte, daß diese Bilder, von denen ein großer Teil mehr als ein Jahrzehnt bei der Allgemeinen Transportgesellschaft München auf Lager gestanden hatte, sich nun in ihrem Haus befanden.

Münter beschickte keine Ausstellungen mehr, um nicht unnötig Aufmerksamkeit auf sich zu lenken.[80] Sie blieb im Abseits, wurde nur von Freunden und Nachbarn geschätzt und mit Gelegenheitsaufträgen bedacht. Brauchten die Murnauer gerade ein Geschenk, so bestellten sie morgens ein Blumenbild, das sie dann nachmittags für einen Preis von 100-200 Mark abholen konnten. Oft versuchte Münter auch, Dienstleistungen – vom Installateur bis zum Zahnarzt – durch Bilder abzugelten, wovon die Betroffenen keineswegs erbaut waren. Jahrelang hingen diese murrend in Zahlung genommenen Bilder über den Spülsteinen und Borden der Bauernküchen und wurden allenfalls wegen ihrer Porträt-Ähnlichkeit geschätzt.

Eichner tadelte ihr dilettantisches Verfahren. Ein seriöser Künstler übernähme nur Aufträge für verabredete Preise. »500 RM ein Porträt! Machen Sie die Sache, Ihre Leistung, etwas wichtig! Großes Format! Die leeren Flächen merken die Auftraggeber nicht. Nicht zu leuchtend, zu farbig, davor erschrecken die Menschen.« Ein Porträt dürfe nicht so viel Sorgfalt und Arbeit kosten. »Viel leeren Hintergrund, das imponiert den Laien!« Hin und wieder erntete sie jedoch zwischen all seinen Tadeln und Ratschlägen ein schmächtiges Lob: »Daß Sie mit den Bildnissen kurz und schmerzlos fertig geworden sind, ist famos. Nun also das Geld dafür!«[81]

Im Frühjahr 1939 plante das Paar eine Sizilienreise; die nach dreieinhalbmonatiger Wartezeit erhaltenen Devisen reichten jedoch nur für eine Person, und so kaufte Eichner sich ein Bahnbillett nach Süditalien, setzte über nach Tripolis, durchreiste Libyen und den nordafrikanischen Küstenstrich.

Münter genoß derweil die Frische der Elmauer ›Buckelwiesn‹. Wenn sie vom Liegestuhl aus die Profillinien der Wetterstein-Wände betrachtete, spannte sich ein Bogen zur Kindheit, in der sie an jedem Faltenwurf, jeder Wolke und jedem Tapetenmuster Gesichter sah. »Ewig dieselben Köpfe im Gestein!« schrieb sie Johannes Eichner und scheute sich, ihm von ihren enttäuschten Hoffnungen auf Verkäufe im Schloß zu berichten, wo sie die Gäste porträtierte.

Die künstlerische Isolierung, unter der Münter litt, wurde gemildert durch die in Murnau ansässige Malerin Lena Gierl[82], die sie wöchentlich zu einem gemeinsamen Malnachmittag einlud. »Gierl macht ausgezeichnete Sachen, die ich oft über meine eigenen stelle«, versicherte sie Eichner, der die

Besucherin stets mißtrauisch umkreiste, anläßlich einer gemeinsamen Ausstellung bei Wiegelmann in Murnau, Herbst 1939. Während Münter sich um konventionellere Bildgestaltung bemühte, wagte Gierl in rücksichtsloser Malbesessenheit eine Annäherung an Münters frühe Bilder, an ihren ›gefilterten Fauvismus‹, nur waren Gierls Farben heller, aufpeitschender und unbekümmerter. Die wohlversorgte Beamtenwitwe brauchte keine Rücksichten auf die Verkäuflichkeit ihrer Gemälde zu nehmen und war darum unabhängig von kunstpolitischen Maßgaben. Diese Freundschaft, trotz gelegentlicher Eifersüchteleien ungetrübt, blieb für Münter ein Gewinn bis ins hohe Alter.

Die Murnauer betrachteten sie und Eichner als ein exotisches Paar. Das jahrelang leerstehende Haus im Eichenschatten, umgeben von einem verwahrlosten Garten, war der bäuerlichen Bevölkerung seit je unheimlich: »Da hauste amoi a Russ mit a spinnatn Malerin.« Daß es sich bei der weißhaarigen, zierlichen Person, das »arme Hascherl, des immer so dankbar an Gruaß erwidert«, um die gleiche Person handelte, wußten nur wenige. Eichner hob sich, Abstand wahrend, von der dörflichen Umgebung ab, er war und blieb im Erscheinungsbild der Berliner Herr, den man nur mit einem silberknopf-geschmückten Gehstock, in dunklem Mantel und mit Hut sah. Manchmal trug der ›kleine Doktor‹ zum Entzücken der Dorfjugend hellgraue Gamaschen. Mancher Bauer bespöttelte den feinen Gelehrten: ›a Preuß‹, der um Stil und Eleganz bemüht, nicht arbeitete, obwohl er, wie man unschwer feststellen konnte, nicht gerade ein Krösus war.

Der Kriegsausbruch im Herbst 1939 brachte Münter eine weitere Verengung des Lebenskreises. Sie mied die Stadt, Besuche der Münchner Freunde wurden selten. In ihren Notizbüchern überwiegen Eintragungen über alltägliche Sorgen und ihre Freude an der Natur; sie erwähnt die Phasen des Mondes, die Bedeutung des Klimas, der Wettereinbrüche und das Geschenk warmer Sonnentage. Im Winter war »Malzeit«.

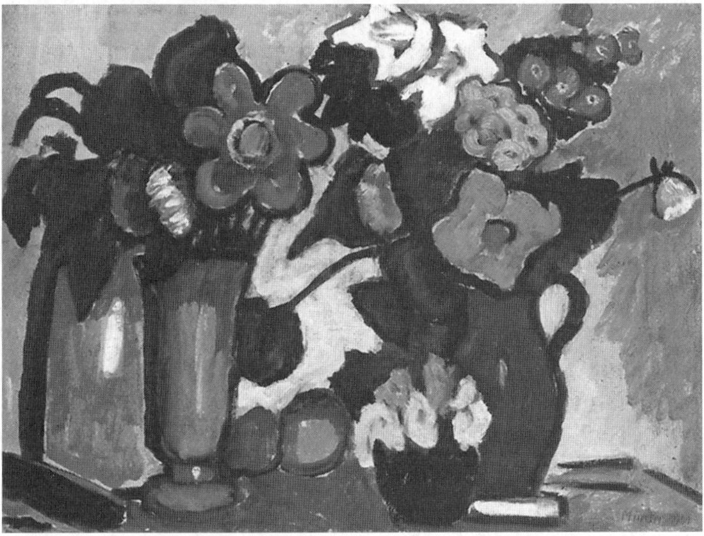

Gabriele Münter, Blumen in der Nacht, 1941,
Öl auf Pappe, 50 × 65 cm.

Im Jahre 1942 wurde Münter wie alle Künstler des Bezirks zur *Kunstausstellung des Weilheimer Kreistages der NSDAP* eingeladen. »Da hat Eichner nun Sorge, daß ich nichts Unpassendes schicke«, schrieb sie an Flora Scherer. »Mir scheint ›Ernte in Oberbayern‹ motivisch geeignet, Ei aber sagt, es sei nicht genug ausgepinselt.« Sie dürfe sich nicht ausschließen, um weiterhin ihre Zuteilung an Malmitteln zu bekommen, doch die Jury aus parteitreuen Laien erscheine ihr gefährlich.[83]

Dann kamen die hellen Fliegernächte, in denen die Scheinwerfer den Himmel absuchten und die Flak-Geschütze auf die todbringenden Bomber zielten. Murnau fühlte sich durch ein Lager mit mehr als viertausend polnischen Offizieren, Gefangenen des Polenfeldzugs im Oktober 1939, hinlänglich geschützt. Der Ort schien allenfalls gefährdet durch die Eisenbahn, die nahe am ›Russenhaus‹ vorbeiführte – Kandinsky hatte sie 1909 in ihrer wichtigtuerischen Eile gemalt, auch dieses Gemälde befand sich nun wohlverwahrt in Münters

Keller. Als Tiefflieger die Züge beschossen, fürchtete sie um ihr Bilderlager. Weil bei einem Luftangriff auf München am 21. September 1942 einige ihrer Gemälde bei Freunden verbrannt waren, schrieb sie Flora Scherer: »Nach den abgeworfenen Drohungen der Engländer soll bis zum 9. November 1942 von München nichts mehr stehen ... Haben Sie Ihre kleine Kunstsammlung aus der Stadt geschafft? Bitte, vergessen Sie dann nicht mein Blatt mit der Struwweldahlie!«[84]

In Murnau hatte man Eichner mit dem Amt eines Luftschutz-Untergruppenführers betraut; der Perfektionismus bei seinen Kontrollen von Kellern, Löschgeräten und Verdunkelungsmaßnahmen kam allen zugute. Sobald die Sirenen heulten, fürchtete Münter wegen der verborgenen Bilder jeden verräterischen Lichtschein im Ort. Manchmal beobachtete sie vom Murnauer Hügel aus die ›Christbäume‹ der Brandbomben und den Feuerqualm über München: 74 Fliegerangriffe hatte die bayrische Hauptstadt zwischen 1940 und 1945 zu ertragen, dabei wurden 450 Luftminen, über 60000 Sprengbomben und dreieinhalb Millionen Brandbomben abgeworfen. Die ›Hauptstadt der Bewegung‹ war zum Trümmerfeld geworden.[85] 1943 kamen die ersten Evakuierten von dort nach Murnau, auch das ›Russenhaus‹ mußte Ausgebombte aufnehmen. Dazu wurde von den Behörden in Haus und Kellern nach freien Räumen gesucht, doch das Bilderlager blieb unentdeckt.

Die Not war groß. Münter grub eigenhändig den Rasen um, sie wollte Mais und Zuckerrüben anbauen. Doch die Ernte von sieben Pfund Sirup half ihr und Eichner kaum über den schlimmsten Hunger hinweg. Aus ihren Bittbriefen an Freunde auf dem Land, die sie um Lebensmittel oder Nährmittelkarten anging, spricht ausschließlich Sorge um den Gefährten, der, matt und unterernährt, nicht einmal mehr 90 Pfund wog. Beide sorgten liebevoll füreinander. Der ehemalige Einzelgänger Eichner schien nun dankbar dafür, daß er in einem langwährenden, auch von Rückschlägen begleiteten

Prozeß in einen Lebensdialog einbezogen worden war, in dem Münters Stimme zwar klingender blieb, er aber die Tonart bestimmen durfte.

Obwohl er sehr sparsam mit Zugeständnissen seiner Sympathie war, hatte er Münter schon nach Umbau und Übernahme des Hauses geschrieben: »Ganz leise will ich sagen, daß ich mich sehr freue, wenn wir wieder richtig (nicht im lästigen Großstadtbetrieb) zusammen sein können.«[86] Am deutlichsten zeigte sich seine Veränderung an kleinen Geschenken, die er, der Scheue, ihr mit seinen Gedichten machte. Im Nachvollzug ihrer Malerei gestaltete er ›Bilder in Worten‹; dabei hob er das Spannungsfeld hervor, das Münters Gemälde so kraftvoll und eindringlich machte.[87] Zu *Puppe, Katze, Kind* betont sein Vers das Lichte und Weltoffene in der Erscheinung des Kindes, zu dem der Kater den Gegenklang setzt: »Sich selbst genießend, rund und breit / Und schwarz umhüllt der Kater thront. / Gelbgrüner Augen schiefer Spalt / Beschaut die Welt vom Hinterhalt / Mit putzger Wachsamkeit. / Was er sich denkt, verrät er nicht, / Hier brütet ein verwunschner Wicht, / Der sein Geheimnis schont.«

Münters Gemälde *Drohende Wolke* zeigt Giebelhäuser, eng aneinandergeschmiegt, Wiesenwege im Abendfrieden. Die roten Ziegeldächer verraten Wärme und Gemütlichkeit, dahinter locken kühl-blaue Berge. Voller Pathos rief Eichner in seinem Gedicht den geduckten Häusern zu: »Der Stachel eures Giebels hilft euch nichts«, denn »geierkrallig schlägt die Wolke ins Behagen«. Münter war entzückt über solche Bildgedichte, die er ihr ins Atelier schmuggelte. Er hingegen war glücklich, seine Verse jemandem widmen zu können, der sie schätzte. Selbstrücknahme und verändertes Wertgefühl zeigten sich auch an den Aphorismen, die er Münter in sorgfältiger Reinschrift und handgebunden zum 67. Geburtstag schenkte. Sie wenden sich gegen die Überschätzung der Gelehrsamkeit: »Im Gärtchen seiner Erdenkungen versimpelt ein Philosoph. Wohl ist Versenkung sein Vorrecht, aber die

Brandung des Lebens muß ihm die Aufgabe zuwerfen.« Meist umkreist er das Geheimnis der Kreativität: »Die Kunstgelehrten und Seelenforscher erschöpfen nie die Gründe einer künstlerischen Tat. Ein Frommer hat es leichter und deutet: Es ist ein göttlicher Gnadenakt.« Seit 1941 plante er eine Publikation über Münter, doch das erwies sich ohne Einbeziehung Kandinskys und des nun verpönten *Blauen Reiter* als undurchführbar, und so kam er über Vorstudien nicht hinaus.

Zwei Tage vor ihrem 68. Geburtstag schrieb Münter in ihr Tagebuch: »Diese Tage muß die Feindschaft wieder stark gewirkt haben – es flogen unzählige silbern glänzende Mörder im Sonnenschein über uns hinweg und der Boden ist besät mit Stanniol-Störfäden.« Tiefflieger mit weißem Stern auf der Tragfläche beschossen Bauern auf den Feldern und alle, die sich auf die Straße wagten. Auch Wäsche im Freien erwies sich als Ziel siegesgewissen Übermuts. »Planlose Flucht bringt nur Unglück«, warnte das *Murnauer Tagblatt* am 28. April 1945. Schon zogen Soldaten der geschlagenen deutschen Armee durch den Markt nach Süden. Gefechtslärm durchdrang hin und wieder die drückende Stille. Auf der Straße lagen weggeworfene Parteiabzeichen. Die Kreisleitung beschloß, trotz aller Durchhaltebefehle, den Ort am Rande der vielgerühmten ›Alpenfestung‹ nicht zu verteidigen. Am Sonntagnachmittag des 29. April 1945 rückten die Kampftruppen der 10. US Armored Division mit Panzerspitzen aus Richtung Weilheim an. Kurze Zeit danach sah man eine zweite Gruppe auf ihren getarnten Lastwagen die Kohlgruber Landstraße heraufkommen. Ihnen war der Bürgermeister mit einer weißen Fahne entgegengeeilt, um die Zerstörung des Ortes zu verhindern. Die Einnahme Murnaus ging ziemlich geräuschlos und ohne nennenswerte Gegenwehr vor sich. Wie ein Lauffeuer verbreitete sich die Nachricht, daß für die Besatzungstruppe einzeln stehende Häuser geräumt werden müßten, die Bewohner hätten eine Viertelstunde Zeit, das Notwendigste zusammenzupacken.[88]

Münter fürchtete, daß bei einer Hausbesetzung die im Keller verborgenen Bilder entdeckt und beschlagnahmt würden. Als am 30. April um zwei Uhr nachts ein amerikanischer Soldat durch Klopfen Einlaß verlangte, öffnete sie – wie ihr Tagebuch übermittelt – mit einer Kerze in der Hand die Haustür: »Zwei Pistolen, wir mußten ihm das ganze Haus und die Keller zeigen, immer bedroht, scheußlich ... Ich ging morgens los und suchte die amerikanische Oberleitung. Sprach Captain Hansen, 14 Sprachen, Jude. Kennt meinen Namen und Kunst. Bedauert Belästigung und sagt: ›Tür nicht öffnen‹, aber er muß weiterfahren. Rief noch einen Kunstkenner, der auch meinen Namen kannte. Ich habe das Eddy-Buch bei mir.« Sie gab nicht nach, stapfte auch am 1. Mai durch den tiefen Neuschnee, stets das 1914 erschienene Buch des Chicagoer Anwalts und Kunstsammlers über die Einordnung von Kandinskys Kunst, *Cubists and Post-Impressionism*, unter dem Arm. »Suche weiter Protektion der CIC ... Ein Col. Lardens gab mir Zettel: ›To all military personnel. Don't molest these people‹.« Er blieb wirkungslos; am 2. Mai durchsuchten viermal Trupps das Haus von oben bis unten. »Sämtliche Soldatenschnüffler sind dumm an der Remisentür vorbeigegangen. Noch keiner hat sie bemerkt! ... 3. Mai. Wieder Schneedecke. Fand Government im Rathaus. Bekam großen Anschlag und Hausschutz.« Das ›Off limits‹-Papier an der Tür der ›Russenvilla‹ schloß nun jeden Zugriff – auch von seiten der Besatzer – aus.

Münter verriet niemandem etwas von ihrem Bilderschatz, auch dann nicht, als sich eine Wiederbesinnung auf die Kunst vor dem ›Tausendjährigen Reich‹ anbahnte. Im Rückblick auf die vergangenen zwölf Jahre aber wiederholte sie noch manches Mal den Stoßseufzer, mit dem sie 1933 im Dialekt ihrer Wahlheimat den aus Berlin zurückkehrenden Johannes Eichner empfangen hatte: »Ja, mei liabs Hascherl, do bischt halt in a Zeit nei g'rumpelt!«

17. Kapitel

Treue

»Eigentlich wiederentdeckt wurde ich in der sensationellen Gedächtnis-Ausstellung *Der Blaue Reiter in München* 1949«[1], erinnerte sich Gabriele Münter. Als eine der letzten Lebenden aus dem Kreis des *Blauen Reiter* gehörte sie zum Ehrenausschuß dieser ersten großen Kunstschau nach dem Kriege, die zugleich die anrüchige jüngste Vergangenheit der ›Kunststadt des Deutschen Reiches‹ in Vergessenheit rücken und die Geltung Münchens als Brennpunkt der Moderne hervorheben sollte: »Der Blaue Reiter ist ... das letzte und bedeutendste Kapitel seiner Kunstgeschichte«, hieß es im Katalog.[2] Münter wurde vorwiegend als *Zeitzeugin* gewürdigt, als eine Übergangsgestalt, durch die der künstlerische Aufbruch vom Jahrhundertbeginn in die Nachkriegszeit hinübergerettet schien. Als *Malerin* bot ihr die Ausstellung wenig Entfaltung: nur neun ihrer Bilder standen 41 von Kandinsky, 49 von Klee, 22 von Kubin, 51 von Macke und 48 von Marc gegenüber. Im Katalogtext mußte sie sich mit zwei Zeilen begnügen, die sie noch mit Werefkin zu teilen hatte: »Sie stellen sich keine Probleme, ihre Malerei bleibt einfach und naturhaft.«

Bei der festlichen Eröffnung im *Haus der Kunst* hatten die Veranstalter die als Ehrengast aus Paris angereiste Nina Kandinsky neben Münter plaziert. Die Begegnung verlief frostig, die beiden Frauen sprachen wenig miteinander. Kandinsky war fünf Jahre vorher, am 13. Dezember 1944, in Neuilly-sur-Seine gestorben.

Madame Kandinsky war gewöhnt, im Mittelpunkt respektvoller Beachtung zu stehen. Sie ließ sich von den Veranstaltern durch die Räume führen. Über ihren langen schwar-

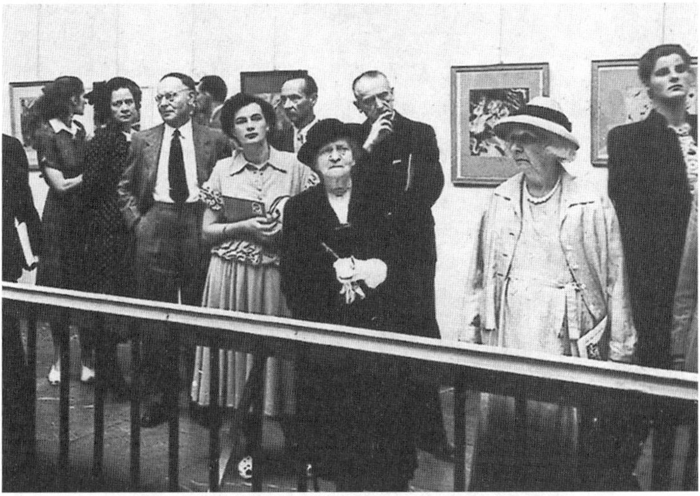

Gabriele Münter bei der Eröffnung der Ausstellung »Der Blaue Reiter. München und die Kunst des 20. Jahrhunderts«, München, September 1949 im Haus der Kunst.

zen Handschuhen blitzten Juwelen, die modische Beuteltasche hing akkurat am angewinkelten Arm. Ein mit Federn drapiertes Hütchen saß chic schief auf tiefschwarzem, dauergewelltem Kurzhaar, unter dem der Solitär des Ohrgehänges blitzte. Ihr Lächeln setzte auf den Sieg weiblichen Charmes und verriet die Selbstgewißheit einer umworbenen Witwe: hier kam die Erbin, die Namensträgerin.

Münter mischte sich an Eichners Seite unter die Gäste, zierlich, hell gekleidet, einen schlichten Topfhut auf das schlohweiße, glatte Haar gestülpt, die Schultertasche lässig am Riemen und als einzigen Schmuck eine Elfenbeinkette über dem unauffälligen Ausschnitt. Freudig begrüßte sie alte Freunde, darunter auch Elisabeth Macke, Maria Marc und den alten *Phalanx*-Lehrer Wilhelm Hüsgen, dann aber vertiefte sie sich ganz ins Wiedersehen mit den Bildern, die – wie sie durch ihre eigenen Leihgaben wußte – mühsam in zweijähriger Vorbereitungsfrist herbeigeschafft worden waren.

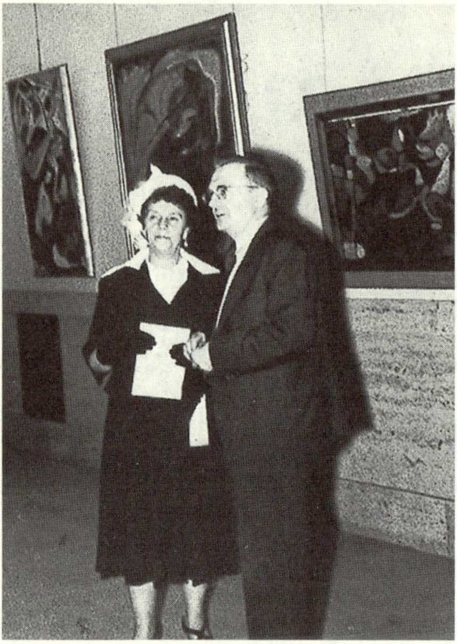

Nina Kandinsky wird vom Veranstalter, Ludwig Grote, durch die Ausstellung »Der Blaue Reiter« geführt. München, September 1949.

Wann immer sie von nun an vom Erfolg hochgetragen wurde, sie teilte ihn mit Johannes Eichner, dem sie noch im gleichen Jahr Plan und Durchführung einer Wanderausstellung verdankte: *Gabriele Münter, Werke aus fünf Jahrzehnten*; sie begann im Juli 1949 im Braunschweiger Kunstverein, ging – von begeisterten Pressestimmen begleitet – durch 22 Städte und endete 1953 im Heimatmuseum Herford.[3]

Private Sammler, Kunstvereine und Museen kauften nun Münters Gemälde. Schon bald klagte sie: »Was kostet der Ruhm? Viele Briefe ... Ich bin wieder bekannt geworden. ... Die Zeit reicht kaum zum Malen.«[4] Sie konnte es sich nun leisten, Bedingungen für die Kollektiv-Ausstellungen ihrer Bilder zu stellen und schrieb, als die *Hamburger Kunsthalle* ein Bild von ihr erworben hatte, hinsichtlich einer dortigen

Präsentation ihrer Werke: »Ich lege auch Gewicht darauf, daß meine Kollektion, die an ausgezeichneten Stellen in Deutschland mit großer Aufmerksamkeit herausgebracht worden ist, nur in wirkungsvoller Situation ausgestellt wird. Sie braucht etwa 80 laufende Meter Hängefläche, und ich möchte sie nicht in eine umfassendere Veranstaltung von anderen Künstlern aufgehen lassen ... Vielleicht finden Sie das alles etwas anspruchsvoll, aber ich bin nun nicht mehr so jung, daß ich bloß nach irgendeiner Ausstellungsmöglichkeit greife. Übrigens habe ich schon eine dichte Reihe von Terminen bis zum nächsten Sommer festgemacht und hätte zunächst nur den Dezember 1953 frei.«[5]

Als anläßlich der *25. Biennale in Venedig* drei ihrer Gemälde ausgestellt wurden, gönnte sie sich und dem Gefährten im Oktober 1950 eine Reise in die Lagunenstadt. Erschrokken stellte die nun 73 Jahre alte Malerin in ihrem Tagebuch fest, daß das Leben mit wachsender Geschwindigkeit davoneile. Ihre Palette blieb immer feucht. Nicht nur im Atelier stapelten sich die Bilder, sie lehnten an allen Wänden. Pausenlos kamen neue hinzu – auch mit wachsender Geschwindigkeit! Meist waren es Stilleben nach Blumen aus dem eigenen Garten, die Eichner ihr unentwegt hereintrug. »Er bringt zuviel«, klagte sie. »Das ist nicht alles malbar!« Sie begann, die Sträuße einfach ›abzuschreiben‹, sich mit farbigen Umrissen zu begnügen, ohne sich bei diesen flüchtigen Pinselzeichnungen um Flächengestaltung oder Hintergrund zu bekümmern.

Jeden Morgen brachte ihr die Wirtschafterin ein Augenbad, damit sie ›klar-sehe‹. Im übertragenen Sinn galt das auch für die politischen Ereignisse; pflichtbewußt hielt sie darauf, »täglich die Zeitung abzuarbeiten; so weiß man doch etwas Bescheid über die heutige Welt«. Oft belastete sie das kiloschwere Paket der ungelesenen Tagespresse, die sie sich »etwas ältlich und langsam, aber dennoch gewissenhaft« irgendwann vornahm. Über das geteilte Berlin wollte sie genau informiert sein und ärgerte sich, daß »der unsympathische

Chrustschow sich mausig macht ... Was denkt sich der Russ'?« Im Sommer 1955 kam ein Radio ins Haus: »Eine Bereicherung, aber Zeit kostet es auch. Man muß es viel schweigen lassen.«[6] Der Lebensstil blieb so bescheiden, daß eine Verwandte sich im Gästebett des ›Russenhauses‹ fühlte »wie der arme Poet bei Spitzweg. Um mich stehen Schachteln, Bilder und der eiserne Waschständer mit einem Spucknapf zum Waschen. So zu leben ist fast pathologisch.«[7]

Im Oktober 1951 stolperte Münter in der Dämmerung, schlug mit dem Kopf aufs harte Pflaster und litt von nun an unter Gleichgewichtsstörungen. Sie konnte nur noch im Sitzen malen; es war ihr nicht möglich, sich ohne fremde Hilfe umzuwenden und frei herumzuschauen. Medizinisch betreut von einer Münchner Augendiagnostikerin und hin und wieder aufgefrischt im Sanatorium des Prießnitz-Bundes, schwor sie weiterhin auf natürliche Heilverfahren und vegetarische Ernährungsweise, es gab Rohkost zu allen Jahreszeiten.

An ihrem 75. Geburtstag überraschten sie 100 Briefe und Telegramme. Alfred Kubin schickte »eine Erinnerung an Ihren Kameraden von einst, also einen Blauen Reiter, von dem bloß noch das edle Roß in abgeklappertem Zustand übrigblieb«. Sie aber protestierte: »Was soll der müde, alte Gaul? Zeichnen Sie für uns lieber einen Phoenix!«[8] Die größte Geburtstagsfreude aber bereitete ihr die erste Kollektivausstellung ihrer Werke in München seit 1937, »nach jahrelangem Abwarten ... und zwar in einer repräsentativen Räumlichkeit, dem ehemaligen Collecting Point«.[9] Ironie der Geschichte: 60 Gemälde und 30 Zeichnungen wurden im Mai 1952 im Zwilling des sogenannten ›Führerbaus‹ am Königsplatz gezeigt[10], der zwischen 1933 und 1935 von Ludwig Troost als NS-Verwaltungsgebäude errichtet worden war. Welche Genugtuung, daß ihr Werk, dem Gauleiter Wagner 1937 die Berechtigung abgesprochen hatte, als *Münchner Kunst* zu gelten, bereits als Münchner Variante des Expressionismus in die Kunstgeschichte eingegangen war!

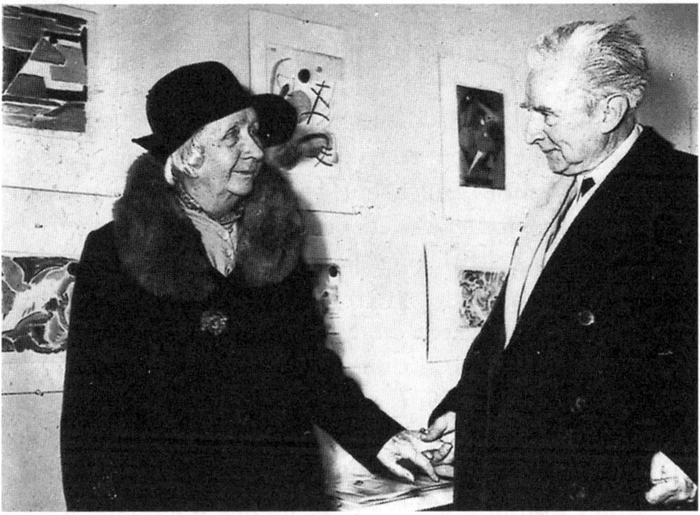

Gabriele Münter mit Johannes Eichner in ihrer Ausstellung »Abstrakte Improvisationen« im Kunstkabinett Otto Stangl, München 1955.

Der *Redaktion Der Blaue Reiter* galt 1954 eine Ausstellung des Münchner Galeristen Otto Stangl. Unter dem Titel *Unbekannte Werke von Kandinsky, Marc, Münter* wurden 67 der bis 1912 entstandenen Gemälde präsentiert. Münter wurde von der Presse als eine Bahnbrecherin des flächenhaften Malstils gefeiert und fand, während die Ausstellung durch verschiedene Städte[11] wanderte, ungeteilten Beifall.

Auf diesem Erfolg konnte ihre Separatausstellung *Abstrakte Improvisationen 1952-1954* in Otto Stangls Moderner Galerie aufbauen. Diese kleinformatigen und für sie keineswegs charakteristischen Bilder waren mit dünner Ölfarbe auf Papier gemalt. Helle Farben und rhythmische Liniengefüge gegeneinander abzustimmen bereitete Münter Freude, seit sie nicht mehr im Freien malen konnte und das ständige Anfertigen von Blumenstilleben ihr zu eintönig wurde. »Ich amüsiere mich auch jetzt abends manchmal mit künstlerischem Spiel – Federspiel – in dem ich ungegenständliche kleine Zeichnungen mache mit meiner Ibis-Füllfeder. Auch farbig entstehen ungegenständliche Gebilde. Solches ›Spiel‹ darf ich mir erlauben, obgleich ich nicht abstrakter Maler bin. Die Möglichkeiten reizen, das Talent zu üben.«[12]

Und damit hörte sie nicht auf! 1956 stellte sie mit Genugtuung fest: »Ich habe jetzt wieder eine neue Note gefunden – es wird eine Serie Murnauer Landschaften nach alten Studien.«[13] Sie leuchteten matter, zeigten eine verhaltenere Formensprache, beglückten die Malerin jedoch durch die aufsteigende Bilderflut der Erinnerungen. Noch im gleichen Jahr – 1956 – erhielt sie den *Kulturpreis der Stadt München für Malerei*[14]; in der Freude über diese Ehrung gedachte sie des einstigen Gefährten: »Es ist nun eingetreten, was Kandinsky mir schon früh prophezeit hatte, wenn ich als Frau immer zurückgesetzt und übersehen wurde, daß spät, aber sicher die allgemeine Anerkennung kommen werde.«[15]

Inzwischen hatte sich zwischen dem Murnauer Paar und dem Hauptkonservator an den Bayerischen Staatsgemäldesammlungen, Hans Konrad Röthel, ein Vertrauensverhältnis angebahnt, das nicht zuletzt von Münters Sorge um die im Keller verborgenen Kandinsky-Bilder getragen wurde. »Meine Überzeugung für das Genie Kandinsky läßt es nicht zu, daß dieser Nachlaß, ein Kunstschatz – in die Welt verstreut wird. In München und Deutschland hat man sowieso angefangen, Kandinskys Wirken zu vergessen und zu verschweigen. So soll es in München zu finden sein, und es ist in Doktor Röthels Händen gut aufgehoben.«[16] Der bis 1949 mit leitender Funktion am *Central Collecting Point* betraute Kunsthistoriker[17], der sich mit der Auffindung und Rückgabe der im Dritten Reich verfemten Sammlungen befaßt hatte, scheint der erste gewesen zu sein, der von der 43 Jahre lang verborgenen Kandinsky-Sammlung erfahren hat. Fachlich qualifiziert und taktisch geschickt, vermittelte er Münter den Eindruck, daß er der geeignete Sachwalter für das über die

Nazi-Zeit gerettete Werk sei, und veranlaßte sie, nachdem er zum Direktor der *Städtischen Galerie in München* ernannt worden war, die von ihr seit längerer Zeit geplante und von ihm vorbereitete Stiftung durchzuführen. So übereignete sie der Stadt München am 19. Februar 1957 mehr als 90 Ölgemälde, 330 Temperabilder, Aquarelle und Zeichnungen, 22 Hinterglasbilder, 29 Skizzenbücher und etwa 300 druckgraphische Blätter von Kandinsky. Diese Schenkung, eine der größten in der neueren Museumsgeschichte, erfolgte ohne Gegenleistung und verschaffte der allgemein als liebenswürdig, jedoch als bayrisch-provinziell geltenden Institution[18] über Nacht internationalen Rang, damals nur der Guggenheim-Foundation in New York vergleichbar, in der sich jedoch vorwiegend Bilder Kandinskys aus der Bauhaus-Zeit befanden. In München aber waren nun die ›Geburtsdokumente der abstrakten Kunst‹ zu sehen.

Am Vorabend des 80. Geburtstages der Stifterin eröffnete Röthel in der *Städtischen Galerie im Lenbachhaus München* die Ausstellung *Kandinsky und Gabriele Münter, Werke aus fünf Jahrzehnten*, in der er durch die Präsentation von 177 Kandinsky-Werken und 61 Ölgemälden Münters der Öffentlichkeit die Schenkung bekanntgab. Das Ereignis beschäftigte die Weltpresse von Buenos Aires bis Tokio. Die bayrischen Zeitungen aber jubelten: »München wird Kandinsky-Stadt«, »München zum Zentrum der Kandinsky-Forschung aufgerückt«, und spekulierten über den Wert dieser unvergleichlichen Museumsspende, die, ideell unschätzbar, materiell zwischen drei und fünf Millionen Deutscher Mark angesetzt wurde, da Kandinskys Bilder auf Auktionen bereits Preise zwischen 50000 und 100000 DM erbracht hatten. Münter aber schrieb am 27. März 1957 erleichtert an Nell Walden: »Sie sind ja mit Ihren Kunstschätzen und der Verantwortung dafür in ähnlicher Lage wie ich. Ich mußte das Werk zusammenhalten ... da ist die Münchner Galerie der rechte Platz.« Nichts hatte sie sich trotz der Kargheit ihres Alltags von den Galeristen abhandeln lassen, die sogar aus den USA gekommen waren, um frühe Kandinsky-Bilder aufzustöbern. Verschwiegenheit und Bereitschaft zum Verzicht hatte sie auch Eichner abgefordert. Angesichts solcher Treue zum Bund mit Kandinsky entwerteten sich die Dankadressen, die Ehrenmünzen und Ehrenplaketten, ja selbst das Große Verdienstkreuz des Verdienstordens der Bundesrepublik, das Bundespräsident Heuss ihr verlieh, zu kleinen Gesten der Anerkennung. Der *Münchner Merkur* hielt allein Schweigen für angemessen: »Vor Frau Münter wollen wir den Hut ziehen und uns in Dankbarkeit verneigen.« Die *Abendzeitung* sah in der Stiftung »ein Beispiel von menschlicher Überlegenheit, von Noblesse und innerer Gradlinigkeit, das jeden Vergleich hinter sich läßt und Worte verstummen macht«.[19]

Bald aber verdeckte der Ruhm der Stifterin deren eigenes Werk, so daß die Zeitschrift *Die Gegenwart* im November 1957 rügte: »Die Malerin ist nicht ganz zurecht seit der Magazinierung ihrer Bilder wieder in die bescheidene Eckermann-Rolle zurückverwiesen worden.«[20] Röthel spare zwar nicht mit Epitheta, aber die kleine, mit 20 Textseiten ausgestattete Monographie, die er ihr 1957 gewidmet habe, erscheine doch eher als Beiläufigkeit und entwerfe ihr Bild aus der Perspektive Kandinskys und nach dessen Bedürfnis: »Diese Frau war das innerlich notwendige Korrelat seiner menschlichen und künstlerischen Existenz.« Tatsächlich erfolgte Münters Charakterisierung von nun an stereotyp verengt und in einseitiger Abhängigkeit von Kandinsky. Als »Frau an seiner Seite« verflüchtigte sich ihre Person zum Schattenriß, dem er die Kontur verlieh. Sie wurde ungeachtet ihrer eigenen Malerei zur »Kandinsky-Freundin« abgestempelt und geriet unablösbar in sein Schlepptau. Ihr Lebenslauf erschöpfte sich für einen Journalisten in der keineswegs untypischen Feststellung, als Schülerin »verfiel sie seinem Charme, der ihr Leben für die nächsten zwölf Jahre erfüllen sollte«.

Man nannte sie den »Trabanten« Kandinskys, nach dessen Abschied ihr Pinsel »mentorlos« geworden sei.

Immerhin billigte man ihr zu, daß sie schon zeichnen konnte, »ehe die Liebe sie dazu bestimmte, eine Malerin aus sich zu machen«. Das Lebensdrama »im Zeichen einer unglücklichen Beziehung zu ihrem Lehrer Kandinsky« geriet in Kurzbiographien und Nachschlagewerken immer mehr in den Vordergrund. Münter wurde nach und nach zu einer Fußnote in Kandinskys Biographie.[21] Als Stifterin wurde sie auf den Sockel gehoben, den die Nachwelt für Frauenruhm gern bereithält: sie werden erhöht unter dem Gesichtspunkt von Dienst und Aufopferung. »Bei ihr hatte Kandinsky eine Zuflucht in allen äußeren und vor allem seelischen Stürmen seines ruhelosen, zweifelnden und grüblerischen Charakters.« Ihr privater Platz und ihr menschliches Verdienst waren festgelegt: »Gabriele Münter war die Begleiterin eines Genies in der entscheidenden Phase seiner Entwicklung.«[22]

Johannes Eichner wollte die Eigenständigkeit der Malerin Münter hervorheben, als er seine schon 1941 konzipierte Abhandlung über ihr Werk nach dem Ende des ›Dritten Reiches‹ unter dem erweiterten Aspekt *Kandinsky und Gabriele Münter, Von Ursprüngen moderner Kunst* zum Buchmanuskript ausgestaltete.[23] Das 1957 erschienene Werk wurde zu Recht als eine Hommage an Münter aufgefaßt, die es ihm als erstem ermöglicht hatte, die bei ihr verborgenen Kandinsky-Werke zu publizieren. Damit aber hatte die Schwierigkeit des Autors eingesetzt, die zunächst als Monographie entworfene Würdigung Münters mit der Sensation der bisher unentdeckten Kandinsky-Bilder zu verklammern. Münter hatte von Anfang an mit einer gewissen Skepsis Eichners Wunsch abgewehrt, sie »aus der Versenkung zu holen«. Da Eichner das Buch als sein Lebenswerk betrachtete, hielt sie ihre Bedenken zurück: »Ich muß der Sache ihren Lauf lassen. Es gefällt mir nicht, so herausgestellt zu werden ... Die Stille paßt mir besser.« An anderer Stelle versicherte sie: »Es liegt mir gar nicht, so der Allgemeinheit serviert zu werden ... Ich habe das Buch mit gemischten Gefühlen entstehen sehen, doch es steckt eine große Arbeit darin.«[24] Um die Voreingenommenheit zu unterlaufen, die ihm als Lebensgefährten Münters und langjährigem Betreuer ihrer Werke entgegenschlagen könnte, betonte Eichner die Distanz des vorurteilslosen Wissenschaftlers: »So dient das Buch nicht erzählerischen Zwecken, sondern verfolgt zergliederndes Verfahren.« In schwerverständlichen methodischen Erwägungen bereitet er den Leser auf einen Forschungsbeitrag vor, der »künstlergeschichtliche Kenntnisse ... unversehens in das strengste Verfahren kunstwissenschaftlicher Feststellung eingliedert«. In dem ihm eigenen Zwang zu Systematik und begrifflicher Fixierung bezieht er sich auf Kretschmers Lehre von den Konstitutionstypen[25] und reiht Münter in den »zyklothymen Menschenschlag« ein, während er Kandinsky zu den »Schizothymen« rechnet. Von dieser Basis aus gewinnt er die dem »Typenpaar« entsprechenden konträren Eigenschaften und entwickelt daraus ein so enges psychologisches Schema, daß er weder die Vielseitigkeit noch die Entwicklung beider Maler, noch das Spannungsfeld ihrer gegenseitigen Beziehung unbeschränkt ausmessen kann. Unter Abschwächung des realen Anlasses entschuldigt er sich eingangs, daß »zwei so verschiedene Künstler ... in einer Abhandlung vereint werden«, tröstet seine Leser jedoch mit der Aussicht, daß er »allmählich wesentliche Zusammengehörigkeiten jener beiden Künstler finden und damit auch Licht auf die übergreifenden Deutungen moderner Kunst werfen« werde. Immer wieder räumt er den Verdacht aus, eine Biographie schreiben zu wollen. Er verdanke es »zufälliger Gelegenheit« – seinem Quellenfund bei Münter –, »daß sich die Forschung gerade hier, bei diesen beiden sich einnistet«. Dem Ursprung der Moderne auf der Spur, dienen seine Hauptfiguren zur Veranschaulichung seiner Theorie: »Von allen biographischen Punkten her wird nach diesem einzigen Ziel ausgeschaut. Es gilt, das Gesetz zu erfassen.« So geriet ihm das Werk, dessen Konzept und wissenschaftlicher Ernst große Achtung verdienen, zu einem Zwitter: Die induktive, beschreibende Darstellung lebensgeschichtlicher Fakten (»Seelenschicksal«) wird immer wieder durchkreuzt durch deduktive kunstgeschichtliche Beweisverfahren und durch die Aufstellung von Hypothesen zur modernen Kunst.[26]

Die Kritik spürte den Bruch. Sie bescheinigte Eichner einmütig den hohen Quellenwert des Buches, in dem zum ersten Mal aus Briefen Kandinskys an Münter und aus seinen Notizbüchern zitiert wurde. Im übrigen aber rügte sie angesichts des Forschungszieles, eine Definition der Moderne zu entwickeln, das Ausplaudern von Intimitäten, sprach von einem »Privatissimum mit Kunst« und stieß sich an der Unvereinbarkeit von gefühlsbetonter Erzählung und trockenem Traktatstil. Sie stellte eine gewisse Voreingenommenheit Eichners gegenüber Kandinsky fest[27], dessen »psychopathische Züge« er mehrfach hervorgehoben habe, sprach von mangelnder Distanz und Parteinahme für Münter, von »getrübtem Blick« und der »ritterlichen Geste eines Freundes«.[28]

Die kunstgeschichtliche Forschung, die Eichners Werk fortan als Hauptquelle benutzte, übernahm weitgehend auch seine Wertungen. Im Hinblick auf Kandinsky erstarrte sein Persönlichkeitsbild nicht zum Klischee; Will Grohmanns im folgenden Jahr – 1958 – erschienene Monographie wurde zum Standardwerk mit anderen Befunden.[29] Für Münters Leben und Werk aber blieb seine Deutung bis heute weitgehend verbindlich. Wie hätte sich auch – nach Meinung späterer Autoren – ein Biograph irren können, dem die Malerin selbst Aufschluß über ihr Leben gegeben hatte? Daß gerade die Nähe eines Beteiligten Eichner zwang, manche lebensgeschichtlichen Fakten zu umgehen und, wo es notwendig schien, Kulissen zu bauen, gestand er auf Seite 38 selbst ein: »Dürfte man die Tatsachen tief genug ausschöpfen, so ergäbe sich ein ergreifender Roman.«

Eichner definierte das Paar Münter/Kandinsky aufgrund seiner durch die Kretschmersche Typenlehre gewonnenen Ausgangsposition als den »Zusammenschluß des Naiven mit dem Spirituellen«. Münters »unversehrte Zuversicht des Herzens« stellte er der »komplizierten Geistigkeit Kandinskys« gegenüber, ihre »unreflektierte Sicherheit der Kreatur« seiner »intellektuellen Grübelsucht«. In der Heiterkeit eines schlichten Gemütes halte Münter die »Anmaßung des Denkens« von sich fern und sei außerstande, »Erklärungen, Begründungen und Wertungen für ihre eigene Arbeit« zu geben. Ihre Kunst sei »ihrer Einsicht und Absicht entzogen ... diese Malerin stellt sich nicht wählend und urteilend der Welt gegenüber ... Gelassenheit ist der Grundzug Gabriele Münters ... Äußere Schicksale haben ihr nicht viel anhaben können.« Somnambul, unwillig und auch unfähig, begrifflich Vermitteltes aufzunehmen, »blieb sie einfach und innerlich«. Das »angeborene Sein«, die »unwillkürliche Regung« hätten ihr Tun und Lassen bestimmt. »Echt« und »ursprungsfrisch« sind Adjektive, die sich in Eichners Darstellung häufen, um seine These von der kindhaft-fröhlichen, kritikfernen und spontanen Künstlerin zu stützen, die als Korrelat zur verquälten »köpflichen Einstellung« Kandinskys ihre ihn kontrastierende Zuweisung fand.

In der Verehrung ihrer »natürlichen Weiblichkeit« war Eichner sich mit Hans Konrad Röthel einig, der ab 1957 mehrfach kleinere Beiträge über Münter veröffentlichte. »Zur Harmonie geboren«, stand sie in dem von ihm entworfenen Bild wartend vor der Welt, bis der theoriebegabte Ruhestörer Kandinsky ihr das Schicksal ins Haus trug. Aber auch das habe sie passiv erlitten, wie es einer Frau duldend geziemt, und somit lebte sie, »aus der unversehrten Zuversicht ihres Herzens schöpfend, in froher Stille dahin«.

Röthel rühmte ihr »reines Dasein«, ihre »Einfalt und stille Größe«, das »einfältig reine Herz«, ihre »herzhafte Natur, still und bescheiden«, für ihn »das naive, herznahe Wunschbild«.[30] Dieses aus den fünfziger Jahren überlieferte Münter-Bild verrät viel vom Frauenideal der beiden älteren Herren und ihrem Anspruch an das Weibliche: Ein Mädchenleben, an Meinung und Ruf gebunden, hatte sich aus der Basis aller weiblichen Tugenden heraus zu entfalten, aus Unschuld, Demut, Verstandesferne. Diese Charakterisierung Münters wurde in der Folgezeit von vielen Autoren übernommen. Einem von ihnen erschien es 1958, »als ob sich ihr harmloser Lebenskreis jetzt schließen und sie sich noch einmal ihres geistigen Führers erinnern wollte«. Ein anderer stellte fest, ihre Rolle sei es gewesen, »im Freundeskreis Kandinskys ... den fraulich ruhenden Pol zu bilden«. Ein weiterer scheute sich nicht, in dem Paar Kandinsky-Münter Faust und Gretchen in moderner Ausgabe zu sehen. Die Abstempelung »naiv« und »sentimental« ersetzte für viele Rezensenten eine gründlichere Recherche. Für die einen gehörte sie »zu den Malerinnen, die sich ganz ihrer weiblichen Natur überlassen«, für die anderen war sie »die weibliche Folie zur Männergesellschaft des Blauen Reiter«. Die Schablone war griffig. Man stilisierte sie auf Dauer zum »unbekümmerten Naturtalent inmitten eines männlich-revolutionären Kreises. Der Gegensatz zwischen Mann und Frau, Geist und Natur, leidenschaftlich experimentierender und instinktiv verharrender Weltsicht ... ist hier aufs schönste fruchtbar geworden.«[31]

Lothar Günther Buchheim war der erste, der in seinem 1959 erschienenen Buch über den *Blauen Reiter*[32] das Schema ›männlich-weiblich‹ für diese Gruppe durchbrach und das starke Talent und die kühne Expressivität Münters würdigte. Sofort protestierte der Kunsthistoriker Franz Roh, der Buchheim vorwarf, er überschätze diese Malerin, »wenn er, statt allein das Fraulich-Natürliche dieser Kunst hervorzukehren, hier von ›kühnen Formulierungen‹ und ›geradezu beispielhaft‹ von kraftvoll, männlich, rigoros und starkfarbig spricht«. Dabei hatte Buchheim das Wort ›männlich‹ überhaupt nicht benutzt! Der mann-weibliche Aspekt durchgeisterte die Kunstkritik und schien nicht ausrottbar. So rühmte Karl Hofer Münters Werke »in ihrer Saftigkeit und männlichen Kraft«, während Ludwig Grote die »elementare, ihrem warmherzigen, fraulichen Wesen entsprechende Gestaltung« hervorhob.[33]

Münters Einordnung als ›schlichtes Gemüt‹ beruhte auch auf der irrtümlichen Annahme, man könne aus der Geschlossenheit, Dichte und Einfachheit ihrer Gemälde Rückschlüsse auf ihre seelische Verfassung ziehen. Die »volksliedhafte Unbefangenheit« ihrer Bilder beweise eine durch und durch harmonische Existenz. Ihre Gemälde waren jedoch nie die von Röthel und Eichner gefeierten »naiven Farbfeste«, die aus der »Einfalt ihres Wesens« stammten. Sie stellen vielmehr in ihrer abgewogenen und klaren Formensprache einen Gegenentwurf zur erlittenen Wirklichkeit dar: »Ich mag nicht Kunstwerke – Drama, Literatur, bildende Kunst – die Krankheit, Dummheit, Wahnsinn, Verbrechen und Schlechtigkeit in den Mittelpunkt stellen oder gar verherrlichen und dafür Einfühlung fordern. Deprimierend ist auch, daß die schlimmen Konflikte und großen Unglücke immer aus unnötigen Konventionen und Mißverständnissen kommen. Davon muß die Kunst frei gehalten werden.«[34]

Gefragt, ob sie sich in Eichners Buch wiedererkenne, antwortete Münter: »So sind nun einmal die Schriftsteller, sie vermischen Dichtung und Wahrheit.« Eichner aber, auf dem schmalen Grat zwischen Wahrheit und Wirkung, bewertete seine Darstellung so: »Was wir zustande bekommen, ist selber eine Gestaltung, ein Werk, begründet durch die begriffliche Form und die von der geistigen Lage der Zeit und den Eigenschaften des einzelnen Betrachters bestimmte Auswahl und Anordnung.«[35]

War es ein Wunder, daß er, der sich so lange um den künstlerischen Durchbruch seiner Partnerin bemüht hatte, ihr nun auch den ›Entarteten‹-Bonus verschaffen wollte, ohne den nach 1945 die Schranken vor dem Erfolg schwer zu durchbrechen waren? 1949 schrieb er noch zurückhaltend und knapp: »Der unwürdige und bedrohliche Eingriff der Diktatur zwang Gabriele Münter 1937, ihr künstlerisches Dasein zu verbergen.«[36] Als beharrlicher Wegbereiter für den Ruhm seiner Gefährtin berücksichtigte er den zeitgenössischen Trend zur Wiedergutmachung, wenn er 1957 feststellte, daß Münter nur knapp der Einstufung als »entartet« entgangen sei, und im gleichen Jahr diese Aussage ergänzte, indem er in einem Artikel zum 80jährigen Geburtstag der Malerin vom Eingriff des Gauleiters Wagner sprach, »der die Kollektion auf der Stelle abhängen ließ und mit Verbrennen bedrohte«.[37] Von nun an steigerte sich im Echo anderer Autoren die Dramatik ihrer Ächtung und Verfolgung: »Münters Bilder gerieten unter nationalsozialistische Zensur« ... »Vor der Eröffnung kam der Gauleiter und ließ auf der Stelle abhängen« ... »When Hitler comes to power she is forbidden to paint, as her work is declared ›Degenerate Art‹. During these years she paints at night« ... »Unter den Nationalsozialisten Malverbot«.[38] Dieser politische Akzent verschaffte Münters Werk zusätzliche Beachtung und trug sie hoch in einer Welle der Publizität, in der Eichner sich als Akteur und Chronist gleichermaßen bewährte.

Während die Berichte von Münters Gefährdung im Dritten Reich immer stärker dramatisiert wurden, bekannte sie sich in einem nicht datierten und unvollständig erhaltenen Brief an Franz und Rosel Stadler zu ihrem und Eichners Verhalten während der Nazizeit. Es klingt, als wolle sie Fragen oder gar Vorwürfe der nach Zürich emigrierten Freunde abwehren. Aus der Ferne lasse sich kaum ermessen, wie schwierig es gewesen sei, in einem Staat »gelebt zu haben, in dem so Unwürdiges, Unentschuldbares geschehen ist, wie in dem Deutschland der Diktaturjahre«. Aber was erwarte man vom einzelnen Deutschen, der all diesen Schrecknissen im Lande ausgesetzt war? »Er hätte nichts arbeiten sollen, weil das die wirtschaftliche Grundlage des Systems stärkte (hätte also lieber verhungern und die andern verhungern lassen sollen!); er hätte lieber innerlich verkümmern und nichts Künstlerisches und Wissenschaftliches arbeiten sollen, weil sich der Dikaturstaat damit ein geistiges Ansehen gab; er hätte, wenn die Fremdmächte völkerrechtswidrig auf sein Privathaus Bomben warfen, nicht löschen und sich retten sollen, damit die Wirkung nur recht vernichtend und der Sieg der Befreier und der Sturz des Nazismus schnell und sicher wäre! Wir meinen dagegen, Sinn hätte bloß eine rechtzeitige, gewaltsame Handlung gegen die aufkommende Diktatur gehabt.« Nach Überlegungen, wer dazu wohl die Macht gehabt hätte, verteidigt Münter ihren Gefährten: »Ich bedaure es auch nachträglich nicht, daß Eichner sich während der Nazizeit angestrengt hat, mir Ausstellungen zu machen. Die Angst der Ausstellungsleiter ... war groß. Man muß ihnen Mut und Rückhalt geben. Den fanden sie an der öffentlichen Anerkennung, die sich für meine Arbeiten auch unter der Diktatur und besonders in ausgesprochenen Organen der Diktatur nachweisen ließ... Der Einzelne fragt sich immer wieder, ob er sich in jener Zeit und in den auf sie hinsteuernden Jahren anders hätte verhalten sollen. Hinterher ist man ja meistens klug und weiß, wie man alles hätte machen sollen. Aber in diesem Fall führt uns das Besinnen nicht zu neuer Erkenntnis.«

Die Verbreitung von Eichners Buch wurde durch urheberrechtliche Streitigkeiten gehemmt. Es enthielt 90 Abbildungen der Werke, für die Kandinsky 1926 eine Übereignungserklärung abgegeben hatte, durch die »Frau Gabriele Münter-Kandinsky volles und bedingungsloses Eigentumsrecht an allen Arbeiten hat, die ich bei ihr zurückgelassen habe«. Eichner hatte nie daran gezweifelt, daß die Verwertungsrechte mit den Eigentumsrechten gekoppelt und somit ebenfalls an Gabriele Münter übergegangen seien, zumal der Übertragungspassus des ehemaligen russischen Juristen durch die Verwendung des Doppelnamens eine bürgerliche Rechtsbindung anzudeuten schien. Durch die Schenkung Gabriele Münters wären diese

Rechte auf die Stadt München übertragen worden, wovon deren Vertreter offensichtlich ebenfalls überzeugt waren: Eichners mit 3000 Exemplaren verlegtes Buch wurde vom städtischen Kulturreferat finanziell gefördert und somit als halboffizielle Veröffentlichung anerkannt.

Im Herbst 1957 reiste die durch Eichners Kandinsky-Zitate ebenso wie durch ein ihr zugesandtes Kulturfilm-Drehbuch über die Münter-Schenkung aufgeschreckte Nina Kandinsky mit juristischem Beistand aus Paris an. Sie erklärte, die gestifteten und in Münchens Städtische Galerie eingebrachten Kandinsky-Werke stellten einen Teil ihres Gesamterbes dar und ständen somit außerhalb der Verfügung Gabriele Münters. Am 4. Dezember 1957 kam es zu einer Einigung: Kandinskys Witwe stellte die von der Stadt München akzeptierte Bedingung, daß ihr sämtliche Urheberrechte an den in der Stiftung befindlichen Werken ihres Mannes vorbehalten blieben, deren Nutznießung sie jedoch der Galerie überlassen wollte. Vor allem ging es ihr um die Kontrolle über Veröffentlichungen aus den werkbegleitenden Schriften wie Notiz- und Skizzenbüchern und Briefwechseln. Somit erkannte sie die Rechtmäßigkeit der Stiftung an, die sie als Alleinerbin Kandinskys bis dahin in Zweifel gezogen hatte.

Münter und Eichner bedauerten die nach ihrer Ansicht vorschnelle Aufgabe von Verwertungsrechten durch die Stadt München, zumal dabei Übertragungsakt und -absicht Kandinskys juristisch ungeprüft blieben; der einschlägige Schriftsatz vom 2. April 1926 war während der Verhandlungen im Dezember 1957 nicht auffindbar, weil das mit den geschenkten Kandinsky-Bildern zusammen in die Städtische Galerie gebrachte dokumentarische Material noch ungesichtet in Safes und Kisten lagerte.[39] Jedenfalls wurden fünf Monate nach dem Erscheinen des Eichner-Buches die biographischen Quellen verschlossen, was einerseits dessen Informationswert erhöhte, andrerseits seine weitere Verbreitung oder gar eine Neuauflage ausschloß.

Wie tief Nina Kandinsky jedoch durch Eichners Schilderung von der einstigen Gefühlsbindung ihres Mannes an Münter betroffen war, zeigte sich 1959, als Lothar Günther Buchheim sein Buch über den *Blauen Reiter* veröffentlichte. Obwohl sie das Werk zunächst befürwortet, ja sogar durch Reproduktionen später Kandinsky-Bilder bereichert hatte, erwirkte sie nachher gegen dessen Verbreitung eine einstweilige Verfügung. Sie hatte ›Taktlosigkeiten‹ entdeckt, darunter ein Zitat aus Eichners Buch, demzufolge Kandinsky vor seiner Rückreise nach Rußland 1914 Gabriele Münter »hoch und heilig die Ehe versprochen« habe. Außerdem mißfiel ihr die Rolle, die Buchheim Münter sowohl im Leben Kandinskys als auch in den Künstlergemeinschaften des *Vereins* und des *Blauen Reiter* zugesprochen hatte. Das Buch war kaum erschienen und von der Kritik gepriesen, da durfte es schon nicht mehr in den Verkehr gebracht werden.

Ein die Instanzen auf- und absteigendes Verfahren, das drei Gerichte insgesamt zehnmal beschäftigte, weitete sich zum Musterprozeß über die Abwägung von freien Zitaten gegenüber zustimmungspflichtigen Reproduktionen in Gesamtdarstellungen aus. Erst dreizehn Jahre später fiel der Spruch zugunsten von Nina Kandinskys ererbten Urheberrechten.

Eichner war nur durch die Vorwehen dieser Auseinandersetzungen aufgeschreckt worden. Am 11. Februar 1958 erlag er, während er sich zu einer Augenuntersuchung in der Münchner Universitätsklinik befand, einem Hirn-Infarkt. »Ein Schlag hat mich getroffen«, klagte Münter. »Dreißig Jahre währte unsere schöne Freundschaft.« All ihre Briefe sprechen von tiefer Dankbarkeit. Mit dem Gefährten ihres Alters war es ihr doch noch gelungen, das Leben eines ›Malweibs‹ – einer ihrem Beruf zugewandten, unverheirateten Frau – mit einer dauerhaften Partnerschaft zu verbinden. Oft saß sie am Fenster ihres Ateliers und schaute hinüber zum Kirchenhügel. »Mein Wunsch ist nur, daß mir das Sterben auch so schnell gelingt, ohne Umstände.«[40]

Die Bilderremise war noch überfüllt, ihr eigener Nachlaß ungeordnet. Sie hatte mit dem Gefährten eine zweite Stiftung geplant, in die auch das ›Russenhaus‹ einbezogen werden sollte, das ja seit 1936 Eichners Eigentum war. Nach seinem Tod schien Münter diesen Plan zunächst aufzugeben, unterzeichnete dann aber am 26. Juli 1958 einen Erbvertrag, durch den sie die Stadt München mit der Auflage zur Alleinerbin machte, daß eine Stiftung errichtet werde, die durch ihre Erträge die Forschung um den *Blauen Reiter* fördern, junge Künstler unterstützen und Werke aus dem Kreis des *Blauen Reiter* für Museen erwerben solle. Sie würde den Namen *Gabriele Münter- und Johannes Eichner-Stiftung* tragen. Dieser Erbvertrag, den Hans Konrad Röthel als Vertreter der Landeshauptstadt München entworfen und unter Anwesenheit eines die Geschäftsfähigkeit beurkundenden Notars und des Testamentvollstreckers Eichners, seines Neffen Joachim v. Seydlitz-Kurzbach, mit Gabriele Münter abgeschlossen hatte, beschäftigte die Malerin in den letzten Lebensjahren nachhaltig und muß sie im Hinblick auf ihre nahen Verwandten seelisch belastet haben. Auf Altersphotos erkannte sie sich mit Wonne als eine »alte Müntersche« und entwickelte einen starken Familiensinn. Obwohl die erbvertraglichen Bestimmungen gewisse Vermächtnisse zuließen, sollte ihr gesamtes malerisches Werk in die Stiftung eingebracht werden. Sie versuchte mehrfach, eine Abänderung dieser letztwilligen Verfügung zu erreichen, schließlich noch durch ein im 85. Lebensjahr mit zittriger Hand, jedoch formgerecht abgefaßtes Testament vom 15. April 1961.[41] Doch am erbvertraglichen Tatbestand war nicht mehr zu rütteln.

Im Murnauer Haus befanden sich noch 31 Gemälde Kandinskys aus der Zeit von 1902 (Dame in Landschaft) bis 1908 (Ölbilder aus Lana), Konvolute und Skizzen. Von ihrer eigenen Hand standen im Bilderlager ihres Kellers 213 Porträts, 518 Landschaften, 327 Blumen- und 127 weitere Stilleben,

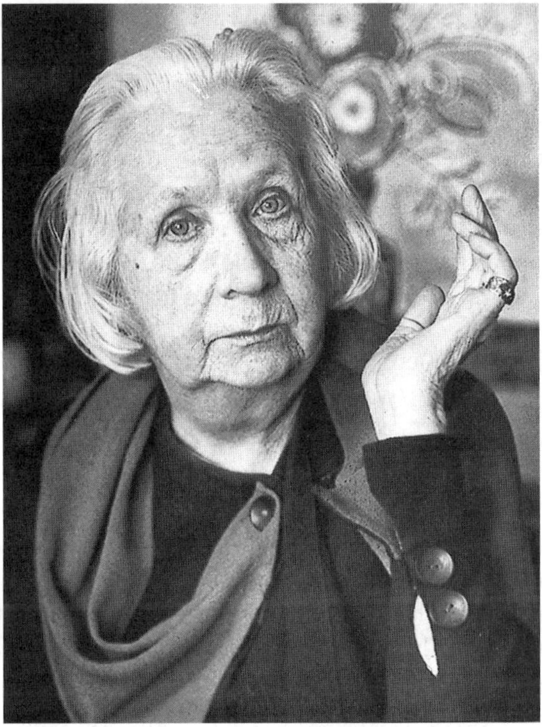

Gabriele Münter im Januar 1957, Photo von Gabriele Gräfin von Arnim.

dazu 111 Ölgemälde verschiedener Thematik. Hinzu kamen 45 Konvolute, die Sammlung von bayrischen Hinterglasbildern, Statuetten und Volkskunst. Dem Direktor der Städtischen Galerie, der von nun an häufiger mit Hilfskräften zur Bestandsaufnahme nach Murnau kam, muß es den Atem verschlagen haben.[42] Münter aber freute sich: »Ich sah viele alte Sünden, die ganz vergessen waren. Es war amüsant, leider kann ich ja selbst nicht mehr richtig kramen.«[43]

Mit 78 Jahren erklärte sie: »Ich bin so glücklich, daß ich frisch und mit Konzentration arbeiten kann. Ungestört von Gebresten.«

Mit 79 Jahren bedauerte sie: »Nun muß ich schon seit Jahren auf die Kunstanregungen in der Stadt verzichten. *Musica Viva* lese ich immer mit leisem Neidgefühl. Ich bin zu minderwertig geworden, um wie früher in der Welt herumzuspringen.«

Mit 80 Jahren warnte sie ihre Großnichten, durch die sie sich über die Ausbildungs- und Berufsmöglichkeiten der jungen Frauengeneration gern unterrichten ließ, vor einer Aufspaltung ihrer Kräfte: »Es hatte mich ja seit früher Jugend hie und da gereizt, auch musikalisch Eigenes zu schaffen. Das Leben ist zu kurz, um alles zu lesen, zu lernen, zu machen, was schön und wichtig ist. Goethe sagt, in der Beschränkung erkennt man den Meister (oder so ähnlich). Durch Dilettieren zersplittert man sich, mir mußte das Malen genügen.«[44]

Mit 81 Jahren fand sie sich »nicht mehr besonders munter, aber ich raffe mich doch noch zum Malen auf, da ich mir verschiedene Aufgaben gestellt habe«.

Mit 82 Jahren war sie »enttäuscht, von den Münchnern schon vergessen zu sein«, denn sie hatte am 19. Februar 1959 vergeblich auf Geburtstagsgäste gewartet.

Mit 83 Jahren bezichtigte sie sich noch einer »hemmungslosen Produktivität ... Mal sehen, wann ich aufgeben muß.«

Mit 84 Jahren erzählte sie den Verwandten freudig von ihren Erfolgen in den Staaten: In Los Angeles hatten die *Dalzell Hatfields Galleries* 1960 eine Münter-Show gezeigt und drängten für 1963 auf Wiederholung. Das ›Time‹-Magazine hatte sie in der Ausgabe vom 29. Dezember 1961 aufgrund ihrer Ausstellung beim New Yorker Galeristen Leonhard Hutton eine Künstlerin genannt, »who is steadily gaining fame in her own right as one of the best of the German Expressionists ... paintings whose color glow in bright chunks, and whose landscapes shimmer under blazing skies«. Ihr allerdings fehle es nun an »get up« zum Weitermalen. »Ich bin erstaunt, daß ich immer noch da bin, aber es freut mich trotz aller Einschränkungen«, ließ sie die Familie wissen. Sie warte auf die große Dunkelheit, die sie nicht scheue: »Ich habe schließlich lange genug gelebt.«[45] Am 19. Mai 1962 entschlief sie friedlich, 85 Jahre alt, im ›Russenhaus‹.

In der Trauerfeier zur Feuerbestattung rühmte der Münchner Bürgermeister Georg Brauchle die Verstorbene als »eine Stifterin, die in der Münchner Kunstgeschichte wie ein Stern erster Ordnung leuchtet«. Ihrem Wunsch gemäß – »Nicht noch einmal ins Scheinwerferlicht, die Stille paßt mir besser!« – wurde die zweite Stiftung erst nach ihrem Tode bekanntgegeben und unter dem Titel *Gabriele Münter 1877-1962* von Oktober bis Dezember 1962 in Münchens Städtischer Galerie im Lenbachhaus durch 159 Exponate vorgestellt. Nun erst erfuhr die Öffentlichkeit, daß Gabriele Münter schon zu Lebzeiten daran mitgewirkt hatte, eine *Galerie des Blauen Reiter* zu schaffen, indem sie aus Verkaufserlösen ihrer eigenen Werke 90 Gemälde, Aquarelle, Graphiken und Zeichnungen aus dem Kreis ihrer Malerfreunde im damaligen Gesamtwert vom 1,2 Millionen Mark für die Städtische Sammlung erwerben ließ.[46] Der *Münchner Merkur* mahnte: »Nichts wäre so falsch, als Gabriele Münter um ihres Schicksals und ihrer großartigen Stiftung willen nur im Schatten Kandinskys zu sehen, in den sie sich niemals begeben hat.«[47]

Die Besucher dieser Gedächtnisausstellung hatten ihre gemalte Biographie vor Augen. »Alles ist Beichte, jede Äußerung ist Bekenntnis«, dieser Ausspruch der Malerin, im Katalog zitiert, wirkte wie ein Leitsatz über den zwischen 1903 und 1957 entstandenen Werken. Sie veranschaulichten ihren Weg von Kallmünz über Tunis, Rapallo, Sèvres bis in die Vierergemeinschaft in Murnau, erzählten vom Aufenthalt in der Schweiz und in Skandinavien, der Rückkehr ins Voralpenland und von der altersbedingten Verengung des Motivfeldes auf Fensterblicke und Gartenblumen. Doch gerade im ›Abschreiben‹ der Blüten, Stengel und Blätter fand sie die eigenen Anfänge wieder: Diese späten Pinsel-Umrißzeichnungen griffen in Linienführung und Ausdruckswerten zurück auf die

Darstellung von Wachstumskräften, die sie 1901 im *Künstlerinnen-Verein,* bei Hermann Obrist und anderen Lehrern des Jugendstils als Knospen, Reifen, Welken und Vergehen ins Bild gebracht hatte. Geschlossen schien der Kreis ihres Werkes. Und geschlossen und eigenwillig erschien ihr Werk im Umfeld des *Blauen Reiter*.

Nach ihrem achtzigsten Geburtstag hatte sich Gabriele Münter noch einmal in die Städtische Galerie im Lenbachhaus führen lassen, um ungestört von den Kostbarkeiten ihrer Stiftung Abschied zu nehmen. Versonnen betrachtete sie die Bilder, die sie einst als ›Blaue Reiterin‹ gemalt hatte: »Je größer die Verwirrung im Leben, desto notwendiger die Klarheit in der Kunst!« Dann stand sie lange vor Kandinskys Werken, als suche sie darin den verborgenen Anteil ihrer eigenen Kraft. Hier würde ihre Gemeinschaft die Dauer finden, die ihr im wechselvollen Leben nicht beschieden war.

Anhang

Verzeichnis der Abkürzungen bei Literatur- und Bildangaben

Gollek
Der Blaue Reiter im Lenbachhaus München, Katalog der Sammlung in der Städtischen Galerie, bearbeitet von Rosel Gollek, 4. Auflage, München 1988

Münter 1962
Gabriele Münter 1877-1962, Katalog der Ausstellung vom 13. Oktober bis 2. Dezember 1962 in der Städtischen Galerie im Lenbachhaus, München

Münter 1977
Gabriele Münter 1877-1962, Gemälde, Zeichnungen, Hinterglasbilder und Volkskunst aus ihrem Besitz, Katalog der Ausstellung vom 22. April bis 3. Juli 1977 in der Städtischen Galerie im Lenbachhaus, München

Helms
Gabriele Münter, Das druckgraphische Werk, Städtische Galerie im Lenbachhaus München, Sammlungskatalog 2, bearbeitet von Sabine Helms, München 1967

Pfeiffer-Belli/Helms
Erich Pfeiffer-Belli, Gabriele Münter, Zeichnungen und Aquarelle, und Sabine Helms, Katalog der Zeichnungen und Aquarelle, Berlin 1979

Eichner
Johannes Eichner, Kandinsky und Gabriele Münter, Von Ursprüngen moderner Kunst, München 1957

Roethel, Graphik
Hans Konrad Roethel, Kandinsky. Das Graphische Werk, Köln 1970

Roethel/Benjamin
Hans Konrad Roethel und Jean K. Benjamin, Kandinsky, Catalogue Raisonné of the Oil-Paintings, Werkverzeichnis der Ölgemälde, Catalogue raisonné de l'œuvre peint, 2 Bde., London/ München/ Paris 1982-1984

Derouet/Boissel
Kandinsky, Œuvres de Vassily Kandinsky (1866-1944), Catalogue établi par Christian Derouet et Jessica Boissel, Collections du Musée National d'Art Moderne, Paris 1984

Hanfstaengl
Wassily Kandinsky, Zeichnungen und Aquarelle, Katalog der Sammlung in der Städtischen Galerie im Lenbachhaus München, bearbeitet von Erika Hanfstaengl, München 1974, 2. Aufl. 1981

Kandinsky und München
Armin Zweite (Hrsg.), Kandinsky und München – Begegnungen und Wand-

lungen 1896-1914, Mit Beiträgen von Peter Jelavich, Johannes Langner, Sixton Ringbom, Carl E. Schorske, Peg Weiß und Armin Zweite, München 1982

Der Blaue Reiter
Herausgeber: Kandinsky und Franz Marc, München 1912, Dokumentarische Neuausgabe von Klaus Lankheit, 4. Auflage München/Zürich 1984

Die Gesammelten Schriften
Kandinsky, Die Gesammelten Schriften, herausgegeben von Hans Konrad Roethel und Jelena Hahl-Koch, Bd. I, Autobiographische, ethnographische und juristische Schriften, Bern 1980

Essays
Kandinsky, Essays über Kunst und Künstler, Hrsg. Max Bill, 3. Aufl. Bern 1973

Über das Geistige i.d.K.
Wassily Kandinsky, Über das Geistige in der Kunst, insbesondere in der Malerei, München 1912

Rückblicke
Wassily Kandinsky, Rückblicke, in: Kandinsky 1901-1913, Berlin, Der Sturm, 1913. – Hier zitiert nach: Die Gesammelten Schriften, Bd. 1, S. 27ff.

Kandinsky/Marc Briefwechsel
Wassily Kandinsky – Franz Marc, Briefwechsel. Mit Briefen von und an Gabriele Münter und Maria Marc. Herausgegeben, eingeleitet und kommentiert von Klaus Lankheit, München/Zürich 1983

Macke/Marc Briefwechsel
August Macke – Franz Marc, Briefwechsel 1910-1914, Hrsg. Wolfgang Macke, Köln 1964

Schönberg/Kandinsky Briefwechsel
Arnold Schönberg – Wassily Kandinsky, Briefe, Bilder und Dokumente einer außergewöhnlichen Begegnung, herausgegeben von Jelena Hahl-Koch, Salzburg und Wien 1981, München 1983

Ausst. Kat.
Ausstellungskatalog

GMS
Gabriele Münter-Stiftung (Bestandteil der Städtischen Galerie im Lenbachhaus, München)

GM/JE St
Gabriele Münter- und Johannes Eichner-Stiftung (in der Städtischen Galerie im Lenbachhaus, München)

Anmerkungen

1. Kapitel: Aufbruch

1 Dick Schaap, A hundred years of the Holland America Line, London 1973.

2 Gabriele Münter an Carl Münter, 25. Juli 1898: »Ob ich wohl mein geliebtes Rad mit auf die Reise nehmen kann?«

3 Caroline Schreiber an Gabriele Münter, undatiert, jedoch vom Sommer 1898.

4 Arnold Kludas, Die großen Passagierschiffe der Welt, Eine Dokumentation, Bd. 1: 1858-1912, Oldenburg/Hamburg, o. J., S. 62, Abbildung der ›Statendam‹ auf der gleichen Seite.

5 Von der Amerika-Reise sind sechs Skizzenbücher und zahlreiche Einzelblätter mit Zeichnungen erhalten (GM/JE St).

6 »Große Not verursachten die ständigen Mißernten um die Jahrhundertmitte ... Im August 1852 wurden 25 Siglinger und 6 Kreßbacher auf Gemeindekosten nach Amerika befördert. Nachdem man sie auf Kosten der Kirchenpflege eingekleidet hatte, führte man sie auf Leiterwagen nach Jagstfeld. Von da aus ging es neckar- und rheinabwärts nach Amerika. Die Gemeindekasse zahlte 60 fl. für die Überfahrt.« Bericht in: Siglingen/Reichertshausen/Kressbach, Ein Heimatbuch, Hrsg. Hartmut Gräf, Neudenau-Siglingen 1978.

7 Ihre Anteilnahme am Schicksal der Ausgewanderten bezeugte Gabriele Münter 1937 bei einem Besuch in Siglingen: »Diese Wege lief meine Mutter als barfüßiges Schwabendorfmädel, bis sie 9 Jahre alt war ... in Siglingen zeichnete ich drei Dorfgassen für ev. Bilder ... Es war schon eine gute Idee vom Großvater Scheuber, daß er auswanderte aus den ganz kleinen Verhältnissen.« Münter an Eichner, 14. Juni 1937.

8 »Machte eine Genealogie und Sippenaufstellung der amerikanischen Verwandtschaft ... Du siehst es: Masse Volk in USA.« Münter an Friedel Schroeter, verh. Neumann-Kleinpaul, 12. Februar 1954.

9 Edouard Roditi, Dialoge über Kunst, Frankfurt 1960, S. 152.

10 Johannes Eichner, Kandinsky und Gabriele Münter, Von Ursprüngen moderner Kunst, München 1957, S. 26.

11 Das Tagebuch des Dr. med. Gustav Münter befindet sich im Besitz von Dr. jur. Gisbert Münter, Herford, und veranschaulicht, weit über das Einzelschicksal des Arztes hinausgreifend, die Lebensumstände der Auswanderer.

12 Da die Zahnmedizin in Deutschland zu jener Zeit hinter allen anderen Fächern der Medizin zurückgeblieben war, zogen strebsame Studenten

es vor, »ihre Ausbildung in den USA zu erlangen, dem zu dieser Zeit klassischen Land der Zahnheilkunde«. Linda Marion Krebs, Amerikanische Zahnärzte in Deutschland und der große Diplomschwindel. 1880-1920, Diss., München 1974, S. 3. Walter Hoffmann-Axtleben, Die Geschichte der Zahnheilkunde, Berlin 1973, S. 249.

13 Roditi, a. a. O., S. 152.

14 1852 waren die preußischen Gesetze, welche die Ausübung der Zahnheilkunde für Ausländer verboten, zum erstenmal durch die ministerielle Zulassung eines amerikanischen Zahnarztes durchbrochen worden. Dieser Mr. Abbot förderte die Niederlassung weiterer amerikanischer Zahnärzte in Berlin, zu denen 1865 auch Münter gehörte. »Sie wurden vom Publikum bevorzugt. Da sie für ihre in der damaligen Zeit modernste Behandlung hohe Honorare verlangten, erwarben sie sich oft ein erheblich größeres Vermögen und auch eine sozial höhere Stellung als ihre in Deutschland ausgebildeten Kollegen.« Linda Marion Krebs, a. a. O., S. 7.

15 Gustav Freytag, 1816-1895, war von 1867-1870 Abgeordneter der nationalliberalen Partei im norddeutschen Reichstag. Seine Romane geben aus dem Blick des Bürgertums ein Bild aller sozialer Schichten der Zeit.

16 W. A. Lette gründete 1866 in Berlin den Verein zur Förderung der Erwerbstätigkeit des weiblichen Geschlechtes, der als erste Einrichtung dieser Art für Frauenbildungsanstalten in Deutschland vorbildlich wurde.

17 Dazu: Walter Kiaulehn, Berlin, Schicksal einer Weltstadt, München/Berlin 1958, 5. Kap.: Eine Stadt ohne Gesellschaft, S. 111.

18 Wolfgang Ribbe (Hrsg.), Geschichte Berlins, München 1987; Auf dem Wege zur Reichshauptstadt, 2. Bd., S. 755 ff.

19 Allein 1872 entstanden 470 neue Aktiengesellschaften mit einem Kapitalaufwand von vierzehnhundertzweiundsiebzig Millionen Mark. Eberhard Schmieder, Wirtschaftsgeschichte Berlins im 19./20. Jahrhundert, Heimatchronik Berlin, Bd. 25 des Archivs für Deutsche Heimatpflege, Köln 1962.

20 Daß Münter in diesen Strudel geriet, ist an den Standeslisten ablesbar, die in den damaligen Berliner Adreßbüchern veröffentlicht wurden. 1868 wurde Münter unter den Ärzten eingeordnet; sein Name befindet sich dabei in einer Facharzt-Rubrik: Zahnärzte. 1873 mußte er sich darin schon abgrenzend »amerikanischer Zahnarzt« nennen. Im Jahre 1877 tauchte sein Name im Ärzte-Verzeichnis nicht mehr auf, man findet ihn vielmehr unter Zahntechnikern. 1878 enthält die Ärzteliste des Berliner Adreßbuchs auf S. 395 nur noch 47 Zahnärzte; auf S. 500, vor einer Liste von etwa 100 Zahntechnikern, wurde eine neue Rubrik eingerichtet: Zahnärzte, amerikanische, in der Münters Name neben nur noch acht anderen auftaucht. In den amtlichen Adreßbüchern spiegelt sich

somit eine standespolitische Entwicklung, der auch Münter ausgesetzt war.

21 Adolf Petermann, An die Herren Dekane der Dental Colleges in den Vereinigten Staaten von Nordamerika, Dtsch. Mschr. Zahnheilkunde 4/1884, S. 270-273; Über die Curpfuscherei auf zahnärztlichem Gebiete und Mittel und Wege zu deren Bekämpfung, Dtsch. Mschr. Zahnheilkunde 7/1885, S. 439-442. – Nachweislich wurden allein in Philadelphia 3000 falsche Diplome zum Preis von 65 bis 100 Dollar verkauft.

22 Hier war der Bedarf besonders groß, so daß Schwindler sich breitmachen konnten. Um die am. Konkurrenz zu unterlaufen, führte die Universität Gießen den ersten akadem. Abschluß für Zahnheilkunde ein: Dr. chir. in primis in arte dentoria (erst 1919 der Titel: Dr. med. dent.) Heinz E. Lässig und Reiner A. Müller, Die Zahnheilkunde in Kunst- und Kulturgeschichte, Köln 1983, S. 90ff.

23 Die Orientierung war für die Bevölkerung schwierig, denn die Gewerbeordnung von 1869 in Preußen – 1871 auf das Deutsche Reich ausgedehnt – gestattete jedem aufgrund der sog. Kurierfreiheit die Ausübung der Zahnheilkunde – auch ohne Nachweis einer Ausbildung.

24 Die Gründe für Münters Praxisaufgabe werden durch zahlreiche Streitschriften über das Gruppenschicksal der amerikanischen Zahnärzte belegt. Dazu: Wider die Medicinalpfuscherei auf zahnärztlichem Gebiete und den Schwindel mit gefälschten und gekauften Doctor-Diplomen, Eine Sammlung richterlicher Erkenntnisse und Verurtheilungen, Hannover 1885; Paul Steinberg, Der Doctor-Titel deutsch-amerikanischer Schwindelinstitute, Nürnberg 1902.

25 Emmy Münter an Gabriele Münter, 18. Februar 1888.

26 Carl Münter an Gabriele Münter, 31. Mai 1894.

27 Das Haus Bielefelder Straße Nr. 9 wurde im Zweiten Weltkrieg zerstört.

28 1937 schenkte Gabriele Münter dem Herforder Museum ein Ölgemälde mit Zinnien und einem Schiffchen, Jugenderinnerungen an den Garten ihres Elternhauses und das Flüßchen Aa.

29 Johannes Eichner, Gabriele Münter achtzigjährig, Herforder Heimatblatt, Jg. 26, Nr. 2 vom Februar 1957.

30 Am 4. Februar 1933, nach dem Gefühl einer Stammeszugehörigkeit gefragt, antwortete Münter in einem Brief an Johannes Eichner: »Und dann habe ich doch gewissermaßen ein westfälisches Heimatgefühl behalten.«

31 Ein Brief der 82jährigen Gabriele Münter an ihre Nichte Käthe Stimpfl vom 29. Januar 1960 charakterisiert noch einmal die skurrile Art des Rechtsanwalts und Notars August Ehrlich.

32 Nach einer 300jährigen Geschichte als Hansestadt und einem während des Schwedeneinfalles erfolgten kurzen Zwischenspiel als Freie Reichs-

stadt schloß Herford sich 1652 an die Mark Brandenburg an. Es gehörte zu jenen Gebieten, deren Tradition nahtlos in die Geschichte Preußens einmündete.

33 Selbstcharakteristik Carl Friedrich Münters in: Self Instructor in Phrenology and Physiology with One Hundred Engravings and a Chart of the Character, New York 1857. GM/JE St.

34 Gabriele Münter an Käthe Stimpfl, 26. Oktober 1953.

35 So erklärt Eichner diesen Kosenamen, ohne die Herkunft der Mutter zu berücksichtigen, Eichner, S. 28.

36 Samuel Colt, 1814-1862, stellte diese Schnellfeuerwaffe seit 1842 her und gründete dafür 1853 in Hartford/Conn. eine Waffenfabrik: Colt's Armory. Der Trommelrevolver mit Kipplauf war so schnell zu laden, daß die herkömmlichen Waffen dagegen nichts ausrichten konnten; darum erhielt er den Beinamen »Peacemaker«.

37 Gabriele Münter an Käthe Stimpfl, 26. Oktober 1953.

38 Die Amtliche Kurliste des Königlichen Bades Oeynhausen Nr. 1 vom 10.-16. Mai 1884 enthält die Eintragung: Nr. 227/228; Namen und Charakter: Münter, Hofzahnarzt mit Familie; Wohnort: Eintragung fehlt; Logis: Portastraße. »Münters scheinen erst probeweise als Kurgäste nach Bad Oeynhausen gekommen zu sein. Auffällig bleibt, daß kein Heimatort angegeben wurde, was in Kurlisten üblich war.« Auskunft des Stadtarchivs Bad Oeynhausen an Gisela Kleine, 23. Januar 1987.

39 Es lassen sich keine Hinweise oder Urkunden darüber finden, wann und durch wen Münter der Titel ›Hofzahnarzt‹ verliehen wurde. Im ›Adreßkalender für die Königlichen Haupt- und Residenzstädte Berlin und Potsdam auf das Jahr 1869 (155. Jg.) auf Grund amtlicher Nachrichten redigiert im Bureau des Königlichen Ministeriums des Innern‹ ist Münter nicht unter den mit diesem Titel Ausgezeichneten genannt. Sein Name fehlt auch in der Ausgabe des Jahres 1877 (163. Jg.), dem letzten seiner Berliner Tätigkeit. Nach Auskunft des Geheimen Staatsarchivs Preußischer Kulturbesitz, Berlin-Dahlem, vom 17. Februar 1987 an Gisela Kleine ließ sich auch im Aktenbestand Rep. 51 König Wilhelm I. und Familie des Brandenburg-Preußischen Hausarchivs kein Hinweis finden. Der Titel Hofzahnarzt war nicht geschützt und wurde ebenso frei benutzt wie Hofbäcker oder Hofschneider. Für Münter bedeutete er nach allen berufsständischen Querelen eine wünschenswerte Legitimation.

40 Eichner nennt August ohne weitere Erklärung einen »genialischen Menschen, der schon dem Ende seines verschwendeten Lebens entgegenging«. Eichner, S. 32.

1 Minna Münter an Gabriele Münter, Juni 1884.
2 Carl Münter an Gabriele Münter, 18. Februar 1889.
3 Eugenie Marlitt, Pseudonym für Eugenie John, 1825-1887, lieferte durch ihre Unterhaltungsromane, die zuerst in der ›Gartenlaube‹ erschienen, jungen Leserinnen Lebensmuster und Ich-Modelle. Die hier angeführten Mädchenbücher sind als Eigentum Münters gekennzeichnet und befinden sich noch im Besitz ihrer Familie.
4 Fünf Zeichenhefte der 13- bis 15jährigen Gabriele Münter blieben erhalten. Sie stammen aus der Klasse 2, 1890; 1b, 1891 und 1892 des Koblenzer Lyzeums. GM/JE St.
5 Gabriele Münter über sich selbst, Das Kunstwerk, Baden-Baden, 2. Jg., H. 7, 1948, S. 25.
6 Münter an Eichner, 12. September 1928.
7 Gustav Friedrich Hartlaub (Hrsg.), Gabriele Münter, Menschenbilder in Zeichnungen, 20 Lichtdrucktafeln, mit einer Einführung. Auf S. 21 angefügt: Gabriele Münter, Bekenntnisse und Erinnerungen, Berlin 1952.
8 Gabriele Münter an Carl Münter, 7. Oktober 1897 und 21. Mai 1898.
9 Der Grabstein des 1939 verstorbenen Carl Münter auf dem Evangelischen Friedhof in Herford trägt wunschgemäß diese Inschrift (Denke daran, in schwierigen Tagen Gleichmut zu bewahren). Horaz (65-8 v. Chr.), Carmina 2,3.
10 Carl Münter an Gabriele Münter, 29. Mai 1896.
11 Eichner bemerkt dazu: »In ihrer ganzen Jugend war um Gabriele Münter an Kunst ein leerer Raum.« S. 31.
12 Die Düsseldorfer Künstlervereinigung ›Der Malkasten‹ wurde 1848 gegründet und erwarb neben der wirtschaftlichen und sozialen Unterstützung seiner Mitglieder sowie der Pflege von Zusammenhalt und Geselligkeit Verdienste bei der Ausbildungsförderung von Frauen.
13 Die Kunst für Alle, Jg. 14 1898, H. 4 vom 15. November, S. 60.
14 Ernst Bosch, 1834-1917, verband historisch-allegorische oder märchenhafte Bildinhalte mit realistischen Stiltendenzen zu rührseligen illustrativen Darstellungen. Friedrich v. Boetticher, Malerwerke des 19. Jahrhunderts, Dresden 1891-1901, I,2, S. 120. Friedrich Schaarschmidt, Zur Geschichte der Düsseldorfer Malerei insbesondere im 19. Jahrhundert, Düsseldorf 1902, S. 244 und 265.
15 Morten Müller, 1823-1911, norwegischer Landschaftsmaler, erhielt wie viele seiner Landsleute seine Ausbildung in Düsseldorf und blieb dort ansässig. Er malte Motive seiner Heimat, bevorzugt Waldromantik. Friedrich v. Boetticher, a. a. O., II, 1, S. 106. Andreas Auberg, Die nor-

wegische Malerei im 19. Jahrhundert, 1814-1900, Leipzig o. J. (norweg. Originalausg. 1910), S. 14. Friedrich Schaarschmidt, a. a. O., S. 215.

16 Gabriele Münter an Minna Münter, 21. Mai 1897.

17 Ferdinand Theodor Hildebrandt, 1804-1874, war Schüler des in Rom den Nazarenern verbundenen, aber auch unter Canovas Einfluß stehenden klassizistischen Wilhelm Schadow, 1764-1850, der für die Düsseldorfer Malerei schulbildend wirkte und auch Hildebrandt zu einer romantisch-poetischen, hochgeschätzten theaterhaften Malerei inspirierte, die thematisch und koloristisch für die Düsseldorfer Richtung charakteristisch wurde. Schaarschmidt, a. a. O., Kap. 5, S. 71 ff.

18 Gabriele Münter an Minna Münter, 21. Mai 1897.

19 Margarete Susman, 1872-1966, verh. von Bendemann, gab 1903 die Malerei zugunsten des Philosophiestudiums und der Schriftstellerei auf. Werke: Neue Gedichte, 1907; Vom Sinn der Liebe (Essays), 1912; Die Liebenden, 1917; Frauen der Romantik, 1960; Ich habe viele Leben gelebt, 1964; Vom Geheimnis der Freiheit, 1964; Die geistige Gestalt Georg Simmels, 1958, wieder erschienen in: Marlis Gerhardt (Hrsg.), Deutsche Essays von Frauen des 20. Jahrhunderts, Frankfurt/Main 1987.

20 Margarete Susman, Ich habe viele Leben gelebt, a. a. O., S. 36

21 Arthur Kampf, 1864-1950, galt als typischer Vertreter der Düsseldorfer Schule mit der Vorliebe für Detailmalerei, die einer romantisch-poetischen Grundhaltung entstammte. Er lehrte ab 1893 in der Mal- und Naturklasse und hatte 1889 die Schwester des Malers Willy Spatz geheiratet, der im Herbst 1897 Münters zweiter Lehrer wurde. 1899 folgte Kampf einer Berufung an die Berliner Akademie der Künste, deren Präsident er 1907 wurde.

22 Minna Münter an Gabriele Münter, 11. Juni u. 14. Juni 1897.

23 Gabriele Münter an Carl Münter, 5. Juli 1897.

24 Die Zeichnung stammt vom 15. Juli 1897. GM/JE St.

25 Der Radfahrsport in Bild und Wort, Unter Mitwirkung zahlreicher Fach- und Sportsleute hrsg. von Dr. Paul v. Salvisberg, Nachdr. d. Ausg. München 1897: Hildesheim/New York 1980. Der Arzt und Radsportler beweist die gesellschaftsverändernde Wirkung des Niederrads, das ganze Wirtschaftszweige beeinträchtigte (Pferdehändler, Lohnkutscher, Hutmacher, städtische Kneipenwirte), die Geschenk- und Freizeitgewohnheiten veränderte und vor allem eine revolutionierende Befreiung der Frauen aus häuslicher Gebundenheit und ständigem Begleitschutz brachte.

26 Wie kriegerisch es damals zuging, beweist Salvisberg (Anm. 25) in seinem Kapitel: Damenfahren. Der Kampf um die Radfahrhose bewegte die Gemüter, das beweisen auch die zahlreichen Radfahrzeitschriften: Der deutsche Radfahrer, seit 1885 in Nürnberg; Das Stahlrad, seit 1886 in

Frankfurt; Radfahrhumor, seit 1887 in München; Die Radwelt, seit 1895 in Berlin. Daneben speziell für Frauen: Die Radlerin, das Sportblatt der radfahrenden Damen Deutschlands und Oesterreich-Ungarns, seit 1896 in Berlin, und Draisina, seit 1895 in Dresden verlegt.

27 Willy Spatz, 1861-1931, lehrte von 1897-1926 an der Düsseldorfer Kunstakademie. Er verdankte seiner Münchener Ausbildungszeit bei Carl Marr eine an der Freiluftmalerei gewonnene Farbvirtuosität. Neben Tafelgemälden stammen viele historische oder religiöse Wandbilder in der Düsseldorfer Umgebung von ihm. Dazu Boetticher, a.a.O., II, 2, S. 780; Schaarschmidt, a.a.O., S. 355 u. 364; Prof. Willy Spatz, Nachruf, Düsseldorfer Nachrichten vom 5. August 1931; Zum 100. Geburtstag von Willy Spatz, Rheinische Post vom 6. September 1961.

28 Gabriele Münter an Minna Münter, 18. Oktober 1897.

29 Willy Spatz an Gabriele Münter, 18. Juni 1898.

30 Gabriele Münter an Carl Münter, 25. Juli 1898.

3. Kapitel: The American Strain

1 Karl Baedeker, Handbook for travellers, The United States with an excursion to Mexico, Leipzig und New York 1893.

2 Roditi, a.a.O., S. 153.

3 Die Zeichnungen von der Amerikareise sind teilweise datiert und mit Bildtiteln versehen. Münter benutzte ihre Zeichenhefte nicht chronologisch; je nach Objekt wählte sie das Heftformat, darum hatte sie stets mehrere Hefte gleichzeitig in Gebrauch. Neben Skizzenbüchern blieben annähernd 50 Einzelblätter erhalten. Ab Februar 1899 photographierte Münter. Konvolute mit Zeichnungen und Photo-Alben von der Amerika-Reise: GM/JE St.

4 1898, also in Münters Reisejahr, erfolgte der durch diese Verbindung eingeleitete Zusammenschluß von Manhattan, Brooklyn, Bronx und Richmond zum Greater New York mit 3 1/2 Millionen Einwohnern.

5 C. F. Liebetreu an Münter, 30. Oktober 1900.

6 Dazu Kap. 1, S. 21.

7 Am 27. Mai 1897 hatte ein Tornado St. Louis stark zerstört und 300 Menschenleben gefordert.

8 Der älteste Sohn der Königin Viktoria, 1841-1910, der spätere König Edward VII., bekundete seine Vorliebe für Frankreich auch in der Kleidermode, der sich seine höfische Umgebung anpaßte.

9 Harpers Magazine (seit 1850) und Harpers Weekly (seit 1857) im Verlag Harper & Brothers, der 1817 als Verlagsbuchhandlung in New York gegründet worden war.

10 Zur späteren Ausführung hielt Gabriele Münter das Farbenspiel am Mississippi in Worten fest: »Von oben nach unten Blau, Übergang Orange, blaue Luft, grünes, braungrünes Wasserquirlen.« Konv. 46, 1, S. 39. GM/JE St.

11 Münter an Carl Münter, Canada Post Card vom Hotel La Fayette, Niagara Falls, Can., 20. Dezember 1898.

12 George Mortimer Pullman, 1831-1897, baute ab 1858 luxuriös ausgestattete Reisezug-Wagen. Die Pullman Palace-Car Co. wurde 1867 in Chicago gegründet.

13 Moorefield liegt nordöstlich von Batesville, der nächsten größeren Stadt am Black River.

14 Gabriele Münter an Carl Münter, 15. April 1899.

15 Gabriele Münter, Bekenntnisse und Erinnerungen, in Hartlaub, a.a.O., S. 21.

16 Der Amerikaner Hannibal Goodwin ließ 1887 den ersten Rollfilm patentieren, dies war die entscheidende Erfindung für die Verbreitung der Photographie. George Eastman ließ die erste Filmgießmaschine bauen, die die Massenherstellung des Rollfilms ermöglichte, und entwickelte dazu die passende Kamera, die Kodak Box No 1, eine Rollfilmkamera, die seit 1888 auf dem Markt war. Münter besaß das Folgemodell, No II.

17 Die Kodak Box No 1 enthielt einen Film mit 100 Aufnahmen in rundem Format von 6,3 cm Durchmesser. 1890 wurde dann eine Rollfilmkamera von Eastman patentiert, bei der man den Film bei Tageslicht einlegen konnte. Diese Kamera hatte auch ein Sucherbild, das der vorhergehenden Kamera noch fehlte. Die ersten Rollfilmkameras sind im Deutschen Museum in München, im Stadtmuseum München, im Agfa-Gevaert Foto Historama, Leverkusen, zu besichtigen.

18 Texas, seit dem 16. Jahrhundert in spanischem Besitz, wurde 1821 mexikanisch. Die eingewanderten nordamerikanischen Siedler erklärten 1836 die Unabhängigkeit des Landes von Mexiko als Lone Star Republic, die Nationalflagge führte einen Stern. Seit 1845 gehört Texas als 20. – und als deren zweitgrößter Staat nach Alaska – zu den USA.

19 Charles Sealsfield, 1793-1864, war nach seiner Flucht aus Mähren 1830 Redakteur in New York, danach Korrespondent in Europa. Da er das liberale Gedankengut der Aufklärung in der Verfassung der USA verwirklicht sah, erzählte er seine Geschichten mit politischem Engagement. Das ›Cajütenbuch oder Nationale Charakteristiken‹ war 1841 erschienen. Es befand sich in Münters Bibliothek.

20 James Fenimore Cooper, 1789-1851, erzählte seine eigenen Erfahrungen als Grenzbewohner zum amerikanischen Westen in der Lederstrumpf-Serie. The Pioneers, The Last of the Mohicans, The Prairie, The Pathfinder, The Deerslayer erschienen zwischen 1823 und 1841.

21 Eine Zeile Hoffmann von Fallerslebens aus dem ›Farewell poem for our dear Pastor Fuchs‹. Der Pfarrer war mit einer Gruppe von Auswanderern nach Texas gesegelt, die vom Süden, vom Mündungsgebiet des Mississippi her, das deutsche Fredericksburg in der Nähe von San Antonio gründete.

22 Über die Bedeutung des Gedichtes ›Star of Texas‹ für die deutschen Auswanderer siehe Glen E. Lich, The German Texans, University of Texas, Institute of Texan Cultures at San Antonio 1981, S. 30ff.

23 Plainview am Salt Fork River lag etwa 40 Meilen nördlich von Lubbock in den Great Plains, deren nördlicher Teil, die Panhandle-Prärie, sich zwischen Oklahoma und New Mexico auf der Landkarte durch die klar gezogene Reißbrettgrenze abhebt.

24 Den Anreiz zur Besiedlung des Westens gaben die Eisenbahnen. Die Union Pacific und die Central Pacific trafen 1869 – nach einem Wettlauf im Schienenbau von beiden Küsten her – in Utah, in Promentory, zusammen. Da leere Güterwagen der transkontinentalen Eisenbahn keinen Gewinn brachten, hatten die Bahneigner in großem Stil Land gekauft und es in Werbefeldzügen als fruchtbaren Farmerboden angeboten.

25 Die Familie breitete sich bis zur mexikanischen Grenze aus. Nach Auskunft von Glen E. Lich, dem Verfasser des Buches ›The German Texans‹ (a.a.O.), waren bei Nachkommen der Scheubers in Mertzon und in Midland – nahe San Angelo – »some vague recollections of Münter's visit«. Glen Lich an Gisela Kleine, 4. Dezember 1985.

26 Das Schreiner College, Kerrville, Texas, bestätigte auf Anfrage, daß die erste Eisenbahnverbindung nach Plainview erst am 31. Dezember 1906 eröffnet worden sei. – Heute berührt die Atchison-Topeka-Santa Fe-Linie – ATSF – auf der Strecke von Amarillo nach Lubbock den nunmehr 14000 Einwohner zählenden Ort.

27 Donohoo betrieb Viehhandel in großem Stil und empfahl sich für die pünktliche Erledigung von Termingeschäften. Ein Firmenbogen blieb erhalten. GM/JE St.

28 *Annie Maud Davidson*, Einzelblatt mit Bleistiftzeichnung, 18. September 1899, Abbildung: Pfeiffer-Belli/Helms, S. 20 u. 21.

29 *Höret dem Grammophon zu*, von Gabriele Münter später kommentiert: Roditi, a.a.O., S. 154.

30 *Mädchen mit Puppe*, 11. Januar 1900, Abbildung: Pfeiffer-Belli/Helms, S. 22.

31 Gabriele Münter an Carl Münter, August 1899.

32 Guion/Texas ist heute nicht mehr auf Landkarten auszumachen. »Guion was a railroad station in the southern Taylor Country in west-central Texas. It was originally named for Judge John I. Guion of Ballinger (south of Abilene). The rail stop was removed in 1938. In 1947 there

were a post office, one store and 18 inhabitants.« Schreiner College in Texas Hill Country, Kerrville, an Gisela Kleine, 4. Dezember 1985.

33 Paul Bourget, Jenseits des Ozeans, Breslau/Leipzig/Wien 1896, S. 76. Weitere Schilderungen aus der Zeit von Münters Reise: G. R. Cromwell (Hrsg.), America, A Tour Through the New World, scenic and descriptive, London 1896; Friedrich Ratzel, Städte- und Culturbilder aus Nordamerika, Leipzig 1896; Karl Lamprecht, Americana, Freiburg 1906.

34 Arnold Kludas, a.a.O., S. 36ff. An Größe und Eleganz übertraf dieser Dampfer, der 1897 seine Jungfernreise angetreten hatte, mit 13 333 BRT die ›Statendam‹.

4. *Kapitel: Weißblaue Freiheit*

1 Susman an Münter, 21. März 1901.

2 Albert Hermann Küppers, 1842-1912, war Konservator der Rheinprovinz und ab 1877 Zeichen- und Modellierlehrer an der Universität Bonn. Er schuf Denkmäler (das Ehrenmal auf dem Bonner alten Kirchhof) und Büsten (Kaiserin Elisabeth, Bismarck, Moltke, Hertz).

3 Maximilian Dasio, 1865-1954, in erster Linie durch seine Medaillen-Kunst berühmt, arbeitete als Maler, Graphiker und Graveur. Dazu: Ingrid S. Weber, Maximilian Dasio, Ausst. Kat. München 1985.

4 Auch zu den Akademien von Berlin, Düsseldorf, Dresden, Karlsruhe, Königsberg und Weimar hatten Frauen keinen Zutritt. Frankfurt bildete eine Ausnahme, seit der Frankfurter Maler Johann Christian Heerdt, 1812-1878, die Zulassung seiner Tochter in den fünfziger Jahren erzwungen hatte, wobei er sich auf die Stiftungssatzung des Städelschen Kunstinstitutes von 1815 berufen konnte, nach der »Kinder unbemittelter, dahier verbürgter Eltern ohne Unterschied des Geschlechts« aufgenommen werden könnten. Mädchen wurden jedoch separat unterrichtet und durften nicht am Aktstudium teilnehmen. Nach dem Statut der Kasseler Maler- und Bildhauerakademie von 1886 galten besondere Aufnahmebedingungen für »minderjährige deutsche Schüler, Ausländer, Damen und Hospitanten«. Erst die Weimarer Verfassung machte den Anspruch der Frauen auf akademische Ausbildung einklagbar. Dazu: Henni Lehmann, Das Kunststudium der Frauen, Darmstadt 1914; Renate Berger, Malerinnen auf dem Weg ins 20. Jahrhundert, Kunstgeschichte als Sozialgeschichte, Köln 1982.

5 »Das Schlimmste aber bei privaten Ateliers ... liegt auf dem Gebiet der Zulassung von Schülern. Es wird nicht selten gänzlich skrupellos vorgegangen ... Man muß in solchen Privatateliers gewesen sein, um zu begreifen, welche Talentlosigkeiten sich breitmachen ..., die ernsthafte Frauenkunst als solche diskreditieren.« Henni Lehmann, a.a.O., S. 7.

6 Georg Habich, Alte und neue Akademien, Die Kunst für Alle, Jg. 22, Heft XIV, 15. August 1899, S. 337-349. Habich schildert die Vorteile, die einem Akademiestudenten geboten wurden.

7 Der Trägerverein umfaßte 598 Mitglieder, darunter waren 263 Schülerinnen, und er besaß seit 1899 ein verbandseigenes Künstlerinnenhaus in der Barerstraße Nr. 21. In den folgenden Vereinsjahren 1901/1902 und 1903/1904 findet man den Namen Münter im Schülerinnenverzeichnis unter den Nummern 233 und 265.

8 »Für die meisten Frauen wurde die Studienzeit durch die zu hohen Kosten so sehr verkürzt, daß wirklich genügende Resultate unmöglich waren und daher die geringe Achtung von Seiten unserer Kollegen wie des Publikums vor Damenarbeit durchaus berechtigt war.« Bericht von der Generalversammlung des Künstlerinnen-Vereins am 18. November 1911. Einige über den 2. Weltkrieg gerettete Unterlagen über den Künstlerinnen-Verein befinden sich in der Monacensia- und Handschriften-Sammlung der Stadtbibliothek München.

9 So argumentierte der Direktor der Akademie, Ferdinand von Miller, noch 1912. Quelle: München-Augsburger Abendzeitung, Nr. 246 vom 4. September 1912. Sie berichtete über die 13. Sitzung der Kammer der Reichsräte am 3. September 1912, vor der von Miller seine Auffassung zum Damenstudium äußern sollte.

10 Lovis Corinth, 1858-1925, Hrsg. Zdenek Felix, Ausst. Kat. Essen/München 1985/86, S. 200. Es heißt dort: »Der einzige war mein Freund Walter Leistikow, welcher dem Plan näherstand und ihn sehr vernünftig fand.«

11 Georg Habich, a. a. O., S. 344 ff.

12 Das galt noch 1904 in Düsseldorf, wo unter Peter Behrens schon eine frauenfreundlichere Haltung zu bemerken war. Mitteilungen aus den Jahresprogrammen der an der Schulausstellung in Dresden 1906 beteiligten Kunstgewerblichen Anstalten: Aus dem Jahresbericht der Kunstgewerbeschule zu Düsseldorf für das Schuljahr 1904/1905.

13 1882 gründeten zwölf Studierende der Königlichen Kunstgewerbeschule München mit ihrer Lehrerin Clementine von Braunmühl den Verein. Sie war eine Bildungspolitikerin von Format, die 1894 einen ›Verein zur Gründung eines Mädchengymnasiums in München‹ zusammengerufen hatte, der jedoch erst 1906 sein Ziel erreichte, 13 Jahre, nachdem Karlsruhe den Ruhm des ersten Mädchengymnasiums des Deutschen Reiches in Anspruch nehmen konnte. Ziel und Kern des Künstlerinnen-Vereins war die Schule, die 1884 mit zehn Schülerinnen begonnen und zunächst aus drei gemieteten Atelierräumen bestanden hatte.

14 Kurzer Geschichtsabriß über Gründung und Entwicklung des Künstlerinnen-Vereins München e. V. von 1882-1896, München 1897. Seit

1894 gewährte der Bayerische Landtag der Damen-Akademie einen jährlichen Staatszuschuß von 2000 Mark; diese öffentliche Subvention wurde als Anerkennung des Kunststudiums der Frauen gewertet.

15 Fritz Hegenbart, 1864-1943, bevorzugte graphische Arbeiten, vornehmlich die Radierung.

16 Dem Rechenschaftsbericht von 1917 zum 30jährigen Bestehen der Damen-Akademie des Künstlerinnen-Vereins München e. V. ist eine Liste des Lehrkörpers von 1884-1917 beigefügt, derzufolge zwölf Lehrer durch Erlangung einer staatlichen Professur in diesem Zeitraum abgeworben wurden.

17 Gerhart Hauptmann, 1862-1946, behandelte in diesem Stück das Verhältnis von Künstler und Gesellschaft. Es wurde am 21. Dezember 1900 im Lessing-Theater in Berlin uraufgeführt.

18 München hatte um die Jahrhundertwende den höchsten Zuwanderungsgewinn Deutschlands. Nur 36 % der damaligen Gesamtbevölkerung war in München geboren. Von den Künstlern, Schriftstellern und Intellektuellen aber hatte nur ein Zehntel einen Münchner Geburtsschein, 70 % stammten aus nichtbayerischen Städten des Wilhelminischen Reiches, 18 % aus dem Ausland, besonders aus östlichen Staaten. Viele junge Leute entschlossen sich damals, in die liberale bayerische Hauptstadt überzuwechseln. Dazu: Gerdi Huber, Das klassische Schwabing, Dissertation München 1973, S. 242.

19 Max Halbe, 1865-1944, naturalistischer Dramatiker und Epiker, lebte seit 1895 in München und errang mit seinem Drama ›Jugend‹ (1893) einen der größten Theatererfolge seiner Zeit. Autobiographisch: Scholle und Schicksal (1933), Jahrhundertwende (1935). Halbe erklärt darin, das »Bewußtsein der Schwelle« habe sie damals alle geprägt.

20 Gabriele Münter, Bekenntnisse und Erinnerungen, in: Hartlaub, a. a. O.

21 Dazu: Dekorative Kunst I vom 10. Juli 1898, S. 137, Dekorative Kunst II vom 4. Januar 1899, S. 145.

22 Prinzregent Luitpold, 1821-1912, führte nach Ludwigs II. Tod im Starnberger See (13. Juni 1886) für dessen geisteskranken jüngeren Bruder Otto von Wittelsbach die Regierungsgeschäfte. Er war der dritte Sohn Ludwigs I. und übertrug dessen Engagement für die Kunst auf seine Regentschaft.

23 Thomas Mann, 1875-1955, rückblickend dazu am 30. November 1926 in der Münchner Tonhalle: »Erinnern wir uns, wie es in München war vor Zeiten, an seine Atmosphäre, die sich von der Berlins so charakteristisch unterschied! Es war eine Atmosphäre der Menschlichkeit, des duldsamen Individualismus, der Maskenfreiheit sozusagen; eine Atmosphäre von heiterer Sinnlichkeit, von Künstlertum; eine Stimmung von Lebensfreundlichkeit, Jugend, Volkstümlichkeit, jener Volkstümlich-

keit, auf deren gesunder derber Krume das Eigentümlichste, Zarteste, Kühnste, exotische Pflanzen manchmal, unter wahrhaft gutmütigen Umständen gedeihen konnte. ... Hier genoß man eine heitere Humanität, während die harte Luft der Weltstadt im Norden einer gewissen Menschenfeindlichkeit nicht entbehrte.« Jürgen Kolbe, Heller Zauber, Thomas Mann in München 1894-1933, Berlin 1987, S. 336ff.

24 München war die deutsche Radfahr-Stadt schlechthin, seit hier 1830 der erste Wettkampf auf der Laufmaschine stattgefunden hatte, 1880 die erste Radrennbahn der Welt entstanden war, 1884 die erste Deutsche Radmeisterschaft ausgetragen worden und 1895 die erste Rad-Zementbahn entstanden war. In Schwabings Kaulbachstraße gab es die erste Radfahrschule Deutschlands, in der man ein Zertifikat erwerben konnte, mit dem man sich gegenüber der Polizei als verkehrskundig auswies.

25 »Die Erbsünde der Gesellschaft ist die Versklavung der Frau. Der Revolutionär von heute kämpft gegen die Unterdrückung in ihrer elementarsten Form – er kämpft gegen Vater und Patriarchat. Die Revolution der Zukunft ist eine Revolution für das Matriarchat.« Martin Green, Elsa und Frieda, die Richthofen-Schwestern, München 1974, S. 102. Green stellt die Spannung zwischen der Münchner ›Gynäkokratie‹ und der nüchternen Heidelberger Universitätsszene dar, indem er die auseinanderführenden Lebenswege der Richthofen-Schwestern beschreibt.

26 Der Kelte Swapo soll den Ort gegründet haben, der schon 782 in einer Urkunde des Herzogs Tassilo erwähnt wurde und auf den Landkarten Philipp Apians 1568 als ›Schwebing‹ erschien.

27 Karl Wolfskehl, 1869-1969, hatte sein ›Erweckungserlebnis‹ durch die Begegnung mit Stefan George. Er bildete mit Alfred Schuler und Ludwig Klages den Münchner Kosmikerkreis. Er emigrierte 1933 nach Italien, 1938 nach Neuseeland. Quellenhinweise und Dokumentation: Karl Wolfskehl, 1869-1969, Leben und Werk in Dokumenten, Ausst. Kat. Darmstadt 1969; Peg Weiss, Kandinsky, Wolfskehl und Stefan George, Castrum Peregrini 138, Amsterdam 1979, S. 26ff. – Wolfskehls Gestalt wurde in Romanen und Erzählungen bewahrt: Bei Franziska Reventlow, ›Herrn Dames Aufzeichnungen oder Begebenheiten aus einem merkwürdigen Stadtteil‹, erscheint Wolfskehl unter dem Namen ›Professor Hofmann‹, außerdem wird ein Fest im Hause Wolfskehls beschrieben, bei dem er als ›Dionysos‹ und Stefan George als ›Cäsar‹ auftrat. Bei Willi Seidel, ›Jossa und die Junggesellen‹, München 1930, erscheint Wolfskehl als ›Gundermann‹. Franz Dülberg, ›Marianne Strehla‹, Berlin o. J., nennt Wolfskehl »Herrn jedes Tempos und jeder Gangart«, Preußische Jahrbücher, Bd. 224 (1931), S. 257-265.

28 Margarete Susman, Ich habe viele Leben gelebt, a. a. O., S. 47.

29 Theodor Lipps, 1851-1914, lehrte ab 1894 in München. Er gründete

seine Philosophie auf unmittelbarer psychischer Erfahrung; selbst für Logik, Ästhetik und Ethik bot ihm die Psychologie die Grundwissenschaft. In seiner Ästhetik hob er die Rolle der ›Einfühlung‹ gegenüber dem verstandesmäßigen Erfassen hervor.

30 Wie alt Münters Bekanntschaft mit Wolfskehl ist, geht aus ihren Notizbüchern nicht hervor. Vom Grad der Bekanntschaft spricht die Bemerkung Paul Klees (Tagebücher, 1957, S. 284), er habe Wolfskehl bei Münter kennengelernt. Anna Maria Derleth wird in Münters Notizbüchern noch in den dreißiger Jahren gelegentlich erwähnt. Ihr Bruder, Ludwig Benjamin Derleth, 1870-1948, veröffentlichte Gedichte in Georges ›Blättern für die Kunst‹. Er war ein zeittypischer Weltverbesserer und kämpfte in religiöser Militanz gegen die ernüchternde Zeit und für eine inbrünstige Wiederbelebung des Christentums in ›Proklamationen‹ (1904), die in einer an Nietzsches ›Zarathustra‹ und Napoleons Heeresbefehlen geschulten Sprache abgefaßt waren. Sein 15000 Verse umfassendes mystisches Epos ›Der fränkische Koran‹ schildert die Pilgerfahrt einer Seele von Gott über die Entfremdung im irdischen Dasein wieder zurück zu Gott. Thomas Mann hat Derleths Gestalt in seiner ironischen Erzählung ›Beim Propheten‹ (1904) und ebenso im ›Daniel zur Höhe‹ des Romans ›Dr. Faustus‹ beschworen.

31 Margarete Susman, Ich habe viele Leben gelebt, a.a.O., S. 46.

32 Alfred Schuler, 1865-1923, brach sein Archäologiestudium ab, indem er es als grabschänderischen Frevel gegen die erdgebetteten Geheimnisse brandmarkte. Er glaubte an die Wiedergeburt fernwirkender Werte im begnadeten Menschen, 1899 schrieb er ›Triptychon ex introitu cosmogoniae‹ und verkündete seine ›Blutlehre‹. Bei Bachofen fand er das Swastika, es wurde für ihn zum Symbol arischer – d.h. für ihn lebensfördernder – Kraft. Ihr stellte er das lebensschädliche, das ›molochithische‹ Prinzip gegenüber, das er als Destruktion und analytische Zersetzung in der jüdischen Rasse verwirklicht sah. Bei der Darlegung seiner Theorie begegnete ihm 1922 im Salon der Frau Else Bruckmann – der Ehefrau des Verlegers – ein bildungs- und lesebesessener, stellungsloser Maler und entzündete sich an seinen Ideen: Adolf Hitler.

33 Ludwig Klages, 1872-1956, gründete 1905 in München ein privates Seminar für Ausdruckskunde. Für ihn wurde die Leib-Seele-Einheit durch den Intellekt gestört. Diese Grundlehre wandte er auf seine Charakterologie und Ausdruckskunde an, ebenso auf die Graphologie, der er wissenschaftliche Geltung verschaffte. Hauptwerke: ›Vom kosmogonischen Eros‹ (1922), ›Der Geist als Widersacher der Seele‹ (1929-1933). Durch die Verherrlichung des Irrationalismus wird er zu den geistigen Wegbereitern des Nationalsozialismus gerechnet.

34 Franziska zu Reventlow, 1871-1918, war schon früh vom Gedanken der

freien Liebe, ein Diskussionsthema des freigeistigen ›Ibsen-Klubs‹, beherrscht. 1894 begann sie, jungverheiratet, das freie Leben einer Malerin in München zu führen und wurde zur Kultfigur einer pansexualistischen Libertinage. Zu Quellen und Werken: Franziska Gräfin zu Reventlow, Schwabing um die Jahrhundertwende, bearb. von Hans Eggert Schröder, Marbacher Magazin (zur Ausstellung von Januar bis Mai 1978), Nr. 8/1978.

35 Friedrich Wolters, Stefan George und die Blätter für die Kunst, Geistesgeschichte seit 1890, Berlin 1930. Auf S. 240-274 eine Darstellung der Kosmiker. – Auch Franziska zu Reventlow hat im Jahre 1913 in ihrem Roman ›Herrn Dames Aufzeichnungen oder Begebenheiten aus einem merkwürdigen Stadtteil‹ eine persiflierende Deutung dieses Kreises geliefert, der 1904 im ›großen Schwabinger Krach‹ durch die antisemitischen Tendenzen Schulers (Wolfskehl war Jude) auseinanderbrach. Die Autorin hat die rassischen Mythen und kosmogonischen Phantastereien satirisch abgehandelt, die dreißig Jahre später in Blut- und Bodenkulten der Nationalsozialisten als Programm wiederbelebt wurden.

36 Zürcher Diskußionen, Jg. 2, 1899, Nr. 22.

37 Helmut Fritz, Die erotische Rebellion, Das Leben der Franziska Gräfin zu Reventlow, Frankfurt 1980. Im Gegensatz zu anderen intellektuellen Revoluzzern fand die Revolution im Leben der Gräfin »immer nur in der ersten Person Einzahl statt, selbst ihr Ausstieg aus der Adelskaste entsprang einem ganz persönlichen Ressentiment gegen die Borniertheit des Elternhauses«. S. 128.

38 Käthe Kollwitz, 1867-1945, war 1899 Schülerin von Ludwig Herterich an der Damen-Akademie, für dessen Kolorismus sie zunächst wenig aufgeschlossen war. Später schätzte sie die Münchner »Augen-Schulung«. Sie erinnerte sich: »Der Tag war besetzt mit Arbeit, abends genoß man, ging auf Bierkeller, machte Ausflüge und fühlte sich frei ... Das freie mir sehr wohlgefallende Leben in München weckte Zweifel in mir, ob ich wohl daran getan hätte, mich so frühzeitig durch Verlöbnis zu binden.« Rückblick auf frühere Zeiten (1941), in: Aus meinem Leben, München 1957, S. 8. Zur Münchner Ausbildungszeit auch Beate Bonus-Jeep, Sechzig Jahre Freundschaft mit Käthe Kollwitz, Bremen 1948.

39 Margarethe von Brauchitsch, 1865-1957, stammte aus Frankenthal/Rügen. Über ihre Entwürfe, Reformkleider und Innenausstattungen berichtete regelmäßig die Zeitschrift ›Dekorative Kunst‹, so u. a. in: Dekorative Kunst, III, H. 8, Mai 1900, S. 347; Dekorative Kunst, IV, H. 1, Okt. 1900, S. 41; Dekorative Kunst, V, H. 7, April 1902, S. 258; Dekorative Kunst, VI, H. 2, November 1902, S. 68/69, u. a. m. Dazu: Fritz Schmalenbach, Jugendstil, Ein Beitrag zu Theorie und Geschichte der Flächenkunst, Würzburg 1935, S. 60; Gerhard P. Woeckel, Sammler Journal,

H. 2, Februar 1975, S. 52ff.; Ruth Grönwoldt, Art Nouveau, Textil-Dekor um 1900, Stuttgart 1980, darin S. 288-291 ein Bericht über Margarethe von Brauchitsch.

40 Peg Weiss nimmt an, daß Gabriele Münter sich in einem Reformkleid von Brauchitschs für die ›Dekorative Kunst‹ photographieren ließ. »The very fact that a respectable young lady like Gabriele Münter would have agreed to pose for a fashion photograph to be published in a widely read periodical indicates that she must have been a good friend of von Brauchitsch. In fact, both were members of the Munich Künstlerinnen-Verein.« Peg Weiss, Kandinsky in München, The Formative Jugendstil Years, Princeton 1979, Abb. 113a, Notes for chapter XI, S. 212, 63.

41 Hermann Obrist, 1863-1927, war durch sein naturwissenschaftliches Studium in Heidelberg mit den mikroskopischen Strukturen von Pflanzen und Mineralien vertraut. 1892 gründete er eine Werkstatt für Kunststickerei in Florenz, die er 1894 nach München verlegte. Im April 1896 gelang ihm der Durchbruch, als er beim Kunsthändler Jakob Littauer, München, Seidenstickereien zeigte. Im folgenden Jahr stellte er Textilien im Münchner Glaspalast (7. Internationale Kunstausstellung) aus. Sein eigentlicher Entdecker aber wurde August Endell, der angesichts einer Betrachtung von Obrists Stickereien ausrief: »Es war der größte receptive Moment meines Lebens!« (Zitiert in: Hof-Atelier Elvira 1887-1928, Ausst. Kat. München 1985, S. 27)

42 Hermann Obrist, Neue Möglichkeiten in der bildenden Kunst, Aufsätze von 1896-1900, Leipzig 1903; Hermann Obrist, Wegbereiter der Moderne, Ausst. Kat. München, März 1968. Abbildungen von Arbeiten Obrists in: Kandinsky und München, Begegnungen und Wandlungen 1896-1914, Hrsg. Armin Zweite, Ausst. Kat. München 1982, S. 205-212. Silvia Lampe-Bennigsen, Hermann Obrist, Erinnerungen (Lebens- und Werkübersicht, Chronologie), München 1970. Die ›Dekorative Kunst‹ berichtete laufend über Obrists Arbeiten und Theorie, u.a. auch: Georg Fuchs, Hermann Obrist, Dekorative Kunst III, H. 5, Februar 1900, S. 196ff.; Hermann Obrist, Wozu über Kunst schreiben, Dekorative Kunst III, H. 5, Februar 1900, S. 169-195; Hermann Obrist, Die Lehr- und Versuchsateliers für angewandte und freie Kunst, Dekorative Kunst VII, H. 6, März 1904, S. 228-232; Hermann Obrist, Die Zukunft unserer Architektur, Dekorative Kunst IV, H. 9, Juni 1901, S. 329-349. – Obrist war mit Gabriele Reuter, 1859-1941, befreundet, die einen Schlüsselroman über ihn schrieb: Frau Bürgelin und ihre Söhne, 1897.

43 Helga Schmoll gen. Eisenwerth, Die Kunstschule Debschitz in München, 1902-1914, in: Kunstschulreform 1900-1933, Berlin 1977. 1905 war Obrist ausgeschieden, seitdem führten die ›Lehr- und Versuchsateliers für angewandte und freie Kunst‹ den Untertitel ›Debschitz-Schule‹.

44 Hermann Obrist, Neue Möglichkeiten in der bildenden Kunst, a.a.O., S. 131.

45 Münter an Kandinsky, 4. Februar 1904.

46 Hans Brandenburg, München leuchtete, Jugenderinnerungen, München 1953, schildert auf S. 168 Obrist und auf S. 138 und S. 166 Wilhelm von Debschitz.

47 Wilhelm von Debschitz, Eine Methode des Kunstunterrichts, in: Dekorative Kunst VII, H. 6, März 1904, S. 209-226.

48 August Endell, Dekorative Kunst I, H. 6, März 1898, S. 280. Dieser Beitrag erschien unter der Rubrik ›Gedanken: Formkunst‹.

49 August Endell, 1871-1925, Schüler des seit 1894 in München lehrenden Theodor Lipps. In seiner Doktorarbeit behandelte er das Thema ›Gefühlskonstruktion‹. 1896 begegnete er Hermann Obrist, dem Münchner Kunstreformer, in dessen Stickereien er die abstrakten Formen verwirklicht fand, die ihm bisher nur vage vorgeschwebt hatten. 1896 empfahl er unter dem programmatischen Titel ›Um die Schönheit‹, die Wirkung von Formen und Farben zu erproben, die keine Gegenstände zum Inhalt haben. 1897 stellte er eigene Werke dieser ornamentalen Flächenkunst auf der 7. Internationalen Kunstausstellung im Münchner Glaspalast aus. Berühmt wurde er durch die Fassade des Photoateliers Elvira, doch blieb das Gebäude sein einziger Auftrag in München. 1901 zog er nach Berlin und blieb dort bis zu seiner Berufung an die Breslauer Akademie für Kunstgewerbe im Jahre 1918.

50 Die Beilage der ›Münchner Zeitung‹, Propyläen, wies schon am 16. Oktober 1903 (Jg. 1, Nr. 39) auf die mögliche Fernwirkung des Jugendstils hin: »Die Merkzeichen der großen Monumentalmalerei der Zukunft sind schon jetzt sichtbar, deren Inhalt die Verherrlichung einer noch nie erschauten Natur, ihres gewaltigen Lebens und ihrer göttlichen Riesenkräfte sein wird.«

51 Albert Langen, 1869-1909, kam mit seinem 1893 in Paris gegründeten Verlag nach München, »weil es dort die besten Zeichner gab«. Korfiz Holm, ich – kleingeschrieben, München 1932.

52 Gabriele Münter, Bekenntnisse und Erinnerungen, in: Hartlaub, a.a.O. Der Norweger Olaf Gulbransson, 1873-1958, stieß erst 1902 zur Gruppe der ›Simplicissimus‹-Graphiker. In seinem Wohnort Tegernsee befindet sich heute ein Museum mit einer Auswahl seiner Werke.

53 Simplicissimus, Jg. 6, Nr. 15, S. 117; Jg. 4, Nr. 44, S. 346; Jg. 3, Nr. 15, S. 124; Jg. 4, Nr. 26, S. 204 und Jg. 7, Nr. 46, S. 364.

54 Simplicissimus gegen Frauenstudium: F. von Reznicek: Simplicissimus, Jg. 4, Nr. 24, S. 189; E. Thöny: Simplicissimus, Jg. 7, Nr. 8, S. 59; Bruno Paul: Simplicissimus, Jg. 7, Nr. 49, S. 388. Solche ausbildungsfeindlichen Tendenzen lassen sich in diesem Blatt über Jahre feststellen.

55 Als deutsche Ärztinnen schon ein Jahrzehnt lang praktizierten, wurden Frauen – erst seit 1922 – zum Richter- und Anwaltsberuf zugelassen. Dazu: Juristinnen in Deutschland, hrsg. vom Deutschen Juristinnen-Bund, München 1984.

56 Renate Berger, Malerinnen auf dem Weg ins 20. Jahrhundert, a.a.O., S. 48ff. Anhand von Beispielen aus Maler-Tagebüchern dokumentiert Berger ›Zur Realität der Maler-Modell-Beziehung: Das weibliche Modell aus der Sicht des Malers‹, a.a.O., S. 110.

57 Gegen die Hochschulausbildung der Frauen wurden Vergeltungs- und Vergewaltigungswünsche laut, denen z.B. Karl Kraus in seiner ›Fackel‹ Raum gab (Jg. 1907, Nr. 225, S. 10-24): Sie seien die angemessene Antwort auf den »katastrophalen Aberwitz«, daß die männliche Bastion der Hörsäle durch Frauen gestürmt würde. »Wir begegnen der grotesken Zumutung, ein Mann solle sich vor einem Weibe und für ein Weib entblößen können, von ihm besehen, betastet, behorcht werden ... Er müßte homosexuell sein, wenn er vom Weibe, das ihm helfen will, andere Hilfe erwartete als Rettung aus Liebesnot«, so protestierte ein Arzt, Fritz Wittels, unter dem Pseudonym Aricema gegen die Begutachtung eines männlichen Körpers durch eine Frau, sei es als Patient oder als Modell.

58 Den männlichen Protest gegen die Rollenverkehrung zwischen Maler und Modell griff August Strindberg in seinem 1905 in Wien uraufgeführten Stück ›Kameraden‹ auf (1. Akt, 2. Szene).

59 Karl Scheffler, Die Frau und die Kunst, Berlin 1908, S. 12/13.

60 Anna Freund, Festgabe zum Jubiläum des Künstlerinnen-Vereins 1882-1907, München 1907, S. 22.

61 Georg Jacob Wolf, Die Münchnerin, München 1924, S. 218.

62 Ernst Ludwig Freiherr von Wolzogen, 1855-1934, hatte den Roman ›Das dritte Geschlecht‹ (1899) in ›Ecksteins illustrierter Romanbibliothek‹, Berlin, veröffentlicht; das Titelblatt von Walter Caspari zeigte ein nacktes Mädchen, das einen Eichenkranz in der Hand trug und den Drachen zu seinen Füßen besiegt hatte. Es trat aus einem gefängnisartigen Raum. Die Symbolik war eindeutig: Obwohl der Roman als Persiflage auf die emanzipierte Frau aufgefaßt wurde, hatte Wolzogen das Thema spiegelbildlich – mit verschiedenen zeitgenössischen Standpunkten und Frauentypen – behandelt.

63 Sophia Goudstikker, Ika Freudenberg und die Frauenbewegung in München, in: Hof-Atelier Elvira 1887-1928, Ästheten, Emanzen, Aristokraten, Ausst. Kat. München 1985, S. 220.

64 Ika Freudenberg war Vorsitzende der von Anita Augspurg und Sophia Goudstikker, den Betreiberinnen des Photoateliers Elvira, 1894 gegründeten ›Münchner Gesellschaft zur Förderung der geistigen Interessen der

Frau‹, 1897 in ›Verein für Fraueninteressen‹ umbenannt. Sie wurde in Wolzogens Roman ›Das dritte Geschlecht‹ in der Gestalt Fräulein Echdelers charakterisiert. Der Verein hatte sich nach seinem Beitritt zum ›Bund Deutscher Frauenvereine‹, in dem seit 1894 die bürgerlichen Frauengruppen zusammengeschlossen waren, ein neues Statut und den neuen Namen gegeben. Ika Freudenberg, die Vorsitzende des ›Vereins für Fraueninteressen‹, war Vorstandsmitglied des ›Bundes Deutscher Frauenvereine‹ (BDF), in dem die bayerischen Frauenvereine tonangebend waren.

65 Ernst von Wolzogen, Wie ich mich ums Leben brachte, Erinnerungen und Erfahrungen, Braunschweig/Hamburg 1922, S. 187ff.

66 Anita Augspurg, 1857-1943, gründete 1895 den Verein ›Frauenbildung – Frauenstudium‹, 1899 den ›Verband fortschrittlicher Frauenvereine‹ und 1902 in Hamburg den ›Deutschen Verein für Frauenstimmrecht‹. Mit ihrer Lebensgefährtin Lida Gustava Heymann, Herausgeberin der Zeitschrift ›Die Frau im Staat‹, verkörperte sie den radikal-liberalen Flügel der Frauenrechtlerinnen. Dazu: Gustava Heymann, Anita Augspurg, Erlebtes, Erschautes, hrsg. von Margrit Twellmann, Meisenheim 1972.

67 Minna Cauer, 1842-1922, kämpfte als Vertreterin des linken Flügels der bürgerlichen Frauenbewegung gegen politische und juristische Restriktionen: Die Frau im 19. Jahrhundert, 1898. Dazu: Else Lüders, Minna Cauer, Leben und Werk, dargestellt anhand ihrer Tagebücher und nachgelassenen Schriften, Gotha 1925, S. 83.

68 Karte Gabriele Münters an Carl Münter vom 6. Juni 1901.

69 Richard Riemerschmid, 1868-1957, ›Das neue Schauspielhaus in München‹, Dekorative Kunst IV, H. 9, 1901, S. 366. Er war Mitbegründer der ›Münchner Vereinigten Werkstätten für Kunst im Handwerk‹ (1897); später schuf er u. a. die Pläne für die Margarethenhöhe in Essen und die Gartenstadt Hellerau bei Dresden (1909). Dazu: Theodor Heuß, Richard Riemerschmid, Kassel 1961; Richard Riemerschmid beschäftigte sich auch mit der Reform der Frauenkleidung. Dazu: Brigitte Stamm, Richard Riemerschmid, Unveröffentlichte Entwürfe zur Reform der Frauenkleidung um 1900, Waffen- und Kostümkunde, Jg. 1978, H. 1, S. 51.

70 Der ›Civilingenieur‹ Karl Müller hatte 1894 seinen gesamten Immobilienbesitz der Stadt München mit der Auflage vermacht, aus dem Verkaufserlös ein prächtiges Bad für das Volk zu erbauen. Abgesehen von der fürstlichen ›Badenburg‹, dem von G. Effner 1718 errichteten und durch Klenze klassizistisch umgestalteten Badeschlößchen im Nymphenburger Schloßpark, war dies das erste Hallenbad Münchens und das erste heizbare Hallenbad in Europa. Dazu waren in drei Jahren 1,8 Millionen Goldmark verbaut worden, eine damals ungeheure Summe, die Ausstattung war entsprechend.

71 Ein Dokument Deutscher Kunst 1901-1976, Hrsg. Marianne Heinz u.a., Darmstadt 1976 (zum 75. Jahrestag der Künstlerkolonie); Gerhard Bott, Darmstadt und die Mathildenhöhe, in: Gerhard Wietek (Hrsg.), Deutsche Künstlerkolonien und Künstlerorte, München 1976, S. 154.

72 Hans Christiansen, 1866-1945, wurde nach seiner Ausbildung an der Münchner Kunstgewerbeschule und an der Akademie Julian, Paris, vor allem durch farbenstarke Glasfenster und Tapisserien berühmt. Margret Zimmermann-Degen, Hans Christiansen, Leben und Werk eines Jugendstilkünstlers, Königstein 1985.

73 Gabriele Münter, Bekenntnisse und Erinnerungen, in: Hartlaub, a.a.O.

74 Otto Falckenberg, 1873-1947, war Mitbegründer des Kabaretts ›Die Elf Scharfrichter‹. 1914 wurde er Regisseur der Münchner Kammerspiele, die er von 1916 bis 1944 leitete. Otto Falckenberg, Mein Leben – mein Theater, Hrsg. Wolfgang Petzet, München/Wien 1944, S. 28, darin ein Bericht über das Kabarett, sein Programm und seine Mitglieder.

75 Ernst Stern, 1876-1954, Maler, Graphiker, Mitarbeiter der ›Jugend‹ und des ›Simplicissimus‹, Mitglied der Münchner Sezession, wurde ab 1905 Bühnenbildner Max Reinhardts am Deutschen Theater in Berlin. Dazu: 9. Kap., S. 287. Über die Scharfrichter-Bühne: Ernest Stern, My Life, My Stage, London 1951, S. 27ff.

76 Waldemar Hecker arbeitete als Bildhauer in München und stellte Marionetten her, auch für die Scharfrichter-Bühne. Er beteiligte sich mit seinem Schulatelier an der Gründung der Phalanx-Schule (1902). 1906 verließ er München und zog in den Rheingau, wo er als einer der ersten Kleinplastiken zur Serienherstellung schuf (Merkelbach, Grenzhausen/Westerwald).

77 Von Marc Henry ging die Initiative für die Gründung des Kabaretts aus, das dem seit 1881 bestehenden französischen Montmartre-Cabaret ›Chat noir‹ ein deutsches Gegenstück bieten sollte. Er ging, nachdem die Scharfrichter-Bühne trotz der Zugnummern von Frank Wedekind 1903 finanziell nicht mehr bestehen konnte, nach Wien und gründete dort das ›Nachtlicht‹.

78 Otto Falckenberg, Mein Leben – mein Theater, a.a.O., S. 120.

79 Franz von Lenbach, 1836-1904, Präsident der Münchner Künstlergenossenschaft (1896), erstellte eine ›Galerie berühmter Zeitgenossen‹ und schuf ca. 5000 Porträts, die in ihrem altmeisterlichen Stil der Repräsentationssucht seiner Klientel entsprachen. Seine Münchner Residenz, 1887 nach Vorbildern italienischer Renaissance erbaut (heute Sitz der Münchner Städtischen Galerie), entsprach dem Dekorationsstil seiner Hofhaltung und seiner feudalistische Herrscherbilder imitierenden Malerei. Franz von Lenbach, Ausst. Kat. München 1986; Winfried Ranke, Franz von Lenbach, Der Münchner Malerfürst, Köln 1986.

80 Die Münchner Secession war die erste einer Serie von Sezessionen (1893 in Wien, 1898 in Berlin). Im April 1892 wurde der ›Verein bildender Künstler – Secession‹ unter Peter Behrens, Lovis Corinth, Adolf Hölzel, Otto Eckmann, Fritz von Uhde, Wilhelm Trübner, Hermann Schlittgen, Franz Stuck u. a. gegründet, der sich von der Münchner Künstlergenossenschaft mit eigenen Zielen und Ausstellungsplänen abspaltete.

81 Wilhelm Hüsgen, 1877-1962, studierte an der Kunstgewerbeschule Barmen und gründete 1901 mit Waldemar Hecker in München eine Bildhauerschule, die später mit einer Malklasse Kandinskys zur ›Phalanx‹-Schule ausgeweitet wurde. Dazu: Wilhelm Hüsgen, 1877-1962, Ausst. Kat. Wuppertal 1978.

82 Hans Konrad Roethel hatte für seine Darstellung der ›Phalanx‹ 1957 Gustav Freytag gebeten, seine Erinnerungen niederzuschreiben. Freytag war als Medizinstudent durch seinen Freund Waldemar Hecker zu der Gruppe gestoßen, er blieb ihr einziger Nicht-Künstler und war, da er begütert schien, als Schriftführer und Kassenwart hochwillkommen: »So wurden denn Kandinsky und ich die eigentlichen Geschäftsträger und ersterer in Bezug auf die geistige Führung immer mehr Mittelpunkt. Die anderen Herren nahmen meist keinen erheblichen Anteil an der Sache.« Zitat: Roethel, Graphik, S. 431.

83 Abbildung: Roethel, Graphik, S. 468.

84 Die Kunst für Alle vom 19. September 1901.

85 Münter 1962, o. S.

86 Angelo Jank, 1868-1940, seit 1899 Lehrer an der Damen-Akademie des Künstlerinnen-Vereins, wechselte 1907 über zur Münchner Kunstakademie. Er gehörte zur Münchner Secession und zur 1899 gegründeten Künstlergruppe ›Die Scholle‹, in der sich Illustratoren der ›Jugend‹ zusammenschlossen, um den Jugendstil mit gewissen traditionellen Zügen ihrer Heimatkunst aufzufüllen.

87 Roethel, Graphik, S. 436.

88 Marianne von Werefkin, Gemälde und Skizzen, Ausst. Kat. Wiesbaden 1980, S. 37.

89 Münter 1962, o. S.

90 Gabriele Münter, Bekenntnisse und Erinnerungen, in: Hartlaub, a. a. O.

91 Eichner, S. 38.

5. Kapitel: Der lernende Lehrer

1 Nach dem im Münchner Stadtarchiv erhaltenen Meldebogen vom 3. 6. 1897 wurde Wassily Kandinsky am 5. Dezember 1866 geboren. Ein Horoskop in den ›Astrologischen Blättern‹, Berlin, September 1926, S. 178,

nennt seine Geburtsstunde: 6 Uhr früh. Es ist bezeugt, daß Kandinsky auch am 4. Dezember seinen Geburtstag feierte. Diese Unstimmigkeit erklärt sich aus der Umrechnung seines Geburtsdatums aus dem Julianischen Kalender, der bis zum Januar 1918 in Rußland verbindlich war, in den für Westeuropa geltenden Gregorianischen Kalender (die Differenz betrug im 19. Jahrhundert 12, im 20. Jahrhundert 13 Tage).

2 Zwei Orte östlich des Baikalsees werden als Geburtsort genannt: Kjachta, die russische Grenzstadt zur Mongolei, einst Zentrum des Teehandels und an der wichtigen Straßen- und Telegraphenlinie Urga – Peking gelegen (Will Grohmann, W. Kandinsky, Leben und Werk, Köln 1958), und Nertschinsk in Transbaikalien, etwa 300 km westlich der mandschurischen Grenze (Hans K. Roethel und Jelena Hahl-Koch in: Die Gesammelten Schriften, Bd. 1, Bern 1980, S. 170).

3 Der Besucher-Meldebogen des Ritters von Kandinsky nimmt Bezug auf einen am 28. Oktober 1898 in Moskau ausgestellten Paß mit der Nummer 6068. Ein am 28. 8. 1909 vorgelegter Reisepaß des Gouvernements Moskau (Nr. 9380) bestätigte diese Angaben. Dazu: Gisela Kleine, Vasily Sil'vestrovič Kandinskij ein Maler?, Kunstchronik, Jg. 43, Heft 3, März 1990, S. 93 ff.

4 Nina Kandinsky, Kandinsky und ich, München 1976, S. 22. Die streckenweise peinliche und fehlerhafte Autobiographie der damals etwa 80jährigen Künstlerwitwe wurde von dem Journalisten Werner Krüger nach Tonbändern abgefaßt.

5 Kandinsky schrieb ›Rückblicke‹ auf Veranlassung von Herwarth Walden, der diese autobiographische Darstellung der Jahre 1901-1913 im Rahmen eines ›Kandinsky-Albums‹ (Verlag Der Sturm, Berlin W 9, 1913, S. 3-29) veröffentlichte.

6 Zu Abfassung und acht Nachdrucken der ›Rückblicke‹ – besonders zur leicht veränderten russischen Ausgabe (Moskau 1918): Die Gesammelten Schriften, Anmerkungen, S. 146 ff.

7 Kandinskys nachhaltigen Dank bezeugt die Widmung seiner ersten kunsttheoretischen Schrift ›Über das Geistige in der Kunst‹ (1912) an seine Tante Elisabeth Ticheeva.

8 Wassily Kandinsky, Denken – Nichtdenken (1929), Gesammelte Schriften, S. 66.

9 Kandinsky an Münter, 31. Oktober 1904 und 18. November 1910.

10 Die wissenschaftlichen Ergebnisse dieses Aufenthaltes, der sich von Ende Mai bis Ende Juli erstreckte, wurden als ›Beitrag zur Ethnographie der Sysol- und Večegda-Syrjänen – die nationalen Gottheiten‹ in der Ethnographischen Rundschau, Jg. 1889, H. 3, S. 102 ff., der Publikation der Gesellschaft, veröffentlicht und Kandinsky zu deren Ordentlichem Mitglied gewählt. Gesammelte Schriften, S. 68. Dazu: Peg Weiss, Kandinsky

and Old Russia, An Ethnographic Exploration, The Documented Image, Visions in Art History, Syracuse University Press, New York 1987, S. 187-222.

11 Nina Kandinsky erwähnt nur eine ›Abhandlung‹ über Arbeitslöhne (S. 30), Will Grohmann eine ›Arbeit‹ über die Gesetzmäßigkeit des Arbeitslohnes (S. 31). Der aufgrund des Moskauer Passes in München am 3. 6. 1897 angelegte Meldebogen Wassily Kandinskys (Nummer 356 091) vermerkt als Standesbezeichnung: Doktor der Rechte, Kunstmaler (Münchner Stadtarchiv).

12 Jelena Hahl-Koch bewertet in ihrer Rezension der Frankfurter Ausstellung ›Wassily Kandinsky, Die erste sowjetische Retrospektive‹ (1989) das Auftauchen des ersten nachweisbaren Ölgemäldes Kandinskys, *Odessa Hafen I*, als Sensation und hält eine Datierung vor 1896, also vor der Ausreise aus Rußland, für vertretbar. »Ohne diese Grundlage wäre sein Entschluß, mit 30 Jahren plötzlich Maler zu werden, noch irrealer gewesen.« Kunstchronik, Jg. 42, Heft 8, August 1989, S. 408 ff.

13 Antoine Henri Becquerel, 1852-1908, konnte am 24. Juli 1896 der Pariser Académie des Sciences mitteilen, daß er als Zufallsfund eine bisher unbekannte, vom Uran ausgehende Strahlung entdeckt habe, während er die Phosphoreszenz von Uranmineralien untersuchte. 1899 gelang ihm der photographische Nachweis der magnetischen Ablenkung der Beta-Strahlen, eines Teils dieser Strahlung. Gemeinsam mit dem Ehepaar M. und P. Curie erhielt er für die Entdeckung der spontanen Radioaktivität 1903 den Nobelpreis für Physik. ›Becquerelstrahlen‹ ist die veraltete Bezeichnung für radioaktive Strahlung.

14 Rückblicke, S. 33

15 Rückblicke, S. 32.

16 Der am 3. Juni 1897 angelegte polizeiliche Meldebogen der Stadt München vermerkt, daß der Doktor der Rechte, Kunstmaler Wassily Kandinsky, mit seiner Frau Anna zunächst in der Georgenstraße 62^{II}, ab 23. Juni 1897 in der Giselastraße 28^{II} möbliert gewohnt hat. Nach einem am 28. Mai 1890 begonnenen Rußlandaufenthalt zog er am 14. Juli 1901 in die Friedrichstraße 1^{II}. Dort blieb er bis Oktober 1904 und hatte dann bis zur Mitte des Jahres 1908 keinen Wohnsitz in München, sondern befand sich auf Reisen. Dazu: Meldebogen im Stadtarchiv München und Münchner Adreßbücher 1901-1904.

17 Léonid Pasternak, zitiert nach Armin Zweite, Kandinsky zwischen Moskau und München, in: Kandinsky und München, S. 8.

18 Lovis Corinth 1858-1925, Hrsg. Zdenek Felix, a.a.O., S. 195 und S. 199.

19 »Im Grunde wurden sie auch menschlich durch die Kunst getrennt«, vermutete Nina Kandinsky über die erste Ehe ihres Mannes. Anna habe

das Verständnis für künstlerische Fragen gefehlt. »Sie war amusisch, und sie konnte und wollte auch nicht den Künstler Kandinsky akzeptieren.« Nina Kandinsky, a.a.O., S. 30. Ihre Begründung, warum Kandinskys erste Ehe scheiterte, umrahmt kontrastgebend ihr Selbstbild: »Obgleich ich nie Vorlesungen in Kunstgeschichte gehört habe, galt seit früher Jugend mein ganzes Interesse der Kunst.«

20 Johannes Eichner erwähnt Münters Bemerkung über Kandinskys Autobiographie, »wie froh er war, daß ihm ein Erzählen ohne zeitliche Reihenfolge gelang«, schließt aber daraus: »Er scheute vor Vollständigkeit und Überschaubarkeit einer Abhandlung, die Leben und Kunst hätte enträtseln sollen.« (a.a.O., S. 57). Dennoch erscheint weniger die Absicht, zu verschleiern und zu verrätseln, Ausgangspunkt dieser im Rückblick gewonnenen Sinnfindung zu sein, als Kandinskys dichterischer Ehrgeiz. H. K. Roethel glaubt ein Vorbild für das bunte Durcheinander von Szenen in Alexander Herzens ›Memoiren und Reflektionen‹ mit dem Titel ›Mein Leben‹ zu sehen, die sich mosaikartig auf ein gemeinsames Thema beziehen. Die Gesammelten Schriften, S. 15.

21 Rückblicke, S. 33.

22 »Und dann färbte sich ganz Italien in zwei schwarze Eindrücke.« Rückblicke, S. 27.

23 Das Erlebnis der Ungeborgenheit durchzieht Kandinskys Werk im Bild des sturmgepeitschten Bootes. Die zitierte Stelle stammt aus dem 1914 entstandenen (oder überarbeiteten) Bühnenstück ›Violett‹ (siehe Kap. 9, S. 310 und Anm. 87). Es heißt dort weiter: »Arme Menschen! Arme!! Arme!!! Der Faden, der die Barke hält. Armer! Armer Faden! Armes Fädchen!! Allerärmstes Fädchen! Grünes, hellgrünes, smaragd-grünes, milchig-grünes Wasser. Und darauf eine schwarze Barke am Fädchen. Olivfarbener, schmutzig olivfarbener, kehrricht-schmutzig olivfarbener Himmel über der Barke ...«

24 Über das Geistige i. d. K., S. 38.

25 Wassily Kandinsky, Über die Formfrage, Der Blaue Reiter, S. 136 (von Kandinsky kursiv hervorgehoben!)

26 Über das Geistige i. d. K., S. 68. Kandinsky führte den Symbolwert von Schwarz bezeichnenderweise auf ein anderes Vorkommnis zurück: auf seinen Verrat an der gemeinsamen Spielwelt mit der geliebten Tante Elisabeth Ticheeva. Mit ihrer Hilfe hatte er einmal einen Schimmel mit Wasserfarbe angetuscht. Bis auf die Hufe war das Bild fertig, da mußte die Tante fortgehen. Trotz ihres Rates wartete der ungeduldige ›Wasja‹ ihre Rückkehr nicht ab, sondern nahm allein viel Schwarz an den Pinsel und verdarb das Bild. »Solch ein Unglück des Kindes wirft einen langen, langen Schatten auf viele Jahre des weiteren Lebens.« Rückblicke, S. 34.

27 Rückblicke, S. 40.

28 Kandinsky stellte am 28. September 1905 in einem Brief an Münter betrübt fest, daß der zweite Ehemann seiner Mutter, »Herr Kojevnikow mich wirklich und direkt nicht liebt«.

29 Diese Frage stellt auch Hugo Debrunner, Wir entdecken Kandinsky, Zürich 1947, S. 21.

30 Kandinsky litt an Farbeindrücken, die seinem Willen nicht unterstanden.

31 »Meine Mutter ist eine geborene Moskowitin und vereint für mich die Eigenschaften, die für mich Moskau verkörpern.« Er zählte sie auf, inkommensurable Merkmale, die nur das Symbol in einem Bild zusammenfassen kann, und schloß dann: »Kurz, in menschlicher Gestalt die weißsteinige, goldhäuptige Mutter Moskau.« Rückblicke, S. 50.

32 Durch die Narzißmustheorie der amerikanischen Psychoanalyse, deren Vertreter u.a. Heinz Kohut und Otto F. Kernberg sind, wurden schöpferische Entgrenzungszustände von Künstlern auf ihren psychischen Ursprung hin untersucht und als Wiederbelebung eines »ozeanischen Frühgefühls« aus der Mutter-Kind-Symbiose gedeutet, die das ursprüngliche psychische Universum darstelle. Die in der frühen Symbiose erlebte Allmacht werde vom Kind bei den ersten Einschränkungen zu einem omnipotenten Selbstbild gesteigert, um das Gefühl der Vollkommenheit zu retten, das sich danach langsam zurückbildet. Werde diese Entwicklung gestört, dann blieben auch in der erwachsenen Persönlichkeit diese archaischen narzißtischen Ziele von Größe und Vollkommenheit erhalten. Das führe zur Verkennung oder zur Bekämpfung der Realität, zu Entgrenzungszuständen von Künstlern oder Reformern, in denen die unverlorene archaische Dimension wiederbelebt und erhalten werde und kreative Allmachtsvisionen erzeuge, welche die eigene Innenwelt zum spiegelbildlichen Inhalt des Universums ausweiten. – Solche Kunst-Psychologie – in Deutschland lange suspekt – stürzt das klassische Bild des gütig aus innerer Fülle spendenden, inspirierten Künstlers und macht das Genie zu einem in der Regression Gefangenen, dessen Kunsttrieb in einem pathologischen – sprich ›gestörten Narzißmus‹ (Kohut, Narzißmus, 1979) – wurzele, und die Kunst zum Mittel der Selbsttherapie. Für die Literatur wurde diese Auffassung schrittweise akzeptiert (z.B. Hans Wysling, Narzißmus und illusionäre Existenzform, Zürich 1982). Für die bildende Kunst böte Kandinskys Bildthematik, sein Ausgreifen in die kosmischen Dimensionen seiner abstrakten Gemälde vor diesem biographischen Hintergrund ein vergleichbares Untersuchungsobjekt. Hier nur ein Seitenblick auf die mögliche Ableitung von prophetischem Universalismus und kosmischen Einbettungsträumen!

33 Rückblicke, S. 50.

34 Handschriftliche Fassung der russischen Ausgabe von Rückblicke, Die Gesammelten Schriften, S. 171.

35 Rückblicke, S. 41.

36 Rückblicke, S. 41.

37 Kandinsky an Münter, 15. September 1905.

38 Claude Monet, 1840-1926, entwickelte als Hauptvertreter des Impressionismus die Technik des kurzen Pinselstrichs, durch die er bei seiner Freilichtmalerei mit unmittelbar nebeneinander gesetzten Komplementärfarben Atmosphäre und Licht – unter Auflösung der Konturen – in naturnaher Flimmerwirkung einfing. Von seinem Bild *Impression, soleil levant* wurde 1874 der Name der Gruppe abgeleitet. Kandinsky bezeichnete stets das *Bild der untergehenden Sonne* in Moskau als Ziel- und Endpunkt seines malerischen Wollens.

39 »Ich hatte den Eindruck, hier käme die Malerei selbst in den Vordergrund, und fragte mich, ob man nicht noch viel weiter auf diesem Wege gehen könnte.« Interview mit Karl Nierendorf, Kandinsky 1937, in: Essays, S. 213.

40 Einschub in der russischen Ausgabe der Rückblicke, Die Gesammelten Schriften, S. 156.

41 Rückblicke, S. 36.

42 Kandinsky an Alois Schardt, 28. Dezember 1933, anläßlich seiner Emigration nach Paris, Staatsbibliothek Preußischer Kulturbesitz Berlin, Autograph I/341, Ergänzung zu S. 4. – Kandinsky hatte rund 27 Jahre in Deutschland verbracht und machte seine Zugehörigkeit geltend.

43 Rückblicke, S. 28.

44 Kandinsky an Alois Schardt, 28. Dezember 1933, a.a.O.

45 Rückblicke, S. 28.

46 Rückblicke, S. 29.

47 Rückblicke, S. 42ff.

48 Rückblicke, S. 46.

49 Eine literarische Schilderung der Malschule Anton Ažbès, 1859-1905, Georgenstraße 16, bei Leonhard Frank, Links, wo das Herz ist, München 1952, S. 26ff. Daraus die Zitate. – Wege zur Moderne und die Ažbè-Schule in München, bearb. Katarina Ambrozic, Ausst. Kat. Wiesbaden 1988; Bernd Fäthke, Im Vorfeld des Expressionismus, Anton Ažbè und die Malerei in München und Paris, Wiesbaden 1988.

50 Rückblicke, S. 43; Wassily Kandinsky, Denken – Nichtdenken?, Die Gesammelten Schriften, S. 66.

51 Bernd Fäthke hat die künstlerische Handschrift Ažbès dargestellt und anhand der Gemälde seiner Schüler erläutert. Er deutet die Zigarrenkorrektur neu und eigenwillig: Anton Ažbè und seine kalte Virginia, in: Marianne Werefkin, Leben und Werk, München 1988, S. 45ff.

52 Wassily Kandinsky, Denken – Nichtdenken?, Die Gesammelten Schriften, S. 66.

53 Leonhard Frank, Links, wo das Herz ist, a.a.O., S. 27. – Die seit 1897 mit Kandinsky befreundete Marianne von Werefkin in ›Briefe an einen Unbekannten, 1901-1905‹, Hrsg. Clemens Weiler, Köln 1960, S. 48: »Ažbè, seinen Orden im Knopfloch ... schmutzige Hosen an den Beinen und Wein im Kopf. Er fühlte sich als Kavalier. Eine bemerkenswerte Person von großer Komik. Es ist ... die Vereinigung großer Verdienste, die ihn sympathisch macht.«

54 Igor Grabar, Brief an den Bruder, 26. Februar 1897, in: Wassily Kandinsky. Die erste sowjetische Retrospektive, Ausst. Kat. Frankfurt 1989, S. 47. Grabar, 1893 an der Universität Petersburg zum Dr. jur. promoviert, wurde 1894 Malschüler Repins und kam 1894 u.a. nach München. – 1918 Generalverwalter der staatlichen Kunstdenkmäler der UdSSR; Stalinpreisträger.

55 Igor Grabar, Moya zhizn (Mein Leben), Moskau/Leningrad 1937. Das 6. Kapitel erwähnt die Münchner Schulzeit.

56 Rückblicke, S. 44.

57 Franz Stuck, 1863-1928, an der Kunstgewerbeschule in München und ab 1885 an der dortigen Kunstakademie ausgebildet, veröffentlichte schon 1887 in Wien sein zeichnerisches Hauptwerk. 1893 war er Mitbegründer der Münchner Secession, ab 1895 Professor an der dortigen Akademie. Berühmt wurde seine Villa mit Atelier, die er als Gesamtkunstwerk in allen Details selbst entwarf. Dazu: Heinrich Voss, Franz von Stuck 1863-1928, Werkkatalog der Gemälde mit einer Einführung in seinen Symbolismus, München 1973.

58 Getilgter Zusatz im handschriftlichen Manuskript der ›Rückblicke‹, Die Gesammelten Schriften, S. 166, Anm. zu S. 44, Zeile 24.

59 Hans Purrmann, 1880-1966, ging nach seiner Ausbildung in Karlsruhe und in München 1906 nach Paris, wo er dem Künstlerkreis des Café du Dôme angehörte. Er arbeitete im Atelier von Matisse, den er auch auf Reisen begleitete. 1935 leitete er die Stiftung der Villa Romana in Florenz, 1944 zog er nach Montagnola in die Casa Camuzzi, die Hermann Hesse bis Juli 1931 bewohnt hatte; beider Freundschaft spiegelt sich in dessen Gedicht ›Alter Maler in der Werkstatt‹. Hans Purrmann, Erinnerungen an meine Studienzeit, in: Barbara und Erhard Göppel, Leben und Meinungen des Malers Hans Purrmann, Wiesbaden 1961.

60 Dazu gehörten die Tschechen Eugen von Kahler und Georg Kars, die Schweizer Paul Klee und Hermann Haller, die Deutschen Albert Weisgerber, Eugen Spiro, Rudolf Schiestl und Willi Geiger, der Ungar Egon Kossuth, der ›Scharfrichter‹ und später von Max Reinhardts Bühnen her bekannte Ernst Stern und der später am Théatre des Champs Elysées tätige Russe Alexander Salzmann.

61 Dazu: Hans Purrmann, a.a.O., S. 28.

62 Rückblicke, S. 44.

63 Paul Klee, 1879-1940, seit 1898 in München, 1900 mit Kandinsky in Stucks Klasse, sprach im Rückblick auf diese Zeit von einem »malerisch-akademischen Fiasko«. Daß Stuck die genaue Kenntnis des menschlichen Körpers verlangt habe, sei »nicht übel gewesen, als ›Zeichenschule‹, jedoch malen konnte man da nicht lernen, weil nie von Farbe die Rede war«. Felix Klee, Paul Klee, Leben und Werk in Dokumenten, Zürich 1960, S. 47.

64 Felix Klee, Paul Klee, Leben und Werk in Dokumenten, a. a. O., S. 10.

65 Wassily Kandinsky, Notizen zu Komposition VI, in: Sturm-Album, Berlin o. J. (1913), S. 38.

66 Kandinsky an Dmitrj Kardovskij, in: Wassily Kandinsky, Die erste sowjetische Retrospektive, Ausst. Kat. Frankfurt 1989, S. 52.

67 Katia Mann beschreibt in ihren ›Ungeschriebenen Memoiren‹, Frankfurt 1976, S. 22, wie der Malerfürst und seine »sehr schöne Frau«, Mary Lindpainter, an einer Prachttafel residierten, umrahmt von den »Aristokraten«, denen die »besseren Leute« nachrücken durften. Unten, fern von der Kopfseite des Tisches, sei der »Abhub« plaziert worden, hochbeglückt, überhaupt zugelassen zu sein und sich einmal in den palastartigen Innenräumen aufhalten zu dürfen, in denen viel bemalter Gips edles Gestein und Bronze vortäuschte.

68 Dazu der zeitgenössische Bericht von Dr. Georg Hirth: Villa Stuck, in: Die Kunst für Alle, Jg. 14, H. 19, Juli 1899, S. 37.

69 Hans Purrmann, a. a. O., S. 24 und S. 41.

70 Nina Kandinsky, a. a. O., S. 14.

71 Nell Walden, Aus der Sturm-Zeit, in : Wir entdecken Kandinsky, Hrsg. Hugo Debrunner, Zürich 1947, S. 47 ff.

72 Aufschlußreich ist der zeitliche und personelle Zusammenhang der ›Phalanx‹-Gründung (Ende Mai 1901) mit der ersten Aufführung des Schwabinger Kabaretts ›Elf Scharfrichter‹ (April 1901). Es ging Kandinsky weniger um eine Konkurrenz zu Maler-Organisationen als um die Beziehung zum kämpferischen Forum der Zeit: Die Entstehung literarisch-politischer Kabaretts war die aktuelle Folge der Lex Henze, eines Zensurgesetzes, das 1900 in Preußen wirksam wurde; es provozierte Ernst von Wolzogens ›Überbrettl‹ und Max Reinhardts ›Schall und Rauch‹ in Berlin sowie die ›Scharfrichter‹-Bühne in München. Die Anbindung an diese zeitkritische Institution, ihre Akteure und ihre künstlerischen Ausdrucksformen beweist Kandinskys Gespür für den kämpferischen Ton, der von den Intellektuellen der Zeit gehört wurde.

73 »In solchen Aktivitäten, die eine große finanzielle Belastung darstellten, wird nicht nur ein ästhetisches Sendungsbewußtsein, sondern auch eine Strategie sichtbar, die nicht zuletzt auf Erlangung eines sozialen Status

abzielt … So romantisch und lebensfern, ja idealistisch Kandinsky als Künstler erscheint, in der Realisierung seiner Ziele erwies er sich als Pragmatiker, der die gesellschaftlichen Prozesse durchschaut hatte, die sich bei der Kunstvermittlung und -vermarktung abspielten.« Armin Zweite, Kandinsky zwischen Moskau und München, in: Kandinsky und München, S. 9 u. S. 11.

74 Daß Kandinsky so früh ein Lehratelier eröffnete, war nicht ungewöhnlich. Der ›Simplicissimus‹ gab diesem Zug der Zeit Ausdruck, als er in einer Zeichnung mit dem Titel ›Ein Wohltäter der Menschheit‹ dem Inhaber einer Privatschule die Worte in den Mund legte: »Bei dem Bildermalen verhungert man doch. Ich gründe jetzt einfach eine Malschule.« Simplicissimus, 2. Jg. 1897/98, Nr. 20, S. 165.

75 Kandinsky an Kardovskij, 13. März 1901, in: Wassily Kandinsky, Die erste sowjetische Retrospektive, Ausst. Kat. Frankfurt 1989, a.a.O., S. 50.

76 Rückblicke, S. 45 und 43.

77 Aufzeichnung Gabriele Münters, 5. Februar 1933, in: Münter 1962 o. S.

78 Rosel Gollek, Gabriele Münter, in: Münter 1977, S. 40.

79 Kandinsky an Münter, 1. Februar 1903.

80 Malen als Gefecht, mit »rasender Energie« und danach mit dem »Gefühl der Genugtuung, des Siegers … Es war wirklich ein Kampf«: Kandinsky an Münter, 15. September 1903. Malen als »Geschenk einer glücklichen Stunde«: Münter 1977, S. 28.

81 Aufzeichnung Gabriele Münters, 9. Februar 1933, in: Münter 1962 o. S.

6. Kapitel: Schwimmfüchslein

1 Emmy Dresler, 1880-1962, war eine der ersten Schülerinnen Kandinskys, die mit Münter lebenslang befreundet blieb. Als Anthroposophin gestaltete sie später die Bühnendekorationen für die Münchner Aufführungen der Steinerschen Mysterienspiele (1910-1913) und trug zur Ausstattung des Dornacher Goetheanums bei. Brief Dreslers an Münter, 25. Juli 1907.

2 Maria Strakosch-Giesler, Vom Frühwerk des Malers Wassily Kandinsky, Maschinenschriftliches Manuskript, 1945, S. 11, auszugsweise veröffentlicht in: Hugo Debrunner, Wir entdecken Kandinsky, Zürich 1947. Maria Strakosch-Giesler leitete später eine anthroposophische Malschule.

3 Rückblicke, S. 39.

4 Carl Palme, Konstens Karyatider, Halmsted 1950, Kapitel ›Münchenakademin och Kandinsky's Fria Målarskola‹, S. 37 ff., Zitat von S. 42.

5 Kandinsky an Herwarth Walden, 12. November 1913, Staatsbibliothek

Preußischer Kulturbesitz, Berlin, Handschriften-Abteilung (Sturm-Archiv).

6 Am 24. Juni 1902 bezog Gabriele Münter ein möbliertes Zimmer beim Kocheler Malermeister Pondel und blieb dort bis zum 22. August.

7 Eichner berichtet, es sei zu der entscheidenden Annäherung nach einem Phalanx-Ausflug zum Walchensee gekommen. Als Kandinsky Ella Münter beim Abstieg vom Kesselberg zum Kochelsee selbstvergessen tanzen und singen gesehen habe, sei »in seiner Stimme und in seinen Worten ein neuer Klang« hörbar geworden. Eichner betont Ellas »kindliche Unbefangenheit«, naive Unberührtheit und »Reinheit des Herzens«. Wie »frisch gefallener Schnee«, »unerweckt und von dem Manne nichts wissend«, habe sie nichts von seinen Gefühlen bemerkt. Der Funke sei nicht übergesprungen. Eichner, S. 39 ff.

8 E. Strauß (Vorname unbekannt) setzte im Herbst 1902 sein Studium in Hamburg fort. Im Brief vom 16. Februar 1903 fragte er Münter: »Wie stehst Du jetzt mit Kandinsky? Schreib' mir Mü, wie es Dir geht, ... weil ich Dich ganz so gern habe wie früher ... Ich glaube, in ein paar Jahren werden wir uns besser verstehn.«

9 Dieses Bild – Gollek Nr. 68, S. 71 – gehört in eine Reihe von kleinformatigen Ölstudien, die Kandinsky in Kochel anfertigte. Rosel Gollek hat in dem Bestandskatalog ›Der Blaue Reiter im Lenbachhaus München‹, 4. erg. Aufl. 1988 (S. 319), darauf hingewiesen, daß die 108 Landschaftsstudien Kandinskys, die zwischen 1901 und 1906 entstanden, sich nur durch unterschiedliche Farbgebung in Gruppen zusammenstellen lassen, weil keine wesentliche Entwicklung festzustellen sei.

10 Kandinsky an Münter, 9. September 1902.

11 Von Kandinsky sind rund 700, meist viele Seiten lange, engbeschriebene Briefe an Münter, von ihr etwa 200 Briefe an Kandinsky erhalten (GM/JE St).

12 Kandinsky an Münter, 30. Oktober 1902.

13 Daisy war porträtwürdig: Anja mit Daisy (1902), Roethel/Benjamin Nr. 54, S. 92; Daisy mit Kind (1904), Roethel/Benjamin Nr. 114, S. 132.

14 Kandinsky an Münter, 1. Februar 1903 und 25. April 1904.

15 Kandinsky an Münter, 17. Juni 1903.

16 Johannes Eichner berichtet, daß Münter sich gegen Kandinskys Werbung gesträubt habe. »Unterdessen ließ Kandinsky nicht von ihr ab und kam dauernd in ihre Pension. Sie mußte sich jetzt Gedanken über ihre Lage machen, und es überwog in ihr der Wunsch, sich ihm zu entziehen.« Daraufhin habe es Kandinsky abgelehnt, sie weiterhin zu unterrichten. Der Briefwechsel läßt solch eindeutiges Urteil nicht zu. Eichner, S. 40. – Für Münters eigenen Entschluß spricht auch die oben wiedergegebene Notiz vom Dezember 1902.

17 Kandinsky an Münter, 30. Oktober 1902.

18 Kandinsky an Münter, 8. November 1902.

19 Kandinsky an Münter, 4. November 1902.

20 Kandinsky an Münter, 29. Januar 1903.

21 Isadora Duncan, 1878-1927, wollte das an der Antike gewonnene Körper- und Schönheitsgefühl im Tanz verwirklichen. Wenn sie in flutenden Bewegungen den Tanz als Kult und den Körper als Instrument der Seele interpretierte, wandte sie sich gegen die Zwänge des klassischen Balletts, das sie als höfisch-akrobatische Mimik einer Rhythmik-Gruppe verachtete. Dazu: Isadora Duncan, Der Tanz der Zukunft, Jena 1904; My life, 1928, abgedruckt in: Fünfzig Jahre Duncan-Schule 1904-1954, München 1958; A. R. Macdougall, Isadora – a revolutionary in art and love, New York 1971.

22 Die Torenge in der Stadtmauer wirkt ebenso bedrohlich wie die davorliegende Silhouette (ein kauernder Drache?), Roethel/Benjamin Nr. 79, S. 107.

23 Kandinsky an Münter, 24. November 1902.

24 Kandinsky an Münter, 8. November 1902 und 11. Februar 1903.

25 Kandinsky an Münter, 7. Februar 1903, 13. Februar 1902, 27. Oktober 1902, 4. April 1904.

26 Kandinsky an Walden, 12. November 1913.

27 Kandinsky an Münter, 4. Mai 1904.

28 Münter an Kandinsky, 12. Oktober 1902.

29 Kandinsky an Münter, 13. März 1903.

30 Hans Rosenhagen, Münchens Untergang als Kunststadt, in: Der Tag Nr. 143 und 145, Berlin 1901. Eine ernste Kritik aus Berlin wurde zum Anlaß dieses Münchner Spottfestes.

31 Kandinsky an Münter, 21. März 1903.

32 Kandinsky an Münter, 24. März 1903.

33 Kandinsky an Münter, 14. April 1903.

34 Kandinsky an Münter, 15. April 1903 aus Wien.

35 Vgl. Anmerkung 9 dieses Kapitels.

36 »Wie ein böser Traum ist die Erinnerung an diese qualvollen Tage in Treuchtlingen!« schrieb Kandinsky am 26. Oktober 1903 im Rückblick an Münter. Immer erfaßte ihn beim Warten die Angst, sie käme nie mehr.

37 Kandinsky an Münter, 4. Mai 1904.

38 Das Wirtshausschild blieb bis heute ebenso erhalten wie das alte Gästebuch, in dem sich Professor Charles Palmié, 1863-1911, aus München eintrug, der diesen Marktflecken im Jahre 1901 als Studienort entdeckt hatte. Kandinsky hat sich nicht – wie andere Lehrer mit ihrer Gruppe – ins Gästebuch eingeschrieben; vielleicht wurde der titellose Russe mit seiner sechsköpfigen Malgruppe auch gar nicht aufgefordert, sich neben

den Vertretern der Münchner Königlichen Kunstakademie einzutragen. Erhalten blieb der von Kandinsky verfertigte Zimmer-Verteilungsplan, den er Ella Münter schickte (GM/JE St).

39 J. B. Lassleben gab 1905 in seiner Buchdruckerei eine Broschüre mit diesem Titel heraus – ein frühes Zeugnis der Fremdenverkehrswerbung. »Abseits von den modernen Verkehrsstraßen, ... durchflossen von der bräunlichen Naab und der grünlichen Vils, ... liegt vier Wegstunden nördlich von Regensburg der Flecken Kallmünz, traulich in seiner unberührten Frische.«

40 *Gabriele Münter in Kochel*, 1902: Gollek Nr. 68, S. 71; *Gabriele Münter beim Malen in Kallmünz*, 1903: Gollek Nr. 75, S. 75; *Gabriele Münter beim Malen in Kallmünz (Studie)*, 1903: Gollek Nr. 76, S. 75; *Kandinsky beim Landschaftsmalen*, 1903: Gollek Nr. 374, S. 256. – Ein Panorama von Kallmünz mit Naabbrücke und Burgberg auch bei Kandinsky: *Spaziergang*, 1902, Roethel/Benjamin, Nr. 107/128.

41 Edouard Roditi, Dialoge über Kunst, a. a. O., S. 167 ff.

42 Münter an Kandinsky, 6. Januar 1904.

43 Tagebucheintragung (lose Blätter) Münters vom 7. Februar 1926: »Der erste Tag unserer Ehe in Kallmünz war Symbol für unser ganzes Leben ... Du bekanntest Dich nicht zu Deinem Willen und Deiner Tat ... Du maultest und spieltest den Beleidigten, anstatt mir Freund zu sein.«

44 Kandinsky an Münter, 14. April, 18. Juli und 8. August 1904.

45 Münter an Kandinsky, 24. Juli 1903.

46 Kandinsky an Münter, 2. November 1903.

47 Diese Technik wurde vielfach mit schwarzgrundigen, bunten Szenen von Leon Bakst (eigentl. Rosenberg), 1867-1924, in Verbindung gebracht. Baksts folkloristische Darstellungen unterschieden sich jedoch von den symbolistischen Tempera-Zeichnungen Kandinskys. Bakst gründete 1898 mit dem Theaterfachmann Alexander Benois und dem Kunstkritiker Sergej Diaghilew in Petersburg die Künstlergruppe ›Mir Iskusstva‹ (Die Welt der Kunst, 1898-1904), die eine Zeitschrift gleichen Namens herausgab, für die Kandinsky zeitweise aus München berichtete: Korrespondencija iz Mjunchena. Über Kandinskys Verbindungen zur ›Mir Iskusstva‹: John E. Bowlt, Wassily Kandinsky, Verbindungen zu Rußland, Ausst. Kat. Frankfurt 1989, S. 59 ff.

48 Kandinsky an Münter, 25. Oktober 1904. Der Brief meldet den Verkauf des nach diesem Bild angefertigten Holzschnitts, der umbenannt wurde in *Die Nacht*.

49 Die weiße Prachthaube – eine ursprünglich aus Burgund stammende Hörnerhaube – läßt diese Deutung zu: ›Unter die Haube kommen‹ bedeutete seit alters her Verehelichung.

50 Kandinsky fertigte nach der dekorativen Zeichnung *Spazierende Dame*

zwei farbige Holzschnitte an, wobei sich mit der Änderung des Formats vom fast quadratischen Temperabild (33,8×33,5 cm) zum schmalen Hochformat (29,4×12,5 cm) auch der Aussagewert veränderte: der Holzschnitt konzentriert sich auf die Person: *Die Nacht, Große Fassung* (1903, Sturm-Album 1913, S. 21; Kandinsky in München, a.a.O., S. 278; Roethel, Graphik, Nr. 6, S. 12 [Kleine Fassung Nr. 21, S. 42]).

51 *Altes Städtchen* (1903), Hanfstaengl Nr. 26, S. 23. Kostümgeschichtliche Studien: Hanfstaengl Nr. 19, S. 22ff.

52 Eichner beachtete diesen Aspekt nicht, was auch für sein Verhältnis zu Frauen aufschlußreich ist. Er wirft Kandinsky vor, Münter Frohsinn versagt zu haben; denn »am liebsten sah er sie im schwarzen Kleid«. S. 165.

53 Münter 1977, S. 34.

54 Kandinsky an Münter, 26. April 1904.

55 Kandinsky an Münter, 8. und 9. September 1903.

56 »Merkwürdig, daß die Leute sich niemals etwas Billiges erlaubten ... Wenn man dabei die Franzosen anschaut, die ungefähr zur selben Zeit lebten, fällt man vom Himmel auf die Erde.« Die Bewunderung galt Giorgione, Perugino, Bassano, Tizian, Tintoretto und Veronese. »Velasquez sieht daneben krankhaft aus, melancholisch, aber auch ungemein fein.« Kandinsky an Münter, 12. September 1903.

57 Kandinsky an Münter, 23. Oktober 1903.

58 Kandinsky an Münter, 11. Oktober 1903.

59 Kandinsky an Münter, 31. Oktober 1903.

60 Kandinsky an Münter, 11. Dezember 1903.

61 Am 9. November 1903 bezog Münter laut Meldebogen (Stadtarchiv München) eine Wohnung in der Schackstraße 4.

62 Gewissensehe, im katholischen Kirchenrecht Matrimonium conscientiae, wird durch eine Trauung in ordentlicher Form, aber ohne Verkündung geschlossen und im Geheimarchiv der bischöflichen Kurie registriert. Kandinsky benutzt das Wort wohl in Anlehnung an diesen Begriff.

63 Münter an Kandinsky, Weihnachten 1903.

64 Gabriele Münter stellte im Jahre 1903 drei Farbholzschnitte her, *Häuser in Kallmünz* (wofür sie drei Holzstöcke schnitt), eine Felsenlandschaft (nach Vorzeichnungen und zwei beidseitig geschnittenen Holzstöcken) und ein um zwei Kirchlein gruppiertes Dorf in einer Totalansicht. Es sind die ersten sicher datierten Holzschnitte, die von ihr bekannt wurden. Helms Nr. 1-3, S. 5.

65 Münter an Kandinsky, undatiert, Januar 1904 einzuordnen.

66 Münter an Kandinsky, 5. Januar 1904.

67 Münter an Kandinsky, 3. März 1904 und undatiert aus dem gleichen Zeitraum.

68 Aus Briefen Kandinskys an Münter vom 14., 19. und 24. Januar, 6., 10. und 13. Februar und 27. März 1904.
69 Münter an Kandinsky, undatiert, Jahresende 1903.
70 Kandinsky an Münter, 10. Februar 1910.

7. Kapitel: Unterwegs

1 Münter an Kandinsky, Februar 1904.
2 Tagebuch Münters, beginnend am 26. Mai 1905 (Rotterdam), endend Herbst 1905 (Dresden, Bonn). Am 17. Mai 1911 setzte Münter die Eintragungen – ab 1905 – aus der Rückschau wieder fort.
3 Die Kunst für Alle, Jg. 17, 1901/1902, Februar 1902, S. 284.
4 Kandinsky stellte in der 5. Ausstellung der Berliner Sezession (Juli 1902) drei dekorative Zeichnungen aus, wozu ihm Phalanx-Kontakte verhalfen. Sie wurden von der Kritik als epigonal abgetan: »Kandinsky imitiert nicht ohne Glück den Spanier Anglada.« Die Kunst für Alle, Jg. 17, 1901/1902, S. 443. Ermengildo Anglada y Caramasa, 1871-1959, malte in splittrig funkelnden Farbeffekten Tanz- und Theaterszenen mit gesellschaftlichem Flair. Kandinsky hatte seine Bilder im September 1903 auf der Internationalen Ausstellung in Venedig kennengelernt.
5 Die Kunst für Alle, Jg. 17, 1901/1902, August 1902, S. 549. Im Mittelpunkt standen der mit Kandinsky gleichzeitig bei Stuck ausgebildete Albert Weisgerber, 1878-1915, und der Finne Akseli Gallen-Kallela, 1865-1931, ein Freund von Jean Sibelius und wie dieser ein Förderer national-finnischer Kunst (Bilderzyklus zum Volksepos Kalevala).
6 Weder durch Ankündigung noch durch Echo dokumentiert. Dazu: Klaus Brisch, Wassily Kandinsky, Untersuchung zur Entstehung der gegenstandslosen Malerei, Phil. Diss. Bonn 1955, S. 31. Kandinskys Vorliebe für Ignacio Zuloaga, 1870-1945, datiert 1902, als er durch ›Mir Iskusstva‹ (siehe Kap. 6, Anm. 47) auf ihn aufmerksam machte.
7 Der in Java geborene niederländische Maler Jan Toorop, 1858-1928, verband symbolistische Tendenzen mit der linearen Aussageweise der Art Nouveau.
8 Hermann Konsbrück, Spiegelbilder, Erste Folge der Kritiken 1902/03, München 1928/29, S. 117ff.
9 Rückblicke, S. 32: »... zwei Ereignisse, die einen Stempel auf mein ganzes Leben drückten und mich damals bis in den Grund erschütterten: ... der ›Heuhaufen‹ von Claude Monet und eine Wagneraufführung ... – Lohengrin.«
10 Roethel, Graphik, S. 433.
11 Hermann Schlittgen, Erinnerungen, München 1926, S. 203. Schlittgen,

1859-1930, war Mitarbeiter der ›Fliegenden Blätter‹ und über die Berliner Sezession mit Edvard Munch befreundet, der ihn 1904 unter dem Titel *The German* porträtierte.

12 Carl Strathmann, 1866-1939, war Mitarbeiter von ›Jugend‹, ›Pan‹ und ›Fliegenden Blättern‹ und an der Gründung der ›Vereinigten Werkstätten für Kunst im Handwerk‹ (1897) beteiligt. Lovis Corinth, Carl Strathmann, Kunst und Künstler I, 1903, S. 255-263; Grotesker Jugendstil, Carl Strathmann 1866-1939, Ausst. Kat. Bonn 1976.

13 Dazu Kapitel 4, S. 104.

14 Auch Paul Klee besuchte diese Schule, um moderne Reproduktionsverfahren kennenzulernen: »Die Wolff- und Neumann-Schule ist darin sehr fortgeschritten ... Die Radierschule an der Akademie ist das wahre Elend.« Paul Klee, Briefe an die Familie 1893-1940, Hrsg. Felix Klee, Köln 1979, Bd. 1, S. 123.

15 Maria Giesler erinnerte sich, daß Kandinsky in Kallmünz »gleich 70 Platten hintereinander schnitt, man sagte, Tag und Nacht, bis er Holzschneiden konnte. Beim Drucken halfen wir ihm manchmal. Dieses Drucken mit verschiedenen Farbplatten übereinander erforderte ein großes Können, viel Zeit und Geschicklichkeit. Von zehn Drucken geriet meist nur einer.« Maria Strakosch-Giesler, a. a. O., S. 11.

16 Julius Meier-Graefe, 1867-1935, setzte sich für die Anerkennung des französischen Impressionismus in Deutschland ein: Impressionisten, München 1907. Bahnbrechend auch die dreibändige, 600 Abbildungen enthaltende ›Entwicklungsgeschichte der modernen Kunst‹, die Reinhard Piper 1914 für die 2. Aufl. übernahm (1. Aufl. Stuttgart 1904). Die Mappe ›Germinal‹ (Zeit des Keimens – Titel des Zola-Romans von 1885) enthielt Druckgraphik von Bonnard, Degas, van Gogh, Toulouse-Lautrec, Liebermann, Renoir, Signac, Gauguin, Zuloaga, Behrens, Minne und Valloton.

17 Die Kunst für Alle, Jg. 19, 1903/04, März 1904, S. 270. Georg Jakob Wolf, Kunst und Künstler in München, München 1908, S. 126ff.

18 Alfred Kubin, 1877-1959, hatte im Winter 1902 eine erste Separatausstellung bei Cassirer in Berlin, dort lernte Kandinsky sein Werk kennen und schätzte es seitdem als Ausdruck des Makabren und Spirituellen. Zu Kubins Beziehung zu Kandinsky: Alfred Kubin – Leben, Werk, Wirkung, Dokumentation des Kubin-Archivs, erarb. von Paul Raabe, Hamburg 1957; Alfred Kubin, Aus meinem Leben, in: Wolfgang K. Müller-Thalheim, Erotik und Dämonie im Werk Alfred Kubins, Eine psychopathologische Studie, München 1970, S. 63; A. Marks, Der Illustrator Alfred Kubin, München 1977; Alfred Kubin, Das zeichnerische Frühwerk, Ausst. Kat. Baden-Baden 1977.

19 Kandinsky an Münter, 31. Dezember 1903 und 19. Januar 1904.

20 Kandinsky berichtete Gabriele Münter am 4. Mai 1904, Schlittgen habe ihm geraten: »Lassen Sie die Sache doch eingehen. Sie bringt Sie noch um.« Obrist meine, er solle bei der Auflösung des Vereins »die ganze Schuld auf die Phalanx schieben«. Er aber plane die Übergabe nach den Mai-Ausstellungen an einen Maler namens Treumann.

21 Treumann, über dessen Vornamen Unklarheit besteht, war durch den Radsport mit Kandinsky befreundet. Thieme-Becker, Allgemeines Lexikon der Bildenden Künste, Leipzig 1908-1950: Rudolf M. Treumann, 1873-1933; Igor Grabar, Moya zhizn (Mein Leben): Rudolf Treumann; Die Kunst für Alle, Jg. 20, 1904/05, S. 408: Georg Treumann; S. 554: Ernst Treumann; Roethel, Graphik, S. 434: »Georg Treumann, keine Daten bekannt«. Kandinsky nennt in seinem Bericht an Münter keinen Vornamen. – In München war jedoch Dr. phil. Rudolf Treumann, Kunstmaler (promoviert in Heidelberg), amtlich gemeldet, ab 1915 wohnte er in Schloß Reichsbeuron am Ammersee (Stadtarchiv München).

22 Wassily Kandinsky, Mein Werdegang, Die Gesammelten Schriften, S. 53.

23 Wassily Kandinsky, Mein Werdegang, Die Gesammelten Schriften, S. 54.

24 Kandinsky an Münter, 3. April 1904.

25 Kandinsky erwähnt, daß er seine Gedanken zu kunsttheoretischen Fragen zehn Jahre lang aufgezeichnet habe. Eine seiner ersten Notizen laute: »Die Farbenpracht im Bilde muß den Beschauer gewaltig anziehen und zur selben Zeit muß sie den tief liegenden Inhalt verbergen.« In seinen damaligen Bildern sei es ihm um das Versteckte, um die Einbeziehung zeitlicher Dauer und um das Unheimliche gegangen. Rückblicke, Anmerkung, S. 35.

26 Kandinsky an Münter, 31. Januar 1904.

27 Darunter Paul Signac, Jules L. Flandrin, Georges Lemmen, Jacqueline Marval, Th. van Rhysselberghe, Henri de Toulouse-Lautrec und Felix Valloton.

28 Die Neo-Impressionisten in den eigenen Räumen der Phalanx, Theatinerstraße 15; die Graphiker in Hugo Helbings Kunstsalon, Wagmüllerstraße 15.

29 Die Kunst für Alle, Jg. 19, 1903/04, März 1904, S. 270.

30 Dazu Kapitel 6, S. 183.

31 Kandinsky übergab Treumann vermutlich Pläne für eine weitere Münchner Phalanx-Ausstellung im Herbst 1904 mit Liebermann, Slevogt, Corinth, Trübner, Leistikow. (Notizbuch Kandinskys aus dem Jahr 1904, GMS).

32 »Die Phalanx-Ausstellungen werden in Krefeld, Düsseldorf, Karlsruhe,

Darmstadt, Frankfurt, Stuttgart, Dresden, Königsberg und Petersburg stattfinden. Der Turnus dauert vom 2. September bis Juni 1905.« Kandinsky an Münter, 3. September 1904.

33 Die von Dr. Friedrich Deneken im Krefelder Kaiser-Wilhelm-Museum arrangierte Ausstellung im April/Mai 1904 hatte für Kandinskys theoretisches Konzept zukunftweisende Bedeutung.

34 Dazu: Kapitel 10 und 11 (Vorwort des Katalogs zur zweiten Ausstellung der Redaktion ›Der Blaue Reiter‹).

35 Kandinsky an Münter, 30. August und 5. September 1903.

36 Skizzenbücher 1900-1904, Entwürfe bei Hanfstaengl: Nr. 60-75, S. 32ff.; Kandinsky und München, Abb. Nr. 145, 158, 160/161, 170-181. Über Töpferarbeiten in Kallmünz: Carl Palme, a.a.O., S. 44.

37 Albert Bartholomé, 1848-1928, wandte sich erst 1886 der Bildhauerei zu. Nachdem er das Grabmal für seine Frau ausgeführt hatte, schuf er ein Monumentalwerk über die Todestrauer, das als Monument aux Morts auf dem Pariser Père Lachaise-Friedhof errichtet wurde. Laut Tagebuch besichtigte Münter es während ihres Paris-Aufenthaltes 1907.

38 Kandinsky an Münter, 26. Juni 1904.

39 Münter an Kandinsky, 1. Juli 1904.

40 Kandinsky an Münter, 8. September 1904.

41 Die Treffen fanden am 5. und 11. Oktober 1904 statt. Am 6. Dezember 1904 brach das Paar nach Tunis auf.

42 Kandinsky zielt mit diesem Vergleich seines Briefes vom 2. November 1904 auf die christlich-mittelalterliche Sagenfigur des Ahasver, der schuldbeladen, von innerer Unrast über die Erde getrieben wird.

43 Kandinsky an Münter, 14. August 1904.

44 Kandinsky an Münter, 10. August 1904.

45 Kandinsky an Münter, 31. Oktober 1904.

46 Kandinsky an Münter, 12. November 1904.

47 Kandinsky an Münter, 19. Oktober 1904.

48 Eugène Delacroix, 1798-1863, beeinflußt von Rubens und Rembrandt, reiste 1832 nach Algerien und bezeugte von da an das Primat der Farbe und der rhythmischen Bildgestaltung gegenüber den abgebildeten Gegenständen. Sein umfangreiches ›Journal‹ vermittelt seine malerischen Ziele.

49 Über das Geistige i. d. K., S. 29. Dazu auch: Carl Palme, a.a.O., S. 47.

50 Wladimir von Bechtejeff, 1877-1971, kam 1902 auf Empfehlung von Alexej Jawlensky nach München, studierte im Privatatelier Knirr und gehörte zum Kreis um den Blauen Reiter. Sein lichtflimmerndes Gemälde *Porte de France, Tunis* wird um 1906 datiert. Gollek Nr. 3, S. 17.

51 Deckblatt abgebildet in: Derouet/Boissel, S. 24.

52 Dieses 1899 eröffnete Hotel der ersten Kategorie hatte einen großen

Park und Ausblick auf Meer und Belvedere-Park, Bäder, Telephon und Tennisplätze; es scheint aus Kostengründen ungeeignet gewesen zu sein.

53 Kandinsky stellte diese Perlstickereien neben anderem 1906 im Salon d'Automne, Paris, aus. Abbildung: Münter 1977, S. 33.

54 *Landschaft mit blauem Berg*, Münter 1977, S. 50.

55 Kandinsky skizzierte und photographierte folkloristische Szenen, um sie später in Malerei umzusetzen. Im Sturm-Album veröffentlichte er dekorative Zeichnungen, zu denen ihn der Tunis-Aufenthalt inspirierte. *Arabische Reiterei*, Hanfstaengl Nr. 80, S. 38; *Arbeitende Neger*, ebd. Taf. V., S. 45.

56 Bis ins 17. Jahrhundert waren Bilder auf Leinwand in Rußland weitgehend unbekannt. Erst Peter der Große hatte durch westliche Einflüsse die Öl- und Porträtmalerei ermöglicht.

57 Wassily Kandinsky, Mein Werdegang, Die Gesammelten Schriften, S. 54.

58 Etwa *Karthago* oder *Blick vom Hotel St. George*, Gollek Nr. 82 und 83, S. 79.

59 Prachtliebende arabische Dynastie von 800-909, unter der ab 817 Sizilien erobert und sarazenische Einflüsse nach Europa gebracht wurden.

60 Helms Nr. 15, S. 8.

61 Die Spannung aufgrund des Expansionsstrebens beider Staaten entstand in den 1890er Jahren, wobei es in erster Linie um die Kontrolle über die Mandschurei und die Halbinsel Liaotung mit dem eisfreien Hafen Port Arthur ging. Anfang 1904 wurden die diplomatischen Beziehungen durch Japan abgebrochen, am 8./9. Februar 1904 die russische Kriegsflotte in Port Arthur zerstört, was Kandinsky stark bewegte. Nach einer Reihe von Niederlagen mußte Rußland im Frieden von Portsmouth am 5. September 1905 Port Arthur und die Südhälfte Sachalins an Japan abtreten, das auch ein Protektorat über Korea errichten konnte.

62 Kandinsky an Münter, 6. November 1904.

63 Kandinsky an Münter, 16. November 1904.

64 Kandinskys Halbbruder fiel in der Schlacht von Tsushima am 27. Mai 1905.

65 Münter wohnte bei ihrer Freundin Emmy Dresler, Pension Stella, Adalbertstraße 48 in Schwabing.

66 Alexej Jawlensky, 1864-1941, kam nach Abbruch der Offizierslaufbahn und dem Besuch der Petersburger Kunstakademie 1896 nach München, wo er auf Rat der ihn fördernden und mit ihm übersiedelten Marianne von Werefkin die Ažbè-Schule besuchte. (Weiteres in Kapitel 10.) Dazu: Clemens Weiler, Alexej Jawlensky, Köln 1959; Clemens Weiler, Alexej Jawlensky, Köpfe, Gesichter, Meditationen, Hanau 1979; Alexej Jawlensky 1864-1941, Ausst. Kat. München 1983; Bernd Fäthke, Alexej

Jawlensky, Zeichnungen, Graphik, Dokumente, Ausst. Kat. Wiesbaden 1983/84; Alexej Jawlensky, Ausst. Kat. Locarno/Emden 1989.

67 Kandinsky an Münter, 18. und 20. April 1905.

68 Reisenotizen Dresden. Siehe Anm. 2 dieses Kapitels.

69 Dresden, Schnorrstraße 4.

70 Münter an Nichte Annemarie Münter, 28. Juli 1905: »Aus den Holzschnitten wurde nichts, weil Onkel Wassily krank war und ich im Haus und draußen alles besorgen mußte.«

71 Das besagt: Streng, herb (gemäß der Bemühung des den Präraffaeliten zugerechneten Sir Edward Burne-Jones, 1833-1898, um die zarte, vergeistigte Formensprache Botticellis) gegen: üppig, sinnlich.

72 Kandinsky an Münter, 28. September 1904. Gollek Nr. 95, S. 85.

73 Kandinsky zog am 17. August 1905 in die Pension Washeim, Türkenstraße, am 28. August in die Amalienstraße 72 (Rückgebäude).

74 Münter an Kandinsky, 8. November 1905.

75 Kandinsky an Münter, 28. August 1905.

76 Kandinsky an Münter, 11. November 1905.

77 Münter an Kandinsky, 4. Oktober 1905.

78 Kandinsky an Münter, 5. September 1905.

79 Kandinsky an Münter, 18. Oktober 1905.

80 Die Briefe Kandinskys an Münter vom 25. Oktober, 3. und 6. November 1905 schildern die Straßenkämpfe in Odessa, das Gemetzel, die Plünderungen und seine Flucht aus der Stadt. Er beschuldigt die Huliganen, »das schlechteste Element des Volkes, die Leute, die der vielgeliebte Gorki als Helden seiner Werke gewählt hat«, als Verräter, die mit der Polizei für die alte Regierung eingetreten seien: »Schöne Stützen! Auch die Kosaken blieben dem Absolutismus treu.« Sie zu entwaffnen und zu Bauern zu machen, sei immer sein Traum gewesen.

81 Kandinsky schildert diese Szene im Brief an Münter vom 2. Oktober 1905.

82 Kandinsky an Münter, 13. und 25. Oktober 1905; Münter an Kandinsky, 15. Oktober 1905 (zur Scheidung).

83 Sie fuhren am 18. November nach Lüttich, am 25. November nach Brüssel, am 9. Dezember nach Mailand, am 15. Dezember 1904 nach Genua und von dort mit der Eisenbahn bis Sestri und dann in täglichen Etappen (mit Übernachtungen in Monoglia und Chiavari) in einer fünftägigen Rundfahrt wieder zurück nach Genua, wo sie ihr dort deponiertes Gepäck abholten, um ein Haus in Rapallo zu beziehen.

84 Postkarte mit dem Bild des Hauses von Münter an ihre Nichte Annemarie Münter mit dem Zusatz: »Onkel Was läßt grüßen«, 12. Januar 1906.

85 Gabriele Münter an Carl Münter, 24. September 1905.

86 Münter 1977, S. 52.

87 Gollek Nr. 378, S. 258.

88 Gollek Nr. 85 und 86, S. 80/81. Dazu: Susan P. Bachrach, A Comparison of the Early Landscapes of Münter and Kandinsky, 1902-1910, Woman's Art Journal, Vol. 2, No. 1, 1981, S. 21.

89 Eichner, S. 52.

8. Kapitel: Später und Irgendwo

1 Die Slavistin Jelena Hahl-Koch versucht, viele der dieser Paarbiographie zugrundeliegenden Fakten als »Vermutungen« und »Vorwürfe« gegen Kandinsky zu mißdeuten (Wassily Kandinsky, Stuttgart 1993); das gilt für die folgende Darstellung der Paris-Zeit ebenso wie für alle übrigen Lebensabschnitte. Hahl-Koch irrt sich jedoch in ihrem Verdacht, Münter solle hier auf Kosten Kandinskys aufgewertet werden. Sie fühlt sich demnach völlig unnötig zu einer Verteidigung seiner ethischen Qualitäten berufen. Ihr idealistisch-verschwärmter Protest gegen sein hier vermitteltes Persönlichkeitsbild zielt ins Leere. In gläubiger Verehrung und fern jeder kritisch-wissenschaftlichen Distanz möchte sie den antiquierten Geniebegriff wiederbeleben, nach dem der aus strömender Fülle spendende Künstler allezeit edel und gut sein muß. In moralisierender Enge sowie in erschreckender Unkenntnis der Psychologie- und Kreativitätsforschung (siehe hier Anm. 32, S. 695) übersieht sie den Kompensationscharakter der Kunst. Zu ihrem fragwürdigen Versuch der Heroisierung Kandinskys: Armin Zweite, Kandinsky-Experte und jetziger Direktor der Kunstsammlung Nordhrein-Westfalen, in' art', Nr. 12/1993, Seite 144, »Kandinsky als Halbgott – Ein Fiasko sondergleichen«.

2 Alexis Mérodack-Jeaneau, 1873-1919, Maler aus Anvers, gründete einen der um die Jahrhundertwende zahlreich aufblühenden Kunstvereine. Sein Atelier in der Pariser Rue du Val de Grace war zunächst auch Herausgabeort des Verbandsorgans, von dem 1904 bis 1914 insgesamt 63 Hefte erschienen.

3 Jonathan David Fineberg behauptet, daß die Bedeutung des 19monatigen Paris-Aufenthaltes in der bisherigen Literatur über Kandinsky nicht erkannt worden sei: Kandinsky in Paris 1906-1907, Michigan 1984.

4 Zu den Fauves: Marcel Giry, Der Fauvismus, Ursprünge und Entwicklung, Fribourg 1981.

5 Pablo Picasso, 1881-1973, kam von Barcelona mehrfach nach Paris (1901-1904 ›blaue Periode‹), ehe er 1904 dorthin übersiedelte. – Henri Matisse, 1869-1954, beendete 1890 sein Jura-Studium und wurde zum Bahnbrecher des Fauvismus. – Aristide Maillol, 1861-1944, schloß sich den Nabis (siehe Anm. 7) an und ging von der Herstellung von Wandteppichen im Jugendstil um 1900 auf die der Holz-, Bronze- und Steinplastik über.

6 Georges Rouault, 1871-1958, lehnte sich in seiner späteren Malweise an die Glasmalerei an, in der er ausgebildet war. Markante Konturlinien akzentuierten die Farbe. Er behandelte vielfach religiöse Themen.

7 Nabis (von nabi, hebr. Prophet), eine Gruppe von Malern in Paris (1888-1905), die sich unter dem Einfluß von Paul Sérusier zusammenschlossen (Bonnard, Vuillard, Valloton, Denis u.a.) und von der impressionistischen Formauflösung wegstrebten, darum Gauguin verehrten.

8 Während Kandinskys Aufenthalt in Paris fanden Separatausstellungen von Maurice Denis (April 1907, 80 Werke bei Bernheims), Paul Signac (80 Werke, Januar/Februar 1907 bei Bernheims) und Odilon Redon (Herbst 1906 beim Galeristen Paul Durand-Ruel) statt.

9 Jean Auguste Dominique Ingres, 1780-1867, entwickelte in Italien seinen an der Antike und Raffael geschulten Stil, in dem er die Linie kultivierte, die Natur beobachtete und zeichnerisch idealisierte. Er betrachtete den expressiven Farbenstil seines Zeitgenossen Delacroix (siehe Kapitel 7, Anm. 48) als Verrohung. – Der Salon d'Automne 1905 widmete ihm eine Retrospektive.

10 Aus der Trias der Primärfarben sind alle anderen Farben mischbar: aus Rot und Gelb die Sekundärfarbe Orange, aus Gelb und Blau das Grün, aus Blau und Rot das Violett und aus Rot, Gelb und Blau zusammen evtl. ein Schwarz, die ›Nichtfarbe‹.

11 Henri Rousseau, 1844-1910, Zollbeamter in Paris, gab seinen Beruf auf, um als Autodidakt Maler zu werden. Ab 1896 stellte er unter großem Aufsehen im Salon des Indépendants aus. Er wurde als Begründer der europäischen naiven Kunst gefeiert, der jedoch durch seinen freizügigen Umgang mit der Wirklichkeit und deren magische Steigerung auch für den Surrealismus von Einfluß war.

12 Gustave Moreau, 1826-1898, Lehrer an der École des Beaux Arts, wurde weniger durch sein Werk als durch seine inspirierende Lehrmethode und seine stilbildenden Schüler berühmt. Durch eine große Gedächtnisausstellung in Paris 1906 wurde die Aufmerksamkeit erneut auf seine Gemälde gelenkt.

13 Dies berichtet Klaus Brisch, der ein Gespräch mit Gabriele Münter führte: Wassily Kandinsky, Untersuchung zur Entstehung der gegenstandslosen Malerei, Phil. Diss. Bonn 1955, S. 27. Von Brisch stammt auch der Hinweis auf einen Atelierbesuch bei Rousseau.

14 Elisabeth Ivanowna Epstein, 1879 geb. Hefter, war seit 1898 mit dem in München praktizierenden Arzt Miezyslav Epstein verheiratet. Ihr Werk gilt weitgehend als verschollen, eine Ausstellung der Galleria Sacchetti in Ascona 1989 sollte Anlaß zu seiner Wiederentdeckung bieten. Dazu: Bernd Fäthke, Elisabeth I. Epstein, Eine Künstlerfreundschaft mit Kandinsky und Jawlensky, Ascona 1989.

15 Am 17. August 1904 weist Kandinsky in einem Brief an Gabriele Münter auf diese Anregungen E. Epsteins hin, die mit der russischen Malerin Sonja Terk (ab 1910 mit Robert Delaunay verheiratet) befreundet war. Kandinsky beteiligte sich am Salon d'Automne von 1904-1911, am Salon des Indépendants von 1907-1912.

16 Olga Meerson, verh. Pringsheim bzw. Lindpainter, geb. 1878, kam laut Meldebogen (Stadtarchiv München) 1899 nach München und wohnte in der Giselastraße 16 (Werefkin und Jawlensky: Giselastraße 23). Meerson hat Juli/August 1902 in Murnau die Ferien verbracht, von ihr mag der erste Hinweis auf diesen malerischen Ort am Staffelsee stammen (siehe Kapitel 10). Um 1910 gehörte Meerson in Collioure zur Gruppe Matisse.

17 Ein Notizbuch Kandinskys, das 1908 bei der Lektüre von Aufsätzen Rudolf Steiners weiter benutzt wurde, enthält ein Verzeichnis von 45 Titeln der Kunst- und Farbenlehre nach einem französischen Bibliothekskatalog (GMS).

18 Leben und Meinungen des Malers Hans Purrmann, a. a. O. Das 3. Kapitel behandelt ›Die Pariser Jahre 1906-1914‹, die ›Familie der Dômiers‹ und Purrmanns Bekanntschaft mit der Familie Stein.

19 Gertrude Stein, 1874-1946, amerikanische Schriftstellerin (ursprünglich Ärztin), die seit 1902 in Paris lebte, war mit ihrem Bruder, dem Kunsthistoriker Leo Stein, eine der ersten, die moderne Kunst sammelte. Ihr Salon war Treffpunkt der Avantgarde, der Picasso, Matisse, Braque, Gris uvm. angehörten. In der von Gertrude Stein 1933 verfaßten ›Autobiographie von Alice B. Toklas‹ erwähnt sie Purrmann, den »langweiligen Deutschen«, als »Bollwerk der Schule Matisse«. Deutsche Ausgabe Zürich 1959 und 1985, S. 117ff.

20 Zu Bakst, Diaghilew und Mir Iskusstva (1899-1905) siehe Kapitel 6, Anm. 47.

21 Russische Malerei 1890-1917, Ausst. Kat. München 1977; The Russian Avantgarde 1910-1917, Ausst. Kat. Los Angeles 1980.

22 Paul Gauguin, 1848-1903, besuchte auf seinem Wanderleben 1888 van Gogh in Arles und versuchte, die formauflösende Malerei des Impressionismus durch klare Flächengliederung und leuchtende Farbfelder zu überwinden. Ab 1891 trieb ihn die Europamüdigkeit nach Tahiti, literarisches Zeugnis mit Farbholzschnitten des Südsee-Lebens: ›Noa-Noa‹.

23 Rückblicke, S. 41.

24 Les Tendances Nouvelles, Nr. 25 vom 30. Oktober 1906, S. 402. Gérôme Maësse nennt in einem Artikel über den Salon d'Automne u. a. Kandinskys Werk »vielversprechend«. Die Zeitschrift war dem literarischen und bildnerischen Symbolismus verpflichtet und Kandinsky seit 1904 ihr Mitarbeiter.

25 Kandinsky an Münter, 20. Februar 1907.

26 Nina Kandinsky, die sich nie scheute, negative Lebenseinflüsse auf Münter zurückzuführen, wiederholt in diesem Fall Kandinskys eigene (oben zitierte) Worte; a.a.O., S. 47.

27 Carl Palme, a.a.O., S. 53. Eichner, S. 52, weist gar auf einen Besuch Gertrude Steins in Kandinskys Atelier hin, bei dem sie angesichts seiner Bilder nur gelächelt habe. Roethel/Benjamin, S. 36.

28 Siehe Anm. 19 dieses Kapitels.

29 Gertrude Stein schildert diesen Kreis in ihrer (fiktiven) Autobiographie von Alice B. Toklas, S. 36ff.

30 Four Americans in Paris, The collection of Gertrude Stein and her family (Gertrude Stein, 1874-1940; Leo Stein, 1872-1947; Michael Stein, 1865-1938; Sarah Stein, 1870-1953). Ausst. Kat. New York 1970. Er enthält ein Photo (S. 41/45), das 1907 im Appartement von Michael und Sarah Stein, Rue Madame 58, aufgenommen wurde; es zeigt das Ehepaar mit Matisse und Purrmann. Eine Darstellung der Sammlung in der Rue de Fleurus, 1906-1914/15 mit Katalog S. 87ff.

31 Leben und Meinungen des Malers Hans Purrmann, a.a.O., S. 115.

32 Grundstücklisten 1903 und 1911. Brief der Direction des Services d'Archives de Paris vom 13. April 1987 an Gisela Kleine.

33 Juan Gris (eigentl. José Vittoriano Gonzales) kam 1906 nach Paris, wo er sich Picasso anschloß, 1912 stellte er u.a. dessen Porträt im Salon des Indépendants aus und wurde nach diesem Erfolg zum Begründer eines synthetischen Kubismus (flächenwirksame Collagen, durchsetzt mit Realitätsfragmenten). Gertrude Stein hat sein Talent früh erkannt und gefördert.

34 Kandinsky an Münter, 8. Dezember 1910. Die Pelerts waren Hausnachbarn in Sèvres.

35 Kandinsky an Münter, 14. Dezember 1906.

36 Kandinsky an Münter, 17. Februar 1907.

37 Münter hat das *Ehepaar Vernot* und dessen Hausgehilfin *Aurelie* in Farbholzschnitten festgehalten, die im Salon d'Automne 1907 ausgestellt wurden: Helms Nr. 4, 6, 7, 8, S. 4-7. *Höfchen in Chartres* und *Brücke in Chartres*: Helms Nr. 12, S. 7, und Nr. 19, S. 9.

38 Kandinsky an Münter, 20. Februar 1907.

39 Kandinsky an Münter, 22. Februar 1907.

40 Im Rückblick auf die spannungsreiche Zeit in Paris dankte Kandinsky Münter am 17. Juni 1907: »Auch von dir sehe ich nur Sorgen und Hilfe und Rücksicht und Selbstlosigkeit. Und was bekommst du dafür? Ach, wie ich mich manchmal hasse und wie widerwärtig mir alles ist, was ich bin.«

41 Kandinsky an Münter, 20. Februar 1907.

42 Théophile Alexandre Steinlen, 1859-1923, Schweizer aus Lausanne, arbeitete ab 1882 in Paris für ›Chat noir‹ und andere satirische Blätter. Sein anekdotischer, mit gedanklichen, oft sozialkritischen Pointen angereicherter Illustrationsstil war für den Art Nouveau charakteristisch.

43 Gabriele Münter, Bekenntnisse und Erinnerungen, in: Hartlaub, a. a. O.

44 Marcel Giry, a. a. O., Taf. 5 neben S. 28.

45 Gabriele Münter, Hrsg. Karl Egon Vester, Ausst. Kat. Hamburg/Darmstadt/Aichtal 1988, Taf. XLIII.

46 Gabriele Münter übereignete ihr gesamtes druckgraphisches Werk mit Stöcken, Entwürfen und Werkzeichnungen 1957 der Stadt München (GMS). Der Bestandskatalog von Helms enthält 88 Nummern, dazu drei im Anhang, deren Einordnung nicht zweifelsfrei ist.

47 Farblinolschnitt, 24,4×17,7 cm. Helms Nr. 5, S. 6.

48 Münter hat Kandinsky in folgenden Werken szenisch eingebunden dargestellt: *Kandinsky am Harmonium* (Holzschnitt 1907), *Interieur* (Murnauer Zimmer – Ölgemälde 1909), *Kahnfahrt* (Ölgemälde 1910), *Kandinsky am Teetisch* (Ölgemälde 1910/11), *Kandinsky, Werefkin, Bossi und Jawlensky* (Ölgemälde 1910/11), *Mann am Tisch* (Ölgemälde 1911), *Nach dem Tee* (Ölgemälde 1911), *Kandinsky und Erma Bossi am Tisch* (Ölgemälde 1912).

49 Porträts: Helms Nr. 6, 7, 8, 9, 10, 20 und 21 (Waske).

50 Landschaftsschnitte: Helms Nr. 13, 14, 15, 17, 18, 19, 27.

51 Helms Nr. 28, S. 11.

52 Kandinsky an Münter, 7. Juli 1907.

53 Gollek Nr. 376, S. 257.

54 Gollek Nr. 89, S. 82.

55 Gollek Nr. 377, S. 258.

56 Sigfried Eigner in der ›Pariser Zeitung‹ vom 6. April 1907.

57 In Angers hatte die Trägerorganisation der ›Tendances Nouvelles‹, die ›Union Internationale des Beaux-Arts, des Lettres, des Sciences et de l'Industrie‹, 1905 einen Salon eröffnet, der im Rahmen von Kongressen, Vorträgen und Theatervorstellungen die Idee des Gesamtkunstwerkes verbreitete und theosophisch-spirituellem Gedankengut nahestand.

58 Die Weihnachtsnummer des dritten Jahrgangs, Nr. 26 vom 30. November 1906, dem Holzschnitt vorbehalten, trug als Titelbild den *Russischen Reiter* von Kandinsky und enthielt einen Artikel: Kandinsky, La gravure sur bois (S. 436-438). Insgesamt veröffentlichten ›Les Tendances Nouvelles‹ 33 Holzschnitte von Kandinsky (1906-1909). Die Zeitschrift erschien von 1904-1914 mit insgesamt 63 Heften. 1906 kam als ›Edition des Tendances Nouvelles‹ ein Holzschnittalbum ›Xylographies‹ mit fünf eingeklebten Holzschnitten und Notenschriften von Kandinsky heraus.

59 Les Tendances Nouvelles, Jg. 3 Nr. 36, Mai 1906, S. 746.

60 Fineberg behandelt im 6. Kapitel seines Buches ›Kandinsky in Paris‹ ausführlich ›Les Tendances Nouvelles. Its History and Kandinsky's Involvement with it‹ und sieht hier die Ansätze zu dessen Programm einer ›geistigen Kunst‹ (Abstraktion).

61 Am 23. Juni 1907 berichtet Kandinsky Münter über den Vorschlag der ›Groupe d'Art des Tendances Nouvelles‹: »Es wird mir angeboten, eine Klasse der Schule der Union zu übernehmen. 2 Tage wöchentlich Correktur, volle Freiheit des Unterrichts, 3000 Fr Gehalt fürs erste.«

62 Kandinsky bat den in Paris ansässigen Bildhauer Arnold Rönnebeck, für ihn bei Darget Erkundigungen einzuziehen, dieser antwortete mit einer ausführlichen Schilderung seines Besuches bei ›Commandant Darget‹ am 25. März 1913 und schickte das gewünschte Material (GM/JE St).

63 Les Tendances Nouvelles, Jg. 3 Nr. 25, Oktober 1906, S. 402 und Nr. 26, November 1906, S. 438. Diese visionäre Qualität entdeckte der Kritiker der Zeitschrift an Kandinskys Holzschnitten. Die seltsamen Zeichnungen aber, die in Angers auf 12 Meter Wandfläche aufgehängt worden seien, dekorative Temperabilder mit Anklängen an die Mosaikkunst, böten allen Anlaß, den Künstler vor der Versuchung zu warnen, in dieser Manier fortzufahren. Obwohl die Münchner Schule noch spürbar sei, müßten sie doch insgesamt als Ausdruck einer slavischen Mentalität aufgefaßt werden. Der Schöpfer dieser virtuosen Phantasien sei übrigens noch phantasievoller in der Technik, durch geheimnisvolle Lacke und Mischungen diese orientalischen Farbgesprenkel herzustellen. Seine kritische Abwehr gegenüber den rein illustrativen Reizen verstärkte der Rezensent durch eine Fußnote: die Manier sei zwar verblüffend, aber geeignet, Kandinskys Malerei in Kürze brüchig (craquelé) werden zu lassen.

64 Fineberg, a. a. O., S. 41.

65 Les Tendances Nouvelles, Jg. 4 Nr. 39, November 1908, S. 835. Die Zeitschrift hatte schon über Münters Arbeiten im ›Salon des Indépendants‹ vom 20. März bis 20. Mai des gleichen Jahres (Nr. 4417-4422) berichtet: Jg. 3 Nr. 36, Mai 1908, S. 731 und 747 (Text), mit Abbildungen auf S. 735, 737, 741, 742. Münter wurde zwar als Schülerin Kandinskys vorgestellt, doch heißt es, sie bestärke ihn darin, realistisch zu malen. Sie selbst stelle Frauen so dar, wie es nur Frauen vermöchten. – Les Tendances Nouvelles reproduzierten auch ihre Holzschnitte: Jg. 4 Nr. 40, Januar 1909, S. 872, 873, 875, 879. Sie wurde redaktionell vorgestellt: Jg. 4 Nr. 42, Mai 1909, S. 924, im gleichen Heft wurden fünf ihrer Gemälde reproduziert: S. 939.

66 Maurice Marinot, 1882-1959, experimentierte mit der Umsetzbarkeit des Gegenstandes und gelangte zur alleräußersten Reduktion organischer Formen (kühne Zackenformen gewinkelter Arme und Beine, Vermeidung der Rundungen zugunsten harter, kantiger Formen). Die for-

male Spannkraft seines Stils, unterstrichen durch anti-naturalistische Farben, hat Münter, die stets auf zeichnerische Verstrebungen eines Bildes Wert legte, wohl zur Notiz im Kalender veranlaßt. Sie selbst zeigt solch sperrige Form ab 1911.

67 Münter an Kandinsky, 2. November 1905, anläßlich seiner Separatausstellung beim Galeristen Eduard Schulte in Köln.

68 Kandinsky an Münter, 25. April 1904.

69 Kandinsky an Münter, 24. Oktober 1904.

70 Maurice Denis war auf der 8. Phalanx-Ausstellung im November 1903 durch die Mappe ›Germinal‹ vorgestellt worden. Paul Signac, der seine neo-impressionistischen Thesen in ›Pan‹, Jg. 4, H. 1, S. 55 ff., veröffentlicht hatte, war ebenso wie Theo van Rysselberghe auf der 10. Phalanx-Ausstellung im Mai 1904 vertreten gewesen.

71 Kandinsky an Münter, 15. Januar 1904.

72 Kandinsky umriß dieses ›Irgendwo‹ in seinem Bericht über die Entstehung seiner *Komposition VI* (1913) als idealen Ort, vergleichbar einem in der Luft schwebenden, von Dampf umgebenen Zentrum von unbestimmter Entfernung, wie man es z. B. im russischen Dampfbad beobachten könne. »Der im Dampf stehende Mensch ist weder nah noch weit, er ist irgendwo.« Sturm-Album, a. a. O., S. 38.

73 *Reitendes Paar*, Gollek Nr. 96, S. 87.

74 Diese Äußerung Kandinskys bezog sich auf *Ankunft der Kaufleute*, in Paris gemalt. Kandinsky an Grohmann, 12. Oktober 1924, Nr. 13 in der Briefsammlung Kandinsky/Grohmann, Grohmann-Archiv in der Staatsgalerie Stuttgart.

75 Kandinsky an Münter, 4. Dezember 1906.

76 *Das bunte Leben*, 130×162 cm, Gollek Nr. 97, S. 88.

77 Kandinsky an Münter, 6. (?) März 1907 (Poststempel unleserlich).

78 In ›Mein Werdegang‹ beschreibt Kandinsky sein Vorgehen bei diesem Bild: Die Gesammelten Schriften, S. 54.

79 Kandinsky an Münter, 5. (?) März 1907 (Poststempel unleserlich).

80 Kandinsky an Münter, 6. (?) März 1907 (Poststempel unleserlich).

9. Kapitel: Heilswege

1 Münter an Kandinsky, 30. Juli 1907.

2 Kandinsky an Münter, 10. bis 12. Juli 1907.

3 Kandinsky an Münter, 17. Juni 1907. Der Kwas: russisches Volksgetränk aus gegorenem Brot mit Malz, Zucker, Pfefferminzblättern und Rosinen hergestellt.

4 Kandinsky an Münter, 20. Juni und 7. Juli 1907.

5 Kandinsky an Münter, 26. Juni 1907.
6 Kandinsky an Münter, 17. Juni 1907.
7 Kandinsky an Münter, 7. Juli 1907.
8 Kandinsky an Münter, 14. Juli 1907.
9 Dieser Besuch fand vermutlich am 25. Juli 1907 statt. Kandinsky schrieb Gabriele Münter am 24. Juli vom Hotel de l'Europe, München: »Morgen gehe ich zu der russischen Dame.« Ein zweiter Besuch erfolgte am 16. bzw. 29. Oktober 1910 von Moskau aus in Kaluga (Briefe an Münter). Alexandra Zakharina Unkovskaia gehörte zum Petersburger Theosophisten-Kreis und zu den Herausgebern des Petersburger Journals ›Vestnik teosofii‹; Artikel von ihr in: Jg. 1909, Heft Nr. 2, S. 98-103. Erwähnt in: Russian biography-series, No. 4, Herolds of theosophy, S. 6, 24, 60, 103, 116/117.
10 Kandinsky an Münter, 14. Juli 1907.
11 Kandinsky an Münter, 12. Juli 1907.
12 Kandinsky an Münter, 10. Juli 1907.
13 Kandinsky an Münter, 24. Juli 1907.
14 Kandinsky lieferte drei Holzschnitte und drei Zeichnungen ein, Matisse war mit drei Zeichnungen, Munch mit 15 Holzschnitten und Lithographien und van Gogh mit zwölf Zeichnungen vertreten. Kandinsky gehörte der Berliner Sezession als außerordentliches (korrespondierendes) Mitglied seit 1902 an; damals hatte Franz Stuck, sein Lehrer, für ihn gebürgt, und er konnte – stolz auf diesen Erfolg – in der 5. Ausstellung drei Gemälde zeigen. Dazu: 7. Kap., Anm. 4.
15 Max Liebermann in seiner Zeit, Ausst. Kat. München 1979. Darin Hinweise zur Berliner Sezession.
16 Max Reinhardt (eigentlich Goldmann), 1873-1943, war von 1905-1920 und von 1924-1933 Direktor des Deutschen Theaters in Berlin und der ihnen angegliederten Kammerspiele. Er emigrierte 1937 nach New York und leitete den New York Workshop. Weiteres dazu auf S. 287 dieses Kapitels.
17 Paul Cassirer, 1871-1925, eröffnete 1898 mit seinem (1901 wieder ausgeschiedenen) Vetter Bruno Cassirer einen Kunstsalon, aus dem sich ein Verlag entwickelte: Kunst und Künstler. Sein Einsatz für die Impressionisten verlief parallel zur Museumsreform Hugo von Tschudis, 1851-1911, der als Direktor der Nationalgalerie Berlin von 1896-1909 eine Sammlung moderner Kunst schuf.
18 Ein farbloses Öl, das als Zusatz zu Treibstoffen und als technisches Lösungsmittel große Bedeutung gewann (Tetrahydronaphthalin, $C_{10}H_{12}$).
19 Rheinische Zeitung vom 7. Januar 1908, Kölnisches Tageblatt vom 9. Januar 1908.
20 Programm-Nachweis in: Musikalisches Wochenblatt, Jg. 38, 1. Sem.

1907/Musikalisches Wochenblatt, begr. von Robert Schumann 1834, Jg. 74, 1. Sem. 1907 (Musikberichte aus Berlin), Repr. New York 1969; Die Musik/Moderne Tonsetzer, H. 1, VII. Jahr, 1907/08, hrsg. von Kapellmeister Bernhard Schuster, Schuster u. Loeffler, Berlin 1907/08.

21 Dimitrij Achscharumow, Sergej Kussewitzkij, Felix Nowowiejskij und zahlreiche russische Solisten machten mit der Musik ihres Landes vertraut: Da war Tanejews ›Aljoscha Popowitsch‹ zu hören, Liadows ›Waldhexe‹, Ippolitow-Iwanows ›Kaukasische Skizzen‹. Ossip Gabilowitsch trat neben Rumschinskij auf, Sergej Rachmaninow spielte Tschaikowskij oder eigene Kompositionen, Leonid Sobinow sang die Arie des Lenskij aus Eugen Onegin, Alexander Glasunow, Schüler Rimskij-Korsakows und Lehrer Dmitrij Schostakowitschs, den viele für den Größten der Vor-Strawinskij-Ära ansahen, gab ein Violinkonzert.

22 Rückblicke, S. 34 ff.: Der Feststellung, daß Rembrandts Bilder »lange dauern«, folgt Kandinskys Hinweis, daß »die große Teilung des Hell-Dunkel ... ein der Malerei erst fremd und nicht zugänglich erscheinendes Element auf die Leinwand hinzaubert – die Zeit«. Die Zeit aber sei zusammen mit dem Versteckten und Unheimlichen damals das Element gewesen, für das er eigene Ausdrucksmittel gesucht habe.

23 Aus Ernst Sterns Tagebuch, in: Der Liebhaber, Erinnerungen seines Sohnes Gottfried Reinhardt an Max Reinhardt, München/Zürich 1973, S. 308.

24 Edward Gordon Craig, 1872-1966, wurde durch sein Programm des literaturfernen, anti-illusionistischen Theaters berühmt. Seine Zeitschrift ›The Mask‹ erschien von 1908 bis 1929, nur durch den 1. Weltkrieg unterbrochen. 1912 inszenierte Craig aufsehenerregend an Stanislawskijs Moskauer Künstlertheater ›Hamlet‹. Dazu: Edward Craig, Gordon Craig – The Story of his Life, London 1968, S. 244 ff.; Denis Bablet, Edward Gordon Craig, Köln 1965.

25 Maurice Magnus, 1876-1919, wurde nach vergeblichen dramatischen Versuchen in New York durch ›Memoirs of the Foreign Legion, with an introduction by D. H. Lawrence‹, London 1924, posthum bekannt. Lawrence gibt ein erbarmungslos belastendes Bild des »Hochstaplers und Betrügers M. M.«, das Norman Douglas wieder entzerrt: D. H. Lawrence and Maurice Magnus, Florenz 1924. Über Magnus' Selbstmord: D. H. Lawrence in Selbstzeugnissen und Bilddokumenten, dargestellt von Richard Aldington, Reinbek 1961, S. 105 und 107.

26 Jessica Boissel, Solche Dinge haben eigene Geschicke, Kandinsky und das Experiment ›Theater‹, in: Der Blaue Reiter, Ausst. Kat. Bern 1986, S. 240. Boissel bemerkt zur Rezeption und Interpretation von Kandinskys Bühnenplänen: »Diese Aktivität des durch seine abstrakte Malerei zu Weltruhm gelangten Künstlers wurde bisher von den meisten Biogra-

phen eher als ein störender Fremdkörper im logischen Ablauf seiner Entwicklung abgekapselt.« Ihre Bestandsaufnahme der Bühnenexperimente Kandinskys enthält den Hinweis auf den Fund der Craigschen Schrift im Pariser Nachlaß Kandinskys.

27 Die Berliner Adreßbücher der Jahre 1907 und 1908 führen Magnus als ›Schriftsteller und Direktor‹, Motzstraße 41, mit festen Empfangszeiten. Der Weltenbummler mit Gelegenheitseinkommen trat unter verschiedenen Namen auf. Der Fremdenlegionär, in: D. H. Lawrence, Sämtliche Erzählungen, Bd. V, Zürich 1975; Craig über »little Magnus«: Index to the story of my days, Some memoirs of Edward Gordon Craig, 1872-1907, London 1957, S. 275-289.

28 Dieser Forderung entsprach Max Reinhardt. Dazu: Gottfried Reinhardt, Der Liebhaber, Erinnerungen seines Sohnes an Max Reinhardt, München/Zürich 1973. Der Autor berichtet, daß Craig seinem Vater geradezu verübelte, die neuen Ideen so erfolgreich verwirklicht zu haben, a.a.O., S. 302.

29 Edward Gordon Craig, Die Kunst des Theaters, London/Edinburgh und Berlin/Leipzig 1905. (Deutsche Übersetzung von Maurice Magnus, Vorwort von Harry Graf Kessler). Erster Dialog, S. 14.

30 Georg Fuchs, Das Münchner Künstlertheater, in: Illustrierte Zeitung zu Leipzig, Nr. 3389 vom 11. Juni 1908.

31 Georg Fuchs, 1868-1949, hatte seine 1905 in der Schrift ›Die Schaubühne der Zukunft‹ dargestellten Theaterpläne im Jahre 1908 endlich realisieren können und berichtet darüber: Die Revolution des Theaters, Ergebnisse aus dem Münchner Künstlertheater, München 1909. Der 1907 gegründete Verein ›Münchner Künstlertheater‹, dessen Mitglieder meist (theaterunerfahrene) bildende Künstler waren, löste sich schon im Januar 1909 wieder auf, das Theater wurde vom ›Verein Ausstellungspark‹ übernommen, der es für die nächsten beiden Spielzeiten an Max Reinhardt verpachtete. Dazu: Lenz Prütting, Die Revolution des Theaters, Studien über Georg Fuchs, München 1971.

32 Alexander von Bernus, 1880-1965, schrieb neuromantisch-symbolistische Gedichte und Dramen und eröffnete 1907 sein flächig-hintergrundloses, antinaturalistisches Silhouetten-Theater an der Schwabinger Ainmillerstraße, wo Kandinsky 1908 eine Wohnung (Nr. 36) nahm.

33 Thomas von Hartmann, 1885-1956, studierte bei Tanejew am Moskauer Konservatorium und erlangte 1907 in Petersburg als Komponist des Balletts ›Die Purpurblume‹ frühen Ruhm. Er kam 1908 nach München. Alexander Sacharow, 1886-1963, sah 1903/04 als Schüler der Académie des Beaux-Arts ein Schauspiel mit Sarah Bernard und entschloß sich zur Bühnenlaufbahn, seine tänzerische Begabung war dabei hervorstechend. Seit 1904 gehörte er zum Salon der Marianne Werefkin.

34 Diese Bemerkung Kandinskys bezieht sich auf die Bühnenstücke Maurice Maeterlincks. Über das Geistige i. d. K., S. 25.

35 Thomas von Hartmann, Der unentzifferbare Kandinsky, Aufsatz von 1913, von dem eine Übersetzung Kandinskys aus dem Russischen erhalten blieb, zitiert in: Schönberg/Kandinsky, Briefwechsel, S. 198/199. – Über das Bühnenspiel ›Daphnis‹ berichtete von Hartmann in einem unpublizierten Vortrag, den er nach Kandinskys Tod in New York hielt; zitiert in: Schönberg/Kandinsky Briefwechsel, S. 198.

36 Gabriele Münter, Tagebucheintragung 1911. Das Bühnenspiel ›Die Riesen‹ wurde später, variiert und angereichert, in ›Der gelbe Klang‹ umbenannt und 1912 im Almanach ›Der Blaue Reiter‹ abgedruckt. Die handschriftliche Fassung befindet sich in einem Manuskriptheft zwischen den Bühnenkompositionen ›Der grüne Klang‹ und ›Schwarz und Weiß‹ (GMS). Kandinsky hat keines dieser Stücke je auf der Bühne gesehen. ›Der gelbe Klang‹ wurde 1972 in New York, 1975 in Baume, 1976 in Paris und 1986 in Bern aufgeführt.

37 Edward Gordon Craig, Über die Kunst des Theaters, Hrsg. Dietrich Kreidt, Berlin 1970, S. 61.

38 Edward Gordon Craig, Über die Kunst des Theaters, a. a. O., S. 68.

39 Edward Gordon Craig beschwor dieses »Leben der Schatten und unbekannten Formen, in dem nicht alles Finsternis und Nebel sein kann, sondern in dem es heftige Farben, ein lebhaftes Licht, scharfumrissene Formen geben muß ... all dies geht freilich über bloße Tatsächlichkeit weit hinaus.« Über die Kunst des Theaters, a. a. O., S. 61.

40 Wassily Kandinsky, Über die Formfrage, in: Der Blaue Reiter, S. 147.

41 Joséphine Baker, 1906-1975, in Missouri geborene Tänzerin, wurde durch ihr Auftreten in der Tanztruppe ›Black Birds‹ 1925 in Paris berühmt und als ›Schwarze Venus‹ verehrt.

42 Der Tanz machte für Gabriele Münter die Begegnungsstätte Johannes Müllers auf Schloß Elmau ab 1920 so anziehend, daß sie dort Stammgast wurde. Siehe Kapitel 14, S. 526.

43 Ein Hinweis auf Emile Jacques-Delcroze (eigentl. Jakob Dalkes), 1865-1950, findet sich in Kandinskys Notizbuch dieser Zeit (GMS 328, S. 86). Dieser Musikpädagoge verbreitete ab 1905 eine Rhythmiklehre, die durch Körperbewegung Musikalität erzeugen und geistige und seelische Kräfte entfalten sollte. Die für diesen Unterricht 1911 in Dresden-Hellerau gebaute Schule wurde durch ihre pantomimischen Festspiele berühmt und wohl von Kandinsky und Münter weiterempfohlen. Dazu: Michael Sadleir, Michael Ernest Sadler, 1861-1943, A Memoir by his son, London 1949, S. 241 ff.

44 Clemens Weiler, Alexej Jawlensky, Köln 1959, S. 64.

45 Manifest der futuristischen Malerei, 1910; Marinetti, Boccioni, Rus-

solo, Carrà, Balla proklamierten eine Darstellungsweise, die alles Statische in Geschehen umsetzen und die Einansichtigkeit des traditionellen Tafelbildes überwinden sollte. In der simultanen Wiedergabe von Bewegungsimpulsen wollten sie das Nacheinander dynamischen Geschehens veranschaulichen; ein ständiges Sich-Durchdringen und Ineinanderschieben von Formen und Farben suggerierte Wechsel und Veränderung.

46 Maria Strakosch-Giesler, a.a.O., S. 16.

47 Die Theosophische Gesellschaft war 1875 von Helena Petrowna-Blavatsky (1831-1891) mit dem Ziel gegründet worden, alles theosophische Wissen zusammenzufassen und eine universale Bruderschaft ins Leben zu rufen. Ihr Sitz war Adyar bei Madras in Indien, dadurch ergab sich eine starke Hinwendung zu Buddhismus und Hinduismus. Rudolf Steiner, 1861-1925, hatte von 1883-1897 Goethes naturwissenschaftliche Schriften im Weimarer Goethe-Archiv für die sog. ›Sophienausgabe‹ bearbeitet und wurde 1902 Generalsekretär für die deutsche Sektion der Theosophischen Gesellschaft. Da er die Relativierung der christlichen Heilslehre gegenüber den östlichen Religionen nicht duldete, löste sich der deutsche Zweig unter seiner Leitung 1912 als Anthroposophische Gesellschaft zur eigenständigen Organisation ab.

48 Rudolf Steiner, Die Erkenntnis der Seele und des Geistes, 15 öffentliche Vorträge, gehalten zwischen dem 10. Oktober 1907 und dem 14. Mai 1908 in Berlin (Architektenhaus) und München, Rudolf Steiner Gesamtausgabe, Öffentliche Vorträge, Dornach 1965.

49 Alexander Strakosch studierte 1900-1903 in München. Dem erfolgreichen Ingenieur für Brücken- und Bahnlinienbau wurde 1907 beim Ausbau der Murgtalbahn die Fehlberechnung einer Tunnelstraße zur Last gelegt. Noch vor seinem Freispruch erfüllten ihn »Zweifel und Qualen über Daseinsfragen und Sinnrätsel«, die ihn zu Rudolf Steiner führten, dessen Privatsekretär er wurde.

50 Alexander Strakosch, Lebenswege mit Rudolf Steiner, Straßburg/Zürich 1947, S. 16.

51 Roethel/Benjamin Nr. 188, S. 193; Nr. 187, S. 192.

52 Über das Geistige i. d. K., S. 59.

53 Maria Strakosch, 5. Dezember 1960, an Dr. K. Pollmann, den Herausgeber des Buches ›Rudolf Steiner in München, zu seinem 100. Geburtstag‹, Anthroposophische Gesellschaft, Zweig München, München 1961.

54 Roethel, Graphik Nr. 126, S. 252. Weitere Abbildungen: Hanfstaengl, S. 149 (Notizbuchseite GMS 328, S. 35), Sixten Ringbom, The sounding Cosmos, A study in the spiritualism of Kandinsky and the genesis of abstract painting, Abo 1970, S. 70 ff. und Abb. 2-5. Die spätere Benennung *Apfelbaum* war u.a. wohl dadurch verursucht, daß der ›Stamm‹, die schlauchähnliche Verbindung zwischen der menschlichen Figur und

der darüber schwebenden Aura, von Kandinsky auf dem Holzschnitt weggelassen wurde.

55 Sixten Ringbom weist nach, daß alle Biographen die Neigung Kandinskys zum Okkulten zwar festgestellt, dann aber in ihrer Bedeutung heruntergespielt und dabei die gegenstandslose Kunst als ein mehr formalästhetisches Problem abgewertet hätten. Für ihn ist das Jahr 1908 »the turning point for Kandinsky«. The sounding Cosmos, a.a.O., S. 56.

56 Rudolf Steiner, Theosophie, Einführung in übersinnliche Welterkenntnis und Menschenbestimmung, 2. Aufl. Leipzig 1908, S. 43.

57 Einige Beispiele von 1908/09: *Zwei hockende Gestalten unter Auren*, Notizbuchskizze von 1909, Hanfstaengl S. 165/345; *Zwei Frauen in Mondlandschaft* (mit schlauchartigen Verbindungen zu Aurenphänomenen über sich), Hanfstaengl Nr. 125, S. 55; *Vier Musikanten in Landschaft*, Hanfstaengl Nr. 122, S. 54; *Leuchtturm* (später erfund. Titel), schwarzer Aurenfleck vor wellengefährdetem Turm, Hanfstaengl Nr. 124, S. 55, u. a. m.

58 Roethel/Benjamin Nr. 280, S. 267.

59 Die Beschränkung auf Grün und Violett zeigen u. a.: *Vier Musikanten in Landschaft, Zwei Frauen in Mondlandschaft* und *Entwurf für Einband oder Titelblatt eines Albums mit Musik und Graphik*. Manchmal tritt ein leuchtendes Gelb hinzu (*Zwei Landschaften mit Staffage*); Violett-Rot: *Leuchtturm* (alle 1908/09), Hanfstaengl 121-125, S. 54ff. – Zur Bedeutung der Farbe Violett siehe S. 310 dieses Kapitels.

60 Rudolf Steiner, Die Erkenntnis der Seele und des Geistes, Erster Vortrag vom 10. Oktober 1907, Rudolf Steiner Gesamtausgabe, Öffentliche Vorträge, Dornach 1965, S. 9.

61 Annie Besant und C. W. Leadbeater, Gedankenformen, Mit rund 60 Farbtafeln zur bildlichen Wiedergabe übersinnlicher Phänomene, (deutsch) Berlin 1908; C. W. Leadbeater, Der sichtbare und der unsichtbare Mensch, (deutsch) Leipzig 1908. Dieses Buch befand sich in der Pariser Bibliothek Kandinskys, während die übrigen Bücher, die er in der Münchner Zeit gemeinsam mit Gabriele Münter besaß, bei ihr geblieben waren, so u. a. Rudolf Steiners ›Theosophie‹ (mit Kandinskys Unterstreichungen und Randnotizen), Steiners Vortragsreihe ›Der Orient im Lichte des Okzidents; Die Kinder des Lucifer und die Brüder Christi‹, gehalten in München vom 23.-31. August 1909; die von Rudolf Steiner herausgegebene Zeitschrift ›Lucifer-Gnosis‹, die in den Heften 13-28 den in Fortsetzungen abgedruckten Vortrag ›Wie erlangt man Erkenntnisse der höheren Welten?‹ enthält.

62 Maria Strakosch-Giesler an K. Pollmann, siehe Anm. 53 dieses Kapitels.

63 Über das Geistige i. d. K., 3. Kapitel, Geistige Wendung, a.a.O., S. 16; zur Theosophie: S. 22ff.

64 Über das Geistige i. d. K., S. 34, Anm. 1.

65 Zur Wirkung der Einweihung, H. 24 und 25; Heft 29 der ›Lucifer-Gnosis‹ bringt genaue Anweisungen, wie man höhere Erkenntnisstufen durch Meditation und Konzentration erreichen und somit das im Körperlichen manifestierte Stimmungsgefälle überwinden könne.

66 Dazu: Sixten Ringbom, Die Steiner-Annotationen Kandinskys, mit Hinweisen auf Originaltexte Steiners (Gesamtausgabe) kollationiert. Kandinsky und München, a.a.O., S. 102. Dort auch vom gleichen Autor: Kandinsky und das Okkulte, S. 84.

67 Rudolf Eppelsheimer versucht aus anthroposophischer Sicht nachzuweisen, daß Kandinsky bis zu seinen letzten Werken den Gehalt dieser Weltanschauung und Kunstlehre gestaltend reflektierte: Das Geistige in der modernen Kunst, Kandinsky und Rudolf Steiner, in: Die Drei, Jg. 1977, H. 9, S. 490.

68 Rudolf Steiner, Die Erkenntnis der Seele und des Geistes, a.a.O., S. 70 und 71.

69 Im Heft 25 der ›Lucifer-Gnosis‹ erläutert Steiner, wie das geschieht: »Er wird unterscheiden müssen zwischen Farbgebilden, die wie undurchsichtig sind und solchen, die ganz durchsichtig und wie in ihrem Innern durchleuchtet sind ... Die in sich aufstrahlenden werden ihm Kundgebungen höherer geistiger Wesenheiten sein.«

70 Mitteilungen für die Mitglieder der Deutschen Sektion der Theosophischen Gesellschaft, Nr. 5 vom August 1907, Artikel von Mathilde Scholl.

71 Alexander Strakosch, a.a.O., S. 87 und S. 89.

72 Sixten Ringbom: »Was immer man sonst von den Ansprüchen und der intellektuellen Qualität der theosophischen Lehre halten mag, die tragende Rolle der Theosophie beim Entstehen der gegenstandslosen Kunst wird immer deutlicher ... Am wichtigsten war ihre Interpretation des Geistigen als formlos in einem physischen, nicht aber absoluten Sinne. Die Theosophie erschloß eine neue Wirklichkeit der Farben und Formen, zuerst durch Wort und Schrift, später durch Farbillustrationen.« Kandinsky und Mondrian: Überwindung des Sichtbaren, in: Die Drei, Jg. 1988, H. 8, S. 573.

73 Dazu: Sixton Ringbom, Die Steiner-Annotationen Kandinskys, in: Kandinsky und München, a.a.O., S. 103/104.

74 Rudolf Steiner, Theosophie, a.a.O., S. 101.

75 Franz Freudenberg, Über Spaltung der Persönlichkeit und verwandte psychische Fragen, in: Die übersinnliche Welt, H. 15, 1908, S. 65. Kandinsky erwähnt Freudenberg: Über das Geistige i. d. K., S. 40, Anm.

76 Maria Strakosch-Giesler an Dr. Pollmann, a.a.O. Dr. Felix Peipers legte seine Patienten in durch farbige Lampen ausgeleuchtete Kammern. »Manchmal bekam der Kranke während der Behandlung einzelne Töne

oder bestimmte Akkorde in rhythmischer Wiederholung zu hören.« Alexander Strakosch, a.a.O., S. 147. Christian Morgenstern berichtet ausführlich über seine Behandlung in der Münchner Klinik an der Königinstraße: Wir fanden einen Pfad, München 1914.

77 Arthur Osborne Eaves, Die Kräfte der Farben – Der Weg zur Gesundheit – Die Kunst des Schlafes, Berlin 1906 (Talisman-Bibliothek Nr. 9). Zitate S. 6 und S. 8.

78 Der Vortrag wurde auf dem Budapester Kongreß der Theosophen zu Pfingsten 1909 gehalten.

79 Maria Strakosch-Giesler an Kandinsky, 3. Juli 1909. »Frau Unkowsky sagte ..., daß die Vogerl morgens die Farben des Sonnenaufgangs singen und abends die des Sonnenuntergangs. Horchen Sie mal darauf!« Frau Unkowsky habe eine Skala gezeichnet, die – den Schwingungen der Farbe entsprechend – die Schwingungen der Töne zeige. »Wollen Sie sie?«

80 Rudolf Steiner, Theosophie, a.a.O., S. 101.

81 Wassily Kandinsky, Über die Formfrage, in: Der Blaue Reiter, S. 168.

82 Rückblicke, S. 30.

83 Wassily Kandinsky, Über Bühnenkomposition, in: Der Blaue Reiter, S. 189. Zitate: S. 191, 192, 190.

84 Helms Nr. 23, 26, 29-35, S. 10ff. 1908 wurden 24 farbige Schnitte im Kölner Kunstsalon Lenoble ausgestellt, anschließend in den Räumen von Friedrich Cohens Buchhandlung, Verlag und Antiquariat in Bonn. Einen Teil davon zeigte Münter 1908 im Salon des Indépendants.

85 Roethel/Benjamin Nr. 181-189, darunter ein unvollendetes Ölgemälde mit *Ariel-Szene*, Nr. 187, S. 192 (Wasserfall und Regenbogen) und *Ariel-Szene*, Nr. 188, S. 193.

86 Hanfstaengl Nr. 118-120, S. 52.

87 *Der violette Vorhang*, später *Violett*, zur Datierung der beiden deutschen Manuskripte (unvollst. o.D. und 1914) und Bühnenentwürfe 1914: Derouet/Boissel, S. 140ff. Violet, Wassily Kandinsky, Ecrits complets, Hrsg. Philippe Sers, Bd. 3, La synthèse des arts, Paris 1957.

88 Fritz Weitmann, Zu Rudolf Steiners Farbenlehre, Eine Studie, in: Die Drei, H. 6, S. 284ff.

89 Über das Geistige i. d. K., S. 15.

90 Solch symbolistische Licht-Dramen, die kosmische Inhalte durch Ton-, Licht- und choreographische Effekte vermittelten, wurden auch von den Theosophen für Offenbarungszeremonien und Einweihungsriten eingesetzt. Angesichts dieser sektiererischen Laienspiele mag Kandinsky sein Interesse an Bühnenspielen mit okkultem Geschehen verloren und sie als »veraltet« bezeichnet haben. Bereits am 19. Mai 1907, zum Auftakt des Münchner Kongresses der Europäischen Sektion der Theosophischen

Gesellschaft, war ein Mysterienspiel des Steiner-Freundes Edouard Schuré, 1841-1929, ›Das heilige Drama von Eleusis‹, in Szene gesetzt worden. Steiner bewertete dies als einen Auftakt zur inhaltlichen und formalen Erneuerung der dramatischen Kunst (Mein Lebensgang, 1923, S. 25) und verfaßte selbst Mysterien- oder Sinndramen: ›Die Pforte der Einweihung‹ – eine Einkleidung der Re-Inkarnationsidee (1910); ›Die Prüfung der Seele‹ (1911); ›Der Hüter der Schwelle‹ (1912); ›Der Seelen Erwachen‹, auch ›Das Jenseits der Schwelle‹ (1913) betitelt.

91 Wassily Kandinsky, Über Bühnenkomposition, in: Der Blaue Reiter, S. 195.

92 »Sprechende Malerei« nannte Hugo Ball, 1886-1927, diese Gedichte. Der Dramaturg der Münchner Kammerspiele forderte Kandinsky 1914 nicht nur auf, ein Bühnenspiel für ein wiederzubelebendes Künstlertheater zu liefern, sondern auch durch Szenenbilder, Musikbeispiele und Figurinen an einer Publikation über das expressionistische Theater mitzuarbeiten. Ball am 7. April an seine Schwester: »Nur der Zufall, der Ausbruch des Krieges, verhinderte, daß wir von ihm ein Buch über das Theater besitzen, im Format von der Bedeutung des Blauen Reiters. Es sollte bei Piper erscheinen.« Hugo Ball, Briefe 1911-1927, Hrsg. Annemarie Schütt-Hennings, Vorwort Hermann Hesse, Einsiedeln/Zürich/Köln 1957, S. 28 ff. Die Antwortbriefe des nicht abgeneigten Kandinsky: Hugo Ball 1886-1986, Ausst. Kat. Berlin 1986, S. 83, 91, 94.

93 Michael Sadleir, Michael Ernest Sadler, 1861-1943, A Memoir by his son, London 1949, S. 238.

94 Gabriele Münter, Bekenntnisse und Erinnerungen, in: Hartlaub, a. a. O.

95 Alexander Strakosch, Lebenswege mit Rudolf Steiner, a. a. O., S. 16.

96 Münter, *Baumblüte in Lana*: Gollek Nr. 379, S. 259; Kandinsky, *Baumblüte in Lana I*, Roethel/Benjamin Nr. 190, Farbtafel S. 188, *Lana II*, Roethel/Benjamin Nr. 191, S. 19; *Lana*, Roethel/Benjamin Nr. 192, S. 195.

97 Ansichtskarte Kandinskys an Münter, 25. August 1904.

98 Gerhard Wietek, Deutsche Künstlerkolonien und Künstlerorte, München 1976. Darin: Rosel Gollek, Murnau im Voralpenland, S. 178.

99 Tagebuch Gabriele Münters, Mai 1911.

100 Zu dieser Wohnsituation siehe auch: Dirk Heißerer, Wo die Geister wandern, Eine Topographie der Schwabinger Bohème um 1900, München 1993, S. 217 ff.

101 Schroeter an Münter, 4. Oktober 1908; Münter an Schroeter, 6. Oktober 1908.

1 Gabriele Münter über sich selbst, in: Das Kunstwerk, Baden-Baden, Jg. 2, 1948, H. 7, S. 25 ff.

2 Tagebuchaufzeichnung vom Mai 1911.

3 Gabriele Münter, Bekenntnisse und Erinnerungen, in: Hartlaub, a. a. O., S. 21.

4 Gabriele Münter über sich selbst, in: Das Kunstwerk, a. a. O., S. 25.

5 Das von Münter beibehaltene Verfahren eines solchen Cloisonné war an Jawlensky von verschiedenen Seiten herangetragen worden. Der Gauguin-Schüler von Pont Aven, Jan Verkade, später Benediktiner-Pater Willibrord (1868-1946), hatte 1907 als Gast in Jawlenskys Münchner Atelier gearbeitet und seine Vorliebe für die altägyptische große Form und klare Zahlenverhältnisse auf diesen übertragen. Der Maler-Mönch gehörte zum Kreis der Nabis, die außer den Lehren Gauguins auch die Gedanken Eduard Schurés verwirklichen und aus der Vielfalt zu größeren Einheiten vorstoßen wollten. Dazu: Willibrord Verkade, Unruhe zu Gott, Erinnerung eines Malermönches (1920), Spuren des Daseins (1938).
Bernd Fäthke ist den Einflüssen des Cloisonné bei Jawlensky nachgegangen: Alexej Jawlensky, Zeichnungen – Graphik – Dokumente, Ausst. Kat. Wiesbaden 1983, S. 20 ff.

6 Gabriele Münter über sich selbst, in: Das Kunstwerk, a. a. O., S. 25.

7 Münters Gemälde *Gerade Straße mit Weißem Haus* (1910) ist in seiner weitgetriebenen Formvereinfachung den Bildern Jawlenskys am nächsten. Münter 1977, Nr. 41, S. 81.

8 Münter hat sich später dagegen gewehrt, ›Jawlensky-Schülerin‹ genannt zu werden. »Es bestand damals wirklich eine fruchtbare Arbeitsgemeinschaft zwischen uns dreien ... Später schieden sich die Entwicklungen. Diese Begegnungen und Trennungen, das Zusammenarbeiten und Eigensein wird nicht gekennzeichnet, wenn mein Werk und meine Person unter dem Stichwort ›Jawlensky-Schülerin‹ genannt wird.« Brief an Toni Trepte vom 20. November 1953 (GMS).

9 Münter an Kandinsky, 25. November 1910.

10 Eckhart Feuchtmayr, Zur Entwicklung der Hinterglasmalerei im Staffelseeraum, Schriften des Historischen Vereins Murnau am Staffelsee e. V., Jahresbericht 1985, Jg. 6, H. 10, S. 13; Rosel Gollek, Gabriele Münter, Hinterglasbilder, München/Zürich 1981.

11 Gunter Metken, Vom Bauernbild zum Blauen Reiter, Querschnitt durch die Hinterglasmalerei, in: Speculum artis, 1962, H. 6, Nov./Dez., S. 32.

12 Die Sammlung Krötz wurde 1955 dem Heimatmuseum in Oberammergau übereignet.

13 Aufzeichnung Münters vom 10. Februar 1933. Münter 1962, o. S.

14 Hans Heilmaier, Murnau, der Vorort des Blauen Reiters, zu Gabriele Münters 80. Geburtstag, in: Madame, Februar 1957, S. 58.

15 Gollek, S. 136ff.; Wassily Kandinsky, Painting on glass, Solomon R. Guggenheim Museum New York, Katalog Nr. 1, 1966. Das Bild *Das gelbe Pferd* wird darin auf das Jahr 1909 datiert.

16 *Interieur der Ainmillerstraße* und *Vor der Stadt*, Gollek Nr. 105, S. 93; Nr. 103, S. 92.

17 *Blick aus dem Fenster des Griesbräu*, Gollek Nr. 102, S. 90.

18 *Grabkreuze in Kochel, Friedhof in Kochel*, Münter 1977, S. 43. Die Bilder entstanden während des 14tägigen Aufenthaltes vom 22. Februar bis 8. März 1909 in Kochel. *Zwei Reiter vor Rot* (Titel nicht von Kandinsky), Farbholzschnitt, Roethel, Graphik Nr. 95, S. 190. In der üppigen Baumkrone kann man eine Aura am ›Seelenschlauch‹ vermuten.

19 Bernd Fäthke stellte die Äußerungen Kandinskys über sein Schülerverhältnis zu Jawlensky zusammen: Marianne Werefkin, Leben und Werk, München 1988, S. 109.

20 *Kirche in Murnau* (1910), *Garten* (1910), Gollek Nr. 119 und 120, S. 103ff.

21 Wassily Kandinsky in einem Rückblick auf den Schritt zur gegenstandsfreien Kunst für Hans Arp vom November 1912, Abschrift von Münters Hand (GM/JE St).

22 Der Blaue Reiter, S. 147.

23 Marianne Werefkin, Lettres à un Inconnu, 1901-1905, deutsch hrsg. von Clemens Weiler, Köln 1956, S. 16. (Im folgenden kurz: Briefe.)

24 Ilja Jefimowitsch Repin, 1844-1930, war Professor der Petersburger Akademie und malte im Geist der russischen ›Wanderaussteller‹, die nach ihrem Austritt aus der in Tradition erstarrten Akademie seit 1870 Wanderausstellungen veranstalteten, die der realistischen Malerei in Rußland zum Durchbruch verhalfen. Repin schuf psychologisierende Bildnisse und behandelte sozialkritische Themen.

25 Georg Pauli spricht in seinen Erinnerungen, a.a.O., S. 265, von »fast physisch spürbaren Kraftwellen ... Die zierlich gebaute Frau mit den großen, dunklen Augen, den vollen, roten Lippen und der infolge eines Jagdunfalls verkrüppelten linken Hand beherrschte nicht nur die Unterhaltung, sondern ihre ganze Umgebung«.

26 Marianne Werefkin, Briefe, a.a.O., S. 12.

27 Briefe Wassily Kandinskys an Maria Marc vom 19. Dezember 1934 und vom 2. August 1937, Kandinsky/Marc Briefwechsel, S. 294 und 301.

28 Marianne Werefkin, Briefe, a.a.O., S. 21.

29 Dazu: Jelena Hahl-Koch, Marianne Werefkin und der russische Symbolismus, München 1963.

30 Marianne Werefkin, Briefe, a.a.O., S. 29.

31 Marianne Werefkin, Briefe, a.a.O., S. 15: »Ich habe keine Wünsche in der materiellen Welt. Ich bin unersättlich im abstrakten Leben.« 1902.

32 Marianne Werefkin, Briefe, a.a.O., S. 26.

33 *Wäscherinnen* (1909), Gollek Nr. 437, S. 222; die weiteren Abbildungen: Bernd Fäthke, Marianne Werefkin, a.a.O., S. 33 ff.

34 Clemens Weiler, Nachwort zu: Marianne Werefkin, Briefe, a.a.O., S. 76. Inzwischen ging Bernd Fäthke dem »Wunder von Murnau« (Kandinskys Weg zur Abstraktion) und der Vermittlerrolle der Werefkin in seiner Monographie nach: Marianne Werefkin, Leben und Werk, 1860-1938, a.a.O., S. 107 ff.

35 Marianne Werefkin, Briefe, a.a.O., S. 42 ff.

36 Hans Heilmaier, Murnau, der Vorort des Blauen Reiters, a.a.O., S. 58.

37 Wassily Kandinsky, Über das Geistige i. d. K., München 1912, von R. Piper ausgeliefert Dezember 1911; 1912 zwei weitere Auflagen. – 1914 erschien das Buch, von J. H. Sadler übersetzt, bei Constable & Co. in London unter dem Titel ›The art of spirituel Harmony‹. – Neuauflagen in deutscher Sprache erschienen, hrsg. von Max Bill, im Benteli-Verlag Bern ab 1952.

38 Über das Geistige i.d.K., a.a.O., S. 84.

39 Clemens Weiler regte schon 1956 an, »festzustellen, wo die Ideen zu finden sind, die den ersten abstrakten Kompositionen Kandinskys vorausgegangen sind«. Weiler zweifelt nicht daran, daß »Beispiele, die er wählte, zu einem großen Teil ursprünglich von ihr stammen«. Marianne Werefkin, a.a.O., S. 69 und S. 71.

40 Marianne Werefkin, Briefe, a.a.O., S. 43.

41 Der Biograph und Gesprächspartner Jawlenskys, Clemens Weiler, erklärt dazu: »So wie es wahrscheinlich ist, daß die Werefkin ... Kandinsky über die Schwelle der Abstraktion getrieben hat, liegt es im Bereich des Möglichen, daß die Münter dazu beitrug, Jawlensky immer mehr in seinem Suchen nach der großen Form zu bestärken.« Clemens Weiler, Alexej Jawlensky, Köln 1959, S. 66.

42 Münter an Toni Trepte, 20. November 1953, s.o.

43 *Interieur mit zwei Damen* (Münter und Werefkin), Roethel/Benjamin Nr. 353, S. 331.

44 Bernd Fäthke, Marianne Werefkin, a.a.O., S. 106.

45 Münter verteidigte Werefkins Malerei gegenüber Alfred Kubin und Herwarth Walden: Münter an Kandinsky, 13. November 1910 und 1. November 1912.

46 Münter an Kandinsky, 5. Dezember 1910.

47 Gollek Nr. 385, S. 264. Ein Selbstporträt der Werefkin, das noch dämonischer wirkt: Gollek Nr. 438, S. 300.

48 Gollek Nr. 381, S. 261.

49 Münter 1977, S. 72; Anne Mochon, Gabriele Münter, Between Munich and Murnau, Ausst. Kat. Busch-Reisinger Museum, Harvard-University 1980, S. 39.

50 Gabriele Münter, Bekenntnisse und Erinnerungen, in: Hartlaub, a.a.O.

51 Münter 1977, S. 44.

52 Münter an Emmy Klinker, 30. Dezember 1952, bezogen auf ein Porträt des Malers Walter Teutsch: »Ein netter, sympathischer Mensch, aber er hat mich und meine Art überhaupt nicht *gesehen* ..., es ist eine andere Charakteristik, die gar nichts mit mir zu tun hat. Es ist *keine Karikatur*, es ist nur etwas völlig Falsches.« Kopie des Briefes: Monacensia- und Handschriftensammlung München.

53 *Selbstporträt vor der Staffelei*: Anne Mochon, a.a.O., S. 36; *Selbstporträt mit Hut*: Münter 1977, S. 63, Nr. 24; *Selbstporträt 1910*: Arts magazine, November 1980, Titelblatt und S. 147; *An der Staffelei*: Münter 1977, S. 71, Nr. 32.

54 Satzung der Neuen Künstlervereinigung München, in: Hans Konrad Roethel, Graphik, S. 438 ff.

55 Adolf Erbslöh, 1881-1947, war in New York geboren, studierte in Karlsruhe und kam 1904 nach München. Im Jahre 1909 übernahm er im Atelier Jawlenskys dessen ›Synthese‹ und schuf ein über Einzelheiten hinwegsehendes Bildgefüge.

56 Alexander Kanoldt, 1881-1939, begann nach dem Studium an der Karlsruher Kunstgewerbeschule mit pointillistischer Malerei; erst 1909 in München verfestigten sich die Formen zu stereometrischen Körpern. Er wendet sich scharf gegen die Auflösung gegenständlichen Bildgefüges bei Kandinsky. Alexander Kanoldt, Gemälde, Zeichnungen, Lithographien, Ausst. Kat. Freiburg und Wuppertal 1987.

57 Oskar Wittenstein, 1880-1919, flog als erster mit einem Flugzeug über München und engagierte sich finanziell im ersten Verein für Luftschifffahrt. Sein Interesse für die NKVM scheint sich in Grenzen gehalten zu haben.

Im ersten Jahr des Bestehens der NKVM stießen als neue Mitglieder hinzu: Paul Baum, Wladimir von Bechtejeff, Erma Bossi, Carl Hofer, der Bildhauer Moyssey Kogan und der Maler-Tänzer Alexander Sacharow. 1910 wurden die Franzosen Pierre Girieud und Le Fauconnier als Mitglieder gewonnen. Paul Baum und Carl Hofer schieden bald wieder aus, Franz Marc und der Kunsthistoriker Otto Fischer, der 1912 ›Das neue Bild‹ als programmatische Veröffentlichung der NKVM verfaßte, traten 1911 der Vereinigung bei. Als letzter schloß sich 1912 Alexander Mogilewsky an.

58 Die Gabriele Münter- und Johannes Eichner-Stiftung eröffnete im Januar 1984 in diesem Haus eine Gedenkstätte. Einige Einrichtungs-

gegenstände blieben erhalten, so die Treppe ins Obergeschoß, deren Seitenwangen Kandinsky mit galoppierenden Reitern dekoriert hatte. Illustrierter Führer: Das Münter-Haus in Murnau, Text und Konzept Rosel Gollek. Hrsg.: Städtische Galerie im Lenbachhaus, München.

59 Hans Heilmaier, Murnau, der Vorort des Blauen Reiters, a. a. O., S. 58.

60 Schon in ihrer Zusage an Kandinsky, die Stellung anzutreten, versteckte Fanny Dengler einen Angriff gegen die ihr noch unbekannte Münter: »Ihr Plan gefiel mir soweit ganz, eines wird mir nicht gefallen, was mir auch im Brief nicht gefiel. Ich wünschte, ich wäre auch so gut wie Frau Doktor, dann wäre es auch für mich leichter. Für Sie will ich alles tun, und ich bin sicher, Sie sind zufrieden.« (7. August 1908. Mit »Frau Doktor« war Anna Kandinsky gemeint, der sie weiterhin ergeben schien.)

61 Dazu: Karl-Heinz Meissner, Der Handel mit Kunst in München, 1500-1945, in: Ohne Auftrag, Zur Geschichte des Kunsthandels, Band 1: München, München 1989. Die moderne Galerie Heinrich Thannhauser: S. 44 ff.

62 Dieses Manuskript Kandinskys wurde von Gabriele Münter im April 1910 »nach einem hieroglyphischen Konzept« – wie sie es nannte – wiederhergestellt. Es befand sich im Nachlaß der Malerin.

63 Wilhelm Michel an Kandinsky, 19. November 1909 (GM/JE St).

64 Die russische Zeitschrift ›Apollon‹ erschien von 1909 bis 1917 in Petersburg, Kandinsky schickte fünf Kunstbriefe: ›Pis'mo iz Mjunchena‹. Apollon 1909, Nr. 1; 1910, Nr. 4, 7, 8 und 11.

65 Kandinsky, Essays, S. 195.

66 Franz Marc, 1880-1916, studierte an der Münchner Akademie bei Hackl und Dietz. 1903 und 1907 reiste er nach Paris, 1906 nach Griechenland. Seit 1904 lebte er im bayerischen Voralpenland und zeitweise in München, 1910 siedelte er sich in Sindelsdorf an, 1914 erwarb er in Ried bei Kochel ein eigenes Haus. 1916, mit 36 Jahren, fiel er vor Verdun. Sein Grab befindet sich auf dem Friedhof von Kochel, wo seit Juli 1986 ein Franz Marc-Museum seine biographische und künstlerische Entwicklung vermittelt. Klaus Lankheit, Franz Marc, Sein Leben und seine Kunst, Köln 1976; Franz Marc 1880-1916, Ausst. Kat. München 1980; Führer durch das Franz Marc Museum, München 1986.

67 Zum Sonderdruck der NKVM: Franz Marc, Schriften, Hrsg. Klaus Lankheit, Köln 1978. Rohes Kritik: S. 216, Marcs Erwiderung: S. 126.

68 Die Gesammelten Schriften, S. 60. Die Selbstcharakteristik erschien 1919 in: Das Kunstblatt, Berlin, Jg. 3, H. 6, S. 172.

69 Münter an Kandinsky, 29. Oktober 1910.

70 Münter an Kandinsky, 20. November 1910.

71 Münter an Kandinsky, 20. November, 21. November, 29. Oktober und 30. Oktober 1910.

72 Münter an Kandinsky, 9. Dezember, 12. Dezember, 5. Dezember, 6. Dezember, 12. Dezember, 17. Dezember und 13. November 1910.

73 Kandinsky an Münter, 20. Oktober 1910.

74 GM/JE St.

75 Kandinsky an Münter, 14. und 15. Oktober 1910.

76 Aleksander Nikolajewitsch Skrjabin, 1872-1915, lehrte am Konservatorium in Moskau und suchte Parallelen zwischen sieben Farben des Spektrums und sieben Tönen der diatonischen Tonleiter. Kandinsky sah darin den »ersten Versuch, zwei Künste *organisch* für *ein* Werk zu vereinigen ... paralleles Laufen der musikalischen und der malerischen Elemente ... So wurde zum ersten Mal eine im 19. Jahrhundert errichtete Mauer zwischen zwei Künsten umgeworfen.« Kandinsky, ›und, Einiges über synthetische Kunst‹ (1923), Essays, a.a.O., S. 97; Leonid Sabanejew, Prometheus von Skrjabin, in: Der Blaue Reiter, S. 107ff.

77 Kandinsky an Münter, 26. Oktober/8. November, 23. Oktober/5. November und 4. November/17. November 1910.

78 Mihail Larionow, 1881-1964, war russischer Maler und entwickelte mit Natalja S. Gontscharowa ab 1909 den Rayonismus, der strahlenförmige Lichtbündel zur Darstellung eines unsichtbaren Kräftespiels über die Malfläche verteilt.

79 Nikolai Kulbin, 1868-1941, Medizin-Professor und General an der Petersburger Militärakademie, Mäzen avantgardistischer Künstler, veröffentlichte nach einer Schrift über das ›Atelier der Impressionisten‹ (1910) einen Aufsatz über ›Die freie Musik‹ im Almanach Der Blaue Reiter (1912, S. 69).

80 David Burljuk, 1882-1967, besuchte ebenso wie sein Bruder Wladimir, 1886-1917, u.a. auch die Malschule von Ažbè (1903) und kehrte nach einem Studium in Paris 1907 nach Rußland zurück, wo er die Künstlergruppen ›Die Blaue Rose‹ und ›Der Eselsschwanz‹ mitbegründete. Beide Brüder, äußerst nationalbewußt, stellten neue ästhetische Kriterien gegen die bourgeoise Kunst auf und blieben mit Kandinsky bis zum 1. Weltkrieg in Verbindung. Kandinsky beteiligte sie auch an der ersten Ausstellung ›Der Blaue Reiter‹.

81 Wladimir A. Izdebsky, 1882-1965, Maler und Bildhauer, der 1909 eine erste internationale Ausstellung mit 800 Werken russischer und westeuropäischer Künstler veranstaltete (auch Münter war vertreten), kannte Kandinsky aus Odessa oder aus seiner Münchner Akademiezeit. In der kunstwissenschaftlichen Diskussion wird die Ansicht vertreten, daß Kandinsky für Auswahl und Tendenz des ›Zweiten Salons Izdebsky‹ verantwortlich gewesen sei. »Der Katalog weist sowohl im Erscheinungsbild als auch im Inhalt verblüffende Ähnlichkeit mit dem Blauen Reiter auf«, er sei in seiner allgemeinen Thematik als Vorgängerschrift des Al-

manachs anzusehen. John E. Bowlt, Wassily Kandinsky, Verbindungen zu Rußland, in: Wassily Kandinsky, Die erste sowjetische Retrospektive, Ausst. Kat. Frankfurt 1989, S. 68.

82 Boleslav L. Jaworsky, 1877-1942, Pianist und Musiktheoretiker, Schüler Sergej Tanejews, arbeitete in Kiew und Moskau an Bühnenkompositionen. Als Bach-Interpret experimentierte er an einer polyphonen Entsprechung von Choreographie und Musik: ›Der Bau der musikalischen Sprache‹.

83 Kandinsky an Münter, 3./16. Oktober, 25. Oktober/8. November, 23. Oktober/5. November, 4./17. November und 10./23. November 1910.

84 Maurice Maeterlinck, 1862-1949, belgischer Schriftsteller, galt als einer der bedeutendsten Vertreter des Symbolismus. Kandinsky nannte ihn einen »Hellseher des Niedergangs«. (Über das Geistige i.d.K.). Doch das Märchengeschehen auf der Bühne des Moskauer Künstlertheaters enttäuschte ihn: »Viel zu grob ... Das halbe Theater waren Kinder, was ziemlich das richtige Publikum war«, schrieb er Gabriele Münter am 26. Oktober/8. November 1910.

85 Sergej Schtschukin entdeckte 1897 in Paris beim Galeristen Durand-Ruel Monets Bild *Flieder in Argenteuil* und sammelte bis 1914 221 Werke französischer Impressionisten. Er besaß je 50 Werke von Matisse und Picasso. Dazu: Morosow und Schtschukin – Die russischen Sammler, Ausst. Kat. Essen 1993. Georg-W. Költsch behandelt darin Kandinskys Verhältnis zu Schtschukin, S. 142 ff.

86 Kandinsky an Münter, 5./19. November, 10./23. November, 27. Oktober/9. November, 5./18. November und 8./21. November 1910.

87 Kandinsky an Münter, 15./28. Oktober 1910.

88 Gustav Meyrink, 1868-1932, Bankier, Mitarbeiter des Simplizissimus, Autor des Albert Langen-Verlags. Er beschwor als romantisch-okkulter Traumdichter das Unheimliche und Hintergründige. Im Experiment mit Drogen und parapsychologischen Phänomenen suchte er die Grenzerfahrung des eigenen Bewußtseins. Kandinsky schätzte seine phantastischen Erzählungen.

89 In diesem Brief vom 8. Dezember 1910 korrigierte Kandinsky eine Stelle, er hatte zuerst geschrieben: »Ich muß mich überhaupt oft stark wundern, was ich mir alles von dir gefallen lassen muß.« Das klang wie vom Schicksal auferlegt. Er milderte den Satz zu einer einfachen Feststellung ab: »... gefallen lasse«.

90 Gollek Nr. 129, S. 110.

91 Kandinsky an Münter, 2./15. und 3./16. Dezember 1910.

92 Die Versteigerung erwies sich bei der angestauten Bilderfülle als Vereinsrettung, sie erbrachte 3379 Mark, um Schulden zu decken. Von Münter und Kandinsky wurden insgesamt zehn Bilder verkauft.

93 Kandinsky an Münter, 2. Oktober 1911; Mein Werdegang, Die Gesammelten Schriften, S. 54.

94 Münter an Kandinsky, 30. November, 8. Dezember und 15. Dezember 1910. Abbildung der im 2. Weltkrieg zerstörten *Composition II*: Roethel/Benjamin Nr. 334, S. 314.

95 Kandinsky an Münter, 5./18. November 1910 und 18. November/1. Dezember 1910.

96 Über das Geistige i. d. K.: Kandinsky verwendet hier das gleiche Bild: Blöcke werden auf den Weg zur Höhe geworfen. »Unter Spott und Haß zieht er die sich sträubende, in Steinen steckende schwere Karre der Menschheit mit sich immer vor- und aufwärts.« S. 9.

97 Maria Franck, 1880-1955, ab Juni 1913 mit Franz Marc verheiratet, war staatlich geprüfte Zeichenlehrerin. Die Berlinerin lebte seit 1906 in München, seit 1909 mit Marc zeitweise in Sindelsdorf zusammen. Dazu Elisabeth Erdmann-Macke, Erinnerungen an August Macke, Stuttgart 1962, S. 181 und S. 281: »Franz Marc hatte im März 1907 die Malerin Maria Schnür geheiratet, die an seinem Anatomiekurs teilnahm. Eines Tages klagte sie Marc ihr Leid, sie habe ein Kind von Angelo Jank (der sie nicht heiraten wollte) und sie wolle ihm gerne einen Vater geben, und legte dem guten Franz nahe, ob er ihr nicht helfen wolle. In seiner Gutmütigkeit sagte er: ›Ja dees kön ma schon machen!‹ und sie ließen sich trauen ... Wenn man die Briefe liest, die Franz an sie geschrieben hat, so kann man sich nicht vorstellen, daß ihr Verhältnis nur eine Scheinehe gewesen sein soll.« Die Ehe wurde 1908 geschieden, da jedoch Maria Schnür entgegen ihrem vorherigen Scheidungsversprechen auf Ehebruch geklagt hatte, wurde ein Dispens zur Trauung Marcs und Francks mehrfach gerichtlich abgelehnt.

98 Franz Marc, 1880-1916, Ausst. Kat. München 1980, S. 29. Dazu auch: Klaus Lankheit, Franz Marc, Sein Leben und seine Kunst, Köln 1976; Franz Marc, Schriften, Hrsg. Klaus Lankheit, Köln 1978; Franz Marc im Urteil seiner Zeit, Einführung und erläuternde Texte von Klaus Lankheit, Köln 1960.

99 Marc an Münter, 17. März 1911. Kandinsky/Marc Briefwechsel, S. 25.

100 Franz Marc, 21. Juni 1900, Ausst. Kat. München 1980, S. 15.

101 Klaus Lankheit, Franz Marc im Urteil seiner Zeit, a. a. O., S. 43 ff.

102 Brief Marcs vom 30. April 1910 an Reinhard Piper, der diesen Text in sein 1910 erschienenes Buch ›Das Tier in der Kunst‹ aufnahm.

103 Kandinsky an Marc, 20. August 1911, Kandinsky/Marc Briefwechsel, S. 53.

104 August Macke, 1887-1914, der nach seinem Studium an der Düsseldorfer Kunstakademie ab 1907 durch mehrere Reisen nach Paris von Cézanne und den Fauves beeinflußt wurde, war am 6. Januar 1910

durch Marcs Tierlithographien in der Münchner Kunsthandlung Brakl so beeindruckt, daß er ihn in seinem Atelier in Schwabings Schellingstraße 33 aufsuchte. Der Briefwechsel einer damit beginnenden Freundschaft enthält eine umfangreiche Dokumentation zur damaligen Kunstentwicklung: Macke/Marc Briefwechsel.

105 Klaus Lankheit, Franz Marc im Urteil seiner Zeit, S. 46 ff.

106 Richard Seewald, 1889-1976, Maler, Graphiker und Schriftsteller. In ›Der Mann von Gegenüber‹, München 1963, schildert er Begegnungen (über Kandinsky S. 262-271). Weitere Erinnerungen in: Die Zeit befiehlt's, wir sind ihr untertan, München 1977.

107 Marc an Jawlensky, 13. Februar 1911 (GM/JE St).

108 Franz Marc an Maria Marc, 10. Februar 1911, Ausst. Kat. Franz Marc, München 1980, S. 117.

109 Streichquartett opus 10 von 1907, Klavierkonzert opus 11 von 1909 von Arnold Schönberg, 1874-1951, der als Autodidakt begann und nach einer Banklehre und eigenen Kompositionsversuchen 1901 am Berliner Kabarett ›Überbrettl‹ Kapellmeister wurde. Ab 1903 Lehrtätigkeit (von Webern und Berg als Schüler), 1911 publizierte er ›Die Harmonielehre‹, 1923 seine Zwölftonmethode. Nach der Emigration lehrte er an der University of California.

110 Franz Marc, Ausst. Kat. München 1980, S. 29.

111 Die Briefe Kandinskys und Gabriele Münters an Arnold Schönberg befinden sich in der Library of Congress in Washington, Schönbergs Briefe: GM/JE St. Dazu: Arnold Schönberg, Wassily Kandinsky, Briefe, Bilder und Dokumente einer außergewöhnlichen Begegnung, Hrsg. Jelena Hahl-Koch, München 1983.

112 Schönberg/Kandinsky Briefwechsel, S. 24.

113 Schönbergs Bühnenkomposition ›Die glückliche Hand‹ gleicht in ihrer Intention dem ›Gelben Klang‹ Kandinskys, verzichtet jedoch nicht auf einen logisch kausalen Handlungsstrang und beschränkt sich also nicht auf die symbolische Darstellung eines vom einzelmenschlichen Schicksal absehenden kosmischen Geschehens.

114 Schönberg an Kandinsky, 14. Dezember 1911, Schönberg/Kandinsky Briefwechsel, S. 53.

115 Marc an Macke, 14. Januar 1911. Macke/Marc Briefwechsel, S. 39.

116 Wassily Kandinsky, Der Blaue Reiter (Rückblick), in: Essays, S. 134, Anmerkung zur Ethnographie und zu dem »erschütternden Eindruck« von der Negerkunst im Museum für Völkerkunde in Berlin.

117 Wassily Kandinsky, Der Blaue Reiter (Rückblick), in: Essays, S. 134/135.

118 Kandinsky/Marc Briefwechsel, S. 40.

119 Carl Vinnen, Ein Protest deutscher Künstler, Jena 1911. Den Anlaß

dazu bot der Ankauf des van Gogh-Gemäldes *Mohnfeld* durch die Bremer Kunsthalle.

120 An dieser Gegendarstellung beteiligten sich G. Pauli, A. Lichtwark, M. Liebermann, M. Slevogt, L. Corinth, G. Kolbe, M. Beckmann, G. Klimt, W. Kandinsky, A. Macke, W. Worringer, P. Cassirer u.v.a. Reinhard Piper hat die Verhandlungen zu diesem Sammelband im ersten Teil seiner Autobiographie ›Vormittag‹, München 1947 (S. 269ff.), geschildert.

121 Kandinsky an Kubin, 22. September 1911.

122 Kandinsky an Münter, 27. Juni 1911.

123 Münter an Kandinsky, 28. Juni 1911.

124 Münters Kommentare zu den Exponaten sind von ihr im Katalog der XII. Ausstellung der Berliner Sezession vermerkt (GM/JE St).

125 Kandinsky an Münter, 7. Juli 1911.

126 Münter an Kandinsky, 24., 26. und 27. Juli 1911.

127 Macke an Marc, 3. August 1911, Macke/Marc Briefwechsel, S. 63.

128 Marc an Macke, 10. August 1911. Er fährt fort: »Ich glaube, diese zwei Eigenschaften sind der Grundzug ihres stillen Wesens.« Macke/Marc Briefwechsel, S. 65.

129 Macke an Marc, Weihnachten 1910, Macke/Marc Briefwechsel, S. 32.

130 Elisabeth Erdmann-Macke, Erinnerung an August Macke, a.a.O., S. 182.

131 Macke/Marc Briefwechsel, S. 70.

132 Kandinsky an Münter, 13. und 27. Juli und 4. und 6. August 1911.

133 So stellte Kandinsky das Hitze-Erlebnis – dramatischer als im Brief an Alfred Kubin – in ›Mein Werdegang‹ (1914) dar, Die Gesammelten Schriften, S. 56ff.

134 Über das Geistige i.d.K., S. 67.

135 Wassily Kandinsky, Mein Werdegang, Die Gesammelten Schriften, S. 57.

136 Manuskript GM/JE St.

11. Kapitel: Ritt ins Blaue

1 Franz Marc an seinen Bruder Paul, in: Franz Marc, Ausst. Kat. München 1980, S. 36.

2 Postkarte Franz Marcs an Wassily Kandinsky mit umstrittenem Poststempel vom 4. November 1911 (dazu Anm. 11 dieses Kap.).

3 Franz Marc im Urteil seiner Zeit, a.a.O., S. 48. Münter wird aus biographischen Gründen (Trennung) in späteren Schriften Kandinskys nicht mehr erwähnt. Sie bemerkt dazu in einem Brief an Johannes Eich-

ner vom 1. Januar 1935: »Eigentümlich ist es ja doch, daß sowohl in seinen als auch in meinen biographischen Texten der andere verschwiegen wird, – werden muß? Für ihn muß es wohl peinlich sein ... Und Sie tun es vielleicht der momentanen Opportunität wegen!«

4 *Romantische Landschaft*, 1911, Gollek Nr. 135, S. 116 und Titelbild. Roethel/Benjamin Nr. 374, S. 353, Farbtafel S. 359. In der Skizze der sog. Handliste Kandinskys fehlt der dritte Reiter.

5 Franz Marc, Ausst. Kat. München 1980, S. 36.

6 Johannes Eichner spricht hinsichtlich der Spaltung der NKVM von der »intriganten Werefkin« (a.a.O., S. 133) und verzeichnet dadurch ihr Bild. Der Bericht Maria Marcs entspricht dagegen Münters Darstellung: Macke/Marc Briefwechsel, S. 83. Dazu auch Bernd Fäthke: Marianne Werefkin, a.a.O., S. 123 ff.

7 *Composition V* (Das Jüngste Gericht), Roethel/Benjamin Nr. 400, S. 385, Farbtafel S. 388.

8 Werefkin und Jawlensky verließen die NKVM 1912, nachdem in einer verbandseigenen Veröffentlichung indirekte Angriffe gegen Kandinskys Kunst gerichtet und vor »Irrwegen von leeren Schwärmern und Betrügern« gewarnt wurde. »Ein paar Flecken und Farben, ein paar Linien und Zacken sind noch nicht Kunst« ... »Das Bild ist nicht allein Ausdruck, sondern auch Darstellung« ... »Ein Bild ohne Gegenstand ist sinnlos«. Otto Fischer, Das Neue Bild, München 1912, S. 15.

9 Briefe Bernhard Koehlers vom 5. Dezember 1911 und Georg Schroeters vom 4. Dezember 1911.

10 Heinrich Campendonk, 1889-1957, Schüler von Thorn-Prikker an der Kunstgewerbeschule in Krefeld, zog 1911, durch Franz Marc beeinflußt, nach Sindelsdorf. Er folgte 1926 einem Ruf an die Düsseldorfer Akademie, emigrierte und wurde 1935 Professor an der Reichsakademie für Bildende Kunst in Amsterdam. Heinrich Campendonk, Ausst. Kat. Krefeld 1989.

Jean Bloé Niestlé, 1884-1942, Schweizer Tiermaler, seit 1906 mit Franz Marc befreundet, zog 1910 nach Sindelsdorf. Er malte Vogelschwärme im Flug und Vögel in ihrer Umwelt. Marc verdankte ihm Anregungen zur Einfühlung in das Wesen der Tiere.

Zu David und Wladimir Burljuk siehe Kap. 10, Anm. 80.

Albert Bloch, 1882-1961, Illustrator und Karikaturist aus den USA, der 1908 nach München kam, zeigte auf der ersten Ausstellung der Redaktion Der Blaue Reiter 1911 sechs Gemälde, auf der zweiten 1912 acht Studien. 1921 kehrte er aufgrund von Lehraufträgen in die USA zurück.

11 Die Forschung rätselt über die obengenannte (Anm. 2) undatierte Postkarte Marcs, auf der er Kandinsky eine Saalzusage des Münchner Galeristen Thannhauser übermittelt und die den Poststempel des 4. November

1911 trägt. War der Ausstellungsraum zugesagt, ehe der Bruch mit der NKVM stattgefunden hatte? Dazu: Delaunay und Deutschland, Ausst. Kat. München 1985, S. 484; Klaus Lankheit, Der Blaue Reiter – Präzisierungen, in: Der Blaue Reiter, Ausst. Kat. Bern 1986, S. 223. – Marc erwähnt am 1. Februar 1912 die Hast der Vorbereitung im Hinblick auf eine notwendige »Verstärkung« für die Galerie des Sturm, der die Blaue Reiter-Ausstellung im Frühjahr 1912 übernehmen will: »Wir können den Berlinern nicht sagen, daß wir die Kollektion in 14 Tagen (wie es tatsächlich geschehen) zusammengesucht haben.« Kandinsky/Marc Briefwechsel, S. 138.

12 Robert Delaunay, 1885-1941, hatte 1904 zum ersten Mal im Salon des Indépendants und im Salon d'Automne in Paris ausgestellt, gleichzeitig mit Kandinsky, der jedoch mit dem damals spätimpressionistisch malenden Kollegen nicht bekannt wurde. Über prismatisch aufgelöste ›Fensterbilder‹ (1912) und scheinbar rotierende Kreisformen (1913) gelangte Delaunay zu abstrakten, geometrisch-flachen Farb-Rhythmen.

13 Guillaume Apollinaire, 1880-1918, eigentl. Wilhelm A. von Kostrowitsky, behandelte die kubistische Malerei in seinen Essays und machte 1905 auf die erste Ausstellung Picassos bei Ambroise Vollard in Paris aufmerksam. Dazu: Guillaume Apollinaire in Selbstzeugnissen und Bilddokumenten, dargestellt von Pascal Pia, Reinbek 1961.

14 Dazu: Gollek, S. 401 ff.

15 Piper hatte Kandinskys Beitrag zunächst als ungeeignet abgelehnt. Marc erreichte seine Veröffentlichung: »Kandinskys Kunst ist ebenso prophetisch wie seine Worte; – die einzige in unserem Kreis. Kandinsky ist der eigentliche Mittelpunkt der ganzen Bewegung ... Wenn Sie etwas Vertrauen in meinen Ernst setzen, so nehmen Sie diese Stimme auf, ohne die z. B. auch mein Artikel nur halb ist.« Marc an Piper, 13. Juli 1911, in: Reinhard Piper, Briefwechsel mit Autoren und Künstlern 1903-1953, Hrsg. Ulrike Buergel-Goodwin und Wolfram Göbel, München/Zürich 1979, S. 123.

16 Der Blaue Reiter, S. 75.

17 Münter an Schönberg, 21. Januar 1912.

18 Münter an Schönberg, 15. März 1912. Die nach Münters Beanstandung veränderte Namensfolge: Der Blaue Reiter, S. 74.

19 August Macke, Briefe an Elisabeth und die Freunde, hrsg. von Werner Frese und Ernst-Gerhard Güse, München 1987, S. 26.

20 Macke an Münter, 25. September 1911 (GM/JE St), auszugsweise abgedruckt bei Rosel Gollek, Indianer, Sturm und Masken, in: August Macke, Ausst. Kat. Münster/Bonn/München 1987, S. 44.

21 Elisabeth Erdmann-Macke, Erinnerung an August Macke, a. a. O., S. 188.

22 Elisabeth Erdmann-Macke, Erinnerung an August Macke, a. a. O., S. 187 ff.

23 Elisabeth Erdmann-Macke schildert eine Szene, bei der die Jungen sich das Lachen kaum verbeißen konnten, »während Kandinsky ganz ernsthaft am Harmonium saß und uns mit seinen Ergüssen beglücken wollte. Ella hatte wohl etwas bemerkt und zog sich übelwollend in ihre Gemächer zurück.« Erinnerung an August Macke, a.a.O., S. 188.

24 Wassily Kandinsky, Über die Formfrage, Der Blaue Reiter, S. 181; Franz Marc an Hugo von Tschudi, 24. Oktober 1911 (Marc-Nachlaß im Germanischen Nationalmuseum Nürnberg).

25 Macke an Marc, 22. Januar 1912, Macke/Marc Briefwechsel, S. 96 ff. Marc an Macke, 23. Januar 1912, Macke/Marc Briefwechsel, S. 97 ff.

26 Macke an Bernhard Koehler, 5. Februar 1912, in: August Macke, Briefe an Elisabeth und die Freunde, S. 280 und 278. Rückblickende Bemerkung von Franz Marc: Briefe aus dem Feld, neu herausgegeben von Klaus Lankheit und Uwe Steffen, München 1982, S. 145; Macke/Marc Briefwechsel, S. 99; August Macke, Briefe an Elisabeth, a.a.O., S. 278 ff.

27 Franz Marc, Ausst. Kat. München 1980, S. 23.

28 Maria Marc an Elisabeth Macke, 21. Januar 1913, Macke/Marc Briefwechsel, S. 149.

29 »Wenn ich malen könnte, fände ich wohl die Harmonie zwischen außen und innen im Leben.« Maria Marc an Münter, 15. Februar 1918, Kandinsky/Marc Briefwechsel, S. 286.

30 So berichtete sie nach Hörensagen über die Spaltung der NKVM: »Daß Jawlensky und die Baronin nicht mit austraten, hat persönliche, menschlich vollauf begreifliche Gründe, die wir respektieren. Sie haben sich vollkommen solidarisch mit unseren Absichten erklärt ...« Brief Maria Marcs an Macke vom 3. Dezember 1911, Macke/Marc Briefwechsel, S. 83 ff.
Erst der durch die Fronterlebnisse gereifte Marc wehrte die meist Verneinung auslösende Umklammerung durch Maria ab: »Führ Dein Wesen in's Fruchtbare statt in die Wüste des ewigen Jammerns und womöglich Hasses, der nie was gutes erzeugen kann.« An anderer Stelle ermahnte er sie: »Sei ... so offen wie sich's unter anständigen Menschen gehört. Ich sah nicht recht ein, warum Du das doppelte Spiel spielen willst ... Man muß so lebendig sein, immer wieder und immer noch einmal von vorn anfangen zu können, auch im Leben und *nie* etwas nachzutragen, (– eine ganz unnötige Last, die man da ›nachträgt‹).« Franz Marc, Briefe aus dem Feld, a.a.O., S. 78 und S. 145.

31 Briefe zur Sonderbund-Ausstellung: Macke/Marc Briefwechsel, S. 95 ff.; Kandinsky/Marc Briefwechsel: Mitte März Anfrage Marcs bei Kandinsky, ob Münter eine Einladung erhalten habe (S. 41), Weiteres zu diesem Thema S. 144 und 149. – Kandinsky war mit zwei, Marc mit fünf Werken bei der Sonderbund-Ausstellung vertreten.

32 Zur ›Brücke‹: Kandinsky/Marc Briefwechsel, S. 100-128 (3. Januar bis 4. Februar 1912). Brief Maria Marcs über Besuch bei den Brücke-Künstlern vom 25. Februar 1912, Macke/Marc Briefwechsel, S. 107.

33 Marc an Kandinsky, 23. Oktober 1912, Kandinsky/Marc Briefwechsel, S. 198. Die im April/Mai 1912 von Herwarth Walden in seiner Sturm-Galerie veranstaltete erste Futuristen-Ausstellung in Deutschland war inzwischen im Kölner Gereonsclub zu sehen. Sie war die zweite Ausstellung der im März des gleichen Jahres mit Bildern des Blauen Reiter und der Expressionisten eröffneten Sturm-Galerie, die Walden nach seiner seit 1910 bestehenden Zeitschrift ›Der Sturm‹ benannt hatte.

34 Kandinsky an Walden, 12. November 1913. Zu Walden s. Anm. 53 dieses Kapitels.

35 Marc an Macke, 26. Dezember 1913, Macke/Marc Briefwechsel, S. 176.

36 Münter an Eichner, 13. Februar 1933.

37 Zur Namensfindung in der Gartenlaube: Das Kunstblatt, 14. Jg., 1930, S. 59 (Anmerkung). Der dort veröffentlichte Brief Kandinskys an dessen Herausgeber, Paul Westheim, wurde nachgedruckt in: Essays, S. 133 (Anmerkung S. 137).

38 Klaus Lankheit, Franz Marc im Urteil seiner Zeit, a.a.O., S. 44.

39 Eichner, S. 148.

40 Ähnlich in ›Rückblicke‹, wo Kandinsky Marcs »feine, verständnis- und talentvolle geistige Mitarbeit und Hilfe« in einer Anerkennung würdigte. Die Gesammelten Schriften, S. 49.

41 Kandinsky/Marc Briefwechsel, S. 147.

42 Auf dem Hinterglasbild *Heiliger Georg II* (1911) stößt der Reiter noch die Lanze ins Maul des Drachen; Gollek Nr. 163, S. 132. Auch auf anderen Darstellungen (z.B. *St. Georg I*, Hinterglasbild, und *St. Georg II* Ölbild, Roethel/Benjamin 413 u. 382) ist der Reiter lanzenbewehrt.

43 Kandinsky an Marc, 20. März 1912, Kandinsky/Marc Briefwechsel, S. 147.

44 Marc an Kandinsky, 22. März 1912, Kandinsky/Marc Briefwechsel, S. 151.

45 Münter an Marc, 26. März 1912, Kandinsky/Marc Briefwechsel, S. 153.

46 Maria Marc an Macke, undatiert März u. 28. März 1912, Macke/Marc Briefwechsel, S. 115.

47 Briefe vom (undat.) März, 28. März, 4. April 1912, 21. März 1912; Macke/Marc Briefwechsel, S. 112ff.

48 Münter an Marc, 26. März 1912, Kandinsky/Marc Briefwechsel, S. 156.

49 Franz Marc stand mit der expressionistischen Lyrikerin Else Lasker-Schüler, 1869-1945, seit einem Zusammentreffen im Berliner ›Sturm‹, Dezember 1912, in brieflicher Verbindung. Er sandte der von 1899-1911 mit Herwarth Walden verheirateten Schriftstellerin im Jahre 1913

die ›Botschaften an den Prinzen Jussuf‹, zarte kleine Gemälde, thematisch an ihre Gedichte gebunden. Franz Marc/Else Lasker-Schüler, Der Blaue Reiter präsentiert Eurer Hoheit sein Blaues Pferd, Karten und Briefe, Ausst. Kat. München 1988.

50 Nichts Außergewöhnliches war dieser Angriff auf Münter, die mit Waldens zweiter Frau, Nell Roslund, befreundet war. Alfred Döblin, der ähnliche Auftritte der Lyrikerin erlebt hatte, nannte sie leidenschaftlich und unbändig, exaltiert bis zur Phantastik: Autobiographische Schriften, 1977, S. 465. Die Schauspielerin Tilla Durieux erinnerte sich an das »unberechenbare Benehmen der Hochbegabten«, die einmal in einem vollbesetzten Züricher Café mit ihrem Regenschirm auf die Frau des Verlegers Rascha einschlug, da sie glaubte, diese habe bei einer Lesung über eines ihrer Gedichte gelächelt. »Sie war dazu fähig, in mein Zimmer einzudringen, ohnmächtig hinzusinken, zu stöhnen, zu schreien und mir zu erzählen, ihr Mann habe sie mit einem Dolch bedroht und auch verletzt. Gelabt mit Beruhigungsmitteln und Cognak wankte sie endlich fort ...« Tilla Durieux, Eine Tür steht auf, Erinnerungen, Berlin 1966, S. 204. Auch Maria Marc wurde nach dem Tode ihres Mannes in einer Ausstellung von Lasker-Schüler grob beschimpft. Dazu: Nell Walden, Herwarth Walden, Berlin/Mainz 1963, S. 36.

51 Maria Marc an August Macke, 21. Januar 1913, Macke/Marc Briefwechsel, S. 147 ff., und an Kandinsky, 19. Januar 1913, Kandinsky/Marc Briefwechsel, S. 209.

52 Maria Marc an Macke, 21. Januar 1913, Macke/Marc Briefwechsel, S. 146.

53 Herwarth Walden (eigentl. Georg Levin), 1878-1941, gründete 1903 den ›Verein für Kunst‹ in Berlin, redigierte verschiedene Kunst-Zeitschriften, bis er im März 1910 eine eigene Zeitschrift, ›Der Sturm – Wochenschrift für Kultur und die Künste‹, gründete. Walden organisierte neben rund 200 Ausstellungen in seinen Berliner Räumen noch ca. 250-300 Ausstellungen in anderen Städten des In- und Auslandes. In seinem Verlag, der von 1910 bis 1932 bestand und dem ab 1912 eine Galerie angegliedert war, wurden sechs Sturm-Bilderbücher, Sturm-Kunstdrucke und -Künstlerpostkarten herausgegeben, in deren Serie Kandinskys Porträtphoto die Nr. 4, Münters die Nr. 12 trug. Ab 1916 wurde eine Sturm-Kunstschule eröffnet, für die Gabriele Münter ein Lehrangebot erhielt. Dazu: Georg Brühl, Herwarth Walden und der ›Der Sturm‹, Köln 1983.

54 Daniel-Henry Kahnweiler, 1884-1979, französischer Kunsthändler und -schriftsteller, eröffnete 1907 in Paris eine Galerie und vertrat den Kubismus mit persönlichem Engagement: Mes galéries et mes peintres (1961). Der Moderne Bund, Weggis, wurde 1910 gegründet durch Hans Arp, 1887-1966, Maler, Bildhauer, Schriftsteller und 1916 Dada-Mitbegrün-

der in Zürich; Walter Helbig, 1878-1968, kunstpolitisch aktiv in der ›Neuen Sezession‹ (1911) und der ›Novembergruppe‹ (1918) in Berlin, und Oscar Lüthy, 1882-1945. An seiner zweiten Ausstellung im Juli 1912 in Zürich beteiligten sich auch Kandinsky, Klee, Marc und Münter. Kandinsky an Marc, 6. Januar 1912, Kandinsky/Marc Briefwechsel, S. 105.

55 Franz Stadler, 1877-1959, Schüler von Heinrich Wölfflin, ab 1913 Privatdozent an der Universität Zürich. Werke: Dürers Apokalypse und ihr Umkreis, München 1929; Hans von Kulmbach, Wien 1936. Stadler war mit der Apokalypse durch die Beschäftigung mit Kandinskys Werken von 1911-1913 vertraut geworden. Kandinsky schenkte ihm zum Dank die *Improvisation 9* (Roethel/Benjamin Nr. 335, S. 315). Er besaß auch zahlreiche Bilder Münters, die seine Freundschaft schätzte.

56 Kandinsky an Münter, 30. Oktober/12. November und 16./29. November 1912. Der Briefwechsel zwischen Kandinsky und Marc spiegelt diese Auseinandersetzung von Oktober 1912 bis Juni 1913, als Marc seine Bilder von Goltz zurückzog. Karl Heinz Meissner, Der Handel mit Kunst in München, Neue Kunst – Hans Goltz, in: Ohne Auftrag, a. a. O., S. 58.

57 René Louis Moilliet, 1880-1962, war – von August Macke beeinflußt – einer der großen Aquarell-Maler. Der Schweizer hatte 1900-1903 in Worpswede Paula Modersohn-Becker und Rilke kennengelernt. Ins Werk Hermann Hesses ging er als »Louis der Grausame« (Klingsors letzter Sommer) ein, Hesse übernahm Züge seiner Aquarelltechnik. Mit Macke und Klee unternahm Moilliet 1914 die berühmte Tunisreise.

58 Tagebücher von Paul Klee 1898-1918, hrsg. u. eingeleitet von Felix Klee, Köln 1957, Eintragung 903. Dazu: Klee und Kandinsky, Erinnerung an eine Künstlerfreundschaft anläßlich Klees 100. Geburtstag, Ausst. Kat. Stuttgart 1979.

59 Es sei die »wüschte Fassung« der drei Porträts von Irmgard Levandowsky (Münter-Verwandschaft) gewesen, erinnerte sich Münter in einem Brief vom 27. April 1916 an Johannes Eichner.

60 Erinnerungen an Paul Klee, Hrsg. Ludwig Grote, München 1959, darin Gabriele Münter über Paul Klee, S. 40.

61 Edouard Roditi, Dialoge über Kunst, a.a.O., S. 166. *Mann im Sessel* wurde im Ersten Deutschen Herbstsalon ausgestellt und befindet sich heute in den Bayerischen Staatsgemäldesammlungen. Abbildung: Münter 1977, Nr. 62, S. 102.

62 Tagebücher von Paul Klee, a. a. O., Eintragung 1134.

63 Gabriele Münter, Tagebuch-Eintragung vom 27. Oktober 1926.

64 Der Blaue Reiter, S. 196; Gollek Nr. 392, S. 296.

65 Gollek Nr. 393, S. 270.

66 Marc an Kandinsky, 23. Juli 1913, Kandinsky/Marc Briefwechsel, S. 234.

67 Kandinskys Bemerkung befindet sich innerhalb seines Almanach-Beitrages ›Über die Formfrage‹. Der Blaue Reiter, S. 132 ff., Zitat von S. 180.

68 Münter an Kandinsky, 5. November 1910.

69 Kandinsky an Münter, 26. Oktober/8. November und 20. November/3. Dezember 1910.

70 Münter an Schönberg, 13. September 1912.

71 Münter 1977, Nr. 45, S. 82; Nr. 46, S. 83; Nr. 36, S. 72.

72 *Landstraße im Winter* (1911), Münter 1977, Nr. 48, S. 86; *See am Abend* (1914), ebd. Nr. 65, S. 103.

73 Münter an Wolfskehl, 5. März 1914.

74 Deutsche Tageszeitung vom 18. November 1911; Vorwärts vom 7. Dezember 1911; Berliner Börsen-Courier vom 26. November 1911.

75 Macke/Marc Briefwechsel, S. 81 (Zeitungsnotiz), S. 99 und S. 103.

76 Macke an Bernhard Koehler, ohne Datum 1913, Briefe an Elisabeth und die Freunde, S. 314: »Aber Delaunay hat eben mit dem räumlichen Eiffelturm angefangen und Kandinsky mit Lebkuchen.« So sei Kandinsky für ihn »sanft entschlafen«.

77 Macke bezieht sich auf Kandinskys *Komposition V*, Roethel/Benjamin Nr. 400, S. 385.

78 Klaus Brisch, Wassily Kandinsky, Untersuchung zur Entstehung der gegenstandslosen Malerei, Diss. Bonn 1955, vermutete schon in der Mitte von Kandinskys Gemälde *Alle Heiligen* einen weiblichen Schoß. Rose-Carol Washton Long, Kandinsky, The development of an Abstract style, Oxford 1980, vermutet sexuelle, spezifisch phallische Imaginationen, z. B. in *Improvisation* 2, S. 180, Fußnote 69. Als erster hat jedoch Hugo Debrunner, Wir entdecken Kandinsky, Zürich 1947, darauf hingewiesen, daß in spontanen Zeichnungen oder Gemälden Vexierbilder auftreten: »Aufgestaute, ins Bewußtsein noch nicht eingegliederte Irrationalkräfte drängen nach einer schöpferischen Entladung« (S. 30). Debrunner erkennt Gesichter und Profile, teilweise auf den Kopf gestellt (z. B. *Mit dem schwarzen Bogen)*, und zieht Parallelen zum Schriftbild, in dem er Nasenprofile und aggressive Ableitungen ins Unterbewußtsein zu erkennen glaubt.

79 Macke an Kandinsky, 12. Dezember 1911 und (ohne Tagesdatum) März 1912. August Macke, Briefe an Elisabeth und die Freunde, a. a. O., S. 283 und 270.

Aubrey Vincent Beardsley, 1872-1898, schuf im Geist des Fin de siècle und des englischen Jugendstils vorwiegend makabre und erotische Darstellungen.

80 Die Persiflage aus dem Jahre 1913 in: August Macke, Ausst. Kat. Münster/Bonn/München 1987, S. 48. Skizze 1912 in: Gustav Vriesen, August Macke, Stuttgart 1957, S. 107.

81 Macke an Köhler über einige von Marcs unter Kandinskys Einfluß entstandene Bilder: Briefe an Elisabeth, a.a.O., S. 278 ff. »Er soll nicht so groß tun und besser malen.«

82 Der Blaue Reiter, S. 54 und 59.

83 Dazu: Rosel Gollek, Indianer, Sturm und Masken, August Mackes Beitrag zum Blauen Reiter, in: August Macke, Ausst. Kat. Münster/Bonn/München 1987, S. 39-48.

84 Wilhelm Worringer, Abstraktion und Einfühlung, München 1908.

85 Wilhelm Worringer, a.a.O., S. 113.

86 Wilhelm Worringer, a.a.O., S. 58.

87 Kandinsky an Marc, 20. Juni 1912, Kandinsky/Marc Briefwechsel, S. 179.

88 Der Sturm, Jg. 4, 1913/14, Nr. 186/187, November 1913, S. 130.

89 *Lyrisches*, Roethel/Benjamin Nr. 377, S. 356; Kandinsky und München, Nr. 308, S. 312. Ein noch expressiverer Farbholzschnitt: Roethel, Graphik, Nr. 98, S. 196. Kandinsky und München, Nr. 311, S. 314. Die Gleichsetzung von ›lyrisch‹ und ›romantisch‹ im Brief Kandinskys an Grohmann (1930), Gollek, S. 333/135.

90 Bildtitel von 1910 und 1911, dazu Kap. 12, S. 424 und Anm. 17.

91 Kandinsky an Marc, 20. März 1912, Kandinsky/Marc Briefwechsel, S. 148.

92 Gabriele Münter, Tagebuch-Eintragung vom 6. November 1926.

93 Kandinsky an Münter, 10./23. November 1912.

12. Kapitel: Schwarze Flecken

1 Kandinsky an Walden, 6. September 1912.

2 Peg Weiss, Kandinsky and Old Russia, An Ethnographic Exploration, The documented Image, Visions in Art History, Syracuse University Press, New York 1987, S. 187-222.

3 Essays, S. 199.

4 Alexander Benois, 1870-1960, gehörte zur Petersburger Gruppe der Mir Iskusstva und war Mitbegründer der gleichnamigen Zeitschrift. Er schrieb u.a. das Libretto für Strawinskys Tanzspiel ›Petruschka‹, 1911 in Paris durch die Ballets Russes uraufgeführt. Kandinsky an Münter, 6./19. November 1912.

5 Karo Bube, siehe Kap. 10, S. 354. Nikolai Kulbin las den Text vor, wie schon im Dezember 1911 beim Allrussischen Künstlerkongreß in Petersburg (vgl. Kap. 10, Anm. 79).

6 Schtschukin, siehe Kap. 10, Anm. 85.

7 Kandinsky an Münter, 16./29. Oktober 1912; 4./17. November 1912.

8 Kandinsky an Münter, 6./19. November 1912.

9 Kandinsky an Münter, 25. Oktober/12. November 1911.

10 Dieses Haus mit 24 Wohnungen, in dem Kandinsky sich die sechste Etage mit einem kleinen Observatorium vorbehielt, befand sich an der Ecke der Straßen Dolguy und Trety Neopalimovsky, nahe dem Platz Zoubovsky, und blieb bis heute erhalten. Kandinsky verkaufte das Haus 1917 wegen zu hoher Belastungen.

11 Münter an Kandinsky, 14. und 22. Oktober und 6. November 1912.

12 *Der schwarze Fleck*, Holzschnitt 1912, in: Klänge, Gedichte in Prosa mit schwarz-weißen und farbigen Holzschnitten vom Stock gedruckt, München 1913, S. 59. Dazu: Ringbom, a.a.O., S. 100ff.
Schwarzer Fleck, Öl auf Leinwand 1912, Roethel/Benjamin Nr. 435, S. 425; Vorarbeiten: Hanfstaengl Nr. 202-204, S. 83. Auf Entwurf und Vorzeichnung sind die Liebespaare deutlicher zu erkennen, die im Gemälde wie in Farb-Auren aufgelöst erscheinen.

13 Hanfstaengl Nr. 200, Farbtafel S. 92.

14 Hanfstaengl Nr. 196, S. 80.

15 Die Symbolsprache entstammt christlichen Natur- und Kunstvorstellungen, die außer in den Handschriften des im 4. Jh. aus dem Griechischen übersetzten *Physiologos* (deutsch im 11. Jh.) auch der darstellenden Kunst – Fresken, Steinwerk – zu entnehmen waren.

16 Abbildungen: *Höllenhund und Paradiesvogel*, Gollek Nr. 164, S. 138; bei Roethel/Benjamin unter dem Titel *Phantasievogel und schwarzer Panther*, Nr. 416, S. 400; *Improvisation II*, Roethel/Benjamin Nr. 338, S. 312; Ausst. Kat. Der Blaue Reiter, Bern 1986, Nr. 44, S. 54; *Impression VI*, Gollek Nr. 134, S. 113; Roethel/Benjamin Nr. 390, S. 375.

17 *Improvisation 25 (Garten der Liebe)*, Roethel/Benjamin Nr. 430, S. 422.

18 Hanfstaengl Nr. 124, S. 55.

19 Dazu Kap. 8, Anm. 62.

20 *Mit dem schwarzen Bogen*, Roethel/Benjamin Nr. 436, S. 426; Johannes Langner: »Gegensätze und Widersprüche – das ist unsere Harmonie« (Interpretation des *Bildes mit dem schwarzen Bogen*), Kandinsky und München, S. 107-132.

21 *Dame in Moskau*, Öl auf Leinwand 1912, Gollek Nr. 141, S. 122; Hinterglasbild 1912, Gollek Nr. 174, S. 141.

22 Darauf weist auch Ringbom hin. Er hält *Dame in Moskau* für dasjenige Werk Kandinskys, das nicht nur am deutlichsten sein Interesse an den ›Gedankenformen‹ von Besant und Leadbeater zeigt, sondern auch eine biographische Verankerung. »Daß *Dame in Moskau* persönlich geladen ist, finde ich äußerst wahrscheinlich ... Daß es sich um Krankheit handelt, stimmt mit der theosophischen Bedeutungsschicht überein. Die Bildquelle stellt ja eine Gesundheitsaura dar, die angeblich die Lebens-

kraft aus der Sonne absorbiert ... Die Bedrohung besteht meines Erachtens darin, daß das Sonnenlicht schon teilweise abgeschirmt ist. Diese Deutung stimmt auch mit der Kompositionsskizze für *Schwarzer Fleck* überein.« Sixten Ringbom an Gisela Kleine, Februar 1988.

23 *Kuh in Moskau*, Hinterglasbild 1912, Gollek Nr. 173, S. 131.

24 Den »leichtsinnigen Charakter des sich nach allen Seiten verbrauchenden Gelbs« hat Kandinsky mehrfach betont. Abgekühlt durch Blau, bekäme Gelb, »diese typisch warme Farbe«, einen kränklichen Ton. Blau bremse das Gelb, »wobei schließlich ... beide entgegengesetzte Bewegungen sich gegenseitig vernichten und volle Unbeweglichkeit und Ruhe entsteht. Es entsteht Grün«, die »Farbe der satten Selbstzufriedenheit«. Über das Geistige i.d.K., S. 62.

25 Abbildung des dritten Bildes für das Bühnenspiel: Derouet/Boissel Nr. 164, S. 143. Kandinsky gab für diese Szene genaue Regieanweisungen. Das Tier sei kein Dekorationsstück, sondern habe an der Handlung teilzunehmen, sein Gemuhe müsse eine Art Wechselgesang mit dem Chor bilden. Später erweist sich die Kuh in ihrer Diesseitigkeit als Köder und Scheinwerk. Der Chor lenkt den Blick weg von ihr auf das, was zwischen den Dingen wirkt, »unter dem Tisch und weit über dem Dach«.

26 Wassily Kandinsky, Klänge, München o.J. (November 1912), Roethel, Graphik, S. 260 (Text: Abenteuer).

27 Über das Geistige i.d.K., S. 72.

28 Dazu: Kandinsky an Schönberg, 16. November 1911, Schönberg/Kandinsky Briefwechsel, S. 35.

29 Briefe: GM/JE St. Bogajéwska übersetzte für Kandinsky Paul Signacs Werk ›D' Eugène Delacroix au néo-impressionisme‹. Die Handschrift befindet sich in der Donation Nina Kandinsky, Musée national d' art moderne, Centre Georges Pompidou.

30 Zu Max Dietzels Neuem Kunstsalon: Karl Heinz Meissner, Der Handel mit Kunst in München, a.a.O., S. 68. – Diese Ausstellung bedeutete wohl die endgültige Trennung von der Kunsthandlung Hans Goltz als der bisherigen Geschäftsvertretung des Blauen Reiter.

31 Münter 1962, o. S.

32 Neues Tageblatt Stuttgart, 24. September 1913, Nr. 75.

33 Paul Westheim, Die Kunst der Jungen, Frankfurter Zeitung, 25. September 1913; Der Sturm der Mittelmäßigkeiten, März, 7. Jg., S. 541.

34 Neues Tageblatt Stuttgart, 24. September 1913, Nr. 75.

35 Kritiken zum Herbstsalon: Der Sturm, 4. Jg., Nr. 182/183, Oktober 1913, S. 114ff.

36 Arthur Jérome Eddy, 1859-1920, sah in der sogen. Armory-Schau (beim New Yorker 69ten Regiment Armory) Kandinskys Bilder. Da er sich als Autor des Buches ›Cubists and post-impressionism‹ (Chicago 1914) für

die neuere europäische Kunst einsetzte, hatte er Kandinsky gebeten, ihm Münchner Künstler zu empfehlen. Kandinsky nannte ihm am 17. Oktober 1913 in der angegebenen Reihenfolge Marc, Münter, Kubin, Bloch. Über Marc erklärte er: »Er verkauft ganz gut, wenn man an seinen Radikalismus denkt. Ich glaube, daß Sie ein Bild, ungefähr einen Quadratmeter groß, für 400-500 Mark bekommen könnten. Billiger kaum.« Eddy kaufte 16 Kandinsky-Bilder zu einem Gesamtpreis von 1000 Mark, darunter *Stelldichein* von 1902, eines der ersten Bilder, die auf seine Bekanntschaft mit Münter hinweisen.

37 Albert Verwey, 1865-1937, Erneuerer der niederländischen Dichtung, gehörte zum Kreis um Stefan George, der einen Teil seiner Dichtungen übersetzte. Die Verbindung von Kandinsky zu Verwey wurde durch Karl Wolfskehl geschaffen.

38 Dazu ein ironischer Hinweis Kandinskys an Walden über sein »Eigenlob«, 17. Oktober 1913 (Sturm-Archiv, s. o.).

39 GM/JE St. Dazu: Die Gesammelten Schriften, S. 144.

40 Joachim von Fiore, um 1130-1202, hatte in seiner aus der Bibeldeutung abgeleiteten Trinitätslehre das Ende vom Zeitalter des Sohnes und den Anbruch der Geist-Zeit schon für 1260 erwartet (Ende der neutestamentarischen Klerikerkirche). Trotz des Verbots seiner chiliastischen Prophetie hatte sie eine nachhaltige Wirkung, die sich auch in säkularisierten Endzeitvisionen niederschlug.

41 Kandinsky an Schönberg, 22. August 1912, Schönberg/Kandinsky Briefwechsel, S. 72.

42 Rückblicke, S. 47 ff.

43 Über das Geistige i.d.K., S. 79.

44 Guillaume Apollinaire, Méditations esthétiques, Les peintres cubistes, 1ère serie, Paris 1913. Apollinaires dem Sinn dieses Buches entsprechender Einführungsvortrag zur ersten deutschen Einzelausstellung Delaunays in der Sturm-Galerie vom 18. Januar 1913, ungefähr wiedergegeben in: Der Sturm, 3. Jg. 1912/13, S. 224 ff. u. 272 ff.

45 Lothar Schreyer, Erinnerungen an Sturm und Bauhaus, München 1956, S. 235.

46 Rückblicke, S. 48.

47 Carl Einstein nennt Kandinskys Bildsprache »psychographisch getrieben« und »egozentrisch begrenzt«: Die Kunst des 20. Jahrhunderts, Berlin 1926, S. 135 ff.

Willy Haas charakterisiert die eruptive Entäußerung Kandinskys: B. F. Dolbin/Willy Haas, Gesicht einer Epoche, München/Wien 1962, S. 68. »Bis etwa 1910 war Kandinsky ein braver ästhetischer Russe, der Rokoko- und Biedermeiergraphiken und anderes dekoratives Zeug produzierte, wie seine – damals größeren – Zeitgenossen Somoff, Benois und

Bakst. Plötzlich brach es aus ihm hervor – eine Flut von Farben, chaotisch und doch musikalisch, fast ein organischer Vorgang, ja ein Orgasmus.« Auf den autistischen Charakter der Malerei Kandinskys verweist auch Arnold Gehlen: Zeit-Bilder, Zur Soziologie und Ästhetik der Modernen Malerei, Frankfurt 1986. Die Kunst Kandinskys sei ein Reflex tragischen und persönlichen Schicksals und nicht ohne eine – bisher unterbliebene – biographische Aufschlüsselung zu verstehen.

48 Abbildung der *elf Einbandentwürfe*: Der Blaue Reiter, Ausst. Kat. Bern 1987, S. 96. Sie zeigen auch, daß zunächst die Farbe Rot in der Aura um den Reiter vorherrscht und erst zuletzt aus dem roten ein ›Blauer Reiter‹ wurde; s. *Allerheiligen I* (1911) Gollek Nr. 162, S. 137; *Apokalyptischer Reiter I* (1914) Gollek Nr. 179, S. 143.

49 Kandinskys eigene Schriften:
Über das Geistige in der Kunst, insbesondere in der Malerei, München, R. Piper, Dezember 1911, April [2]1912, Herbst [3]1912. Neu hrsg. von Max Bill, Bern 1952, [10]1983.
Der Blaue Reiter, hrsg. von Kandinsky und Franz Marc, München, R. Piper, Mai 1912, [2]1914. Dokumentarische Neuausgabe von Klaus Lankheit, München 1965, [5]1986.
Klänge, München, R. Piper, o. J. (November 1912).
Die Bilder, in: Arnold Schönberg, München, R. Piper, 1912, Faksimileausgabe München 1980.
Rückblicke, in: Kandinsky 1901-1913, Berlin, Der Sturm, 1913. Neu hrsg. von Ludwig Grote, Baden-Baden 1955, und Hans Konrad Roethel, in: Die Gesammelten Schriften, Bern 1980, S. 27ff. (siehe unten).
Punkt und Linie zu Fläche. Beitrag zur Analyse der malerischen Elemente (Bauhausbücher 9), München 1926.
Der Blaue Reiter (Rückblick), in: Das Kunstblatt 14. Februar 1930 (Brief an dessen Herausgeber Paul Westheim). Neu hrsg. in: Essays über Kunst und Künstler (siehe unten).
Essays über Kunst und Künstler. Hrsg. Max Bill, Stuttgart 1955, Bern [2]1963, [3]1973.
Zwölf Briefe von Wassily Kandinsky an Hans Thiemann 1933-1939, in: Wallraf-Richartz Jahrbuch 38, 1976, S. 155-166.
Kandinsky, Die Gesammelten Schriften. Hrsg. Hans K. Roethel und Jelena Hahl-Koch, Bd. I, Autobiographische, ethnographische und juristische Schriften, Bern 1980.

50 Neun Vorträge Steiners in Helsingfors vom 28. Mai-5. Juni 1913: Die okkulten Grundlagen der Bhagavad Gita. Am 5. Juni fand ein Vortrag für die russischen Hörer statt, der 1914 (als Zyklus 28) publiziert wurde und wegen der Nähe zum russischen Messianismus Wladimir Solowjews (1853-1900) große Beachtung fand.

51 Münter an Kandinsky, 7. Oktober 1912; Kandinsky an Münter, 14. Oktober 1912.

52 *Heiliger Georg und Drache* (GM/JE St).

53 *Heiliger Gabriel*, Gollek Nr. 168, S. 139.

54 *Heiliger Wladimir*, Gollek Nr. 160, S. 136.

55 *Improvisation 19*, Gollek Nr. 138, S. 119; Roethel/Benjamin Nr. 385, S. 368, Farbtafel S. 370.

56 Rückblicke, S. 41.

57 Zitat bei Debrunner, a. a. O., S. 18.

58 Kandinskys Ausführungen zu *Composition VI, Sintflut*: Sturm-Album, a. a. O., S. 35-38.

Münter berichtete in einem Brief am 8. Mai 1956 an Hans Ludwig Held, daß »in zahlreichen Gesprächen Kandinskys Überzeugung von einer aufwärtsführenden Evolution mit dem Pessimismus Kubins kämpfte«. (Handschriftensammlung der Münchner Stadtbibliothek, Monacensia). Kandinsky hatte Kubin am 14. Juni 1911 schon ermahnt: »Versuchen Sie doch energisch, die dunklen Gedanken zu verjagen, sie unterzukriegen ... Warum sehen Sie nur ›die andere Seite‹?«

Kubins 1908 erschienener phantastischer Roman ›Die andere Seite‹ schildert die beklemmende Phantasie eines zukünftigen Untergangs.

59 Erich Gutkind, geb. 1877 in Berlin, war dort 1932 zuletzt nachweisbar. Er emigrierte nach New York. Laut Bibliographia Judaica blieb sein weiteres Schicksal ungeklärt.

60 Die Widmungskarte blieb erhalten (GMS): »Überreicht von den Verfassern Dr. Frederik van Eeden, Holland, und Volker, Nikolassee, Berlin, Lückhoffstraße Nr. 33 am 14. Juni 1912«. Das Buch war bereits 1910 im Verlag Karl Schnabel, Berlin, erschienen.

61 Volker, Die siderische Geburt, Berlin 1910, Zitate von S. 9, 10, 58, 182.

62 Kandinsky an Münter, 9. April 1915.

63 Gutkind an Kandinsky, 9. Juli 1914. Dieser Zusage Kandinskys folgte ein Absagebrief aus Murnau, der Konzentration auf die Malerei und einen notwendigen Aufenthalt in Rußland ankündigt.

64 ›Arisch‹ wurde nicht mit antisemitisch gleichgesetzt. Man wollte bei der Neuschaffung Europas die Juden und andere nichtarische Stämme, etwa die Ugro-Finnen, einbeziehen (Sanskrit arya = der Edle).

65 Klaus Lankheit, Bibel-Illustrationen des Blauen Reiters, Anzeiger des Germanischen Nationalmuseums Nürnberg 1963, S. 193.

66 Die gegenseitige Abgrenzung der Standpunkte hatte nichts mit der menschlichen Hochachtung voreinander zu tun. Eine harmonische Kombination von ›hart‹ und ›weich‹ nannte Kandinsky Marc in einem Gedenkartikel zum Anlaß des 20. Todestages (Marc war 1916 vor Verdun gefallen) und rühmte dessen noblen Charakter. ›Unsere Freund-

schaft‹ überschrieb er den Beitrag, der gekürzt in ›Cahiers d'Art‹, Jg. 1936, H. 8-10, abgedruckt wurde. Ungekürzt in: Klaus Lankheit, Franz Marc im Urteil seiner Zeit, V. Beitrag, a. a. O., S. 41.

67 Dimitrij Mitrinovič, 1887-1953, betätigte sich nach Studienaufenthalten in Zagreb, Wien, Rom, Belgrad, Paris und München als politischer Publizist und vermischte nationalistischen Fanatismus mit weltbürgerlicher Agitation. Später gehörte er zum Kreis des kroatischen Separatisten Ivan Městrovič, 1883-1962, für dessen bildhauerisches Werk er sich einsetzte. – In England, wohin er 1914 illegal emigriert war, verbreitete er unter Pseudonym Gedankengut der sozialistischen Internationale.

68 Kandinsky an Marc, 23. Februar 1914, Kandinsky/Marc Briefwechsel, S. 251.

69 Richard Seewald, Der Mann von gegenüber, a. a. O., S. 264.

70 Stadler an Münter, 19. Mai 1914.

71 Hendrik Christian Andersen, Creation of a World Center of Communication, Paris 1913. Die Idealstadt sollte in Belgien, in der Schweiz oder an der Riviera gegründet werden.

72 Kandinsky an den Kunsthistoriker und Universitätsdozenten Dr. Fritz Burger, 1877-1916, 7. Juli 1914 (GM/JE St).

73 Mitrinovič an Kandinsky, 30. Juni 1914.

74 Gutkind an Kandinsky, 25. September 1914 (GM/JE St).

75 Marc an Kandinsky, 24. Oktober 1914, Kandinsky/Marc Briefwechsel, S. 263.

76 Kandinsky an Walden, 2. August 1914 und an Paul Klee, 10. Sept. 1914, in: Felix Klee, Paul Klee, Leben und Werk in Dokumenten, a. a. O., S. 64.

77 Kandinsky an Marc, 8. November 1914, Kandinsky/Marc Briefwechsel, S. 265.

78 Maria Marc an Münter, 23. April 1915. Der Brief spiegelt die erregte Auseinandersetzung der beiden Frauen über Opfermut und Heldentum, wobei Münter die Glorifizierung des Krieges und des Soldatentodes ablehnte. Kandinsky/Marc Briefwechsel, S. 272.

13. Kapitel: Entzweiung

1 Kandinsky an Münter, 24. Dezember 1914/6. Januar 1915.

2 Kandinsky an Münter, 12./25. Dezember 1914.

3 Kandinsky an Münter, 24. Dezember 1915/6. Januar 1916.

4 Ein Plan dieses Hauses: GM/JE St. – Abbildung des Hauses: Derouet/Boissel, S. 148/149.

5 Kandinsky an Münter, 27. März 1915/9. April 1915.

6 Die Briefe, die Gabriele Münter an Kandinsky nach Rußland schrieb, sind bis auf einige Entwürfe bisher nicht auffindbar. Man kann auf ihren Inhalt nur durch die Spiegelung in seinen Antwortbriefen schließen. Der Vermittler war Dr. Knut Ljunggren, Kandidat der Medizin, ein Schwager von Nell Walden. Er mußte die Briefe öffnen und in einem neubeschrifteten Briefumschlag weitersenden. Auch Telegramme wurden nun über Stockholm geschickt.

7 Kandinsky an Münter, 18./31. Mai 1915.

8 Kandinsky an Münter, 2./15. März 1915.

9 Dazu: Ejner Johansson, Gabriele Münter i Danmark, Berlingske Tidendes Kronik, 15. Februar 1965.

10 Nicolaus Lützhøft, in: ›Politiken‹ vom 3. Mai 1913.

11 Der polizeiliche Meldebogen für Ausländer (Serie B 5 vom 31. Juli 1915) vermerkt unter ›Bostad in Stockholm‹ den Namen der Pensionsinhaberin, Clara Louise Palm, und als ›Inflyttningsdag‹ den 30. Juli 1915. Heute befindet sich in dem großen Geschäftshaus am verkehrsreichen Platz, Stureplan 2, eine Filiale der Skandinaviska Enskilda Banken.

12 Carl Gummeson, 1869-1941, gelernter Buchhändler und Papier-Kaufmann, eröffnete 1914 einen Kunsthandel an der Strandvägen 17, der heute noch besteht. Gummeson hatte als einer der ersten erkannt, daß Stockholm als neutraler Ort ein Umschlagplatz für europäische Kunst werden könnte. Dazu: Vivian Endicott Barnett, Kandinsky and Sweden, Malmö Konsthall catalog No. 134, Moderna Museet catalog No. 231, 1989/90.

13 Johann Kaspar Lavater, 1741-1801, forschte nach der Ausprägung der Seele in Gesicht und Schädel: ›Physiognomische Fragmente zur Beförderung der Menschenkenntnis und Menschenliebe‹, 1775-1778. Gustav III. nahm diese Anregung auf und gründete die Porträt-Galerie.

14 Lilly Maria Rydström, 1891-1957, ausgebildet in Paris an der Académie ›La Palette‹ unter Le Fauconnier und André Dunoyer de Segonzac; die Korrespondenz mit Münter blieb nicht erhalten.

15 Lilly Rydström-Wickelberg, Gabriele Münter, in: Konstrevy, 1952, S. 216.

16 Brief Kandinskys am 12./25. Juli 1915. Alle Briefe Kandinskys sind ab Mai 1915 in französischer Sprache abgefaßt. (Zitate wurden von der Verfasserin übersetzt.)

17 Kandinsky an Münter, 25. Juli 1915/7. August 1915.

18 Kandinsky an Münter, 25. Juli 1915/7. August 1915.

19 Kandinsky an Münter, 8./21. September 1915.

20 Brief Anna Kandinskys, 12./25. November 1915.

21 Dieser Brieftext ist – als Konzept in französischer Sprache – auf dem Brief Anna Kandinskys erhalten geblieben.

22 Herwarth Walden veranstaltete eine Separat-Ausstellung Franz Marcs als 34. Sturm-Schau im September 1915 bei Gummeson mit mäßigem Echo.

23 Gabriele Münter, Aquarelle und Handzeichnungen, Ausst. Kat. Bremen 1973, Nr. 61 und 62, Pfeiffer-Belli/Helms, S. 32-34.

24 Svenska Dagbladet vom 19. Oktober 1915. Aftonbladet vom 20. Oktober 1915.

25 Konstrevy 1952, S. 217. Es handelt sich um einen Gedenkartikel zum 75. Geburtstag Gabriele Münters.

26 Für die biographischen Daten der hier behandelten skandinavischen Künstler oder Kunstkritiker sei auf folgende Lexika verwiesen: Svenskt Biografiskt Lexikon, Stockholm 1924; Weilbachs Kunstnerleksikon, 3 Bände, Kopenhagen 1947-52. Norsk Kunstnerleksikon, 4 Bände, Oslo 1982-1986.

27 Oskar Helge Lundholm, geb. 1891 und 1916 noch Student der Stockholmer Universität, erhielt aufgrund seiner wahrnehmungsphysiologischen Kunstanalysen das erste Stipendium der Schwedisch-Amerikanischen Stiftung. Er schickte Münter mit Widmung seine wiss. Ergebnisse: Om Gränsvärden och Rörelsevärden Hos Linjer och Ytor, Lund 1918. GM/JE St.

28 Die Baltische Ausstellung in Malmö von März bis August 1914 war ein künstlerischer Wettstreit zwischen den beiden größten Ostseemächten, Deutschland und Rußland. Die russische Kunst umfaßte fünf Ausstellungssäle mit 42 Malern und Bildhauern. Sieben der russischen Künstler kamen mit Kandinsky und Jawlensky aus München und stellten in einem besonderen Raum, dem berühmten ›Saal Nr. 53‹, aus.

29 Isaac Hirsche Grünewald, 1889-1946, gehörte zu einer Gruppe von Künstlern, die 1909 unter dem Namen ›De Unga‹ (Die Jungen) in Stockholm in einer vielbeachteten Ausstellung debütierten; von dem maßgeblichen Kritiker August Brunius zu den »Männern des Jahres 1909« ernannt. Durch kunstpolitische Aktivität war er im Ausland ein bekannter Repräsentant der schwedischen Kunst. Bestandskatalog des Moderna Museet Stockholm Nr. 806-816.

30 Diese Gruppe zeigte das Streben nach ›Synthese‹ im Verzicht auf Details, verbunden mit einer kontrastreichen Farbenstellung. Jolin, Grünewald und Hjertén (1885-1948) waren Matisse-Schüler. Gösta Adrian-Nilsson (1884-1965), bekannt unter der Signatur GAN, war Journalist des ›Dagens Nyheter‹ und malte in einer dem Kubismus angenäherten Weise. Er verbreitete avantgardistisches Ideengut und interpretierte in Schweden Kandinskys Werke sowie seine Schrift ›Über das Geistige in der Kunst‹.

31 *Musik* (1916), Ausst. Kat. Münter 1977, S. 106, Nr. 67. Im Svenskt Konstnärslexikon, 5 Bände, Malmö 1952-1967, III, S. 146, befindet sich

ein Photo des Malerehepaars Grünewald, auf dem Sigrid Hjertén Klavier spielt, während ihr Mann, Isaac Grünewald, neben ihr als Geiger steht. Er trägt einen Cut-ähnlichen Anzug ebenso wie der Geiger auf dem Ölgemälde Gabriele Münters. Auf dem Photo steht der Geiger rechts von der Klavierspielerin, in Haltung und der auffälligen Schnittart des Anzugs jedoch zweifellos mit dem Geiger auf Münters Gemälde *Musik* vergleichbar. Statt einer Zuhörerin ist auf dem Photo der Sohn des Ehepaares, Ivan, anwesend. Kinderbildnis (Ivan), 1916, Gollek Nr. 399, S. 275.

32 Carl Palme, Konstens Karyatider, a. a. O., S. 56 ff. Palme war nach seiner Münchner Zeit einer der ersten sieben Schüler in Matisse' zu Neujahr 1908 eröffneter Malschule geworden, hatte bei den Steins verkehrt (Gertrude Stein, a. a. O., S. 109 ff.) und in Berlin bei Emil Orlik, 1870-1932, die Feinheiten des japanischen Farbholzschnittes erlernt.

33 Sven Stibe, Poul Bjerres människouppfattning och hans syn på religionen, Diss. Upsala 1974 (Acta Universitatis Upsaliensis) und Johann Landquist: Poul Carl Bjerre, Stockholm 1964.

34 Nell Walden, geb. Roslund, 1887-1975, stammte aus Carlskrona/Schweden und war von 1912-1924 mit Herwarth Walden verheiratet. Sie hatte ein Musikstudium als Organistin abgeschlossen und begann im Herbst 1912, von Münter dazu ermutigt, eine Ausbildung als Malerin. Sie war beim ›Sturm‹ Waldens engste Mitarbeiterin.

35 Die Pariser Kunsthändler Rosenberg, Bernheim jeune und Durand-Ruel schlossen sich 1917 zusammen, um Wanderausstellungen französischer Kunst von Delacroix bis Picasso in Skandinavien zu arrangieren.

36 Arturo Ciacelli, einer Münter-Ausstellung nicht abgeneigt, wurde von Walden als ihrem Galeristen – und zugleich Vertreter Marinettis u. a. – als Geschäftspartner abgewehrt: »Er hat jedenfalls nichts mit den italienischen Futuristen gemeinsam, abgesehen davon, daß er widerrechtlich deren Manifeste ... verwendet, ebenso die Titel und schließlich auch die Bilder selbst, von ihm nachgemalt.« Walden an Münter, 13. Mai 1916. Trotz Waldens Ablehnung kam Münters Ausstellung bei Ciacelli zustande. Siehe Anm. 75 ds. Kap.

37 Die polizeiliche Anmeldeliste für Ausländer, abgeschlossen am 1. Januar 1916, vermerkt die polizeiliche Anmeldung von Basile Kandinsky, Artist, für den 30. Dezember, als Anschrift galt ebenfalls wie für Münter die Pension Palm, Stureplan 2, IV. Stock.

38 »Soviel ist sicher, daß die künstlerische Atmosphäre Moskaus Kandinsky nicht zur Arbeit inspirierte, während in Stockholm sofort vier Bilder entstehen«, urteilte sein Biograph Will Grohmann, a. a. O., S. 163.

39 Roethel/Benjamin II, Nr. 597, Bildtafel 585. Derouet/Boissel, S. 177.

40 *Bagatellen*, Hanfstaengl Nr. 316-330, S. 130 ff. *Heiliger Georg IV*, Wassily Kandinsky, Die erste sowjet. Retrospektive, a. a. O., Nr. 112.

41 Eugen, Prinz von Schweden, 1865-1947, Bruder des schwedischen Königs Gustav V., war Landschaftsmaler, Zeichner, Radierer und Kunstsammler. Als Schüler von Léon Bonnat, 1833-1922, in Paris schrieb er ›Souvenirs sur Bonnat‹, in: Revue de l'Art Ancien et Moderne, Jg. 45, 1924, H. 21/24.

42 Die Kritiken von Brunius, Asplund, Paulsson und das Presseecho dokumentiert Bengt Lärkner, Det Internationella Avantgardet och Sverige 1914-1925, Diss. Lund 1984, S. 164 ff.

43 Als Gabriele Münter im Jahre 1949 eine Buchbesprechung über ein Werk Bjerres, ›Varen in Argentinia‹, las, schrieb sie ihm spontan: »Die Erinnerung an Sie und die Stunden in Ihrem Hause wird so lebhaft, daß ich unwillkürlich an Sie schreiben möchte.« Ihr vierseitiger Brief enthält einen kurzen Lebensrückblick und die Bewertung der damaligen Ereignisse. Münter an Bjerre, 7. Juni 1949 (Vårstavi Stiftelsen Vårsta Grödinge Södertälje).

44 Kandinsky schenkte Bjerre, 1876-1964, zum Dank ein Aquarell, das ihn und seinen Freund, den Maler und Schriftsteller Ernst Norlind (1877-1952), in einer schwedischen Landschaft zeigt. Bjerre, an einen Baum gelehnt, ist in die Betrachtung eines großen (Seelen-?)Vogels versunken, während Norlind, ein Freund Walther Rathenaus und Verfasser pazifistischer Schriften, das Gewehr über dem Sattelknauf, zur Jagd reitet.
Abbildung in: Kandinsky, Kleine Freuden, Herausgegeben und mit Beiträgen von Vivian Endicott Barnett und Armin Zweite, Ausst.Kat. Düsseldorf/Stuttgart 1992, Tafel 48.

45 Siehe Anm. 30. Gummeson gab außer dem in zwei Auflagen gedruckten Katalog zu Kandinskys Ausstellung auch eine Broschüre Adrian-Nilssons über Kandinskys abstrakte Kunst heraus.

46 Siehe Anm. 27.

47 Gregor Paulsson, Kunsthistoriker und Kritiker an Stockholms Dagblad, war ab 1913 Kustos des Schwedischen Nationalmuseums, von 1916-1934 dessen Intendant und lehrte ab 1920 an der Universität Upsala.

48 Hanfstaengl, S. 133, Nr. 325.

49 Stockholms Dagblad vom 14. März 1916. Die Vergleiche mit den Futuristen bezogen sich auf eine Ausstellung der Nya Konstgalleriet Arturo Ciacellis mit Bildern von Jacques Lipchitz, Georges Rouault, André Lhote und ihm selbst.

50 Svenska Dagbladet vom 6. März 1916.

51 Dagens Nyheter vom 10. März 1916.

52 Münter an Schönberg, 8. Februar 1918.

53 Wassily Kandinsky, Om Konstnären, Gummesons Konsthandels Förlag, Stockholm 1916.

54 Aus dem deutschsprachigen Manuskript des Aufsatzes von Wassily Kandinsky, Om Konstnären, siehe Anm. 53.

55 Grohmann, a.a.O., S. 166; Eichner, S. 172.

56 Svenska Dagbladet vom 17. 1. 1918 vermerkte, daß es unter den im Berliner ›Sturm‹ Ausstellenden »glücklicherweise auch wirkliche Malerkräfte gebe: Gabriele Münter, die dem schwedischen Publikum schon bekannt ist, leuchtet hier wie ein Stern ... Ein Gleichgewicht in Kolorit und Komposition, das zu dem Gesundesten und Wahrsten in der modernen Kunst zu rechnen ist.« (August Brunius)

57 Münter an Walden, 2. Januar 1918 und 22. November 1918.

58 Kandinsky an Münter, 31. März 1916/3. April 1916.

59 Kandinsky an Münter, 8./21. April 1916.

60 Kandinsky an Münter, 14./27. Mai 1916.

61 Kandinsky an Münter, 8./21. Juni 1916.

62 Dr. Carl Sundbeck, Arnäsholm, 1865-1927, Theologe, hatte am griechischen Krieg gegen die Türken teilgenommen (1891) und nach seinem Studium in Heidelberg eine romantisch-idealistische Schilderung ›Das junge Deutschland‹ verfaßt.

63 Kandinsky an Münter, 15./29. September 1916.

64 Die gut besuchte Ausstellung fand anläßlich einer Veranstaltung des Roten Kreuzes statt. Gregor Paulsson in Stockholms Dagblad vom 20. Oktober 1916: »G. Münter ist da am besten, wo sie ein Erlebnis in ein paar Farben fängt, wo sie es in einer einfachen, naiven Synthese prägt, welche die Einzelheiten ihrem Schicksal überläßt. Da vermag sie zu fassen, was uns andern entgeht, das, was zu still ist, um gesagt zu werden.«

65 Kandinsky an Münter, 3./16. Oktober 1916.

66 Nina Kandinsky, Kandinsky und ich, a.a.O., S. 16.

67 Kandinsky an Münter, 29. August/11. September 1916.

68 Roethel/Benjamin Nr. 607-611, S. 581-584.

69 Kandinsky an Münter, 13./26. November 1916.

70 Kandinsky an Münter, 17./30. Dezember 1916.

71 Kandinsky an Münter, 16./29. Januar 1917.

72 Nina Kandinsky, a.a.O., S. 17. Diese Hochzeitsreise endete in Helsinki durch den Arbeiter- und Soldatenaufstand, der am 2./15. März 1917 die Abdankung von Zar Nikolaus II. erzwang.

73 Die Heirat fand am 11. Februar 1917 statt. Nina Nikolaevna Andreevskaja, die einem Adelsgeschlecht aus Tula entstammte, gibt eine Selbstdarstellung in ihrer Biographie, a.a.O., S. 18-20.

74 Vsevolod Kandinsky soll nach einer Information von Herrn Karl Flinker, Paris, durch eine Infektionskrankheit gestorben sein, eine Folge des Bürgerkrieges und der wirtschaftlichen Not in Moskau in jenen Jahren. Das Begräbnisbuch der Friedhofsverwaltung vermerkt als Todesdatum

den 16. Juni 1920. Das Grab befindet sich auf dem Friedhof des Nowodjewitschij-Monastyr in Moskau, neben denen seiner Großmutter, Olga Platonova Krylova, und Tatjana Nikolaevna Andreevskajas, der Schwester Nina Kandinskys (Kandinsky malte beide 1917: *Nina und Tatjana auf der Veranda*, Roethel/Benjamin Nr. 622, S. 593). Ein Photo Kandinskys mit Vsevolod erstmals in: Wassily Kandinsky, Die erste sowjetische Retrospektive, Ausst. Kat. Frankfurt 1989, S. 19.

75 Im Januar/Februar 1917 stellte Münter als Gast bei der Föreningen Svenska Konstnärinnor und der Vereinigung Bildender Künstlerinnen Österreichs 32 Gemälde in Liljevalchs Konsthall, Stockholm, aus, im Mai des gleichen Jahres 95 Nummern mit Georg Pauli in Ciacellis Nya Konstgalleriet, Stockholm. Juni/Juli 1917 war sie in einer Sturm-Gesamtschau in Berlin gut präsentiert. In der 58. Sturm-Schau im Dezember 1917 stellte sie gemeinsam mit Gösta Adrian-Nilsson (11 Bilder) und Paul Klee (39 Bilder) 53 Bilder aus. Im gleichen Monat fand eine Ausstellung von Sturm-Graphik in Stockholm statt, an der sie beteiligt war.

76 *Landleute*, Münter 1977, S. 130; Gollek, Hinterglasbilder, a.a.O., Tafel 11.

77 *Zirkusreiterin*, Münter 1977, S. 130; Gollek, Hinterglasbilder, a.a.O., Tafel 12.

78 *Straße in Vaxholm*, Münter 1977, S. 128; Gollek, Hinterglasbilder, a.a.O., Tafel 13.

79 *Dampfer vor Fabrik*, Münter 1977, S. 129.

80 *Im Salon*, Münter 1977, S. 127; Gollek, Hinterglasbilder, a.a.O., Tafel 14.

81 *Aus den 60er Jahren*, Münter 1977, S. 125; Gollek, Hinterglasbilder, a.a.O., Tafel 15. Das Glasbild beruht auf einem Porträt der Mutter des Dr. Sundbeck in Arnäsholm.

82 Drei Aquarell-Kopien befinden sich in der GM/JE St.

83 Gabriele Münter, Oil paintings 1903-1937, Ausst. Kat. Marlborough Fine Art Ltd., London 1960.

84 Auf die Parallele im Szenenaufbau des Bildes mit einer Photographie des Ehepaars Grünewald wurde in Anm. 31 dieses Kapitels hingewiesen.

85 *Krank*, Münter 1977, S. 105.

86 Tagebuch Beichte und Anklage, 1925. Anders Wissler, 1869-1941, war Skulpteur, Keramiker und Graphiker. Seine Frau Charlotta, genannt Bess, 1866-1952, war Zeichenlehrerin und Keramikerin. In ihrer Korrespondenz fand sich der Hinweis auf Münters Besuch vom 11.-18. August 1915. Brief von Ingrid Wissler an Gisela Kleine vom 26. Januar 1987.

87 Helms Nr. 56, S. 18.

88 Ausst. Kat. Gunzenhauser, München, Frühe Ölbilder, April 1971.

89 Pfeiffer-Belli/Helms, S. 80.

90 *Beim Uhrmacher*, nach dem Gemälde *Uhrmacherladen* (Abbildung Gabriele Münter, Galerie Orangerie Reinz, Ausst. Kat. Köln 1981, S. 19), ist neben anderen biographisch verankerten Radierungen wie *Suchende, In Erwartung, Mutter und Sohn* in: Helms, S. 17, Nr. 50-59. Sarah Gregg ist in ihrem Artikel ›Gabriele Münter in Sweden: Interlude and Separation‹ auf diese Uhren-Symbolik eingegangen. Arts Magazine, May 1981, S. 116.

91 Nell Walden an Münter, 14. November 1917.

92 Münter an Bjerre, 7. April 1949 (Vårstavi Stiftelsen, Vårsta Grödinge Södertälje).

93 Der Anlaß für die Übersiedlung nach Kopenhagen mag in der dortigen Ausstellung des Sturm im ›Kunstner-Kabaretten Ederkoppen‹ vom September/Oktober 1917 mit Bildern von Feininger, Kandinsky, Klee, Kokoschka, Marc und ihren Bildern zu sehen sein. Das Klima für Ausstellung und Verkauf erschien Münter dort wohl günstiger.

94 Münter an Schönberg, 8. Februar 1918.

95 Helms Nr. 57, S. 19.

96 Ejner Johansson, Gabriele Münter i Danmark, zitiert damit den Kritiker P. H. und verweist auf die Dysmorphysmus-Schelte des Arztes Carl Jul. Salomonsen (gegen den Sturm im Juli 1912), der die Voraussetzung solcher Kunst in einer Gehirnkrankheit mit physiologischen Folgen sah: Dysmorphismens Sygelige Natur, Kopenhagen 1920.

97 Stockholms Dagblad vom 14. März 1916.

98 Oluf Thomsen in ›Politiken‹ vom 2. November 1919 zu ›Den Frie Kunstudstilling‹, wo Münter sieben Gemälde zeigte.

99 Berlingske Tidendens Kronik vom 8. November 1919.

100 Gutkind an Münter, 19. Juni 1918.

101 Die Inserate erschienen am 16. Juli und am 19. Juli 1919.

102 *Strandbild Bornholm* vom 5. August 1919, Abbildung: Jawlensky and Mayor German Expressionists, Ausst. Kat. New York 1980, S. 60.

103 Der Katalog nennt unter 45 Gemälden – neben Bildern aus Schweden und Norwegen – von Bornholm *Hafenkonzert, Aufgehende Sonne, Sonnenaufgang in Mölle, Ruine Hammershus, Gudhjem, Straße in Sandvig* und *Salenebugten*. Dazu: Gabriele Münter, Murnau to Stockholm 1908-1917, Leonhard Hutton Galeries, Ausst. Kat. New York 1961.

104 K. P. Pontoppidan in ›Politiken‹, Kopenhagen, vom 5. Oktober 1919.

1 Ludwig Baehr, geboren 1871, war ein bei Adolf Hölzel in Dachau ausgebildeter Landschafts- und Bildnismaler. Meister der Farbe, Leipzig: E. A. Seemann, 13, 1916, S. 46ff. Er veröffentlichte ›Militärische Ansichtsskizzen‹, Vossische Buchhandlung Berlin, 1916, sowie eine satirische Weltbetrachtung ›Greifet, schleifet‹, Hannover o. J.
Die Einschaltung dieses Offiziers bei den Verhandlungen des Auswärtigen Amtes in Berlin und Moskau für Kandinskys Rückkehr blieb bisher unbeachtet. Nach Auskunft des Landesarchivs Berlin von 24. Juni 1987 und des Stadtarchivs Bad Pyrmont vom 13. Juli 1987 an die Verf. gibt es keine Vorgänge über Baehr. Im Berliner Adreßbuch ist Baehrs Name nicht zu finden, im Adreßbuch von Bad Pyrmont wird er von 1925-1929 aufgeführt.

2 Baehr an Münter, 4. September 1920.

3 Baehr an Münter, 20. Dezember 1920.

4 Die Klage Kandinskys wurde im Juni 1921 eingereicht, das Verfahren endete im Juni 1922 durch einen Vergleich. Zu diesem Rechtsstreit, bei dem es Kandinsky vor allem um die Rückgabe seiner frühen Werke ging, siehe auch: Nell Walden, Herwarth Walden, a. a. O., S. 21 ff. Auch Gabriele Münter forderte Schadenersatz für ihre verlorengegangenen Bilder; das führte im Juni 1924 zur gerichtlichen Klage, die jedoch aus formalen Gründen abgewiesen wurde.

5 Der Brief Kandinskys, von dem Walden Münter berichtet, befindet sich nicht im Sturm-Archiv, Handschriften-Abteilung der Staatsbibliothek Preußischer Kulturbesitz Berlin. Nach Auskunft der Zentral-Kartei der Autographen vom 16. 4. 1987 enthält das Sturm-Archiv keine Korrespondenz Waldens nach 1914.

6 Im Frühjahr 1919 wurde eine Verständigung zwischen der Weimarer Republik und der Sowjetunion zum geheimen Ausbau des Reichsheeres durch erste lose Kontakte zwischen Angehörigen der Reichswehr und Vertretern des bolschewistischen Regimes angestrebt. Karl Radek, Lenins Deutschlandexperte ab 1920, bezeugte die russischen Interessen an einer Beteiligung deutscher Industrieunternehmen beim Aufbau einer Rüstungsindustrie in der UdSSR. Ab März 1921 verhandelten Offiziere der Heeresleitung und Sachverständigengruppen mit dem Volkskommissar für Verteidigung, Leo Trotzki. In diese »Absprachen anderer Art« war wohl Kandinskys Rückkehr eingebunden, die, wie Nina Kandinsky in ihrer Biographie darlegte (a. a. O., S. 89), durch eine Vorladung Kandinskys bei Karl Radek eingeleitet wurde, die nach ihren Worten »zunächst das Schlimmste befürchten ließ«.

7 Münter an Baehr, 30. Juni 1921.

8 Baehr an Münter, 6. Juli 1921.

9 Baehr an Münter, 20. Juli 1921.

10 Baehr an Münter, 24. August 1921.

11 Nina Kandinsky gibt eine ähnliche Beschreibung ihrer Rückkehr in ihrer Biographie, a. a. O., S. 93.

12 Kandinsky an Schönberg, 3. Juli 1922, Schönberg/Kandinsky Briefwechsel, S. 88.

13 Seit Januar 1918 war Kandinsky Mitglied in dem von Wladimir Tatlin geleiteten Moskauer Künstlerkollegium für die bildenden Künste (IZO) innerhalb des Volkskommissariats für kulturelle Bildung (NARKOMPROS), das pädagogische, editorische und ausstellungspolitische Programme erstellte. Kandinsky leitete die Theater- und Filmabteilung der IZO, lehrte an den Staatlichen Kunstateliers für freie Künste, ihm unterstand das Atelier einer Malklasse. Er hatte eine Funktion im Internationalen Büro der IZO, die ihm ermöglichte, mit ausländischen Künstlergruppen – und somit wohl auch mit dem Bauhaus unter Walter Gropius – in Verbindung zu treten. Als Leiter des am 11. Februar 1919 in Petersburg gegründeten ›Museums für Malkultur‹ in Moskau und Vorsitzender von dessen Ankaufkommission konnte er für die Erwerbung des staatlichen Kunstfonds für ganz Rußland Richtlinien setzen; auf diese Weise gelangten zwischen 1919 und 1921 ca. 50 seiner eigenen Werke in Provinzmuseen, 133 Werke sind in der Sowjetunion heute bekannt und erfaßt (Ausst. Kat. Frankfurt 1989, S. 32). Im Mai 1920 wurde er Leiter eines von ihm initiierten »Instituts für künstlerische Kultur« (InChuk), dessen kunsttheoretisches Programm er entwarf, das aber in seiner analytisch-psychologisierenden Farben-, Formen- und Rezeptionstheorie bald Widerstand bei seinen Kollegen hervorrief, die einen produktionsorientierten Konstruktivismus vertraten und nicht Psychologie, sondern Soziologie allen künstlerischen Gruppenaktivitäten zugrunde legten.

Ende 1920 legte Kandinsky die Tätigkeit beim InChuk nieder. Als Vorsitzender des Gründungskomitees einer Russischen Akademie der Kunstwissenschaften arbeitete er für deren physiopsychologische Abteilung einen Plan aus, der jedoch nicht verwirklicht wurde. Seine Berufung zum Präsidenten dieser neuen Akademie fand entgegen seiner Erwartung nicht statt, ein Zeichen seiner Entfremdung von der russischen Führungsschicht.

Dazu: Ausst. Kat. Wassily Kandinsky, Russische Zeit und Bauhausjahre 1915-1933, Bauhaus-Archiv, Museum für Gestaltung, Berlin 1984; Jelena Hahl-Koch, Kandinskys role in the Russian Avantgarde, Ausst. Kat. The Russian Avantgarde 1910-1925, Los Angeles 1980; Derouet/Boissel, Kap. Moscou 1915-1921, S. 161 ff. Wassily Kandinsky, Die erste sowjetische Retrospektive, Ausst. Kat. Frankfurt 1989, S. 59 ff.

14 Nina Kandinsky, a.a.O., S. 91.

15 Beide Zitate aus: Wassily Kandinsky, Die erste sowjetische Retrospektive, Ausst. Kat. Frankfurt 1989, S. 53 und S. 75.

16 Dazu: Kandinsky, Kleine Freuden, Herausgegeben und mit Beiträgen von Vivian Endicott Barnett und Armin Zweite, Ausst.Kat. Kunstsammlung Nordrhein-Westfalen, Düsseldorf, und Staatsgalerie Stuttgart 1992, S. 23 ff. Charles W. Haxthausen, Der Künstler ohne Gemeinschaft, Kandinsky und die deutsche Kunstkritik, in: Kandinsky, Russische Zeit und Bauhausjahre, Ausst. Kat., a.a.O., S. 77. Konstantin Umanskij, Neue Kunst in Rußland, 1914-1919, Potsdam und München 1920, S. 20; Kandinskys Rolle im russischen Kunstleben, in: Der Ararat, 2. Sonderheft Mai-Juni 1920, S. 28; El Lissitzkij, Die Ausstellungen in Rußland, in: Westsch, Nr. 1/2, 1922, S. 18.

17 Jawlensky lebte nach der endgültigen Trennung von Marianne von Werefkin (Ascona) seit 1921 mit seiner Frau Helene und seinem Sohn Andreas, 1902-1984, in Wiesbaden.

18 Bezeugt durch Briefe zwischen Klee und Münter sind Unstimmigkeiten über die Rückgabe von zwei Gemälden Kandinskys, die Münter vor ihrem Aufbruch nach Goldach im Jahre 1915 in Klees Wohnung zur Aufbewahrung gebracht hatte. Ende September 1921 erhielt sie eine Antwort von Klee: Solange nicht geklärt sei, daß Kandinsky als Eigentümer ihr diese Bilder zuspräche, könne er sie aus rechtlichen Gründen nicht herausgeben. Münter nannte ihm Baehr als Briefvermittler. Am 1. November 1921 konnte Klee ihr Kandinskys Entscheidung mitteilen: Was bei Klee sei, möge er behalten.
Die Briefe befinden sich im Familienarchiv von Herrn Felix Klee, Bern, mit dessen freundlicher Erlaubnis sie hier angeführt werden.

19 Walter Gropius, 1883-1969, hatte nach seiner Ausbildung in Berlin und München bei Peter Behrens gearbeitet und war seit 1919 Direktor der Kunstakademie und der Schulen für angewandte Künste in Weimar, die er im Staatlichen Bauhaus zusammenfaßte.

20 Wurde nicht ein sehr persönlicher Grund für die innere und äußere Abkehr Kandinskys von Rußland bisher übersehen: der Verlust des kleinen Sohnes, der nach körperlichen Entbehrungen einer Infektionskrankheit erlegen war? Nach offiziellen Schätzungen sind damals nicht weniger als 5 Millionen Menschen durch Hunger und Seuchen gestorben; im Sommer 1921 wurde ein ›Komitee zur Bekämpfung der Hungersnot‹ eingesetzt. »Vielleicht, und das wäre lebensgeschichtlich sehr interessant, ist auch der Tod Volodias ein schwerwiegender Grund für die Annahme der Professur am Bauhaus 1921 gewesen«, vermutete der Pariser Kandinsky-Experte und Galerist Karl Flinker in einem Brief an Gisela Kleine vom 30. Januar 1987.

21 Münter war am 12. Mai 1920 von Berlin nach München gekommen, fand aber erst Ende Juni den Mut, das ›Russenhaus‹ wieder zu beziehen.
22 Baehr an Münter, 6. Januar 1922.
23 Karl Scheffler, Kunst und Künstler, Jg. 20, H. 9 (Juni 1922), S. 319.
24 Rudolf Steiner, Reden von Helsingfors, siehe 12. Kap., Anm. 50.
25 Münter an Siegel, 6. März 1926.
26 Hugo Ball an Hermann Hesse, 29. März 1922; in: Hugo Ball, Briefe 1911-1917, Köln 1957, S. 145.
27 Baehr an Münter, 14. Februar 1922; Münter an Siegel, ohne Datum.
28 Baehr an Münter, 6. April 1922.
29 Siegel an Kandinsky, 29. Mai 1922.
30 Siegel an Münter, 22. Mai 1923.
31 Münter an Siegel, 27. November 1924.
32 Wassily Kandinsky, Punkt und Linie zu Fläche, hrsg. von Walter Gropius und Laszlo Moholy-Nagy, München 1926. Dazu: Kap. 12, Anm. 49.
33 Paul Westheim, Das Kunstblatt, Jg. 6 1922, H. 6 (Juni), S. 269.
34 Carl Einstein, Die Kunst des 20. Jahrhunderts, Berlin 1926, S. 136.
35 Joseph Maria Olbrich, 1867-1908, war Schüler von Otto Wagner und wurde als Architekt durch das Ausstellungsgebäude der Wiener Sezession (1897/98) berühmt. In Darmstadt wurde ihm die Gestaltung der 1899 gegründeten Künstlerkolonie auf der Mathildenhöhe übertragen. Das Warenhaus Tietz in Düsseldorf (1907) entsprach seiner funktionalistischen Auffassung von Bauwerken.
36 Benno Reifenberg, Frankfurter Zeitung vom 9. Juni 1922.
37 Der Text dieses Pamphlets ist in einem Briefentwurf enthalten, den Gabriele Münter im Juni 1922 für Kandinsky schrieb.
38 Waldens Privatsammlung enthielt 1917 schon über 300 Werke. Nicht nur Gabriele Münter bezichtigte ihn des Spekulantentums. Moholy-Nagy erklärte: »Herwarth Walden ist Millionär geworden, er hat eine fabelhafte Sammlung – er bekam sie für ein Butterbrot.« Carola Hepp, Avantgarde, dtv 1280, München 1987, S. 134.
39 Kandinsky gibt diese Summe in einem Brief an Rechtsanwalt Siegel vom 8. Mai 1923 an.
40 Kandinsky an Schönberg, 3. Juli 1922, Schönberg/Kandinsky Briefwechsel, S. 86.
41 Kandinsky an Schönberg, 3. Juli 1922, Schönberg/Kandinsky Briefwechsel, S. 88.
42 Kandinsky an Schönberg, 15. April 1923, Schönberg/Kandinsky Briefwechsel, S. 90.
43 Lyonel Feininger, 1871-1956, stand seit 1913 dem ›Blauen Reiter‹ nahe und war von 1919-1933 am Bauhaus tätig. 1936 kehrte der in New York geborene deutsch-amerikanische Maler in die USA zurück.

44 Undatierter Notizzettel, eingefügt 1922; Tagebucheintragung 25. Dezember 1925; Münter an Siegel, 6. November 1925.

45 Kandinsky an Münter, 8. September 1904; Über das Geistige i.d.K., S. 99 und S. 76.

46 Tagebucheintragung vom 30. Dezember 1926. Das Tagebuch ›Beichte und Anklage‹ umfaßt in drei Heften die Zeit von März 1923 bis zum Spätherbst 1926. Vom 1. Heft sind nur noch zwei Seiten erhalten, das 2. Heft beginnt am 22. Februar 1924; das 3. Heft beginnt am 22. Dezember 1925 in Berlin. Ab Herbst 1926 lose Blätter: ›Tagebucheintragungen‹.

47 Beichte und Anklage, Heft 3.

48 Kandinsky, Die Bilder, Aufsatz in einer Festschrift für Arnold Schönberg, geschrieben 1912, Schönberg/Kandinsky Briefwechsel, S. 155.

49 *Mit dem schwarzen Bogen* (1912): siehe Kap. 12, S. 425; *Improvisation III* (1909): Derouet/Boissel, S. 89; *Impression V – Park* (1911): Derouet/Boissel, S. 115. Alle drei Bilder befinden sich im Centre Georges Pompidou, Paris.

50 Beichte und Anklage, Heft 2.

51 Johannes Müller, 1864-1949, gründete das ›Erholungsheim für Gesunde‹. Durch seine ›Grünen Blätter‹ festigte er die Verbindung zu seinen Gästen, die sich als eine gesinnungstreue Gemeinde verstanden. Seine lebenskundlichen Traktate fanden sich in der nachgelassenen Bibliothek Münters.

52 Dazu Renate Berger über die erste Ehe Müllers mit der Malerin Marianne Fiedler und seine zweite Ehe mit der Bildhauerin Irene Sattler: Malerinnen auf dem Weg ins 20. Jahrhundert, a.a.O., S. 232.

53 Johannes Müller, Der Beruf und die Stellung der Frau, Leipzig 1903, S. 13 ff. und S. 17.

54 Münter an Emmy Schroeter, 16. Oktober 1926.

55 Münter 1962, o. S.

56 Siehe Kapitel 10, S. 360.

57 Beichte und Anklage, Heft 2.

58 Über Münters Verhältnis zu Schroeters: Beichte und Anklage, 15. Mai 1925 und 14. September 1925; Münter an Emmy Schroeter, 16. Oktober 1926. Um den Querelen zu entgehen, bezog Gabriele Münter ein möbliertes Zimmer in Berlin W35, Flottwallstraße 3, wechselte jedoch häufig, überempfindlich gegen Mitbewohner, das Untermietverhältnis.

59 Münter an Maria Marc, 31. Dezember 1925, Kandinsky/Marc Briefwechsel, S. 292.

60 Das Neckisch-Verspielte, das Münter instinktiv als einen Hauptwesenszug Nina Kandinskys erkannte, betonte auch Paul Klee, der Nachbar und Kollege am Bauhaus, in Briefen an seine Frau Lily, so am 5. Juli 1922: »Nachher begleiteten sie uns (Ks.) durch den Park. Der war voller

Glühkäfer. Frau K. hatte Angst. Überhaupt ist die Welt für sie voller Tücken. Hier und da begegnet man sogar einem Hund. Und dann fliegt eine Mücke augwärts. Ein Kind von fünf Jahren! Nach Schlangen erkundigte sie sich sehr eingehend, bevor sie überhaupt den Park betrat.« Briefe an die Familie, Bd. 2, 1907-1940, a.a.O., S. 986. Ihr mutwilliges Geplapper nach einer Frankreichreise imitierte Klee am 15. September 1928 (a.a.O., S. 1068): »... und ich bin stolz in Frankreich, daß ich Frau bin, weil man ist so höflich überall und ... und ... und ... und ... hauptsächlicher Paris ...« Koketterie und Eleganz machten sie zum Mittelpunkt studentischer Feste, so daß Klee Lily am 29. November 1932 fragte: »Dessau senza Nina – che farà?« (a.a.O., S. 1203).

61 Beichte und Anklage, Heft 3, Eintragung vom 22. Mai 1926.

62 Tagebucheintragung vom 20. August 1926.

63 Beichte und Anklage, Eintragung vom 22. Mai 1926.

64 »Auf meinem Wanderleben in Pensionszimmern wurde auch nicht viel aus dem Malen, dafür pflegte ich in dem Jahrzehnt von 1920 bis 1930 in aller Stille die Zeichnung in meinem Skizzenbuch.« Gabriele Münter über sich selbst, in: Das Kunstwerk, Baden-Baden, Jg. 2 1949, H. 7, S. 52. »In dem Jahrzehnt zwischen 1920 und 1930 hatte ich keine fruchtbare Zeit in der Malerei. Ich lebte unstet hier und da, ... Da war das Skizzenbuch mein Freund, und die Zeichnung der Niederschlag meiner Augenerlebnisse.« Gabriele Münter, Bekenntnisse und Erinnerungen, in: Hartlaub, a.a.O. Solche Äußerungen wurden mißdeutet. Ein Beispiel: Ulrike Evers, Deutsche Künstlerinnen des 20. Jahrhunderts, Hamburg 1988, S. 244: »Gabriele Münter fühlt sich vernichtet, kann kaum noch arbeiten, fertigt in den 20er Jahren nur noch Zeichnungen an.«

65 Beichte und Anklage, Eintragung vom März 1924 in Murnau.

66 Beichte und Anklage, Eintragung vom Juni 1925 in Murnau.

67 So brachte ein Urlaub auf der Burg Lauenstein, August/September 1926, den Malantrieb: »Wenn ich Linien sehe, dann packt's mich, dann kann ich gar nicht anders.« Beichte und Anklage, Heft 3.

68 Tagebuch, Juli 1923.

69 Tagebuch, 30. Dezember 1926.

70 Max Ernst, 1891-1976, lebte ab 1922 in seiner Wahlheimat Paris, wo er als einer der Hauptvertreter der Surrealismus dem Kreis um André Breton, 1896-1966, Verfasser des ›Manifeste du surréalisme‹, 1924, angehörte.

Hans Arp, 1887-1966, hatte schon 1912 beim Blauen Reiter ausgestellt und war seit 1913 an Sturm-Ausstellungen beteiligt. Er war Mitbegründer des Dada Zürich, später surrealistischer Künstler, der Reliefs und Plastiken in Holz, Metall und Stein ausführte.

71 Raoul Hausmann, 1886-1971, auf dem Ausstellungsplakat ›Dadasoph‹

genannt, war Textgestalter und bildender Künstler und verfertigte Photomontagen und Kartonskulpturen.

Georg Grosz, 1893-1959, war als Maler und Graphiker einer der krassesten Satiriker der herrschenden Gesellschaftsschicht.

Richard Huelsenbeck, 1892-1974, griff sein Thema ›En avant Dada‹ (1926), ›Dada siegt‹ (1921) in seinen Erinnerungen 1957 wieder auf: ›Mit Witz, Licht und Grütze, auf den Spuren des Dadaismus‹.

72 Kandinskys Album ›Klänge‹, a. a. O., enthält neben 55 Holzschnitten 38 Prosa-Gedichte als optisch arrangierte Wort- bzw. Lautmalerei.

73 Gustav Friedrich Hartlaub, 1884-1963, war von 1923 bis 1933 Direktor der Kunsthalle Mannheim. Die unter dem Sammelbegriff Neue Sachlichkeit zusammengefaßten Strömungen waren Verismus, Neo-Naturalismus, Neo-Klassizismus oder Ingrismus, also bezeichnenderweise nach dem klassizistischen Maler J. A. D. Ingres, 1780-1867, benannt, der keine realistische Wiedergabe anstrebte, sondern die Darstellung einer von der Zeichnung her betonten und in glattem Kolorit illusionierten ›idealen Natur‹. Dazu: Kap. 8, Anm. 9.

74 Franz Roh, 1890-1965, prägte diese Bezeichnung (Nachexpressionismus 1925). Der Professor für neuere Malerei an der Universität München war mit Münter befreundet. Er wollte eine Rezeptionsgeschichte begründen: Der verkannte Künstler, Studien zur Geschichte und Theorie des kulturellen Mißverstehens, 1948. Ferner: Entartete Kunst. Kunstbarbarei im Dritten Reich, Hannover 1962.

75 »Das ist zu meiner Kunst antipodisch und wächst innerlich aus derselben Wurzel.« Kandinsky an Schönberg, 16. November 1911, Schönberg/Kandinsky Briefwechsel, S. 35.

76 Beichte und Anklage, 17. September 1926.

77 Arthur Segal, 1875-1944, Maler, Bildhauer, Schriftsteller, hatte in Berlin, München, Dachau und Paris studiert. Im Weimarer Staat protegierte er neben Käthe Kollwitz die Ausstellungen ›Künstler im Klassenkampf‹ im Graphischen Block Berlin. Er lehrte an der Weimarer Kunstschule. Von 1920 bis 1933 unterhielt er in Berlin eine eigene Malschule. Ausst. Kat. Arthur Segal, Köln/Berlin/Regensburg/Ascona/Tel Aviv 1987.

78 Münchner Zeitung vom 14. Dezember 1920, die Kritik wurde mit R. V. gezeichnet.

79 Frankfurter Zeitung vom 27. Februar 1921.

80 Münchner Neueste Nachrichten vom 24./25. Dezember 1920.

81 Kunstschau der ›Münchner Post‹ vom 24. Dezember 1920, Kritiker war Hermann Esswein.

82 Frankfurter Generalanzeiger vom 18. Februar 1921.

83 Münter an Siegel, 1. Oktober 1922.

84 Sie erreichte Sonderausstellungen aufgrund alter Verbindungen im Köl-

ner Kunstverein, im Krefelder Kaiser Wilhelm-Museum, bei Baedeker in Essen und im Städtischen Museum Duisburg (Wanderausstellung 1925).

85 Emmy Scheyer, 1889-1945, bewog im März 1924 Feininger, Jawlensky, Kandinsky und Klee, sich zur Gruppe der Blauen Vier zusammenzuschließen, die sie – besonders in den USA – durch Vorträge und Ausstellungen bekanntmachte. Clemens Weiler, Jawlensky, a.a.O., S. 119ff.; ›The Blue Four‹, in: ›Du‹ vom 6. Juni 1975, S. 16. Peg Weiss, The Blue Four – A Dialogue with America, The Correspondance of Lyonel Feininger, Alexei Jawlensky, Vasily Kandinsky and Paul Klee with Galka Scheyer, University of California Press, in Vorbereitung.

86 Bernd Fäthke, Marianne Werefkin, a.a.O., S. 138. Fäthke beschreibt die späten Jahre der Werefkin im Schlußkapitel ›Ascona‹. – Zur Werefkin auch der Augenzeuge Curt Riess, Ascona, Zürich 1964, S. 72: »Sie konnte wie eine große Dame auftreten, und sie konnte fluchen wie ein Marktweib.«

87 Münter an Eichner, ohne Tagesdatum, März 1928.

88 Braunschweiger Neueste Nachrichten vom 19. Oktober 1926 und Braunschweiger Volksfreund vom 23. Oktober 1926.

89 Die Zeitschrift ›Frau und Gegenwart‹ vom 7. Juni 1927 brachte eine Reproduktion. Unter den Ausstellenden waren Paula Modersohn-Bekker, Käthe Kollwitz, Nell Walden-Heimann, Sabine Lepsius, Charlotte Behrend, Grete Csaky-Copony und Lulu Albert-Lasard. Die schaffende Frau in der bildenden Kunst, Ausst. Kat. Berlin 1927.

90 Ausstellungsbroschüre: Verein 1927.

91 Tagebuch, 30. Dezember 1926.

92 Segal an Münter, 6. März 1929.

93 Vossische Zeitung vom 6. Dezember 1930 zur Ausstellung bei Wilschek, Berlin. Trotz dieser einschränkenden Bemerkung zollte man Münter noch »Respekt als einstiger Vorkämpferin der erlösenden Bewegung von 1909«.

94 Abbildungen: Gabriele Münter, 1877-1962, Ausst. Kat. Orangerie/Reinz, Köln 1981, S. 33 und S. 27.

95 Tagebuch, 7. Januar 1927.

15. Kapitel: Der Freund

1 Johannes Eichner, geb. am 31. 3. 1886, gest. am 11. 2. 1958. In seinem Nachlaß befanden sich unveröffentlichte Aphorismensammlungen: »Ich und die Welt« und »Eine Handvoll Gedanken«.

2 Westfälisch Platt (Westniederdeutsch): »Gerade durch«.

3 Münter an Eichner, 28. Januar 1928.

4 Aphorismensammlung ›Eine Handvoll Gedanken‹.

5 Die im Nachlaß als Typoskript erhaltene Rezension beweist Eichners moralisierenden Aspekt auf ein Kunstwerk. So sieht er Hesse als einen »selber ganz morbiden Menschen, der zwar die Zugänge zu den fesselndsten Seelenabgründen hat, aber nicht den hohen Standort, um aus einer reinen Luft heraus, aus freier Überschau und Beziehung auf die Gesamtheit der Lebensfragen und -werte seine Erlebnisse abzuwägen und zu gestalten«. Kunst als Therapie und Leidverarbeitung oder als Entwurf eines alternativen Ich zu sehen, war Eichner verwehrt, denn er war dem idealistischen Kunstideal und dem Geniebegriff der Klassik verpflichtet, was ihm auch den Zugang zur modernen bildenden Kunst erschwerte.

6 Münter an Eichner, 19. April 1928.

7 Eichner an Münter, undatiert, April 1928 einzuordnen.

8 Alle angeführten autobiographischen Schriften Eichners befinden sich unveröffentlicht in seinem Nachlaß.

9 Heinrich Wölfflin, 1864-1945, war Schüler von Jacob Burckhardt und dessen Lehrstuhlnachfolger in Basel, er wechselte dann über an die Universitäten München, Berlin und Zürich. Seine Hauptforschungen richteten sich auf kunstgeschichtliche Grundbegriffe, Fragen der Stilbildung von der Renaissance bis zum Barock.

10 Eichner an Münter, 28. Oktober 1928.

11 Auf diesen Vater-Sohn-Konflikt deutet eines seiner Gedichte hin, das 1901 entstand: »Ernster, blasser, böser Mann, / Der so hart die Worte setzt, / Seh ich dich und hör dich an / Fühl ich immer mich verletzt. // Quältest mich mit deinem stillen / Streng verhaltnem großen Dulden, / Der du trägst mit starrem Willen, / Einsam, keinem was zu schulden. // Schmähest mit dem stummen, matten / Augenwenden Gottes Welten, / Deine gelben, lebenssatten / Hände alles Leben schelten.«

12 Münter an Eichner, April 1928.

13 Zeitschrift für Philosophie und philosophische Kritik, Leipzig 1913, S. 211.

14 Adolf von Hildebrand, 1847-1921, fand in Rom durch Hans von Marées und in Berlin durch Konrad Fiedler zur klassisch-beruhigten Form seiner Bildnisse, die er in einer 1893 in Straßburg erschienenen Kunsttheorie erörterte.

15 Johannes Eichner, Die farbige Welt des Malers Hermann Konnerth, Westermanns Monatshefte, Bd. 147, I, H. 878, Oktober 1929, S. 145.

16 Konrad Fiedler, 1841-1895, wies das ›ästhetische Vermögen‹ als Strukturelement des menschlichen Bewußtseins aus, ohne das der Mensch nicht zu klarer Wahrnehmung der sichtbaren Welt gelangen könne. Sinn und Trieb der künstlerischen Tätigkeit bestehe somit in einer Klärung des Wirklichkeitsbewußtseins. Das ästhetische Bewußtsein, sozusagen

gattungsmäßig und a priori in allen Menschen angelegt, sei die Voraussetzung für die geistige Einordnung von Netzhauteindrücken und die allgemeingültige Erkenntnis von Phänomenen. Schriften über die Kunst, hrsg. 1896 von G. Jachmann, fortgeführt von H. Konnerth 1913/14. Fiedlers Briefwechsel mit Adolf von Hildebrand, hrsg. von Georg Jachmann, München 1924/1927.

17 Eichner rezensierte Konnerths Buch: Die Kunsttheorie Konrad Fiedlers, München 1909, in: Zeitschrift für Philosophie und philosophische Kritik, Leipzig 1910, S. 229, und Konrad Fiedlers Schriften über Kunst, Hrsg. Hermann Konnerth, 2 Bde., München 1913 und 1914, ebenda, Leipzig 1915, S. 244.

18 Die Deutsche Allgemeine Zeitung (DAZ) war 1918 als nationalliberale Tageszeitung aus der 1861 in Berlin gegründeten Norddeutschen Allgemeinen Zeitung hervorgegangen, dem staatlich subventionierten Sprachrohr Bismarcks – ›Kanzlerblatt‹. Sie gehörte ab 1919 zum Stinnes-Konzern und war 1925/27 – zur Zeit von Eichners Mitarbeit – in preußischem bzw. Reichsbesitz.

19 Eichner an Münter, 14. Januar 1928.

20 Johannes Eichner, Sichtbarkeit im Film, DAZ vom 20. Dezember 1924, Nr. 599.

21 Eichner übernahm diese Formulierung von Erwin Ackerknecht, dessen Buch ›Lichtspielfragen‹, Berlin 1928, er unter dem Titel ›Volksunterhaltung – Volksbildung‹ in der DAZ vom 15. März 1929, Nr. 126, besprach.

22 Johannes Eichner, Wettrennen der Kinorevolutionen, DAZ vom 4. Januar 1930, Nr. 3/4.

23 Johannes Eichner, Sichtbarkeit im Film, a. a. O.

24 Der Film als Kulturzerstäuber, DAZ, 2. März 1929, Nr. 101.

25 Johannes Eichner, DAZ vom 2. März 1929, Nr. 101/102; DAZ vom 6. Oktober 1928, Nr. 469; DAZ vom 7. Dezember 1929, Nr. 568; DAZ vom 23. März 1929, Nr. 137/138.

26 Notiz Johannes Eichners vom 14. September 1920.

27 Eichner an Münter, 6. August 1928.

28 Münter an Eichner, 24. September 1928.

29 Münter an Eichner, 23. Oktober 1928.

30 Münter an Eichner, 23. Oktober 1928.

31 Eichner an Münter, 8. September 1928.

32 Münter an Eichner, 9. August 1928.

33 Diese Empfehlungen Eichners für Bildtitel und Motive finden sich in seinen Briefen vom 6. August, 13. August, 18. August, 29. September 1928.

34 Eichner an Münter, 18. August 1928.

35 Eichner an Münter, 6. August 1928 und 9. Juni 1928. *Die Sinnende,* ein

1917 in Stockholm entstandenes Porträt, wurde von Münter mehrfach kopiert. Münter 1977, S. 107.

36 Johannes Eichner, Die farbige Welt des Malers Hermann Konnerth, in: Westermanns Monatshefte, Bd. 147, H. 878, Oktober 1929, S. 145.

37 Münter an Eichner, 10. Oktober 1928.

38 Eichner an Münter, 16. August 1929.

39 Anschriften Gabriele Münters in Paris: Hotel d'Odessa, 28 rue d'Odessa; Paris, 85 Bd. Montmorency, Pension Fleurettes; Paris VI, 5 Rue Pegny, Pension de Famille; Paris VIII, 74 rue de la Glacière, Hotel des Terrasses.

40 Eichner an Münter, 22. November 1929.

41 Münter an Eichner, 7. Januar 1930.

42 Münter an Eichner, 26. Dezember 1929.

43 Eichner an Münter, 18. November 1929.

44 Julius Wolfgang Schülein, 1881-1970, der von 1908 bis 1930 ein Atelier in München hatte, war Mitbegründer der Neuen Münchner Sezession. Susanne Carvallo, 1883-1972. Dazu: Anton Sailer, Zum hundertsten Geburtstag des Malers J. W. Schülein, in: Die Kunst und das schöne Heim, Jg. 93 1981, S. 343. Julius W. Schülein, Gemälde, Zeichnungen, Aquarelle, Druckgraphik, Ausst. Kat. München 1973.

45 Münter an Eichner, 1. Dezember 1929 mit Schilderung des Empfangs.

46 Eichner an Münter, 31. Januar 1930.

47 Eichner an Münter, 26. Oktober 1929.

48 Eichner an Münter, 28. Januar 1930.

49 Tagebuch, 14. Juni 1936.

50 Eichner an Münter, 31. Januar 1930.

51 Münter an Eichner, 16. Januar 1930.

52 In seinen nicht veröffentlichten Erinnerungen ›Johannes Eichner und der Blaue Reiter‹ schreibt Joachim von Seydlitz-Kurzbach, ein Neffe Eichners: »Meine Mutter berichtete einmal von einem Gespräch mit ihrem Bruder, das mich sehr berührt hat und Licht auf sein Verhältnis zu Münter warf. Als Gabriele Münter und Eichner in den 50er Jahren eine Italienreise machten, stürzte Ei in einer Kirche und brach sich den Fuß. Er kam dort in ein Krankenhaus und Gabriele Münter blieb über Nacht in seinem Zimmer. Ei sagte später meiner Mutter, daß es das erste und einzige Mal gewesen sei, daß eine Frau eine Nacht in seinem Zimmer zugebracht habe.«

53 Eichner an Münter, 16. Januar 1930.

54 Eichner an Münter, 31. Januar 1930.

55 Münter an Eichner, 19. Februar 1930.

56 Eichner an Münter, 31. Januar 1930.

57 Eichner an Münter, 7. August 1930.

58 Der Aufenthalt in Sanary sur Mer: 14. September-29. Oktober 1930, von dort kehrten Münter und Eichner nach Berlin zurück. Münter blieb bis zum 31. März 1931 und übersiedelte dann nach Murnau.

59 Beide Orte wurden ab 1933 ein Fluchtziel für die deutsche Exil-Literatur. Thomas Mann kam im Mai 1933 und arbeitete dort am zweiten Band seines Joseph-Romans. Heinrich Mann begann in Sanary sein großes Romanwerk Henri IV (Heinrich IV. von Toulon), Julius Meier-Graefe lebte im benachbarten St. Cyr, wo er 1935 starb. Arnold Zweig, Lion Feuchtwanger, Ernst Toller, Bert Brecht, Hermann Kesten, Erwin Piscator, Franz Werfel, Wilhelm Herzog und andere lebten zeitweise dort.

60 Einige Bildtitel: *Gelbes Haus bei St. Cyr, Hafen Cassis, Sanary vom Balkon, Strandbilder, Abend am Hafen Bandol, Palmen in Bandol, Bucht und Berg St. Ciotat, Aloen, Pont Marie.*

61 Eichner an Münter, 11. November 1929. Im Laufe der Zeit änderte sich sein Urteil: 1949 rühmte er anläßlich der Ausstellung ›Der Blaue Reiter‹ (siehe Kap. 17) in einer unveröffentlichten Rezension, daß Klee »Abkürzungen von suggestiver Kühnheit zeigt und die Tür zu den verblüffend anschaulichen Symbolen auftut, in denen sich reine, freie Geistigkeit über die Welt ausspricht – Inkunabeln eines Surrealismus, der sich nicht in photographischer und akademischer Manier verliert.«

62 Münter an Eichner, 28. Januar 1933.

63 Münter an Eichner, 21. März 1932.

64 Münter an Eichner, 17. März 1932.

65 Münter an Eichner, 28. Januar 1933.

66 Eichner an Münter, 16. Januar 1930; Münter an Eichner, 17. Januar 1930; Eichner an Münter, 31. Januar 1930.

67 Kurt Schwitters, 1887-1948, zog nach seinem Studium in Berlin 1919 nach Hannover. Er war als Vielfach-Talent Maler, Bildhauer, Graphiker, Autor, Typograph und Bühnengestalter und strebte eine alle Lebensbereiche umfassende Kunst an, für die er, Vertreter des Dadaismus, aus der Zertrümmerung des Wortes ›Commerz‹ den Begriff ›Merz‹ prägte. 1935 emigrierte er nach Norwegen, 1940 nach England.

68 Münter an Eichner, 23. April 1932.

69 Erbslöh an Münter, 10. Juli 1933.

70 Paul Schultze-Naumburg, 1869-1949, wurde 1930 zum Direktor der Weimarer Kunsthochschule ernannt. Als prominentes Mitglied in Alfred Rosenbergs ›Kampfbund für deutsche Kultur‹ wurde er zum Wortführer der nationalsozialistischen Kunstpolitik, ein Blut-und-Boden-Ideologe der ersten Stunde. Die Bilder (etwa 70) wurden im Oktober 1933 aus dem Schloßmuseum in Weimar entfernt.

71 Oskar Schlemmer, 1888-1943, wurde nach seinem Studium an der Stutt-

garter Akademie – u. a. bei Adolf Hölzel – an das Weimarer Bauhaus berufen, ging 1929 an die Breslauer, 1932 an die Berliner Akademie und wurde 1933 entlassen. Ihn beschäftigte die Beziehung der menschlichen Figur zum Raum, die er in einem geometrischen Rastersystem veranschaulichte. Sein Werk *Die Bauhaustreppe* befindet sich im Museum of Modern Art in New York.

72 Der seit 1920 überwiegend in Murnau lebende Schriftsteller Ödön von Horváth, 1901-1938, zeigte in seinen Romanen und Theaterstücken das kleinbürgerliche Verhalten und wies dadurch auf den Nährboden des aufkeimenden Nationalsozialismus hin. Er galt als Gegner der Nationalsozialisten, seit er durch eine Stellungnahme vor dem Weilheimer Amtsgericht Ende Juli 1931 unter Eid als Zeuge ausgesagt hatte, daß die Saalschlacht zwischen Nationalsozialisten und Reichsbanner-Leuten (Reichsbanner Schwarz-Rot-Gold – Bund Deutscher Kriegsteilnehmer und Republikaner, gegründet 1924 von den Sozialdemokraten zur Verteidigung der Weimarer Republik und ihrer Verfassung) von ortsfremden Schlägern verursacht worden sei. Die SA-Leute wurden u. a. von Dr. Hans Frank, Hitlers Rechtsberater und späterer ›Generalgouverneur von Polen‹, bis zum Freispruch fast aller nationalsozialistischen Angeklagten verteidigt. Auch bei dem Berufungsverfahren vor dem Landgericht München II beharrte Horváth auf seiner Aussage, »daß die Schlägerei von den Nationalsozialisten planmäßig vorbereitet war«. Elisabeth Tworek-Müller, Horváth und Murnau, Ausst. Kat. Murnau 1988.

73 Bericht über die Saalschlacht, Murnauer Tagblatt (ehemals Staffelsee-Bote) vom 2. Februar 1931.

74 Elisabeth Tworek-Müller, a. a. O., S. 48.

75 Bei der Reichstagswahl am 14. September 1930 wählten im Reich insgesamt 18,3 % NSDAP, in Oberbayern 17,2 %, in Murnau 35,8 %.
Bei der Reichstagswahl am 31. Juli 1932 wählten im Reich 37,2 % NSDAP, in Oberbayern 25,8 %, in Murnau 41,4 %.
Bei der bereits im Zeichen der NS-Diktatur stehenden Reichstagswahl am 5. März 1933 wählten im Reich insgesamt 43,9 % NSDAP, in Oberbayern 38,8 %, in Murnau 52,8 %.

76 Reichspräsidentenwahl, 1. Wahlgang 13. März 1932 (85,7 % Wahlbeteiligung), 2. Wahlgang 10. April 1932 (82,8 % Wahlbeteiligung).

16. *Kapitel: Abwehr und Anpassung*

1 Murnauer Tagblatt/Staffelsee-Bote vom 11. Februar 1933.

2 Alfred Rosenberg, 1893-1946, baltischer Herkunft, war Hauptpropagandist der nationalsozialistischen Kulturideologie. 1930 veröffentlichte

er den ›Mythus des 20. Jahrhunderts‹. Seit 1941 Reichsminister der besetzten Ostgebiete, wurde er 1946 im Nürnberger Prozeß als »Urheber des Rassenhasses« zum Tode durch den Strang verurteilt.

3 Völkischer Beobachter, 1887 als ›Münchner Beobachter‹ gegründet und seit 1918 mit verändertem Titel herausgegeben, wurde 1920 Zentralorgan der NSDAP, seit 1923 Tageszeitung. Alfred Rosenberg, Nachfolger von Dietrich Eckart, leitete das Blatt von 1923-1938, das Auflagen bis zu 1,7 Mill. Exemplaren erreichte.

4 Völkischer Beobachter vom 31. März 1923.

5 Paul Schultze-Naumburg, siehe Kap. 15, Anm. 70.

6 Münter an Eichner, 28. Januar 1933.

7 Es handelt sich um eine Auswahl, die Maria Marc 1920 für den Verlag Paul Cassirer, Berlin, unter dem Titel ›Briefe, Aufzeichnungen und Aphorismen‹ herausgegeben hatte.

8 In der Ausgabe der ›Briefe Franz Marcs aus dem Felde‹, Serie Piper Nr. 233, befindet sich dieses Zitat auf S. 134.

9 Münter an Eichner, 13. Februar 1933.

10 Franz Marc, Briefe aus dem Feld, a.a.O., S. 140.

11 Das als Antwort von Edwin Scharff verfaßte Flugblatt der ›Neuen Münchner Secession‹ in: Maria Caspar-Filser 1878-1968, Ausst. Kat. Stuttgart/Bern/Wien 1986, S. 20.

12 Siehe Kap. 13, Anm. 96.

13 Max Nordau, 1849-1923, in Budapest geborener, österreichisch-ungarischer Arzt und pessimistischer Kulturphilosoph, lebte seit 1880 in Paris, wo er neben anderen zeitkritischen Schriften das zweibändige Werk ›Entartung‹ schrieb, das 1892/93 in Berlin erschien. Es enthielt neben allgemeinen Degenerations-Diagnosen auch eine kunstsymptomatische Disqualifizierung der zeitgenössischen Zivilisation. Nordau war mit Theodor Herzl einer der Begründer des Zionismus.

14 Über Museumskonzeptionen und -erwerbungen in der Weimarer Zeit: Museum der Gegenwart – Kunst in öffentlichen Sammlungen bis 1937, Ausst. Kat. Düsseldorf 1987.

15 Bettina Feistel-Rohmeder, Im Terror des Kulturbolschewismus, Karlsruhe 1938, S. 96.

16 Ludwig Mies van der Rohe übertrug die zuletzt auf die Baukunst ausgerichteten Lehrinhalte und -methoden auf die Architekturabteilung des Illinois Institute of Technology in Chicago, als deren Direktor er, der 1938 auswanderte, noch 20 Jahre lang wirkte.
Über die Schlußphase des 1919 von Walter Gropius gegründeten Bauhauses: Bauhaus Berlin, Hrsg. Peter Hahn, Weingarten 1985.

17 Kandinsky am 23. Dezember 1936 an den Maler Rolf Cavael: »Der Pariser Kunsthandel hat ... keine Neigung zur abstrakten Kunst, da er große

Vorräte von ... gegenständlichen Sachen ... auf Lager hat, und also erst diese frühere ›Ware‹ abzusetzen versucht. ›Versucht‹ ist das richtige Wort, weil der hiesige Kunstmarkt ziemlich lahm ist. Eine komplizierte Sache...

p.s. Partenkirchen, Garmisch, Murnau, Kochel, alles so schöne alte Erinnerungen!«

18 Diese fatale Vereinzelung hat Manès Sperber als Hauptursache für den fehlenden Widerstand in einem Leitartikel für ›Die Zukunft‹ vom 27. Januar 1939 herausgestellt. »Die Terrorherrschaft zerschlägt schon zu ihrem Beginn jede Organisation, die ihr feindlich werden könnte, sie vereinzelt die Gegner, sie läßt jeden von ihnen vereinsamen und stellt ihn dann vor die ultima ratio: sich zu ergeben oder sinnlos zu sterben ... Stünden nämlich das Volk und jene, deren Herrschaft es ablehnt, einander gegenüber, die ungezählten Millionen den – sagen wir – dreihunderttausend, so stimmte das Rechenexempel, und der Gang wäre hinweggefegt. Doch stehen in der Wirklichkeit jeweils einander gegenüber die dreihundertausend und der wehrlose einzelne. Und dieser Relation entspricht der Schrecken, den jene in diesem erzeugen.«

19 Münter an Eichner, 13. Februar 1933 und 28. Januar 1933.

20 Max Sauerlandt, 1880-1934, war als Direktor des Hamburger Museums für Kunst und Gewerbe trotz konservativer politischer Grundhaltung als ein Museumsreformer hervorgetreten, der das Museum als von Parteiinteressen unabhängigen Raum schützen wollte. Er wurde 1933 entlassen. Museum der Gegenwart, a.a.O., S. 45.

21 Kunst der Nation, im Oktober 1933 von einer Pro-Expressionismus-Gruppe in Opposition gegen Rosenbergs Kunstpolitik, jedoch nicht gegen den Nationalsozialismus gegründet.

22 Murnauer Tagblatt vom 28. September 1931.

23 Wuppertaler Zeitung vom 18. August 1933; Rheinisch-Westfälische Zeitung vom 22. August 1933; Remscheider Generalanzeiger vom 28. August 1933; Bremer Nationalsozialistische Zeitung vom 14. April 1933.

24 Die Kunst, Jg. 35 1933, H. 1, Oktober, S. 8/9.

25 Jenaische Zeitung vom 16. Januar 1934.

26 Münter an Eichner, 3. Januar 1935.

27 Völkischer Beobachter vom 12. April 1935; ähnlich lautender Text u.a. in: Deutsches Volksblatt vom 13. April 1935 und: Württemberger Zeitung vom 23. April 1935.

28 Münter an Eichner, 25. Dezember 1934.

29 Im Mai 1935 wurde O. A. Schreiber entlassen und durch A. William König ersetzt. Im Laufe des Jahres wurde das Blatt, das den Expressionismus als die der nationalen Revolution gemäße Kunst propagiert hatte, eingestellt.

30 Max Beckmann, 1884-1950, lehrte 1925-1933 in Frankfurt. Er versuchte danach, in Berlin unauffällig zu arbeiten, emigrierte 1937 nach Amsterdam, wo er 10 Jahre lang verborgen lebte, bis ihn 1947 ein Ruf nach New York erreichte.

31 Die Weltkunst, Jg. 9 1935, Nr. 22 vom 2. Juni. Titel: Gabriele Münter, Das Werk von 1908-1933, mit Abbildung des Gemäldes *Grün-Weiß im November*.

32 Münter an Flora Scherer, 2. Februar 1941.

33 Tagebucheintragung vom 31. Juli 1935.

34 Münter an Eichner, 11. August 1934.

35 Eichner an Münter, 28. Juli 1936.

36 Adolf Wagner, 1890-1944, schloß sich 1923 der NSDAP an, wurde als alter Kampfgefährte Hitlers 1929 Gauleiter von München/Obb., 1933 bayerischer Innenminister und stellvertretender Ministerpräsident, dazu Repräsentant Oberbayerns im Deutschen Reichstag. Ab November 1936 nahm er als bayerischer Staatsminister für Unterricht und Kultus Einfluß auf die Kunst, wobei er als jovialer Förderer auftrat. So erreichte er für München gegenüber dem doktrinären Berliner Kultusministerium manche Sonderstellung. Unter seinem Patronat fanden im Maximilianeum alljährlich Ausstellungen von Münchner Malern statt, die nicht in der für ganz Deutschland konzipierten Propagandaschau im ›Haus der deutschen Kunst‹ ausstellten und sich auch nicht darum bemühten.

37 Maria Caspar-Filser, 1878-1968, als einzige Frau Gründungsmitglied der Künstlervereinigung Sema (1911) und der Münchner Neuen Secession (1913), wurde als erste deutsche Malerin mit dem Professoren-Titel ausgezeichnet (1925) und zum Vorstandsmitglied des Deutschen Künstlerbunds berufen (1927). Sie übte gemeinsam mit ihrem Mann, dem Münchner Akademieprofessor Karl Caspar, vielerorts künstlerischen Einfluß aus. Unter Beibehaltung einer impressionistisch-reichen Palette komponierte sie mit abstrahierender Formverknappung. Münter fand Filsers Bilder »stark« (Brief an Eichner, 22. Januar 1927). Karl Meisenbach, 1898-1976, war Meisterschüler von Karl Caspar.

38 Münter an Eichner, 22. Januar 1936.

39 Unter den abgehängten Berliner Werken waren Gemälde von Beckmann, Feininger, Heckel, Kollwitz, Nolde, Purrmann, Schmitt-Rottluff.

40 Münter an Eichner, 18. Januar 1936.

41 Münter an Eichner, 16. Februar 1936.

42 Die Ausstellung ›Die Straßen Adolf Hitlers in der Kunst‹, im Auftrag des Generalinspekteurs für das deutsche Straßenwesen, Fritz Todt, veranstaltet, sollte das Straßenbauprogramm propagieren und Landschaftsmalern die Chance auf die Einstimmung in das neue Kunstprogramm

bieten. Sie sollten Natur und Technik im Wechselspiel zeigen. Münters Bilder im Ausstellungskatalog als Nr. 302 und Nr. 303.

43 Günther Franke, 1900-1976, dessen Ausstellungsgebiet in München die deutsche Gegenwartskunst umfaßt hatte, tarnte seine Tätigkeit für die lebenden Künstler in der Nazi-Zeit u.a. hinter Ausstellungen der Romantik. Dazu: Briefe an Günther Franke, Porträt eines deutschen Kunsthändlers, Köln 1970; Hommage à Günther Franke, Ausst. Kat. München 1983; Karl Heinz Meissner, Der Handel mit Kunst in München, in: Ohne Auftrag, Zur Geschichte des Kunsthandels, a.a.O., S. 81 ff.

44 Die Münchner Neue Secession wurde 1937 aufgelöst.

45 Münter an Eichner, 21. Januar 1941.

46 Zitate aus Briefen Johannes Eichners an Gabriele Münter vom 21. Dezember 1935, 7., 9., 18., 20., 21. Januar 1936. Gedok: Verband der Gemeinschaften der Künstlerinnen und Kunstfreunde. Meister Hüsgen: Wilhelm Hüsgen, der mit Kandinsky an der Phalanx-Schule lehrte. MNN: Münchner Neueste Nachrichten.

47 Eichner an Münter, 10., 22., 23., 25. und 28. Februar, 17. März 1936.

48 Münter an Eichner, 27. Februar 1936.

49 Eichner an Münter, 28. Februar 1936.

50 Münter an Eichner, 15. Januar 1936.

51 Grete Csaki-Copony an Gisela Kleine, 18. September 1987.

52 Münter an Eichner, 21. Februar 1936.

53 Eichner an Münter, 20. und 22. Februar 1936.

54 Johannes Eichner teilte dem zuständigen Finanzamt am 20. August 1940 mit, »daß ich seit Sommer 1936 Eigentümer des Hauses bin und die Arbeiten nach meinen Angaben und ohne Ausnahme auf meine Kosten habe machen lassen«. Er hatte das Haus, das Münter im Jahre 1909 für 11500 Mark erworben hatte, für den Einheitswert des Stichtages 18. Oktober 1935 – RM 8200 – übernommen, ein Betrag, der den Umbaukosten in etwa entsprach. Bei der Umtragung am 3. September 1937 im Grundbuchamt Weilheim wurde Münter im Falle seines Todes ein unübertragbares Nießbrauchrecht eingeräumt. – Das Haus ging nach beider Tod in die Gabriele Münter/Johannes Eichner-Stiftung ein und ist heute als Gedenkstätte zugänglich.
Kaum war der Entschluß zum Verbleib in Murnau gefällt, fand Eichner in München-Harlaching ein günstig angebotenes bebautes Grundstück, Münter kaufte es – auf eine kommende Geldentwertung gefaßt – im Sommer 1936 mit dem Rest ihres Kapitals, von dem sie bisher nur die Zinsen verbraucht hatten. Sie erzielte ein monatliches Mieteinkommen von RM 100, das ihren Unterhalt sicherte.

55 *Improvisation 28,* Roethel/Benjamin Nr. 443, S. 433.

56 Paul Roloff, 1877-1951, war in erster Linie Porträtist, malte aber auch

Landschaften und Kriegsbilder. Reinhold Lichtenberger, 1876-1957, Mitbegründer der ›Neuen Münchner Secession‹, 1930-1933 ihr Präsident, 1933 Ehrenmitglied der Akademie der bildenden Künste, München, 1948 Mitglied der Bayerischen Akademie der schönen Künste. Marianne Werefkin schätzte ihn einst: »Er ist ein wahrer Künstler.« Briefe an einen Unbekannten, 1903.

57 Münchner Neueste Nachrichten vom 25./26. März 1937; Neues Münchner Tageblatt vom 1. April 1937; Völkischer Beobachter vom 1. April 1937.

58 Henry Nannen an Gisela Kleine, 9. Oktober 1987.

59 Eugen Scherer an Münter, 14. April 1937.

60 Münter an die Ärzte Flora und Eugen Scherer, undatiert, jedoch datierbar zwischen dem 13. und 15. April 1937.

61 Württemberger Zeitung, Stuttgart, vom 12. Mai 1937, Nr. 108; Schwäbischer Merkur vom 13. Mai 1937, Nr. 110; Stuttgarter Neues Tageblatt vom 14. Mai 1937, Nr. 221; N. S.-Courier vom 14. Mai 1937, Nr. 219.

62 Adolf Hölzel, 1853-1934, war von 1906-1919 Professor an der Stuttgarter Akademie. Vorher hatte er seit 1888 zur Dachauer Malerkolonie gehört. In Stuttgart entwickelte er seine Farbentheorie im Rahmen seiner gegenstandslosen Malerei. Schurr war um 1920 Privatschüler bei Hölzel, später Galerist in Stuttgart. Kerkovius, 1879-1970, folgte Hölzel 1906 an die Stuttgarter Akademie, wurde Malerin und Teppichweberin, lehrte von 1920-1923 am Bauhaus. Lily Hildebrandt, 1887-1974, Meisterschülerin von Hölzel, verheiratet mit Hans Hildebrandt, der aus dem Lehrkörper der Technischen Hochschule Stuttgart ausgeschlossen wurde. Er ist Autor des Buches ›Die Frau als Künstlerin‹ mit 337 Abbildungen nach Frauenarbeiten, Berlin 1928. Münter wird in diesem Buch, das auch die »künstlerische Beziehung zweier in Lebensgemeinschaft Verbundener« untersucht, malerische Eigenständigkeit in einer Partnerschaft zugesprochen (S. 123, drei Abbildungen auf S. 126).

63 Anton Kolig, 1886-1950, studierte an der Kunstgewerbeschule in Wien, dann von 1907-1912 an der Wiener Kunstakademie. Seine Professur an der Akademie in Stuttgart dauerte von 1928-1943.
Willi Baumeister, 1889-1955, Schüler von Adolf Hölzel, begann mit konstruktivistischen Bildern, schuf dann sogenannte ›Ideogramme‹ und nahm – etwa seit seinem 50. Lebensjahr – archaische und exotische Anregungen auf, die sich bis zu visionären Bildern steigerten.

64 Münter an Eichner, 27. April 1937.

65 Karl Caspar, 1879-1956, verlor sein Lehramt an der Münchner Kunstakademie noch im gleichen Jahr. Zu Maria Caspar-Filser siehe Anm. 37 dieses Kapitels.

66 Grete Csaki-Copony an Gisela Kleine, 18. September 1987: »Wenn man

schon alt ist wie ich (94), ist solches Erinnern ein großes Geschenk und bringt einem zurück, was man unterwegs verloren hat.« Die in Berlin ansässige Malerin hatte im Juni 1927 bei Johannes Hinrichsen, Berlin, in der Ausstellung ›Die schaffende Frau in der bildenden Kunst‹ gemeinsam mit Münter ausgestellt. Auch in der Herbst-Ausstellung des Vereins der Künstlerinnen zu Berlin 1927 waren sie beide mit jeweils drei Bildern vertreten.

67 Die Briefe Johannes Eichners aus dem Jahre 1937 sind nicht auffindbar. Es fehlen auch seine Schreiben aus dem Jahre 1933, so daß der Briefdialog dieser Jahre nicht übersehbar ist.

68 Münter an Eichner, 14. April 1937.

69 Münter an Eichner, 24. Mai 1937. Am 27. Mai 1937 bedankt sich Gabriele Münter für die Auswahl Eichners von vier Bildern für die ›Münchner große Ausstellung‹. Am 22. Juni 1937 schreibt sie ihm von der Rückreise aus München, wo sie Station machte, die Auswahlsendung scheine »negativ erledigt«.

70 Münter an Eichner, 22. Juni 1937.

71 Dokumentiert in: Die ›Kunststadt‹ München 1937, Nationalsozialismus und ›Entartete Kunst‹, Ausst. Kat. München 1987, S. 242 ff. und S. 217 ff.

72 Gerdy Troost, geb. 1904, Witwe des Münchner Architekten Paul Ludwig Troost, in dessen Atelier Hitler selbst an den Bauten seiner Herrschaftsarchitektur mitgezeichnet haben soll, hatte u. a. Hitlers Münchner Wohnung und den Berghof auf dem Obersalzberg ausgestattet. Sie wurde von ihm an seinem 48. Geburtstag für die Zusammenstellung dieser nationalsozialistischen Kunstschau mit dem Professoren-Titel ausgezeichnet.
Joseph Thorak, 1889-1952, repräsentativer Bildhauer des Nationalsozialismus. Welch großen Wert Hitler auf eine programmatische Angliederung dieses Künstlers legte, der sich einst an Michelangelo geschult hatte, zeigt eine Erinnerung Albert Speers: Gauleiter Adolf Wagner hatte in Hitlers Stammlokal, der ›Osteria Bavaria‹ in der Münchner Schellingstraße, enthüllt, daß Thorak kommunistische Manifeste unterschrieben habe, und dies noch im Jahr 1931, und es ihm darum bedenklich erscheine, daß er Aufträge im heiligsten Bezirk der Partei erhalte. Hitler aber antwortete, Künstler seien nun einmal politische Toren, das interessiere ihn nicht.

73 Münter an Eichner, 26. April 1937. In Paris hing ein Wandteppich nach diesem Motiv.

74 Bis zum 30. November 1937 sollen nach offiziellen Angaben zwei Millionen Besucher die Ausstellung gesehen haben.

75 Der Satz aus dem Manifest von A. Udo aus der expressionistischen Zeitschrift ›Aktion‹ Nr. 35/36, 1915, S. 449 lautet: »Wir setzen aus Frechheit einen riesigen Schwindel in die Welt und züchten Snobs, die uns die Stiefel abschlecken.« Dazu: Mario-Andreas Lüttichau, Rekonstruktion der

Ausstellung ›Entartete Kunst‹, in: Die ›Kunststadt‹ München 1937, Nationalsozialismus und ›Entartete Kunst‹, Ausst. Kat. München 1988, S. 120ff.

76 *Zweierlei Rot*, Kat.-Nr. 15977 (Roethel Nr. 516), *Konstruktivistische Werke*, Kat.-Nr. 16073-16080, enthielten irrtümlich zwei Aquarelle von Paul Klee; *Ruhe, Komposition 1924*, Kat.-Nr. 16073 (Roethel Nr. 860); *Improvisation 10*, Kat.-Nr. 16057 (Roethel Nr. 337); *Kleine Welten*, Kat.-Nr. 16271 und 16272 (Roethel Nr. 164-175).

77 Franz Marc, *Turm der blauen Pferde*, Kat.-Nr. 1461, außerdem *Der Mandrill, Waldinneres, Zwei Katzen in Blau und Gelb* und *Wildschweine*. – Daß Marcs *Turm der blauen Pferde* zurückgezogen und bei der qualitativ verminderten Wanderausstellung in Berlin (1938), Düsseldorf und Frankfurt am Main (1939) nicht mehr gezeigt wurde, soll dem energischen Einspruch des 1937 noch einflußreichen ›Deutschen Offiziersbundes‹ zu verdanken sein, der darauf hinwies, daß Marc als Artillerieoffizier vor Verdun gefallen und sein Andenken zu ehren sei. Henriette von Schirach, die Tochter von Hitlers ›Leibphotographen‹ Heinrich Hoffmann, erklärte hingegen in ihrem Buch ›Frauen um Hitler‹, München 1983 (S. 246), daß durch ihren Einspruch bei Adolf Hitler Marcs Bild aus der Schandausstellung entfernt worden sei. Hitler kannte Marcs Atelier, Schellingstraße 33. Als Franz Marc von München nach Sindelsdorf zog, hatte Heinrich Hoffmann dessen Atelier übernommen, als er, schon preisgekrönter Photograph, von London in seine Heimatstadt München zurückkehrte und hier Porträtphotograph wurde.

78 Wolfgang Willrich, Säuberung des Kunsttempels, eine kunstpolitische Kampfschrift zur Gesundung deutscher Kunst im Geiste nordischer Art, Verl. J. F. Lehmann, München 1937. Weitere Schriften: Bauerntum als Heger des deutschen Blutes, Norddeutscher Blut- u. Bodenverlag; Norddeutsches Bluterbe in süddeutschem Bauerntum, 1938; Des Edlen Ewiges Reich, 1941.

Adolf Dresler, Deutsche Kunst und entartete Kunst, Kunstwerk und Zerrbild als Spiegel der Weltanschauung, München 1938.

Bettina Feistel-Rohmeder, Im Terror des Kulturbolschewismus, Urkundensammlung des ›Deutschen Kunstberichtes‹ aus den Jahren 1927-1933, Karlsruhe 1938.

Walter Hansen, Judenkunst in Deutschland, Quellen und Studien zur Judenfrage auf dem Gebiet der bildenden Kunst – Ein Handbuch zur Geschichte der Verjudung und Entartung deutscher Kunst 1900-1933, 1944 als Manuskript gedruckt, S. 224: Hier wird Münter als »Lehrer an der Kunstschule des Sturm« genannt. Sie hatte jedoch Waldens Angebot 1916 in Stockholm nicht angenommen.

79 Diese etwa 60 Werke Kandinskys kamen u.a. aus dem Staatlichen Mu-

seum Berlin, der Staatlichen Kunstsammlung Dresden, aus dem Folkwang-Museum in Essen, der Landesgalerie Hannover, der Staatlichen Kunstsammlung Weimar, der Städtischen Kunsthalle Mannheim und aus öffentlichen Sammlungen in Barmen, Erfurt und Dessau. In der Bayerischen Staatsgemäldesammlung in München war kein Kandinsky-Bild vorhanden, München hatte immer mehr Wert auf die traditionelle Kunst im Stil des 19. Jahrhunderts gelegt als auf die Werke der Neuerer. Das galt ebenso für die Städtische Galerie im Lenbachhaus, die nicht als Sammlungsstätte für moderne Kunst fungierte. Dazu: Armin Zweite, Franz Hofmann und die Städtische Galerie 1937, in: Nationalsozialismus und ›Entartete Kunst‹, a. a. O., S. 261. – Nur sechs Bilder der Bayerischen Staatsgemäldesammlung wurden in das Schreckenskabinett der Galeriestraße gebracht, sie stammten von Corinth, Schmitt-Rottluff, Nolde, Kokoschka und Karl Caspar. Im August 1937 wurden noch 126 weitere Gemälde und Plastiken entfernt, darunter van Goghs Selbstbildnis von 1888. Es wurde mit 125 Kunstwerken aus deutschem Museumsbesitz am 30. Juni 1939 von der Luzerner Galerie Fischer versteigert und brachte den einzigen Rekordpreis von 175000 Schweizer Franken.

80 Sie hatte auch früher in der ›Neuen Münchner Secession‹ nur sporadisch ausstellen können: 1920 vier Bilder, 1921 vier Graphiken und ein Bild, 1924 zwei Bilder, 1932 ein Bild.

81 Eichner an Münter, 30. März und 9. April 1938.

82 Lena Gierl, 1880-1970, war die zeichnerisch frühbegabte Tochter eines Wertinger Kunstschmieds und konnte wegen einer frühen Eheschließung (1903) ihren Wunsch nach künstlerischer Ausbildung – wie viele Frauen ihrer Generation – nicht verwirklichen. Im Schutz dieser Ehe emanzipiert, besuchte sie, als ihre Kinderlosigkeit feststand, 1920 die Begner de Latour-Schule in München und wurde eine besessene, doch weitgehend unentdeckte Malerin, deren Gemälde vorwiegend im Murnauer Raum zu finden sind.

83 Münter an Flora Scherer, ohne Tagesdatum, Mai 1942.

84 Münter an Flora Scherer, Ende September 1942.

85 Statistische Angaben des Falk-Verlages, der einen Stadtplan Münchens mit der Darstellung aller Teil- und Totalzerstörungen im Jahre 1949 herausgab. Dieser ›Falk-Stadtplan‹, der erste, der nach dem Krieg erschienen ist, wurde anläßlich der Ausstellung ›Trümmerzeit‹ im Münchner Stadtmuseum veröffentlicht und 1984 im Auftrag der Buchhandlung Hugendubel nachgedruckt.

86 Eichner an Münter, 9. April 1938.

87 Ein Beispiel zu *Puppe, Katze, Kind*, Geburtstag Münters 1941: »... der Mittelpunkt der Gruppe / ist die verrenkte Puppe – / ob sie wohl weint? / Geliebt, gequält, ein Schicksal und ein Spiel, / groteskes Leben, Schein-

Gefühl, / wie Puppen sind! / ... Jedoch das Kind im rosa Kleid / ist leicht und aufgetan. / Wie Löcher blaue Augen stehn, / man kann hindurch zur Seele sehn, / man sieht in Ewigkeit.«

88 Dazu: Ernst Krönner, Kriegsende in Murnau, in: Deine Garnison Murnau, 4. Aufl. 1979, S. 35.

17. Kapitel: Treue

1 Mitteilung an Lilly Rydström-Wickelberg, zit. in: Konstrevy, Stockholm 1952, S. 216. Münter stellte bereits 1948 in Mainz, Kunsthalle am Dom (Neue Deutsche Kunst) fünf Gemälde aus; 1949 in Köln, Staatenhaus am Messegelände (Deutsche Malerei und Plastik der Gegenwart) drei Gemälde. Das Presse-Echo bewies auch hier die Wiederentdeckung .

2 Katalog der Ausstellung ›Der Blaue Reiter – München und die Kunst des 20. Jahrhunderts, der Weg von 1908 bis 1914‹, September/Oktober 1949 im Haus der Kunst, München. Veranstalter: Museums, fine arts and cultural materials exchange section, cultural affairs branch E. R. Division – HQ OMGB, Bayerische Staatsgemäldesammlungen, Städtische Galerie München. Initiator war Ludwig Grote, 1893-1974, der, 1933 als Förderer des Bauhauses entlassen, als einer der ersten nach dem Krieg Ausstellungspläne verwirklichte und deutsche Kunst im Ausland zeigte. Dazu: Ludwig Grote, Von Dürer bis Gropius, Festschrift zum 80. Geburtstag, München 1973.

3 58 Ölgemälde, 30 Zeichnungen und Handdrucke: 1950 Kunsthalle Bremen, Galerie Vömel Düsseldorf, Suermont-Museum Aachen, Kaiser-Wilhelm-Museum Krefeld, Märkisches Museum Witten/Ruhr, Universitätsmuseum Marburg/Lahn; 1951 Kunstverein Frankfurt am Main, Kunstverein Karlsruhe, Kunstverein Freiburg i. Br., Museum Folkwang Essen, Kestner-Gesellschaft Hannover, Städtischer Ausstellungsraum Bochum; 1952 Städtische Galerie Oberhausen, Central-Collecting Point München, Oberhessisches Museum Gießen, Städtisches Kunsthaus Bielefeld; 1953 Osthaus-Museum Hagen, Landesmuseum Münster, Schloß Morsbroich Leverkusen, Kunst- und Museumsverein Wuppertal, Heimatmuseum Herford.

4 Münter an ihren Vetter Hans Münter, 11. Mai 1950, und an Flora Scherer, 20. Mai 1950.

5 Münter an die Hamburger Malerin Inge Haff, 28. September 1952.

6 Münter an Marianne Neumann-Kleinpaul, 23. August und 25. November 1955 und 18. August 1958.

7 Käthe Stimpfl an ihre Tochter, 17. April 1958.

8 Münter an Kubin, 4. März 1952 als Antwort auf seinen Glückwunsch vom 14. Februar 1952.

9 Münter an Flora Scherer, 17. April 1957.

10 Der Central Collecting Point war eine von der amerikanischen Militärregierung in München und Wiesbaden eingerichtete Dienststelle, in der Kunstgegenstände aller Art von verschiedener Herkunft zur Rückerstattung an die Eigentümer gesammelt wurden. Dazu: Hans Konrad Röthel, Kunstchronik 1948, H. 9, S. 8. Zur Bewahrung und Nutzung des dabei reich angefallenen wissenschaftlichen Materials wurde 1947 als Nachfolgeorganisation des zeitbegrenzten Central Collecting Point das Zentralinstitut für Kunstgeschichte im Haus der Kulturinstitute, einem von Ludwig Troost in der NS-Zeit errichteten Verwaltungsbau, gegründet.

11 Die von Otto Stangl arrangierte Ausstellung wurde 1955 im Folkwang-Museum Essen, im Museum der Stadt Köln, im Salon Bekker vom Rath, Frankfurt am Main, und in der Bremer Kunsthalle gezeigt.

12 Münter an Marianne Neumann-Kleinpaul, 10. März 1955.

13 Münter an Käthe Stimpfl, 11. Januar 1956.

14 Die mit 3000 DM verbundene Anerkennung erhielten gleichzeitig Wilhelm Herzog, geb. 1884, für Literatur, Bernhard Bleeker, geb. 1881, für Plastik, Joseph Haas, geb. 1879, für Musik.

15 Münter an Hüsgen, 23. Dezember 1956.

16 Münter an Elfriede Schroeter verh. Neumann-Kleinpaul, 25. Januar 1957.

17 Hans Konrad Röthel, 1909-1982, blieb bis 1970 Direktor der Städtischen Galerie im Lenbachhaus München. Er bewirkte bei Gabriele Münter noch eine weitere, die ›Gabriele Münter- und Johannes Eichner-Stiftung‹, deren Vorsitzender er 1962 auf Lebenszeit wurde. Röthel lebte ab 1970 vorwiegend in den USA, wo ihm Robert S. Benjamin, Direktor von United Artists, im Jahre 1972 die Gründung des ›Blue Rider Research Trust‹ ermöglichte, dessen Direktor er, der seinen Namen nun Roethel schrieb, in Princeton wurde. Seiner Kandinsky-Forschung entstammen die Werke: Kandinsky, Das graphische Werk, Köln 1970; Kandinsky, Die Gesammelten Schriften, Band 1. Autobiographische Schriften, hrsg. in Gemeinschaft mit Jelena Hahl-Koch, Bern 1980; Kandinsky, München/Zürich 1982; Hans Konrad Roethel und Jean K. Benjamin, Kandinsky, Catalogue Raisonné of the Oil-Paintings/Werkverzeichnis der Ölgemälde/Catalogue raisonné de l' œuvre peint, zwei Bände, London/München/Paris 1982-1984 (mit ausführlicher Bibliographie).

18 Nach dem Ankauf des Lenbachhauses durch die Stadt München 1925 wurde eine Städtische Galerie mit dem Ziel eingerichtet, die Münchner Schule mit ihren Verzweigungen zu zeigen. Der konservative Gesichtspunkt bei Ankäufen entsprach der Stil-Tradition im Hause des Malerfürsten. Dazu: Die ›Kunststadt‹ München, in: Die Zwanziger Jahre in München, Ausst. Kat. München 1979, S. 93 ff; Armin Zweite, Franz

Hofmann und die Städtische Galerie 1937, in: Die ›Kunststadt‹ München 1937, Nationalsozialismus und ›Entartete Kunst‹, Ausst. Kat. München 1987, S. 261 ff.

19 Münchner Merkur vom 17. Februar 1957, Abendzeitung vom 18. Februar 1957.

20 Die Gegenwart, Jg. 12 1957, Nr. 24 v. 30. Nov., S. 766.

21 Dazu: Alessandra Comini, State of the field 1980: The woman artists of German Expressionism, Arts Magazine, 55 (1980), S. 147-153. Comini äußert sich zur Bewertung Konrad Roethels, der im Katalog der Leonard-Hutton-Galleries 1966 schrieb: »›She was more than just a pupil and a companion of Kandinsky.‹ In fact he audaciously stated his conviction that ›Gabriele Münter was an important artist‹ ... Thirteen years later, he authored a lavish book entitled Kandinsky (New York, 1979) and provided the following terse identification of Münter: ›Gabriele Münter (1877-1962) was a pupil of Kandinsky, with whom she lived from 1904-1916. On the occasion of her eightieth birthday in 1957, she donated to the Städtische Galerie in Munich 139 paintings, 282 watercolors and drawings, and innumerable prints that Kandinsky had left with her in 1914‹ (p. 168). From pupil to patron in two sentences and 85 years, with nary a word about her paintings! I wonder how the director of the Gabriele Münter Foundation would explain this to Münter?«

22 Zitiert wurde in angegeb. Reihenfolge aus: Roethel, Süddeutsche Zeitung, Feuilleton Nr. 41 vom 16./17. Februar 1957; Spandauer Volksblatt vom 11. Dezember 1957; Weltkunst 27. Jg. Nr. 1 vom 1. Januar 1967; Kindlers Malerei-Lexikon, München 1976, Bd. 9, S. 239; Krichbaum/Zondergeld, Künstlerinnen von der Antike bis zur Gegenwart, Köln 1979, S. 248 ff.

23 Johannes Eichner, Kandinsky und Gabriele Münter, Von Ursprüngen moderner Kunst, München, Verlag F. Bruckmann 1957, 102 Abbildungen, davon 16 Farbtafeln.

24 Münter an Elfriede Schroeter verh. Neumann-Kleinpaul, 12. November 1956, 25. Januar und 29. Juli 1957.

25 Ernst Kretschmer, 1888-1964, als Psychiater Verfasser einer ›Typenlehre‹: Körperbau und Charakter, Berlin 1921.

26 Eichner hatte ein gebrochenes Verhältnis zur modernen Kunst. In einem unveröffentlichten Artikel, ›Die Kunstrevolution unseres Jahrhunderts‹, schrieb er: »Das Urbild des schönen Menschen rein zu gewinnen und herauszugestalten, hat die Kunst in gesunder Zeit immer als ihre Aufgabe betrachtet.« Er wittert »Zersetzung«: »Ein wild die Natur vergewaltigender Sturm und Drang-Expressionismus, ein die Welt nach geistigem Gesetz planvoll umschaffender Kubismus, eine die letzte Erinnerung an das Naturgegebene austilgende Kunst der Abstraktion und andere

Ismen, denen die Natur nur eben gut genug ist, zertrümmert, verdreht, überwunden zu werden.«

27 Nicht ein ihm immer wieder vorgeworfenes menschliches Ressentiment verdunkelte Eichners Urteil über Kandinsky. Er war von der idealistischen Philosophie geprägt, und somit war sein Geist-Begriff mit dem Kandinskys unvereinbar: »Offenbar stellt sich für Kandinsky die Scheidung von geistiger Nacht und Reich des Geistes in dem Gegensatz von materieller Welt und Okkultismus dar, und das Vordringen zur okkulten Geistigkeit allen Seins scheint ihm die Grundrichtung des Fortschritts in unserem Zeitalter.« Er kritisiert: »Wenn Kandinsky das Glück des zu sich selbst gekommenen Geistes überschwenglich preist, so klingt das ebenso dichterisch zurechtgestutzt wie die der vorhergehenden Entwicklungsstufe zugeschriebene Düsternis.« Er liest aus Kandinskys theoretischen Schriften nur »Worte, Worte«, sie seien irrelevant zum Verständnis seiner Bilder, da sie ein »losgelöstes Dasein abseits vom anschaulichen Stand seiner Werke führen«, und sie seien nicht nur unglaubhaft, sondern »als Aussetzen verstandlichen Verhaltens« auch gefährlich. »Es schwätzt sich leicht dahin von Auflösung der Materie, Verschwimmen von Zeit und Raum und vom Ende der Kausalität, während unser Dasein nach wie vor in der gewohnten Erfahrungswelt ruht, die von der Euklidischen Geometrie, der klassischen Physik Newtons und dem durch die Chemie des vorigen Jahrhunderts entdeckten Atomgesetzen beherrscht wird.« Eichner, S. 16 und S. 70.

28 Wie gegensätzlich die Kritik sich äußerte, zeigt ein Beitrag von Fritz Nemitz in der Süddeutschen Zeitung vom 7./8. September 1957, Nr. 215, ›Buch und Zeit‹, im Vergleich zu einer Rezension, gezeichnet H. F., im Neckarecho vom 11./12. Mai 1957, Nr. 109, S. 8. Nemitz: »Über die Art, wie der Autor zum großen Teil sein Thema aufgenommen hat, unterrichten folgende Sätze: ›Am Silvesterabend 1927 bahnte sich für Gabriele Münter ein Wandel des Schicksals an. Vorausgeahnt und bestimmt erwartet, wie das Tagebuch verrät, begegnete sie einem Manne, an dem sie alles fand, was sie brauchte und mit dem sie bis zum heutigen Tage in glücklicher Symbiose verbunden gewesen ist. Es war der Verfasser dieses Buches ... Er ersetzte ihr das Publikum, war ihr Kritiker, betreute ihre Ausstellungen, nahm ihre wirtschaftlichen Mittel in die Hand und führte ihr Leben in geordnete Bahnen.‹ ... Bei solcher Einstellung darf es nicht wundernehmen, daß es dem Autor nicht gelingen konnte, die Abschweifungen ins Private – darunter eine wenig glückliche Partie über Jawlensky – mit sachlicher Interpretation und Analyse des Werkes zu verbinden.«
Dagegen schreibt der Rezensent des Neckarecho: »Wenn dies alles nicht so keusch und liebevoll behandelt würde, gewänne die Schilderung des

Zusammentreffens und Sich-Bindens zweier starker künstlerischer Naturen nicht jene wegweisende, fast symbolhafte Plastik! ... Ein nochmaliges Lob dem Verfasser für seine behutsame, aber sehr klare Art, zu schildern.«

29 Will Grohmann, Wassily Kandinsky – Leben und Werk, Köln 1958. Grohmann hatte Eichners Buch anerkennend rezensiert, »auch wenn wir geneigt sind, andere Schlüsse aus dem vorhandenen Material zu ziehen«: Ein Buch der Freundschaft und Erinnerung, Der Tagesspiegel, Nr. 3726 vom 8. Dezember 1957, S. 33.

30 Zitate aus: Konrad Röthel, Gabriele Münter, München 1957; Katalogtext zur Ausstellung ›Kandinsky, Marc und Münter‹ in der Modernen Galerie Otto Stangl 1954/55.

31 Franz Roh, Geschichte der deutschen Kunst von 1900 bis zur Gegenwart, München 1958, S. 82; Wolfgang Petzet, Münchner Merkur vom 16. Januar 1957; Peter Lahnstein, Gabriele Münter, Ettal 1971; Fritz Nemitz, Gabriele Münter, Westermanns Monatshefte, Jg. 1949, Heft 7, S. 56; Wolfgang Petzet, Münchner Merkur v. 17. 2. 1962.

32 Lothar Günther Buchheim, Der Blaue Reiter und die Neue Künstler-Vereinigung München, Feldafing 1959, S. 267-274.

33 Franz Roh, Buchheims ›Blauer Reiter‹, Süddeutsche Zeitung, Jg. 16, Nr. 74 v. 26. 3. 1960, S. 68 und: Der Malerin Gabriele Münter zum 75. Geburtstag, Eine Zusammenstellung der Bemerkungen über ihre Kunst, Fotos von Sigrid Bühring, Privatdruck, Bochum 1957.

34 Münter an Flora Scherer, 30. Januar 1942.

35 Manuskript im Nachlaß Eichners, unveröffentlicht: »Einleitung zu einer Abhandlung, die über das Werk Gabriele Münters geschrieben werden sollte«, Weihnachten 1945.

36 Johannes Eichner, Gabriele Münter, Werke aus fünf Jahrzehnten, 1949, o. S.

37 Gabriele Münter, die 80jährige, Westfalen, Bd. 35, 1957, H. 3, S. 131-145: »Der Druck der reaktionären Kulturdiktatur brachte die 1933 in Bremen, Barmen, Bochum, Stuttgart begonnene Tournee zum Erliegen.« Dazu: Eichner, Gabriele Münter, Werke aus 5 Jahrzehnten, Ausst. Kat. 1949. »Seit 1931 in neuem Aufschwung, erfuhr sie die Hemmungen der nationalsozialistischen Kulturpolitik« (Herforder Heimatblatt, Jg. 26, Nr. 2, Februar 1957, S. 5).

38 Ulrike Evers, Deutsche Künstlerinnen des 20. Jahrhunderts, a.a.O., S. 244. Verfolgung und Malverbot erwähnen fast alle Kataloge und Kurzbiographien.

39 Kandinskys Übereignungsverfügung vom 2. April 1926 (siehe Kap. 14, S. 524) tauchte im Sommer 1959 während Buchheims Recherchen über den Blauen Reiter wieder auf, was den juristischen Tatbestand zunächst

anders interpretierbar erscheinen ließ. Bei der dritten und endgültigen Entscheidung des Bundesgerichtshofs zugunsten Nina Kandinskys wurde deren alleiniges Urheber- und Reproduktionsrecht nicht nur aus dem Erbrecht, sondern auch aus ihrer Vergleichserklärung im Dezember 1957 mit der Stadt München abgeleitet, die es unerheblich mache, ob Kandinsky mit den Eigentumsrechten auch die Urheberrechte an Gabriele Münter abgetreten habe. Bestätigt im Sinne der Bayerischen Gemeindeordnung sah der Bundesgerichtshof diesen Vergleich durch ein Dankschreiben des Oberbürgermeisters Wimmer, in dem er Nina Kandinsky »im Namen des Stadtrates« danke, daß sie sich bereit gefunden habe, die Stiftung Gabriele Münters »ungeachtet aller sukzessionsrechtlichen Fragen als solche anzuerkennen«.

40 Münter an Elfriede Schroeter verh. Neumann-Kleinpaul, 13. Februar u. 6. März 1958; an Nell Walden, 28. April 1958.

41 Im Testament vom 15. April 1961 wünschte Münter, Erträge ihrer Malerei vorwiegend »meinen Nichten zukommen zu lassen, besonders der Brudertochter ... sie hat drei Söhne und drei Töchter zu erziehen.« Drei Jahre vorher, kurz nach der Unterzeichnung des Erbvertrags mit der Stadt München, hatte sie schon dem beurkundenden Notar geschrieben: »Der Stadt München habe ich meine ganze Sammlung Kandinsky-Werke übermacht. Das ist ein hoher Wert, und ich wünsche nicht, meine persönlichen, mir nahestehenden Erben der Stadt München zuliebe zu schmälern und habe es nie gewünscht ... So bin ich überrumpelt worden, und das ist mir jetzt erst klar ... Dies kann nicht so bleiben.« Joachim von Seydlitz-Kurzbach legt als Testamentvollstrecker und Neffe Johannes Eichners Wert auf die Feststellung, daß die Verhandlung zur Abfassung des Erbvertrags in seinem Beisein korrekt verlaufen sei. Die spätere Meinungsänderung Gabriele Münters sei durch den Einfluß einer in der Nähe wohnenden und häufig anwesenden Cousine verursacht worden. Durch den Erbvertrag habe Gabriele Münter einen Entschluß verwirklicht, den sie – da sie beide kinderlos waren – zusammen mit Johannes Eichner gefaßt hatte: ihren Nachlaß unmittelbar und ungeteilt der Öffentlichkeit zugänglich zu machen.

42 Angesichts des kargen Lebenszuschnitts des Paares Eichner und Münter soll der bewußt niedrig gehaltene Schätzwert des nachgelassenen Vermögens genannt werden: Der Gesamtwert der Bilder betrug damals 3.597.580 DM, hinzu kamen diverse Vermögenswerte (zwei Häuser, Barvermögen), so daß die in die am 17. November 1965 gegründete, rechtsfähige Gabriele Münter- und Johannes Eichner-Stiftung eingebrachte Gesamtsumme rund 3.750.000 DM betrug.

43 Münter an Elfriede Schroeter verh. Neumann-Kleinpaul, 6. Mai 1958: Die Aufstellung der Bilder sei bis Nr. 1100 fertig. Münter an Nell Wal-

den, 5. Oktober 1958: Die Archivierung gehe inzwischen »bis hoch ins zweite Tausend«.

44 Münter an Marianne Neumann-Kleinpaul, 10. März 1958.

45 Aus Briefen an Münters Verwandte, 6. März 1955, 16. August 1958, 10. März 1956, 11. Januar 1956, 13. Oktober 1958 und 25. August 1959. – Ein Porträt Wolfgang von Webskys, dem Münter noch aus den Berliner Jahren verbunden war, zeigt sie im 83. Lebensjahr mit immer noch hellwachem Blick: Wolfgang von Websky, Monografien der Künstlergilde Eßlingen, Band 11, München 1966, Umschlagbild.

46 Der Katalog ›Gabriele Münter, 1877-1962‹, München 1962, enthält eine Liste der durch Gabriele Münter für die Städtische Galerie erworbenen Werke, darunter zehn Gemälde von Jawlensky, 24 Arbeiten von Paul Klee, vier von August Macke, 16 von Franz Marc, drei von Marianne von Werefkin, weitere von Campendonk, Delaunay, Bloch, Kubin u.a. Zu dieser Schenkung gehörten nach Angabe des Katalogs noch 25 ihrer eigenen Gemälde, ihr druckgraphisches Werk, dazu Blumenblätter, Aquarelle, Zeichnungen, Hinterglasbilder und ihr gesamtes Archiv.

47 Wolfgang Petzet, Abschied von Gabriele Münter, Münchner Merkur vom 21. Mai 1962, S. 6.

Quellenhinweis und Dank

Die vorliegende Arbeit beruht im wesentlichen auf der umfangreichen Korrespondenz zwischen Gabriele Münter und Wassily Kandinsky sowie dem künstlerischen und schriftlichen Nachlaß beider Maler. Mein Dank gilt daher an erster Stelle der Gabriele Münter- und Johannes Eichner-Stiftung unter ihrem Vorsitzenden Dr. Armin Zweite, der mir jederzeit und umfassend Einblick in den Bestand gewährte, mir gestattete, aus den Briefen Münters zu zitieren und ihre künstlerischen Werke sowie die in der Stiftung archivierten Photographien zu reproduzieren. Ebenso danke ich Karl Flinker, Société Kandinsky, Paris, für die Genehmigung, Zitate aus Kandinskys Briefen zu verwenden und dessen Werke zu reproduzieren.

Durch Joachim von Seydlitz-Kurzbach wurde mir der bisher nicht bekannte Briefwechsel zwischen seinem Onkel, Johannes Eichner, und Gabriele Münter zugänglich gemacht. Da er mit der Malerin persönlich bekannt war, verdanke ich ihm darüber hinaus wertvolle Hinweise auf Ereignisse aus ihren letzten Lebensjahren. Freundschaftliches Entgegenkommen bezeugten auch die Verwandten Gabriele Münters, indem sie mir bisher unerschlossene Familiendokumente wie Tagebücher, Briefe und Photographien zur Auswertung überließen.

Lawrence A. Schoenberg, Pacific Palisades, erteilte mir die Zitiergenehmigung für Briefe Münters an Arnold Schönberg, die sich in der Library of Congress, Washington, befinden. Briefe Münters an Alfred Kubin gehören zum Bestand des Kubin-Archivs in der Städtischen Galerie im Lenbachhaus, München. Briefe der Malerin an Münchner Adressaten werden in der Monacensia- und Handschriften-Sammlung der Stadtbibliothek München aufbewahrt. Die Briefe Kandinskys an Herwarth Walden sind im Besitz des Sturm-Archivs in der Handschriften-Abteilung der Staatsbibliothek Preußischer Kulturbesitz, Berlin. Die Rechte für die übrigen Zitate liegen bei den jeweils in den Anmerkungen genannten Institutionen oder Verlagen. Ich danke allen Rechtsinhabern für ihr Einverständnis.

Das künstlerische Werk Münters und Kandinskys befindet sich als Gabriele Münter-Stiftung in der Städtischen Galerie im Lenbachhaus, München. Dort wurde mir durch Dr. Rosel Gollek jederzeit die gewünschte Hilfe zuteil; der ständige Dialog mit ihr hat die Entstehung des Manuskriptes nachhaltig gefördert. Karl Heinz Meissner, Kunsthistoriker in München, gab mir wertvolle Informationen und übernahm die kritische Durchsicht der Textstellen über die Kunst im Hitlerreich. Von Dr. Dietrich Gneiting, Stuttgart, erhielt ich sachdienliche Hinweise zur Dokumentation. Vivian Barnett, Guggenheim Museum, New York, Jessica Boissel, Musée national d'art moderne – Centre Georges Pompidou, Paris, Professor Klaus Lankheit, Universität Karlsruhe, Professor Sixten Ringbom, Universität Turku, und Professor Peg Weiss, Syracuse University, vermittelten mir durch Gespräche weiterführende Impulse. Ihnen allen gilt mein Dank.

Ich fühle mich auch allen Mitarbeitern der zahlreichen Archive und Bibliotheken zu Dank verpflichtet, die mir beim Auffinden von Texten behilflich waren, besonders jedoch Ilse Holzinger von der Gabriele Münter- und Johannes Eichner-Stiftung; sie unterstützte mich mit Spürsinn und Geduld bei der Suche nach den benötigten Dokumenten. Verena Stöcker danke ich für ständige Bereitschaft und Ausdauer bei der technischen Herstellung des Manuskriptes.

Abschließend bleibt noch festzustellen, daß mir die Deutsche Forschungsgemeinschaft für das Jahr 1987 einen Teil der Auslagen für die Quellenbeschaffung erstattete. Die umfangreiche Bebilderung wurde durch die Gabriele Münter- und Johannes Eichner-Stiftung ermöglicht.

München, im Juli 1990 *Gisela Kleine*

Bibliographie Gabriele Münter

Zur Person

Selbstzeugnisse

Ein Besuch bei Gabriele Münter, in: Aussaat 2 (1947/48), S. 64-65.

Gabriele Münter, in: Ludwig Grote (Hrsg.), Erinnerungen an Paul Klee, Prestel Verlag, München 1959, S. 40-42.

Gabriele Münter, Gabriele Münter über sich selbst, in: Das Kunstwerk 2 (1948), 7, S. 25.

Edouard Roditi, Dialogues on Art, Secker & Warburg, London 1960. In deutscher Übersetzung: Dialoge über Kunst. Aus dem Englischen von A. E. Leroy, Insel Verlag, Wiesbaden 1960; Suhrkamp Verlag, Frankfurt am Main 1973.

ders., Dialog mit Gabriele Münter, in: Deutsche Rundschau 86 (1960), S. 895-910.

ders., Interview mit Gabriele Münter, in: Arts Magazine 34 (1960), S. 36-41.

Marianne von Werefkin, Zeugnis und Bild. Mit autobiographischen Texten und Zeugnissen von Alexei Jawlensky, Gabriele Münter ..., Verlag Die Arche, Zürich 1975.

Biographische Darstellungen

Dorothea Baumer, Frauen der bayerischen Geschichte. Gabriele Münter, in: Gehört gelesen, November 1985, S. 4-19.

Maria-Dorothea Beck, Vom frohen Tun. Die Malerin Gabriele Münter, in: Mädchenbildung und Frauenschaffen 9 (1959), S. 1-10.

Shulamith Behr, Women Expressionists, Phaidon Press, Oxford 1988.

Petra Bosetti, Die Malerin aus dem ›Russenhaus‹, in: Art 4/88, S. 130-131.

Alessandra Comini, State of the Field 1980. The Woman Artists of German Expressionism, in: Arts Magazine 55 (1980), S. 147-153.

Johannes Eichner, Gabriele Münter, die Achtzigjährige, in: Westfalen 35 (1957), 3, S. 131-145.

Dietmar Elger, Expressionismus. Eine deutsche Kunstrevolution, Taschen Verlag, Köln 1988.

Liselotte Erlanger, Gabriele Münter. A lesser life?, in: Feminist Art Journal, 3. Jg., Nr. 4, 1974/75, S. 11-13.

Ulrike Evers, Deutsche Künstlerinnen des 20. Jahrhunderts, Verlag L. Schultheis, Hamburg 1983, S. 243 ff.

Elsa Honig Fine, Women and Art. A History of Women Painters and Sculptors from the Renaissance to the 20th Century, Allanheld & Schram, Montclair/London 1978.
Hans Frenz, Bedeutende Frauen. Gabriele Münter, in: Deutsche Post 12 (1960), S. 316.
Gabriele Münter, in: Time 78, No. 26, 29. 12. 1961, S. 36.
Gabriele Münter, 1877-1962, Orangerie Reinz, Köln 1981.
Rosel Gollek, Gabriele Münter. 1877-1962, in: Die Kunst und das schöne Heim 89 (1977), 2, S. 79-83.
dies., Das Münter-Haus in Murnau. Gabriele Münter- und Johannes Eichner-Stiftung, München 1984.
Sara H. Gregg, Gabriele Münter in Sweden. Interlude and Separation, in: Arts Magazine 55 (1981), S. 116-119.
Hubertus Günther, Gabriele Münter, in: Die Weltkunst 47 (1977), 11, S. 1172-1173.
Werner Haftmann, Sichtbare Welt. Die Malerin Gabriele Münter, in: Die Zeit 5 (1950), 18, S. 5.
Hans Heilmaier, Besuch bei Gabriele Münter, in: Kunsthandel 48 (1956), 3, S. 12-14.
ders., Murnau, der Vorort des ›Blauen Reiters‹. Zu Gabriele Münters 80. Geburtstag, in: Madame, Februar 1957, S. 58/59.
Christian Huber, Altar- und Familienromantik, in: Die Weltkunst, 58 (1988), 15, S. 2152.
Ejner Johansson, Gabriele Münter i Danmark. Kandinskys hustru, der sammen med ›Der Sturm‹-gruppen blev skoeldt ud i København, in: Berlingske Tidendes Kronik, 15. 2. 1965.
Ursula von Kardorff, Gabriele Münter wird 80 Jahre alt, in: Christ und Welt 10 (1957), 7, S. 13.
Jörg Krichbaum, Künstlerinnen. Von der Antike bis zur Gegenwart, DuMont Verlag, Köln 1979, S. 248-249.
Peter Lahnstein, Münter, Buch-Kunstverlag, Ettal 1971.
Monika A. Müller, Erziehung und Ausbildung einer Malerin um 1900, am Beispiel von Gabriele Münter. Magisterarbeit, Zürich 1983.
Fritz Nemitz, Gabriele Münter, in: Westermanns Monatshefte 7 (1949), S. 56.
Hans Konrad Röthel, Mit einem einzigen glücklichen Pinselstrich. Gabriele Münter, in: Europa 9 (1958), S. 40-41.
Lilly Rydström-Wickelberg, Gabriele Münter, in: Konstrevy 28 (1952), 4/5, S. 216-220.
P. F. Schmidt, Farbiger Abglanz, in: Die Frau 9/10 (1948), S. 9.
Wolfgang Stauch von Quitzow, Die Malerin der Stille. In memoriam Gabriele Münter, in: Sonntagsblatt (1963), 1, S. 15.

Stephanie Terenzio, Gabriele Münter in 1908, in: Bulletin of the William Benton Museum of Art 1 (1974), 3, S. 3-17.
Johanna Werckmeister, ›Blauer Reiter‹ im Damensattel. Rezeptionsraster für eine Künstlerin, in: Kritische Berichte 1/1989, S. 70-77.
Alfred Werner, Gabriele Münter: Naive Genius, in: American Artist 39 (1975), S. 54-59.
ders., Magnificent Gabriele, in: Arts Magazine 40 (1966), S. 26-28.
With Tears of Joy, in: Newsweek 49, 18. 3. 1957, S. 109.
Der Malerin Gabriele Münter zum 75. Geburtstag am 19. Februar 1952, 23 Stimmen zu ihrer Würdigung, Verlag Laupenmühlen & Dierichs, Bochum 1952.
Leopold Zahn, Gabriele Münter zum 75. Geburtstag am 19. 2. 1952, in: Das Kunstwerk 5 (1951), 6, S. 63.

Zum Werk

Zum Gesamtwerk

Gabriele Münter. Das Werk von 1908-1933, in: Die Weltkunst 9 (1935), 22, S. 2.
Gabriele Münters Vermächtnis, in: Die Weltkunst 32 (1962), 22, S. 12.
Gabriele Münter. 14 Farbbilder und 16 Schwarzweißbilder auf Tafeln. Mit einer Einführung von Hans Konrad Röthel, Bruckmann Verlag, München 1957.
Gabriele Münter. Hinterglasbilder. Mit einer Einführung von Rosel Gollek, R. Piper Verlag, München 1981.
Gabriele Münter. Menschenbilder in Zeichnungen. 20 Lichtdrucktafeln mit einer Einführung von Gustav Friedrich Hartlaub und mit Erinnerungen der Künstlerin, Lemmer Verlag, Berlin 1952.
Gabriele Münter. Neujahrswunsch. Originalholzschnitte, vom Künstler signierte und numerierte Handdrucke, schwarz-weiß, auf Japanpapier, Verlag der Sturm, Berlin um 1912.
Gabriele Münter. Zeichnungen und Aquarelle. Katalog, hrsg. von Sabine Helms. Mit einer Einführung von Erich Pfeiffer-Belli, Gebr. Mann Verlag, Berlin 1979.
Brigitte M. Cole, Gabriele Münter and the Development of Her Early Murnau Style. Diss. University of Texas, Arlington 1980.
Erich Franz, Gabriele Münter 1877-1962, in: Pantheon 35 (1977), 3, S. 260-261.
Ellen Klausch, Frauenbilder im Werk Gabriele Münters. Wiss. Hausarbeit, Berlin 1987.
Fritz Neugass, Kandinskyfeier des Guggenheim-Museums New York. Hin-

terglasmalereien der Gabriele Münter, in: Die Weltkunst 37 (1967), 1, S. 11-12.
Erich Pfeiffer-Belli, Gabriele Münter. Zeichnungen und Aquarelle, Gebr. Mann Verlag, Berlin 1979.
Hans Konrad Röthel, Berichte der Staatlichen Kunstsammlung. Neuerwerbungen 1945-49, in: Münchner Jahrbuch der Bildenden Kunst, 3. F., 1 (1951), S. 245-247.
Gerhard Schön, Mit Sympathie gemalt. Zum Werk von Jean Vaerten und Gabriele Münter, in: Rheinischer Merkur 5 (1959), 15, S. 6.

Zu Einzelwerken

Blick auf den Karwendel, 1928, in: Connoisseur 195 (1977), S. 98.
Blick aufs Gebirge, 1934, in: Westermanns Monatshefte 109 (1968), 6, S. 44.
Dame mit Bukett, 1919, in: Connoisseur 195 (1977), S. 98.
Family, 1910, in: Antiques 101 (1972), S. 505.
Gerade Straße, in: Das Kunstwerk 7 (1953), 2, S. 6.
Kandinsky et Erma Bossi a table, 1912 (Kandinsky und Erma Bossi), in: Gazette des Beaux-Arts 82 (1974), Suppl. 12.
Listening, 1909 (Zuhören). Portrait of Jawlensky, in: Art in America 49 (1961), 4, S. 121.
Malerei, in: Das Kunstwerk 14 (1961), S. 32.
Man in an armchair (Mann im Sessel): Paul Klee, in: Studio international 193 (1977), S. 166.
Gabriele Münter, Mein Bild »Mann im Sessel«, in: Die Kunst und das schöne Heim 51 (1952/53), 2, S. 53.
Musik, in: Das Kunstwerk 7 (1953), 2, S. 6.
Portrait of a young woman, 1909, in: Burlington Magazine 119 (1977), S. 530.
Schwarze Maske mit Rose, in: Burlington Magazine 110 (1968), S. 370.
Self-Portrait, 1910, in: Art Journal 39 (1980), 4, S. 266.
Stilleben mit Heiligem Georg. Gabriele Münter 1877-1962. Kunstwerke der Welt aus dem öffentlichen bayerischen Kunstbesitz, 2, München 1962.
Still life with St. George, 1911 (Stilleben mit Heiligem Georg), in: Arts Magazine 54 (1979), S. 155.
Stilleben mit weißer Rose, in: Das Kunstwerk 7 (1953), 2, S. 1.
Straße mit Kindern, in: Connoisseur 163 (1966), S. 248.
Village road Murnau (Dorfstraße in Murnau), in: Arts Magazine 37 (1963), S. 57.

Ausstellungskataloge

Beteiligung Gabriele Münters an Ausstellungen von 1907 bis 1913

1907 Artistes Indépendants, 23e Exposition, Paris, Serres du Cours, März/April 1907.
Salon d'Automne, 5e Exposition, Paris, Grand Palais, Oktober 1907.

1908 Artistes Indépendants, 24e Exposition, Paris, Serres du Cours, März-Mai 1908.
Salon d'Automne, 6e Exposition, Paris, Grand Palais, Oktober/November 1908.

1909 Salon d'Automne, 7e Exposition, Paris, Grand Palais, Oktober/November 1909.
Neue Künstlervereinigung München e.V., Moderne Galerie/Heinrich Thannhauser, München, Dezember 1909, Beginn des Turnus 1909-1910.
Salon Izdebskij, Odessa, Dezember 1909-Februar 1910.

1910 Salon Izdebskij, Kiew, Februar/März 1910.
Salon Izdebskij, St. Petersburg, Mai/Juni 1910.
Salon Izdebskij, Riga, Juni/Juli 1910.
Neue Künstlervereinigung München e.V., II. Ausstellung, Moderne Galerie/Heinrich Thannhauser, München, September 1910, Beginn des Turnus 1910-1911.
Salon d'Automne, 8e Exposition, Paris, Grand Palais, Oktober/November 1910.
Salon Izdebskij, 2. International Arts Exhibition, Odessa, Dezember 1910.
Bubnovij Balet, Moskau, Dezember 1910-Januar 1911.

1911 Paul Cassirer, 13. Jg., 6. Ausstellung, Berlin, Januar/Februar 1911.
Neue Sezession, 4. Ausstellung, Berlin, November 1911-Januar 1912.
Der Blaue Reiter: die erste Ausstellung der Redaktion, Moderne Galerie/Heinrich Thannhauser, München, Dezember 1911 bis Januar 1912.

1912 Bubnovij Balet, Moskau, Januar 1912.
Der Blaue Reiter: die zweite Ausstellung der Redaktion, Neue Kunst/Hans Goltz, München, Februar 1912.
Der Sturm, erste Ausstellung: Der Blaue Reiter, Franz Flaum, Oskar Kokoschka, Expressionisten, Berlin, März/April 1912.
Artistes Indépendants, 28e Exposition, Paris, Quai d'Orsay, März bis Mai 1912.

Neue Kunst/Hans Goltz, Erste Gesamtausstellung der Galerie, München, Oktober 1912.

1913 Nemzetközi Postimpresszionista Kiállitás, Budapest, April/Mai 1913.

Der Sturm, Erster deutscher Herbstsalon, Berlin, September bis Dezember 1913.

Galerie Ernst Arnold, Die neue Malerei, Expressionistische Ausstellung, Dresden, Dezember 1913 bis Januar 1914.

Kataloge zu Kollektivausstellungen

1913 Der Neue Kunstsalon/Max Dietzel, München: März-April 1913. Gabriele Münter (1904-1913). Kollektiv-Ausstellung (Faltblatt).

1915 Der Sturm, Berlin: Oktober 1915. 35. Ausstellung. Gabriele Münter, Berlin 1915 (Faltblatt).

1916 Der Sturm, Stockholm: 1.-15. März 1916. Kollektiv utställning Münter. Oljemålningar och grafik, utställda i Carl Gummesons Konsthandel, Stockholm 1916 (Faltblatt).

1917 Liljevalchs Konsthall, Stockholm: Januar-Februar 1917. Föreningen Svenska Konstnärinnor, Stockholm 1917 (Faltblatt).

Nya Konstgalleriet, Stockholm: 3.-14. 5. 1917. Utställning av Georg Pauli och Gabriele Münter, Stockholm 1917 (Faltblatt).

Der Sturm, Berlin: Dezember 1917. 58. Ausstellung. Gösta Adrian-Nilsson, Paul Klee, Gabriele Münter. Gemälde und Aquarelle, Zeichnungen, Berlin 1917 (Faltblatt).

1918 Den Frie Udstilling, Kopenhagen: März 1918. Gabriele Münter. Oljemalninger, Glastavler, Grafik, Kopenhagen 1918 (Faltblatt).

1919 Københavns Ny Kunstsal, Kopenhagen: 1919. Maleriudstilling Gabriele Münter-Kandinsky (Faltblatt).

1920 Moderne Galerie/Heinrich Thannhauser, München: Dezember 1920. Gabriele Münter. Gemälde und Zeichnungen, München 1920 (Faltblatt).

1949 Kunstverein Braunschweig: 17. 7.-7. 8. 1949. Gabriele Münter, Werke aus fünf Jahrzehnten. Mit einer Einführung von Johannes Eichner, Kunstverein Braunschweig 1949 (Wanderausstellung).

1950 Kunsthalle Bremen: 22. 1.-19. 2. 1950. S. Katalog des Kunstvereins Braunschweig, 1949.

Galerie Vömel, Düsseldorf: 1950. S. Katalog des Kunstvereins Braunschweig, 1949.

Suermont-Museum, Aachen: 1950. S. Katalog des Kunstvereins Braunschweig, 1949.

Kaiser-Wilhelm-Museum, Krefeld: 1950. S. Katalog des Kunstvereins Braunschweig, 1949.
Märkisches Museum, Witten (Ruhr): 1950. S. Katalog des Kunstvereins Braunschweig, 1949.
Universitäts-Museum, Marburg: 1950. S. Katalog des Kunstvereins Braunschweig, 1949.

1951 Kunstverein Frankfurt am Main: 1951. S. Katalog des Kunstvereins Braunschweig, 1949.
Kunstverein Karlsruhe: 1951. S. Katalog des Kunstvereins Braunschweig, 1949.
Kunstverein Freiburg i. Br.: 1951. S. Katalog des Kunstvereins Braunschweig, 1949.
Museum Folkwang, Essen: 1951. S. Katalog des Kunstvereins Braunschweig, 1949.
Kestner-Gesellschaft, Hannover: 1951. S. Katalog des Kunstvereins Braunschweig, 1949.
Städtischer Ausstellungsraum Bochum: 1951. S. Katalog des Kunstvereins Braunschweig, 1949.
Kestner-Gesellschaft, Hannover: 13. 10.-18. 11. 1951. Paula Modersohn-Becker, Gabriele Münter. Mit einem Vorwort von Alfred Hentzen, Hannover 1951.

1952 Städtische Galerie, Oberhausen: 1952. S. Katalog des Kunstvereins Braunschweig, 1949.
Central Collecting Point, München: Mai 1952. Gabriele Münter: Werke aus 5 Jahrzehnten. Hrsg. von Johannes Eichner, München 1952.
Oberhessisches Museum, Gießen: 1952. S. Katalog des Kunstvereins Braunschweig, 1949.
Städtisches Kunsthaus, Bielefeld: 1952. S. Katalog des Kunstvereins Braunschweig, 1949.

1953 Karl Ernst Osthaus-Museum, Hagen in Westfalen: 1953. S. Katalog des Kunstvereins Braunschweig, 1949.
Landesmuseum Münster: 1953. S. Katalog des Kunstvereins Braunschweig, 1949.
Schloß Morsbroich, Leverkusen: 1953. S. Katalog des Kunstvereins Braunschweig, 1949.
Kunst- und Museumsverein, Wuppertal: 1953. S. Katalog des Kunstvereins Braunschweig, 1949.
Heimatmuseum Herford: 1953. S. Katalog des Kunstvereins Braunschweig, 1949.

1954 Moderne Galerie Otto Stangl, München: 1954-1955. Kandinsky, Marc, Münter. Unbekannte Werke. Text von Hans Konrad Röthel, Klaus Lankheit und Johannes Eichner, München 1954.

1955 Kunsthalle Bremen: 15. 5.-12. 6. 1955. Kandinsky, Marc, Münter. Unbekannte Werke (Wanderausstellung 1954/55), Bremen 1955.

1957 Galerie Vömel, Düsseldorf: 6. 2.-5. 3. 1957. Gabriele Münter. Ölbilder, Düsseldorf 1957.

Städtische Galerie im Lenbachhaus, München: 19. 2.-31. 3. 1957. Kandinsky und Gabriele Münter. Vorwort von Hans Konrad Röthel, München 1957.

Haus am Lützowplatz, Berlin: 1.-21. 12. 1957. Gabriele Münter. Gemälde, Graphik, Berlin 1957.

1958 Kunstverein Hamburg: 22. 11. 1958-11. 1. 1959. Kandinsky und Gabriele Münter. Text von Hans Konrad Röthel, Hamburg 1958.

1960 Dalzell Hatfield Galleries, Los Angeles: 20. 6.-30. 7. 1960. Gabriele Münter. 1. American exhibition with 7 additional major paintings by Kandinsky, Los Angeles 1960.

Marlborough Fine Art Ltd., London: September-Oktober 1960. Gabriele Münter. Oil paintings 1903-1937, London 1960.

Änne Abels Galerie, Köln: Dezember 1960-Januar 1961. Gemälde von Gabriele Münter. Text von Hans Konrad Röthel, Köln 1961.

Staatliche Kunsthalle, Baden-Baden: 4.-31. 12. 1960. Alfred Lörcher, Gabriele Münter, Emy Röder. Text von Hans Konrad Röthel, Baden-Baden 1960.

1961 Kunsthalle Mannheim: 30. 9.-29. 10. 1961. Gabriele Münter. Text von Doris Schmidt, Mannheim 1961.

Leonard Hutton Galleries, New York: 22. 11.-30. 12. 1961. Gabriele Münter. Murnau to Stockholm (1908-1917). Mit einem Vorwort von Hans Konrad Röthel, New York 1961 (Exhibition catalogues, Leonard Hutton Galleries, 3).

1962 Städtische Galerie im Lenbachhaus, München: 13. 10.-2. 12. 1962. Gabriele Münter 1877-1962. Hrsg. von Hans Lautenbacher, München 1962 (Ausstellungskataloge der Städtischen Galerie München, 50).

1963 Dalzell Hatfield Galleries, Los Angeles: 1.-25. 5. 1963. Gabriele Münter 1877-1962. Memorial exhibition, Los Angeles 1963.

Firma Eisenmann KG, Böblingen: Oktober 1963. Gabriele Münter, Böblingen 1963.

1965 Galerie Daniel Keel, Zürich: Juni-Juli 1965. Gabriele Münter, Zürich 1965.

1966 Leonard Hutton Galleries, New York: März-April 1966. Gabriele Münter, 1877 to 1962: 50 years of her art. Paintings 1906-1956, New York 1966.

Leonard Hutton Galleries, New York: Dezember 1966-Januar 1967. An exhibition of unknown work by Gabriele Münter, 1877-

1962. Hinterglasmalerei (Painting on glass), woodcuts in color, etchings, collages. Text von Hans Konrad Röthel, New York 1966.

1967 Heidelberger Kunstverein, Heidelberg: 2. 7.-13. 8. 1967. Gabriele Münter. Gedächtnisausstellung zum 90. Geburtstag, Heidelberg 1967.
Württembergischer Kunstverein Stuttgart: 24. 8.-1. 10. 1967. S. Katalog des Heidelberger Kunstvereins, 1967.
Städtische Galerie im Lenbachhaus, München: Gabriele Münter. Das druckgraphische Werk, München 1967.

1968 Westfälischer Kunstverein Münster: 7. 1.-11. 2. 1968. S. Katalog des Heidelberger Kunstvereins, Heidelberg 1967.
Galerie Vömel, Düsseldorf: 8. 1.-3. 2. 1968. Münter, Düsseldorf 1968.
Dalzell Hatfield Galleries, Los Angeles: 20. 3.-12. 4. 1968. Jawlensky, Münter, Pechstein. Three masters of German expressionism from our recently acquired collection from Europe, Los Angeles 1968.

1969 Graphisches Kabinett, Kunsthandlung U. Voigt KG, Bremen: 7. 2.-26. 4. 1969. Gabriele Münter. Gemälde und Graphik, Bremen 1969.
Galerie Gunzenhauser, München: 12. 11. 1969-31. 1. 1970. Gabriele Münter. Ölbilder und Graphik, München 1969.

1971 Galerie Gunzenhauser, München: April 1971. Münter. Frühe Ölbilder, München 1971.

1972 Kunsthalle Bremen: 10. 12. 1972-21. 1. 1973. Gabriele Münter: Aquarelle und Handzeichnungen, Bremen 1972 (Ausstellungskataloge der Kunsthalle Bremen, 55).

1973 Galerie Wilhelm Grosshenning, Düsseldorf: 15. 8.-15. 10. 1973. Gabriele Münter, Düsseldorf 1973.

1974 Frankfurter Kunstkabinett Hanna Bekker vom Rath, Frankfurt am Main: 25. 1.-23. 3. 1974. Gabriele Münter 1877-1962. 30 Gemälde aus den Jahren 1906-1959, Frankfurt am Main 1974.
Galerie Vömel, Düsseldorf: November/Dezember 1974. Ölbilder von Gabriele Münter. Katalog in Zusammenarbeit mit der Münchner Galerie Gunzenhauser, München/Düsseldorf 1974.

1975 Gerd Rosen Galerie, Berlin: Gabriele Münter. Text von Paul Ferdinand Schmidt, Berlin 1975.

1976 Schloß Ricklingen, Garbsen: Gabriele Münter, Garbsen 1976.

1977 Berlin: Künstlerinnen international 1877-1977, Berlin 1977.
Städt. Galerie im Lenbachhaus, München: 22. 4.-3. 7. 1977. Gabriele Münter 1877-1962. Gemälde, Zeichnungen, Hinterglasbilder und Volkskunst aus ihrem Besitz. Hrsg. von Rosel Gollek, München 1977.
Galerie Gunzenhauser, München: 6. 5.-15. 7. 1977. Gabriele Münter. Ölbilder, Holzschnitte, München 1977.

Daniel-Pöppelmann-Haus, Herford: 17. 9.-16. 10. 1977. Gabriele Münter, Herford 1977 (Faltblatt).

1978 Galerie Gunzenhauser, München: 2. 11. 1978-31. 1. 1979. Gabriele Münter. Collagen, Bildobjekte, München 1978.

1980 Busch-Reisinger-Museum, Cambridge/Mass.: 25. 9.-8. 11. 1980. Anne Mochon, Gabriele Münter. Between Munich and Murnau, Cambridge/Mass. 1980.

Princeton University Art Museum, Princeton/NY: 22. 11. 1980-18. 1. 1981. S. Katalog des Busch-Reisinger-Museums, Cambridge/Mass. 1980.

1983 Museum of Contemporary Art, Chicago/Ill.: 26. 3.-29. 5. 1983. Naive and Outsider Painting from Germany and Paintings by Gabriele Münter. Text von Mary Jane Jacob, Chicago/Ill. 1983.

1986 Kunstverein Hochrhein, Villa Berberich, Bad Säckingen: 7. 9.-5. 10. 1986. Gabriele Münter. Ölbilder, Aquarelle, Zeichnungen. Text von Rosel Gollek, Bad Säckingen 1986.

1988 Kunstverein in Hamburg: 9. 4.-29. 5. 1988. Gabriele Münter. Hrsg. von Karl-Egon Vester, Hamburg 1988.

Hessisches Landesmuseum, Darmstadt: 29. 6.-21. 8. 1988. S. Katalog des Kunstvereins Hamburg 1988.

Sammlung Eisenmann, Aichtal-Aich: 3.-25. 9. 1988. S. Katalog des Kunstvereins Hamburg 1988.

1992 Städtische Galerie im Lenbachhaus, München: 28. 7.-1. 11. 1992. Gabriele Münter 1877-1962. Retrospektive. Hrsg. von Annegret Hoberg und Helmut Friedel, München 1992.

1992/1993 Schirn Kunsthalle, Frankfurt am Main: 29. 11. 1992-10. 2. 1993. Gabriele Münter 1877-1962. Retrospektive. Hrsg. von Annegret Hoberg und Helmut Friedel, München 1992.

Kalender

Gabriele Münter, Ein Kalender für 1965 nach Originalen der Künstlerin, Eisenmann KG Maschinenbaugesellschaft, Böblingen 1965.

Gabriele Münter, Ein Kalender für 1975 nach Originalen der Künstlerin, Eisenmann KG Maschinenbaugesellschaft, Böblingen 1975.

Gabriele Münter, Kalender für 1987 zur Ausstellung Gabriele Münter, Ölbilder, Zeichnungen, Aquarelle vom 7. 9.-5. 10. 1986, Bad Säckingen.

Gabriele Münter, Kunstkalender der Galerie Eisenmann für 1989, Eisenmann KG Maschinenbaugesellschaft, Böblingen 1989.

Gabriele Münter und der Blaue Reiter

Allgemeines

Der Blaue Reiter im Lenbachhaus München. Katalog der Sammlung in der Städtischen Galerie. Hrsg. von Rosel Gollek. 4., erg. Aufl. Prestel Verlag, München 1988.

Der Blaue Reiter. Hrsg. von Hans Christoph von Tavel. Katalog zur Ausstellung im Kunstmuseum Bern von November 1986 bis Februar 1987, Bern 1986.

Der Blaue Reiter. Dokumente einer geistigen Bewegung. Hrsg. von Andreas Hüneke, Verlag Philipp Reclam jun., Leipzig 1986.

Lothar-Günther Buchheim, Der Blaue Reiter und die Neue Künstlervereinigung München, Buchheim-Verlag, Feldafing 1959, S. 267-274.

Johannes Eichner, Ein Nachklang aus dem Blauen Reiter, Gabriele Münter, in: Die Kunst und das schöne Heim 49 (1950/51), 8, S. 282-285.

Ursula Glatzel, Zur Bedeutung der Volkskunst beim Blauen Reiter. Diss. München 1975, S. 168-187.

Rosel Gollek, Brennpunkt der Moderne. Der Blaue Reiter in München, R. Piper Verlag, München/Zürich 1989.

Anne Mochon, Gabriele Münter, Still Life, Folk Art and the Blaue Reiter, Term paper, University of Massachusetts, Amherst 1977.

Magdalena M. Moeller, Der Blaue Reiter, DuMont Verlag, Köln 1987.

Gottfried Sello, Im Land der Blauen Reiter, in: Zeitmagazin 7 (1984), S. 20-31.

Felicitas Tobien, Der Blaue Reiter, Berghaus-Verlag, Kirchdorf/Inn 1986.

Ursula Welsch, Der Blaue Reiter und die Berge. Betrachtungen über Werke von Kandinsky, Münter, Jawlensky, Marc und Klee, in: Alpenvereins-Jahrbuch 1980, Band 105, S. 231-241.

Armin Zweite/Annegret Hoberg, The Blue Rider in the Lenbachhaus Munich. Masterpieces by Franz Marc, Vassily Kandinsky, Gabriele Münter, Alexej Jawlensky, August Macke, Paul Klee, Prestel Verlag, München 1989.

Der Blaue Reiter im Lenbachhaus München, Herausgegeben und mit einer Einführung von Armin Zweite sowie Bildkommentaren von Annegret Hoberg, München 1991.

Gabriele Münter und Kandinsky

Susan P. Bachrach, A Comparison of the Early Landscapes of Münter and Kandinsky, 1902-1910, in: Woman's Art Journal, 2 (1981), No. 1, S. 21-24.

Vivian Endicott Barnett, Kandinsky and Sweden, Malmö/Stockholm 1989.
Johannes Eichner, Kandinsky und Gabriele Münter, Von Ursprüngen moderner Kunst, Bruckmann Verlag, München 1957.
Kenneth Lindsay, Gabriele Münter and Wassily Kandinsky: What they meant to each other, in: Arts, 56. Jg., Nr. 4, Dezember 1981, S. 56-62.
Juliane Roh, Kandinsky und Gabriele Münter in der Münchener Städtischen Galerie, in: Das Kunstwerk 10 (1957), 5, S. 52.

Dieses Verzeichnis beruht auf einer umfangreichen Personalbiographie, die Karin Müller, Renate Siegmüller, Bernhard Steidele, Siegfried Weith und Pia Weitl als Hausarbeit an der Bayerischen Beamtenfachhochschule München 1982 zusammenstellten. Sie wurde bearbeitet und auf den neuesten Stand gebracht von Inge Sicklinger.

Abbildungsverzeichnis

Farbtafeln

10,5 × 15,6 cm. Berlin, Kupferstichkabinett, Staatliche Museen Preußischer Kulturbesitz.

XV Kandinsky, Improvisation 19, 1911, Öl auf Leinwand, 120 × 141,5 cm. Städtische Galerie im Lenbachhaus, München.

XVI Münter, Tisch im Gartencafé, 1930, Öl auf Pappe, 45,5 × 37,5 cm. Privatbesitz.

Photonachweis für die Schwarzweißabbildungen

Gabriele Münter- und Johannes Eichner-Stiftung, München: 21, 33, 49, 52, 63, 65, 66, 68, 74-80, 83, 86, 118-120, 122-124, 136, 151-153, 179, 188, 205, 215, 223, 227, 246, 258, 271, 272, 334, 337, 344, 351, 353, 371, 382, 384, 393, 465, 474, 486, 492/93, 495, 499, 543, 550, 570, 579, 582, 599, 613, 645, 646, 649.

Städtische Galerie im Lenbachhaus, München: 116, 143, 155, 175, 176, 182, 184, 219, 224, 252, 300, 308-310, 332, 335, 340, 398, 405, 416, 424, 426, 428, 439, 442, 443, 445, 470.

Privatbesitz: 39, 173, 338, 339, 345, 373, 411, 415, 490, 496, 533-535, 544, 549, 563.

Monacensia-Sammlung der Stadtbibliothek München: 113, 343.

Werefkin-Archiv, Dr. Fäthke, Wiesbaden: 333, 409.

Gaby Gräfin von Arnim: 664.

Tretjakow-Galerie, Moskau: 472, 489.

Hamburger Kunsthalle: 639.

Namenregister

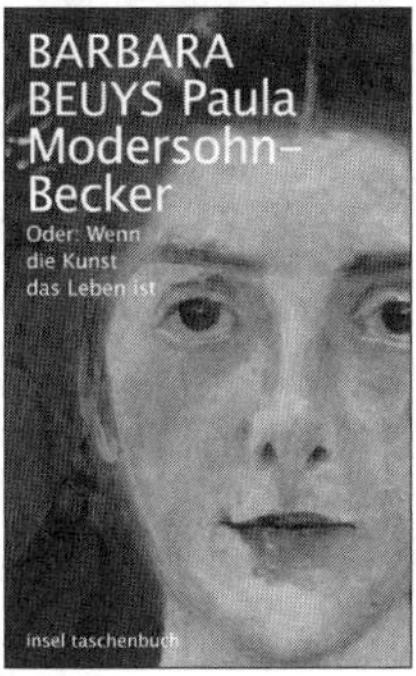

»Deutschlands Picasso ist eine Frau.«
Frankfurter Allgemeine Zeitung

Nur zwei Bilder hatte sie verkauft, als sie 1907, wenige Tage nach der Geburt ihrer Tochter, einer Embolie erlag. Paula Modersohn-Becker starb früh. Sie war gerade einunddreißig Jahre alt. Doch sie hinterließ mehr als tausend Zeichnungen und rund siebenhundert Gemälde.

Zu Lebzeiten angefeindet, von der Nachwelt lange unterschätzt, wird sie jetzt neu entdeckt: als eine selbstbewusste Frau, die im Leben und in der Kunst zur Moderne gehört – nicht zuletzt dank der spannenden Bestseller-Biographie von Barbara Beuys.

Barbara Beuys, Paula Modersohn-Becker. Oder: Wenn die Kunst das Leben ist. Mit Fotografien und 16 Farbtafeln. insel taschenbuch 3419. 346 Seiten

NF 303/1/1.16

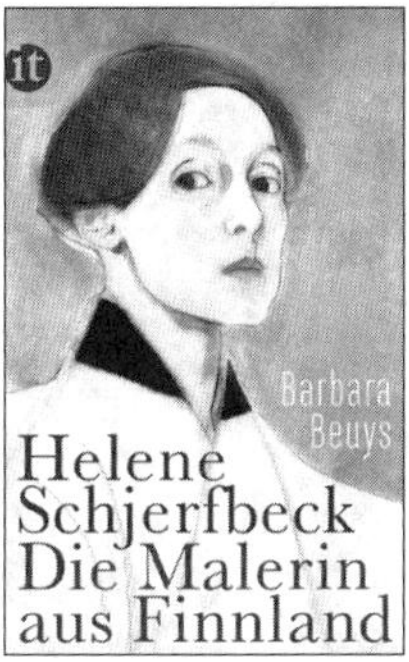

»Die Jahrhundertmalerin«
Frankfurter Allgemeine Zeitung

In Skandinavien wird sie als eine der bedeutendsten Malerinnen des 20. Jahrhunderts gefeiert, in Deutschland ist sie spätestens seit der vielgerühmten Ausstellung in der Frankfurter Schirn 2014 keine Unbekannte mehr: Helene Schjerfbeck (1862-1946).

Barbara Beuys schildert das dramatische und stürmische Leben der Malerin, die als Wunderkind begann und eine Meisterin der Moderne wurde – und über tausend Bilder geschaffen hat: Selbstporträts, Stillleben, Landschaften, vor allem aber Porträts moderner junger Frauen.

Barbara Beuys, Helene Schjerfbeck. Die Malerin aus Finnland. insel taschenbuch 4685. 464 Seiten.

NF 429/1/10.18

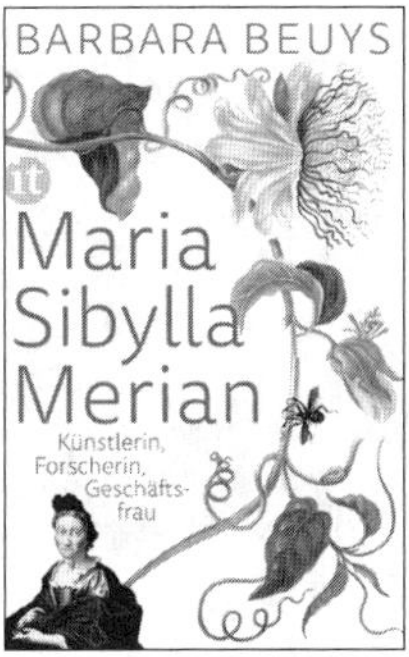

Die neue große Merian-Biographie von Barbara Beuys

Barbara Beuys erzählt spannend und kenntnisreich das ungewöhnliche Leben einer Frau im 17. Jahrhundert, die selbstbewusst als Künstlerin Pionierarbeit in den Naturwissenschaften leistete. Ihre Leidenschaft für Raupen und deren Verwandlung in Schmetterlinge führte sie 1699 bis in den tropischen Urwald von Südamerika.
Mit ihrem Buch *Der Raupen wunderbare Verwandlung* gehört Maria Sibylla Merian zu den Begründern der modernen Insektenkunde. Fünf Jahre lebte sie in einer radikalen christlichen Kommune in Holland, trennte sich von ihrem Mann und zog mit ihren Töchtern nach Amsterdam. Dort entstanden Zeichnungen von Blumen, Insekten und Früchten, die bei Sammlern in ganz Europa begehrt waren. Die Reise der Zweiundfünfzigjährigen in die niederländische Kolonie Surinam in Südamerika zur Erforschung der tropischen Inselwelt ist ohne Vorbild. Ihr Buch über die *Surinamesischen Insekten* machte sie endgültig berühmt.

Barbara Beuys, Maria Sibylla Merian. Künstlerin, Forscherin, Geschäftsfrau. Eine Biographie. Mit zahlreichen Abbildungen. insel taschenbuch 4480. 285 Seiten

NF 353/1/11.16

NF 300/1/1.16

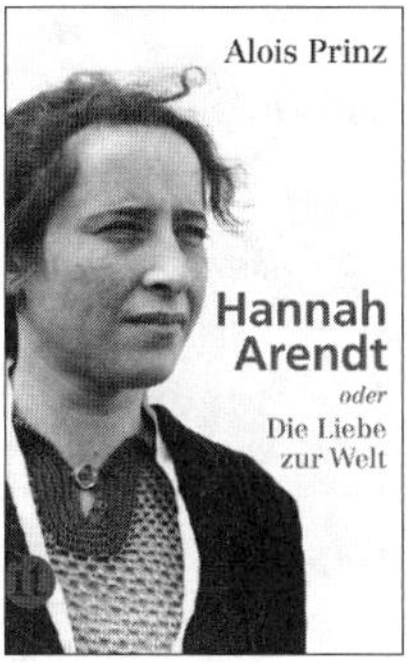

»Es ist eine Lust zu leben, auch wenn die Weltlage beschissen ist.«
Hannah Arendt

Hannah Arendt (1906–1975) ist eine der bedeutendsten Denkerinnen des 20. Jahrhunderts. In einer Zeit, als Frauen an der Universität noch eine Ausnahme waren, studierte sie u. a. bei Martin Heidegger und Edmund Husserl und promovierte 1928 bei Karl Jaspers. Mit dem 17 Jahre älteren Heidegger ging sie eine geheime Liebesbeziehung ein, mit Jaspers blieb sie bis zu dessen Tod freundschaftlich verbunden. Später wurden u. a. Hans Jonas und Walter Benjamin zu engen Vertrauten.

Von den Nazis ins amerikanische Exil getrieben, stellte die deutsche Jüdin grundlegende Fragen zur Philosophie und Politik. Den Zwängen der Zeit setzen ihr Leben und Denken eine Haltung der Unabhängigkeit und Freiheit entgegen. Ihre Lebensgeschichte liest sich wie ein Plädoyer für Mut und Engagement, wie ein Loblied auf die Freundschaft und die Liebe zur Welt.

Alois Prinz, Hannah Arendt oder Die Liebe zur Welt. insel taschenbuch 4172. 326 Seiten.

NF 406/1/9.18

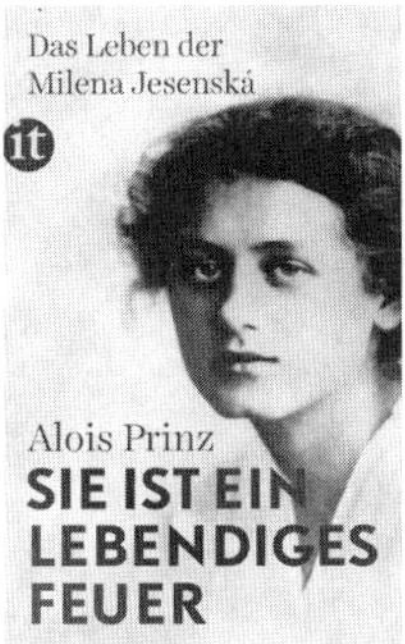

»Sie ist ein lebendiges Feuer, wie ich es noch nicht gesehen habe.«
Franz Kafka

Milena Jesenská (1896-1944) stellte sich schon früh gegen alle Konventionen: Von der braven Medizinstudentin aus gutbürgerlichem Haus zur Rebellin gegen den Vater, von der *femme fatale* zur politischen Journalistin und engagierten Widerstandskämpferin im Dritten Reich – ihr kurzes bewegtes Leben führte Milena Jesenská von Prag nach Wien, in den Untergrund und schließlich ins KZ Ravensbrück, wo sie anderen Frauen durch gefälschte Diagnosen das Leben rettete, aber selbst 1944 starb.

Eindringlich erzählt Bestsellerautor Alois Prinz die Lebensgeschichte dieser Frau, die selbst in finsteren Zeiten ihre Entschlossenheit, ihren Mut und ihre Leidenschaft – vor allem aber ihre Fähigkeit zu großer Liebe – nie verloren hat.

Alois Prinz, »Sie ist ein lebendiges Feuer«. Das Leben der Milena Jesenská. insel taschenbuch 4689. 230 Seiten.

NF 432/1/10.18